교사의 인격과 교원임용제도

손종호

박영story

차례

PART 02

교원임용제도

들어가면서

　예전 우리 속담에 가르치는 일(敎職)은 하늘이 부여한 직업(天職)이며, 부모와 스승은 같은 존재(君師父一體)라고 했습니다.[1] 그래서 심지어 제자는 스승의 그림자도 밟지 않는다고 하여, 학부모와 학생들은 교사를 존경하고, 교사들은 학생들을 가르치는 것을 명예롭고 자랑스럽게 생각하였을 뿐 아니라 삶의 큰 즐거움으로까지 간주하였습니다.[2] 그러나 21세기 현대사회에서 교사에 대한 인식은 학생들이 안정적인 직종을 원할 때 선택 가능한 직업 중의 하나에 불과하며, 심지어 미래 학자들은 21세기에 없어질 직업 중 가장 대표적인 것 중의 하나가 교사라고 하고 있습니다. 그리고 이제 학부모와 학생들은 교사를 예전과 같이 존중하거나 존경하지 않습니다.

　교사는 가르침이라는 수단을 통해 자신을 표현하는 직업입니다. 가르침이 제대로 이루어지기 위해서는 가르침을 받는 학생들의 신뢰를 얻는 것이 중요합니다. 그것은 배움이라는 활동이 가르치는 교사와 가르침을 받는 학생과의 상호교감을 통한 신뢰로 이루어지는 교육 활동

---

[1]　소학(小學) 제2편 명륜(明倫) 통론4 군사부일체(君師父一體)
[2]　맹자(孟子) 진심편(盡心篇) 군자삼락(君子三樂) 중 천하의 영재를 얻어 이를 가르치는 것이 세 번째 낙이라(得天下英才而敎育之 三樂也)

이기 때문입니다. 교사가 학생으로부터 상호교감을 이끌어내는 방법에는 탁월한 지식이나 뛰어난 수업기술, 유머 등과 같은 방법이 있을 수 있습니다. 그러나 교사와 학생 간의 신뢰는 교사의 능력 또는 실력만으로는 형성되지 않으며 인간관계의 상호작용을 통해 발생합니다.

교사와 학생의 수업이 이루어지는 교실은 교사의 열정, 지식, 기술과 같은 교사의 전문성과 역량이 녹아들어 있는 공간입니다. 교사는 학생들에게 지식을 열정과 사랑이라는 수단을 통해 나누어주는 존재입니다. 뛰어난 교사는 학생의 주체적인 삶에 직접적인 영향을 미치며, 학생들의 잠재적인 역량을 발굴하여 창의력을 발휘할 수 있게 합니다. 이 밖에도 교사는 수업 외 수업이 이루어지는 공간인 학교의 교육목표를 달성하고 학생들의 학업 성취도를 높이기 위해서 동료 교사들과 공감대를 형성하고 협동적으로 일해야 할 뿐만 아니라 학부모 및 지역사회와도 힘을 합쳐야 합니다.

나는 지금까지 학교에 근무하면서 많은 교사를 만나왔습니다. 그러나 내가 만났던 수많은 교사 가운데 특히 기억에 남는 교사들은 학식과 경륜, 능력이 뛰어나서가 아닙니다. 교사로서 본받을 점이 있거나 인격과 품성이 훌륭하다고 생각되기 때문입니다. 그런 교사들은 교사라는 직업에 대한 정체성과 소명감을 갖추고 있다는 공통점을 가지고 있습니다. 눈앞에 다가온 4차산업혁명시대에 교사가 주어진 역할을 감당하기 위해서는 역량과 소양의식이 더욱 필요하다고 생각됩니다. 만약 교사라는 직업에 대한 정체성과 전문적 소양을 갖추지 않고 교사가 된다면 교직 생활 가운데 어려움을 만나게 되는 경우 교사로서 주어진 의무와 역할을 포기하거나 좌절할 가능성이 매우 높아질 것입니다.

이 책은 교육의 3요소 중 하나인 교사라는 직업에 대해 다루고자 합니다. 제1부 인격과 교육에서는 교육과 인격이 어떤 의미와 관계에 있는지를 살펴볼 것입니다. 교사와 인격에서는 교사가 어떤 인격을 갖추어야 하는지 실질적인 교직 생활과 연관하여 다룰 것입니다. 교사와 윤리에서는 정의와 공정이라는 가치가 교육에서의 자유와 평등, 공정이라는 주제와 관련하여 어떻게 구현되는지 살펴보고자 합니다. 제2부 교원임용제도에서는 미국, 일본, 핀란드, 싱가포르의 교원임용제도를 구체적으로 다루고자 합니다. 그런 다음 이들 국가의 교원임용제도를 우리나라의 교원임용제도와 비교하고 이를 통해 우리나라 교원임용제도의 현황과 개선책을 제시하고자 합니다.

이 책이 교사를 평생 직업으로 선택하려는 예비교원에게는 교사가 되기 위한 마음가짐과 자세를 가지게 하고, 현직교사에게는 교사로서 자긍심과 분발하려는 태도를, 학생과 학부모에게는 교사를 깊이 이해하고 공감대를 형성할 수 있게 되는 계기가 되기를 바랍니다.

교사와 인격

인격과 교육

1 | 인격의 개념

우리말 사전에서 인격은 '사람으로서의 품격', '개인의 지, 정, 의 및 육체적 측면을 총괄하는 전체적 통일체', '도덕적 행위의 주체로서의 개인' 등으로 설명하고 있습니다.[1] 옥스포드사전에서 인격이란 용어의 현대적 의미 중 하나는 자기 의식적이거나 합리적인 존재입니다.[2] 인격은 도덕적 의미에서는 사람 된 자격이라는 개념을 가지지만 이와는 달리 법률적 의미에서는 권리와 의무의 주체가 될 수 있는 자격 또는 지위를 의미합니다.

인격은 인간이라는 종에 속한다는 이유로 얻게 되는 고유성과 가치를 의미합니다.[3] 인격은 또한 사람이 기본적으로 가져야 하는 권리를 의미하기도 합니다. 모든 사람은 인격적 존재로서 존엄한 가치를 지니는데, 이때 인격은 사람이 지녀야 할 기질 및 능력들의 총체라 할 수 있습니다. 이러한 인격은 관점에 따라 서로 다른 측면에서 해석될 수 있습니다. 목적으로서의 인격이란 의미는 인간이 본질적으로 목적적

---

1) 국립국어연구원(1999) 표준국어대사전.
2) 홍석영(2007) 슈페만의 인격론, 서울대학교 출판부.
3) 김태오(2019) 인격과 로봇, 박영사.

존재로서의 가치를 가지며 이는 다른 가치에 의해서 무효화될 수 없음을 가리킵니다. 자율로서의 인격이란 의미는 인간이 의지적 존재로서 자신의 내외적인 압력에 대항하여 뜻을 세우고 이를 관철시키는 능력을 가졌음을 가리킵니다. 합리성으로서의 인격이란 의미는 인간이 지성적 존재로서 자신과 사물에 대하여 합리적인 판단을 하는 능력을 가졌음을 가리킵니다.[4]

진교훈은 이렇게 다양한 의미를 포함하는 인격은 인식론적 관점에서 살펴보면 개념 정의를 할 수 없으며, 다만 소극적인 표현을 통해서 간접적으로나마 그 의미를 추측하고 이해할 수밖에 없다고 합니다.[5] 그는 그 이유를 인격이 어떤 능력을 지닌 사물이나 대상이 아니며, 오로지 인격 활동, 즉 정신 활동의 수행에 의해서만 자신에게 주어지기 때문이라고 합니다. 기다림, 이유 없이 좋아하는 것, 사랑하는 것과 같은 감정 활동과 사고와 기억, 가치판단 등과 같은 정신 활동들은 바로 이 인격에서 나옵니다. 따라서 인격은 결코 관찰이나 기술, 설명으로 파악될 수 없다는 것입니다.

인격은 모든 정신 활동을 수행합니다. 인격 그 자체는 모든 인격 활동 속에 살아있으면서 모든 활동마다 그 인격의 고유한 방식으로 꿰뚫고 들어갑니다. 그래서 모든 인격 가치들은 그 자체로는 서로 다른 가치들이라고 할 수 있습니다. 그래서 인격은 다른 인격을 염려하고 배려하고 자립하며 그 무엇과도 바꿀 수 없는 개별적인 개성입니다. 이와 함께 인격은 도덕 가치를 짊어진 자입니다. 그래서 모든 인격은 양심에 의하여 보편적으로 타당한 객관적인 선과 그 선에서 나온 당위 내용을

---

4) 김성동(2007) 순자의 인격론, 서울대학교 출판부.
5) 진교훈(2018) 사람다움이란 무엇인가, 종문화사.

파악힐 수 있습니다. 그리고 우리는 이 인격을 사랑의 활동을 통해서만 이해할 수 있으므로 인격의 핵심은 사랑입니다.[6] 이와 함께 인격은 개별성과 보편성을 띠게 됩니다. 즉 개별적 존재로서 인간의 정신적 주체성을 강조함과 아울러 그 정신적 경험의 보편성을 바탕으로 한 인격들과의 관계성을 내포합니다. 이에 따라 인격개념은 두 측면, 하나는 개개인의 실존적 주체성에 대한 자각, 다른 하나는 개개인 사이 자각의 공유를 통한 보편성을 가지게 됩니다.

인격(personality)이라는 개념은 원래 그리스 사회에서 가면극의 가면을 뜻하는 페르소나(persona)에 어원이 있습니다. 라틴어로는 페르소나레(per sonare) 혹은 페르소난도(per sonando)입니다. 소나레, 소난도는 우리가 익히 알고 있는 소나타나 소나티네 같은 단어에서 살펴볼 수 있듯이 소리라는 의미를 가지고 있습니다.[7] 그리고 페르(per)라는 뜻은 ~을 통하여라는 의미입니다. 페르소나레, 페르소난도가 가면이라는 단어의 기원이 된 것은 결국 가면을 통해 소리가 나오기 때문입니다. 가면극에서 가면을 착용하면 가면과 얼굴 사이에는 공간이 생깁니다. 마이크가 없던 당시에는 그 틈 사이의 공기를 울리게 해서 소리를 증폭시켰다고 합니다. 그래서 페르소나는 가면이 연극에서 하는 역할과 같이 어떤 사람이 어떤 사람임을 가리키는 말로 사용되었습니다. 이처럼 페르소나는 연극에서 배우가 소리를 내는 단순한 가면이었습니다. 그러나 점차 사회 안에서의 역할과 사회적 지위를 의미하게 됩니다. 그러나 배우는 연기자일 뿐, 그가 연기하는 어떤 존재는 아닙니다.

---

6) 홍석영(2007) 앞의 책.
  슈페만은 인격론에서 우리 생명의 본질적이고 차별적인 특징은 자기 초월에 있으며, 그것의 가장 최고의 형식은 사랑이라고 표현하고 있다.
7) 와타나베 가즈코(2015) 사람으로서 소중한 것, 21세기북스.

페르소나는 연극을 가능하게 하는 배우의 역할을 의미할 뿐입니다. 이러한 역할 뒤에 있는 것은 본성이라 할 수 있습니다. 인간에게 본성은 사실적이고 규범적인 의미로 최종적입니다. 페르소나는 본성적인 것에 비해 미약하며 이차적인 것입니다. 그래서 세네카는 '어느 누구도 오랫동안 가면을 쓰고 있을 수 없다. 거짓된 모습은 곧장 자신의 본래 상태로 돌아간다'고 하였습니다.[8]

인격을 자신의 본성에 대한 하나의 역할과 관련한 존재로 보게 되는 관점의 변화를 이해하기 위해서는 우리는 그리스도교의 그리스도론에 대한 해석을 살펴보아야 합니다. 그리스도교의 신을 삼위일체의 신이라고 합니다. 성부와 성자와 성령이라는 세 개의 페르소나를 가진 일체의 신이라는 의미입니다. 삼위일체(三位一體)라는 단어 중 '위(位)'라는 단어가 바로 페르소나에 해당됩니다. 페르소나라는 단어의 정확한 번역은 위격(位格)입니다. 위격 중 사람의 위격이 인격이고 신의 위격은 신격입니다.[9] 그리스 사회에 그리스도교가 전래하면서 인격이란 개념이 나타나기 시작했습니다. 그리하여 인격의 단일성, 고유성, 재연 불가능성이 인정되고 인간 개인의 가치가 인정되기 시작하였습니다. 중세 교부 철학 시대에 이르러서는 인격에 대한 개념이 활발히 언급되고 깊이 논의되었습니다. 예컨대 삼위일체와 육화(肉化)의 신비에 관한 신학적 논쟁들이 인격개념을 심화하는 계기가 되고 더 나아가 인격 형성에 대한 논의에 기여했습니다. 근대에 들어와서는 칸트가 인격성을 언급하고 도덕 세계에서 존엄의 가치를 시행할 자는 오직 인격(Person)이라고 하였습니다. 그러나 그는 여전히 인격성을 인륜성이라든가 인간

---

8) 와타나베 가즈코(2015) 앞의 책.
9) 와타나베 가즈코(2015) 앞의 책.

모두 갖추어야 할 도덕성 정도로 보았습니다. 현대에 들어와서 철학적 인간학을 더욱 깊이 연구한 막스 셸러, 에디트 슈타인, 막스 뮐러 등이 인격개념을 더욱 발전시켰고 그래서 인격의 개별성과 동태성을 확연히 드러내어 인격 문제를 윤리학의 중요한 테마가 되게 하였습니다.[10]

10) 금교영(2007) 근대 이후 독일의 인격개념, 서울대학교 출판부.

서양에서 인격이란 개념을 철학적으로 처음 사용한 사람은 6세기에 활동했던 보에티우스(Boethius, 480~524)입니다. 그는 인간존재에 인격개념을 적용하면서 인격을 '그 본성상 이성적 능력을 타고난 개별적 실체'로 정의하였습니다.[11] 그에게 있어서 '인간은 누구인가'와 '인간은 무엇인가'는 같은 질문이라 할 수 있습니다. 여기서 누구는 인격을, 무엇은 인간의 본성을 가리킵니다.

그 후 토마스 아퀴나스(Thomas Aquinas, 1224 – 1274)는 보에티우스의 인격 정의를 계승하여 인격을 '이성의 본성 안에서 다른 것과 구별되는 자주체'로 정의하였습니다. 즉 인격이란 우선적으로 인간의 본성적 측면에서 각 개인이 단지 인간이라는 종에 속한다는 이유만으로 지니는 고유성과 가치를 의미하는 개념이라고 하였습니다. 토마스는 인간과 인격의 차이를 다음과 같이 구별하였습니다. 인간은 인격적 존재로서 존엄하며 자신이 누구이며 무엇을 해야 하는지 알고 자기를 창조하고 초월하는 실존적 존재이며, 인간과 인격은 부분과 전체의 관계라고 할 수 있다고 하였습니다. 그에 따르면, 인격은 한편으로는 인간이

---

11) 서울대학교 인문대학(2020) 인간을 다시 묻는다. 서울대학교 출판문화원.

라는 종에 속한다는 사실만으로 지니는 이미 실현된 완성과 가치를, 다른 한편으로는 각자의 삶을 통해 나름대로 획득해 나아가는 실현해야 할 완성과 가치를 모두 포함하는 개념이라는 것입니다. 즉 현실의 인간 인격은 모두 실체적 완성과 실존적 완성 사이의 중간단계에 처해 있으며 그렇게 하는 한 모두가 이미 완성된 것이면서 동시에 완성을 향해 나아가는 과정 중에 있다는 것입니다.

로크(John Locke, 1632~1704)는 인격이란 이성과 반성을 가지고 그 자체로서 시간과 장소의 변화에도 불구하고 항상 동일한, 사유하는 지적인 존재라고 하였습니다. 로크는 인격, 즉 사유하는 지성적 존재의 본질을 의식에서 찾았습니다. 따라서 인격개념이 영혼과 같은 비물질적 실체 개념이나 사람과 같은 생물학적 개념과는 본질적으로 구분된다는 입장을 최초로 제시하였습니다. 현대의 이론가들이 인격의 동일성문제를 의식의 통합문제로 보는 시각은 로크로부터 유래한 것[12]이라 볼 수 있습니다.

칸트(Immanuel Kant, 1724~1804)는 인격을 물건과 구별했습니다. 인간은 이성이 있으므로 자기 안에 어떤 이유를 가지고 살아간다는 점에서 하나의 독립된 개인이며, 이것을 칸트는 인격이라고 표현했습니다.[13] 반대로 이성 없이 인간의 수단으로만 사용되는 것을 물건이라고 부르며, 이러한 물건은 개인의 주관적인 목적을 실현하기 위한 수단으로서 도움이 된다는 것입니다. 하지만 물건의 가치는 수단으로서 결정된다고 해도 인간의 가치는 그것만으로는 결정될 수 없는데 그 이유는 모든 인격은 동시에 자기 자신의 존재를 그 목적으로 하기 때문이라는

---

12) 김선하(2007) 로크의 인격론, 서울대학교 출판부.
13) 미코시바 요시유키(2017) 그렇다면 칸트를 추천합니다, 청어람.

것입니다.[14] 칸트는 이러한 인격의 상태를 '목적 자체'라고 표현했습니다. 인간은 인격으로서 누구나 목적 자체이며, 따라서 타인이나 자기 자신을 물건 다루듯 단순한 수단으로 대해서는 안 된다는 것입니다. 이 것을 더욱 구체적으로 표현한 것이 다음의 문장입니다. '너는 너 자신의 인격과 다른 모든 사람의 인격에 있어서 인간성을 언제나 동시에 목적으로 간주해야 하며 결코 단순한 수단으로 간주해서는 안 된다'.[15] 즉 타인의 인간성을 목적으로 사용한다는 것은 타인이 인간으로서 갖는 목적을 자신의 목적으로 삼아 행동해야 한다는 의미입니다.

칸트의 인격개념은 '존엄성을 가지고 도덕법칙을 수행하는 자'이며 이러한 인격에는 개별성이 전혀 인정되지 않고 신성을 닮은 것으로 보편성만 인정됩니다.[16] 그러므로 칸트의 인격은 우연적이고 개성적인 인격이 아니라 객관적 인식의 초개체적 이행자로서의 의미입니다. 칸트는 사람의 귀함을 존엄성으로 표현하고 이를 인격이라 하였습니다. 즉 칸트에게 있어서 인격은 이성이 있는 독립된 존재라는 의미입니다. 칸트는 실천이성비판에서 인격성을 인간의 경험적 생활과 모든 목적 전체를 지배하며 전 자연의 속박으로부터 자유롭고 동시에 이성에 의해서 주어진 순수 실천법칙에 복종하는 자로 보고 있습니다. 자유를 법칙의 원천으로, 법칙을 자유의 구체적인 증거로 정의하는 칸트는 법칙과 자유가 분리 불가능한 일체를 이루며 그러한 법칙과 자유가 만드는 것을 인격성이라 하고 있습니다.[17] 그러나 칸트가 인격성을 언급하고 도덕 세계에서 존엄의 가치를 시행할 자는 오직 인격이라 하고 있지만,

---

14) 미코시바 요시유키(2017) 앞의 책.
15) 임마누엘 칸트(2018) 윤리형이상학 정초, IV-429, 대우고전총서 16.
16) 김태오(2019) 인격과 로봇, 박영사.
17) 김상환(2019) 왜 칸트인가, 21세기북스.

여전히 7는 인격성을 인류성이나 인간 모두 갖추어야 할 도덕성 정도로 보고 있습니다.[18]

괴테(Goethe, 1749~1832)의 인격개념은 인격이 자율과 존엄을 가지고 있다는 칸트의 도덕적 인격개념에서 발전한 것입니다. 괴테는 인간을 신의 창조목적을 실현하는 개개인이라 보았습니다. 그래서 인간은 모든 경우에 자신의 방식대로 활동하고자 노력하고 자신에 적당한 것으로 권리를 충실히 하는 경향이 있다고 하였습니다. 괴테는 근대 독일에서 처음으로 인격에 개성과 개별성을 인정하였으므로 근대적 인격개념의 아버지라고 불립니다.[19]

훔볼트(Humboldt, 1769－1859)는 인격을 한 인간의 감정 상태, 인식수준, 의지력 등의 전부를 의미한다고 하였습니다. 그래서 어떤 인간의 전인 상태를 그 인간의 인격이라 일컬었습니다. 훔볼트는 한 인간의 전인 상태인 인격을 또한 그 인간이 가진 힘의 자기표출이라고 생각하였습니다. 그는 인격을 우리가 접근할 수는 있으나 그 정체를 완전히 밝혀내기 어려운 인간 내면의 어떤 원초적 힘들이라고 주장하였습니다.[20]

독일의 포에르바하(Feuerbach, 1804－1872)는 삶의 주체인 나는 삶의 객체인 타인과 관계를 맺는 가운데 비로소 인격체로 존재할 수 있다고 하였습니다. 포에르바하에 따르면, 인간의 인격은 인격적 관계를 맺게 되는 타인에 의하여 각성되고 타인과 함께 개발된다는 것입니다. 그래서 인간이 다른 인간과 맺는 인격적 관계가 그의 인격성을 실현시

---

18) 진교훈외(2007) 인격, 서울대학교 출판부.
19) 금교영(2007) 근대 이후 독일의 인격개념, 서울대학교 출판부.
20) 금교영(2007) 앞의 책.

키는 장이라 할 수 있습니다. 즉 인격은 태어나 죽는 순간까지 나와 너와 우리의 사회적 관계의 그물망에 있으므로 사회적 인격이라 규정할 수 있다는 것입니다.[21)]

막스 셸러(Max Scheler, 1874~1928)는 인격을 실체도 아니고 사물도 아닌 결코 대상으로 취급될 수 없는 것이라고 보았던 칸트의 견해에 동의합니다. 그러나 셸러는 인격이 자신을 표현하는 유일하고도 독점적인 방식은 인격 활동의 실행에 있다고 주장하면서 인격을 선험적 자아, 자아의 동일성, 논리적 주어로 보는 칸트의 견해를 비판합니다. 셸러는 인격을 인간 자체에 고유하게 존재하는 것으로 보면서 칸트와는 달리 이성이나 의지 활동의 출발점인 그 '무엇'으로 파악하지 않습니다. 셸러는 인격을 개인 각자에 의해서 형성되고 개인 각자에서 구체화 되는 것으로 보고 있습니다.

셸러는 인간의 가치 혹은 존엄성이 인격에 있다고 간주하였으며, 인격이란 본질적으로 사랑하고 가치를 감지하는 활동을 포함한 모든 가능한 활동들의 원천이라고 보았습니다. 그에게 있어 인격은 바로 정신이 나타나는 장소입니다. 셸러는 이 정신이 칸트의 이성처럼 보편적이고 일반적인 것이 아니라 본질적으로 개별화되어 있다고 봅니다. 그에 따르면 인격은 감정작용, 이성작용, 의지작용을 수행하고 신체에 대해서는 다양한 내적, 외적 체험을 수행합니다. 그는 인격이란 사고하고 사랑하고 미워하고 욕구하고 의식하고 감지하는 등과 같은 작용들의 체험과 함께 모든 작용들을 결합하는 통일자라고 봅니다. 그리고 이러한 체험은 개인의 개별적 체험이지 모든 사람에게 똑같은 보편적 체험은 아니라고 합니다. 셸러에 따르면, 인간 각자는 인격 존재로서 개별

---

21) 김태오(2019) 인격과 로봇, 박영사.

존재이고, 다른 사람들과 구별되는 유일 존재이며, 그의 가치는 그가 개별적이고 일회적인 존재라는 데 있다는 것입니다. 이에 상응하여 모든 인격에게 보편타당한 객관적 선 이외에 개체적으로 타당하면서 동시에 객관적으로 통찰되는 선이 있다고 주장합니다. 그래서 개인의 인격이 도덕적 이상을 찾을 때 다른 인격과 동일한 유기적, 심리적, 외연적 상황 속에서도 다른 인격과 윤리적으로 구별되고 상이한 가치 태도를 취하게 되는 것이라고 말합니다.[22]

셸러에게 있어서 인격이란 본질적으로 상이한 활동을 통합하는 것으로서 활동의 실현을 위한 유일한 토대이고 모든 활동을 존재하게 하는 궁극적인 전제입니다. 따라서 인격은 활동들이 통합된 그 자체로서 이 통합이 어떤 수준과 성격을 갖느냐에 따라 차이를 갖게 됩니다. 그러므로 그는 인격이란 항상 구체적인 존재라고 주장합니다. 왜냐하면 인격은 오직 활동의 수행을 통해 존재하기 때문입니다. 그에 따르면 인격은 상이한 활동들 안에서, 그리고 상이한 활동들을 통해서 변합니다. 즉 인격은 모든 활동에 인격의 독특한 개별적인 특성을 부여하고 이와 함께 모든 활동은 개별 인격에 의해 채워진다는 것입니다. 활동을 수행하는 동안 인격이 변이된다는 것은 마치 인격이 글씨체 속에 반영되는 것과 같다고 할 수 있습니다. 인격은 실행된 활동 속에서 변화하는데 우리는 이것을 변화 속에 있는 인격적 정체성이라 부를 수 있습니다. 예를 들면, 개별 인격이 사랑하게 될 때 그러한 사랑이라는 추상적인 활동이 그 인격의 구체적인 활동의 일부가 될 때 그러한 구체적인 활동 속에서 우리는 또한 바로 그 인격을 보게 된다는 것입니다. 이와 함께 셸러는 추종하는 것을 진정한 도덕의 변화라고 설명하고 있습니다.

---

22) 금교영(2007) 근대 이후 독일의 인격개념, 서울대학교 출판부.

이러한 추종은 단순히 모방이나 복종과는 다른 것으로 모범에 대한 진실한 헌신을 의미합니다. 추종자들의 모든 인격은 인격 모범의 구조와 속성으로 더욱더 성장해가며, 한 인간의 도덕적인 변화는 그가 모범에 따라 성장해가면서 진보하게 된다고 합니다. 모범은 우리에게 우리 자신의 독특한 인격의 소리를 들을 수 있도록 하는 선구자이며, 우리 자신을 발전시키고 우리 자신의 목적을 추구하게끔 한다는 것입니다.

셸러의 인격에 대한 논의를 정리하면 다음과 같습니다. 첫째, 인격은 인간의 모든 구체적인 활동 속에 포함되어 있습니다. 왜냐하면 인격은 구체적인 활동에서 상이한 본질적인 활동들의 통일체이기 때문입니다. 둘째, 인격은 모든 구체적인 활동 속에서 그리고 그것을 통해서 변화합니다. 왜냐하면 이러한 인격 속에 통합된 상이한 본질의 개별적인 추상적 작용들은 다른 구체적인 활동 속에서 다르게 나타나기 때문입니다. 셋째, 인격은 이러한 어떤 구체적인 활동 속에서 고갈되지 않습니다. 왜냐하면 인격은 이러한 활동들의 통합체이지 활동들의 내용이 아니기 때문입니다. 넷째, 인격은 시간 속에서 사물과 같이 변화되지 않습니다. 왜냐하면 활동 그 자체들은 본질적으로 지속적이지 않은 현상이기 때문입니다.[23]

이와 함께 셸러는 인격의 존엄성을 설명하고 있습니다. 즉 모든 활동을 통일시키는 인격은 마음의 활동뿐만 아니라 이성의 활동을 모두 포함한다는 것입니다. 그러므로 전체 인격의 존엄성은 이성의 인격에만 국한하지 않을 때 안전하게 확보된다고 주장합니다. 셸러는 칸트와는 달리 인격을 이성 활동이나 의지 활동의 그 무엇으로 보지 않고 개인 각자에 의해 형성되고 개인 각자에서 구체화 되는 것으로 봅니다.

---

23) 이인재(2007) 셸러의 인격론, 서울대학교 출판부.

한 인간의 인격은 그가 정신생활을 하면서 그만의 고유한 것으로 스스로 형성하게 됩니다. 그러므로 인간 각자에게 있어 다양한 정신 활동이 나타나게 되는 것은, 그리고 동일한 정신 활동이라고 하더라도 그 질적 가치에 있어 높낮이가 생기는 것은 바로 그가 어떤 인격을 지녔는가에 달려 있기 때문입니다. 인격은 고정된 것이 아니고 인간 삶과 더불어 항상 변하는 것으로 잘 형성된 인격을 가진 인간은 그 인격에 의해 정신생활을 유지하므로 훌륭한 삶을 살게 되고, 저열한 인격을 가진 인간은 그 인격에 의해 저급한 삶을 살게 된다는 것입니다. 셸러에게 있어서 인격이란 정신적 존재의 유한한 방식의 한계 속에 나타나는 활동의 중심이고, 또한 오직 그 활동의 수행 속에 실존하는 모든 가능한 지향활동의 구체적 통일성입니다.[24]

　　에디트 슈타인(Edith Stein, 1891~1942)에게 있어서 인격이란 인간이 자유롭고 정신적인 존재라는 것을 의미합니다. 또한 인간이 인격이라는 사실은 인간을 모든 자연 존재로부터 구별해 냅니다. 그 결과 인간은 인격이며, 이 인격은 인간의 신체적 – 생명적 – 정신적 구조를 하나의 단일체로 통합합니다. 그리고 인격은 인간 각자의 자기 자신이라 할 수 있습니다. 그리고 이러한 인격으로서의 인간은 자기 자신을 스스로 형성해 갈 수 있으며 형성해 나가는 것입니다. 인간이 자기 자신을 스스로 형성해 갈 수 있다는 의미는 자유와 연관되고, 형성해야만 한다는 의미는 당위와 연관됩니다. 자유로운 인격으로서의 인간은 자기 자신이 그 중심에 서 있습니다. 우리가 무엇을 해야 하고 무엇을 하지 말아야 하는가를 말해주는 이러한 내적인 목소리를 우리는 양심이라고 합니다. 양심은 그때마다 일정한 순간에 그리고 일정한 상황 속에서 어

---

24) 이인재(2007) 앞의 책.

떤 일정한 행위를 하도록 우리에게 요구해 옵니다. 슈타인의 관점에서 양심은 인간이 자기 자신을 어떻게 형성해야 하는가에 대한 자기 형성의 규범이라 할 수 있습니다.[25]

  슈타인에 따르면 인격은 상태가 아니라 그때마다 벌어지는 사건입니다. 순간마다 자신이 결정하는 것, 그것은 현재의 내 모습을 결정할 뿐 아니라, 또한 내가 되어가고 있는 것, 즉 나라는 인간 전체에 결정적 의미를 가집니다. 그렇게 되려면 인격은 하나의 고정되어 있는 상태가 아니어야 합니다. 인격이 고정된 상태가 아니라 그때마다 벌어지는 사건이라면 우리는 인격을 어떻게 형성할 수 있을까요? 결국 인격이란 인간이 자기 자신을 정립하며 세계를 형성해 나가는 과정이라 할 수 있습니다. 하나의 벌어지는 사건 그때마다 우리는 인간에게 주어진 가능성으로서의 자유를 진정으로 획득하기 위해 자기 자신에 대한 점진적 앎과 사회악에 대한 저항이라는 힘겨운 노력이 요청됩니다. 그리고 이 자유를 행사함에서 인간은 당위의 원리를 따르며, 자기를 형성할 수 있고 또한 형성해야만 하는 것이며 이러한 맥락에서 자기 형성의 책임이 바로 인간 각자에게 있다는 것입니다. 이것이 바로 에디트 슈타인이 말하는 인간, 즉 인격입니다.[26]

  니콜라이 하르트만(Nicolai Hartmann, 1882~1950)에게 인격이란 개인적 정신 속에 나타나는 자기를 자아와 일치시키는 정신적 통일을 말합니다. 그리고 인격의 문제는 경험적 인격이 이념적 세계(가치)와 관계할 때 생겨나는 것이라 주장합니다. 하르트만에 따르면, 개인의 정신 속에서 인격은 주관과 정신이라는 두 계기를 통해 드러납니다. 주관이

25) 이은영(2007) 슈타인의 인격론, 서울대학교 출판부.
26) 이은영(2007) 위의 책.

란 객체와 대립하며 인식의 주체인 반면, 정신은 행위하고 괴로워하며 기대하고 두려워하며 심려하고 희망하며 창조하고 분투, 노력하는 것입니다. 이러한 다양한 정신작용이 나타나는 단계에서는 언제나 자기를 자신과 동일화시키는 정신적 통일이 필요한데 하르트만은 이를 일컬어 인격이라 부릅니다.[27]

하르트만에 따르면, 인격의 고유한 존재 방식을 결정해 주는 것은 주관입니다. 인격 일반이 인격의 추상적 계기에 따른 인격의 개념을 가리킨다면, 인격성이란 정신적 개체의 범주적 성격을 나타냅니다. 이때 범주란 어떤 대상의 존재를 파악하는 근원적 기준을 말합니다. 이처럼 인격의 존재를 범주적 고찰을 통해 해명하려는 것이 하르트만 인격론의 특징인데 인격성의 근본범주는 소여성입니다. 소여란 생활 속에서 자신의 체험을 통해 타자의 인격을 아는 방식입니다. 그것은 곧 나의 체험 속에 타자가 주어지는 것을 말합니다. 먼저 인격이 체험 속에서 직접적으로 주어진다는 것은 정신의 '직관범주'를 가리킵니다. 인격성이 상호 인격적 지반 위에 나타난다는 것은 정신의 '실재범주'를 가리킵니다. 인격이 실재한다는 것은 시공간 속에서의 변천에도 불구하고 개별존재가 언제나 동일성과 전체성을 유지한다는 뜻입니다. 그렇다면 인격은 어떻게 스스로 인격자임을 알 수 있을까요? 이 물음은 하르트만에 의하면 인격의 자기인식에 관한 것입니다. 인격의 자기 자신에 관여하는 앎, 그것은 바로 양심입니다. 양심은 인격 자신이 생활 속에 새겨진 바로 그 각인에서 자기 자신을 경험하는 것입니다. 양심은 우리 스스로 인격자임을 자각하게 하고 도덕적으로 성숙하게 합니다. 그리고 양심의 활동은 자유를 전제로 합니다.

---

27) 이을상(2007) 하르트만의 인격론, 서울대학교 출판부.

자유가 도덕성의 근본조건이란 점에서 하르트만은 칸트를 따릅니다. 그러나 칸트가 자유의 근거를 예지계의 법칙에서 구한 것과 달리 하르트만은 자유를 실재계에 뿌리박고 있는 인간이 이념적 세계에 관여할 때 생겨나는 현상으로 봅니다. 이런 자유를 하르트만은 범주적 자유라 부르는데, 범주적 자유란 도덕적 자유의 전제조건입니다.[28] 칸트의 자유가 개인의 인격을 결정된 것으로 남겨둠으로써 도덕적 행위에서 개인의 책임을 면제시켜 버렸다면, 하르트만은 칸트와 달리 참된 자유에의 유일한 통로가 인격임을 인식함으로써 개별 인간이 본래 그 자신으로부터 생겨나는 인격적인 결정요소를 지니고 있음을 깊이 통찰하였습니다. 이로써 인격은 다른 모든 실재하는 존재자들과 구별되며, 보다 우월한 지위를 확보할 수 있는 '범주적 자유'를 지닐 수 있게 됩니다. 범주적 자유란 곧 존재론적 자유입니다. 한편 도덕적 존재로서 인격은 가치의 당위성 요구에 대한 자율을 지니는데 이것은 소극적인 실천적 윤리적 자유입니다. 이런 자유의 존재론적 정립과 가치론적 정립이 인격 안에서 중첩되어 만나게 됩니다. 이러한 순간에 발생하는 갈등을 인격을 통해 해소해 가는 것이 인격의 자율인 것입니다.

앞서 언급했던 셸러는 인간이 신에 의한 세계 생성에 함께 참여할 수 있는 길을 열어주었습니다. 그러나 하르트만은 인격은 오직 개인적 정신의 주관 속에만 나타나는 가치의 담지자일 뿐으로 파악합니다. 만약 인격을 셸러적인 세계와 인격 간의 상호관계에서 이해하기 시작한다면 세계의 유일성과 절대성은 없어지고 사람들은 제각기 나름대로 세계를 이해하게 될 것입니다. 그러나 하르트만은 인격의 전체성을 파악하기 위한 개념으로 연대성과 공동책임을 제시합니다. 연대성과 공

---

28) 이을상(2007) 앞의 책.

농핵인이란 서로 다른 개별 인격들의 작용이나 작용가치 사이에 성립하는 독특한 일종의 내면적 구속을 말합니다. 여기서 관건은 이런 구속이 개체의 관점에서 어떻게 가능한가 하는 점인데 이를 하르트만은 객관적 정신을 통해 풀어갑니다. 객관적 정신이란 개인이 참여하는 정신적 전체입니다. 하르트만은 오직 인간만이 도덕적 가치의 담지자라고 주장합니다. 이 점에서 하르트만은 칸트의 요청적 유신론이나 셸러의 유신론적 인격주의와 달리 인간의 실재론적 존재 규정을 통해 신의 자리에 인간을 대신하게 하는 일종의 '요청적 무신론'을 주장한다고 할 수 있습니다.[29]

독일의 동물 발생학자인 한스 슈페만(Hans Spemann, 1869~1941)은 우리의 생명은 다른 생명과 달리 그 자체가 중심이 아니라고 합니다. 즉 우리 생명은 자기 보존과 종 보존의 경향으로 정의되지 않는다는 것입니다. 우리 생명의 본질적인 차별적인 특징은 자기 초월이며 그것의 가장 최고 형식은 사랑이라고 말합니다. 모든 인간은 인격임을 논한 후 슈페만은 모든 인격이 유일하고 존엄함을 밝힙니다. 우선 그는 인격은 절대로 계량화될 수 없으며, 인격 존재는 개별적으로 존재한다고 주장합니다. 슈페만에 따르면, 우리가 인간을 인격이라고 부르는 이유는 인격이 다른 생명체들과는 다른 방식으로 존재하기 때문이라는 것입니다. 인격을 인격으로 만드는 것은 그들의 개별성이며, 이러한 개별성의 중요한 특징은 양심입니다. 양심은 인간을 근본적으로 개별화하며 동시에 인간을 이기적인 개인주의에서 벗어나게 합니다. 양심의 개별화는 모든 조건과 의무, 모든 책임성과 연대성을 자기 자신의 책임 하에 놓는다는 의미입니다. 그는 인간의 존엄성은 외부로부터 박탈될

---

29) 이을상(2007) 앞의 책.

수 없다는 의미에서 침해될 수 없으며, 사람들은 스스로에 의해서만 자신의 존엄성을 상실할 수 있다고 말합니다. 그는 인간 자체의 존귀함이 그의 생명을 존엄한 것으로 만들며, 인간의 존엄성은 인격의 절대성에 근거한다고 말합니다.[30]

칼 구스타프 융(Carl Gustav Jung, 1875~1961)은 스위스의 정신의학자로서 인간의 인격은 전일성(wholeness)을 지니고자 하며 일생을 통해 발달한다고 주장합니다. 그에게 있어 인격 완성의 여정은 한마디로 자기 자신이 되는 길을 의미합니다. 자기 자신이 되기 위해서는 내적 소명, 즉 무의식의 요구를 의식화시키는 일이 필요하다고 보았습니다. 융은 인간이 살아가는 삶의 궁극적인 목표는 사람들이 자기를 실현하는 것으로 보았습니다. 다시 말해서 무의식의 의식화 과정을 통해 본래적인 자기에 이르는 것이 삶의 궁극적인 목적이라 할 수 있다는 것입니다. 융은 의식과 무의식을 통합하는 모험이 가득 찬 여정을 개성화의 과정이라고 합니다. 이때 개성화란 우리의 인격이 더 이상 분할될 수 없는 경지에 도달하는 것을 의미합니다. 다시 말해서 개성화란 인격을 통합시켜 전일성에 도달하는 것을 의미합니다. 우리의 인격은 집단 무의식이라는 깊은 토양에서 발아하여 충만한 자기 의식적인 삶에서 꽃 피우고 자기를 실현하는 유기체로서의 발달과 성장의 자연스러운 순환 과정을 가집니다. 이러한 맥락에서 개성화 과정은 인격 완성의 여정이라 할 수 있다고 주장합니다.[31]

아놀드 게엘렌(Arnold Gehlen, 1904~1976)에 따르면, 인격은 생물학적 결핍과 비전문성을 극복하고 문화적 개별자로 거듭남을 의미하며

---

30) 홍석영(2007) 앞의 책.
31) 윤영돈(2007) 융의 인격론, 서울대학교 출판부.

사람됨의 과정입니다. 단 게엘렌은 인간의 이러한 능력이 자연적으로 주어지거나 본성에 내재해 있다고 보지 않고, 출생 후 환경과의 경험과 학습 과정을 거치면서 후천적으로 취득되는 것이라고 보았습니다. 따라서 최초의 인간은 결핍성을 특징으로 가지게 되는 것입니다. 그에 따르면, 행위는 문화의 지배를 받고 문화로 인해 규정되지만, 문화는 개별자의 행위를 통해 생성하고 유지되며 발전합니다.[32] 이때 행위를 규정하는 것은 개체의 인격성이라고 말합니다. 그렇다면 개별자의 인격은 문화의 외연이 되겠죠. 개인의 행동에 그 사람이 속한 사회와 문화의 수준이 보이는 것도 그 때문입니다. 즉 인격성은 문화의 외연이자 구현이라는 것입니다. 게엘렌에 따르면 개인의 인격성을 결정하는 주된 기준은 전문화의 여부에 달려 있습니다. 미성숙된 인간이 자신의 기질을 표출할 수 있는 환경을 갖기는 극히 어렵습니다. 인간의 생활환경이 가지고 있는 문화적 토양이 이를 허용하지 않기 때문입니다. 인격적 존재가 된다는 것은 개별자가 환경과의 지속적인 관계 및 투쟁 과정을 거치면서 거둔 소득이고 유산이라고 할 수 있다는 것입니다.

존 롤스(John Rawls, 1921~2002)는 그의 책 정의론(A Theory of Justice)에서 평등은 본질적으로 규칙성으로의 정의라고 말합니다. 그는 평등의 적용이 어려운 부분은 제도들의 실질적인 구조에 관련된 것이며, 평등한 정의의 보장을 받을만한 사람은 바로 도덕적인 인격으로 생각된다고 하였습니다.[33] 롤스에 따르면, 도덕적 인격은 두 가지 특성으로 인해 구분되는데 첫째, 자신의 선에 대한 입장을 취할 수 있어야 한다는 것입니다. 이는 가치관을 의미하며 자신의 합리적인 인생계획을

---

32) 임채광(2007) 게엘렌의 인격론, 서울대학교 출판부.
33) 존 롤스(2016) 정의론, 이학사.

추구할 수 있게 됩니다. 둘째로 정의감, 즉 정의의 원칙들을 적용하고 그에 따라 행위하고자 하는 정상적인 효력이 있는 욕구를 가질 능력이 있어야 한다는 것입니다. 즉 정의감은 어떤 정당성의 원칙들에 입각해서 행위하고자 하는 규제적인 욕구에 의해 나타난다는 것입니다. 그리고 인격의 통일성은 그의 계획이 갖는 정합성에 의해 나타나게 되는데, 그러한 통일성은 그의 정당성과 정의감에 일관되게 합리적 선택의 원칙에 따르고자 하는 보다 고차적인 욕구에 기초를 둔 것이라고 주장합니다.

지금까지 보에티우스에서 존 롤스에 이르기까지 인격에 대한 학자들의 주장을 살펴보았습니다. 이러한 인격에 대한 지금까지의 논의를 정리하면 아래 네 가지로 그 특징을 말할 수 있습니다. 첫째, 인간은 인격을 가진 존재라는 주장입니다. 인격은 개인 각자에 의해 형성되고 구체화되며, 모든 인간은 인격적 존재로서 자신만의 고유성과 존엄한 가치를 지니고 있다는 것입니다. 인간은 목적적 존재로서의 가치를 가지므로 어떤 가치에 의해서도 무효화될 수 없으며, 목적이 아닌 수단으로 이용될 수 없는 존재라는 의미를 가진다는 주장입니다. 인격을 최초로 정의한 보에티우스, 인격을 개인의 고유성과 가치로 파악한 토마스 아퀴나스, 인격을 이성이 있는 독립된 존재로 본 칸트, 인격을 개인 각자에 의해서 형성되고 구체화된다고 본 셸러, 인격을 자기를 자신과 동일화시키는 정신적 통일로 본 하르트만, 가치관과 정의감을 가진 도덕적 인격을 주장한 롤스 등은 이러한 입장에 근거를 두고 있는 학자들이라 할 수 있습니다.

둘째, 인격에는 이중적 의미가 내포되어 있다는 주장입니다. 즉 인간은 이성적 본성이라는 바탕 위에 개별성이 존재합니다. 따라서 인격이라는 의미에는 보편성과 개별성이 함께 상존한다는 것입니다. 즉 인격은 개별적 존재로서 자신의 주체성을 파악하면서도, 다른 인격들과의 경험의 공유와 관계를 통해 보편성을 획득하게 된다는 주장입니다. 독일에서 처음으로 인격에 개성과 개별성을 인정한 괴테, 모든 인격은 유일하고 존엄하다고 본 한스 슈페만 등은 이러한 입장에 근거를 두고 있는 학자들이라 할 수 있습니다.

셋째, 모든 인격은 양심이 있으며 그 핵심은 사랑이라는 주장입니다. 양심은 우리가 무엇을 해야 하고 하지 말아야 하는가를 말해주는 내적인 목소리입니다. 인간은 양심으로 인해 보편적이고 타당한 선과 그 선에서 나온 활동을 파악할 수 있다는 것입니다. 양심은 인간을 개별화하며 동시에 인간을 이기적인 개인주의로부터 벗어나게 합니다. 그리고 우리는 이러한 양심의 활동을 통해 생명을 자기 보존하려는 경향에서 초월할 수 있는데 그러한 자기 초월의 가장 높은 방식이 사랑이라고 주장합니다. 양심을 자기 형성의 규범으로 보았던 에디트 슈타인, 양심을 통해 인격을 자각하게 된다는 하르트만, 인간의 특징은 자기 초월이며 그 최고 형식은 사랑이라고 한 한스 슈페만 등은 이러한 입장에 근거를 두고 있는 학자들이라 할 수 있습니다.

넷째, 인격은 고정되어있는 상태가 아니라 일생을 통해 발달해 간다는 주장입니다. 인격의 형성이란 한마디로 자기 자신이 되는 길을 의미합니다. 그러므로 인격은 개인의 정신 속에 나타나는 자기를 자아와 일치시키는 정신적 통일을 의미합니다. 즉 인격이란 인간이 자기 자신을 정립하며 세계를 형성해 나간다는 것입니다. 인격적 존재가 된다는 것은 한 인간이 환경과의 지속적 관계 및 갈등, 투쟁 과정을 거치면서 거둔 소득이고 유산이라고 할 수 있다고 주장합니다. 인격을 사회적 인격이라 규정한 포에르바하, 인격은 구체적인 활동을 통해 변화한다고 본 셸러, 인격을 상태가 아니라 그때마다 벌어지는 사건으로 보았던 에디트 슈타인, 인간의 인격이 일생을 통해 발달한다고 주장한 융, 인격을 생물학적 결핍과 비전문성을 극복하는 과정이라고 본 게엘렌 등이 이러한 입장에 근거를 두고 있는 학자들이라 할 수 있습니다.

아리스토텔레스(Aristoteles, B.C.384~322)는 아이들을 고집이 세고 미개하고 많은 훈련이 필요한 존재로 보았습니다. 그는 교육을 신체훈련에 비유하였는데 우리가 힘과 기술이 필요한 것을 실행해 봄으로써 강해지고 숙련되는 것처럼 우리가 선량함을 연습함으로써 착해진다고 주장합니다.[34] 아리스토텔레스와 플라톤(Platon, B.C.428~348)은 감정을 자유롭게 표현하는 것이 아니라 자신의 감정을 조절하는 것을 아이들이 배움으로써 도덕적 성장이 이루어진다고 가르칩니다. 아리스토텔레스와 플라톤의 말이 옳다면 아이들에게 이러한 교육을 가르치는 교사에게는 어떤 훈련과 도덕성이 요구될까요? 아이들에게 선량함을 연습시키는 교사에게도 그러한 연습과 훈련이 필요하지 않을까요? 그래서 교사에게는 일반적인 시민의식보다 더 높은 도덕성이 요구된다고 할 수 있습니다.

18세기 계몽운동 철학자인 루소(Jean–Jacques Rousseau, 1712~1778)는 아리스토텔레스, 플라톤과는 반대로 아이들이 태어날 때는 고결하고 덕이 있는 존재이나 사회화로 인해 타락되어 간다고 주장하였습니

---

34) 아리스토텔레스(2013) 니코마코스 윤리학, 도서출판 숲.

다. 그는 도덕교육으로 아이들에게 선량한 행동을 습관화시켜야 한다는 전통적인 관념을 거부하였습니다. 루소는 외부적인 규율과 강요를 통해서는 아이들에게 도덕교육의 목적이 이루어질 수 없다고 보았습니다. 그는 가장 좋은 교육은 아이들이 소유한 진정한 자비로운 본성을 끌어내는 것이라고 믿었습니다. 그래서 사회적으로 규정된 도덕에 불신감을 지닌 근대인을 육성해야 한다고 생각했습니다. 루소는 인간이 원래 죄를 짓고 태어난다는 기독교 교리를 단호하게 거부합니다. 그러나 그는 자유롭고 고귀한 인간이라는 존재에 도덕적 습관을 주입하는 것에 대해서는 반대하였지만 아이들이 소유한 착한 본성을 끌어내기 위해서는 안내와 격려가 필요하다는 것은 인정하였습니다. 그래서 루소는 '아이들을 불행하게 만드는 가장 확실한 방법은 그를 부모들이 원하는 모든 것을 얻을 수 있도록 길들이게 하는 것이다'라고 하였습니다.[35] 이러한 루소의 주장은 교육의 진보적 운동에 영향을 주었으며 교사들에게 아이들의 창의성을 발휘할 수 있게 하는 방법들을 고민하게 하였습니다. 그러나 루소가 그의 이론을 자신의 삶에 적용하지 않고 자기 아이들을 모두 고아원에 맡김으로써 부모로서 아이들을 양육하는 데 책임을 다하지 않은 것은 매우 잘못된 것이라 할 수 있습니다.

마리아 몬테소리(Maria Montessori, 1870~1952)는 교육이란 학생의 인격을 고려하고 잠재력을 개발하는 것이라고 보았습니다.[36] 그 이유는 인간의 인격이 출생하는 순간부터 만들어지기 때문이라는 것입니다. 몬테소리에 따르면 아이들은 출생 후 첫 2년이 인생에서 가장 중요

---

35) 루소(2015) 에밀, 돋을새김.
36) 몬테소리(2016) 흡수하는 정신, 부글북스.

한 시기입니다. 따라서 이 시기 교육은 아이가 정신적 능력을 최대한 개발할 수 있도록 돕는 데 목적을 두어야 한다는 것입니다. 이 시기의 아이는 지식을 흡수하며 스스로를 가르치는 그런 유형의 정신을 가지게 되는데, 두 살 된 아이는 자기 부모가 사용하는 언어로 말한다는 것이죠. 아이가 태어나 첫 3년 동안 성취한 것을 성인의 능력으로 이루고자 한다면 아마 60년은 걸릴 것이라고 주장합니다. 몬테소리는 교육개혁은 어떤 것이든 인격 발달에 바탕을 두어야 한다고 주장합니다. 사람 자체가 교육의 중심이 되어야 한다는 것이죠. 그녀는 교육이 부모나 교사로부터, 즉 외부에서 전달되는 것이 아니라 아이가 가지고 있는 내면의 재능과 능력을 끌어낸다는 점을 분명히 밝히고 있습니다. 이는 교육의 주체가 교사가 아니라 학습자임을 의미하는 것입니다.

에디트 슈타인(Edith Stein)은 교육이란 인격을 육성해 나가는 것이라고 보았습니다.[37] 그녀에게 있어 인격은 고정된 상태가 아니라 그때마다 벌어지는 사건을 통해 결정하는 것입니다. 인격이 고정되어있는 상태가 아니라면 인격을 어떻게 형성할 수 있을까요? 슈타인에 따르면 인격이란 인간이 자기 자신을 정립하며 세계관을 형성해 가는 것입니다. 교육이 인격을 형성한다는 말의 의미는 바로 여기에 있습니다.

칼 구스타프 융(Carl Gustav Jung)은 인간의 인격은 일생을 통해 발달한다고 주장합니다. 그는 인간이 살아가는 궁극적인 목표를 자기를 실현하는 것으로 봅니다. 그래서 한 인격의 인격 완성을 본래의 자기에 이르는 개성화 과정에 있다고 보았습니다. 그러나 그는 인격의 계발을 아동이 수행해야 하는 발달과업으로만 치부하고 정작 성인에 대해서는 인격 계발에 대해 논의하지 않는다는 것을 현대 교육과정이 가진 문제

---

37) 이은영(2007) 슈타인의 인격론, 서울대학교 출판부.

점 중의 하나로 지적하고 있습니다.[38]

아놀드 게엘렌(Arnold Gehlen)에게 있어 교육은 한 결핍 존재가 인격을 갖춘 존재로서 전문화되거나 원시적 결핍상태로 존재하는 것의 기준이 됩니다. 게엘렌에 따르면, 인간이 스스로 가치 있다고 생각하는 일을 성취한다는 것은 근본적으로 자신에게 내재하고 있는 동물적 본성이 지향하는 충동을 억제하고 새로운 문명적 가치에 자신을 통합해 낸다는 것을 뜻합니다.[39] 동시에 그것을 실천할 적절한 수단과 도구를 보유하고 있음을 의미하기도 합니다. 이것이 바로 교육의 역할이라는 것입니다. 그는 또한 문화의 학습이 인간을 만드는 기초라고 말합니다. 그 이유는 문화의 학습 속에 선과 악의 판단근거가 있으며, 그것이 의미와 가치의 규범적 틀을 제공해주기 때문입니다. 그에 따르면 교육의 첫 번째 목표는 생존의 가능성 확보에 있습니다. 이는 직업교육이나 유아, 아동교육 등 삶의 가능성 확보에 관심을 둔 교육이며, 복지국가라는 측면에서 소위 의무교육의 주요 사항으로서 제도적 틀에 의해 보장되는 부분입니다. 교육의 두 번째 목표는 사회적 가치를 추구하는 것입니다. 이때 교육내용과 의미는 문화적 논리에서 주어지므로 생존이라는 직접적 목적을 향한 교육은 아니라 할 수 있습니다. 그러나 문화적 규범이 허용하고 요구하는 가치를 학습하고 교육하면서 생존에서 나아가 개인의 의미와 가치의 충족 여부를 판단하고 추구할 수 있게 됩니다. 이때 교육은 인격적 완성을 지향하며, 이를 전인교육이라 부른다는 것입니다.

지금까지 인격 형성과 교육의 상관관계를 아리스토텔레스, 플라

---

38) 윤영돈(2007) 융의 인격론, 서울대학교 출판부.
39) 임채광(2007) 게엘렌의 인격론, 서울대학교 출판부.

톤, 루소, 몬테소리, 슈타인, 융, 게엘렌 등의 주장을 통해 살펴보았습니다. 그렇다면 학교나 교사는 학생들의 인격 형성과 발달을 위해 구체적으로 어떤 노력을 해야 할까요?

첫째, 자라나는 아이의 인격 형성과 성장에 가장 먼저 그리고 큰 영향을 미치는 사람은 부모와 교사입니다. 그래서 아이의 인격 형성은 부모와 교사가 자녀와 학생들을 어떻게 대하는지에 달려 있다고 할 수 있습니다. 그렇다면 아이들은 매일 가정과 학교에서 어떤 의미 있는 경험을 해야 할까요? 특히 학교와 교사는 학생들의 인격 성장을 위해 어떤 의미 있는 수업과 메시지를 전달해야 할까요? 우선 학교나 교사는 학생과의 관계에서 그 내용과 질을 향상하려는 노력이 필요합니다. 학생들이 하나의 인격으로서 자아를 발견하고 자기를 존중하고 그런 가운데 교사와 친구들과 인격적인 관계를 맺을 수 있도록 하는 것이 중요합니다. 만약 이러한 인격교육을 위한 관계 형성은 하지 않고 교육과정, 교수 방법, 학부모회 대상 특별강좌와 같은 실적 위주의 행사 시행과 전시효과만 노리게 된다면 학생의 올바른 인격 성장은 바랄 수 없게 될 것입니다.

둘째, 교사의 인격과 행동이 학생들의 성장에 영향을 미칩니다. 학생들의 인격 성장은 그들이 학습하고 관찰하는 것으로부터 영향을 받습니다. 그러므로 학생들이 자라나는 가정의 부모와 학교의 교사는 좋은 쪽이든 나쁜 쪽이든 그들의 롤모델(role model)이 될 수밖에 없습니다. 버스나 지하철 같은 대중교통을 이용할 때 우연히 학생들의 등하교시간과 마주치게 되면 곁에 있는 학생들의 대화 내용을 의도치 않게 엿들을 수 있습니다. 가만히 들어보면 학생들이 나누는 얘기의 대부분은 친구나 교사에 관한 내용입니다. 학부모들은 자녀들이 학교에서 교사들을 관찰한다는 것을 잘 알고 있습니다. 학생들이 교사들을 관찰함에서 문제가 되는 것은 그들이 관찰한 것을 무 비판적으로 모방한다는 점입니다. 그리고 학생들의 모방 행동은 고등학교보다는 중학교, 초등학교로 내려갈수록 강화됩니다. 이타심이나 감정이입 같은 긍정적 행동들도 모방하고, 폭력이나 속임수 같은 부정적 행동들 역시 모방합니다. 한 학교 교사들의 인격 수준을 알려면 그 학교 학생들이 어떻게 교사들을 대하는지, 학생들끼리 어떻게 대화하고 생활하는지를 보면 알 수 있습니다. 교사들이 존경스럽지 못하고 책임감이 없는데 학생들에게 그런 것을 바라는 것은 연목구어(緣木求魚)[40]라 할 수 있습니다.

셋째, 학교는 학생들에게 좋은 인격을 기대해야 합니다. 그러한 기대는 높은 수준이어야 하지만 도달할 수 있는 수준이어야 하며, 학생들이 이러한 기대에 도달할 수 있도록 체계적인 교육방법과 지원이 필요합니다. 따라서 학교 교육과정의 도덕 교과 외에도 잠재적 교육과정을 이용한 인격교육의 체험 및 실시가 필요합니다. 중요한 것은 이론 수업과 함께 학생들이 느끼고 체험하는 방법이 병행되어야 한다는 것입니다.

넷째, 학생들이 좋은 인격을 연습할 수 있는 기회를 가져야 합니다. 학교와 교사는 학생의 자율성을 촉진하고 영향을 끼쳐야 합니다. 학생들이 특정한 관점을 채택하고 비판적 사고와 갈등 해결방법 모색, 인격의 필요성 등에 대해 고민할 수 있도록 교육적 기회를 제공해야 합니다. 이와 함께 학교는 학생들이 자신의 인격을 성장시킬 수 있는

---

40) 연목구어란 나무에 올라가 물고기를 얻으려고 한다는 뜻으로 목적과 수단이 맞지 않아 불가능한 일을 굳이 하려 함을 비유하는 말이며, 우리말 격언에 우물가에서 숭늉 찾는다는 속담이 있다.

활동들을 모색해야 합니다. 대표적 예로 봉사활동, 동아리 활동, 학생 자치활동, 자선활동 등이 있습니다.

다섯째, 학생들의 도덕적 사고 능력을 발달시키기 위해서는 도덕적 문제에 대한 논쟁, 판단, 반성 등이 필요합니다. 이러한 활동은 다른 사람의 의견이 나와 다를 때 이를 비판적으로 판단하고 수용하는 기회를 제공합니다. 중요한 점은 학생들이 토론할 때 솔직하게 참여해도 사회적으로 안전하고 인정받는 분위기를 만들어 주는 것입니다.

마지막으로는 부모와 가정에서 학교의 인격교육에 능동적이고 긍정적일 필요가 있다는 것입니다. 이러한 학생의 인격교육은 학교와 부모가 상호협력할 때 더욱 효과적이기 때문입니다.

CHAPTER

02

교사와 인격

4차 산업혁명시대가 도래하면서 학교와 교사의 필요성에 대한 의문이 제기되고 있습니다. 이러한 의문을 더욱 가속화 한 사건은 코로나－19 팬데믹(pandemic)[1]입니다. 2019년에 발생한 코로나바이러스 감염증은 전 세계 학생들의 등교를 일시적으로 중단시키는 한편 오프라인수업을 온라인수업이나 블렌디드러닝(blended learning)[2]으로 전환하게 하였습니다. 학교와 교사의 필요성에 대한 이러한 의문은 전 세계적으로 발생한 팬데믹과 같은 원인이 아니더라도 요즘같이 개성과 창의성을 존중하는 시대에 아침부터 저녁까지 학생들을 한 장소에 모아놓고 획일화된 지식을 가르치는 교육방법이 과연 적절하고 바람직한가를 묻고 있습니다.

교사는 학생들에게 왜 필요하며, 학생은 교사로부터 무엇을 기대할까요? 우선 교사는 학생들을 위해 존재합니다. 그러나 실제로 학생들은 교사가 학생을 위해 존재한다고 생각하지 않고 오히려 학교나 교사

---

1) 범유행(pandemic)은 전염병이나 감염병이 전지구적으로 유행하는 것을 일컫는 말로 세계보건기구(WHO) 전염병 경보단계 중 최고 위험등급에 해당한다.
2) 혼합형 수업으로 온라인과 오프라인을 통합하는 수업방식을 뜻한다.

를 위해 학생이 존재한다고 생각합니다. 왜 그렇게 생각하는지 병원을 예로 들어보겠습니다. 병원의 의사와 간호사가 환자를 위해 존재한다는 것은 자명한 사실이며, 의사와 간호사를 위해 환자가 존재하는 것은 아닙니다. 환자는 자신의 질병과 증상을 치료할 수 있는 병원과 의사를 선택하며, 병원이나 의사의 진료가 마음에 들지 않으면 언제든지 원하는 다른 병원으로 옮겨 갈 수 있습니다. 그러나 학교는 그렇지 않습니다. 우리나라의 경우 일반적으로 학생에게 학교나 교사에 대한 선택권이 없습니다. 의무교육 제도하에서 학생들은 자신이 가고 싶은 학교나 원하는 담임교사를 선택할 수 없습니다. 학생이 교육의 주체라고는 하지만 학생들은 성숙하는 과정에 있는 인격체이므로 학생에게 부여되는 권리에는 제한이 있습니다. 그래서 학생이 교육의 주체라는 권리에는 제한이 따르며, 학교나 교사를 위해 학생이 존재한다는 오해가 발생하는 것입니다.

의사가 환자의 치료를 위해 필요한 존재듯이 교사는 학생의 인격 형성과 성장을 위해 필요한 존재입니다. 의사가 환자의 육체적, 정신적 질병을 치유하는 것을 목적으로 한다면, 교사는 학생의 육체적, 정신적 성장과 자아실현을 목적으로 합니다. 의사의 경우 일부 전공 분야에서는 예외가 있을 수 있겠지만 일반적으로 환자를 위한 처방과 치료에 대한 가시적 효과 또는 확인이 가능합니다. 그러나 교사의 학생을 위한 헌신과 노력에 대한 성과는 즉각적으로 나타나지 않으며, 따라서 가시적인 확인과 평가도 쉽지 않습니다. 그것은 학생이 성숙 과정에 있는 인격체이므로 교사에 대한 평가가 학부모를 통해 간접적으로 이루어진다는 점과 교사의 헌신과 노력에 대한 결과를 즉각적으로 확인할 수 없기 때문입니다. 이러한 점이 교사의 필요성에 대한 논란을 가중하고 있습니다.

그렇다면 학생들은 학교와 교사로부터 무엇을 기대할까요? 먼저 학생들은 학교와 교사를 분리해서 인식하는 것이 아니라 하나의 전체로 파악합니다.[3] 학생들이 생각하는 학교라는 의미에는 교실 및 특별실과 같은 건축물과 함께 교사라는 존재가 포함되어 있습니다. 그래서 학생들은 교사를 학교와 분리되는 개별적이고 주체적 존재로 받아들이지 않습니다. 이와 함께 학교에서 결정된 사항은 학교에 소속되어 있는 교사들의 뜻과 일치한다고 간주합니다. 간혹 학교의 방침과 결정사항에 반대하는 교사의 의견이 나타날 때 학생과 학부모들은 당혹해합니다. 그런 교육적 상황 또는 학교와 교사 간의 의견 불일치에 대해 불편함을 느끼는 것입니다. 학생들은 교사를 학생들과 같은 권리를 가진 하나의 독립적인 인격체로 파악하는 것이 아니기 때문입니다. 이것은 마치 어린아이에게 엄마와 아빠가 서로 다른 주장과 결정을 제시할 때, 아이가 부모로부터 혼란과 당혹감을 느끼는 것과 마찬가지라고 할 수 있습니다.

조만간 4차 산업혁명시대가 도래하고 그 결과 온라인수업이 보편화되면 학교라는 존재는 미네르바스쿨[4]처럼 온라인상으로만 존재하게 될 수도 있습니다. 그러나 교사라는 직업은 사라지지 않을 것입니다. 물론 학교에도 인공지능(AI)이 도입될 것입니다. 그러나 인공지능(AI)은 교사와 개별 학생들의 지식습득을 돕기 위한 보조교사의 역할을 수행하게 될 것이라고 생각합니다. 즉 교과수업, 예를 들면 수학, 과학문제에 대한 힌트와 해답을 제시하고 그 풀이 과정을 보여주는 교사의 보

---

3) Maehr & Midgely(1996) Transforming School Cultures, Westview Press.
4) 미네르바스쿨: www.minerva.kgi.edu

조역할을 수행할 것입니다. 그렇다면 미래학교에서 교사의 역할은 무엇일까요? 앞으로 교사는 지식 전달보다는 멘토나 코치로서 안내자의 역할이 주가 될 것입니다. 학생 각자의 동기와 관심, 진로에 관심을 가지고 불확실한 각자의 미래를 위해 앞으로 나아갈 수 있도록 격려하고 소언하는 역할이라 할 수 있죠. 그 이유는 인공지능(AI)과도 관련이 있습니다. 인간이 인공지능과 다른 점이 무엇일까요? 인간은 인간만이 가진 특성, 즉 인격을 가진 존재이며 공감하는 능력, 창조적으로 생각하는 능력이 있습니다. 한 개인의 행동을 두고 보더라도 행동 패턴에 대한 정확한 예측이 어렵습니다. 이러한 예측 불가능한 특성을 가진 인간을 인공지능이 교육하기에는 어느 정도 한계가 있습니다.

교사는 원하든 원치 않든 간에 학생들에게 롤모델(role model)로서의 역할을 합니다. 학생들은 정신적으로나 육체적으로 하루가 다르게 성장합니다. 이렇게 성장하고 변화하는 학생들은 교사들의 행동과 태도를 보고 모방하고 배웁니다. 이렇게 교사가 가지는 롤모델이란 역할은 인공지능으로는 대체할 수 없을 것입니다. 니체에 따르면, '인간은 하나의 가능성이며, 사람은 대상물로부터 무엇인가를 배우는 것이 아니라 그 대상물에 의해 촉발된 자신 안의 무엇인가를 스스로 찾아내고 끌어낸다'고 하였습니다.[5] 그렇다면 배우는 인간, 즉 학생이란 무한한 가능성을 내포하고 있는 존재라고 할 수 있습니다. 이러한 학생을 가르치는 존재는 똑같이 규정된 가르치는 인간, 즉 교사에 의해 앞날의 그 가능성의 길을 밝혀야 할 것으로 생각합니다.

---

5) 프리드리히 니체(2017) 니체의 생각, 힘찬북.

우리나라에서 교사가 되기 위해서는 아래 세 가지 방법 중 한 가지를 선택해야 합니다. 먼저 초등학교 교사가 되려면 교육대학교, 중등학교 교사가 되려면 일반대학교의 사범대학을 입학한 후 졸업해야 합니다. 교육대/사범대를 정상적으로 졸업했을 경우 교사자격증(2급 정교사)을 취득할 수 있습니다. 그러나 초등학교 교사가 되기 위한 방법은 중초교사[6] 같은 특수한 경우를 제외하고는 교육대학교를 졸업해야만 교사자격증이 발급되므로 엄밀하게 말하자면 하나의 방법만 있는 셈입니다. 두 번째는 일반대학의 전공을 선택한 후 교직과목을 이수하는 것입니다. 현재 일반대학 전공에서 교직과목을 이수하기 위해서는 해당 전공학과에서 성적 순위 30% 이내에 드는 학생에게만 교직과목을 이수할 자격을 부여하고 있습니다. 세 번째는 대학을 졸업한 후 교육대학원에 진학해서 졸업하게 되면 교사자격증이 부여됩니다.

그러나 교사자격증이 있다고 해서 교사가 될 수 있는 것은 아닙니다. 교사자격증은 교사가 되기 위한 최소한의 요건을 갖춘 것입니다. 교원채용 임용고사라는 힘든 시험을 통과해야만 교사가 될 수 있습니

---

[6] 중등학교 교사자격증으로 초등학교 임용이 되는 교사를 말한다.

다. 일반적으로 임용고사에 합격하려면 평균 6년, 9급 공무원시험에 합격하려면 평균 3년의 기간이 소요된다고 알려져 있습니다. 이는 어디까지나 평균이라는 확률에 불과하므로 실제로는 조금 더 단축될 수도 또는 준비 기간이 더 길어질 수도 있습니다. 현재 우리나라에서는 교사 자격증을 취득한 후 이러한 어려운 임용고사 과정을 통과해야만 교사가 될 수 있습니다.

이런 과정을 거친 초임교사는 새 학기가 시작되기 전 2월경 각 시도교육청에서 실시하는 초임교사 연수 과정을 거치게 됩니다. 이 연수 과정에서 각 교과의 선배 교사들이 학교생활에 대한 전반적인 안내를 하게 됩니다. 그 후 교육청 홈페이지의 인사이동을 통해 자신이 처음 근무하게 되는 학교를 알게 됩니다. 그리고 초임교사로서 교직에 대한 부푼 희망과 기대를 품고 설레는 마음으로 발령받은 학교로 첫 출근을 합니다. 그러나 신출내기 교사가 첫날 출근했을 때 자신이 몇 년 동안 몸담게 될 실제 초임학교의 모습은 어떠할까요? 대부분 초임교사는 신입생들의 입학식 준비로 바쁜 교무실에서 교무부장을 통해 교장, 교감 및 동료 교사들과 인사를 나누게 됩니다. 그리고 자기가 앉을 자리를 안내받은 후 간략하게 담임을 맡을 학반, 수업시간표, 업무 등을 배정받게 됩니다. 그렇다면 학교는 초임 교사에게 어느 정도 우호적일 것이라고 기대하나요?

교사의 역할은 크게 세 분야로 나누어집니다. 즉 교과 수업, 학급 담임/비담임, 그리고 부서 업무입니다. 먼저 교과 수업입니다. 한 학기 동안 수업해야 할 자신의 시간표를 받아들고 담당 과목과 학년, 시간을 확인한 후 첫 수업을 위해 조심스럽고 떨리는 마음으로 교실 문을 열고 들어선다고 생각해 봅시다. 쥐 죽은 듯이 조용한 교실의 문을 열고

들이서는 자신에게 몇 십 개의 호기심과 기대에 찬 눈동자가 한꺼번에 쏟아진다면 어떻게 해야 할까요? 학생들을 어떻게 개별적으로 아이콘 택트(eye contact)할 것이며, 첫 수업의 발문을 무슨 말로 어떻게 시작해야 할까요? 때로는 교사가 교실 문을 들어섰는데도 학생들이 아랑곳하지 않고 계속 떠들고 있거나 심지어 수업시간에도 교실을 돌아다니는 학생이 있다면 어떻게 해야 할까요?

수업을 위해 교실 문을 열고 들어서는 순간 교사는 고립된 섬과 같습니다. 1시간(초등학교; 40분 중학교; 45분 고등학교; 50분) 동안 머물러야 하는 이 섬에서 자신을 도와줄 수 있는 사람은 아무도 없습니다. 정해진 시간 동안 수업목표를 달성하기 위한 전략과 방법을 고안해서 학생들과 함께 수업을 진행해 나가는 것은 전적으로 교사의 역량과 책임입니다. 수업을 시작했는데도 불구하고 계속 엎드려 자거나 떠드는 학생이 있을 수도 있습니다. 수업이 진행되고 있음에도 불구하고 계속 엎어져서 자는 학생이 있다면 깨워야 할까요? 아니면 그대로 두어야 할까요? 곤히 자는 학생을 깨운다면 교탁에서 잠을 깨우라고 지시해야 할까요? 가서 흔들어 깨워야 할까요? 만약 학생을 깨웠을 때 잠이 덜 깬 목소리로 반항을 하거나 욕설을 하면 어떻게 반응해야 하고 처리해야 할까요? 수업방식은 어떻게 진행할 것인가요? 대학교에서 배웠던 전통적인 강의방법을 택할 것인가요? 학생 중심의 협력학습을 택할 것인가요? 아니면 블렌디드러닝처럼 온라인과 오프라인 수업방식을 적절하게 혼합하여 준비할 것인가요?

교사들에게 수업은 가장 큰 비중을 차지하는 일이며, 이외에도 수업계획서/수업지도안, 시험출제 및 채점, 학생들의 출석 및 자습지도, 교직원 회의 및 교과협의회, 학부모면담, 공문처리, 연구보고서 작성을 위한 다양한 종류의 정보수집 등이 부담으로 작용합니다. 대부분 교사는 교실에서 홀로 수업하며, 다른 교실에서 동료 교사들이 어떻게 수업하고 있는지 참관할 기회가 많지 않습니다. 일 년에 한 번 혹은 두 번 정도 그런 기회가 있었다고 말합니다. 교사들은 교사들 상호 간에 의사소통과 상호지원이 그리 강하지 않다고 느낍니다. 동료 교사들이 학생들을 어떻게 대하는지, 그들의 교육관이 어떠한지, 그들의 역량이 어떠한지에 대해서 잘 알지 못합니다. 또한 교사는 학교의 뿌리 깊은 교육적 문제들에 대해 깊이 참여하기를 원하지 않습니다. 교사들은 학교의 발전과 향상에 대해 상대적으로 약한 의식을 가지며, 교실에서는 의사결정과정을 지배하고 있습니다. 교사들은 많은 부분에서 비슷하지만 본질적으로는 각자가 서로 다른 인격체입니다.

두 번째, 학급담임의 역할입니다. 초임교사는 교사가 되기 전에는 주로 학생의 위치에서 교사의 지시를 따르게 됩니다. 그러나 교사가 되면 한 반의 담임으로서 자신의 학급에 속한 학생들의 학교생활을 책임지게 되는 위치에 서게 됩니다. 매일 조례와 종례를 하면서 학생들의 건강과 심리적 상태를 확인하고, 학생들에게 필요한 내용을 전달하고, 청소검사와 학생들의 고충 해결을 위해 개별 상담을 해야 합니다. 학부모들과 소통해야 할 뿐만 아니라 학교생활 문제로 학부모들에게 면담을 요청하거나 응해야 합니다. 교사는 담임으로서 학급 학생들에 대한 개별적 가정 배경을 포함하여 신체적, 지적 특성이나 정서적 충동과 성장의 특징에 관한 내용을 파악하고 있어야 합니다. 또한 학생이 개인적 문제나 학업 혹은 진로 문제에 직면할 때 학교와 지역사회의 모든 적절한 자원들을 동원하여 학생을 도울 수 있도록 충분하게 세밀하고 이해심이 많고 현명해야 할 필요가 있습니다. 교사는 자기가 맡은 학급의 학생뿐만 아니라 자신이 맡은 교과를 가르치기 위해 교실에서 학생들과 함께 수업합니다. 이때 교사와 학생들의 관계는 친숙하고 우호적인 상담자의 관계가 되어야 할 필요가 있습니다.

교사 역할의 마지막 부분은 업무입니다. 교사업무는 크게 교육과정 분야, 학생 관리 분야, 교사지원 분야로 나누어지는데 우리나라의 경우 공통적으로 가장 중요한 부분은 공문서 처리입니다. 교육과정 분야는 교육과정 기획, 실행에 관한 업무를 담당하고, 학생 관리 분야는 학생들의 학교생활 전반에 관한 업무를 담당하며, 교사지원 분야는 성적평가, 교원 능력 평가, 교사연수 등 교사에 관한 업무를 담당합니다. 그러나 자신이 맡은 업무가 어느 분야이든 간에 업무포탈시스템7) (NICE)을 통해 공문을 접수하고 보고내용을 파악한 후 문서를 기안하고 전자결재를 통해 발송해야 합니다. 이와 함께 K-에듀파인8)은 해당연도의 교육계획에 따른 행사를 진행하려고 할 때 자신이 담당한 부서의 예산을 책정하고 그 예산을 행사에 따라 기안하고 결재를 득한 후 집행하는 정보전산처리 시스템이라 할 수 있습니다.

새 학기가 시작된 후 눈코 뜰 새 없이 바쁜 3월이 지나 조금씩 학교생활에 적응될 때쯤이면 시험 기간이 다가옵니다. 정기고사는 일 년에 네 번(1학기 중간, 기말, 2학기 중간, 기말) 치릅니다. 이때 처음으로 학

---

7) 학교업무처리에 필요한 대표적인 시스템 3가지(나이스 교무업무, 업무관리, 에듀파인)를 하나의 사이트에서 통합해서 원하는 업무를 선택하여 수행할 수 있도록 도와주는 시스템이다.

8) 교육부, 한국교육학술정보원(2010). 학교회계시스템 길라잡이(교원용).
에듀파인은 교육영역별 사업 중심의 예산과 재정업무 수행의 효율화를 위해 교육비 특별회계와 연계를 통하여 예산편성, 품의, 지출, 결산 등을 One-stop으로 처리하는 시스템을 말한다. 최근에는 업무관리와 에듀파인이 결합되어 K-에듀파인으로 통합되었다.

생들의 학업성취평가를 위해 정기고사 문항을 개발하고 출제해야 합니다. 학교에서 실시하는 평가에는 크게 지필고사, 서술형 평가, 수행평가가 있습니다. 자신이 담당하는 교과의 문제출제를 위해서는 교과의 성취기준에 따라 평가 문항만 개발하면 되는 것이 아닙니다. 이원목적분류표, 채점기준표를 작성해야 하고 교과에서 공동으로 문제를 출제하는 경우 교과협의회를 거쳐야 합니다. 평가 문항을 개발하기 위해서는 학생들의 이해 수준을 살펴봐야 하고 문항의 난이도와 변별력을 고려해야 합니다. 학생들의 평가와 관련하여 교사에게 필요한 것은 학습에 밀착된 피드백 고리를 만들어 학생 개개인의 학습 정도를 정기적이고 지속적으로 검증하는 것입니다. 이것을 학교에서는 일명 쪽지시험이라고도 하죠. 그러나 이런 경우 학생 중심의 온라인기술이나 학습 도구9)를 활용하면 시험을 치르고 성적을 매길 때까지 이해하지 못한 부분을 몇 주씩 끌고 갈 필요가 없게 됩니다. 즉 고정된 시간에 학생별로 다양한 학습결과를 내기보다는 학습시간을 다양화함으로써 학습결과를 고르게 할 필요가 있습니다.

　과거의 평가는 교사와 학생에게 두 가지 역할을 했습니다. 첫째는 학생들이 얼마나 숙련되고 준비가 되었는가를 판단하는 것이었습니다. 둘째는 학생을 비교하는 것이었습니다. 그러나 지금까지 교사가 주도하였던 전통적 시험은 위에서 언급한 첫 번째 역할을 제대로 수행하지 못했습니다. 시험은 학생들이 전체적으로 내용을 얼마나 어느 정도 습득했는가에 상관없이 진행되었습니다. 단원이나 수업 자체가 이미 끝나고 다소 시간이 지난 후에 시험을 치르며, 성적이 나오기 전까지는

---

9) 이러한 학습도구의 예를 들면, 플립러닝(flipped learning)이나 블렌디드 러닝(blendid learning)이 있다.

학생들이 실제 무엇을 학습했는지 교사들은 알지 못합니다. 학생들이 학습 내용을 습득하지 못했다 하더라도 진급하며, 시험에 통과하지 못하거나 낮은 점수를 획득한 경우에도 진급합니다. 현재 학교는 매년 진급해야 하는 학생들을 소화하기 위해서 고정된 시간에 다양한 학습을 하는 특징을 갖고 있습니다. 제조업에서 제품이 제대로 만들어졌는지 알 수 없으므로 생산라인의 끝에서 각 제품을 검사하듯이 교사들도 어느 학생이 잘 배웠는지 예측할 수 없으므로 시험을 치르는 것입니다.[10] 이러한 결과 중심의 평가방법을 개선하기 위해 최근에는 과정평가를 위한 도구로서 수행평가, 서술형 평가가 도입되어 실시되고 있으며, 2025년부터는 고교학점제가 시행될 예정입니다.

---

[10] Christensen & Johnson(2009) Disrupting Class. McGraw Hill.

에드 샤인(Ed Schein)은 문화(culture)란 집단경험의 학습된 산물이라고 하였습니다.[11] 즉 문화란 한 집단이 외부적 문제와 내부적 통합 문제에 대해 대응하기 위해 학습되며, 새 구성원들에게도 그러한 문제점들을 인식시키고 느끼게 하는 기본적 가정의 유형이라는 것입니다. 샤인에 따르면, 문화는 새로운 경험에 의해 진보하며 그 학습 과정이 역동적이므로 필요한 경우에는 문화 자체가 변화될 수 있습니다. 그는 학교를 포함한 조직은 목표에 대한 합의를 이루기 위해서 기본적인 활동에 관한 공통된 언어와 공유된 가정을 가질 필요가 있다고 주장합니다. 그 이유로 학교조직이 목표를 달성할 수 있는 수단에 대한 분명한 합의 없이는 기본과업을 수행할 수 없기 때문이라는 것입니다.

그렇다면 앞으로 4차 산업혁명시대가 되면 교직문화는 어떻게 바뀌게 될까요? 한 가지 예를 들자면 코로나-19 팬데믹으로 인해 교실수업 자체가 온라인수업이나 블렌디드 러닝(blended learning)으로 바뀌었습니다. 이러한 코로나-19사태가 진정된다면 예전 판서 중심의 교실수업으로 마치 아무 일도 없었던 것처럼 되돌아가게 될까요? 아마 그

---

11) Ed Schein(2010) Organizational Culture and Leadership, Jossey-Bass.

렇게 되지는 않을 것입니다. 코로나-19의 영향으로 인해 온라인수업이나 블렌디드러닝 기반 수업으로 전환하지 못하였던 교사들은 아마 명예퇴직 등의 방법으로 조금씩 현직에서 물러나게 될 것입니다. 왜냐하면 그들은 코로나-19라는 새로운 외부적 문제에 대해 적응하고 변화하지 못했기 때문입니다. 따라서 앞으로 교사들에게는 교사라는 직업에 대한 역량과 소양의식이 더욱 요구될 것입니다. 만약 교사라는 직업에 대한 정체성과 전문적 소양을 갖추지 않고 교사가 된다면 교직생활을 하는 가운데 어려움을 만나게 되는 경우, 교사로서 주어진 의무와 역할을 포기하거나 좌절하게 될 가능성이 매우 높아질 것입니다. 따라서 교사가 되기 위해서는 아래와 같은 기본적 소양과 자세가 필요하리라고 봅니다.

먼저 교사로서 자신의 수업을 위해 갖추어야 할 기본자세입니다. 첫째로, 학생을 존중하고 사랑해야 합니다. 앞서 언급한 바와 같이 교육의 주체는 교사가 아니라 학생입니다. 더우이 최근 저출산율로 인해 인구절벽 현상이 가중되고 있는 상황에서 학생 한 명 한 명은 매우 소중한 교육자원이라고 할 수 있습니다. 둘째, 교사는 자신이 지도하는 교과에 대해서 애착과 전문성을 가져야 합니다. 교사의 역할 중 가장 중요한 것은 자신이 지도하는 교과입니다. 자신이 담당하는 교과에 대한 최신 연구 동향과 함께 주제나 이슈 등을 파악함으로써 전문성을 가져야 합니다. 또한 자신이 담당하는 교과에 인공지능(AI)이 어떤 방법으로 도입될 수 있을 것인지, 디지털교과서나 온라인수업방식으로의 변화 방향 등에 대한 전망과 학습이 필요할 것입니다. 셋째, 교사는 코치/멘토로서 학생들을 지도할 수 있는 능력이 있어야 합니다. 앞으로는 인공지능(AI)의 등장으로 인해 교사의 역할이 바뀌게 될 것입니다. 관리나 감독보다는 코치나 멘토로서의 역할이 강조될 것입니다. 넷째, 학생들을 편애하지 않는 태도를 지녀야 합니다. 학생들의 이야기를 들어보면 학생들은 편애하는 교사를 가장 싫어하는 것을 알 수 있습니다. 따라서 학생들과 함께 생활할 때 공정하고 올바른 태도를 유지할 수 있어야 합니다. 다섯째, 학생이 직면한 문제에 대하여 공감적 이해를 할 수 있어야 합니다. 한때 눈높이 교육, 맞춤형 교육이라는 단어가 유행했습니다. 교사로서 학생들의 수준에서 공감하고 이해할 수 있는 태도와 자세를 갖출 필요가 있습니다. 여섯째, 유머 감각이 있어야 합니다. 유머 감각은 선천적으로 타고난다고 하지만 썰렁한 아재 개그라도 습득하고 노력해야 할 필요가 있습니다. 유머는 긴장된 상황을 풀 수 있고 경직된 관계를 부드럽게 하므로 일상생활에서 소금과 같은 역할을 할 수 있습니다. 일곱째, 교사는 태도와 행동에서 학생의 모범이 되어야 합니다. 이를 페르소나(가면)라는 입장에서 적용해보겠습니다. 사회나 학교에서 교사에게 요구하는 직업적 페르소나와 자아(가치관)와 같은 본질적 페르소나가 상충되지 않도록 자신에 대해서 항상 관심을 기울여야 합니다. 예를 들면 자신의 페르소나와 교사라는 직업적 페르소나 사이에 조화가 이루어질 수 있도록 절충지대를 마련할 필요가 있습니다. 여덟째, 학생에게 성에 관한 농담이나 육체적 접촉은 절대 금기입니다. 성폭력에 대한 주의는 아무리 강조해도 지나치지 않습니다. 교사로서 학생뿐만 아니라 동료 교사에게도 친숙한 관계라고 하더라도 예의를 지키고 지나친 농담이나 육체적 접촉은 하지 않는 것이 좋습니다.

다음으로는 동료 교직원과의 관계에 대한 것입니다. 학교는 교육공동체입니다. 교사는 학교 내 교직원들과 원만한 인간관계를 유지할 필요가 있으며, 상호신뢰가 형성되어야 합니다. 극소수이지만 교사 중에는 학생이나 학부모에게 동료 교사를 비난하면서 자신이 인기를 얻어 보겠다는 생각을 하는 사람이 있습니다. 그러나 오히려 자신이 책임이 없는 경우에도 자신의 책임으로 돌리고 동료를 칭찬하는 사람이면 학생과 학부모는 그 사람을 신뢰하게 됩니다. 그래서 교사는 항상 양보하고 다른 사람을 칭찬하는 태도가 필요합니다. 교사는 학급 차원에서는 스스로 어느 정도 자율적이라 인식하지만 학급 이상의 차원에서는 자율성을 가지지 못한다고 느낍니다. 이러한 교사의 자율성은 전문성에서 비롯된다기보다는 고립적이라는 측면에서 받아들여집니다. 교사들은 학교 전체의 문제에 대해 함께 일하는 경우가 드물며, 일반적으로 전통을 따를 때 편안함을 느낍니다. 따라서 교사들은 학교 내부의 교과 사이의 장벽들을 무너뜨릴 필요가 있으며 교실에서 학습공동체를 구성할 필요가 있습니다. 교사들 간의 장벽을 무너뜨리고 전문가 집단, 학교와 학교와 관련있는 단체들과의 협력관계를 구성해야 할 필요가 있습니다

마지막으로는 교사와 지역사회와의 관계입니다. 학부모나 학생, 그리고 학교에 방문하는 지역 인사들과의 관계를 소홀히 해서는 안 됩니다. 학교의 평판은 학교에 전화하거나 학교를 방문했을 때 학교와 교사, 학생으로부터 받는 인상에 의해서 좌우되기 때문입니다. 교사들은 서로 분리되어 있습니다. 그러므로 학교장과 교사, 교사들 간의 신뢰와 상호지원의 분위기가 학교를 발전시키기 위한 가장 기초가 됩니다. 교육과정에 대한 관심도 중요하지만 동료 교사들 간의 공감대를 형성하고 친밀감을 향상시키는 것이 학교발전의 기본입니다. 학교장이 교사의 요구를 파악하고 교사의 참여를 위해 교사에게 의사결정권을 나누어 주는 것은 교사의 동기유발에 큰 영향을 끼칩니다.

현재 학교현장에서 학생들의 역량과 창의력을 키우기 위한 교사들의 시도는 학업성취와 대학입시에 의해 가로막혀 있습니다. 특히 대학입시와 관련 없는 교과는 처리해야 할 업무와 교육청에 보고해야 할 공무처리에 밀려 의도하고자 하는 수업을 끌어내지 못하고 있습니다. 이와 함께 교육부와 교육청, 학부모, 지역사회는 교사들의 교육능력을 불신하고 있으며, 교사들은 학부모로부터 학생들을 가르칠 수 있는 권리를 위임받고 있으나 교육에 대한 자율권을 인정받지 못하는 상황에 놓여 있습니다. 따라서 일선 학교현장에서 교직에 헌신하는 동료 교사들의 목소리를 듣는 것은 매우 중요합니다. 아래는 미국의 교사들이 얘기하는 교직에 대한 생각의 일부를 가감 없이 옮겨 보았습니다.[12]

　　'가르치는 일은 단순한 직업이 아니다. 이는 하나의 특권이다. 교사는 학생을 지도하고 교육하는 일에 더욱더 헌신해야 한다. 학생이 본받을 수 있도록 사표가 되어야 한다 … 교사가 된 것에 자부심을 느낀다.'
　　'교사는 가르치는 일뿐만 아니라 사회의 병폐를 치유하는 일까지 떠맡고 있다. 일반적 업무 이외에 가난으로 인한 고통에서 헤어나지 못하는 학생들까지 세세히 신경 써야 하는 등 과로에 시달리고 있다. 일하는 것에 비해 낮은 보수를 받으면서도 사람들로부터는 3개월이나 되는 휴가가 있지 않느냐는 소리를 듣고 있다. 교사들은 머지않아 소진(burn-out)하게 될 것이다.'
　　'전문 직종 중에서 졸업 후에 차라리 훈련을 받지 않았더라면 더나았을 것이라고 이야기하는 직업은 교직뿐이다.'

---

12) Goodlad(1984) A Place Called School.

'교원단체 가입은 전문성을 키우는데 없어서는 안 되는 일이다 …
우리에게는 세 가지 중요한 책임이 있다. 첫째는 여느 때와 마찬가지
로 학생을 교육하는 임무를 수행하는 것이다. 둘째는 학교발전의 길
을 모색하는 일에 세인의 관심을 끌어들이는 일이다. 셋째는 전과는
다르게 정치에 참여하는 일이다. 우리에게는 우리의 권익을 대변해
줄 정치가가 있어야 한다.'

'나는 최근에 일어났던 교원파업에 동참했다. 교장을 웃음거리로
만들고 그의 계획을 비난했다. 하지만 이런 식의 전략에 나는 무척
화가 났다. 교원단체가 계속 그런 전술을 쓴다면, 앞으로 나는 난감할
것이다.'

'나는 결코 그런 일이 내게 닥쳐오리라고는 생각하지 않았다. 아이
들과 대다수 학부모들은 나를 좋아했다. 그런데 왜 교장은 나를 좋아
하지 않을까?'

교사는 교사라는 직업에 대한 역량과 전문적 소양을 갖추고 있어
야 할 뿐 아니라 학급관리자로서 전문성과 리더십을 갖추어야 하며, 책
임감과 윤리성을 수반해야 합니다. 교사는 교육과정을 실행하는 주체
로서 교사의 교육적인 특성은 학생들의 학교생활과 수업에 직접적이든
간접적이든 영향을 줄 수밖에 없기 때문입니다.

현재 우리나라의 학교가 당면하고 있는 여러 문제는 부적격교사,
무능력한 관리자, 비협조적인 학부모, 부적절한 교육과정 중에 있는 것
이 아니라고 생각합니다. 문제는 교사들이 가지고 있는 핵심적인 가치
와 믿음, 그리고 학교의 목적과 목표, 학교운영과 관련된 유인책
(incentives)에 달려 있습니다. 따라서 학교가 변화하기 위해서는 학교공

동체, 즉 학교문화가 변화되어야만 합니다.[13] 학교문화의 변화는 장기간에 걸쳐 이루어지며, 지도성은 그 변화를 가속화시키는 역할을 합니다. 그리고 대부분 학교장은 자신이 학교를 변화시킬 수 있다고 생각하며 교사의 동기유발 방법을 알고 있거나 알기를 원합니다. 그러나 대부분 학교장은 지역교육청의 교육 시책 및 역점추진과제에 맞춰 업무를 진행합니다. 때때로 학교의 특수성과 필요성을 감안하여 학교교육목표를 설정하려는 노력이 있지만 이런 프로그램은 종종 중단되거나 일관성 없이 실시됩니다. 그래서 대부분 학교에서는 업무를 진행하느라 늘 바쁘기 때문에 우리가 왜 이러한 교육 프로그램을 실행하고 있는가? 이러한 교육 프로그램을 통해서 우리는 무엇을 얻고자 하는가? 우리가 추구하는 교육목표는 무엇인가?라고 자신에게 물어볼 수 있는 시간을 내지 못합니다. 따라서 교사들이 함께 공부하고 계획할 수 있는 시간을 확보하는 것이 중요합니다. 대부분 학교에서는 교사들이 학교 일과에 완전히 매달려 있어 협의할 시간이 거의 없습니다.

교사들은 자신들이 학생들을 동기 유발하기가 어려우며, 해결하기 어려운 교육적 문제들 앞에 직면하고 있다고 인식합니다. 또한 몇몇 학생들은 자신들이 학교에 등교해야 하는 이유를 알지 못합니다. 교사들은 학급당 학생 수의 과다, 획일화된 학습 공간, 과중한 주당 수업시수, 행정적인 지시와 통제, 학생 생활 관리 및 지도, 공문 및 업무처리 등과 같은 일들로 고통받고 있으며, 이러한 것들이 교사들의 효율성을 저해하는 요소로 작용하고 있다고 생각합니다. 만일 교사들에게 위에서 언급한 학생들의 교육을 제한하는 요소들을 감소시켜 준다면 교사들은 그들의 역량을 최대로 발휘할 수 있을 것입니다.

---

13) 손종호(2015) 학교변화에 대한 11년 연구, 학교는 공룡이다. 해드림출판사.

일반적으로 교사들은 학교변화를 위해 제시되는 대안 중 이미 알고 있거나 합리적이거나 수용할만하다고 생각되는 것을 선택합니다. 교사는 학급을 조직하고 평가하며 학생들의 수준에 맞추어 지식과 정보를 제공합니다. 교사들이 변화를 받아들이기 위해서는 생각의 변화와 함께 제시되는 대안이 더 나은 방안임을 받아들여야 합니다. 좋은 것이든 나쁜 것이든 변화는 관계 속에서 이루어지기 때문입니다.[14] 학교문화가 변화하게 되는 첫 번째 계기는 계속적 성공입니다. 학교의 구성원들이 반복적으로 성공을 경험하면서 집단 내 강력한 문화가 등장하면 변화가 일어나게 됩니다. 좋은 결과가 나오지 않고 학교나 조직이 위기에 몰리게 되면 합의는 약화 됩니다. 둘째는 문제해결에 공통된 언어와 방법을 사용할 때입니다. 학교 구성원들의 합의를 위한 우선적 과제는 문제를 설명하는 공통의 언어와 방법을 사용할 때입니다. 그러나 어떤 교장은 학급 규모를 문제 삼으며, 어떤 이는 교사들을 문제시하며, 학교운영을 더 잘해야 한다는 교장들도 있습니다. 학교나 조직의 구성원들이 합의하지 못할 경우, 협력을 이끌어 낼 수 있는 수단은 명령, 강압, 위협과 같은 권력 도구뿐입니다. 협상, 전략, 금전적 인센티브와 같은 도구는 최소한의 합의가 있는 상황에서는 잘 통하지 않습니다. 교사들에게 성적 결과에 따라 지불하는 금전적 인센티브는 효과가 없습니다. 지금까지 실시된 실적에 따른 급여지급제도는 대부분 실패했습니다. 그것은 효과적인 학습이 무엇이고, 어떻게 측정할 것인지에 대해 교장과 교사 사이에 합의된 바가 없기 때문입니다.

결론적으로 학교문화는 학교의 구성원들이 성취하고자 하는 교육목표에 동의하고 그 목표를 위해 다 함께 노력하는 가운데 조금씩 변

---

14) Maehr &Midgely (1996) Transforming School Cultures.

화하게 됩니다. 하지만 학교의 구성원들이 원하는 교육목표에 동의하지 않으면 그 목표는 눈으로 읽고 지나가는 진부한 것에 지나지 않습니다.15) 그러므로 학교가 해야 할 가장 중요한 일은 학생들이 높은 수준의 관심과 흥미를 유지하게 하면서 학교가 추구하는 교육목표에 학생들을 침여시키는 것입니다. 그러기 위해서는 교사들의 교육목표에 대한 동의와 합의가 필요합니다. 왜냐하면 학생들을 참여시키고 교육목표를 달성하는 역할을 하는 것은 바로 교사이기 때문입니다.

---

15) Christensen & Johnson(2009) Distruping Class. McGraw Hill.

오늘날과 같은 지식기반사회에서 교사는 학생들을 위해 어떤 역할을 담당해야 할까요? 교사는 먼저 학생 스스로 삶의 방향과 목표를 결정하고 진로를 탐색하고 추구할 수 있도록 지원하며 직간접적인 도움을 주어야 합니다. 이와 함께 학생들이 자신이 설정한 목표를 향해 나아갈 수 있도록 역량을 키워주어야 합니다. 이때 역량이란 불확실한 미래사회에서 학생들에게 제공되는 수많은 정보와 지식을 창조적으로 적용할 수 있는 능력과 예측 불가능한 다양한 변화 속에서 생존할 수 있는 문제해결능력을 의미합니다.[16] 그렇다면 교사에게 필요한 역량은 무엇일까요?[17] 교사의 역량은 교사의 전문성과도 연관이 있습니다. 교사로서 역량을 발휘한다는 것은 교사만이 할 수 있는 전문적인 능력과

---

16) Dubois(1993)에 따르면, 역량(competency)이란 다양한 상황에서 자신에게 주어진 업무나 과제를 효과적이고 성공적으로 수행하기 위해 필요한 지식, 기술, 태도의 집합체를 의미하며, 이러한 역량 가운데 조직구성원 모두가 반드시 구비해야 할 최소한의 공통 필수역량을 '핵심역량(key competencies)'으로 정의하고 있다
D. D. Dubois(1993). Competency-based performance improvement: A strategy for organizational change, MA HRD Press.Inc.

17) 예를 들면, 조벽교수는 교사의 전문성으로 열정과 전문지식, 수업기술을 들고 있다.

업무를 취급할 수 있다는 의미입니다. 나는 교사의 핵심 역량을 크게 열정, 전문지식, 수업기술, 그리고 이러한 요소들을 전체적으로 포괄할 수 있는 학습코치로서의 역할이라고 생각합니다.

(1) 열정(Passion)

열정(Passion)이란 단어에는 정열이란 뜻도 있지만 고난이란 의미도 포함되어 있습니다. 교사는 당연히 학생들을 가르치는 일과 학생들을 사랑해야 합니다. 그러나 요즘과 같은 교육 현실에서 학생들을 소신껏 지도하기란 쉽지 않습니다. 왜냐하면 학생에 대한 지도나 훈육에 있어서 소신껏 지도할 경우 학생이나 학부모의 입장에서 상식적인 선에서 조금이라도 지나치거나 타당성이 의심된다고 판단되면 거센 반발이 있을 수 있기 때문입니다. 그러나 이러한 부분은 학생들을 지도해야 할 책임을 느끼는 교사라면 어쩔 수 없이 감수해야 할 부분입니다. 교사는 무엇보다도 자기 전공과 학문에 대한 열정이 있어야 합니다. 학생들을 사랑하고 그들의 개별적인 삶에 관심을 가지는 것과 함께 학생들에 대한 태도와 교실수업에서 자신의 강의에 대한 열정이 있어야 합니다. 학생들을 학습의 주체로서뿐만 아니라 개별적인 존재로서 학생들을 지원해야만 합니다. 또한 학생들이 미성숙한 인격체라는 것을 인식해야 합니다. 그래서 학생들이 실패할 수 있고, 실패를 두려워하지 말게 하며, 만약 실패하더라도 그 실패에 좌절하지 않고 새로운 도전을 할 수 있도록 격려하고 지원해야 합니다.

(2) 전문지식(Knowledge)

교사는 전문가로서 자신만의 전문적 영역과 지식이 필요합니다. 수업을 맡은 교과, 담당업무, 학생 상담 등의 영역에서 자신이 교사로서 타인과 차별화될 수 있는 전문지식을 갖추어야 합니다. 이러한 전문지식은 이론을 통해서만 얻어지는 것이 아닙니다. 매일 반복되는 수업, 업무처리, 학생과의 상담을 통해 발생하는 수많은 시행착오를 거쳐 얻어낸 자신만의 노하우(know‒how)와 축적된 경험을 통해서 조금씩 갖추어지게 되는 것입니다. 그러므로 전문지식을 갖추기 위해서는 그릿(Grit; 열정과 집념이 있는 끈기)[18]이 필요합니다. 즉 자신이 원하는 수준의 미래의 모습과 자신이 처한 현실과의 차이를 인식하면서 그 격차를 줄이기 위해 노력하는 습관을 가져야 합니다.

(3) 수업기술(Skills)[19]

교사가 하는 가장 기본적이고 중요한 일은 수업입니다. 따라서 강의기술을 훈련해야 합니다. 즉 자신에게 맞는, 자신만의 독특하고 효과적인 수업방법을 모색하고 훈련할 필요가 있습니다. 예를 들면, OECD 2030: 미래교육과 역량프로젝트[20]는 현재(2018년 기준) 중학생이 취업하고 사회에 진출하는 시기인 2030년 무렵 필요할 것으로 예상되는 미래핵심역량이 무엇인가와 이를 어떻게 학교 교육을 통해서 학생이 학

---

18) 손종호(2020) 시냅스러닝, 박영스토리.
19) Bernie Trilling & Charles Fadel(2009), 21세기 핵심역량(한국교육개발원 역), 학지사.
20) OECD Education 2030: The Future of Education and Skills.

The Future of Education and Skills

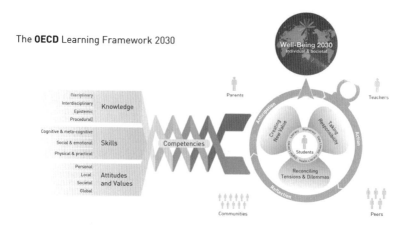

The **OECD** Learning Framework 2030

습하고 역량을 키워갈 수 있도록 힐 섯인가라는 고민에서 출발한 사업입니다. 이는 21세기 미래핵심역량을 규정한 OECD DeSeCo사업[21]의 후속 프로그램이라는 의미를 지니고 있습니다. 다만 DeSeCo사업이 역량개념에 중점을 두었다면 교육 2030 프로젝트는 그 개념을 넘어서 학교 교육의 실행에 초점을 맞춘 것입니다. 여기서 제시한 학습 프레임은 미래사회를 살아갈 개인이 갖추어야 할 주요 역량의 지향점인 변혁적 역량(Transformative Competencies)을 새로운 가치 창조하기 (Creating New Value), 긴장과 딜레마에 대처하기(Reconciling Tensions & Dilemmas), 책임감 갖기(Taking Responsibility) 등의 세 가지를 포함하는

---

21) OECD DeSeCo에서는 다음의 3가지를 학생들이 갖추어야 할 핵심 역량으로 제시하였다.
   ① 지식(knowledge)학습 능력: 비판적 사고와 문제 해결 능력, 의사소통과 협동능력, 창의성과 혁신.
   ② 능력(Skills): 지식 탐구 능력, 정보검색능력, 정보통신기술(ICT) 습득 능력.
   ③ 태도와 가치(Attitude & Value): 진취성과 자기주도적 학습 태도, 사회성과 상호작용 능력, 책임감과 리더십.

것으로 제시하고 있습니다.

이러한 미래기술 역량을 학생들에게 가르치기 위해서는 목적에 맞는 효과적인 수업방법을 모색하고 실험해야 할 것입니다. 이러한 수업기술은 하루아침에 이루어질 수 있는 것이 아닙니다. 따라서 앞으로 실시될 2022 개정 교육과정과 어떻게 조화를 이룰 것인가에서부터 내가 가르치는 교과의 어느 단원과 융합할 것인지에 이르기까지 수많은 고민과 노력이 필요할 것입니다.

(4) 학습코치로서의 역할[22]

지금까지 언급한 열정, 전문지식, 수업기술은 교사 스스로 길러야 할 핵심 역량이라 할 수 있습니다. 이와는 달리 학습코치로서의 역할은 교사와 학생과의 관계 속에서 만들어지는 역량이라 할 수 있습니다. 즉 여러분이 가르치는 학생이 학습에 대한 관심이 낮거나 열의가 없거나 자신에 대한 정체성이 형성되지 않았을 경우 학생들의 열의를 끌어올리고 학습에 대한 동기를 유발하기 위해서는 학습코치로서의 역할이 필요합니다. 학습코치는 개별 학습자가 가진 능력과 학습동기가 다르기 때문에 학습자가 자신에게 주어진 문제들을 스스로 해결하고 이러한 성공적인 경험의 지속적인 유지를 위해 필요한 존재입니다. 학습코치는 학습자 개개인의 능력과 상황을 파악하고 문제에 봉착했을 때 학습자가 가지고 있는 기존지식이나 경험과의 연결과 같은 개별지도를 통해 학생이 가지고 있는 어려움을 함께 해결해 가면서 성장을 돕게 됩니다.

---

22) 손종호(2020) 앞의 책.

학습코치의 역할은 첫째, 학습자의 동기를 유발하고 확인하며, 학습 목표를 세울 수 있도록 이끌어줍니다. 둘째, 학습코치는 학습 목표 달성에 필요한 학습전략을 지도하고 학습 과정에서 발생하는 문제해결을 도와줍니다. 셋째, 학습자의 효율적인 학습이 이루어질 수 있도록 학습사원들을 소개하고 활용할 수 있도록 안내합니다. 넷째, 학습자가 학습결과를 스스로 평가할 수 있도록 도와주는 역할을 수행합니다. 따라서 학습코치는 학습자가 자기주도학습을 할 수 있도록 학습 습관을 형성하도록 도와주는 역할을 합니다.[23]

이와 함께 우리나라의 예는 아니지만, 미국교육연합회(NEA)가 제시한 바람직한 교사상을 살펴보겠습니다. 아래 내용을 보면, 무엇보다 교직에 대한 헌신을 가장 기본적인 이념으로 삼고 있습니다. 그 전문을 옮기면 아래와 같습니다.[24]

교직은 전문적 봉사를 가장 이상적으로 요구하는 신뢰와 책임 있는 직업이며 공공에 의해 그러한 권리를 위임받았다. 교육자는 이러한 교직의 의무를 수행하기 위해 교직의 질이 국가와 시민들에게 직접 영향을 준다는 믿음 아래에서, 교육가는 전문가로서의 표준을 세우려고 노력해야 하며, 전문적 판단을 행사할 수 있는 분위기를 형성해야 하며, 교직에서 신뢰로 사람들을 교직으로 유인할 수 있는 조건을 성취해야만 하며, 교직자로서 자격이 없는 사람들이 교직을 이용하는 것을 막아야만 할 것이다.

① 교사는 학습을 지도하는 지도자이다. 그러므로 학습계획을 세

---

23) 손종호(2020) 앞의 책.
24) www.nea.org.

우고 학급을 경영하며 이들을 평가할 수 있는 자질과 능력을 갖추어야 한다.

② 교사는 학생의 직접·간접적인 상담에 응하고 지도할 수 있는 자이어야 한다. 그러므로 학생을 이해하고 연구하는 태도를 갖추어야 한다.

③ 교사는 인생의 안내자로서 학생들에게 사랑과 친절을 베풀어 줄 수 있어야 하며, 신뢰성이 있어야 한다.

④ 교사는 학교사회의 일원으로서 교육의 커다란 목적을 위해서 상호 협조할 수 있는 마음을 가져야 한다.

⑤ 교사는 문화의 전수자로서 민주주의가 바라고 지향하는 이상과 가치를 익혀 실천하여야 한다.

⑥ 교사는 학교와 지역사회의 연결자로서 효과적인 유대관계를 유지하여야 하며, 이를 위해서 의견이 상호 교환되어야 한다.

⑦ 교사는 교육자로서 사회의 복지와 자질의 향상을 위해 계획하고 실천하는데 직접 참여하여야 한다.

교사는 사회에서 요구되는 바와 같이 전문성과 교사로서 인격을 갖추어야 합니다. 학생들이 배울 수 있다는 믿음을 가져야 하며, 학습에 필요한 충분한 지원과 피드백을 제공하며, 학습에 필요한 충분한 시간을 부여해야 합니다. 그러나 무엇보다 학생을 사랑하는 마음을 가져야만 합니다. 교사가 학생에 대한 사랑이 없을 때는 학생의 성격과 지성이 충분히 자유롭게 뻗지 못하기 때문입니다. 그리고 학생에 대한 사랑은 본질적으로 학생을 하나의 인격체로서 수단이 아니라 목적으로 느끼는 가운데 성립될 수 있습니다.

우수한 교사는 본능적으로 어떤 외적인 권위로부터의 지시가 없이도 학생이 배우는 방법에 대응합니다. 그들은 학습자들이 관심을 두어야 할 태도와 행동들을 분명히 알고 있으며, 그런 교사들은 무의식중에 학생들을 끌어들이는 자석과 같은 힘이 있습니다. 모든 뛰어난 교사들의 두 가지 특징은 그들이 가르치는 것에 흥미를 느끼며, 학습자와 함께 공부하는 것을 즐긴다는 것입니다. 즉 교사가 학생들과 함께 스스로 학습자가 되는 것입니다. 그러므로 교사는 교직 생활을 하는 동안 자신의 전문성 개발과 핵심 역량 구축을 위해 계속 스스로 갈고 닦으며 나아가야 할 필요가 있습니다.

CHAPTER

03

교사와 윤리

그리스 철학자인 아리스토텔레스에 따르면, 정의란 사람들을 올바르게 행위하게 하고 올바른 것을 바라게 만드는 품성 상태입니다. 그는 이러한 정의를 전체적 덕으로서의 정의와 개별적 덕으로서의 정의로 구분합니다.[1] 전체적 덕으로서의 정의는 법을 지키는 것이며, 법을 지킴으로써의 정의의 목적은 공동체의 행복에 기여하는 것입니다. 개별적 덕으로서의 정의는 다시 두 종류로 나누어집니다. 하나는 배분적 정의이며, 다른 하나는 시정적 정의입니다. 배분적 정의란 각자에게 자기의 것을 분배하는 것입니다.[2] 이때 각자에게 자기의 것을 분배하기 위해서는 분배의 기준을 정해야 합니다. 이 기준을 주관적인 기준으로 정하게 되면 주어야 할 것과 받아야 할 것을 둘러싸고 필연적으로 갈등과 의견충돌이 생깁니다. 이것을 객관적인 기준으로 정한 것이 바로 법입니다. 법에 근거하여 내 것과 상대방의 것이 구별되고 정해집니다. 시정적 정의는 상호교섭의 영역에서 성립하며 해악을 끼친 자와 해악

---

1) 김남두 외(2004) 아리스토텔레스 니코마코스 윤리학, 서울대학교 철학사상연구소.
2) 아리스토텔레스(2013) 니코마코스 윤리학, 도서출판 숲.

을 당한 자 사이에서 해악의 바로 잡음, 즉 시정에 관심을 가지는 것입니다. 아리스토텔레스는 배분적 정의와 시정적 정의의 공통점은 모두 자신에 합당한 몫보다 더 많은 이득을 차지하려는 부정의에 있다고 말합니다.

그리스신화에 나오는 디케(Dike) 혹은 아스트라이아(Astraea)는 정의의 여신입니다. 디케는 로마신화에서는 유스티티아(Justitia)란 이름으로 바뀌게 됩니다. 이 유스티티아가 영어 Justice(정의)의 어원이 되었습니다. 초기의 디케 상은 눈을 가리지 않고 저울 없이 긴 칼만 들고 있었습니다. 그러다 로마 시대에 이르면 칼과 함께 저울도 들게 됩니다. 우리나라 대법원에 있는 정의의 여신상에는 한 손에는 저울이, 다른 한 손에는 법전을 들고 있습니다. 그리고 디케 상이 눈을 가리고 있는 이유는 누구에게나 공정하게 대하기 위한 것입니다. 즉 법 앞에서의 평등을 의미하고 있는 것이죠.

공정(fairness)이란 자신이 받아야 할 것을 받을 때 제대로 받고 있느냐를 따지는 문제입니다. 쉽게 예를 들어 설명해 보겠습니다. 정의(justice)란 정육점에서 소고기 1근(600g)을 사는 것과 같습니다. 이때 정육점 주인이 가격이나 무게를 재는 저울을 속이지 않고 정확하게 600g을 주는 것이 정의라고 할 수 있습니다. 그렇다면 공정은 무엇일까요? 만약 내가 소고기 600g을 사러 갔는데, 마침 다른 손님도 소고기 600g을 사러 왔다고 하죠. 공정이란 그런 경우 정육점 주인이 나와 다른 손님에게 같은 질의 고기를 주느냐의 문제입니다. 즉 살과 지방이 적절히 혼합된, 즉 마블링이 좋은 고기를 누구에게나 똑같이 주느냐의 문제라고 할 수 있습니다. 내가 정찰제 가격인 소고기 600g을 구입할 때 다른 손님에 비해서 지방이 훨씬 많이 들어있는 소고기를 받게 되면 내 판단으로는 정육점 주인이 공정하지 못하다고 느끼게 됩니다. 물론 나는 그 정육점에 고기를 처음 사러 갔고, 다른 손님은 몇 년째 단골이라고 해도 내가 불공정하다고 느끼는 감정은 마찬가지입니다.

정의와 공정은 양과 질의 차이라고 말할 수 있습니다. 정의를 의미하는 표현인 '같은 것은 같게, 다른 것은 다르게'라는 말은 분배의 양을 나타낸다고 할 수 있습니다. 이에 반해 공정은 질적인 문제입니다. 정의와 공정의 차이를 이번에는 교육적 측면에 적용해 보겠습니다. 우리나라에서도 실시하는 무상급식은 말하자면 정의와 관련된 교육정책입니다. 자녀가 급식비 지원이 필요 없는 상류층에 속하든, 급식비 지원이 가계경제에 도움을 주는 저소득층에 속하든 관계없이 무상으로 급식을 지원합니다. 그러나 미국의 경우는 부모의 경제력에 따라서 급식비 지원이 다릅니다. 저소득층에게는 무상급식, 중산층에게는 급식비의 50%, 중상류층에게는 80%, 상류층에게는 급식비 전액을 부담시키는 것이죠. 급식이라는 교육정책에 대해 같은 정의(justice)의 기준을 적용하지만 이렇게 다를 수 있습니다. 이러한 정의의 개념은 전 국민을 대상으로 지급하는 보편적 기본소득이나, 재난지원금의 경우에도 적용해 볼 수 있습니다.

다음으로는 공정에 관한 또 다른 예입니다. 만약 여러분의 자녀가 중학교 졸업 후 고등학교에 진학하는데 고등학교 평준화 정책으로 인해 자녀가 원치 않는 먼 곳의 학교에 배정되었다고 하죠. 여러분의 자녀와 같은 동네에 거주하는 자녀의 친구 모두가 자신이 원하지 않는 학교로 배정되었다면 자녀의 고등학교 배정이 만족스럽지 않다하더라도 받아들일 수 있습니다. 그러나 자녀의 친구들은 모두 자신들이 원하는 학교에 배정되었는데 여러분의 자녀만 원치 않는 학교에 배정되었다면 불만이 생길 수밖에 없습니다. 그런 경우 불공정하다는 감정이 생기는 것이죠.

그렇다면 인격과 정의, 공정은 어떠한 관계에 있을까요? 인격은 컴퓨터로 비유하자면 하드웨어에 해당합니다. 인격은 인간의 육체와 정신을 포괄하는 개념이며 인간이 정신 활동을 수행함으로써 나타나는 행위로 표현됩니다. 인격은 개별적이며 다른 모든 것과 구별되는 것이며, 어떤 것으로도 대체될 수 없습니다. 정의와 공정은 말하자면 컴퓨터의 소프트웨어라고 할 수 있습니다. 인격들과의 관계에서 나타나는 산물입니다. 인격은 거시적 측면에서 보자면 인간의 형상과 틀을 구성하는 것이고, 인간답게 살아가기 위해서 필요한 형식(frame)이라고 할 수 있습니다. 이에 반해 정의와 공정은 미시적 측면에서 인간이 인간답게 살아가기 위해 필요한 소프트웨어입니다. 그러나 정의와 공정은 서로 다른 용도와 목적을 가진 프로그램입니다. 예를 들면, 마이크로소프트의 엑셀과 워드가 다른 목적에 사용되는 소프트웨어인 것처럼 정의는 법이라는 제도(system)를 통해 실행됩니다. 그러나 공정은 인간관계나 정책, 제도 또는 매매와 같은 교환경제를 통해 실행됩니다. 이러한 인간관계나 경제생활에서 맺어지는 결과가 공정하지 않다고 느낄 때 우리는 먼저 상대방의 인격과 양심에 호소합니다. 그리고 그러한 방법이 통하지 않을 때는 결국 법에 호소하게 됩니다. 그 극단적인 경우가 개인 사이의 폭력과 살인이며, 국가 간의 전쟁이라고 할 수 있습니다.

(1) 정의의 개념

앞서 아리스토텔레스에게 있어서 개별적 덕으로서의 정의란 사람들이 마땅히 받아야 할 것을 주는 것[3])이라고 하였습니다. 아리스토텔레스는 정의는 목적론에 근거하며, 권리를 정의하려면 문제가 되는 사회적 행위의 '텔로스(목적, 목표, 본질)'를 이해해야 한다고 합니다. 이와 같은 맥락에서 그는 정의는 영광을 안겨주는 것이라고도 합니다. 왜냐하면 어떤 행위의 텔로스를 이성적으로 판단하거나 논한다는 것은, 적어도 어느 정도는 그 행위가 어떤 미덕에 영광과 포상을 안겨줄 것인가를 추론하거나 논의하는 것이기 때문입니다. 따라서 아리스토텔레스에게 정의는 적합성의 문제입니다. 권리의 할당이란 사회조직의 텔로스(목적)를 확인한 뒤에 그것과 관련한 역할에 적합한 사람을 찾아 그에게 본성을 실현할 기회를 주는 일이기 때문입니다. 사람들에게 제 몫을 준다는 것은 그들의 자격에 맞는 공직과 영광을 주고 본성에 어울리는 사회적 역할을 부여한다는 뜻입니다. 이처럼 아리스토텔레스에게 있어서 정의는 좋은 삶(선)에 관한 논의입니다. 그것은 정의를 추론하기 위해서는 선의 본질을 바탕으로 해야 하며 공정한 정치 질서를 고민하려면 좋은 삶의 본질부터 따져야 하기 때문입니다. 그러나 이후 살펴보겠지만 칸트와 롤스에게 정의는 적합성의 문제가 아니라 선택의 문제입니다. 즉 권리의 할당은 사람들에게 본성에 맞는 역할을 찾아주는 것이 아니라 스스로 역할을 선택하도록 하는 것이라는 것입니다. 칸트는 실천이성비판에서 정의란 형평을 유지하는 저울과 같다고 하였습니다. 칸트에 따르면 입법을 추구하는 법률가는 법을 제정할 때 정의를

---

3) 마이클 샌델(2014) 정의란 무엇인가, 와이즈베리.

생각해야 하며, 이때 정의로운 법이란 누구에게나 보편적인 것이 되어야 함을 강조했습니다.

공리주의자인 존 스튜어트 밀(John Stuart Mill, 1806~1873)은 '정의는 특정한 도덕적인 요구에 대한 이름이다'라고 주장합니다.[4] 즉 정의는 인간의 안녕에 필수적인 것을 고려하는 도덕적 규칙의 집합에 대한 이름이라는 것입니다. 그는 일반적으로 정의롭지 못한 상황이라고 여겨지는 6가지 상황을 찾아냈습니다.

① 법적인 권리를 가지고 있는 물건을 강탈하는 행위

② 도덕적인 권리를 가지고 있는 물건을 강탈하는 행위

③ 마땅히 가질 자격이 없는 물건을 획득하게 되는 경우- 권리를 가진 사람이 소유하는 것을 옳지만 그렇지 못한 사람이 갖는 것은 악이다.

④ 편파적인 것, 즉 호의를 보여서는 안 될 곳에서 호의를 보이는 것

⑤ 사람들의 신뢰를 깨뜨리는 것

⑥ 사람들을 불공평하게 다루는 것

밀은 정의를 다른 종류의 의무나 도덕성으로부터 구분짓기 위해 의무를 완전한 의무와 불완전한 의무로 나누는 칸트적인 구분을 채택합니다. 이때 완전한 의무는 받아들이는 쪽에 권리를 갖게 합니다. 즉 만일 내가 당신을 해하지 않을 권리를 가지고 있다면, 당신은 나에 의해 해를 당하지 않을 권리를 가지고 있는 것이라고 합니다. 반면에 불완전한 의무는 그와 같은 권리를 발생시키지 않는다고 합니다. 즉 나는

---

4) 카렌 레바크(2000) 정의에 관한 6가지 이론, 크레파스.

선을 행할 의무가 있습니다. 그러나 당신은 내가 당신을 위해 선을 행해야 하는 권리를 가지고 있지는 않다는 것입니다. 밀은 권리를 부여하는 완전한 의무는 정의가 논의될 수 있는 영역이라고 생각하였습니다. 그래서 정의의 감정은 자기 자신이나 다른 사람에 대한 상해나 피해를 물리치거나 응수하려는 동물적 욕망이라고 합니다. 간단히 말하자면 정의의 배후에는 가장 강한 관심이라 할 수 있는 안전에 대한 관심이 놓여 있습니다. 따라서 정의의 규칙은 안전을 보장하는 공리성에 의해 지지됩니다.

밀은 우리가 특정한 유형의 부정의에 직면할 때 가장 강렬한 정의감을 느낀다고 주장합니다. 즉 누군가에 대한 잘못된 공격이나 부당한 권력 행사의 행위 그리고 의무를 부당하게 억제하는 행위가 그것입니다. 그런 잘못된 억제는 선의 억제를 포함합니다. 따라서 사회는 마땅한 자격을 가진 사람들을 동등하게 취급해야 합니다. 밀은 이를 사회적, 배분적 정의의 가장 추상적인 기준으로 봅니다. 밀에게 있어서 정의란 기본적으로 평등의 개념을 포함하고 있습니다. 그 이유는 각 사람의 행복이 다른 사람의 행복과 똑같이 계산되기 때문입니다. 그러나 거기에는 목표로서의 평등의 기준이나 분배 패턴은 없습니다.

존 롤스(John Rawls, 1921~2002)[5]는 이러한 고전적 공리주의는 사람들의 기본적 요구와 분배를 다루는 좁은 의미의 정의에 해당한다고 주장합니다.[6] 롤스는 좁은 의미의 정의는 배분적 정의에서 배당적 측면, 즉 누가 무엇을 받아야만 하는가에만 초점을 맞추고 있다고 비판합

---

5) 하버드대학교에서 정치철학교수를 지냈고 정의론(1971)과 공정으로서의 정의(2001)를 저술한 미국의 철학자.
6) 카렌 레바크(2000) 정의에 관한 6가지 이론, 크레파스.

니다. 즉 배분적 정의 이론은 재화의 배당에만 초점을 맞추면서 생산과 배당의 관계는 무시하는 심각한 잘못을 범하고 있다는 것입니다. 고전적 공리주의가 좁은 의미의 정의로 모든 사람에게 더 많은 행복을 가져올 수 있다는 측면에서 공리성에 희생될 수 있다는 것을 다르게 표현하면, 공리주의는 개인을 존중하지 않는다는 것입니다. 따라서 롤스는 공리주의와 유사한 장점을 가지면서 그 약점을 피할 수 있는 대안적인 정의론을 제시하였습니다. 그는 개인을 존중하면서 타인을 위해 개인의 복지나 권리를 희생시키지 않는 이론, 그러면서도 배분적 정의에 관련해서 가장 근본적인 의사결정을 위한 구체적인 방법을 제공하고자 하였습니다. 그 결과 그는 '공정으로서의 정의'를 정의의 기본 이념으로 제시하게 됩니다. 공정하다는 것은 어느 한 편이 다른 한 편의 이익을 위해 손해를 보는 일이 없어야 한다는 것을 전제합니다. 따라서 롤스가 생각하는 정의의 원리는 공정하고 합리적인 선택의 결과입니다.

그는 정의를 사회제도의 제1덕목으로 간주합니다. 그에 따르면, 모든 사람은 전체 사회의 복지라는 명목으로 유린될 수 없는 정의에 입각한 불가침성을 가지며, 타인들이 갖게 될 보다 큰 선을 위해 소수의 자유를 뺏는 것이 정당화될 수 없다고 주장합니다. 사회는 조정, 효율, 안정 등의 기본적 문제들을 내포하고 있는데 이는 정의의 문제와 관련되어 있으며, 정의의 일차적 주제는 사회의 기본구조, 더욱 정확하게 말하면 사회의 주요 제도가 권리와 의무를 배분하고 사회 협동체로부터 생긴 이익의 분배를 정하는 방식이 됩니다.

정의라는 개념을 통해서 롤스는 칸트와 연결됩니다. 왜냐하면 롤스 스스로 정의에 적용되는 원칙이 칸트의 정언명령과 같은 것이라고 이야기하기 때문입니다. 롤스에 따르면, 칸트는 루소의 자유에 관한 사상적 영향을 많이 받았습니다. 이를 통해 추측해 볼 때 결국 자유에 대한 루소의 사상이 칸트의 도덕원칙에 영향을 미쳤고, 그것이 롤스의 정의의 원칙에 연결된 것이라고 볼 수 있습니다. 롤스는 자신의 목적이 로크, 루소 그리고 칸트로 부터 알려져 있는 사회계약의 이론을 고도로 추상화함으로써 일반화된 정의관을 제시하는 일이라고 합니다. 이러한 롤스의 정의론을 '공정으로서의 정의'라고 하는데 그 이유는 사회의 기본구조에 대한 정의의 원칙들을 원초적 합의의 대상으로 간주하기 때문입니다. 공정한 분할의 가장 간단한 경우를 생각해 보기로 하죠. 몇 사람이 케이크를 나눈다고 할 때 분명한 해결책은 어떤 한 사람이 케이크를 자르고 다른 사람들이 그보다 먼저 케이크를 집어가게 한 후 그는 가장 나중의 조각을 갖는 것입니다. 이 경우 그는 케이크를 똑같이 자를 것인데 왜냐하면 그렇게 해야 자신에게도 가능한 최대의 몫이 보장되기 때문입니다.

롤스는 이런 정의의 원리를 도출해 내기 위해 공정한 선택의 환경을 고안해 내게 됩니다. 그것은 바로 무지의 베일에 쌓인 합의 당사자들이 참여하는 원초적 상태에 관한 이론입니다. 롤스는 정의의 원리를 도출해 내는 힘의 당사자들이 개인적인 입장이나 신념에 따라 선택하게 되는 상황에서는 결코 공정한 정의의 원리가 획득될 수 없다고 생각합니다. 그것은 저마다 자신에게 유리한 쪽으로 합의를 이끌어 내고자 할 것이기 때문입니다. 그래서 그는 정의의 원리를 도출하는 합의의 장에 들어가는 당사자들에게 개인의 상황에 대해서는 전혀 알 수 없는 무지의 베일을 씌웁니다. 이런 무지의 베일에 가려진 합의 당사자들은 자기 자신이 가장 불리한 처지에 처할 수도 있다는 것을 염두에 두고 합의에 임하기 때문에 전체적인 공리를 위해 개인의 권리를 희생할 수 있다는 공리주의적 태도나, 오로지 능력에 따라 분배해야 한다는 완전주의적인 입장을 배제하게 됩니다. 이때 무지의 베일이란 원리를 선택하는 당사자들이 계약과정을 불공정하게 만들 수도 있는 상황에 대해서는 무지하다는 것을 의미합니다. 롤스는 서로 이해관계가 없는 사람들이 적당한 희소싱의 조건하에서 사회적인 재화를 분배함에 있어서 서로 상충하는 주장을 할 경우 언제나 정의의 환경이 획득된다고 주장합니다. 그 이유는 정의의 문제가 언제나 희소성과 이해의 충돌이라는 상황에서 발생한다고 보았기 때문입니다. 이러한 원초적 합의는 자연상태를 의미하며 이때 정의의 원칙들은 무지의 베일 속에서 선택됩니다. 그 결과 원칙들을 선택함에 있어서 아무도 타고난 우연의 결과나 사회적 여건의 우연성으로 인해 유리하거나 불리해지지 않는다는 점이 보장됩니다. 이러한 원초적 입장에서 사람들은 다음과 같은 자유와 평등에 관한 서로 다른 두 원칙을 채택하게 됩니다.

제1원칙: 각자는 다른 사람들의 유사한 자유의 체계와 양립할 수 있는 평등한 기본적 자유의 가장 광범위한 체계에 대하여 평등한 권리를 가져야 한다(평등한 자유의 원리).

제2원칙: 사회적·경제적 불평등은 다음과 같은 두 조건을 만족시키도록 편성되어야 한다.

    ① 공정한 기회균등의 조건하에 모두에게 열려있는 직책과 직위에 결부되는 것이어야 한다(기회균등의 원리).

    ② 사회의 최소수혜자들의 최대이익에 부합해야 한다(차등의 원리).

즉 첫 번째 원칙인 기본적 자유는 모든 사람에게 동등하게 적용되어야 한다는 것이며, 두 번째 원칙은 사회적·경제적 불평등, 예를 들면 재산과 권력의 불평등을 허용하되 그것이 모든 사람, 그중에서도 특히 사회의 최소수혜자에게 그 불평등을 보상할 만한 이득을 가져 오는 경우에만 정당한 것임을 내세우는 것입니다. 따라서 이득의 분배는 가장 곤란한 처지에 있는 사람을 포함해서 그 사회에 가담하는 모든 사람의 협력을 끌어내도록 이루어져야 한다는 것입니다. 그렇다면 최소수혜자 집단을 어떻게 규정해야 할까요? 이런 경우 가장 불우한 사람의 집단은 그 가족 및 계급적 기원이 다른 사람들보다 불리하며, 천부적 재능으로도 유리한 형편에 있지 못하며, 살아가면서 운수나 행운 역시 보잘것 없는 것으로 드러난 사람들입니다. 롤스는 정의로운 사회에 있어서는 기본적 자유가 기정사실로 인정되며, 공정으로서의 정의에 있어서는 옳음(정의)이라는 개념이 좋음(선)이라는 개념에 선행한다고 주장합니다. 롤스는 행복이란 행동을 통한 성취와 결과에 따른 확신을 포함하는 것으로 파악합니다. 그의 정의론은 우리 자신과 사회가 정의, 자유, 평등, 박애라는 가치를 어떻게 다루고 있으며, 제도를 통해서 구현하고 있는지를 비춰주는 거울과 같다고 볼 수 있습니다.

　이러한 롤스의 정의론에 대해서는 다양한 반론이 제기되고 있습니다. 먼저 그 방법적 장치로 제시된 원초적 상태의 무지의 베일이란 것이 과연 가능한 것인가 하는 비판이 있습니다. 인간은 사회적 동물이며 성장하면서 가정과 학교 교육을 통해서 자기가 속한 사회의 문화를 받아들이므로 원초적 상태의 무지의 베일이란 상태란 이상적인 상태이지 현실적으로는 있을 수 없다는 것입니다. 또한 롤스가 제시하는 평등한 자유의 원리가 지나치게 추상적이며 자유의 상대적인 가치에 대한 평가가 미흡하다는 점, 최소를 극대화하는 전략은 합리적이라고 볼 수 없다는 것, 그리고 격차원리가 공정하지 못하다는 지적도 있습니다. 그러한 내용들을 간략하게 정리하면 아래와 같습니다.

① 롤스가 말하는 원초적 상태는 여기서 요구되는 중립성을 성공적으로 제공하고 있는가?

② 누가 '가장 불리한 처지에 있는 사람'인지 어떻게 알 수 있는가?

③ 못사는 사람들을 돕기 위해 잘사는 사람들을 이용하는 것과 잘사는 사람들의 이익을 위해 못사는 사람들을 이용하는 것(공리주의)은 무슨 차이가 있는가?

롤스의 정의론은 자유와 평등이라는 가치가 양립할 수 있다고 보았다는 점에서 그 의의가 있다고 할 수 있습니다. 그는 초기 저술인 '정의론'에 대한 후속편인 '공정으로서의 정의'에서 다양한 비판과 질문에 대한 답변으로 정의론의 원칙들을 보완하였습니다.

백종현[7]은 정의는 사회에서 법을 통해 드러나므로 법대로 진행이 되면 제일 정의로운 사회라 할 수 있다고 주장합니다. 정의롭다는 말은 옳다는 말에서 유래했고 법이라고 하는 것은 사회의 구성원들이 옳다고 생각하는 내용들이므로 결국 기본적으로 한 사회에서 어떤 것이 옳다고 생각되면 그것이 법이 되는 것이고 일단 법제화되었으면 그 법은 그 사회에서 옳은 것이라고 볼 수 있기 때문이라는 것입니다. 그러므로 정의로운 사회라는 것은 결국 법대로 하는 사회를 뜻하게 된다고 하였습니다. 그는 이러한 법이 만들어지면 그것을 준수할 능력이 있어야 하며, 만약 법이 만들어져 있는데 그걸 준수할 수가 없으면 법으로서의

---

7) 백종현(2018) 정의의 실현과 윤리, '사람다움이란 무엇인가?', 종문화사.

효력이 생기지 않으므로 결국 법률체계라고 하는 것은 그 법률을 준수할 능력이 있는 자들 사이에서만 존재한다고 볼 수 있다고 하였습니다. 이처럼 법을 준수할 능력이 있는 자들을 우리는 책임질 능력이 있는 자들이라고 부르는데 책임질 능력이 있는 자들을 다른 말로 인격이라고 얘기하며, 이때 책임이라고 하는 것은 법률이 부여한 내용을 준수한다는 것을 뜻한다고 말합니다.

이와 함께 백종현은 책임질 수 있는 능력은 다른 말로 자유라고 하며, 인간이 자유롭다고 하는 것은 자기가 무슨 일을 선택할 수 있다는 것을 뜻한다고 하였습니다. 정의의 핵심적인 가치는 먼저 자기를 자기가 통제하고 남의 것은 탐내지 않는 것인데 그러한 기본적인 마음이 깔려 있어야 하고 그다음에 그것이 토대가 되어서 법이 만들어지면 그 법을 지킨다고 하는 준법정신이 함께 할 때만 현실적으로 정의로운 사회가 가능하다고 주장합니다. 그의 주장에 따르면, 사회에서 정의는 법을 통해 나타난다고 합니다. 그러나 이 법은 불변하는 진리는 아닙니다. 그 이유는 시대에 따라 헌법도 바뀌게 되니까요. 그는 법을 준수할 책임과 능력이 있는 자들을 인격이라고 하였습니다. 책임에는 자유가 따르며, 따라서 자유는 각자가 서로의 인격을 존중하게 되는 원인으로 볼 수 있습니다. 백종현은 능력 있는 사람과 열심히 노력하는 사람들에게는 약간의 보상이 필요하다고 주장합니다. 이에 반해 존 롤스는 초기 정의론(1971)에서 천부적 재능을 타고남으로 인해 얻은 물질은 그 개인이 속한 공동체의 몫으로 돌려야 한다고 주장하였습니다. 오늘날 법으로 규정된 상속세는 정의의 관점에서 보면 위의 두 가지 주장의 어느 선상에 있는 것이라 볼 수 있습니다.

(2) 존 롤스의 정의론과 고교평준화정책

우리나라의 고등학교 평준화정책은 1969년부터 시행된 중학교 무시험 진학정책으로 중학교 졸업생이 많아지고 그로 인해 고등학교 진학을 위한 입시경쟁이 심해지자 이를 해결하기 위한 방안으로 도입되었습니다. 고교평준화정책은 1974년 서울을 시작으로 하여 차츰 대도시로 확대되었는데 중심 골자는 고등학교 입시제도를 인문계 고등학교는 학군별로 추첨 배정하되 후기에 선발하고 실업계 고등학교는 전기에 선발한다는 것이었습니다. 특히 고등학교 입시정책을 대도시의 인문계 고등학교의 경우 추첨 배정하는 형태로 바꾼 것은 과중한 사교육비 부담과 학교 간의 격차로 인한 사회적 위화감 해소가 당면과제였기 때문입니다. 따라서 일정한 절차를 거쳐 학생의 평준화를 단행하고 그 전제로서 교원과 시설 등의 평준화를 실현하여 교육의 질을 평준화하겠다는 것이었습니다.

교육에서 자유란 교육받을 기회를 선택할 수 있는 권리로 학교선택권과 관계가 있습니다. 이 점에서 고등학교 평준화정책은 개인의 교육받을 권리를 침해하는 것으로 학교선택에 있어서 개인의 선호와 능력, 그리고 심지어는 종교적 자유까지 제한할 수가 있습니다. 교육의 평등이란 '자아실현을 위한 동등한 기회의 보장'을 의미합니다. 이때 교육의 평등은 ① 허용적 평등, ② 보장적 평등, ③ 과정의 평등, ④ 결과의 평등, 그리고 ⑤ 사회개혁에 의한 평등으로 관점이 변화해 왔습니다.[8]

---

8) 김신일(2015) 교육사회학, 교육과학사

1) 교육기회의 허용적 평등

교육기회의 허용적 평등은 모든 사람에게 동등한 기회가 주어져야 한다는 관점입니다. 주어진 기회를 누릴 수 있느냐의 여부는 개인의 역량과 형편에 달린 것이고 법이나 제도상으로 특정 집단에게만 기회가 주어지고 다른 집단에게는 금지되는 일은 철폐되어야 한다는 것입니다. 그렇다고 해서 모든 사람이 같은 수준의 교육을 받아야 한다는 의미는 아닙니다. 사람은 각기 다른 수준의 능력과 다른 종류의 재능을 타고 난다고 믿었기 때문입니다. 다만 이제까지 신분, 성, 종교, 지역, 인종 등을 이유로 차별해 오던 것을 철폐함으로써 누구든지 능력이 미치는 데까지 교육을 받을 수 있도록 허용하자는 것입니다.

허용적 평등이란 관점에서는 사람이 타고나는 능력은 각기 다르다고 믿었기 때문에 교육의 양은 능력에 비례해야 한다고 생각하였습니다. 그래서 교육기회는 아무에게나 주는 것이 아니고 엄격한 기준에 의한 선발을 통해 주어져야 한다는 것입니다. 이러한 개념은 교육기회를 제한하는 정책을 뒷받침하는 일에 자주 동원되었습니다. 그렇게 함으로써 상류층이 대학교육기회를 많이 차지하는 것을 정당화하는 결과를 초래하였습니다. 그래서 허용적 평등을 다른 말로 '법적 평등'이라는 말로 표현하기도 합니다.

2) 교육기회의 보장적 평등

허용적 평등은 제도적 차별을 철폐함으로써 모든 사람에게 교육받을 기회를 제공하는 데 기여하였습니다. 그러나 교육받을 기회를 허용하는 것만으로는 완전한 교육평등의 실현이 불가능하다는 것이 곧 드러나게 됩니다. 학교에 다니도록 허용되었다 해도 경제적 능력이 없는 저소득층 자녀들은 교육을 포기할 수밖에 없었습니다. 그러므로 교육평등을 실현하기 위해서는 취학을 가로막는 경제적, 지리적, 사회적, 제반 장애를 제거해 주어야 가난한 집의 수재나 산골의 어린이들도 학교에 다닐 수 있음이 드러났습니다. 즉 취학을 보장해 주는 대책이 필요하다는 데에 생각이 미치게 됩니다.

그러나 새로운 문제가 드러나기 시작했습니다. 교육전문가들은 교육기회를 보장하면 계층간의 교육 불평등이 완전히 해소될 것으로 기대하였으나 교육기회 분배에 있어서 사회적 편파성은 교육인구의 증대에도 불구하고 변하지 않는다는 것을 파악하였습니다. 경제협력개발기구(OECD)의 교육보고서에서는 각국에서 중등교육의 무상화와 대학입학의 개방정책으로 취학자 수가 현저히 증가하였지만 취학자의 사회계층구조에는 이렇다 할 변화가 없는 것으로 밝히고 있습니다.[9] 결국 보장적 평등정책은 교육기회의 확대는 가져왔지만 계층 간의 분배구조를 변화시키는 데까지는 그 영향력이 미치지 못하였던 것입니다. 교육기회가 확대되는 것과 분배구조가 평등해지는 것은 다른 문제입니다. 그 이유는 교육기회의 새로운 증가분이 각 계층에 고르게, 또는 하위 계층에 집중적으로 분배되는 것이 아니라, 상위계층에서부터 채워져 내려가기 때문입니다. 그 이유는 교육기회의 분배과정이 복잡하고 또 분배과정에 작용하는 요인들이 많으므로 간단하게 설명하기 어려운 문제라고 할 수 있습니다.

---

9) 한국교육개발원(2011) 교육과 사회계층이동조사연구, 한국교육개발원.

3) 교육조건의 평등

콜맨(Coleman)보고서[10])에 따르면 '교육기회의 평등은 단지 취학의 평등만이 아니라 평등하게 효과적인 학교에로의 입학을 의미하는 것이다'라고 합니다. 즉 다 같이 중학교에 다니게 된 것만으로는 평등이 아니며 학교의 시설, 교사의 자질, 교육과정 등에 있어서 학교 간의 차이가 없어야 평등이라는 것입니다. 왜냐하면 학교 간의 차이는 상급학교 진학에 큰 차이를 가져오기 때문에 결국 상급학교 교육의 기회분배에 차이를 가져오게 됩니다. 그러므로 학교의 교육여건과 교육이 진행되는 모든 과정이 평등하지 않으면 교육평등은 아직 실현되지 않은 것이라는 주장입니다. 콜맨보고서는 학업성적을 결정하는 제반 교육여건, 예를 들면 학교 도서관, 교과서, 교육과정, 교수 방법, 교수 능력 등이 학교에 따라 어떻게 다르며 이들 조건의 차이가 학생들의 실제 성적에 어떻게 반영되었는지를 분석하였습니다. 그러나 이 연구의 결과에 따르면, 학교의 교육조건들은 학생들의 성적 차이에 별다른 영향을 주지 못하며, 그보다는 학생들의 가정 배경과 친구 집단이 훨씬 강한 영향을 미친다고 주장합니다.

우리나라의 고교평준화정책은 개념상으로는 교육조건의 평등관과 같습니다. 그러나 이 정책은 처음부터 입시제도를 해소하기 위한 일환으로 입안된 정책이므로 교육조건의 평등화보다는 학생의 학교간 균등배정에 근본 목적이 있습니다. 교육조건의 평등화는 학생의 균등배정에 대한 보완책으로 포함된 것이라 할 수 있습니다.

---

10) James Coleman(1966) Equality of educational Opportunity Johns Hopkins University.

4) 교육결과의 평등

학교의 교육조건이 평등화되어도 교육결과의 평등이 보장되지 않는 것으로 밝혀짐에 따라 교육결과, 즉 학업성취의 평등을 위한 적극적인 조치를 취해야 한다는 주장이 나타나게 됩니다. 교육을 받는 것은 단순히 학교를 다니는 데 목적이 있지 않고 배워야 할 것을 배우는 데 목적이 있으므로 교육결과가 같지 않으면 결코 평등이 아니라는 생각이 형성되게 된 것입니다.

그러나 교육평등의 문제가 여기에까지 이르게 되면 상황은 더욱 복잡해지게 됩니다. 각기 능력이 다른 학생들을 같은 학습의 수준까지 끌어올리기 위해서는 이들을 똑같이 다루어서는 불가능하기 때문입니다. 학업성취도가 낮은 학생에게는 교사가 더 많은 시간과 노력을 기울여야 합니다. 학업성취도가 우수한 학생보다 낮은 학생에게 더 좋은 교육조건을 제공하지 않으면 안 됩니다. 이것은 일종의 역차별이라 할 수 있습니다. 이제까지는 약자가 차별을 당했는데 이제는 거꾸로 강자가 차별당하게 된 것입니다. 그러므로 결과의 평등은 쉽게 받아들여지기 어렵고 심각한 논란의 대상이 될 수 있는 여지를 포함하고 있음을 짐작할 수 있습니다.

대표적인 예가 학습부진아를 위한 보상교육이나 저소득층의 취학 전 어린이들을 위한 보상교육입니다. 즉 학업성취도가 낮은 학생들을 위해 방과 후나 방학 기간에 보충교육을 실시하거나 경제적으로 불우한 계층의 취학 전 어린이들에게 기초학습능력을 길러주어서 이들이 학교교육에서 뒤떨어지지 않도록 예비적 조치를 취하는 것입니다. 그러나 이러한 보상적 평등주의는 능력주의의 비판을 받을 수 있습니다.

능력주의란 자신이 타고난 능력에 따라 지위가 나누어지고 그 업적에 상응하는 분배를 받는 것이 옳다는 주장입니다. 4차산업혁명 시대에서는 합리주의와 과학기술의 능력이 가장 중요하므로 능력에 따른 교육이 사회유지의 근간이라는 것입니다.

5) 사회개혁에 의한 교육평등

지금까지의 교육평등에 관한 관점들은 모두 교육의 평등화는 교육체계의 변화를 통하여 달성할 수 있다는 주장이라 할 수 있습니다. 그러나 이와는 대조적으로 교육은 그 자체의 독자적 실체가 없으며 다만 사회구조의 반영에 불과하므로 교육의 평등은 교육체계의 문제가 아니라 사회구조의 문제라고 주장하는 사람들이 있습니다. 이렇게 주장하는 사람들은 마르크스주의자들입니다. 이들은 자본주의사회의 교육문제는 그 사회가 지니는 모순의 반영이기 때문에 그 문제는 사회 자체의 모순이 해소됨으로써만 해결된다고 주장합니다. 따라서 교육 불평등은 사회 불평등의 반영에 불과하므로 사회가 평등해지기 전에는 교육도 평등해지지 않는다는 것입니다. 교육의 평등화를 위한 조치는 그것이 비록 최선의 것이라 할지라도 사회에 현존하는 불평등 구조를 넘어설 수 없다는 것입니다.[11] 그러므로 혁명 또는 사회개혁을 통해 사회구조를 평등하게 만드는 것이 최선의 교육평등화 방안이라는 것입니다. 특히 자본주의 경제구조를 그대로 놔두고는 교육의 불평등은 언제나 지속될 수밖에 없다고 강조합니다. 이러한 주장은 결제결정론에 기울어져 있어서 교육평등이란 문제를 지나치게 단순화하고 또한 교육의 평등문제를 교육체계를 밖으로 끌어냄으로써 교육

---

11) Bowles & Gintis(1976) Schooling in Capitalist America, Basic Books.

으로부터 눈을 놀리게 만드는 잘못을 범하고 있는 것으로 지적되고 있습니다.

지금까지 교육의 평등에 관한 관점을 5가지로 살펴보았습니다. 이 중에서 고등학교 평준화 정책과 관련하여 논의될 수 있는 평등관은 3) 교육조건의 평등입니다. 과정의 평등은 차별적 평등이라는 말로도 표현될 수 있습니다. 즉 동등하게 대접받는 것이 평등한 것이 아니라 교육의 과정에서 개인의 조건과 능력에 적합한 교육을 받는 것이 적극적인 의미의 평등이라는 관점입니다. 이러한 점에서 볼 때 고교평준화정책은 교육의 과정적 평등의 전제조건과 부합되지 않는 것으로 이해될 수 있습니다. 그것은 학생들이 자신의 조건과 능력에 맞는 학교를 선택할 수 있는 권리를 부여하지 않기 때문입니다. 이와 같은 학교선택의 자유뿐만 아니라 제7차 개정 교육과정에서 실시하는 수준별 수업실시는 학생들의 수업 선택권마저 존중하지 않는 측면이 있다고 할 수 있습니다. 그런 점에서 고교학점제 실시는 학생들에게 수업 선택권을 돌려준다는 측면에서 교육적 의미가 깊다고 할 수 있습니다.

그렇다면 고교평준화정책을 교육정의의 관점에서 살펴보면 어떠할까요? 여기서는 롤스의 정의론을 바탕으로 논의해 보겠습니다. 이와 관련한 논문으로 허병기(1989)[12]는 롤스의 정의론 원칙을 다음과 같이 평준화정책에 적용하여 제시하였습니다.

제1원칙: 모든 사람은 최소한의 기본적 교육을 받을 수 있어야 하며, 학습자의 교육선택권이 보장되어야 한다(평등한 교육권의 원칙)

제2원칙: 교육차등은 다음의 두 가지 조건을 만족시키도록 이루어져야 한다.

---

12) 허병기(2014) 롤스의 정의론에 기초한 교육정의 탐구, 도덕교육연구.

① 차등을 위한 기준의 적합성이 보장되는 가운데(교육차등 기준의 원칙)
② 불리한 자의 이익이 최대화되는 방식으로 이루어져야 한다(최소 수혜자 이익의 원칙)

허병기는 롤스의 정의론을 위와 같이 우리나라의 고교평준화정책에 적용한 후 다음과 같이 설명합니다. 고등학교 평준화정책이 적용되기 이전의 고등학교 진학을 위한 경쟁상황은 무제한적인 자유방임적 경쟁이라 할 수 있습니다. 즉 사회적 가치인 교육기회의 분배과정에서 학습자의 순수한 노력(의지, 동기) 이외의 사회경제적 요인(사교육)이 더 강하게 작용하였다는 것입니다. 따라서 고교평준화정책이 어느 정도 교육 분배과정에서의 불합리한 요소들을 제거한 것은 사실이라고 주장합니다. 그러나 제1원칙에서 보듯이 인간의 기본적인 권리로서의 교육받을 권리를 행사하는 데 있어서 자신에게 적합한 교육을 선택할 수 있는 기회가 보장되지 못하는 것이 한계라고 밝히고 있습니다.

그러나 그는 제2원칙의 입장에서 보면 고등학교 평준화정책은 현실적인 측면에서 사회적 효과가 있는 것으로 볼 수 있다고 말합니다. 그 이유는 완전한 자연적 경쟁상태에서 고등학교 입시가 이루어진다면 학습자의 배경적 요인이 강하게 작용하여 교육차등 기준의 합리성(제2원칙의 ①)을 침해할 것이기 때문입니다. 특히 중요한 것은 우리 사회의 학벌주의가 해소되지 않은 상태에서 학교별 경쟁상황이 재연된다면 고등학교 진학을 위한 사교육이 다시 성행하게 될 것이고 그렇게 된다면 부모의 경제적 능력이 부족하여 학교학습만을 충실하게 받은 학생들은 사교육을 받는 학생들에 비해 불리한 입장에 처하게 될 것이라고 주장합니다. 그렇게 되면 순수하게 학교학습만을 열심히 받은 학생들은 피해를 보게 되고 그렇게 해서 나타난 교육차등은 정의로운 것이 될 수 없다는 것입니다. 그래서 그는 이런 점에서 정의란 합리적인 절차에 따라 불평등이 이루어지도록 하는 것이라고 정의된다고 결론을 내리고 있습니다.

허병기의 논문은 롤스의 정의론을 우리나라 고등학교평준화정책에 대입하여 교육정책을 분석하였다는 점에서 높이 평가할 만합니다. 그러나 그의 논리는 롤스의 정의론 원칙에 근거할 때 심각한 문제점이 발견됩니다. 첫째로 롤스는 그의 정의론에서 제1원칙은 제2원칙에 우선하며, 제2원칙에서는 공정한 기회균등의 원칙이 차등의 원칙에 우선한다고 분명히 밝히고 있습니다. 그러면서 이 우선성은 원칙을 적용할 때 선행원칙들이 완전히 만족되고 있다고 가정한다는 것을 의미한다고 하였습니다.[13] 문제는 교육 평등에서 3) 교육조건의 평등에서도 밝힌 것처럼 고교평준화정책은 학생들에게 자신의 조건과 능력에 맞는 학교를 선택할 수 있는 권리를 부여하지 않습니다. 이는 롤스의 제1원칙인 평등한 자유의 권리를 위반하는 것입니다. 따라서 고교평준화정책은 롤스의 정의론의 원칙들을 그대로 적용할 수가 없습니다. 둘째로 제2원칙의 ①항인 공정한 기회균등의 원칙은 고교평준화정책이 만족시킨다고 볼 수 있습니다. 고등학교 지망 학생들을 컴퓨터로 공정하게 배정하는 것이니까요. 그러나 ②항인 차등의 원칙이 고교평준화정책을 통해서 어떻게 적용되고 있는지가 불분명합니다. 중학교 학생들의 경우 최소수혜자란 누구를 의미할까요? 저소득층자녀일까요? 학업부진아학생일까요? 이들 학생들에게 최대 이익이란 무엇을 의미하는 것일까요?

---

13) 존 롤스(2016) 공정으로서의 정의, 이학사.

이런 부분에 대한 설명이 필요하다고 보여집니다.

　　결론적으로 고등학교 평준화정책을 존 롤스의 정의론에 적용하면 학생들의 학교선택권이라는 평등한 자유를 보장하지 않고 있으며, 최소수혜자들의 최대이익에 부합하지 못하고 있다고 할 수 있습니다. 고등학교 평준화정책은 경쟁을 초등학교에서 중학교로, 고등학교에서 대학교로 지연시킨 것뿐이라고 할 수 있습니다. 학생 간의 지나친 경쟁과 사교육을 줄이기 위한 교육정책으로 나타난 고교평준화정책은 현재 시점에서 보면 경쟁과 사교육비 절감 중 어느 것도 해결한 부분이 없기 때문입니다. 누구에게나 자신의 능력을 개발하고 발휘할 수 있도록 평등한 교육기회가 주어진다면 평등에 기초한 교육기회는 정의의 토대가 될 수 있습니다. 이러한 경우 개개인에게 주어지는 평등한 교육기회 중에서 공교육, 사교육, 대안교육, 홈스쿨링 등의 다양한 교육제도 가운데 어떠한 교육방법과 수단을 택하느냐 하는 것은 개개인의 자유에 맡겨져야 합니다. 교육이 사회 구성원의 삶의 방향과 방식을 결정하는 데 어느 정도의 비중과 역할을 담당하느냐에 따라 정의(justice)라는 개념에서 교육이 차지하는 비중과 영향력이 결정되며 그것은 지역과 문화권에 따라서 다르게 결정될 수밖에 없습니다.

(3) 공정의 개념

　　공정(fairness)이란 개념을 게임을 예로 들어 설명하면, 어떤 게임이 정해진 규칙(rule)에 따라 올바르게 진행되는가 하는 것입니다. 공정하다는 것은 그 게임에 참여하는 누구나 불만이 있더라도 수용하고 인정한다는 의미입니다. 그렇다면 어떤 경우에 게임에 불만이 있더라도 수용하고 인징하게 될까요?

　미국의 소수집단 우대정책(Appormitive Action)14)을 예로 들어 보겠습니다. 마이클 샌델에 따르면 소수집단 우대정책은 1970년대 이후 끊임없이 정치적·법적 논란의 주제가 되어 왔습니다.15) 1996년 캘리포니아에서는 공공교육 및 고용에서 소수인종 특혜를 금지하는 주헌법 개정안인 제안 209(Proposition 209)가 주민투표로 통과되었습니다. 2003년 연방대법원은 미시간대학에서 소수인종 지원자들에게 가산점을 주는 입학 방침을 철회하라고 명령했습니다. 하지만 연방대법원은 미시간 법학대학원의 소수집단 우대정책은 지지했고, 인종이 입학 심사에서 고려사항이 될 수 있다고 판결을 내렸습니다.

　마이클 샌델은 소수집단 우대정책 옹호론이 미국인들의 신성한 믿음에 도전을 제기한다는 점에서 문제를 제기합니다. 그 믿음이란 오로지 노력한 사람만이 일자리를 얻고 대학에 입학할 수 있다는 것입니다. 샌델은 대학입학 심사에서 인종을 고려해야 한다는 주장의 두 가지 근거를 생각해 보자고 합니다. 하나는 보상 논리이고, 다른 하나는 다양성 논리입니다. 보상 논리를 지지하는 이들은 소수집단 우대정책을 과거의 잘못을 보상하고 바로잡는 행위로 봅니다. 이 논리는 입학 허가를 중요한 혜택으로 보고 과거의 차별을 보상하는 차원에서 그 혜택을 나누어주려 한다는 것입니다. 다양성 논리는 그보다 더 큰 설득력을 지닌

---

14) 미국에서 소수집단의 차별을 줄이기 위해 시행되는 정책으로 1960년대 흑인민권운동의 영향을 받았다. 초기엔 인종차별을 완화하기 위한 것이었으나, 범위가 성, 장애 등으로 확장되었다. 영국 등지에서는 positive discrimination(긍정적 차별)이라고도 하는데, 이는 사회적 자원을 공유할 수 있는 기회의 차이를 상쇄시키는 일종의 어드밴티지라 볼 수 있다. 우리나라에서는 주로 가산점, 할당제라는 이름으로 시행되고 있다.

15) 마이클 샌델(2010) 왜 도덕인가? 한국경제신문

다고 합니다. 이 논리는 우대를 받은 소수집단 학생이 실제로 차별을 겪었는지 증명하는 문제와는 상관이 없습니다. 다양성 논리를 펴는 사람들은 입학 허가를 사회적으로 가치 있는 목적을 실현하기 위한 수단으로 여기는 것입니다. 이들은 학교에 여러 인종이 함께 생활하는 것이 바람직하다고 말합니다. 출신 배경이 비슷한 학생들끼리 모여 있는 것보다 서로 다른 학생들이 함께 있을 때 서로에게서 더 많은 것을 배울 수 있다는 것입니다. 그리고 여러 조건에서 불리한 소수집단 학생들이 대학을 졸업해서 공직이나 전문직에서 리더십을 발휘한다면 이는 대학의 시민적 목적을 실현하고 공공선에도 기여할 수 있다는 것입니다. 즉 입학 허가는 뛰어난 자격을 포상하기 위해 수여하는 영광이 아니라는 것입니다. 입학 심사기준이 가치 있는 사회적 목적이라면, 그리고 지원자들의 입학 여부가 그에 따라 결정된다면 누구도 불평할 권리는 없습니다. 다양성 논리가 지닌 도덕적 힘은 입학 허가를 개인이 누리는 영광에서 분리하고 공공선과 연결한다는 것에 있다는 것입니다.

　　나는 소수집단 우대정책(Appormitive Action)의 근거 중 하나로 제시되는 보상 논리는 부정적 해석과 접근방법이라고 봅니다. 예를 들면, 만약 독일이 제2차 세계대전 당시에 저질렀던 홀로코스트(Holocaust)[16]에 대한 잘못과 반성이라는 측면에서 유대인 우대정책을 실시했다면 아마 독일의 전후세대로부터 일종의 역차별이라는 반발을 야기했을지도 모릅니다.

---

16) 홀로코스트는 유대인 절멸을 위해 히틀러와 그 협력자들이 동참하여 벌인 조직적 인종학살이다. 1941년부터 1945년까지 유대인 민간인과 포로들을 가스실, 총살, 강제 노동, 계획된 영양실조, 생체실험 등의 방법으로 학살하였다. 이로 인해 약 600만 명의 유대인이 살해되어 당시 유럽 내 약 900만 명의 유대인 중 3분의 2가 사망했다.

이에 반해 다양성 논리는 긍정적 접근방법이라고 할 수 있습니다. 학생의 다양성은 캠퍼스 내 모든 학생들에게 더 많은 교육기회를 줄 수 있다는 논리이기 때문입니다. 그러나 문제는 소수집단 우대정책이 미국에서 점차 사라지고 있다는 것입니다. 소수집단 우대정책은 제정 로마 시대 피정복국가의 왕족 사녀를 인질로 데려와 포로로서가 아니라 로마의 왕족이나 원로원의 자녀들과 같이 생활하고 수학하게 한 것과 같다고 볼 수 있습니다. 이는 일종의 문화정책으로서 이들이 성장한 후 자신의 고향으로 돌아가게 되었을 때 친로마적 성향을 띨 수 있게 하였습니다. 결국 로마의 입장에서는 여러 측면에서 피정복국가의 친로마적인 긍정적 결과를 기대할 수 있었습니다. 어쨌든 지금까지 미국 사회에서 보여주었던 소수집단 우대정책과 같은 관용과 포용정책이 점차 사라지고 있다는 것은 매우 안타까운 현실이라 할 수 있습니다. 고대 사회에서는 미덕과 영광을 중요시했지만 오늘날은 공정성과 권리를 중요시합니다. 만일 뛰어난 학문적 능력을 계발하고 지적 소양을 함양하는 것만이 대학의 유일한 목적이라면 대학은 그 목적에 가장 잘 기여할 수 있는 학생들을 입학시킬 것입니다. 그러나 사회의 다양성을 높이고 리더십을 발휘할 인재를 키우는 것이 사명이라면 지적인 목적뿐만 아니라 시민사회의 목적에도 기여할 수 있는 학생을 뽑아야 할 것입니다. 고대의 아리스토텔레스에게 있어서 정의란 각자에게 자기의 것을 분배하는 것이라 한다면, 현대의 존 롤스에게 정의란 자유와 평등의 가치 위에서 이루어지는 절차적 공정을 의미하는 것이라 할 수 있습니다.

롤스는 '공정으로서의 정의'에서 최고의 합의 사례를 피터 머렐 (Peter Murrell)의 프랜차이즈 본사가 가맹점과 맺는 계약조건을 비유로 설명합니다.17) 그는 이를 공정한 합의로 받아들여도 좋다고 생각한다고 말하면서 그 내용을 다음과 같이 소개하고 있습니다. 첫째는 보다 좋은 상황에 있는 가맹점에서 더 높은 비율의 수익을 가져오고 또한 특정 가맹점의 수익이 좋아질 때 그 비율을 인상할 것을 기대하면서 각 가맹점과 개별적인 계약을 맺는 것입니다. 둘째 전략은 가맹점 전체에 공정해 보이는 고정 비율을 확정해주고 프랜차이즈의 명성과 공중의 호감을 유지할 수 있는 최소한의 품질과 서비스의 기준을 요구하는 것입니다. 모든 가맹점에 고정 비율을 부과하고 최소한의 기준을 강요하는 둘째 전략은 본사와 가맹점 간의 합의의 모든 조건을 일시에 확정한다는 이점을 갖습니다. 즉 프랜차이즈의 명성 유지에서 본사의 이익이 확보되고 동시에 가맹점들은 본사의 최소한의 기준을 만족시키면서 자신들의 수익을 증대시킬 인센티브를 갖게 됨으로써 전체로서의 프랜차이즈를 강화하게 되는 것입니다. 이때 가맹점들은 자신들이 더 번창하더라도 본사가 수익률을 인상시키려 하지 않을 것임을 알게 된다는 것입니다. 롤스에 따르면 실제로 성공적인 프랜차이즈 기업들은 둘째 전략을 따른다는 증거가 있다고 밝히고 있습니다.

지금까지 살펴본 바와 같은 프랜차이즈 본사와 가맹점과의 합의 사례는 최근 우리 사회에서 자주 발생하고 있는 갑과 을에 대한 논란을 공정한 합의라는 측면에서 접근할 경우 일정 부분 해결책을 제시할 수 있습니다. 롤스에 따르면 공정하다는 것은 어느 한 편이 다른 한 편의 이익을 위해 희생당하는 일이 발생해서는 안 된다는 것을 전제합니다. 그는 개인을 존중하면서 타인을 위해 개인의 복지나 권리를 희생시키지 않는 이론, 그러면서도 배분적 정의에 관련해서 가장 근본적인 의

---

17) 존 롤스(2016) 앞의 책.

사결정을 위한 구체적인 방법을 제공하고자 하였습니다. 그 결과 그는 '공정으로서의 정의'를 정의의 기본 이념으로 제시합니다. 공정으로서의 정의는 두 가지 이론, 즉 로크와 루소의 사회계약설과 칸트의 의무론에 뿌리를 두고 있습니다. 롤스의 목표는 윤리원칙의 기초로서의 칸트의 자율적 선택이라는 개념에 설자상의 해석을 제공하기 위해 사회계약의 개념을 사용하는 것이었습니다.

황경식은 그의 논문[18]에서 존 롤스의 정의론에서 나오는 제2원칙 중 차등의 원리, 즉 '최소수혜자 최우선 고려의 원칙'은 평등한 자유와 공정한 기회균등에 의해 절차적 공정성을 확보한다는 의미를 가진다고 주장합니다. 최소수혜자에 해당하는 불운한 성원들의 처지를 우선적으로 배려한다는 것은 절차적 공정성과 결과적 공평성을 모두 배려하는 사회라고 추측합니다. 그는 범죄의 유무를 가리고 정당한 처벌을 시행하는 것이 법적 정의, 형사적 정의의 문제라고 한다면, 응분의 몫을 가리고 각자에게 그의 몫을 배정하는 것은 사회 정의, 분배적 정의의 문제라 할 수 있다고 주장합니다.

---

18) 황경식(2018) 정의와 공정한 사회, '사람다움이란 무엇인가?', 종문화사.

그렇다면 교육에서 정의와 공정이 왜 필요할까요? 지금까지 살펴보았던 아리스토텔레스와 칸트, 롤스의 주장을 교육에 적용해 보면 아래와 같은 의미가 될 수 있습니다. 아리스토텔레스는 학생의 '전형'(텔로스)을 제시한 후 그 틀에 학생들의 행동을 맞추려 하는 것(획일적)이 될 것입니다. 즉 아리스토텔레스의 관점에서 교육은 학생과 학교조직과의 적합성 문제로 봅니다. 학교는 학교의 교육 목적에 맞는 학생을 선발하여 최고의 능력과 최고의 우수성을 나타내는 학생에게 영광을 안겨주는 것이며, 교육의 목적은 사회가 필요로 하는 훌륭한 인재를 양성하는 것입니다. 이런 맥락은 우리에게 익숙한 내용이 아닌가요? 지금까지 우리 사회가 추구했던 교육적 논리와 비슷합니다. 그렇다면 과연 교육은 목적을 달성하기 위한 수단에 불과한 것일까요? 아리스토텔레스적 관점에서 보면 학교 교육은 선발론적 시각에 기초해서 역할에 적합한 사람을 선발해 그 역량을 발휘할 기회를 주는 것입니다. 이는 교육의 주체가 정부, 사회, 학교라는 측면에서의 교육의 목적이라 할 수 있습니다. 그렇다면 누가 그가 맡은 역할이 적합한 역할인지를 단정할 수 있을까요?

그러나 칸트와 롤스의 관점에서 보면 교육은 선발이 아니라 선택의 문제입니다. 교육을 받는 학생이 스스로 자신이 해야 할 역할을 선택하는 것입니다. 즉 교육의 주체는 학생이므로, 학생은 자신이 원하는 교육을 선택할 자유가 있다고 보는 것입니다. 칸트와 롤스는 학생들의 행동에 '선택의 자유와 덩위싱이 있느냐'를 중시합니다. 학교가 주체가 되는 거시적 시각에서는 적합성(선발론)을 중시할 것이고, 학생이 주체가 되는 미시적 측면에서는 자유로운 선택을 중시할 것입니다.

학교의 목표와 목적이 학생들에게 좋은 교육을 제공하는 데 있다면 '좋은 교육'이란 무엇을 의미할까요? 나의 관점으로 좋은 교육이란 교육을 통해 자신의 존재의미와 가치를 깨닫고 판단력을 기르며, 공동체활동(학교, 사회)에 참여하며, 자신이 속한 가정과 사회의 발전을 위해 노력하도록 하는 것이라 봅니다. 그렇다면 교육이란 관점에서 좋은 삶이란 무엇일까요? 정치의 목적이 좋은 삶의 구현이라면, 교육의 목적은 좋은 삶이 무엇인지를 파악하고 깨닫는 것, 즉 '좋은 삶의 인지'를 의미한다고 볼 수 있습니다. 아리스토텔레스에게도 공감할 부분은 있습니다. 그가 언급했듯이 좋은 교육은 좋은 인격 형성을 습관화하는 것이기 때문입니다. 훌륭한 교육은 습관의 결과물이고 행동을 통해 터득하는 것입니다. 좋은 교육은 연습을 통해서 얻을 수 있습니다. 학교에서 학생들은 공동체 생활을 통하여 좋은 습관을 기르고 인격을 형성합니다. 행동과 마음의 일치와 조화를 위해 습관은 중요하기 때문입니다.

아리스토텔레스는 목적론적 교육을 추구합니다. 벤담의 공리주의 교육의 목적은 행복추구에 있습니다. 그리고 칸트와 롤스의 개인주의 교육은 학생들의 선택권을 존중하는 것입니다. 이러한 세 가지의 교육 중 우리는 어떤 교육을 선택해야 할까요? 개인적으로는 학생들의 선택권을 존중하는 것이 가장 우선시되어야 할 것으로 보입니다. 자발적 동기유발이 교육과 학습에 가장 효과적인 요인이라고 할 수 있기 때문입니다. 그런 다음 자신의 행복추구를 위해 어떤 진로를 선택하든지 학생의 선택과 결정을 존중하는 것이 되어야 한다고 봅니다.

(1) 교육에서의 정의

교육이라는 의미에는 자신이 원하는 교육을 선택할 수 있느냐 하는 교육 선택권의 자유와 내가 원하는 교육을 받을 수 있느냐 하는 교육기회의 평등이라는 가치가 포함되어 있습니다. 그리고 이러한 법적 근거는 우리나라의 교육기본법 제3조[19] 및 제4조 ①항[20]에 잘 나타나 있습니다. 그러나 이러한 법적 근거와는 달리 현실적으로 교육에서의 자유와 평등이라는 가치에 대해서는 지금까지 여러 의견이 제시되어 있습니다.

롤스에 따르면 교육은 자기 사회의 문화를 누리게 하며, 그 과업에 참여하게 함으로써 자신의 가치에 대한 신념을 가지게 해 주는 것이라고 합니다.[21] 여기서 가치란 합리적 욕구의 만족이며, 누구든지 자신의 가치를 추구할 수 있는 동등한 자유를 보장받아야 한다는 의미입니다. 롤스에게 있어서 기회균등이란 영향력이나 사회적 지위에 대한 사적인 추구에 있어서 보다 불운한 사람들을 뒤에 처진 대로 내버려두는 그런 식의 평등한 기회를 말하는 것이 아닙니다. 따라서 그는 교육

---

19) 모든 국민은 평생에 걸쳐 학습하고, 능력과 적성에 따라 교육받을 권리를 가진다.
20) 모든 국민은 성별, 종교, 신념, 인종, 사회적 신분, 경제적 지위 또는 신체적 조건 등을 이유로 교육에서 차별을 받지 아니한다.
21) 존 롤스(2016) 정의론, 이학사

에 대한 재원의 할당은 숙련된 생산 능력에 의해 평가되는 효과에 의해서가 아니라 최소수혜자를 포함한 시민들의 개인적·사회적 생활을 윤택하게 하는 그 가치에 따라서 이루어져야 한다고 주장합니다. 차등의 원칙을 받아들이면 사람들은 남보다 뛰어난 능력을 공동의 이익을 위해 소용될 사회석 자산으로 보게 될 수 있다는 것입니다.

이돈희는 교육에서 정의의 문제는 교육제도가 창출하는 가치를 어떻게 배분해야 하는가 하는 것이라 하였습니다.[22] 즉 교육에서 정의란 교육제도가 창출하는 가치의 배분을 위한 규칙과 그것을 준수하는 사회적 행위가 정의로워야 한다는 것입니다. 이어서 그는 교육과 제도가 왜 정의로워야 하는지에 대해서 다음과 같이 말합니다. 정의는 제도를 성립시키는 일차적 규범이고, 제도는 인간의 삶을 어떤 규칙에 따라서 바르게 하기 위한 것이기 때문이라고 하였습니다. 따라서 교육에서의 일차적 관심은 분배적 정의에 관한 것이라고 주장합니다.

이돈희는 교육기회를 두 가지 의미로 나눕니다. 하나는 취학의 기회와 동일시하는데 이 경우 최소한의 교육 혜택을 균등하게 배분하고 더 이상의 것은 경쟁을 통해 획득하게 되므로 경쟁적 기회라고도 합니다. 여기서 경쟁적 기회는 사회경제적 배경 또는 능력에 있어서 경쟁에 유리한 위치에 있는 집단 혹은 혹은 계층의 사람들에게 우선적으로 봉사하게 되는 결과를 가져오게 됩니다. 다른 하나는 교육 활동에 투입되는 자원과 동일시하는 방법입니다. 이 경우 한 학생에게 투입된 교육자원이 얼마나 되느냐를 계산하는 방법이 있을 수 있습니다. 그래서 그는 교육자원은 공교육비와 같다고 주장합니다.[23] 이와 함께 그는 교육기

---

22) 이돈희(1999) 교육정의론, 교육과학사
23) 이 부분은 미국의 경우에는 해당될 수 있지만 우리나라의 경우에는 해당되지

회를 두 가지의 사회적 동기로 나눕니다. 하나는 투자적 동기이고, 다른 하나는 복지적 동기입니다. 투자적 동기는 사회가 각 부분에서 필요로 하는 인력을 충원하는 데 일차적 동기가 있는 경우를 말하며, 복지적 동기는 사회구성원의 삶의 질을 향상하는 데 동기가 있는 경우를 말한다고 주장합니다.

나는 이돈희가 말하는 투자적 동기는 그가 앞서 언급한 경쟁적 기회와 같은 의미로 볼 수 있다고 생각합니다. 즉 중상류층의 자녀가 의무교육이라 할 수 있는 공교육에 더하여 남보다 경쟁에서 앞서기 위해 사교육에 투자하는 경우가 이에 해당한다고 봅니다. 이에 반해 복지적 동기는 공교육 외 사교육에 투자할 여력이 없는 저소득층 자녀에게 의무교육을 제공하는 것이 해당될 수 있겠죠. 즉 학생의 사회경제적 배경에 따라서 사회적 동기가 달라지게 된다고 봅니다.

이돈희는 롤스의 정의의 관념에서는 칸트의 정의관에서 정당화되는 복지적 동기라는 교육이 위치할 자리를 찾기가 어렵다고 주장합니다. 그 이유로 롤스의 정의론에서는 교육의 기회는 제3의 원리, 즉 기회균등의 원리만을 적용받을 수 있는 대상 가치에 불과하기 때문이라는 것입니다. 그리고 교육의 기회는 보장되는 것이 아니라 경쟁을 통하여 얻을 수 있는 기대가능한 가치의 일종에 불과하다고 보았습니다. 그는 만약 교육이 제1의 원리인 최대의 균등한 자유의 내용이 될 수 있다면 보장된 것으로 기대될 수 있지만, 롤스가 제1의 원리에 포함시킨 사회적 가치에 교육이 해당된다고 보기는 어렵다고 주장합니다. 그것은 교육의 자유는 교육을 받을 수 있는 구체적인 활동이 주어질 수 있

않는 것 같다. 왜냐하면 미국은 교육구(district)별로 교육세가 다르지만 우리나라는 중앙집권적 체제로서 어느 지역이나 교육세가 똑같이 적용되기 때문이다.

을 때만 의미를 지니기 때문이라고 하였습니다. 그는 그 이유로서 롤스의 정의론에서 교육기회는 어떤 형태로든지 주어지기만 하면 되는 것, 그리하여 공정한 경쟁의 기회를 보장하기만 하면 되는 것에 불과하게 된다고 하였습니다. 따라서 교육기회의 유의미성을 거론할 수 있는 여지를 어디에서도 보여주고 있지 않다고 주장합니다. 결국 롤스의 정의론은 이러한 교육기회의 배분에 관한 한에서는 충분한 설명력을 그 자체의 논리 속에 담을 수 없게 되어 있다는 것입니다. 따라서 이돈희는 교육의 복지적 동기가 정당화되는 길은 오히려 칸트적인 인간관, 즉 목적의 왕국에 사는 자율적-합리적 존재인 인간이 그 목적을 다하기 위하여 필요로 하는 최소한 교육을 보장받아야 한다는 데에서 구하는 것이 보다 확실하다고 결론을 내리고 있습니다.

이돈희에 따르면, 인간이 교육의 수단이 아니라 목적이라는 주장은 칸트에 의해서 비롯된다고 하고 있습니다. 즉 자율적 의지를 소유한 주체가 자신의 필요성과 목적을 달성하기 위해서 교육을 받는다는 것입니다. 그는 교육에 대한 정의적 관점에서 칸트의 주장에는 동의하지만 롤스의 정의론에 대해서는 동의하지 않습니다. 롤스의 정의론에서는 칸트에게서 정당화되는 복지적 동기가 위치할 부분이 없다는 것이 그 이유입니다. 내가 생각하기로는 여기서 논쟁의 중심이 되어야 할 부분은 두 가지입니다. 하나는 교육이 창출하는 가치 배분이 자유에 해당되는가 아니면 평등에 해당되는가입니다. 다른 또 하나는 롤스의 정의론에 관한 두 원칙을 교육기회에 적용할 경우 과연 그의 해석이 제대로 적용되었는가 하는 것입니다.

첫째로 이돈희는 교육에서 자유란 의미를 교육기회라는 측면에서만 해석하고 있는 것으로 보입니다. 그러나 교육에서 자유란 의미를 학생의 교육 선택권이라는 측면에서 보면 의무교육, 대안교육, 홈스쿨링 등과 같이 다양한 선택의 자유가 있을 수 있습니다. 또한 롤스가 제시하는 정의론의 제1원칙은 평등한 자유의 원칙으로서 교육기회라는 의미도 있지만 교육선택권의 자유라는 시각에서 접근하는 것이 더욱 타당하다고 봅니다.

둘째로 나는 앞서 교육기회의 사회적 동기 중 투자적 동기는 사교육에 해당하는 것으로 중상류계층 이상의 자녀에게 해당되고(자유), 복지적 동기는 공교육에 해당되는 것으로 저소득층자녀에게 해당된다(평등)고 보았습니다. 따라서 교육기회의 복지적 동기를 최소한의 교육을 보장받아야 한다는 의무교육으로 간주할 때 이는 기회균등의 원리로 받아들일 수 있습니다. 그렇다면 이는 롤스의 정의론의 제2원칙 평등에 관한 부분 중 '기회균등의 원리'를 만족하는 것이 됩니다.

이와 함께 살펴보아야 할 것은 제2원칙 중 '차등의 원리'에 대한 부분입니다. 즉 차등의 원리는 롤스의 정의론에 따르면, 사회의 최소수혜자들의 최대의 이익에 부합해야 한다는 원칙입니다. 이러한 차등의 원리를 교육에 적용한다면 교육에서의 최소수혜자들은 학습부진아 또는 저소득층자녀들이 해당될 수 있습니다. 이들에게 최대의 이익이 부여되어야 한다는 것을 우리나라 교육정책에서 살펴보자면 7차 교육과정에서의 학습부진아를 위한 학습 지원을 들 수 있습니다. 따라서 이돈희가 언급하였듯이 롤스의 정의론에는 교육기회의 배분, 즉 복지적 동기에 대한 설명이 논리적이지 않다는 지적은 옳지 않다고 보여집니다. 당연한 결과로 나는 칸트의 정의론보다는 롤스의 정의론이 교육이라는 가치 배분을 설명하는 데 더욱 설득력이 있다고 봅니다.

(2) 교육에서의 공정과 능력주의

이돈희의 교육정의론에 따르면, 우리나라 교육은 통일신라 시대의 신문왕(682) 때 국학을 세운 이래 1,200년이 넘는 전통을 가지고 있습니다.[24] 통일신라 시대의 국학은 중국 당나라의 국자감을 모방해서 설립한 교육기관이며, 고려 시대 국자감은 교육제도가 과거제도와 연계되어 운영되기 시작하면서 붙여진 이름입니다. 이러한 교육제도와 과거제도의 연계는 관료의 자질에 대한 기준을 제도화하고 교육의 내용과 방법적 원리를 형식화하였으며 교육의 사회적 기능과 기대에 대한 인식을 고정시켰다고 말합니다. 이돈희는 과거제도의 실시배경을 대만의 임시선을 인용하면서 다음과 같이 네 가지로 설명하고 있습니다. ① 과거제도가 사상과 학문을 정치적으로 통제하는 수단이었으므로 통치집단이 선호하는 제도였다는 것, ② 계층을 초월한 개방적인 인재등용의 길을 제공할 수 있었기 때문에 명분을 지닌 제도였다는 것, ③ 경서를 중심으로 교육내용을 규격화함으로써 학교의 설립과 운영을 용이하게 하였다는 것, ④ 관직의 획득으로 명예와 재산의 욕구를 충족시킬 수 있었기 때문에 지식인의 호응도를 높일 수 있었다는 것입니다.

교육의 공정성을 논의하기 위해서는 우선 교육을 공공재로 볼 것인가 아니면 투자재로 볼 것인가에 대한 해석과 규명이 필요하다고 봅니다. 공공재는 국방 또는 치안서비스와 같이 모든 사람들이 공동으로 이용할 수 있는 재화 또는 서비스를 의미합니다. 공공재의 가장 큰 특징으로는 비경합성과 비배제성이 있습니다. 비경합성이란 어떤 사람이 한 재화를 소비할 때 다른 사람도 그 재화를 소비할 수 있는 것을 의미

---

24) 이돈희(1999) 앞의 책.

합니다. 비배제성이란 어떤 사람이 한 재화에 대하여 돈을 지불하지 않고도 그 재화를 사용할 수 있는 권리를 취득할 수 있는 것을 의미합니다. 교육은 근대 이후 국가가 성립되는 과정에서 프로이센이 세계 최초로 초등교육을 의무교육화하면서 사람들이 공동으로 이용할 수 있는 공공재로서의 성격을 가지게 되었습니다. 그러나 역사적인 측면에서 교육은 공공재라기보다는 소비재 또는 투자재에 가깝습니다. 그것은 국방이나 치안서비스와 달리 교육은 공립학교와 사립학교로 나누어져 있기 때문입니다. 만약 교육이 공공재라면 사립학교는 존재하지 않아야 합니다. 이를 국방이나 치안서비스에 비유하자면 군인 대 사병, 경찰 대 사경(찰)으로 나누는 것과 같다고 볼 수 있습니다.

교육이 근대 이후 의무교육이라는 공공재에서 소비재 또는 투자재로 변질되는 과정은 아래 영국의 예에서 잘 나타나고 있습니다.[25] 영국의 초창기 귀족형 사립학교(Public Schools)는 가난한 이들에게 무상교육을 실시하기 위해 설립되었습니다. 그런 이유로 사람들은 이 학교들을 공립(Public)학교라고 불렀습니다. 1442년 이튼칼리지(Eton College)를 설립할 당시 헨리 6세는 다음과 같이 명했습니다. '1년 수입이 5마르크 이상인 사람은 이 학교에 입학할 자격이 없노라.' 또한 1382년 윈체스터(Winchester)칼리지의 설립자인 윌리엄 오브 위컴(William of Wykeham)은 '이 학교는 70명의 빈곤층 자녀들을 위해 창설되었다'고 선언했습니다. 럭비(Rugby), 하로우(Harrow), 웨스트민스터(Westminster)학교도 역시 빈곤층을 위해 설립한 무상학교였습니다. 그러나 결국 이 학교들은 모두 수업료를 지불하는 부유층에게 넘어갔습니다. 럭비학교의 교장이었던 토마스 아놀드(Thomas Arnold)는 수업료

---

25) 닉 데이비스(2008) 위기의 학교, 우리교육

를 받지 않던 저학년 학급을 폐쇄함으로써 럭비학교를 부유층을 위한 곳으로 바꾸어 놓았습니다. 하로우(Harrow) 교장은 정오에 출석을 불렀습니다. 기숙사 생활을 하지 않는 빈곤층 아이들이 모두 점심을 먹기 위해 집에 가 있을 시간에 말입니다. 더욱이 하로우(Harrow) 교장은 빈곤층 아이들의 결석을 유도하기 위해 집에 다녀오는 시간을 줄일 수 있는 말타기까지 금지시켰습니다. 결국 1868년 귀족형 사립학교법을 제정함으로써 오래전에 설립된 이들 고색창연한 학교들은 그때까지 빈곤층학생들에게 지원되던 기부금을 모두 가져가게 됩니다. 1869년에는 '기부금을 받는 학교에 관한 법률(Endowed Schools Act)'을 만들어 전국에 있는 빈곤층 학생들을 위해 지급되던 정부지원금을 이제 중산층들에게 유리한, 학비를 받는 새 학교를 위해 사용하게 됩니다. 그 후 1879년 교육법에 따라, 빈곤층에게는 '초등교육'만이 허용되었습니다. 이 이야기는 영국의 사립학교들이 어떻게 해서 공립학교(Public school)라고 불리게 되었는지에 대한 배경설명인 동시에 교육이 공공재가 아님을 보여주는 좋은 예시라고 할 수 있습니다.

오늘날 현대사회에서는 개인의 능력을 매우 중시합니다. 공현은 능력이란 본질적으로 사회제도와 구조의 영향을 크게 받는 개념이라고 주장합니다.[26] 그에 따르면 능력은 환경적, 사회적으로 구성되는 것이며 온전히 개인에게 속한 능력이란 의미는 환상에 불과하다는 것입니다. 그는 그 예로 같은 사람이 컨디션에 따라, 누구와 같이 호흡을 맞추느냐에 따라 매우 다른 성과를 보이는 사례들을 쉽게 접할 수 있다고 합니다. 그리고 능력이 더 뛰어난 사람을 우대하는 방식은 더 현명하고 유능한 사람이 직위와 결정권을 가지는 것이 사회 전체에 이득이

---

26) 박권일 외(2020) 능력주의와 불평등, 교육공동체벗.

되기 때문에 정당화된다고 주장합니다. 그래서 학교 교육을 포함한 많은 제도가 능력주의를 기반으로 운영되고 있다는 것입니다. 이때 능력주의(meritocracy)는 개인의 능력에 따라 사회적 지위를 분배하는 보상과 인정시스템을 말합니다.[27] 공현에 따르면 1958년 영국의 사회학자 마이클 영이 처음으로 이 단어를 제시했고, 여기서는 주로 지능의 측면을 강조했습니다. 이후 미국의 기능주의적 사회학에서는 사회적 공헌과 성과, 실적에 따라 사회적 보상과 지위 분배가 일어나는 것을 산업사회의 특징으로 보았으며, 다니엘 벨은 후기 산업사회가 교육수준과 성과에 따라 차등적인 소득과 직위를 얻는 능력주의 사회라고 주장했습니다. 공현의 주장에 따르면, 능력주의는 때로는 측정된 지능이나 교육수준에 따라 차별하는 체제나 이념을, 때로는 사회적으로 인정받는 성과나 실적에 따라 차별하는 체제나 이념을 가리킨다고 할 수 있습니다.

가령 중국에서 시작된 과거제도는 인재를 선발하여 통치에 활용하기 위한 것이었습니다. 즉 능력주의의 정당성은 바로 국가와 사회에 도움이 된다는 것에서 나옵니다. 이러한 능력주의를 비판하는 입장에서는 이렇게 말합니다. 능력주의는 자본주의 내부에서 활발하게 작동하면서 체제를 정당화하며, 능력주의는 분명히 차별이지만 차별로 인식되지 않고 오히려 평등, 더 정확히 말하면 공정으로 인식된다고 주장합니다. 즉 더 능력이 뛰어난 사람이 더 많은 보상을 받고 더 높은 사회적 지위를 가지는 것, 즉 능력에 따른 차등 대우는 정당하고 바람직하다는 것입니다. 공현에 따르면, 학교 교육은 여러 차원에서 능력주의의 핵심적 역할을 한다고 주장합니다. 물론 모두에게 보편적 교육을 보장하기 위한 제도로서 학교 교육은 평등을 지향하지만 모든 사람에게 평

---

27) 박권일 외(2020) 앞의 책.

등하게 보장되는 초중등교육의 기회는 그 자체로 기회의 평등을 실현한 것 같은 착시효과를 만든다고 말합니다. 즉 평등한 기회를 주었고 뛰어난 학업 성취도를 보이면 계층이동도 가능하니까 공정한 경쟁이 이루어진 것이므로 그 이후의 결과는 개인의 책임이라고 능력주의를 정당화하는 것입니다.

그는 이러한 능력주의는 한 개인의 사회, 경제, 문화적 배경을 도외시하고 그 개인의 재능과 노력만으로도 평가할 수 있다는 불가능한 자유주의적 믿음을 전제로 한다고 말합니다. 이는 마치 존 롤스가 주장하는 '무지의 베일'과 같은 상태에서 평가한다는 점에서는 같은 의미라 할 수 있습니다. 그리고 학교 교육을 거치면서 나온 성적과 입시의 결과가 바로 학생 개인의 능력인 것처럼 여겨지게 된다고 합니다. 똑똑하고 노력한 학생이 좋은 성적을 받으며, 네가 공부를 못하는 것은 너 자신의 탓이라는 것입니다. 따라서 학교는 노골적으로 기회의 평등만이 옳은 이념이라고 가르치며 불평등한 체제를 정당화하는 논리인 능력주의를 그대로 전파하는 장소라는 것입니다.

오늘날 교사들은 높은 학업성취도로 시험을 통과하여 교사라는 직업을 성취했다는 점에서 스스로가 능력주의의 수혜자로서 능력주의에 우호적이기 쉽습니다. 능력주의 체제의 교육에서는 학력과 성적이 가장 중요한 기준일 수밖에 없으며, 그것들이 능력의 지표라고 인식되기 때문입니다. 그래서 교육의 궁극적 목표는 가능한 한 높은 학력을 얻는 것이며 또 그 높은 학력에 맞는 적격자를 찾아내기 위해 성적에 따라 학생들을 줄 세우는 것이 되고 만다는 것입니다. 이러한 관점에서 능력주의는 앞서 언급하였던 아리스토텔레스가 주장한 정의의 개념과 이를 달성하기 위한 교육의 목적과 같은 의미라고 할 수 있습니다. 이러한 능력주의는 필연적으로 능력을 객관적으로 평가할 수단을 요구합니다. 그래서 능력주의는 지능검사 등의 평가도구와 함께 발달해 왔습니다. 특히 시험은 한국 사회의 불투명성에 대한 사람들의 불안감을 해소하는 장치이며, 학교 교육, 특히 대학입시는 능력주의를 사회적 현실로 만드는 과정이라 할 수 있습니다. 그중에서도 수능시험은 능력을 평가하고 입증하는 중요하고 상징적인 장치입니다.

그래서 공현은 능력주의란 단지 공정한 경쟁의 규칙이 아니라 통제, 관리의 수단이며 평가하고 선발하는 주체(국가, 기업)의 이익을 위한 시스템이므로 다음과 같이 바뀌어야 한다고 주장합니다. ① 학교 교육에서 개인의 노력과 능력에 따른 차별을 정당화하고 시험 결과에 따른 서열화와 보상을 하는 요소들을 모두 바꿔야 한다. ② 학교가 민주주의 교육의 장이 되려면 각자도생의 능력주의적 원리를 극복해야만 한다. 우리는 모두 평등한 사회를 원합니다. 하지만 불평등이 공정한 자원 배분의 결과로 여겨지는 경우에는 그것을 용인하게 됩니다. 즉 사람들이 평등보다 중시하는 것은 공정함이고, 만약 평등과 공정함이라는 두 가치가 충돌할 경우 사람들은 불공정한 평등보다는 공정한 불평등을 선택하게 된다는 것입니다.[28]

정용주는 그의 논문[29]에서 능력주의는 현 체제 내에서 모든 사람은 성공할 수 있는 동등한 기회를 가지고 있고, 따라서 모든 결과물은 개인의 능력과 노력 그리고 자격에 기반하는 것처럼 믿게 한다고 주장합니다. 특히 교육은 이러한 믿음을 공고하게 하며, 학교는 무형의 상

---

28) 그렇다면 공정한 평등이란 불가능한 것일까? 나는 여기에 대한 대답이 존 롤스의 '공정으로서의 정의'라고 간주한다. 그것은 롤스가 공정을 전제로 하면서 평등을 추구하기 때문이다.

29) 박권일 외(2020) 앞의 책.

속이 지속적으로 일어나는 시공간이라고 합니다. 부모의 소득과 자녀의 대학입학에 상관관계가 있는 것은 물론, 부모의 적극적인 개입과 양육 태도, 학교의 질적 차이가 직업과 소득의 차이로 연결된다는 것입니다. 하지만 이러한 비자발적 조건들이 개인을 구조적 덫에 빠지게 하여 능력 발달을 막고 있다는 것은 숨겨지고 능력 부족으로 인하여 현재 상황이 초래된 것이라는 결론을 스스로 받아들이도록 한다는 데 능력주의의 문제가 있다는 것입니다. 능력주의 사회에서는 장애인을 비롯하여 주위의 도움이 필요한 사회의 약자들은 무시될 수밖에 없습니다. 학교의 경우에도 학업 성취도가 낮거나 생활환경이 열악한 저소득층이나 차상위계층 자녀들은 원만한 학교생활을 유지하기가 힘들어집니다. 학생이 처한 자신의 사회경제적 배경이 교육에 직간접적으로 영향을 미치게 되기 때문입니다.

앞서 제2장 교사의 필요성에서 교사의 역할에 대해 언급한 바 있듯이 교사의 역할은 크게 수업, 담임, 업무로 나눌 수 있습니다. 그중 가장 중요한 역할은 수업입니다. 이때 교사는 학생들에게 교육과정에서 제시된 지식뿐만 아니라 예측 불가능한 상황에 적용할 수 있는 지식, 활용이 가능한 지식, 실천적인 지식을 가르칠 수 있어야 합니다. 또한 학생들은 주어진 문제에서 정답을 찾는 것이 아니라 주어진 상황에서 얻을 수 있는 최선의 해결책을 찾아내야 합니다. 이러한 교사와 학생의 문제해결능력을 역량(competence)이라 표현할 수 있습니다.

교사는 학습에 대한 학생의 태도를 개발시켜 주는 일에 있어서 일종의 도구 역할을 수행합니다. 교사는 학생의 흥미를 유발하고, 독립심을 키워주며, 지적인 엄밀성을 신장시키고, 공식 교육과 평생교육에 있어 자신이 원하는 삶의 추구에 필요한 환경과 조건들을 창출해 줄 수 있습니다. 교육의 질을 증진시키는 일은 무엇보다도 교사들의 충원과 훈련, 그리고 사회적 지위와 근무조건을 개선시킴으로써 가능합니다. 그리고 교사들이 그들에게 부과되는 기대에 부응하기 위해서는 적절한 수준의 지식과 기술, 개인적 특성, 전문적 안목과 동기 등을 지닐 필요가 있습니다.

　오늘날 교사는 학교를 보다 사회와 밀접한 공간으로 만들어야 한다는 새로운 과제에 직면하고 있습니다. 학생을 위한 진로교육과 창의적체험 활동이 바로 그 예라 할 수 있습니다. 학생들이 자신의 진로를 찾을 수 있도록 사회의 다양한 직업과 역할들에 대해 안내하고 소개해야 하며, 진로에 대한 학생들의 관심을 직접 경험으로 연결할 수 있도록 해 주어야 합니다. 또한 교사들은 학생들이 가난, 기아, 폭력 등의 문제에 적극적으로 대처하고 사회문제 전반을 이해할 수 있도록 해야 할 뿐 아니라, 자녀 양육에 있어서 맞벌이 부모나 편부·편모, 가정공동체의 해체 등으로 인해 사회가 해결하지 못하는 각종 교육적 문제들을 해결하도록 요구받고 있습니다. 그러므로 교사는 교실과 학교 밖의 경계가 흐려짐에 따라 교실 밖에서 이루어지는 학생들의 학습 과정도 물리적으로 장악하고자 노력할 필요가 있습니다. 특히 지금과 같은 코로나-19로 인해 교실수업이 정상적으로 이루어지기 어려운 상황에서는 온라인수업을 비롯한 다양한 학습방법과 도구들을 제시할 필요가 있습니다. 따라서 교실 밖에서도 온라인으로 학생이 실질적으로 학습경험을 쌓도록 해 주고, 일상생활과 교과 내용을 연결시킬 수 있는 역량을 확보해야 합니다.

　교사는 독주자로부터 오케스트라의 합주자로, 그리고 정보와 지식을 분배하는 일로부터 학습자 스스로 정보와 지식을 추구하고 조직하고 관리하도록 돕는 일로 자신의 역할을 변경시켜야 합니다. 앞으로 교사는 학생을 어떤 형태로 만들어내는 역할이 아니라 학생들을 안내하는 학습코치로서의 역할을 수행해야 합니다. 그러나 다른 한편, 교사는 학생들이 스스로 자신의 삶을 인도할 수 있는 근본적인 가치체계나 도덕체계 등에 대해서 확고한 태도를 견지할 필요가 있습니다. 다가오는 미래사회에서 교사의 일은 단순히 정보나 지식을 전달하는 것에 그치지는 않을 것입니다. 교사의 업무 중에는 지식을 특정한 맥락 내에서 문제의 형태로 제시하는 일과, 문제를 어떠한 관점에서 보도록 함으로써, 학생이 더욱 광범위한 관련 사항들과 해결책을 연결할 수 있도록 돕는 일도 포함됩니다. 교사와 학생의 관계는 궁극적으로 학생 개개인에게 자신감을 심어줌으로써 학생의 인격을 완성시키는 것을 목적으로 합니다.

교사의 위대한 능력은 그들이 학생에게 보여주는 시범에 있습니다. 교사가 보여주는 시범 속에는 호기심이나 개방된 정신, 자신이 가지고 있는 가설을 기꺼이 시험해 보려는 의지, 자신의 잘못을 승인하는 용기 등이 녹아들어 있습니다. 무엇보다도 교사는 학습에 대한 애정, 배움에 대한 열정을 전달해야 합니다. 따라서 교사가 되기 위한 교육이든 현직교사를 위한 연수든 간에 교사교육의 한 가지 기능은 사회가 요구하는 바에 걸맞은 윤리적이고 지적이며 정서적인 태도를 교사들이 갖추도록 하는 것입니다. 교사에 대한 직업적 윤리의식의 요구와 더불어 세상과 시대가 급변하고 있는데 아직도 30여 년 전처럼 폭력적인 방법에 의지하는 구시대적인 의식과 발상에 젖어있는 교사들도 있습니다. 그러나 요즘은 인구절벽이라고 할 수 있을 만큼 출산율이 낮습니다. 그로 인해 각 가정의 자녀수가 적으며 자녀가 잘못했을 때 즉각적인 체벌보다는 대화를 통해 잘못을 지적하고 문제를 해결하는 경우가 많습니다. 그런 경우 학교에서 교사의 폭력은 학생에게는 지울 수 없는 상처가 되고 자녀의 학부모에게는 용납할 수 없는 교육적 방법으로 여겨지게 됩니다. 당연히 교사와 학생, 학부모 사이에는 감정적으로 건널 수 없는 간격의 차이가 생기게 됩니다. 사회의 변화는 교사들에 대해서도 청렴한 공직자로서의 위상을 강조하고 있습니다. 그러나 일부 교사의 경우 관행에 젖어 시대의 변화를 깨닫지 못하는 경우도 있습니다. 예를 들면, 입찰이 아닌 수의계약을 통해서 학교 공사를 실시하는 등 학교 내의 부조리가 적발되고 학부모로부터의 촌지 수수, 음주운전, 학생들에 대한 성희롱, 원조교제 등의 사회적으로 문제가 되는 행동으로 징계, 파면, 해임되는 경우가 대중매체를 통해 사회에 알려지고 있습니다. 이러한 일부 교사들의 행동은 교사에 대한 사회의 인식을 조금씩 부정적으로 변화시키게 됩니다.

교육에서의 자유는 가치 있는 활동의 기회를 최대한으로 보장해 줍니다. 아리스토텔레스는 '자유는 다스리고 또 다스림을 받는 일을 번갈아 하는 것'이라고 했습니다. 이를 교육에 적용하면 교사는 가르치기만 하는 존재가 아닙니다. 어떤 경우에는 학생으로부터 배울 수도 있습니다. 마찬가지로 학생도 앉아서 배우기만 하는 존재는 아닙니다. 어떤 경우에는 친구들을 가르치는 역할을 하기도 합니다. 프랑스혁명의 기본정신을 자유, 평등, 박애라고 합니다. 이때 자유는 신성불가침한 것으로서 누구에 의해서도 구속당할 수 없는 것이라고 이야기합니다. 자유에는 책임이 뒤따릅니다. 인간이 자유롭다고 하는 것은 자신이 원하는 어떤 일이든지 선택할 수 있음을 뜻합니다. 그러나 자신이 선택한 일에 대해서는 책임을 져야 합니다. 법의 보편적 원리에는 남의 자유를 침범하지 않는 범위 내에서 각자의 자유를 최대로 보장한다는 내용이 포함되어 있습니다.

그러나 피터스(Peters)에 따르면, '학생은 강제로 학교에 다니게 되어있으며, 이것은 자유라는 관점에서 볼 때 그렇게 바람직한 것이 아니다'라고 말합니다.[30] 그리고 일반적으로 학습이 이루어지는 상황을 보면 계획되고 통제된 환경 속에서 어느 정도의 규제가 확립되어 있습니다. 이는 결코 바람직한 교육형태가 아닙니다. 학생들이 학교에서 실제로 선택해야 하는 문제는 자신이 하고 싶은 대로 하는 것과 구속받는 것, 두 가지 중에서 어느 하나에 있는 것이 아니라, 오히려 여러 가지 종류의 구속 중에서 어느 것을 선택하느냐에 달려 있습니다. 자유의 관점에서는 자기 자신의 자유를 제한함과 동시에 자기를 간섭하는 다른 사람의 자유도 제한하는 균등한 구속체제를 받아들이는 것이 오히려 나은 것으로 보입니다. 즉 학교의 교육 활동은 학생들에게 지식을 전달함으로써 자신의 이익을 추구하려는 특수한 목적으로 고안된 환경이기 때문에 이러한 목적이 실현될 수 있도록 질서가 확립되어야 한다는 것입니다. 자율성이라는 것은 학생들이 '규칙을 따라 행동한다'는 것이 일반적으로 어떤 것인가를 배운 뒤에야 비로소 '스스로 자기 자신의 행동규칙을 결정한다'는 것이 학생들에게 의미를 가지게 됩니다. 학생들이 이러한 의미에서 선택을 하기 위해서는 무엇을 하면 무엇이 된다는 식의 예상을 어느 정도 보장하는 환경 속에서 자기 행동의 결과를 현실성 있게 판단할 수 있어야 합니다. 합리성은 권위주의와 허용의 중간을 걸어가는 것입니다. 무엇보다도 필요한 것은 교사가 권위에 대하여 합리적인 태도를 가지고 또 합리적으로 권위를 행사하는 것입니다.[31]

교사의 자유에 관한 문제는 주로 가르치고 싶은 것을 가르칠 권리와 논쟁을 야기하는 문제에 대한 자기 자신의 관점을 내어놓을 권리와 밀접하게 관련됩니다. 사람들의 의견이 아무리 정통적 관점에서 벗어

---

30) Peters(1966) 윤리학과 교육, 교육문화사.
31) 손종호(2015) 변하지 않는 학교는 공룡이다. 해드림출판사.

난다 하더라도 자신의 관점을 자유롭게 말할 수 있도록 할 때 비로소 문제의 핵심에 가까워집니다. 진리를 탐구하는 과정은 지금까지 옳다고 믿어왔던 견해를 점진적으로 부정해나가는 과정이었습니다. 자유와 타인의 이익을 고려하는 것은 두 가지 근본적인 도덕적 원리가 갈등을 일으키는 경우이며, 이러한 갈등을 쉽게 해결할 수 있는 고정된 규칙은 있을 수 없습니다. 의견 표현이라는 문제에 있어서 교사의 위치는 첫째로 교사는 교육적인 역할을 수행한다는 것과, 둘째로 교사는 아직 미숙한 학생을 다루기 때문에 특별한 책임을 가지게 된다는 사실로 말미암아 대단히 어려울 수밖에 없습니다.

교사의 자유는 첫째로 대부분의 경우 가르치고 있는 지식이나 사고의 형식에 관한 오직 유일하고 유능한 설명자입니다. 학교의 교과 수업시간에 교사에게서 배우는 학생들은 동일한 문제에 관하여 다른 교사의 다른 관점을 들을 기회가 없습니다. 둘째로 고등학교 학생이라 하더라도 학생들은 사고의 형식에 대한 내용은 제외하고서라도 사고의 형식에 담긴 방법은 아직까지 배우지 못한 상태에 있습니다. 따라서 학생들은 교사가 말한 것을 평가하고 비판할 수 있는 적절한 능력을 갖추고 있지는 않습니다. 교사의 역할은 학생들에게 자신의 의견을 집어넣어 주는 데에 있는 것이 아니라 학생들이 자신의 견해를 형성할 수 있도록 도와주는 데에 있습니다. 왜냐하면 교사의 기본적 임무는 학생들에게 생각할 내용을 가르치는 것이 아니라 생각하는 방법을 가르치는 것이기 때문입니다.

교육사회학이란 관점에서 보면, 학교의 존재 이유는 한 사회가 가치 있다고 생각하는 것을 전수하는 데 있습니다. 법률, 군대, 종교집단에서는 일반적으로 무엇이 옳은가를 판단하며 특정한 경우에 규칙을 적용하고 시행하는 권한을 가지고 있는 특별한 사람들, 또는 보통사람으로서는 미치지 못하는 통찰력을 가지고 있는 특별한 사람들이 있다고 생각합니다. 권력이라는 것은 기본적으로 한 개인이 어떤 특정한 방법에 의하여 타인을 자기의 의지에 복종시키는 것을 의미합니다. 권위라는 것은 비인칭적인 규범적 질서나 가치에 호소하는 것으로 사람들이 그러한 명령이나 가치를 받아들이기 때문에 그들의 행위를 규제하는 힘을 가집니다.

교사의 권위는 어떤 문제에 관해서 교사가 가지고 있는 생각이나 견해에서 나온 것이 아니라 그로 하여금 그러한 생각이나 견해를 가지게 한 사고 형식의 통달에서 나온 것입니다. 교사의 관심은 학생들이 교사를 존경한다는 것을 기초로 그러한 입장들을 취하도록 학생들의 생각을 바꾸는 데 있는 것이 아니라, 교사의 입장이 기초로 하고 있는 이유를 학생들이 알도록 하는 데에 있습니다. 즉 교사의 일은 지식을 전달하는 것이지 가르치거나 교화하는 것이 아닙니다. 교사는 학생들로 하여금 '이런 상황에서 나는 어떻게 해야 하는가'라는 질문을 정면으로 직시하도록 하고 이 질문에 대한 해답의 근거가 되는 근본원리로 학생을 이끌어야 합니다. 교사의 임무는 민주사회에 참여하여 살아가는 시민으로서 필요한 기술, 태도, 지식을 갖추도록 학생들을 입문시키는 것입니다. 교사는 학생들이 각각 개별적인 인간으로 발달하는 데에 관심을 가져야 하며, 또한 자유의 원리에 따라 교사 자신의 개인적인 취향과는 관계없이 여러 가지 가치 있는 활동과 행동방식 중에서 학생들이 선택할 수 있도록 허용해 주어야 합니다. 교사는 학교 안에서나 밖에서나 자신들이 속한 지역사회의 규범을 준수해야 합니다. 따라서 특정 교원단체에 속한 교사들이 학생들에게 규범적 질서에 벗어난 이념과 가치들을 수업을 통해 전달하는 것은 바람직하지 않다고 생각합니다.

교사가 가진 권위는 두 가지 의미 – '직위상의 권위와 전문지식의 권위' – 를 모두 포함합니다. 그렇다면 권위적인 지위에 있는 사람이 가지는 권한의 근거는 무엇일까요? 권위사가 되는 데에 필요한 자질과 사람들에게 권위를 실지로 행사하는 데에 필요한 자질을 함께 가진 사람은 오직 이순신장군이나 징기스칸, 카이사르 같은 역사상에 위인들로 알려진 일부 지도자들뿐입니다. 이 사람들은 모두 한편으로는 정치 질서에 대한 통찰력과 다른 한편으로는 그것을 시행하는데 필요한 전문성과 다른 사람에 대하여 권위를 가질 수 있는 인간적 매력을 겸비하였습니다.

학교는 교육을 일차적인 목적으로 하는 기관입니다. 교육한다는 것은 학생들을 가치 있는 삶의 방식으로 이끄는 것입니다. 교육에서는 내재적으로 가치 있다고 여겨지는 활동 또는 사고 형식이 중요시됩니다. 교사는 합법적으로 직위상의 권위를 인정받아야 합니다. 교사는 특정한 학생들을 특정 직업에 알맞도록 교육시키는 역할과 진학 및 취업에서 적임자를 선발하는 역할을 해야 하는 책임도 맡고 있습니다. 전통적인 형태의 다양한 모습을 가진 권위들이 사라져 가는 오늘날, 만약 교사가 지역사회에서 권위를 가지기 위해서는 그 권위도 다른 권위들처럼 합리적인 것으로 변화해야만 합니다. 그는 자기가 가르치는 분야에 대한 권위자임을 실지로 보여주어야 합니다. 이제 교사는 전통을 등에 업고 권위자임을 자처할 수가 없습니다. 앞으로도 교사가 학생들을 가치 있는 삶으로 입문시키는 잠정적인 권위자로 간주될 수 있을까요? 그렇지 않으면 단지 문화를 전수하고 국가가 요구하는 직업에 사람들을 훈련시키는 단순한 전문가로 간주될 뿐일까요?

교사의 역할이란 학생으로 하여금 학교가 추구하는 목적을 따르도록 하고 가르치는 교과에 대하여 교사가 가진 것과 동일한 흥미를 유발하도록 하는 일입니다. 교사는 지식과 기술을 가르치면서 그 이면에 들어있는 생각과 가치들을 전달해야 합니다. 교사와 학생 사이에는 일종의 동일시 현상이 일어나서 교사가 가치 있게 여기는 것을 학생도 가치 있게 여기도록 되어야 한다는 식으로 표현할 수 있을 것입니다. 이것은 학교의 전통과 문화에 의하여 크게 조장됩니다. 왜냐하면 좋은 전통과 문화를 가진 학교에서는 학생 동료집단의 압력에 의하여 그러한 동일시 과정이 합법화되고 강화되기 때문입니다. 이러한 학교에서 진행되는 여러 가지 의식과 방안들은 전달되는 내용의 중요성을 상징적으로 암시함으로써 또 그로 인하여 학생들의 정서에 영향을 줌으로써 이 동일시 과정을 돕는 것입니다.

(1) 교사채용의 공정성

앞서 2장 교사의 교직 입문에서 교사가 되기 위한 과정을 자세히 설명한 바 있습니다. 교사자격증을 취득한 후 교사가 되기 위한 마지막 관문은 교원 임용고시입니다. 교사를 선출하기 위한 교원 임용고시는 1차 시험의 필기고사와 2차 시험의 심층면접, 학습지도안 작성, 수업능력평가 등으로 이루어져 있습니다.[32] 우리나라의 교원선발은 기본적으로 능력주의를 기반으로 운용된다고 할 수 있습니다.

그러나 앞서 언급하였듯이 최근 능력주의에 대한 비판이 일어나고

---

[32] 교사임용고시에서 2차시험의 시험과목과 배점은 각 시도별로 상이할 수도 있다.

있습니다. 능력주의(meritocracy)는 개인의 능력에 따라 사회적 지위를 분배하는 보상과 인정시스템을 말합니다. 능력주의는 신분제도에 대한 비판과 대안으로 등장하였지만 전근대적인 제도인 신분이 사라진 현대 사회에서는 능력주의가 폐해로 지적되고 있습니다. 그 이유로 능력주의가 협력보다는 경쟁을 강조하며 사회적, 경제적 불평등을 강화하기 때문입니다. 파울 페르하에허(2015)[33]에 따르면, 제2차 세계대전 후 자유와 능력에 따른 임금의 결합은 교육 능력주의와 경제 능력주의를 하나가 되게 만들었습니다. 그래서 경제적 잉여가치를 창출하지 못하는 지적인 업적은 더 이상 존중을 받지 못하게 되었습니다. 이것을 신자유주의 경제라고 합니다. 신자유주의 조직에서는 항상 비생산적인 상부계층을 만들어내며, 이들의 최우선 업무는 다른 이들을 통제하면서 자기 자리를 보존하는 것입니다. 그러다 보니 계속해서 규제가 늘어나게 되는데 문제는 일을 하는 사람들만 평가의 대상일 뿐 평가를 하는 사람들 자신은 평가에서 비켜나 있다는 사실입니다. 즉 평가 대상은 구조개혁이 아니라 면담, 감사 등을 통해 지속적으로 평가를 받는 직원들이며, 또한 이들에게는 전혀 발언권이 없다는 사실입니다. 예를 들면 감사원은 국가의 세입·세출의 결산, 국가 및 법률이 정한 단체의 회계검사와 행정기관 및 공무원의 직무에 관한 감찰을 하기 위하여 설립된 헌법기관입니다. 그렇다면 감사원을 감사하는 곳은 어디일까요? 감사원은 대통령 직속기관이므로 감사원을 감사하는 곳은 없습니다. 그러니까 대통령을 제외하면 무서울 곳이 없는 기관이라 할 수 있습니다. 우리나라 교육에서는 각 시도교육청이 이에 해당한다고 할 수 있습니다. 각 시도교육청은 교육부에 의해 매년 평가를 받고 있지만 그 목적은

---

33) 파울 페르하에허(2015) 우리는 어떻게 괴물이 되어가는가, 반비.

교육정책의 발전과 교육자치의 강화를 위한 것이라 명시하고 있습니다.[34] 따라서 각 시도교육청은 학교와 교직원들에 대한 평가만 할 뿐 평가 대상은 아니라고 할 수 있습니다. 이러한 능력주의와 신자유주의 조직으로 인해 가장 타격을 입는 것은 쾌적한 업무환경이며, 이로 인해 팀 정신이 사라지게 됩니다. 그리고 행정, 관리, 통제가 점점 부각되면서 정작 핵심업무에는 관심을 쏟지 못하게 됩니다. 학교를 예로 들자면, 학생이 한 사람도 없으면 학교는 문제나 갈등 없이 가장 잘 운영될 것입니다. 왜냐하면 학생은 교사의 소중한 시간을 너무나 많이 잡아먹기 때문입니다.

　엄청난 예산이 쓸데없는 일에 낭비되는 현실을 접하게 되지만 포상금은 이러한 예산 낭비를 계획한 행정관리와 통제를 계획한 사람들에게 부여됩니다. 이러한 능력주의에 입각한 신자유주의는 돈과 교육이라는 형태의 수단을 결합해 돈과 결합된 학위를 중시하는 사회를 만들어 냅니다. 파울은 이러한 우리의 교육제도가 괴물을 만들고 있다고 주장합니다. 칸트는 그의 실천이성비판에서 '인간을 절대 단순히 수단으로 다루지 말고 언제나 한결같이 목적으로 다루도록 행동하라'라고 제시합니다. 이러한 칸트의 '정언명령'을 교육적 측면에서 적용한다면 아래와 같을 것입니다. '학생들을 차별하지 않는다. 공부를 못한다고 해서, 비만하다고 해서, 내성적이라고 해서, 가난하다고 해서, 장애가 있다고 해서 학생들을 차별하지 않는다.' 칸트의 시각에서 보면 우리나라 사립학교재단에서 교사임용을 조건으로 금전 또는 물질을 요구하거나 예비교사가 금전을 지불하는 대가로 교사가 되는 것은 도덕적으로 옳지 않습니다. 자신의 이익을 추구하기 위해 행동하는 것은 도덕적 가

---

34) 교육부 조간보도자료(2020) 교육부주관 시도교육청 평가결과 발표

치가 부족한 행동이기 때문입니다. 또한 금전을 대가로 자신이 원하는 직업(교사)을 가지는 것은 옳지 않습니다. 금전을 대가로 교사가 되는 것이 옳지 않은 것은 그것이 학교발전과 교육 목적에 이바지하지 않기 때문이 아니라 공정한 경쟁이라는 사회규범적 원칙에 어긋나기 때문입니다. 시립학교의 교사 채용은 후보자간의 공정한 경쟁을 통해서 이루어져야만 합니다. 재단기여금을 통해 교사가 되는 것도 부당하지는 않습니다. 그 교사의 채용이 학교 전체의 이익에 기여할 테니까요. 문제는 그것이 특정인의 이익에만 기여한다는 것입니다. 결국 그것은 공적인 측면에서는 부정, 부패이고 개인적 측면에서는 일종의 도덕적 타락이라고 볼 수 있습니다.

　이돈희는 각자의 능력은 사회적 유용성을 논하기 전에 자아와 개성을 특징짓는 것이므로 그 자체로서 개체 인격의 소유물이며 그것으로서의 가치와 의미를 지니는 것이라고 말합니다.[35] 그는 인간이 가지는 능력은 인격적 개체의 한 특성이며, 능력주의는 바로 희소상태나 부족 상태에 있는 사회적 가치를 추첨이나 관례에 의하지 않고 능력의 경쟁을 통하여 획득하게 하는 원리라고 설명합니다. 그는 어떤 의미에서 능력주의는 차등주의의 특수한 형태라고 합니다. 즉 차등주의는 인간의 이질성을 중시한다는 점에서 능력주의와 유사하나 교육 활동보다는 교육 대상을 먼저 의식하게 된다는 점에서 능력주의와는 다르다는 것입니다. 능력주의는 어떤 교육 활동이 계획되어 기회가 주어진 연후에 그 혜택을 누가 받도록 해야 하느냐에 관심이 주어지지만, 차등주의의 경우는 교육받을 어떤 대상을 두고 그 대상의 이질성에 따라 어떤 특성의 기회를 배분할 것인가를 생각하게 된다는 것입니다. 그에 따르

---

35) 이돈희(1999) 앞의 책.

면 능력주의적 체제에 의히어 교육적 정의를 실현한다는 것은 ① 성장 욕구의 실현을 가능하게 하는 교육의 기회가 최적격의 대상에게 우선적으로 주어지도록 하는 원칙이며, ② 그러한 교육의 가치와 본질적으로 무관한 혹은 부적절한 어떤 요인도 우선순위의 평가기준으로 고려될 수 없도록 하고, ③ 교육기회의 정의로운 배분은 이와 본질적으로 유관한 능력의 경쟁에 참여할 수 있는 기회가 개방적으로 주어진다는 것을 의미한다고 하였습니다.

문제는 교육의 기회가 주어지는 최적격의 대상을 무엇을 기준으로 어떻게 선발하느냐입니다.

이와 함께 우선순위의 구체적인 평가 기준은 무엇이 되어야 하는가입니다. 사립학교 교사채용의 경우 교사자격증을 가지고 있는 누구나 법으로 정해진 결격사유가 없는 한 해당 학교의 교사채용에 참여할 수 있는 기회가 주어집니다. 능력주의에 대한 비판은 제외하더라도 아직까지도 사립학교의 교원채용에 전근대적인 수단과 방법이 통용되고 이러한 상황이 공공연한 것처럼 받아들여지는 사회에서 어떻게 미래교육을 이야기할 수 있을까요? 또한 그와 같이 공정하지 못한 방법으로 채용된 교사들이 학생들에게 정의나 공정을 가르친다면 우리의 교육에 어떤 미래가 있을 수 있을까요?

PART
02

교원임용제도

외국의 교원임용제도

    교사는 교육의 질을 좌우하는 중요한 요소입니다. 우리나라를 비롯한 교육선진국에서는 적정수준의 자질과 전문성을 갖춘 교사를 교육현장에 배치하기 위해 교원양성과 자격, 임용에 관한 사항을 제도적으로 규정하고 있습니다. 우리나라의 교원양성은 교육대학과 사범대학을 중심으로 교사를 양성하는 목적형 체제와 일반대학의 교직과정 및 교육대학원을 통해 교사를 양성하는 개방형 체제를 혼용하고 있습니다. 이러한 교사양성과 더불어 교원임용은 '초중등교육법'에 의거하여 교사 자격증을 부여하고, '교육공무원 임용후보자 선정경쟁시험 규칙'에 의거하여 신규교사를 선발·임용하여 학교에 배치합니다. 앞서 언급하였듯이 교원임용시험에서는 신규교사의 임용시험을 2차로 구분하고 있습니다. 1차 시험은 교육학과 전공 논술을 포함한 필기시험이며, 2차 시험은 교직적성 심층면접과 학습지도안 작성, 수업능력(실기, 실험 포함)으로 평가합니다.[1]

    미국의 경우 교사의 자격 기준이나 임용제도는 주(state)마다 차이

---

1) 이병기(2011) 한국과 미국의 사서교사 임용 및 자격시험 비교 분석에 관한 연구, 정보학회지 42(2), 127-149.

가 있으나 개방적인 교원양성제도를 채택하고 있습니다. 일반적으로는 대학의 교육, 사범계열 학과를 졸업하여 학사학위를 취득하거나 학부에서 각 교과 분야의 학사학위를 취득하고 대학원에서 교육학 분야의 석사학위를 취득하는 방법이 있습니다. 교사자격을 취득하기 위해서는 캘리포니아, 텍사스와 같이 주 교육부가 독자적으로 시행하는 자격시험도 있으나 많은 주에서는 비영리기구인 ETS(Educational Testing Service)가 관장하는 미국 교사자격시험인 Praxis의 통과를 요구하고 있습니다. 미국의 교사자격시험인 Praxis는 I, II, III으로 구성되어 있습니다. Praxis I은 교사양성을 위한 단과대학이나 종합대학에 입학하기 위한 사전능력시험입니다. 시험내용은 독서, 논술, 수리영역으로 구성되어 있고 온라인시험 또는 지필고사를 선택할 수 있습니다. Praxis II는 교과별 전공시험으로서 120문항 5지 선다형 방식을 취하고 있습니다. Praxis II는 교과별 전공시험과 더불어 교과교육학을 시험대상으로 하며, 교원양성대학을 졸업하고 교사자격증을 취득하기 위해서는 이 시험을 통과해야만 합니다. Praxis III은 수업 실무능력과 교사의 전문성을 측정하는 시험으로 임시 교사자격증을 가진 사람이 학교현장에서 평가를 받게 됩니다. 영구적이고 전문적인 자격증을 갖춘 선임 또는 수석교사가 임시교사의 수업현장을 방문하여 관찰하고 심층면접을 통해 임시교사의 수업 전문성을 측정하며 이는 영구교사 자격증을 취득하기 위한 시험에 해당합니다.[2]

미국의 교사자격시험인 Praxis는 비영리기구인 ETS에서 관장하고 있습니다. ETS는 TOEFL, TOEIC, GRE, GMAT를 주관하는 평가기관이기도 합니다. ETS의 TOEFL과 GRE, GMAT는 미국의 대학이나 대학

---

2) 이병기(2011) 앞의 책.

원에 입학하기 위해서는 필수적으로 치러야 하는 시험입니다. 미국의 교사자격시험인 Praxis I, II, III을 굳이 우리나라에 비교하자면 Praxis I은 대학수능시험, Praxis II는 대학졸업시험, Praxis III은 교원임용시험에 해당합니다. 시험의 난이도는 그렇게 높지 않다고 알려져 있지만 그것은 미국인에게 해당되는 말이고 외국인이 미국의 교사가 되기 위해서는 결코 쉬운 장벽이 아닐 것입니다. 객관식 시험에 의한 점수 판정은 우리나라의 경우 점수 관계없이 경쟁에 의한 순위로 합격 여부를 결정하는 상대평가지만 미국의 경우에는 절대평가로서 일정 점수의 취득에 의한 합격과 불합격 판정에만 활용합니다. 미국의 경우 합격점수는 통일되어 있지 않고 주(state)마다 차이가 있습니다.

미국에서는 교원채용과정에서 면접을 가장 중요한 전형요소의 하나로 활용하고 있습니다. 그래서 갤럽(Gallup), Teacher Perceiver, Haberman재단 등에서 개발된 구조화된 면접 도구들이 체계적으로 개발되어 활용되고 있고, 교원채용과 관련된 인사담당자들이 심층 면접 전문가로서 높은 전문성을 확보하고 있습니다. 이러한 미국의 교원선발과 임용방식은 지필고사 위주의 임용시험을 실시하는 우리에게 몇 가지 시사점을 제공합니다. 첫째, 임용시험의 공정성은 높으나 우수한 교사의 선발 가능성이 상대적으로 낮다고 평가되는 지필고사보다는 면접을 중요시하고 온라인 또는 실제 면접에서 매우 체계적이고 구조화된 면접 문항을 개발 및 활용하고 있습니다. 둘째, 교사 지원자를 위해 사전 면담을 실시하고, 신규교원채용 담당자들이 면접전문가로서 교육을 이수한 후 전문적인 채용업무를 수행하고 있는 점입니다. 셋째, 면접에서 교사가 되기 전의 학생 교육 관련 경험을 특별히 중시하고 있습니다. 이러한 점들은 최근 예비교사들에게 교직에 대한 인성과 심층

면접을 강화하고 있는 우리나라 교원 신규임용에 적지 않은 시사점을 제공하고 있습니다.[3]

미국의 교원 신규 임용은 주와 교육청에 따라 조금씩 차이가 있습니다. 미국의 교원선발과 채용은 학교구(district)로 구분된 교육청에서 채용하지만 실제로는 단위학교에서 채용한다고 할 수 있습니다. 그것은 대부분의 교육청에서 교사를 채용할 때 특정 학교 근무를 계약조건의 하나로 명시하고 있기 때문입니다. 따라서 교육청에서 교사를 채용하더라도 이는 행정적 절차에 불과할 뿐 실질적으로는 해당 학교에서 근무할 교사를 교육청을 통해 채용하는 것이라 볼 수 있습니다. 교육청에서 교사를 채용할 때 교사 지원자를 모집하는 방법도 다양합니다. 교육청이나 학교가 개별적으로 교사를 신규 채용한다는 안내 공문을 교원양성대학이나 사범대학에 보내 후보자를 모집하거나 교육청에서 교직박람회(teacher job fair, teacher recuitment fair, teaching job fair, education job fair, educational recruitment fair)를 개최하여 교사 후보자들을 모집하는 등의 방법이 있습니다. 이때 가장 보편적인 방법은 교직박람회를 개최하여 지원자들을 모집하는 것입니다. 교직박람회에 관한 정보는 주와 교육청, 교육감협의회의 홈페이지, 개별학교의 홈페이지, 구직과 구인정보회사의 홈페이지 등에 탑재하여 홍보합니다. 교직박람회는 교원양성대학이 있는 대학교에서 개최하거나 교사채용을 계획하고 있는 민간업체 차원에서 조직하여 개최하기도 합니다. 미국에서는 공립학교 또는 사립학교에 관련없이 교사는 학교와 일정 기간 동안 채

---

3) 조동섭(2009) 미국의 교사 신규 임용의 실태와 시사점, 한국교원교육연구 29(4), 1-20.

용계약을 맺습니다.[4] 그 후 채용계약을 연장하든 연봉협상 또는 계약을 만료하거나 간에 관계없이 해당 학교와 행정처리 과정을 밟게 됩니다. 그것이 우리나라와 다른 점 중의 하나라 말할 수 있습니다.

미국의 교원채용에서는 객관적인 자격 요건과 함께 면접이 거의 절대적인 기준이 되므로 면접의 중요성이 강조되고 있습니다. 교원채용 면접에서는 지원자의 일반적 사항 및 교직 관련 사항 파악에 초점을 둡니다. 즉 학력, 경력, 교직 목표, 역량, 학교와 교육청 혹은 교직에 대한 지식 등 일반적 사항에 대한 질문과 함께 학생 교육 경험의 구체적 내용, 학급경영과 교육관, 교과 내용과 교육과정 개발, 인간관계 형성, 리더십 경험 등 교직 관련 사항에 대한 질문을 통해 지원자가 교사로서의 자질과 태도 및 능력을 갖추고 있는지를 확인합니다.

따라서 미국에서는 교사 채용과정에서 구조화된 면접 도구의 활용이 크게 증가하고 있고 관련된 부문에 대한 전문적 정보를 가진 효과적인 인사담당자가 증가하고 있는 추세입니다.[5] 교사면접을 위한 구조화된 면접 도구의 필요성은 앞으로 우리나라에서도 매우 높아질 것으로 보입니다. 미국의 경우 면접은 교원채용뿐만 아니라 석사나 박사학위 취득을 위한 지원단계에서도 중요합니다. 대부분의 대학교에서 지원서(application) 제출과 함께 심층면접이 이루어지기 때문입니다. 대학교 입학 외에는 서류심사만으로 입학이 결정되는 경우는 거의 없습니다. 교수채용 시에도 마찬가지입니다. 대부분 대학은 교수 지원자에게 2~3일간의 숙식과 항공교통비를 제공하면서까지 심층면접을 실시합니다. 해당 학교에 필요한 인재를 채용하기 위해서는 객관적인 실력이나

---

4) 일반적으로 1~3년에 걸쳐 계약을 하게 된다.
5) 조동섭(2009) 앞의 책.

능력도 요구되지만 후보자의 인성과 태도도 중요하기 때문에 이를 검증하기 위해서 면접 도구를 개발하는 것입니다. 우리나라의 경우 2차 시험에 면접이 있지만 평가위원들이 장학사, 교장으로 구성되어 있으며 이들이 모두 전문성이 있다고 말할 수는 없습니다. 따라서 미국의 경우처럼 구조화된 면접 도구를 개발해야 할 필요성이 있습니다. 특히 사립학교의 경우 사립학교법 개정(2021)으로 1차 필기시험을 교육청에서 주관하게 되면 신규교원 채용시 이러한 면접 도구의 필요성이 더욱 높아진다고 할 수 있습니다. 우리나라에서는 교원채용 시 지필고사의 영향력이 커서 면접이나 수업능력평가는 상대적으로 작은 비중을 차지하고 있습니다. 그러나 미국의 교원채용은 주로 자격과 관련된 서류심사와 면접에 의해서 이루어집니다. 미국의 경우 많은 주에서 지필고사는 교사 채용과정에서가 아니라 교사자격증 이수 과정에서 시행되어 교사채용과정에서는 거의 영향력을 가지지 않습니다. 따라서 우리나라에서는 지필고사가 교원채용을 좌우한다고 할 수 있는 반면, 미국에서는 면접이 교원채용을 좌우한다고 볼 수 있습니다. 미국의 경우 교원채용은 교사와 단위학교간의 계약에 의해서 이루어집니다. 따라서 계약기간이 만료되어 재계약하지 않으면 자동적으로 해고됩니다. 50개 주 중에서 35개 주에서는 주에서 수여한 교사자격증을 갱신하도록 하고 있고, 갱신 이전에 1~3년의 수습 기간을 두도록 하고 있습니다. 교사자격증은 종류와 유효기간에 따라서 다르며 일정 기간에 정해진 학점을 이수하거나 성과평가에서 우수한 결과를 얻은 경우 또는 일정한 시험에 합격한 경우 갱신되며, 대개 그 기간은 주마다 다르지만 5~10년 주기입니다. 사립학교나 차터스쿨의 교원은 이러한 주의 규정을 따르지 않고 자율적으로 교원을 선발하여 임용합니다.

미국 교원채용과정을 통해 파악할 수 있는 특징은 다음과 같습니다. 첫째, 미국의 경우 교원채용과정에서 면접을 핵심적인 요소로 중시하고 있습니다. 한 연구에 따르면 일반적으로 우수한 교사의 선발 가능성은 지필고사보다는 면접이 더 타당성을 가지고 있다고 합니다.[6] 둘째, 교원채용 면접에서 매우 구조화된 면접질문지를 개발 및 활용하고 있습니다. 미국에서는 상업용 면접이 활성화될 정도로 교원채용을 위한 면접 문항이 계속적 연구검토를 통해 크게 발달되어 있지만 우리나라의 경우 면접이 차지하는 비중이 낮고 문항 출제형식으로 이루어져 지속적인 발전을 이루지 못하고 있습니다. 따라서 교원채용 면접 전문기관을 육성하여 문제은행식 질문 문항을 축적하고 이를 활용하여 체계적이고 구조화된 면접을 실시할 수 있도록 그 기반을 마련할 필요가 있습니다. 셋째, 교원채용 담당자들이 면접전문가로 교육받고 전문적인 채용업무를 수행하고 있습니다. 미국의 교원채용 담당자들은 대학이나 상업용 면접도구를 판매하는 회사에서 연수 및 교육을 이수하고 지속적으로 채용 담당 업무를 수행하여 채용 면접에 대해 높은 전문성을 가지고 있습니다. 이는 신규교사 임용 전형을 위한 면접위원이 임시적으로 선정되고 교원채용에 대한 연수나 교육도 없이 바로 면접을 시행하는 우리에게 시사하는 바가 크다고 볼 수 있습니다. 넷째, 사전 면담을 실시하고 있습니다. 미국의 교육청에서는 정식 면접 이전에 교사 지원자에게 교육청과 학교에 대한 구체적인 정보를 제공하여 지원자들이 자신에게 적합한 학교에 지원하고 있는지를 판단할 수 있는 정보를 제공하고 있습니다. 다섯째, 면접 과정에서 교사가 되기 전의 경력을 중시하고 있습니다. 미국에서 교사가 되기 위해서는 임시교사를 하였거

---

6) 조동섭(2009) 앞의 책.

나 학생 교육과 관련된 직업에 종사했거나 학생 교육 활동에 참여한 경험을 쌓는 것이 매우 유리합니다. 여섯째, 교원채용을 지역교육청 단위에서 실시하고 학교의 수요에 따라 수시로 실시하고 있습니다.

우리나라의 대학입학 수학능력고사에서 수시입학을 담당하는 입학사정관의 역할이 중요한 것처럼 신규교원을 채용할 때 면접담당관들의 역할은 중요합니다. 따라서 우리나라의 현재 상황에서처럼 교원채용을 위한 면접담당관들이 자신의 교육철학이나 가치관에 의거하여 신규교사를 면접할 것이 아니라 면접담당관들에게 필요한 전문성을 갖추고 구조화된 면접 도구를 마련하여 면접에 임할 필요가 있습니다. 2021년 사립학교법 개정으로 교원채용을 위한 면접의 중요성은 앞으로 더욱 커지게 될 것입니다. 학교의 교육목표달성과 효과적인 학교를 만들기 위해서는 우수한 교사를 채용하는 것이 가장 중요합니다. 따라서 심층 면접을 통해 우수한 교사를 발굴할 수 있도록 면접담당관의 질 향상과 함께 심층적인 면접 도구를 개발할 필요성이 있습니다.

2 | 일본의 교원임용제도

일본은 제2차 세계대전 패전 후인 1949년 '교육직원 면허법'을 제정하여 대학에서 일정 단위의 학점을 이수하면 누구나 교원자격증을 취득할 수 있는 개방제로 전환하였습니다. 그러나 2006년 중앙교육심의회는 '금후의 교원양성 면허제도에 관해서'라는 답신에서 '10년 단위로 교원면허 갱신제, 교직 실천 연습의 신설, 교직 대학원의 창설' 등을 제안하였고, 이는 2008년부터 순차적으로 실시되고 있습니다. 이러한 방안은 교원 자격은 있으나 그 자질은 불충분하다는 지적에 따라 교원의 실천적 자질을 향상하기 위한 것이었습니다. 일본의 교원 양성제도는 크게 두 가지 유형으로 나눌 수 있습니다. 하나는 종래의 사범대학이 학사학위과정을 개설한 국립대학이 된 경우로 여기서는 의무적으로 초등학교 및 중등학교 교사자격증을 취득합니다. 2014년 자료에 의하면 일본의 국립교원 양성대학 현황은 학부과정 대학 수는 22개, 대학원 22개, 교직대학원 25개로 파악됩니다.[7] 또 다른 유형은 교원양성 국립대학교 및 교육학부 이외에 국립, 사립, 지방 전문대학 및 대학교

---

7) 김보림(2015) 한국과 일본의 교원양성기관 평가인증제 비교연구, 일본문화학보 64, 391－415.

에서 교사자격증 취득을 위한 선택과목을 개설하고 있는 경우입니다. 2011년 자료에 의하면, 일본에서 교직과정을 인정하고 있는 대학은 전체의 81.1%에 해당합니다.[8] 이러한 자료들을 통해 볼 때 우리나라의 교사자격증 제도는 일본의 영향을 많이 받은 것으로 보입니다. 그러나 일본은 2006년 이후 교사면허제도(10년)를 도입했고 우리나라는 아직 예전 그대로입니다. 교사면허제도는 일본뿐만 아니라 미국, 독일, 핀란드, 싱가포르 등에서는 어떤 형태로든 교사가 전문직이라 할 수 있도록 자격을 강화하고 있습니다.

일본의 교원선발은 면허취득과정과 임용과정으로 나누어집니다. 일본의 교원선발과 교사의 질 관리는 교원면허를 수여하는 과정을 통해서 이루어진다고 볼 수 있습니다. 교원면허를 취득한 후에는 임용되고자 하는 지방교육청의 임용시험을 치르는데 일본 임용시험의 특징은 각 지방교육청이 자체적으로 시험의 내용과 종류를 정하여 시행하고 있다는 점입니다. 대다수 지방교육청은 지식을 묻는 지필고사 1차 시험과 면접 중심으로 이루어진 2차 시험의 형태를 띠고 있으나 최근에는 그 형태가 다양화되는 추세입니다. 약 60여 개의 지방교육청이 개인 면접과 그룹토의를 실시하고 있으며 약 40여 개의 지방교육청은 사기업에서 면접을 대리 실행하도록 하고 있습니다. 또한 상담전문가와 함께 인성검사를 추가하는 지방교육청이 증가하는 추세이며 약 40여 개의 지방교육청에서 수업 실연 시험을 실행하고 있습니다.[9]

일본은 우리나라와 달리 정기적인 교원임용제도가 존재하지 않습니다. 즉 교사 면허제도만을 바탕으로 교원 수급문제를 해결하고 있습

8) 김보림(2015) 앞의 책.
9) 정미경 외(2011) 교사 선발방식 개선방안 연구, 한국교육개발원.

니다. 일본의 교원양성제도에서 면허법은 중요한 시스템 중의 하나입니다. 일본 교사 면허의 특징은 다음과 같습니다. 첫째, 교사 면허의 종류가 보통면허, 특별면허, 임시면허 등 3종류로 구분되며 유효지역의 범위가 다릅니다. 보통면허는 3종류(전수, 1종, 2종)로 구분되며, 이는 학위와 교직과정 등에서 요구되는 단위 수를 획득하거나 교원 자격인정시험에 합격한 후 도도부현 교육위원회에 자격을 신청하여 받습니다. 특별면허는 임명 또는 고용하려는 자의 추천, 교과에 관한 전문지식, 경험 또는 기능, 사회적 신망, 교원 직무에 필요한 열의와 식견을 토대로 판단하는 임시면허입니다. 둘째, 교사 면허의 유효기간이 정해져 있습니다. 특별면허는 최대 10년, 임시면허는 3년이지만 상당 기간 보통면허를 가진 교사를 채용할 수 없는 경우에만 도도부현이 교육위원회 규칙을 정함으로써 그 유효기간을 6년으로 연장할 수 있습니다. 보통면허는 2009년부터 유효기간을 10년으로 설정하고 있습니다. 즉 10년의 유효기간이 끝나면 면허를 갱신해야 합니다. 면허갱신을 위해서 교사는 정해진 기간 내에 대학 등에서 개설된 수업을 30시간 이상 수강한 이후 도도부현 교육위원회에 면허갱신을 신청해야 합니다. 일본은 2009년 4월부터 교원자격 갱신을 실시하여 10년 이상의 교직경력을 가진 교사들에 대해 교원 자격을 재부여하기 위한 심사 및 판정 절차를 갖춘 검증시스템을 제도적으로 구축하였습니다. 일본의 교사 승진제도는 전문성에 의거하고 있으며 학업을 통한 교원 승진체계를 마련하였습니다. 2종, 1종, 전수면허로 교원면허의 종류를 구분하여 전수면허가 가장 높은 서열을 의미하도록 승진의 구조를 개편하였습니다. 이에 반해 우리나라에서는 전문성에 의거하기보다는 일원적이고 수직적인 교원승진체제입니다. 즉 관리직 중심의 승진지향적 교원 자격체제라 할 수 있습니다.

　　일본의 경우 초등학교, 중학교, 고등학교 교사는 원칙적으로 학교 종류에 따른 교원면허가 요구됩니다. 초등학교 교원면허로는 초등학교에서만 수업이 가능합니다. 중학교 교사의 경우 초등학교의 각 교과와 외국어, 종합학습에 대한 수업을 할 수 있습니다. 고등학교 교사는 중학교 교사보다 수업할 수 있는 범위가 더 확장됩니다. 즉 고등학교뿐만 아니라 도덕과 특별활동을 제외한 초등학교와 중학교에서 수업이 가능합니다. 우리나라의 교원자격제도는 초등과 중등이 나누어져 폐쇄성을 띠고 있으나 일본은 다양한 형태로 운영되고 있습니다. 우리나라가 연공서열에 의한 승진제도를 운영하는 반면, 일본은 전문성의 관점에서 교사 면허에 등급을 부여하고 있습니다.10)

　　우리나라는 일본에 의해 개항되고 근대화가 시작되었습니다. 1910년 일제강점기를 거쳐 1945년 해방 후 미국의 교육제도를 기본으로 한 6-3-3-4제를 운영하고 있습니다. 앞서 언급하였듯이 우리나라의 교원 자격제도는 미국의 개방형 체제와 일본의 목적형 체제를 혼합한 형태라고 할 수 있습니다. 그러나 교원양성과 자격이 매우 폐쇄적이며 유연성이 부족합니다. 미국과 유럽 등 교육선진국의 변화추세를 보면 대부분의 나라에서 교원 자격에 유효기간을 정하고 있으며, 교원임용에서도 교원양성기관과 학교 간에 교육과정 및 교육실습 등을 매개로 한 상호 연결고리가 형성되어 있습니다. 그리고 교원양성에서부터 교사의 인성과 자질을 검증할 수 있는 시스템이 갖추어져 있습니다. 우리나라에서는 아직 이런 부분들이 취약합니다. 최근 교원양성과 임

10) 김자미, 이원규(2016) 한일간 교사양성제도의 비교 및 현황분석을 통한 중등 정보교사 양성제도 개선방안, 한국컴퓨터교육학회 19(3), 35-53.

용제도를 개선하기 위한 방안이 제시되고 있지만 임용경쟁률이 치열하므로 교원양성보다는 선발에 치우쳐 있고 교원선발을 안정적으로 운용하기 위한 교육정책 중심으로 진행되는 경향이 두드러진다고 할 수 있습니다.[11]

　　일본은 공립학교의 경우 교사채용방식을 '공립학교 교원채용 후보자 선고시험'이라고 하며 줄여서 '채용선고'라고 합니다. 선고라고 하는 것은 개개인의 학력, 인물, 경험, 행동 양식, 신체 상황 등을 일정한 기준과 절차에 따라서 심사하고 직무수행 능력을 가지고 있는지 그렇지 않은지를 조사하는 방법입니다. 이는 문부과학성의 초중등교육국 교직원과에서 주관하고 총 65개(2011년 현재)의 현시교육위원회에서 시험내용과 채용기준 등을 각각 정하고 있습니다. 따라서 교원채용방식, 문제출제 등은 모두 각 '현시'에서 책임을 지고 있습니다. 일본의 경우 시험시행 공고부터 시험실시, 합격자 발표까지 모든 과정이 교육위원회에 일원화되어 있습니다. 이와는 달리 우리나라의 교원채용시스템은 시험출제는 한국교육과정평가원이 담당하고 시험실시는 시도교육청이 담당하는 이원화된 구조입니다. 일본의 경우 각 '현시'의 교육위원회가 채용시험을 담당하고 있으므로 전국적으로 시험문제가 서로 다르며 시험일자도 서로 다릅니다. 각 현시에서는 수험생의 자질, 능력, 적성을 다면적으로 평가하기 위해 교직 교양, 일반교양, 전문교양 등의 필기시험 외에 면접, 실기, 작문, 논문, 모의수업 등의 다양한 방법을 섞어서 채용선고가 실시되고 있습니다. 전체적으로 보면 필기시험에서 전공 지식에 대한 비중은 우리나라에 비하여 낮은 편입니다. 문부과학성에 보고된 바에 따르면 2011년 경우 면접시험은 전체 65개 현시에서 모두

---

11) https://www.etnews.com/20210713000155?mc=ns_002_00002

실시되었습니다. 면접은 주로 교육위원회 사무국 직원과 현직교장, 수석교사 등이 맡고 있습니다. 서울과 도쿄도의 최근 3개년간 지원자 수, 선발 인원 수, 경쟁률의 증감을 살펴보면 경쟁률의 경우 30:1에서 40:1에 가까운 우리나라와 비교해 볼 때 일본은 10:1을 넘은 적이 없습니다. 교원채용 시험문제와 평기에 대해 우리나라에서는 비공개로 하고 있지만 일본의 경우 평가의 관점을 시험 전에 공개하고 기출문제를 시험 이후 게시하고 있습니다.

우리나라에서는 국공립학교에 근무하는 공무원은 모두 국가공무원으로 되어 있으며 그 임명권도 교육부장관이 행사하는 것으로 되어 있으나, 일본 교원의 신분은 교사가 근무하는 학교설립자에 따라 국가공무원 또는 지방공무원으로 구분됩니다. 일본이 한국과 가장 다른 특징은 초등양성기관과 중고등학교 양성기관의 통합과 분리 부분입니다. 일본에서는 교육대학에서 주로 소학교와 중학교 교원을 양성하고 대학의 교육학부나 일반학부에서 고등학교 교원을 양성하는 경우가 많습니다.[12]

지금까지 살펴본 일본의 교원채용에 있어서 특징은 다음과 같습니다. 첫째, 일본은 문제출제, 채용인원 수 공고, 교사임명 등에 대한 모든 교원임용정책이 일원화되어 있습니다. 둘째, 일본의 경우 1월경에 미리 교사채용시험에 대한 설명회를 실시하고 3월경에 선발 예정인원을 공고하여 7월경에 제1차 시험을 시행하여 10월경에 발표를 하는 일정으로 최종합격자는 4월 발령이 나기까지 교사가 되기 위한 개인적 시간이 4개월 정도가 주어집니다. 셋째, 일본은 매년 교원 채용인원에

---

12) 김보림(2011) 한국과 일본의 교원채용시험제도 비교, 사회과교육 50(2), 55-69.

대한 수급 예상을 예측하고 있습니다. 일본의 경우 졸업생 대비 수험생 수, 퇴직자 수, 인구증가율 등 다방면에서 이를 예측하여 일정한 성생률을 매해 나타내고 있습니다. 과학적이고 합리적으로 채용인원에 대한 예측과 연구를 진행하고 있으며 교육과정의 변화가 채용인원 수급에 큰 영향을 미치지 않습니다. 넷째, 일본의 경우 각 현시에서는 교사 지원자의 자질과 능력, 적성을 다면적으로 평가하기 위해 필기시험 외에 면접, 실기, 작문, 논문, 모의수업 등의 다양한 방법을 활용하여 채용선고가 실시되고 있습니다. 면접관도 일반 기업인, 인사담당관, 보호자 등 그 폭을 넓히고 있습니다.

　미국과 일본의 교원임용제도를 통해서 공통적으로 나타나는 특징은 아래와 같습니다.

① 교원채용의 주체가 미국은 교육구(district), 일본은 현시로서 우리나라로 말하자면 교육청이 주관하고 있습니다. 그에 반해 우리나라는 교육부, 교육과정평가원, 시도교육청 등이 모두 개입되어 있습니다.

② 미국과 일본은 교원채용시스템이 일원화되어 있고 교원채용을 위한 최종 결정은 해당 교사를 채용하는 개별학교에 권한이 부여되어 있습니다. 우리나라의 경우 시험출제와 실시 주체가 이원화되어 있고 교원채용을 위한 최종 결정은 시험을 실시하는 해당 교육청에 있습니다.

③ 미국과 일본의 경우 교원채용 인원에 대한 수급 예상과 채용과정이 탄력적입니다. 각 학교에서 필요한 교사 인원을 매년 또는 수시로 공정한 절차와 경쟁을 걸쳐 수급하므로 지원자가 자신의 필요와 상황에 따라 지원할 수 있습니다. 우리나라의

경우 교원채용시험에 대한 경쟁률이 높으나 매해 그 비율을 예상하기가 어렵습니다. 그 이유 중의 하나는 잦은 교육과정의 변화로 인해 교원 수급과정을 예측하기가 힘들기 때문입니다.

④ 미국과 일본은 교원채용에 관한 시험실시 일정, 수요, 기출문제 등을 모두 공개하고 있습니다. 우리나라의 경우 채용인원수 공고가 17개 시도교육청에 따라 차이가 많이 나며 최종합격자가 12월이나 1월에 발표되어 신규교사가 3월에 새 학기를 시작하기에 부담이 크다고 볼 수 있습니다.

⑤ 미국과 일본의 경우 교원채용과정에서 교사로서의 자질을 검증하기 위한 다양한 방법을 통해 평가하고 있습니다. 우리나라는 1차 필기시험 및 논술, 2차 면접 및 수업실연으로 교사로서의 인성과 적성을 다면적으로 평가하기 위한 방법이 부족하며 면접관의 전문성이 낮다고 볼 수 있습니다.

핀란드는 북유럽에 위치한 인구 552만 명(2019년 현재)의 국가로서 유럽연합(EU)에서 인구밀도가 가장 낮습니다. 그리고 핀란드 전체 인구 가운데 140만 명이 수도인 헬싱키에 살고 있습니다. 핀란드는 국가 경쟁력을 평가하는 교육, 경제, 삶의 질, 인간개발, 시민의 자유 등의 지표가 상위권에 위치합니다. 핀란드 교육의 특징은 '모든 아이에게 평등한 교육을, 현장에 대한 높은 신뢰, 질 높은 교원의 양성'이라는 세 가지 키워드로 집약할 수 있습니다.[13] 그렇다면 핀란드의 교육이 우수한 배경은 무엇일까요? 첫째, 핀란드는 오래전부터 교육을 중시하는 전통과 문화를 가지고 있습니다. 둘째, 핀란드는 견고한 교육복지제도를 갖추고 있습니다. 핀란드에서는 교육의 책임이 개인보다 국가에 있는 것으로 보고 국가가 주도적으로 교육을 이끌어 가고 있습니다. 핀란드에서는 초등학교에서부터 대학교육까지 교육의 모든 과정을 국가가 무상으로 지원해 주고 있으며, 학생들이 교육을 받는 데 필요한 보조자료 및 대학생들에게는 생활비까지 지원하고 있습니다. 셋째, 핀란드는 우수한 교사를 확보하고 있습니다. 그렇다면 핀란드는 어떻게 우수한 교

---

13) 마스다 유리야(2010) 핀란드교사는 무엇이 다른가, 시대의창.

사를 확보할 수 있었을까요? 핀란드는 역량을 갖춘 인재들이 교원양성
기관에 들어오게 하고 이들에게 우수한 교원교육을 시키며, 질 높은 교
원 현직교육체제를 갖추는 것을 핵심요소로 삼았습니다. 핀란드는 우
선 해당 연령대에서 학업성취 상위 10% 내에 드는 학생들이 교원양성
기관에 들어오고 있습니다.

　핀란드가 교육의 책임을 개인에 두는 것이 아니라 국가에 있다고
하는 것은 패러다임의 전환이라고 할 수 있습니다. 우리나라의 경우 교
육의 책임은 기본적으로 개인과 가정에 두고 있다고 볼 수 있는데 이
는 추측컨대 유교의 영향이 남아 있는 것이라 볼 수 있습니다. 예를 들
면, 요즘도 연말 연초 농촌을 지나다 보면 'OOO 몇째 아들 서울대학
교 입학 축하' 등의 플랜카드가 걸려있는 것을 간혹 볼 수 있습니다.
조선 시대 과거에 합격하기 위해서는 개인의 노력뿐만 아니라 그가 속
한 가정에서 경제적 뒷받침을 해야 했습니다. 교육지원을 위한 책임이
개인과 가정에 있으니 과거에 합격하면 그 열매도 개인과 가정에 돌아
가는 것이죠. 따라서 사회나 국가에 대한 책임은 부차적이 될 수밖에
없습니다. 핀란드의 교원양성제도에서 본받아야 할 부분이 바로 이 부
분에 있다고 볼 수 있습니다.

　핀란드가 물리적 환경에서 학교 간에 격차가 있더라도 교육내용이
나 수준에서는 학교간 차이가 크지 않다는 것은 1990년대 초부터 실시
된 과감한 교육개혁의 결과입니다. 이후 핀란드에서는 교육부나 교육
청과 같은 상급감독기관의 학교 시찰이나 간섭을 그만두게 되는데 학
교현장을 신뢰한다는 것은 국가나 행정기관에서 쓸데없는 간섭을 하지
않고 현장에 철저하게 맡긴다는 것을 의미합니다. 교과서도 각 교사에
게 선택권이 있습니다. 핀란드에서도 교과서 검정제도가 있었지만

1992년에 폐지되었습니다. 핀란드에서 교과서는 어디까지나 교재 가운데 하나로 여겨지기 때문에 요약해서 가르쳐도 되고 꼭 사용하지 않아도 됩니다.

핀란드에서 일반계 고등학교에 진학한다는 것은 대학 진학을 목표로 공부한다는 것을 뜻합니다. 고등학교는 학년제가 아니라 단위제로 대학처럼 스스로 시간표를 짜서 단위를 취득해 갑니다. 우리나라에서 2025년부터 시작되는 고교학점제가 바로 이와 같다고 생각하면 됩니다. 대체로 6주가 한 학기로 되어있어서 5주 동안 수업을 받고 1주일 동안 시험을 봅니다. 일반계 고등학생은 대체로 3년째 되는 해의 봄에 시행되는 고교졸업시험(=대학입학자격 검정시험)을 치르고 같은 해 6월에 졸업합니다. 고교 졸업시험은 1년에 2회 실시되는데 필수과목 1개와 선택과목 3개, 합계 4개 과목에 합격하는 것이 자격취득의 조건입니다. 핀란드에서는 대학 순위라는 것이 없습니다. 핀란드의 전국에 있는 대학은 모두 국립이며 대학 간 수준 차이는 크지 않습니다.[14]

핀란드의 학교에는 학급담임 외에 수업을 도와주는 보조교사가 있습니다. 보조교사는 정교사 자격은 없으나 학교의 허가를 받고 채용됩니다. 핀란드에서는 교장을 중심으로 교직원과 지역의 학부모대표가 교원채용위원회를 만들어 해당 학교의 교사를 채용할 권한을 가지고 있습니다. 새로운 교사를 채용하려 할 때는 각 자치단체의 교육위원회를 통해 공모합니다. 교원모집 관련 정보는 신문과 인터넷에 공개되기 때문에 전국에서 누구나 응모할 수 있습니다. 교직 경험이 없는 신규교원에 대해서는 6개월~1년 정도의 수습 기간을 거친 후 정식 채용 여부를 결정하는 것이 일반적이고 경력자인 경우에도 3~5년마다 계약을

---

14) 마스다 유리야(2010) 앞의 책.

갱신해가는 시스템을 채택하고 있습니다. 기본적으로 교사는 지방공무원 신분이고 본인이 희망하지 않는 한 원칙적으로 전근은 없습니다. 채용은 학교가 결정하되 해고는 교육위원회에서 책임을 집니다. 미국과 핀란드의 경우 교사를 채용할 때는 교사가 근무하게 되는 개별학교가 그 채용 권한을 가지고 있습니다.[15] 그렇다면 왜 우리나라에서는 개별학교에 이러한 재량권을 부여하지 못하고 있을까요? 그것은 부정과 비리 때문이라 할 수 있습니다. 이는 다르게 말하자면 미국과 핀란드의 경우에는 학교의 교원채용과정에서 부정과 비리가 발생하지 않는다는 의미입니다. 그렇다면 왜 우리나라에서는 교원채용에 부정과 비리가 발생하는 것일까요? 그것은 다음 장에서 구체적으로 살펴보겠지만 우리나라에서 해방 후 교육재정이 부족한 가운데 문맹에서 벗어나기 위하여 초등교육에 초점을 맞춘 교육정책 때문입니다. 그것은 우리나라가 교육재정이 부족한 가운데 어쩔 수 없이 택할 수밖에 없었던 현실적인 교육정책이었습니다. 그래서 중등교육 이상은 어쩔 수 없이 민간 사립재단의 교육투자에 의존하였던 것입니다. 따라서 사립학교재단에서 발생하는 어느 정도의 부정과 비리는 용인될 수밖에 없었습니다. 그러나 1960년대 이후 대학을 비롯한 사립학교재단의 부정과 비리가 심각해지고 사회에서 이를 지탄하는 목소리가 높아지자 사립학교법을 제정하고 사립학교를 규제하기 시작하였습니다. 그러나 이미 관행적으로 부정을 일삼아왔던 사립학교의 부정을 지금까지 완전히 끊어내지 못하고 있습니다. 사립학교의 부정과 비리를 없애는 가장 바람직한 방법은 사립학교를 운영하는 재단들이 자체적으로 이를 반성하고 쇄신하는 모

---

15) 교육부의 3불정책은 고교등급제, 대학 기여금 입학, 대학 본고사를 금지한다는 것이다. 대학기여금 입학세도를 금지하는 것도 이와 같은 맥락이라 할 수 있다.

습을 보이는 것입니다. 그러한 모습을 보이지 못한 까닭에 국회에서 사립학교법을 통해 사립학교를 강제하고 있는 것이 현재 우리나라의 현실입니다. 타의든 자의든 이제는 사립학교가 변해야 한다고 봅니다. 그 좋은 예가 미국의 반독점법입니다. 미국은 자본주의 체제이고 자유경쟁이 당연시되고 있지만 철강산업의 록펠러, 통신산업에서의 AT&T의 예들처럼 시장경제에서의 독점을 엄격히 규제해왔습니다. 시장경제가 바람직한 방향으로 나아가지 않는다고 판단될 때는 미국의 반독점법과 같이 엄격한 규제가 필요합니다. 그것이 우리나라에서 사립학교법이 개정되는 중요한 이유라고 볼 수 있습니다.

핀란드에서 교사교육은 1863년 위바스킬라(Jyvaskyla)대학의 세미나에서 시작되었습니다. 당시 이 세미나의 목적은 초등학교 교사들을 교육하기 위한 것이었습니다. 많은 논쟁을 거치면서 핀란드에서는 교사교육에 있어 이론과 실제의 조화 및 통합이라는 전통을 수립하였습니다. 1970년대에 들어와서는 교사교육이 학문적이고 과학적인 것으로 그 지위를 인정받기 위해 노력했는데 그 결과 교사교육학과가 1974년부터 종합대학 내의 정식 학위과정으로 설치되었습니다. 2012년 현재 핀란드에는 종합대학교가 16개가 있는데 이 중 11개 대학에 교사교육학과가 설치되어 교사를 양성하고 있습니다. 핀란드 교사교육 프로그램의 목표 및 철학의 특징을 살펴보면 다음과 같습니다. 첫째, 핀란드 교사교육 프로그램에서는 이론과 실제의 조화를 적극적으로 추구하고 있습니다. 둘째, 국가나 사회의 변화에 능동적으로 대처할 수 있는 교사양성에 보다 많은 관심을 기울이고 있습니다. 셋째, 다문화사회 및 세계화에 대비한 융합형, 다학문적 접근을 하고 있습니다. 넷째, 교사들의 개인 역량, 특히 연구를 기반으로 한 성찰역량 함양에 목표를 두

고 있습니다.16)

핀란드 대학에서의 교사교육 프로그램의 구조 및 체제에 대한 분석을 통해 나타난 특징은 다음과 같습니다. 첫째, 핀란드대학의 교사교육 프로그램에서 교과내용학은 일반학과에서 담당하고, 교직학은 교사교육학과에서 담당하는 분담체제를 갖추고 있습니다. 둘째, 초등교사양성과정과 중등교사 양성과정이 별도의 독립된 기관에서 담당하는 것이 아니라 하나의 학과 내에서 프로그램을 달리하여 함께 이루어지고 있습니다. 셋째, 교육학과와 교사교육학과를 분리하여 운영하고 있습니다. 넷째, 교사교육학과 내에 다양한 교육 연구기관을 설치하여 운영하고 있습니다. 핀란드에서 중등교사양성 교육과정은 대학마다 약간의 차이는 있지만 거의 유사합니다. 대체로 교과내용학, 교직학, 교육실습 등 셋으로 구성됩니다. 교과내용학은 교사교육학과가 아닌 일반 전공학과에서 담당하며, 교직학은 교사교육학과에서, 교육실습은 부설 교사훈련학교에서 담당합니다. 예를 들면, 위바스킬라대학교의 중등교사 교육과정은 5년 석사학위과정입니다.

핀란드의 교사들은 중학교 경우 주당 18~24시간씩 수업을 담당합니다. 수업 시작은 아침 8시, 각 교시는 45분이고 사이에 15분의 휴식시간이 있습니다. 담임에는 학급담임과 교과담임이 있습니다. 교과담임은 국어나 수학 등의 교과를 담당하는 교사로서 중학교, 고등학교, 성인학교에서 가르칠 수 있는 자격을 갖추고 있습니다. 핀란드의 교원양성 과정에서는 교육실습을 매우 중요하게 여깁니다. 교육실습은 풀타임과정이며 교육실습과정에서 지도교사는 예비교사들에게 포트폴리

---

16) 김병찬(2013) 핀란드의 교사양성교육 프로그램의 특성, 비교교육연구 23(1), 45−79.

오를 만들도록 안내하며 교육실습과정에 활용하도록 하고 있습니다. 위바스킬라대학교 교사교육학과의 교육실습 프로그램을 살펴보면 다음과 같이 네 과정으로 이루어져 있습니다.

① 교육실습안내: 5학점, 대학에서 이수

　 교육실습의 기초 및 이론을 대학에서 교수들로부터 배우는 과정

② 기초교육실습: 5학점, 교사훈련학교에서 이수(7~8주)

　 수업참관 및 지도교사로 부터 수업에 대한 전문적 안내와 조언을 받는 과정

③ 심화교육실습: 7학점, 일반학교에서 이수(7~8주)

　 수업 및 학급운영에 대해 익히는 과정

④ 응용교육실습: 3학점, 교사훈련학교에서 이수(7~8주)

　 연구기반관점에서 자신의 수업시연 및 분석을 통해 수업에 대해 보다 심층적으로 이해를 도모하는 과정

　　교사 실습생을 선발하는 교사훈련학교에 들어가기 위한 선발시험은 3단계로 나누어 진행됩니다. 우선 교육실습 신청을 합니다. 이때 그 학교에 실습을 희망하는 동기 등을 쓴 지원서를 제출합니다. 이 단계에서 서류심사가 이루어집니다. 다음은 5명 정도의 그룹 토의를 진행합니다. 주어진 소재를 가지고 누가 어떻게 이야기를 전개하는가? 리더십을 발휘하는 것은 누구인가? 협조적인 참가자는 누구인가? 다른 사람의 말을 끌어내는 사람은 누구인가? 등 각각 신청자의 개성을 확인합니다. 그런 다음 이러한 검토를 판단근거로 해서 개별 면접을 실시합니다. 아울러 교직의 전문분야에 관한 필기시험을 치러 그 성적까지 합산해서 실습생으로 받을지의 여부를 결정하게 됩니다.

핀란드 교육실습 과정에서 가장 중요한 세 가지 요소는 이론, 연습, 경험입니다. 교사교육의 목적이 바로 이 세 가지 요소와 이 요소들 사이의 관계를 탐구, 정립하는 것입니다.[17] 핀란드의 교육실습 과정을 살펴보면 전체가 30~32주로서 1년, 구체적으로는 8개월에 해당합니다. 이와 함께 교육실습 과정을 단계적으로 나누어 실시하고 있는 것이 특징입니다. 즉 이론, 안내 및 조언, 익힘, 심화의 단계로 나누어집니다. 우리나라에서도 2021년 교육부의 개선방안에 따르면 교생실습이 1개월에서 6개월로 늘어날 것으로 예측됩니다. 그러나 핀란드의 경우에서처럼 교육실습 과정을 단계별로 세분화시킬 필요가 있습니다.

지금까지 살펴보았듯이 핀란드는 1차적으로 교원양성과정에 입문하기 위하여 지적 능력, 인격, 자질 및 적성 등이 평가되고, 2차적으로 교직을 수행하기 위해 지원서를 통하여 선발되는 과정을 거칩니다. 우선 지적 능력이나 인격 및 자질 등 기본적인 능력에 대한 평가는 가장 이른 시기인 교원양성과정 입문을 통한 선발에서 주로 이루어집니다. 핀란드 사회에서 교원양성과정 졸업생이 우수한 인재로 인정받는 이유는 해마다 많은 수의 지원자 가운데 12~13%의 지원자만이 교원양성과정에 입학할 수 있기 때문입니다. 그러나 일단 교원양성과정에서 거치게 되는 교육과정과 그 후 실제 임용과정은 기본적인 지적 능력을 측정하고 평가하는 것에서 벗어나서 고등연구능력이나 교수학습능력, 학생 관리 능력 등 보다 교직의 실제와 관련이 있는 역량개발에 초점을 맞추고 있습니다.

핀란드 교원양성 프로그램의 특징을 살펴보면 다음과 같습니다. 첫째, 핀란드 교원양성 교육프로그램에서는 철저히 이론과 실제의 조

---

17) 김병찬(2013) 앞의 책.

화를 추구하고 있습니다. 교원양성 교육프로그램에서 추구하는 핵심적인 가치이자 목적은 교사로서의 전문성 함양입니다. 둘째, 핀란드 교사교육 프로그램 운영구조는 각 담당 기관들간의 분업적 협력체제라 할 수 있습니다. 교사교육 프로그램의 각 하위영역을 맡은 기관들 간의 분업과 협력체제는 핀란드만의 독특한 체제는 아니며 유럽의 대다수 국가 및 미국 등 많은 나라의 교사교육 프로그램의 형태이기도 합니다. 이러한 체제는 핀란드 교사들이 모두 2개 이상의 교과 교사자격을 갖추고 있는 배경이 되고 있습니다. 셋째, 예비교사들이 교과내용학을 충분하게 배울 체제를 갖추고 있다는 점입니다. 핀란드의 중등교사교육과정에서 교사자격을 얻기 위해서는 반드시 해당 교과내용학 분야 일반학과에서 석사학위를 취득해야 합니다. 이 교과내용학 분야의 석사학위과정은 해당 학문 분야를 배우는 과정입니다. 중등교사는 교과 전문가입니다. 교과 전문가의 핵심적인 요건 중의 하나가 해당 교과 분야에 대한 깊이 있는 지식과 이해를 갖추는 것입니다. 넷째, 핀란드는 철저하게 교직학 중심의 교육을 실시하고 있습니다. 교직학에는 대체로 교과교육학, 교직과목, 교육실습 등으로 구성됩니다. 우리나라의 예비교사들은 교직학과정을 통해 주로 교육학 이론에 근거한 지식을 배우고 있으나 핀란드 예비교사들은 교직학과정을 통해 주로 어떻게 가르칠 것인가를, 즉 교직학을 배우고 있습니다. 다섯째, 연구기반 교사교육입니다. 교사들이 잘 가르치기 위해서는 가르치는 과정뿐만 아니라 맥락에 대한 정확한 이해가 필요한데 가르치는 과정이나 맥락에 대한 이해과정이 곧 연구 과정입니다. 핀란드 교사교육 프로그램에서 예비교사들은 모두 세 번의 논문을 작성합니다. 이러한 과정을 거치면서 예비교사들은 연구역량을 키워나가게 되는데 연구역량의 핵심적인 속성

중의 하나가 반성적 성찰입니다. 핀란드의 교원양성 교육프로그램이 우리나라 교원양성 교육에 시사하는 바는 다음과 같습니다. 첫째, 어떻게 가르칠 것인가와 관련된 교직학의 정립이 필요합니다. 둘째, 교사교육의 철학과 방향이 정립될 필요가 있습니다. 어떤 교사를 길러내고자 하는지, 교사교육의 가치와 방향은 무엇인지 등에 대한 정립이 필요합니다. 셋째, 중등교사 양성과정에서 교과내용학 교육의 강화가 필요합니다.

핀란드 학교에서 지도자의 위치에 있는 사람들을 위한 연수 프로그램의 경우 연수 기간은 1년입니다. 이 가운데 실제로 얼굴을 맞대고 연수를 하는 기간은 약 10일입니다. 그 과정은 다음과 같습니다. 첫 번째 전체 연수는 2일에 걸쳐 진행됩니다. 거기에서 자기 학교의 문제점을 제기합니다. 그다음에는 지도력, 운영능력 등 지도자로서 갖추어야 할 자질에 관한 질문에 대답하면서 자기 분석을 하고 다른 학교 교사들의 결과와 비교합니다. 그리고 서로 의견을 교환하고 어떤 방법으로 문제를 해결하면 좋을지 연구하고 학교현장에 돌아가 실천해 보게 됩니다. 그리고 3~4개월 후에 다시 모여 그 경과를 보고하고 다음 단계로 넘어갑니다. 이때 연수는 체력 측정으로 시작합니다. 체력 측정 후 인성평가, 즉 교장의 심리, 정신적 상태의 분석과 객관적 평가가 이루어집니다. 다음으로 자기 학교의 미래상을 떠올려 10년 뒤, 20년 뒤의 당연히 존재해야 할 모습에 견줄 때 현재의 학교운영에서 어떤 부분이 취약하고 무엇이 필요한지 등을 점검해서 10년 뒤, 20년 뒤에 이르기까지의 시나리오를 스스로 써보는 훈련을 합니다. 그리고 계속 늘어나는 업무 가운데 무엇을 먼저 해야 할지 취사 선택하는 방법을, 각 학교의 현황에 입각해 참가자들이 함께 연구해서 해결책을 찾아냅니다.[18]

핀란드의 경우 학교의 관리자인 교장, 교감에 대한 연수 기간이 1년이라니 놀랍지만 사실 기간보다는 연수내용이 두드러집니다. 철저하게 현장 위주의 연수라고 할 수 있습니다. 우리나라의 경우 관리자는 경력 위주로 승진합니다. 관리자로서의 승진은 교사로서 몇십 년을 고생했으니 그에 대한 대가로 주어지는 것입니다. 우리나라의 학생들이 고등학교 졸업까지 대입을 위해 고생했으니 대학에 입학하면 공부는 끝이다라고 생각하는 것과 같습니다. 물론 지금은 대학 졸업 후 취업이라는 어려운 관문이 남아 있으니 예전과는 상황이 다릅니다. 이와 함께 우리나라의 경우 교사가 관리자로 승진하기 위해서는 치열한 경쟁을 통과해야 합니다. 그러나 공립학교의 경우 관리자라 할지라도 한 학교에서 4년 이상 근무하기란 어렵습니다. 이 말이 의미하는 것은 자신이 근무하는 학교에서 자신이 뿌린 씨앗이 열매가 맺는 것을 보기도 전에 학교를 옮겨야만 한다는 의미입니다. 그래서 학교에서는 눈앞의 실적에 급급한 전시행정 위주의 학교경영이 이루어질 수밖에 없습니다. 보여주기식 또는 실적 위주의 행정풍토가 교육계에서 사라지지 않고 있는 이유가 바로 이 때문입니다.

---

18) 마스다 유리야(2010) 앞의 책.

　　말레이반도 끝자락에 위치한 인구 약 560만 명의 작은 도시국가 싱가포르는 교육을 미래국가 건설의 가장 중심에 두고 강력한 교육시스템을 유지하는 데 많은 노력을 기울이고 있습니다. 싱가포르는 교육을 경제, 사회, 문화적 발전과 결속력의 핵심으로 간주하며, 교육정책을 명확하게 설계하고 이행하고 있습니다. 그리고 정부 예산 중 약 20%에 이르는 비율이 교육부문에 할당되고 있습니다. 싱가포르는 교육이 국가의 건강과 행복에 중심적인 요소라는 전제하에 교사들을 중요시합니다. 그 이유는 학생들이 국제적인 사고를 갖추고 남을 배려하며 문화적으로 능력있는 시민으로 변화시키는 데 교사가 핵심적인 요소라고 간주하기 때문입니다. 싱가포르에서 교육 발전의 첫 번째 단계는 교사라는 인적 자원의 질을 높이는 것이었습니다. 싱가포르에서 유일한 교사양성기관인 국립교육원(NIE: National Institute of Education)은 1991년 설립되었습니다. 국립교육원(NIE)에 입학한 모든 교사 훈련생에게는 급료를 지급할 뿐만 아니라 대학 학비도 교육부에서 지급합니다. 국립교육원(NIE)의 독특한 강점은 교육학에 학습의 맥락을 제공하는 내용 지식을 통합시킨 것이며, 이와 함께 적절한 기술을 활용하고 봉사학습계획 및 국민교육을 통해 인성, 시민적 가치까지 주입하는 것에 있습니다. 교사 발령 후 초기 2년간은 경력직 교사 업무량의 80%에 해당하는 업무만 주어지며, 2001년 국립교육원(NIE)과 교육부는 교장과 교감을 위한 새로운 전일제 5개월 과정의 교육지도자 프로그램을 개발하였습니다.[19]

싱가포르의 국립교육원(NIE)에 대해 좀 더 자세히 살펴보겠습니다. 싱가포르에서 교직에 관심이 있는 지원자들은 교육부에 의해 매년 개최되는 '직업으로서의 교직'이라는 채용세미나에 참석할 수 있으며 교육부 웹사이트를 통해 교직에 지원할 수 있습니다. 이들 중 교사자격증 과정이나 대학원 수준의 자격증 과정의 지원자들은 입학규정에서 정한 면제 사유를 가지지 못한 경우 지역언어센터평가국(RELC Examination Bureau)에서 시행하는 영어입학시험을 통과해야 합니다. 특히 대학원 수준의 자격증 과정 지원자들은 지원하는 교과목에 관한 능력을 입증하기 위해 사전선발시험을 거쳐야 합니다. 이러한 시험에서 학문적 능력과 관련 자격을 충족시킨 지원자들은 선발 후보자 명단에 올라 경험이 많은 교장이나 교사들로부터 면접을 받게 됩니다. 이러한 면접 과정은 학문적 능력 이외에 가르치는 일에 대한 열정, 다른 사람들과 의사소통을 잘할 수 있는 능력, 창의적이고 혁신적인 정신, 자신감, 리더십, 훌륭한 역할모델이 될 수 있는지에 대한 여부 등 지원자들의 적성이나 관심사를 파악하기 위한 것입니다. 이러한 일련의 전형 과정을 거친 합격자들은 교사양성기관에 합격한 학생이 아니라 교육공무원의 신분으로 양성기관에서 교육받게 됩니다. 즉 싱가포르 교육부는 합격자들을 아직 교육받지 않은 교사의 신분으로 국립교육원의 해당 프로그램에 파견하

---

19) 토미 코(2020) 싱가포르 성공의 50가지 비결, 박영스토리.

며, 그 과정에서 소요되는 학비를 포함한 일련의 비용을 지원하고, 나아가 교육받지 않은 교육공무원의 봉급 기준에 따라 전일제 고용인으로서 다른 공무원들과 마찬가지로 일정액의 월급도 지급하게 됩니다. 이 과정에 있는 예비교사들은 'trainee teachers'라고 불리는데 이들은 국립교육원의 교육과정을 마침과 동시에 교직을 보장받고 국가에서 시행하는 별도의 시험 없이 학교에 임용됩니다. 그리고 이들은 교육부의 후원을 받으면서 교육받았던 만큼 국립교육원을 졸업한 후 짧게는 3년에서 길게는 5년에 이르기까지 의무적으로 교직에 복무해야 합니다.[20] 초임교사가 열정을 가지고 교사로서 교직에 종사하더라도 적성에 맞지 않으면 고역이 됩니다. 신규교사로서 3~5년 정도의 교직 경험이면 교직이 자신의 적성에 맞는지 판단할 수 있는 역량이 생깁니다. 자신의 판단과 결정에 따라 교사로서 교직 생활을 이끌어간다는 점에서 싱가포르의 교사임용정책은 바람직한 것으로 보입니다.

이러한 과정을 더욱 구체적으로 살펴보면 아래와 같습니다. 싱가포르에서 교사가 되고자 하는 학생은 국립교육원의 기초프로그램에 지원하며 입학한 학생들은 공무원(GEO: General Education Offices)의 신분으로 기초프로그램의 교육과정에 따라 교육받으며 교사로서의 역량을 기릅니다. 예비교사 양성과 관련된 기초프로그램은 다시 학사학위 프로그램, 교육대학원 자격증 프로그램, 교사자격증 프로그램으로 구분되므로 학생들은 학교급이나 가르치고자 하는 교과 등 자신의 상황에 따라 적절한 프로그램에 지원하게 됩니다. 싱가포르에서는 중등교육의 4년 과정이 끝날 때 특별/고속과정의 학생들은 후기 중등교육과정에 진

---

20) 김도기, 이정화(2008) 싱가포르 교사양성제도의 특성과 시사점, 초등교육연구, 21(3), 313-337.

학하기 위해 GCE 'O'급 시험을 치릅니다. 보통과정의 학생들은 GCE 'N'급 시험을 치르고 이 시험에서 우수한 성적을 거두게 되는 학생은 다시 1년의 과정을 거친 다음 특별과정이나 고속과정의 학생들처럼 GCE 'O'급 시험을 치를 자격을 가집니다. GCE 'O'급 시험 결과에 따라 주로 학문지향이면서 GCE 'O'급 자격을 필수적으로 가진 학생들은 예비대학과정 성격의 2년제 학교와 3년제 학교에 진학하게 됩니다. 그리고 그 과정을 마치는 시점에서 학생들은 대학 진학을 위한 GCE 'A'급 시험을 치르게 됩니다. 교사자격증 프로그램은 GCE 'A'급 시험합격자나 폴리테크닉 졸업자들이 지원할 수 있으며 2년 과정을 이수한 후 교사자격증을 취득하여 초중등학교에 임용될 수 있습니다. 교육대학원 자격증은 이미 학사학위를 소지한 지원자들을 대상으로 운영되며 전공에 따라 차이는 있지만 16개월의 기본 교육과정을 이수하게 되면 초중등학교 임용자격이 부여됩니다. 학사학위 프로그램은 교사자격증과 마찬가지로 GCE 'A'급 시험합격자들이나 폴리테크닉 졸업자들이 지원할 수 있습니다. 하지만 GCE 'A'급 시험에서 최소 두 과목이상 A를 받거나 중등학교에 지원할 때 치르는 GCE 'O'급 시험성적이 영어를 포함하여 적어도 다섯 과목이 입학기준을 넘어 우수한 성적을 거두어야 하는 등 그 기준이 높습니다. 국립교육원의 기초프로그램은 교사의 전문성과 학력, 가르치는 교과 등에 따라 다양한 형태의 교사 교육과정을 운영함으로써 교직 입문, 양성의 통로를 넓혀 다양성을 확보하고 예비교사가 획일적으로 4년의 교육과정을 이수하는 것이 아닌 1~2년 등 교육 기간에 차등을 두었다는 점에서 융통성 있는 교사 양성체제를 갖추었다고 볼 수 있습니다.[21] 이 연구자료에 따르면 싱가포르의 교원양

---

21) 박정연(2019) 한국과 싱가포르의 교사양성 인성교육 교육과정 비교연구, 공주

성교육제도는 다양하게 운영되고 있는데 기초프로그램을 이수한 후 3단계의 시험을 거쳐 교사가 되며, 그 기간도 프로그램에 따라 다른 것을 알 수 있습니다. 그러나 일단 교사양성을 위한 기초프로그램에 입학하게 되면 그때부터 공무원의 신분과 경제적 지원을 보장받게 됩니다. 싱가포르의 교사양성제도는 임용고사의 당락만으로 교사를 결정하는 우리나라에서 참고해야 할 점들이 있다고 보여집니다.

싱가포르의 학생들은 10년간의 학교 교육을 마치고 나면 졸업생 중 가장 큰 비율이 주니어 칼리지를 거쳐 대학으로 진학하기보다는 폴리테크닉 경로를 택해 학업을 지속합니다. 즉 많은 학생들이 취업 지향의 3년간의 학위 프로그램을 운영하는 폴리테크닉에 진학하고 있습니다. 폴리테크닉 졸업장은 일종의 전문직 보조 자격증이며 전문직 엔지니어, 건축가, 또는 연구원 등을 지원하는 기능사에 가까운 일을 하게 됩니다. 1명의 전문가를 지원하기 위해서는 2~4명 정도의 보조원이 필요합니다. 3년간의 교육 기간을 통해 폴리테크닉이 배출해 내는 졸업생은 독립적으로 문제를 해결하도록 연마된 사람들입니다. 이들은 문제를 해결하고 혁신하며 회복력을 갖고 자신의 배움과 성공에 대해 스스로 책임지게 하는 것들과 같은 능력을 가지게 됩니다.[22]

싱가포르의 예비교사들은 교육부의 지침에 따라 국립교육원을 다니는 동안 로컬 학교에 배정 받아 2학년 1학기 직전에는 2주간의 학교경험, 3학년 1학기 직전에는 5주간의 교육보조, 4학년 1학기 직전에는 5주간의 교육실습, 4학년 2학기 직전에는 10주간의 교육실습을 수행합니다. 국립교육원의 교수들은 학과마다 조금의 차이는 있지만 1인당

교육대학교 석사학위논문.
22) 토미 코(2020) 앞의 책.

싱가포르 예비교사의 교육실습 일정표[23)]

교육실습 구분	학교경험	교육보조	교육실습1	교육실습	비고
시기	2학년1학기 직전	3학년 1학기 직전	4학년 1학기 직전	4학년 2학기 직전	
기간	2주	5주	5주	10주	
사전실습 협의	-	•	•	•	교육실습1 또는 2 시작 전
예우적 학교 방문	-	•	•	•	1주차까지
수업관찰1	-	주	•	•	5주차까지
수업관찰2	-	주	주	•	8주차까지
최종평가 및 성적 미팅	-	•	•	•	10주차까지
성적등급	만족/불만족	합격/불합격	합격/불합격*	탁월*/우수/ 합격/불합격*	
사후 실습 협의	-	•	•	•	교육실습1 또는 2의 종료 후

* 교육실습 1 또는 2의 성적 항목에서 만약, 어떤 학생이 탁월 또는 불합격 등급을 받게 될 케이스인 경우 지도교수 외에 다른 교수가 그 학생의 수업을 재관찰하여 최종 평가 를 한다.

평균 3~4명의 예비교사 교육실습을 지도하고 있으며 교육실습학교의 교장, 교감, 그리고 교육실습을 담당하는 부장교사와의 협의를 거쳐 예 비교사의 교육실습 성과에 따른 최종평가와 성적을 냅니다. 교육실습 의 성적을 평가할 때 탁월 또는 불합격 등급을 받게 되는 경우 지도교 수 외에 다른 교수가 그 학생의 수업을 재관찰하여 최종평가를 내립니 다. 싱가포르의 경우 모든 학교에서 영어를 공용어로 사용합니다. 이는 교사의 전문성이 요구되는 부분이라 할 수 있습니다. 예비교사들은 국

---

23) 정호진(2018.02.05) 싱가포르의 교사교육, 에듀인뉴스
   https://www.eduinnews.co.kr/news/articleView.html?idxno=8946

립교육원 재학 4년간 총 22주의 교육실습을 받는다고 볼 때 이를 우리 나라로 환산하면 대략 1.5학기 정도(1학기＝15주)가 됩니다. 이와 함께 국립교육원 재학기간 동안 등록금 면제뿐만 아니라 급여까지 지급된다 니 우수한 교원양성을 위한 좋은 정책으로 볼 수 있습니다.

이러한 싱가포르의 교육실습 과정이 교원양성과정에 도입된 것은 1986년부터입니다. 이 당시에는 모든 프로그램에서 최소한 10주의 실 습교육을 의무적으로 이수해야 한다고 정해져 있었습니다. 이러한 전통 적인 형태의 교육실습은 1999년 대학원 수준에서의 자격증 과정에서 시작된 새로운 형태의 교육실습모형이 적용되기 시작하면서 변화하기 시작하였습니다. 새로운 교육실습모형에서는 국립교육원과 학교의 협력 관계를 긴밀히 하기 위하여 학교에 교육실습생의 지도를 맡는 협력교사 이외에 교육실습 전반을 관리하는 학교조정자를 두게 됩니다. 학교조정 자는 협력교사와 교육실습생의 수업을 감독하고 학교에서의 기준이 일 관되게 유지되고 있는지 관리하는 역할을 수행하며, 주로 교감이나 부 장교사, 수석교사 중 교장에 의해 임명됩니다. 교육실습에서 학교의 역 할이 강조되고 현장의 교사들이 가진 실천적 지식이 효과적으로 활용된 새로운 교육실습 모형은 예비교사들을 실제 교실 상황에 잘 적응할 수 있도록 교육하는 데 성공적이었다는 평가를 받고 있습니다.[24]

우리나라의 초등교사들은 영어, 체육 등의 과목을 제외한 전 교과 를 가르치나 싱가포르 초등교사들은 전 교과를 가르치지 않습니다. 싱 가포르의 예비교사는 국립교육원에 재학하는 동안 하나의 전공과 또 다른 하나의 복수전공을 선택해서 전공과 복수전공에 필요한 과목을

---

24) 김도기, 이정화(2008) 싱가포르 교사양성제도의 특성과 시사점, 초등교육연구, 21(3), 313-337.

이수합니다. 이들이 국립교육원을 졸업한 후 현장에 초등 또는 중등학교의 교사로 배치되면 전 교과가 아닌 각각 두 개의 교과를 가르칩니다. 또한 싱가포르는 한 학급에 두 명의 담임교사를 배치합니다. 경력이 많은 교사와 경력이 많지 않은 교사를 한 학급의 공동 담임교사로 배정하여 경력이 많은 교사는 경력이 많지 않은 교사의 멘토 역할을 합니다. 이들은 각각 주 담임과 부 담임교사로서 학생들의 생활지도뿐만 아니라 직접 인성교육, 성교육, 사이버 건강교육을 담당합니다. 교사는 수능이나 임용시험 성적이 좋다고 감당할 수 있는 직업이 아닙니다. 교사라는 직업에 특별한 소명의식 없이, 아이들을 사랑하는 마음 없이, 훌륭한 인성 바탕없이 들어오게 되면 오래 못가서 회의를 느끼고 실망하게 될 것입니다. 싱가포르의 경우 복수전공을 필수적으로 선택하게 하고 한 학급에 2명의 담임을 두는 제도는 본받을 만한 것으로 보입니다. 물론 우리도 한때 한 학급에 복수담임을 둔 적이 있습니다. 실질적인 것이 아닌 형식적으로 말입니다. 교육선진국의 어떤 교육정책이든 우리나라에 도입되지 않은 것이 없습니다. 중요한 것은 '남귤북지(南橘北枳)'가 되어 버린다는 점입니다. 남쪽 지방의 귤을 북쪽에 옮겨심으면 탱자가 되어버리는 것처럼 문화, 유전자, 토양의 파악 없이 그냥 옮겨심기만 하면 제대로 된 열매가 맺힐 수가 없습니다. 그래서 우리나라 교육에 창의성이나 패러다임의 변화가 미흡하다는 것입니다.

싱가포르 교사 양성제도의 특징은 네 가지로 말할 수 있습니다. 첫째, 싱가포르는 임용-양성의 과정으로 교사를 배출해 내고 있습니다. 싱가포르는 교원양성기관인 국립교육원이 신입생을 모집하여 교육하는 것이 아니라 싱가포르 교육부가 교사를 모집하고 이들을 국립교육원에 파견하여 교육하는 방식으로 교사를 양성하고 있습니다. 따라서 국립교육원에 입학하는 순간부터 학생들은 교육공무원의 신분을 가지면서 양성과정을 거치게 됩니다. 이들에게는 국립교육원에 재학 중 따라야 할 복장 규정이 있을 정도로 교사로서 적절한 행동을 해야 할 것을 요구받습니다. 따라서 싱가포르의 교원양성과정은 이를 마친 후 교사가 될지 확신할 수 없는 학생들도 참여할 수 있는 형식적인 과정이 아닙니다. 학생들은 이미 교육공무원의 신분을 가지고 있으며 그에 합당한 보수를 받으면서 양성과정을 거치게 되고 교사에 가까운 마음가짐과 모습으로 교육 활동에 임하게 됩니다. 이러한 양성과정을 통해 싱가포르는 교원양성 교육에서 현장에서 요구하는 실질적인 인력 양성이 가능하도록 하고 있습니다. 둘째, 다양한 형태의 교원양성 프로그램을 제공하고 있습니다. 싱가포르의 교원양성체제는 다양성과 유연성이라는 말로 설명할 수 있습니다. 싱가포르의 교사는 국립교육원이라는 유일한 교원양성기관에서 배출되나 모두가 교사가 되기 위한 단일한 교육과정을 거치는 것이 아닙니다. 교원양성프로그램은 대학학위를 소지하지 않은 지원자들을 대상으로 하는 2년 과정의 교육자격증 프로그램, 대학학위를 소지한 지원자들을 대상으로 하는 1년 과정의 대학원 수준의 자격증 프로그램, 4년의 학사학위과정으로 구성되어 있습니다. 교원양성 기간에서도 1~4년에 걸쳐 양성프로그램의 운영 기간을 다양화하여 현실의 시급한 교사 수급요구에 유연하게 대처할 수 있도록 하고 있습니다. 가르치게 될 교과에서도 교원양성체제가 유연성을 견지할 수 있도록 하고 있습니다. 중등의 경우 다양한 분야의 전공자들이 일정 자격을 획득하여 교사로서 가르칠 수 있게 하고 있으며, 2개 이상의 과목을 가르칠 수 있도록 양성합니다. 셋째, 우수한 교사를 배출하기 위한 교원양성제도운영에 다각적으로 노력하고 있습니다. 교원의 교육수준이 향상되는 경향은 최근까지 계속되고 있는데 교육의 관점이 변화함에 따라 전통적으로 강조되던 것과는 다른 능력이 교사에게 필요해졌기 때문입니다. 이는 싱가포르 수상인 Lee Hsien Loong이 2003년 교사들에게 '아이들이 더 많이 배울 수 있도록 적게 가르쳐라'고 한 요청에서 비롯된 'Teach Less, Learn More'라는 말로 요약됩니다. 싱가포르에서는 이미 정해져 있는 지식을 전수하는 매개자라는 교사의 전통적 역할에서 학습의 과정에서 학습자를 도와주고 동기화시켜 나갈 수 있는 역할, 바람직한 가치를 실천하는 역할모델, 성공적 학습 안내자 내지 촉진자, 나아가서는 가치나 도덕적 교육을 전달할 수 있는 효과적 스토리텔러로까지 교사에게 기대하는 역할이 변화하고 있습니다. 넷째, 싱가포르 교육부와 국립교육원, 그리고 학교현장의 긴밀한 협조에 따라 교원 인력에 대한 체계적인 관리가 이루어지고 있습니다. 교육부는 매년 현장의 학교장들에 의해 제공되는 신규교사 요구의 추정과 교육부의 예측과 기획에 근거한 추산을 통해 교사들을 모집합니다. 이 기획은 현장에서 제공하는 실제적 정보와 통계적 추이에 근거하고 이를 통해 교육부는 예상되는 교원 부족이나 공석을 채울 수 있는 모집절차를 1년에 2번 거칩니다. 싱가포르의 교사양성정책은 교직에 지원한 예비교사가 대학졸업자인지의 여부에 관계없이 자신에게 적합한 양성교육을 받을 수 있도록 국립교육원에서의 교육을 교육부가 후원하는 시스템으로 자격을 갖춘 교사를 확보합니다. 전공에서 학문적 소양이 있다고 판단되는 대학졸업자의 경우에는 양성과정에서 교육학적 훈련을 제공받게 되고, 비대학졸업자의 경우에는 교과내용적 지식과 함께 교육과 관련한 코스를 이수하도록 양성과정이 차별화되어 제공됩니다. 따라서 국립교육원을 졸업한 싱가포르의 교사들은 교사로서의 역량을 충분히 인정받을 수 있을 정도로 교육을 받습니다. 일선 학교의 경우 교육부의 정책 입안을 위한 정보를 제공하는 수동적 역할을 넘어서서 예비교사의 실습교육과 관련하여 실천적 지식의 제공자로서 교육에서 주도적인 역할을 담당하게 됩니다.

우리는 싱가포르의 다양힌 교사양성 프로그램과 교육 기간을 주목해야 할 필요가 있습니다. 대학학위를 가지지 않은 자, 대학학위를 가진 자, 대학원 과정 등에 따라서 교육 기간이 다르고 복무하게 되는 학교급도 달라집니다. 이러한 과정의 시작과 끝은 시험을 통해서 결정하는 것도 매우 특징적입니다. 가장 중요한 것은 4차산업혁명 시대가 도래함에 따라 그에 맞춘 교사의 역량을 제시하고 있다는 것입니다. 가장 특징적인 것이 'Teach Less, Learn More'라는 표어입니다. 동아시아의 전통적인 주입식 학습방법을 벗어나고자 하는 사고의 전환이 엿보인다고 할 수 있습니다. 이미 그러한 생각이 싱가포르의 교육과정에 구체화되고 있습니다. 또한 교사 인력의 체계적인 관리가 이루어지고 있는 것과 그 모집절차가 1년에 2번 실시되는 것도 놀랍습니다. 우리는 아직 매년 학교급별 학생 수와 그에 따른 학급 수, 신규교사 필요 인원을 예측하는 시스템이 갖추어지지 못하고 있습니다. 왜냐하면 그런 예측시스템보다는 현재 교육상황을 파악하고 집행하는 시스템(공문전달)에 초점을 맞추고 있기 때문입니다. 그래서 항상 근시안적인 교육제도에 갇혀 지내는 것입니다. 핀란드와 싱가포르의 교사양성제도에서 공통적으로 나타나는 특징들은 다음과 같습니다.

첫째, 교원양성기관이 분업적으로 역할을 분담하여 체계적인 형태를 갖추고 있다.

둘째, 교사가 2개 이상의 교과를 지도할 수 있는 역량을 갖추게 하고 있다.

셋째, 교사 스스로 연구하고 성찰할 수 있는 역량을 기르게 하고 있다.

핀란드와 싱가포르의 교원양성제도를 살펴보면서 교원양성이란 학교에 필요한 교사를 채워주는 것이 주목적이 아니라 교사로서 자긍심을 가지고 교직 생활을 주도적으로 이끌어갈 수 있는 역량과 전문성을 갖춘 교사를 육성하는 방향으로 나아갈 필요가 있음을 알게 됩니다.

교원임용제도와 개선책

(1) 4차산업혁명시대와 교사의 전문성

4차산업혁명이 강조하는 과학기술의 급격한 발전과 산업구조의 변화는 인간노동을 대체할 수 있는 인공지능(AI)의 등장으로 나타났으며 이는 산업구조 및 직업변화와 일자리 축소로 이어지게 됩니다. 인공지능(AI)과 함께 4차산업혁명의 주요 현상으로 제시되는 가상현실(VR) 기술의 발달, 인터넷을 통한 네트워크 강화(IoT)는 직업의 변화뿐만 아니라 인간의 자아, 인간관계에 대한 근본적인 질문을 던지고 있습니다.[1] 더욱이 코로나 팬데믹(Covid-19)으로 인해 온라인이 활성화되면서 네트워크상에서 이루어지는 관계는 오프라인에서의 관계와 일치하지 않고, 어디서든 접속할 수 있는 네트워크의 발달은 개인과 집단의 구분, 의사소통과 의사결정과정에서 이전과는 다른 방향으로 이루어질 가능성이 매우 높습니다.

미래의 직업과 고용불안에 대한 이러한 위기의식은 교육체제에 대

---

[1] 한국교육개발원(2017) 교원양성 및 채용정책의 현장적합성 진단과 혁신방향, 제104차 KEDI 교육정책포럼, 연구자료 2017-04.

한 비판으로 귀결될 수 있습니다. 그것은 현재의 학교 교육으로는 4차 산업혁명의 변화추세에 맞는 인재양성이 불가능하므로 교육체제의 혁신적인 변화가 필수적이라는 것입니다. 한국교육개발원의 연구에 따르면 사회변화와 함께 교사들의 학교에서의 부적응문제는 심각하여 '교사가 되기로 결심한 것을 후회한다'는 교사가 OECD국가의 평균(9.5%)보다 두 배나 높은 20.1%를 보이고 있습니다.[2] 이는 한편으로 교원 정책의 부실을 나타내는 중요한 지표 중의 하나로 볼 수 있습니다. 지금까지 우리나라의 교육을 이끌어 온 동력은 능력주의에 기반한 경쟁 중심 교육이라 할 수 있습니다. 개인의 능력과 노력이 사회적 자원 배분의 결정적 요인이 된다는 이 신념은 경쟁을 합당한 것으로 받아들이게 하고 승자지배를 정당화합니다. 학교의 의미는 사회적 지위획득을 위한 자격증을 주는 곳으로 축소되고 교육정책의 많은 부분이 대입정책을 중심으로 기획되고 집행됩니다. 이러한 교육체제는 대학입시와 높은 사회적 지위획득에 성공하는 20% 미만의 학생들을 위한 것으로 나머지 학생들에게는 실패와 배제를 경험하도록 합니다. 인공지능의 발달로 인한 일자리 절벽에 대비하기 위해 새로운 산업구조의 고용과 직업문제를 해결하기 위한 교육의 변화에 대한 요구는 그 내용과 방식에서는 새로운 것이라 할 수 있습니다. 그러나 이러한 교육으로 고용시장에서 우위를 갖게 하는 것은 현재의 능력주의와 다를 것이 별로 없습니다. 능력주의 중심의 사회분배구조에 있어 근본적인 변화가 일어나지 않는 상황에서 경쟁력 신장을 위한 교육은 불평등구조를 보다 심화시킬 뿐입니다.

4차산업혁명시대에서 능력주의는 인간이 인공지능(AI)과 경쟁해야

---

2) 중앙일보(2017.05.14.) https://www.joongang.co.kr/article/21570178#home

한다는 것을 의미합니다. 그러나 인간이 단순반복적인 과업을 처리하는 능력에서는 인공지능과 경쟁이 될 수 없습니다. 결국 난순반복적인 과업들은 인공지능의 몫이 될 것입니다. 그렇다면 교육은 어떠한 패러다임에 기반하여 역량을 키워야 할까요? 생각건대 앞으로 교육은 인간의 존엄성이란 윤리적 기반 위에서 인간을 이해하고 관계를 통해 상호협력하는 역량, 인공지능(AI)과의 분업, 창의적 사고의 개발 등을 통해 인공지능과 상호 공생할 수 있는 삶의 방향을 제시해야 할 것입니다. 현재 우리나라뿐만 아니라 세계 각국에서 코딩교육을 실시하는 것은 인공지능(AI)을 이해하고 미래사회에서 인공지능과의 협업을 위한 기초적 단계라고 할 수 있습니다. 미래교실에서는 보조교사로서 인공지능이 큰 역할을 담당하게 될 것입니다. 그런 상황에서 교사는 학생들에게 어떤 역할과 역량으로 학생들의 교육을 이끌어 나가야 할까요?

교사를 전문직으로 규정하는 지식기반, 즉 교직만의 고유한 전문적 지식기반을 규명하려는 연구는 슐만(Shulmam, 1987)에 의해 이루어졌습니다.[3] 슐만(Shulman)은 교직을 전문직으로 만드는 지식기반으로 교수활동을 뒷받침하는 일련의 지식기반이 존재한다고 주장하였으며, 이러한 교수 지식의 범주 중 교육학적 내용 지식의 중요성을 강조하였습니다.[4] 이것은 교수에 관한 지식의 독특한 체계를 규정하는 것으로 특정 교과 내용과 수업방법을 학습자의 특성에 알맞게 조직하고 적용하는 것에 관한 지식을 의미합니다. 한편으로 달링－하몬드와 브랜스

---

3) Shulman, L. S. (1987). Knowledge and Teaching: Foundation's of the New Reform. Harvard Educational Review, 57(19), 1－22.

4) Shulman, L. S, (1988). The Dangerous of Dichotomous Thinking in Education, In a P. P. Grimett & G. L. Erickson(Eds), Reflection in Teacher Education(pp. 31－46). New York: Columbia University. Teacher College Press.

포드(Darling-Hammond & Bransford, 2005)는 21세기 사회변화에 맞추어 교사교육의 개혁이 필요하며 특히 교사교육의 내용과 방법이 변화되어야 한다고 주장하였습니다.[5] 이들은 교사가 배워야 할 학습영역, 즉 지식을 범주화하였는데 크게 학습자에 대한 지식, 교과와 교육과정에 대한 지식 및 교수 지식 등 3가지로 구분하였습니다. 이를 자세히 살펴보자면 첫째, 학습자에 대한 지식은 사회발달과 학습자에 대한 이해를 의미하는 것으로 학습자 개개인에 대한 이해, 학습과 발달에 대한 지식, 언어발달과 상용에 관한 지식, 학습이 이루어지는 사회적 여건에 대한 지식을 의미합니다. 둘째, 교과와 교육과정에 대한 지식은 교과에 대한 전문지식, 교육과정 비전과 교육과정에 대한 지식, 학교 교육의 목적에 대한 지식을 의미합니다. 셋째, 교수 지식은 가르치는 활동에 관련된 지식으로 학생들이 교과를 학습하도록 지원하는 데 요구되는 지식입니다. 구체적으로는 교과 교수에 대한 지식, 다양한 특성을 가진 학생들을 가르치는 데 필요한 지식, 평가와 학급운영에 관한 지식을 포함합니다. 그리고 이러한 교사의 지식기반은 고정된 것이 아니라 시대적 상황이나 교사 전문성에 대한 요구변화에 따라 달라진다는 것입니다. 이 연구가 중등 과학교사의 양성에만 국한되지 않는 것은 이것이 교사의 전문지식에 대한 기반을 규명하고 있기 때문입니다. 슐만(Shulman)의 교육학적 내용지식 규정과 달링하몬드와 브랜스포드(Darling-Hammond & Bransford)가 주장하는 교사가 습득해야 할 학습영역에 대한 제시는 4차산업혁명시대의 교사들이 갖춰야 할 핵심역량으로 간주됩니다.

---

5) 이양락, 곽영순(2017) 한국의 중등 과학교사 양성과 임용시험, 교육과학사에서 재인용.

(2) 교원양성 교육기관

우리나라의 교원 자격에 대한 국가 기준은 '초중등교육법' 제21조
에 규정되어 있습니다.[6] 그러나 이 기준은 교원 자격취득을 위한 법적,
제도적 기준만 제시되어 있고 교원 자격취득을 위해 이수해야 할 교육
과정의 내용이나 교사가 갖추어야 할 자질 및 능력은 제시되어 있지
않습니다. 따라서 교원 자격의 의미와 중요성에 비추어 국가가 그동안
교원 자격의 질을 체계적으로 관리해 왔는가에 대한 의문이 제기되어
왔습니다. 이 경우 교직에 대한 적성검증 여부나 적절한 통제장치 없이
사범대학 졸업자 모두에게 무시험검정을 통해 교원 자격을 부여하는
것은 교원의 수급문제를 유발함과 동시에 교원의 자질 저하 및 전문성
부족이라는 문제를 야기하고 있으므로 현행 신규교원 자격증 부여제도
는 재검토될 필요가 있습니다.[7]

앞서 살펴보았듯이 미국, 핀란드, 싱가포르 등 세계 각국에서는
교사양성과정의 교육 기간을 5~6년제로 운영하고 있고 대체로 대학원
수준에서 석사학위를 수여하고 있습니다. 그것은 예비교사들이 배워야
할 지식과 교육내용이 폭발적으로 늘어나고 있기 때문입니다. 우리나
라의 경우 예비교사들이 가르쳐야 할 학생들 역시 다문화가정의 자녀
들로 인해 예전보다 더 다양해지고 더 많은 독특성을 가지고 있으므로
이러한 학생들에 대한 예비교사들의 지식과 이해의 양과 깊이가 더욱
요구되고 있습니다. 대학원 수준의 교원양성 교육을 실시하는 나라들

---

6) 초중등교육법 제21조의 1항은 교장과 교감의 자격, 2항은 교사의 자격, 3항은
   수석교사에 대한 자격이 제시되어 있다.
7) 신현석, 이경호(2007) 신규교원 임용의 쟁점과 과제, 인력개발연구 9(2),
   61-81.

의 사례를 보면 학부과정에서는 교원양성과 관련된 기초교육을 실시하고, 대학원과정에서는 응용교육 및 실습을 실시하고 있는 것으로 나타납니다.[8) 교원양성과정에서 교육현장과의 연계는 기초수준의 교육을 마치고 응용수준의 교육을 실시하게 되는 대학원과정이 적합하다고 할 수 있습니다. 만약 교육전문대학원 체제의 실시가 현실적으로 어렵다면 현재와 같은 획일적인 교원임용시험제도를 지양하고 지역교육청별, 소규모지역별, 학교별 임용을 실시하는 것이 바람직합니다. 그래서 미국, 일본, 핀란드처럼 소규모 임용제도를 통해 교원양성기관과 교원임용기관들의 필요가 서로 소통되고 반영될 수 있도록 해야 할 필요가 있습니다.

이와 함께 초등과 중등교원 양성기관과 프로그램을 연계시키는 것이 필요하지만 연계를 강화하거나 통합에 있어서 가장 큰 장애 요인은 특수목적형인 교육대학교와 임용률이 아주 낮아 일반대학화의 길을 걷고 있는 국립사범대학을 어떻게 연계시켜야 할 것인가 하는 것입니다. 일차적으로는 수습교사 과정을 필수로 하는 5년제 전문대학원 체제의 도입을 검토할 필요가 있습니다. 우선적으로 전환준비가 되어있는 교육대학교를 5년제 혹은 6년제 전문대학원 연계과정으로 전환하여 시범 운영해 보는 것도 하나의 방법이라 할 수 있습니다. 이와 함께 교원양성을 위한 교육기관 주체들 간의 협력도 필요합니다. 이는 미래형 교원양성체제 구축을 위한 협력기구를 만들고 운영하기 위한 전제조건이라 할 수 있습니다.[9) 또한 사회가 요구하는 수준의 교사를 양성하는 데 부합하는 평가인증 기준을 마련하여 교원양성기관의 변화를 유도하는

---

8) 박영숙 외(2018) 한국의 교직과 교사탐구, 학지사
9) 박영숙 외(2018) 위의 책.

것이 필요합니다. 그러나 평가 관련 문제의 핵심 중 하나는 평가자와 피평가자가 동일하다는 것입니다. 그 결과 평가 기준 마련에서노 평가자가 속한 대학에 불리한 부분은 제외하거나 축소함으로써 평가지표의 왜곡이 나타날 수 있습니다. 그리고 교원양성기관의 교육과정은 역량 중심 교육과정으로 전환해 나가야 할 필요성이 있습니다. 역량 중심 교육과정에서 역량은 지식을 아는 상태에서 더 나아가 이를 적용하여 사회에서 성공적으로 살아나가기 위한 능력을 의미합니다. 역량 중심 교육과정을 운영하기 위해서는 박사학위를 가진 현장 교사들을 교원양성기관에 파견하여 교육을 담당할 필요가 있습니다. 이와 함께 교육실습에서도 포트폴리오 등의 제도를 도입하여 교원양성 교육과정에서 학습한 내용에 대해 포트폴리오를 작성하게 하고 이를 평가에 반영하는 것도 하나의 방법이라 할 수 있습니다. 이와 함께 농어촌의 경우 소규모 학교 통폐합으로 인해 초중등 통합학교가 증가하는 현실을 반영하여 그에 필요한 통합자격증 제도를 신설할 필요가 있습니다. 예를 들면 2015 개정 교육과정 이후 통합사회와 통합과학 과목이 신설되어 자격을 갖춘 교사가 필요하게 되었습니다. 이런 경우 필요한 교원양성을 위해서는 현 사범대학에 통합과학교육과, 통합사회교육과를 별도 신설하는 것입니다. 또 다른 방안은 통합사회, 통합과학을 부전공 또는 복수전공으로 하는 방안이 있습니다. 그 외에도 중학교 교사자격증과 고등학교 교사자격증을 분리하는 방안이 있습니다.

교원양성기관에서 운영하는 교육과정에 대한 쟁점은 다음과 같습니다. 첫째, 교직과목과 단위학교와의 연계를 강화할 필요가 있습니다. 교직과목 교육과정과 관련하여 제기되는 가장 중요한 문제점은 교직과목 내용이 너무 이론적이어서 실제 학교현장의 수업내용과는 상당한 괴리감이 있다는 점입니다. 둘째, 교직과목과 교과교육학 과목의 차별화가 필요합니다. 각 교과의 교직과정을 교육학과가 아니라 각 교과의 전공 과정에 포함시켜 각 교과의 교육과정, 특히 교과교육학 과정과 연계해야 한다는 것입니다. 핀란드의 경우가 이에 해당하는데 핀란드는 교원양성과정에서 교과교육학을 각 대학의 교과에 일임하고 있습니다. 즉 교과내용학은 일반학과에서 담당하고, 교직학은 교사교육학과에서 담당하는 분담체제를 갖추고 있습니다. 교원양성을 위한 교과교육학을 사범대학에서 개설하고 가르침으로써 일반대학과 분리하기보다는 일반대학에서 교과교육학과 교육내용학을 함께 가르치고 사범대에서는 교직이론분야에 집중하는 것이 바람직하다고 봅니다. 교과란 초중등교육과정에서 수업을 통해 학생들이 학습할 지식을 대학 학문 분야의 특성을 고려하여 구분해 놓은 것을 가리킵니다. 교과내용학이란 교육상황을 전제로 교과의 목적과 목표, 학생들의 수용태세 등에 맞게 교과 지식을 선정하고 조직한 것으로 단순한 학문 지식과는 차별화됩니다. 교원양성 교육과정에서 교과내용학 영역은 교사로서 가르쳐야 할 교과목의 학습 내용에 대한 깊이 있는 이해를 길러주는 것을 목적으로 합니다. 따라서 교과내용학은 교과교육학과 분리되어서는 곤란하다고 생각됩니다. 그것은 교과내용학과 교과교육학의 궁극적인 목적이 교사의 전공 전문성을 강화하는 것이기 때문입니다. 교과교육학은 교과교육의 내용을 가르치는 데 유효하고 적절한 방법을 연구하는 학문분야입니다. 즉 교과교육학이란 교과를 가지고 교사와 학생 사이에서 상호작용하는 형식과 과정을 다루는 학문이라 할 수 있습니다. 교과교육학이 하나의 학문으로 정립하려면 ① 독자적인 탐구대상, ② 탐구 도구로서의 독자적인 언어, ③ 주요 명제들을 조직화하는 논리적 형식, ④ 연구방법론 등과 같은 요건들을 필요로 합니다.[10] 셋째, 교직실습을 강화해야 합니다. 교직과목 중 교직 실습, 그중에서도 학교현상 실습을 상화해야 한다는 주장이 지속적으로 제기되어 왔습니다. 다행히도 2021년 현재 교직 실습 기간을 8주에서 한학기로 확대되는 방안을 논의 중에 있다니 반가운 소식이라 할 수 있습니다.

(3) 신규 교원임용의 주체

1945년 해방 이후에는 교사가 부족하여 중등학교를 마친 사람이면 특별한 전형이나 시험을 거치지 않고도 초등교사가 될 수 있었고, 대학을 마친 사람은 중등교사가 될 수 있었습니다. 정부 수립 후 1949년 교육법이 제정되었으나 6.25 전쟁으로 인해 1953년에야 교육공무원법이 제정되었습니다. 교육공무원법이 제정되기까지는 사범학교 졸업자 그리고 교원양성소를 이수한 자를 바로 교사로 채용하였습니다. 1963년 교육공무원법이 전면 개정되어 교원임용에 있어서 국립 또는 공립의 사범대학, 교육대학, 기타 양성기관의 졸업자 또는 수료자를 대통령령이 정하는 비율에 따라 우선 채용하여야 한다는 조항이 삽입되었습니다. 1973년 교육부는 공사립 중등학교 간의 교사 평준화를 위해 사립 중등학교에서도 국립 사범대학 졸업자를 임용할 수 있게 하였습니다. 이러한 교원임용시험은 1991년을 기점으로 하여 크게 변화하게 됩니다. 1990년까지의 신규교원임용은 예비교사를 양성하는 대학이 국공립인가 또는 사립인가에 따라 차별화되었습니다. 즉 국공립 교육대학교 및 사범대학교를 졸업한 예비교사들은 국가에서 주관하는 별도의

---

10) 이양락, 곽영순 (2017) 앞의 책.

선발시험 없이 우선적으로 교사로 임용되고, 부족한 일부 교과에 한하여 교원임용후보자 순위고사라는 시험을 통하여 사립대학 출신 예비교사를 선발하여 임용하는 제도를 채택하고 있었습니다. 그러나 1991년 헌법재판소가 국공립 교육대학교 및 사범대학교의 졸업자들을 우선 임용하는 제도가 출신학교나 학과에 따라 임용을 차별하는 결과를 초래하여 헌법에서 보장하는 직업선택의 자유와 평등의 원칙에 위반된다는 취지의 위헌판결을 내리면서 1991년부터는 이를 폐지하게 되었습니다. 이에 1992년부터 공립학교에 근무할 신규교사 선발은 출신 대학에 상관없이 모든 교사자격증 소지자를 대상으로 한 공개전형 방식으로 바뀌게 되었습니다. 그리고 교원의 신규임용은 17개 시도교육청이 각각 시행하도록 되었습니다.

우리나라에서 교사를 공개경쟁을 통해 신규 채용하는 방법의 공식 명칭은 '교육공무원 임용후보자 선정 경쟁시험'입니다. 이러한 교원임용시험은 신규교원임용을 주관하는 전국 17개 시도교육청이 공동관리위원회를 구성하여 운영하고 있으며, 2001년부터 한국교육과정평가원이 출제와 채점 업무를 위탁받아 실시하고 있습니다. 공립학교 신규교원 선발방식의 경우 2013년도 신규교원 임용시험 요강을 보면 17개 시도교육청의 신규교원 선발은 초등학교 교사 임용후보자 선정 경쟁시험과 중등학교 교사 임용후보자 선정 경쟁시험으로 나누어 실시하고 있습니다. 사립학교 신규교원 선발방식은 사립학교법 제53조의 2항에서 공개채용을 실시하도록 규정하고 있으나 공립학교 신규교원 선발방식인 2~3단계의 전형을 그대로 적용하는 학교가 많지 않아 절차상 투명하지 않은 것이 현실입니다. 또한 공개전형의 방식도 교육공무원 임용령에 규정되어 있는 시험의 단계와 절차, 시험과목 및 배점 등을 적용하기보다 일부 준용하여 약식으로 선발해 왔습니다. 그러나 2021년 국회에서 사립학교법 제53조 2의 11항의 '사립학교 교원의 신규채용 시 공개전형에 필기시험을 포함하고 이를 시도교육감에게 위탁실시해야 한다'는 신설조항이 통과됨으로써 공립학교와 같은 공개채용방식이 이루어지게 되었습니다.[11] 우리나라에서는 한번 교사로 임용되면 특별한 문제가 없는 한 정년퇴직까지 임기가 보장됩니다. 우리나라의 교원임용제도는 교사로서 필요한 기본적인 역량을 지닌 예비교사를 선발하여 일정 기간 현장 실무능력을 배양한 후 선발하며 선발된 후에도 수습기간을 거치는 외국의 방식과 상당히 다릅니다. 즉 교사양성과정을 마치는 동시에 교사자격증을 취득하고 임용시험에 합격한다면 공립학교에서 근무할 수 있는 종신 재직권을 얻는다는 것을 의미합니다.

한 연구에 따르면, 신규교사 임용의 목적을 다음과 같이 밝히고 있습니다. 첫째, 교원 신규임용은 학생의 학습권 보장과 학습기회 제고를 위해 교사의 질을 관리하는 것입니다. 즉 학생의 학업성취도 차이에 따른 불평등을 해소하기 위하여 양질의 교사를 보급함으로써 학생의 사회·경제·문화적 배경 차이에 따른 학업성취도 격차를 해소하려는 것입니다. 둘째, 교원 신규임용은 교실 수준의 교수 학습활동의 질을 개선함으로써 교사의 전문성 개발을 지원하려는 것입니다. 셋째, 학교 및 교사 차원의 리더십을 제고하려는 것이라고 말하고 있습니다.[12] 이와 함께 이 연구에서는 교육인적자원부가 2006년 신규교원의 자질과 능력에 관한 일반적인 기준을 제시한 것이 미흡하며 교원자격 관리체

---

[11] 조선일보(2021.8.20.)
https://www.chosun.com/politics/assembly/2021/08/20/SRS6XWQS2NER7AJZMV6MYZAS2Q/
[12] 이양락, 곽영순 (2017) 앞의 책.

제 전반에 걸쳐서 교사에게 요구되는 직무수행능력표준을 반영한 교원 자격 기준이 마련되어야 함을 지적하고 있습니다. 즉 교사로서 요구되는 표준직무를 수행하는 데 필요한 표준 직무수행능력을 근거로 교사 자격 기준을 설정하여야 한다는 것입니다. 이러한 직무수행능력표준을 기준으로 예비교사들이 경우에는 교사양성 프로그램을 졸업하는 시점에서 교사자격 취득을 위한 교사자격 검정을 받게 되고 현직교사들의 경우 교사자격 유지 여부를 평가받게 된다는 것입니다. 이 연구는 중등 과학교사 양성에 대한 내용을 위주로 담고 있지만 과학교과뿐만 아니라 타 교과에도 일반화하여 적용될 수 있는 내용을 포함하고 있습니다. 위에서 언급하고 있는 교사양성과 자격 기준이 좋은 예라고 할 수 있는데 여기서는 교사 임용시험의 목적을 학생의 학습권과 학업 성취도에 초점을 맞추고 있습니다. 즉 교사의 존재 이유가 학생에게 있다는 것입니다.

우리나라 교원임용시험에서 나타나는 첫 번째 문제는 수요와 공급 간의 불균형 및 격차 심화 현상입니다. 신규교원의 수요는 유례없는 저출산율로 인한 학령인구 감소로 지속적으로 줄어들고 있습니다. 그러나 중등의 경우는 과잉공급으로 2017년 공립 중등교사 임용 경쟁률이 12:1에 육박하였습니다. 초등의 경우 전국 13개 초등교사 양성기관의 입학 총 정원은 2017년 기준 3,847명에 불과하여 한 대학당 입학정원이 평균 300명에도 미치지 못합니다. 신규교사 수급계획 수립에서는 교사의 수요파악을 위해 학령인구를 중심으로 한 인구통계학적 요인, 신도시 건설에 따른 인구 이동 및 이농 현상 등 사회경제적 요인, 정부의 학급당 학생 수 감축, 고교학점제 및 교육과정 개편, 교실수업 혁신을 위한 교원 추가 배치 등 다양한 교육정책적 변수를 고려해야 합니다. 이와 함께 퇴직 교원 및 신규교원양성 인원 등을 토대로 공급실태를 총체적으로 고려하여 매년 신규교사 채용 규모를 설정하고 이를 사전에 고지하여야 합니다. 그러나 그동안 국가 수준에서 이루어진 교사 수급계획은 인구절벽현상에 압도되어 교원공급 규모의 감축에만 초점이 맞추어져 왔습니다. 그러다 보니 4차산업혁명의 도래와 같은 변화하는 사회변화에 대응하여 2015 개정 교육과정에 필요한 통합과학, 통합사회와 같은 새로운 영역이나 과목에서 수요가 있거나 추가 유입이 필요한 사항 등에 대해서는 전혀 대응하지 못하고 있습니다. 따라서 중장기적 교사 수급 상황을 예측할 수 있는 시스템을 구축할 필요가 있습니다.[13]

이와 함께 시도교육청에서는 지역마다 학생 수의 감소 추이가 다르고 지역적 특수성으로 인해 신규교사를 선발할 수 없는 경우도 발생할 수 있어서 신규교원 선발인원을 정확하게 예측하기 어려운 측면이 있습니다. 교원양성기관인 대학의 경우 임용시험으로 인해 4학년 2학기 교육과정 운영이 파행적으로 운영되고 있습니다. 임용시험을 준비하는 학생 입장에서는 시험에 대한 부담이 과중하여 교사에게 요구되는 인성이나 창의성 등과 같은 교직 소양을 쌓기에 어려움이 있습니다. 단위학교에서 보면 단위학교가 추구하는 교육 방향, 교육과정의 자율적 운영 등에 부합하는 교원 수급이 거의 이루어지지 않고 있습니다. 특히 교사들이 기피하는 지역의 경우 잦은 교사의 이동으로 인한 신규교사의 계속된 충원으로 교육의 질적 수준을 유지하기 어려운 측면이 있습니다.[14]

13) 박영숙 외(2018) 한국의 교직과 교사탐구, 학지사.
14) 한국교육개발원(2017) 교원양성 및 채용정책의 현장적합성 진단과 혁신방향,

우리나라에서 교원 수급 예측시스템을 갖추기 위해서는 우선 교육부 및 시도교육청의 장학사 역할이 바뀌어야 한다고 봅니다. 현재 장학사의 역할이라 할 수 있는 기획, 예산편성, 교육부 및 국회의 공문전달 및 자료 수합 등의 기능에서 벗어나 각 시도교육청에 속해 있는 일선 학교들의 고충들을 해결하고 교육과정 개발, 교원 수요 예측까지 교육현장과 관련한 실질적 업무를 담당하는 것으로 바뀌어야 할 것입니다. 신규교원 채용에서도 각 학교에서 필요한 인력을 스스로 충원할 수 있도록 교육청이 지원하는 방식으로 개편되어야겠지만 우리나라의 중앙집권적 특성상 큰 패러다임의 변화 없이는 실현되기 어려울 것으로 보입니다. 이와 함께 교원양성과 임용이 일원화되어야 할 필요성이 있습니다. 우리나라는 신규 교사양성에서 임용까지 모든 과정의 책임이 개인에게 주어져 있습니다. 예비교사로서 어느 정도 자격과 자질이 인정되면 국가나 지방에서 예비교사를 지원할 수 있는 제도가 마련되어야 합니다. 각자도생이란 말이 우연히 나온 것이 아닙니다. 교사가 되기 위해 열정과 수고, 노력을 기울였으면 그 과정에서도 그러한 부분을 인정하고 지원하는 시스템을 구축하는 것이 교사가 소명의식을 가지고 학생을 열정적으로 가르칠 수 있는 바탕이 될 것입니다. 이와 함께 교육부 산하 출제전담기관의 선정 또는 교육부 소속의 상설기구를 설치하는 방안도 검토할 필요가 있습니다. 예를 들면 행정안전부에서는 2013년부터 지방공무원 선발시험 출제와 선발을 직접 실시하고 있습니다(2과 36명).[15]

제104차 KEDI 교육정책포럼, 연구자료 2017-04.

15) 김희규(2013) 교원임용제도의 문제점과 대안모색, 한국교원교육학회 학술대회 자료집, 3-16.

(4) 신규교사 임용시험 방식 및 관리

2000년대에 들어서면서 공립학교 신규교원 선발 임용시험 단계 및 과목은 크게 세 차례에 걸쳐 변경되었습니다. 그중 2004년의 일부 개정을 제외하면 임용시험제도가 크게 바뀐 것은 2009년과 2012년입니다. 이 중에서 2012년 개정안의 특징은 크게 세 가지로 볼 수 있습니다. 첫째, 임용시험 단계의 축소입니다. 2009년 개정안의 3단계 전형에서 다시 2단계 전형으로 환원하였습니다. 둘째, 교육학 과목의 출제 방식 변경입니다. 중등의 경우 1차 객관식 시험과목을 폐지하고 교육학논술을 신설하고 논술형 전공과목은 서답형으로 출제방식을 개선하였습니다. 셋째, 임용시험 과목으로 한국사 과목을 추가하였습니다.[16] 교육공무원 임용후보자 선정 경쟁시험 규칙에 의거하면, 2021년 현재 임용시험은 2단계로 구성됩니다. 1차 시험은 기입형, 서술형 및 논술형 필기시험이고, 2차 시험은 교직 적성 심층 면접과 수업능력평가입니다. 한국사 시험의 경우 국사편찬위원회에서 주관하여 시행하는 한국사 능력검정으로 대체하였습니다.

우리나라에서는 IMF 이후 교직 안정성 등을 이유로 교사가 직업적으로 매우 선호도가 높은 직업이 되었습니다. 그 결과 임용시험 경쟁률이 매우 높으며 타당도보다는 객관성과 공정성을 고려해야 하는 상황에 직면해 있습니다. 임용시험의 경쟁률이 높아짐에 따라 교직 적격자보다는 시험을 잘 치르는 응시자가 교사로 선발되고 있습니다. 이에 교사역량으로 매우 중요한 인성, 수업 전문성 등을 평가해야 할 필요성

---

16) 김운종(2013) 중등학교 신규교원 선발제도의 개선방안 탐색, 한국교육문제연구, 31(4), 75-93.

이 대두되어 2차 전형에 수업 실연과 면접이 강화되었습니다. 그러나 임용시험 합격자와 불합격자와의 성적 차이가 크지 않으므로 결과에 이의를 제기하는 경우가 빈번합니다. 따라서 현재와는 다른 방식의 교사선발방식을 고려해야 할 필요가 있습니다.

이러한 임용시험의 문제점들을 구체적으로 살펴보면 아래와 같습니다. 첫째, 현재와 같이 임용시험을 통한 교원선발방식은 예비교사의 수업 전문성이나 교육관, 교직에 대한 사명감이나 교직 인성 등을 종합적으로 평가하기에는 부족하다는 지적이 많습니다. 신규교원임용시험이 우수한 교사를 선발하기 위한 도구라기보다는 교사의 양적 수급에 치중한 제도로서 지식 위주 평가, 공정성을 강조하는 임용시험 자체의 한계로 인하여 역량 있는 우수한 교사를 선발하는 데는 부적절하다는 지적이 제기되고 있습니다. 둘째, 신규교원임용시험의 주체와 관련해서 그 주체가 시도교육감임에도 불구하고 임용시험 출제와 관리를 한국교육과정평가원에 위탁하는 문제도 제기되고 있습니다. 신규교사 임용시험이 한국교육과정평가원의 고유업무가 아니고 제반 교원정책에 대한 연구는 한국교육개발원이 수행하고 있기 때문입니다. 신규교원임용시험과 직간접적으로 관련된 한국교육개발원과 한국교육과정평가원, 그리고 시도교육청 간에 교원 신규채용이라는 주제를 둘러싼 협업은 매우 부족한 상태입니다. 셋째, 오랫동안 임용시험이 되풀이되다 보니 기출문제를 제외하고 시험이 출제되어야 하므로 학생들은 세부적인 영역까지 공부해야 합니다. 4년간 배운 교사양성 교육과정과 동떨어진 일회적인 지필고사와 면접을 토대로 임용시험이 실시되므로 교원양성기관에서 제공하는 교육에는 소홀하게 되고 시험준비에만 주안점을 두는 사설학원을 찾게 되는 부작용이 발생하기도 합니다. 예비교사들이 교원양성기관에서 충실히 공부하는 것만으로는 임용시험의 관문을 넘기가 쉽지 않은 탓에 사교육 유발의 원인이 되는 것입니다.

이와 함께 우리나라의 학부모와 학생들이 교사들에 대해 가지는 가장 큰 불만은 가르치는 교과 내용 및 지식에 대한 전문성 부족이 아니라 미성년자들의 역할모델이 되는 도덕적 주체로서 학교에서 발생하는 각종 문제들에 대한 헌신과 사명감을 보여주지 못한다는 것입니다. 따라서 교원양성 교육을 정상화하기 위해서는 미국, 핀란드, 싱가포르의 사례와 같이 교원양성교육과 임용을 연계하는 방향으로의 혁신이 필요합니다. 이를 위한 방법으로서는 교원임용 시 대학의 내신을 반영하거나 1차 필기시험을 대학의 내신성적으로 대체하는 방안이 있습니다. 또는 대학 생활의 포트폴리오를 임용에 반영하자는 의견도 있습니다. 현재 고등학교의 성적우수자들이 교사가 되기 위해 교원양성기관에 입학하고 예비교사들은 몇 년씩이나 임용시험에 재도전합니다. 문제는 이러한 높은 임용시험 경쟁률이 교원양성을 위한 교육과정의 정상적 운영을 저해한다는 것입니다. 따라서 교원양성 교육을 정상화하기 위해서는 양성교육과 임용시험 간의 연계가 필요합니다. 즉 예비교사가 과잉공급되는 현재 시점에서는 선발의 공정에 초점을 두어야 할 필요가 있지만 장기적으로는 교원양성과 선발에서 조화가 이루어져야 할 것이라고 봅니다. 현재 국공립학교 교사임용제도에서 교원임용의 가장 중요한 기준은 지식 위주의 실력주의 또는 능력주의입니다. 그러나 교사로서의 역량을 검증하기 위해 필기고사와 함께 교사의 인성과 자격, 창의력을 검증하기 위한 도구가 필요합니다. 학교와 학생들에게는 지식기반의 실력이 뛰어난 교사만 필요한 것이 아닙니다. 아버지, 어머니, 형이나 누나의 역할을 할 수 있는 교사도 필요합니다. 지식 위주의 실력만이 교원채용의 절대적 기준이 되어서는 안 될 것입니다.

OECD에서는 한국 교원 정책의 특징과 문제점 등을 진단한 결과를 토대로 학교의 요구와 특성에 맞는 교사를 충원하기 위하여 단위학교와 지역사회가 교사선발에 개입할 수 있는 권한을 부여할 필요가 있다고 권고하였습니다. 장기적으로는 학교현장에 적합한 전문성을 갖추고 있으면서 교직 적성과 헌신이 높아 계속해서 교직에 머물면서 전문성을 신장할 수 있는 인재를 가려낼 수 있도록 교원양성과 임용시험제도를 개선할 필요가 있는 것입니다. 특히 교사자격을 취득하지 못하면 졸업하지 못하는 현재의 체제에서 벗어나 학위 취득과 교사자격 취득을 분리할 필요가 있습니다. 교사의 전문성은 일회적으로 길러지는 것이 아니라 지속적인 성장을 필요로 하므로 평생교육 차원에서 접근할 필요가 있습니다. 교원임용의 취지는 다수의 예비교사들 중에서 단순히 성적우수자를 선발하는 것이 아니라 학교현장에 적합한 자질과 역량을 갖춘 교직에 헌신할 수 있는 적격자를 선발하고 전문가로서의 적합성을 평가하기 위한 것입니다. 그러나 우리나라 중등교사 임용시험은 경쟁률은 매우 높은 고부담, 고위험의 시험이어서 시험의 타당성보다는 공정성이 중시되어 일회성 시험점수에 의한 선발이 선호되고 있습니다. 교직 적성과 인성을 10분 면접으로 그것도 면접관이 추가 질문도 하지 못한 채 응시자의 답변만으로 평가해야 하고, 수업능력을 평가하기 위해 20분간 모의로 수업을 압축하여 실연하게 하지만 평가자가 추가 질문도 하지 못한 채 평가해야 하는 현재의 임용시험 체제로는 학교현장에서 요구하는 훌륭한 교원선발에 부응하기는 어렵습니다. 따라서 교원임용시험에서 예비교사들의 교직 적성과 인성 파악을 10분간의 형식적인 면접으로 끝내기보다는 사범대학에서 교원을 양성하기

위해 선발하는 과정에서부터 교사의 자질과 역량을 파악하고 평가하는
방향으로 나아가는 것이 바람직합니다.

(1) 사립학교의 발생과 성장

1) 일제강점기(1945년 이전)

우리나라에서 광혜원(1885), 배재학교(1885), 경신학교(1886), 이화학교(1886)와 같은 현대식 사립학교는 개신교 선교사들에 의해 설립되었으며, 이는 최초의 공립학교인 한성사범학교(1895)가 설립되기 10년 전이라 할 수 있습니다. 이 사립학교들에서는 서양식 교육을 제공하였습니다. 우리나라가 강화도조약으로 개항한 1876년에서 을사조약이 체결된 1905년 사이 796개의 학교가 개신교 선교사들에 의해 설립되었습니다. 이러한 기독교 계통의 사립학교는 남녀평등이나 근대 시민의식 등을 가르침으로써 봉건질서의 개혁과 함께 당시의 우리나라 사회에 커다란 영향을 미쳤습니다. 근대 계몽의식의 확대에 따라 시민단체에 의한 사립학교도 설립되기 시작하였습니다. 이러한 사립학교는 서구로부터 근대문명과 문화를 전수받기 위한 교육을 실시하였습니다. 흥화학교(1895), 양정학교(1905), 보성학교(1905) 등이 이에 해당되는데, 여기서는 영어, 일본어, 측정, 국가이념 등을 가르쳤습니다. 을사조약이

제결된 1905년 이후 사립학교들은 나라를 구하기 위한 국민운농의 중심에 서게 뇌며, 사립학교의 수가 3,000개에 이르게 됩니다. 1910년 일제는 한반도를 합병한 후 사립학교령(1908), 사립학교 규칙(1915), 조선교육령17) 등을 통하여 사립학교를 억압하기 시작하였습니다. 사립학교의 재원을 차단하기 위하여 사립학교 경비를 조달하고 있던 상공회를 해산시키고 사립학교를 설립하거나 폐지하고자 할 때 일제의 승인을 받고 또 일제가 만든 교과서를 사용하도록 요구하였습니다. 이로 말미암아 사립학교 수는 1923년에는 648개로 감소하게 됩니다. 그리고 1938년이 되면 일제는 한국어 교육과 사립학교 설립을 금지시키게 됩니다.

2) 방임주의 시기(1945~1960년)

1945년 일제로부터 해방되면서 우리나라에서는 교육이 인간의 기본권리이자 사회계층 상승의 수단으로 인식되면서 교육에 대한 수요가 급격하게 증가하였습니다. 그러나 해방 이후 미군정기(1945-1948)의 심각한 재정 부족으로 교육 발전을 위한 민간부문의 기여가 절실히 요구되었습니다. 따라서 미군정은 민간부문이 사립학교를 설립하고 운영할 것을 권장하였습니다. 이 시기에는 특별시와 직할시 시장과 도지사들이 사립학교의 설립을 허가하고 그 운영을 감독할 권한을 가지고 있었습니다. 이들은 늘어가는 교육수요의 흡수를 위해 사립학교 설립규정을 다소 완화하여 적용하였습니다. 그 결과 사립중학교 수가 1945년과 1952년 사이에 33개에서 332개로 늘어났으며 같은 기간 중 그 비

---

17) 제1차 조선교육령(1911), 제2차 조선교육령(1922), 제3차 조선교육령(1938), 제4차 조선교육령(1943)

중도 19.9%에서 38.2%로 증가하였습니다. 이는 사립학교가 중학교 교육기회 확대에 크게 기여하였음을 말해주는 것입니다. 정부는 또한 사립학교가 기부를 받거나 학부모로부터 수업료를 징수할 수 있도록 하는 한편 학교재단이 소유한 재산에 대해서는 세금감면 혜택을 제공하였습니다.

1950년대 후반 정부가 교육투자 우선순위를 초등교육 보편화에 두면서 중등교육의 제공은 사립학교에 의존하게 되었습니다. 이 기간 중 정부 정책의 주된 관심은 초등의무교육의 실현과 성인 문해율 향상에 있었습니다. 의무교육 완성 사업기간인 1954년과 1959년 사이 교육부 예산대비 의무교육 예산비율은 66.6%에서 81.9%로 증가하였습니다. 초등교육 보편화 우선실시 정책으로 중등 및 고등교육 단계에서의 사립학교 의존도는 지속적으로 높아지게 됩니다. 1945년과 1957년 사이 사립학교 비중은 19.9%에서 41.0%로 증가하였는데 그중 사립고등학교 비중은 1952년 31.9%였으나 1957년에는 41.9%로 증가하였습니다. 1945년에서 1960년까지 사립학교는 정부의 통제나 지원을 거의 받지 않았습니다. 사립학교는 학생들이 부담하는 수업료로 운영·유지되었습니다. 이와 같은 급속한 사립학교의 팽창을 가능하게 한 중요한 요인으로는 농지개혁을 들 수 있습니다. 1949년에 실시된 농지개혁은 사립학교의 팽창과 농촌 자녀들의 교육기회 증대에 지대한 공헌을 하였습니다. 농지개혁법에 따르면 교육기관이나 학술연구목적으로 쓰이는 농지는 농지개혁의 대상에서 제외되었습니다. 교육, 연구 또는 복지 목적으로 사용되는 농지에 대한 보상 시 정부는 매도나 기여가 금지된 다른 경우와는 달리 기여를 인정하거나 총액으로 보상하였습니다. 또한 농지 기여자를 사회발전 공헌자로 인정함으로써 농지개혁정책은 농지 소유주들의 자발적인 사립학교 재단의 설립 및 학교운영을 유도하는 데 그게 기여하였습니다. 한국 교육 발전에 있어 농시개혁이 기여하였던 또 다른 사안은 농지개혁이 많은 국민들에게 교육비용을 지불할 수 있는 경제적 여건을 마련하여 주었다는 점입니다. 농지개혁은 소작료를 농부에게 돌려주었습니다. 늘어난 경제력을 이용하여 농부들은 자녀들을 학교에 보낼 수 있었습니다. 농지개혁이 없었다면 1950년대처럼 빠른 속도로 우리나라의 어린이들에게 교육기회를 제공할 수는 없을 것입니다. 이 기간 중 사립학교에 대한 정책기조는 방임정책이라 할 수 있습니다. 정부는 입학정원, 교사 수, 학교시설 등에 있어 구체적인 정부 규정을 강요하지 않았습니다. 사립학교도 정부 지원을 받지 않는 한 정부의 통제를 받지 않는 것이 공정하다고 생각하였습니다. 그러나 이러한 사립학교에 대한 방임정책은 심각한 문제를 초래하였습니다. 적지 않은 수의 사립학교 설립자나 운영자가 사립학교를 돈벌이 수단으로 생각하고 입학생 관리, 학교회계 관리에서 부정을 저질렀고, 이러한 행위늘은 사립학교 교육의 질적 수준 저하를 초래하고 결국 사회문제화되었습니다. 따라서 국민은 정부에게 사립학교에 대한 강력한 통제와 관리를 요구하기 시작하였습니다.

3) 통제시기(1961~1968년)

1961년 5.16군사혁명은 우리나라 사회 전반에 근본적 변화를 초래하였습니다. 교육 분야도 예외가 아니었습니다. 새로운 정부는 국가발전을 위한 대규모 종합계획을 수립하여 추진하였습니다. 국가발전을 위한 교육개혁 과정에서 교육 발전을 체계적으로 추진하기 위한 국가의 통제강화는 필연적이었습니다. 사립학교의 공공성 확보를 위해 사립학교에 대한 통제 역시 법적, 행정적 규정을 새롭게 제정함으로써 강화되었습니다. 1962년에서 1968년에 이르기까지 정부는 사립학교 교육의 질적 수준 향상을 위한 정부 개입이 필요하다는 인식하에 '교육에 대한 임시특례법'(1961-1963) 그리고 사립학교법 제정(1963)을 통하여 사립학교에 대한 감독 권한을 강화하였습니다. 교육에 관한 임시특례법은 기존 교육 관련법에 적용되는 특례조항을 만듦으로써 국가 교육질서를 바로잡고 그 질적 수준을 향상하기 위하여 1961년에 제정되어 1963년까지 시행되었으며 그 주요 내용은 다음과 같습니다.

첫째, 교육부 장관은 지역별, 학교급별 학교분포, 학교 설립자의 재정 능력, 학교 인프라 등을 고려하여 학교나 학과의 통폐합을 명령할 수 있다. 둘째, 사립학교 재단은 재단 이사와 감사의 임면 시 교육부장관의 승인을 얻어야 한다. 셋째, 학사학위는 국가자격고사를 통과한 자에게만 수여한다.

사립학교에 대한 통제내용은 1963년 제정된 사립학교법에서 구체적으로 제시되었습니다. 정부는 사립학교 경영의 자율성을 보장하면서 교육기관으로서 사립학교의 공공성을 확보함으로써 사립학교의 건전한 발전을 도모하기 위한 목적으로 사립학교법을 제정하였는데 그 주요 내용은 다음과 같습니다.

첫째, 초등학교, 중학교, 고등학교, 전문대학, 그리고 대학은 학교법인만 설립할 수 있다. 둘째, 학교법인을 설립하고자 하는 자는 일정 규모 이상의 기금을 제공하고 법인 정관을 만들며 교육부장관의 승인을 받아야 한다. 셋째, 이사의 임명은 감독기관의 승인을 득해야 한다. 넷째, 학교법인은 예결산을 감독기관에 보고하여야 한다.

사립학교법에 따르면 학교법인은 재정운영이나 인사 관리 시 감독기관의 승인을 얻거나 보고해야 한다는 것입니다. 이 법을 통하여 정부는 오직 능력 있고 건전한 학교법인만이 사립학교를 설립, 운영할 수 있게 하였습니다. 학생들의 수업료는 오직 교육목적으로만 쓰일 수 있도록 법인회계와는 분리된 별도의 학교회계를 만듦으로써 회계부정이나 횡령문제를 방지할 수 있는 제도적 장치를 마련하였습니다. 이런 점에서 사립학교법은 사립학교 부정에 대한 정부의 대응이라고 볼 수 있습니다. 사립학교법을 통하여 정부는 사립학교에 대한 정부의 통제를 제도화하고 중앙정부와 지방자치단체의 감독 권한을 명시화하였습니다. 1964년 정부는 사립학교법을 개정하여 학교장, 대학 총장, 그리고 이사가 관련법을 위반하거나 회계부정에 연루되었을 때 해당자들에 대한 학교법인의 임명을 취소할 수 있는 권한을 감독기관장에게 부여하였습니다. 그러나 사립학교에 대한 통제는 사립학교 지원의 필요성을 제기하였습니다. 정부가 사립학교의 입학정원을 엄격하게 통제하게 됨에 따라 학생 수업료가 주 수입원인 사립학교의 재정상태가 악화됩니다. 사립학교의 열악한 재정문제가 커짐에 따라 정부는 1960년대부터 사립학교에 대한 지원정책을 시행하기 시작하였고 1970년대에는 지원을 더욱 확대하게 됩니다.

4) 통제와 지원 병행시기(1969-1989년)

1960년대에는 소수의 명문 중학교와 고등학교에 진학하기 위한 입시경쟁이 치열하였습니다. 입학시험에서 높은 점수를 받기 위하여 많은 학생들이 과외수업을 받았는데 이는 학부모들의 과도한 경제적 부담을 초래하였습니다. 또한 입시공부로 인한 학생들의 수면 부족은 이들의 신체적, 정신적 발달을 저해한다는 지적이 있었습니다. 이에 정부는 1969년 중학교 입시 폐지를 선언하였습니다. 이 정책은 사립학교의 자율성을 침해하였다는 비판도 있었으나 초등교육을 정상화하고 중등학교 교육 보편화에 기여하였다는 긍정적인 평가도 받았습니다. 중학교 무시험제 시행으로 중학교 졸업생 수가 증가하면서 고등학교 교육에 대한 수요가 크게 증가하였습니다. 이에 따라 중학교에서 고등학교로의 입시경쟁이 치열해지고 학부모의 경제적 부담 증가와 중학교 교육 비정상화 등의 문제가 심각해지게 됩니다. 이에 정부는 1974년 고등학교 평준화정책을 도입하게 됩니다. 이 정책은 중학교 교육을 정상화하고 학교 간 교육격차를 완화하며 농촌에서 도시로의 학생 인구 이동을 줄였다는 긍정적 평가를 받고 있으나 사립학교의 자율성을 침해하였다는 비판도 받고 있습니다.

이 두 정책의 집행으로 우리나라의 사립중학교와 고등학교는 학교 설립의 취지, 학교 고유의 교육철학과 이념에 근거하여 학생을 선발할 수 없게 되었으며, 국가 교육과정에 따라 가르치게 됨에 따라 사립학교 교육의 독자적이고 긍정적인 교육 효과를 기대할 수 없게 되었습니다. 또한 공립학교와 동일한 수업료가 적용됨에 따라 사립학교의 제반 교육여건이 공립학교에 비하여 열악해지는 결과를 초래하였습니다. 이러한 문제를 해결하기 위하여 정부에서는 사립학교에 재정적 지원을 하게 됩니다. 학교 선택권을 상실한 학생의 입장에서 볼 때 이 두 정책은 교육기회의 불공정성 문제를 초래하였습니다. 사립학교의 공공성 보장은 사립학교 운영에 대한 정부의 통제뿐만 아니라 학생들에게 양질의 교육서비스를 제공하는 것도 포함합니다. 사립학교 입학정원 관리에 대한 통제는 학생 납입금이 주 수입원인 사립학교의 재정여건을 어렵게 만들었습니다. 수익용 재산이 매우 적거나 있다 하더라도 수익률이

낮은 토지가 대부분인 사립학교 법인에게 사립학교 운영비 지원을 기
대할 수도 없었습니다 이에 더하여 학교시설, 설비규정의 강화와 사립
학교 교원 연금제도의 실행(1975) 등은 사립학교 재정여건을 더욱 어렵
게 만들었습니다.

1980년대 우리나라의 사립학교 정책은 통제와 지원을 함께 시행
하였다는 점에서 1970년대와 유사합니다. 중학교 단계에서는 사립학교
에 대한 의존율이 1970년 48.6%에서 1990년 28.6% 수준으로 지속적
으로 감소한 반면, 고등학교에서의 사립학교 의존율은 1970년에서
1990년의 기간 중 54.7%에서 61.7%로 증가하였습니다. 중등교육단계
사립학교의 정책 기조는 그대로 유지되었습니다. 정부는 사립 중고등
학교의 입학정원 및 입학절차 그리고 수업료 책정을 포함한 재정운영
등에 대하여 통제하면서 공립학교에 필적할 만큼의 교육서비스 질적
수준을 보장하기 위한 재정지원을 계속하게 됩니다.

5) 자립형 사립학교 도입(1990년대 이후)

1990년대에 들어서면서 정부는 모든 국민이 자신의 자아실현을
추구할 수 있는 교육 복지국가의 실현을 새로운 교육 비전으로 설정하
고 학생 개개인의 인성, 도덕성, 창의성을 촉진하는 초중등교육을 실현
하고자 노력하였습니다. 이를 위해 정부는 교육정책 기조를 공급자 중
심에서 수요자 중심으로의 전환을 시도하였습니다. 이러한 변화는 사
립학교에 대한 정책변화에 영향을 미쳤습니다. 1990년대 공립학교 비
중의 확대로 사립 중등학교의 비중이 줄어듦에 따라 사립학교 본래의
역할, 즉 다양한 교육철학과 가치를 추구하고 혁신적인 교육프로그램
을 개발 운영하는 것에 대한 정부의 관심이 되살아나게 됩니다. 즉 정

부가 다양한 교육기회를 제공하고 새로운 교육방식을 시도하기 위한 사립학교의 역할에 주목하게 된 것입니다. 이러한 정책환경의 변화 가운데 사립초등학교는 열린 교육이라는 새로운 교육방식을 시도하였습니다. 그러나 열린교육의 대표적인 예라고 할 수 있는 운현초등학교와 영훈초등학교의 교육은 중학교 단계에서 한계에 봉착하였습니다. 열린 교육 본래의 목적 실현을 위해서는 새로운 교수학습방법이 초등학교에 이어 중학교와 고등학교에서도 지속적으로 적용될 필요가 있었던 것입니다.

중등교육의 경우 정부는 2002년 자립형 사립학교 제도를 도입하였습니다. 자립형 사립학교에는 정부의 재정지원 없이 재학생이 부담하는 수업료와 재단 전입금만으로 학교운영이 가능하였으며, 전국단위로 신입생을 선발할 수 있었고, 국가 교육과정의 56단위만 포함하면 학교 자체 교육과정을 개발하여 적용할 수 있는 자율권이 부여되었습니다. 자립형 사립학교에서는 수업료도 자율적으로 책정할 수가 있었습니다. 2010년에는 51개의 자율형 사립학교가 운영되었으며 2021년 현재 전국단위의 자율형 사립고등학교로는 10개교가 있습니다.[18] 이 제도는 학생의 학교선택권 그리고 학교의 학생선발권을 인정하였다는 점에서 정책적 의의가 크다고 할 수 있습니다. 또한 과학, 외국어, 체육, 음악, 그리고 미술 분야의 특수목적고등학교 제도를 도입하였습니다. 이러한 교육정책들은 공립과 사립학교 구분 없이 적용되었지만 교육의 다양성 확보 및 학생들의 학교선택권 확대 차원에서 의미가 있는

---

18) 하나고등학교, 현대청운고등학교, 민족사관고등학교, 상산고등학교, 광양제철고등학교, 포항제철고등학교, 인천하늘고등학교, 북일고등학교, 용인한국외국어대학교부설고등학교, 김천고등학교

시도로 평가할 수 있습니다.[19)]

(2) 사립학교 관련 주요 정책

초중등교육법 제20조 제4항에 따르면 교원은 교육현장에서 학생을 교육하고 지도하는 자를 의미합니다. 여기에는 국공립 유치원 및 초중등학교의 교사, 대학의 교수 등이 포함됩니다. 국공립학교 교원은 특정직 국가공무원인 교육공무원으로서의 신분을 갖습니다. 이들은 국가공무원법, 교육공무원법, 공무원 임용령 등에 의하여 그 신분을 획득하게 되며, 구체적으로는 초중등교육법에 의한 교원 자격증 취득과 공개경쟁 채용시험 합격 후 국가의 공무원 임명과 이에 대한 동의라는 법률관계를 통해 교원이 됩니다. 이에 반하여 사립학교는 사립학교법 제2조 제1항에 따르면 '사립학교라 함은 학교법인 또는 공공단체 외의 법인 기타 사인이 설치하는 유아교육법 제2조 제2항과 초중등교육법 제2조 및 고등교육법 제2조에 규정된 학교를 말한다'라고 규정하고 있습니다. 이에 의거하여 사립학교 교원은 국공립학교 교원과 달리 국가공무원이 아니며 사법상의 계약에 의하여 임용되는 사인으로서의 지위를 지닙니다. 사립학교 교원은 학교법인이 학교장 및 교직원을 채용함으로써 즉, 사인인 학교법인이 다른 사인을 사법상의 계약에 의하여 채용하여 교육에 종사하게 함으로써 사립학교 교원은 그 신분을 획득하게 됩니다. 우리나라의 사립학교는 국가의 규제와 지원을 받는 준공립학교의 성격을 띠고 있습니다. 왜냐하면 국가교육과정의 적용을 받으며

---

19) 교육부(2013) 2012 경제발전경험모듈화사업: 한국 교육발전에서의 사립학교의 역할, 기획재정부.

공립학교와 같이 학군별 추첨방식에 따라 학생을 배정받기 때문입니다. 우리나라의 교육에서 사립학교는 큰 비중을 차지하고 있을 뿐만 아니라 국공립학교와 상호보완적 역할을 담당하면서 국가발전에 필요한 많은 인재들을 양성하는 데 기여해 왔습니다.[20]

우리나라의 사립학교 비중은 다른 나라에 비하여 상대적으로 높은 편입니다. 사립중학교 비중은 1965년 44.4%에서 1970년 48.6%까지 증가하였다가 그 이후 지속적으로 감소하여 2010년 현재 18.0% 수준까지 낮아졌습니다. 사립고등학교 비중은 1965년 50.7%였던 것이 조금씩 증가하여 1973년 61.9%까지 올라갔다가 그 이후 감소하여 현재는 44.5%까지 낮아졌습니다.[21] 1945년 우리나라가 일제로부터 해방된 이후 1950년대 후반까지 정부에서는 한정된 정부 재원을 초등의무교육 실현에 우선 투자하였고 중등과 고등교육은 사립학교에 의존하였습니다. 그러한 노력의 결과로 정부에서는 1959년 초등학교 취학률을 96.4%까지 끌어올렸습니다. 이러한 정부의 자유방임 전략으로 많은 사립학교가 설립 운영되어 중등 및 고등교육 수요대응에 적지 않은 기여를 하였으나 일부 사립학교 설립 운영자의 학교회계 및 학사관리 부정으로 사회적 문제가 야기되었습니다. 이러한 문제 해결을 위해서 정부의 감독이 요구되었고 이에 따라 1963년 사립학교법 제정을 통하여 사립학교 설립 운영에 대한 정부 통제가 가시화되었습니다. 새로운 통제정책이 사립학교의 자율성을 심각하게 침해한다는 일부의 비판이 있었으나 정부는 통제정책 기조를 유지하였습니다. 1960년대와 1970년대

---

20) 이인수(2017) 사립학교 교원의 법적 지위에 대한 비교법적 고찰: 한국과 미국의 사례를 중심으로, 교육법학연구 29(4), 147-176.
21) 2017년 기준으로 사립중학교는 20%, 사립고등학교는 40%이다.

의 급속한 경제성장으로 중등교육 수준의 기능인력에 대한 수요가 크게 증기하였습니다. 중학교 취학률은 1965년 43.4%에서 1970년 51.2%로 증가하였다가 1980년의 취학률은 95.1%에 이르렀습니다. 고등학교의 취학률은 1970년부터 급속히 상승하기 시작하여 1990년에는 88.0%에 이르렀습니다. 이 당시 특히 두 가지 정책이 중학교와 고등학교 팽창에 크게 기여하였습니다. 하나는 1968년에 결정된 중학교 무시험 입학정책이고 또 다른 하나는 1974년부터 시행된 고등학교 평준화 정책입니다. 이 두 정책은 과도한 입학경쟁으로 인한 학부모들의 경제적 부담을 낮추고 학생들의 신체적, 정신적 발달 저해문제를 해결함으로써 초등학교와 중학교 교육을 정상화하고자 도입되었습니다. 그러나 이 두 정책은 개별학교의 학생선발권과 학생의 학교 선택권을 제한함으로써 결과적으로 사립학교의 자율성을 제한하였습니다. 중학교 무시험제와 고등학교 평준화정책 실현을 위하여 공립학교와 사립학교 간 교육 인프라 격차를 해소하고자 사립학교에 교사인건비를 포함한 재정 결함보조금을 1970년대부터 지금까지 지급하고 있습니다. 1990년대에 접어들면서 사립고등학교의 비중이 낮아지고 다양한 교육수요에 대한 대응의 중요성이 부각됨에 따라 초등학교와 고등학교에 학생 모집과 교육과정 운영에 자율성을 가진 자율 사립학교제도가 도입되어 운영되고 있으나 그 규모는 매우 작은 편입니다.[22] 법과 제도는 사회의 현실을 반영합니다. 현실에서 사회적 문제가 야기되면 그러한 문제점을 해결하기 위해 법과 제도가 시행됩니다. 우리나라의 중학교 무시험제와 고등학교 평준화정책도 마찬가지입니다. 이제는 저출산율로 인한 인구

---

22) 교육부(2013) 2012 경제발전경험모듈화사업: 한국 교육발전에서의 사립학교의 역할, 기획재정부.

절벽 현상으로 학령인구가 줄어들고 있습니다. 그렇게 되면 해가 갈수록 대학입시를 위한 경쟁률은 점점 낮아지게 되고 경쟁력이 없는 대학들은 존폐의 위기를 겪게 될 것입니다.

사립학교를 기반으로 한 교육서비스 제공은 공립학교를 통한 방법에 비해 효율적이고 효과적인 방식으로 지식 및 기술 변화에 대응할 수 있습니다. 이는 사립학교가 교육시장에서 학생들을 먼저 확보하기 위해서 교육수요 변화에 대하여 민첩하게 대응함으로써 공립학교나 다른 사립학교와의 경쟁에서 이겨야 하기 때문입니다. 사립학교는 공립학교와는 달리 교육과정 개발과 적용, 학교경영에 있어서 자율성과 융통성이 있기에 보다 다양한 교육프로그램을 개발하거나 혁신적인 교육방법을 적용할 수 있습니다. 또한 국민에게 다양하고 평등한 교육기회를 제공해야 하는 정부의 부담을 분담함으로써 부족한 정부의 재원을 보충하는 역할을 수행할 수 있습니다. 그러나 사립학교는 몇 가지 약점을 가지고 있습니다. 공립학교보다 높은 수업료로 인해 경제적 약자의 교육기회가 제약받을 수 있습니다. 비용이 상대적으로 적게 드는 인문사회계 교육에 사립학교 교육이 집중될 수도 있고, 단기적 교육수요에 우선 대응함으로써 장기적 일관성을 결여할 수도 있습니다. 또한 교육의 질적 수준을 관리하는 시스템이 없다면 공립학교에 비하여 질 낮은 교육을 제공할 수도 있습니다. 미국이 우리나라처럼 사교육 비중이 그리 높지 않은 이유는 사립학교가 사교육의 역할을 하기 때문이라고 생각합니다. 그러나 우리나라에서는 공립학교와 사립학교는 공교육에 속하고 사교육은 과외와 학원을 의미하고 있습니다. 그렇게 된 배경이 바로 고등학교 평준화정책입니다. 고등학교 평준화정책은 사립학교의 자율성을 침해하는 선을 넘어 자체 생존의 길을 막아버렸습니다. 시도교육청에서 학생을 배정하고 재정까지 지원하므로 사립학교는 온실의 화초처럼 자생력을 잃어버리게 되었고 그 결과는 교육 분야에서 새로운 혁신이 사라지게 되었습니다. 우리나라에서 사립 중등학교의 비율이 갈수록 낮아지게 된 것은 사립 중등학교가 줄어든 것이 아니라 공립학교의 신설로 인한 것입니다.

현재 사립학교의 설립과 운영에 관련한 정부의 교육정책을 정리하면 다음과 같습니다. 첫째, 사립학교 설립에서는 학교법인만이 사립학교를 설립하고 운영할 수 있습니다. 사립학교를 설립, 운영하고자 하면 먼저 학교법인을 설립하고 사립학교법과 사립학교 설립 운영에 관련한 정부 규정에 명시된 학급 규모, 시설, 설비, 교수, 그리고 기타 교육조건 등을 충족시켜야 합니다. 둘째, 학생선발 및 관리 측면에서 중등교육을 담당하는 대부분 사립학교는 학교 자체 기준에 따라 신입생을 선발할 수 있는 권한이 없습니다. 초등학교와 중학교 졸업생들은 거주지역에 소재한 중학교와 일반계 고등학교에 추첨 배정됩니다. 소수의 자립형 사립학교, 실업계 특성화 고등학교, 특수목적 고등학교만이 자체적으로 신입생을 선발할 수 있습니다. 중등학교의 입학생 규모는 시도교육청에 의하여 결정되고 관리됩니다. 셋째, 사립학교의 재정 측면에서 중등학교 단계 사립학교의 수업료와 각종 납임금은 공립학교와 같은 수준으로 시도교육청에 의해 결정됩니다.[23] 이러한 규정으로 시도교육청은 공립학교와 같은 교육서비스 제공을 위해 사립학교 교사 인건비와 학교운영 경비를 지원하고 있습니다. 구체적으로는 사립 중등학교에 대해 직접 보조금을 지급하고 있습니다. 보조금의 규모는 기준

---

23) 2021년부터 고등학교 무상교육시행으로 학생과 학부모의 경제적 부담은 사라졌다고 할 수 있다.

재정수요와 기준 재정수입 간의 차이에 근거하여 결정하는데 사립학교 법인의 재정 능력이 매우 취약하여 거의 모든 사립 중등학교가 정부의 재정지원을 받고 있습니다. 이와 함께 세금감면 혜택이 있습니다. 즉 법인세, 부가가치세, 재산세, 그리고 내국세나 지방세 등 사립학교 교육 활동과 직접적으로 관련된 모든 세금은 원칙적으로 면제됩니다. 학교법인이 소유한 수익사업자산은 관련 세금을 납부해야 하지만 낮은 세율이 제공되며 사인이나 단체가 사립학교에 기부하였을 때 기부자나 단체는 세금공제 혜택을 받습니다. 넷째, 교육과정과 교과서 선택에서 모든 사립 중등학교는 국가 교육과정을 가르쳐야 하고 교과서는 국정 교과서와 검인정교과서 중에서 선택하고 사용해야 합니다. 다섯째, 교원 자격과 임용에서 중등학교 단계에서는 사립학교와 공립학교 교원 자격 요건에서 차이는 없으며 중등학교의 교원 자격은 법으로 명시되어 있습니다. 사립학교는 해당 사립학교 기준에 맞는 자를 교사로 임용할 수 있으나 신규교사 선발을 위한 임용고시 실시에 있어서 1차 필기 시험은 시도교육청에서 주관하도록 되어 있습니다. 정부에서는 사립학교를 공립학교 수준의 교육서비스를 보장하고 사립학교의 자율성과 공공성 간의 균형을 맞추기 위하여 위에 언급한 내용을 법으로 명시하고 있습니다.[24]

(3) 사립학교의 역할과 임용제도

서양에서 사립학교의 명칭은 독립학교(independent school), 사립

---

24) 교육부(2013) 2012 경제발전경험모듈화사업: 한국 교육발전에서의 사립학교의 역할, 기획재정부

학교(private school) 등 다양하게 일컬어졌습니다. 어떤 사립학교는 학문적 수월성을 크게 강조하는 반면, 다른 사립학교는 종교적 사명에 헌신하기도 합니다. 근대사회의 도래와 함께 교육기회의 제공이 국가의 책무가 됨에 따라 사립학교는 국가교육시스템으로 통합되었습니다. 이후 사립학교는 국가교육시스템의 한 구성요소로서 공립학교와 공통요소를 가지면서도 한편으로는 공립학교와 구별되는 특징을 유지하게 되었습니다. 즉 사립학교는 공립학교와 경쟁하면서도 공립학교의 책무를 공유하게 된 것입니다. 현재 사립학교는 국가교육시스템 아래에서 교육 가치의 다양성 유지, 교육 혁신 수행, 그리고 정부의 재정 보완 등의 역할을 수행하고 있습니다. 정부가 국민을 위한 교육기회를 확대하고 질적 수준을 향상하기 위하여 민간부문의 역량을 활용하고자 할 때 고민하는 과제는 사립학교를 어떻게 국가교육시스템에 통합시킬 것인가 하는 것입니다.

가장 이상적인 방법은 한편으로는 교육기회의 확대와 함께 교육의 공공성을 최대한 확보하면서 사립학교 고유의 특징을 유지하는 것입니다. 사립학교의 국가교육시스템으로의 통합은 사립학교 졸업자가 사회의 구성원으로서 공립학교 졸업자와 동등한 수준의 국민적 자질을 함양하고 동시에 노동시장에서도 동등한 자격을 인정받는 것을 의미합니다. 이는 공립학교와 동등한 수준의 사립학교 교육을 보장하는 정부 정책이 필요함을 의미합니다. 사립학교 교육이 가진 장점 중의 하나는 사립학교는 경쟁을 통하여 교육의 질과 효율성을 신장시키고 책무성을 보장한다는 점입니다.

그러한 측면에서 사립학교의 역할을 살펴보면 아래와 같습니다. 첫째, 교육 가치의 다양성을 유지합니다. 사립학교는 공립학교와는 달리 다양한 교육이념과 목적의 실현을 추구하므로 근대 민주국가 교육시스템 구성의 필수 요소로 간주됩니다. 다양한 가치와 능력을 가진 사람들이 조화를 이루어 함께 사는 현대사회는 시민들이 사회 구성원으로서 다양한 역할을 수행할 수 있도록 교육할 것을 요구받고 있습니다. 공립학교의 일차적인 목적은 사회의 일반가치를 교육하는 것이기 때문에 교육 가치의 다양성을 유지하는 데 한계가 있습니다. 사립학교는 공립학교에 비하여 훨씬 자유롭고 융통성 있는 학교운영을 통하여 다양한 교육수요에 대응할 수 있습니다. 둘째, 교육 혁신의 리더 역할을 수행합니다. 일반적으로 사립학교는 교수학습이나 학교경영에 있어 혁신적인 새로운 방법의 개발과 적용에 주도적 역할을 하는 것으로 알려져 있습니다. 공립학교는 모든 학생들에게 균등한 교육기회를 제공하고 엄격한 교육 규정 및 규제를 따라야 하므로 새로운 혁신을 시도하는 데 한계가 있을 수밖에 없습니다. 이에 반해 학교경영에 있어 자율성이 큰 사립학교의 교사들은 훨씬 자유롭게 교육적 실험을 할 수 있습니다. 1980년대 이래 많은 국가들이 국가교육시스템의 질적 수준과 효율성을 높이기 위해 경쟁과 선택이라는 방법을 교육시스템에 도입하였습니다. 예를 들면, 미국은 바우처(voucher)제공을 통해 공립학교와 사립학교 간 경쟁을 촉진하는 정책을 도입하였습니다. 그러나 우리나라의 경우 사립학교에 대한 자율성 제약으로 이러한 사례를 찾기가 어렵습니다. 셋째, 부족한 정부의 재정을 보충합니다. 정부의 제한된 교육재정 속에서 사립학교는 지속적으로 증가하는 교육수요를 흡수하고 국가경제발전에 필요한 높은 수준의 노동력을 확보하기 위한 교육기회 확대에 기여할 수 있습니다. 사적 교육투자 수익률이 사회적 교육투자 수익률보다 훨씬 높다는 점을 고려할 때 정부의 교육재정 부족이 심한 국가의 경우 교육기회 확대를 위해 사립학교 정책을 활용하는 것을 고려할 필요가 있습니다. 우리나라에서도 1950년대 교육재정의 부족으로 이러한 정책을 채택한 바 있습니다.

우리나라에서 사립학교는 근대문화의 도입과 교육이라는 현실적 문제를 해결하기 위한 과정 속에서 성장해왔습니다. 그러나 1968년 중학교 무시험정책과 1974년 고등학교 평준화정책으로 인하여 학생선발권과 함께 재정 분야에서의 자생력을 잃게 되었습니다. 현재 우리나라의 상황에서 만약 사립학교에 대해 자유방임정책을 부여한다 할지라도 자율성을 발휘할 수 있는 중등학교는 아주 소수에 불과할 것입니다. 거의 40년 이상이나 학생선발이나 재정운영 등과 같은 학교경영 핵심분야에 대한 경쟁력을 상실했기 때문입니다. 이렇게 사립학교가 준공립화된 것은 우리나라만의 교육적 특성이라 할 수 있습니다. 그러나 이런 상황에서도 사립학교가 가지고 있는 다양한 교육철학과 이념을 발휘할 수 있도록 노력해야 합니다. 우수한 교사의 선발과 혁신적인 교육과정 개발, 그리고 다양한 교육프로그램 운영 등을 통해 사립학교만의 특성을 유지하고 발전시킬 수 있도록 해야 할 것입니다. 4차 산업혁명의 도래와 저출산율로 인한 인구절벽 현상이라는 어려운 문제들이 있지만 사립학교는 이러한 가운데서도 사립학교의 건학이념과 교육목표 달성을 위한 노력을 경주해야 할 필요가 있습니다.

우리나라의 경우 교원임용은 양성보다는 선발에 초점이 맞추어져 있습니다. 그것은 직업으로서 교사를 선호하는 사람들이 많아져서 경쟁이 치열하기 때문입니다. 초등교원의 경우에는 교육대학교의 입학생 정원 조정을 통하여 양성과 선발이 어느 정도 균형을 맞추고 있습니다. 그러나 중등의 경우는 사정이 다릅니다. 우선 교원양성기관이 많고 교사자격증을 취득하는 방법도 다양하기 때문입니다. 4년제 대학의 경우 교원양성기관인 사범대학은 2017년 기준 46개, 일반대학의 교육과가 15개로 총 61개가 있습니다. 그러나 사범대뿐만 아니라 일반학과에서도 30% 이내 성적우수자에게는 교직과목을 이수할 수 있는 권한이 주어집니다. 그리고 만약 대학에서 교사자격증을 취득하지 못한 경우 교육대학원을 통해 교사자격증을 취득하는 방법도 있습니다. 그래서 매년 5만명 가량의 교사자격증을 취득한 졸업생이 배출됩니다. 그러나 2022년도 공립 중등교원 임용시험 사전예고 채용 규모는 17개 시도교육청에서 3,917명을 선발할 것이라고 공고하고 있습니다.[25] 교통상황으로 비유하자면 5차선에서 1차선으로 줄어드는 병목현상이 생기는 것입니다. 그 와중에 사립학교는 자체적으로 임용시험을 치러왔습니다. 사립학교의 건학이념과 교육목표 달성을 위해 학교에 맞는 인재를 선출한다는 주장은 옳습니다. 그러나 대부분의 교사 임용후보자들은 현실이 그렇지 않다는 것을 알고 있습니다. 2021년 사립학교법 개정으로 1차 시험을 시도교육청에서 주관하도록 된 것은 그나마 다행입니다. 아무리 물질만능시대라고는 하지만 백년지대계를 담당할 장래의 인재를 키우는 교사를 공정하지 않은 방법으로 선발하는 것은 옳지 않습니다. 그러나 앞으로는 미국, 일본, 핀란드, 싱가포르의 경우와 같이 교사후보자를 양성하는 사범대학의 학생선발부터 교원선발이 시작되어야 할 것입니다. 그렇지 않다면 지금은 사라져버린 고시문화와 같이 교원임용시험을 위해 귀중한 시간과 자원을 낭비하는 청춘이 많아지게 될 것입니다.

2021년 현재 사립학교의 교원채용 현황을 서울특별시를 대상으로

---

25) 교육부 공식블로그(2021.8.23.) https://if−blog.tistory.com/12465

살펴보면 아래와 같습니다.

　　시울특별시교육청은 2021학년노 사립학교 신규교사임용 1차 시험을 30개 법인으로부터 위탁받아 공립학교 교사 임용시험과 연계시행하였습니다. 서울시교육청의 경우 2012년부터 사립학교 교사 위탁선발을 시행하고 있으며 학교법인의 위탁참여율은 해마다 증가하는 추세라고 설명하고 있습니다. 2021년의 경우 30개 법인이 28개 과목(초등, 특수유치원, 특수초등, 중등 25개 과목)에 139명의 교사선발을 위탁하였습니다.[26]

　　아래는 그 현황을 표로 나타낸 것입니다.

서울시 사립학교 교사 위탁선발 현황(2021)

위탁 법인수	임용예정 학교 수					선발인원					선발과목 수
30	초	중	고	특수	계	초등	특수 (유치원)	특수 (초등)	중등	계	28과목 (초등, 특수유치원, 특수초등, 중등 25)
	3	11	30	4	48	3	2	6	128	139	

---

26) 한국유아교육신문(2020.09.07.)
　　http://www.kindernews.net/news/articleView.html?idxno=2552

교원채용과정에서 지필고사를 중시하는 우리나라와는 달리 미국의 교원채용에서는 객관적인 자격요건과 함께 면접(interview)이 절대적인 채용기준이 됩니다. 이러한 면접에서는 지필고사에서는 다룰 수 없는 교육관, 교직 목표, 개인적 능력, 인성, 경력, 인간관계 등 교직 관련 사항에 대한 질문을 통해 지원자가 교사로서의 자질, 태도, 역량을 갖추고 있는지를 확인합니다. 그러므로 미국에서는 교원채용과정에서 면접 도구의 비중이 크며, 해당 학교관리자에 의해 시행되는 비구조화된 면접보다는 구조화된 면접질문지의 사용이 증가하고 있습니다. 이에 따라 타당성이 높은 상업용 면접 도구가 활발하게 개발되어 활용되는데 미국의 교원채용과정에서 많이 사용되는 면접도구들은 아래와 같습니다.[27)]

① The Gallup Teacher Perceiver Interview.

② The Haberman Educational Foundation.

③ Ventures for Excellence.

---

27) 조동섭(2012) 미국 교사신규임용의 실태와 시사점, 한국교원교육연구, 29(4), 1－20.

④ The Teacher Quality Index: A protocol for Teacher Selection

⑤ Distinctive Competencies of Successful Teacher

　　미국에서 보편적으로 사용되는 대표적인 면접 도구들의 내용과 특징을 구체적으로 살펴보면 아래와 같습니다.

(1) 갤럽(Gallup): The Gallup Teacher Perceiver Interview

　　갤럽(Gallup)은 1935년 조지 갤럽(George Gallup)에 의해 설립된 회사입니다. 갤럽(Gallup)의 설립 목적은 정치적, 사회적, 경제적 분야의 이슈들에 대한 대중의 의견을 평가하는 것이었습니다. 1935년 이래 갤럽(Gallup)은 교육을 포함한 다양한 분야에 대한 연구조사를 통해 성장해왔습니다. 현재 갤럽(Gallup)은 교원채용, 학교발전, 학교문화의 향상 등을 지원하는 데 초점을 맞추고 있습니다.[28] 미국 갤럽(Gallup)의 교원면접을 위한 평가도구는 40년 이상 이 분야와 관련한 경력을 가지고 있으며, 3백만 명 이상이 갤럽의 교원면접 평가도구에 참여하였고 잠재역량기반 문제 해결이라는 주제에 대해 500개 이상의 연구를 해왔습니다. 갤럽의 교원면접 평가도구는 온라인용인 TeacherInsight, 온라인 요약판이라 할 수 있는 Automated Teacher Screener(ATS), 면대면용인 Teacher Perceiver의 세 종류로 나눌 수 있습니다. 그중

---

28) Brian Clemons(2010) A Correlational Study of the Ventures for Excellence Interview—rating System and First Year Teacher evaluations, Lindenwood University Dissertations.

TeacherInsight는 현재 미국의 교원채용 면접에서 가장 많이 사용하고 있는 웹 기반의 면접 도구로서 컴퓨터를 이용한 면접시험이며 약 40분 정도 소요됩니다. 이 면접시스템은 지원자들이 온라인으로 이 시스템에 접속하여 5점 척도로 이루어진 선택형 문항과 개괄식(open ended) 문항에 응답하도록 되어 있습니다. 이러한 문항들은 교육철학, 인간관계, 교수 능력과 같은 3개의 영역을 중심으로 구조화되어 있으며 K-12 교사의 역량을 측정하고 있습니다.[29)]

갤럽(Gallup)은 자신들의 교원면접 도구가 아래 5가지 특징을 가지고 있다고 말하고 있습니다. 첫째, 비용 절감 효과입니다. TeacherInsight는 신규교원 후보자의 신청과정을 일목요연하게 정리함으로써 학교구(district)의 시간과 비용을 절감한다고 밝히고 있습니다. 둘째, 역량입니다. TeacherInsight는 교원 후보자의 교육경력 및 자격에 초점을 맞추는 전통적 채용과정을 넘어선다고 말합니다. 즉 TeacherInsight는 학교구가 교사 후보자의 잠재적 역량을 확인할 수 있도록 도와준다는 것입니다. 셋째, 속도입니다. TeacherInsight는 교원채용과정 실행에 있어서 개별 후보자들에 대한 평가를 즉각적으로 나타낸다고 말합니다. 넷째, 검색능력입니다. TeacherInsight는 학교급별 및 교과에 따른 교원 후보자들의 경력 및 자격을 검색하는 것과 학교구의 후보자 지원상황을 통합해서 관리한다고 주장합니다. 다섯째, 자료의 관리 및 컨설팅 능력입니다. 교원채용의 마무리 단계에서 학교구는 교원 후보자에 대한 모든 세부적인 자료통계를 받을 수 있으며, 갤럽(Gallup)의 컨설턴트들은 학교구의 교사채용과정 역량이 향상될 수 있도록 교원 후보자들에 대한 자료를 해석할 수 있도록 지원한다는 것입니다. 신규교원 후

---

29) Gallup Homepage, https://www.gallup.com/education/home.aspx

보자들은 TeacherInsight 면접평가도구를 40분간에 걸쳐 완성하며, 학교수는 후보자의 답변 및 결괴를 기의 실시간으로 파악힐 수 있습니다. 아래는 갤럽(Gallup)의 면접 도구는 아니지만 일반적인 교원후보자 면접도구에서 제시하는 질문의 예시입니다.[30]

교원후보자 면접도구 질문 예시

❶ 배경질문	
1	교사가 되기 위해서 어떤 학생들을 가르친 교육경험이 있나요?
2	자신의 교육배경에 대해 설명하세요. 무엇이 자신의 교육목표인가요? 대학에서 가장 선호했던 과목은 무엇인가요? 그 이유는 무엇인가요?
3	당신이 마지막으로 경험한 교장, 교감, 학과장, 교사에 대해서 설명해 보세요.
4	당신의 가르치는(teaching) 스타일을 5가지 형용사로 표현해 보세요.
5	당신의 전공을 어떻게 선택하였나요?
6	이 학교에 대해서 무엇을 알고 있나요? 이 학교의 교육목표와 당신의 어떤 부분이나 특징이 부합되나요? 이 학교에 당신은 어떤 새롭거나 다른 아이디어를 가져오고 싶은가요?
7	당신의 교생실습 경험을 이야기해보세요. 어떤 점이 당신에게 효과적이었나요? 교생실습으로부터 무엇을 배워나요? 어떤 종류의 문제들을 만났나요? 만약 교생실습을 다시 하게 된다면 어떻게 다시 접근할 것인가요?
8	교생실습기간에 성취한 가장 중요한 3가지는 무엇인가요? 가장 긍정적인 경험은 무엇이었나요?
9	교육과정을 개발한 경험이 있나요?
10	학급에서 학생에게 도움을 준 적이 있나요?
11	교사로서 당신에게 가장 큰 영향을 끼칙 책이나 개념, 경험은 무엇인가요?
12	현재 상태에서 교사로서 학교발전에 어떤 공헌을 하였나요?
❷ 수업(teaching)기술, 동기유발기술에 관한 질문들	
1	이번 시간의 수업 진도가 모두 나간 후 수업시간이 10분 정도 남았다면, 학생들이 어떤 종류의 활동을 할 수 있을까요?
2	학생들의 협동학습에 대해서 어떻게 진행할 것인지 예를 들어 설명해 보세요.

---

30) http://www.prospects.ac.uk/jobs – and – woek – experience/job – sectors/teaching – interwiew – questions

3	최근 학생들을 위해 당신이 개발한 학습방법 또는 학생의 학업성취도 향상을 위해 만든 개념이 있다면 말해보세요.
4	학생들의 각기 다른 요구에 대해서 어떻게 개별화수업을 할 수 있을까요? 일상적 수업에서 개별화 수업이 가능할까요?
5	학생들의 학습능력을 향상시킬 수 있는 당신만의 수업전략이 있다면 설명해 보세요.
6	당신의 수업에서 학생들을 참여시키는 수업활동은 무엇인가요?
7	학생들에게 개념을 이해시키기 위해 당신이 사용한 수업기술이 있다면 설명해 보세요.
8	학생들을 어떻게 동기유발하나요? 학생들을 동기유발하는 효과적인 방법 3가지를 말해보세요.
9	교실수업에서 학생들을 동기유발하는 방법은 무엇인가요?
10	교실수업에서 창의성을 이끌어 내는 예를 들어보세요. 창의성을 개발하기 위해 학생을 돕는 방법이나 전략이 있나요?
11	교과외 활동으로 무엇을 할 수 있나요?
12	교실수업에서 학생들의 인지적 능력을 발전시키기 위해 어떻게 했나요?
13	학생들과 어떤 종류의 관계를 맺어왔나요?
14	학생들의 자존감을 높이기 위해서는 어떤 방법이 좋을까요?
15	당신의 수업(teaching)스타일을 설명해 보세요. 어떤 수업(teaching)스타일을 사용하고 있나요?
❸ 교육철학에 관한 질문들	
1	학교의 이상적인 교육목표는 무엇이라고 생각하나요?
2	당신이 생각하기에 교실 규모는 몇 명정도가 가장 이상적이라고 보나요?
3	숙제에 대한 당신의 생각은 무엇인가요?
4	교사로서 학교에 대해서 무엇을 기대하나요?
5	학습부진아 또는 우수아 중 누구를 가르치고 싶나요? 그 이유는 무엇인가요?
6	모둠단위의 수업을 선호하나요? 아니면 교실단위의 수업을 선호하나요?
7	학생들에게 어떤 훈육방법을 선택하나요? 질문위주의 수업, 활동위주의 모둠수업, 온라인수업, 개별화수업 중 어떤 수업을 선호하나요?
8	상벌점제 위주의 학생 관리에 대해서 어떻게 생각하나요?
9	사형제도, 낙태 등과 같이 논쟁의 여지가 있는 수업주제를 어떻게 진행하나요?
10	교육분야에서 어떤 주제에 관심이 있나요?
11	학습과정에서 교사의 역할에 대해 설명해 보세요.
12	학생의 학습 가능성에 대해 어떻게 생각하나요?
13	교사라는 직업이 어떤 측면에서 가장 만족감을 주나요? 그렇다면 불만족스러운 면은 무엇인가요?
14	학교에서 가장 중요한 역할을 하는 사람은 누구라고 생각하나요?

15	왜 교사가 되고 싶어하나요? 왜 당신이 좋은 교사가 될 것이라고 생각하나요?
16	어떤 요인이 당신을 교사로 이끌게 했나요?
17	학교가 학생들을 위해 무엇을 해야 한다고 생각하나요?
18	오늘날 교직에서 가장 어려운 점은 무엇인가요? 교사가 맞이해야 하는 가장 큰 도전은 무엇일까요?
19	교실에서 수업활동시 가장 고려해야 할 점은 무엇인가요?
20	본받고 싶은 교육자나 특징이 있다면 설명해 보세요.
21	만일 당신이 원하는 대로 학교를 변화시킬 수 있는 기회가 있다면 학교를 어떻게 변화시키고 싶은가요?
22	수업에 정말 필요한 것은 무엇이라고 생각하나요?
23	교사가 되기 위해 가장 필요한 것은 무엇이라고 생각하나요?
24	당신을 동기유발시킨 것은 무엇인가요?
25	스트레스를 어떻게 해결하나요?
26	미래 교육에 대한 당신의 전망은 어떤가요?

❹ 평가에 관한 질문들	
1	자신의 수업을 스스로 어떻게 평가하나요?
2	당신의 수업 중 학생들이 학습하고 있음을 어떻게 확인하나요?
3	어떠한 평가기술을 사용하고 있나요?
4	능력이나 노력 중 무엇을 중시하나요? 왜 그런가요?
5	학생들은 당신을 어떻게 묘사하나요? 당신의 동료들은? 교장은?
6	교장, 교감의 수업관찰에 대해 어떻게 느끼나요?
7	학생의 학업성취도에 대해 학부모와 어떻게 의사소통하나요?
8	당신의 수업에 대한 학생의 평가를 어떻게 파악하나요?

❺ 수업조직/수업계획에 관한 질문들	
1	교실에서 어떠한 수업환경을 조성하려고 노력하나요?
2	만일 내가 당신이 수업하는 교실을 방문한다면 그 수업에서 학생 개개인이 자신의 요구를 만족시키는 상황을 볼 수 있을까요?
3	서로 다른 학업성취도를 가진 학생의 모둠 또는 수준별 모둠 중 어느 모둠이 가장 좋다고 생각하나요?
4	남여혼합 또는 동성 모둠 중 어느 것을 선호하나요?
5	장애를 가진 학생을 전체 수업흐름에 참여시키려면 어떻게 해야 할까요?
6	당신의 학생들이 완성한 개별프로젝트가 있다면 설명해보세요.
7	학생과 교사가 함께 가장 큰 효과를 누릴 수 있는 수업구조는 무엇인가요?
8	학업성취도 수준이 다른 학생들을 어떻게 다루어야 할까요?
9	학업성취에 어려움이 있는 학생을 어떻게 도우면 될까요?

10	세부적으로 수업계획을 잘 구성해야 한다고 생각하나요?
11	수업계획시 교재나 학습자료를 어떻게 조직하고 준비하나요?
12	수업계획들을 어떻게 이용하나요?
13	효과적인 수업계획의 요소나 단계들을 구체적으로 설명해 보세요.
14	과학실험을 준비하기 위한 접근방법을 개략적으로 설명해 보세요.

❻ 수업/학생 관리에 관한 질문들

1	학생관리(discipline)에 대한 당신의 철학은 무엇인가요?
2	학생관리에 관한 당신의 확신은 무엇인가요?
3	교실수업을 관리하기 위해 어떤 방법을 사용하나요?
4	교실수업을 진행하기 위한 규칙이 있으면 설명해 보세요.
5	학생관리에서 가장 어려운 점은 무엇이라고 생각하나요?
6	교실에서 문제행동을 유발하는 학생을 어떤 방법으로 처리하나요?
7	거짓말하는 학생을 어떻게 다루어야 하나요?
8	당신이 요구하는 행동을 거절하는 학생을 어떤 방법으로 처리하나요?
9	만약 학생이 당신에게 불법적이거나 부도덕적인 행동에 가담하였다고 말한다면 당신은 어떻게 할 것인가요?

❼ 전문적 활동과 지식에 관한 질문들

1	현재 우리나라의 학교현장에서 발생하고 있는 사건에 대해서 어떻게 생각하나요?
2	오늘날 학교현장에서 발생하고 있는 가장 흥미있는 사건은 무엇인가요?
3	어떤 학술단체 또는 교육단체에 가입하고 있나요?
4	최근 당신의 전문적 지식이나 기술을 어떻게 향상시켰나요?
5	앞으로 전문적 기술을 향상시키기 위한 당신의 계획은 무엇인가요?
6	교육분야에서 지도자로 여겨지는 인물을 이야기해보세요. 그들이 주장하는 바에 대해 이야기해 보세요.
7	정기적으로 읽고 있는 전문잡지는 무엇인가요?
8	지난 1년 혹은 6개월간 읽었던 책은 무엇인가요?
9	자신의 교육을 계속하려는 계획이 있나요?

❽ 교사 인지/감정에 관한 질문들

1	교사로서 성취하고자 하는 것은 무엇인가요?
2	교실에서 학생의 태도나 감정을 어떻게 파악하나요?
3	경력교사가 당신에게 '학생을 가르칠 때 학생을 존중해야 하며 그렇게 하면 모든 것이 순조로울 것이다'라고 말한다면 당신은 이에 대해서 어떻게 생각하나요?
4	학부모가 당신에게 와서 '선생님의 수업이 자녀가 배우고자 하는 것과 동떨어져 있다'고 불평한다면 당신은 어떻게 대응할 것인가요?
5	수업에서 가장 큰 기쁨을 주는 일은 무엇이라고 생각하나요?
6	학생들이 잘하고 있다는 것을 어떻게 알 수 있나요?

7	많은 수업기술이나 수업전략을 시도히는 것과 당신이 가장 효과적이라고 생각하는 수업방법을 완벽하게 시도하는 것 중 어느 방법이 효과적이라고 보나요?
8	1년간의 전체적인 수업계획을 가지고 가르치기를 원하나요? 아니면 몇 가지 흥미있는 주제를 연구한 과정으로 결과를 평가하기를 원하나요?
9	학생들이 당신에게 지금까지 만난 교사들 중 가장 형편없다고 말한다면 어떻게 행동할 것인가요?
10	만일 당신의 삶에 어떠한 규제나 제약이 없다면 인생에서 가장 원하는 일은 무엇인가요?
❾ 면접 마무리에 관한 질문들	
1	내가 질문하지는 않았지만 당신이 묻고 싶은 질문이 있나요?
2	내가 묻지는 않았지만 당신이 준비해온 말이 있나요? 그리고 그것이 왜 중요한 내용인지 설명할 수 있나요?
3	왜 우리가 당신을 채용해야 하나요?

(2) 하버만 교육재단(The Haberman Educational Foundation)

하버만 박사(Dr. Haberman)에 의해 설립된 The Star Teacher Selection Interview는 미국에서 일반화된 면접 도구 중의 하나입니다. The Star Teacher Selection 면섭 도구는 히버만 박사(Dr. Haberman)에 의해 처음 시작되어 30년 이상 연구되고 있습니다. 하버만 박사(Dr. Haberman)는 이 면접 도구가 면접 과정에서 우수한 다문화 교사를 판별할 수 있는 도구라고 주장합니다. 하버만 교육재단에 따르면 이 면접 도구는 다문화 교실에서 첫해를 맞이하는 지원자들의 성공 가능성과 밀접한 상관관계가 있음을 나타낸다고 말합니다.[31] 하버만 교육재단은 이 면접 도구가 지원자가 교사로서 성공하게 될지 아니면 실패하게 될지에 대해 95%의 예측률을 자랑한다고 밝히고 있습니다. 이러한 높은 예측률은 지원자의 위기에 처한 학생들을 대하는 교직관과 지원자가 교직에 대한 태도에서 볼 수 있는 시나리오 기반의 면접 도구에서 나

---

31) https://habermanfoundation.org/

온다는 것입니다.

하버만(Haberman) 교육재단의 The Star Teacher 면접 도구는 교사 역할의 성공적 수행과 교직에서 오랜 기간 근무할 수 있는 교사를 예측하기 위한 도구로 개발된 것입니다. 이 면접 도구는 후보자의 신념을 파악하기 위해 특정한 시나리오를 주고 이에 대한 반응을 수집합니다. 특히 교직에서의 스트레스 관리, 학생의 동기유발, 다양한 학습전략 등의 측정에 초점을 맞추고 있습니다. 이 면접 도구는 다음과 같은 10개의 주제, 즉 인내심, 조직과 기획력, 학업성취, 이론의 적용, 위기학생 지도, 학생과의 관계, 학교조직 적응, 교직에 대한 의미부여, 학생 성취에 대한 의미부여, 문제대응력에 관한 주제 등을 중심으로 구성된 문항들을 통해 우수한 교사로서의 자질과 능력 및 경험들을 측정합니다. 하버만(Haberman) 교육재단의 시나리오 기반의 면접은 인내, 이해 관계자 기반, 이론을 실제화하는 능력, 위기상황의 인지 등을 질적으로 평가하는데 하버만(Haberman) 교육재단을 창시한 하버만 박사는 그의 연구를 통해서 특히 빈곤 가운데 있는 아이들을 어떻게 가르쳐야 할 것인가에 중점을 두는 면접을 정교하게 다듬어 왔습니다.[32] 지난 20년 간 150개 이상의 학교구에서 이 연구기반의 교사면접 훈련을 이수하였으며, 현재까지도 진행되고 있는 이 연구를 통해 면접에서 수업내용이나 수업기술보다는 교사가 학생, 학부모, 관리자와 관계를 형성하는 능력과 같은 교실현장에서의 업무능력을 테스트합니다.

하버만(Haberman) 교육재단의 온라인 사전면접은 실제 면접에 기초를 둔 것입니다. 면접 질문들은 수업내용이나 기술보다는 교육에 대

---

32) Martin Haberman(2005) 'Star Teachers: The Ideology and best Practice of Effective Teachers of Diverse Children and Youth in Poverty'

한 핵심적인 믿음에 기초를 두고 있습니다. 하버만 사전면접은 지원한 교사 후보자들 중 실제 면접 대상자를 선발하기 위한 것이며, 컴퓨터로 접속한 후 50개의 질문과 30분의 시간이 소요됩니다. 이러한 질문에 대한 대답들은 데이터베이스 기준에 의해 등급화되며, 실제 면접과 사전면접은 모두 우수한 교사를 판별하는 데 도움이 됩니다. 하버만 (Haberman) 교육재단은 모든 아이들이 배우고 성장할 수 있는 능력을 가지고 있으며 학교구에서는 이러한 믿음을 가진 교사를 채용해야 할 책임을 가지고 있다고 믿고 있습니다. 따라서 아래와 같은 질문들에 대한 긍정적인 대답을 기대하고 있습니다. 예를 들면, 당신은 학교를 긍정적인 분위기를 가진 장소로, 학습을 즐거운 것으로 만들 수 있나요? 당신은 능력이나 노력 중 어느 것이 성공의 요인이라고 생각하나요? 당신은 선입견이나 편견 없이 학생들을 이해하려고 하나요? 등과 같은 질문들이 있습니다.

현재 미국 내의 200개 학교와 학교구가 우수한 교사를 채용하기 위해 하버만(Haberma) 평가도구를 이용하고 있습니다. 하버만(Haberman) 면접 도구는 면접을 시작하기 전 통계분석에 필요한 일부 정보를 제공하여야 하며, 이러한 개인정보는 안전하게 보관되며 어떤 경우에도 제3자에게 제공되지 않음을 공지하고 있습니다. Star Teacher Interview 라 일컫는 이 도구는 면접 후보자가 교사로서 성공할지 또는 실패할지에 대해 95%의 정확도를 자랑하며, 이러한 높은 성공예측률은 위기 청소년에 대한 후보자의 믿음을 명확하게 제시하고 후보자가 학교에서 어떻게 생활할 것인가를 예측하는 시나리오에 기반한 면접 도구로부터 비롯됩니다. 매년 하버만(Haberman) 교육재단은 도시빈민가나 시골 지역의 가난한 아이들이 있는 지역에서의 교사 감소와 도움이 필요한 아이들에게 필요한 우수한 교사들을 발굴하기 위해 무료훈련과정을 대규모의 학교구에 제공하고 있습니다. 학교 개혁은 교원채용 과정으로부터 시작되므로 학교는 우수한 교사들을 끌어들이기 위해 노력해야 합니다. 그러기 위해서는 학교관리자들은 아래 두 개의 질문에 대답해야 합니다. 첫째는 우리는 어떤 교사가 필요한가? 둘째는 내가 면접하고 있는 교사는 어떤 종류의 사람인가? 하버만(Haberman) 교육재단은 학교의 패러다임을 바꾸고 개혁을 실행할 수 있는 도구를 제공합니다. 학교 규모가 크든 작든 간에 학교는 학생으로 하여금 학업성취를 즐기고 더 나은 생활태도를 가지게 하며 교사 이직률을 낮출 수 있어야 한다고 생각합니다.

아래는 하버만(Haberman) 교육재단 면접 도구의 평가요소들입니다.

① 인내는 예비교사가 1년간 학습과 문제행동이 있는 학생들을 포기하지 않고 이끌어 갈 수 있는 경향을 예측한다.

② 조직과 계획은 예비교사가 복잡한 학급 상황을 잘 관리하고 다룰 수 있는 능력에 주목한다.

③ 학생의 배움에 대한 가치는 예비교사가 학생들의 학습을 가장 우선적으로 중시하는가에 대한 반응정도를 예측한다.

④ 이론 적용은 예비교사가 구체적인 교실상황 속에서 개념을 일반화시켜 실제적으로 적용할 수 있는 능력을 예측한다.

⑤ 위기 학생들은 예비교사가 사회경제적 배경과 수준이 다른 학생들과 어떻게 관계를 맺고 가르칠 수 있는가를 예측하는 것이다.

⑥ 학생에 대한 접근은 예비교사가 학생들에게 접근하는 방법과 그것이 얼마나 효과적인가를 예측하는 것이다.

⑦ 행정력은 학교의 행정처리에 대해서 얼마나 효율적으로 접근할 수 있는지를 예측하는 것이다.

⑧ 교사의 성공 요인은 예비교사가 효과적인 학습기술을 이용하고 있는지, 그리고 이것이 저소득층 자녀들이 많이 있는 학교에서 효과가 있을 것인지에 대한 판단과 기준을 다룬다.

⑨ 학생의 성공 요인은 예비교사가 학생의 성공을 결정하는 요소들을 파악하고 있는지 이것이 효과가 있을 것인지에 대한 기준을 다룬다.

⑩ 실수는 예비교사가 수업에서의 실수를 어떻게 다룰 것인지에 대한 것을 파악한다.[33]

(3) Ventures Teacher Interview Questions[34]

Ventures for Excellence는 1978년 빅 코렐박사(Dr. Vic Cottrell)에 의해 설립되었으며, 그는 우수한 교사들을 발굴하기 위해 노력해 왔습니다. Ventures for Excellence는 우수한 교사의 선택과 학교발전은 학교관리자의 가장 중요한 책임이라고 주장합니다. 그에 따르면 먼저 학교구가 신규교사를 채용하는 과정의 시간과 노력을 효율적으로 사용할 필요가 있다고 합니다. 이와 함께 학교구가 가진 문제점들 중의 하나는 신규교사 면접을 담당하는 교장들마다 서로 다른 면접기술과 해석을 사용하고 있다는 것입니다.

---

33) https://habermanfoundation.org/evaluation−tools/star−teacher−pre−screener/

34) Ventures Teacher Interview Questions
https://venturesteacherinterview−questions.blogspot.com/2018/07/20−ventures−teacher−interview−questions.html

Ventures for Excellence 면접 도구는 지원자가 개별적으로 응답할 수 있는 개괄식 질문들로 구성되어 있으며, 이러한 질문들은 지원자의 역할수행과 우수한 교사가 될 수 있는 가능성을 살펴보기 위해 의도된 것이라고 밝히고 있습니다. 이 질문들은 교사에게 주어진 역할과 직책에서 가장 우수한 교사들이 수업하는 과정을 통해 만들어진 것이며, Ventures for Excellence에서 가장 중요하게 생각하는 3가지 측면은 목적, 관계, 그리고 교수학습전략입니다. Ventures for Excellence는 아래의 면접 도구를 통해서 교사의 태도, 기술, 교수 행위에 대한 평가와 성공 가능성을 예측하고 관리하며, 훈련된 면접관은 교사의 목표, 인간관계 기술, 교수전략, 학습자의 결과물 등을 명확하게 판별할 수 있다고 말하고 있습니다.

Ventures for Excellence 면접 질문

Ventures for Excellence 면접 질문					
1. **목적**: 이 면접 도구의 목적은 Ventures for Excellence에서 우수한 교사들을 채용하기 위해 교사들을 비교하기 위한 것입니다.					
2. **방법**: 아래 내용들은 당신이 우수한 후보자들을 판별하기 위한 비교 평가를 도우는 데 있습니다. 당신의 관점은 중요하므로 각 문항에 대하여 될 수 있는 한 정확하게 대답하기 바랍니다. 가장 당신을 잘 나타낸다고 생각하는 문항을 선택하세요.					
❶ 목적	드묾	거의 않음	가끔 함	자주 함	거의 항상함
① 학생들에 대해 긍정적 태도를 가지고 있다.					
② 학생들이 중요하다고 생각한다.					
③ 학생들이 더 나아질 수 있도록 돕는다.					
④ 어려운 상황에서도 학생들이 좋아지도록 돕는다.					
⑤ 학생 개개인의 재능과 강점을 찾는다.					
⑥ 학생의 배움에서 즐거움을 느낀다.					
⑦ 교실에서 긍정적 태도를 가진 학생을 돕는다.					
⑧ 학생들이 책임감을 가질 수 있도록 돕는다.					
⑨ 학생의 좋은 특성과 강점에 초점을 맞춘다.					

❷ 관계	드묾	거의 않음	가끔 함	자주 함	거의 항상함
① 학생들이 이해하기 쉬운 방법으로 설명한다.					
② 학생들을 친구처럼 대한다.					
③ 교실에서 학생들의 감정을 이해한다.					
④ 학생들의 생각과 아이디어들을 이해한다.					
⑤ 개인적으로 학생들을 알기 위해 노력한다.					
⑥ 급우들을 챙겨주는 학생들을 배려한다.					
⑦ 학생들과 대화하기를 즐겨한다.					
⑧ 학생들이 나를 좋아한다.					
⑨ 학생들이 감정을 나타낼 때 도우려고 한다.					
❸ 교수/학습전략	드묾	거의 않음	가끔 함	자주 함	거의 항상함
① 학생들을 동기유발하는 방법을 알고 있다.					
② 학급에서 의사결정하기 전 다양한 관점을 고려한다.					
③ 학생들이 자신에게 가장 좋은 방법으로 학습할 수 있도록 돕는다.					
④ 수업 준비를 충분히 한 후 교실에 간다.					
⑤ 학습자료를 배워야 하는 이유를 생각할 수 있도록 학생을 돕는다.					
⑥ 교육과정에 흥미가 있다.					
⑦ 학생들 간에 갈등이 있을 때 갈등상황에 관련된 이야기를 충분히 들어준다.					
⑧ 학습을 이끄는 새로운 아이디어에 개방적인가?					
⑨ 학습내용에 어려움이 있는 학생들이 있을 때 수업 주제를 바꿀 수 있는가?					
⑩ 학생들이 생활에 적용할 수 있는 실제적인 학습을 계획할 수 있는가?					
⑪ 교실환경을 쾌적하게 만들기 위한 방법을 학생들에게 질문한 적이 있는가?					
⑫ 하나의 주제에 대해 다양한 시각을 가질 수 있도록 학생을 돕는다.					
⑬ 수업을 진행하기 위해 다양한 방법을 모색한다.					
⑭ 수업 진행의 각 단계들을 학생들에게 이해시키도록 노력한다.					
⑮ 수업에서 학생들이 새로운 학습방법을 찾을 수 있도록 돕는다.					
❹ 기타 영역	드묾	거의	가끔 함	자주 함	거의

	않음	항상함
① 수업 진행 시 수준별 차이가 있는 학생들을 돕는다.		
② 만일 학생들이 시험에서 좋은 결과를 얻지 못하면 기분이 나쁘다.		
③ 타인과 대화 시 학생들의 입장에 서는 편인가?		
④ 수업에 도움이 된다면 지역사회의 외부인을 초청할 수 있다		
⑤ 지역사회의 다문화가족을 위한 활동을 지원한다.		
⑥ 정기고사를 위해 학생들을 준비시킨다.		
⑦ 학생의 학습을 도우기 위해 가정에서 타인들과 교육에 관한 대화를 자주 나눈다.		
⑧ 학생들을 도우기 위해 학교 밖 성인 및 학생들과 접촉한다.		
⑨ 학생들끼리의 비난을 금지시킨다.		
⑩ 학생들이 시험에서 치른 실수를 이해하도록 돕는다.		
⑪ 학습을 향상시키기 위한 타인의 제안에 개방적인가?		
⑫ 수업을 위해 가정에서 성인들과 함께 일해본 적이 있는가?		

아래는 통상적인 Ventures 교사면접 질문들과 이에 대한 대답입니다.[35]

① 자신에 대해서 이야기해주세요.

이 질문은 단순하고 중요하지만 많은 사람들이 대답하기 어려운 부분입니다. 이런 경우 지금까지 가졌던 모든 직업경력을 이야기할 필요는 없습니다. 그 대신 당신이 왜 적임자인지를 정확하게 보여주는 하나의 경력을 얘기하면 됩니다. 당신은 면접관이 알기 원하는 2~3개의 구체적인 경력이나 경험에서 시작해서 이전의 이러한 경험들이 현재

---

[35] http://venturesteacherinterview−questions.blogspot.com/2018/07/20−ventures −teachr−interview.html.

학교가 원하는 특수한 역할에 맞을 것이라는 것에 대해서 말하기 바랍니다.

② 자신만이 가지고 있는 장점은 무엇인가요?

이 질문은 직접적이고 당신만이 가지고 있는 특징들을 잘 나타낼 수 있는 기회입니다. 현재 규정된 교육과정에서 벗어나 당신의 열정과 몰입을 수업에 반영하였던 순간이나 그 결과들에 대해서 말하세요. 당신의 열정으로 인해 예상치 못한 좋은 결과를 이끌어낸 부분에 대해서 말하세요.

• 해야 할 것

이 질문이 지원자에게 주는 기회를 붙잡으세요. 이 질문은 면접을 지원자가 원하는 방향으로 끌고 갈 수 있는 기회를 줄 것입니다. 지원자의 성공적인 측면을 부각할 수 있는 기회입니다. 지원하려는 학교에 대한 조사를 통해 학교의 추구하는 방향에 중점을 두세요.

• 하지 말아야 할 것

간략한 예시나 사실로 주장하거나 확대하지 마세요. 지나치게 겸손하지도 말고 슈퍼맨/슈퍼우먼인 척하지도 마세요. 실제적인 일과 관련 없는 사항을 강조하지 마세요.

③ 교실수업에서 당신을 가장 힘들게 하는 것은 무엇인가요?

이 질문은 면접관이 지원자의 단점이 무엇인가를 파악하려는 의도이므로 지원자가 그런 상황에서 어떻게 행동할 것인가를 알고자 하는 것입니다. 모든 교사에게 공통적인 상황을 생각한 후 그러한 좌절감에서 어떻게 처리하였는지에 대해서 설명하세요. 그러나 지원자가 그러한 상황에서 해결책을 가지고 있지 않다면 그와 같은 예시는 사용하지 않는 것이 좋습니다.

④ 수업에서 지원자가 중요하게 생각하는 것(철학)은 무엇인가요?

누구나 이 질문에 대한 자신만의 대답이 있을 수 있습니다. 무엇이 지원자를 교사로 이끌게 했는가? 면접 이전에 충분한 시간을 가지고 자신의 교육에 대한 철학이 무엇인지 그것을 매일 어떻게 적용하고 있는지에 대해 생각해 보세요.

⑤ 지원자의 훈육방침을 이야기해 보세요.

당신은 많은 긍정적 강화법을 이용할 수 있습니다. 지원자는 학생의 부적절한 행위들에 대한 적절한 결과들을 이야기할 수도 있습니다. 지원자는 수업 시 학생들이 지켜야 할 규칙을 규정할 수도 있습니다. 특히 지원자의 수업이 매우 재미있고 학생들의 흥미를 유발하므로 수업 중 학생 태도에 관한 문제가 최소한이 될 것이라는 점을 강조하세요. 수업 중 문제가 생겼을 때 학생들을 학생부장이나 교무실로 보낸다는 등의 대답은 피해야 합니다. 지원자는 수업에서 발생하는 학생문제를 자신만의 방식으로 다룰 수 있어야 합니다.

⑥ 우수한 교사가 되기 위해서는 어떠한 특성(personality)가 필요할까요?

이 질문은 교사의 역할과 성공 요인에 대한 지원자의 생각을 평가하기 위한 것입니다. 이것은 교육행정에서 요구되는 것과 마찬가지로 지원자 자신의 요구조건을 평가하려는 의도가 있습니다. 교사에게는 인내, 융통성, 그리고 자기통제가 필요합니다. 가르치는 일은 어렵고 고통스럽지만 학생의 성장을 보는 보람도 있습니다. 교사들은 수업을 계획할 때 학생들이 단순히 시험을 치르기 위한 것뿐만 아니라 교과 내용을 이해하기를 원해야 하며, 특히 학업성취도 기준을 고려해야 합니다. 또한 교사는 모든 학생들이 수업목표를 달성할 수 있도록 수업을 이끌어야 하며, 학생들에게 다양한 학습방법을 제공해야 합니다.

⑦ 교실수업에서 학생들의 문제행동을 어떻게 다루어야 하나요?

교사들은 수업에서 발생하는 문제행동을 일상적으로 처리합니다. 지원자가 그러한 문제행동을 어떠한 관점으로 보는가를 설명하는 것이 매우 중요합니다. 문제행동을 다루는 것은 효과적인 학습환경을 조성하는 데 중요한 역할을 하며, 대부분 교사의 수업방식, 학생의 연령, 그리고 학교의 학생 규정에 의존합니다.

문제행동은 학습 과정의 중요한 부분이라고 간주하세요. 그것을 지원자가 어디까지가 한계이고 어떻게 처리할 것인지 명확하게 제시하는 것이 중요합니다. 문제행동을 다루는 것은 교실수업에서 학생 존중과 책임의 기초이기 때문입니다. 학생들은 강압적인 분위기에는 순응하지 않습니다. 학생들은 학생을 개별적으로 존중하는 경우에 규칙에 동의하고 자신의 행동과 결정에 책임을 지려는 경우가 많습니다.

⑧ 왜 우리가 지원자를 고용해야 하나요?

이 질문에 대해서 기억해야 할 핵심적인 사항은 대답이 구체적이어야 한다는 것입니다. 어떤 문제를 해결하기 위해서 새로운 교사를 고용하려고 하는가? 당신은 당신이 적임자며 지금까지 해결하지 못한 문제를 해결할 수 있다는 것을 보여주어야만 합니다.

• 해야 할 것

지원자가 학교에 대해 파악했으며 그 문제들을 해결할 준비가 되어있음을 나타내기 위해 학교에 대한 몇 가지 특징적인 사실을 알고 있음을 보여주는 것이 중요합니다. 따라서 학교의 특수한 요구조건을 채울 수 있는 당신의 성공적 해결사례를 제시할 필요가 있습니다.

• 하지 말아야 할 것

너무 겸손하지 말 것, 너무 떠벌리거나 과장하지 말 것, 너무 이상적이거나 일반적인 답변, 왜 당신이 이 학교를 원하는지를 말하지 말고 왜 당신이 이 학교에 필요한지를 말하세요.

⑨ 당신의 약점은 무엇인가요?

가능하면 교사의 역할에 결정적이지 않은 지원자의 약점을 말하세요. 이 질문을 회피하지 마세요.

• 해야 할 것

자신의 약점을 충분히 알고 있으며 그러한 약점을 극복하기 위해 해왔던 노력들을 보여주세요. 자기인식이 있으며 자신을 향상하려는 능력이 있음을 보여주세요.

• 하지 말아야 할 것

지원자가 완벽주의자라거나 정색할 정도의 대답은 하지 마세요. 교사의 주요한 역할과 관련된 자신의 약점을 강조하지 마세요.

⑩ 현재까지 어떠한 성취가 가장 자랑스러운가요?

지원자의 수상 경력, 자격증, 특별한 프로젝트의 완성 등에 대한 자신의 설명은 후보자에게 긍정적인 자신감을 줄 것입니다.

⑪ 왜 지원자는 이 학교에서 근무하기를 원하는가요?

면접관은 자신의 직업에 열정적인 지원자를 채용하기를 원하므로 지원자가 왜 교사가 되기를 원하는지, 그리고 이 학교에 오기를 원하는 지에 대한 답변이 필요합니다. 그래서 지원자가 잘할 수 있는 몇 개의 핵심요소를 파악하고(예를 들면, 나는 인간관계를 잘 맺고 문제를 가진 사람을 도와주는 것을 좋아한다), 왜 이 학교에 오기를 원하는지(예를 들면, 나는 나의 교육에 대한 열정을 쏟을 수 있는 곳을 원하며 이 학교는 그러한 명성이 있으므로 이 학교에 몸담기를 원한다)를 말할 수 있어야 합니다.

⑫ 앞으로 5년간 어떠한 자신의 모습을 보기를 원하나요?

이러한 질문을 받는다면 정직하고 구체적으로 미래의 목표를 제시하세요. 경력에서의 기대, 야망의 여부, 지원자의 목표와 성장에 일치하는지의 여부 등 지원자가 교사가 되는 것이 지원자가 나아가고자 하는 방향과 일치하는지에 대해 생각해봐야 합니다.

⑬ 혹시 궁금한 점이 있으면 질문하세요.

이 질문에 대해 대략 75%의 지원자는 '없다'라고 대답할 것입니다. 그러나 그렇게 해서는 안 됩니다. 이 질문은 지원자가 근무하고자 하는 학교와 교육에 대한 지식과 열망을 나타낼 수 있는 좋은 기회입니다. 항상 근무하고자 하는 학교에 대한 몇 가지 기본적인 질문을 준비하고 있을 필요가 있습니다. 지원자가 학교와 학생을 위해 무엇을 할 수 있는가에 초점을 맞추세요. 학교에 대해 조사하는 과정에서 발견한 문제들에 대해 질문하세요. 이는 지원자의 열정과 지식을 적극적으로 표현하는 방법입니다.

• 하지 말아야 할 것
결코 질문할 것이 없다고 말해서는 안 됩니다.
항상 질문할 것을 준비해두세요.
자신에 관해 초점을 맞추어서는 안 됩니다.
쉽게 해답을 찾을 수 있는 것에 대해서 질문하지 마세요.
자신이 받을 이익이나 반대급부에 대해서 질문하지 마세요.

다음은 면접을 준비하기 위한 태도입니다.

① 학교에 대해서 조사하세요.

조사를 깊이 할수록 학교에 대해서 잘 알게 될 것이고 면접에도 자신감이 생기게 될 것입니다.

② 면접 예상질문을 만들고 대답을 준비하세요.

면접을 성공하는 또 다른 핵심은 예상질문에 대한 대답을 준비하는 것입니다. 가장 먼저 일대일 면접인지 아니면 그룹면접인지를 파악하세요. 지원자의 목표는 면접 질문에서 구체적인 예시로 세부적이지만 압축적인 대답을 하는 것입니다. 질문에 대한 대답을 위한 가장 좋은 누구는 면접을 이야기(story-telling)형태로 접근하는 것입니다. 암기까지는 필요없지만 말하고자 하는 요점은 기억해야만 합니다.

③ 면접에 필요한 의상을 입으세요.

교사로서 학교문화에 맞는 적당한 의상을 택하세요. 평상복보다는 정장이 좋으며 몸에 맞고 깨끗하며 잘 다려진 옷을 입으세요. 장신구는 최소한으로 하세요. 면접 직전에는 가능하면 흡연이나 음식물 섭취를 하지 말고 양치하세요.

④ 면접시간에 맞춰서 도착한 후 편안하게 준비하세요.

면접시간에 늦게 도착하는 것은 받아들여지지 않습니다. 최소한 면접시간 15분 전에 도착하여 준비하세요. 면접시간에 조금 일찍 도착하면 학교의 분위기를 느낄 수 있습니다.

⑤ 지원자의 업적에 대한 증거를 제시하세요.

대부분의 경우 어떤 정보도 제시할 필요는 없지만 만약을 대비하여 자격증, 추천서 등을 준비하세요.

⑥ 지원자가 학교를 위해 무엇을 할 수 있는가에 초점을 맞추세요.

면접 과정에서 만약 지원자를 판매자와 구매자로 비유한다면 당신은 판매자에 해당됩니다. 당신의 무엇을 판매할 것인지 고민하세요.

⑦ 좋은 첫인상을 만드세요.

면접의 기본은 학교 입구에서부터 면접관에 이르기까지의 예의 바른 따뜻한 인사입니다. 면접관들은 지원자가 학생들을 어떻게 다루는지에 대해 관심이 있습니다. 면접 시 명심해야 할 것은 면접 처음 몇 초 동안에 느끼는 첫인상이 중요하다는 것입니다. 단정한 옷차림, 면접 장소에 일찍 도착하는 것, 면접관을 만날 때 일어서서 웃으며 눈을 마주치며 악수를 하는 것은 강한 첫인상을 남깁니다. 긍정적인 태도와 채용에 대한 열의를 표시하는 것은 면접의 기본적 단계입니다. 연구에 따르면 면접관은 지원자에 대한 결정을 면접의 첫 20분 내에 결정하는 것으로 나타납니다.

⑧ 미리 자신의 이야기를 준비하세요.

비행에 대한 환상적인 이야기를 생각하는 것은 어렵습니다. 그렇다면 취업에서 가장 영향력있는 이야기를 어떻게 준비해야 할까요? 지원자의 경험 중 8~10개 정도의 이야기를 적어보세요. 사람들은 이야기할 때 가장 자연스럽습니다. CAR(challenge, action, results)방식으로 생각해 보세요. 이러한 이야기를 친구나 가족에게 연습으로 몇 번 시도하면 자연스러워질 것입니다. 조금씩 자신감이 생기게 되면 실제 면접에서도 그렇게 될 것입니다.

⑨ 지원자의 성취에 대한 예시를 준비하세요.

기록물을 준비하세요. 나는 면접관으로서 자신이 해왔던 작업이나 성취에 대한 기록들을 가지고 온 지원자에 의해 감명받은 적이 많이 있습니다. 대부분의 지원자는 면접시 이러한 것들을 준비하지 않습니다. 이런 점이 다른 면접 지원자와 차별화되는 방법입니다. 만일 여러분의 강점이 면접관과 공유될 수 있다면 충분할 것이고 만일 여러분이 근무했던 이전 시장의 관리자가 그런 추천서를 작성했다면 그것은 더할 나위 없이 좋을 것입니다. 그리고 그러한 성취를 그래프나 도식으로 수치화할 수 있다면 매우 효과적입니다. 이러한 논리적 순서로 설명하기 바랍니다.

- 이러한 문제 또는 상황이 있었다.
- 이것은 내가 이 상황을 해결하기 위해 구체적으로 했던 일이다.
- 이는 그 행동의 결과이며 수치로 나타내면 이와 같다.

⑩ 신체언어(Body-language)의 중요성을 기억하세요.

면접 중 신체 언어가 채용을 가로막을 수도 있습니다. 효과적인 신체 언어는 웃음, 눈을 바라보는 것, 단정한 자세, 적극적인 경청, 고개를 끄덕이는 것 등입니다. 부적절한 신체 언어는 구부정한 자세, 초점없이 바라보는 것, 필기구를 돌리는 것, 안절부절못하는 태도, 머리를 쓰다듬는 것, 얼굴을 만지는 것, 껌을 씹는 것, 중얼중얼거리는 것 등입니다.

⑪ 통찰력이 있는 질문을 하세요.

연구에 따르면 면접관은 끊임없이 지원자가 면접 질문하는 가운데서 교사로서의 열정에 대한 판단을 하는 것으로 알려집니다. 만일 면접관이 지원자가 교사로서의 기대와 역할이 어떤지에 대해 궁금해한다면 몇 가지 질문을 할 것입니다. 현명한 지원자는 면접 전에 질문해야 할 질문들과 면접 시 부가해야 할 질문들을 예상하면서 질문을 미리 준비해야 합니다.

⑫ 자신을 홍보하고 협상하지 마세요.

가장 자격있는 지원자가 채용되는 것은 아닙니다. 면접 질문에 가장 열정적으로 참여한 지원자나 역할에 맞는 지원자가 고용될 가능성이 높습니다. 면접을 전화로 영업한다고 생각해 보세요. 여러분은 영업사원이고 판매할 제품은 조직의 필요성 또는 당면 문제에 대한 해결 능력, 성공을 이끌어낼 수 있는 지원자의 능력입니다. 마지막으로 면접이 끝났을 대는 면접관이 의사결정을 하기 위한 마감일과 그 과정에 대해 질문하세요.

⑬ 메일이나 SNS로 면접관에게 감사 인사를 하세요.

면접이 끝난 후 면접관에게 정중한 인사를 하세요. 면접을 시작할 때, 그리고 면접장을 떠나기 전 각 면접관에게 감사하다는 인사를 하세요. 결과를 받기 전 메일 등을 이용하여 감사의 뜻을 전하세요.

⑭ 면접 이후를 고려하세요.

면접이 마지막 단계가 되게끔 하지 마세요. 당신이 어떤 사람인지 기억하게끔 할 수 있도록 하세요. 그들과 의사소통함으로써 다른 형태의 이익이 생길 수도 있음을 명심하세요.

⑮ 만일 원하는 결과가 발생하지 않았다면 원인을 찾으세요.

당신이 면접을 잘 치렀다 하더라도 항상 좋은 결과가 생길 수는 없습니다. 당신이 원하는 결과를 얻지 못했다면 그 원인을 찾고 다음 면접시 반영할 수 있어야 합니다. 당신이 채용되지 못한 것에는 어떤 이유가 있을 것이고 당신이 할 수 있는 일은 다음 면접 시까지의 훈련으로 이용하는 것입니다.

아래는 Ventures의 교사 수업관찰 평가지입니다.

Ventures for Excellence 교사 수업관찰 평가지

Ventures for Excellence 교사 평가					
이 평가지는 수업관찰과 평가를 위한 자료를 수집하기 위한 정보를 포함하고 있습니다.					
일시:			시간:		
교사:			학교:		
교과/학년:			평가자:		
❶ 수업기술	아주 미흡	미흡	적당함	우수	아주 우수
① 적절한 내용지식의 표현					
② 효과적인 수업계획					
③ 효과적인 수업목표 달성					
④ 학생들과의 의사소통					
⑤ 학생들을 수업에 참여시키는 능력					
⑥ 적절하고 다양한 수업기술 구사 능력					
❷ 교실관리	아주 미흡	미흡	적당함	우수	아주 우수
① 학생, 수업자료의 관리					
② 수업시간 관리					
③ 수업도구 세팅 및 관리					
④ 학생성취에 대한 높은 기대					
❸ 의사소통	아주 미흡	미흡	적당함	우수	아주 우수
① 학생들과의 적절한 의사소통 기술					
② 관리자 및 동료교사와의 적절한 의사소통					
③ 학부모와의 적절한 의사소통					
❹ 교사로서의 책임감	아주 미흡	미흡	적당함	우수	아주 우수
① 교사로서의 전문성과 의무에 대한 책임					
② 학생기록과 정보관리					
③ 교사로서 성장을 위한 활동 참여					
④ 학교 및 지역사회 행사 참여					

(4) The Teacher Quality Index
: A protocol for Teacher Selection[36]

스트롱과 힌드만(Stronge & Hindman)은 그들의 저서에서 교사채용 결정 과정에 내해서 자세히 설명하고 있습니다. 이 책에서 제시하는 The Teacher Quality Index는 효과적인 교사들을 조사해 온 스트롱(Stronge)의 자료에 근거를 둔 구조화된 연구기반의 면접도구입니다. 우선 신규교원채용에 책임이 있는 관리자들은 후보자들로부터 자신이 가장 알고 싶어 하는 면접질문들과 후보자의 대답을 일관성 있게 평가할 수 있는 구체적인 해석과 설명을 찾을 것입니다. The Teacher Quality Index는 후보자의 우수함과 효과적인 교사로서의 자질 평가, 교실 관리의 숙련도, 수업계획, 학생들의 학업성취도 및 잠재역량 관리 등을 쉽고 신뢰도가 높은 방법으로 파악할 수 있습니다. 면접 질문들은 경력교사 및 신규교사에 맞게 여러 개의 형태로 구성되어 있으며 기본 개요와 간결하고 기초적인 설명, 면접 질문에 대한 반응의 평가는 우수한 후보자를 판별할 수 있는 합리적인 도구가 될 것이라고 밝히고 있습니다.

교원채용은 후보자들 중 자격 있는 예비교사를 확보하는 과정이며 많은 후보자들 중 가장 능력 있는 교사를 발굴하는 과정이라 할 수 있습니다. 효과적인 교사를 채용하고 유지하는 일은 학교관리자의 중요한 책임 중 하나입니다. 만일 우리가 가르치고 배우는 것이 학교의 핵심이라고 생각한다면 우리는 또한 왜 우수한 교사를 채용하는 것이 높

---

36) Stronge, James H., Hindman, Jennifer L. (2006) The Teacher Quality Index: A Protocol for Teacher Selection. Alexandria, VA: Association for Supervision and Curriculum Develoment.

효과적 교사 지표

지표	내용	서류면접	1사면접	2차면접
❶ 효과적 수업의 전제	단어구사능력	*	*	*
	내용지식	*	*	*
	티칭과 수업에 관한 지식	*		
	자격증	*	*	*
	교사경력	*		
❷ 인성/품성	돌봄			*
	공정과 존경			*
	학생들과의 교류			*
	열정		*	
	동기			*
	가르침에 대한 헌신	*		
	수업에 대한 고민			*
❸ 교실 관리	교실통제			*
	조직			*
	학생다루기		*	*
❹ 수업계획	수업의 중요성			*
	시간 준수		*	
	교사 기대		*	
	수업계획			*
❺ 수업전달	수업전략		*	
	수업내용		*	*
	복잡성			*
	질문			*
	학생참여		*	*
❻ 평가	숙제			*
	학생성취의 점검		*	*
	학생질문에 대한 피드백			*

은 학업성취를 유지하는 데 필수불가결한 것인가를 이해하게 됩니다. 이 책에서는 미국의 경우 자격 있고 질 높은 교사를 채용하는 것은 학교의 필요를 충족시키는 중요한 요건이라고 지적하고 있습니다. 이와 함께 교사의 효과성이란 용어는 우수한 교사를 구성하는 특징을 확인하는 것으로 이용되어 왔는데 이 책에서는 교사의 효과성이란 효과적

효과적 교사 수업지표

질문	인성	교실 관리	수업 계획	수업 전달	평가
① 당신은 수업을 통해 무엇을 얻기를 바라나요?	*				
② 긍정적인 수업 분위기를 조성하기 위해서 학생들과 함께 처음 몇 주간 어떻게 수업할 생각인가요?		*			
③ 수업을 위한 단기전략과 장기전략을 말해보세요.			*		
④ 학생들의 학습을 위해 무엇을 할 것인가요?				*	
⑤ 몇몇 학생들의 행동에 문제가 있다면 그것을 어떻게 해결할 것인가요?		*			
⑥ 성적을 어떻게 평가할 것인지 말해보세요.					*
⑦ 교육과정을 달성하기 위한 당신만의 학습방법이 있다면 말해보세요.				*	
⑧학생들의 학습요구와 대응하는 평가방법이 있다면 말해보세요					*
⑨ 학생들과의 관계를 어떻게 형성하고 유지하는지 예를 들어 구체적으로 말해보세요.	*				
⑩ 학생들의 학업성취도에 대한 높은 기대를 어떻게 만족시킬 것인지 설명해보세요.				*	
⑪ 학습이 우선순위 중 가장 중요한 목적이 되는 수업방법으로 무엇이 있을까요?				*	
⑫ 수업에서 새로운 수업방법으로 어떠한 방법이나 도구를 적용할 생각인가요?			*		
⑬ 당신의 교과 중에서 학생들이 어려워하는 주제를 고르세요. 그 주제가 왜 어려운지 어떻게 학생들에게 설명할 것인가요? 그리고 학생들에게 어떤 방법으로 그 주제를 설명할 것인가요?				*	
⑭ 코로나 상황과 같은 예기치 못한 상황을 접했을 때 어떤 방법으로 수업을 진행시킬 것인가요?	*				

인 교사들에게서 전형적으로 찾아볼 수 있는 경험, 특징, 행동, 성향을 의미한다고 말합니다. 위 두 개의 표는 스트롱과 힌드만(Stronge & Hindman)이 밝히고 있는 효과적인 교사를 나타내는 대표적인 지표들입니다.

(5) Distinctive Competencies of Successful Teacher[37]

Distinctive Competencies of Successful Teacher에서는 교사가 가져야 할 13가지의 역량을 발견하는 데 초점을 두고 있습니다. 그러므로 면접관은 아래와 같은 영역들에 기초하여 후보자를 파악하고 평가합니다.

① 헌신: 교사는 학생의 삶에 긍정적 영향을 줄 수 있도록 해야 한다.

② 긍정적 관계: 교사는 긍정적 관계의 힘을 깊이 인식해야 한다.

③ 역할: 교사는 롤모델의 책임을 인식해야 한다.

④ 성취기대: 교사는 자신과 학생에 대한 높은 성취 기대를 가져야 한다.

⑤ 조직: 교사는 학생의 계획을 조직하고 발전시킬 수 있어야 한다.

⑥ 소통: 교사는 학생의 이야기에 귀기울여야 한다.

⑦ 민감성: 교사는 학생의 감정과 생각을 발견하고 개인정보를 존중할 수 있어야 한다.

⑧ 상상력: 교사는 창조적이며 혁신적이어야 한다.

⑨ 안정성: 교사는 침착해야 하며 학생들에게 확신을 제공해야 한다.

⑩ 학습분위기 조성: 교사의 행동, 기대, 철저한 계획은 효과적인 교수학습을 만들어내는 환경을 제공한다.

⑪ 학습자: 교사는 열정적이며 오랜 근무에도 지치지 않아야 한다.

⑫ 기회제공자: 교사는 모든 교육상황과 환경을 학생의 성장에 이

37) https://www.winginstitute.org/quality-teachers-compentencies

용할 수 있어야 한다.

⑬ 학생중심: 교사는 학급의 일원으로서 학생 개개인을 존중해야
한다.

아래는 교사면접을 위한 사례연구(casestudy)기반 심층면접도구입니다. 심층면접을 위한 사례연구들은 무엇보다 예비교사들의 교직생활에 대한 준비성과 교사로서의 역량 정도를 파악할 수 있는 직접적인 도구입니다. 전문가로서의 교사는 실제를 위한 이론적 기반과 이론을 적용하는 데 필요한 기술적 기능과 반성적 실천의 수행에 필요한 능력을 갖추어야 합니다. 현실석으토 우리나라의 교원채용시험에서 실시하고 있는 지필고사만으로는 예비교사가 가지고 있는 인성과 적성, 역량을 충분히 파악하기가 어렵습니다. 따라서 아래 심층면접도구들은 예비교사가 심층면접 시 주어진 사례에 대해 자신이 가진 경험과 지식으로 어떠한 판단과 결정을 내리는가를 파악함으로써 학교가 원하는 역량을 가진 교사를 판별하고 채용하는 데 도움을 줄 것입니다. 여기서 주의해야 할 것은 심층면접에 사용되는 사례연구에서는 하나의 정답이 존재하지 않는다는 것입니다. 따라서 면접관들은 하나의 정답이나 일반화를 찾기 위한 수렴적 사고가 아니라 확산적 사고 또는 발산적 사

---

38) 아래 시나리오 기반 사례들의 근거제시는 사례마다 각주로 표시하였으며, 내용은 우리나라의 교육 상황과 실정에 맞게 각색 후 편집하였다.

고를 할 필요성이 있다는 것입니다. 이러한 심층면접도구의 목적은 예비교사가 주어진 사례를 통해서 얼마나 상황 파악을 잘하고 있는지, 앞으로 교육현장에서 부닥칠 수도 있는 어려운 상황들을 잘 헤쳐 나갈 수 있는지를 살펴보기 위한 것입니다. 따라서 심층 면접관들은 ① 문제 확인, ② 상황개선을 위한 실행 가능한 대안 제시, ③ 대안의 실행결과에 대한 예측 및 검토과정, ④ 대안의 평가 등의 측면을 검토함으로써 면접 대상자들을 평가할 필요가 있습니다. 사례연구 기반 심층면접도구는 내용에 따라 아래 표와 같이 분류하였습니다.

사례연구기반 심층면접도구 분류

영 역	내 용	비 고
A(1-9)	교육철학, 교육관	9개
B(1-3)	수업계획, 수업전략	3개
C(1-5)	수업기술, 수업방법, 동기유발	5개
D(1-7)	학생관리, 교실관리, 업무관리	7개
E(1-3)	의사소통 동료관계	3개
	합계	27개

📝 심층면접사례 A-1: 교육과정 운영의 갈등[39)]

    D고교는 오랜 전통을 자랑하는 명문 사학이다. 설립된 지 50년이 넘는 이 학교의 교육목적은 폭넓은 지식과 함께 덕망과 교양을 갖춘 사회의 지도자 양성에 있다. 따라서 교과내용에서는 전통적 주지교과를 중심으로 인문교양을 중시하였으며, 학교생활의 규범과 훈육이 엄격한 것으로도 널리 알려져 있다. 사실 이 학교가 설립된 후 많은 졸업생들이 명문대학에 진학했고 그 결과 사회의 각 분야에서 지도적인 역할을 하고 있는 동문들의 수는 헤아릴 수 없을 정도이다. 그러나 고등학교 평준화정책 실시 이후 이 학교의 상황은 많이 달라지게 되었다. 지역별 추첨에 의해 학생들이 배치되다 보니, 학생들의 지적인 능력뿐만 아니라 가정 배경도 다양한 계층이 섞이게 되었다. 이제는 졸업생 중 대학에 진학하는 비율이 절반도 되지 못하였고, 많은 수의 학생들이 졸업 후 곧 사회로 진출하게 되었다. 대학에 진학하지 않는 학생들을 중심으로 학교의 규칙과 훈육을 완화해 달라는 요구도 나오게 되었고, 학교 교육과정을 대학입시 준비에서 실제 생활과 관련되는 내용으로 개편해 달라는 요청도 있었다. 이러한 요구들은 그동안 학교의 오랜 전

---

39) Decker F. Walker & Joans F. Soltis(2017) 교육과정과 목적, 교육과학사.

통에 밀려 받아들여지지 않고 있었다. 그러나 몇 년 전 이 학교 출신의 교사가 교장으로 부임해 오면서 학교는 달라지기 시작하였다. 그는 시대의 변화에 따라 학교도 달라져야 한다고 생각하였다. 교장으로 부임한 후 우선 학생들이 요구하는 학생 규율을 완화해 주었을 뿐만 아니라, 미진학 학생들을 위한 진로지도를 대폭 강화하였다. 교육과정에 컴퓨터 과학과 직업교육과목을 늘려 개설하였고, 진학반 학생들에게도 환경론이나 미래학 또는 성교육 등의 강좌를 포함시키기도 하였다.

교장의 이러한 개혁은 많은 논란의 대상이 되었다. 우선 학생들과 학부모들은 진학반의 입장과 비진학반의 입장으로 갈라져 이에 대한 의견이 충돌하였고, 교사와 동문들도 의견이 서로 다르게 나누어졌다. 우선 교장의 개혁에 찬성하는 사람들의 주장은 학교 교육은 마땅히 그 수요자들의 요구를 만족시켜 주어야 할 뿐만 아니라 변화하는 사회상황에 맞추어 그 내용과 방법을 끊임없이 바꾸어 가야 한다는 것이다. 그러나 일부 근무 경력이 많은 교사들과 동문회에서는 이러한 개혁은 곧 이 학교의 설립 정신에 벗어나는 일이라고 말하면서 현재는 학교 전통의 위기상황이라고 주장하고 있다. 통일되고 잘 다듬어 진 주지교과 중심의 교육에 익숙해져 있던 사람들이 보기에 현재의 교육과정은 그야말로 잡다한 뷔페식의 쓸모없는 것으로 보이는 것이 당연하였다. 그것은 아무런 체계도 없고 도움도 되지 않는 내용들을 단지 학생들의 미성숙한 취향에 야합함으로써 오히려 학생들을 잘못된 방향으로 교육하고 있다는 것이다. 반대자들은 그 증거로 최근 점점 떨어지고 있는 명문대학에의 입학률을 제시하였다. 또한 그들은 이제 학교가 교양 인문교육은 물론 도덕교육까지도 포기하고 있다고 비판하면서 점점 증가하고 있는 학생 지도상의 문제들을 열거하기도 하였다. 교장의 개혁에 반대하는 사람들은 교장의 지도력을 문제삼으면서 그의 '저속한' 교육 방침은 마땅히 폐지되어야 한다고 요구하고 나섰다. 학생들의 과목 선택제를 취소하고, 일부 생활교과목을 교육과정에서 제외시켜야 한다고 제안하였다. 그들은 학교의 전통을 살려 엄격한 생활 규범과 주지 교과 중심의 통일된 교육과정을 다시 확립하지 않으면 교장에 대한 불신임 운동을 벌이겠다고 통보하기도 하였다. 그들은 학교 교육은 주지 교과를 가르침으로써 직업기술보다는 교양적 덕망을 길러주는 일에 우선적인 노력을 기울여야 한다고 믿고 있다. 여러분이 교장이라면 어떻게 결정을 내리겠는가?

심층면접질문

1. 학교는 인문 주지교과를 가르침으로써 전통적 입시교육에 충실한 역할을 해야 하나요? 아니면 사회의 변화에 따라 보다 많은 학생들의 필요와 요구를 반영하여야 하나요?

2. 학교 교육과정은 이 두 갈등적인 관점을 절충할 수 있는 가능성을 어디에서 찾아야 할까요?

A고등학교는 한 독지가에 의해 설립된 실험학교로서 학생들의 자유를 최대한 보장하고 모든 일을 학생 스스로 참여하여 결정하도록 한다는 원칙에 기본 철학을 두고 있다. 따라서 이 학교에서는 매년 학기 초가 되면 교사와 학생 그리고 관련된 학부모들이 위원회를 조직하고 교육과정의 내용이나 평가의 방식 또는 그 밖의 학교 행사 등에 대해 점검하고, 합의를 통해 새로운 계획을 결정하게 된다. L교사는 지난 5년 동안 일반 고등학교에서 사회를 가르치다가 이번에 본인의 지원에 따라 이 학교로 전근하였다. 그는 평소 입시 위주의 고등학교 교육에 대해 회의를 느끼면서 오직 자유로운 학습 분위기와 학생들의 자율적인 결정만이 의미있는 학습을 만들어 낼 수 있다는 굳은 신념을 가지고 있었다. 그러나 새 학기가 시작되고 얼마 되지 않아 L교사의 이러한 신념은 흔들리기 시작하였다. 새 학기가 시작된 첫 주일은 L교사에게는 희망에 부푼 기간이었다. 학교의 교육과정위원회에서는 교육과정과 규칙들을 결정하였는데 교육과정은 몇 가지 기본적인 교과와 색다른 흥미 교과들이 조화를 이루도록 하였고, 평가는 점수나 등급을 매기는

---

40) Decker F. Walker & Joans F. Soltis(2017) 교육과정과 목적, 교육과학사.

대신 오직 합격과 불합격으로만 구분하도록 하였다. 학생들에게는 최대의 자유를 인정하여 모든 교과를 그들의 자율적인 결정에 따라 선택하도록 했으며, 학급에의 출석 여부도 자유로운 판단에 맡기기로 하였다. 사소한 규칙들은 폐지하고 심각하고 큰 문제에 대해서만 위원회에 회부하도록 함으로써 학생들 사이에 경쟁적인 위협을 몰아내고 자율적인 분위기가 넘치게 하였다.

새 학기가 두 달쯤 지났을 때 A고교에서 문제가 제기되기 시작했다. 학생들은 수업에 참석하기보다는 운동장에서 놀거나 양지 녘에 앉아 담소하기를 더 좋아하였고, 무용이나 그 밖의 선택 교과에는 많은 수의 학생들이 등록하였으나, 국어나 수학, 사회 등의 정규 교과목에는 학생들이 별로 없었다. 기본 교과를 선택한 학생들도 학기말쯤 가서 조금만 노력하면 낙제는 면할 수 있다는 생각으로 숙제나 예습 등을 등한히 하였기 때문에 교사들은 수업을 진행하기가 무척 힘들었다. 일부 학생들과 많은 교사들은 이러한 현상에 우려를 나타내기 시작했고 자녀가 대학에 진학하기를 원하는 학부모들로부터도 불평의 소리가 들려왔다. L교사도 뭔가 잘못 되어간다는 느낌에 다소 불안하기도 하였다. 결국 학교운영위원회에서 이러한 상황이 심각한 문제로 제기되었고, 이에 대한 논의가 이루어지게 되었다. 비교적 경력이 많은 교사들은 개인의 성장과 학습에 있어서 자유가 갖는 가치를 강조하면서, 학생들은 동시에 자신이 내린 선택과 결정에 대해 책임을 지는 일도 배워야 한다고 주장하였다. 그들은 금년의 경험이 내년의 교육계획에 좋은 교훈이 될 수 있다고 말하기도 하였다. 그러나 대다수의 학부모들은 이에 반대하면서 올 한 해를 계속 이렇게 보낸다면 결국 그들은 대학에 진학할 수 없게 될 것이라고 우려하였다. 더욱 놀라운 것은 지금까지 수업에 참여하지 않고 자유를 만끽하며 놀기를 좋아하던 많은 수의 학생들도 학교생활에 질서가 없고 수업에 짜임새가 없다고 불평하는 것이었다. 따라서 일부 교사들은 변화를 주장하고 나섰고, 일부 교사들은 계획과 약속대로 유지되어야 한다고 강조하였다. 이때 한 젊은 여교사가 일어서서 사유나 자율적 결정이라는 문제를 심각하게 다시 생각해 보아야 한다고 말하면서 '자유나 자율도 그 결과가 나쁘다면 좋은 것이 아니다'라고 주장하였다. 그 여교사는 학교가 학생들에게 허용한 자유로운 선택의 폭을 제한하고, 객관적인 평가에 의한 석차 제도를 확립하며, 교육과정에서 필수교과를 강화하고, 행동규칙들을 강화하여야 한다고 제안하였다.

심층면접질문

1. 이 학교는 학교의 기본 철학인 자유를 계속 유지해야 할까요? 혹은 자유를 제한해서라도 최적의 학습을 보장해야 할까요?
2. 자유로운 학습을 위해서는 무질서와 혼란은 피할 수 없는 것인가요?
3. 여러분들이 이 학교의 교사라면 어떤 해결책을 모색해야 할까요?

📝 심층면접사례 A-3: 직업교육의 강화[41]

    K교사가 대학을 졸업하고 처음으로 교직생활을 하게 된 학교는 대도시 공단지역에 위치하고 있는 조그마한 고등학교였다. 이 학교는 지역적인 특성으로 인해 대부분의 학생들이 극히 어려운 가정환경에 처해 있으며, 학생들의 음주나 흡연 또는 폭력 등의 사건이 자주 발생하여 지역사회에서 평이 좋지 않은 대표적인 학교였다. 형식적으로는 인문학교로서 대학입시를 위한 교과교육을 주로 하고 있으나, 실제로 대학에 진학하는 졸업생은 거의 없는 실정이었다. 따라서 생활지도에서의 여러 문제뿐만 아니라 학업을 중도에 포기하는 경우가 많았고, 교사들의 교육에 대한 기대와 열성도 상당히 낮은 편이었다.

    K교사가 이 학교에 근무를 시작한 지 2년이 지났을 때, 새로운 교장이 부임하면서 상황은 달라지기 시작했다. 학교의 실상을 파악하고 난 교장은 교육청으로부터 전권을 위임받아 새로운 실험적 교육과정을 운영하면서 모든 것을 바꾸어 놓았다. 이제는 지역 경찰서로부터 싸움에 휘말려 붙잡힌 학생들을 데려가라는 연락이 줄었고, 절도사건을 조사하겠다고 경찰이 학교를 찾는 일도 드물게 되었다. 학교의 복도는 깨끗하고 조용해졌으며, 학생들의 출석률과 교사들의 의욕도 상당히 높

---

41) Decker F. Walker & Joans F. Soltis(2017) 교육과정과 목적, 교육과학사.

아졌다. 이러한 변화는 물론 새 교장의 성격과 학교 운영방식에 기인하는 면이 있기도 하지만, 무엇보다도 교장이 택한 직업교육의 강화라고 하는 방침에서 나타난 결과였다. 그는 이 학교의 특성이 인문학교이기는 하나 어차피 대학에 진학하는 학생이 거의 없는 실정임을 알고는 학교의 교육과정을 대폭 직업교육 쪽으로 바꾸었다. 또한 지역 내 기업체나 공장들을 찾아가 실습이나 직업훈련을 위한 협조를 얻기도 하였다. 이제 학생들은 많은 시간을 학교 교실에 앉아 있기보다 공장에서 직업교육을 위해 보내게 되었고, 졸업생들은 대학 진학에 실패한 후 방황하기보다는 확실한 직장을 가질 수 있게 되어 만족해하는 경우가 많았다. K교사도 이러한 상황변화가 바람직하다고 생각하면서 교장의 방침에 적극 찬성하고 협조하였다. 그러던 어느 날 방과후에 한 학생이 찾아와 상담을 요청하였다. 그 학생은 졸업 후에 직업을 갖기보다는 대학에 진학하여 장차 교사가 되고 싶다고 말하면서 학교의 교육과정에 따라 공부하면 진학할 수 있느냐고 물었다. 그러나 이 학교의 현재 교육과정은 기본 교과의 많은 시간을 직업교육 쪽으로 전환하여 운영하고 있으므로 학생 자신이 노력한다 해도 사실상 대학 진학은 어려운 것이 현실이다.

심층면접질문

1. 여러분들은 직업교육의 강화를 선택한 이 학교의 방침이 옳다고 생각하나요?
2. 이러한 결정이 이 지역의 학생들을 위한 적절한 교육이라고 생각하나요? 아니면 학생들에게 주어진 현실과 상황에 머물도록 함으로써 그들의 발전가능성을 가로 막는 것이라고 생각하나요?
3. 이러한 상황에서 해결책이나 대안은 무엇인가요?

📑 심층면접사례 A-4: 우리 반이 힘들이요[42]

    교실은 여러 명의 학생들이 등교에서부터 하교까지 공동체 생활을 하는 장소다. 그리고 학생들도 각자의 개성과 방식을 가지고 학급이란 공동체의 분위기에 맞추어 생활한다. 그렇지만 일부 힘이 세거나 학급에서 영향력을 가진 학생들은 학급을 자신들의 공화국으로 만들려는 경향이 있다. H고등학교는 대구 시내에 있는 남자 실업계 공업고등학교다. 학급 수는 33개 학급이며 교사의 수는 70여 명 정도다. 학교가 실업계 공업고등학교라서 그런지 학생들의 학업 수준은 중하위권이너 학업에는 별로 관심이 없다. 이러한 이유로 H고등학교 학생들의 학교에서의 생활은 그렇게 순탄하지만은 않다. 가끔 학교에서 폭력사건 및 금품갈취 행위 등이 빈번히 발생하곤 한다.

    H고등학교의 김교장은 아침에 출근하면 맨 먼저 컴퓨터를 켠다. 컴퓨터가 켜지면 그는 우선 학교의 홈페이지를 둘러본다. 그리고 그가 제일 관심을 가지고 처음으로 보는 것은 '학생 비밀상담'과 '학교 폭력신고' 게시판이다. 그 이유는 H고등학교에서는 학생들의 학교생활 문제가 빈번히 생기고 있고 그것이 김교장을 힘들게 하는 일 중 하나이

---

42) 주삼환 외(2007) 교육행정 사례연구, 학지사, p.421.

기 때문이다. 5월의 첫 주 월요일 여느 때와 같이 김교장은 자신의 컴퓨터를 켜고 학교 홈페이지를 열었다. '학생 비밀상담' 게시판은 새롭게 게시된 내용물이 없었다. 그리고 '학교폭력신고' 게시판을 열어보니 평상시와 다르게 새로운 게시물이 올라와 있다. 그리고 게시자도 실명으로 되어있었다. 게시물의 내용은 다음과 같았다.

"이런 얘기는 안 하려고 했지만 더 이상 학급 급우들이 괴롭힘을 당하는 것을 참을 수 없어서 이 글을 씁니다. 저희 반은 1−3반입니다. 처음 입학 때에는 급우들이 사이좋게 지냈었습니다. 폭력도 없었고요. 하지만 지난 4월 G고등학교에서 한 아이가 전학을 왔습니다. 이름은 홍길동인데요. 이 아이 때문에 고통을 받는 아이들이 수두룩합니다. 이 아이는 맨 처음에는 조용히 지내다가 서서히 애들을 겁주기 시작했습니다. 급우들에게 조용히 하라고 하다가 그 말을 안 들으면 때리기 시작했습니다. 그리고 어느 날부터인가 금품을 갈취해 가기 시작했습니다. 그 아이가 가져간 돈만 해도 몇십만 원이 넘고요. 그리고 아이들이 귀중하게 여기는 교과서나 참고서 같은 것도 다 빼앗아 갔습니다. 하지만 오늘 수행평가 때문에 더 이상 억누를 수 없어서 신고할 수밖에 없었습니다. 그것은 수행평가가 디지털 논리회로인데 그 아이는 전교에서 꼴찌 하는 아이라 회로조차 납땜할 줄 모릅니다. 하지만 그 아이는 떡하니 하나를 가져오더군요. 하지만 그 수행평가 과제를 만들어 준 아이는 정작 자기 것이 없어서 혼이 났습니다. 그 피해자 이름은 김모라는 아이인데 들리는 바에 따르면 그 아이가 매일 일찍 등교해서 홍길동에게 빵을 바친다는 소문이 있더군요. 그리고 급식도 그런 식으로 합니다. 우선 좀 반에 잘 나가는 애들이 새치기로 먹습니다. 이런 애들은 새치기만 하지 공평하게 받습니다. 하지만 그 아이는 완전 뷔페식이라 그러더군요. 고기기 나오면 국 받는 자리에다가 가득 받고, 후식도 자기가 다 챙기고요. 챙기다 못해 너무 배부르면 못 먹은 애들은 생각하지도 않고 무심히 버리더군요. 그러나 식사 당번들은 어쩔 수 없이 당하고만 있습니다. 아직 더 있지만 더 이상 쓰면 안 되겠습니다. 절 위해서 신고하는 게 아닙니다. 우리 반 아이들이 더 이상은 고통받지 말라고 신고하는 것입니다. 그리고 교실에 들어오셔서 엄한 벌보다 담임 선생님과 얘기해서 조용히 처리하였으면 좋겠습니다." 김교장은 이와 같은 내용을 읽고는 잠시 운동장이 보이는 창으로 갔다. 그리고는 그저 텅 비어 있는 학교의 운동장을 쳐다보았다.

심층면접질문

1. 실명, 익명으로 올린 게시물의 진위파악과 그 처리방법을 제시해 보시오.

📝 심층면접사례 A-5: 교장의 추천서[43]

　김교장은 현재 인문계 고교에서 근무하고 있으며 일부 대학의 대학입시에 교장 추천 전형으로 소수의 인원을 추천할 수 있다. 그런데 학교운영위원장인 한 학부모가 자기 아들을 추천해 달라고 한다. 추천은 해 줄 수 있으나 합격을 보장하기는 힘들다. 이런 상황에서 학운위 위원장의 아들을 추천해 줄 수 있을까? 김교장은 작년 3월 학교에 부임하였으며 이 학교가 교장으로서의 첫 학교였다. 첫해의 교장 추천은 3학년 담임 및 부장교사들과 함께 상의해서 결정하였다. 신임 교장으로서 학교 파악, 교사들과의 관계 설정 등으로 첫해를 보낸 김교장은 올해부터는 학교운영에서 자기 목소리를 내고자 하였다.

　대학입시 수시지원 마감을 앞두고 김 교장은 새로운 고민을 하기 시작했다. 몇몇 대학은 학교장 추천을 받고 있으며, 그 학생들의 경우 입학 전형에 가산점을 제공해 주고 있다. 고민은 추천을 받고자 하는 학생은 많은데 추천해 줄 수 있는 학생 수가 정해져 있다는 것이다. 김교장이 근무하고 있는 G고등학교는 대구 수성구에 위치한 입시명문 고교로 명성이 높았다. 학부모들의 학교교육에 대한 관심은 대단해서

---

43) 주삼환 외(2007) 교육행정 사례연구, 학지사, p.360.

학년별 학부모 보임이 결성되어 정기적인 모임을 갖고 있다. 물론 이러한 학부모 모임을 통한 학부모들의 의견 개진은 교장의 입장에서 그리 달가운 것은 아니다. 가끔 이상한 소문, 예를 들면 같은 지역의 다른 학교와 비교해(다른 학교는 수능을 앞두고 사설 외부 강사를 초빙하여 특강을 한다고 하니 비용은 학부모들이 부담하기로 하고 학교에서 시간을 조정해 달라는 등) 학교에 영향력을 행사하기도 하였다. 국내 최고의 대학인 S대학의 지역균형 선발전형의 경우 고등학교 교육과정을 충실히 이수한 우수 인재를 선발하기 위한 제도로 지원 자격으로는 고교 졸업예정자로서 소속 고등학교장의 추천을 받은 자로 규정하고 있다. 단 한 학교에서 추천 인원은 3명 이내로 제한하고 있다. 고등학교 교육과정에서 이루어진 교과영역을 주요 전형요소로 활용하여, 재학 중인 고등학교에서 우수한 학업성취를 보이고, 성실하게 학교생활을 하였는지를 평가하기 때문에 일정 수준 이상의 고교 성취를 보이는 학생을 추천할 경우 합격 가능성이 상당히 높으며, 이후 수능에서 최저학력표준을 통과하면 최종 합격을 하게 된다.

올해 유달리 골치가 아픈 것은 3학년 학부모 모임을 주도하고 있는 한 학부모 때문이다. 학교운영위원회 학부모 위원으로 활동하고 있으며, 3학년 학부모 모임 회장을 하면서 학교를 위하여 많은 노력을 하였다. 야간 자율학습을 지원했고, 여름에는 새 냉방기 설치에 주도적 역할을 했으며, 이번 겨울에는 새로이 꾸미는 멀티미디어 시설에 LCD 프로젝터를 설치해 주기로 하였다. 조OO은 이 학부모의 외동아들이다. 성적은 상위권에 속하지만 합격은 어려울 것이라는 것이 여러 진로담당 교사 및 담임의 의견이다. 하지만 학부모가 계속 찾아오면서 지원할 수 있도록 해 달라고 요청하고 있어 곤혹스럽기만 하다.

심층면접질문

1. 김교장은 이 문제를 어떻게 처리해야 할까요?

2. 학교에서 학생들에게 표창 및 추천을 하게 될 경우, 어떤 과정과 절차를 따라야 할까요?

3. 교장은 장학생 선발이나 내부 표창에 어느 정도까지 영향을 미치는 것이 타당할까요?

K여자고등학교는 대도시에 위치한 사립학교다. 학년당 학급이 10학급가량 되는 대규모 학교로 종교적 건학이념을 가진 종교학교다. K여자고등학교에 근무하는 이교장은 독실한 기독교신자이다. 그렇다고 해서 다른 종교를 가진 학생들까지 자신의 신앙을 강요하고 싶다는 생각은 하지 않고 있었다. 이 학교에서는 아침마다 예배 및 명상의 시간을 운영하고 있고 학교 내에 있는 교회에서 일주일에 한 번씩 예배시간을 운영하고 있다. 이 학교에 근무하고 있는 교사는 모두 학교의 건학이념과 같은 종교를 믿고 있으며 50%가량의 교사는 학교에 속한 교회에 다니고 있다. 이교장은 종교의 자유에 대해 논란이 일고 있는 가운데 고민을 하고 있다. 이교장이 아침에 읽은 뉴스다.

사학 – 건학이념 존중, 당연한 권리
학생 – 학교선택권 없으니 강요 말아야
교육청 무대책 속 학생, 시민단체 반발

---

44) 주삼환 외(2007) 교육행정 사례연구, 학지사, p.459.

기독교계 종교학교인 서울 D고의 한 고등학교 3학년 학생이 종교의식 강요에 반발하며 1인 시위를 벌이다 강제 전학조치되면서 그동안 종교계 학교에서 실시되어 온 전교생 대상 종교의식이 '기본권침해' 논란을 빚고 있다. 종교적인 건학이념에 따라 학생들에게 일정 시간의 종교수업과 의식에 참여시키는 것은 당연한 권리라는 사학 측과 학교 선택권이 없는 중등학교 현실에서 모든 학생들에게 특정 종교를 가르치는 것은 헌법이 보장한 종교선택의 자유를 침해하는 것이라는 학생들의 오랜 불만이 공식적으로 충돌로 나타난 것이다. 현재 전국 사립 중고등학교 중 종교계 학교에 대한 현황은 교육부조차 파악하지 못하고 있다. 지난해 말 국가인권위원회 차별조사국이 17개 시도교육청을 통해 중·고교 중 종교재단 설립학교와 종교과목 개설 학교 현황을 조사했지만 이마저 밝히지 않고 있다. 다만 서울의 경우 종교재단 설립(종교과목 개설) 학교가 중학교 30, 고등학교 52개교, 경기도는 중학교 6, 고등학교 17개교로 전국적으로는 수백 개 학교에 달할 것으로 보인다. 이들 종교계 중등학교들은 매주 특정 종교 과목을 수업하고 종교의식에 학생들을 참여시키고 있다. 문제는 이 과정에서 많은 학교가 종교적 신념이 다른 학생들의 종교의식 참여 여부를 '배려'하지 않는다는 점이다. 서울 D고 강의석(18) 군이 지난달 16일부터 열흘간 서울시교육청 앞에서 1인 시위에 나선 것도 이 때문이다. "비기독교인이라도 매일 아침 학급예배 때는 번호순으로 돌아가며 기도를 해야 한다. 또 매주 수요일 전교생 예배 때도 찬송가를 부르고 사도신경을 외워야 한다. 1학년 때는 음악 수행평가로 주기도송을 요구하기도 했다"며 "컴퓨터로 학교에 배정되는 상황에서 특정 종교만을 강요하는 것은 헌법에 보장된 종교의 자유를 침해하는 것"이라고 주장했다.

이교장은 고민이 되었다. 이교장은 종교문제가 제기된 이후 "아침 학급예배 때 번호 순서대로 기도를 드리게 하거나 학생 임원의 자격에 교회 출석을 규정하고 매주 1회 전교생을 예배에 참석시키는 것은 타종교, 비종교 학생들의 종교의 자유를 억압하는 부당한 처사"라고 주장하는 익명의 학생으로부터의 편지를 받았던 것을 기억했다. 이교장은 학생 입장이 이해되었다. 그렇지만 한편으로는 학생 입장을 대변할 수는 없었다. 이교장은 이번 조회시간에 학생들에게 어떠한 입장이든 입장을 전달해야겠다고 생각하고, 생각을 정리하기 시작했다.

심층면접질문

1. 종교계통의 사립학교에서 종교교육의 정당성과 한계는 어디까지일까요?

  김OO은 A여자고등학교에서 생물을 가르치고 있는 여교사이다. 교사가 된지는 5년 정도이며 아직 미혼이다. 3학년 담임으로서 그녀는 학생들의 개인적 문제들과 진로에 관심을 가지고 있으며, 학생들은 이러한 그녀의 태도를 좋아하고 매우 따른다. 그래서 교사와 학생 사이에 신뢰를 바탕으로 한 존경과 애정과 같은 상호 유대관계가 맺어져 있다. 그녀는 생물교사로서 수업시간에 인간이 자신이 삶의 목적을 추구하기 위해서는 하나의 방법만이 아니라 여러 방법이 있을 수 있음을 강조하였다. 그리고 학생들에게 그들 자신의 신체와 미래에 대해서도 자신이 그것을 결정할 수 있는 권리를 가지고 있음을 일깨워 주었다.

  어느 날 그녀가 맡은 반의 여학생 하나가 그녀를 찾아왔다. 그 여학생은 임신 중이었으며, 그녀는 이러한 사실을 엄격한 그녀의 부모에게 알리는 것을 두려워하였다. 그 여학생은 김교사의 도움을 필요로 하였다. 그러나 김교사는 놀라고 당황한 가운데 어떻게 이 문제를 해결해야 할 것인지 난감하였다. 독립된 하나의 개체로서 어떤 여성이든지 순간적인 실수로 인해 그녀의 현재와 미래의 행복이 희생되어서는 안 된

---

45) Kenneth A. Strike & Jonas F. Soltis(2016) 가르침의 윤리학, 박영사.

다는 입장이 있다. 이 경우 낙태는 가장 일반적으로 선택하는 방법이다. 그러나 김교사는 교육자로서 이러한 민감한 문제에 대해 학생에 대한 실질적인 지원과 의견을 내놓을 권리를 가지고 있지 않다는 생각을 하고 있다. 그리고 어떤 사람들 — 예를 들면 여학생의 부모 — 은 이러한 것을 살인으로 간주할지도 모른다고 생각하고 있다. 결국 김교사는 여학생이 자신의 장래와 자유를 스스로 결정할 수 있는 권리가 있으며, 그녀의 부모도 딸을 그들의 도덕적 기준과 보호 속에서 양육할 의무와 권리가 있다고 생각하였다. 이러한 여학생과 부모의 대립선 상에서 김교사는 실질적인 해결책을 찾기를 희망하고 있다.

심층면접질문

1. 김교사는 어떤 태도를 취해야만 할까요?
2. 김교사는 어떤 방법과 단계적인 절차로 여학생을 이끌어주어야 할까요?

📑 심층면접사례 A-8: 학교방침과 교사의 선택46)

    A교사는 작은 규모의 학교에서 역사를 가르치고 있다. 그가 가르치는 학생은 100여 명이었다. A교사는 학생들과 함께 있는 것을 좋아했고, 매일 점심시간 급식실에서 학생들을 지도하는 당번 교사의 일도 즐거웠다. 왜냐하면 학생들이 서로 어울리는 것을 볼 수 있었고 학생들과 대화할 기회도 많이 생겼기 때문이다. 그는 학생들을 존중해 주면서 진정한 관심을 가지고 그들을 대해 주었다. 그는 학생들과 친근한 관계를 유지하게 되었고 학생들 사이에 '대화하고 싶은 교사'로 알려지게 되었다. A교사는 매일 아침 일찍 출근했고 그와 담소하고 싶거나 진지하게 대화를 나누고 싶어하는 학생들을 위해서 시간을 할애하곤 했다. 가끔 다른 반 학생도 오고, 또 동료 교사가 찾아 오는 경우도 있었다.

    가르치는 일을 좋아했고 보람을 느꼈으나 학교의 행정이 문제였다. A교사의 개인적 교육철학은 학생들에게 '세계'를 열어 보여주는 발견을 강조하는 것이었다. 이를 위해서 그는 적정수준에서 편안한 분위기를 조성하려고 노력했다. 그러나 학교의 입장은 규칙의 엄수, 권위에 대한 복종, 엄격한 행동수칙을 강조했다. 교사는 지정된 교육과정을 가

---

46) G. D. Fenstermacher & J. F. Soltis(2011) 가르침이란 무엇인가?, 교육과학사.

트치고 학생은 이를 배워야 했다. 이러한 자료를 모든 학생이 배웠는지를 확인하는 것도 교사의 책임이었다. 또 교사와 학생 사이에는 적절한 거리가 항상 유지되어야 했다.

이윽고 A교사는 이러한 문제를 두고 학교 관리자와 갈등하는 상황에 처했음을 깨달았다. 교실마다 송수신 스피커가 설치되어 있었고 교장과 교감은 수업을 가끔 엿듣곤 하였다. 몇 주가 지나자 그는 수업 시 교실 분위기가 너무 시끄럽고 학생을 방치한다는 지적을 받았다. 그는 주변에 피해를 끼쳐 미안하다는 사과를 했다. 그런데 나중에 알게 된 점은 그 불평이 주위 사람들에게서 나온 것이 아니라 확성장치로 도청하였던 교감에게서 나왔다는 것이었다. 동료교사는 A교사가 지정된 교육과정을 다루지 않아서 교장의 불만이 아주 크다고 귀띔해 줬다. 그는 자기의 수업이 감시받는 것에 아주 화가 치밀었다.

심층면접질문

1. 여러분은 A교사가 학교의 행정방침과 부합되는 방향으로 교수접근방법을 바꾸어야 한다고 생각하나요? 아니면 교사는 학교의 행정과 부합되지 않는 교수접근방법을 부분적으로 수정해야 한다고 생각하나요?
2. 교사의 전문적 자율성은 어떻게 보장되어야 할까요?
3. 당신이 만약 A교사라면 어떻게 할 것인가요?

심층면접사례 A-9: 교사와 윤리

    B교사는 영어과의 초임교사로서 필수 교과인 문학과 작문의 개론 과목을 맡아서 장시간 상세한 수업 준비를 해서 가르쳤다. 그러나 많은 초보 교사들과 마찬가지로 열성과 꾸준한 노력, 그리고 계획만이 성공을 보증해 주는 것이 아니라는 점을 곧 알게 되었다. 어떤 학생들은 영리했고 과제를 매우 훌륭히 수행했다. B교사는 생각하기를 누가 그 교과를 가르치더라도 아마 그 학생은 잘 해낼 수 있을 것이라고 생각하였다. 그러나 또 다른 학생들은 B교사가 그렇게 힘들여 가르치려 했던 것을 이해하지 못하는 것 같았다. 그들의 학교 성적은 평균이거나 평균 이하였으며 좀처럼 말도 하지 않는 채로 교실에 앉아 있었다. B교사는 이러한 학생들이 방향을 잃고 정신을 딴 곳에 팔고 있는지 혹은 지루한지, 또는 자기의 말을 이해 못하는지 알 수 없었다. 그러나 B교사는 그러한 집단의 학생들이 조금이라도 향상을 보인다면 무척 기쁠 것이며, 초보교사로서 자신에게는 상당한 성공요인이 될 것이라고 생각하고 있었다.

    B교사의 과목을 택한 학생들에게 요구된 과제는 짧은 단답형 문제와 수행평가를 위한 보고서였다. B교사는 이 제도가 비록 초기에는 학생들에게 어렵다고 해도 점점 향상될 것이기 때문에 공정한 평가제

두일 것이리고 생각했다. 학생들이 제출한 첫 번째 보고서를 읽고 나서 B교사는 놀라움을 금치 못했다. 그것은 학교 야구팀의 주장이었던 학생 성적이 현저하게 향상되었기 때문이었다. 그가 대외 장학금을 받기 위해서, 연습과 계속되는 경기 속에서도 열심히 수업을 따라오려고 노력하는 것을 알고 있었으므로 B교사의 기쁨과 놀라움은 더욱 컸다. 그러나 그 보고서가 너무 훌륭했으므로 그 주제에 대한 참고문헌을 통해 확인할 필요성을 느꼈다. 그 결과 그가 보고서의 대부분을 그 책에서 직접 베껴 쓴 것이었음을 알게 되었다. 그것은 명백한 표절 행위의 사례였다. 상한 기분과 실망과 더불어 B교사는 이제 자신이 규칙에 따를 의무가 있음을 깨달았다. 학문적인 부정직에 대한 방침은 명백히 제시되어 있다. 해당 과목의 0점 처리와 함께 교칙에 따른 징계이다. 그러나 B교사는 몇 가지 의문이 있었다. B교사는 그러한 가혹한 처분이 이 경우에 과연 적절한 것인지를 확신할 수 없었다. 만약 교칙대로 시행된다면 그 학생은 자신의 장학금을 잃게 될 것이고 심한 경우에는 학교로부터 징계를 받게 될지도 모른다.

심층면접질문

1. B교사는 이 학생의 보고서 표절문제를 어떻게 해결해야 할까요?

📝 심층면접사례 B-1: 의미있는 문학수업[47]

　　대학에서 국문학을 전공하고 교사가 된 후 도시의 중학교에 처음 발령을 받은 C교사는 첫 수업 준비에 가슴이 두근거리기까지 하였다. 그녀가 첫 수업을 맡게 된 부분은 3학년 국어과의 현대소설을 다루는 단원이었다. C교사는 사범대학 재학 시절 진보주의 교육 이론서를 여러 권 흥미 있게 읽었고, 특히 루소나 듀이와 같은 이론가들의 영향을 많이 받았다. 그래서 그녀의 문학 수업이 정말 학생들에게 의미 있는 수업이 되도록 만들고 싶었다. 그녀는 수업지도안을 계획하면서 어떻게 하면 학생들이 흥미를 갖고 수업 주체로 참여하도록 할 수 있을까, 어떻게 하면 학생들이 수업 속에서 의미있는 경험들을 얻도록 할 수 있을까를 궁리하였다.

　　많은 시간을 고민한 끝에 단순히 교과서에 나오는 문학 작품의 문장분석이나 해설하는 일을 포기하고, 학생들에게 적절할 것으로 보이는 작품들을 읽히기로 하였다. 선정된 책은 다양한 현대 문학의 작품들이 포함되었고, 일부는 청소년들의 작품까지도 포함시켰다. 수업방식은 문학 작품을 각자 읽고 자유로운 토론을 벌이는 것과 자신의 생각을

---

47) Decker F. Walker & Joans F. Soltis(2017) 교육과정과 목적, 교육과학사.

자유롭게 글로 써오는 괴제로 구성되었다. C교사는 학생들이 이러한 문학 수업으로부터 자기 자신의 참다운 모습을 비추어 보고 자신을 성장시키도록 돕고 싶었다. 그러나 수업이 진행되면서 그녀는 학생들이 자신의 수업에 흥미를 갖기보다는 당혹해하는 모습과 심지어 이러한 수업방식에 반대하는 학생이 있다는 사실을 알고 놀랐다. 더구나 일주일쯤 지났을 때 동료 교사들의 충고는 교과서의 내용이나 충실히 가르쳐 주라는 것이었다. 학생들은 이미 교과서 중심의 수업방식에 익숙해져 있을 뿐 아니라 상급학교 진학을 위해서 교과서 내용을 분석하고 설명해 주는 일을 학생들도 학부모들도 모두 원한다는 것이다. 이 상황에서 학생들에게 진정 의미 있는 수업이 무엇일까? 그녀는 다시 고민하지 않을 수 없었다.

심층면접질문

1. 여러분들이 C교사라면 어떻게 해야 할까요?
2. 수업지도안을 계획할 때에는 학생들이 처한 현실적인 상황을 고려해야 하나요?
3. 교육이 학생들의 삶에 의미 있게 관련되어야 한다는 것은 무엇을 뜻할까요?
4. 여러분이 이러한 상황에 처한다면 어떠한 방식으로 수업지도안을 마련할 수 있을까요?

📝 심층면접사례 B-2: 기말고사 후의 수업[48]

　　실업계에서 기말고사를 마치고 방학이 되기 전까지의 기간은 수업이 이루어지지 않는다. 학생들이 수업은 이제 끝났다고 생각하기 때문이다. 방학을 앞둔 기간에 교실에서의 수업이 잘 이루어지기를 바라는 교장의 마음과 기말고사가 끝이 났고 그래서 이후에 배우는 것은 시험도 보지 않는다는 생각으로 수업받기를 꺼리는 학생들, 그런 학생들과 교실에서 수업을 이끌어가야 하는 교사들 간의 삼각관계가 갈등으로 나타난다. B고등학교는 대구에 있는 실업계 고등학교다. 15개의 학급으로 교사들은 40여 명이다. 실업계 학교이기 때문에 3학년 학생들은 2학기가 되면 취업을 나가 3학년 교실에서 수업받는 학생들은 점점 줄어드는 추세다. 그리고 1학년, 2학년들도 대학 진학보다는 취업에 관련된 부분에 관심이 많고, 학교 수업에는 관심이 별로 없다. B고등학교의 김교장은 고등학교에 부임한 지 1년이 채 되지 않는다. 이전에는 인문계 고등학교에서 근무했었다. 그래서 그런지 실업계 고등학생들이 학교생활과 공부에 관심을 적게 가지는 것이 자꾸만 이전 인문계 학생들과 비교가 된다. 그래서 학기 초부터 아침 자습을 강화하고, 학생들에

---

48) 주삼환 외(2007) 교육행정 사례연구, 학지사, p.240.

게 녹서 노드를 쓰고 독후감을 내도록 해서 잘된 작품은 시상하기도 하였다. 그리고 수업에 들어가는 교사들에게 수업시간에 충실하라는 말을 교직원들이 모일 때마다 강조하였다. 그러나 그는 그런 자신의 의지들이 그저 혼자서 허우적대는 기분이 들었다.

B고등학교의 2학기 기말고사는 12월 첫째 주 토요일에 끝났다. 기말고사가 끝난 다음 주 월요일, 김교장은 1학년 교실부터 3학년 교실까지 둘러보았다. 그런데 김교장은 평상시의 순시 때와는 아주 다른 광경을 보게 되었다. 거의 모든 학급에서 수업이 이루어지지 않고 있었다. 그리고 일부 학급에서는 수업의 내용이 보여야 할 스크린에 외국영화들이 상영되고 있었다. 그리고 그런 영화 내용은 담당 교과와는 전혀 상관이 없는 것들이었다. 김교장이 전에 있던 인문계 고등학교에서 3학년의 경우 수학능력 시험이 끝난 후 수업이 잘 이루어지지 않는 것은 봐왔지만 그 나름대로 교과 선생님들이 자신의 수업을 잘해 갔던 기억이 났다. 김교장은 2학기 기말고사가 끝나자마자 기존에 잘 운영되던 학교의 수업이 이상한 형태로 바뀐 것에 대한 이유를 알고 싶어서 교무부장을 불러 그 이유를 물어보았다. 그에 대해 교무부장은 다음과 같이 답변했다. "우리 학교가 안고 있는 문제점 중의 하나입니다. 우리 학교는 실업계 고등학교라서 그런지 학생들이 12월의 기말고사가 끝이 나면 학생들의 마음이 딴 데로 가 있습니다. 그리고 당연히 수업은 하지 않을 거란 기대를 가지고 학생들이 학교로 오는 듯합니다. 학생들의 기대에 부응하듯이 몇몇 교사들도 아예 수업하지 않으려고 합니다."

김교장은 교무부장의 그와 같은 답변에 다소 화가 났다. 그렇다고 교사들이 학생들을 수업시간에 방치시켜 놓고 그저 영화를 보여주는 것은 있을 수 없는 일이라고 생각했다. 그리고 학교 교육과정에 따르면 교과서 진도도 마치지 않은 상태였다. 그런데 12월 기말고사를 치르면 모든 수업이 끝났다고 생각하는 일부 교사와 학생들이 자신으로서는 이해가 되지 않았다. 그래서 그날 오후 퇴근 30분 전 임시 교직원 회이를 소집했다. 그리고 모든 교사들이 모인 자리에서 수업시간에 수업 외의 활동은 하지 말 것과 특히 시간을 보내기 위해 영화를 보여주는 행위는 절대로 하지 말 것을 지시하였다. 며칠 후 김교장은 교내 순시를 하였으나 영화를 본다거나 자습하는 반은 없었다. 그러나 수업받는 학생들은 거의 다 엎드려 자고 있었고, 일부는 떠들고 있었는데 그런 것에 개의치 않고 교사는 수업을 진행하고 있었다. 형식적인 수업이 이루어지고 있었던 것이다.

심층면접질문

1. 기말고사 후 실업계 고등학교에서 나타나는 문제점을 해결할 방법들을 제시하시오.

B교사는 서울에 있는 한 고등학교에서 지난 2년간 대수학과 미적분학을 가르쳐 왔다. 그런데 이번에 기하학을 담당하던 교사가 정년퇴임을 하게 되어 수학과 내에서 담당 과목을 다시 조정하게 되었다. 그는 평소 과목을 바꾸어 수업을 하고 싶은 생각이 있었기에 자신이 기하학을 담당해 보겠다고 자원하였다. 마침 수학과 교사들 중 누구도 기하학을 담당해 본 적이 없고 또 원하는 사람도 없었기 때문에 그의 요구는 쉽게 받아들여졌다.

이제 새 학년의 준비를 위해 B교사는 기하학 교재를 자세히 살펴보았다. 기하학을 가르쳐 본 적이 없고 대학에서 기하학 강의를 들은 지도 오래되어 생소한 부분이 많았다. 그래서 그는 주로 교사용 지도서를 참고하여 수업계획을 마련하기로 하였다. 지도안 작성이 거의 끝나갈 무렵 그는 고등학교 시절 기하학 선생님의 생각이 문득 떠올랐다. 그 선생님께서는 기하학 시간이면 항상 기초 논리를 강조하셨고, 기하학의 원리를 이용한 연습문제를 풀이하였던 것이 무척 재미있었다. 지금 생각해 보면 그가 대학에 진학할 때 수학과를 선택한 것도 그때 기

---

49) Decker F. Walker & Joans F. Soltis(2017) 교육과정과 목적, 교육과학사.

하학 선생님께서 보여주신 다양한 방식의 예시와 실제 연습의 경험이 큰 도움이 되었다고 말할 수 있다.

그러나 지금 B교사가 사용해야 할 교과서에는 그러한 내용들이 포함되어 있지 않았다. 자신이 준비한 수업지도안을 다시 보아도 역시 그러한 면에서는 언급이 없고 더구나 일년간 가르쳐야 할 내용이 벅차서 다른 것을 더 추가할 수 있는 여유도 없었다. 그렇지만 교과서 내용 중에 불필요하다고 생각되는 부분은 없었으며 기하학을 처음 가르치면서 아무 내용이나 마음대로 제외시킬 수도 없었다. 그러나 그의 평소 생각은 학생들에게 수학을 재미있게 배울 수 있도록 해 주어야 한다는 것이며, 이를 위해서는 자신의 경험에서 볼 때 기본 논리의 훈련이 큰 도움이 된다고 믿고 있다. 이것은 그가 대수학을 가르칠 때도 지켰던 수업방침이기도 했다. 그는 여러 측면에서 이를 곰곰이 생각해 보았으나 묘안이 떠오르지 않았다. 분명한 것은 현재의 기하학 교과서 내용이 마음에 들지 않는다는 것이다. 그렇다고 처음으로 기하학을 가르치게 된 그에게 어떤 명확한 대안이 있는 것도 아니다. 시간적인 여유만 있다면 마음에 드는 새로운 교육과정을 스스로 만들어 보고 싶지만 새 학기가 곧 시작되고, 또 자신의 생각대로 기하학을 가르쳐야 하는 것에 대해서도 사실 자신이 없었다. 어쨌든 현재의 교과서가 그가 생각하는 수업목적에는 적합하지 않았지만, 그가 이용할 수 있는 유일한 종합적 안내 자료인 것만은 사실이었다. 그는 어떻게 해야 할까? 우리가 흔히 교육과정과 목적에 대해서 가지는 가정은 목적을 먼저 결정하고 교육과정은 그 목적에 따라 구성한다는 것이다. 그러나 B교사의 고민은 교육과정의 내용이 역으로 교사의 교육목적을 규제한다는 것에 있다.

심층면접질문

1. B교사의 경우 자신이 생각한 목적에 따라 수업내용을 바꾸는 것이 좋을까요?
   아니면 이미 마련된 수업지도안의 내용대로 가르쳐야 할까요?

📝 심층면접질문사례 C-1: 교수방법에 관한 3가지 접근[50]

 A교사는 지난 12년 동안 중학교 1학년 학생을 가르쳐 왔다. 학생들은 그를 좋아했다. 그는 철저하고 엄격하면서 동시에 친절하고 자상한 선생이었다. 그는 학생의 교육을 위해서 자신이 기여할 점을 다음과 같이 생각했다. 학교 교육이란 평생 유용하게 쓸 일단의 기본 지식을 전달해 주고, 학교 교육을 마친 후 민주사회에서 유능한 시민이 되는 데에 필요한 구체적인 교과지식을 전달해 주는 것이다. A교사는 여러 가지 교육과정 자료로 실험을 했다. 그가 좋아했던 가장 효과적인 자료는 다음과 같은 특징을 갖고 있었다. 그것은 고도로 조직화, 체계화되어 있어서 학생들이 쉽게 따라갈 수 있었다. 그것은 논리적으로 계열을 이루고 있어서 학생들이 그것을 배우는 데 유익한 패턴과 방법을 재빨리 파악할 수 있었다. 그것은 점진적으로 구성되어 있어서 내일 학습해야 할 공부를 위해서 오늘 어떤 것을 반드시 학습하도록 하였다. 새로운 학습은 이전의 것을 기초로 삼아 다음 단계로 나아가게 되어 있었다. 또한 그는 학생에게 긴장을 주지 않으면서 다양한 평가지를 사용하여 학생들이 어떻게 공부해 가고 있는지, 어떤 도움을 줄 필요가 있는

---

50) G. D. Fenstermacher & J. F. Soltis(2011) 가르침이란 무엇인가?, 교육과학사.

지, 언제 나음 딘계로 나아감 것인지 등을 파악했다. 그는 훌륭한 교사임을 자부하고 있었다. 가장 중요한 점은 그의 학급 학생들이 성취감을 갖고 있다는 것이다. 학생들도 스스로 해낸 일에 대해서 자부심을 갖고 있었다. 많은 학생이 곱셈표나 유명한 연설문을 외우고, 어려운 수학 문제를 풀어내고, 또 생물학적 범주에 맞게 생물을 분류하는 것을 보여줌으로써 학부모의 마음을 흡족하게 했다. 그의 학생들은 할 수 있다는 정신으로 무장되어 있었다. 그는 열성적으로 지도했고, 기술적으로 관리했고, 공정하게 판단 평가했다. 의미있는 자료, 학생들의 의욕 등을 볼 때 A교사는 성공적인 교사라고 충분히 말할 수 있다.

B교사도 훌륭한 교사라고 할 수 있다. 그는 국어를 가르쳤다. 중학생은 나는 누구인가를 스스로 발견하는 시기이다. 교육이 청소년에게 베풀어 줄 수 있는 가장 중요한 것은 자기 자신에 대한, 자신이 누구이며 무엇인가에 대한, 그리고 자신이 무엇이 될 것인가에 대한 어떤 안목이라고 그는 믿었다. 따라서 학생들이 읽은 문학작품이 모두 그들 자신의 생활경험과 연결할 수 있도록 쓰여진 것으로 B교사는 가르쳤다. 읽기, 쓰기는 개인의 감정과 안목이 성장 발달할 수 있는 실질적 출구를 제공해 줄 뿐만 아니라 학생들의 글쓰기와 의사 소통능력을 길러주는 도구도 된다고 그는 믿고 있었다. 책은 학생들이 읽고 싶은 것이어야 하므로 스스로 선택하도록 했다. 고정된 교육과정은 없었다. 학교 도서관에 있는 책이면 대체로 괜찮았다. 교실에서 독서토론을 할 때에는 궁금한 점에 관하여 대화가 이루어지게 하고 서로 동등한 입장에서 독서 경험을 공유하게 했다. 그의 수업은 온화한 분위기였다. 그는 학생들과 공유할 수 있는 관점과 가치를 갖고자 노력했다. 학생들은 B교사를 보통 어른과는 다른 공감하고 이해하며 격려해 주는 어른으로

생각했다. 학생들은 그가 교과뿐 아니라 학생에 대해서도 관심을 쏟는 사람으로 보았다. 문학과 시에 대한 그의 열정은 의심할 여지가 없었다. 학생들은 그가 자신들을 모두 똑같이 존중하고 있다고 생각했다. 그가 학생들을 대하는 태도를 보면 알 수 있었다. B교사는 어린 학생들과 인간적 관계를 유지하는 것을 아주 좋아했다.

  C교사는 고등학교에서 역사와 사회를 가르쳤다. 도시에 있는 학교라서 문제도 많았다. 그러나 그가 가르치는 학급만큼은 거친 바닷속의 고요한 섬이라고 동료 교사들이 말했다. 실제로 교사와 학생, 학생과 학생들간의 갈등과 대립 때문에 온 학교가 긴장으로 가득 찼다. C교사는 학생들의 차이를 이해하고 존중하면서 학생들도 그렇게 하도록 정성을 쏟았다. 그렇지만 그보다 더욱 중요한 점은 그가 역사학자라는 것이었다. 역사에 대한 사랑은 어렸을 때부터 싹트기 시작하였고, 역사에 대한 이해가 깊어짐에 따라서 역사를 배우는 최선의 길은 역사학자가 되어가는 과정을 배우는 것이라고 그는 확신했다. 그가 역사를 가르치는 방법도 그러했다. 인간이 세계를 이해하기 위해 지금까지 발달시켜 온 여러 가지 이해 방식들 속으로 학생들을 입문시키는 것이 올바른 교육이라고 그는 믿었다. 역사학자의 방법과 기술은 우리가 인간의 과거사를 파헤치고 이해할 수 있도록 도와주는 것이다. 학생들은 C교사의 수업특징을 재빨리 간파했다. 그는 학생들을 생각할 수 있는 사람, 타당한 의견과 사상을 가질 수 있는 사람으로 대우해 주었다. 그러나 사상과 의견은 사실에 의해서 뒷받침되어야 한다는 점을 학생들이 곧바로 배우도록 했다. 역사가는 그저 재미있는 이야기만 하고 말 수는 없다. 주장과 해석에는 증거가 제시되어야 한다. 학생들이 배운 것 중에서 가장 신나는 점은 단 하나의 진실된 역사만 있는 것은 아니라는

것이었다. 서로 다른 민족적, 문화적, 인종적 관점에서 역사는 다르게 쓰여질 수 있다. 하나의 동일한 사건에 대해서도 서로 다른 해석이 가능하다. 역사는 과거를 이해하고자 하는 인간들에 의해서 쓰여진 것이다. 그 누구도 어떤 편견으로부터 완전히 자유로울 수는 없다. C교사는 역사학자의 활동을 모범으로 삼아 수업을 전개하면서 학생들로 하여금 역사학자와 또 같은 일을 하도록 했다. 학생들은 일차적인 자료와 이차적 자료를 수집하고 어떤 사건이나 시대와 관련된 추측과 가설을 세우고 자료를 검토함으로써 자신들의 서투른 해석을 지지해 줄 자료를 충분히 마련할 수 있는지를 살펴보았다. 학생들은 역사적 인물들의 일기나 편지를 읽어 봄으로써 사건 당사자의 설명과 공식적인 보고서를 제대로 이해하고자 했다. 처음으로 역사는 그들에게 생생한 것으로 다가왔다. 그들 중에서 역사학자가 될 사람은 적지만 그들은 과거를, 해석이나 문화적 관점의 차이를, 발생한 사건에 관한 여러 사람들의 주장을 생각해 보고 이를 옹호하는 방법을 터득했다. C교사의 학생들은 이러한 일을 할 수 있다는 가능성을 체험했다.

심층면접질문

1. 교수의 주된 목표는 무엇일까요?
2. 가장 중요한 교육목적은 무엇일까요?
3. 교육자는 학생들이 결국 어떤 인간이 되기를 기대해야 하나요?
4. 교사로서 자신의 역할과 목표는 무엇인가요?

심층면접사례 C-2: 연 만들기 대회[51]

A학교 교장은 '경쟁은 학습동기를 부여해 주고, 생산적인 삶에 있어서 핵심적인 역할을 하는 요소이다'라고 확신하고 있다. 1학년 학생들이 모두 즐거워하는 연례행사에서도 이러한 철학이 반영되어 있다. 이 행사는 1학년 중 어느 반이 가장 뛰어난 솜씨를 가졌는가를 경연하는 대회이다. 올해의 경연주제는 연 만들기였는데 두 반이 공동우승을 했다. 교장과 2, 3학년 교사들로 평가위원회가 구성되는데 평가위원들은 여러 가지 심사항목에 대해서 하나하나 점수를 매긴 후 이를 합산하였다. 그 결과 1반과 3반이 똑같이 최고 점수를 얻었다. 3등은 4반이었다. 마침내 공동 1위가 확정되었고 그 부상으로 과학박물관 견학 기회가 두 반에게 주어졌다. 결과 발표가 끝난 후 교장은 이런 생각을 하였다. "두 반이 공동으로 일등을 했지만 연을 만드는 과정에서 두 반 학생들이 서로 다른 학습 경험을 했는데 과연 그 교육적 가치가 같다고 할 수 있는가?

1반 담임인 K교사는 완벽주의자다. 행사계획이 발표되자 그는 도서관에서 연에 관한 모든 자료를 찾아 읽었다. 그 후 저녁마다 연을 설

---

51) Decker F. Walker & Joans F. Soltis(2017) 교육과정과 목적, 교육과학사.

계하고 조립하는 일에 빠졌고 주말에는 운동장 모퉁이에서 자신이 만든 연을 날려 보곤 하였다. 마침내 연의 모형이 개발되었다. 그는 청사진을 그린 후 그것을 자기 학급 학생들에게 보여주었다. K교사는 각 학생들에게 재료를 나누어 준 후 그가 만든 청사진을 복사해 주고 연 만드는 과정에서 학생들이 알아야 할 세부사항과 방법을 알려 주었다. 그는 연 만들기가 우리 학급과 다른 학급과의 집단경쟁일 뿐만 아니라 우리 학급 안에서도 개인과 개인 간의 경쟁이라고 말하였다. 가장 좋은 연을 만드는 것이 그 학급에 속한 학생의 하루 일과였다. 그는 학생들의 노력과 성과를 토대로 점수를 매겼으며 모든 학생들이 제각기 연을 만들었다.

3반 담임인 C교사는 올해 행사주제가 발표된 후 학급 학생들에게 경연대회에서 우승하기 위해서 어떻게 힘을 모을 것인가를 상의하게 하였다. 학생들은 손재주가 가장 좋은 급우를 골라 그에게 다른 학생들이 연 만드는 일을 살펴보고 도와주는 책임자 역할을 하도록 부탁했다. 다른 학생 중에서 설계할 학생, 색칠할 학생, 물품을 조달할 학생, 조립을 맡을 학생 등을 선정했다. 이윽고 전체 학생들이 5개의 소집단으로 나누어 소집단별로 공동으로 연을 만들기 시작했다. 손재주가 좋은 학생 한 명이 소집단에서 만든 연을 최종적으로 마무리하여 출품작품으로 다듬었다. 이렇게 해서 만들어진 연을 모든 학생들이 둘러보았다. 3반 학생들은 모두 심판 위원들이 평가할 항목대로 하나씩 점수를 매겼다. C교사는 이를 합산했다. 드디어 출품작이 결정되고 이를 출품했다. 그 결과 3반도 일등을 하게 되었다. 학생들은 그 부상으로 과학박물관에 견학가게 되었음을 알고 기뻐했다.

4반은 3등을 했다. 4반 담임인 D교사는 유행과 장식을 좋아하지 않았다. 그는 규정의 뜻을 알기만 하면 된다는 생각이었다. 4반 학생들도 연을 만들어 출품하면 된다고 생각했다. 학생들에게 각자 연을 만들어 오라는 과제를 내고 4반을 대표해서 누구의 연을 출품할 것인가를 대충 정하였다. 이것은 별로 시간이 걸리지 않는 일이었으므로 그는 수업을 더 충실하게 했다. 그가 가르치는 사회 단원은 기술의 역사에 관한 것이었다. '오랜 세월 동안 인간이 만유인력의 힘을 극복하기 위해서 어떠한 노력을 기울여 왔는가'를 다루는 흥미 있는 주제였다. 학생들은 그 단원을 좋아했다. 아쉬운 점은 그들이 과학박물관에 견학가지 못한다는 것뿐이었다. 차라리 우리 4반 학생들이 거기에 갔으면 다른 반 학생들보다 우리가 더 많은 것을 보고 배울 수 있을 텐데 하고 모두 아쉬워했다.

심층면접질문

1. 여러분은 위에서 언급한 세 반의 학습경험 중에서 어느 반의 것을 가장 좋게 생각하나요? 그 이유는 무엇인가요?

2. 만약 여러분이 해당 교사라면 수업에서 교사가 해야 할 중요한 일은 무엇일까요?

📑 심층면접사례 C-3: 학생의 동기유발[52]

    국어교과를 담당하는 G교사는 올해 D중학교로 전근왔다. 신임교사로 발령받은 이후 네 번째 학교인 이 학교에서 G교사는 매일매일 한숨이 늘고 있다. 경력 16년차 베테랑 교사인데도 이번 학생들은 지도하기가 정말 힘이 들었다. 중3 담임교사로서 나름 잔뼈가 굵었다고 생각했는데 도시 외곽의 공단지역에 위치한 D중학교에서의 생활은 만만한 것이 아니었다.

    G교사의 하루는 담임을 맡은 3학년 5반 학생들이 모두 등교했는지를 확인하는 것에서부터 시작한다. 지각생이 있더라도 28명의 학생이 모두 등교하는 날이 손에 꼽을 정도이다. 그중에서도 특별히 결석이 잦은 반 학생 몇 명의 출석 일수가 걱정되어 아침부터 전화를 걸어 등교를 채촉하는 일이 일상이 되었다. 수업시간을 알리는 종이 울리고 해당 수업 교실에 들어가면 또 다른 전쟁이 시작된다. 제자리에 있지 않은 학생들을 자리에 앉히고 엎드려 자는 학생들을 깨워 수업을 시작하기까지 5분 이상 걸린다. 교과서를 챙겨오지 않는 학생들이 다반사이고 수업 시작 후 졸거나 잠드는 학생들을 계속 깨우기가 미안하여 모

---

52) 한유경 외(2018) 교육행정 및 교육경영, 학지사, p.78.

르는 척 수업을 끝까지 마쳐야 할 때도 많다.

　　D중학교에서 4년째 근무하는 옆 반 동료 교사에게 고민을 토로하지만 별다른 해결책이 없었다. 수업시간 준비물을 챙겨오지 않거나 시끄럽게 하거나 수업을 방해하는 경우 벌점제도를 활용했더니 그나마 두움이 되었다는 이야기를 조언처럼 해주었다. 그러나 그것도 학기 초에만 효과가 잠깐 있었을 뿐 학생들을 수업에 집중시키는 데는 크게 도움이 되지 않았으며 지금은 과도하게 수업을 방해하는 학생을 조용히 시키는 정도로만 사용하고 있다고 하였다. 이미 학업에 뒤처지고 수업에 흥미를 잃어버린 학생에게 수업시간은 그저 지루하게 참아내야 하는 시간일 뿐인 것이다.

심층면접질문

1. 이러한 학생들을 수업에 흥미를 느끼고 참여할 수 있도록 하는 방법은 무엇일까요?

심층면접사례 C-4: 학습지 딜레마[53]

　B선생은 그가 근무하는 학교에서 뛰어난 교사로 평가받고 있다. 그의 교육철학은 '학생들은 실험과 탐구 속에서 배운다'는 것이었다. 이러한 철학으로 인하여 B교사가 확신하게 된 것은 '학생들은 의미 있는 경험으로부터 지식을 얻으며, 장래의 기능을 숙달하는 데에 필요한 중요한 자기 확신감을 발달시킬 수 있다'는 것이었다. 그는 매년 신학기에 새 학급의 특성에 알맞게 교육과정을 조정하였고, 그 학급의 독특한 학습 스타일을 학습활동에 반영시켰다. 학습지나 학습 자료가 학생들의 능력이나 배경과 직접적인 연관성이 없으면 별다른 효과를 낳지 못한다는 것을 그는 확신하고 있다. 그는 그러한 사례를 그동안 많이 보아 왔기 때문이다.

　그러나 그 학교 교장은 무엇보다도 학생들을 통제하는 일에 관심이 있다. 그는 학생은 각각 특수한 학습 스타일을 가지고 있는 독자적인 개인이라는 생각을 하지 않았다. 그는 학생들을 영리한 학생과 미련한 학생으로 구분한다. 그래서 학생들이 교사의 특정한 방법과 방향에 맞추도록 해야 한다고 믿고 있었다. 그는 학생들의 다양한 문화를 알고

53) G. D. Fenstermacher & J. F. Soltis(2011) 가르침이란 무엇인가?, 교육과학사.

있지만 자기 학교의 학생들이 현실에서 생존하기 위해서는 환경에 적응할 줄 아는 성인으로서 살아가는 것을 배워야 한다고 믿고 있었다. 또 학습지와 학습 자료가 학교 내에서 두 가지 중요한 기능을 하고 있다는 것을 그는 확신하였다. 첫째, 그러한 것이 있어야 학생들은 분주하게 되고, 둘째, 학생들이 배워야 할 것에 대한 지침을 제공해 준다는 것이다. 그런데 최근 B교사는 새로운 학습지에 관해서 교장과 이야기하게 되었다. 그는 교장에게 학생들의 연령과 발달수준을 고려해 볼 때 그 학습지가 학생들에게 수준이 낮을 뿐 아니라 관계도 별로 없는 것이라고 말하였다. 그래서 그것을 사용하지 않는 것이 어떻겠느냐고 교장에게 요청하였다. 교장은 학생들이 학습지를 이용하는 것에 익숙해져야 하고 학습지를 이용함으로써 그들에게 필수적인 기능을 배울 수 있다고 고집하였다. 그것은 만일 다른 교사들이 B교사가 학습지를 사용하지 않고 있다는 사실을 알게 될 때 자기들만 그렇게 해야 하는가 하는 불만을 가질 것이 뻔하기 때문이었다. 그뿐 아니라 학생들이 학습지를 다루지 않은 결과 필요한 기본적 지식을 제대로 학습하지 못하는 일이 생긴다면 이를 어떻게 할 것인가라는 우려도 있었다.

심층면접질문

1. B교사는 어떻게 해야 한다고 생각하나요? 자기 학생들은 잘 아는 교사로서 그리고 자신의 교수접근에 대해 확신을 가지고 있는 교사로서 어떻게 해야 할까요?
2. 교사나 관리자는 학생들을 어느 정도까지 관리해야 한다고 생각하나요?

🗒️ 심층면접사례 C-5: 개별학습의 효과[54]

    일반 초등학교에서 5년의 교육경력을 갖고 있는 K교사는 이번 학기부터 시내의 한 사립초등학교로 옮겨 근무하고 있다. 이 학교는 공립학교에 비해 사정이 좋아 학급당 학생 수도 적고, 교수법에 있어서도 새로운 이론을 적극적으로 받아들이고 있다. K교사는 이 학교에서 4학년을 맡게 되었는데 많은 교과 수업이 탐구학습이나 개별학습의 형식으로 이루어지고 있었다. 특히 수학 수업은 철저한 수준별 개별학습의 방식을 따르도록 프로그램이 마련되어 있는데 그 절차는 대체로 다음과 같다. 우선 교사는 학생 각자의 학습수준을 평가하고, 학생들은 자신의 수준에 맞는 학업 레벨을 배정받는다. 그 후 학생들은 컴퓨터에 로그인한 후 자신이 공부해야 할 내용을 스스로 학습하게 된다. 주어진 내용의 학습이 끝나면 교사는 다시 그 결과를 평가하고, 성공적인 학습이 확인되면 다음 단계의 수준으로 넘어가게 된다. 이러한 절차가 반복되면서 학생들은 자신의 학습능력과 속도에 맞춰 개별학습을 하게 되고, 교사는 필요한 학생에게 수시로 개별적인 도움을 주면서 하나의 과제가 끝나면 그 결과에 따라 학생들에게 보상한다. 이러한 방식의 수업

---

54) G. D. Fenstermacher & J. F. Soltis(2011) 가르침이란 무엇인가?, 교육과학사.

을 처음으로 시도해 보는 K교사는 개별학습이 참 의미 있고 좋은 수업 방식이라고 생각했다. 학생들도 이 방식에 익숙해 있었으며, 그 과정이나 결과에 만족하는 것 같았다.

그러나 새 학교에서의 생활이 일 년 정도 지나고 마음의 여유가 생기면서, 그는 여러 가지를 돌이켜 생각해 보게 되었다. 특히 수학 시간에 이루어진 개별학습을 생각하면 많은 문제점을 느끼게 되었다. 지난 일년간 수학 시간을 담당하면서 그가 갖게 된 느낌은 학생들 스스로 공부할 뿐 자신이 학생들을 가르치고 있다는 생각이 들지 않았다는 것이다. 물론 개별학습이란 집단 수업이 아니라 학생들과 1:1의 개인적인 만남으로 지도가 이루어지는 것임을 잘 알고 있고, 또 그렇게 해왔다고 생각한다. 그런데도 곰곰이 생각해 보면 실제로 어느 학생에게도 충분한 지도를 해 줄 수 있었던 것 같지 않다. 언제나 대여섯 명의 학생들이 질문을 하거나 과제를 확인받기 위해 선생님과 이야기할 차례를 기다리고 있었기에, 어느 한 학생하고만 오랜 시간을 보낼 수가 없었다. 과제를 마친 학생에게는 간단한 칭찬 몇 마디만 해 주고 다음 과제를 제시해 줄 수밖에 없으며, 질문이 있는 학생들은 가급적 자기 스스로 해결해 보도록 권할 수밖에 없었다. 이런 경우 대부분의 학생들이 문제를 해결하기는 하였지만, 스스로 서너 차례의 시행착오를 거친 후에야 정답을 알아낼 수가 있었다. 더구나 그는 수업 중 학교업무를 처리해야 했으므로 학생들이 제대로 하고 있는지 정해진 시간에 확인하기 어려웠다. 따라서 일부 학생들은 과제 학습의 진전속도가 상당히 느렸으며, 우수 학생과의 차이가 점점 크게 벌어지는 것을 발견할 수 있었다. 가만히 생각해 보니 자신은 가르치는 교사라기보다는 프로그램 관리자 같다는 느낌이 들었다. 이러한 그의 염려는 얼마 후 총괄평가라고 하는 사실적 자료로 입증되었다. K교사는 학생들의 학습결과를 알아보기 위해 학생들이 진도를 마친 공통부분에서 필수적인 내용을 다루는 문제를 출제했는데 그 결과는 기대와는 크게 다른 것이었다. 많은 학생들이 기본문제들을 제대로 해결하지 못했으며, 상위집단의 학생들조차도 만족스러운 결과를 보여주지 못했다. 이런 결과를 보며 그는 개별학습의 의미와 효과에 대해 다시 생각해 보지 않을 수가 없었다.

심층면접질문

1. 여러분들은 이 학교의 수학교육에 어떤 문제가 있다고 보나요?
2. K교사의 학생들이 정해진 프로그램을 이수했다고 가정할 때 그들은 정말 학습했다고 말할 수 있을까요?
3. 교육과정은 학생의 개별 능력과 특성에 따라 서로 달라야만 하나요?

심층면접사례 D-1: 교사의 시험감독55)

F중학교는 대구에 있는 사립중학교로 개교한 지 50년 이상 되었으므로 시설이 노후화되었다. 학급 수는 15학급이고 학생 수는 300명 정도이며, 사립학교이다 보니 교사들의 학력에 약간의 차이가 있다. 특정 과목의 경우에는 명문대학교를 졸업한 교사들도 있지만, 몇몇 교사들은 아주 낮은 수준의 지방대학교 교직과정을 이수한 교사들도 있었다. 문제의 발단은 음악 듣기평가 시험에서 시작되었다. 학교시설이 낙후되어 있다 보니 음악 듣기평가를 보는 도중에 스피커가 잘 들리지 않았을 뿐만 아니라 복도에서 미리 시험을 마친 학생들이 시끄럽게 하여 시험감독을 하는 교사가 음악을 듣지 못한 학생들을 위해 힌트를 주었다는 것이다. 그런데 힌트를 주는 과정에서 불거진 논쟁이 시험 부정의 문제로 확대되었다.

F중학교에서는 7월 초쯤 1학기 기말고사를 실시하였다. 2교시 음악 시험시간이었다. 1학년 3반에 시험 감독관으로 들어간 이교사는 시험지를 나눠 주고 평가를 시작하도록 하였다. 20분쯤 지나서 음악 듣기 평가를 실시하였다. 그런데 듣기평가가 시작된 지 얼마 지나지 않아

---

55) 주삼환 외(2007) 교육행정 사례연구, 학지사, p.342.

먼저 시험을 마치고 나온 2학년 학생들이 복도에 하나둘씩 늘어나기 시작하면서 조금씩 시끄러워져 갔다. 1학년 3반은 유일하게 상급생인 2학년 교실과 붙어있는 교실이었다. 이교사는 복도에 나가 학생들에게 조용히 하라고 타일렀지만, 이미 듣기평가가 끝나갈 때쯤이었다. 듣기 평가 방송이 종료되자 아이들의 불만이 늘어 갔다. "선생님, 음악을 제대로 못 들었어요." "선생님, 음악 다시 한 번 더 들려주시면 안 돼요?" "다른 반은 다 들었는데, 3반만 못 들은 거잖아. 다시 듣는 것은 어렵고, 몇 번을 못 들었는지 말해 봐." "4번이요." "5번이요."

"이런 문제는 시험 이전에 알아야 할 기본적인 교양이다, 우아한 새 있잖아. 요즘은 검정색도 있던데. 새 들 중 오리보다 더 큰 새말이야. 하얀 새 중엔 ○○의 호수라는 것도 있고, 조백을 거꾸로 해 봐라."

"아, 백조!" 학생 중 한 명이 자기도 모르게 4번의 문제인 정답인 '백조'를 크게 외쳤다. 아이들은 깔깔깔 웃으며 답지에 답을 적었다. "그리고 5번은 왈츠가 아닐까?"라고 이교사는 혼잣말로 중얼거렸다. 채점 결과 1학년 3반 학생들은 음악 듣기평가 4번의 정답률이 95%(22명 중 21명이 정답을 맞히고 1명만 오답, 다른 5개 반 평균은 43%)이고, 5번은 이 교사의 혼잣말이 중얼거린 왈츠가 정답이 아니고 미뉴에트였기 때문에 오답률이 90%(다른 5개 반 평균은 44%)가 나오게 되었다. 이교사가 시험시간에 힌트를 준 사실은 학생들 사이에서 급속도로 빠르게 전파되었으며, 음악 교사의 귀에 들어가는 것도 순식간이었다. 1학년 3반 학생뿐만 아니라 많은 학생들이 시험이 공정하지 못하였다고 불만의 소리를 내었으며, 음악 교사 또한 시험 부정행위라 판단하고 교장에게 재시험을 요구하였다.

📝 심층면접사례 D-2: 학급의 좌석배치[56)

H교사는 3월 학기 초를 맞아 고민이 많아졌다. 앞으로 1년 동안 담임교사로서 학급을 잘 운영하기 위해서 무엇보다 구체적인 학급경영 계획을 수립하는 것이 중요하기 때문이다. H교사는 우선 학생들과 함께 학급규칙을 정하기로 했다. 그는 학급규칙을 정하는 과정에서 시간이 조금 더 오래 걸리고 과정이 복잡할지라도 학생들을 직접 참여시켜 학급규칙을 결정하는 것을 원칙으로 하였다. 지금까지 자신의 교직 경험을 들이켜 보면 학생들은 교사가 일방적으로 정한 학급규칙보다는 본인들이 스스로 토의해서 결정한 학급규칙에 더 책임감을 갖고 잘 지키려고 노력하는 모습을 보여주었기 때문이다.

가장 먼저 학급규칙으로 좌석 배치 방법에 대한 논의가 있었다. 학생들은 그동안 교사마다 좌석 배치에 대한 기준이 달라서 어려움이 있었다며 불만을 토로하였다. 자신에게 배정된 자리가 마음에 들지 않아 학습 동기가 떨어진 학생들도 있었다. 학생들은 논의를 통해 매월 주기적으로 제비뽑기를 하여 학생 좌석을 배치하는 것으로 의견을 정리하였다. 학생들은 매우 만족스러워했지만 사실 제비뽑기를 통한 좌

---

56) 한유경 외(2018) 교육행정 및 교육경영, 학지사, p.302.

석 배치는 일반적으로 교사들이 원치 않는 방식이다. 담임교사 입장에서는 학생의 키가 작거나 크거나 혹은 시력이 나쁘거나 좋거나에 관계없이 매달 제비뽑기에 따라 학생 좌석 배치를 새로 하는 것이 타당치 않다고 생각할 수 있다. 이와 함께 수업 담당 교사 입장에서는 교실 수업 시 학생 이름표가 교탁에 붙어있거나 학생 책상에 표시되는 것이 학생들의 출결 상황을 쉽게 파악할 수 있고, 수업시간에 학생들을 관리하기도 용이한데 매달 좌석 배치가 바뀌게 되면 학생들을 파악하기가 힘들다고 생각하기 때문이었다.

심층면접질문

1. 학생들의 좌석 배치는 누구의 관점에서, 어떻게 하는 것이 가장 효과적일까

경북 경산시 소재의 A중학교는 행정구역상으로는 경북에 속해 있지만 오히려 주민들은 대구에 더 가깝다. 1학년은 20명씩 두 반이 있지만 2학년은 35명 1반, 3학년은 15명 1반으로 구성되어 있다. 학교 주변은 농촌 지역으로 부모들은 농업에 종사하지만 자녀들은 중학교까지만 시골에서 다니고 고등학교는 대구지역으로 진학하고 있다. 학교가 조만간 폐교하게 될 것이라는 소문이 도는 가운데 김교장이 이 학교로 부임하였다. 김교장은 이제 정년을 3년 남겨 두고 여러 학교 교장을 거쳐 이 학교를 자신의 마지막 봉사지로 생각하고 있다. 2월에 발령을 받아 학교에 대하여 알아보니 '참 어렵겠구나' 하는 생각이 들었다. 경북교육청에 근무하는 후배에게 알아본 결과 A중학교는 이번에 통폐합 학교 후보 중의 하나라고 하였다. 이제 교직 생활이 3년 남았는데 1년 정도를 폐교될 학교에서 있다가 또 다른 학교로 부임해야 한다는 생각을 하니 과연 이 학교에서 자신이 무엇을 할 수 있냐는 회의가 들었다. 그러나 김교장은 자신이 이 학교에서 할 수 있는 일을 찾아보기로 했다. 무기력하고 패배의식이 있는 학생들과 학생들 교육에 대하여

---

57) 주삼환 외(2007) 교육행정 사례연구, 학지사, p.186.

무관심한 교사들을 바꾸어 이 학교를 살려야겠다는 생각이 들었다.

A중학교는 경산시 외곽의 소규모학교지만 대구와 가까운 지역적 특수성 때문에 몇 가지 다른 학교에서는 보기 힘든 상급학교로의 진학 형태를 보인다. 지리적으로나 생활권으로나 대구가 더 가까우므로 대부분 대구지역의 고등학교로 진학하는 편이다. 단, 일반계 고교를 진학하는 학생의 경우 행정구역이 다르므로 대구지역의 친척 집으로 위장 전입을 하고, 그중에는 실제 집에서 통학하는 학생들도 상당수 있다. 이 학교의 특징은 중학교에 입학하는 학생에 비교하여 졸업하는 학생 수는 매우 적다는 점이다. 1차적으로 대구의 일반계 고등학교 전학을 위해 중학교부터 대구지역의 중학교로 입학을 하거나, 입학 후 1학년을 마치고 대구로 전학가거나 2학년에 전학가게 되니, 정작 이 학교에 남아 있는 학생들은 일반계 고교 진학을 포기하거나 집안 형편으로 대구지역 학교로 진학할 수 없는 학생들만 남게 된다. 공부를 잘하는 학생들은 계속 대구로 빠져나가는 것이다. 남아 있는 학생들은 알게 모르게 대구로 못 나가는 것에 대한 피해의식이 있으며, 중학교 졸업 후에는 실업계 고등학교를 진학해야 한다는 생각에 공부에 열의가 없다. 학생들 사이에는 패배의식이 만연해 있다.

학교 분위기가 이렇다 보니 교사들도 학생들을 가르치는 데 열의가 없다. 수업이라고 해 봐야 가장 많은 교사의 경우가 하루에 4시간이다. 3학년의 경우 보충수업을 하게 되면 5시간이 된다. 어떤 교사의 경우는 하루에 한 시간도 수업이 없을 수 있다. 출근만 하고 학교에서 이런저런 일을 하고 나면 바로 퇴근한다. 교사 수도 한 과목당 1명 정도의 교사들밖에 없고 연령대도 다양해서 마음에 맞는 동료 교사들도 거의 없다. 그냥 같은 학교에 있다는 이유로 그냥 만나고 있을 뿐이었다.

사실 위치상으로만 보면 이 학교는 매력적인 곳이다. 이 지역은 대구에서 출퇴근이 가능하다. 다른 곳에 비하여 수업 부남도 없다. 교사들은 발령을 받은 후 기대를 갖고 학교에 부임하지만 무기력하고 침체된 학교 분위기는 이러한 기대를 여지없이 무너뜨리고 만다. 열정이 있는 교사도 금세 열정이 식는다. 김교장은 자신이 해야 할 일을 나열해 보았다. 학교 분위기 개선, 교사들 간의 신뢰, 믿음 회복, 학생들에게 학교에 대한 자긍심 심어주기, 학생들의 패배 의식 극복, 지역사회의 학교에 대한 후원 등 이 모든 것들이 결합할 때 이 학교는 폐교에서 벗어나 새로운 학교로 거듭날 수 있을 것이다. 우선 다른 비슷한 규모의 학교부터 찾아가서 어떤 방법으로 학교를 운영하는지 알아보기로 하였다.

심층면접질문

1. 이 학교를 살리기 위한 장단기 계획을 수립하여 보세요.

심층면접사례 D-4: 실험실의 사고처리

　　Y교사는 고등학교의 화학 교사이다. 어느 날 그가 그렇게 위험하지 않은 화학실험 수업을 진행하고 있는데, 자기 학생 중의 한 명에 대해 교육청에 보고를 해 달라는 긴급요청을 받고 교무실로 갔다. 수행되는 실험에는 위험한 상황이 발생할 가능성이 전연 없었고, 또 실제로 조금이라도 위험한 물질은 보관함 속에 보관되어 있다는 것을 확인한 후 학생들에게 계속 실험을 하게 하고 긴급소환에 응했다. 그러나 그 '긴급소환'은 실지로 긴급한 것이 아니었으므로 안도했지만 곧이어 화학실에서 폭발소리가 들렸을 때 순간적으로 공포에 질려 허둥거리게 되었다. Y교사가 급히 달려가 화학실에 들어섰을 때 교실은 연기로 자욱해 있었다. 다친 학생이 있는가를 파악하는 것이 그의 급선무였다. 다행히 다친 학생은 아무도 없었다. 오히려 학생들은 그 폭발에 흥미를 느끼는 것처럼 보였다. 그 폭발은 구석에 있는 아주 큰 금속 쓰레기통에서 일어났다. 그래서 다친 학생이 없었던 것이다. Y교사는 곧 위험물질을 보관하는 잠겨진 보관함 중의 하나가 열려있음을 알게 되었다. 그는 그것을 잠궈 두었다고 확신했다. 그래서 누군가가 열쇠로 그 자물쇠를 열 수 있었다고 결론을 내렸다. 그는 이 상황을 매우 중대한 것으로 생각했다. 이 폭발상태를 일으켰던 학생은 자기가 한 행동에 대해서 대

수롭지 않게 생각할 수도 있다. 그러나 자칫 실수했더라면 누군가가 크게 다쳤을 수도 있었던 상황이었다. 그래서 그는 누가 그랬는지를 알기 위해 학생들에게 물어보았으나 학생들은 실험에 열중하고 있었으며 누가 그랬는지를 모른다고 하였다. 그러한 학생들의 말도 겉으로는 맞는 말이었다. 그러나 사실은 많은 학생들이 알고 있음에 틀림이 없었다. 그러나 학생 중 아무도 누가 그런 일을 저질렀는지 말하려 하지 않았다.

Y교사는 학급 전체를 벌주기로 작정했다. 그는 한 달 동안 그들을 방과후에 남겨 화학물질의 폭발에 대한 과제를 부과했다. 이 과제를 완수하지 못하는 학생에게는 화학 점수를 실격처리하겠지만 누가 그랬는지를 알게 되면 이 벌을 취소하겠다고 그는 말했다. 다음날 그는 책상 위에 K군이 그 폭발을 일으켰음을 고발하는 익명의 쪽지를 발견했다. 그것은 사실이었다. K는 어떻게 화학물질을 다루어야 하는지 알 만큼 똑똑한 학생이었으며, 그의 체구와 힘과 공격성은 아무도 그를 쉽게 고발할 수 없었음을 나타내 주었다. 그러나 더욱 결정적인 단서는 그의 아버지가 열쇠공이었다는 것이었다. 모든 상황이 맞아 떨어졌다. 다만 문제는 K가 그의 책임과 직면했을 때 자신의 잘못을 인정하기를 거부하는 것이었다. Y교사는 단지 상황적인 증거만 가지고 있었기 때문에 그것만으로는 결정적일 수가 없었다. 그러나 그는 K를 벌주기로 결정했다. 다음날 Y교사는 범인이 밝혀졌음을 공고하고 해당 반에 대한 처벌을 취소시켜 주었다. 그러나 K는 화학점수를 실격 받게 되었다. 그 후로는 아무도 화학 실험실에 들어가서 장난삼아 폭발을 일으키는 일은 생각할 수조차 없었다. Y교사의 행동은 과연 공정하고 정당하게 행동해 왔다고 할 수 있는가?

- Y교사는 K에게 자신을 변호할 기회를 주지 않았다.

- Y교사가 왜 K를 범인이라고 믿게 되었는지 그 이유를 그에게 말해주지 않았다.

- Y교사는 그 문제를 철저히 조사하지 않았다.

- Y교사는 K에게 그 위빈에 대해 부낭한 처벌을 내렸다. 그리고 그 처벌이 앞으로의 사건을 방지하려는 효과로서 선택되었다.

심층면접질문

1. 점수가 벌로써 적합한 도구가 될 수 있나요? 그렇지 않다면 그 이유는 무엇인가요?

2. Y교사는 이 사건을 어떻게 해결해야 했나요?

🖹 심층면접사례 D-5: 원칙의 부재[58]

학교에는 교사들이 모여 함께 근무한다. 당연히 여러 사람이 하나의 조직 속에서 생활하다 보면 사람들 간에 갈등이 있게 마련이다. 이런 갈등 속에서 자신은 손해를 보지 않으려고 하는 데서 문제가 발생하는 경우가 있다. 그리고 모든 일을 자신의 관점에서 생각하고 행동하며 말하는 교사들도 존재한다. 학교에 이런 교사가 많을수록 관리자는 학교를 이끌어 가기가 힘들 수밖에 없다.

D중학교는 대구 서구에 위치한 중소규모의 중학교다. 교지원 수는 40여 명이고 교사들 간에 특별히 공유된 문화는 없다. 그저 아침에 출근하여 자신에게 주어진 일에 충실하고 퇴근 시간이 되면 뜻이 맞는 몇몇 교사들끼리 모여 저녁을 먹거나 차를 마시곤 한다. 그렇기에 집단 간의 이해력이나 융합 정도가 많이 떨어진다고 할 수 있다. D중학교의 김교장은 이 학교에 부임한 지 2년째다. 그리고 학교에 대해 거의 모든 것에 만족한다. 학생들의 학력 수준, 학부모들에 대한 학교의 관심, 교사들이 학생을 대하는 태도 등 거의 모든 것이 교장에게는 눈에 거슬리는 것이 없다. 그러나 한 가지 맘에 걸리는 것이 있다. 그것은 이상

---

58) 주삼환 외(2007) 교육행정 사례연구, 학지사, p.285.

하게 교사들 간에 이기주의가 팽배한 것이다. 교사들 간에 이해와 양보보다는 우선 자신의 이익을 챙기려는 경향이 많기 때문이다. 신학기가 시작될 때 D중학교에 근무하는 교사들의 관심은 교육청에 새로이 교체되어 지급되는 신형 노트북 컴퓨터가 누구에게 지급되느냐에 쏠린다. 교육청 예산의 삭감으로 올해 D중학교에 지급되는 신형 노트북의 대수는 5대다. 그런데 원래는 올해 교체되어야 하는 노트북은 8대다. 이러한 이유로 8명의 교사들 중 3명의 교사는 기존에 사용하던 노후된 노트북을 사용해야 한다. D중학교의 정보부장은 일주일 전 교육청에서 지급된 5대의 신형 노트북을 수령했다. 그리고 아직 누구에게 5대의 신형 노트북을 지급할 것인가에 대한 결정을 내리지 못해 받아 온 노트북 컴퓨터를 보관하고 있다. 이미 지급되었어도 벌써 지급되어야 할 노트북 컴퓨터가 보관함 속에 있는 이유는 교사들 간에 팽배하게 퍼져 있는 '나는 손해를 보지 않겠다'는 생각 때문이었다. 이러한 이유로 정보부장은 노트북 컴퓨터의 지급을 보류하고 누구에게 지급되어야 하는가를 결정하지 못하고 그 결정권을 교장에게 넘겼다. D중학교의 김교장은 정보부장으로부터 노트북을 어느 교사에게 지급해야 하는가에 대해 보고를 받고 난 뒤로 어떻게 새로이 지급된 노트북을 지급해야만 교사들 간의 불평을 최소화할 수 있을까에 대해 고심하고 있었다. 벌써 3일째 고심하고 있다. 결국 1순위가 근무를 가장 많이 하는 교사, 2순위 담임, 3순위 부장 순으로 정했다. 그리고 정보부장은 교장이 정해 준 순서에 따라 5대의 컴퓨터를 지급하였다.

김교사는 이번 노트북 컴퓨터 지급에서 제외되었다. 그리고 교장이 내린 노트북 지급에 대한 순위에 대해서도 불만이었다. 우선 근무를 가장 많이 하는 교사라면 당연히 자기라고 생각하기 때문이다. 자신이 생각하기에 비록 자신이 담임을 맡고 있지는 않지만, 그것은 자신이 담임을 맡기 싫어서가 아니라 다른 교사들보다 교과 시수가 5시간 성도 더 많으므로 배려차원에서 담임을 빼 준 것이다. 따라서 다른 교사들보다 5시간이나 교과 시수가 많은 자기에게 당연히 새로운 노트북 컴퓨터가 지급되어야 한다고 생각하였다. 김교사는 생각하면 할수록 교장의 결정이 이해되지 않았다. 그래서 그 이유를 알고 싶었다. 그래서 결국 그는 교장실로 향했다.

심층면접질문

1. 8명의 교사들에게 5대의 노트북을 지급할 가장 합리적인 방안을 찾아보세요.

🖹 심층면접사례 D-6: 학생 복장규정[59]

　　교장은 자신의 소신과 경험으로 학교행정을 이끌어 간다. 그리고 그것을 이끌어 나가는 기초가 되는 것이 교장이 가지고 있는 철학이라고 할 수 있다. 그런데 교장은 한 학교에 오랫동안 근무하지 못한다. 그러므로 어떤 교장이 확실한 철학을 갖고 학교를 이끌어 오다가 다른 학교로 이동을 하고 새로 부임하는 교장이 전의 교장의 철학과 많은 차이를 보일 경우 학생들과 교사들은 혼란에 직면하게 된다. J고등학교는 대구에 있는 남자 실업계 공업고등학교다. 학급 수는 30개 학급이며 교사의 수는 50여 명 정도다. 이 학교의 김교장은 보수적인 성격이며 확고한 학교 경영철학이 있으며, 자신이 옳다고 생각하고 추진하는 일에는 특별한 일이 없는 한 번복하지 않는 교장으로 잘 알려져 있다. 그는 무엇보다 학생은 깔끔한 용모를 갖추어야 한다는 생각을 가지고 있다. 김교장이 J고등학교에 부임한 것은 올해 3월이었다. 그가 학교에 부임하기 전에는 이교장이 J고등학교의 교장이었다. 그는 개방적인 사고를 가졌으므로 개방적으로 학교경영을 해 왔었다. 특히 학교 생활면에서는 학생의 자율에 맡기는 형식을 취하였기 때문에 특별하게 학생

---

59) 주삼환 외(2007) 교육행정 사례연구, 학지사, p.425.

으로 품위를 벗어나지 않는 범위 내에서 많은 부분들이 허용되었다. 그래서 J고등학교의 학생들은 이교장의 그런 점들을 좋아했다. 특히 실업계 고등학교의 학생으로 다른 학교의 학생들보다 두발이 자유롭다는 것은 기분 좋은 일이었다.

김교장이 학교에 부임한 후 학생들과의 상견례를 하기 위해 운동장 조회가 있었다. 김교장이 운동장에 모여 있는 학생들의 용모를 보고는 자신이 이 학교에서 처음으로 해야 할 일이 무엇인가를 찾았다고 생각했다. 조회를 마친 후 김교장은 학생부장을 불렀다. 그리고 학교에서 정하고 있는 두발 규정을 가져오라고 했다. 규정에는 "앞머리 7㎝, 뒷머리의 길이는 머리가 교복의 깃에 닿지 않을 것, 옆머리의 길이는 귀를 덮지 않을 것"이라고 되어 있었다. 이 규정을 본 김교장은 규정대로 따를 것을 지시하였다. 학교에서는 1주일 동안 계도기간을 두고 학생부 선생님들과 학급담임들은 학생들의 두발을 학교의 규정대로 유지할 것을 매 조례, 종례시간마다 독려하였다. 그에 대한 학생들의 반발도 적지 않았다. 그동안 두발에 대해 이야기가 없다가 갑자기 왜 그러냐는 식의 반발이 가장 컸다. 1주일 동안의 계도기간이 지난 후 학생부에서는 학생들의 두발 상태를 점검하였고 규정을 위반한 학생들의 지도에 들어갔다. 위반한 학생들은 학생부로 불려가 규정을 어긴 이유를 물어보았고, 규정대로 두발을 유지할 것을 독려함은 물론 두발상태가 학교의 규정대로 될 때까지 매일 학생부에 와서 검사를 맡도록 하였다. 그렇게 1주일이 지나갔고, 많은 학생들의 두발 상태가 학교의 규정에 맞추어졌다.

김교장은 자신이 두발에 대해 학생들과 학생부장에게 언급한 이후 두발상태가 바뀌어 가고 있음을 느끼고 있었다. 그리고 가끔씩 규정을 따르지 않는 학생들이 보이지만 그 학생들도 곧 바뀔 것이라고 생각했다. 그리고 전에 있는 학교에서도 그랬었다. 그런데 전혀 생각하지 못했던 일이 생겼다. 김교장이 자신의 방의 문을 열고 들어서자 출입구 바닥에 A4용지가 놓여 있었다. 그리고 그는 그것을 주워들어 눈으로 읽었다. "우리 머리 길이를 구속하지 말아 주세요. 교장선생님이 오신 후 겉으로 보기에 머리는 단정해졌을지 모르지만, 우리들의 내면의 머리 상태는 이전보다 못한 것 같습니다. 우리에게 자유를 주세요." 아마도 학교의 학생이 교장실의 문틈으로 이것을 밀어 넣은 모양이다.

심층면접질문

1. 학교와 학생들의 바람직한 의사소통의 통로는 무엇일까요?
2. 학생들의 두발에 대한 여러분의 의견은 어떠한가요?

올해 M교사는 고등학교에서 처음으로 역사과목을 담당하게 되었다. 그러나 그는 교과 수업에 대해 걱정이 앞섰다. 그는 경험 있는 교사가 아니었으며 교실에서 실제로 해야 할 활동이 안내서에 모두 기록되어 있는 것도 아니었다. 그는 수업 시 발생하는 문제와 과제에 대해 논의할 수 있는 동료 교사가 있기를 원했다. 곧 그는 학교에서 T라는 조언자이자 친구를 발견했다. 그는 이곳에서 지난 5년간 역사를 가르쳤으며 우수한 교사로 여겨졌다. 그는 학생들에게 인기가 있었으며 그의 수업은 항상 활기에 넘쳤다. 평가에서도 그가 맡은 학급 학생들의 역사 점수가 다른 학교의 점수보다 월등하였다. 그는 교사로서 그의 경험을 기꺼이 나누어 주었다. M교사는 T교사로 인해 동료 교사들의 개성과 유머를 알게 되었고, 심지어는 학생들의 가십거리도 알게 되었다. T교사의 정보제공과 후원이 M교사에게는 학교생활에 더욱 편안함을 안겨주었다. 그러나 T교사는 퇴근 후 술을 과음하곤 했다. 그것은 다음 날 그에게서 나타났다. T교사가 교사휴게실에서 커피를 마시면서 회복하는 동안 M교사는 자신의 수업이 없을 때는 그의 수업을 대신하기도

---

60) Kenneth A. Strike & Jonas F. Soltis(2016) 가르침의 윤리학, 박영사.

했다. M교사는 친구를 위해 좋은 일을 하는 것을 꺼리지 않았으며 그의 수업을 대신하는 것이 자기에게 좋은 경험이 될 것으로 생각했다. 그의 학생들이 대개 역사시험에서 좋은 성적을 나타내었기 때문에 M교사는 그 이유를 알고 싶었다. T교사는 계획된 강의를 별로 하지 않는다고 그에게 말해주었다. 그는 학생들에게 그들의 지식에 대한 개념을 알아보기 위하여 최근 역사에 대한 몇 가지 질문을 해 보았다. 그러나 학생들은 대답하지 못했으며 그들이 얘기한 몇 가지 대답들도 틀렸거나 적절한 대답이 아니었다. 마침내 그는 화가 나서 학생들에게 T교사와 수업시간에 무엇을 했느냐고 물었다. 학생들은 대체로 시사나 스포츠에 관한 이야기를 하면서 대부분의 시간을 보낸다는 말을 하였다. 그렇다면 어떻게 학생들이 시험준비를 하는지를 물었다. T교사는 항상 시험준비로 연구할 질문의 목록을 자기들에게 준다고 학생들이 대답했다. 이러한 질문들이나 약간 상이한 문제들이 대체로 시험에 나왔다. 준비했던 학생들은 점수가 좋았다.

M교사는 학생들에게 들은 것 때문에 매우 혼란스러웠다. 학생들은 역사에 관해 많은 것을 배우는 것 같지 않았다. 오히려 학생들은 성적을 잘 받는 방식으로 이끌어져 갔다. 그는 이 사실에 대해 T교사에 대해 물어보았으나 그는 매우 퉁명스럽게 대답했다. M교사의 질문은 그다지 중요한 것이 아니라고 그는 무시했다. T교사는 자신의 수업이 학생들의 삶에 그렇게 중요하지 않다고 생각하였다. 그리고 자신의 직업에 대해 그렇게 즐거워하지도 않았다. 그래서 그는 가능한 한 수고와 노력 없이 수업했다. 그는 교실에서의 자기 시간을 유쾌하게 보내려고 했으며, 학생들에게 재미있는 대화를 제공했고 주제에 대해서는 피상적인 수업만 진행했다. 만약 학생들이 시험 전에 주어졌던 질문들에 대

답할 수만 있다면 그는 만족했고 학생들 역시 만족했으며, 그 이상은 아무 의미가 없었다. 왜냐하면 성적만이 그와 학교를 좋게 보이도록 하는 최종결과였기 때문이었다. 이러한 T교사의 태도에 대하여 M교사는 어떻게 해야 할지 몰랐다. 그는 T교사가 술을 너무 많이 마시고 그의 의무를 게을리해서 학생들이 충분하게 수업을 받지 못한다고 생각했다. 그래서 M은 이 사실을 누군가에게 말해야 한다는 것을 강하게 느꼈다. 그러나 그가 이 사실을 과연 누구에게 이야기해야 하는지에 대해서는 판단이 서질 않았다.

심층면접질문

1. M교사는 T교사에 대해서 어떤 방법을 취해야 하나요?

📝 심층면접사례 E-2: 교사 연수의 한계는?[61]

교사 연수는 보장되어야 한다. 어느 직장에서든 조직원들의 재교육을 통한 생산성 향상은 바람직한 것으로 격려받아야 한다. 김 교장은 대도시에서 위치한 공립 중학교 교장이다. 교사 시절부터 남다른 열정으로 석사와 박사학위를 받았으며, 학위과정 중에서 공부한 내용이 현장에 많은 도움이 되었다고 생각하고 있다. 그래서인지 교사들의 대학원 진학을 격려하고 있으며, 여러 연수 프로그램에 참여할 수 있도록 어떤 경우에는 학교 일정까지도 조정해 주고 있다. 그러다 보니 학교에서 몇 가지 불만 섞인 소리가 들리기도 한다. 대표적인 것으로는 일할 만한 교사들은 다 대학원에 다녀 경력 있는 교사들이 업무를 맡게 된다는 것이다. 그러다가 학부모의 진정서로 시작된 일이 김 교장에게는 큰 고민거리가 아닐 수 없다.

C중학교는 공립중학교로 한 학년에 10학급 규모이며 신도심지역에 위치하고 있다. 국립대학 옆에 위치한 이 학교의 김교장은 교사들의 연수를 적극적으로 권장하고 있다. 교육 관련 학회나 세미나가 있으면 학기 중이라도 교사가 꼭 필요하다고 하면 수업시간을 조정하여 참가

---

61) 주삼환 외(2007) 교육행정 사례연구, 학지사, p.246.

할 수 있게 해주었다. 그러다 보니 전체 교사 중 20% 정도인 열 명 정도의 교사들이 대학원에 진학하고 있다. 그러던 어느 날 교육청에서 공문이 내려왔다. 대학원에 다니는 교사 명단을 제출하라는 것이다. 이에 김교장은 교육청에 전화를 했다. 시작은 이 학교 학부모들의 진정으로부터 시작됐다고 한다.

"저는 중3 학부모입니다. 화요일 오후에 학교에 갔습니다. 물론 아이의 담임선생님과 먼저 약속을 하고 가야 했습니다만 저희 애가 공부를 그리 잘하는 편도 아니고 개구쟁이고 말썽을 부려서 먼저 전화 드리기가 어려웠어요. 3시가 좀 넘은 시간이었지만 일과 시간 중이고 수업도 없을 것 같아서 교무실로 찾아갔지요. 선생님은 없으시더군요. 다른 선생님이 말하길 먼저 약속을 하고 오셔야지 만나 뵐 수 있다고 하더군요. 저는 아쉬운 마음에 돌아섰지요. 그리고 다음 날 선생님과 통화를 했습니다. 화요일과 목요일은 대학원 수업 때문에 학교를 조퇴한다고 하시더군요. 수요일은 수업이 많고, 다음 주 금요일 오후에 찾아오시면 만날 수 있다고 하시더군요. 그래서 그날로 약속을 잡고 전화를 끊었습니다. 마침 토요일 같은 반 학부모 모임에 나가서 이 이야기를 했더니 많은 학부모들이 이미 알고 있는 내용이라고 하더군요. 어떤 학부모는 자기 아이가 이야기하는데, 어떤 선생님은 대학원 과제를 위해 수업시간에 자습하라고 했다고 합니다. 그리고 교실에서 노트북으로 과제를 하신다고 합니다. 이런 이야기를 듣고 많이 놀랐습니다. 선생님들께서 대학원을 다니는 일은 물론 찬성입니다. 선생님들이 대학원에서 배운 것들이 바로 우리 아이들을 위해서라고 생각하면 자기발전을 위해 공부를 하는 선생님들의 노력이 대단해 보이기도 합니다. 하지만 일과 시간 중 상담을 위하여 학부모가 찾아가 선생님을 만나 뵐 수 없다는 것은, 그리고 일부겠지만 선생님의 대학원 공부를 위하여 맡은 소임을 소홀히 하고 계신 것은 우리 아이들의 교육에 좋지 않은 영향을 줄 수 있을 것 같아요. ……"(중략)

교육청에서는 위와 같은 편지를 교장에게 보여주었다. 그리고 명단을 파악해서 보내 달라고 했다. 보내 달라고 하기에 명단을 작성하여 보내 주어야겠지만 대학원을 다닌다는 이유로 어떤 행정적인 조치가 내려질지 의구심이 들었다. 교사의 재교육은 교사 자신을 위해서, 그리고 학생들을 위해서 반드시 필요하다. 학부모의 불만을 줄일 수 있는 방법은 없는 것인가?

심층면접질문

1. 대학원에 진학하는 교사에게 업무 분장 및 담임 배정 등의 배려를 해야 하나요?
2. 대학원에 다니지 않는 교사들과의 예상되는 갈등과 그 해결방안은 무엇일까요?

　　학교에서 교사들의 교육경력은 교직생활에 많은 영향을 준다. 교육경력이 높은 교사들은, 즉 나이가 많은 교사는 모든 면에서 더 대우받아야 한다는 생각을 하곤 한다. 그렇지만 교육경력이 높은 교사가 대우를 받아야 한다는 생각에 반대하며, 역할과 능력에 따라 대우받아야 한다고 주장하는 교사들도 있다. E중학교는 대구에 있는 중학교다. 학생 수는 약 300명 정도로 그렇게 크지 않은 학교며 교사도 40여 명 정도로 그렇게 많은 편이 아니다. 그러나 교사들의 연령분포는 나이가 많은 사람과 이제 막 신규교사 생활을 시작한 초임교사들이 대부분 차지한다. 그래서 그런지 나이가 많은 교사들은 나이 어린 교사들에게 대우를 받고 싶어 하고 때로는 그렇게 하지 않는 나이 어린 교사들에게 핀잔을 주기까지 한다.

　　김교사는 과학교사로서 1학년 과학을 담당하고 있고 교사가 된 지 올해로 6년째다. 그리고 그는 발명에 관심이 많아 학생발명 동아리를 이끌면서 학생들을 지도한다. 김교사가 학생발명 동아리에 쏟는 열정은 대단해서 밤늦게까지 과학실에 남아 연구에 몰두하곤 한다. 그렇게

62) 주삼환 외(2007) 교육행정 사례연구, 학지사, p.295.

연구를 통해 얻어진 결과로 발명품을 만들어 전국대회에 나가 최고상을 타곤 하였다. 이에 반해 정교사는 교사 생활을 한 지 25년째고 E중학교에서 과학부장을 맡고 있다. 그리고 그의 위치는 이제 교감을 생각해야 할 때이다. 그래서 그는 매년 자신의 인사 점수에 관심이 많다. 그 역시 과학교사였지만, 김교사와 같이 어떤 분야에 중점적으로 관심을 가지고 연구하지 못했다. 그래서 교감으로 승진하기 위한 연구점수가 턱없이 부족한 것이 항상 마음에 걸렸다. 올해도 김교사는 학생발명품 경진대회에 발명품을 제출하려고 하였다. 그러나 이번에는 정교사와 같이 공동으로 제출하게 되었다. 그 이유는 정교사가 자신이 교감으로 승진하는 데 필요한 연구점수 확보를 위해 김교사가 발명한 발명품에 자신의 이름을 같이 넣어 달라고 부탁했기 때문이다. 김교사는 이미 자신은 여러 번 발명품으로 상을 받은 상태고 연구점수도 이미 다 확보한 상태기 때문에 별문제가 되지 않는다고 생각했다. 그리고 정교사의 간곡한 부탁도 있고 해서 자신이 제출한 발명품의 보고서에 정교사의 이름을 함께 적었다. 결국 발명품 경진대회에 김교사가 제출한 발명품이 올해의 대상을 받았다.

학생발명품경진대회의 시상이 끝난 후 한 달쯤 되었을까, 김교사는 자신의 귀를 의심할 만한 소식을 들었다. 그것은 정교사가 해외연수를 가게 되었다는 사실이었다. 그런데 해외연수를 가게 된 원인이 학생발명품경진대회에서 대상을 받았기 때문이란 것이었다. 그 이야기를 들었을 때 김교사는 뒤통수를 강하게 한 대 얻어맞은 기분이 들었다. 그리고 무엇인가가 잘못되었다는 생각이 들었다. 그래서 교감에게 달려갔다. 그리고 자신이 해외연수를 가야 하지 않느냐고 항변하였다. 그에 대한 교감의 대답은 이러했다. "교육청에서 해외연수 대상자를 정교사로 이미 정해셔서 공문이 왔어요. 아마도 학생발명품경진대회에서 공동으로 대상을 받았는데 해외연수 대상자는 1명이므로 그렇게 된 듯하네요." 이 말에 김교사는 자신이 무언가 도둑맞았다는 생각이 들었다. 그래서 교육청의 담당장학사에게 전화했다. 김교사는 정교사가 학생발명품경진대회에서 수상하게 되기까지 사실을 말하면서 실제로 발명품을 만든 본인은 자신이므로 해외연수 대상자도 자신이 되어야 한다고 주장하였다. 이에 대해 교육청의 장학사는 이번 학생발명품 대회의 수상자는 정교사와 김교사로 알고 있으며, 이 중 1명의 교사를 해외연수를 보내야 하는데 선발 기준은 연장자순으로 하였다는 것이었다. 김교사는 더 이상 할 말이 없었다.

심층면접질문

1. 김교사는 어떤 해결방법을 찾아야 할까요?
2. 교직사회에서 경력이 많은 교사가 취해야 할 모범에는 어떤 것들이 있을까요?

나오면서

이 책은 1987년 내가 교사로서 교단에 발을 내딛은 때로부터 이 책이 출간되는 지금까지 교육자로서의 여정을 담은 결과물이라 할 수 있습니다. 나는 교육을 굳이 비유하자면 의식주 중의 옷에 해당한다고 봅니다. 인간은 태어날 때 외에는 죽을 때까지 옷을 입습니다. 교육도 마찬가지입니다. 인간이 태어난 그 순간부터 죽을 때까지 교육은 지속됩니다. 평생교육이란 의미를 생각하면 될 것입니다.

나에게 교육이란 옷과 같은 의미입니다. 나는 교육이란 옷의 단추를 어떻게 여미고 풀어나갈 것인가에 대해 오랫동안 고민했던 것 같습니다. 결국 내가 찾은 단추는 교육의 3요소였습니다. 순서에 관계없이 하나는 교육과정이고 다음은 학생, 그리고 교사입니다. 그래서 나는 첫 번째 단추인 교육과정을 '변하지 않는 학교는 공룡이다'(2014)를 통해 교육과정 재구성과 11년에 걸친 학교종단 사례연구로 풀어내었습니다. 두 번째 단추는 학생에 관한 이야기로서 '시냅스러닝'(2020), 즉 뇌과학 기반 자기주도학습으로 풀었습니다. 마지막 단추는 교사에 관한 이야기로서 바로 이 책이라 할 수 있습니다.

나는 무엇보다 이 책을 쓰면서 스스로 많은 위로가 되었습니다. 책의 내용이 어느 정도 정리되고 교정을 거치면서 나 자신의 삶을 반

추할 수 있었습니다. 이 책에서 인용되는 철학자들과 정신적 공감과 대화를 통해서 자신을 돌이켜 볼 수 있었습니다. 이 책의 주제인 인격은 개별적 인간이 삶 속에서 마주치게 되는 선택의 갈림길에서 내린 결정들이 쌓여 있는 총체라 할 수 있습니다. 그러나 우리의 행위에는 권리와 함께 책임이 따르듯이 하나의 인격에도 책임이 따릅니다. 누구에게나 삶은 힘듭니다. 그러나 '의인은 믿음으로 산다'는 구약성경의 하박국 선지자의 말이 아니더라도 우리는 삶을 통해서 자신의 정체성을 드러내게 됩니다. 그것이 바로 그 사람의 인격이라고 할 수 있습니다.

이 책은 또한 나에게는 계륵(鷄肋)이자 뜨거운 감자(Hot-potato)입니다. 교직에 몸담은 이래 의식적이든 무의식적이든 계속 이 문제와 씨름해왔으니 말입니다. 그래서 이 책은 내가 교육을 풀이하고자 했던 방식의 마지막 화룡점정(畵龍點睛)이라 할 수 있습니다. 나는 교육을 교육의 3가지 요소인 교육과정, 학생, 교사로 풀어내고 싶었지만 나의 역량으로는 여기까지가 한계임을 밝힙니다. 그러나 지금까지 교육현장에서의 경험들을 돌이켜 볼 때 교육에서 이론과 함께 현장경험은 분리될 수 없는 부분이라고 생각합니다. 이 책은 내가 교육현장에서 어느 한순간도 교사로서의 정체성을 잃지도 않고, 놓지도 않으려고 했던 것과 이론과 현장 사이의 괴리감을 줄이고자 했던 노력의 산물임을 알고 있습니다. 그래서 오랜 기간 나를 눌러왔던 무거운 짐을 이제는 조금은 내려놓으려고 합니다. 정신과 육체는 함께 쇠락하는 법이니까요. 그래서 선현께서는 화무십일홍(花無十日紅)이고 물극필반(物極必反)이라 했나 봅니다. 청출어람(靑出於藍)이라 했으니 이후 이 분야의 연구에 대한 후학들의 건투를 기원합니다.

참고문헌

📖

국립교육연구원(1999) 표준국어대사전.

김도기, 이정화(2008) 싱가포르 교사양성제도의 특성과 시사점, 초등교육연구, 21(3), 313 – 337.

김보림(2015) 한국과 일본의 교원양성기관 평가인증제 비교연구, 일본문화학보 64, 391 – 415.

김보림(2011) 한국과 일본의 교원채용시험제도 비교, 사회과교육 50(2), 55 – 69.

김병찬(2013) 핀란드의 교사양성교육 프로그램의 특성, 비교교육연구 23(1), 45 – 79.

김상환(2019) 왜 칸트인가, 21세기북스.

김신일(2015) 교육사회학, 교육과학사.

김운종(2013) 중등학교 신규교원 선발제도의 개선방안 탐색, 한국교육문제연구, 31(4), 75 – 93.

김자미, 이원규(2016) 한일간 교사양성제도의 비교 및 현황분석을 통한 중등 정보교사 양성제도 개선방안, 한국컴퓨터교육학회 19(3), 35 – 53.

김태오(2019) 인격과 로봇, 박영사.

김희규(2013) 교원임용제도의 문제점과 대안모색, 한국교원교육학회 학술대회자료집, 3 – 16.

교육부(2013) 2012 경제발전경험모듈화사업: 한국 교육발전에서의 사립학교의 역할, 기획재정부.

닉 데이비스(2008) 위기의 학교, 우리교육.

루소(2015) 에밀, 돋을새김.

마스다 유리야(2010) 핀란드교사는 무엇이 다른가, 시대의창.

마이클 샌델(2014) 정의란 무엇인가, 와이즈베리.

몬테소리(2016) 흡수하는 정신, 부글북스.

미코시바 요시유키(2017) 그렇다면 칸트를 추천합니다. 청어람.

박권일 외(2020) 능력주의와 불평등, 교육공동체벗.

박영숙 외(2018) 한국의 교직과 교사탐구, 학지사.

박정연(2019) 한국과 싱가포르의 교사양성 인성교육 교육과정 비교연구, 공
    주교육대학교 석사학위논문.

서울대학교 인문대학92020) 인간을 다시 묻는다. 서울대학교 출판문화원.

손종호(2020) 시냅스러닝, 박영스토리.

손종호(2015) 변하지않는 학교는 공룡이다, 해드림출판사.

신현석, 이경호(2007) 신규교원 임용의 쟁점과 과제, 인력개발연구 9(2),
    61 − 81.

아리스토텔레스(2013) 니코마코스 윤리학, 도서출판 숲.

와타나베 가즈코(2015) 사람으로서 소중한 것, 21세기북스.

이돈희(1999) 교육정의론, 교육과학사.

이병기(2011) 한국과 미국의 사서교사 임용 및 자격시험 비교 분석에 관한
    연구, 정보학회지 42(2), 127 − 149.

이양락, 곽영순 (2017) 한국의 중등 과학교사 양성과 임용시험, 교육과학사.

이인수(2017) 사립학교 교원의 법적 지위에 대한 비교법적 고찰: 한국과 미
    국의 사례를 중심으로, 교육법학연구 29(4), 147 − 176.

임마누엘 칸트(2018) 윤리형이상학 정초, IV−429, 대우고전총서 16.

정미경외(2011) 교사 선발방식 개선방안 연구, 한국교육개발원.

존 롤스(2016) 공정으로서의 정의, 이학사.

존 롤스(2016) 정의론, 이학사.

진교훈 외(2007) 인격, 서울대학교 출판부.

진교훈(2018) 사람다움이란 무엇인가, 종문화사.

조동섭(2009) 미국의 교사 신규 임용의 실태와 시사점, 한국교원교육연구 29(4), 1−20.

주삼환 외(2007) 교육행정 사례연구, 학지사.

파울 페르하에허(2015) 우리는 어떻게 괴물이 되어가는가, 반비.

프리드리히 니체(2017) 니체의 생각, 힘찬북.

카렌 레바크(2000) 정의에 관한 6가지 이론, 크레파스.

토미 코(2020) 싱가포르 성공의 50가지 비결, 박영스토리.

한국교육개발원(2011) 교육과 사회계층이동조사연구, 한국교육개발원.

한국교육개발원(2017) 교원양성 및 채용정책의 현장적합성 진단과 혁신방향, 제104차 KEDI 교육정책포럼, 연구자료 2017−04.

한유경 외(2018) 교육행정 및 교육경영, 학지사.

허병기(2014) 롤스의 정의론에 기초한 교육정의 탐구, 도덕문화연구.

Bernie Trilling & Charles Fadel(2009), 21세기 핵심역량(한국교육개발원 역), 학지사.

Bowles & Gintis(1976) Schooling in Capitalist America, Basic Books.

Brian Clemons(2010) A Correlational Study of the Ventures for Excellence Interview−rating System and First Year Teacher evaluations, Lindenwood University Dissertations.

Christensen & Johnson(2009) Disrupting Class. McGraw Hill.

Decker F. Walker & Joans F. Soltis(2017) 교육과정과 목적, 교육과학사.

Ed Schein(2010) Organizational Culture and Leadership, Jossey–Bass.

G. D. Fenstermacher & J. F. Soltis(2011) 가르침이란 무엇인가?, 교육과학사.

Goodlad(1984) A Place Called School, McGraw–Hill Book.

James Coleman(1966) Equality of educational Opportunity Johns Hopkins University.

Kenneth A. Strike & Jonas F. Soltis(2016) 가르침의 윤리학, 박영사.

Maehr & Midgely(1996) Transforming School Cultures, Westview Press.

Martin Haberman(2005) Star Teachers: The Ideology and best Practice of Effective Teachers of Diverse Children and Youth in Poverty.

Peters(1966) 윤리학과 교육, 교육문화사.

Shulman, L. S. (1987). Knowledge and Teaching: Foundation's of the New Reform. Harvard Educational Review, 57(19), 1–22.

Shulman, L. S, (1988). The Dangerous of Dichotomous Thinking in Education, In a P. P. Grimett & G. L. Erickson(Eds), Reflection in Teacher Education(pp. 31–46). New York: Columbia University. Teacher College Press.

Stronge, James H., Hindman, Jennifer L. (2006) The Teacher Quality Index: A Protocol for Teacher Selection. Alexandria, VA: Association for Supervision and Curriculum Develoment.

교육부 공식블로그(2021.8.23.) https://if–blog.tistory.com/12465

미네르바스쿨, www.minerva.kgi.edu

미국교육연합회(NEA) www.nea.org

중앙일보(2017.05.14.)

　https://www.joongang.co.kr/article/21570178#home

정호진(2018.02.05) 싱가포르의 교사교육, 에듀인뉴스.

www.eduinnews.co.kr/news/articleView.html?idxno=8946

조선일보(2021.8.20.)

https://www.chosun.com/politics/assembly/2021/08/20/SRS6XWQS2NER

　7AJZMV6MYZAS2Q/

한국유아교육신문(2020.09.07.)

　http://www.kindernews.net/news/articleView.html?idxno=2552

Gallup Homepage, https://www.gallup.com/education/home.aspx

OECD Education 2030: The Future of Education and Skills.

　www.oecd.org/education/2030

https://www.etnews.com/20210713000155?mc=ns_002_00002

https://habermanfoundation.org/

https://habermanfoundation.org/evaluation−tools/star−teacher−pre−

　screener/

http://www.prospects.ac.uk/jobs−and−woek−experience/job−sectors

　/teaching−interwiew−questions

Ventures Teacher Interview Questions

https://venturesteacherinterview−questions.blogspot.com/2018/07/20−

　ventures−teacher−interview−questions.html

http://venturesteacherinterview−questions.blogspot.com/2018/07/20−

　ventures−teachr−interview.html.

https://www.winginstitute.org/quality−teachers−compentencies

인명색인

사항색인

손종호(孫鍾浩)

학교 현장에서 오랜 시간 교사와 교육행정가로 일하였다. 성북대학교에서 역시 교육과 학사 및 한국사 석사학위를 취득하였으며 이후 미국으로 건너가 네브래스카주립대학교(UNL)에서 2000년 교육행정학 박사학위를 취득하였다. 중고등학교 재직 및 영남대학교, 계명대학교에서 겸임교수로 재직하였으며, 저서로는 『변하지 않는 학교는 공룡이다』(2014), 『시냅스 러닝』(2020)이 있다.
현재 대구대학교 사범대학 교직부 겸임교수 및 대구가톨릭대학교 산학협력교수이며, 2018년 이후 대구·경북지역 창업체험교육 수업과 과학창의재단 주관의 경북지역 창업교육을 담당하고 있다. 협동조합의 이사이자 사회적 교육가인 그는 교육행정과 뇌과학, 학습코칭에 몰두하여 '진행형인 교육연구자'로 활동하고 있다.

교사의 인격과 교원임용제도

초판발행	2023년 1월 2일
지은이	손종호
펴낸이	노 현
편 집	진채린
표지디자인	Benstory
제 작	고철민·조영환
펴낸곳	㈜ 피와이메이트
	서울특별시 금천구 가산디지털2로 53 한라시그마밸리 210호(가산동)
	등록 2014. 2. 12. 제2018-000080호
전 화	02)733-6771
f a x	02)736-4818
e-mail	pys@pybook.co.kr
homepage	www.pybook.co.kr
ISBN	979-11-6519-310-2 93370

정 가   20,000원

박영스토리는 박영사와 함께하는 브랜드입니다.

래를 위한 과거로의 산책

세상을

O지이

에게 드립니다

Oriental classics–Shiji Liezhuan

一峰 박일봉 역저

사기 열전 2

개정판

육문사
Yukmoonsa

Oriental classics-Shiji Liezhuan

세상을 움직이는 책
일봉 사기 열전 2 (개정판)

초판 1쇄 | 2011년 10월 5일 발행

역저자 | 박일봉
편집교정 | 이정민
디자인 | 인지숙
펴낸이 | 이경자
펴낸곳 | 육문사

주소 | 서울 마포구 월드컵로 11길 35, 101동 502호
전화 | 02-336-9948
팩시밀리 | 02-337-4315
출판등록 | 제313-2011-2호 (1974. 5. 29)

ISBN 978-89-8203-115-1 (04150)

史記 列傳 2

차 례 / 사기 열전(史記 列傳) 2

제38 부·근·괴성열전(傅·靳·蒯成列傳)

양릉후(陽陵侯) 부관(傅寬)은 위(魏)나라 오대부(五大夫) 기장(騎將)으로서 패공(沛公)을 따라 그 가신이 되었다.

횡양읍(橫陽邑 : 河南省 商邱의 서남쪽)에서 군사를 일으켜 패공을 따라 안양(安陽), 강리(杠里 : 山東省 曹縣의 읍)를 공격했고 조분(趙賁)의 군사를 개봉(開封)에서 쳤으며, 또 양웅(楊熊)을 곡우(曲遇), 양무(陽武)에서 쳐서 적의 목 열둘을 벤 군공으로 '경(卿)'의 작(爵)을 받았다. 또 패공을 따라 패상(霸上)에 이르렀다.[1]

패공이 자립하여 한왕이 되자 패공은 부관에게 봉작을 내리고 공덕군(共德君)이라 했다.

한왕을 좇아 한중(漢中)에 들어갔으며 벼슬이 옮겨져 우기장(右騎將)이 되었다. 한왕을 좇아 삼진(三秦)을 평정하고 조음(雕陰 : 섬서성)을 식읍으로 받았다. 이어 한왕을 따라 항적(項籍)을 치고 회(懷 : 河南省)에서 한왕을 기다려 통덕후(通德侯)의 작위를 받았다. 한왕을 따라 항관(項冠), 주란(周蘭), 용저(龍且)를 쳤으며 부하 병졸이 오산(敖山 : 河南省) 아래에서 적의 기장(騎將) 한 명을 베어 죽였다. 그래서 식읍을 더 받았다.

회음후(淮陰侯 : 韓信)에게 소속되어 제(齊)나라의 역(歷 : 山東省) 성 아래의 군대를 격파하고 전해(田解)를 쳤다. 상국(相國)[2] 조참(曹參) 휘하에서 박(博 : 山東省)을 공략하여 식읍을 더 받았다. 이어 제나라의 땅을

---

1) 項羽와의 이른바 '鴻門의 會'가 있었을 때 沛公은 霸上에 군대를 두고 있었는데 그곳에도 같이 있었다는 뜻. 霸上은 지금의 섬서성 西安의 동쪽.
2) 승상과 직책은 같지만 위계는 승상보다 높다.

평정하여 부절(符節)을 나누어 받아 대대로 세습을 허락받고 양릉후(陽陵侯)에 봉함을 받았다. 이천육백 호의 식읍을 받고 종래의 식읍은 반환했다.

제나라의 우승상이 되어 제나라의 잔당(殘黨)에 대비했다.(이때 田橫 등은 아직 항복하지 않았다.)

그로부터 5년 뒤에 제나라의 상국이 되었고 4월에 진희(陳豨)를 쳤다. 그는 이때 태위(太尉)였던 주발(周勃)에게 소속되어 재상의 신분으로 승상 번쾌(樊噲)를 대신해 진희를 쳤던 것이다. 그로부터 한 달 뒤 대(代)나라 재상이 되어 그곳 주둔군의 장수가 되었다.

그로부터 두 해 뒤 대나라의 승상이 되고(당시 제나라의 관명 相國을 丞相으로 개칭했다.) 대나라 땅의 주둔군을 인솔했다.

그는 효혜제(孝惠帝) 5년에 죽었고 경후(頃侯)라는 시호를 받았다. 그의 아들 경후 정(精)이 그의 뒤를 이었다가 이십사 년 만에 죽었고 그의 아들 공후(共侯) 칙(則)이 대를 이었는데 십이 년 만에 죽었다. 그의 아들 후(侯) 언(偃)이 대를 이었으나 삼십일 년 후에 회남왕(淮南王)과 함께 모반한 죄로 주살당하고 봉지를 몰수당했다.

신무후(信武侯) 근협(靳歙)은 중연(中涓 : 내시의 벼슬. 천자의 좌우에서 가까이 모시는 벼슬)으로 패공을 따라 완구(宛朐 : 山東省)에서 군사를 일으켜 제양(濟陽 : 완구의 서남)을 공격하여 이유(李由)의 군대를 격파하고, 진(秦)나라 군사를 박(亳 : 河南省)의 남쪽, 개봉(開封)의 동북쪽에서 공격하여 기병장(騎兵將 : 騎馬兵 천 명의 將) 한 명, 적의 목 오십칠 급을 참하고 칠십삼 명을 사로잡았다.

그는 그 공으로 봉작을 받고 임평군(臨平君)이라 일컬었다. 또 남전(藍田 : 섬서성)의 북쪽에서 싸워 거사마(車司馬 : 수레를 관리하는 벼슬) 두 명, 기병대장 한 명, 적군의 목 이십팔 급을 치고 오십칠 명을 사로잡았다.

패공이 패상(霸上)에 이르러 한왕(漢王)이 되자 근협에게 건무후(建武侯)의 작을 하사했다. 근협은 벼슬을 옮겨 기도위(騎都尉)로 올랐으며 한왕을 따라 삼진(三秦)을 평정하고 이어 별도로 서쪽에 있던 진나라 장군 장평(章平)의 군사를 농서(隴西 : 甘肅省)에서 격파하여 농서 땅의 여섯 현을 평정했다. 그때 그의 휘하 병졸이 적의 거사마(車司馬), 사마후(司馬侯 : 기마 척후의 장) 각 네 명, 기병대장 열두 명의 목을 쳤다.

그는 또 한왕을 따라 동쪽으로 진격해 초나라 군대를 치고 팽성(彭城 : 江蘇省)에 이르렀다가 한나라 군대가 패하자 돌아와 옹구(雍丘 : 河南省)에서 농성했다. 그러다 그곳을 떠나 반란을 일으켰던 왕무(王武) 등을 쳐 양(梁)나라 땅을 공략했다.

별장이 되어서는 형열(邢說)[3]의 군대를 치(菑 : 河南省)의 남쪽에서 격파했다. 그 싸움에서 도위(都尉) 두 명, 사마후 열두 명을 사로잡고 이졸(吏卒) 사천백팔십 명을 항복시켰다. 또 초나라 군대를 형양(滎陽)의 동쪽에서 격파했다.

한(漢) 3년에 식읍 사천이백 호가 내려졌다. 별도로 하내(河內)에 가서 조(趙)나라 장군 비학(賁郝)의 군대를 조가(朝歌 : 河南省 淇縣)에서 쳐 이를 격파했다. 그때 그의 부하 병졸들이 적의 기병장 두 명과 거마(車馬) 이백오십 필을 노획했다. 그리고 그는 한왕을 따라 안양(安陽)에서 동쪽 극포(棘浦)에 이르는 땅을 공격하여 그 근방의 일곱 현을 항복시켰다.

그리고 그는 별도로 조나라의 군대를 공격하여 격파하고 그 장수와 사마(司馬)의 관에 있는 자 두 명, 척후병 네 명을 사로잡았으며 이졸 이천사

---

3) 당시의 群雄 가운데 한 사람인 것 같은데 상세한 것은 알 수 없다. 이 列傳에만 등장한다.

백 명을 항복시켰다.

그는 또 한왕을 따라 한단(邯鄲 : 河北省)을 함락시키고 별도로 평양(平陽 : 河南省)을 함락시켰으며, 그 자신은 조정을 지키는 대신의 목을 베고 그의 군졸은 군수 한 명을 죽었다. 업(鄴 : 河南省)을 함락시키고 한왕을 따라 조가(朝歌)와 한단을 공격하고 별도로 조나라의 군대를 쳐 격파하고 한단군의 여섯 현을 함락시켰다. 그리고 회군하여 오창(敖倉)에 포진했다. 그리하여 항적의 군대를 성고(成皐)의 남쪽에서 격파하고 초나라 군대의 군량 수송로를 끊었다.

그리고 다시 형양에서 군대를 출발시켜 양읍(襄邑 : 河南省)으로 가서 노성(魯城) 아래에서 항관(項冠)의 군대를 격파했다. 그리고 여러 곳의 땅을 공략하여 동쪽으로는 증(繒), 담(郯 : 모두 山東省), 하비(下邳 : 江蘇省)에 이르고 남쪽으로는 기(蘄), 죽읍(竹邑 : 모두 江蘇省)에 이르렀다.

그리고 항한(項悍)을 제양성(濟陽城) 아래에서 치고 회군해서 항적을 진(陳 : 河南省)의 성 아래에서 공격하여 이를 격파했다. 그리고 별도로 강릉(江陵 : 湖北省)을 평정했다. 강릉의 주국(柱國)과 대사마(大司馬 : 모두 벼슬 이름) 이하 관에 있던 자 여덟 명을 항복받고 그 자신은 강릉왕을 생포하여 낙양으로 압송했다. 이로써 남군(南郡)을 평정했다.

그 후 다시 고조를 따라 진(陳)으로 가서 초나라 왕 한신(韓信)을 사로잡았다. 고조는 그에게 부절을 나누어 주어 대대로 세습할 것을 허락하고 새로이 식읍으로 사천육백 호를 하사하고 신무후(信武侯)라 칭했다.

그 후 그는 기도위(騎都尉)로서 고조를 따라 대(代)나라를 치고 한왕(韓王) 신(信)을 평성(平城 : 山西省)의 성 밑에서 공격했으며 회군하여 동원(東垣 : 河北省)에 포진했다. 전공을 세웠으므로 벼슬을 옮겨 거기장군(車騎將軍)이 되고 양(梁), 조(趙), 제(齊), 연(燕), 초(楚)나라의 거기장군을 겸했다.

별도로 진희의 승상 창(敞)을 쳐 격파하고 곡역(曲逆 : 河北省)을 함락시켰다. 그는 고조를 따라 경포(黥布)를 쳐 전공을 세우고 봉지를 더 받아 오천삼백 호의 영지를 보유했다.

그가 싸움에서 적의 목을 친 것이 구십 급, 생포한 것이 일백삼십이 명, 별도로 적군을 격파한 것이 십사 회, 항복받은 성은 오십구 개, 군(郡)과 국(國)은 각 한 개, 현(縣)은 스물세 곳을 평정했다. 왕과 주국(柱國)을 각 한 명씩, 이천 석 이하 오백 석까지의 봉록을 받는 자 삼십구 명을 사로잡았다.

고후(高后) 5년, 근흡이 죽으니 시호를 숙후(肅侯)라 했다. 그의 아들 정(亭)이 대를 이어 후가 되었다. 후가 된 지 이십일 년 만에 백성을 부리다 법의 규정을 어긴 죄로 효문제가 즉위한 지 3년 되는 해에 후의 지위를 박탈하고 영지는 몰수했다.

괴성후(蒯成侯) 설(緤)은 패(沛) 사람으로 성은 주씨(周氏)다. 그는 패공을 따라 항상 패공의 수레에 배승(陪乘)했다. 패공의 가신이 되어 패에서 일어났다. 패공을 따라 패상(霸上)에 갔고 다시 서쪽 촉한(蜀漢)으로 들어갔다가 회군하여 삼진(三秦)을 평정하고 식읍으로 지양(池陽 : 섬서성 涇陽의 서북쪽)을 하사받았다.

그 뒤 그는 동쪽 용도(甬道 : 양쪽에 담이 있는 군량 수송로)를 끊고 패공을 따라 출진하여 평음(平陰)을 건너 양국(襄國 : 河北省 邢台의 서남쪽)에서 회음후(淮陰侯)의 군대와 만났다. 초나라와의 싸움에서 이기기도 하고 패하기도 하며 불안정한 상황이었으나 끝까지 한왕의 곁을 떠날 생각을 하지 않았다. 한왕은 주설을 신무후(信武侯)로 봉하고 식읍 삼천삼백 호를 내렸다. 고조 12년, 주설을 괴성후(蒯成侯)로 봉하고 종전의 영지는 반환케 했다.

고조가 몸소 진희를 치려고 하자 괴성후가 울면서 물었다.

"일찍이 진나라가 천하를 공격하여 격파할 때 시황제는 한 번도 친정 (親征)한 적이 없었는데 폐하께서는 언제나 친정하십니다. 신하 중에 쓸 만한 사람이 없기 때문입니까?"

고조는 주설이 자기를 사랑하기 때문에 그와 같은 말을 하는 것이라 생 각하여, 주설에게 궁전에 들어올 때 허리를 굽히거나 발을 끌지 않아도 좋 고 살인을 하더라도 사형에 처하지 않는 특전을 내렸다.

효문제 5년에 주설은 천수를 다하고 죽었다. '정후(貞侯)'라는 시호가 내려졌다. 그 아들 창(昌)이 대를 이어 후가 되었으나 그 후에 죄를 지어 영지를 빼앗겼다.

효경제(孝景帝) 중원(中元) 2년에 주설의 아들 거(居)[4]가 창에 이어 후에 봉해졌다. 원정(元鼎) 3년에 거는 태상(太常 : 벼슬 이름)이 되었지만 그 또한 죄를 지어 영지를 몰수당했다.

태사공은 말한다.

"양릉후(陽陵侯) 부관(傅寬), 신무후(信武侯) 근협(靳歙)은 둘 다 높은 작 위에 오른 사람이다. 그들은 고조를 따라 산동(山東)에서 일어나 항적(項 籍)을 치고 명장들을 주살했으며 적군을 격파하고 성을 함락시킨 것이 수 십 건에 이르렀으나 한 번도 궁지에 빠진 적이 없었고 또 치욕을 받은 일 도 없었다. 이 또한 하늘이 내린 복이리라.

괴성후(蒯成侯) 주설(周緤)은 지조가 굳고 뜻을 바르게 가져 남에게 의 심받지 않았고 고조가 친정하려 하면 눈물을 흘리며 말리지 않은 때가 없

---

4) ≪漢書≫ 주설전에 의하면 아들 周居라 함은 잘못이며 손자 周仲居(周應의 아들)라 함이 옳다. 아래도 같다.

었다. 고조의 친정이 그의 마음을 상하게 하는 무언가가 있었기 때문이리라. 그는 실로 '독실하고 후한 군자'⁵라 할 수 있는 인물이다."

---

5) 원문은 '篤厚君子'.

제39 유경·숙손통열전(劉敬·叔孫通列傳)

유경(劉敬)은 제(齊)나라 사람이다.(本姓은 婁. 뒤에 高祖로부터 劉姓을 하사받아서 劉敬이라 칭함.)

한(漢) 5년, 수자리를 살기 위해 농서(隴西 : 甘肅省)로 가는 도중 낙양(洛陽)을 지나가는데 마침 그곳에 고제(高帝 : 高祖)가 있었다. 누경(婁敬)은 타고 가던 만로(輓輅 : 두 사람이 앞에서 끌고 한 사람이 뒤에서 미는 작은 수레)에서 내려 양가죽 옷을 입은 채 제나라 출신인 우장군(虞將軍)을 만나서 말했다.

"폐하를 알현하고 국가의 편익에 대하여 말씀드리고 싶습니다."

우장군이 깨끗한 옷을 주려고 하자 누경은,

"저는 비단옷을 입었으면 비단옷을 입은 채로, 갈(褐 : 조잡한 털옷)을 입었으면 갈을 입은 채로 알현하겠습니다."

하고 끝내 옷을 갈아입으려 하지 않았다. 그래서 우장군이 궁에 들어가 그 이유를 아뢰자 고조는 누경을 불러들여 만나 보고 음식을 내려 주었다. 그리고 나서 누경에게 물으니 다음과 같이 말했다.

"폐하께서는 낙양에 도읍하고 계시는데 이는 원래 주 왕실의 융성함과 겨루고자 하시는 뜻에서입니까?"

"그렇다."

"폐하께서 천하를 차지하시게 된 것은 주실(周室)의 경우와는 사정이 다릅니다. 주(周)의 선조는 후직(后稷)이었는데 요(堯)가 그를 태(邰 : 섬서성)에 봉했습니다. 그리하여 덕을 쌓고 착한 일을 거듭하면서 십여 대(代)를 지내다 공류(公劉) 때에 이르러서는 하(夏)나라 걸왕(桀王)의 포학을 피하여 빈(邠 : 섬서성)에서 살고 있었습니다.

그의 자손인 태왕(太王)은 오랑캐의 침략을 피하여 빈을 떠나 말채찍을 지팡이로 삼으며 기(岐 : 섬서성)로 이주했으나 빈의 백성들이 앞을 다투어 그를 따랐습니다. 문왕(文王)은 서백(西伯 : 서쪽 제후의 두목)이 되어 우(虞)와 예(芮), 두 나라의 다툼을 해결하고[6] 비로소 천명을 받았는데 태공망(太公望) 여상(呂尙)과 백이(伯夷), 숙제(叔齊) 등이 멀리 바닷가 지방에서 찾아가 귀속했습니다.

무왕(武王)이 주왕(紂王)을 토벌할 때에는 미리 약속한 바도 없었는데 맹진(孟津 : 洛陽의 동쪽) 부근에서 회합했던 제후들이 팔백 명이나 되었고 모두 '주왕을 토벌해야 한다.'고 외쳤습니다. 그리하여 드디어 은(殷)나라를 멸망시켰던 것입니다.

성왕(成王)이 즉위하자 주공(周公)과 같은 현인이 재상이 되어 보좌했으며, 또 도성(都城)으로 낙읍(洛邑 : 洛陽)에 성주성(成周城)을 축조했습니다. 낙양이야말로 천하의 중심이 되어 사방에서 제후들이 주나라 조정에 공물을 바치거나 부역군을 보낼 때도 거리가 거의 비슷하다고 여겨서입니다.

낙양은 덕이 있는 자는 군주 노릇을 하기 쉬우나 덕이 없으면 망하기 쉬운 곳입니다. 대체로 여기에 도읍을 정한 것은 주나라가 대대로 왕으로 하여금 덕으로써 백성들을 감화시키도록 하려는 것이며, 험한 지형을 믿고 자손이 교만하게 되어 백성을 학대하는 일이 없게 하고자 했기 때문입니다.

주나라가 왕성했던 때에는 천하가 화평했고 사방의 오랑캐도 교화되어

---

6) ≪史記≫ 周本紀에 따르면 虞와 芮는 싸움의 결말이 나지 않아서 西伯에게 중재를 요구하기 위해 사자를 보냈다. 사자들이 주나라에 들어가 보니 주의 백성들은 모두 겸손하여 서로 양보하고 있었다. 사자들은 크게 부끄러워져 서백을 만나지도 않고 돌아가 양쪽이 서로 나라를 양보했다고 전해진다. 虞와 芮는 지금의 山東省 平陸에 있었다고 한다. 인접한 작은 두 나라.

의를 사모하고 덕을 존중하면서 왕실을 의지하여 모두 함께 천자를 섬겼습니다. 그런 까닭에 한 명의 병사도 주둔시키지 않았고 한 명의 사졸도 싸우게 함이 없었건만 팔방(八方)의 오랑캐나 대국의 백성들까지 기꺼이 복종하여 조공과 부역을 바치지 않는 자가 없었습니다.

그런데 주나라가 쇠약하게 되자 나라는 동서 두 주(周)로 나뉘어 제후들은 입조하지 않게 되었으며 주 왕실에서는 이들을 제어할 수 없게 되었습니다. 덕이 없었기 때문이 아니라 도읍의 지형이 요새지가 아니었기 때문입니다.

지금 폐하께서는 풍(豊), 패(沛)에서 일어나시어 군사 삼천을 수중에 모아 이들을 이끌고 돌진하여 촉(蜀), 한(漢)을 석권하신 다음 삼진(三秦)을 평정하시고 항우(項羽)와 형양(滎陽)에서 싸워 성고(成皐)의 요충지를 다투셨으며 대전(大戰)은 칠십 회, 소전(小戰)은 사십 회나 겪으셨습니다.

이로 인해 천하 백성들이 참혹한 죽음을 당하는 지경에 이르렀으며 아버지와 아들의 해골을 함께 들판에 뒹굴게 만든 것이 이루 헤아릴 수 없습니다. 그리하여 그 무수한 죽음으로 인해 울부짖는 소리는 아직도 끊이지 않고 있으며 싸움에서 부상을 당한 자들은 아직도 일어설 수 없습니다.

그런데 폐하께서는 주나라의 최고 융성기였던 성왕(成王), 강왕(康王) 때와 같이 낙양에 도읍을 정하셨는데 제가 가만히 생각하건대 지금 한나라의 사정과 주나라의 일은 같지 않다고 생각합니다.

진(秦)나라의 땅은 사방이 산으로 둘러싸여 있고 그 위에 황하가 허리띠같이 에워싸 사방이 험고하게 막혀 견고한 요새지와도 같습니다. 그래서 아무리 위급한 사태에 직면한다 하더라도 백만의 대군을 동원시켜 배치시킬 수 있습니다. 진나라의 옛 서울이었던 함양(咸陽)을 근거지로 삼고 아름답고 비옥한 땅을 활용한다면 이것이야말로 이른바 천부(天府 : 天然의 창고)를 소유한 것이라 할 수 있습니다.

폐하께서 함곡관 안으로 들어가시어 함양을 도읍으로 정하신다면 비록 산동(山東)[7]의 땅이 어지러워진다 하더라도 진나라의 옛 땅은 완전히 보존할 수 있을 것입니다. 대저 남과 싸울 때에는 상대의 목을 조르고 등을 치지 않고서는 완전히 승리할 수 없습니다. 폐하께서 함곡관 안으로 들어가 함양에 도읍을 정하고 진나라의 옛 땅을 장악하신다면 그것은 곧 천하의 목을 움켜잡고 그 등을 치는 격이라 말할 수 있습니다."

이 말을 듣고 고제가 뭇 신하들에게 이 일에 대해 상의를 하니 군신들은 모두 산동 출신이었으므로 서로 다투어 말하기를,

"주나라는 왕 노릇을 수백 년 이어왔지만 진나라는 겨우 2대에 멸망했습니다. 그러니 주의 서울이었던 낙양을 수도로 삼으심이 더 좋습니다."

라고 했다. 고제는 망설이며 결정하지 못하다가 유후(留侯) 장량(張良)이 함곡관 안으로 들어가는 것이 더 유익하다고 명백하게 말하자 마침내 그날로 수레를 서쪽으로 몰아 관중(關中)의 장안(長安)[8]에 도읍을 정하기로 결정했다. 그리고 고조는,

"처음 진나라의 땅에 도읍을 정하라고 말한 사람은 누경(婁敬)이다. 누(婁) 자의 발음은 유(劉) 자와 통한다."

고 말하고 누경에게 유씨 성을 하사하고[9] 낭중(郎中)에 임명한 다음 그에게 봉춘군(奉春君)의 칭호를 내렸다.

한왕(漢王) 7년에 한왕(韓王) 신(信)이 반역을 했다. 고제는 몸소 이를 치기로 했는데 진양(晉陽 : 山西省 太原)에 이르렀을 때 한왕 신이 흉노와 함께 한나라를 치려 한다는 말을 듣고 매우 노하여 흉노에게 사자를 보냈다. 흉노는 장사와 살찐 우마(牛馬)를 감추고 노약자와 비쩍 마른 가축들

---

7) 여기서는 函谷關 이동의 秦을 제외한 전의 戰國時代의 6국 지역을 가리킨다.
8) 秦의 도읍 咸陽은 長安의 서북 교외에 해당한다.
9) 婁와 劉는 고대의 발음으로 아주 비슷했을 것이다. 劉는 漢의 천자의 성이다.

만 보이게 했다.

당시 열 명의 사자 일행이 다녀 와서는,

"흉노를 치는 것이 좋겠습니다."

하고 보고했다. 그러자 고조는 유경을 다시 사자로 보내 흉노의 사정을 살펴보고 오게 했다. 그는 돌아와서 이렇게 복명했다.

"나라가 서로 싸우려 하면 마땅히 자기편의 나은 점을 과장하여 상대편에게 보이려고 하는 법인데 이번에 제가 가서 본 것은 다 야윈 노약자들뿐이었습니다. 이것은 틀림없이 단점만을 보이고 기습 병력을 숨겨 두었다가 승리를 차지하려는 수작입니다. 그러한즉 제 생각으로는 흉노를 쳐서는 안 되겠습니다."

그런데 한나라 군대는 이미 구주산(句注山 : 山西省 雁門山)을 넘어 이십여 만의 군대가 진군하고 있었기 때문에 고조는 성을 내어 유경을 꾸짖었다.

"제나라의 포로(유경을 가리킴) 놈이 입과 혀로 벼슬을 얻더니 이제는 또 망언으로 나의 군대를 출병하지 못하게 하려는구나."

라고 하며 유경에게 칼을 씌워 광무(廣武 : 山西省)에 있는 옥에 가두었다. 고조는 진군하여 드디어 평성(平城)에 도착했다. 흉노는 그때 유경의 예측대로 기습 병력을 출동시켜 백등산(白登山 : 山西省)에서 고조를 포위했다. 고제는 7일이 지나서 겨우 포위에서 풀려나올 수 있었다. 고제는 광무에 이르러 유경을 석방하며 말했다.

"나는 그대의 말을 듣지 않아 평성에서 곤욕을 겪었소. 먼저 사자로 갔다 와서 흉노를 치는 편이 좋겠다고 말한 열 명은 이미 참형에 처했소."

고제는 유경에게 이천 호의 식읍을 내려 관내후(關內侯)로 봉하고 호를 건신후(建信侯)라 칭했다.

고제가 평성의 싸움을 중지하고 귀국하자 한왕 신은 흉노의 땅으로 도망했다. 그 무렵 흉노의 두목 묵특(冒頓)이 선우(單于)가 되면서 군대가 강성해졌다. 활을 잘 쏘는 사수가 삼십만이 있어 한나라의 북방 변경을 자주 괴롭혔다. 고조는 걱정이 되어 유경에게 그에 대한 대책을 묻자 유경은 다음과 같이 말했다.

"천하는 이제 겨우 평정되었고 사병들은 전쟁에 지쳐 피로합니다. 그래서 무력으로 흉노를 정복할 수는 없습니다. 흉노의 묵특 선우는 그의 아비를 죽이고 자신이 왕이 되어서는 아비의 여러 첩을 제 아내로 삼고[10] 무력을 과시하고 있는 형편입니다. 그러한즉 그를 인의(仁義)의 도리로써 설득할 수도 없습니다.

오직 한 가지 계책이 있는데 그것은 묵특의 후세 자손을 우리 한나라의 신하로 만드는 계획을 세우는 것입니다. 그러나 폐하께서 그것을 실행하시지는 못할 것입니다."

그러자 고조가 물었다.

"진실로 좋은 계책이라면 어찌 실천하지 못할 것인가? 도대체 어떻게 하라는 것이오?"

이에 대하여 유경은 삼가 다음과 같이 말했다.

"폐하께서 만약 적실 소생의 장황녀(長皇女)를 묵특에게 시집보내시고 후한 선물을 내려 주신다면 그는 한나라의 정실 소생인 공주의 귀하심과 선물의 후함을 보고 비록 오랑캐일지라도 한나라 왕실을 사모하여 공주를 연지(閼氏 : 單于의 正室)로 삼을 것입니다. 그리고 공주가 아들을 낳게 되면 틀림없이 태자로 삼고 머지않아 자기를 대신하여 선우가 되도록 할 것입니다. 왜냐하면 한나라에서 들어오는 후한 선물을 탐내기 때문입

---

10) 원문은 '妻群母.' 母란 아비의 배우자를 말한다. 아비가 죽으면 뒤를 잇는 자식이 자기의 生母 외의 아비의 妻妾을 물려받는 것이 흉노의 풍습이었다.

니다.

폐하께서는 저 오랑캐 땅에는 없지만 한나라에는 풍부한 물품을 계절마다 보내주시고 가끔 안부를 물으며 기회가 있을 때 말 잘하는 변사를 보내 예절에 대해 가르친다면, 묵특이 살아서는 폐하의 사위이니 좋고 죽으면 폐하의 외손이 선우가 될 것이니 좋습니다.

외손이면서 감히 외조부와 대등한 예를 주장한 사람은 일찍이 들은 적이 없습니다. 이와 같이만 된다면 무력으로 싸우는 일 없이 점차 흉노를 신하로 복종하게 할 수 있는 것입니다.

만약 폐하께서 맏공주님을 차마 보내실 수 없어서 종질이나 후궁의 딸을 공주라고 속여서 보내신다면 묵특도 그 사실을 알아채고 귀하게 여기지도 않고 가까이 하려 하지 않을 것이므로 그렇게 되면 아무런 이익이 없게 됩니다."

"좋다."

하며 고제는 맏공주를 흉노에 보내려 했다. 그러자 어머니인 여후(呂后)가 밤낮으로 울면서 말했다.

"저에게는 단지 태자와 공주 하나가 있을 따름인데 어떻게 하나밖에 없는 공주를 흉노에게 내어 준다는 말씀입니까?"

결국 고제는 맏공주를 보낼 수 없어 황족의 딸을 뽑아서 맏공주라 일컬어 선우에게 시집을 보내기로 하고 유경을 흉노에게 보내 화친의 약정을 맺게 했다. 유경은 흉노에게 갔다가 임무를 마치고 돌아와 다음과 같이 말했다.

"흉노의 부족 중에 하남(河南 : 朔北에 있는 황하의 남쪽 땅)에 있는 백양(白羊), 누번(樓煩) 두 왕의 나라는 장안에서 가까운 곳은 칠백 리를 넘지 않아 빠른 기병이라면 하루 밤낮이면 진나라 땅 관중(關中)에 도달할 수 있습니다. 관중은 전쟁을 치르고 난 지 얼마 되지 않았습니다. 그래서 아직 부흥하지 못해 백성은 적지만 땅은 비옥하여 많은 이주자를 수용할 수 있습니다.

대저 진나라 말기에 제후들이 군대를 일으킬 때 제나라의 전씨(田氏) 일족과 초나라의 명족(名族)인 소(昭), 굴(屈), 경(景) 삼족이 협력하지 않았더라면 누구도 일어날 수 없었을 것입니다.

지금 폐하께서는 함곡관 안(關中)에 서울을 정하고 있으나 관중 안의 백성들은 얼마 되지 않으며, 더욱이 북방에는 흉노의 도둑이 가까이 있고 동쪽으로는 옛 6국의 왕족 중에 세력이 큰 자들이 있어 일단 변이 일어난다면 폐하께서도 베개를 높이고 편안히 쉬실 수 없을 것입니다.

바라옵건대 폐하께서는 제나라의 전씨 일족과 초나라의 소, 굴, 경씨, 그리고 연(燕), 조(趙), 한(韓), 위(魏)의 왕족 후예와 호걸 명문의 사람들을 이주시켜 관중에 살게 하십시오. 그렇게 하면 천하가 무사할 때는 흉노에 대비할 수 있고 제후들이 변란을 일으켰을 때는 그들을 이끌고 동쪽을 정벌하기에 충분할 것입니다. 이것이야말로 나라의 뿌리를 강하게 하고 끝을 부드럽게 만드는 방법입니다.”

고제는 알았다고 하며 유경에게 명하여 그가 말한 사람들을 관중으로 이주시켰는데 그 수가 십여만 명에 이르렀다.

숙손통(叔孫通)은 설(薛 : 山東省) 사람이다. 진(秦)나라 때 문학에 뛰어나 조정에 불려가 박사 후보자가 되었다.

몇 해가 지나 진승(陳勝)이 산동에서 군사를 일으켰다. 사자로부터 이 사실을 보고받은 2세 황제는 박사와 여러 유생들을 불러 물었다.

“초나라 수자리군(陳勝을 가리킴)이 기(蘄 : 安徽省) 땅을 공격하고 진(陳 : 河南省)으로 들어갔다고 하는데 공들은 어떻게 생각하는가?”

박사와 여러 유생들이 말했다.

"남의 신하가 된 자는 추호도 모반하려는 마음을 지녀서는 안 됩니다. 반역의 뜻을 지니는 것 자체가 반역이니 그것만으로도 죽을죄가 되어 용서할 수 없는 것입니다. 그러니 폐하께서는 급히 군대를 출동시켜 그를 치십시오."

2세 황제는 모반이라는 말을 듣고는 크게 노하여 얼굴빛이 변했다. 그러자 숙손통이 나아가 말했다.

"여러 사람들의 말은 다 잘못입니다. 지금 천하는 통일되어 한 집과 같이 되었으며 군과 현의 성은 다 허물고 무기는 녹여 다시 쓰지 않는다는 것을 천하에 알렸습니다. 그리고 밝으신 구주가 위에 계시고 법령은 하부에까지 잘 시행되고 있으며 사람들은 각자의 직무에 힘써 사방의 백성들 모두 조정에 기꺼이 복종하고 있습니다.

그런데 어찌 감히 모반하는 자가 있겠습니까? 그것은 다만 군도(群盜)나 좀도둑일 뿐입니다. 그것을 가지고 입에 담아 논의할 것이 못 됩니다. 군수(郡守)나 군위(郡尉)가 곧 잡아 그의 죄를 논죄할 것입니다. 조금도 걱정하실 일이 아니라고 생각합니다."

이 말을 들은 2세 황제는,

"그럴 것이다."

하고는 박사, 유생들 한 사람 한 사람에게 전부 의견을 물었다. 그러자 박사와 유생 가운데 어떤 자는 반역자라 말하고 어떤 자는 도적이라 말하였다. 그래서 2세 황제는 어사(御史)에게 명하여 모반자라고 말한 자들을 형리에게 넘겨 조사하게 하여 입에 올려서는 안 될 말을 했다고 판결을 내렸다. 한편 도적이라고 말한 자들은 그대로 두었다. 그리고 숙손통에게는 비단 이십 필과 의복 한 벌을 하사하고 박사의 벼슬에 임명했다.

숙손통이 궁전을 물러나와 집으로 돌아가자 모든 박사와 유생들이 숙손통에게 말했다.

"선생은 어찌 그리 아첨의 말을 잘 하시오?"

숙손통은,

"공들은 모르십니다. 저는 아차 하면 범의 입을 피할 수 없을 뻔했습니다."

라고 말했다. 그리고는 급히 도주하여 설(薛) 땅으로 갔다. 그때 설은 이미 초나라에 항복한 상태였다. 항량(項梁)이 설로 오자 숙손통은 그를 따랐다. 그리고 항량이 정도(定陶 : 山東省)에서 패배하자 숙손통은 회왕(懷王)을 따르게 되었고 회왕이 의제(義帝)가 되어 장사(長沙 : 湖南省)로 옮겨가니 숙손통은 그대로 머무르면서 항왕(項王 : 項羽)을 섬겼다.

한왕(漢王) 2년에 한왕이 다섯 제후들을 거느리고 팽성(彭城 : 江蘇省)에 입성하자 숙손통은 한왕에게 항복했다. 그 후 한왕은 항우에게 패하여 서쪽으로 달아났는데 숙손통은 한왕을 따라갔다.

숙손통은 유자(儒者)의 복장을 하고 있었는데 한왕이 그것을 싫어하니 그는 곧 복장을 바꾸어 초나라의 단의(短衣)를 입었다. 초나라 출신인 한왕은 숙손통이 초나라 풍속을 따른 것을 기특하게 여겨 기뻐했다.

숙손통은 한나라에 항복하면서 제자 유생 백여 명을 데리고 왔는데 그중 한 사람도 한왕에게 추천을 하지 않고 오직 전에 군도(群盜) 노릇을 한 자나 장사(壯士)였던 자만을 추천하여 채용하게 했다. 제자들은 뒤에서 숙손통을 비난하여 말했다.

"우리가 수년 동안 선생을 섬겨서 다행히 선생을 따라 한나라에 항복하게 되었다. 그런데 선생은 우리들을 추천하지 않고 교활한 사람들만 추천하는 것은 웬일인가?"

숙손통이 그 말을 전해 듣고 이렇게 말했다.

"한왕께서는 지금 화살과 돌이 날아드는 가운데에서 천하를 놓고 다투는 중이다. 그런데 제군들이 그 속에서 잘 싸울 수 있겠는가? 그래서 우선

적장을 베고 적군의 군기(軍旗)를 빼앗을 수 있는 장사만을 추천한 것이네. 제군들은 조금 기다려 주게. 나는 제군들을 잊지 않고 있네."

한왕은 숙손통을 박사로 임명하고 직사군(稷嗣君)이라 불렀다.

한나라 5년에 천하가 통일되자 제후들은 모두 한왕을 높여 정도(定陶)에서 황제의 자리에 오르게 했다. 그때 숙손통이 그 의식의 절차와 관위(官位)의 칭호 등을 제정했다. 고제(高帝 : 高祖)는 진나라의 복잡한 의례를 버리고 법을 간편하게 했다.

당시 군신(群臣)들은 술만 마시면 으레 자기들의 전공을 경쟁적으로 내세우고 술이 취하면 함부로 큰소리로 부르짖고 칼을 뽑아 궁전의 기둥을 치기도 했다. 고조는 그러한 상황을 근심했다. 군신들의 난폭한 짓을 천자가 점점 싫어한다는 것을 깨닫고 숙손통은 천자에게 아뢰었다.

"대체로 유학자는 진취적인 일에는 참여하기 어려우나 이미 이루어진 일을 함께 지키기에는 적합합니다. 그러니 부디 노(魯)나라의 여러 학자를 부르시어 저의 제자들과 함께 조정의 의례 법식을 제정토록 하여 주십시오."

그러자 고조는 머뭇거리며,

"그것은 곤란하지 않겠는가?"

라고 말했다. 이에 숙손통은,

"옛날 오제(五帝)는 각각 음악을 다르게 정했고 삼왕(三王)은 각기 예법을 달리 정했습니다. 이러한 것은 세속이나 인정에 따라 간략하게도 하고 이리저리 꾸미기도 하는 것입니다. '하 · 은 · 주의 예는 그 가감 조절한 바를 따라서 알 수 있다.' [11]는 성인의 말씀도 예는 전대(前代)의 것을 그대로 거듭 쓰지 않았음을 말해 주는 것입니다. 저는 고대의 예를 중심으로 그 위에 진나라의 예법 중에서 좋은 것을 취하여 새로운 우리 한나라의 예법을 정하려고 생각합니다."

라고 아뢰었다. 고제는,

"시험 삼아 만들어 보시오. 그렇지만 알기 쉽고 내가 실행할 수 있는가를 헤아려 만들도록 하시오."

라고 말했다. 그래서 숙손통은 노나라에 가서 학자 삼십여 명을 모았는데 그중에 두 사람만이 동행을 승낙하지 않았다. 그 두 사람이 숙손통에게 말했다.

"공이 섬긴 군주의 수는 열 명이 넘을 것인데 공은 그때마다 면전에서 아첨하여 친애와 존귀를 얻었습니다. 그런데 이제야 천하가 평정되어 전사자는 아직도 장례가 다 끝나지 않았고 또 전쟁에서 부상을 당한 자는 아직도 다 치료되지 않아 일어나지 못하고 있는데도 예악을 부흥시키려 하고 있습니다. 예악이 일어나려면 그것에 상응하는 절차가 필요하고 천자가 덕을 쌓기를 백 년이나 한 연후에야 비로소 일으킬 수 있는 것입니다.

저희들은 공께서 하시는 일에 따를 수 없습니다. 공께서 하시려는 것은 옛 도(道)에 맞지 않습니다. 그러니 저희들은 따라가지 않겠습니다. 공은 빨리 이곳을 떠나서서 저희를 욕되게 하지 마십시오."

이 말을 듣고 숙손통은 웃으며 말했다.

"그대들이야말로 실로 아무것도 모르는 고루한 선비들이오. 그대들은 시세(時勢)의 변화를 알지 못하고 있소."

그리고 불러모은 삼십 명과 함께 서쪽으로 떠나 장안으로 돌아왔다. 그리하여 천자의 신하로서 학문에 소양이 있는 자와 자기의 제자 백여 명과 함께 야외에 자리를 마련한 다음 새끼줄을 치고 석차의 표지를 세워 한 달 남짓 예식에 대한 강습을 거듭했다. 그 후 숙손통이 천자를 뵙고 말했다.

---

11) 원문은 '夏殷周之禮, 所因損益可知.' 이것은 《論語》 爲政篇의 '子曰, 殷因於夏禮, 所損益可知也. 周因於殷禮, 所損益可知也. 其或繼周者, 雖百世, 亦可知.' 를 요약한 것.

"폐하, 시험 삼아 한 번 구경하십시오."

고제는 예식을 행하는 것을 보고서,

"그것은 나도 능히 할 수 있겠다."

라고 말하며 곧 군신에게 연습하게 하고 시월(十月 : 그해가 시작되는 달)에 모여서 조회 때 실시하기로 했다.

한나라 7년에 장락궁(長樂宮) 공사가 완료되었다. 제후 군신이 모두 조정으로 들어가 시월의 조의(朝儀)를 거행했다. 그 의식은 새벽 일찍 시작되었는데 알자(謁者 : 의식을 맡은 벼슬)가 의례를 주관하여 참례자를 차례로 궁전 문으로 들어오게 했다.

그리고 조정 안에는 의장병이 탄 수레와 말을 줄지어 세우고 또 보졸(步卒)과 친위병으로 하여금 궁전을 지키게 하였으며 병기를 갖추어 놓고 깃발을 세워 궁 안에 들어가는 사람에게 '빠른 걸음으로 가시오.' 하고 일렀다.

궁전의 바로 밑에는 양쪽의 계단마다 낭중들이 줄지어 수백 명씩 서 있었다. 그리고 공신, 열후, 제장군, 군리는 서열에 따라 서쪽에 차례로 줄지어 서서 동쪽을 향하게 하고 문관인 승상 이하는 동쪽에 서서 서쪽을 향하게 했다. 그리고 대행(大行 : 빈객을 맡은 장관)은 구빈(九賓 : 公, 侯, 伯, 子, 男, 孤, 卿, 大夫, 士를 일컬음)을 배치해 빈객을 접대하게 했다.

이리하여 황제가 연(輦)을 타고 방을 나오면 백관은 손에 기를 잡고 장내를 정숙하게 했다. 제후 왕 이하 녹봉 육백 석 이상의 관리가 어전에 인도되어 차례로 조하(朝賀)를 받들어 올리니 제후 왕을 비롯하여 모두가 두려워하며 정숙하고 공경하지 않는 자가 없었다.

조하의 예가 끝나자 다시 법주(法酒 : 의식의 술)를 마련하여 놓고 전상(殿上)에서 모시고, 앉아 있는 여러 신하들은 모두 엎드려 머리를 숙이고 지위의 높고 낮음에 따라 일어나 헌수(獻壽)했다. 술잔이 아홉 번 오고 간 뒤에 알자가 '술을 그치시오.' 라고 말하면 어사가 법에 비추어 의식대로 하지 않은 자를 적발하여 즉시 끌고 나갔다.

조의를 마치고 주연이 베풀어졌는데 누구 하나 감히 떠들고 예에 벗어난 행동을 하는 자가 없었다. 이에 고제가 말했다.

"나는 오늘에야 비로소 황제가 존귀하다는 것을 알았다."

이에 곧 숙손통을 태상(太常 : 의식을 맡은 장관)으로 임명하고 황금 오백 근을 하사했다. 그러자 숙손통이 나아가 말했다.

"저의 제자인 유생들은 오랫동안 저를 따랐고 또 저와 함께 의례를 제정했습니다. 바라옵건대 폐하께서는 그들에게 벼슬을 내려 주십시오."

고조는 그들을 모두 낭관(郎官)에 임명했다. 숙손통은 그 자리에서 물러나와 하사받은 황금 오백 근을 모두 여러 제자들에게 나누어 주었다. 제자들은 모두 기뻐하며 말했다.

"숙손 선생은 정말로 성인(聖人)이시다. 당세에 해야 할 요긴한 일을 알고 계신다."

한나라 9년에 고제는 숙손통을 태자태부(太子太傅)의 자리로 옮겼다.

한 12년에 고조는 조(趙)나라 왕 여의(如意)를 태자로 바꾸려고 했다. 숙손통은 고제에게 간하여 말했다.

"옛날 진(晉)나라의 헌공(獻公)은 여희(驪姬)를 사랑한 나머지 태자(太子)를 폐하고 해제(奚齊 : 여희의 아들)를 태자로 세웠습니다. 그 때문에 진나라는 수십 년 동안 어지러워져서 천하의 웃음거리가 되었습니다.

또 진(秦)나라는 부소(扶蘇)를 일찍 태자로 세워 두지 않았기 때문에 조고(趙高)로 하여금 거짓으로 황제의 조서라고 속여 호해(胡亥)를 태자로 세울 수 있는 틈을 줌으로써 스스로 선조의 제사가 끊어지게 만들었습니다. 이것은 폐하께서 친히 보신 바입니다.

이제 태자가 어질고 효성스럽다는 것은 천하가 다 알고 있는 사실입니다. 그리고 여후(呂后 : 태자의 어머니)께서는 폐하와 함께 고난을 같이하시고 거친 음식도 함께 잡수시며 지내오신 분입니다. 그런 분을 배반하시면 되겠습니까? 폐하께서 적실 소생인 태자를 폐하시고 서출인 작은 아드님을 태자로 세우려 하신다면 저를 먼저 죽이시어 제 목에서 흐르는 피로 땅을 더럽히게 하여 주십시오."

그러자 고조가 말했다.

"공은 그만하시오. 나는 다만 농담으로 말했을 뿐이오."

"태자에 관한 일은 천하의 근본이 되는 일입니다. 그 근본이 한번 흔들리게 되면 천하가 동요합니다. 그런데 어찌 천하의 대사를 가지고 농담을 하실 수 있단 말입니까?"

"알겠소. 공의 말을 따르겠소."

그 일이 있은 뒤 천자가 주연을 베풀었을 때 그 자리에 유후(留侯 : 張良)가 초청한 빈객들이 태자를 따라 들어와 알현하게 되었으므로 결국 천자는 태자를 바꾸려는 생각을 그만두게 되었다.[12]

고제가 붕어하고 효혜제(孝惠帝)가 즉위하여 숙손통에게 말하기를,

"선제(先帝)의 능과 사당을 봉사하는 의식에 대해서는 군신 중에 잘 아는 자가 없소."

하고는 숙손통을 태부에서 태상(太常)으로 옮겨 임명했다. 그 후에 종묘의 의법이 제정되고 한나라의 여러 의법이 갖추어졌는데 모두 숙손통이

---

12) 여기서 태자를 따라 들어온 빈객은 다름 아닌 四皓이다. ≪史記≫ 劉侯世家에 자세한 사정이 나와 있다. 태자의 신상을 염려한 呂后의 의뢰로 張良은 高祖도 신하로 삼을 수 없었던 늙은 네 명의 賢者 즉 四皓를 정중히 맞이하여 태자의 빈객으로 삼았던 것이다. 이들을 보고 高祖는 깜짝 놀랐는데 '폐하는 사람을 업신여기지만 태자는 仁孝한 분으로 선비를 사랑하기 때문에 태자를 위해서라면 누구나 죽음도 불사하지 않으며 우리도 그래서 온 것입니다.' 라는 四皓의 말에 高祖도 마침내 戚姬에게 '태자에게는 훌륭한 네 명의 보좌가 있다. 내 힘으로도 어쩔 수 없다.' 고 타일렀다.

태상이 된 뒤에 이루어진 것이다.[13)

효혜제가 궁전의 동쪽에 있는 장락궁(呂后가 거주하고 있었음)에 가서 여후를 뵙기도 했고 비공식으로도 자주 방문했기 때문에 그때마다 사람들의 통행을 막고 번거로운 일이 많아 행인들에게 불편을 주었다. 그래서 복도(複道 : 길 위에 다시 상하 이중으로 낸 길)를 만들게 되어 무기고(武器庫)의 남쪽에서부터 공사를 시작하고 있었다. 숙손통이 국사를 아뢴 후 한가한 틈을 타서 말했다.

"폐하께서는 어찌하여 복도를 만드십니까? 고침(高寢 : 궁중에 있는 고조의 사당)에 간직되어 있는 고제 생전의 의관은 한 달에 한 번씩 고묘(高廟 : 고조의 本廟로 장안의 길 동쪽에 있음)로 옮기게 되어 있습니다.[14) 고묘는 한나라의 시조를 제사지내는 곳입니다. 어찌하여 후세의 자손이 종묘로 가는 길 위를 넘어가게 하시려는 것입니까?"

효혜제는 매우 두려워하며,

"급히 헐어 버리시오."

하자 숙손통이 말했다.

"천자에게는 원래 잘못하는 일이 없는 법입니다. 지금 이미 복도를 만들고 있는 것은 백성 모두가 알고 있습니다. 이제 이것을 헐어 버리면 폐하께서 실수하셨다는 것을 드러내게 됩니다. 바라옵건대 폐하께서는 또 하나의 사당을 위수(渭水) 북쪽에 세우시고 고제의 의관을 달마다 그곳으로 옮겨 가게 하십시오. 종묘를 점점 넓히고 많이 짓는 것은 큰 효도의 근본입니다."

---

13) 숙손통이 지은 예법책이 예의 · 漢儀 · 儀品 등의 이름으로 12편 또는 16편 있었다고 하는데 전해지지 않고 있다.

14) 高祖의 寢 · 廟를 말한다. 앞에 있어 故人의 像이나 位牌를 안치하고 제사를 지내는 건물이 廟이며, 뒤에 있어 고인의 의관 등 유품이 간수되어 있는 건물이 寢이다.

그리하여 천자는 곧 관리에게 조서를 내려 또 하나의 사당을 세우게 했다. 신묘(新廟)를 세우게 된 것은 복도가 문제가 되었기 때문이다.

어느 해 봄에 효혜제가 이궁(離宮)에 놀러 나갔을 때 숙손통이 말하기를,

"옛날 예법으로 봄에는 종묘에 과일을 올리는 것이 관례였습니다. 요사이 앵두가 익어 종묘에 올리기 적당합니다. 폐하께서는 놀러 나오신 김에 앵두를 따시어 종묘에 올리십시오."

라고 하여 천자는 이를 받아들였다. 여러 가지 과일을 종묘에 올리는 것이 이때부터 성행하게 되었다.

태사공은 말한다.

"옛말에 '천금이 나가는 갖옷은 한 마리 여우 겨드랑이 가죽만으로는 되지 않는다. 높은 집의 서까래는 한 나무의 가지만으로는 되지 않는다. 하·은·주 삼대의 융성은 한 선비의 지혜로만 이루어진 것이 아니다.' [15] 라고 했는데 진실로 그렇다.

대저 고조는 미천한 신분으로 일어나 해내(海內)를 평정했는데 그 계략과 용병은 최선을 다한 것이라고 말할 수 있다. 그런데 유경(劉敬)은 만로(輓輅)에서 내려 한 번 도읍을 옮기도록 말함으로써 만세의 편안함을 세웠다. 지혜란 진실로 한 사람만이 차지할 수 있는 것이 아니다.

세상에 등용되기를 희망하던 숙손통은 당시의 요무(要務)를 헤아려 의례를 제정하고 진퇴의 절도를 지켜 시세와 더불어 변통(變通)하여, 마침

---

15) 원문은 '千金之裘, 非一狐之腋也. 臺謝之榱, 非一木之枝也. 三代之製, 非一士之智也.' 이것은 《愼子》 내편의 '廟廊之材, 非一木之枝. 狐白之裘, 非一狐之腋. 治亂安危, 存亡榮辱之施, 非一人之力也.'를 바꾸어 말한 것이리라.

내 한대(漢代) 유자(儒者)의 대종(大宗)이 되었다. '아주 반듯한 것은 구부러진 것같이 보이고 길은 원래 구불구불하다.' [16]라고 한 것은 그와 같은 사람을 두고 한 말일까?"

---

16) ≪老子≫ 45장에서 인용한 말.

제40 계포·난포열전(季布·欒布列傳)

계포(季布)는 초(楚)나라 사람이다. 그는 의기 있고 의협심 강하기로 초나라에서 유명했다. 항적이 그를 장군으로 삼아 군사를 맡겼다. 계포가 자주 한왕을 괴롭혔다. 항우가 멸망하자 고조는 계포를 찾으려 천 금의 상금을 걸고 '감히 계포를 숨기는 자가 있으면 그 죄는 삼족에 미칠 것이다.'라고 널리 알렸다.

계포는 복양(濮陽 : 河北省)의 주씨(周氏) 집에 숨어 있었는데 주씨가 말했다.

"한나라에서는 현상금까지 걸어 장군을 찾기에 혈안이 되어 있는데 장군의 뒤를 추적해 머지않아 제 집에도 찾아올 것입니다. 장군께서 제 의견을 들어 주신다면 저는 감히 한 가지 계책을 말씀드리겠습니다. 만약 그렇게 하지 못하시겠다면 스스로 목을 찔러 자결하십시오."

계포는 그렇게 하겠다고 대답했다. 그래서 주씨는 곧 계포의 머리를 깎고 목에 큰 칼을 씌우고[17] 조잡한 털옷을 입혀 노예처럼 꾸며서 광류거(廣柳車 : 짐을 싣는 큰 수레)[18]에 태워 자기 집 하인 수십 명과 함께 끌고 가 노(魯)나라 주가(朱家)의 집에 팔았다. 주가는 내심 그가 계포인 줄 알면서도 사들여 밭에 두고 그의 아들에게 말하기를,

"농사에 관한 일은 이 노예의 의견을 들어서 하고 반드시 그와 함께 음식을 먹도록 하여라."

라고 했다. 이렇게 단속을 한 주가는 곧 말 한 필이 끄는 작은 수레를 타

---

17) 노예나 죄인의 몸차림으로 꾸민 것을 말한다.
18) 장의용 영구차라는 설도 있다.

고 낙양으로 가서 여음후(汝陰侯) 등공(滕公 : 夏侯嬰)을 만났다. 등공은 주가를 머무르게 하면서 수일 동안 함께 술을 마셨다. 주가는 이 기회에 등공에게 말했다.

"계포에게 무슨 큰 죄가 있기에 폐하께서 그토록 찾으려고 하시는 것입니까?"

"계포가 항우를 위해 폐하를 자주 괴롭혔기 때문에 그를 미워하여 꼭 체포하려고 하는 것이오."

"공께서는 계포가 어떤 인물이라고 생각하십니까?"

"현자라고 생각하오."

"신하는 각기 그 주군을 위하여 일을 하는 것입니다. 계포가 항적을 위해 일을 한 것은 당연했습니다. 그런데도 항씨의 신하라고 하여 모두 주살해서야 되겠습니까?

이제 폐하께서는 천하를 소유하셨는데 자신의 사사로운 원한 때문에 한 사람을 찾기에 급급한 것은 세상 사람들에게 도량이 좁은 것을 보여 주는 것이 되지 않겠습니까? 더구나 계포와 같은 현자에 대해 한나라의 수색이 이렇게도 심하면 그는 북쪽의 흉노에게 가든지 남쪽으로 내려가 월나라로 도망을 갈 것입니다.

대체로 장사(壯士)를 미워하여 적국을 유리하게 만들면 오자서(伍子胥)가 형(荊 : 楚)나라 평왕(平王)의 무덤을 파헤쳐 그 시체에 매질을 했던 것과 같은 사태를 불러오게 됩니다. 공께서는 어찌하여 폐하를 위해 이런 일을 조용히 말씀 올리지 않습니까?"

여음후 등공은 주가가 의협적인 인물이라는 것을 알고 있었기 때문에 계포가 그의 집에 숨어 있을 것이라고 내심 짐작했다. 등공은 즉시 알았다며 가볍게 고개를 끄덕였다.

등공은 고조가 한가한 틈을 타서 주가가 말한 대로 말씀드리니 고조는 곧 계포를 용서하기로 했다. 당시의 지위 높은 여러 사람들은 계포가 자신의 굳센 성품을 잘 억제하고서 타인의 말에 순순히 따른 것을 칭찬했다. 그리고 주가도 그 일로 해서 당세에 이름을 떨쳤다.

계포는 부름을 받아 고조를 뵙고 사죄하자 고조는 그를 낭중에 임명했다. 효혜제 때 계포는 중랑장(中郞將)이 되었다.

어느 날 선우(單于)가 편지를 써 보냈는데 여후(呂后)를 모욕하고 불손한 태도를 보였다. 여후는 크게 노하여 여러 장군을 소집해 그 일에 대하여 의논했다. 상장군(上將軍) 번쾌(樊噲)가 말했다.

"저에게 십만의 군대를 주시어 흉노의 한가운데로 쳐들어가 마음대로 짓밟게 해 주십시오."

여러 장수들이 여후의 뜻에 아첨하느라고,

"찬성입니다."

라고 말했다. 그러자 계포가 나서서 말했다.

"번쾌는 참형에 처해야 하겠습니다. 전에 고조께서는 사십만의 군대를 거느리고도 평성(平城)에서 곤경을 겪으셨습니다. 번쾌가 십만의 군대를 가지고 어떻게 흉노의 한복판으로 들어가 마음대로 짓밟을 수 있겠습니까? 이것은 태후를 면전에서 속이는 것입니다. 뿐만 아니라 진나라는 흉노에 대한 정벌을 일삼았기 때문에 진승 등이 그만 반기를 들고 일어났던 것입니다."[19] 그리고 지금에 이르기까지 전란으로 입은 상처가 다 수습되지 않고 있습니다. 그런데도 번쾌가 이같이 면전에서 아첨하는 것은 천하

---

19) 陳勝 등이 거병한 것에 대해서는 ≪史記≫ 陳涉世家에 자세히 소개되어 있다. 陳勝과 吳廣은 흉노에 대비하는 변경 수비병으로 동원되었으나 비로 인해 임지에 도착하는 기일에 늦어지게 되었다. 秦의 법에 따라 도착 기일에 늦어지면 사형이므로 그들은 어차피 죽을 목숨이라고 생각한 끝에 동료들과 반란을 일으켰는데 그것이 秦朝를 멸망시키는 대반란의 실마리가 된 것이다.

를 동요시키는 일이라 하겠습니다."

이때 전상(殿上)에 있던 사람들은 어찌 되나 하고 두려워했다. 그런데 태후는 조의를 폐회하고 다시는 흉노를 치는 일에 대하여 논의하지 않았다.

계포는 그 뒤 하동군(河東郡)의 군수(郡守)가 되었다. 효문제 때 어떤 사람이 계포의 현명함을 칭찬하자 효문제는 그를 불러 어사대부(御史大夫)로 삼으려 했다. 후에 또 다른 사람이 계포는 용맹스러우나 술만 마시면 난폭한 짓을 하여 가까이하기 어려운 인물이라고 말했다. 그래서 계포를 도읍으로 불러 장안에 있는 하동군의 저택에 한 달가량 머물게 했다가 조금 후에 그의 임지로 돌아가게 했다. 그러자 계포는 황제의 어전에 나아가 말했다.

"신은 아무런 공로도 없이 폐하의 은총을 입어 황송하게도 하동에서 근무하고 있습니다. 이번에 폐하께서 아무 이유도 없이 저를 부르셨는데 이는 반드시 누군가가 저를 칭찬하여 폐하를 속였기 때문일 것입니다. 지금 신이 상경했음에도 이제까지 아무런 어명이 없다가 다시 임지로 돌아가라 하시니 이는 틀림없이 누군가가 폐하께 저를 비방한 자가 있어서인 것으로 생각합니다.

폐하께서 한 사람이 칭찬했다고 하여 저를 부르시고 한 사람이 비방했다고 해서 저를 버리신다면 이 일을 천하의 식자들이 듣고 폐하의 식견이 어떠한지 엿보는 일이 되지 않을까 두렵습니다."

이 말을 들은 천자는 아무 말도 못하고 부끄러워하다가 한참 후에 말했다.

"하동은 나의 팔다리와 같이 중히 여기는 군이오. 그래서 특별히 그대를 불렀을 따름이오."

계포는 하직하고 임지로 돌아갔다.

초나라 출신인 조구생(曹丘生 : 生은 경칭으로 선생의 뜻)은 말을 잘하는 사람이었다. 그는 권세가에게 자주 아첨을 하였으며, 권세와 금전을 얻기 위해 높은 자리의 환관인 조동(趙同) 등을 섬기고 두장군(竇長君 : 孝文帝의 妃인 竇皇后의 오빠)과 친히 지냈다. 계포가 이 말을 듣자 두장군에게 편지를 보내어 간했다.

"내가 듣기로 조구생은 덕이 있는 사람은 아니라고 합니다. 그와 교제하지 마십시오."

조구생이 귀향하는 길에 계포를 만나기 위해 두장군에게 소개장을 받으려 했다. 두장군은,

"계장군은 당신을 좋게 생각하지 않소. 그러니 가지 않는 것이 좋을 것이오."

라고 말했으나 굳이 소개장을 청하여 가지고 마침내 만나러 갔다. 그리고 우선 사람을 시켜 소개장을 전하여 방문한다는 것을 알리게 했다. 계포는 크게 노하여 조구가 오기를 기다리고 있었다. 조구는 도착하자 계포에게 다만 고개를 끄덕이며 가볍게 인사한 다음 계포에게 말했다.

"초나라 사람들의 말에 '황금 백 근을 얻는 것보다 계포가 책임진다는 한마디 말을 얻는 것이 더 낫다.'고 합니다. 장군께서는 어떻게 이런 명성을 양(梁)나라와 초(楚)나라에서 얻게 되셨습니까? 그런데 나도 초나라 사람이고 장군 또한 초나라 사람입니다. 내가 천하를 돌아다니며 장군의 명성을 선전한다면 장군은 천하에 크게 드러나지 않겠습니까? 그런데 어찌하여 장군께서는 나를 그렇게 싫어하시는 것입니까?"

계포는 매우 기뻐하며 그를 상객으로 후대하여 수개월 동안 머무르게 하고 떠날 때는 후한 선물을 주어 보냈다. 계포의 명성이 더욱더 드러나게 된 것은 조구가 그를 선전했기 때문이다.

계포의 아우 계심(季心)은 관중(關中)을 한입에 삼킬 만큼 의기가 왕성

했고 사람을 대우함이 공손하고 조심성이 있으며, 행동이 사나이답고 의협심이 있어 수천 리 밖의 장사라도 그를 위해서라면 죽음도 불사할 정도였다.

계심은 예전에 살인을 하고 도망하여 오(吳)나라의 원사(袁絲 : 袁盎. 絲는 字임)에게 의지하여 몸을 숨겼다. 원사를 형으로 모시고 관부(灌夫), 적복(籍福) 등을 동생으로 대우했다. 그가 일찍이 중사마(中司馬 : 도읍의 경비대장인 中尉의 屬官)로 있을 때의 중위(中尉) 질도(郅都)는 매우 엄격한 사람으로 이름이 나 있었는데 그 사람조차 계심에 대해서는 감히 예우를 하지 않을 수 없었다.

젊은 사람들 가운데 때때로 계심의 부하라는 이름을 빌려 행세하는 자가 많았다. 당시 계심은 용감한 것으로, 그리고 계포는 부탁을 받았을 때 '그리하겠다'고 하면 꼭 들어 주는 것으로 함곡관 안의 관중에서 그 이름이 드러났다.

계포의 외숙인 정공(丁公)은 초나라의 장군이었다. 정공이 항우를 위하여 팽성 서쪽까지 한고조를 추격하여 괴롭히자 양쪽 병졸들이 육박전을 벌이게 되었다. 고조는 위급하여 정공을 돌아보며 말했다.

"두 어진 사람들끼리[20] 서로 괴롭힌단 말인가?"

그래서 정공이 군대를 수습하여 돌아갔으므로 한고조는 마침내 포위에서 풀려 돌아올 수 있었다.

항왕이 멸망한 뒤에 정공은 고조를 찾아보았다. 고조는 정공을 군중(軍中)으로 끌고 다니며 말했다.

"정공은 항왕의 신하로서 불충했다. 항왕으로 하여금 천하를 뺏기게 한

---

20) 고조 자신과 정공을 말한다. 고조는 정공을 자신과 동등하게 생각하는 것처럼 부추기고 있다.

자는 바로 정공이다."

하고는 정공의 목을 쳐서 죽이고 널리 포고했다.

"후세의 신하들로 하여금 정공을 본받는 일이 없도록 하라."

난포(欒布)는 양(梁 : 魏)나라 사람이다. 이전에 양나라 왕 팽월(彭越)이 평민으로 있을 때 난포와 교제를 했다. 둘 다 곤궁하여 제(齊)나라에 가서 품팔이꾼으로 어느 술집의 일꾼이 되었다. 수년 후에 팽월은 그곳을 떠나 거야(巨野 : 山東省)라는 곳으로 가서 도적이 되었다.

한편 난포는 어떤 자에게 약탈되어 노예로 팔려 연(燕)나라에서 종이 되었다. 그 집 주인의 원수를 갚아 준 것이 인연이 되어 연나라 장군 장도(臧荼)가 그를 도위(都尉)로 삼았다. 그 후 장도가 연나라 왕이 되자 난포를 장군으로 임명했다. 그 뒤 장도가 반역을 하게 되어 한나라는 연나라를 치고 난포를 사로잡았다. 양나라 왕이었던 팽월은 그 소식을 듣자 곧 고조에게 금전을 바쳐 청원하여 난포의 죄를 용서받고 양나라 대부로 삼았다.

후에 난포가 제나라에 사자로 가서 돌아오지 않았을 때 한나라에서는 팽월을 소환하여 배반했다고 치죄를 하여 그의 삼족을 멸했다. 그러고 나서 팽월의 목을 낙양에 내걸고 조서를 내려 말하기를,

"감히 이 목(팽월의 시체)을 거두어 돌보는 자가 있으면 곧 체포하리라."

라고 했다. 뒤늦게 제나라에서 돌아온 난포는 사자로 가서 처리했던 일을 팽월의 목 밑에 가서 아뢰고 제사를 지낸 다음 곡을 했다. 관리가 그를 체포하여 천자에게 아뢰었다. 그러자 고조는 난포를 불러들여 꾸짖어 말했다.

"너는 팽월과 함께 반역하려 했느냐? 내가 명령을 내려 그 목을 거두지 못하게 했는데 네가 홀로 그에게 제사를 지내고 울었다니 팽월과 함께 반

역하려고 했던 것이 명백하다.”

고조는 관리를 독촉하여 그를 끓는 물에 삶아 죽이라고 했다. 관리가 끓는 물이 있는 곳으로 난포를 끌고 가려 하자 난포가 돌아보며 고조에게 말했다.

“한 말씀 올리고 죽는 것이 소원입니다.”

“무슨 말을 하고 싶단 말이냐?”

“주상께서 팽성에서 고난을 겪으시고 형양과 성고 사이에서 패전하셨을 때 항왕이 서쪽으로 진출하지 못하여 한나라를 멸망시키지 못한 것은 양나라 땅에 있던 팽왕(彭王)이 한나라와 합종하여 초나라를 괴롭혔기 때문입니다. 그때 팽왕이 한 번 머리를 돌려 초나라 편이 되었다면 한나라가 파멸했을 것이고 한나라 편이 되었다면 초나라가 파멸했을 것입니다. 그리고 해하(垓下)의 여러 제후들이 모였을 때에도 팽왕이 아니었다면 항씨는 멸망하지 않았을 것입니다.

천하가 이미 평정되니 팽왕은 부절을 나누어 받고 봉지를 하사받아 이것을 만세에 전하고자 했습니다. 그런데 폐하께서 한 번 양나라에 출병을 명하셨을 때 팽왕이 병들어 가지 못하니 폐하께서는 모반했다고 의심하고, 모반한 흔적도 명백히 드러나지 않았는데 가혹하고 엄한 법으로 팽왕을 베어 죽이고 일족을 멸했습니다.

이와 같이 하셔서는 신이 보건대 공신들까지도 스스로를 위태롭게 생각할까 두렵습니다. 팽왕은 이미 죽었습니다. 신도 사는 것이 죽는 것만 못합니다. 자, 어서 삶아 죽이십시오.”

그의 말을 들은 고조는 난포의 죄를 용서하고 도위로 임명했다.

난포는 효문제 때 연나라의 재상이 되고 장군에 이르렀다. 이에 난포는 늘 말하기를,

“곤궁할 때 자신의 몸을 굽히고 뜻을 낮추지 못하는 자는 온전한 사람이

라 할 수 없다. 부귀할 때 그 부귀를 누리면서 뜻대로 못하는 자는 현명한 사람이 아니다."

라고 했다. 그러고는 전에 은덕을 입은 자에게는 후하게 보답하고 원한이 있는 자에게는 반드시 법에 비추어 그를 멸했다.

오나라와 초나라가 반란을 일으켰을 때 군공을 세워 유후(俞侯)로 봉해졌다. 그는 또다시 연나라의 재상이 되었다. 연나라, 제나라에서는 각지에 난포를 위한 사당을 세우고 '난공사(欒公社)'라고 불렀다.[21]

난포는 효경제 중원(中元) 5년에 죽었다. 그의 아들 분(賁)이 대를 이어 태상(太常)이 되었다가 종묘에 제사를 지낼 때 제물로 올린 희생물이 법에 정한 대로 갖추어지지 않았다 하여 봉지를 몰수당했다.

태사공은 말한다.

"의기가 왕성한 항우 밑에 있으면서도 계포는 용기로써 초나라에 이름을 드날렸고 자주 적군을 격파하여 그 군기를 빼앗았으니 과연 장사라 할 수 있다. 그런데도 그가 죄를 문책당했을 때 죄인 노릇을 하고 남의 노예가 된 후에도 죽지 않았던 것은 무엇을 위한 비굴한 처신이었던가? 그는 자신의 재능을 믿었던 것이며 치욕을 받으면서도 부끄러워하지 않았고 자신의 재능에 비하여 아직 만족할 만큼 이루어지지 않았다고 생각했기 때문이리라. 그리하여 그는 결국 한나라의 명장이 되었다.

현명한 사람은 자신의 죽음을 중히 여긴다. 저 비첩이나 천민이 비탄에 빠져 자살하는 것을 용감하다 할 수는 없다. 살다가 한 번 계획이 실패하면 두 번 다시 고쳐 세울 기력을 잃기 때문이다.

---

21) 난포는 살아 있을 때부터 제사를 받았을 만큼 사람들한테 널리 존경을 받았던 것이다.

난포가 팽월의 죽음에 대하여 곡례(哭禮)를 하고 삶아 죽이는 형장으로 끌려갈 때 마치 외출했다가 집으로 돌아가는 것처럼 태연했던 것은 그가 진실로 처신할 바를 알고 있어서 스스로 그 죽음을 아깝게 여기지 않았기 때문이다. 옛날의 열사(烈士)라 한들 이 두 사람보다 더하겠는가?"[22]

---

22) 이 列傳에 실린 司馬遷의 논찬은 계포와 난포에 대한 비평임과 동시에 죽음보다 더 굴욕적인 宮刑을 받고서도 끝까지 살아남아 ≪史記≫의 저술에 심혈을 기울이는 司馬遷 자신의 의지를 표명하고 있다.

제41 원앙 · 조조열전(袁盎 · 鼂錯列傳)[23]

원앙(袁盎)은 초(楚)나라 사람으로 자(字)를 사(絲)라고 했다. 그의 부친은 원래 도적떼의 한 사람이었는데 후에 안릉(安陵 : 咸陽의 동쪽, 섬서성)으로 이주했다. 원앙은 예전에 고후(高后 : 呂太后) 시대에 여록(呂祿)의 가신이었던 적도 있었다. 효문제가 즉위하자 원앙은 원쾌(袁噲 : 원앙의 형)의 추천으로 낭중이 되었다.

이때는 강후(絳侯) 주발(周勃)[24]이 승상이었는데 조정 일을 끝마치고 물러나오면서 몹시 뽐내는 모습이었다. 이러한 주발을 천자는 언제나 공손히 예우하여 그가 보이지 않을 때까지 전송했다. 그것을 본 원앙은 앞으로 나아가 천자에게 말했다.

"폐하께서는 승상을 어떠한 인물로 생각하십니까?"

"사직(社稷)의 중신(重臣)이오."[25]

하고 천자가 대답하니 원앙은 말했다.

"강후 주발은 공신이라고 할 수는 있으나 사직의 중신은 아닙니다. 사직의 중신은 군주가 건재하시면 같이 살아 있고 군주가 망하면 함께 망하는 법입니다.

여태후 때에는 여씨의 일족이 국사를 장악하고 자기들 마음대로 제후국의 왕이 되었으며 유씨 황실의 운명은 미세하여 명맥만을 겨우 이어가는

---

23) '鼂錯'는 '晁錯' 또는 '朝錯'로 쓰는 경우도 있다. 鼂 · 晁 · 朝 모두 소字.

24) 《史記》 絳侯周勃世家가 그 傳이다. 高祖로부터 後事를 부탁받은 신하인데 呂太后 在世 중에는 잠자코 있다가 태후 사후에 陳平과 협력하여 呂氏 일족을 멸하고 文帝를 즉위시켰다.

25) 원문은 '社稷臣'. 社와 稷은 원래 국가가 받들어 제사지내는 토지의 신과 곡물의 신으로, 나아가 '국가'를 의미한다. '社稷臣'이란 국가의 存亡 · 安危를 짊어진 신하라는 뜻.

상태였습니다. 그때 강후는 태위(太尉)로서 병권을 쥐고 있으면서도 이를 바로잡지 못했습니다. 그러다 여태후가 붕어하자 대신들이 서로 협력하여 여씨 일족을 배척했을 때 태위는 병권을 쥐고 있던 관계로 우연히 그 공을 이루는 데 끼게 된 것입니다.

그러므로 이른바 공신이기는 하지만 사직의 중신은 아닙니다. 그런데도 승상은 폐하께 교만한 기색이 있고 폐하께서는 오히려 겸손해 하십니다. 이래서는 군신 간의 예를 잃게 됩니다. 이는 폐하를 위하여 가만히 생각해 보건대 찬성할 수 없는 일입니다."

그 뒤부터 조회 때 천자는 점점 위엄을 갖추었고 승상은 갈수록 천자를 공경하고 어려워했다. 얼마 후 그 사실을 안 강후는 원앙을 원망하여 말하기를,

"나는 그대의 형과 친한 사이인데 조정에서 나를 비방하다니."

라고 했다. 그러나 원앙은 끝내 사과하지 않았다.

강후가 승상직에서 해임되고 자기의 봉국으로 돌아가자 봉국 안의 누군가가 상서하여 강후가 모반을 일으키려 한다고 밀고했다. 강후는 불려와 감옥에 갇혔다. 그때 종실이나 여러 대신들 중 누구 한 사람도 강후를 변호해 주지 않았으나[26] 원앙만은 그의 무죄를 주장하고 나섰다. 강후가 석방될 수 있었던 것은 원앙이 힘을 다하여 애썼기 때문이다. 그 뒤 강후는 원앙과 아주 두터운 친교를 맺고 지냈다.

회남왕인 여왕(厲王 : 孝文帝의 아우 劉長)이 입조했다가 벽양후(辟陽侯) 심이기(審食其)를 죽이는 등 심히 교만한 행동을 하였다. 그러자 원앙이 천자에게 간하여 말하기를,

---

26) 강후의 아들은 文帝의 사위였다.

"제후가 너무 교만하면 반드시 화난을 일으킬 것입니다. 회남왕의 죄를 책망하고 그의 영지를 삭감하시는 것이 좋겠습니다."

라고 했으나 천자는 그의 말에 귀를 기울이지 않았다. 회남왕의 횡포는 더욱 심해졌다.

극포후(棘浦侯) 시무(柴武)의 태자가 모반을 일으키려 하다 일이 사전에 발각되어 문초해 본 결과 회남왕도 연루되었다. 천자는 회남왕을 소환하여 그를 촉(蜀)으로 옮기기로 하고 함거(轞車 : 죄인을 수송하는 마차)에 태워 역에서 역을 통해 옮기게 했다.

그때 원앙은 중랑장으로 있었는데 천자에게 다음과 같이 간하여 말했다.

"평소 회남왕이 교만한데도 폐하께서는 조금도 억제하려 하시지 않고 너그럽게 대하셔서 이런 일이 생긴 것입니다. 그런데 이제 일시에 그의 난폭한 기를 꺾으려고 하십니다. 회남왕은 성질이 강하여 가는 도중에 어떤 일이 생길지 모릅니다. 또 안개나 이슬 등에 해를 입어 도중에 죽기라도 한다면 폐하께서는 넓은 천하를 보유하고 계시면서도 아우 하나 포용하지 못하고 죽였다는 오명을 얻게 될 것입니다. 이 일을 어찌 하시렵니까?"

하지만 천자는 그 말을 듣지 않고 회남왕을 끝내 촉으로 떠나보냈다. 회남왕은 옹(雍 : 섬서성)까지 가서 병사했다. 이 소식을 들은 천자는 음식도 먹지 않고 매우 슬피 통곡했다. 원앙은 궁중으로 들어가 머리를 조아리고 전에 강경하게 충간하지 못했던 것에 대하여 청죄(請罪)했다. 그러자 천자가 말했다.

"공의 말을 듣지 않기 때문에 이런 결과가 되었소."

그러자 원앙은 다음과 같이 말했다.

"폐하께서는 스스로를 너무 꾸짖지 마십시오. 이미 지나간 일입니다. 후회하신다고 무슨 소용이 있겠습니까? 또 폐하께서는 세상에서 말하는 뛰어난 덕행 세 가지를 행하셨으니 이 일로 명성을 훼손시키는 일은 없을 것입니다."

"세상에 뛰어난 덕행 세 가지라는 것은 무엇인가?"

"폐하께서 대(代)에 계실 때[27] 태후(太后)께서는 3년간이나 병들어 있었습니다. 그때 폐하께서는 잠도 주무시지 않고 옷도 벗지 않은 채 손수 탕약을 맛보시지 않고서는 올리지 않았습니다.

저 효자 증삼(曾參)[28]이 평민으로 있으면서도 행하기 어려웠던 일을 폐하께서 왕자의 귀하신 몸으로 해내셨으니 이것은 증삼의 효도보다도 더욱 뛰어나십니다.

그리고 여씨 일족들이 정권을 장악하고 대신들이 정사를 제멋대로 하고 있을 때[29] 폐하께서는 대에서 겨우 여섯 대의 역마차로 바닥을 알 수 없는 깊은 못 같은 위험한 곳을 달려오셨습니다. 그 옛날 용맹스럽던 맹분(孟賁), 하육(夏育)의 용기도 폐하께는 미치지 못할 것입니다.

또 폐하께서는 도읍에 있는 대왕(代王)의 저택에 도착하신 후 서향(西向)하여 천자의 지위를 두 번이나 사양하시고, 남면하여 천자의 지위를 사양하심이 세 번이었습니다.[30] 저 옛날 요(堯) 시대의 덕이 높은 선비 허유(許由)는 천하를 사양한 것이 한 번에 불과했건만 폐하께서는 다섯 번이나 천하를 사양하셨으니 허유보다 네 번이나 더하셨습니다.

다만 폐하께서 회남왕을 촉으로 옮기게 하신 일은 그것으로 왕을 반성

---

27) 文帝는 처음 代王이었는데 여씨 일족이 멸망한 뒤에 천자로 옹립되었다.

28) 孔子의 高弟. 효심이 뛰어났으며 ≪孝經≫의 저술자로 알려져 있다.

29) 자세한 사정은 ≪史記≫ 呂后本紀 등에 보인다. 呂太后 사후 陳平·周勃 등의 대신들이 협력하여 당시 권력을 장악하고 있던 여씨 일족을 멸한 후 뒤를 이을 천자를 대신들의 합의로 결정하고 代王을 영입하여 즉위시키기까지의 혼란기를 말한다.

30) 西向은 객에 대한 주인의 자리 위치, 南向은 신하에 대한 주군의 자리다. 그리고 두 번과 세 번은 실은 세 번과 두 번의 잘못.

하게 하여 개과(改過)토록 하려던 것인데 왕을 호위하던 관리들이 불성실했기 때문에 병들어 죽은 것입니다."

이 말을 듣고 나서 천자는 마음의 슬픔을 풀고 원앙에게 물었다.

"장차 어떻게 하면 좋겠소?"

"회남왕에게는 세 분의 아드님이 있습니다. 폐하께서 뜻대로 처우하십시오."

하여 효문제는 그 세 아들을 모두 왕으로 삼았다. 이 일로 인하여 원앙의 이름은 조정에서 더욱 높아졌다.

원앙은 언제나 도리의 원칙에 서서 의논하고, 세상 돌아가는 일을 분개하며 탄식했다.

환관 조동(趙同)이 천자한테 자주 불리어 사랑을 받고 있었는데 원앙을 싫어하며 늘 헐뜯어 해치려고 했다. 그래서 원앙은 그것이 마음에 걸렸다. 원앙의 조카 종(種)이 상시기(常侍騎 : 시종무관)가 되어 절(節 : 천자를 표시하는 旗)을 들고 천자의 수레에 모시고 탔는데 그가 원앙에게 말했다.

"군(君)께서 조동과 마주 싸우시어 그를 어전에서 모욕을 주십시오. 그리하여 군을 비방하는 말을 천자께 못하도록 하십시오."[31]

하루는 문제가 외출하려는데 조동이 배승하고 있으니 원앙이 천자의 수레 앞에 엎드려 말했다.

"신은 '천자가 타는 사방 6척의 수레를 함께 탈 수 있는 자는 영웅호걸이어야 한다.'고 들었습니다. 지금 한나라에 아무리 인물이 없다 하더라도 폐하께서는 어찌하여 형을 선고받았던 자(환관은 궁형을 받은 사람)를 태우신단 말씀입니까?"

---

31) 그렇게 하면 조동의 원앙에 대한 비난은 사사로운 감정에서 나온 것이라고 천자가 생각하게 될 것이라는 뜻.

그러자 천자는 웃으면서 조동을 내리게 했다. 조동은 눈물을 흘리며 내렸다.

또 효문제가 패릉(覇陵)[32] 위에서 서쪽으로 달려 험한 고갯길을 내려가려고 했다. 그러자 말을 탄 원앙이 천자의 수레와 나란히 되자 천자의 수레를 끄는 말고삐를 잡았다. 그걸 본 천자가,

"장군[33]은 겁이 나는가?"

하고 물으니 원앙이 대답했다.

"신은 '천 금을 가진 부잣집 아들은 처마 끝에 앉지 않고 백 금을 가진 부잣집 아들은 난간 위를 타지 않는다.(위험을 피하기 위해서 자기 몸을 중히 한다는 말) 거룩하고 밝은 군주는 위험을 무릅쓰고 요행을 바라지 않는다.'[34]고 들었습니다. 지금 여섯 마리가 끄는 수레를 타신 폐하께서 급한 경사 길을 달려 내려가려고 하십니다. 만약 말이 놀라거나 하여 수레가 부서지는 일이라도 생긴다면 폐하께서는 한 몸을 가벼이 여기실지 몰라도 종묘와 황태후(효문제의 생모인 薄太后)를 어떻게 대하시렵니까?"

하니 천자는 달릴 생각을 그만두었다.

천자가 상림원(上林苑 : 長安에 있었음)으로 행차할 때 황후와 신부인(愼夫人)을 동반했다. 이 두 사람은 궁중에서 언제나 자리를 나란히 하여 앉았다. 상림원을 지키는 책임자 또한 황후와 신부인이 앉는 자리를 나란히 만들자 원앙은 신부인이 앉을 자리를 뒤로 밀어 놓았다. 그러자 신부인이 노하여 자리에 앉으려 하지 않고 천자도 노하여 일어나 궁중으로 돌아갔다. 그래서 원앙도 곧바로 궁중으로 들어가 어전에 나아가 말했다.

---

32) 文帝의 陵. 천자의 능은 생전에 축조해 두었다.
33) 원앙은 당시 中郎將이었으므로 황제가 '장군'이라고 부른 것이다.
34) 원문은 '千金之子坐不垂堂, 百金之子不騎衡, 聖主不乘危而徼幸'. 일종의 격언으로 구전이겠지만 셋째 句는 원앙이 덧붙인 것인지도 모른다.

"신이 들으니 '존비의 질서가 분명하게 확립되면 상하가 화목하다.'고 합니다. 폐하께서 이미 황후를 책봉하신 이상 신부인은 첩입니다. 그런데 첩과 정처(正妻)가 어찌 자리를 나란히 하여 앉을 수 있습니까? 그와 같이 하시는 것은 존비의 질서를 문란하게 하는 일입니다.

폐하께서 신부인을 총애하신다면 후하게 금품을 하사하시면 그만입니다. 지금 폐하께서 신부인을 위한다고 하시는 것은 오히려 신부인의 몸에 화를 끼치게 하는 일입니다. 폐하께서는 설마 '돼지 인간' 사건[35]을 모르시지는 않겠지요?"

이 말을 들은 천자가 기뻐하며 신부인을 불러 그의 말을 전해 주니 신부인은 원앙에게 금 오십 근을 내렸다.

그런데 원앙은 그 후에 너무 자주 직간을 했기 때문에 궁중에 오래 있지 못하고 농서(隴西 : 甘肅省)의 도위로 옮겨졌다. 임지로 간 그는 사병들을 사랑했으므로 사병들 모두 그를 위해서라면 죽음도 불사할 정도였다.

그 후 그는 제나라의 재상이 되고 이어 오나라의 재상이 되었다. 오나라에 부임할 때 천자에게 하직 인사를 고하러 떠나려는데 조카인 원종(袁種)이 원앙에게 말했다.

"오왕(吳王)은 오랫동안 교만을 부려 왔고 그곳에는 간사한 자가 많습니다. 지금 그 버릇을 바로잡으려고 그들을 탄핵하거나 고발하신다면 그들은 거꾸로 폐하께 상서하여 군을 참소하거나 예리한 칼로 찔러 죽이거

---

35) ≪史記≫ 呂后本紀에 자세한 전후 사정이 나온다. 高祖는 戚夫人을 총애해 실현하지는 못했지만 척부인의 아들(뒤의 趙王 如意)을 태자(여씨의 아들로 뒤의 惠帝)와 바꾸어 태자로 세우려 한 일이 있어 여후는 뼛속 깊이 척부인을 저주하고 있었다. 高祖가 죽고 惠帝가 즉위하자 여후는 즉시 조왕 여의를 불러들여 독살하고 이어 척부인을 잡아다 손발을 자르고 눈을 도려내고 귀를 메우고 약을 먹여 벙어리로 만든 다음 돼지우리(당시는 변소 아랫칸이 곧 돼지우리였음)에 던져두었다. 혜제는 어머니의 소행에 충격을 받아 얼마 후에 죽었다. 문제는 혜제의 배다른 아우다.

나 할 것입니다. 남방의 토지는 지대가 낮고 습한 곳이니 가시거든 날마다 술이나 마시고 아무 일도 하지 마십시오. 그리고 가끔 왕에게 '반역을 꾀하지 마십시오.'라고만 하시면 됩니다. 그렇게 하신다면 요행히 화를 면하게 될 것입니다."

원앙은 가서 원종이 알려 준 계책대로 실행했다. 그랬더니 오왕은 원앙을 후대했다.

원앙이 휴가를 얻어 집으로 돌아오는 도중에 승상 신도가(申屠嘉)를 만났다. 그는 수레에서 내려 승상에게 정중히 인사를 했건만 승상은 수레에 탄 채 가볍게 답례를 하는 것이었다.

원앙은 집으로 돌아왔으나 부하들이 보는 데서 승상에게 창피를 당한 것이 부끄러워 참다못해 승상의 관저로 찾아갔다. 명함을 내밀고 승상에게 만나기를 청하자 승상은 한참 동안 기다리게 했다가 그를 만나 주는 것이었다. 원앙은 무릎을 꿇고 말했다.

"조용히 드릴 말씀이 있으니 좌우를 물리쳐 주십시오."

그랬더니 승상이 말했다.

"당신이 말하고자 하는 바가 공무에 관한 것이라면 관청에 가서 장사(長史)나 연(掾 : 모두 승상의 속관)에게 말하시오. 그러면 내가 그것을 천자께 아뢰겠소. 만약 사적인 일이라면 말하지 마시오. 나는 사적인 것은 듣지 않기로 하고 있소."

원앙은 곧 일어서서 말했다.

"공께서는 자신이 승상으로서 진평(陳平)이나 강후(絳侯) 주발(周勃)과 비교하여 누가 더 낫다고 생각하십니까?"

그러자 승상 신도가는,

"그야 내가 그들만 못합니다."

라고 대답했다. 그러자 원앙이 다음과 같이 말했다.

"좋습니다. 공 자신이 그들만 못하다고 말씀하시는 것은 당연한 일입니다. 저 진평과 강후는 고조를 도와 천하를 평정하여 장군이 되고 정승이 되었으며 여씨 일족을 주멸하고 유씨 황실을 존속하게 했습니다.

그러나 공께서는 아주 용맹하고 재능이 있는 재관궐장(材官蹶張 : 武官名으로 강력한 쇠뇌를 발사하는 병사)이었다가 대장(隊長)이 되었으며 군공을 쌓아 회양군(淮陽郡)의 태수를 지냈을 뿐 기특한 큰 계책을 세웠거나 성을 쳐서 빼앗았거나 혹은 야전에서 공을 세운 일은 없었습니다.

게다가 폐하께서 대(代)에서 도읍으로 돌아오신 뒤로 조정에 나오시면 낭관이 상주하는 문서를 올릴 때마다 타고 계신 수레를 멈추시고 그 문서를 받지 않으신 적이 없습니다. 그리고 문서의 내용이 취할 바가 없으면 버리고 조금이라도 도움이 될 만한 것이라면 채택하시어 칭찬의 말씀을 하시지 않은 적이 없습니다. 어째서 그렇게 하셨겠습니까? 그것은 천하의 현명한 사대부를 불러모으려고 하기 때문입니다.

천자께서는 전날에 듣지 못하던 것을 들으시고 전에 알지 못했던 것을 아시게 되어 날로 그 지혜를 더해 가시는데 공께서는 지금 스스로 천하 인사의 입을 닫게 하여 날로 우매하게 되어 갑니다. 그랬다가 어질어진 천자께서 어리석은 승상을 책하시게 된다면 공이 그 화를 당하게 되는 날도 그리 멀지는 않을 것입니다."

그러자 승상이 두 번 절하고 나서 말했다.

"저는 시골뜨기라 아무것도 분별할 줄 모릅니다. 장군께서 가르쳐 주십시오."

승상은 원앙을 안으로 맞아들여 상객으로 대우했다.

원앙은 평소부터 조조(晁錯)를 좋아하지 않았다. 조조가 있는 자리라면 원앙이 그 자리를 떠나고 조조 역시 원앙이 있는 자리라면 피했다. 두 사람은 일찍이 한 번도 동석하여 말을 주고받은 적이 없었다.

효문제가 붕어하고 효경제가 즉위하자 조조는 어사대부가 되었다. 그러자 관리에게 명하여 원앙이 오왕의 뇌물을 받았다는 사건을 조사시켜 죄에 빠뜨렸다. 하지만 천자는 조서를 내려 그의 죄를 용서하고 서민으로 격하시켰다. 그때 오(吳)·초(楚)의 반란이 전해졌다. 조조는 승(丞)과 사(史 : 모두 어사대부의 부관)에게 말하기를,

"저 원앙은 오왕으로부터 많은 돈을 받고 일부러 사실을 감추면서 '배반하지 않는다.'고만 말했다. 그런데 마침내 오왕은 반란을 일으켰다. 천자께 청하여 원앙을 치죄하고자 한다. 그러면 반드시 모반의 음모가 자세하게 밝혀질 것이다."

라고 했다. 그랬더니 승과 사 등이 이렇게 말했다.

"일이 일어나기 전에 원앙을 심문했더라면 모반을 방지할 수도 있었겠지만 지금은 이미 반란군이 서쪽으로 진군하고 있습니다. 이제 와서 원앙을 심문한들 무슨 소용이 있겠습니까? 그리고 원앙이 음모에 가담했을 리 없습니다."

조조가 주저하며 결정을 하지 못하고 있는데 누군가가 원앙에게 그 사실을 알려 주었다. 원앙은 두려워하여 밤에 두영(竇嬰)을 찾아가 오나라가 배반하게 된 까닭을 말하고,

"제가 폐하의 어전에서 구두로 사정을 구체적으로 아뢸 수 있도록 해 주십시오."

라고 청했다. 두영이 궁내로 들어가 그 뜻을 천자께 말씀드리자 천자가 원앙을 불러들였다. 그때 마침 조조가 폐하의 어전에 있었다. 원앙이 천자께 잠시 좌우의 사람들을 물리쳐 줄 것을 청원하니 조조는 어전을 물러났으나 매우 원한에 사무친 모습이었다.

원앙은 그 자리에서 오왕이 반역을 하게 된 진상(조조가 제후들의 封領

을 삭감했기 때문에 조조에게 책임이 있다는 것)을 설명하고,

"급히 조조의 목을 베어 오왕에게 사과하는 뜻을 표하십시오. 그러면 오나라의 반란은 반드시 그치게 될 것입니다."

라고 말씀 올렸다.(이 일에 대해 상세한 것은 〈오왕비열전(吳王濞列傳)〉에 기술되어 있다.)

이윽고 천자는 원앙을 태상(太常)으로, 두영을 대장군(大將軍)에 임명했다. 이들 두 사람은 원래부터 친밀한 사이였다. 오나라가 모반하자 장안 주변의 여러 능의 장자(長子)들(여러 帝陵 땅에 이주해 아직 한나라 조정을 섬기지 않고 있는 명문가의 사람들)과 장안 고을 내에 살고 있는 어진 대부(大夫)들은 다투어 이 두 사람에게 접근하여 문전에 이들이 탄 수레가 날마다 수백 대에 달하였다.

조조가 죽임을 당한 뒤에 원앙은 태상으로서 오나라에 사자로 갔다. 오왕은 원앙을 자기 나라의 장군으로 삼으려 했으나 그는 수락하지 않았다. 그러자 오왕은 그를 죽이려고 도위(都尉)에게 명하여 오백 명의 군사로 하여금 원앙을 에워싸고 감시하게 했다.

이에 앞서 원앙이 오나라 재상이었을 때 종사(從史 : 재상의 속관) 한 사람이 원앙의 시비(侍婢)와 간통한 적이 있었다. 그때 원앙은 그 사실을 알고 있었으나 누구에게도 말하지 않고 아무 일도 없던 것처럼 그를 대우했다. 그러자 어떤 자가 종사에게 말해 주었다.

"네가 시비와 밀통하는 것을 상관께서 알고 계시다."

종사는 두려워 고향으로 도망을 쳤다. 그렇지만 원앙은 몸소 말을 달려 그를 데리고 와서 시비를 넘겨주고 여전히 종사로 삼았다. 그런데 이제 원앙이 오나라에 사자로 와서 군졸들에게 포위되어 감시받게 되었을 때 마침 원앙을 감시하는 교위사마(校尉司馬 : 武官名)가 바로 전의 종사였다.

그는 자기의 의복과 소지품을 모두 팔아 맛좋고 독한 술 두 섬을 마련했

다. 때마침 추운 겨울이었는데 사졸들은 배가 고프고 목이 말랐다. 그럴 때 교위사마가 서남쪽 구석의 사졸들에게 술을 먹이자 전부 취하여 쓰러져 누웠다. 그러자 교위사마는 밤중에 원앙을 깨워 말했다.

"어서 도망가십시오. 오왕은 내일을 기해 공을 죽이려 하고 있습니다."

원앙은 그 말이 믿어지지 않아서,

"네가 누구냐?"

하고 물었다. 교위사마는,

"저는 전에 종사로 있으면서 공의 시비를 가로챈 자입니다."

라고 대답했다. 원앙은 그의 말에 놀랐으나 사절하여 말하기를,

"그대에게는 행복하게도 어버이가 계시네. 내 일로 그대에게 누가 되어서는 안 되네."

라고 했다.

"공께서는 다만 도망가시기만 하면 됩니다. 그러면 저도 도망하여 어버이를 숨기겠습니다. 그러니 제 걱정은 하지 마십시오."

교위사마는 군막을 칼로 찢어 헤치고 원앙을 안내하여 취해 누워 있는 병졸들 사이로 빠져나가게 한 후 작별하여 서로 반대 방향으로 도망했다. 원앙은 절모(節毛 : 천자의 사자에게 信表로 내려 주는 旗를 장식하는 짐승 털. 節은 旗)를 풀어 품속에 감추고 그 기의 대를 지팡이 삼아 칠팔 리를 걷고 나니 날이 훤히 밝았다. 때마침 양나라의 관군 기병부대를 만나 말을 타고 달려 마침내 국도로 귀환하여 보고했다.

오·초의 반란군이 격파되자 효경제는 원왕(元王 : 高祖의 아우로 楚王 劉交)의 아들 평륙후(平陸侯) 예(禮)를 초나라 왕으로 삼고 원앙을 초나라 재상으로 삼았다.

---

36) 梁의 孝王 劉武를 말한다. 孝景帝의 하나뿐인 친아우.

그 후 원앙이 천자에게 상서한 의견이 받아들여지지 않고 그동안에 병이 나 사직하고서 집에 있게 되었다. 그리고 마을 사람들과 같이 어울려 닭싸움이나 개 경주 따위를 낙으로 나날을 보냈다.

언젠가 낙양의 극맹(劇孟)이 원앙에게 들렀을 때 그를 후히 대접했다. 그러자 안릉(安陵)의 한 부자가 원앙에게 말했다.

"듣기로 극맹은 노름꾼이라고 하던데 장군은 어째서 그와 같은 자와 교제를 하십니까?"

"극맹은 노름꾼이지만 그의 모친이 죽었을 때 장송(葬送)하는 객들의 수레가 천 대를 넘었소. 이것은 극맹에게 남보다 뛰어난 점이 있기 때문이오. 매우 위급한 경우란 누구에게도 있는 법인데 일단 화급한 일이 있어 누군가가 대문을 두드리고 도움을 청할 때, 늙은 어버이가 살아 계심을 구실로 삼거나 다른 일로 따돌리거나 하는 일 없이 천하의 사람들을 받아들일 수 있는 사람은 계심(季心 : 季布의 아우)과 극맹뿐이오.

지금 당신이 항상 몇 명의 기사(騎士)를 데리고 다니지만 화급한 일을 당했을 때 그들을 의지할 수 있을 것으로 생각하시오?"

하며 원앙은 이렇게 부자를 꾸짖고 절교해 버렸다. 그런 사정을 잘 아는 사람들은 이 말을 듣고 모두 원앙을 칭찬했다.

원앙은 은퇴하여 집에 있었지만 효경제는 때때로 사람을 보내 나랏일의 계책에 대하여 그의 의견을 물었다. 양왕(梁王 : 孝景帝의 아우로 梁나라의 孝王)[36]이 황제의 후사가 되고자 했을 때 원앙의 반대로 이 논의는 중단되고 말았다.

그 때문에 양왕은 원앙을 원망하여 사람을 시켜 찔러 죽이려고 했다. 자

---

37) 宋孟은 이곳에만 나타나는 인물로 어떤 인물인지 불분명하다. 劉禮는 필시 ≪史記≫ 孝文本紀에 '宗正劉禮' 라고 한 인물이리라.

객이 관중에 들어와 원앙의 사람됨을 물으니 훌륭한 인물들은 모두 그를 칭찬하였다. 그래서 자객은 원앙을 만나 말했다.

"저는 양왕에게 돈을 받고 공을 찔러 죽이려고 왔습니다. 그렇지만 유덕한 공을 차마 죽일 수 없습니다. 그러나 제가 아니라도 공을 죽이려고 하는 자가 십여 명이나 있으니 부디 조심하십시오."

이 말을 들은 원앙은 마음이 불안하고 또 집안에 기괴한 일이 연달아 일어났기 때문에 부생(梧生 : 점을 잘 쳤던 당시의 현인)에게 찾아가 점을 쳤다. 그런데 결국 돌아오는 길에 양나라에서 보낸 자객들에게 안릉 성문 밖에서 살해당했다.

조조(鼂錯)는 영천(潁川) 사람이다. 신불해(申不害), 상앙(商鞅)의 형명학(刑名學)을 지현(軹縣)의 장회(張恢) 선생에게서 배웠는데 낙양의 송맹(宋孟)과 유례(劉禮)[37]와는 동문이었다. 학식을 인정받아 태상(太常)의 장고(掌故 : 태상의 屬官으로 政事를 주관)가 되었다. 조조의 사람됨은 매우 엄격하며 정직하나 몰인정했다.

효문제 때는 천하에 ≪상서(尙書)≫를 전공하는 자가 없었는데 다만 제남(濟南)의 복생(伏生)만이 진(秦)나라의 박사로서 ≪상서≫ 전공자라는 평판이 있었다. 그런데 나이가 구십여 세로 너무 늙어 조정에 불러들일 수 없었기 때문에 천자는 태상에게 조서를 내려 누군가가 그의 학문을 전수받도록 했다. 태상은 조조를 파견하여 복생에게서 ≪상서≫를 배우도록 했다.

조조는 학업을 마치고 돌아와 유익한 정책에 대해 의견서를 올리며 ≪상

---

38) 9명의 正卿, 결국 대신을 말한다. 奉常, 郎中令, 衛尉, 太僕, 廷尉, 典客, 宗正, 治粟內史, 少府 이상 九官.

서≫의 글을 인용하여 그 뜻을 자세히 설명했다. 천자는 조서를 내려 조조를 태자의 사인(舍人)으로 임명하고 이어 문대부(門大夫), 가령(家令:모두 태자의 속관명으로 사인은 봉록 이백 석, 문대부는 육백 석, 가령은 팔백 석)으로 승진시켰다.

조조는 뛰어난 변설로 태자의 총애를 받았다. 태자궁에서는 조조를 '지혜 주머니'라고 불렀다. 조조는 효문제 때 자주 상서하여 제후의 봉영을 삭감해야 한다는 것과 법령을 개정해야 한다는 것을 주장했는데 그 상서는 수십 통에 달했다. 효문제는 그 의견을 받아들이지 않았으나 그의 재능을 훌륭하게 여겨 중대부로 임명했다. 당시 태자는 조조의 계책에 찬성했으나 원앙을 비롯한 대신이나 공신 중에는 조조를 좋아하지 않는 사람이 많았다.

효경제가 즉위하자 조조를 내사(內史 : 國都의 장관)로 임명했다. 조조는 가끔 천자께 좌우 사람들을 물리쳐 달라고 청한 다음 국사에 대한 의견을 아뢰었는데 그때마다 쉽게 허락을 받았다. 그리하여 구경(九卿)[38] 중에서 천자의 은총을 한 몸에 받았으며 그의 말에 따라 개정된 법령이 많았다. 승상 신도가는 내심 좋지 않게 생각했으나 그의 힘이 조조를 꺾을 정도는 아니었다.

내사부(內史府)는 태상황(太上皇 : 高祖의 아버지) 사당의 연(壖 : 宗廟의 안쪽 담 밖에 있는 공지) 가운데 있었는데 문이 동쪽으로 나 있어서 불편했다. 조조는 남쪽으로도 나갈 수 있도록 또 하나의 문을 만들었는데 그 문을 만들기 위해 구멍을 뚫은 곳은 사당의 연 바깥담이었다.

승상 신도가는 이 말을 듣자 크게 노하여 그의 과실을 이유로 조조를 주살할 것을 천자께 청원하려 했다. 조조가 이 말을 듣자 한밤중에 곧 궁내로 들어가 천자께 좌우의 사람들을 물리쳐 달라고 청한 다음 상세한 사정을 설명했다.

후에 승상이 정사에 대해 말한 다음 이어 조조가 제 마음대로 사당의 담에 구멍을 뚫어 문을 만든 사실을 고하고 조조를 감옥의 장관인 정위(廷尉)에게 넘겨 주살할 것을 청원하자 천자가 말하기를,

"그것은 사당의 담이 아니오. 담 밖의 공지를 에워싼 바깥담일 뿐이오. 처벌할 필요는 없소."

하고 말했다. 승상은 잘못되었다고 사과했다. 그렇지만 조정에서 퇴청하자 노하여 장사(長史)에게 말했다.

"조조를 베어 죽이고 나서 천자께 아뢰어야 했는데 먼저 천자께 아뢰어 청원하다가 저 어린놈에게 당했다. 진실로 잘못했다."

승상은 마침내 병을 얻어 죽고 말았다. 조조는 이 사건 이후 점점 지위가 높아져 어사대부에 이르렀다. 그러자 죄를 범한 제후에게는 영지를 삭감하고 제후의 영지 주변에 있는 군(郡)을 몰수할 것을 주청했다.

이 주청문이 올라가자 천자는 공경, 열후, 종실들에게 의논하게 했는데 누구 한 사람 반대하는 자가 없었다. 다만 두영만이 반대하여 논쟁을 벌였는데 이 일로 두영과 조조는 사이가 나빠졌다.

조조가 개정한 법령은 삼십 장(章)에 이르렀고 제후들은 모두 떠들썩하게 비난하며 조조를 미워했다. 조조의 아버지가 이 말을 듣자 영천(穎川)에서 상경하여 조조에게 일렀다.

"폐하께서 즉위하신 때부터 네가 정사를 전담하여 제후의 영지를 침해하여 삭감하고 남의 골육 사이를 소원하게 했다. 사람들은 모두 시끄럽게 떠들고 너를 미워한다. 어찌하여 그런 짓을 하느냐?"

"아버님의 꾸지람은 당연합니다. 그러나 그렇게 하지 않으면 천자의 자리가 존귀해지지 않고 종묘도 안정되지 못합니다."

"유씨 황실이야 태평스럽겠지만 우리 조씨는 위험하게 된다. 나는 너를 버리고 죽어 버리겠다."

이리하여 조조의 아버지는 독약을 마시고,

"나는 화가 내 몸에 미치는 것을 차마 볼 수 없다."

라고 말하며 죽어 갔다. 조조의 아버지가 죽은 지 십여 일이 지나자 오·초 등 7국이 반란을 일으켰는데 조조의 주살을 구실로 내세웠다. 두 영과 원앙이 어전에 나아가 천자를 설득하니 천자는 조조에게 조복(朝服)을 입혀 도읍의 동쪽 시장에서 목을 치게 했다.

조조가 죽은 후에 알자복야(謁者僕射)의 관에 있던 등공(鄧公)이 교위(校尉)가 되어 오·초의 반란군을 진압하고 장군으로 승진하여 군무 보고를 위해 귀환했다. 등공이 군사 일에 대하여 상서하고 천자를 알현하자 천자가 물었다.

"그대는 전선에서 돌아왔는데 조조가 죽었다는 말을 듣고 오·초가 싸움을 그만두던가, 그렇지 않던가?"

"오왕이 모반하려 한 것은 수십 년이 되었습니다. 영지를 삭감당한 데 분개하여 조조를 주살하겠다는 것을 명분으로 내세웠으나 그의 진의는 조조를 죽이는 데 있는 것이 아닙니다. 저는 천하의 인사(人士)들이 국사에 대하여 입을 다물고 다시는 진언하는 일이 없게 되지나 않을까 두렵습니다."

"어찌하여 그렇게 된단 말인가?"

"조조는 제후가 너무 강해져서 제어할 수 없게 되지 않을까 우려했습니다. 그래서 제후들의 영지 삭감을 주청하여 나라의 존엄을 꾀했던 것입니다. 이것은 만세에 걸친 이익입니다. 그런데 그 계획을 겨우 실행되게 되어 조조가 갑자기 극형을 받게 된 것입니다. 이 일은 안으로는 충신의 입을 막고 밖으로는 제후들을 위하여 원수를 갚아준 것이나 다름이 없습니다. 저의 어리석은 생각에도 그것은 폐하를 위한 일이라고는 할 수 없습니다."

효경제는 묵묵히 있다가 말했다.

"공의 말이 옳소. 나도 이 일을 유감스럽게 생각하오."

이에 등공을 성양(成陽)의 중위(中尉)로 임명했다.

등공은 성고(成固) 사람이다. 기이한 계략이 많은 인물이었다. 건원(建元) 연간에 효무제가 어질고 착한 선비들을 초빙한 일이 있었다. 그때 대신들과 공경이 등공을 추천했다. 때마침 등공은 관직을 떠나 있었는데 무위무관의 몸으로 기용되어 구경(九卿)에 이르렀다. 1년 뒤에 다시 병을 이유로 관직을 그만두고 집으로 돌아갔다.

그의 아들 장(章)은 황제(黃帝), 노자(老子)의 학문을 닦아 여러 선비들 사이에 이름이 드러났다.

태사공은 말한다.

"원앙은 비록 학문을 좋아하지는 않았으나 뛰어난 머리로 학문의 이론을 이것저것 교묘하게 끌어다 맞추는 독특한 말재주가 있었다. 어진 마음을 바탕으로 대의를 이끌어 세태를 개탄했다. 효문제가 즉위하자 그의 재질이 세상을 만나게 되었다. 그러나 때가 변하고 바뀌어 오나라와 초나라가 반란을 일으키자 한 차례 효경제를 설득하여 그의 말이 채용되기는 했으나 반란을 평정하는 공을 이루지는 못했다. 명성을 좋아하고 현명함을 자랑했으나 결국 그 명성 때문에 죽임을 당했다.

조조는 태자의 가령(家令)이었을 때 자주 진언했으나 받아들여지지 않았다. 그러나 후일에 권력을 제멋대로 휘두르고 법령을 변경한 것이 많았다. 제후들이 반란을 일으켰을 때 급히 국난을 수습하려 하지 않고 사사로운 원수(원앙을 죄에 빠뜨리려 한 일)를 갚으려다 오히려 자신을 망치고 말았다. 옛말에 '예부터 전해오는 법을 변경하고 떳떳한 도리를 어지럽히는 자는 죽거나 망한다.' 고 한 것은 조조 같은 자를 두고 한 말이었던가?"

제42 장석지·풍당열전(張釋之·馮唐列傳)

정위(廷尉) 장석지(張釋之)는 도양(堵陽) 사람이다. 자를 계(季)라 하고 형인 중(仲)과 함께 살고 있었다.[39] 그는 재물을 바치고 기마에 관한 일을 맡는 낭중인 기랑(騎郞)이 되어 효문제를 섬겼다. 그런데 십 년이 지나도록 승진이 되지 않았고 이름도 알려지지 않았다. 석지는,

"오랫동안 관직에 있으면서 형의 재산만 축냈을 뿐 뜻을 이루지 못했다."

하고 사직하여 고향으로 돌아가려고 했다. 중랑장 원앙(袁盎)이 그의 현명함을 알고 있었으므로 귀향을 애석하게 여겨 천자에게 청원해 알자(謁者)로 승진시켰다. 석지는 조회를 마치자 천자 앞에 나아가 정치에 유익한 말을 했는데 효문제가 말하기를,

"좀 알기 쉽게 이야기하오. 너무 고상하고 세정과 먼 것은 이야기해 봐야 소용이 없소. 지금 당장 시행할 수 있는 것을 말하오."

라고 했다. 그래서 석지는 진(秦)나라와 한(漢)나라 사이의 일, 다시 말해 진나라가 천하를 잃게 되고 한나라가 흥하게 된 연유를 장시간에 걸쳐 이야기했다. 효문제는,

"옳은 얘기다."

하며 칭찬하고 석지를 알자복야에 임명했다.

석지가 천자의 행차를 따라 호권(虎圈 : 범을 기르는 곳)으로 올라갔을 때 천자는 상림원의 위(尉)들에게 금수의 이름과 마릿수를 기록한 장부에 대해 하문했다. 십여 가지의 질문에 위들은 당황하여 서로 얼굴만 마주볼

---

39) 부친이 이미 죽고 없다는 뜻.

뿐 누구도 똑똑히 대답하지 못하였다. 그런데 옆에 있던 호권의 말단 관리 한 사람이 나서서 천자의 질문에 답했는데 아주 상세하였다. 그는 이 대답으로 자기의 능력을 드러내고자 천자의 물음을 대하자마자 조금도 막힘이 없이 대답했다. 이에 효문제는,

"관리는 언제나 이와 같이 하지 않으면 안 돼. 이곳 위들은 믿을 수 없군."

하고 말했다. 그러면서 석지에게 조서를 내려 그 하관을 상림원령(上林苑令)에 임명하도록 했다. 석지는 한참 동안 생각한 다음 천자 앞에 나아가 말했다.

"폐하께서는 강후(絳侯) 주발(周勃)을 어떤 인물이라고 생각하십니까?"

"그야 덕이 있는 사람이지."

석지는 거듭 물었다.

"동양후(東陽侯) 장상여(張相如)[40]는 어떤 인물이라고 생각하십니까?"

"그도 역시 덕이 있는 사람이지."

"강후와 동양후를 덕이 많은 사람이라고 말씀하셨는데 그들은 구변이 없어서 항상 어떤 일에 대해 말할 때는 제대로 표현을 못해, 이 말단 관리와는 달리 수다스럽고 재빨리 입을 나불대는 것은 흉내조차 내지 못합니다.

진(秦)나라는 도필리(刀筆吏 : 서기 노릇을 하는 말단 관리)에게 정치를 맡겼기 때문에 그들은 사소한 일을 꼬치꼬치 캐물어 살피는 것으로써 서로 잘한다고 뽐내었습니다. 그 폐단으로 공연히 형식적인 규칙만 다툴 뿐

---

40) 高祖부터 文帝에 이르는 시대에 활약한 인물. 侯, 大將軍, 太子太傅 등을 역임. ≪史記≫ 孝文本紀에 그 이름이 보인다.

백성들을 측은하게 여기는 실속은 없었습니다. 이 같은 실정이라 천자는 자신의 과실을 지적하는 간언도 들을 수 없었으며 나라는 쇠미해져서 2세 황제에 이르니 흙이 무너져 허물어지는 것처럼 망하고 말았습니다.

그런데 지금 폐하께서는 이 말단 관리의 구변이 좋은 것을 높이 평가하시고 그를 발탁하여 승진시키려고 하십니다. 그런데 그렇게 하시면 천하는 바람에 휩쓸리듯 서로 다투어 구변만을 일삼으며 실속이 없게 되지나 않을까 두렵습니다.

또 아랫사람이 윗사람에게 교화되는 것은 그림자가 형상을 따르고 산울림 소리에 대답하는 것보다 빠른 법입니다. 인사 문제는 신중히 다루지 않으면 안 된다고 생각합니다."

효문제는,

"과연 그렇도다."

하고 그 말단 관리를 영(令)으로 임명하려던 것을 중지했다. 그리고 수레에 오르자 석지를 불러 배승시켜 돌아오면서 석지에게 진나라의 폐정(幣政)에 대해 물었다. 석지는 자세하게 사실을 아뢰었다. 궁중에 돌아오자 천자는 석지를 공거령(公車令)에 임명했다.

그로부터 얼마 후에 태자가 그의 동생인 양왕(梁王)과 수레를 같이 타고 입조하면서 궁전의 정문인 사마문(司馬門)에서 내리지 않았다.[41] 그러자 석지는 태자와 양왕을 뒤쫓아가 멈추게 하고 궁전에 들어가지 못하게 했다.

"궁전 입구에 이르러 수레에서 내리지 않는 것은 불경스러운 일입니다."

하며 탄핵하고 그 이유를 천자께 아뢰었다. 박태후(薄太后)가 이 말을

---

41) 말에서 내려 걸어야 하는 것이 규칙이었다.

듣자 걱정했다. 효문제는 관을 벗고 박태후에게 정중히 사과했다.

"자식을 제대로 가르치지 못했습니다."

그리하여 박태후는 사자를 보내 조서를 받들고 태자와 양왕을 용서하게 했다. 그런 뒤에야 두 사람은 궁전에 들어갈 수 있었다. 효문제는 이 일로 석지를 진귀한 인물로 여기어 중대부로 임명했다. 석지는 얼마 후에 중랑장으로 승진했다.

그가 천자의 행차를 수행하여 패릉(覇陵)[42]에 갔을 때 천자는 북쪽의 벼랑 위에 올라서서 먼 곳을 바라보았다. 그때 신부인(愼夫人)도 수행을 했는데 천자는 신부인에게 신풍(新豊)으로 가는 길을 가리키며,

"저 길은 한단으로 가는 길이오."[43]

하며 신부인에게 비파를 타게 하고 천자 스스로 비파의 가락에 맞춰 노래를 불렀는데 그 노래의 뜻이 몹시 처량하고 슬펐다.[44] 이어 천자는 뭇 신하들을 돌아보며 말했다.

"아아, 북산(北山)[45]의 아름다운 돌로 석곽을 만들고 모시와 솜을 잘게 썰어 그 틈을 메우고 그 위를 옻칠로 굳히면 누구도 그것을 움직여서 그 속의 보물을 꺼낼 수야 없겠지.(자신도 그와 같이 훌륭하게 장사지내지기를 바란다는 뜻)"

좌우의 신하들이 모두,

"진실로 그럴 것입니다."

하고 말했으나 석지만은 앞으로 나아가 말하기를,

---

42) 文帝의 陵. 황제들의 陵은 생전에 축조해 두었다.
43) 邯鄲은 愼夫人의 鄕里.
44) 지금은 愛妾과 많은 신하들을 거느리는 절대 권력자이나 자신이 서 있는 곳은 다름 아닌 죽어 자신이 묻힐 곳이며 머지않아 죽어야 할 신세임을 느꼈기 때문이리라.
45) 覇陵의 북쪽에 있는 산으로 아름다운 돌이 많이 난다.

"그 속에 보물처럼 사람들이 갖고 싶어하는 물건을 넣어두면 남산(南山)⁴⁶)을 몽땅 그대로 관곽(棺槨)으로 만들고 쇠를 녹여 땜질을 하더라도 역시 빈틈이 있을 것입니다. 그렇지만 그 속에 사람들이 갖고 싶어하는 물건이 없다면 석곽이 아니더라도 무엇을 잃어버릴 걱정이 있겠습니까?"

라고 했다. 천자는,

"과연 그렇겠다."⁴⁷)

하고 그 후 석지를 정위(廷尉)로 임명했다.

얼마 후 천자가 거동하여 위수(渭水)에 걸려 있는 가운데 다리인 중위교(中渭橋)에 당도했을 때 한 사나이가 다리 밑에서 갑자기 뛰어나와 천자가 탄 수레의 말들이 놀랐다. 그래서 수행원들에게 명하여 그를 정위에게 넘기게 했다. 석지가 그 사나이를 취조하자,

"저는 이 장안현(長安縣)에 살고 있는 사람입니다. 오다가 벽제 소리를 듣고 다리 밑에 숨었습니다. 한참 뒤에 행렬이 다 지나갔을 것으로 생각하고 나와 보니 아직도 수레와 말이 서 있어서 놀라 달아났을 뿐입니다."

라고 말했다. 그래서 정위는,

"혼자서 행차 시위를 범한 것이니 벌금형에 해당합니다."

라고 천자께 아뢰었다. 그러자 효문제는 노하여 말했다.

"저놈은 내 말을 놀라게 했소. 다행히 내 말이 온순했기 때문에 별일이 없었지 다른 말이었다면 나는 부상을 당했을지도 모르오. 그런데도 정위는 다만 벌금형에 해당한다고 하오?"

석지가 말했다.

"법이라는 것은 천자께서 천하의 백성들과 함께 지켜야 하는 것입니다.

---

46) 覇陵의 남쪽에 있으면서 동서로 길게 이어져 있는 終南山을 말한다.
47) 文帝는 張釋之의 말에 깨닫는 바가 있어 자신의 장례를 매우 검소하게 하도록 유언했다.

지금 법의 규정은 이와 같이 정해져 있는데 그보다 무거운 벌을 내리신다면 그 법은 백성에게 신뢰받지 못하게 됩니다. 폐하께서 그자를 곧바로 현장에서 죽이셨다면 그만이겠지만 지금은 이미 정위에게 넘기셨습니다.

정위는 천하의 법을 공평하게 다스리는 자로서 법을 공평하게 적용하지 않으면 천하의 법을 운용하는 자는 제각기 법을 가볍게도 하고 무겁게도 할 것입니다. 그렇게 된다면 백성들은 도저히 안심하고 생활할 수 없게 됩니다. 부디 폐하께서는 이 점을 깊이 통찰하여 주시옵소서."

천자는 한참 생각하다가,

"정위가 적용하려는 형벌이 적당하다."

라고 말했다. 그 후 고조 사당의 신주 앞에 있는 옥환(玉環)을 훔친 자가 있었는데 곧 체포되었다. 효문제는 노하여 정위에게 넘겨 문초하게 했다. 석지는 법률의 조문에 비추어 '종묘의 기물을 훔친 자'에 대한 규정을 적용하여 기시(棄市 : 시장에서 목을 쳐서 구경시키는 형)에 처해야 한다고 아뢰었다. 천자는 크게 노하며 말하기를,

"저자는 무도하게도 선제 사당의 기물을 훔쳤다. 나는 정위에게 저자의 일족을 멸하기를 기대했다. 그런데 정위는 법대로만 처벌할 것을 주상하는데 이는 종묘를 삼가 공순히 받들려는 내 본의와는 어긋나는 것이다."

라고 했다. 이에 석지는 관을 벗고 머리를 조아리며 말했다.

"법률로는 이렇게 하는 것으로 충분합니다. 그리고 죄는 같은 죄일지라도 불경의 정도에 따라서 차등을 두지 않으면 안 됩니다. 지금 종묘의 기물을 훔쳤다고 하여 범인의 일족을 모두 죽이신다면 만에 하나라도 어리석은 백성이 고조(高祖)의 능인 장릉(長陵)[48]에서 흙 한 줌이라도 훔쳐가

---

48) 廟에는 位牌가 놓여 있을 뿐이지만 陵에는 遺體가 매장되어 있어 陵을 도굴한 죄는 더 무겁다.

는 일이 있을 경우에 폐하께서는 어떤 법을 적용하시렵니까?"

효문제는 오랫동안 생각하고 나서 태후와 의논한 끝에 정위가 적용한 형량을 허락했다.

그때 중위인 조후(條侯) 주아부(周亞夫)와 양나라 재상인 산도후(山都侯) 왕염개(王恬開)는 석지의 지론이 공평한 것을 보고 그와 교제를 맺어 친우가 되었다. 또한 장정위는 이 일로 인하여 천하의 칭송을 듣게 되었다.

그 후 효문제가 붕어하고 효경제가 즉위했다. 석지는 효경제가 태자로 있을 때 태자를 탄핵한 일이 있었으므로 처벌당하지나 않을까 두려워하여 병이라 칭했다. 사직을 하고 떠나려고 해도 살해될지도 모르고 천자를 알현하고 사죄하고 싶어도 그 결과가 어떻게 될지 알 수 없었다. 그래서 결국 왕생(王生)의 조언에 따라 천자를 알현하고 사과했더니 효경제는 조금도 그를 책망하지 않았다.

왕생은 황제와 노자의 학문에 통달한 처사(處士)⁴⁹⁾였다. 일찍이 궁중에 불려갔을 때 그만이 자리에 앉았고 삼공, 구경들은 모두 일어선 채 회의를 했다.(그때 한나라 조정에서는 黃老學이 존중되었음) 왕생은 노인이었는데,

"내 버선 끈이 풀어졌군."⁵⁰⁾

하고 중얼거리며 주위를 돌아보더니 장정위에게,

"내 버선 끈 좀 매 주오."

하고 말했다. 석지는 무릎을 꿇고 버선 끈을 매 주었다. 회의가 끝난 후에 어떤 사람이 왕생에게 물었다.

---

49) 학문과 덕행이 있으면서 벼슬하지 않고 無位無官인 채로 있는 사람.
50) 신하가 주군을 배알할 때 신과 버선을 모두 벗는 것이 가장 정중한 태도이며 그 다음은 신발만 벗는 것이다. 왕생은 노인이라 버선을 신는 것이 용납되었을 것이다.

"어째서 장정위만을 조정에서 욕보이시어 그에게 무릎을 꿇고 버선 끈을 매게 하셨습니까?"

"나는 노인이고 신분도 천한 사람입니다. 아무리 생각해 보아도 내가 당대 천하의 명신인 장정위를 위해 할 수 있는 일이 없었소. 그래서 그가 무릎을 꿇고 내 버선 끈을 매게 함으로써 잠시 장정위를 욕되게 하여 겸손한 유덕자의 면모를 남들에게 보여 주어 그의 명성을 더한층 높여 주려고 했던 것이오."

제후들은 이 말을 듣고 왕생을 어진 선비라고 칭찬하고 장정위를 더욱 존경했다.

장정위는 효경제를 섬기기 1년여 만에 회남왕(淮南王)의 재상이 되었다. 이것은 역시 전에 태자를 탄핵했던 일이 그 원인이었다. 그 후 얼마 안 되어 석지는 세상을 떠났다.

그의 아들 장지(張摯)는 자를 장공(長公)이라 하고 벼슬은 대부까지 되었다가 해임되었다. 그는 절조를 굽혀서까지 당세에 허용될 것을 원하지 않았기 때문에 그 뒤로 죽을 때까지 벼슬길에 나가지 않았다.

풍당(馮唐)은 조부(祖父)가 조(趙)나라 사람이다. 아버지 때에 대(代)로 옮겨와 살았고 한(漢)나라가 흥한 다음에는 안릉(安陵)으로 이주했다.

풍당은 효자로 평판이 높았으며 중랑서(中郎署)의 서장(署長)이 되어 효문제를 섬겼다. 천자가 연(輦)을 타고 우연히 중랑서에 들렀을 때 풍당에게 물었다.

"노인은 어떻게 낭관(郎官)이 되었소? 집은 어디요?"

풍당이 자세하게 사실대로 대답을 하자 천자는 이렇게 말했다.

"내가 대에 있을 때 나의 상식감(尚食監 : 음식 조리를 하는 관리) 한 사람이 가끔 조나라 장군 이제(李齊)가 현명한 사람이며 그가 거록(鉅鹿)의

성 밑에서 싸웠을 때 일[51]을 말해 주곤 했소. 그래서 나는 지금도 음식을 먹을 때마다 거록 땅 생각이 나는 것을 어쩔 수가 없소. 노인도 이제를 알고 있소?"

"그렇지만 이제는 염파(廉頗)나 이목(李牧)의 명장다운 면모에는 미치지 못합니다."

"어째서요?"

"저의 조부는 조나라에 있을 때 관의 대장으로서 이목과 친했으며, 또 저의 부친은 본래 대의 재상이어서 조나라 장군 이제와 사이가 매우 좋았습니다. 그러므로 두 사람의 사람됨을 잘 알고 있습니다."

천자는 염파와 이목의 사람됨을 듣자 매우 기뻐하여 무릎을 치면서 말하기를,

"아아, 어찌하여 나만 염파나 이목과 같은 인물을 부하로 두지 못하는가? 그와 같은 명장이 나의 장군이 되어 준다면 어찌 흉노 따위의 일로 근심하겠는가?"

라고 했다. 그러자 풍당은,

"황공하오나 폐하께서는 염파나 이목과 같은 장군을 부하로 두시더라도 제대로 쓰지 못하실 것입니다."

라고 말했다. 천자는 노하여 자리에서 일어나 궁중으로 돌아갔는데 얼마 후에 풍당을 불러 꾸짖으며,

"그대는 어찌하여 여러 사람 앞에서 나를 부끄럽게 했는가? 사람이 없는 조용한 장소가 없는 것도 아닐 텐데."

라고 말했다. 풍당은 사과하며 말했다.

"시골에서 자란 놈인지라 앞뒤를 분간하지 못하고 대단히 실례되는 말

---

51) 이 열전 이외의 곳에서는 보이지 않는 일로 자세한 것은 불분명하다.

씀을 올리고 말았습니다."

그때 흉노가 또 대거 조나(朝那)에 침입하여 북지군(北地郡)의 도위 손앙(孫卬)을 죽였다. 천자는 흉노의 침입이 걱정되어 다시 풍당에게 물었다.

"그대는 어째서 내가 염파나 이목과 같은 장군을 쓸 수 없다고 했는가?"

"신이 듣기로 옛날에 임금이 장군을 전장으로 보낼 때에는 몸소 무릎을 꿇고 수레의 바퀴를 밀어 주며 '도성 안의 일은 내가 처리할 테니 도성 밖의 일은 장군이 처리하시오.' 라는 말을 했다고 합니다. 그 결과 군공과 벼슬을 주는 것, 그리고 상을 내리는 것은 모두 도성 밖에서 장군이 결정하고 돌아와서 그것을 임금에게 아뢰었다고 합니다. 이것은 빈말이 아닙니다.

저의 조부가 말씀하시길 '이목이 조나라 장군이 되어 변경을 지키고 있었는데 군(軍) 관할 시장의 세금은 전부 마음대로 사용하여 군사들을 대접하고, 상을 주는 것도 그곳에서 결정하여 조정에서는 이를 간섭하지 않았다. 즉 조나라 조정에서는 일체를 그에게 위임하여 다만 성공만을 요구했던 것이다. 그런 까닭에 이목은 자신의 뛰어난 재능을 충분히 발휘할 수 있었던 것이다. 그리하여 골라서 뽑은 전차 일천삼백 승, 활을 쏘는 기병 일만 삼천 명, 백 금을 상으로 줄 만한 뛰어난 용사 십만의 세력을 쌓아올렸다.

그렇게 하여 북으로는 선우(單于)를 쫓아 버리고 동호족(東胡族)을 격파했으며 담림(澹林)을 멸망시켰고 서쪽으로는 강한 진(秦)나라를 억제했으며 남쪽으로는 한(韓), 위(魏)를 막아냈다. 그 당시 조나라는 거의 천하를 지배할 수 있는 패자가 될 수 있는 정황이었다.

그런데 그 후 조나라 왕 천(遷)이 즉위했는데 그의 모친은 가수(歌手)였다. 왕 천은 즉위하자 곽개(郭開)의 참소를 들어 결국 이목을 주살하고 안취(顔聚)를 그 후임으로 삼았다. 그리하여 군대는 싸움에 패해 사졸은 도망했으며 조나라 왕은 진나라에 붙잡히고 나라는 멸망하고 말았다.'고 하셨습니다.

그런데 제가 은밀히 들은 바에 의하면 위상(魏尚)[52]이 운중군(雲中郡) 태수가 되어 군중의 시장에서 거두어들인 세금은 모두 사졸들 접대에 쓰고 관에서 대장에게 지급하는 사양전(私養錢)으로 5일에 한 번씩 소를 잡아 빈객, 군리, 사인(舍人)을 대접했기 때문에 흉노는 위상을 두려워하여 운중의 요새에는 가까이 오지 못하고 오직 한 번 침입한 적이 있었는데 그때 위상이 거기(車騎)를 거느리고 쳐 죽인 적의 수가 매우 많았다고 합니다.

대체로 위상의 사졸들은 모두 서민의 아들로, 논밭에서 일하던 사람들이 동원되어 종군했던 것입니다. 그들이 어떻게 척적(尺籍 : 전쟁터에서 적의 목을 벤 功을 기록하는 한 尺 넓이의 판)이나 오부(伍符 : 병사 5명이 한 조가 되어 서로 견제시키는 보증서) 따위를 알고 있겠습니까? 이런 병졸들을 데리고 온종일 힘껏 싸워 적의 머리를 베고 사로잡아 그 공을 군감부(軍監府)에 보고했는데, 그 보고서 가운데 단 한 마디라도 서로 맞지 않는 것이 있으면 문관이 법에 의해 이를 캐물어 그 공에 대한 은상은 무효가 되고 맙니다. 더구나 관리가 법의 이름으로 주장하면 그것은 반드시 통과되었습니다.

저는 어리석은 자이오나 폐하의 법은 지나치게 세밀하고 포상은 너무 가벼우며 벌은 지나치게 무겁다고 생각합니다. 운중군의 태수 위상이 부하의 군공을 보고할 때 적의 목과 포로의 수 여섯이 틀렸다는 것만으로 폐

---

52) 《史記》의 다른 권에는 보이지 않는다.

하는 그를 형리에게 넘겨 그의 작위를 빼앗고 징역형에 처했습니다. 이런 일을 종합해 보면 폐하께서는 염파나 이목과 같은 장군을 부하로 두신다 하더라도 잘 쓰실 수 없을 것입니다.

저는 실로 어리석은 자여서 폐하의 뜻에 거슬린 말씀을 드렸사오니 죽을죄를 지었습니다."

문제(文帝)는 기뻐하며 그날로 풍당에게 명하여 칙사의 표시인 부절을 가지고 가서 위상을 석방하게 하고 다시 운중군의 태수로 임명했다. 그리고 풍당을 거기도위(車騎都尉)에 임명하여 중위의 전차대 군사와 군국의 전차대 군사를 지휘하게 했다.

7년 후 효경제가 즉위하자 풍당을 초나라의 재상으로 임명했는데 얼마 안 되어 해임되었다. 효무제가 즉위하여 천하에 현량한 인재를 구했을 때 풍당도 천거되었다. 그러나 그때 풍당은 구십여 세였다. 그래서 다시 관직에 오를 수 없어 효무제는 풍당의 아들 풍수(馮遂)를 낭(郎)으로 임명했다.

풍수는 자를 왕손(王孫)이라 했고 그 또한 기이한 재주를 가진 사람으로 나(司馬遷)와 친한 사이였다.

태사공은 말한다.

"장계(張季 : 釋之)가 덕이 있는 자에 대해 말하며 법을 지켜 천자의 뜻에 아부하지 않았던 일이나 또 풍공(馮公 : 馮唐)이 장수의 도를 논한 것은 실로 깊은 맛이 있다.

옛말에 '그 사람을 알지 못하거든 그의 벗을 보라.'[53]고 했는데 장계와

---

53) 원문은 '不知其人, 視其友'. ≪孔子家語≫에 '不知其子, 視其父. 不知其人, 視其友. 不知其君, 視其所使. 不知其地, 視其草木.'이라는 말이 있다. 예로부터의 격언일 것이다.

풍공 두 사람이 논의했던 것은 이를 기록하여 조정에 비치할 만하다 하겠다.

또 ≪서경(書經)≫에는 '어느 한 편에 치우치지 않고 파당도 만들지 않으니 왕도(王道)는 광대하게 되고, 파당도 없고 한 편에 치우치지도 않으니 왕도는 평이하여 공평하다.'[54]라고 했는데 장계와 풍공은 이에 가깝다."

---

54) 원문은 '不偏不黨, 王道蕩蕩. 不黨不偏, 王道便便.' 이 글은 ≪書經≫ 洪範篇에도 보이는데 '無偏無黨, 王道蕩蕩. 無黨無偏, 王道平平.' 으로 되어 있다. 대의는 같다.

제43 만석·장숙열전(萬石·張叔列傳)[55]

만석군(萬石君)은 이름을 분(奮)이라 했고 그의 아버지는 조(趙)나라 사람이었으며 성은 석씨(石氏)였다. 조나라가 진(秦)나라에 멸망당했을 때 온(溫)으로 이주(移住)했다.

고조가 동쪽의 항적을 치고 하내(河內)를 통과했을 때 석분은 열다섯 살이었으나 소리(小吏)가 되어 고조를 측근에서 모셨다. 고조는 석분과 말해 보고는 그의 공순하고 존경하는 태도를 사랑하여,

"너의 가족은 누가 있느냐?"

하고 묻자 석분은 삼가 대답했다.

"저는 홀어머니뿐인데 불행히도 실명하셨고 집은 가난합니다. 그리고 누이가 있는데 거문고를 잘 탑니다."

"너는 나를 잘 섬길 수 있겠느냐?"

"있는 힘을 다하여 섬기려 합니다."

그래서 고조는 그 누이를 불러 미인(美人 : 女官名)으로 삼고 석분을 중연(中涓)[56]으로 삼아 상서(上書)와 알현자 접수를 시켰다. 그리고 누이가 미인이 되었기 때문에 그의 집을 장안 성내의 척리(戚里)로 옮기게 했다.

석분은 효문제 때 공로를 쌓아 대중대부(大中大夫)로 승진되었다. 비록 학문은 없었으나 공순하고 근신하는 점에서는 그를 따를 사람이 없었다.

---

55) 이 편에는 石奮과 張石 외에 石奮의 아들 石建, 石慶과 衛綰, 直不疑, 周文의 전기가 실려 있다.

56) 손님을 맞고 문서를 전달하는 謁者와 같은 벼슬이라고도 하며 천자의 측근에서 청소를 감독하는 벼슬이라고도 한다.

효문제 때 동양후(東陽侯) 장상여(張相如)가 태자태부(太子太傅)로 있다가 해임되었다. 그래서 태부가 될 만한 인물을 뽑게 되었는데 모두가 석분을 추천했으므로 석분은 태자태부가 되었다.

효경제가 즉위하자 석분을 구경(九卿)[57]으로 올렸지만 석분이 지나치게 공손하고 근엄했기 때문에 측근자로 삼기에는 거북하다고 생각하여 제후의 재상으로 전임시켰다.

석분의 큰아들 석건(石建), 작은아들 석갑(石甲)과 석을(石乙)[58], 그리고 막내아들 석경(石慶) 등은 모두 행실이 착한 선비로서 효성스럽고 공순하고 근신했으므로 모두 이천 석[59]의 봉록을 받는 벼슬에 이르렀다. 이에 효경제는,

"석군(石君)과 그의 네 아들은 모두 이천 석의 신분이며, 신하로서 존귀하고 총애 받음이 한 집안에 모였구나."

라고 말하여 그 뒤로는 석분을 만석군(萬石君)이라고 부르게 되었다.

효경제 말년에 만석군은 상대부[60]의 녹을 받으며 고향으로 돌아가 은거하다 사계절 행사에는 궁중에 불려 천자를 알현하는 은혜를 입었다.

만석군은 궁전 앞을 통과할 때는 반드시 수레에서 내려 종종걸음으로 지나갔으며 천자가 타는 수레의 말을 보면 반드시 자기 수레의 횡목에 손을 짚고 경의를 표했다. 자손들 가운데 벼슬에 오른 자가 귀향하여 문안을 드리면 아무리 말단 관리일지라도 만석군은 반드시 예복을 차려 입고 그

---

57) 九卿은 9명의 正卿, 즉 奉常, 郎中令, 衛尉, 太僕, 廷尉, 典客, 宗正, 治栗內史, 少府를 말한다. 석분이 이 가운데 어떤 직위였는지는 적혀 있지 않아 확실하지 않다. 구경 위에는 三公의 벼슬이 있다. 삼공은 丞相, 太尉, 御史大夫이다.

58) 甲, 乙이 본명은 아니다. 그들의 이름이 기록에 남아 있지 않기 때문에 임시로 그렇게 붙인 것이다.

59) 石은 곡물의 중량 단위. 1석은 26.7kg. 2천 석의 벼슬은 九卿에 준하는 高官.

60) '上大夫' 석 字에 무엇인가 잘못이 있는 것 같다. 漢에는 상대부라는 위계가 없었다.

들을 만났으며 함부로 이름을 부르지 않았다.[61]

자손들 가운데 잘못을 저지른 사람이 있으면 그를 꾸짖지 않고 자신을 꾸짖어 정실(正室)이 아닌 곁방에 들어앉아 밥상을 대해도 음식을 먹지 않았다. 그렇게 하면 자손들은 서로 꾸짖으며 일가 연장자의 주선으로 당사자는 웃옷을 벗어 어깨를 드러내고 매 맞을 준비를 한 뒤 나아가 진심으로 사죄했다. 이리하여 잘못을 고치게 되면 그때서야 용서해 주었다.

자손 가운데 갓을 쓸 연령 이상으로 성장한 자가 곁에 있으면 편안하게 쉬고 있을 때라도 반드시 갓을 썼으나 자유롭고 평화로운 모습으로 있었다. 이리하여 하인들까지도 감화를 받아 항상 즐거운 모습으로 지내되 조심하는 것만은 잊지 않았다.

때때로 천자가 음식을 보내 주면 반드시 머리를 깊이 조아리고 엎드려 음식을 먹어 마치 천자의 어전에서와 같은 태도를 취했다. 또 상복을 입었을 때는 충심으로 슬퍼하며 애도의 뜻을 표했다. 자손들 또한 그의 가르침에 따라 그와 같이 행했다.

이리하여 만석군의 집안은 효성스럽고 공순 근엄하기로 군국에 평판이 자자했다. 제나라와 노나라의 유학자들로서 진실한 행동을 본분으로 삼고 있는 사람들까지도 스스로 만석군의 일가에는 미치지 못한다고 여겼다.

건원(建元) 2년 낭중령 왕장(王臧)이 학문상의 일로 죄를 지었다. 황태후(皇太后 : 竇太后)는 '유자(儒者)는 겉치레만 많을 뿐 실질적인 것은 적은데 만석군의 가풍은 말없이 실천하는 것을 아름답게 여기고 있다.' 고 하여 만석군의 맏아들 건(建)을 낭중령에 임명하고 막내아들 경(慶)을 국

---

61) 부모가 자식을 부를 때는 이름을 불러도 되지만 그 외의 경우엔 字를 부르는 것이 관례였다. 부모로서 자식의 이름을 부르지 않는 것은 경의를 표하는 것이다.

도(國都)의 장관인 내사(內史)로 임명했다.

건은 늙어 머리가 백발이 되었으나 만석군은 여전히 정정했다. 낭중령이 된 건은 5일마다 한 번씩 있는 휴가 때 집으로 돌아와 아버지에게 문안을 드리고, 자기 방으로 들어가 몰래 시종에게 명하여 아버지의 속옷이나 하의를 가져오게 하여 손수 빨아서 다시 시종에게 건네주며 아버지에게는 알리지 못하게 했는데 이 일은 언제나 변함이 없었다.

건은 낭중령으로서 특별히 천자께 아뢰어 간할 일이 있으면 좌우의 사람들을 물리치기를 청원한 다음 하고 싶은 말을 몹시 지성스럽고 절실하게 했다. 그러나 조정에서 공식으로 알현할 때는 마치 말을 못하는 자와 같은 태도를 취했다. 그런 까닭에 천자는 건을 가깝게 여기고 존경하여 예우했다.

만석군은 능리(陵里)로 이사했다. 그 후에 내사인 막내아들 석경이 술에 취하여 돌아와 마을의 외문(外門)을 들어서면서도 수레에서 내리지 않았다는 말을 들은 만석군은 노하여 음식도 들지 않았다. 경이 두려워 옷을 벗어 어깨를 드러내고 사죄했으나 용서하지 않았다. 이에 집안사람들과 형 건이 어깨를 드러내고 잘못을 빌자 만석군은 빈정대며 꾸짖기를,

"내사는 높은 지위에 있는 사람이라 마을에 들어오면 장로들은 모두 피해 숨어 버리고 내사는 수레 안에 태연히 버티고 앉아 있는 것이 지극히 당연한 일이겠지."

라며 모두 물러가게 했다. 그 후로 경과 여러 자제들은 마을 문을 들어설 때에는 빠른 걸음으로 걸어서 집으로 들어가게 되었다.

만석군은 원삭(元朔) 5년에 죽었다. 장남인 낭중령 건은 부친을 사모해 눈물을 흘리며 슬퍼하여 지팡이에 의지해서야 겨우 걸어다닐 수 있더니 1년여 만에 죽었다. 만석군의 아들과 손자들은 모두 효도를 했지만 그중에서도 건은 가장 지극하여 만석군보다 더했다.

건은 낭중령으로 있을 때 천자께 정사를 서면으로 아뢴 적이 있었다. 그 글이 천자의 결재를 거쳐 다시 내려왔으므로 건이 그것을 읽어 보고는,

"글자를 잘못 썼구나. '마(馬)' 자는 아래의 구부러진 곳의 획까지 합쳐 다섯 점을 찍어야 할 것을 이제 보니 네 점으로 한 획이 부족하지 않나.[62] 만약 천자께서 견책하신다면 죽어 마땅하다."

하고 매우 송구스러워하며 두려워했다. 그의 신중함은 다른 일에서도 이와 같았다.

만석군의 막내아들 경은 태복(太僕)이 되어 천자의 수레를 몰고 외출했다. 천자가 물었다.

"몇 마리의 말이 이 수레를 끌고 있는가?"

경은 채찍으로 말을 한 마리씩 헤아린 뒤에야 손을 들고 말했다.

"여섯 마리입니다."

경은 만석군의 아들 중에서도 무슨 일이든지 가장 시원스럽게 처리하는 편이었는데도 이와 같을 정도였다. 후에 제나라의 재상이 되니 백성들은 경의 가풍을 사모하여 아무런 명령을 내리지 않아도 나라는 아주 잘 다스려졌으며 그를 위한 석상사(石相祠)가 세워졌다.

원수(元狩) 원년(元年), 천자는 태자를 세우고 나서 여러 신하들 가운데 태자태부로 적당한 사람을 물색했다. 그 결과로 경은 패군(沛郡) 태수(太守)에서 태자태부가 되었다. 그리고 7년 후에는 어사대부가 되었다.

원정(元鼎) 5년 가을에 승상(趙周를 가리킴)이 죄를 지어 해임되자 천자는 어사에게 다음과 같은 조서를 내렸다.

"만석군은 선제께서 존경하던 사람이며 자손들도 효성스럽다. 그리하

---

62) 당시의 上書文의 글씨체가 무엇이었는지는 지금도 알 수 없다. 篆文에 가까웠다면 '馬'의 아랫부분이 다섯 선이었을 것이다.

여 어사대부 경을 승상으로 임명하고 목구후(牧丘侯)로 봉하노라."

당시 한나라는 남쪽으로 양월(兩越 : 민월과 남월)을 무찌르고 동쪽으로는 조선(朝鮮)을 공격하였으며 북쪽으로 흉노를 몰아내고 서쪽으로 대원(大宛)을 정벌하는 등 일이 많았다. 또한 천자는 해내를 순행하며 상고의 신사(神祠)를 수리하고 봉선(封禪) 의식[63]을 행하며 예악을 융성하게 했기 때문에 조정의 재정이 궁핍하게 되었다.

그래서 상홍양(桑弘羊) 등은 부국책을 쓰고 왕온서(王溫舒) 일당은 법을 매우 엄격하게 만들었으며 예관(兒寬) 등은 학문을 존경하고 높이 떠받들었다. 그렇지만 그들은 각기 구경(九卿)에 올라 번갈아 나서서는 정사를 제 마음대로 행하여 승상의 결재를 거치지 않을 정도였다.

승상은 다만 중후하고 조심성이 많기만 하여 그 지위에 9년 동안 있으면서 정치상의 일을 바로잡은 것도 없고 의견을 말한 적도 없었다. 언젠가는 천자의 근신인 소충(所忠)과 구경인 함선(咸宣)의 죄를 규탄하려고 주청했으나 힘이 부족하여 그들을 복죄(服罪)시키지 못했고 오히려 무고죄로 몰려 벌금을 내지 않으면 안 되었다.

원봉(元封) 4년에는 관동의 유랑민이 이백만 명, 호적이 없는 자들이 사십만 명이나 되었다. 공경 등은 유랑민들을 유형자(流刑者)로 취급하여 변경으로 옮겨야 한다고 주청했다.

천자는 승상이 나이가 많고 말과 행동을 삼가서 조심하는 편이기 때문에 그러한 일에 관여했을 리 없다고 여기시어 승상에게는 휴가를 주어 집으로 돌아가게 하고는 어사대부 이하 모의에 참여하여 주청한 자들을 문초하게 했다.

---

63) 하늘과 땅을 제사지내는 의식. 太平聖代를 실현시킨 천자만이 행할 자격이 있는 것으로 되어 있다.

승상은 그의 직책을 감당하지 못했음을 부끄럽게 생각하여 다음과 같이 상서했다.

"저는 다행하게도 승상의 직책을 맡았으나 노쇠하고 무능한 몸으로 정치를 보필하지 못하여 성곽과 창고는 텅텅 비게 되었고 많은 백성이 유랑하고 있습니다. 그것은 마땅히 참죄에 해당합니다. 그런데도 폐하께서는 저를 불쌍히 여기시어 법을 적용하지 않으셨습니다. 바라옵건대 승상과 후의 인장을 반납하고 사직하여 제가 고향의 집으로 돌아가게 하여 좋은 인재가 승진되는 것을 막지 않도록 허락해 주십시오."

그러자 천자는 서면으로 다음과 같이 경을 책망했다.

"창고는 이미 비었고 백성은 빈궁하여 유랑하고 있소. 게다가 이 유랑민을 변경으로 옮기자고 청원하여 민심은 동요하고 불안에 떨고 있소.[64] 이렇게 위급한 사태를 초래해 놓고 사직하려고 하니 그대는 도대체 누구에게 이 위급하고 곤란한 책임을 맡기려는 것이오?"

경은 매우 부끄럽게 여겨 결국 다시 정무를 보기로 했다.

경은 법문을 고집하여 충실하게 법을 준수했고 일을 처리하는 데 자세하고 신중했으나 백성들을 위하여 주장하는 경륜이 없었다. 3년 후 태초(太初) 2년에 승상 경이 죽자 염후(恬侯)라는 시호가 내려졌다.

경의 가운데 아들은 덕(德)이라 했다. 경이 덕을 사랑했으므로 천자도 경의 후사를 삼고 아버지를 대신하여 후(侯)로 했다. 나중에 덕은 태상(太常)이 되었으나 법에 저촉되어 사형을 받게 된 것을 벌금을 내어 사형을 면죄받고 평민이 되었다.

경이 승상으로 있을 때는 자손들 중 여럿이 번갈아가며 관리에 등용되

---

64) 비록 승상 자신이 직접 관여하지 않았더라도 승상에게는 대신 이하 신하를 감독할 의무가 있으며 결국 일에 대한 최종 책임은 승상이 져야 한다.

고 이천 석의 벼슬에 이른 자가 십삼 명이나 되었다. 그러나 경이 죽은 후로는 점차 죄를 짓고 관직을 떠나게 되어 한 명문의 효도하고 근신하는 가풍은 점점 쇠미해졌다.

건릉후(建陵侯) 위관(衛綰)은 대(代)의 대릉(大陵) 사람이다. 위관은 수레를 타고 재주 부리는 것을 잘함으로써 낭(郎)이 되어 효문제를 섬겼다. 연공을 쌓아 승진하여 중랑장이 되었는데 중후근신(重厚謹愼)하며 사심이 없었다.

효경제가 태자로 있을 때 효문제의 좌우 신하를 초대하여 주연을 베푼 일이 있었는데 효문제에게 충성을 다했던 위관은 병이라 칭하고 참석하지 않았다.[65] 효문제가 붕어할 때 효경제에게 부탁했다.

"위관은 덕이 있는 자이니 잘 대우하여라."

효문제가 붕어하여 효경제가 즉위했는데 1년 남짓 위관을 그대로 내버려 두고 돌아보지 않았다. 위관은 날마다 근신하며 직무에 힘쓸 뿐이었다.

어느 날 효경제는 상림원에 행차했는데 중랑장을 배승하게 하여 돌아와 물었다.

"그대는 배승하게 된 이유를 알고 있소?"

위관이 대답했다.

"저는 수레를 몰던 신분이었는데 다행히 연공으로 중랑장까지 승진되었을 뿐입니다. 오늘 왜 배승의 영광을 받았는지 알지 못합니다."[66]

그러자 천자가 다시 물었다.

---

65) '천자의 연세가 많을 경우 태자에게 접근하여 친하게 지내는 짓은 삼가야 한다.'고 알고 있었기 때문이다.
66) 中郎은 천자의 行幸을 호위하는 것이 임무의 하나이며 中郎將은 그 長이므로 천자를 수행하고 호위하는 것이 당연하다.

"내가 태자였을 때 그대를 부른 일이 있었는데 그대는 오기를 꺼렸으니 그것은 무슨 까닭에서였소?"

"죽을죄를 지었습니다. 그때는 정말 병이 들었습니다."

천자가 칼을 하사하려 하자 위관이 말했다.

"선제께서 저에게 칼을 내려 주신 것이 모두 여섯 자루나 됩니다. 황공하오나 더 이상 받을 수 없습니다."

"칼이란 것은 즐겨 주기도 하고 서로 바꾸기도 하는 것인데 그대는 선제께서 내리신 칼을 여태 간직하고 있소?"

"모두 그대로 있습니다."

천자가 그 여섯 자루의 칼을 가져오게 하여 보았더니 여섯 자루의 칼은 칼집 속에 든 채 소중하게 보관되어 있으면서 일찍이 한 번도 차고 다닌 흔적이 없었다.

위관은 부하인 낭관에게 죄과가 있으면 대신 그 죄를 받고 다른 중랑장[67]과 다투는 일도 없었으며 공이 있으면 항상 다른 중랑장에게 양보했다. 천자는 그가 청렴하고 충실하여 사심이 없는 사람이라 생각하고 자신의 아들인 하간왕(河間王) 덕(德)의 태부(太傅)로 임명했다.

오나라와 초나라가 반란을 일으키자 천자는 위관에게 조서를 내려 장군으로 임명하고 하간(河間)의 군대를 거느려 오나라와 초나라를 치게 했다. 위관은 공을 세워 중위(中尉)로 임명되었다. 그리고 3년 뒤인 효경제 전원(前元) 6년에도 군공이 있어 건릉후(建陵侯)에 봉해졌다.

그 다음 해 천자는 태자를 폐위하고 태자의 외숙인 율경(栗卿)의 무리를 주살했다. 그때 천자는 위관이 법을 맡은 중위이기는 하나 덕이 있는 자라 율씨 일족을 차마 각박하게 주살하지 못할 것이라 생각하여 위관에게 휴

---

67) 中郎將에는 五官 · 左 · 右 세 중랑장이 있었다.

가를 주어 집으로 돌아가게 하고서 질도(郅都)에게 명하여 율씨를 체포해 치죄하게 했다. 그런 뒤에 교동왕(膠東王)을 세워 태자로 삼고 위관을 불러 태자태부로 삼았다.

위관은 오랫동안 재직하다가 어사대부로 승진했다. 그로부터 5년 뒤에는 도후(桃侯) 유사(劉舍)와 교대하여 승상이 되었다. 조정에서 정사를 아뢸 때에는 오직 직책상으로 상주하는 데 그쳤다. 이리하여 처음 임관한 때부터 승상에 오르기까지 특별히 드러내어 말할 만한 것이 없었다. 그러나 천자는 위관의 사람됨이 돈후한 인물이라 나이가 젊은 군주를 보좌하는 재상으로는 적임이라고 생각하여 그를 존대하고 사랑했으며 상으로 금품을 하사한 것이 매우 많았다.

위관이 승상으로 재직한 지 3년 만에 효경제가 붕어하고 효무제가 즉위했다. 건원(建元) 연간 효경제가 와병 중이었을 때 여러 관서에 부당하게 무거운 형을 받은 자가 많았던 것이 문제가 되어 승상의 직무를 다하지 못했다 하여 위관은 해임당했다.

그 후 위관은 죽었고 아들 신(信)이 대를 이었다. 신(信)은 주금(酎金)[68]에 대한 죄를 받고 후의 지위를 잃었다.

새후(塞侯) 직불위(直不疑)는 남양(南陽) 사람이다. 낭(郎)으로 임명되어 효문제를 섬겼다.

그와 한 숙사에 있던 낭(郎)이 휴가를 얻어 집으로 돌아가게 되었는데 잘못하여 다른 낭의 금(金)을 가지고 떠났다. 이윽고 금의 임자가 금이 없어진 것을 알고 직불위가 훔친 것이 아닌가 하며 함부로 의심했다. 직불위는 자신이 훔친 것처럼 사과하고 금을 사서 변상해 주었다. 그 뒤 휴가

---

68) 천자의 宗廟 제사에 쓰는 술(酎酒)을 만들기 위해 제후가 바치는 돈.

로 집에 갔던 자가 돌아와 금을 잃어버렸던 낭에게 금을 돌려주니 그는 매우 부끄러워했다. 이 사건으로 직불위는 덕이 있는 사람이라고 칭찬을 받았다.

효문제도 직불위를 칭찬하여 등용하였고 점차로 승진하여 태중대부(太中大夫)가 되었다. 조정에서 조회 때 어떤 사람이 직불위를 비방하여 말하기를,

"직불위는 얼굴이 매우 아름답다. 그런데 형수와 밀통하고 있으니 이일을 어떻게 처리해야 하는가?"

라고 했다. 직불위는 그 말을 듣자,

"나에게는 형이 없다."

라고만 하고 끝내 변명하지 않았다.

오·초가 반란을 일으켰을 때 직불위는 이천 석의 봉록을 받는 신분으로 군대를 거느리고 이를 쳤다. 효경제 후원(後元) 원년에 어사대부에 임명되었다. 천자는 오·초의 반란 때 공을 세운 신하들에게 상을 내리면서 직불위를 새후(塞侯)로 봉했다. 그러나 금상(今上)의 건원 연간에 승상 위관과 함께 과실을 범하여 관직에서 해임되었다.

직불위는 노자의 학설을 배웠다. 그는 관직에 있으면서 전임자의 시책을 경솔하게 바꾸지 않았고 어디까지나 관리자로서의 능력을 남이 알까 두려워하며 자신의 명성이 높아지는 것을 좋아하지 않았다. 그리하여 덕이 있는 사람이라고 칭찬을 받았다.

직불위가 죽자 그의 아들 상여(相如)가 대신 대를 이었다. 손자 망(望) 대에 이르러 주금(酎金)의 사건으로 법에 저촉되어 후의 신분을 잃었다.

낭중령 주문(周文)은 이름을 인(仁)이라 하였는데 그의 조상은 원래 임성(任城) 사람이다. 주인(周仁)은 의술이 뛰어난 이유로 천자를 알현하게

되었다. 효경제가 아직 태자였을 때 태자의 사인(舍人)으로 공을 쌓아 점차 승진하여 효문제 때 태중대부(太中大夫)가 되었다. 효경제가 즉위하자 주인을 낭중령으로 임명했다.

주인은 사람됨이 신중하고 입이 무거워 남의 비밀을 누설하는 일이 없었으며 또 언제나 다 떨어져 누덕누덕 기운 옷에다 오줌으로 더러워진 바지를 불결하게 입고 다녔다. 주인이 늘 불결하여 후궁과의 관계를 염려할 필요가 없었기 때문에 효경제의 총애를 받아 침실 안까지도 출입을 했으며 후궁에서 음란한 연극을 할 때에도 주인은 항상 천자의 곁에서 모시고 있었다.

효경제가 붕어한 뒤에도 주인은 여전히 낭중령의 관직에 있었는데 그는 어느 일에 대해서나 끝내 남에게 누설하지 않았다. 천자는 가끔 주인에게 신하들의 됨됨이에 대하여 물었지만 주인은,

"폐하께서 친히 살피십시오."

라고 말하여 남을 비방하려 하지 않았다. 그렇기에 효경제는 두 번이나 친히 그의 집으로 행차했다. 후에 그의 집은 양릉(陽陵)으로 이주했다. 천자의 하사품도 매우 많았으나 늘 사양하여 받지 않았으며 제후와 군신들의 뇌물이나 선물도 절대로 받지 않았다.

금상이 즉위한 다음에도 선제의 총신이라 하여 존중받았으나 주인은 병으로 벼슬을 떠나 이천 석의 봉록을 받는 신분으로 고향으로 돌아가 은거했다. 그의 자손은 모두 큰 벼슬에 올랐다.

어사대부 장숙(張叔)은 이름이 구(歐)이고 안구후(安丘侯) 장열(張說)의 서자다.

효문제 때 법가의 학문인 형명학을 배워 통달했으므로 태자를 섬기게 되었다. 형명학을 배우기는 했으나 장구의 사람됨은 덕망이 높았다.

효경제 때 중용되어 일찍이 구경의 지위에 올랐다. 금상 원광(元光) 4년에 이르러 한안국(韓安國)이 해임되니 조서를 내려 장구를 어사대부로 임명했다.

장구는 처음 관리가 되었을 때부터 남의 죄를 문초해 보자는 말을 한 번도 하지 않았으며 오로지 성실한 덕망자로서 관에 봉직했다. 관청의 속관들도 그를 덕이 있는 사람이라고 하여 감히 크게 속이지 못했다.

옥사가 있어 소장을 올릴 때에는 사건을 면밀히 조사하여 물리칠 것은 물리치고 부득이한 것은 죄지은 이를 위하여 눈물을 흘리면서 고개를 돌리고 결재를 하여 봉함했다. 그가 사람을 사랑함이 이와 같았다.

그가 늙어 병이 위독하자 사임하기를 청하니 천자는 하는 수 없이 특별히 은택이 넘치는 사령장을 내려 해면시켰다. 그리고 상대부의 녹을 주어 집으로 돌아가 노후를 보내게 했다. 장구는 뒤에 양릉에 살았다. 그의 자손들은 모두 큰 벼슬에 올랐다.

태사공은 말한다.

"공자(孔子)의 말씀에 '군자는 말을 하는 데에는 우둔할망정 행동은 민첩하게 하고자 한다.'[69]는 말씀이 있는 바, 이 말은 만석군·건릉·장숙과 같은 이를 두고 하신 말씀인가? 그렇기 때문에 그들의 가르침은 엄정한 것이 아니면서도 성과를 거둘 수 있었고 시정(施政)은 가혹하지 않았음에도 잘 다스려졌다.

새후는 묘한 기교를 부렸고 주문은 상대의 기분을 맞추는 것으로 처세

---

69) 《論語》里仁篇에 의거한 평이다. '子曰, 君子欲訥於言, 而敏於行.'
70) 司馬遷의 이 논평에는 약간 비꼼이 담겨 있는 듯하다. 그들을 訥言과 敏行을 감안하여 篤行의 군자로 보았지만 실은 결과적으로 유종의 미를 거둔 그들의 생애를 총평한 것이라 할 수 있고 나아가 司馬遷 자신과 비교한 것인 듯싶다.

하여 도덕군자에게 비방을 받았다. 그것은 그들의 행위가 아첨에 가깝기 때문이었다. 그러나 그들 나름대로 착실한 행동을 한 군자였다고 말할 수 있을 것이다."[70]

제44 전숙열전(田叔列傳)[71]

전숙(田叔)은 조(趙)나라 형성(陘城) 사람으로 그 조상은 제(齊)나라 전씨(田氏)의 자손이다.

전숙은 검술을 좋아하고 악거공(樂巨公)에게서 황제와 노자의 학문을 배웠다. 전숙은 인품이 엄격하고 청렴결백했는데 자신은 그것을 당연한 일이라 생각했으며 또 여러 선배들과 교제하기를 좋아했다.

조나라 백성이 그를 조나라의 재상 조오(趙午)에게 추천했고 조오는 다시 조왕(趙王) 장오(張敖)에게 추천했다. 조왕은 그를 낭중으로 임명했다. 그리고 몇 년이 지나도록 전숙은 변함없이 친절하고 정직하며 청렴하고 공평했기 때문에 조왕은 그를 어진 사람이라고 생각했다. 그런데 아직 승진시키지 못하고 있던 차에 마침 한(漢)나라에 대하여 진희(陳豨)가 대(代)에서 반란을 일으켰다.

한나라 7년에 고조는 친정하여 진희를 주살하기 위해 조나라를 통과했다. 조왕 장오가 몸소 밥상을 들고 가 고조에게 음식을 권하고 매우 공손하게 예를 다하여 접대를 했지만 고조는 다리를 쭉 뻗은 채 자리에 앉아서 조왕을 꾸짖었다. 그때 조나라의 재상 관고(貫高)와 조오 등 수십 명은 모두 노하여 조왕에게 말했다.

"왕께서 폐하를 섬기는 태도는 예의를 다 갖추었습니다. 그런데도 지금 왕에 대한 폐하의 처우는 이와 같습니다. 청컨대 신들이 반란을 일으킬 것을 허락해 주십시오."

조왕은 손가락을 깨물어 피를 흘려[72] 맹세하며 말했다.

---

71) 이 편에는 田叔 외에 그의 아들 田仁의 傳도 실려 있다.

"내 부친(張耳)께서 나라를 잃었을 때 만약 폐하가 계시지 않았더라면 우리 시체는 장사도 지내지 못해 벌레가 득실거렸을 것이오. 그대들은 어찌 그런 말을 하는 거요? 다시는 그런 말을 하지 마오."

그러자 관고 등이 말하기를,

"왕께서는 원래 유덕한 분이라 폐하를 배반하지 않을 것이다."

하고 마침내 서로 상의하여 몰래 고조를 시해할 것을 음모했다. 그런데 일이 발각되어 한나라 조정에서는 조서를 내려 조왕과 반란을 일으키려던 신하들을 모두 체포했다. 그래서 조오 등은 자살했는데 관고만은 잡혀 묶여 왔다. 이때 한나라는 조서를 내려,

"조나라 사람이라고 감히 조왕을 따라오는 자가 있으면 삼족을 멸할 것이다."

라고 공포했다. 그런데도 맹서(孟舒), 전숙(田叔) 등 십여 명은 붉은 옷을 입고 머리를 깎고 목에는 큰 칼을 쓴 채 왕가의 노복이라며 조왕을 따라왔다. 조왕 장오가 장안에 도착하자 관고는 모사(謀事)에 대해 명백하게 자백하고 조왕에게는 배반할 마음이 추호도 없었다고 말했다. 그래서 조왕은 용서를 받았으나 왕의 자리는 빼앗기고 선평후(宣平侯)로 강등되었다.

그때 장오는 고조의 앞으로 나아가 전숙 등 십여 명에 대하여 천자에게 진언했다. 천자가 그들을 하나하나 불러 말씀을 해 보았는데 한나라 조정에는 그들만큼 뛰어난 신하들이 한 사람도 없었으므로 천자는 기뻐하며 그들을 각기 군수 또는 제후의 재상으로 삼았다.

전숙이 한중군(漢中郡)의 태수가 되어 재임한 지 십여 년이 되었다. 때마침 고조의 황후가 붕어하고 여씨 일족이 반란을 일으켰으므로 대신들

---

72) 무엇을 뜻하는 행동인지 알 수 없다. 모반할 뜻이 전연 없다는 것을 나타내는 행동일까?

이 여씨 일족을 죽이고 효문제를 즉위시켰다. 효문제는 즉위하자 전숙을 불러 물었다.

"그대는 천하에서 누가 제일 후덕한 사람이라고 생각하는가?"

"저로서는 알 수 없는 일이옵니다."

"그대는 덕이 있는 사람이니 모를 리가 없을 것이오."

그러자 전숙은 머리를 조아리며 말했다.

"운중군(雲中郡)의 전 태수 맹서(孟舒)야말로 덕이 있는 자입니다."

당시 맹서는 흉노가 대거 한나라 변방에 침입하여 물건을 도둑질하고 백성을 괴롭히는 가운데 운중의 피해가 가장 심했던 것을 책임지고 면직되어 있었다. 천자가 말했다.

"선제는 십여 년 동안이나 맹서를 운중군의 태수로 두었소. 그런데 흉노가 한 번 침입하니 맹서가 굳게 지키지 못하여 이유 없이 죽어간 병졸이 수백 명이나 되었소. 덕이 있는 사람은 본래 사람을 죽이는 것이오? 그대는 어떤 점을 보고 맹서를 덕이 있는 사람이라고 하오?"

전숙은 머리를 조아리며 대답했다.

"지금 말씀하셨던 바로 그 점이 맹서가 덕망 높은 사람이라고 말할 수 있는 이유입니다. 애초에 관고 등의 모반이 발각되었을 때 폐하께서는 명백히 조서를 내려 '조나라 사람으로 조왕을 따라오는 자가 있으면 그 죄는 삼족에 미친다.'고 말씀하셨습니다. 그러나 맹서는 스스로 머리를 깎고 목에 큰 칼을 쓰고 조왕 장오가 가는 곳을 따라갔으며 한 몸을 바쳐 조왕을 위해 죽으려고 했습니다. 그런데 감히 어떻게 자신이 후일에 운중군의 태수가 될 줄 예상이나 했겠습니까?

또 한나라와 초나라가 서로 공방전을 계속하여 병사들은 지쳐 있었습니다. 흉노의 묵특 선우는 새로 북방의 만족(蠻族 : 月氏)을 정복해 귀속시켰으며 한의 변경을 침범하여 해를 끼친 것입니다. 그래서 맹서는 병사들이 피로한 것을 잘 알고 있었으므로 차마 싸우라고 말할 수 없었습니다. 그런데도 병사들은 다투어 성을 지키고 적과 싸워 죽어간 것입니다. 그들은 마치 자식이 아버지를 위해 희생하고 아우가 형을 위해 희생하듯 죽어갔습니다. 그런 까닭에 죽은 자가 수백 명에 달했던 것입니다. 맹서가 고의로 부하들을 내몰아 싸우라고 한 것이 결코 아닙니다. 이것이야말로 맹서가 덕이 있는 자라는 증거입니다."

그러자 천자는,

"정말로 현인이로다, 맹서는!"

하고 곧 맹서를 불러 다시 운중군의 태수로 임명했다. 그로부터 수년 후 전숙은 법에 저촉되어 벼슬자리를 잃었다.

양(梁)나라의 효왕(孝王)이 사람을 시켜 원래 오(吳)나라의 재상이었던 원앙(袁盎)을 살해했다. 효경제는 전숙을 불러 양나라의 이 사건을 문초하게 했다. 전숙은 자세한 실정을 밝혀내어 돌아와 보고했다.

효경제는 말했다.

"양나라에 과연 그런 사실이 있었는가?"

"황공하오나 그런 일이 있었습니다."

"어떠한 연유였는가?"

"폐하께서는 양나라의 일을 문제 삼지 마시고 묵과하여 주십시오."

"어째서인가?"

"지금 양왕이 주살을 당하지 않으면 한나라 법이 제대로 시행되지 않는 것이 됩니다. 만약 법대로 따른다면 태후께서는 슬퍼한 나머지 음식을 잡수시더라도 그 맛을 모르시고 쉬려고 하시더라도 편히 주무시지 못할 것이니 결국은 폐하의 근심이 되지 않겠습니까?"

효경제는 전숙을 매우 어진 인물이라고 생각하여 노(魯)나라 재상으로 임명했다.

전숙이 재상이 되어 노나라에 부임하자 왕이 자기들의 재물을 빼앗아 갔다고 호소하는 자가 백여 명이나 되었다. 전숙은 그중에서 주동자로 보이는 이십 명을 잡아 각각 오십 대의 매를 치고 나머지 사람들은 이십 대씩 자신의 손으로 때린 다음 노하여 말했다.

"왕은 너희들의 주군이 아니시냐? 어찌하여 이처럼 나와서 군주에게 욕을 한단 말이냐?"

노왕은 이 말을 듣고 크게 부끄러워하여 중부(中府 : 왕의 재물고)의 돈으로 재상을 시켜 변상하게 했다. 그러자 전숙이 말했다.

"왕 자신이 빼앗으시고 재상에게 변상하도록 명하신다면 왕은 악을 범하고 재상은 선을 베푼 것이 됩니다. 그러한즉 재상은 변상하는 일에 관여하지 않겠습니다."

그리하여 왕은 몸소 모두 변상해 주었다.

노왕은 수렵을 좋아하여 재상은 항상 왕을 수행하여 원(苑)에 들어갔다. 왕은 그럴 때마다 재상을 쉬게 하려고 관사에 머물게 했으나 재상은 언제나 밖으로 나와 햇볕과 바람을 쐬고 앉아 왕을 관사 밖에서 기다리고 있었다. 왕은 자주 사자를 보내 재상에게 쉬라고 일렀으나 재상은 끝내 관사 안에서 쉬지 않고,

"우리 왕께서는 원중(苑中)에서 햇볕과 바람을 쐬고 계신데 어찌 나 혼자만 이 관사에서 쉴 수 있단 말인가?"

라고 했다. 그 때문에 노왕은 마음대로 밖에 나가 놀 수 없었다.

수년 후 전숙은 재상직에 있다가 세상을 떠났다. 노나라에서는 유족에게 장례비로 백 금을 내렸으나 전숙의 막내아들 전인(田仁)이 그것을 받지 않으며 이렇게 말했다.

"돌아가신 아버지의 이름을 백 금 때문에 욕되게 하고 싶지는 않습니다."

전인은 건장한 사람으로 위장군(衛將軍 : 衛靑)의 가신이 되어 장군을 따라 자주 흉노를 공격했다. 위장군이 전인을 추천하여 낭중으로 임명되었다.

몇 년 후에 봉록 이천 석을 받는 신분이 되어 승상의 보좌관인 장사(長史)가 되었다가 관직을 잃었다. 그 후 효무제는 전인에게 명하여 삼하(三河 : 河南, 河東, 河內의 세 郡) 지방 관리들을 감찰하게 했다.

천자가 동방을 순행할 때 전인이 정사에 관한 상주문을 올렸는데 그것이 매우 조리 정연한 것이었으므로 천자는 기뻐하며 전인을 장안을 다스리는 경보도위(京輔都尉)로 임명하고 그 후 한 달 남짓 지나 승상을 보좌하는 사직(司直)으로 전임시켰다.

수년 후 전인은 태자의 사건에 연좌되었다.[73] 당시에 좌승상 유굴리(劉屈氂)가 몸소 군사를 이끌고 사직인 전인을 대장으로 삼아 성문을 닫고 지키라고 명했는데 전인은 고의로 태자를 눈감아 주어 밖으로 도망가게 했다. 그 일로 전인은 형리의 손에 넘겨져 주살을 당했다.[74]

태사공은 말한다.

"공자는 '어느 나라에 가더라도 반드시 그 나라의 군주로부터 정치에

---

73) 戾太子(衛太子라고도 함)가 말려든 모반 사건. 자세한 것은 ≪漢書≫ 武吾子傳의 戾太子據傳과 江充傳에 상술되어 있다. 여태자에게 주시 받던 강충은 태자를 곤경에 빠뜨리기 위해 呪術 事件을 조작하여 태자가 武帝를 저주하고 있다고 참언하고 그 증거를 위조했다. 태자는 노하여 강충을 잡아들여 목을 쳤는데 그러한 태자의 행동을 武帝는 모반이라고 판단, 승상 유굴리 등에게 명해 태자를 토벌케 했다. 태자는 끝내 자살하고 말았는데 후에야 武帝는 태자의 억울함을 알았다.

74) 이 다음에 '仁이 군사를 일으켰을 때 長陵의 縣승인 車千秋가 變亂을 상주했으므로 전인의 일족은 전멸당했다.'는 내용의 글이 있는데 이것은 위의 글과 도저히 이어지지 않는 내용일 뿐 아니라 의미도 모호하다. 司馬遷의 글은 여기에서 완결되어 있고 이러한 내용은 잘못하여 섞여 들어간 글일 것이다.

75) ≪論語≫ 學而篇의 글 '子禽問於子貢曰, 夫子至於是邦也, 必聞其政云云.'에 의거한 말이다. 孔子의 뛰어난 인격과 재능 때문에 어떤 나라에 가더라도 반드시 그 나라의 정치에 참여하게 된다는 뜻의 글이다.

대한 물음을 받았다.' [75]는 평을 받았는데 이것은 전숙과 같은 사람을 가리켜 한 말인가? 전숙은 의리를 중히 여겨 어진 자를 잊지 않았으며 군주의 미덕을 밝히고 그 과실을 구해 주었기 때문이다.

전인이 나(司馬遷)와 친했기에 이에 아울러 논했다." [76]

이하는 저소손(褚少孫)이 보필(補筆)한 것이다.

저선생(褚先生)은 말한다.

내가 낭(郎)으로 있을 무렵 전인은 원래 임안(任安)과 친했다고 들었다. 임안은 형양(滎陽) 사람으로서 어렸을 때 고아가 되었고 집이 가난했다. 그래서 남에게 고용되어 수레를 끌고 장안에 갔다가 그대로 머물면서 벼슬길을 찾아 말단 관리라도 되려 했으나 연고가 없어 불가능했다. 그래서 스스로 호적을 만들어 무공(武功) 땅에 집을 지었다.

무공은 부풍(扶風)의 서쪽 경계에 있는 조그마한 읍이며 곡구(谷口)는 촉(蜀)의 잔도(棧道)로 통했고 산이 가까웠다. 임안은 무공이 조그마한 읍이기 때문에 호걸이 없어 명성을 높이기 쉽다고 판단하고 그곳에 머물면서 남을 대신해 역(驛)의 잡역을 맡는 구도(求盜)와 정부(亭父)로 있다가 나중에 정장(亭長)이 되었다.

읍 사람들이 모두 함께 사냥을 하러 나가면 임안은 사람들을 위하여 고라니, 사슴, 꿩, 토끼 등을 분배해 주었다. 또 노인, 아이, 장정들을 따로따로 부서를 정해 일의 어렵고 쉬운 정도를 헤아려 할당했다. 그래서 사람들이 모두 기뻐하며 말했다.

"아무것도 걱정할 것이 없다. 임소경(任少卿 : 少卿은 임안의 字)은 지략

---

76) 이 이하에는 '褚先生曰'로 시작되는 문장이 이어지는데 이것은 저소손이 써 넣은 부분으로 司馬遷의 원문은 아니다. 본서에서는 참고 삼아 번역해 두었다.

이 있어 사냥한 것을 공평하게 분배하니."

이튿날 다시 회합하여 수백 명이 모였는데도 임소경이,

"아무개 씨의 아들 아무개는 어째서 오지 않았습니까?"

하고 말했다. 사람들은 모두 그의 보는 눈이 빠른 것을 신기하게 생각했다.

그 후 서임(敍任)되어 고을의 교화를 맡는 삼로(三老)가 되고 이어 향읍의 민사를 맡아 보는 친민(親民)에 천거되었으며 다시 무공에서 나와 삼백 석의 봉록을 받는 작은 고을의 장이 되어 백성을 다스렸다. 그러다 천자가 그 지방에 놀러 나왔을 때 장막을 쳐 토산물을 진상하는 대접이 불충분했다는 이유로 면직되고 말았다.

그 후에 위장군(衛將軍)의 가신이 되어 전인과 알게 되었으며 가신으로서 위장군의 문하에 함께 있으면서 마음을 같이하여 서로 친밀하게 지냈다. 이 두 사람은 집이 가난하여 장군의 집안일을 도맡아 관리하는 가령(家令)에게 상납할 여유도 없었으므로 가령은 사람을 물어뜯는 버릇이 있는 사나운 말을 두 사람에게 기르게 했다.

두 사람은 같은 침상에서 잠을 갔는데 하루는 전인이 조용히 말하기를,

"사람을 알아보는 눈이 없는 자야, 가령은!"

라고 하니 임안은,

"장군조차 사람을 알아보는 눈이 없는데 하물며 가령이야 더 말할 나위가 있나."

라고 대답했다.

위장군이 이 두 사람을 데리고 효무제의 누님으로 후에 위청의 부인이 된 평양공주(平陽公主)의 집에 들른 일이 있었는데 그때 공주의 집에서는 두 사람을 기마(騎馬) 담당 노예와 한자리에서 음식을 들게 했다. 그러자 두 사람은 칼을 빼어 자리를 잘라 노예와 따로 앉았다. 공주의 집 사

람들은 모두 의아하게 생각하고 두 사람을 미워했으나 감히 꾸짖는 자는 없었다.

그 후 조서가 내려져 위장군의 가신 중에서 낭(郞)을 뽑게 되었다. 장군은 부유한 자를 뽑아 인장을 얹은 말, 붉은 의복, 그리고 칼집에 보옥과 조개껍질로 장식한 칼 등을 갖추게 하여 궁중에 데리고 들어가 추천하려 했다.

때마침 현명한 대부라고 알려진 소부(少府) 조우(趙禹)가 위장군을 방문했는데 장군은 추천하려는 가신들을 불러 조우에게 보였다. 조우는 차례로 그들을 시문(試問)했는데 십여 명 중에 한 명도 일에 익숙하고 지략이 있는 자가 없었다. 이에 조우가 말했다.

"나는 '장군의 문하에는 장군이 되기에 걸맞은 인물이 반드시 있다.'는 말을 들었습니다. 또 예부터 전하는 말에 '군주가 어떠한 인물인지 알지 못할 경우에는 그가 부리는 사람을 보고, 아들이 어떠한 인물인지 알지 못할 경우에는 그의 벗을 보라.'고 했습니다. 지금 천자께서 장군의 가신을 등용하려고 조서를 내리신 것은 장군이 어느 정도의 현자나 문무를 겸한 선비를 부하로 얻고 있는가 살피시려는 마음에서였습니다. 그런데 지금 보니 장군께서는 공연히 돈 많은 집 자제만을 뽑아서 추천하시려 합니다. 저들은 지략도 없고 나무인형에 수놓은 비단 옷을 입힌 것이나 다름없습니다. 그런 자들을 도대체 어찌 하시자는 것입니까?"

그러더니 조우는 위장군의 가신 백여 명을 모두 불러내어 차례로 물어본 뒤에 전인과 임안을 발견하고서 말하기를,

"이 두 사람만이 적격자요. 나머지는 쓸 만한 사람이 없소이다."

라고 했다. 위장군은 이 두 사람이 가난한 것을 알고 마음속으로 마땅치 않게 생각했다. 조우가 간 뒤에 위장군은 두 사람에게 말했다.

"너희들은 각자 안장을 얹은 말과 새 붉은 옷을 준비하라."

두 사람이 대답했다.

"집이 가난하여 갖출 수 없습니다."

장군이 노하여 말했다.

"너희 두 사람의 집이 가난하다니 어째서 그런 말을 내게 하는가? 추천하여 주는 것이 자못 불쾌하여 도리어 나에게 은혜를 베푸는 것처럼 말하는 것은 무슨 까닭인가?"

그러나 장군은 하는 수 없이 명부를 만들어 천자께 상신했다. 그러자 조서가 내려져 위장군의 가신을 인견하게 되었다.

두 사람은 천자 앞에 나아가 알현하게 되었는데 천자는 다시 어명을 내려 두 사람의 재능과 지략을 시문하게 했다. 두 사람은 서로 양보하다가 마침내 전인이 먼저 대답했다.

"북채와 큰북을 손에 들고 군문 밖에 서서 사대부에게 죽음도 기쁘게 여기며 싸우게 하는 점에서는 제가 임안을 따를 수 없습니다."

임안도 삼가 대답했다.

"의심나는 것을 가려내고 일의 시비를 정하여 관리를 책임지고 다스리며 백성들에게 윗사람을 원망하는 마음을 가지지 못하게 하는 점에서는 제가 전인을 따를 수 없습니다."

효무제는 크게 웃으며 '좋다'고 말하고 임안에게는 도읍을 지키는 북군을 감독케 하고 전인에게는 변경의 곡물을 황하로 운송하는 일을 감독케 했다. 이리하여 두 사람은 천하에 이름을 떨쳤다.

그 후 임안을 익주(益州) 자사(刺史)로 임명하고 전인을 승상의 장사(長史)로 임명했다. 그때 전인은 다음과 같이 상서했다.

"천하의 군(都) 태수 가운데에는 부정으로 사리를 채우는 자가 많습니다. 그중에서도 삼하(三河) 지방의 태수가 가장 심한 듯합니다. 원컨대 우선 삼하 지방을 시찰하여 이를 적발하도록 허락해 주십시오. 삼하의 태수들은 모두 궁중에 출사하는 귀인들과 결탁하고 삼공과 친척 관계에 있어 두려워하거나 꺼리는 바가 없습니다. 마땅히 우선 삼하를 바로잡아 천하의 간악한 관리들을 경계해야 할 것입니다."

당시 하남(河南), 하내(河內)의 태수는 모두 어사대부 두주(杜周)와 부자 형제 사이였고 하동(河東) 태수는 승상 석경(石慶)의 자손이었다. 그때 석씨는 아홉 명이나 이천 석 봉록을 받는 신분이어서 한창 세력이 왕성했다. 전인이 자주 상서하여 이 점에 대하여 말하자 두대부(杜大夫)와 석씨는 사람을 보내 전소경(田少卿)에게 전하기를,

"우리들이 굳이 변명하려는 것은 아니지만 바라건대 소경께서는 사실이 아닌 것으로 우리를 비방하는 일이 없도록 하시오."

라고 했다. 전인이 삼하를 시찰하여 태수들의 부정을 적발하고 삼하의 태수를 모두 형리의 손에 넘겨 주살했다. 전인이 귀환해 그 사실을 천자께 아뢰자 효무제는 기뻐하며, 전인을 배경이 강한 권세들도 두려워하지 않는 인물이라고 여겨 승상의 사직(司直)에 임명했다. 이에 전인은 천하에 위세를 떨쳤다.

그 후 여태자가 군사를 일으킨 사건이 일어났다. 그때 승상은 사직에게 몸소 군사를 이끌고 성문을 지키도록 명했다. 사직은 태자가 천자와 골육간이며 부자지간이기 때문에 깊이 관여하지 않으려 생각하고 성문을 닫기는 닫았으나 그곳을 떠나 장릉(長陵) 땅에서 시간을 보냈다. 이때 효무제는 감천궁(甘泉宮)에 있었는데 어사대부 포군(暴君 : 暴勝之)에게 명하여 어째서 여태자를 도망치게 했는지 문책했다. 그러자 승상이 대답하기를,

"사직에게 성문의 수비를 담당하게 했더니 태자에게 성문을 열어 주어 도망가게 했습니다."

라고 했다. 그리고 상서하여,

"사직을 잡아 가두도록 허락해 주십시오."

라고 했다. 이리하여 사직은 형리의 손에 넘겨져 주살되었다.

이때 임안은 북군의 사자로 군대를 감찰하고 있었는데 태자가 수레를 북군의 남문 밖에 세우고 임안을 불러내어 부절을 내어 주고 자신을 위해 출병시키려 했다. 임안은 배례하고 부절을 받았으나 군중에 들어가자마자 문을 굳게 닫고 나오지 않았다.

이 말을 들은 효무제는 임안이 자기의 속마음을 드러내지 않고 부절을 받은 모양이나 태자를 공격하지 않은 것은 어쩐 일인가 하고 이상하게 생각했다. 그런데 예전에 임안이 북군의 한 말단 관리를 매질하여 모욕을 준 적이 있었는데 그 말단 관리가 상서하여,

"임안은 태자의 부절을 받았을 때 '깨끗하고 좋은 부절을 주십시오.' 하고 말했습니다."

라고 했다. 그 글이 천자에게 올라가자 효무제는,

"저 임안이라는 놈은 교활한 벼슬아치나. 반란이 일어난 것을 알자 조용히 일의 성패 결과를 지켜보다가 어느 쪽이 이기는가를 살펴 이기는 쪽에 가담하려고 생각했음에 틀림없다. 그것은 두 마음이 있기 때문이다. 임안은 여태까지 사형에 해당하는 죄가 매우 많았으나 나는 항상 그를 살려 주었다. 그랬더니 이제는 간사하고 불충한 마음을 가지고 있다."

라고 말했다. 이리하여 천자는 임안을 형리의 손에 넘겨 주살했다.

대체로 '달은 차면 기울고 사물도 성하면 쇠한다.'는 것은 천지간의 상도(常道)다. 나아갈 줄만 알고 물러설 줄을 모르며 오랫동안 부귀를 누리게 되면 화가 쌓여 재앙을 입게 된다. 그런 까닭에 범려(范蠡)는 월나라를 떠나 사퇴하여 벼슬자리를 받지 않았던 것이나 이름은 후세에 전해져 영원히 잊히지 않는 것이다.

이러한 달인의 태도에는 미치지 못하더라도 후세 사람들은 이 점을 조심하고 경계하지 않으면 안 된다.

제45 편작·창공열전(扁鵲·倉公列傳)

편작(扁鵲)은 발해군(勃海郡)의 정(鄭) 사람이다. 성은 진(秦), 이름은 월인(越人)이라 했다.

젊었을 때 빈객을 숙박시키는 관사의 장으로 있었는데 그곳에 장상군(長桑君)이라는 기인이 빈객으로 오래 머물러 있었다. 관사 사람들 가운데 오직 편작만이 장상군을 기인이라고 여겨 언제나 정중하게 대우했다. 장상군도 편작이 보통 사람이 아님을 알고 있었다. 이렇게 십여 년이 지난 어느 날 장상군이 편작을 불러 마주 앉더니 은밀히 말했다.

"나는 비전(秘傳)되는 의술을 알고 있는데 내 나이가 많으니 그대에게 전해 주고 싶소. 남에게는 누설하지 말도록 하오."

"삼가 말씀대로 하겠습니다."

하고 편작이 대답하자 그는 품안에서 약을 꺼내 편작에게 주면서,

"이것을 이슬이나 대나무에 맺힌 물로 삼십 일 동안 마시면 불가사의한 사물을 볼 수 있게 될 것이오."

라고 말했다. 그리고는 비전의 의서를 꺼내 전부 편작에게 주더니 홀연히 사라져 버렸다. 그것은 사람이라고 생각할 수 없을 정도였다.

편작이 그의 말대로 약을 먹기 삼십 일이 되자 담장 너머 저쪽에 있는 사람이 보이게 되었다. 그가 병자를 진찰하면 오장(五臟)에 맺힌 응어리가 모두 환하게 보여 병의 원인을 밝혀낼 수 있었는데, 그 후 그는 진맥을 잘 보아 병을 고치는 것으로 이름이 드러났다. 이렇게 하여 그는 의사가 되어 제나라나 조나라에 머물렀다. 조나라에 있을 때 편작이라고 불리게 되었다.

진(晉)나라 정공(定公) 때 권력은 대부들 손에 있었고 공족(公族)의 세

력은 약했는데 조간자(趙簡子)가 대부가 되자 국사를 마음대로 했다. 그 조간자가 병이 들어 5일 동안이나 혼수상태에 빠졌다. 대부들은 모두 이를 걱정하여 편작을 불렀다. 편작이 조간자의 집에 들어가 진찰하고 나오자 조간자의 가신인 동안우(董安于)가 병자의 용태를 묻기에 편작은 다음과 같이 말했다.

"혈맥(血脈)은 정상입니다. 그러니 혼수상태에 빠져 있다 하더라도 괴이할 것은 없습니다.

옛날 진(秦)나라 목공(繆公)이 예전에 이와 같이 앓다가 7일 만에 깨어났습니다. 그런데 깨어난 그날 대부 공손지(公孫支)와 자여(子輿)에게 말하기를 '나는 천제(天帝)가 있는 곳에 갔었는데 매우 즐거웠소. 내가 오래 머무른 것은 때마침 천제로부터 가르침을 받고 있었기 때문이오. 천제가 나에게 말씀하시기를 '진(晋)나라는 장차 크게 어지러워질 것이고 5세에 걸치도록 안정되지 않을 것이나 그 후 패자가 될 것이다. 그러나 그 인물(文公을 가리킴)은 노령이 되기 전에 죽고 패자의 아들(襄公)은 음란하여 나라를 남녀 분별이 없게 만들 것이다.' 라고 일러 주셨소.' 하셨습니다.

공손지가 이 일을 기록하여 간직해 두었으며 진나라의 예언서인 ≪진책(秦策)≫은 이렇게 하여 세상에 나오게 되었던 것입니다. 진(晋)나라 헌공(獻公)이 내란을 초래한 것과 문공이 패자가 되었던 것, 그리고 양공이 효에서 진(秦)나라 군사를 격파하고 돌아와서는 승전을 기화로 마음껏 음란한 행위를 했던 일은 당신도 들어서 알고 있을 것입니다.

지금 주군인 조간자의 병은 예전 목공과 똑같은 것으로 3일이 지나기 전에 반드시 나을 것입니다. 낫게 되면 틀림없이 무언가를 말할 것입니다."

이틀 반이 지나자 조간자가 깨어나 대부들에게 말했다.

"나는 천제가 있는 곳에 갔었는데 매우 즐거웠소. 여러 신(神)들과 함께 궁전 중앙의 하늘에서 놀았소. 그곳에서는 성대한 천상의 음악이 연주되고 무희들이 나와 여러 가지 춤을 추었는데 그 무용과 음악은 하·은·주 삼대의 음악과는 달리 그 소리가 사람의 마음을 감동시켰소.

곰 한 마리가 나와 나를 해치려고 하자 천제는 나에게 곰을 쏘라고 명령했소. 그래서 내가 활을 쏘아 명중시키니 곰은 죽고 말았소. 그런데 또 큰 곰이 한 마리 다가오기에 내가 활을 쏘아 맞히니 큰 곰도 죽고 말았소. 천제는 매우 기뻐하며 나에게 두 종류의 대나무로 만든 옷상자를 주셨는데 두 종류의 상자는 한 쌍씩이었소.

나는 내 아들이 천제의 옆에 있는 것을 보았소. 천제는 나에게 오랑캐 땅에서 나는 개 한 마리를 맡기면서 '너의 아들이 장성하거든 이 개를 주라.'고 말씀하셨소. 그리고 또 '진(晉)나라는 대대로 쇠미해져서 7세 후에는 멸망할 것이다. 영성(嬴姓) 조씨(趙氏)는 강대해져서 범괴(范魁)의 서쪽에서 주(周)나라를 크게 격파하겠지만 그 땅을 오래 보유하지는 못할 것이다.' 하고 말씀하셨소."

동안우가 그 말을 받아쓰고 간직해 두었다. 그리고 편작이 한 말을 조간자에게 전했다. 조간자는 편작에게 전지(田地) 사만 무(畝)를 상으로 주었다.

그 후 편작은 괵(虢)나라에 들렀는데 그때는 괵나라의 태자가 죽은 직후였다. 편작은 궁전 문 앞에 가서 중서자(中庶子) 벼슬을 맡은 사람 중에서 의술을 아는 자에게 물었다.

"태자는 무슨 병이었습니까? 온 나라의 백성들이 태자의 병을 낫게 해 달라는 기도가 보통이 아니니……."

"태자의 병은 혈액 순환이 불규칙하게 된 것이 원인입니다. 혈기가 착란을 일으켜 정상적으로 발산되지 못해 응어리진 혈기가 밖으로 폭발하여 체내에 장애를 일으켰소. 다시 말하면 정기(精氣)가 사기(邪氣)를 누르지 못하게 되어 사기가 쌓여 밖으로 발산되지 못하고, 그로 인해 음양의 조화를 이루지 못하여 양기의 발산이 느려지고 음기의 작동이 급해졌기 때문에 갑자기 죽게 된 것입니다."

"죽은 게 언제쯤입니까?"

"날이 밝을 무렵부터 조금 전 사이였습니다."

"입관을 했습니까?"

"아직 하지 않았습니다. 죽은 지 반나절도 지나지 않았답니다."

"나는 제나라 발해군의 진월인이라는 사람으로 정(鄭) 땅에 살고 있습니다. 지금까지 태자의 존엄한 모습을 뵐 기회가 없었고 알현도 한 일이 없습니다. 그런데 지금 들으니 태자께서 불행히도 돌아가신 모양인데 제가 다시 살릴 수 있습니다."

"선생은 허황된 말씀을 하시는 것은 아니겠죠? 어떻게 태자를 살릴 수 있다는 말씀입니까? 제가 들으니 상고 때 유부(兪跗)라는 명의가 있었는데 병을 치료할 때 탕약이나 술, 침, 그리고 신체를 구부렸다 폈다 하여 튼튼하게 하는 의술, 안마술, 고약 등을 사용하지 않고 잠시 옷을 헤쳐 보는 것만으로 병세의 징후를 알아보았으며 오장(五臟), 경맥(經脈)의 혈(穴)에 따라 피부를 째고 살을 갈라 제쳐 막힌 맥을 통하게 하고 끊어진 힘줄을 이어 주며 골수와 뇌수를 눌러 황막(荒膜)을 씻어내고 장과 위를 깨끗하게 하여 오장을 흔들어 헹구고 심기를 다스려 신체를 조정했다고 합니다.

선생의 의술이 이와 같다면 태자를 살릴 수 있을 것입니다. 그렇지만 이 정도에 이르지도 못하면서 태자를 소생시킨다고 말씀하신다면 어린아이에게 말해도 곧이듣지 않을 것입니다."

이와 같은 이야기로 그날 하루를 보내고 편작은 하늘을 우러러 탄식하며 말했다.

"당신께서 알고 있는 의술은 대나무 구멍을 통해 하늘을 엿보며, 틈 사이로 복잡한 무늬를 보는 것과 같아 도저히 그 전모를 볼 수 없습니다. 그런데 나의 의술로 말하자면 맥을 짚어 본다든가 얼굴빛을 바라보거나 소리를 듣거나 형체를 살피거나 하지 않고도 병이 있는 곳을 알 수 있습니다. 나는 병이 양(陽 : 겉)에 있다는 것을 들으면 그 음(陰 : 속)을 알 수 있고 병이 음에 있다는 것을 들으면 그 양을 알 수 있습니다.

병의 징후는 표면에 드러나는 것이므로 천 리 밖까지 나가서 진찰하지 않고도 병을 정확하게 진단할 수 있는 경우가 지극히 많은데 이것은 덮어서 숨기려 하더라도 숨길 수 없는 일입니다.

내 말이 진실이 아니라고 생각되거든 시험 삼아 궁중에 들어가서 태자를 진찰해 보십시오. 아마도 태자의 귀에서 소리가 나고 코가 벌름거리는 것을 알 수 있을 것이며 두 다리를 어루만져 음부에 이르면 아직도 따뜻한 기운이 있을 것입니다."

중서자는 편작의 말을 듣자 현기를 일으킨 듯 눈을 껌벅이지도 못하고 혀는 굳어서 움직이지도 않았다. 이에 궁중에 들어가 괵군에게 보고했다. 괵군은 이 말을 듣고 크게 놀라면서 중문 밖까지 나와 편작을 만나 이렇게 말했다.

"평소에 선생의 높은 명성을 들은 지 오래입니다만 아직 만나 뵐 기회를 얻지 못했습니다. 지금 선생께서 이 소국에 들러 다행히도 태자의 병에 대해 말씀해 주시니 이는 곧 하늘이 도우신 일입니다. 태자는 선생이 계시기 때문에 곧 살아날 수 있을 것이지만 만약 선생이 안 계시다면 버려져 도랑을 메운 채 영원히 다시 살아날 수 없습니다."

괵군은 말을 채 마치지도 못하고 가슴이 메어 흐느껴 우는데 그 얼굴은 슬픔에 싸여 어두워지고, 끊임없이 흐르는 눈물은 눈썹을 적시고 슬픔을 억제하지 못하여 얼굴 모습까지 일그러졌다. 편작이 말했다.

"태자의 병세는 이른바 시궐(尸蹶 : 피가 머리로 모여 얼굴이 붉어지고 정신이 아찔하여 죽은 것처럼 되는 병)이라고 합니다. 그것은 양기가 내려와 음기 속으로 들어가서 위장을 움직이고 경맥(經脈)과 낙맥(絡脈)이 서로 얽혀 막히게 되는 한편 삼초(三焦 : 음식물이 내려가는 통로로 상초·중초·하초가 있음) 중 하초(下焦)에 있는 방광까지 내려가 양기는 속으로 돌아 아래로 떨어지고 음기는 위로 다투어 올라가 체내의 기가 모이는 여덟 군데가 막혀 통하지 않게 된 것입니다.

말하자면 양기는 신체 하부에서 고동을 치지만 위로 오를 줄 모르고 위로 올라간 음기는 내려올 줄 모르는 까닭에 음의 역할을 하지 못하여 위에는 양기가 단절된 낙맥이 있고 아래에는 음기가 터져 버린 경맥이 있어 음양의 조화가 무너진 까닭에 안색은 창백하고 맥은 어지러우며 몸은 움직이지 않아 죽은 것처럼 보이는 것입니다.

태자는 아직 죽지 않았습니다. 대체로 양기가 음기 속으로 들어가 오장을 지탱하는 자는 살지만 음기가 양기 속으로 들어가 오장을 지탱하지 못하는 자는 죽습니다. 이러한 여러 가지 일들은 양기와 음기가 오장 속에서 거슬러 올라올 때 갑자기 일어나는 것입니다. 양의(良醫)는 이러한 것들을 믿지만 미숙한 의사는 이를 의심하고 위태롭게 생각합니다."

하며 편작은 제자 자양(子陽)을 시켜 숫돌에 침(鍼)을 갈게 하여 태자의 수족에 있는 태양(太陽)·소양(少陽)·양명(陽明)의 삼양(三陽)과 인체에 병근(病根)이 숨어 있는 오회(五會)에 침을 놓았다. 그러자 얼마 후에 태자는 소생했다.

편작은 다시 제자 자표(子豹)를 시켜 알맞은 온도에 데운 고약을 다섯 푼 만들고 그것에 여덟 가지 약을 섞어 조제한 팔감지제(八減之劑)를 달여 태자의 양 겨드랑이 밑에 번갈아 바르게 했다. 그러자 태자가 일어나 앉게 되었다. 그래서 다시 음과 양을 조절하고 이십 일 동안 탕약을 달여 먹이니 태자는 본래의 상태로 회복되었다.

이 일로 인하여 세상 사람들 모두 편작은 죽은 사람도 능히 소생시킨다고 말했다. 그러나 편작은 이렇게 말했다.

"나는 죽은 사람을 살리지는 못한다. 당연히 살 수 있는 사람을 일어나게 했을 뿐이다."

편작은 제나라로 갔다. 제나라의 환후(桓侯)가 그를 빈객으로 맞이했다. 편작은 궁중에 들어가 환후를 알현하고는 말했다.

"왕께서는 병이 있는데 지금은 피부에 그 질환이 머물고 있습니다. 치료하지 않으면 장차 그 병세가 깊어질 것입니다."

그러나 환후는,

"과인에게는 병이 없소."

하였다. 편작이 물러가니 환후는 좌우의 사람들에게 말했다.

"저 의사는 이익을 탐내고 있군. 병이 없는 사람을 병자라 하여 공을 세우려 하니."

5일 뒤에 편작은 다시 환후를 알현하여 말했다.

"왕께서는 병이 있는데 그 병이 지금 혈맥 속에 머물고 있습니다. 치료를 하지 않으면 병세가 더 깊어질 것입니다."

"과인에게는 병 같은 것은 없소."

편작이 물러갔는데 환후는 기분이 좋지 않았다. 그 뒤 5일이 지나 편작이 또다시 환후를 뵙고 말했다.

"왕께서는 병이 있는데 위와 장 사이에 머물러 있습니다. 치료하지 않으면 더 깊어질 것입니다."

환후는 대답도 하지 않았다. 그리고 편작이 나가니 더욱더 불쾌한 표정이었다. 그 뒤 5일 만에 또다시 편작은 멀리서 환후를 바라보기만 하더니 물러나와 달아나 버렸다. 환후가 사람을 보내 그 이유를 묻자 편작이 대답했다.

"병이 피부에 있을 때에는 탕약을 쓰고 고약을 바르면 치료할 수 있습니다. 혈맥에 있을 때에는 금침(金鍼)과 석침(石鍼)으로 치료할 수 있습니다. 병이 위와 장 사이에 있을 때에는 청주(淸酒)와 탁주로 약을 달여 치료할 수 있습니다. 그러나 병이 골수(骨髓)에 있으면 사람의 생명을 맡은 신(神) 사명(司命)일지라도 어찌할 수 없습니다. 지금 왕의 병은 골수에 와 있으니 저는 치료하시라는 말도 할 수 없습니다. 그래서 달아난 것입니다."

그 뒤 5일이 지나자 환후는 몸이 아프기 시작했다. 환후는 그때서야 사람을 시켜 편작을 불렀으나 편작은 이미 도망가고 없었다. 환후는 마침내 죽고 말았다.

사람이 병의 기미를 빨리 알아내어 명의한테 일찍 치료를 받는다면 병을 고칠 수 있어 몸을 살릴 수 있는 것이다. 사람이 근심하는 바는 병이 많은 것이고 의사가 근심하는 것은 치료법이 적은 것이다. 그러하니 병에는 여섯 가지 불치(不治)의 병이 있다.

곧 교만하고 방자하여 도리를 좇지 않는 것이 불치병의 첫째다. 몸을 가볍게 알고 재물을 소중히 여기는 것이 불치병의 둘째다. 의식(衣食)을 알맞게 하지 못하는 것이 불치병의 셋째다. 음양이 오장에 함께 있어 기운이 안정되지 못하는 것이 불치병의 넷째다. 신체가 쇠약할 대로 쇠약해져서 약을 복용할 수 없는 것이 불치병의 다섯째다. 무당을 믿고 의사를 믿지 않는 것이 불치병의 여섯째다. 이중의 하나만 있어도 병을 치료하기가 어렵다.

편작의 명성은 천하에 널리 퍼지게 되었다. 한단에 가니 그곳에서는 부인을 소중히 여긴다는 말을 듣고 부인병 환자를 치료하는 의사가 되었다.

낙양에 갔을 때에는 주나라 사람들이 노인을 공경하고 사랑한다는 말을 듣고 귓병, 눈병, 허리가 저리는 병 등 노인병을 치료하는 의사가 되었다.

함양에 들어와서는 진나라 사람들이 어린아이를 사랑한다는 말을 듣고 곧 소아 의사가 되었다. 이처럼 그는 지방의 풍속에 따라 몸가짐을 자유로이 변화시켰다.

진나라의 시의장(侍醫長)인 태의령(太醫令) 이혜(李醯)가 자기의 의술이 편작만 못하다는 것을 알고 사람을 시켜 그를 찔러 죽였다. 그런데 오늘날에 이르기까지 세상에서 진맥에 관해 말하는 자는 모두 편작에게서 유래한 것이다.

태창공(太倉公)은 제(齊)나라 태창(太倉)의 장관으로 임치(臨淄) 사람이다. 성은 순우(淳于), 이름은 의(意)이다. 그는 젊어서부터 의술을 좋아했다.

고후(高后) 8년, 같은 고을 원리(元里)에 살고 있는 공승(公乘) 벼슬의 양경(陽慶)을 스승으로 하여 새로이 의술을 배웠다. 양경은 나이가 칠십여 세인데도 아들이 없었다. 그래서 순우의가 그때까지 배운 의술을 전부 버리게 하고 새로운 비법의 의술을 그에게 전부 가르쳐 주었으며 황제, 편작의 맥서(脈書)를 전수했다.

그로 인해 순우의는 병자의 얼굴에 나타나는 다섯 가지 색깔을 보고 병을 진단하여 병자의 생사를 알고, 의심스러운 점을 가려내어 치료할 수 있는 요법을 완성하게 되었다. 또 약론(藥論)에도 매우 정통했다. 이리하여 가르침을 배운 지 3년, 순우의는 남의 병을 치료하며 죽고 사는 것을 판별하는 데 많은 성과를 올렸다.

그러나 그는 일정한 거주지 없이 이리저리 제후의 나라에 찾아가 노닐면서 집을 집으로 생각지 않았다. 또 사람에 따라 병을 치료해 주지 않는 때도 있어 순우의를 원망하는 경우도 많았다.

효문제 4년에 누군가가 상서하여 순우의에게 육형(肉刑)에 해당하는 죄가 있다고 고발했다. 그래서 순우의는 역전거(驛傳車)로 서쪽의 장안에 호송되었다. 순우의에게는 딸이 다섯 있었는데 모두 순우의에게 달라붙어 울었다. 순우의는 성내어 큰소리로 꾸짖었다.

"자식을 낳았으나 아들을 낳지 못하니 위급한 때에 아무 소용이 없구나."

이에 상심한 막내딸 제영(緹縈)이 아버지를 따라 서쪽의 장안으로 가서 다음과 같이 상서했다.

"제나라 사람 중에는 제 부친을 청렴하고 공평한 관리라고 칭찬하는 사람이 많았습니다. 그런데 이제 법에 저촉되어 형벌을 당하게 되었습니다. 제가 가만히 생각해 보니 죽은 자는 다시 살아날 수 없고 또 육형을 받은 자는 몸이 전과 같이 될 수 없습니다. 과실을 뉘우치고 스스로 갱생의 길을 걸으려 하여도 끝내 어쩔 수 없음을 슬퍼합니다. 원컨대 저의 몸을 바쳐 조정의 여종이 되어 대신 아버지의 죄를 용서 받고, 아버지가 갱생의 길을 걷도록 해 주십시오."

이 글이 천자에게 전달되자 천자는 제영의 뜻을 불쌍히 여겼다. 그리고 그해에 육형의 법도 폐지했다.

이하는 창공(倉公)의 수기(手記)로서 후세 사람이 첨부한 것이라는 설이 있다.

나(淳于意)는 죄를 용서받고 집안에 틀어박혀 있었는데 천자께서 조서를 내려 나를 불러, 병자를 치료하다 죽인 경우도 있을 터이고 살린 경우도 있을 터인데 어찌 되었건 효험이 있는 자가 몇이나 있었는지, 또 병자들의 이름은 무엇이었는지 등을 물으셨다. 즉 물음의 내용은 다음과 같았다.

"전 태창장(太倉長) 순우의는 의술의 뛰어난 점이 무엇인가? 또 잘 고칠 수 있는 것은 어떤 병이었는가? 그것에 대한 의서를 가지고 있는가 없는가? 어디서 의술을 배웠는가? 몇 년이나 배웠는가? 일찍이 효험이 있었던 병자는 어느 현의 누구였는가? 그 병은 무슨 병이었는가? 그 의술과 약제가 병을 낫게 한 상황은 어떠했는가? 이러한 것들을 모두 상세하게 대답하라."

나는 삼가 다음과 같이 대답했다.

"신은 젊었을 때부터 의약술을 좋아했습니다. 그런데 시험해 보니 효험이 없는 의약술도 많았습니다. 고후 8년에 이르러 저는 임치의 원리(元里)에 있던 공승(公乘) 양경(陽慶)을 만나게 되었습니다. 양경은 당시 나이가 칠십여 세였는데 신은 그를 만날 수 있는 기회를 얻어 배우게 되었습니다.

그때 스승은 신에게 말했습니다. '너의 의서를 모두 버려라. 그것은 옳지 않기 때문이다. 나는 고대 선인들의 의술의 도를 알고 있고 황제, 편작의 맥서(脈書)를 전해 받았다. 병자의 얼굴에 나타나는 다섯 가지 빛깔을 보고 병세를 진단하여 병자의 생사를 알고 병으로 의심나는 것을 판단하여 치료법을 결정할 수 있다. 또 약론서(藥論書)에 대해서도 매우 세밀하게 기록되어 있다. 나의 집은 부유하며 또 나는 마음속으로 그대를 사랑하고 있으니 내 비법의 의서를 그대에게 모두 가르쳐 주고자 한다.'

저는 '참으로 고마우신 말씀입니다. 제가 감히 바라지 못하던 바입니다.' 라고 대답하고 곧 그 자리에서 물러나 두 번 절한 후 다시 나아가 맥서인 상경(上經), 하경(下經)과 오색진(五色診), 기해술(奇咳術), 음양 외변(外變)을 규탁(揆度)하는 술, 약론(藥論), 석신(石神:침술서), 접음양(接陰陽:규방술) 등의 비방서(秘方書)를 받았습니다.

그것을 읽고 해석하고 시험하여 1년 남짓 지난 후 실제로 그것을 적용해 보니 틀림없이 효험이 있었습니다만 충분하지는 못했습니다. 이렇게 의술에 전념하기 3년 남짓, 그 후 전수받은 의술로 병을 진찰하고 병자를 치료하며 죽고 사는 것을 깊이 살펴보았더니 하나같이 효험이 있고 그것도 매우 뚜렷했습니다.

지금은 저의 스승인 양경이 죽은 지 십 년이 되었습니다. 제가 3년을 스승에게 배웠고 스승이 죽었을 때 제 나이 서른아홉 살이었습니다. 어느날 제나라 시어사(侍御史) 성(成)이 머리가 아프다고 호소해 왔습니다. 저는 그의 맥을 짚어 보고 '당신의 병은 말로 표현할 수 없을 정도로 악성입니다.' 하고 곧 나와서 성의 아우인 창(昌)에게 말했습니다.

"이 병은 저(疽 : 등창)입니다. 몸속의 위와 장 사이에서 발생한 것으로 닷새 뒤면 부어오르고 그 후 여드레 뒤에는 고름을 토하고 죽을 것입니다."

성의 병은 과음과 방사(房事)의 과로로 얻은 병으로서 예측한 대로 성은 죽었습니다. 성의 병인을 알아낸 것은 신이 그의 맥을 짚고 간기(肝氣)를 알아차렸기 때문입니다. 그의 간기는 탁하고 고요했는데 이것은 체내 기관인 내관(內關)의 병입니다.

진맥법에 '맥이 길고 활시위와 같은 상태로 봄을 지나 여름, 가을, 겨울에도 그 상태가 변하지 않으면 그 병은 주로 간장에 있는 것이다. 맥이 길고 활시위와 같다 하더라도 그것이 고르다면 병은 경맥(經脈)에 있다. 맥이 맺혀 때때로 끊어진다면 그것은 낙맥(絡脈)에 고장이 있는 것이다. 경맥에 병이 있는데도 맥이 고르다면 그 병은 힘줄과 골수 속에 있는 것이다. 맥이 맺혀 갑자기 크게 뛰면 그 병은 과도한 음식과 방사에 기인한 것이다.' 라고 되어 있습니다.

닷새 만에 붓고 그 후 다시 여드레 만에 고름을 토하고 죽을 것이라고 한 것은 신이 그 맥을 짚어 보았을 때 손에 소양(少陽)의 맥이 맺혀 때때로 끊기는 것이 있었기 때문입니다. 맥이 맺혀 끊기는 것은 경맥에 병이 있기 때문입니다. 경맥에 있던 병이 전신으로 돌면 낙맥에도 고장이 납니다. 또 그때는 맥이 맺혀 간간이 끊기는 것이 소양 초관(初關)의 1푼(一分)에 나타납니다. 그래서 속에는 열이 있어도 아직 고름은 나지 않는 것입니다.

맥이 맺혀 간간이 끊기는 것이 소양의 관(關) 5푼(五分)에 나타나면 그곳은 소양(少陽)의 끝으로서 8일이 경과하면 고름을 토하고 죽습니다. 요컨대 결체(結滯)가 소양의 관 2푼(二分) 이상에 미치면 저(疽)의 고름이 나오기 시작하고 소양의 말단에 이르러서는 곪아 터져서 고름을 토하고 죽는 것입니다.

열이 올라와 손의 경맥인 양명(陽明)을 뜨겁게 하고 낙맥에 전해져 염증을 일으키면 맥이 맺히게 되고 염증은 소멸합니다. 이렇게 낙맥의 발열이 되풀이되면 열기가 상승하여 머리에 이르러 염증을 일으킵니다. 그래서 두통이 생기는 것입니다.

제나라에서 가운데 왕자의 어린 아들들을 돌보는 종이 병이 났으므로 신이 불려가 그 맥을 진찰하게 되었습니다. 신은 진찰을 마치고 '기(氣)가 가슴에서 막힌 병입니다.' 라고 말해 주었습니다.

이 병에 걸린 자는 근심이 많고 마음이 불안 초조하여 먹는 것이 내려가지 못하고 때때로 침을 뱉습니다. 이것은 마음속에 걱정이 있는 채 억지로 음식을 먹는 데서 오는 병입니다. 신은 곧 병자를 위해 하기탕(下氣湯)을 지어 먹였습니다. 하루 만에 기가 내려가고 이틀 만에 음식을 먹을 수 있게 되고 사흘 만에 병이 나았습니다.

신이 종의 병을 알아낼 수 있었던 것은 맥을 짚어 보니 심기가 탁해 혼란스러움이 경맥에 나타났기 때문입니다. 이것은 낙맥에 양기가 섞여 일어난 병입니다.

맥을 보는 법에 '맥이 빠르고 강하게 뛰고 있어 고르지 못하고 급하며 한결같지 않으면 병이 주로 심장에 있다. 온몸이 열에 떠 맥박이 빠른 것을 중양(重陽)이라고 하는데 이 중양은 심장을 자극한다. 그래서 마음이 불안 초조하여 음식물이 제대로 넘어가지 않아 낙맥에 고장이 일어나는 것이다. 낙맥에 고장이 생기면 현기증을 일으켜 피가 위로 올라와 나온다. 현기증을 일으키고 피가 올라와 나오면 죽는다. 이것은 마음의 근심 끝에 생기는 것이다.' 라고 했습니다. 요컨대 종의 병은 근심 끝에 생긴 병이었습니다.

제나라의 낭중령 순(循)이 병에 걸렸습니다. 의사들은 모두 기가 위로 치올라 가슴에 몰렸다고 판단하여 침을 놓았습니다. 그런데 신은 순을 진맥한 다음 '이것은 용산(湧疝)으로 이 병에 걸리면 대소변이 잘 통하지 않습니다.' 라고 진단했습니다. 그랬더니 순은 '대소변이 통하지 않은 지가 사흘이나 됩니다.' 라고 했습니다. 그래서 신은 화제탕(火齊湯)을 먹였습니다. 순이 한 번 그 약을 먹자 소변이 통하고 두 번 먹자 대변이 통했으며 세 번 먹으니 완쾌되었습니다.

이 병은 방사가 지나친 데서 생긴 것입니다. 순의 병을 알아낸 것은 그의 맥을 짚어 보았을 때 오른손 엄지손가락 밑에서 1촌 뒤에 있는 맥혈의 기가 급하고 맥이 오장의 기에 응하지 않으며 크게 뛰고 빨라 고르지 못하다는 것을 느꼈기 때문입니다.

맥이 고르지 못하면 허리 아래쪽은 물이 끓듯이 열이 납니다. 왼손 엄지손가락 밑에서 1촌 아래에 있는 혈맥은 심장의 기에 응하고, 오른손 엄지손가락 밑에서 1촌 위에 있는 혈맥은 폐의 기에 응하는데 이 병이 나면 좌우 어느 맥에도 오장에 병이 있다는 감응이 나타나지 않습니다. 그래서 이것을 용산(湧疝)이라고 말했습니다. 오줌이 붉은 것은 체내에 열이 있기 때문입니다.

제나라 중어부(中御府 : 궁중의 의복, 집물 등을 맡은 관청)의 장관인 신(信)이 병이 났을 때 제가 왕진하여 그 맥을 진단하고 '이것은 열병의 기가 있습니다. 더위 때문에 땀이 많이 나 맥박이 좀 약해졌습니다. 그렇지만 죽을 염려는 없습니다.' 하고 또 '이 병은 흐르는 냇물에서 목욕하다 몹시 추위를 타게 되어 열이 난 것이 원인입니다.' 라고 말했습니다.

그러자 신(信)이 '정말 당신의 말과 같습니다. 작년 겨울에 왕명으로 초나라에 사자로 갔었는데 그때 거현(莒縣) 양주수(陽周水)에 당도하니 거현의 다리가 허물어져 있었습니다. 나는 수레의 멍에를 붙들고 건너가기를 주저하고 있었는데 말이 무엇인가에 놀라 물속에 빠지는 바람에 나도 강물 속에 떨어져 거의 죽을 뻔했습니다. 관리가 바로 달려와 나를 구했으나 옷이 흠뻑 젖어 얼마 뒤에 오한이 나다가 다음에는 불같은 열이 났습니다. 지금도 외출하여 바람을 쏘일 수가 없을 정도입니다.' 라고 했습니다.

신 순우의는 그를 위하여 바로 화제탕(火齊湯)을 지어서 복용하게 하여 신(信)의 열을 내리게 했는데 한 번 복용하니 땀이 개고, 두 번 복용하니 열이 내리고, 세 번 복용하니 완쾌되었습니다. 그대로 약을 복용하게 하여 이십 일가량 경과하니 병이 아주 없어졌습니다.

순우의 병을 알아낸 까닭은 그의 맥을 짚었을 때 양기와 음기가 아울러 나타났기 때문입니다.

진맥법에 '열병이 났을 때 음양의 기가 혼합이 된 채 그것이 떨어지지 않으면 죽는다.' 고 했는데 그때 맥을 짚어 보니 음양의 기운이 섞여 있지 않고 양기와 음기가 병존(倂存)해 있었습니다. 양기와 음기가 병존해 있을 때에는 맥이 순조롭고 고요해서 치료할 수 있습니다. 그 열이 아직 다 내리지는 않았으나 살 수는 있었던 것입니다.

신기(腎氣)는 간간이 탁했으나 이따금 태음(太陰 : 맥의 이름. 手太陰과 足太陰이 있음)의 맥구(脈口 : 脾의 經脈)에 있는데 이것은 수기(水氣)입니다. 신장은 원래 물을 주관하는 곳입니다. 그런 까닭에 신(信)의 병을 알 수 있었습니다. 만약 치료가 조금이라도 늦었더라면 한열병(寒熱病)이 될 뻔했습니다.

제나라 태후(太后)가 병이 났을 때 신 순우의를 불러들여 진맥을 하게 했습니다. 신이 궁에 들어가 맥을 본 후, '풍단(風癉 : 열병의 일종)이 방광에 머물러 있습니다. 그래서 대소변이 잘 통하지 않고 오줌이 붉은 것입니다.' 하고 화제탕(火齊湯)을 지어 마시도록 했습니다. 태후가 한 번 마시니 대소변이 제대로 통하고 두 번 마시니 병이 완쾌됐으며 오줌이 원래대로 되었습니다.

이 병은 땀을 흘리고 난 뒤에 그대로 말린 것이 원인입니다. 그대로 말렸다는 것은 땀에 젖은 의복은 벗었으나 몸의 땀을 수건으로 잘 닦지 않은 채 저절로 마르게 했다는 것입니다.

태후의 병을 알아낸 근거는 신 순우의가 진맥을 했을 때 태음의 맥구를 짚어 보고 습기를 띤 풍기를 느꼈기 때문입니다.

진맥법에 말하기를 '맥을 세게 눌러 보아 맥이 크게 뛰고 굳어 있으며 손가락으로 가볍게 눌러 보아 맥박의 기세가 강한 것은 주로 신장에 병이 있다.'고 했습니다. 그런데 태후의 맥을 짚어 보니 신장의 병과는 달리 맥박이 거세고 거칠었습니다. 맥이 거센 것은 방광의 기운이고 거친 것은 몸에 열이 있어서이며 그 까닭에 오줌이 붉었던 것입니다.

제나라 장무리(章武里)의 조산부(曹山跗)가 병이 들었을 때 신은 그 맥을 짚어 보고 '이것은 폐의 소단(消癉 : 폐맥이 약해진 병. 지금의 당뇨병)입니다. 그 위에 한열병도 겸했습니다.' 하고 곧 가족에게 '병자는 죽을 것입니다. 병자가 원하는 대로 돌봐 주어 안정시키십시오. 도저히 치료할 방법이 없습니다.' 라고 말했습니다. 의법에 의하면 '사흘 뒤에는 발광을 해서 함부로 일어나 달리려 하고 그로부터 닷새 뒤에는 죽을 것이다.' 라고 했는데 과연 예정한 날에 죽었습니다.

조산부의 병은 맥을 짚어 보니 폐의 기운이 열을 띠고 있었는데 몹시 성이 난 채 방사를 행한 것이 원인이었습니다.

맥법에는 '맥박이 고르지 못하며 힘이 없고 맺혔다가 때때로 끊긴다면 그것은 몸이 쇠약해진 때문이다.' 라고 했습니다만 이것은 오장이 위로는 폐에서 아래로는 간에 이르기까지 차례로 병들어 있는 것을 가리키며 따라서 맥을 짚어 보면 정상이 아니고 맺혔다가 때때로 끊기는 것입니다.

고르지 못하다는 것은 혈액이 제자리에 있지 않은 까닭이고 맺혔다가 때때로 끊기는 것은 상하 좌우에서 한꺼번에 쳐오기 때문에 순식간에 거세지는가 하면 갑자기 크게 됩니다. 이것은 간과 폐 사이의 두 낙맥이 중간에서 끊어졌기 때문입니다. 그래서 죽게 되는 것이 당연하고 도저히 치료할 수 없는 것입니다.

한열병을 겸했다는 것은 조산부가 시탈(尸奪 : 죽을병이 들어 치료할 방법이 없는 상태, 곧 살이 빠져 시체와 같이 되는 것)의 상태였다는 것을 말합니다. 시탈된 자는 신체가 쇠약해집니다. 신체가 쇠약한 자에게는 뜸을 뜨거나 침을 놓을 수 없고 약을 먹일 수도 없습니다.

신이 그를 진단하기 전에 제나라의 태의(太醫)가 조산부의 병을 진찰하여 발의 소양(少陽) 맥구(脈口)에 뜸을 뜨고 반하환(半夏丸 : 설사약)을 먹이자 병자는 바로 설사를 하고 뱃속이 비게 되었습니다. 또 그 소음맥(少陰脈)에다 뜸질을 했습니다. 그래서 간장의 기운마저 아주 해치고 말았습니다. 이와 같은 일은 병자의 기운을 거듭 손상시키는 것으로 한열병을 도지게 하는 것입니다.

3일 뒤에 발광할 것으로 예측한 것은 간의 낙맥 하나는 젖 아래에 있는 양명(陽明 : 胃의 낙맥)에 연결되어 있는데 양명의 맥이 끊어지면 구멍이 뚫려 3일 뒤에 미치게 되기 때문입니다. 또 그로부터 5일 뒤에 죽을 것이라고 예측한 것은 맥의 위치에서 간장과 심장의 거리는 5푼(五分)이므로 5일이 지나 그 병이 침범하게 되면 곧 죽기 때문입니다.

제나라의 중위 반만여(潘滿如)가 병이 났을 때 그 맥을 짚어보니 아랫배에 복통을 앓고 있었습니다. 그래서 '이것은 유적하(遺積瘕 : 오랫동안 누적하여 덩어리가 생긴 병)입니다.' 하고는 즉시 제나라의 태복인 요(饒)와 내사인 요(繇)에게 '중위는 지금 당장 방사를 금하지 않으면 삼십 일 이내에 죽게 될 것입니다. 잘 먹으면 죽는 시기가 늦춰질 것이고 그렇지 못하면 그 시기까지도 못 갈 것입니다.' 라고 말했습니다. 그 뒤 중위는 이십여일 만에 피오줌을 싸고 죽었습니다.

그의 병은 과음과 지나친 방사 때문에 생긴 것입니다. 반만여의 병인을 알게 된 것은 신 순우의가 맥을 짚어 보니 깊이 가라앉아 가냘프게 뛰다가도 별안간 왕성하게 뛰는 것을 느꼈기 때문입니다. 이것은 비장(脾臟)의 기운입니다. 우맥 촌구(寸口)의 기가 지극히 작은 것은 뱃속에 나쁜 피가 모여 덩어리가 생기는 병의 징조입니다. 그래서 맥의 각 부의 수를 상승(相乘)해 보면(좌우 손의 寸·關·尺, 곧 6에 5分인 5를 곱함) 삼십 일 만에 죽게 되는 것입니다.

삼음(三陰 : 少陰·厥陰·太陰)의 맥이 한꺼번에 뛰는 자는 맥법에 말한 대로 삼십 일 후에 죽지만 삼음맥이 다 같이 뛰지 않으면 더 빨리 죽습니다. 또 맥이 한 번 뛰었다가 한 번 끊기면 죽는 날이 가까운 것입니다. 그런데 반만여의 경우는 삼음의 맥이 한꺼번에 뛰었으므로 앞에서 말한 바와 같이 피오줌을 싸고 죽은 것입니다.

양허후(陽虛侯)의 재상 조장(趙章)이 병이 났을 때 신 순우의가 불려갔습니다. 그때 다른 의사들은 모두 한중(寒中)의 병이라고 진단했습니다만 맥을 짚어 본 신은 동풍(迵風)이라고 말했습니다. 동풍이란 병은 음식물이 목을 넘어가기만 하면 즉시 설사를 해서 위장 속에 아무것도 남지 않는 병입니다. 의법에 의하면 '이 병에 걸리면 5일 만에 죽는다.' 고 했습니다만 조장은 그 후 십 일 만에 죽었습니다. 이 병은 과음한 것이 원인입니다.

신이 조장의 병인을 알아낸 것은 맥이 뛰는 것이 매끄러웠기 때문입니다. 이것은 설사의 일종인 내풍기(內風氣)입니다. 음식물이 목구멍을 넘어가자마자 즉시 설사를 일으켜 체내에 아무것도 남지 않는 자는 의법에 '5일이면 죽는다.'고 되어 있습니다만 그것은 앞에서 아뢴 분계법(分界法 : 脈部를 5푼으로 나누어 日數를 산출하여 죽을 때를 아는 법)에 따른 것입니다.

그런데 조장은 그 후 십 일 만에 죽었습니다. 의법에서 말한 날짜보다 늦게 죽은 이유는 조장이 평소 죽을 좋아해 내장이 충실했기 때문입니다. 내장이 충실해 있으면 죽는 기일이 연장될 수 있습니다.

신 순우의의 스승인 양경은 '병을 앓더라도 잘 먹는 자는 죽을 날짜를 늦추게 되고 잘 먹지 못하는 자는 죽을 날짜를 앞당긴다.'고 말했습니다.

제북왕(齊北王)께서 병이 나셨을 때 신 순우의가 불려갔습니다. 제가 맥을 짚어 본 뒤 '풍궐흉만(風蹶胸滿 : 열이 나고 땀이 나서 가슴이 부푸는 병)입니다.'라고 말씀드리고 곧 약주를 만들어 바쳤습니다. 왕께서는 석 섬(三石 : 한 섬은 우리 나라의 약 아홉 되)의 약주를 다 드시고 병이 완쾌되셨습니다. 그 병은 땀을 흘린 채 땅에 누워 있던 것이 원인이었습니다.

신이 제북왕의 병인을 알아낸 것은 신이 그분의 맥을 짚었을 때 풍기(風氣)가 있음을 느꼈고 심맥(心脈 : 左手의 寸口)이 탁했기 때문입니다. 의술법에 의하면 풍기가 양맥(陽脈)으로 들어가 양기가 다하면 음기가 들어가는데 음기가 충만해지면 한기가 올라오고 열기는 떨어져 가슴에 한기가 충만하게 되는 것입니다. 땀을 내고 땅에 누웠던 것을 알게 된 것은 맥을 짚어 보고 음기를 느꼈기 때문입니다. 음기라는 것은 병의 기운이 체내에 들어가 손발에 식은땀을 내는 것입니다.

제나라의 북궁(北宮) 사공(司空 : 북궁은 성씨이고 사공은 벼슬 이름)의 부인 출어(出於)가 병이 났을 때 의사들은 모두 풍기(風氣)가 체내로 들어

가서 병의 기운이 폐에 있는 것이라고 진단을 해 발의 소양맥(少陽脈)에다 침을 놓았습니다.

그러나 신 순우의는 맥을 짚어 보고 '이 병은 산기(疝氣)가 방광에 머물러 있기 때문입니다. 그래서 대소변이 잘 통하지 않으며 오줌은 붉고 한기가 들면 오줌을 지리는 것입니다. 그리고 병자의 배가 부어오르게 됩니다.' 라고 말했습니다. 출어의 병은 소변을 참고 그대로 방사를 치른 것이 원인이었습니다.

신이 그녀의 병인을 알아낸 것은 맥을 짚어 보니 크게 뛰면서 힘은 있으나 느렸기 때문입니다. 이것은 발의 궐음맥(蹶陰脈)이 움직이고 있어서 그렇습니다. 맥이 느린 것은 산기가 잠깐 방광에 머물러 있었기 때문이고 배가 부어오른 것은 궐음의 낙맥이 아랫배와 연결이 되기 때문입니다. 궐음에 고장이 생기면 맥의 연결점이 움직이고 그것이 움직이면 배가 부어오르는 것입니다.

그래서 신은 곧 발의 궐음맥에 좌우 한 군데씩 뜸질을 했습니다. 그랬더니 그녀는 오줌을 지리지 않게 되고 오줌 색깔도 맑았으며 아랫배의 통증도 가셨습니다. 또 신이 화제탕(火齊湯)을 지어 먹였더니 사흘 만에 산기는 사라지고 완쾌되었습니다.

전에 제북왕(濟北王)의 유모(乳母)가 발에 열이 나 고통스럽다고 호소해 왔습니다. 그래서 신이 열궐(熱蹶)이라 진단하고는 두 발바닥의 오목한 부분에다 각각 세 군데씩 침을 놓고 그곳을 손가락으로 강하게 눌러 피가 흐르지 않게 했습니다. 그러자 병이 곧 치료되었습니다. 이 병은 술을 마시고 크게 취한 것이 원인입니다.

제북왕께서 신을 불러 근시(近侍)의 여관(女官)과 계집종들을 진찰하게 했습니다. 한 계집종이 병이 없다고 말했으나 신은 영항(永巷 : 후궁을 가리킴)의 상관에게 말했습니다. '저 계집종은 비장을 앓고 있는 듯하므로

피로하게 해서는 안 됩니다. 의술법에 의하면 봄에 피를 토하고 죽을 것입니다.'

그리고 왕에게 '저 재인(才人 : 女官 이름)에게는 어떤 재능이 있습니까?'라고 물었습니다. 그랬더니 왕은 '저 애는 손재주가 좋고 여러 가지 재능을 풍부하게 가지고 있소. 그리고 더 좋은 기술을 개발하려고 연구를 하고 있소. 지난해 저 아이를 민간에서 사백칠십만 전에 사 왔는데 그 아이의 짝이 네 명 있소.'라고 말씀하시고 '저 아이에게는 병이 없을 테지?' 하고 물으시기에 '저 여인은 병이 무거워 의술법에 따르면 틀림없이 죽습니다.'라고 대답했습니다.

왕께서 그 재인을 불러 살펴보았지만 안색에 별다른 점이 없으므로 병이 없다고 생각하여 다른 제후에게도 팔지 않았습니다.

봄이 되어 재인은 칼을 받들고 변소에 가는 왕을 따라갔습니다. 왕이 변소에서 나왔는데도 재인이 오지 않으므로 사람을 시켜 부르러 보냈더니 그 재인은 변소에 쓰러져 피를 토하고 죽어 있었습니다.

그 병은 땀을 지나치게 흘린 것이 원인이었습니다. 의술법에 의하면 땀을 많이 흘리는 사람은 병이 몸속 깊숙한 곳에서 점점 심해지나 모발과 안색은 광택이 나고 맥은 약해지지 않습니다. 이것 또한 내관(內關)의 병입니다.

제나라의 중대부가 충치를 앓고 있었는데 신이 그의 왼손 양명맥(陽明脈)에 뜸질을 하고 바로 고삼탕(苦蔘湯)을 지어 하루에 석 되의 약물을 입에 머금었다가 내뿜게 하자 5, 6일 만에 완쾌되었습니다. 이 병은 입을 벌린 채 바람을 쐬며 자고 식사 후에 입안을 씻어 내지 않은 것이 원인입니다.

치천왕(菑川王)의 미인(美人 : 벼슬 이름)이 임신을 하여 산월이 되었는데도 아기를 낳지 못하자 사람을 보내어 신을 불렀습니다. 신이 가서 진맥을 하고 낭탕약(莨碭藥) 네 술을 술에 타서 마시게 했더니 곧 해산했습니다. 그 후에 다시 진맥을 해 보니 맥이 요란했습니다. 다른 병이 남아 있었기 때문입니다. 그래서 신이 소석(消石 : 硝石. 通血劑)을 한 번 먹였더니 콩알과 같은 핏덩이가 대여섯 개나 나왔습니다.

제나라 정승 소속 사인(舍人)의 노복(奴僕)이 조견(朝見)하러 궁중에 들어가는 정승을 따라갔습니다. 신은 그가 궁중의 작은 문 밖에서 음식을 먹고 있는 것을 보았습니다. 멀리서 그 안색을 살펴보니 병색이 있었습니다. 신은 곧 환관 평(平)에게 그 이야기를 했습니다. 평은 맥 보는 것을 좋아하여 신에게 맥법을 배우고 있었습니다.

신은 평에게 사인의 노복을 가리키며 '저 노복은 비장의 기를 해치고 있소. 봄이 되면 흉부의 막이 막혀서 통하지 않고 음식도 먹지 못하게 될 것이오. 의법에 따라 여름이 되면 피를 쏟고 죽을 것이오.' 라고 말했습니다. 환관 평이 곧 정승에게 고했습니다. '공(公)의 사인 소속 노복에게 병이 있는데 그것도 위중한 병으로 죽을 때가 임박했습니다.' 라고 하니 승상이 '그대는 어떻게 그것을 아는가?' 하고 물었습니다.

평이 말했습니다. '공께서 궁에 조견하러 들어가셨을 때 승상 사인의 노복도 궁중에 따라와 궁중의 작은 문 밖에서 음식을 먹고 있었습니다. 그때 신은 창공과 함께 그를 바라보고 있었는데 창공이 신에게 병의 상태로 보아 죽을 수밖에 도리가 없다고 말했습니다.'

승상은 곧 사인을 불러 '자네 노복이 병이 있지 않은가?' 라고 물었습니다. 그랬더니 사인은 '제 노복에게는 병이 없습니다. 그의 몸에는 아무런 병세도 보이지 않습니다.' 라고 대답했습니다. 그렇지만 봄이 되니 과연 노복은 병을 앓게 되고 4월이 되자 피를 토하고 죽었습니다.

신이 그 노복의 병을 알아낸 것은 비장의 기운이 온통 오장을 덮쳐 각 부위를 상하게 하고 각 부위의 병이 서로 얽혀 비장을 상하게 한 빛이 안색에 나타났기 때문이었습니다. 그 안색은 멀리서 바라보면 생기가 없는 누런 빛이었고 가까이서 보면 푸른색에 흰 빛을 띠어 마치 시든 풀잎 빛깔과 같았습니다.

여러 의사들은 뱃속에 회충이 들어 있어서 그런 것으로 생각할 뿐 비장이 상했다는 사실은 알지 못했습니다. 봄이 되면 죽을병이라고 한 까닭은 위(胃)의 기운은 황색이며 황색은 오행(五行 : 木·火·土·金·水)의 법으로 토(土)의 기운인데 토는 목(木)의 기운을 이겨낼 수 없습니다. 봄을 오행에 배당하면 곧 목에 해당하는데 봄에 목기(木氣)가 왕성하게 되어 위(胃)의 기인 토기(土氣)를 이겨 봄에 죽게 됩니다.

그가 여름에 죽은 것은 진맥법에 '병이 중한데도 맥박이 순조롭고 맑은 것을 내관(內關)이라고 한다. 내관의 병은 아무런 고통도 느끼지 않고 마음은 편안하여 괴로운 점이 없다. 만일 거기에 다른 병이 겹치면 중춘(仲春)에 죽을 것이나 일시 맥박이 순조롭다면 봄철 3개월은 이겨낼 수 있을 것이다.' 라고 한 바 그대로 되었던 것입니다. 즉 노복이 초여름 4월이 되어 죽은 것은 신이 그를 진맥했을 때 맥박이 순조로웠고 병자면서도 살이 쪄 있었기 때문입니다.

그 노복의 병은 이따금 땀을 너무 흘리고 또 불을 쬐어 덥게 했다가 밖에 나와서는 찬바람을 쐬어 냉과 열이 급변을 일으켰기 때문에 생긴 것입니다.

치천왕이 병이 나셨을 때 신이 불려갔습니다. 신은 맥을 짚어 보고 '기가 앞뒤 가리지 않고 욱하여 불끈 올라온 것입니다. 그 때문에 머리가 심히 아프고 몸에 열이 나 병자를 괴롭히고 있습니다.' 하고는 바로 머리를 냉수로 식히고 양발 양명맥(陽明脈)에 각기 세 군데씩 침을 놓았습니다. 병은 얼마 안 가 치료가 되었습니다.

이 병은 머리를 감은 후 물기를 충분히 말리지 않은 채 누워 잔 것이 원인입니다. 진맥에 대해서는 지금 아뢴 바와 같으며 기가 앞뒤를 가리지 않고 욱하여 불끈 올라와 머리에 열이 나고 그것이 어깨까지 미친 것입니다.

제나라 왕의 애첩인 황희(黃姬)의 오라버니 황장경(黃長卿)의 집에서 연회가 열려 객들이 초대되었는데 신도 그때 초청을 받았습니다. 제각기 자리를 잡고 잔치 음식이 아직 나오기 전이었는데 신이 왕후의 아우 송건(宋建)을 멀리서 바라보고서 '공께는 병이 있습니다. 4, 5일 전부터 허리와 등이 아파서 허리를 굽혔다 폈다 하실 수 없지요? 그리고 소변이 잘 통하지 않는 일도 있었을 테고요. 빨리 치료하지 않으면 그 병은 곧 신장으로 들어갈 것입니다. 그러니 병이 오장으로 들어가기 전에 서둘러 치료하십시오. 공의 병은 지금 신장의 수혈(腧穴 : 침을 놓는 穴)에 머물러 있는 이른바 신비(腎痺 : 신장의 혈기가 닫혀서 통하지 않는 병)라는 것입니다.' 라고 말해 주었습니다.

그랬더니 송건은 '그렇소. 나는 원래 허리와 등에 병을 앓아 왔소이다. 그런데 4, 5일 전 비가 왔을 때 황씨(黃氏) 집 사위들이 우리 집 창고 주위에서 네모난 돌을 들며 놀고 있었습니다. 그래서 나도 그 놀이에 끼려고 돌을 들려 했는데 들어 올릴 수가 없어 바로 땅에 내려놓아 버렸소. 그런데 저녁때가 되어 허리와 등이 아프기 시작하더니 소변이 잘 나오지 않고 아직도 낫지 않았소이다.' 라고 대답하는 것이었습니다. 송건의 병은 함부로 무거운 것을 들어 올린 것이 원인이었습니다.

신이 그의 병을 알아낸 것은 안색을 보아 관골(顴骨) 부근에 나타나는 태양맥(太陽脈)의 빛이 건조하면서 신부(腎部)의 빛이 태양맥의 경계까지 올라붙어 허리 이하의 빛이 4푼(分) 가량 되는 곳이 말라 있었으므로 4, 5일 전에 병이 발병했다는 것을 알았습니다. 신 순우의가 즉시 유탕(柔湯)을 만들어 복용하게 했더니 십팔 일 만에 완쾌되었습니다.

제북왕(濟北王)의 시녀인 한녀(韓女)가 병이 나 허리와 등이 아프고 열이 나며 오한(惡寒) 증세를 일으켰습니다. 다른 의사들은 모두 한열병이라고 진단했습니다. 그러나 신이 맥을 짚어 보고 '체내가 냉해 월경(月經)이 통하지 않는다.' 고 말하고 곧 음부에 약을 삽입했습니다. 얼마 있자 월경이 통하고 병이 다 나았습니다. 이 병은 남자와 교접하고자 하는 욕망을 채우지 못한 것이 원인이었습니다.

한녀의 병을 알아낸 것은 그녀의 맥을 짚었을 때 신장의 맥이 늦고도 약한 데다가 간간이 끊어졌기 때문입니다. 맥이 늦고 희미하고 또 간간이 끊기면 맥박은 느리고 부드럽지 못한 것입니다. 그래서 월경이 통하지 않는다고 말한 것입니다. 또 간맥(肝脈)이 활시위처럼 팽팽하게 되어 상부의 심맥(心脈) 부근에서 뛰고 있었습니다. 그래서 남자와 교접하기를 원했으나 욕망을 채우지 못했다는 것을 알고 그렇게 말한 것입니다.

임치(臨淄) 범리(氾里)의 박오(薄吾)라는 여자가 병이 나 중태에 빠졌습니다. 다른 의사들은 모두 한열병이 심해서 죽을 것이라고 말하며 불치병이라고 생각했습니다. 그러나 신은 그녀의 맥을 짚어 보고 '요하(蟯瘕 : 뱃속에 요충이 기생하는 병)입니다.' 라고 말했습니다. 요하라는 병은 복부가 커지고 배의 살갗이 황색을 띠며 거칠어져서 만져 보면 까칠까칠합니다.

그래서 신이 그 병자에게 원화(芫華 : 여뀌라는 독초) 가루 네 숟갈을 먹였더니 곧바로 요충을 여러 되나 쏟고 삼십 일 만에 회복했습니다. 요하라는 병은 한습(寒濕)하여 생기는 것입니다. 한습한 기운이 몸안에 맺혀 발산을 하지 못하고 그것이 변하여 벌레가 되는 것입니다.

신이 박오의 병을 알게 된 것은 맥을 짚어 보았을 때 맥의 척(尺 : 맥에는 寸·關·尺이 있음)을 어루만져 보니 피부는 기름기가 없고 까칠까칠하여 살갗이 가시 같은데 머리털은 아주 윤택이 있고 아름다웠습니다. 뱃속에 벌레가 있는데도 모발에 윤택이 있는 것은 내장에 사기(邪氣)와 중병이 없기 때문입니다.

제나라의 사마(司馬) 순우씨(淳于氏)가 병이 나서 신이 진맥을 한 뒤 '동풍을 앓고 있습니다. 동풍의 증세는 음식물이 목을 넘어가면 바로 설사를 하는 것입니다. 이 병은 배부르게 먹고 나서 빨리 달린 것이 원인입니다.' 라고 말해 주었습니다. 그랬더니 사마 순우씨는 '나는 왕가(王家)에 가서 말의 간을 먹게 되었는데 아주 포식을 했습니다. 거기에 술이 나오는 것을 보고는 도망치느라 빨리 달려 집으로 돌아왔습니다. 그리고 난 후에 수십 차례나 설사를 했습니다.' 라고 대답했습니다.

신은 그에게 '화제미즙(火齊米汁 : 쌀을 갈아 만든 물에 화제탕을 섞은 것)을 만들어 마시면 7, 8일 만에 나을 것입니다.' 라고 말했습니다.

그때 진신(秦信)이라는 의사가 옆에 있었는데 신이 그 자리를 떠나자 병자의 좌우에 있던 각도위(閣都尉)에게 '순우의는 사마 순우씨의 병을 무어라 진단했습니까?' 라고 물었습니다. 각도위가 '동풍이라 치료할 수 있다고 말했소.' 라고 대답하니 진신이 웃으며 말했답니다. '순우의는 아무것도 모릅니다. 사마 순우씨의 병은 의법에 의하면 9일 후에 죽게 될 것입니다.' 라고 말했습니다.

그런데 9일이 지나도 죽지 않자 사마 순우씨의 집에서는 다시 신을 불렀습니다. 신이 병의 증세를 물었더니 병세는 신이 진단한 그대로였으므로 바로 화제미즙을 만들어 복용하게 하자 7, 8일 만에 병은 완쾌되었습니다.

신이 그의 병을 알게 된 것은 맥을 짚었을 때 맥의 모든 점이 다 맥법에 부합되었기 때문입니다. 또 그의 병세가 순조로웠기 때문에 죽지 않았던 것입니다.

제나라의 중랑 파석(破石)이 병이 났을 때 신은 그의 맥을 짚어 보고 '폐가 상해서 낫지 못합니다. 이제부터 10일 후 정해일(丁亥日)에 피가 섞인 소변을 누고 죽을 것입니다.' 라고 말했습니다. 그는 과연 11일 후에 피가 섞인 소변을 누고 죽었습니다. 파석의 병은 낙마(落馬)하여 돌 위에 떨어진 것이 원인이었습니다.

신이 파석의 병을 알게 된 것은 그의 맥을 짚어 보았을 때 폐의 음기(陰氣)를 알아냈기 때문입니다. 맥박은 산란스러워 두어 갈래로 나뉘어 뛰며 한결같지 않았습니다. 안색도 폐의 음기가 나타나 붉었습니다. 그가 말에서 떨어졌음을 알게 된 것은 맥을 짚어 보니 번음맥(番陰脈 : 음양이 逆轉한 음맥)이 뛰는 것을 감지했기 때문입니다. 양맥과 음맥이 반대로 나타나는 것은 음기와 양기가 폐의 텅 빈 부분에 들어가 폐맥을 타고 서로 자리를 바꾸게 되는 것으로 폐맥이 산란하여 고르지 못하면 음기가 작용하여 안색이 변하는 것입니다.

예측한 날에 그가 죽지 않은 것은 신의 스승께서 '병이 들어도 잘 먹는 자는 죽는 날짜를 연장시키고 잘 먹지 못하는 자는 죽는 날짜를 앞당긴다.'고 했듯이 그는 수수를 좋아했기 때문입니다. 폐에 좋은 수수가 죽는 날짜를 연장해 준 것입니다.

그가 피가 섞인 오줌을 눈 것은 진맥법에 '병을 다스림에 조용하고 음(陰)한 곳을 좋아하는 자는 피를 내리 쏟으며 죽고, 소란스러운 양(陽)의 장소를 좋아하는 자는 거꾸로 피를 토하고 괴로워하며 죽는다.'고 했는데 파석은 시끄럽지 않은 조용한 곳을 좋아했고 또 오랫동안 그곳에서 편안히 앉아 책상에 엎드려 잠을 잤기 때문에 피가 아래로 내려와 오줌으로 나오게 되었던 것입니다.

제나라 왕의 시의(侍醫) 수(遂)가 병에 걸리자 스스로 다섯 종류의 약석(藥石), 즉 단사(丹砂)·웅황(雄黃)·백반(白礬)·증청(曾靑)·자석(磁石)을 갈아서 복용했습니다. 그런데 신이 그를 방문하자 신에게 '저는 병에 걸렸습니다. 진찰해 주시면 고맙겠습니다.'라고 말했습니다.

신은 곧 진찰을 하고 '그대의 병은 몸안에 열이 있기 때문입니다. 의론

(醫論)에는 「몸안에 열이 있어 소변이 통하지 않는 자는 다섯 종류의 약석을 먹어서는 안 된다. 그 약성이 강렬하기 때문이다.」라고 했습니다. 그대는 약석을 지나치게 복용했기 때문에 소변이 나오지 않게 된 것입니다. 이제부터 그 약을 먹지 마십시오. 안색을 보니 당장 옹(癰 : 악성 종기)이 생길 것 같습니다.'라고 말했습니다.

그러자 수가 말했습니다. '편작도 「음의 약석은 양의 병을 고치고 양의 약석은 음의 병을 고친다.」고 했습니다. 대체로 약석에는 음(陰)·양(陽)·수(水)·화(火)의 약제가 있습니다. 그러므로 체내에 열이 있으면 유화(柔和)한 음석(陰石)의 약제를 만들어 이것을 고치고 체내에 한기가 있으면 단단하고 강한 양석(陽石)의 약제를 만들어 이를 고치는 것입니다.'

그래서 신은 '그대가 말씀하시는 바는 실제의 사정에 적절하지 않습니다. 비록 편작이 그와 같은 말을 했다 하더라도 반드시 병자를 자세히 진찰하되 도량(度量)과 규구(規矩)를 정하여 저울로 다는 것처럼 안색과 맥박을 아울러 생각하고 병세를 판단하며 겉과 안, 여분과 부족, 순과 역의 법에 비추어 병자의 동정과 호흡에 상응하는 것 등을 참작하고 나서야 비로소 치료에 대해 말할 수 있는 것입니다.

의론에는 「양의 병이 체내에 있고 음의 병세가 그것에 응해 밖으로 나타나는 자는 독한 약과 침으로 치료하면 안 된다.」고 했습니다. 대체로 체내에 독한 약이 들어가면 사기(邪氣)가 모여들고 울기(鬱氣)는 더욱 깊어집니다. 진법(診法)에는 「두 음(陰)이 밖으로 응하고 하나의 양(陽)이 속으로 들어와 한기가 많고 열이 적은 자에게는 독한 약을 써서는 안 된다.」고 했습니다.

체내에 독한 약이 들어오면 양기를 움직이기 때문에 음의 병은 더욱 약해지는 대신 양의 병은 점점 두드러지게 되고 사기는 밖으로 흘러나와 경맥의 수혈(腧穴)에 무리가 가중되어 폭발하여 옹이 되는 것입니다.' 라고 말했습니다.

신이 이와 같이 말하고 난 지 백여 일 뒤에 수는 과연 유방 위에 악성 종기가 생겨 그것이 결분(缺盆)이란 뼈에 스며들어서 죽었습니다.

이상으로 서로 의논한 대강을 장황하게 말씀드렸습니다만 의론에는 반드시 병에 따라 다스리는 절차가 있습니다. 서투른 의사는 미숙한 점이 있어 의서의 문장 뜻을 오해하여 병의 음양을 잘못 봅니다.

제나라 왕이 아직 양허후(陽虛侯)로 있을 때 중병에 걸린 적이 있습니다. 다른 의사들은 모두 궐(蹶)이라고 생각했지만 신은 맥을 짚어 보고 간장이 마비되는 병인 비(痺)라고 진단했습니다. 그 병근(病根)은 오른쪽 겨드랑이 아래에 술잔을 엎어 놓은 것만큼 컸습니다.

이 때문에 병자는 숨이 가쁘고 기운이 위로 치솟아 음식도 먹을 수 없었습니다. 신은 곧 화제죽(火齊粥)과 화제탕(火齊湯)을 주었는데 6일 만에 기가 조용해졌습니다. 다시 환약을 복용하게 하니 6일 만에 완쾌되었습니다.

이 병은 방사를 과하게 한 것이 원인이었습니다. 신이 그분을 진찰했을 때 의서의 해설로는 병의 증세를 식별할 수 없었으나 병의 뿌리만은 대체로 알아낼 수 있었습니다.

신은 예전에 안양(安陽) 무도리(武都里)에 사는 성개방(成開方)이란 자를 진찰한 일이 있었습니다. 성개방 자신은 병이 없다고 말했으나 신은 그에게 '그대의 병은 답풍(沓風 : 일종의 풍병으로 신경의 고장으로 생기는 온갖 병)으로 3년 동안 고통을 받고 사지(四肢)의 자유를 잃게 되며 목소리도 나오지 않을 것입니다. 그렇게 되면 죽을 것이오.' 라고 말했습니다.

지금 신이 듣기로는 그가 사지의 자유를 잃고 목소리도 나오지 않게 되었으나 아직은 죽지 않았다고 합니다. 이 병은 술을 자주 마시고 취한 후 큰 바람을 쏘인 것이 원인입니다.

　신이 성개방의 병을 알게 된 것은 스승으로부터 배운 맥법기해(脈法奇咳)의 조목에 '오장의 기운이 상반되게 나타나는 자는 죽는다.'고 했는데 그의 맥을 짚어 보니 신장의 맥과 폐의 맥이 상반됨을 발견했기 때문입니다. 의술법에는 '그 증세라면 3년 만에 죽는다.'고 되어 있습니다.

　안릉 판리(阪里)의 공승(公乘) 항처(項處)라는 사람이 병이 났을 때 신이 그의 맥을 진찰한 다음 '이것은 모산(牡疝 : 疝氣의 일종으로 고환이나 음낭의 질환으로 생기는 신경통이나 요통)입니다.'라고 말했습니다. 모산은 흉막 밑에 있어서 위로 폐와 연결되어 있습니다. 이 병은 과도한 방사가 원인입니다. 그래서 신은 그에게 '몸을 신중히 다루어서 힘이 드는 일은 하지 않도록 하시오. 힘든 일을 하여 피로하게 되면 반드시 피를 토하고 죽을 것이오.'라고 말했습니다.

　그 후 항처는 공을 차다가 갑자기 허리에 한기가 들고 땀이 많이 나더니 피를 토했습니다. 신이 그를 다시 진찰하고서 '내일 저녁때에는 죽을 것입니다.'라고 말했습니다. 과연 그는 신의 말대로 죽었습니다.

　신이 그의 병을 알아낸 것은 맥을 짚어 보았을 때 번양맥(番陽脈)임을 발견했기 때문입니다. 번양맥이 텅 빈 데로 들어가서 한 번은 맥이 돌고 한 번은 맺혀 끊기는 것이 모산병입니다."

　내가 이상과 같이 열거한 것 외에 병자를 진찰하여 생사를 판단한 것과 치료를 하여 완쾌시킨 것은 아주 많다. 그렇지만 오랫동안에 걸친 일이라 대부분 기억하지 못하여 감히 아뢰지 못했다. 그런데 또 천자께서는 나에게 다음과 같이 하문하셨다.

　"그대가 진찰하여 치료한 병은 같은 병명이 많은데 진단도 다르며 어떤 자는 죽고 어떤 자는 죽지 않는 것은 무슨 까닭인가?"

내가 대답했다.

"병명은 유사하여 분별하기가 곤란합니다. 그런 까닭에 옛날의 성인은 저마다 자기의 맥법을 만들어 그것을 표준으로 삼아 도량(度量)으로 계산하고 규구(規矩)로 재고 권형(權衡)으로 달며 승묵(繩墨)을 살펴 음양을 조화시키고 사람의 맥을 나누어 각각 이름을 붙였습니다. 그것은 천지의 이치와 상응하고 인체의 생리에 조응했습니다.

그런 까닭에 온갖 병을 구별하여 증상에 따라 다른 진단을 내릴 수 있는 것입니다. 의술에 통한 자는 다르게 진단을 내릴 수 있지만 그렇지 않은 자는 이것을 혼동합니다. 또 맥법은 모두 예를 들어 실증할 수 없습니다. 병자를 진찰하는 데는 법도에 따라 병의 증상을 다르게 파악함으로써 같은 병명인 것을 세분하여 병이 주로 어디에 있는가를 지적할 수 있는 것입니다.

신 순우의가 지금까지 진찰한 사람은 진찰부에 모두 기록해 두었습니다. 그 이유는 마침 스승에게 의술을 모두 배웠을 때 스승이 돌아가셨기에 진찰한 사람들을 장부에 기록하여 사생(死生) 시기를 판단하고 그 진단이 적중한 점과 그렇지 않은 점을 맥법과 대조해 맞추어 보기 위해서였습니다. 그리하여 지금에 이르러 그것을 알 수 있게 된 것입니다."

천자가 다시 내게 묻기를,

"병을 진찰하고 사생의 시기를 미리 판정한 것이 간혹 맞지 않았던 것은 무슨 까닭인가?"

라고 하셨다. 이것에 대하여 나는 아래와 같이 대답했다.

"그것은 모두 음식과 희로(喜怒)에 절도가 없기 때문이며, 어떤 이는 먹어서는 안 될 때 약을 복용하고 또 어떤 이는 침을 맞거나 뜸을 떠서는 안 되는데 그렇게 했기 때문에 예측이 빗나간 것입니다."

천자가 다시 내게 물으셨다.

"그대는 병자의 생사를 아는 것과 약의 적절한 용법에 관해 말했네. 일찍이 제후왕, 대신으로서 그대에게 문의한 자가 있는가? 또 제나라 문왕이 병이 들었을 때 그대에게 진찰과 치료를 요구하지 않은 것은 무슨 까닭인가?"

이에 대하여 내가 대답했다.

"조왕(趙王), 교서왕(膠西王), 제남왕(濟南王), 오왕(吳王) 등은 사자를 파견하여 신 순우의를 불렀으나 신은 감히 가지 못했습니다. 관리들이 신에게 벼슬을 제수하여 직무에 구속시킬 것을 두려워했기 때문입니다.

그래서 집안의 생업을 돌보지 않은 채 호적을 이리저리 옮겨 온 나라를 돌아다니면서 의약의 방술에 통달한 자를 심방하여 오랫동안 의술을 배웠습니다. 여러 스승을 만나 뵙고 섬기어 중요한 의술 비법을 배워 그 의술의 뜻을 연구하고 해명하며 논술했습니다.

문왕이 병들었을 때 신은 양허후(陽虛侯)의 나라에 있었으므로 그를 섬기게 되었습니다. 양허후가 한나라 조정에 입조하니 신은 그를 수행하여 장안에 갔습니다. 이렇게 해서 안릉의 항처(項處) 등의 병도 진찰할 수 있었습니다."

천자께서 다시,

"문왕이 병을 얻어 다시 일어나지 못하게 된 이유를 알고 있는가?"

라고 하시기에 나는 다음과 같이 대답했다.

"문왕의 병은 진찰해 보지 못했습니다. 그런데 들어 보니 문왕은 천식에 걸려 머리가 아프고 시력을 잃었다고 합니다. 신이 마음속으로 헤아려 보건대 문왕은 몸이 비대하여 몸놀림이 둔한 데다 정기(精氣)가 축적되어 있고 뼈와 살이 균형을 잃었기 때문에 천식이 생긴 것으로 치료가 불가능하다고 생각했습니다.

맥법에 '나이 이십 세에는 맥의 기세가 강하게 달음질치는 듯한 것이 좋고, 삼십 세에는 빨리 걷는 듯한 것이 좋고, 사십 세에는 편안하게 앉아 있는 듯한 것이 좋고, 오십 세에는 편안히 누워있는 듯한 것이 좋으며, 육십 세 이상이 되면 기(氣)는 마땅히 깊이 숨어 있는 듯해야 한다.'고 했습니다.

문왕의 나이가 아직 이십 세 미만이어서 맥의 기세가 바야흐로 달음박질해야 할 때인데도 천천히 걸어다니는 것 같았으므로 천도(天道)와 사계절의 운행 법칙에 맞지 않았던 것입니다. 그 후에 들어 보니 의사가 그에게 뜸을 뜨고 나서 곧 위독하게 되었다는데 이것은 병을 잘못 진단한 데서 온 과실입니다.

신 의(意)가 보기에는 뜸질을 했기 때문에 신기(神氣)가 다투어 위로 솟아올라 그 허한 기세에 사기(邪氣)가 들어간 것이라고 여겨집니다. 나이가 젊은 사람은 여간해서는 이것을 회복할 수 없습니다.

이른바 기라는 것은 음식물을 잘 조절하고 날씨 좋은 날을 가려 수레를 타든 걷든 긴장을 풀고 마음을 편안하게 하여 신체의 근육과 뼈 그리고 혈맥을 잘 조정(調整)하면서 시원하게 발산해야 하는 것입니다. 그런 까닭에 이십 세를 '역무(易貿)'라고 합니다.

심기가 일전(一轉)되고 혈기가 바뀌는 시기에는 의술법상 뜸을 뜨거나 침을 놓아서는 안 된다고 했습니다. 그렇게 하면 맥의 기운이 빨리 달려서 제지할 수 없는 상태에 이르는 것입니다."

천자께서 다시 물으셨다.

"그대의 스승 양경(陽慶)은 누구에게 의술을 배웠는가? 제나라 제후들 사이에 이름이 크게 드러났는가, 그렇지 않았는가?"

"양경이 누구를 스승으로 하여 의술을 물려받았는지 신은 알지 못합니다. 양경의 집은 부유했으며 그의 의술도 뛰어났습니다. 그러나 스승께서는 타인의 병을 치료하려 하지 않았기 때문에 세상에 널리 알려지지 않았을 것입니다. 양경은 신에게, '그대가 나의 의술을 배운 것을 내 자손들이 알지 못하도록 조심하라.'고 말했습니다."

천자는 다시 내게 물으시기를,

"그대의 스승 양경은 어째서 그대를 총애하여 모든 의술을 가르쳤는가?"

라고 하셨다. 그래서 나는 다음과 같이 대답했다.

"원래 신은 스승인 양경이 의술에 뛰어나다고 듣지 못했습니다. 신이 양경을 알게 된 경위는 다음과 같습니다.

신은 젊었을 때 여러 가지 의술법을 좋아해서 그것들을 시험하여 보았는데 효험이 많았고 결과는 매우 정(精)하고 훌륭했습니다. 마침 그때 신은 치천(淄川) 당리(唐里)의 공손광(公孫光)이 고래의 의술법을 잘 알고 있다는 말을 들었습니다. 그래서 즉시 그를 뵈어 제자가 되기를 허락받고 음양을 변화시키는 의술과 구전의 비법을 배우면서 모두 기록했습니다.

또 그 밖의 정묘(精妙)한 의술을 다 배우고 싶다고 청했더니 공손광이 말했습니다. '나의 의술법은 이것이 전부다. 나는 이미 쇠약하여 더 이상 의술에 전념할 수도 없으므로 그대에게 의술법을 전해 주는 것을 아까워하지 않는다. 이제까지 그대에게 가르친 것은 내가 연소했을 때부터 배운 정묘한 의술인데 내가 알고 있는 것은 다 그대에게 전수했다. 그대는 다른 이에게 함부로 가르쳐서는 안 된다.'고 했습니다.

그래서 신은, '선생님을 가까이 모시게 된 것뿐 아니라 선생님께서 지니신 비방의 전부를 전수받았음을 진실로 큰 복으로 생각합니다. 이 순우의는 죽는 한이 있더라도 감히 분별없이 타인에게 전하지 않을 것입니다.'라고 대답했습니다.

얼마 지난 후에 공손광이 한가로이 지내고 있을 때 저는 심오한 의술법을 논하고 백세 뒤에까지 명의로서 명성을 남기고 싶다고 말했습니다. 그랬더니 스승인 공손광은 매우 기뻐하면서, '그대는 반드시 나라 안의 제일가는 명의가 될 것이다. 내게 의술을 좋아하는 친한 벗이 있는데 그의 서투른 의술은 별것이 아니다. 그렇지만 그의 어머니 형제 중 한 분이 의술이 뛰어나 내가 미칠 바가 아니다. 그의 의술은 아주 기묘해서 세상에 전해 오는 것과는 다르다. 내 장년 시절에 그의 의술을 배우고자 했더니 양중천(楊中倩)이 거절하면서, '자네는 나의 의술법을 전해 받을 만한 인물이 못 되네.'라고 말했다. 이제 그대와 같이 가서 그를 만나기로 하자. 그는 반드시 그대가 의술을 좋아한다는 것을 알아줄 것이다. 그도 이제는 연로하고 집은 부유하다.'라고 말했습니다.

그러나 당시에는 양경을 찾아가지 못했는데 마침 양경의 아들 은(殷)이 왕에게 말을 헌상하러 와서 스승인 공손광의 중개로 말을 바치게 되었는데 신은 그 기회에 양은과 친해지게 되었습니다. 또 공손광은 저를 양은에게 부탁하며 말하기를, '순우의는 의술법을 좋아하네. 이 사람은 통달한 의술가니 자네는 그를 잘 대우해 주게.' 하고 그 자리에서 편지를 써서 신을 양경에게 부탁했습니다.

이리하여 신은 양경을 알게 되고 스승으로 섬기어 충실하고 정직하게 행동했기 때문에 그도 신을 사랑하게 되었습니다."

천자께서 다시,

"관리나 서민 가운데 일찍이 그대를 스승 삼아 의술을 배우고 또 그대의 의술을 모두 습득한 자가 있는가? 있다면 어느 현 어느 마을의 누구인가?"

라고 물으시기에 나는 다음과 같이 대답했다.

"임치의 사람으로 송읍(宋邑)이라는 자가 있습니다. 송읍이 의술을 배울 때 신은 그에게 1년여에 걸쳐 오장의 맥을 진찰하는 법을 가르쳤습니다.

제북왕(濟北王)은 태의(太醫)인 고기(高期), 왕우(王禹)를 보내어 신에게 배우도록 했습니다. 그래서 신은 그들에게 1년 이상 수족의 경맥과 기락결(奇絡結 : 絡脈이 모여 맺히는 곳), 그리고 반드시 알아 두어야 할 수혈(腧穴 : 등의 침 놓는 자리)의 위치와 기의 상하, 출입하는 곳, 정사(正邪)·순역(順逆)과 침을 놓고 뜸 뜨는 경혈(經穴)을 가르쳤습니다.

치천왕(菑川王)은 가끔 태창(太倉)의 장(長)인 풍신(馮信)을 보내 신에게 의술법을 질문했습니다. 그래서 신은 안마도인(按摩導引)의 법을 사용하여 기혈을 상하·역순(逆順)하게 만드는 방법, 약제의 오미(五味)를 정하여 조제하는 법, 그리고 여러 가지 약제를 혼합해 탕약을 짓는 화제탕법(和齊湯法) 등을 가르쳤습니다.

고영후(高永侯)의 가령(家令)인 두신(杜信)은 진맥하는 것을 신에게 배웠습니다. 신은 2년 남짓 그에게 수족의 경맥과 오장의 맥을 진찰하는 법을 가르쳤습니다.

임치(臨淄) 소리(召里)에 사는 당안(唐安)이라는 자도 신을 찾아와 배웠습니다. 신은 그에게 오장의 맥 보는 법, 수족의 경맥·기해술(奇咳術)과 사계절에 따라 음맥과 양맥의 경맥이 변동하는 것에 대하여 가르쳤습니다. 그는 의술법을 완전히 학습하기도 전에 제왕(齊王)의 시의(侍醫)로 임명되었습니다."

"병의 진단과 사생을 예측하면서 혹시 실수하는 일은 없었던가?"

"신이 환자를 치료할 때에는 반드시 진맥을 먼저 하고 나서 치료를 했습니다. 맥이 역조(逆調)하는 경우라면 치료를 할 수 없습니다. 맥이 순조로운 경우에만 치료를 합니다. 마음이 안정되지 않고 맥을 짚어 보는 일에 정밀하지 못할 경우에는 생사의 판단이나 치료 가부를 살피는 것에 이따금 실수하는 수가 있습니다. 신 의(意)가 완전무결하다고 말할 수는 없습니다."

태사공은 말한다.

"여자는 미인이든 아니든 일단 궁중에 있으면 시샘을 받게 되고 선비는 어질든 아니든 조정에 들어가면 의심을 받는다.

편작은 신(神)과 같은 재능 때문에 화를 당했고 창공은 자취를 감추고 숨었건만 형을 받게 되었다. 창공의 딸 제영은 문제에게 글을 올림으로써 아버지가 만년에 편안하게 살아갈 수 있도록 해 주었다.

그러니 노자가 '아름답고 좋은 것은 불길한 그릇(器)이다.' (≪老子≫ 31장)라고 말한 것은 편작과 같은 사람을 가리켜 말한 것일까? 창공(倉公) 같은 사람도 이에 가깝다고 말할 수 있을 것이다."

제46 오왕비열전(吳王濞列傳)

오(吳)나라 왕 비(濞)는 고조(高祖)의 형 유중(劉仲)[77]의 아들이다. 고제(高帝)는 천하를 평정한 다음, 그 7년에 유중을 대(代)의 왕으로 삼았다. 그런데 흉노가 대나라 땅을 침공하자 유중은 나라를 지켜내지 못하고 도망쳐 샛길을 따라 몰래 낙양으로 들어와 천자께 몸을 의탁했다. 천자는 골육지친인 그를 차마 법에 따라 처단하지 못하고 다만 왕위를 폐하고 합양후(郃陽侯)로 삼았다.

고제 11년 가을에 회남왕 영포(英布)가 반란을 일으켜 동쪽으로 형(荊) 땅을 병합하고 서쪽으로는 회수(淮水)를 건너 초나라를 공격했다. 그러자 고제는 친히 군대를 이끌고 가서 영포를 쳤다.

이때 유중의 아들인 패후(沛侯) 비(濞)는 나이 이십 세로 기력(氣力)이 있는 기병장으로서 고제를 수종(隨從)하여 기현(蘄縣)의 서쪽 회추(會甀)에서 영포의 군대를 격파했다. 영포는 패하여 도망쳤다. 그때 형왕(荊王) 유가(劉賈)가 영포에게 살해되었는데 후사가 없었다.

천자는 오군(吳郡)과 회계군(會稽郡), 두 군의 백성들이 민첩하고 사나워 장년의 왕이 아니고서는 백성들을 진압할 수 있을까 걱정했다. 그런데 천자의 자제들은 어렸으므로 비(濞)를 패(沛) 땅에 오왕(吳王)으로 세워 3군과 오십삼 성읍의 왕으로 삼았다.

비가 왕으로 임명되어 왕의 인장을 받은 뒤 고조는 비를 불러 그의 인상을 보고는,

"너에게는 모반할 상이 있구나."

---

77) 仲은 字, 이름은 喜.

하고 그를 왕으로 삼은 것을 후회했으나 이미 임명한 다음이었으므로 비의 등을 가볍게 어루만지며 말하기를,

"한나라 안에 앞으로 오십 년 이내에 동남쪽에서 반란을 일으키는 자가 있다면 아마 너일 것이다. 하지만 천하 제후는 같은 유씨 성으로 한 집안이다. 모반 따위를 하지 않도록 조심하여라."

라고 했다. 비는 머리를 조아리며 말했다.

"결코 모반 따위는 하지 않겠습니다."

효혜제 · 고후(呂太后) 시대에 비로소 천하가 안정되고 군국의 제후들은 각기 백성을 안정시키기에 힘을 기울였다. 오나라에는 예장군(豫章郡)에 동산(銅山)이 있어 비는 천하의 망명자를 불러들이고 사사로이 돈을 만들었으며 또 바닷물을 끓여 소금을 만들었다. 그리하여 백성들에게 과세하지 않고도 나라의 재정이 풍족해졌다.

효문제 때 오나라의 태자가 입조하여 천자를 알현하고 나서 황태자를 모시고 주연에 참석하여 놀이[78]를 즐겼다. 오나라 태자의 사부(師傅)는 모두 초나라 사람들로 민첩하고 사나웠으며 태자 자신도 원래 교만했기 때문에 놀이를 하면서도 그 방식을 다투며 공경스럽지 못했다. 이에 화가 난 황태자가 놀이판을 끌어당겨 오나라 태자에게 던졌는데 그만 죽고 말았다. 태자의 유해가 오나라에 도착하자 오나라 왕은 노하여,

"천하의 제후는 다 같은 유씨 일족이다. 장안에서 죽었으면 그곳에서 장사지낼 일이지 일부러 오나라에 돌려보내 이곳에서 장사지내게 할 필요가 있는가?"

하며 다시 유해를 되돌려 보내 장안에서 장사지내게 했다. 이때부터 오나라 왕은 차츰 황실에 대하여 제후의 예를 차리지 않고 병이라 칭하며 입

---

78) 중국 고대부터 있었던 博이라는 놀이다. 唐代의 쌍륙과 비슷한 놀이였다.

조하지 않았다. 조정에서는 오왕이 아들의 사건 때문에 칭병하여 입조하지 않는 것으로 짐작하고 조사해 보니 사실 병을 앓는 것이 아니었다. 그래서 오나라 사자가 올 때마다 즉시 옥에 가두고 질책하며 심문했다.

오나라 왕은 점점 두려워져 음모를 꾀하게 되었다. 뒤에 가을철 정기 입조 때에도 대리를 보내니 천자는 또다시 오나라 사자를 심문했다. 사자가 삼가 대답하기를,

"저희 왕은 사실 병이 아닙니다. 한나라가 오나라 사자를 여러 차례에 걸쳐 옥에 가두고 문책했기 때문에 왕은 결국 병이라고 칭한 것입니다. 그뿐 아니라 '깊은 연못 속의 물고기를 살피려는 것은 불길하다.'[79]고 합니다. 처음에는 병이라고 속였다가 그것이 발각되어 심히 꾸지람을 듣게 되자 왕은 점점 깊숙이 문을 닫고 들어앉아 오로지 폐하의 처벌이 두려워 걱정한 나머지 여러 가지 계략을 꾸미게 된 것입니다. 바라옵건대 폐하께서는 지금까지의 일을 모두 물에 흘려 보내시듯 잊고 서로가 새롭게 출발하도록 하십시오."

라고 말했다. 그래서 천자는 오나라 사자들을 석방하여 돌아가게 하고 오나라 왕에게는 안석과 지팡이를 하사하면서 노령이라는 명목으로 입조하지 않아도 좋다는 허가를 내렸다.

오나라 왕은 자신의 죄를 용서받게 되자 그 음모도 자연히 해소되었다. 그런데 그 영지에는 구리와 소금이 있었기에 백성에게는 과세하지 않고, 병역에 복무하는 병졸에게는 그때그때 알맞은 급여금을 주었다. 그리고 계절마다 나라 안에 있는 어진 사람의 안부를 묻고 마을 사람들 가운데 선행한 자에게는 상을 내렸다.

다른 군국의 관리가 와서 그 군국에서 온 망명자를 잡으려 해도 숨겨 주

---

79) 군주는 신하가 숨기려 하는 일을 폭로하는 것이 아니라는 뜻.

고 관리들에게 넘겨 주지 않았다. 이렇게 사십여 년을 하니 망명자 무리들을 마음대로 쓸 수 있었다.

조조(鼂錯)가 황태자의 가령(家令)이 되어 총애를 받았다. 조조는 오나라 왕이 과실을 범했으므로 그 영지를 삭감해야 마땅하다고 자주 상서하여 효문제를 설득했다. 그러나 관대한 효문제는 오나라 왕을 처벌하지 않았다. 이 때문에 오나라 왕은 날로 더욱 횡포하게 되었다. 효경제가 즉위하자 조조는 어사대부[80]에 임명되어 천자를 설득했다.

"옛날 고제께서 천하를 평정하신 당초에 형제분이 적고 왕자도 어렸기 때문에 널리 동성(同姓)을 왕으로 봉하셨습니다. 그런 까닭에 서자인 도혜왕(悼惠王)은 제나라 칠십여 성의 왕이 되었고 서제인 원왕(元王)은 초나라 사십여 성의 왕이 되었으며, 또 형의 아들 비는 오나라 오십여 성의 왕이 되었습니다. 이 세 분의 서자와 아우를 봉하시어 천하의 절반을 나누어 주신 것입니다.

그런데 지금 오나라 왕은 전의 태자 일로 한실(漢室)과 사이가 좋지 않아 병이라 핑계를 대고는 입조하지 않고 있습니다. 옛법에 의하면 주살형에 해당합니다. 그러나 선제께서는 차마 오나라 왕을 처벌하지 못하시고 오히려 안석과 지팡이를 하사하셨습니다. 그 은덕은 지극히 후했으므로 오나라 왕은 당연히 과실을 고치고 행위를 일신했어야 할 것입니다.

그런데도 점점 교만해졌으며 산지(山地)에서 나는 구리로 사사로이 돈을 만들고 바닷물을 끓여 소금을 만들며 천하의 망명자들을 유혹해 반란을 일으킬 것을 음모하고 있습니다. 이제 그의 영토를 삭감한다 하더라도 배반할 것이고 삭감하지 않더라도 배반할 것입니다. 영토를 삭감하면 배반은 빨리 일어나나 화가 적을 것이고 삭감하지 않으면 배반은 늦게 일어

---

80) 秦 이래의 벼슬로 副丞相에 해당한다. 관리의 감찰, 탄핵 등을 직무로 했다.

나도 화가 클 것입니다."

효경제 3년 겨울, 초나라 왕이 입조했다. 조조가 이를 기화로 천자에게 아뢰었다.

"초나라 왕 무(戊)는 지난해 박태후(薄太后)의 상중(喪中)에 거처하는 집에서 몰래 간음했습니다.[81] 바라옵건대 그를 주벌하십시오."

효경제는 관대하게 다루어 조서를 내려 벌로 그의 영지 중에서 동해군 (東海郡)을 삭감했다. 또 전원(前元) 2년에는 조나라 왕이 죄를 범하여 그 영지 중에서 상산군(常山郡)을 삭감했다. 교서왕(膠西王) 앙(昂)이 작(爵)을 판 부정한 일이 있었기 때문에 그의 6현을 삭감했다. 그러면서 한나라 조정의 대신들은 다시 오나라 왕의 영지를 삭감할 것을 논의했다.

오나라 왕 비는 영지를 삭감당하는 일에 그치지 않을 것이 두려워 음모를 꾸며 반란을 일으키려 했다. 그런데 생각해 보니 제후들 중에 함께 모의할 만한 자가 없었다. 단지 교서왕만이 용감하고 기개를 소중히 여기며 군사 행동을 좋아해서 옛 제나라 안에 있는 제후들이 그를 두려워하고 꺼린다는 말을 들었다. 그래서 그는 중대부 응고(應高)를 파견하여 교서왕을 설득하게 했다. 이때 응고는 문서가 아니라 구두로 전했다.

"오나라 왕은 불초하여 오랫동안 지녀온 근심이 있었지만 감히 그걸 타인에게 말하지 못했는데 저에게 명하여 다른 뜻이 없다는 점을 대왕에게만 전해 달라는 분부이십니다."

"나에게 전하라는 말은 어떤 것입니까?"

"지금 천자께서는 간신배들에게 조종되어 그들이 꾸미고 아첨하는 말을 진짜로 알고, 또 참언하여 사람을 상하게 하는 무리들의 말을 받아들여

---

81) 부모가 죽은 뒤 복상 기간에 자식은 일정한 곳에 기거하며 여자를 가까이해서는 안 된다는 것이 사대부들에게 적용된 규칙이었다.

마음대로 법령을 변경시키고 제후들의 영지를 빼앗으며 재물을 더욱 징발할 것을 요구하고 선량한 자를 주벌함이 날로 도를 더해 가고 있습니다.

속담에 '겨를 다 핥아 먹고 나면 결국 쌀이 나타난다.' (영토를 조금씩 계속 삭탈하면 결국 나라가 망하게 된다는 것을 암시하고자 인용한 것)는 말이 있습니다. 오나라와 교서는 천하에 알려진 대제후이지만 한 번이라도 혹독한 검사를 받게 되면 아마 편안하고 자유롭게 지낼 수는 없을 것이라 여겨집니다.

오나라 왕은 병이 있어 참조하지 못한 것이 이십여 년이나 되었으므로 천자께 변명을 하더라도 소용이 없을 것을 항상 근심하고 있습니다. 이제 와서 어깨와 다리를 웅크리고 근신한들 용서를 받지는 못할 것이라고 두려워합니다.

은밀히 들은 바로는 매작(賣爵)의 일로 대왕이 견책을 받아 천자께서는 제후들에게 본보기로 삼기 위해 왕의 영지를 삭탈하셨다는데 매작한 죄는 결코 영지를 삭탈당할 만한 것이 아닙니다. 이와 같이 한다면 앞으로 영지를 삭탈당하는 데에만 그치지 않을 것입니다."

"그렇소! 내게 그런 일이 있었소. 그러니 장차 어찌하면 좋겠소?"

"미움을 받는 자끼리는 서로 돕고, 좋아하는 것을 같이하는 자는 서로 이끌고 머무르며, 뜻을 같이하면 서로 도와서 일을 성취시키고, 욕망이 같은 자끼리는 서로 손을 잡으며, 이익을 같이하는 자는 서로를 위하여 죽음도 불사한다고 합니다. 지금 오나라 왕은 대왕과 같은 걱정을 하고 있다고 생각합니다. 그러니 이 좋은 시기를 타 사리를 따라 한 몸을 내던져 천하의 화근을 제거해 주십시오. 생각해 보면 이러한 계획이 좋지 않겠습니까?"

그러자 교서왕은 깜짝 놀라서 눈을 크게 뜨고 말하기를,

"내가 어찌 그런 일을 할 수 있겠소. 천자께서 신을 견책함이 비록 가혹

하다 하더라도 나로서는 오직 죄를 받고 죽을 수밖에 없는 것이오. 내 어찌 천자의 명을 거역할 수 있겠소."

라고 했다. 그러자 응고가 말했다.

"어사대부 조조는 천자를 현혹시켜 제후의 영지를 몰수하고 충신과 어진 선비들을 가로막고 있기 때문에 조정 사람들 모두 조조를 미워하고 제후들은 배반할 뜻을 갖고 있습니다. 사람의 일이 극도에 이르니 하늘이 재앙을 내려 혜성이 나타나며(戰亂의 징후) 땅에는 메뚜기의 재해가 빈번히 일어나고 있습니다.(飢饉의 징후) 이것이야말로 만세에 한 번 있는 일로서 이와 같은 근심과 고초를 겪게 되니 성인이 일어나야 할 시기입니다.

그래서 오나라 왕이 안으로는 조조를 주살한다는 명분을 내걸고 밖으로는 대왕의 수레를 따라 천하를 돌며 뛰어다니려는 것입니다. 향하는 곳마다 모두 항복할 것이며 가리키는 곳은 모두 귀순하여 감히 복종하지 않는 자가 없을 것입니다.

대왕께서 이 일에 대해 진심으로 한마디 허락해 주신다면 오나라 왕은 곧 초나라 왕을 이끌고 가서 함곡관을 공략하고 형양과 오창의 군량을 확보한 뒤에 한나라 군사의 진출을 막고 숙사를 정비하여 대왕을 기다릴 것입니다. 요행히 대왕께서 그 싸움에 참여해 주신다면 천하는 곧 병합되고야 말 것입니다. 그때 두 분의 군주가 천하를 양분하여 차지하신다면 이 또한 좋지 않겠습니까?"

이 말을 듣자 교서왕은 '좋소.' 하고 대답했다.

응고가 돌아와 오나라 왕에게 그 사실을 보고했다. 오나라 왕은 혹시나 교서왕이 이 일에 참여하지 않을까 염려되어 자신이 교서왕과 직접 만나 맹약을 맺었다. 이때 교서의 군신 중 한 사람이 왕의 음모를 듣고 충간하기를,

"제후의 신분은 오직 천자 한 분만을 모시며 그로써 지극히 안락한 것입

니다. 그런데 지금 대왕께서 한나라를 배반해 오나라와 함께 서쪽을 향해 쳐들어가신다면 비록 일이 성공한다 하더라도 결국은 대왕과 오나라 왕 두 분 군주가 서로 대립하여 다투게 되니 화는 그로 말미암아 생길 것입니다. 게다가 제후들이 차지하고 있는 영토는 한실(漢室) 직할령의 십 분의 2에도 미치지 못합니다. 그런데도 반란을 일으켜 태후(서왕의 태후를 가리킴)의 마음을 괴롭힌다는 것은 상책이라고 할 수 없습니다."

라고 했다. 그러나 왕은 듣지 않고 결국 사자를 보내 제(齊), 치천(菑川), 교동(膠東), 제남(濟南), 제북(濟北)의 제후들과 맹약을 했다. 제후들은 모두 승낙하고 이렇게 말했다.

"성양(城陽)의 경왕(景王 : 朱虛侯 劉章)은 의를 중히 여기는 사람으로 앞서 여씨 일가족을 쳤을 때에도 참가하지 않았다. 지금의 성양왕은 경왕의 아들이니 우리 일에 참가하지 않을 것이다. 그러니 대사가 성취되면 그의 영지를 나누어 가지면 될 것이다."

제후들은 새로 영지를 깎이거나 벌을 받게 되지나 않을까 두려워하여 조조를 몹시 원망했는데 오나라 땅의 회계군(會稽郡)과 예장군(豫章郡)을 삭감한다는 조서가 도착하자 오나라 왕이 먼저 군사를 일으켜 정월(正月) 병오일(丙午日)에 한나라에서 파견한 이천 석 이하의 봉록을 받는 관리들을 죽이고 교서, 교동, 치천, 제남, 초, 조 또한 이에 따랐다. 그리고 마침내는 군대를 동원하여 서쪽으로 진격했다.

이때 제나라 왕은 후회하고 독약을 마셔 자살함으로써 맹약을 어겼다. 제북왕은 무너진 성벽의 복구 사업이 아직 끝나지 않은 데다 그의 낭중령이 왕을 위협하여 연금시켰기 때문에 출병하지 못했다.그래서 교서왕이 통솔자가 되어 교동, 치천, 제남의 군사와 함께 제나라의 도읍 임치를 포위 공격했다. 조나라 왕도 마침내 반란을 일으켜 흉노와 함께 비밀리에 군대를 연합했다.

칠국(七國)이 출병하게 되자 오나라 왕은 국내의 사졸을 전부 소집하고자 다음과 같은 명령서를 나라 안에 내려 보냈다.

"과인은 나이 예순두 살의 늙은 몸을 이끌고 장군이 되어 출진하고 나의 막내아들은 열네 살이지만 그 또한 사졸의 선두에 서서 출진한다. 그러하니 백성들은 위로 과인과 동년배로부터 아래로 나의 막내아들과 동년배까지의 남자는 모두 출진하라."

이리하여 오나라는 이십만여 명을 동원했다. 또 남쪽으로 민월(閩越)과 동월(東越)에 사자를 보냈더니 동월도 출병하여 따랐다.

효경제 3년 정월 갑자일(甲子日)에 오나라 왕은 처음으로 군대를 광릉(廣陵)에서 일으켜 서쪽으로 회수를 건너 초나라 군대와 연합했다. 그리고 사자를 파견하여 제후들에게 다음과 같은 서한을 보냈다.

"오나라 왕 유비(劉濞)는 삼가 교서왕, 교동왕, 치천왕, 제남왕, 조왕, 초왕, 회남왕, 형산왕, 여강왕과 고(故) 장사왕의 아들에게 묻노니 저에게 가르침을 주신다면 정말로 다행이겠습니다.

생각해 보건대 한나라에 적신(賊臣)이 있어 천하에 아무런 공도 없으면서 제후들의 토지를 빼앗고, 형리를 시켜 탄핵, 계류(繫留), 신문(訊問), 처분하여 제후들에게 모욕을 주는 것을 일삼으며, 유씨의 골육인 제후들에게 군주의 예로써 대우하지 않으며, 선제의 공신을 멸하게 하고 간사한 자들을 등용하여 천하를 속여 어지럽히며 사직을 위태롭게 하고 있습니다.

그런데도 폐하께서는 병이 많아 의지를 상실하시어 사태를 꿰뚫어볼 능력이 없습니다. 이에 군사를 일으켜 적신을 주멸하고자 생각하는 바입니다. 삼가 좋은 가르침을 주시기 바랍니다.

저의 나라가 비록 작기는 하지만 국토는 사방 삼천 리가 되고 인구는 적지만 오십만의 정병(精兵)을 동원할 수 있습니다. 과인은 평소에 남월제

국(南越諸國)과 친교함이 삼십여 년에 이르러 그곳 왕과 제후들은 모두 군사를 나누어 과인을 따르기를 사양하지 않습니다. 그래서 군사 삼십만여 명을 얻어 쓸 수 있습니다.

과인이 비록 불초하기는 하나 몸을 바쳐 제왕(諸王)의 뒤를 따르기를 원하고 있습니다. 남월의 북부 장사(長沙)와 변경을 접하고 있는 지방은 장사왕의 아들이 앞장서서 장사 이북의 땅을 평정하고 서쪽의 촉나라와 한중으로 진출해 주십시오.

그리고 동월왕(東越王), 초나라 왕과 회남의 세 왕께 말씀드리겠습니다. 모두 과인과 같이 서쪽을 향하여 공격하도록 합시다. 그리고 제나라의 여러 왕과 조나라 왕은 하간(河間)과 하내(河內) 지방을 평정한 뒤에 임진관(臨晋關)으로 쳐들어가든지 아니면 과인과 함께 낙양에서 만나도록 합시다.

연나라 왕과 조나라 왕은 본래 흉노의 군왕과 맹약이 있으니 연나라 왕은 북쪽의 대(代)와 운중을 평정하고, 흉노의 군대를 통솔하여 소관(蕭關)으로 쳐들어가 장안으로 진출해 천하를 바로잡고 고제묘(高帝廟)를 편안하게 해 주십시오. 여러 왕께서는 부디 힘써 주십시오.

초나라 원왕(元王)의 아들과 회남의 삼왕(三王)께서는 머리를 감고 몸을 씻을 생각마저 잊기를 십 년, 원한이 골수에 사무쳐 언젠가 한 번은 그 원한을 풀어 보겠다고 오랜 기간 염원하셨던 것으로 알고 있습니다.

과인은 이제까지 여러 왕들의 의향을 충분히 알지 못했을 뿐 아니라 구태여 알아보려 하지도 않았습니다. 그런데 지금 여러 왕께서 진실로 망하려는 국운을 바로잡아 존속하게 하고 끊어지려는 왕가의 계통을 잇게 하며, 약한 자를 구출하고 포악한 자를 쳐서 유씨를 안전하게 한다면 그것이야말로 한나라의 사직이 바라는 바일 것입니다.

저희 나라가 비록 가난하기는 하지만 과인은 의식에 소요되는 비용을 절약해 금전을 저축하고 전투 장비와 군량 비축을 밤낮으로 계속해 왔던 바, 그것이 삼십여 년이나 되었습니다. 이것은 다 이 일을 이루고자 해서 였습니다. 그러니 여러 왕께서는 부디 이를 널리 이용해 주십시오.

지금부터 전쟁에서 적의 대장을 목 베거나 체포한 자에게는 황금 오천 근을 상으로 주고 일만 호의 땅에 열후로 봉할 것입니다. 그리고 장수를 베거나 체포한 자에게는 황금 삼천 근과 오천 호의 땅을 봉할 것이며, 부장을 베거나 체포한 자에게는 황금 이천 근과 이천 호의 땅을 봉하고, 이천 석의 봉록을 받는 자를 베거나 체포한 자에게는 황금 일천 근과 일천 호의 땅을 봉하고, 일천 석의 봉록을 받는 자를 베거나 체포한 자에게는 황금 오백 근과 오백 호의 땅을 봉하고 모두 열후로 삼을 것입니다.

적군으로서 적의 장수와 군리가 함께 성읍을 바치며 항복하는 경우에 는 그의 병졸이 일만 명이거나 그의 성읍이 일만 호의 땅이라면 대장을 체포하거나 벤 것과 마찬가지로 포상하고, 사졸 오천의 군대 혹은 오천 호의 성읍이라면 여러 장수를 베거나 체포한 자와 마찬가지로 포상하며, 사졸이 삼천이거나 성읍이 삼천 호의 땅이라면 부장을 베거나 체포한 자 와 마찬가지로 포상하고, 또 사졸이 일천이거나 성읍이 일천 호라면 이천 석의 봉록을 받는 자를 베거나 체포한 자와 마찬가지로 포상하고, 또 적 의 하급 관리를 베거나 체포한 자에게는 그 등급에 따라 벼슬과 상금을 줄 것입니다.

그 밖의 벼슬과 상금은 지금 한나라 조정에서 시행해 온 것의 두 배로 시행할 것입니다. 원래 벼슬과 봉토가 있는 자에게는 전의 벼슬과 봉토보 다 더 높이 주겠습니다.

그러니 여러 왕께서는 부디 이것을 사대부에게 분명하고 명백하게 전해 주십시오. 결코 속이지 않겠습니다. 과인의 금전은 여러 군국에 있으며 꼭 오나라에만 저장해 둔 것이 아닙니다. 여러 왕께서 밤낮으로 쓰시더라도

다 쓰지를 못할 것입니다. 포상할 자가 있으면 과인에게 알려 주십시오. 그러면 과인이 직접 가서 본인에게 주겠습니다. 이상 삼가 여러 제후왕께 알리는 바입니다."

7개국이 반란을 일으켰다는 보고서가 천자에게 상달되자 천자는 군사 장관인 태위[82] 조후(條侯) 주아부(周亞夫)를 파견하여 삼십육 명의 장군을 통솔해 오 · 초의 군대를 치게 했다. 그리고 곡주후(曲周侯) 역기(酈寄)를 보내 조나라를 치게 하고 장군 난포(欒布)에게 명하여 제나라를 치게 하였으며 대장군 두영(寶嬰)에게 명하여 형양에 주둔하면서 제나라와 조나라에 있는 군대를 감시하게 했다.

오나라와 초나라의 반란 보고서가 천자에게 올라간 후 아직 토벌군이 출발하지 않고 있을 때 두영은 출진에 앞서 전에 오나라 재상을 지낸 원앙(袁盎)을 천자에게 추천했다. 그 당시 원앙은 은퇴하여 자기 집에 은거하고 있다가 천자의 부르심을 받고 궁중으로 들어가 천자를 알현했다. 천자께서는 조조와 함께 병력을 검토하며 군량을 헤아리고 있었는데 원앙을 보더니 물었다.

"그대는 전에 오나라의 재상이었는데 오나라의 신하인 전녹백(田祿伯 : 오나라의 대장군)의 인품을 알고 있소? 지금 오나라와 초나라가 반란을 일으켰는데 앞으로 정세가 어떻게 전개될 것이라고 생각하오?"

그러자 그는 대답하기를,

"심려하실 것 없습니다. 그들은 곧 격파될 것입니다."

라고 했다. 천자께서 다시 물으셨다.

"오나라 왕은 동산(銅山)에서 사전(私錢)을 주조하고 바닷물을 끓여 소

---

82) 秦이래의 벼슬로 군사의 최고 책임자.

금을 만들며, 천하의 호걸들을 불러모았다가 백발이 되어서 이와 같이 반란을 일으켰소. 오랫동안 만전의 계책을 세우지 않고서 어떻게 이런 반란을 일으키겠소. 그런데 어째서 그가 아무것도 하지 못할 것이라고 말하는 것이오?"

원앙은 다음과 같이 말했다.

"오나라에 구리와 소금이 많이 있어 그것으로 이익을 보는 것은 틀림없습니다. 그러나 그가 무슨 호걸들을 끌어모았겠습니까? 오왕이 진실로 호걸을 모았다면 그들은 왕을 보좌하여 대의를 행하게 하지 반란을 일으키게는 하지 않았을 것입니다. 오나라 왕이 모아들인 자들은 모두 무뢰한의 자제라든가 또는 타국에서 망명한 자들로, 사전이나 주조하는 간사한 무리들에 불과합니다. 그렇기에 서로 손을 잡아 반역을 하고 있는 것입니다."

이 말이 끝나자 조조가 말했다.

"원앙의 오나라에 대한 해석은 뛰어납니다."

그러자 천자가 다시 묻기를,

"어떤 계략을 세우면 좋겠소?"

라고 하니 원앙은,

"원컨대 좌우에 있는 사람들을 물리쳐 주십시오."

라고 청했다. 천자는 옆에 있던 사람들을 물리치고 조조만이 그 자리에 남아 있게 되었다. 그러자 원앙이,

"신이 이제부터 아뢰고자 하는 바는 어떤 신하에게도 알릴 수 없는 것입니다."

라고 말하여 천자는 조조도 물러가게 했다. 조조는 원앙을 몹시 원망하면서 빠른 걸음으로 동상(東廂)으로 피했다. 이렇게 한 뒤에 천자가 다시 묻자 원앙은 삼가 이렇게 대답했다.

"오나라 왕과 초나라 왕이 서로 주고받은 문서에는 '고조께서는 자제들을 왕으로 삼아 각각 영토를 나누어 주셨는데 지금 적신 조조가 제멋대로 제후들을 견책하고 영토를 삭탈했습니다. 그러니 반란을 명목 삼아 서쪽을 향해 진격하여 조조를 죽이고 옛 땅을 회복시킨 뒤에 일을 마치자.' 고 했습니다.

그러하오니 목전의 계책으로는 우선 조조의 목을 베고 사자를 파견하여 오·초 7개국의 반란을 용서하고 그들의 옛 땅을 내어 주신다면 쌍방이 모두 칼날에 피를 묻힐 것 없이 싸움을 끝낼 수 있을 것입니다."

이 말을 듣고 천자는 한참 묵묵히 있다가 말했다.

"실로 어찌하면 좋단 말이오? 내가 아끼던 사람을 목 베어 천하의 제후들에게 사과해야 한단 말인가?"

"저의 어리석은 계책이오나 이 이상의 계략은 없습니다. 폐하께서는 부디 숙고하십시오."

이에 천자는 원앙을 태상[83]으로 임명하고 오나라 왕의 조카인 덕후(德侯)를 종정(宗正 : 황족의 일을 맡은 벼슬)으로 임명했다. 원앙은 사자로서 떠날 여장을 꾸렸다. 그로부터 십여 일 후에 천자는 중위(中尉)[84]를 시켜 조조를 속이고 수레에 태워 동쪽 저자로 가게 했으며, 조조는 조복을 입은 채 저자에서 요참형에 처해졌다.

이렇게 한 후 원앙은 종묘의 뜻을 받드는 사자가 되고 종정인 덕후는 친척으로서 설득하기 위하여 오나라로 파견되었다. 그들 두 사람이 오나라에 도착했을 때에는 이미 오나라와 초나라의 군대가 양(梁)의 성을 공략

---

83) 秦 시대에는 奉常이라 했고 景帝 시대에 太常으로 관명을 바꿨다. 천자의 宗廟 관리와 典禮를 주관했다.
84) 秦 이래의 벼슬로 도성의 순찰, 경비를 담당했다.

한 뒤였다. 종정이 오나라 왕의 조카임을 내세워 먼저 성내로 들어가 오나라 왕을 만나 보고 천자의 조서를 받도록 권유했다. 오나라 왕은 원앙이 왔다는 소식을 듣고는 자기를 설득하려는 것이라고 짐작하여 웃으면서 말하기를,

"나는 이미 동방의 황제가 되었다. 그러한 지금 새삼스럽게 그 누구에게 머리를 숙일 필요가 있겠는가?"

하며 원앙을 만나 보려고 하지 않았다. 그뿐 아니라 원앙을 군영 내에 가두어 놓고는 오나라의 장군이 되라고 강요했다. 원앙이 승낙하지 않자 사람들에게 명하여 원앙을 도망하지 못하도록 에워싸고 마침내는 죽이려고 했다. 그래서 원앙은 밤중에 탈출하여 걸어서 양군(梁軍)의 진지로 갔다가 드디어 장안으로 귀환하여 천자에게 사태를 보고했다.

조후(條侯) 장군은 여섯 마리의 말이 끄는 역마차로 급히 달려 형양 땅에 대군을 집결시켰다. 도중 낙양에 도착하여 극맹(劇孟)과 만나자 기뻐하며 말하기를,

"7개국이 반란을 일으켜 역마차를 타고 이리 왔는데 내가 이 낙양까지 무사히 올 줄은 생각지도 못했소. 그리고 모반한 제후들이 당신을 벌써 유인했을 거라고 생각했는데 오늘날까지 동요하지 않았구려. 내가 형양 땅을 근거로 삼고 있으니 형양의 동쪽은 근심하지 않아도 될 것이오."

그리고 회양(淮陽)에 이르러 아버지 강후(絳侯) 주발(周勃)의 옛 빈객으로 있던 등도위(鄧都尉)에게 물었다.

"어떠한 계책을 세우면 좋겠습니까?"

"오나라 군대는 매우 날쌔고 용감하니 그들과 맞서 싸우기는 어렵습니다. 초나라 군대는 경박하여 지구전에 견딜 수 없을 것입니다. 지금 장군을 위해 계책을 세우자면 군대를 동북쪽으로 이동해 창읍(昌邑)에 보루를 구축하고 양(梁)의 땅을 오나라 군대의 수중에 맡길 수밖에 도리가 없

습니다.

오나라는 날쌔고 용감한 부대를 모두 투입해 양을 공격할 것임에 틀림없습니다. 그때 장군께서는 성 밖에 도랑을 깊이 파고 보루의 방벽을 높이 쌓아 굳게 지키면서, 경장(輕裝)한 부대로 회수(淮水)와 사수(泗水)가 합류하는 지점의 교통을 차단해 오나라의 군량 수송로를 막으십시오. 오나라와 양나라의 군대는 서로 피폐해지고 군량도 떨어지게 될 것입니다. 그렇게 되면 조금도 상하지 않은 용감하고 강한 우리 군대가 피로로 약화된 적을 제압하여 틀림없이 오나라를 격파할 수 있습니다."

조후는 '좋습니다.' 하고 그 계책에 따르기로 했다. 그래서 창읍의 남쪽에 성벽을 쌓고 굳게 지킨 다음 경장병을 내어 오나라의 군량 보급로를 끊었다.

오나라 왕은 군대를 출병할 당초에 오나라의 신하 전녹백을 대장군으로 삼았다. 전녹백이 말했다.

"군대가 한곳에 집중되어 서쪽으로 진격하게 되었는데 다른 기이한 계책이 없으면 공을 이루기 어렵습니다. 신은 오만 명의 별동부대를 이끌고 양자강과 회수를 따라 거슬러 올라가서 회남과 장사의 땅을 점령하고 무관(武關)으로 들어가 대왕과 합류하고자 합니다. 이것도 한 가지 기책입니다."

그러자 오나라의 태자가,

"왕께서는 반란의 명목으로 거병하신 것이니 군대를 남에게 맡기시는 것은 매우 위험한 일입니다. 남에게 맡기면 그가 또 왕에게 반란을 일으키려 할 것입니다. 그렇게 되면 어찌 하시겠습니까? 또 군사를 나누어 각기 마음대로 하게 되면 생각지도 않은 실패도 많을 것입니다. 그렇게 되면 스스로 자신을 해치게 될 뿐입니다."

라고 간했기 때문에 오나라 왕은 전녹백의 계책을 허락하지 않았다. 그런데 오나라의 소장(少將) 환장군(桓將軍)이 다음과 같이 왕을 설득했다.

"오나라는 보병이 많아 험난한 땅에서 싸우기에 유리합니다. 한나라의 군대는 전차부대와 기병부대가 많아 평지의 싸움에서 유리합니다. 바라옵건대 대왕께서 통과하시는 성읍이 항복하지 않으면 곧 버려두고 빨리 서쪽으로 가 낙양의 무기고를 점거하시고 오창의 곡물을 군량미로 확보하며 산하의 험난함을 의지하여 제후들에게 명령을 내리십시오. 그렇게 하면 함곡관에 쳐들어가지 않더라도 천하는 이미 평정된 것이나 다름이 없습니다. 그렇지만 대왕께서 서서히 진군하여 통과 지역의 성읍을 쳐서 일일이 항복을 받으시려 한다면 한나라 군대의 기병부대가 양나라·초나라 국도의 교외로 달려올 것이니 결국 우리 측의 대사는 실패로 돌아갈 것입니다."

오나라 왕은 이 의견에 대해 노상군(老將軍)들에게 물었다. 그러자 노상군들이 말했다.

"그것은 앞을 내다보지 못하는 젊은 사람의 계책에 불과합니다. 그가 대사에 대한 원대한 생각을 할 수 있겠습니까?"

라고 말하여 오나라 왕은 환장군의 계책을 받아들이지 않았다.

오나라 왕은 전군(全軍)을 혼자 통솔했다. 그리하여 아직 회수도 건너기 전에 빈객들이 모두 장군·교위·군후(軍候)·사마(司馬)[85]로 등용되었다. 그런데 주구(周丘)만은 어떤 자리에도 등용되지 못했다.

주구는 하비(下邳) 출신이다. 그는 향리에서 죄를 짓고 오나라로 망명하여 술장사를 하고 있어서 품위가 없었다. 그래서 오나라 왕에게 멸시당하여 등용되지 못한 것이다. 그러자 주구는 오왕을 만나 말했다.

---

85) 將은 대장, 열장, 비장 등으로 한 부대를 지휘했다. 校尉는 그 밑의 장교. 候, 司馬는 다시 그 밑의 장교.

"신은 무능하여 이번 출진에 쓰이지 못했습니다. 신이 감히 장군이 되려고는 생각하지 않습니다. 다만 대왕의 사자임을 증명하는 한나라의 부절 하나만을 얻기 원할 뿐입니다. 신이 그것을 얻는다면 반드시 대왕께 보답할 수 있을 것입니다."

오왕은 그에게 부절을 주었다. 주구는 그 부절을 얻어서 밤길을 달려 곧장 하비로 갔다.

그때 하비에서는 오나라가 반란을 일으켰다는 소식을 듣고는 성문을 닫고 농성을 하고 있었다. 주구는 숙소에 이르자 바로 하비 현령을 불렀다. 현령이 문 안에 들어서자 주구는 종자를 시켜 죄를 씌워 현령의 목을 치게 했다. 그리고는 자기 형제와 친히 지내는 세력 있는 관리를 불러놓고 다음과 같이 말했다.

"오나라의 반란군이 곧 이곳에 도착할 것이다. 오군이 도착하면 이 하비를 무찔러 버리는 것은 밥을 먹는 시간밖에 걸리지 않을 것이다. 그러니 지금 항복한다면 성안의 집은 안전하게 보존할 수 있으며 유능한 자는 열후에 봉작될 수 있을 것이다."

하니 그 관리가 나가서 이 사실을 이리저리 알리고 돌아다녔다. 하비현의 사람들은 모두 항복했다. 그래서 주구는 하룻밤 사이에 삼만의 사람을 수중에 넣게 되었다. 그는 사자를 보내 오왕에게 그 사실을 보고한 뒤 병력을 거느리고 북쪽으로 진격하여 성읍을 공략했다. 성양(城陽)에 이르렀을 때에는 병력이 십만여 명이나 되었고 성양 중위(中尉 : 王國의 최고 무관)의 군대를 격파했다. 그런데 오왕이 패전하여 도망쳤다는 소문을 듣고 같이 일을 했다가는 성공하기 어렵다고 생각하여 바로 군대를 거두어 하비로 돌아가려고 했으나 하비에 도착하기 전에 등창이 나서 죽었다.

그해 2월에 오왕의 군대는 모두 패하여 도망쳤다. 천자는 한나라 장군들에게 조서를 내려 다음과 같이 말했다.

"대저 듣건대 '선(善)을 행하는 자에게는 하늘이 복을 내려 이를 보답하고 비(非)를 행하는 자에게는 하늘이 화를 내려 이를 갚는다.' 고 했다.

고황제께서는 공덕이 있는 자를 친히 표창하고 제후를 각지에 세웠는데 유왕(幽王)·도혜왕(悼惠王)은 대가 끊어져 후계자가 없었다. 효문제는 이를 불쌍히 여기고 은혜를 베풀어 유왕의 아들 수(遂)와 도혜왕의 아들 앙(卬)을 왕으로 세워 선왕의 종묘를 받들게 함으로써 한조(漢朝)의 번병(蕃屛)의 나라로 삼았다. 그 큰 덕은 천지와도 같고 그 밝음은 일월에 비길 만한 것이었다.

그런데도 오왕 비는 덕을 배반하고 의를 저버린 채 천하의 망명자들을 꾀어 모으고 사전(私錢)을 주조하여 천하의 화폐 제도를 문란하게 했으며, 병을 핑계로 참조하지 않기 이십 여 년에 이르렀다. 그래서 조정의 관리는 여러 차례 비의 죄를 처단할 것을 주청했지만 효문제께서는 너그럽게 대우하여 그가 행동을 바꾸어 선을 행하기를 바라셨다.

그런데도 오왕 비는 초왕 무(戊)·조왕 수(遂)·교서왕 앙(卬)·제남왕 벽광(辟光)·지천왕 현(賢)·교동왕 웅거(雄渠) 등과 맹약을 맺어 반란을 일으키고 포악무도하게 군대를 출동시켜 종묘를 위태롭게 하였으며 대신과 한나라의 사자들을 살상하고 만민을 위협하여 죄 없는 백성이 천명대로 살지 못하고 일찍 죽게 하였으며 민가를 불태우고 분묘를 파헤치는 등 그 포악한 짓은 이루 말할 수 없을 정도이다. 또 앙(卬) 등은 포악무도한 짓을 거듭하고 군국에 있는 고제묘(高帝廟)를 불태우며 종묘 안에 있는 물건을 약탈했다.

짐은 심히 이를 애통하게 여겨 흰 옷을 입고 궁중의 정전에 나가기를 피하며 오로지 송구한 뜻을 표하여 근신하고 있도다.

장군들이여, 사대부들을 권장하여 반란군의 무리를 치라. 적진에 깊이 들어가 그 무리를 많이 죽이는 것을 공으로 하겠다. 반도(反徒)의 머리를 베거나 사로잡아도 좋다. 비(比) 삼백 석 이상[86]의 봉록을 받는 자라면 남김없이 다 죽이고 용서해 주어서는 안 된다. 감히 이 조서에 대하여 비방하거나 복종하지 않는 자가 있다면 누구건 다 요참형에 처할 것이다."

처음 오왕이 회수를 건너 초왕과 함께 서쪽의 극벽(棘壁)을 격파하고 승세를 타 진격하니 기세가 자못 왕성하고 날카로웠다. 그때 양(梁)의 효왕(孝王)은 이를 두려워하여 여섯 장군을 내보내 오군을 공격했으나 오군(吳軍)이 양의 두 장군을 격파했기 때문에 양의 병사들은 다 도망치고 말았다.

양나라에서는 여러 번 사자를 보내 조후(條侯)에게 사정을 알리고 구원을 청했지만 조후는 응해 주지 않았다. 그러자 양나라에서는 천자에게 사자를 보내어 조후를 비방했다. 천자는 조후에게 사람을 보내 양나라를 구원하라고 했으나 조후는 자신이 유리하다고 믿는 계책을 고집하여 구원하지 않았다.

양나라는 궁여지책으로 한안국(韓安國)과 초나라 왕을 간하다 죽은 초나라 재상 장상(張尙)의 아우 장우(張羽)를 장군으로 삼아 오나라 군대를 크게 격파했다. 그래서 오군은 서쪽으로 진군하려고 했으나 양나라 성의 수비가 견고하기 때문에 감히 서진(西進)하지 못하고 조후의 군사에게 도전하여 하읍(下邑)에서 맞싸우려고 했지만 조후는 성벽을 굳게 지키면서 싸움에 응하지 않았다.

오나라 군대는 군량이 떨어져 병사들이 배를 주리고 있었으므로 초조한

---

86) 관리의 봉록으로 매월 삼십칠 석이 지급되었다. 단, 1석은 1두보다 많은 양. 봉록은 漢代에는 최고 일만 석부터 中 이천 석, 이천 석, 比 이천 석, 천 석, 比 천 석, 육백 석, 比 육백 석, 사백 석, 比 사백 석, 삼백 석, 比 삼백 석, 이백 석, 比 이백 석, 일백 석으로 정해져 쌀이 지급되었다.

나머지 자주 도전을 하다가 드디어 한밤중에 조후가 농성하는 성벽으로 쳐들어가 그 동남쪽을 위협했다. 그런데 조후는 적의 속셈을 미리 알고 서북쪽을 단단히 방비했던 바, 생각했던 대로 오나라 군대는 서북쪽에서 쳐들어왔다. 이 싸움에서 오나라 군대는 크게 패해 사졸이 많이 굶어 죽고 잔병들은 풍비박산하고 말았다.

정세가 이렇게 되자 오왕은 그의 휘하에 있던 장사 수천 명과 함께 밤을 틈타 도망하여 양자강을 건너 단도(丹徒)로 달아나서 동월(東越) 땅에 근거지를 잡았다. 동월에는 일만여 명의 병력이 있었다. 오왕은 사람들을 시켜 패주한 사병들을 모으게 했다. 그 사이에 한나라에서는 사자를 보내 동월을 뇌물로 매수했다.

동월은 오나라 왕을 속여 오왕이 밖으로 나가 군사를 위로하고 있을 때 사람을 시켜 창으로 찔러 죽이게 했다. 그리고 그 목을 그릇에 담아 역마차에 싣고 달려가서 그 사실을 상주했다. 오나라 왕의 아들인 자화(子華)와 자구(子駒)는 민월(閩越)로 도망했다. 오나라 왕이 군대를 버리고 도망하자 그의 군대는 전군이 궤멸하여 속속 태위 주아부(周亞夫) 군대 또는 양나라 군대에 항복했다. 그리고 초나라 왕 무(戊)도 군대가 패하자 자살했다.

한편 교서 · 교동 · 치천의 세 왕은 공동으로 제나라의 임치를 포위하고 있었는데 3개월이 지나도 함락시킬 수가 없었다. 거기에 구원차 온 한나라 조정의 군대에게 공격을 받아 패하자 세 왕은 각기 자기 군대를 이끌고 귀국했다.

교서왕은 옷을 벗고 맨발로 짚자리에 앉아 맹물을 마셔 가며 지난날의 불의를 어머니인 태후에게 빌었다. 그때 교서왕의 태자 덕이 말하기를,

"제가 보기에 한나라 군대는 먼 길을 왔기 때문에 피로해 있습니다. 지금이야말로 습격이 가능한 때입니다. 바라옵건대 대왕께서는 남은 군사

를 수습하여 한나라 군사를 치게 하십시오. 쳐서 이기지 못한다 하더라도 바다 안의 섬으로 도망치기에 늦지 않습니다."

라고 했다. 그러나 교서왕은 이렇게 말하며 들어 주지 않았다.

"우리 병졸들도 모두 피로해 있다. 그래서 우리 군대도 출동시킬 수 없을 것이다."

그때 한나라의 장군 궁고후(弓高侯) 퇴당(穨當)은 교서왕에게 다음과 같은 편지를 보냈다.

"나는 천자의 조칙을 받들어 불의한 자를 치고 있습니다. 항복한 자는 죄를 용서하고 전처럼 대우하겠으나 항복하지 않는 자는 쳐서 멸망시킬 것입니다. 왕께서는 어느 편을 택하시겠습니까? 대답을 기다립니다."

교서왕은 한나라 군대가 있는 성벽 아래로 달려가서 옷을 벗어 어깨를 드러내고 머리를 땅에 조아리며 퇴당에게 말하기를,

"신 앙(卬)은 국법을 받드는 데 소홀하고 백성을 놀라게 하며 결국 장군까지 괴롭혀 멀리 이 나라까지 원정을 오시게 했습니다. 부디 저해(菹醢)의 죄(죄인의 살을 잘게 썰어 소금에 절이는 중형)에 처해 주시기 바랍니다."

라고 했다. 궁고후는 군령을 내릴 때 치는 군종(軍鐘)과 군고(軍鼓) 채를 손에 쥐고 왕을 인견하며,

"왕께서는 군사 일로 괴로움을 받으셨는데 처음 거병하게 되었을 때의 사정을 들려 주십시오."

라고 말했다. 그러자 왕은 머리를 조아리며 무릎을 꿇고 앞으로 나아가 말했다.

"조조는 요즈음 천자의 신임이 두터운 신하입니다. 그런데 고황제께서 마련하신 법령을 멋대로 변경하여 제후들의 영토를 빼앗았습니다. 유앙 등은 이것을 옳지 않은 일이라고 판단하고 그가 천하를 어지럽게 할까 두

려워 7개국이 함께 거병하여 조조를 죽이려고 했던 것입니다. 그런데 이제 조조가 주살당했다는 말을 듣고 유앙 등은 근신하는 태도로써 군대를 거두어 귀국한 것입니다."

이 말에 대하여 장군 궁고후는,

"왕께서 진실로 조조가 나쁘다고 생각을 하셨다면 어찌하여 천자께 상주하지 않으셨습니까? 그리고 왕께서는 천자의 조칙도 없었는데 어찌하여 호부(虎符)[87]를 마음대로 사용해 출병을 감행하여 정의를 지키는 제나라를 공격했습니까? 이러한 점으로 본다면 왕의 진의는 조조를 죽이려고 한 것이 아니었습니다."

하고는 궁고후가 조서를 꺼내 왕에게 읽은 후,

"이제 왕께서 스스로 판단하여 처신하십시오."

라고 말했다. 그러자 교서왕은,

"유앙과 같은 자는 죽는다 하더라도 죄가 남습니다."

하고 자결했다. 그러자 태후와 태자도 모두 그 뒤를 따랐다. 교동왕 · 치천왕 · 제남왕들도 모두 죽었고 그들의 나라는 몰수되어 한나라의 직할령으로 편입되었다.

역(酈)장군은 조나라를 포위하여 십 개월 만에 항복시켰다. 조나라 왕은 자살했다. 제북왕은 다른 왕들에게 협박을 당하여 모반의 맹약에 참가했을 뿐이므로 죽음을 면하고 치천왕으로 옮겨졌다.

처음 오나라 왕이 수모자(首謀者)가 되어 먼저 반란을 일으켜 초나라 군대의 통솔자를 겸했고 다시 제나라와 조나라와도 연합을 했다. 그는 정월에 군대를 일으켰으나 3월에 모두 패망했고 조나라만이 늦게 항복을 했던 것이다.

---

87) 범 모양을 한 發兵符.

한나라 천자는 초나라 원왕(元王)의 막내아들 평륙후(平陸侯) 예(禮)를 새로이 초나라 왕으로 삼아 원왕의 대를 잇게 하고, 여남왕(汝南王) 비(非)를 옮겨 오나라의 옛 땅을 주고 강도왕(江都王)으로 삼았다.

태사공은 말한다.

"오왕이 왕이 될 수 있었던 이유는 그의 부친이 죄로 말미암아 왕위에서 후(侯)로 지위가 강등되었기 때문이다. 그가 왕이 되자 세금을 가볍게 하여 백성을 부리고 산과 바다를 이용하여 많은 이익을 거두었다. 그의 반역의 싹은 아들에게서 일어났다. 그는 지엽적인 문제(회계군·예장군을 삭탈당한 것)를 다투어 화를 일으키고 끝내는 그의 근본인 영토를 망쳤다. 그는 월(越)나라와 친선하여 종주국을 배반하다 결국은 멸망하고 말았다.

조조는 국가를 위하여 원대한 계책으로 장래를 걱정하다 도리어 자신에게 화가 미치게 되었다. 원앙은 권모술수로써 처음에는 천자의 총애를 받았으나 뒤에는 미움을 받았다.

'제후의 토지는 사방 백 리를 넘지 말아야 한다.' '산과 바다의 이익이 있는 땅에는 제후를 봉하지 않는다.' '오랑캐와 가까이하여 친족을 소홀히 하지 말라.' 는 옛말은 아마 오나라 같은 경우를 가리켜 말한 것이리라.

또 '권모를 부리는 우두머리가 되지 말라. 도리어 그 허물을 받으리라.' 라는 말은 아마 원앙이나 조조 같은 사람을 가리켜 말한 것이 아닐까?"

제47 위기·무안후열전(魏其·武安侯列傳)

위기후(魏其侯) 두영(竇嬰)은 효문제의 황후, 곧 두태후(竇太后)의 조카로서 아버지 대까지 대대로 관진(觀津)에서 살았다.

두영은 빈객을 좋아했다. 효문제 때 두영은 오나라의 승상이 되었는데 병 때문에 사임했다. 효경제 즉위 초에 황후와 태자의 집을 관리하는 첨사(詹事)[88]가 되었다.

양(梁)나라 효왕은 효경제의 아우로 어머니 두태후에게 총애를 받았다. 어느 날 양나라 효왕이 입조하니 천자는 그를 위해 주연을 벌였다. 당시 천자는 아직 태자를 세우지 않았을 때였다. 주연이 무르익을 무렵 천자가 무심코,

"내가 세상을 떠난 후에는 양왕에게 천하를 물려주리라."

하였다. 태후가 기뻐했으나 두영은 천자에게 술 한 잔을 올리며 말했다.

"천하는 고조의 천하이며 아버지에게서 아들로 제위를 전하는 것이 한나라의 약속입니다. 폐하께서는 어째서 마음대로 양왕에게 천하를 전하려 하십니까?"

이 일로 태후는 두영을 미워하게 되었다. 두영도 첨사라는 벼슬이 만족스럽지도 않거니와 병이 들어 사임했다. 태후는 두영의 궁문 출입증인 문적(門籍)을 삭제하여 정식으로는 입조할 수 없게 했다.

효경제 3년, 오·초 등 7국이 모반했다. 천자는 황족과 외척인 두씨 일족을 두루 살펴보아도 두영의 현명함에 미치는 자가 없다고 생각하여 두영을 불렀다. 두영은 궁중에 들어와 천자를 알현했으나 병이 들어서 임무

---

[88] 秦 이래의 벼슬로 황후, 황태자의 집안을 관리하였다. 봉록은 이천 석.

를 감당할 수 없다고 굳이 사퇴했다. 태후는 두영을 다시 보고 자신이 명철하지 못했음을 부끄러워했다. 그래서 천자는,

"천하가 지금 위급한 사태에 처해 있는데 왕손(王孫 : 두영의 字)은 겸손만 떨고 있을 때가 아니다."

하며 두영을 대장군에 임명하고 금 천 근을 하사했다. 그러자 두영은 원앙(袁盎)과 난포(欒布) 등 은퇴한 명장과 현사(賢士)들의 이름을 열거하며 추천했다. 그리고 하사받은 금은 궁전의 복도에 늘어놓고 군리가 그곳을 통과할 때마다 필요한 만큼 가져가게 하여 여러 가지 비용에 쓰게 하고 자기의 집에는 한 푼도 가져가지 않았다.

두영은 제나라와 조나라의 군사를 감시하며 형양을 지켰다. 7국의 반란군이 모두 격파되자 천자는 두영을 위기후(魏其侯)로 봉했다. 유랑하는 수많은 선비와 빈객들은 다투어 위기후에게 몸을 의지했다. 이리하여 효경제 시대에는 조정에서 대사를 의논할 경우 열후들은 조후(條侯 : 周亞夫)나 위기후와 대등한 예를 받고자 하지 않고 언제나 자신보다 한 단계 더 높여서 예우했다.

효경제 4년, 율태자(栗太子)를 세우고 위기후를 태자의 부(傅 : 보좌관)로 임명했다. 효경제 7년에 율태자를 폐하니 위기후는 그것에 대하여 자주 간했으나 바로잡을 수 없었기 때문에 병이라 칭하고 남전(藍田)의 남산 기슭에 틀어박혀 몇 달이고 나오지 않았다.

많은 빈객과 변사들은 여러 말로 설득했으나 누구도 위기후를 조정으로 나아가게 하지 못했다. 그러자 양나라 사람인 고수(高遂)가 위기후에게 이렇게 말했다.

"장군을 부귀하게 할 수 있는 분은 폐하이며 장군을 친애하는 분은 태후입니다. 지금 장군은 태자의 부(傅)로서 태자가 폐위되었지만 간쟁은 생각대로 되지 않아 목적을 달성할 수 없었으며 그렇다고 죽을 수도 없는 일

입니다. 그래서 병이라 칭하고 조녀(趙女 : 당시 趙나라는 美人의 産地로 유명했음)를 품고 한적한 곳에 틀어박혀 참조도 하지 않으시며 빈객을 상대로 논의하고 계십니다. 이래서는 장군 자신이 폐하의 과오를 세상에 널리 알리는 것이 됩니다. 만약 폐하와 태후께서 장군에게 노여움을 품게 되면 장군은 말할 것도 없고 처자까지도 주살당하여 어느 분도 살아남지 못할 것입니다."

위기후는 그렇겠다고 생각하여 마침내 일어나 예전대로 참조하게 되었다.

도후(桃侯) 유사(劉舍)가 승상의 자리에서 면직되자 두태후는 그 후임으로 위기후를 자주 추천했다. 그러나 효경제는,

"태후께서는 제가 위기후를 애석하게 생각하여 승상으로 임명하지 않는 줄 알고 계십니까? 위기후는 뽐내기를 좋아하는 남자이므로 경솔한 행동이 많아 승상으로 임명하여 중책을 맡기기에는 곤란합니다."

하며 끝내 위기후를 등용하지 않았으며 건릉후(建陵侯) 위관(衛綰)을 승상으로 임명했다.

무안후(武安侯) 전분(田蚡)은 효경제 황후(皇后 : 후에 王太后)의 동생이며 장릉(長陵)에서 태어났다. 위기후가 대장군이 되어 세도가 당당했을 때 전분은 낭관(郎官)의 한 사람[89]으로 아직 지위가 높지 않았다. 그래서 위기후의 집에 드나들며 술자리를 모시는 등 아들이나 손자처럼 행동했다.

그러다 효경제 만년에 이르자 전분은 날로 지위가 올라가 태중대부[90]가 되었다. 전분은 변설에 능했고 ≪반우(槃盂)≫(黃帝의 史官인 孔甲이 만

---

89) 郎에는 議郎, 中郎, 侍郎, 郎中 등이 있으며 봉록은 比 육백 석에서 比 삼백 석까지.

든 이십육 편의 銘文)와 제자백가의 책을 배웠다. 왕태후는 전분을 현명한 인물이라고 생각했다.

효경제가 붕어하자 그날로 태자(孝武帝)가 즉위하고 왕태후가 섭정하게 되었다. 천하의 인심을 진무함에는 전분의 빈객들이 계책을 내어 따르는 일이 많았다. 효경제 후원(後元) 3년에 천자는 전분과 동생 전승(田勝)이 태후의 동생이라는 이유로 전분을 무안후(武安侯)로, 전승을 주양후(周陽侯)로 봉했다.

무안후는 다시 정무를 담당하여 승상이 되어야겠다고 생각했다. 그래서 빈객들에게 자기를 낮추고 은퇴한 명사를 추천하여 높은 자리에 앉히는 등 위기후나 여러 장군, 그리고 재상을 능가하려고 했다.

건원(建元) 원년, 승상 위관(衛綰)이 병이 들어 사임했다. 천자는 승상과 태위(太尉)[91]의 후임을 심사하여 의논하려 했다. 그러자 적복(籍福)이 무안후에게 말했다.

"위기후는 오랫동안 높은 자리에 있었으므로 천하의 선비들은 평소부터 그에게 몸을 의탁하고 있습니다. 그런데 장군은 이제야 두각을 나타냈을 뿐이므로 아직 위기후에는 미치지 못합니다. 만약 폐하께서 장군을 승상으로 임명하려고 하시거든 위기후에게 양보하십시오. 위기후가 승상으로 임명되면 장군은 반드시 태위로 임명될 것입니다. 태위와 승상은 존귀한 점에 있어 큰 차이가 없습니다. 그뿐 아니라 현자에게 양보했다는 명성도 날 것입니다."

그래서 무안후는 그 까닭을 누님인 태후에게 말씀드리고 슬며시 천자에게 전하게 했다. 이리하여 천자는 위기후를 승상으로 임명하고 무안후를

---

90) 계급은 郎보다 위이며 의논을 관장했다. 봉록은 比 천 석.
91) 秦 이래의 벼슬로 군무를 관장하는 최고의 벼슬. 武帝 建元 2년에는 없었다.

태위로 임명했다. 적복은 위기후에게 축하의 말을 함과 동시에 조상하는 말을 했다.

"공께서는 천성이 선을 좋아하고 악을 미워하십니다. 지금은 선인들이 공을 칭찬하고 있기 때문에 승상에 오르신 것입니다. 그런데 공께서는 또한 악인을 미워하십니다. 세상에는 악인이 많아 당연히 공을 비방하려고 합니다. 공께서 만약 선인과 악인을 잘 포용할 수 있다면 공의 행운은 오래 간직할 수 있겠지요. 그렇게 하지 못한다면 비방을 받아 지금이라도 사임하시게 될 것입니다."

그러나 위기후는 이 말에 귀를 기울이지 않았다.

위기후와 무안후는 유학(儒學)을 좋아하여 조관(趙館)을 추천해 어사대부[92]로 임명하고 왕장(王臧)을 낭중령[93]에 임명했다. 또 노(魯)나라 신공(申公)[94]이라는 유자(儒者)를 맞아 명당(明堂 : 천자가 여러 제후들을 參朝하게 하는 殿堂)을 세우고 열후들을 각기 봉영으로 돌아가게 하며, 관소(關所)를 폐지하고 예법에 따라 복장에 관한 제도를 정하여 그로써 태평성대를 진흥하려 했다.

또한 외척인 두씨 일족과 황족들 중에서 절조와 선행이 없는 자들은 조사하여 견책하고 족보에서 빼버렸다. 당시 외척인 여러 가문의 사람들은 모두 열후가 되었는데 그중에 공주에게 장가든 사람들은 봉국으로 돌아가고 싶어하지 않았다. 그래서 위기후 · 무안후에 대한 비난이 날로 두태후에게 들려왔다.

두태후는 황제 · 노자의 설을 좋아했는데 위기후 · 무안후 · 조관 · 왕장

92) 秦 이래의 벼슬로 副丞相에 해당한다. 봉록은 中 이천 석. 관리의 상주문 전달 · 탄핵 등을 맡아 보았다.

93) 秦 이래의 벼슬로 시종장. 조관, 왕장은 당시의 유명한 儒學者로 魯의 申公의 제자였다.

94) 이름은 培. 당시의 大儒로 팔십여 세. 자세한 것은 儒林列傳 참조.

등은 유가의 학술을 장려하고 도가의 학술을 배척하기에 노력했으므로 두태후는 점점 더 위기후 등을 좋아하지 않게 되었다.

건원 2년에 어사대부 조관이 동궁(東宮 : 太后가 거처하는 궁전)을 통하지 않고 정무를 처리하도록 주청했다. 그러자 두태후는 크게 노하여 조관·왕장 등을 추방하고 승상과 태위를 면직시켰다. 그리고 백지후(柏至侯) 허창(許昌)을 승상으로, 무강후(武彊侯) 장청적(莊靑翟)을 어사대부로 삼았다. 이로 인하여 위기후·무안후는 열후의 신분으로서 자택에 은거하게 되었다.

무안후는 관직은 떠났지만 왕태후(王太后)와의 인연으로 천자의 친애를 받아 가끔 정무에 대하여 사사로이 말씀을 올리면 천자가 귀를 기울이는 일이 많았다. 결국 천하의 관리와 선비로서 권세와 이익을 추구하는 자는 모두 위기후한테서 떠나 무한후에게 귀속했다. 이리하여 무안후는 날로 방자해졌다.

건원 6년 두태후가 붕어했다. 승상 허창과 어사대부 장청적은 두태후의 장례식을 잘 처리하지 못한 죄로 문책을 받아 관직에서 면직되었다. 무안후 전분이 승상이 되고 대사농(大司農)[95]이었던 한안국(韓安國)이 어사대부가 되었다. 천하의 선비들과 군국의 제후들은 더욱더 무안후에게 붙었다.

무안후는 작은 키에 못생긴 얼굴을 하고서는 존귀한 체 뽐내는 꼴이 아주 심했다. 그리고 그는 '제후왕들 중에는 나이 든 이가 많고 천자께서는 즉위하신 지 얼마 되지 않은 데다가 아직 나이가 젊다. 내가 외척으로서 조정의 승상이 된 바에야 제후왕들이 자긍(自矜)을 버리고 예로써 나에게

---

95) 곡물의 가격 안정을 직무로 했다. 한안국이 이 직책에 임명된 당시는 '大農令'이라 했을 것이다. 대사농으로 이름이 고쳐진 것은 武帝 시대 太初 원년의 일이다. 司馬遷은 자기 시대의 관명을 사용한 것이다. 따라서 이 글은 태초 원년, 즉 기원전 104년 이후에 쓰인 것이 된다.

굴복하게 하지 않으면 천하가 천자를 두려워하지 않고 공경하지 않을 것이다.' 라고 생각했다.

그때 승상이 궁내로 들어가 국사를 아뢸 때에는 천자와 승상이 대좌하는 시간이 길어 날이 저물게 되고 그가 주청하는 일은 다 허락되었다. 그리고 승상이 사람을 추천하면 평민에서 일약 이천 석의 봉록을 받는 벼슬에 오르는 자도 있어 무안후의 권위는 천자를 능가하는 듯했다. 그러자 천자께서,

"군이 관리를 임명하는 일은 끝났는가, 아직 덜 끝났는가? 나도 관리를 임명하고 싶다."

고 하셨다. 일찍이 기계를 만드는 일을 장악하고 고공(考工)[96]의 땅을 청하여 자기 집의 택지를 넓히려 하자 천자께서는 노하시어,

"군은 어찌 무기고를 차지하고 싶다고 말하지 않는가?"

라고 말씀하셨다. 그 후로는 그의 기가 다소 꺾였다.

어느 날 그는 손님을 초청하여 주연을 열었는데 형인 개후(蓋侯)를 아랫자리인 남향에 앉게 하고 자기는 윗자리인 동향에 앉았다. 한나라 승상은 높은 자리의 사람이므로 형님이라고 해서 사사로운 정으로 존비의 서열을 바꿀 수는 없다고 생각했기 때문이다.

무안후는 그 후로 더욱 교만을 부려 저택은 여러 열후의 저택 중에서도 제일 웅장하고 훌륭했으며 그의 전원은 아주 비옥했다. 그리고 각 군현에서 모여드는 기물상(器物商)들은 그의 집을 기준으로 근방의 줄을 길게 잇는 것이었다. 그의 저택 앞에는 종과 큰북 등 여러 악기가 나열되어 있고 깃발의 위쪽이 비스듬하게 된 기를 세워 놓았으며 집안에서 일하는 부녀자가 수백이나 되었다. 또 제후들이 올린 금·옥·견마·노리갯감 등

---

96) 여러 가지 기구를 제조하는 관청인데 이 시대에는 '考工室'이라고 했다.

을 이루 다 셀 수가 없었다.

한편 위기후는 두태후를 잃은 뒤 천자로부터 더욱 소외되어 등용되지 않으니 권세가 없었다. 빈객들도 차츰차츰 그의 주위에서 물러나 전처럼 그를 존경하지는 않았다. 그런데 관장군(灌將軍)만은 옛정을 버리지 않고 그에게 경의를 표했다. 그래서 위기후가 묵묵히 실세(失勢)의 날을 보내는 중에도 관장군만은 전과 같이 후하게 대우했다.

관장군(灌將軍) 부(夫)는 영음(潁陰) 사람이다. 관부의 부친인 장맹(張孟)은 일찍이 영음후(潁陰侯) 관영(灌嬰)의 사인(舍人)[97]으로 있으면서 총애를 받았던 바, 그의 추천으로 이천 석의 봉록을 받는 벼슬에 올랐고 관씨(灌氏)의 성을 받아 관맹(灌孟)이라 부르게 되었던 것이다.

오·초 7개국이 반란을 일으켰을 때 영음후 관하(灌何 : 관영의 아들)는 장군이 되어 태위 주아부에게 소속되자 관맹을 교위[98]로 삼아 종군시키고 싶다고 요청했다. 그래서 관부는 천인대장(千人隊長)으로 부자(父子)가 종군했다.

관맹이 늙어서 태위 주아부가 그의 종군을 좀처럼 허락하지 않는 것을 영음후가 종군시키기를 간청했기에 그를 쓰게 되었다. 그래서 관맹은 음울한 마음으로 뜻을 얻지 못했던 까닭에 싸움에서 항상 분전하여 적의 견고한 군진에 대항해 성을 함락시켰으나 마침내 오군(吳軍)의 군진 중에서 전사했다.

군법에 따르면 부자가 함께 종군한 경우 어느 한 사람이 죽으면 살아 있는 자는 그 유해를 가지고 먼저 돌아갈 수 있었지만 관부는 마다하고 분발

---

97) 황후, 태자, 황녀, 왕, 제후 등의 개인적인 侍者. 家臣.
98) 장군 밑의 부대장.

하여 말하기를,

"원컨대 오왕이나 오나라 장군의 목을 쳐서 아버지의 원수를 갚게 해 주십시오."

라고 하면서 갑옷을 입고 창을 든 채 군중의 장사 중에 평소부터 사이가 좋고 함께 적진으로 싸우러 갈 동지를 모았더니 수십 명이 되었다. 그런데 일행이 성문을 나서자 관부를 따라 감히 앞으로 나아가려는 자가 없었다. 다만 두 사람의 장사와 그의 노복 십여 기(騎)가 관부를 따라 오군의 진중으로 쳐들어가 오나라 장군의 본진까지 박두해 적군 수십 명을 살상했다. 그러나 그 이상은 전진을 하지 못하고 말을 달려 한군(漢軍)의 성안으로 돌아왔다. 노복을 다 잃고 단 한 사람의 장사와 함께 되돌아온 관부는 십여 군데나 큰 부상을 입었는데 얼마 후 상처가 다소 나으니 또다시 장군에게,

"저는 이제 오나라 군진 안의 자세한 사정을 다 알고 있습니다. 청컨대 다시 한 번 쳐들어가게 해 주십시오."

라고 청했다. 장군은 그의 뜻을 장하고 의롭게 여겼으나 관부를 전사시키게 될까 염려되어 태위와 상의했다. 그랬더니 태위 역시 극구 그의 출진을 말렸다.

오나라가 패한 뒤에 이 일로 하여 관부의 용명(勇名)은 천하에 널리 알려졌다. 영음후가 그 사실을 알고 관부를 천자께 추천했다. 그러자 천자는 관부를 중랑장[99]에 임명했다. 그런데 수개월이 지난 후 법에 저촉된 그는 직을 떠났고 그 후로는 장안의 집에서 은거하였다.

장안의 여러 선비들 중에 관부를 칭찬하지 않는 자가 없었다. 효경제 때 그는 대(代)나라의 재상이 되어 나갔다. 효경제가 붕어하고 금상폐하(孝

---

99) 侍從武官. 五官·左·右 三將이 있었고 봉록은 모두 比 이천 석.

武帝)가 즉위하자 회양군(淮陽郡)은 천하의 요충지이며 또 날쌔고 용감한 군대가 있는 곳이라 관부를 회양군 태수로 임명했다.

건원 원년에 관부는 조정으로 들어와 태복(太僕)[100]이 되었다. 건원 2년에 관부는 장락궁의 위위(衛尉)[101]인 두보(竇甫)와 술을 마시다 의견이 맞지 않아 술에 취한 김에 두보를 구타했다. 그런데 두보는 두태후의 아우였기 때문에 두태후가 관부를 죽일지도 모르겠다고 생각한 천자는 그를 연나라의 재상으로 자리를 옮겨 주었다.

그로부터 수년 뒤 관부는 법에 저촉되어 관직에서 물러나 장안에 들어앉았다. 관부는 술만 마시면 성질이 거칠어졌으나 성격이 강직해 남과 대면하여 아부하는 것을 좋아하지 않았다. 그는 높은 자리에 있는 자나 외척으로서 세력이 있고 자기보다 고위에 있는 자에 대해서 예의를 지키기를 좋아하지 않고 도리어 그를 업신여겼으며 자기보다 하위에 있는 자들에 대해서는 빈천하면 빈천할수록 더욱더 경의를 표하며 대등하게 사귀었다. 그리고 많은 사람들 앞에서 비천한 무리를 추천하고 중하게 예우했기 때문에 그들도 관부를 존중히 여겼다.

관부는 학문보다는 의협을 좋아하며 타인에게 약속한 것을 반드시 지키는 것을 존중했다. 그가 교제한 많은 사람은 대부분 호걸이 아니면 건달패의 두목이었다. 식객은 매일 팔구십 명에서 일백 명을 헤아렸으며 집에는 수천 금에서 만 금이나 되는 재산을 모아 놓고 저수지와 전원도 소유하고 있었다. 그의 일가나 빈객들이 영천군에서 권세를 부리고 이익을 독점하여 횡행했기 때문에 영천군의 아이들은 다음과 같은 원망의 노래를 불렀다.

---

100) 秦 이래의 벼슬로 천자의 수레, 말을 관리하였다.
101) 長樂宮의 호위대장.

영천강 강물이 맑게 흐르면
관씨가의 가문은 태평하겠지.
영천강 강물이 탁하게 흐르면
관씨가의 일족은 멸망한다네.

관부는 부유하기는 했으나 은퇴한 뒤에 세력을 잃어 전에 관부의 빈객이었던 대신이나 시중들도 차츰 멀어지게 되었고 위기후는 세력을 잃게 되자 관부에게 의지했다. 두 사람은 두 가닥으로 새끼를 꼬듯 협력하여, 평소에 자기를 흠모하다가 뒤에는 모르는 체하는 무리들을 뿌리를 뽑듯 배척하고자 했다.

관부 또한 위기후를 의지하여 열후나 황족들과 교제하여 명성을 높였다. 두 사람은 서로 돕고 의지하여 마치 부자지간처럼 친밀했다. 이와 같이 서로 의기가 투합하여 조금도 싫어할 줄 몰랐으며 늦게 알게 된 것을 한탄했다.

관부가 상중(喪中)에 승상 무안후(武安侯)를 방문했더니 승상은 별생각 없이 이렇게 말했다.

"나는 중유(仲孺 : 관부의 字)와 함께 위기후를 방문하고 싶었는데 공교롭게 중유가 상중이구려."

그러자 관부가,

"장군께서 위기후를 방문하신다면 제가 어찌 상복을 입었다는 이유로 함께 가기를 사양하겠습니까? 속히 위기후에게 전해 접대할 준비를 하도록 하겠습니다. 장군께서는 내일 아침 일찍 나와 주십시오."

라고 말하여 무안후는 승낙했다. 관부는 무안후에게 이른 대로 자세하게 위기후에게 말했다. 위기후는 그의 부인과 함께 쇠고기와 술을 충분히 사들이고 밤새도록 집안을 청소하여 서둘러 접대할 준비를 갖추고 새벽부터 집안의 사람을 시켜 승상을 맞기 위해 나가서 기다리게 했다. 그런데 한낮이 되어도 승상은 오지 않았다. 그러자 위기후는 관부에게 말했다.

"승상이 혹시 잊은 것 아니오?"

관부는 불쾌해서,

"나는 상중인데도 불구하고 굳이 그분에게 청했는데, 내가 직접 마중을 나가 보지요."

하고 마차에 타더니 몸소 승상을 마중하러 나갔다. 승상은 전날 그저 농담 삼아 관부에게 승낙을 했던지라 위기후의 집에 갈 생각은 없었다. 그러므로 관부가 승상의 집에 도착했을 때도 그는 아직 잠자리에 있었다. 관부는 방으로 들어가 승상을 보고서는,

"장군께서는 어제 위기후를 방문하실 것을 승낙하셨습니다. 위기후 부부는 잔치 준비를 갖추고 이른 아침부터 지금까지 음식도 들지 않은 채 기다리고 있습니다."

라고 말했다. 무안후는 놀라서,

"내가 어제 술에 취하여 중유와 약속한 것을 잊었소."

사과하고 곧 마차를 타고 출발했으나 그의 가는 모습이 한없이 느긋하니 관부는 더욱 화가 났다. 술좌석이 한창 무르익었을 때 관부는 일어서서 춤을 추며 승상에게도 춤을 추도록 권했다. 그러나 승상은 일어서지 않았다. 관부는 앉은 자리에서 승상에게 욕설을 했다. 그러자 위기후가 관부를 껴안아 자리를 뜨게 하고 승상에게 사과했다. 승상은 밤까지 술을 마시며 마냥 즐기다가 돌아갔다.

그 후 어느 날 승상은 적복(籍福)을 시켜 위기후에게 성남(城南)의 밭을 양보해 달라고 청했다. 위기후는 크게 원망하여,

"이 노복(老僕)은 비록 세상에서 버림을 받았고 장군은 지금 존귀한 자리에 있다고 하지만 어찌 권세를 가지고 빼앗을 수 있단 말인가?"

하며 승낙하지 않았다. 관부는 이 말을 전해 듣고 노하여 적복을 꾸짖었다. 적복은 무안후와 위기후 두 사람이 이런 일로 사이가 나빠지는 것이 두려워 사실을 감추고 거짓으로 적당히 말을 꾸며 승상에게,

"위기후는 노령이니 머지않아 죽을 것입니다. 그다지 오래 참으실 필요도 없을 것 같으니 조금만 기다려 보십시오."

라고 말하며 사죄했다. 그러나 사실은 위기후와 관부가 화가 나서 밭을 떼어 주지 않았다는 말을 나중에 듣고 무안후 또한 노하여 이렇게 말했다.

"위기후의 아들이 예전에 사람을 죽였을 때 내가 구해 준 적이 있다. 또한 나는 위기후를 섬겨 그의 뜻을 어긴 일이 없다. 그런데도 어찌 두어 이랑의 밭을 아낀단 말인가? 그리고 관부는 이 일과 도대체 무슨 상관이 있다고? 이제 다시는 그 밭을 달라고 말하지 않으리라."

무안후는 이때부터 관부와 위기후를 크게 원망했다.

원광(元光) 4년 봄, 승상은 천자에게,

"영천에 있는 관부의 횡포가 극심해서 백성들이 고생을 하고 있습니다. 그러하오니 부디 조사를 하게 해 주십시오."

라고 아뢰었으나 천자는,

"그런 일은 승상의 직분에 속하는 일이오. 그러니 일부러 주청할 필요는 없소."

하였다. 관부 또한 승상의 비밀, 즉 부정으로 이익을 본 것과 회남왕의 뇌물을 받고 음모한 것을 은폐해 준 사실 등을 알고 있었다. 그리하여 양가의 빈객들이 중간에서 조정한 결과 마침내 서로 화해했다.

그 해 여름, 승상은 연나라 왕의 딸을 맞이하여 부인으로 삼았다. 그래서 태후의 명령으로 열후와 황족들이 모두 축하하러 가게 되었다. 위기후도 관부의 집에 들러 함께 가자고 했다. 그러자 관부는,

"나는 술자리에서 자주 실수하여 승상의 미움을 받고 있습니다. 게다가

승상은 지금까지 나와 사이가 좋지 않습니다."

라며 사양했지만 위기후는,

"일은 벌써 해결되지 않았습니까?"

하며 강권하여 동행했다.

주연이 한창 무르익을 무렵 무안후가 일어나 축배를 들자 자리에 있던 모든 사람들이 경의를 표하여 자리를 비켜 엎드렸다. 조금 후에 위기후가 축배를 들자 옛날에 친했던 사람들만이 자리를 비켜 경의를 표했을 뿐 대부분이 그 자리에 무릎만 꿇어앉을 따름이었다. 관부는 기분이 좋지 않았으나 일어나 술잔을 올리러 무안후의 자리로 가니 무안후는 자리에 무릎을 꿇은 채로 말했다.

"술잔이 넘칠 듯이 가득 따르더라도 이제 더 이상 마실 수가 없소이다."

관부는 마음속으로 화가 났으나 억지로 웃음을 띠며,

"장군은 귀하신 분이니까."

하며 잔을 권했다. 그러나 무안후는 끝내 술을 마시려고 하지 않았다. 그 다음 차례로 술잔을 돌려서 임여후(臨汝侯 : 관영의 손자 灌賢)의 자리로 갔다. 임여후는 마침 정불식(程不識)과 귓속말을 하느라고 그 역시 자리를 비켜 술잔을 받으려 하지 않았다. 관부는 화풀이할 데가 없던 차에 임여후를 꾸짖어 말했다.

"언제는 정불식 따위는 한 푼의 가치도 없다고 헐뜯고 다니더니 오늘은 손위 사람이 술잔을 권하는데도 계집아이 모양으로 귓속말이나 속삭이고 있군."

그러자 무안후가 관부에게 말했다.

"정불식과 이광(李廣)은 동궁(東宮 : 長樂宮으로 太后의 거처)과 서궁(西宮 : 未央宮으로 天子의 거처)의 위위(衛尉)로서 같은 지위에 있소. 이제 여러 사람 앞에서 정장군을 모욕했으니 그대는 같은 지위에 있는 이장군의 입장을 생각하지도 않소?"

"오늘 목이 달아나고 가슴에 구멍이 뚫릴지라도 피하지 않겠다. 내 어
찌 정불식이나 이광 따위의 입장을 알겠는가?"

이러한 상황이 되자 좌중의 사람들은 일어나 변소에 가는 척하고 차례
로 나가 버렸다. 위기후도 가려고 관부를 손짓해 부르며 방을 나갔다. 무
안후는 마침내 노하여 말했다.

"내가 관부의 교만 방자함을 방치해 두었기에 이런 일이 벌어지게 되었
다."

하면서 옆에 따르던 기병에게 명하여 관부를 붙들어 두도록 했다. 관부
는 밖으로 나가려고 했으나 나갈 수 없었다. 적복이 일어나서 관부를 위하
여 대신 사죄하고 또한 관부의 머리를 눌러 사과시키려고 했다. 하지만 관
부는 점점 노하여 아무리 해도 사과하려 하지 않았다. 무안후는 시종한 기
병을 손짓으로 불러 관부를 포박하여 역전사(驛傳舍)에 가두게 하고 장사
(長史 : 승상의 屬官)를 불러서,

"오늘 황족들을 초대한 것은 조명(詔命)이 있었기 때문이다."

라고 말하고 관부가 이런 연석(宴席)에서 귀빈들을 욕보인 것은 어명을
가볍게 여긴 불경죄라고 탄핵하여 거실(居室)[102]에 가두었다.

그리고 마침내는 관부의 소행을 조사하게 하고 관리들을 파견하여 분담
해서 관씨의 일족을 추적하여 잡아들여 모두 기시(棄市)의 죄(사형에 처
해서 시체를 시장에 내걸어 여러 사람에게 보이는 형)에 처하려고 했다.

위기후는 자신이 관부에게 함께 가자고 권유하여 이런 결과가 되었으
므로 크게 후회하고 비용을 써 가며 빈객을 동원하여 관부의 사면을 청했

---

102) 천자가 사용하는 비용을 징수하는 관청인 少府에 속하는 관아로 한때는 죄인을 구금하는 곳
으로도 사용된 듯하며 司馬遷도 여기에 구금당한 적이 있다.

으나 관부의 죄를 풀지 못했다. 또 무안후의 부하 관리들은 무안후의 눈과 귀가 되어 수색했으나 관씨 일족은 모두 도망하여 숨어 버렸다. 관부는 갇혀 있는 몸이라 끝내 무안후의 비밀을 고발할 수가 없었다.

위기후는 있는 힘을 다하여 관부를 구하려고 했다. 그러자 그의 부인이 그에게 간했다.

"관장군은 승상에 대하여 죄를 범하고 태후의 집안에 대하여 거역하는 짓을 했기 때문에 도저히 구해 내지 못할 것입니다."

그러나 위기후는,

"열후의 지위는 내 자신의 힘으로 얻은 것이니 버린다 하더라도 한이 될 것이 없소. 그렇지만 관중유를 죽이고 나 혼자만 살아남을 수는 없는 일이오."

하고 가족들 몰래 외출하여 천자에게 글을 올렸다. 그 결과 즉각 부름을 받고 참내하여, 관부가 술에 취한 끝에 일어난 일이므로 죽여야 할 정도의 죄는 아니라는 점을 자세히 설명했다. 천자도 그렇다고 생각하고 위기후에게 음식을 내리며 말했다.

"동조정(東朝廷 : 太后가 있는 조정)에 가서 이 일을 해명하는 것이 좋겠소."

그래서 위기후는 동조정에 가서 관부의 좋은 점을 크게 내세우며 취중에 범한 과실을 승상이 다른 사건과 결부시켜 무고함으로써 관부를 죄에 떨어뜨렸다고 주장했다. 무안후도 지지 않고 관부의 소행이 횡포하고 방자하며 악역무도한 죄를 범했다고 역설했다. 위기후는 아무리 생각해 보아도 달리 도리가 없다고 판단하여 승상의 결점을 말했다. 그러자 무안후는 이렇게 말했다.

"천하는 다행스럽게도 태평무사하고 저는 외척으로서 영광을 누리고 있으며 좋아하는 것은 음악과 견마(犬馬)와 전택(田宅)에 대한 일이고 사랑하는 것은 배우나 훌륭한 솜씨를 가진 장인(匠人)들에 지나지 않습니다.

그런데 위기후와 관부는 밤낮으로 천하의 호걸과 장사들을 불러모아 놓고 의논을 주고받으며 마음속으로는 비방을 일삼고, 하늘을 우러러 천문을 살피지 않으면 아래로 지리를 따지며 양궁(兩宮 : 천자가 있는 미앙궁과 태후가 있는 장락궁)의 사이를 넘보면서 천하에 변란이 일어나기를 바라고, 그때가 되면 큰 공을 세울 것을 바라고 있습니다만 저는 그런 무리들과는 다릅니다. 저는 위기후 등의 소행이 이해가 되지 않습니다."

이리하여 천자는 두 사람 가운데 어느 편이 옳은가를 조정의 신하들에게 물었다. 어사대부 한안국이 말했다.

"위기후는 말하기를, '관부의 부친은 변란에 자기 몸을 바쳤고 관부 자신도 창을 들고 매우 강한 오나라 군중으로 뛰어들어 몸에 수십 군데나 상처를 입도록 싸운 명성은 삼군(三軍) 중에서 으뜸인 천하의 장사다. 그에게 특별한 큰 죄가 있었던 것은 아니고 단지 술자리에서 술잔을 주고받다가 일어난 다툼이기 때문에 다른 잘못까지 끌어들여 처형을 할 것까지는 없다.'고 했는데 옳은 말입니다.

승상도 말하기를, '관부는 간사하고 교활한 무리들과 통하여 가난한 백성들을 괴롭혀 집에는 거만의 재산을 쌓았으며, 영천에서 제멋대로 횡포를 부리고 종실을 업신여기며 제실(帝室)의 골육지친을 모독하고 있으니 이것이야말로 참으로 '가지가 줄기보다 크고 종아리가 허벅지보다 굵어서 부러지지 않으면 반드시 찢어지게 된다.'고 했는데 그 말도 옳습니다. 이 일은 다만 영명하신 폐하께서 하교해 주셔야 할 줄 아옵니다."

주작도위(主爵都尉)[103] 급암(汲暗)은 위기후가 옳다고 했다. 내사(內

---

103) 列侯를 단속하는 벼슬.

史)[104] 정당시(鄭當時)는 처음에는 위기후가 옳다고 했으나 나중에는 강력하게 주장하지는 않았다. 그 밖의 사람들은 아무도 대답하려 하지 않았다. 그러자 천자는 내사에게 노하여 말했다.

"그대는 평소 늘 위기후와 무안후의 장단점을 평하더니 오늘 조정의 의논에서는 위축되어 마치 수레에 매어 놓은 망아지를 닮았군. 나는 그대 같은 자들도 함께 참형에 처할 것이다."

그리고 더 이상 묻지 않고 일어나서 안으로 들어가 태후에게 음식을 올렸다. 미리 사람을 시켜 형편을 엿보게 하여 사정을 알고 있는 태후는 노하여 음식도 먹지 않고 말했다.

"지금 내가 살아 있는데도 사람들은 모두 나의 아우를 짓밟으려 하고 있소. 그러니 내가 죽은 후에는 아우를 생선이나 고기처럼 요리할 것이오. 그리고 천자께서도 석상(石像)처럼 오래 살 수는 없을 것이오. 저 사람들은 천자께서 건재하신데도 어느 한 사람의 말에 우왕좌왕하고 있을 뿐이오. 만약 천자께서 붕어하신 다음에는 저 사람들 가운데 믿을 만한 자가 누가 있겠소?"

천자는 사과하며 말하기를,

"위기후도 무안후도 황실의 외척이기 때문에 조정에서 변론을 시킨 것입니다. 그렇지만 않다면 이 일은 다만 한 옥리가 처리할 문제에 지나지 않습니다."

이때 낭중령 석건(石建)은 천자를 위해 위기후와 무안후 두 사람의 문제를 조리 있게 분별하여 해설했다.

무안후는 조정에서 퇴출하여 지거문(止車門)을 나오자 어사대부 한안

---

104) 秦 이래의 벼슬. 수도의 장관. 주작도위, 내사 모두 태초 원년에 관명이 바뀌었다. 이 편에서는 태초 원년 이전의 관명과 이후의 관명이 함께 쓰이고 있다.

국을 불러 수레에 함께 타고 가면서 노하여 말했다.

"장유(長孺 : 한안국의 字)와 함께 늙은이(위기후) 하나를 해치우려 하는데 어째서 쥐처럼 의심을 품어 어느 한쪽으로 결정하지 못하고 두 마음으로 모호한 태도를 취했는가?"

어사대부는 잠시 생각하다가 승상에게 말했다.

"공께서는 어째서 자중하시지 않습니까? 애초에 위기후가 공을 비난했을 때 공께서는 당연히 관을 벗고 승상의 인수(印綬)를 풀어 폐하께 돌려드리면서 '신은 외척으로서 다행스럽게도 승상이 되었습니다만 원래 그 적임이 아니었습니다. 위기후의 말이 모두 옳습니다.' 라고 말씀을 드려야 했습니다. 이와 같이 하셨더라면 폐하께서는 공에게 겸양의 덕이 많다고 여기시어 공을 폐하실 리는 없을 터이고 또 위기후는 마음속으로 부끄럽게 생각해 문을 닫고 혀를 깨물어 자살했을 것입니다.

그런데 지금 남이 공을 비방한다고 해서 공께서도 남을 비방하셨습니다. 이렇게 해서 장사치의 아이놈과 아녀자의 말다툼처럼 되어 버렸으니 어찌 대인다운 체면이 서겠습니까?"

무안후는 지나치게 책망했던 무례를 사과하며,

"다툴 때에는 사태가 절박했기 때문에 그런 계책에 생각이 미치지 못했소."

라고 말했다. 그런데 천자는 어사에게 명하여, 위기후가 관부에 대해 주상한 말이 자못 부당하게 기만한 것임을 문서에 비추어 문책하게 하고 그를 탄핵해 도사공(都司空 : 황족이나 외척에 관한 옥사를 다스리는 관리)의 손에 넘겨 옥에 가두게 했다.

효경제 때 위기후는 천자로부터,

"만약 불리한 일이 생길 경우에는 적당한 때에 천자에게 주상하라."

하는 유조(遺詔)를 받은 일이 있었다. 위기후가 옥에 갇히게 되자 관부의 죄는 그 일족에까지 미치게 되고 일은 날로 위급을 고했다. 그러나 조정의 신하들 중 누구 한 사람 그러한 사실을 천자에게 말해 주는 이가 없었다. 위기후는 유조에 대해서 조카에게 상서하게 하여 천자를 다시 한 번 알현하기를 원했다.

상서가 올라가자 천자는 상서(尙書 : 궁중의 문서를 관장하는 곳)를 조사해 보도록 했으나 효경제가 붕어할 때 그러한 유조를 위기후에게 하사했다는 확증은 없었다. 조서는 위기후의 집에만 소장되어 있었고 가승(家丞)[105]이 봉인해 두었다. 그로 인해 위기후는 '선제의 조서를 거짓으로 꾸몄으므로 그 죄는 기시(棄市)에 해당한다.'고 탄핵을 받게 되었다.

원광(元光) 5년 시월, 관부와 그 가족이 모두 처형됐다. 위기후는 얼마 후에 그 말을 들었는데 듣자마자 격노하여 풍병(風病)에 걸렸다. 그리고 음식도 들지 않고 죽으려 했다. 그런데 천자께서 위기후를 죽일 의향이 없다는 말을 듣고 나서 다시 음식을 먹기도 하고 병을 치료하기도 했다. 조정의 논의에서도 위기후를 죽이지 않기로 결정했다. 그런데 위기후를 비방하는 근거도 없는 유언비어가 떠돌아 천자의 귀에까지 들리게 되었다. 그 때문에 결국 십이 월 그믐날에[106] 위성(渭城)에서 기시(棄市)되어 처형을 당했다.

그 이듬해 봄, 무안후는 병에 걸렸는데 자꾸만 헛소리로 '내가 나빴다.'고 부르짖으며 사죄하였다. 그래서 귀신을 보는 능력이 있는 무당에게 물었더니 위기후와 관부가 함께 무안후를 지켜보며 죽이려는 것이 보인다고 했다.

---

105) 侯家의 사무관.
106) 고대 중국에서는 만물이 생장하는 봄에는 사형을 집행하지 않고 만물이 枯死하는 겨울에 사형을 집행했다. 그러므로 연말이 다가왔을 때 황급히 판결을 내려 즉시 형이 집행되었던 것이다.

얼마 후 무안후가 죽었다. 그의 아들 염(恬)이 뒤를 이었다. 원삭(元朔) 3년, 무안후 염은 첨유(襜褕 : 짧은 옷으로서 참내할 때의 정식 복장은 아님)를 입고 궁중에 들어왔다 하여 불경죄에 걸려 영지를 몰수당했다.

회남왕이 반란을 일으키려다 발각되어 처단되었다. 회남왕이 전에 입조했을 때 무안후 분(蚡)은 태위로서 패상까지 나가 왕을 맞이하면서 말했다.

"폐하께서는 아직 태자가 없고 대왕께서는 가장 현명하시며 고조의 손자이십니다. 만약 폐하께서 붕어하신 후 대왕께서 즉위하시지 않는다면 도대체 어느 분이 즉위하겠습니까?"

회남왕은 크게 기뻐하며 무안후에게 많은 금과 재물을 주었다.

천자는 위기후 사건 이후로 무안후를 정직하지 않다고 생각했으나 오직 태후와의 관계를 고려해서 그대로 두었을 뿐이었다. 그런데 회남왕의 금품을 받은 일을 듣게 되자 천자는 이렇게 말했다.

"만약 무안후가 살아 있었더라면 그 일족에게 족멸(族滅)의 형을 내렸을 텐데……."

태사공은 말한다.

"위기후와 무안후는 모두 외척인 까닭에 중용되었고 관부는 한때 결사의 계책으로 그의 이름이 드러났다. 위기후가 등용된 것은 오·초 7국이 반란을 일으킨 때문이고 무안후가 존귀한 신분에 오르게 된 것은 효무제와 왕태후 때를 만났기 때문이다.

그런데 위기후는 시대의 변천을 알지 못했고 학문이 없는 관부는 불손했다. 이 두 사람은 서로 돕다가 화를 불러일으키게 되었다.

무안후는 존귀한 신분을 믿고 권세 부리기를 좋아하다 술잔을 주고받는 일에 원한을 품어 저 두 사람을 죽음에 빠뜨렸다.

아아! 슬픈 일이다. 자기의 노여움을 옮겨 남에게 미치게 하고 결국 자신의 생명마저 길지 못하게 했다. 뭇 사람들의 추앙과 존경을 잃고 결국은 악평을 받았다.

아아! 이 또한 슬픈 일이다. 생각하건대 화란은 원인이 있는 것이다."[107]

---

[107] 마지막 한 구 '禍所從來矣'는 번역하기 어렵다. 재난의 근본이 태후에게 있음을 은연중에 말하는 것이라는 설이 있는데 옳은 것 같다.

제48 한장유열전(韓長孺列傳)

어사대부 한안국(韓安國)[108]의 자는 장유(長孺)로 양(梁)나라 성안(成安) 사람이었으나 나중에 수양(睢陽)으로 옮겨 살았다. 일찍 이 한비자와 잡가 (雜家 : 儒·墨·名·法 등 諸家의 학설을 절충한 학파)의 학설을 추(騶) 의 전생(田生)에게서 배우고 양나라 효왕(孝王)을 섬겨 중대부가 되었다.

오·초 7국이 반란을 일으켰을 때 효왕은 한안국과 장우(張羽)를 장군 으로 삼아 양나라 동쪽 국경에서 오나라 군대를 방어하게 했다. 한안국은 신중을 기하며 좀처럼 싸우려 하지 않았으나 장우는 용감하게 힘껏 싸웠 다. 그 때문에 오나라 군대는 양나라를 지나갈 수 없었다. 오·초 7국이 격파된 후 한안국과 장우는 이 일로 이름이 드러났다.

양나라 효왕은 효경제의 동모제(同母弟)였으므로 그 어머니인 두태후 (竇太后)는 효왕을 사랑하여 몸소 천자에게 주청하여, 양나라에 재상과 이천 석을 받는 고관을 둘 수 있게 해 주었다.(漢나라 초기 제도로 이천 석 이하의 관리는 왕이 自國에서 임명하고 이천 석의 고관은 천자가 몸소 임 명하여 王國에 파견했다.)

그런데 효왕은 외람되게도 출입과 유흥을 왕의 신분을 넘어 천자의 격 식대로 행했다. 효경제는 이 말을 듣고 마음속으로 마땅치 않았다. 태후도 천자가 못마땅해 하는 것을 알고 양나라의 사자를 인견하지도 않고 서신 을 통해 왕의 행위를 꾸짖었다.

한안국은 양나라의 사자가 되어 대장공주(大長公主 : 孝景帝의 맏누이)

---

108) 어사대부는 秦 이래의 벼슬로 부승상에 해당했다. 관리의 감찰, 탄핵 등을 관장했다. 韓安 國의 字를 長孺라고 한 것이 ≪漢書≫에 보인다.

를 알현하여 울면서 말했다.

"양왕은 아들로서 효도를 다하고 신하로서 충성을 다했는데 어찌하여 태후께서는 그것을 알아주지 않으십니까? 전에 오·초·제·조 등 7국이 반란을 일으켰을 때 함곡관의 동쪽은 모두 맹약을 맺어 서쪽(漢나라의 國都인 長安)으로 향했습니다. 그렇지만 오직 양나라만이 한실(漢室)과 가장 친밀하여 반란군과 힘겨운 전쟁을 했습니다.

양왕은 제후들이 배반해 반란을 일으키고 관중에 계신 태후와 천자께서 고립된 상태를 우려하여 말 한마디 할 때마다 눈물을 흘릴 정도였습니다. 그리고 무릎을 꿇고 신 등 여섯 명[109]에게 군사를 이끌고 오·초를 공격해 이를 물리치라고 하셨습니다. 오·초 등은 그 때문에 군대를 서쪽으로 진격시키지 못했으며 마침내 격파되어 멸망했습니다. 이는 양왕의 힘입니다.

지금 태후께서는 사소한 예절을 가지고 양왕을 책망하고 계십니다만 양왕의 아버지와 형님은 모두 제왕(帝王)이셨기 때문에 평소에 천자의 제도가 존귀함을 보고 자랐습니다. 그러기에 출입을 할 때에는 경필(警蹕 : 행차할 때 도로를 앞서 가며 통행을 금지시키는 일)을 외치게 한 것입니다. 또 수레와 기(旗)는 모두 천자께서 하사하신 것들입니다. 이제 그것으로 변방의 백성들에게 과시하고 국내를 두루 달려 제후에게 위엄을 보이며 태후와 천자의 총애를 받고 있음을 온 천하에 알리려 했던 것입니다.

그런데 지금 양나라의 사자가 오기만 하면 그때마다 서면으로 문책을 하시니 양왕은 두려워서 밤낮으로 눈물을 흘리며 태후와 황제를 사모할 뿐, 어찌할 바를 모르고 있습니다. 양왕은 아들로서 효도를, 신하로서 충성을 다하는데 어째서 태후께서는 불쌍히 여기지 않으십니까?"

---

109) 韓安國과 張羽 외에 2명의 장군 이름은 알 수 있다. 나머지 2명은 불분명하다.

대장공주는 이 말을 태후에게 자세히 보고하자 태후는 기뻐하며 말했다.

"양왕을 위해 이 말을 천자에게 고하여라."

대장공주가 천자에게 아뢰자 천자의 마음도 풀려 관을 벗고 태후에게 사과하였다.

"형제가 서로 화목하게 지내지 못해 태후께 걱정을 끼쳐 드렸습니다."

그리하여 양나라의 사자를 모두 인견하고 후하게 금품을 하사했다. 그후로 양왕은 더욱더 사랑을 받았다. 태후와 대장공주는 연이어 한안국에게 선물을 보냈는데 그 값은 천 금이 넘었다. 한안국은 이일로 유명하게 되고 한나라 조정과도 인연을 맺게 되었다.

그런데 얼마 후 한안국은 법에 저촉되어 형벌을 받게 되었다. 그때 몽현 (蒙縣)의 옥리인 전갑(田甲 : 성은 田이며 이름은 임시로 甲이라 함)이 한안국을 모욕하자 한안국은,

"불이 꺼진 재일지라도 다시 타오르는 일이 절대로 없는 것은 아니다."

라고 말했다. 그러자 전갑은,

"탄다면 오줌을 누겠다."

고 했다. 그 후 얼마 안 되어 양나라 내사(內史)[110]가 결원이 되었다. 한나라에서는 사자를 보내 한안국을 양나라 내사로 임명하도록 지시했다. 한안국은 도형(徒刑) 중에 풀려 나와 이천 석의 봉록을 받는 고관이 되었다. 그러자 전갑이 놀라 도망을 쳤는데 한안국이,

"전갑, 관직에 복귀하지 않으면 너의 일족을 멸족시키겠다."

라고 포고했기 때문에 전갑이 나타나 옷을 벗어 어깨를 드러내고 사죄했다. 한안국은 웃으면서,

---

110) 梁나라 都의 장관.

"오줌을 누어 보거라. 너희 같은 무리들은 문책할 가치조차 없는 놈들이다."

라고 말했지만 그 후 그를 후대해 주었다.

양나라의 내사가 결원이었을 때 효왕은 제나라 사람인 공손궤(公孫詭)라는 신하가 마음에 들었으므로 주청하여 내사로 삼으려 했다. 두태후가 이 말을 듣고 왕에게 조서를 내려 한안국을 내사로 임명케 했던 것이다.

공손궤와 양승(羊勝)은 효왕을 설득해 자신을 천자의 태자로 삼을 것과 영지를 늘려 줄 것을 천자에게 요구하게 했다. 그런데 한나라의 대신들이 듣지 않을 것을 두려워하여 몰래 자객을 풀어 한나라의 요직에 있는 모신(謀臣)을 찔러 죽이고 원래 오나라의 재상이었던 원앙(袁盎)을 죽이려고 했다.

효경제는 공손궤와 양승 등의 계획을 듣게 되자 사자를 파견하여 시비를 따지지 말고 공손궤와 양승을 체포해 오라고 했다. 그런데 한나라의 사자 열 명이 잇달아 양나라에 도착하여 온 나라가 널리 수색했으나 한 달이 넘어도 잡지 못했다.

내사 한안국은 공손궤와 양승이 효왕의 거처에 숨어 있다는 말을 듣고 왕궁으로 들어가 살핀 다음 왕에게 울면서 이렇게 말했다.

"군주가 욕을 당하면 신하는 죽는다고 합니다. 대왕에게 훌륭한 신하가 없기 때문에 일이 이와 같이 시끄럽게 된 것입니다. 지금 공손궤와 양승을 잡지 못하고 있습니다. 저에게 벼슬을 그만두게 하시고 죽음을 내려 주십시오."

"이렇게까지 할 필요가 있소?"

한안국은 눈물을 뚝뚝 흘리며 말했다.

"대왕께서 스스로 헤아려 보실 때 대왕과 황제의 친밀함이 태상황(太上皇 : 高祖의 아버지)과 고황제, 또는 황제와 임강왕(臨江王 : 전의 栗太子)

의 친밀함과 비교하여 어느 쪽이 더 낫다고 생각하십니까?"

"나는 그분들에게 미치지 못하오."

"대저 태상황과 임강왕은 각각 고황제나 황제와 실로 부자 사이입니다. 그렇건만 고황제께서 '세 척 검을 휘둘러 천하를 얻은 것은 짐이다.' 라고 하셨기에 태상황은 생전에 정치를 마음대로 하지 못하고 역양(櫟陽)에 거주하셨습니다.

임강왕은 적출(嫡出) 장남으로 태자였습니다. 그런데 그 어머니의 단지 말 한마디 잘못(효경제가 여러 후궁의 아들을 태자의 어머니인 율희(栗姬)에게 의탁했을 때 율희의 말씨가 불손했음)으로 태자에서 폐위당하고 임강왕이 되었습니다. 그리고 나중에 종묘 바깥담의 땅을 자기 궁전의 부지로 사용한 죄로 마침내 중위부(中尉府 : 국토의 治安廳)에서 자살하게 되었던 것입니다.

어째서 일이 이렇게 되었는가를 말씀드리자면 천하를 다스리는 데에는 추호도 사사로운 정리로 인해 공공의 질서를 어지럽힐 수 없기 때문입니다. 옛말에 '친아버지라도 호랑이가 되지 않는다고는 말할 수 없으며 친형이라도 늑대가 되지 않는다고는 말할 수 없다.' 고 했습니다.

지금 대왕께서는 제후의 귀한 신분에 계시면서 간사한 신하의 터무니없는 말에 미혹되시어 한나라 조정의 금령을 범하고 밝은 법을 굽히려 하십니다. 그런데도 황제께서는 대왕에 대한 태후의 사랑을 고려하시어 대왕의 처벌을 주저하고 계십니다. 태후께서는 밤낮으로 울며 대왕께서 마음을 돌리기만 간절히 바라고 계십니다. 그렇건만 대왕께서는 끝내 깨닫지 못하고 계십니다. 만약 태후께서 붕어하신다면 대왕께서는 누구를 의지하려고 하십니까?"

이 말이 채 끝나기도 전에 효왕은 눈물을 줄줄 흘리면서 한안국에게 사과하며 말했다.

"지금 공손궤와 양승을 내어 주겠소."

그 말을 들은 공손궤와 양승은 자살하였으며 한나라의 사자는 돌아가서 그대로 보고했다. 양나라의 문제가 해결된 것은 모두 한안국의 힘이었다. 이리하여 효경제와 태후는 더욱더 한안국을 신임하게 되었다.

효왕이 죽자 공왕(共王)이 즉위했다. 한안국은 법에 저촉되어 관직을 잃고 은퇴하여 집에 있었다. 건원(建元) 연간에 무안후 전분(田蚡)이 한나라의 태위(太尉)[111]가 되어 외척으로서 지위도 높아져 정사를 맡아보았다.

그때 한안국은 오백 금이 나가는 물품을 전분에게 바쳤다. 전분은 한안국을 왕태후(王太后)에게 추천했다. 천자(孝武帝)도 평소부터 한안국의 현명함을 듣고 있던 터라 곧 불러들여 북지도위(北地都尉)[112]로 임명했고 후에 대사농(大司農)[113]으로 전임시켰다.

민월(閩越)과 동월(東越)이 서로 공격했다. 한안국과 대행(大行)[114] 왕회(王恢)가 군사를 거느리고 나갔으나 월나라에 아직 도착하기도 전에 민월이 그의 왕을 죽이고 한나라에 항복했으므로 한나라의 군대도 되돌아왔다.

건원 6년, 무안후가 승상이 되고 한안국이 어사대부가 되었다. 때마침 흉노의 사자가 와서 한나라와 화친을 청했다. 천자는 이 일을 신하들에게 의논하게 했다. 대행 왕회는 연나라 사람으로 변경 관리의 경험이 있어 흉노의 사정을 익히 알고 있었기 때문에,

"한나라와 흉노가 화친을 하더라도 아마 몇 해 가지 않아 흉노는 약정을

---

111) 秦 이래의 벼슬로 군사의 최고 지휘관.
112) 北地郡의 都尉. 도위는 秦 이래의 벼슬로 郡의 수비대장. 봉록은 比 이천 석.
113) 곡물의 가격을 감독했다. 이 시대에는 大農令이라 했고 관명이 大司農으로 바뀐 것은 太初 元年의 일이다.
114) 천자의 의식 제도를 주관하고 제후를 대접하는 직분.

배신할 것입니다. 그러니 화친을 허락하지 마시고 군대를 동원하여 이를 치는 것만 못할 것입니다."

라고 말했다. 그러자 한안국이 나서서,

"멀리 천 리 밖에서 싸우는 것은 우리 군대에 이익이 없습니다. 지금 흉노는 군마의 다리 힘만을 믿고 금수와 같은 탐욕스러운 마음을 끝없이 품어 마치 새가 떼를 지어 오고가듯이 이동하기 때문에 이들을 잡아서 다스리기란 어려운 상황입니다. 그 땅을 손에 넣더라도 우리 영토를 넓히는 일은 못 되고, 그 백성들을 우리 세력 아래 두더라도 국력을 강하게 만들지는 못할 것입니다. 그 때문에 먼 옛날부터 흉노를 사람으로 취급하지 않았던 것입니다.

한나라가 수천 리나 멀리 쳐들어가 이익을 다투게 되면 사람과 말이 다 같이 피폐해지고 흉노는 완전한 상태에서 그 피폐한 것을 제압하게 될 것입니다. 강한 쇠뇌의 화살이라도 그 힘이 다하는 곳에서는 극히 얇은 노(魯)나라의 비단도 뚫을 수 없으며, 회오리바람도 그 끝에 가서는 힘이 약해져 저 가벼운 기러기 털도 날리지 못합니다. 처음에 강하지 않았던 것이 아니지만 끝에 가서는 약해지는 것입니다. 흉노를 치는 것은 불리하고 화친하는 것만 못합니다."

라고 했다. 의논에 참가했던 신하들은 대부분 한안국의 의견에 찬성했기 때문에 천자는 화친을 허락했다.

그 다음해, 즉 원광(元光) 원년에 안문군(雁門郡) 마읍(馬邑)의 호족(豪族) 섭옹일(聶翁壹)이 대행 왕회를 통하여 천자를 알현하고,

"흉노는 한나라와 화친한 지 얼마 안 되었기 때문에 변경 사람들과 친하게 지내 신용할 수 있습니다. 이 기회에 이익으로써 유인해 내는 것이 좋을 것으로 생각합니다."

라고 아뢰었다. 그래서 비밀리에 섭옹일을 첩자로 삼아 흉노로 가서 선

우(單于 : 흉노의 대왕)에게 이렇게 말하게 했다.

"제가 마읍의 현령(縣令)과 현승(縣丞), 관리들을 죽이고 성읍을 항복시키겠습니다. 그렇게 되면 마읍의 재물을 모두 손에 넣을 수 있습니다."

선우는 섭옹일을 총애하고 믿었기 때문에 그 계책을 허락했다. 섭옹일은 돌아와서 거짓으로 사형수를 목 베어 그의 머리를 마읍의 성벽에 걸어 놓고 선우의 사자에게 증거로 삼아 보이며 말했다.

"마읍의 장리(長吏)는 이미 죽었소. 빨리 쳐들어오시오."

선우는 국경의 요새선을 돌파하여 십만여의 기병을 거느리고 무주(武州)의 요새지로 쳐들어왔다. 이때 한나라의 복병으로 전차대, 기마대와 재관(材官 : 騎射隊) 삼십만이 마읍 부근의 골짜기에 숨어 있었다.

위위[115] 이광이 효기장군(驍騎將軍)[116]이 되고 태복[117] 공손하가 경거장군(輕車將軍)[118], 대행 왕회가 장둔장군(將屯將軍)[119], 태중대부[120] 이식이 재관장군(材官將軍)[121], 어사대부 한안국이 호군장군(護軍將軍)[122]이 되었다.

장군들은 흉노가 마읍에 들어오는 대로 일제히 돌격하기로 미리 약속이 되어 있었고 또 왕회, 이식, 이광은 따로 대(代)에서 적의 보급부대를 습격하기로 되어 있었다.

선우가 한나라 장성(長城)의 무주 요새로 들어와 마읍에서 백여 리도 못되는 곳까지 약탈을 하면서 침입해 왔는데 들에는 가축들만 있을 뿐 사람

---

115) 호위대장. 당시 李廣은 未央衛尉로 천자가 거처하는 未央宮의 수비대장이었다.
116) 기병대의 지휘관.
117) 秦 이래의 벼슬로 천자가 타는 수레와 말을 관리했다.
118) 전차대의 지휘관.
119) 주둔군의 지휘관.
120) 천자의 侍從長에 해당하는 郎中令의 부하로 봉록은 比 천 석. 조정의 의논을 관장했다.
121) 弓兵隊의 지휘관.
122) 총지휘관.

은 한 명도 보이지 않았다. 선우는 이를 괴이하게 여겨 봉화대를 공격해 무주의 위사(尉史)[123]를 붙잡았다. 그리고 찔러 죽이겠다고 위협하면서 물으니 위사는,

"한나라의 군사 수십만 명이 마읍 부근에 잠복하고 있습니다."

하고 자백했다. 선우는 좌우의 사람들을 돌아보며 말했다.

"하마터면 한나라에 속을 뺄했다."

그리고 군사를 모아 요새선 밖으로 되돌려 보내며,

"내가 위사를 붙잡은 것은 천명(天命)이다."

하고 위사를 천왕(天王)이라 명명했다.

한편 선우가 요새지 부근에서 군사를 이끌고 되돌아갔다는 정보가 한나라 군대에 전해졌기 때문에 요새지까지 추격했지만 이미 시기를 놓친 것으로 판단하고 철수하였다.

왕회 등의 군사는 삼만 명이었는데 선우의 군사가 한나라 군사의 주력부대와 접전을 하지 않았다는 말을 듣고 적의 보급부대를 치게 되면 틀림없이 선우의 정예부대와 싸우게 될 것이고 그러면 한나라의 군사가 패할 것이라고 생각하여 적당한 기회에 군사를 철수시켰다. 따라서 전공은 아무도 없었다.

천자는 왕회가 선우의 보급부대를 공격하지 않고 멋대로 군사를 이끌고 되돌아온 것에 대해 노했다. 그러자 왕회가 말했다.

"처음에는 성을 지키고 있는 아군이 마읍성에 쳐들어온 선우의 군대와 접전할 때 제가 선우의 보급부대를 공격하면 이길 수 있다고 생각했습니다. 그런데 선우는 한나라 군대가 복병한 사실을 알고 마읍성까지 오지 않

---

123) 長城에 가까운 郡에는 전부 尉를 두었다. 百里에 한 명 꼴로 士史와 尉士를 두었다. 요소의 수비대장이리라.

고 되돌아갔습니다. 그런데 우리 군대 삼만 명으로는 중과부적(衆寡不敵)으로서 공격하면 패전의 오명을 받을 뿐이라고 생각했습니다. 귀환하면 저는 참죄형에 처해질 것을 잘 알고 있었습니다. 그렇지만 폐하의 군대 삼만 명을 상처 하나 입히지 않고 완전하게 보전할 수 있었습니다."

그래서 왕회를 정위(廷尉)[124]에게 넘겼다. 정위는 왕회를 두뇨(逗橈)의 죄(적을 피하느라 앞으로 나아가지 못하고 머뭇거린 죄)를 받아야 마땅하다며 참형을 구형했다. 왕회는 몰래 승상 전분에게 뇌물을 바쳤다. 전분은 감히 천자에게 아뢰지 못하고 태후에게 말하기를,

"왕회는 마읍성 일의 주모자입니다. 그것이 성공하지 못했다고 왕회를 주살한다는 것은 흉노의 원수를 갚아 주는 것이 됩니다."

라고 했다. 천자가 태후에게 아침 문안을 드리러 가니 태후는 승상이 한 말을 천자에게 전했다. 그러자 천자가 말했다.

"마읍성 일을 계획한 주모자는 왕회입니다. 그래서 천하의 군대 수십만 명을 동원시켜 그의 말에 따라 이번 군사를 일으켰던 것입니다. 그런데 비록 선우를 사로잡지 못했다 하더라도 왕회의 군대가 선우의 보급부대를 공격했더라면 그것만으로도 사대부의 마음을 크게 위로할 수 있었을 것입니다. 이제 왕회를 죽이지 않으면 천하에 사죄할 길이 없습니다."

이 말을 들은 왕회는 마침내 자살했다.

한안국은 원대한 지략이 풍부한 인물로서 시세의 흐름을 잘 꿰뚫어보고 대처했으며, 그것은 충후(忠厚)한 마음에서 나온 것이었다. 비록 재물을 탐내고 좋아하기는 했지만 그가 추천한 사람은 모두 청렴결백한 선비로서 자기보다 현명한 사람들이었다.

---

124) 秦 이래의 벼슬로 형벌을 담당했다.

양나라에서는 호수(壺遂), 장고(臧固), 질타(郅他)등을 천거했는데 이 사람들은 모두 천하의 명사로서 선비들도 이러한 점을 들어 한안국을 칭찬하고 앙모(仰慕)했으며 천자까지도 한안국을 나라의 큰 그릇으로 여겼다.

한안국이 어사대부가 된 지 4년 남짓하여 승상 전분이 죽었다. 한안국이 승상의 직무를 대행하게 되었는데 천자의 행차 시 천자를 인도하다 수레에서 떨어져 절름발이가 되었다. 천자는 승상 임명을 의논하며 한안국을 등용하려고 사자를 시켜 그의 병세를 알아보게 했다. 그런데 다리를 몹시 절었기 때문에 평극후(平棘侯) 설택(薛澤)을 승상으로 삼았다. 한안국이 다리 병으로 관직에서 물러난 몇 달 뒤에 절름거리는 것이 나았다. 그래서 천자는 다시 한안국을 중위(中尉)로 임명하고 1년 남짓하여 위위(衛尉)로 전임시켰다.

거기장군(車騎將軍) 위청(衛靑)은 상곡(上谷)에서 장성(長城) 밖으로 나와 농성(蘢城 : 흉노의 諸長이 모여서 天祭를 지내는 곳)에서 흉노의 군대를 격파했다. 이때 장군 이광이 흉노의 포로가 되었다가 도망쳐 돌아왔다. 공손오도 부하 사졸들을 많이 잃었다. 두 사람 모두 참형에 해당했으나 속죄전을 바치고 서민이 되었다.

그 이듬해 변경으로 흉노가 대거 침입하여 요서(遼西)의 태수를 죽이고 안문(雁門)에도 침입하여 사람을 살해했으며 포로로 잡힌 사람이 수천 명이나 되었다. 거기장군 위청은 그들을 치고자 안문으로부터 장성 밖으로 나왔다. 위위 한안국은 재관장군으로서 어양(漁陽)에 주둔했는데 한안국이 잡은 포로의 말이 흉노는 멀리 퇴각했다고 했으므로,

"농사철이 되었으니 청컨대 군대를 잠시 동안 돌아가 쉬게 해 주십시오."

하고 천자께 글을 올렸다. 그런데 군대의 주둔을 중단한 지 한 달 남짓

지나자 흉노는 대부대를 이끌고 상곡, 어양에 침입했다. 한안국의 성벽에는 칠백여 명이 남아 있을 뿐이어서 나아가 싸웠으나 이기지 못하고 성벽으로 되돌아왔다. 흉노는 천여 명을 포로로 하고 가축과 재산을 노략하여 돌아갔다.

천자가 이 소식을 듣자 노하여 사자를 보내 한안국을 힐책하고 다시 동쪽으로 옮겨 우북평(右北平)에 주둔하게 했다. 그것은 흉노의 한 포로가 '흉노의 군대는 동쪽으로 침입할 것입니다.' 라고 했기 때문이었다.

한안국은 처음에 어사대부이자 호군장군이었는데 점차로 배척되고 소외되어 관위도 떨어졌다. 새로이 천자의 총애를 받는 장년의 장군 위청 등은 전공을 세워 더욱더 높은 지위에 올랐다.

한안국은 소원된 채 묵묵히 나날을 보낼 뿐이었다. 그런데 주둔군의 장군이 되었다가 또 흉노에게 속아 많은 사졸들을 잃었다. 이러한 까닭으로 매우 부끄럽게 여겨 사직하고 집으로 돌아가기를 바랐지만 다시 동쪽으로 옮겨 주둔하게 되니 의기는 소침해지고 즐겁지 못했다. 수개월 지나자 한안국은 병이 들어 피를 토하며 죽었다. 원삭(元朔) 2년의 일이다.

태사공은 말한다.

"나는 호수(壺遂 : 韓長孺가 추천해 임용된 인물)와 함께 율력을 제정한 적이 있었는데 그때 한장유의 의로움과 호수의 청렴 정직하며 충성스럽고 후한 성품을 알 수 있었다. 세상에서는 '양나라는 유덕자가 많다.' 고

---

125) 司馬遷은 壺遂의 죽음에 대해 特記하고 있다. 壺遂가 승상이 되지 못하고 죽은 것은 司馬遷에게는 非運이었다. 만일 壺遂가 살아 있었더라면 司馬遷이 흉노에 항복한 李陵을 변호하다 武帝의 노여움을 샀을 때 벌을 받지 않고 구조되었을지도 모른다. 壺遂의 죽음은 곧 司馬遷의 비운을 결정적인 것으로 만들어 버렸다. 여기에 겉으로는 나타나지 않았으나 司馬遷 자신의 '무한한 감개' 가 어려 있는 것이다.

하는데 이것은 빈말이 아니다.

　호수는 벼슬이 첨사(詹事 : 황후, 태자의 家事를 관장하는 벼슬)에 이르렀다. 천자는 그를 신뢰하여 한나라의 승상으로 임명하려 했으나 공교롭게도 그때 죽었다. 만약 죽지 않았더라면 틀림없이 승상이 되었을 것이고 청렴한 마음과 정직한 행동으로 조심성이 깊고 근면한 군자가 되었을 것이다." [125]

제49 이장군열전(李將軍列傳)

이장군(李將軍) 광(廣)은 농서군(隴西郡) 성기(成紀) 사람으로 그 선조는 이신(李信)이다. 이신은 진(秦)나라 시대에 장군이 되어 연(燕)나라의 태자 단(丹)을 추격해 사로잡은 인물이다. 원래 괴리(槐里)에 살았는데 나중에 성기로 옮겨서 살았다. 이광의 집은 대대로 활 쏘는 법을 전해왔다.

효문제 14년, 소관(蕭關)에 흉노가 대거 침입했다. 이광은 양가의 자제[126]로서 종군하여 흉노를 쳤다. 이광은 말을 타고 달리며 활을 쏘는 데에 능했기 때문에 적병의 목을 베거나 사로잡은 것이 많았다. 그래서 한나라의 중랑(中郎)[127]으로 등용되었다. 이광의 사촌 동생인 이채(李蔡)도 낭관으로 등용되어 두 사람 모두 무기상시(武騎常侍)[128]에 봉해졌고 봉록은 팔백 석이었다.

언젠가 천자가 궁궐 밖으로 거동했을 때 이광이 수행하여 맹수를 손으로 때려잡은 일이 있었는데 그때 효문제가 말했다.

"애석한 일이로다. 그대는 정녕 때를 잘못 만났도다. 만약 고제의 시대에 태어났더라면 만호후(萬戶侯)가 되는 것은 일도 아니었을 텐데."

효경제가 즉위하자 이광은 농서도위(隴西都尉)[129]가 되었다가 기랑장(騎郎將)[130]으로 옮겼다.

오 · 초의 반란 때 이광은 효기도위(驍騎都尉)[131]에 임명되어 태위[132] 주

---

126) 의사, 무당 및 상공인이 아닌 자를 가리킨다는 설과 지원병을 말한다는 설이 있다.
127) 天子의 侍從인 郎中令의 屬官. 봉록은 比 육백 석.
128) 騎馬의 侍從武官.
129) 농서군의 수비대장. 봉록은 比 이천 석.
130) 郎中에는 車將 · 戶將 · 騎將의 세 種이 있고 봉록은 다 같이 천 석. 侍從騎兵武官.
131) 기병대장.

아부를 따라 오·초의 군대를 공격하여 적의 기를 빼앗아 와 창읍(昌邑) 성하(城下)에서 공명을 드날렸다. 그런데 양왕(梁王 : 孝王인 劉武)이 이광에게 장군의 인수를 준 것을 받은 이유로 개선하여 국도에 돌아왔어도 상을 받지 못했다.(李廣은 漢나라의 武官이었기 때문에 사적으로 양나라의 인수를 받아서는 안 되었다.)

그 후 상곡의 태수로 전임되어 흉노와 날마다 싸웠다. 전속국(典屬國)[133] 공손곤야(公孫昆邪)가 천자에게 울면서 아뢰었다.

"이광의 재기(才氣)는 천하에 둘도 없습니다만 지금 자신의 재능을 믿고 오랑캐를 상대로 계속 싸우고 있습니다. 이러다가 이광을 잃게 되지는 않을까 두렵습니다."

그래서 천자는 이광을 상군(上郡)의 태수로 전임시켰다. 상군으로 흉노가 대거 침입해 왔다. 천자는 어느 중귀인(中貴人 : 궁중에서 총애를 받고 있는 宦官)을 이광의 부하로 보내 군사를 통제하고 훈련을 시켜서 흉노를 치도록 했다. 중귀인은 수십 기(騎)를 거느리고 멋대로 돌아다니다가 세 명의 흉노 병사를 발견하고 싸웠다. 그들은 중귀인의 주위를 빙빙 돌면서 활을 쏘아 중귀인에게 상처를 입혔고 그의 기병들을 몰살시키려고 했다. 중귀인이 이광의 진지로 도망쳐 오자 이광은,

"그들은 틀림없이 조(雕 : 검독수리[鷲])를 잡는 명사수일 것이다."

하며 일백 기를 이끌고 그들을 급히 추격했다. 세 명은 말을 잃어 걸어가고 있었으므로 수십 리 지점에서 따라잡을 수 있었다. 이광은 기병에게 명하여 좌우로 흩어져 새의 날개처럼 벌어지게 해 놓고 자신이 그 세 명을 쏘아 두 명을 죽이고 한 명을 사로잡았다. 그들은 이광의 예상대로 큰 수

---

132) 군대의 최고지휘관.
133) 秦 이래의 벼슬로 이민족의 항복자와 사자를 다루는 관직.

리를 쏘는 명사수였다.

그를 묶어 말에 태우고 나서 흉노 땅을 바라보니 수천 기가 보였다. 이광 등이 자신들을 유인하려는 기병대라고 생각한 흉노는 모두 놀라서 산 위로 올라가 진을 쳤다. 이광의 일백 기도 매우 두려워하며 말을 달려 도망치려고 하는데 이광이 말했다.

"우리는 본대에서 수십 리나 떨어져 있다. 이러한 상황에서 불과 일백 기로 도망을 치면 흉노는 우리를 뒤쫓아오며 활을 쏘아 당장에 다 죽이고 말 것이다. 그렇지만 이곳에 머물고 있으면 흉노는 틀림없이 우리를 대군 (大軍)의 유인병이라고 생각하여 감히 공격하지 않을 것이다."

그리고 기병들에게 "전진!" 하고 명령을 내렸다. 전진하여 흉노의 진지에서 2리가 채 못 되는 곳까지 나아가 멈춰서는 다시,

"모두 말에서 내려 안장을 풀어라."

하고 명령했다. 기병들이 말하기를,

"흉노는 수가 많고 또 가까이 있습니다. 만약 긴급한 일이 일어난다면 어떻게 하시렵니까?"

라고 물었다. 그러자 이광은,

"저 오랑캐들은 지금도 우리가 도망치는 것이 아닌가 생각하고 있다. 그러니 모두가 말안장을 풀어 도망치지 않는다는 것을 보여 주고 우리를 대군의 유인 부대라고 판단한 저들의 생각을 굳혀 주는 것이다."

라고 말했다. 흉노군은 이광의 예상대로 끝내 습격해 오지 않았다. 흉노의 진중에서 백마를 탄 장수가 진지의 전방으로 나와 그의 병사들을 순시했다. 이광은 말을 타고 십여 기와 함께 돌격하여 그 백마를 탄 장군을 사살하고 돌아와 기병들에게 모두 말안장을 풀고 누워 있게 했다.

이때 마침 날이 저물었다. 흉노군은 괴이하게 여겨 감히 습격하려고 하지 않았다. 밤중이 되자 흉노군은 혹시 부근에 한나라 군대를 매복시켜 놓

고 밤을 틈타 쳐들어오는 것이 아닌지 의심하면서 군대를 거두어 물러가 버렸다. 날이 밝아 이광은 자기의 본대로 돌아왔다. 본대에서는 이광의 행방을 몰랐으므로 쫓아가지 못했던 것이다.

후에 이광은 변경의 군(郡) 태수로 전임되어 농서(隴西), 북지(北地), 안문(雁門), 대군(代郡), 운중(雲中) 등 여러 군의 태수를 역임했는데 어느 곳에서나 용감하게 싸워 이름을 날렸다.

오랜 세월이 흐른 뒤에 효경제가 붕어하고 금상폐하(孝武帝)가 즉위했다. 폐하의 좌우에 있는 사람들이 이광을 명장이라고 추천했으므로 이광은 농서의 태수로서 미앙위위(未央衛尉)[134]를 겸했다. 정불식(程不識)은 장락위위(長樂衛尉)[135]가 되었다.

정불식은 본래 이광과 함께 변경의 군 태수로서 주둔군의 장수였다. 흉노를 공격하러 나갈 경우에 이광은 간단하고 쉬운 지시를 내려 토벌하러 가는 행군 중에 부곡(部曲 : 장군 밑에 五部가 있고 部의 아래에는 曲이 있어 행진을 할 때에도 그 조직에 따랐다.)도 세우지 않고 대열과 진형도 잡지 않았다.

좋은 물과 풀이 있는 곳에서는 휴식과 숙영을 시켰으며 부하들도 제각기 자유롭게 행동했다. 밤에도 조두(刁斗 : 銅으로 만든 밥 짓는 그릇인데 밤에는 이것을 쳐서 신호를 보내기도 했다.)를 쳐서 경비하지도 않았다. 또한 막부(幕府 : 장군의 본영)에서는 문서나 장부에 관한 사무를 간략하게 했다. 그러나 척후병만은 멀리까지 내보내어 적의 정세를 정찰하게 했기 때문에 한 번도 적의 기습으로 해를 받은 적이 없었다.

정불식 쪽은 부곡, 대열, 진형을 바르게 하고 조두를 쳐서 울렸으며, 군

---

134) 천자가 사는 궁전인 未央宮의 호위대장.
135) 未央宮의 동쪽에 있고 皇太后가 사는 長樂宮의 호위대장.

리가 군의 장부를 정확히 정리하느라 밤을 새우는 등 군사들은 휴식을 취할 틈이 없었다. 그렇지만 그 또한 일찍이 적의 기습으로 해를 받은 적은 없었다.

정불식은 말하기를,

"이광이 군사를 다루는 것은 지극히 간단하고 쉽다. 그렇게 하면 적이 갑자기 습격해 올 경우 방어할 수 없을 것이다. 그런데 사졸들은 안일하고 편안하여 모두 이광을 위해서는 기꺼이 죽으려고 한다. 내가 군대를 다루는 것은 번잡하지만 그런 만큼 적도 침범하지 못할 것이다."

라고 했다.

그 무렵 한나라 변경의 군에서는 이광과 정불식 모두 명장으로 불렸다. 그런데 흉노는 이광의 지략을 두려워했으며 사졸들도 대다수는 이광에게 종군하는 것을 즐거워하고 정불식에게 종군하는 것을 괴롭게 여겼다.

정불식은 효경제 때에 자주 직간했기 때문에 태중대부(太中大夫)[136]로 임명되었다. 그는 성격이 청렴 강직하여 법령과 규칙을 잘 지켰다.

그 후 한나라는 마읍성(馬邑城)을 미끼로 선우를 유인하고 대군을 마읍 부근 골짜기에 매복시켰다. 이광은 효기장군(驍騎將軍)[137]이 되어 호군장군(護軍將軍)[138]인 한안국에게 소속되었다. 그런데 선우가 그 계략을 눈치 채고 되돌아갔으므로 한나라 군대는 군공을 세울 수 없었다.

그로부터 4년 후에 이광은 위위(衛尉)로서 장군이 되어 안문(雁門)에서 나와 흉노를 공격했다. 흉노는 대군이었으므로 이광의 군대를 격파하고 이광을 사로잡았다. 선우는 평소에 이광의 현명함을 듣고 있던 터라 '이

---

136) 郞中令의 屬官으로 봉록은 比 이천 석. 의논을 관장했다.
137) 기병대의 지휘관.
138) 원정군의 총지휘관.

광을 잡거든 반드시 산 채로 데려오라.'고 명령했던 것이다. 흉노의 기병대가 이광을 붙잡았을 때 그는 부상을 당하여 앓고 있었다. 흉노의 기마병은 이광을 묶어 광주리에 넣어 눕히고 두 마리의 말 사이에 매달았다.

그렇게 십여 리를 갔을 때 죽은 체하던 이광이 곁눈으로 옆을 보니 흉노 아이 한 명이 준마를 타고 있었다. 이광은 번개처럼 뛰어 일어나 그 아이의 말에 올라타고 아이를 밀어 떨어뜨렸다. 그리고 그의 활을 빼앗고 말을 채찍질하여 남쪽으로 달리기를 수십 리, 한나라의 패잔 부대를 만나서 인솔하여 요새로 돌아왔다. 흉노의 추격군 수백 기가 뒤쫓았으나 이광은 빼앗은 활로 추격하는 기병을 쏘아 가며 탈출할 수 있었다.

이광이 한나라에 돌아오자 한나라에서는 이광을 형리에게 넘겼다. 형리는 이광이 많은 사졸을 잃고 또 흉노에게 생포되었던 죄를 들어 참죄에 해당한다고 했다. 이광은 속죄금을 바치고 서민이 되었다.

그 후 수년 동안 집에 있었다. 당시 이광은 예전 영음후(潁陰侯) 관영(灌嬰)의 손자 관강(灌強)과 함께 남전(藍田)의 남산(南山)에서 사냥을 하며 초야에 살고 있었다. 어느 날 밤 이광이 종자 한 명을 데리고 외출하여 사람들과 야외에서 술을 마시고 돌아오는 길에 패릉정(覇陵亭)에 다다르니 패릉의 위(尉)가 술에 취해 이광을 꾸짖으며 정지시켰다. 이광의 종자가 말하기를,

"이분은 전의 이장군이시오."

라고 했으나 위가 말하기를,

"현직 장군조차 야간 통행이 허락되지 않는다. 하물며 전의 장군이야 더 말할 나위가 있겠는가?"

라며 이광을 정(亭)에 유치(留置)시켰다.

그로부터 얼마 되지 않아 흉노가 침입하여 요서(遼西)의 태수를 죽이고 한장군(韓安國)을 격파했다. 한장군은 우북평(右北平)에 옮겼다가 얼마

안 되어 죽었다. 그래서 천자는 이광을 불러 우북평의 태수로 임명했다. 이광은 곧 천자에게 아뢰어 패릉의 위를 넘겨받아 그를 끌고 우북평의 군중에 도착하자마자 목을 베어 죽여 버렸다. 이광이 우북평에 부임하니 흉노는 이광을 한나라의 비장군(飛將軍)이라 부르면서 수년 동안 감히 우북평에 침입하지 못했다.

어느 때 이광이 사냥하러 나가서 풀숲에 돌을 호랑이로 잘못 보고 활을 쏘았는데 명중하여 돌 속에 화살촉이 깊숙이 들어가 박혔다. 이광이 살펴보니 돌에 화살촉이 박혔으므로 다시 한 번 쏘아 보았지만 화살촉은 돌에 박히지 않았다.

이광은 부임한 고을에 호랑이가 있다는 말을 들으면 항상 몸소 나아가 호랑이를 쏘았다. 우북평에 부임했을 때도 호랑이를 쏘다가 호랑이가 덤벼들어 상처를 입혔지만 끝내 그 호랑이를 쏘아 죽였다.

이광은 청렴 강직하여 상을 받으면 그때마다 부하에게 나눠 주고 음식은 사졸과 똑같은 것을 먹었다. 이광은 죽기 전까지 사십여 년 동안 봉록 이천 석[139]을 받는 신분으로 있었으나 집에는 모아 놓은 재산이 없었으며 생전에 재산에 대해 운운한 적이 없었다.

이광은 태어날 때부터 키가 크고 원숭이처럼 팔이 길었다. 그가 활을 잘 쏘았던 것도 천성이었다. 이광의 자손이나 남들이 아무리 배워도 이광을 따르지는 못했다. 말을 더듬었던 이광은 입이 무거웠는데 다른 사람들과 함께 있을 때에는 땅에 선을 그어 진형(陣形)을 만들기도 하고 땅의 넓고 좁은 것을 재었으며, 표적을 정하여 활쏘기를 경쟁할 때는 벌주를 먹이기도 했다. 그는 오로지 활쏘기를 낙으로 삼으며 일생을 마쳤다.

이광이 장군이 되어 군사를 인솔할 때에는 물자가 매우 적은 곳에서는

---

139) 郡의 太守의 봉록은 이천 석.

사졸이 모두 물을 마신 뒤가 아니면 물에 가까이 가지 않았으며 사졸 모두 밥을 먹은 뒤가 아니면 먹으려 하지 않았다. 이처럼 관대하면서 엄격하지 않았으므로 사졸들은 이광을 사모하고 즐거이 이광을 섬겼다.

또 싸움터에서 활을 쏠 때에는 적이 가까이 오더라도 아직 거리가 확보되지 않고 명중시킬 자신이 없으면 쏘지 않았다. 그렇지만 일단 쏘기만 하면 활시위 소리와 동시에 적이 쓰러졌다. 그 때문에 이광은 사졸을 거느리고 싸울 때 자주 곤경을 당했고 맹수를 쏠 때도 상처를 입는 일이 많았다.

얼마 뒤에 석건(石建)이 죽었다. 그래서 천자는 이광을 불러 석건을 대신하여 낭중령[140]으로 삼았다. 원삭 6년, 이광은 다시 후장군(後將軍)이 되어 대장군(大將軍) 위청의 군대를 따라 정양(定襄)을 떠나 흉노를 쳤다. 여러 장군 중에는 적의 머리를 베고 포로로 한 수가 논공행상의 규칙과 표준에 해당했으므로 군공에 의해 제후로 봉해진 사람이 많았는데 이광의 군사는 공이 없었다.

그 2년 후에 이광은 낭중령이 되어 사천 기를 이끌고 우북평을 출발했다. 박망후(博望侯) 장건(張騫)도 일만 기를 이끌고 이광과 함께 우북평을 떠났으나 다른 길로 갔다. 수백 리쯤 진군했을 때 흉노의 좌현왕(左賢王)[141]이 사만 기를 이끌고 와서 이광의 군대를 포위했다. 이광의 군사는 모두 두려워했다. 그러자 이광은 그의 아들 이감(李敢)에게 명하여 흉노군에 돌진하게 했다. 이감은 겨우 수십 기를 이끌고 똑바로 흉노군의 한가운데를 뚫고 들어가 적을 좌우로 갈라놓고 돌아와 이광에게 보고하기를,

"오랑캐 따위는 대단치 않은 것들입니다."

라고 하여 군사들은 안심했다. 이광은 둥그렇게 진을 치고 바깥쪽을 향

---

140) 秦 이래의 벼슬로 시종장.
141) 선우의 바로 아래 지위로 선우가 중앙의 토지를 지배하고 그 왼쪽, 즉 동방 지역을 左賢王이 오른쪽, 즉 서방 지역을 右賢王이 통치했다.

하여 태세를 취하게 했다. 흉노는 이를 급습하여 화살을 소나기처럼 퍼부으니 한나라 군대의 전사자는 반을 넘었고 화살도 거의 떨어지고 있었다. 이광은 군사들에게 명령하여 활에 살을 메워 한껏 시위를 당긴 채 발사하지 못하게 하고 이광 자신은 대황(大黃)이라는 큰 활로 적의 부장(副將)을 쏘고 또 몇 사람을 죽였다. 그러자 흉노의 포위가 점점 풀렸다.

그때 마침 날이 저물었다. 군리와 군사들은 모두 얼굴빛이 새파랗게 질렸으나 이광의 의기는 평상시와 다름이 없었으며 한층 더 병사들을 격려하고 군진을 정돈했다. 이로 인해 군중이 모두 그의 용기를 믿고 복종했다. 다음날 다시 힘을 다하여 싸우고 있는데 박망후의 군대가 도착하니 흉노의 군대는 포위를 풀고 물러갔다. 한나라의 군대는 피로하여 추격할 수 없었으며 이때 이광의 군대는 거의 전멸하다시피 했다.

원정을 끝내고 돌아온 박망후는 도중에 머물러 지체함으로써 싸움터에 제때에 도착하지 못했으므로 법에 비추어 사형에 해당한다고 했으나 속죄금을 바치고 서민이 되었다. 이광은 군공이 있으나 군사들을 많이 잃어 공과 죄가 반반이라고 하여 은상은 없었다.

처음에 이광의 종제(從弟) 이채(李蔡)는 이광과 함께 효문제를 섬겼다. 효경제 때 이채는 공로를 쌓아 이천 석의 봉록을 받는 신분이 되었고 금상 폐하 때에는 대(代)의 재상이 되었다. 그리고 원삭 5년에는 경거장군(輕車將軍)[142]이 되었으며 대장군을 따라서 흉노의 우현왕을 쳤다. 군공이 있어 상을 받을 수 있는 기준에 해당하였으므로 낙안후(樂安侯)에 봉해졌다. 그는 원수(元狩) 2년, 공손홍을 대신하여 한나라의 승상이 되었다.

이채의 사람됨은 하(下)의 중(中), 즉 지극히 평범하며 명성은 이광에 비하여 훨씬 뒤떨어졌다. 그런데도 이광은 작위와 봉읍도 받지 못하고 벼슬

---

142) 戰車部隊의 지휘관.

은 구경(九卿)[143]에 지나지 않았는데 이채는 열후가 되고 지위는 삼공(三公)[144]의 높은 자리에 올랐다. 또 이광의 군리와 사졸 가운데 봉후(封侯)가 된 사람도 있었다.

이광은 일찍이 망기(望氣)[145]인 왕삭(王朔)과 이야기를 나누다가,

"한나라가 흉노를 치기 시작한 때부터 나는 그 군중에 참가하지 않은 적이 한 번도 없었소. 여러 부대의 교위(校尉) 이하인 사람으로서 재능이 범인에도 미치지 못하는데 흉노를 쳤다는 군공으로 봉후의 지위를 얻은 자가 수십 명이나 되오. 나는 그런 사람보다 뒤진다고는 추호도 생각지 않는데 한 자 한 치의 공로도 인정받지 못하고 봉읍도 얻지 못한 것은 무슨 까닭이란 말이오? 아무래도 나의 인상이 후(侯)에 어울리지 않는 것이오? 그렇지 않으면 본래 그렇게 될 운명이란 말이오?"

라고 물었다.

"장군께서는 스스로 생각해 볼 때 지금까지 후회되는 바가 없습니까?"

"내가 예전에 농서(隴西)의 태수로 있을 때 강(羌 : 티베트의 蠻族)이 모반한 적이 있었소. 나는 잘 달래어 항복시켰는데 그 수가 팔백여 명이었소. 그런데 그들을 속여 항복하게 한 그날로 그들을 죽여 버리고 말았소. 지금도 이 일을 크게 후회하고 있는데 단지 이 일 한 가지 뿐이오."

"화(禍) 중에는 이미 항복한 자를 죽이는 것보다 더 큰 것이 없습니다. 이 일이야말로 장군께서 후(侯)에 봉해지지 못하는 이유입니다."

그 2년 후에 대장군과 표기장군(驃騎將軍) 곽거병(霍去病)이 흉노를 대

---

143) 秦의 관직으로 말하면 奉常, 郎中令, 衛尉, 太僕, 廷尉, 典客, 宗正, 治栗內史(大司農), 少府가 그에 해당하며 봉록은 모두가 中 이천 석. 三公 다음의 고급 관료.

144) 신하로서는 최고의 지위. 보통 말하는 三公은 직무가 없는 명예직이나 여기서는 丞相, 太尉, 御史大夫와 같은 재상급 관직을 말하는 것이리라.

145) 하늘의 구름을 보고 점을 치는 術者. 왕삭이 이 점술로 유명했음은 《史記》天官書에도 보인다.

거 정벌하게 되었다. 이광은 자신도 종군하고 싶다고 청원했으나 천자는 노령이라 하여 허락하지 않았다. 그러나 그 후 얼마 안 되어 이를 허락하고 전장군(前將軍 : 軍에는 前部·後部·中部·左部·右部의 구별이 있는데 前將軍은 前部軍의 장군으로 前鋒部隊의 장수)으로 임명했다. 이 해는 원수(元狩) 4년이었다.

이광은 대장군 위청을 따라 흉노를 치게 되었는데 요새를 출발했을 때 위청은 흉노군을 사로잡아 선우의 거처를 알아내 몸소 정예부대를 이끌고 그곳으로 급히 가려 했고, 이광에게는 우장군 조이기(趙食其)의 군사와 합류해 동쪽 길로 나아가라고 명령했다. 동쪽 길은 약간 우회하게 되어 대군이 행군하기에는 멀고 물과 풀이 적어 주둔하기에도 불편했다. 이광은 몸소 위청에게 청하였다.

"저희는 전장군의 부서인데 지금 대장군께서 부서를 옮겨 저에게 동쪽 길로 진군하라고 명령하신 것은 납득할 수 없습니다. 그리고 저는 성인이된 이래 계속 흉노와 싸워 왔습니다. 이제 한 번 선우와 맞부딪쳐 죽음을 각오하고 싸우고 싶습니다. 청컨대 전위(前衛)로 명하시어 제일 먼저 선우와 맞서 싸우도록 해 주십시오."

그런데 대장군 위청은 출진에 앞서,

"이광은 노령인 데다 불운한 사람이오. 선우와 맞부딪치게 하지 마시오. 그렇게 하더라도 이광이 바라는 바는 달성하지 못할 것이오."

라는 천자의 당부를 은밀히 받았었다. 게다가 이때 공손오는 후의 지위를 잃고 중장군(中將軍)이 되어 대장군을 따르고 있었는데 대장군도 자기와 함께 공손오를 선우에게 맞서게 해 주고 싶었기 때문에 전장군 이광의 부서를 옮겼던 것이다.(위청과 공손오는 옛 친구로서 공손오는 위청의 목숨을 구해 준 일이 있다. 따라서 위청은 공손오에게 공을 세울 기회를 주어 侯의 지위를 회복시켜 주려 한 것이다.)

그때 이광은 그러한 사정을 알고는 있었지만 무어라 해도 대장군의 명령에 복종하려 하지 않았다. 그러나 대장군은 이광의 청을 받아들이지 않고 속관인 장사(長史)에게 명하여, '곧 부서에 나아가 지시한 대로 하라.'고 쓰인 봉서(封書)를 이광의 막부로 보냈다. 이광은 대장군에게 하직 인사도 하지 않고 출발했다.

마음속에 깊은 원망과 노여움을 품고 부서로 나아가 군사를 인솔하여 우장군 조이기와 군사를 합쳐 동쪽 길로 진군했다. 그런데 군에 길을 안내하는 자가 없어서 길을 잘못 들어 대장군보다 늦었다. 대장군은 선우와 육박전을 벌였으나 선우가 도망쳤기 때문에 잡지 못하고 귀로에 올랐는데 남쪽으로 내려와 사막을 건너서야 전장군, 우장군과 만났다.

이광이 대장군과의 회견을 마치고 군중으로 돌아오자 대장군은 장사에게 명하여 말린 밥과 탁주를 들려 이광에게 보내고 그 기회에 이광과 조이기가 길을 잘못 든 상황을 물어보게 했다. 위청은 천자에게 상서하여 그들의 군대가 뒤처지게 된 상황을 자세히 보고하려던 것인데 이광은 대답하지 않았다. 그러자 대장군은 다시 장사에게 명하여,

"그대는 막부로 같이 가서 심문하는 것에 문서로 답변하도록 하시오."

라고 엄하게 이광을 문책했다. 그러자 이광이 말했다.

"교위들에게는 죄가 없고 내 자신이 길을 잃었던 것뿐이다. 지금 문서를 제출하겠다."

하며 막부로 가서 그의 부하에게 말했다.

"나는 성인이 된 이래 흉노와 칠십여 차례의 크고 작은 싸움을 했다. 이제 다행히도 대장군을 따라 출격하여 선우의 군사와 접전하려고 했는데 대장군이 나의 부서를 옮겼기 때문에 길을 돌아가게 되었고 게다가 길을 잃어 늦어졌다. 실로 천명이 아니겠는가? 더구나 나는 이미 육십여 세로 새삼 지금에 와서 도필리(刀筆吏 : 문서계의 말단 관리)를 상대할 수 있

는가?"

하며 마침내 칼을 빼어 스스로 목을 찔러 죽었다. 이광의 군에서는 사대부를 비롯하여 전군이 소리 높여 울었다. 백성들도 이 소식을 듣고는 이광을 아는 사람이거나 모르는 사람이거나 늙은이 젊은이 할 것 없이 모두 이광을 위해 눈물을 흘렸다. 우장군만이 형리에게 넘겨져 사형을 받게 되었으나 속죄금을 바치고 서민이 되었다.

이광에게는 아들이 세 명 있었는데 당호(當戶), 초(椒), 감(敢)이라 했으며 모두 낭관(郞官)이 되었다. 어느 날 천자는 총신인 한언(韓嫣)과 희롱을 하고 있었다. 한언이 젊은 주제에 불손하여 당호가 그들을 때리자 한언이 도망쳤다. 이 일로 천자는 당호를 용기 있는 인물이라고 인정했는데 아깝게도 당호는 일찍 죽었다. 초(椒)는 대군(代郡)의 태수로 임명되었다. 그런데 초도 이광보다 먼저 죽었다. 당호에게는 유복자가 있어 이름을 능(陵)이라고 했다. 이광이 군중에서 죽었을 때 감(敢)은 표기장군(驃騎將軍)을 따라 종군하고 있었다.

이광이 죽은 다음해 이채는 승상의 몸으로 효경제의 능원 바깥담을 침범했다 하여 불경죄로 형리에게 넘겨져 문초를 당하게 되었는데 또한 자살을 함으로써 심문에 응하지 않았으므로 봉국을 몰수당했다.

이감은 교위로서 표기장군을 따라 흉노의 좌현왕을 치고 죽음을 무릅쓰고 용감하게 싸워 좌현왕의 큰북과 깃발을 빼앗고 적의 목을 많이 베었다. 그 공으로 관내후(關內侯)[146]의 작위를 받고 식읍 이백 호를 하사받았다. 그리고 이광을 대신하여 낭중령에 임명되었다.

그 뒤 얼마 안 되어 이감은 대장군 위청이 죽은 자기 아버지와 사이가

---

146) 秦 이래의 爵位로 20등급의 위로부터 두 번째. 列侯의 바로 밑이다. 侯의 호는 주어지나 도읍에 살 뿐 영토는 주어지지 않았다.

나빴던 사실에 원한을 품고 대장군을 쳐서 부상을 입혔다. 대장군은 자신의 불명예로 생각하여 이 사실을 숨겼다. 그 후 이감은 천자의 행차를 따라 옹(雍)에 갔으며 감천궁(甘泉宮)에 이르러 사냥을 하고 있었다. 위청과 친척 사이였던 표기장군 거병(去病)은 위청의 일로 이감을 쏘아 죽였다. 당시 거병은 귀한 지위에 있고 천자의 총애를 받고 있었으므로 천자는 이 사실을 숨겨,

"이감은 사슴 뿔에 받혀 죽었다."

라고 했다. 그로부터 1년 남짓 있다가 거병이 죽었다.

이감에게는 딸이 있었는데 태자의 중인(中人 : 지위가 없는 시녀)이 되어 총애를 받았다. 이감의 아들 우(禹)도 태자의 총애를 받았으나 재리(財利)를 좋아했다. 그후 이씨 가문은 차츰 몰락하여 쇠미해졌다.

이하 이릉전(李陵傳)은 후세 사람이 첨가한 것으로 생각된다.

이릉(李陵)은 장년이 되어 건장궁(建章宮)의 감(監 : 경호관)으로 뽑혀 여러 기병들을 감독했다. 천자는 이씨가 대대로 장군이었음을 생각하고 그를 팔백 기(騎)의 장수로 삼았다. 일찍이 흉노 땅에 이천여 리나 깊숙이 잠입해 거연(居延)을 통과하여 지형을 정찰하고 나서 흉노에게 들키지 않고 귀환한 적이 있었다.

그 후 기도위(騎都尉)에 임명되어 단양(丹陽)의 초나라 사람 오천 명의 장수가 되어 주천(酒泉)과 장액(張掖)에서 활쏘기를 가르치며 수년 동안 흉노 땅에 주둔하며 경비했다.

천한(天漢) 2년 가을, 이사장군(貳師將軍) 이광리(李廣利)가 삼만 기를 이끌고 기련산(祁連山)과 천산(天山) 방면에서 흉노의 우현왕을 쳤다. 그 때 그는 이릉에게 명하여 그의 부하 사사(射士)와 보병(步兵) 오천 명을 이끌고 거연(居延)의 북쪽 천여 리 지점에 나아가 적을 치게 했다. 이렇게

함으로써 흉노의 병사를 분산시켜서 이사장군의 군대에게만 달려들지 못하게 하려고 했다.

이윽고 약속했던 기일이 되어 이릉이 귀로에 오르려 하니 선우가 팔만의 병사를 이끌고 이릉의 군사를 포위하여 공격해 왔다. 오천 명의 이릉의 군사는 무기와 화살도 다 떨어졌고 전사자가 반이 넘었다. 그렇지만 흉노를 살상한 수도 만여 명이나 되었다. 물러나다가는 싸우고 싸우다가는 물러나며 끊임없이 싸우기 8일, 거연에서 백여 리도 못 되는 곳까지 왔을 때 흉노가 좁은 길을 차단하여 우회로를 끊었다. 이릉의 군사는 식량이 떨어지고 구원병도 오지 않았다. 흉노는 맹렬한 공격을 가하면서 이릉에게 항복하라고 했다. 이릉은,

"폐하께 보고할 면목도 없다."

하고는 마침내 항복했다. 그의 군사는 거의 전멸했고 나머지는 뿔뿔이 흩어져 도망치니 한나라에 돌아온 자는 사백여 명에 지나지 않았다.

선우는 이릉을 붙잡았으나 본래부터 이릉 일가의 명성을 들었고 싸움에 임해서도 용감했기 때문에 그의 딸을 이릉에게 아내로 삼게 할 정도로 존중했다. 이 말을 들은 한나라에서는 이릉의 어머니와 처자를 죽였다. 그 뒤로부터 이씨의 명성은 떨어졌고 농서(隴西)의 군사와 선비로서 이릉의 문하에 있던 자들은 그것을 부끄럽게 여겼다.

태사공은 말한다.

"전해 내려오는 이야기에 '그 몸이 올바르면 명령하지 않아도 행하고 그 몸이 올바르지 않으면 명령하더라도 사람들은 좇지 않는다.' (≪論語≫ 子路篇)라고 했는데 이것은 이장군을 두고 한 말일 것이다.

나는 이장군과 만난 적이 있는데 성실하고 근엄하고 온후하여 마치 시골 사람 같았고 입을 여는 일도 별로 없었다. 그가 죽었을 때 천하에서 그

를 아는 사람이나 모르는 사람이나 모두 그를 위해 애도하고 눈물을 흘렸
다. 그의 충실한 마음이 사대부에게 진실로 믿어졌기 때문이다.

　속담에 '복숭아나 오얏은 아무 말도 없건만 그 나무 아래에는 저절로 길
이 생긴다.'고 했다. 비록 작은 일에 불과하지만 이것을 큰일에도 비유할
수 있으리라."

제50 흉노열전(匈奴列傳)

흉노(匈奴)의 선조는 하후(夏后 : 禹)씨의 후예로 순유(淳維)라고 했다. 당(唐 : 堯)·우(虞 : 舜) 이전에는 산융(山戎), 험윤(獫狁), 훈육(葷粥) 등 여러 종족이 있어 북쪽의 미개척지에서 이리저리 옮겨 다니며 생활하고 있었다.

그들의 가축은 주로 말, 소, 양인데 특이한 것으로는 낙타, 노새, 버새(수말과 암노새 사이의 잡종), 도도(騊駼 : 청색마), 탄해(驒騱) 등의 가축도 기르고 있었다. 물과 초원을 따라 옮겨 살기 때문에 성곽이나 일정한 주거지가 없고 농사도 짓지 않았으나 각자의 세력 범위만은 경계가 분명했다.

또 문서라는 것이 없었으므로 말로 약속을 했다. 어린애들도 양을 타고 돌아다니며 활을 당겨 새나 쥐 따위를 쏘고, 조금 자라면 여우나 토끼 사냥을 하여 식용으로 충당했다. 장정이 되어서는 능히 활을 다룰 수 있어 누구나 무장 기병이 되었다.

그들은 평상시에는 목축에 종사하는 한편 새나 짐승을 사냥해 생계를 꾸려 나가는 것이 습속이었다. 전쟁이 나면 전원이 군사 행동에 나서 침략이나 공벌에 참여할 수 있었는데 이것은 거의 타고난 천성에서 오는 것이었다.

먼 거리에 사용하는 무기로는 활과 화살이었고 근접용 무기로는 칼과 작은 창이었다. 싸움이 유리하면 나아가고 불리할 경우에는 퇴각하여 도망하는 것을 수치로 알지 않았다. 무릇 이익이 될 만하면 그것을 얻으려고 예의 같은 것은 생각지 않았다.

군왕을 비롯해 모두 가축의 고기를 먹고 그 가죽이나 털로 옷을 해 입었다. 장정이 먼저 맛있고 좋은 음식을 먹고 노약자는 그 나머지를 먹었다.

건장한 사람을 소중히 위하고 노약자는 천대했다. 아버지가 죽으면 아들이 계모를 아내로 맞고, 형제가 죽으면 남아 있는 형이나 아우가 그 아내를 차지했다. 실명(實名)을 부르는 것을 꺼리지 않았으며 자(字) 같은 것은 애당초 없었다.

하(夏)나라 정치가 쇠퇴해지자 공류(公劉 : 周나라의 시조 后稷의 曾孫)는 대대로 이어받은 직관(稷官 : 농사일을 관장하는 벼슬)의 지위를 잃고 서융(西戎)의 풍습에 따라 빈(邠)으로 옮겨가 도읍을 정했다. 그 후 삼백여 년이 지나 융적(戎狄)이 대왕 고공단보(古公亶父 : 公劉의 9세손)를 공격했다. 단보가 기산(岐山) 기슭으로 달아나자 빈 땅의 사람들은 단보를 따라 옮겨와서 그곳에 도읍을 세우고 주(周)나라를 일으켰다.

그 뒤 백여 년이 지나 주나라 서백창(西伯昌 : 고공단보의 손자로 뒤에 文王)이 견이(畎夷 : 犬戎)씨를 쳤다.

그로부터 십여 년 뒤에 무왕(武王)이 은(殷)나라 주왕(紂王)을 쳐 무찌르고 낙읍(洛邑 : 洛陽)을 도읍으로 정한 다음 풍(酆), 호(鄗)에 살던 융이(戎夷)를 경수(涇水), 낙수(洛水) 이북으로 내쫓았다. 융이는 계절마다 조공을 바쳤고 그들이 사는 지역을 황복(荒服 : 도읍에서 먼 변경이라는 뜻)이라고 이름을 붙였다.

그 뒤 이백여 년이 지나자 주나라의 세력이 쇠퇴해졌다. 목왕(穆王)이 견융을 쳐서 네 마리의 흰 사슴을 잡아 가지고 돌아왔다. 그 뒤부터 황복 땅에서는 조공을 바치는 일이 없게 되었다. 그래서 주나라는 '보형(甫刑)의 벽(辟)' (穆王이 呂侯인 甫侯에게 명하여 만든 贖罪法)이란 것을 만들었다.

목왕(穆王) 이후 이백여 년이 지나 주나라의 유왕(幽王)은 총희 포사(褒姒)로 인해 신후(申侯 : 왕후 申氏의 아버지)와 사이가 나빠졌다.(유왕이 포사라는 여자를 사랑하여 伯服을 낳았다. 유왕은 신왕후를 폐하고 포사를 왕후로 하였으며 또 태자 宜臼를 폐위하고 백복을 태자로 삼았다.)

신후는 노하여 견융과 공모해 주나라 유왕을 여산(驪山)의 산기슭에서 죽이고 마침내 주나라의 초호(焦穫)를 탈취하여 경수(涇水)와 위수(渭水) 사이에 살면서 중국을 침범하고 약탈을 하기 시작했다. 진(秦)나라의 양공(襄公)이 주나라를 구원해 주자 이에 주나라의 평왕(平王)은 풍과 호의 땅을 떠나 동쪽의 낙읍(洛邑)으로 도읍을 옮겼다.

이때 진나라의 양공은 융을 쳐서 기산에 이르렀으며 비로소 제후의 지위에 오르게 되었다.

그 후 육십오 년이 지나 산융(山戎 : 鮮卑族. 北狄이라고도 함)이 연(燕)나라를 넘어와 제(齊)나라를 쳤다. 제나라의 희공(釐公)은 도성 밖에서 그들과 싸웠다. 그 뒤 사십사 년에 산융이 연나라를 치자 연나라는 제나라에게 급한 사정을 호소했다. 제나라의 환공(桓公)이 북쪽으로 산융을 치자 도망했다.

그 뒤 이십구 년이 되어 융적이 낙읍에 쳐들어와 주나라 양왕(襄王)을 쳤다. 양왕은 정(鄭)나라의 범읍(氾邑)으로 달아났다. 애초에 주나라의 양왕은 정나라를 치고자 융적의 추장 딸에게 장가들어 후(后)로 삼고 융적의 군사와 함께 정나라를 쳤는데 그 뒤로는 융적의 후를 멀리하며 총애하지 않았으므로 융적의 후는 왕을 원망했다.

양왕의 계모 혜후(惠后)에게는 자대(子帶)라는 아들이 있었다. 혜후는 자대를 왕으로 세우려 했다. 혜후는 융적의 후 및 자대와 함께 융적과 은밀히 내통하여 손을 잡았다. 그래서 융적은 주나라의 국도에 침입할 수 있었고 결국은 양왕을 쳐부수어 내쫓고 자대를 세워 천자로 삼았다.

이렇게 융적의 일부는 육혼(陸渾)에서 살고 일부는 동쪽에 있는 위(衛)나라를 침략하고 약탈하여 포학한 짓을 일삼았으므로 중국에서는 그들을 미워했다. 그래서 시인(詩人)들은 이에 대해 다음과 같이 노래했다.

오랑캐를 무찌른다. (≪詩經≫ 魯頌 閟宮篇)

험윤(흉노) 오랑캐 쳐부수어 대원(大原)에 이르렀다. (≪詩經≫ 小雅 六月篇)

떠나는 수레 소리 굉장했고

천자께서 명하여 북녘 땅에 성을 쌓게 하셨네. (≪詩經≫ 小雅 出車篇)

이상의 여러 시구들은 당시 흉노를 미워하던 사람들의 심정을 나타낸 것이다.

주나라의 양왕은 국도 밖에서 살기 4년째 이르렀다. 그리하여 사신을 진(晉)나라에 보내어 위급함을 호소했다. 진나라 문공(文公)은 즉위한지 얼마 되지 않아 패업을 이루고자 하는 생각을 가지고 있었으므로 군사를 일으켜 융적을 내쫓고 자대를 무찔러 베어 죽인 뒤에 주나라의 양왕을 맞아들여 낙읍으로 들어오게 했다.

당시 진(秦)나라와 진(晉)나라는 강국이었다. 진(晉)나라의 문공(文公)이 하서(河西)의 은수(圁水)와 낙수(洛水) 사이로 융적을 내쫓고 그들을 '적적(赤狄)' 과 '백적(白狄)' 으로 나누어 불렀다. 진(秦)나라 목공은 유여(由餘 : 西戎의 賢人)를 신하로 맞아들여 그의 지략으로써 서융의 8개국을 진(秦)나라에 복속시킬 수 있었다.

농(隴)에서부터 서쪽에는 면저(綿諸), 혼융(緄戎), 적환(翟獂) 등의 오랑캐가 있었다. 기산(岐山), 양산(梁山), 경수(涇水), 칠수(漆水)의 북쪽에는 의거(義渠), 대려(大荔), 오지(烏氏), 후연(朐衍) 등의 오랑캐가 있었다. 그리고 진(晉)나라의 북쪽에는 임호(林胡), 누번(樓煩) 등의 오랑캐가 있었고 연나라의 북쪽에는 동호(東胡), 산융(山戎)이 있었다. 이들은 각각 흩어져 골짜기에 살고 있었으며 각기 군장(君長)이 있었다. 그런데 가끔 백이 넘는 융적이 모이는 일이 있어도 하나로 단결하지는 못했다.

그로부터 백여 년 뒤에 진(晉)나라의 도공(悼公)이 위강(魏絳)을 사신으로 보내 융적과 화친을 맺음으로써 융적은 진(晉)나라에 입조하게 되었다.

　　또 그로부터 백여 년 뒤에 조양자(趙襄子)가 구주산(句注山)을 넘어서 대(代)를 무찔러 병합하고 호맥(胡貉 : 북방의 오랑캐)과 경계선을 맞대었다. 그 뒤 조양자는 한(韓)나라, 위(魏)나라와 함께 지백(智伯)을 멸망시키고 진(晉)나라의 영토를 나누어 가졌다. 즉 조나라는 대와 구주산 북쪽을 차지하고 위나라는 하서(河西), 상군(上郡)을 차지하여 융과 경계를 이루었다.

　　그 뒤 의거(義渠)의 융이 성곽을 쌓아 지키고 있었으나 진(秦)나라는 차츰 그들의 땅을 잠식해 들어가 마침내 혜왕(惠王) 시대에는 의거의 이십오 개 성을 빼앗았다. 또 혜왕이 위나라를 치자 위나라는 서하(西河 : 올더스 지방)와 상군을 전부 진(秦)나라에 바쳤다.

　　진(秦)나라 소왕(昭王) 때 의거의 융왕이 소왕의 어머니인 선태후와 밀통하여 두 아들을 낳았다. 소왕은 감천궁에서 의거의 융왕을 모살하고 군대를 출동시켜 의거를 쳐 대다수를 살상했다. 이리하여 진나라는 농서, 북지, 상군을 차지하고 장성을 쌓아 북쪽 오랑캐를 방어했다.

　　또 조나라의 무령왕(武靈王)은 풍습을 고쳐 호복(胡服)을 입게 하고 말을 타고 활 쏘는 것을 가르쳐 북쪽으로 임호(林胡), 누번(樓煩)을 무찔러 장성을 쌓았으며 음산산맥(陰山山脈) 기슭을 따라 고궐(高闕 : 올더스 지방)에 이르는 지역을 요새지로 만들고 운중(雲中), 안문(雁門), 대(代) 등 3군을 두었다.

　　그 후 연나라에 진개(秦開)라는 어진 장군이 있었는데 흉노에 볼모로 가 있었다. 흉노는 진개를 매우 신임했지만 진개가 연나라로 귀국하자 곧 동호(東胡)를 습격해 격파하여 패주시켰다. 동호는 천여 리나 후퇴했다.

형가(荊軻)와 함께 진(秦)나라 왕 정(政 : 후의 秦始皇帝)을 죽이려고 갔던 진무양(秦舞陽)은 진개(秦開)의 손자다. 연나라도 조양(造陽)에서 양평(襄平)에 이르기까지 장성을 쌓고 상곡(上谷), 어양(漁陽), 우북평(右北平), 요서(遼西), 요동(遼東)등 여러 군(郡)을 두어 오랑캐를 막았다.

　당시 중국에는 문물과 예제(禮制)가 잘 갖추어진 나라로 7개국(齊·燕·楚·韓·魏·趙·秦)이 있었는데 그 가운데 세 나라(燕·趙·秦)가 흉노와 경계를 접하고 있었다. 그런데 조나라의 장군 이목(李牧)이 건재하는 동안 흉노는 조나라의 변경을 침입하지 못했다.

　진(秦)나라가 6국을 멸망시키고 천하를 통일한 시황제(始皇帝)는 몽염(蒙恬)에게 명하여 십만의 군사를 거느리고 북쪽의 흉노를 치도록 했다. 몽염은 황하의 남쪽 올더스 지방을 모조리 손에 넣고 황하를 이용해 요새를 만들었으며 하류(河流)를 따라 사십사 개의 현성(縣城)을 쌓은 후 죄를 지어 변방의 수비병으로 와 있는 자를 옮겨 수비하게 했고, 구원(九原)에서 운양(雲陽)까지 직통 도로를 열었다. 그리고 산이 험한 지형을 이용해 경계를 만들고 계곡을 이용하여 참호를 만들었으며 보충해야 할 곳은 손을 보아서 임조(臨洮)를 기점으로 요동에 이르기까지 일만여 리에 달하는 장성을 쌓았다. 또 황하의 북쪽으로 건너가 양산(陽山)과 북가(北假) 사이에 근거지를 두었다.

　당시에는 동호(東胡)가 강하고 월지(月氏)도 국력이 성했다. 그때 흉노의 선우(單于)는 두만(頭曼)이라고 했는데 두만은 진(秦)나라를 이기지 못하고 북쪽으로 옮겨갔다. 그로부터 십여 년 뒤에 몽염 장군이 죽고 제후들이 진나라를 배반하자 중국은 어지러워지고 진나라가 변경의 수비를 위해 보냈던 유형병(流刑兵)들도 모두 떠났다. 그리하여 흉노는 중국으로부터 공격당할 위험이 사라지자 다시 차츰차츰 황하를 건너 남쪽으로 내려와 예전의 요새를 중국과의 경계로 삼게 되었다.

두만선우(頭曼單于)에게는 태자가 있었는데 이름을 묵특(冒頓)이라고 했다. 그 후에 선우가 사랑하는 다른 연지(關氏 : 單于의 后)가 막내아들을 낳았다. 선우는 묵특을 폐하고 막내아들을 태자로 세우려는 속셈으로 묵특을 월지에 볼모로 보냈다. 묵특이 월지에 가 있는데 두만이 갑자기 월지를 쳤다. 월지는 묵특을 죽이려 했으나 묵특은 준마를 훔쳐 타고 도망쳐 돌아왔다. 두만은 그의 용기를 장하게 여겨 일만 기의 장군으로 삼았다.

묵특은 명적(鳴鏑 : 발사하면 울며 날아가는 화살)을 만들어 부하에게 말 타고 활 쏘는 훈련을 시키면서,

"내가 명적을 쏘거든 모두 그곳에 대고 쏘라. 쏘지 않는 자는 목을 베어 죽이겠다."

하고 명령했다. 그리고 나가서 새와 짐승을 사냥했는데 명적을 쏜 곳에 쏘지 않는 자가 있으면 가차 없이 목을 베어 죽였다. 또한 묵특은 명적으로 자기의 준마를 쏘았다. 좌우에 있던 자들이 감히 쏘지 못하고 있자 묵특은 그 자리에서 그들의 목을 베었다. 얼마 후에 묵특은 다시 명적으로 자기의 애처(愛妻)를 쏘았다. 좌우에 있던 자들 중 매우 두려워하여 감히 쏘지 못하는 자가 있자 묵특은 그들을 목 베어 죽였다. 또 얼마 안 되어 묵특은 사냥을 나가서 명적으로 선우의 준마를 쏘았다. 좌우에 있던 자들이 모두 그것을 쏘았다.

묵특은 마침내 좌우의 사람들을 자신의 뜻대로 쓸 수 있게 되었다는 것을 알고 그의 아버지 두만선우를 따라 사냥을 가서 명적으로 두만을 쏘았다. 그의 좌우에 있던 자들도 모두 명적 소리를 따라 활을 쏘아 두만선우를 죽였다. 그리고 묵특은 그의 계모와 아우, 그리고 복종하지 않는 대신들을 모두 죽이고 자립하여 선우가 되었다.

묵특이 선우가 되었을 때 동호(東胡)는 강성했다. 묵특이 아버지를 죽이

고 자립했다는 말을 듣자 동호는 사자를 보내 두만이 살아 있을 때 소유하고 있던 천리마를 갖고 싶다고 묵특에게 전했다. 묵특이 그 일에 대해 군신(群臣)에게 묻자 군신들은 모두 한결같이

"천리마는 흉노의 보마(寶馬)입니다. 주어서는 안 됩니다."

라고 말했다. 그런데 묵특은,

"서로 나라를 이웃하면서 어찌 말 한 필을 아끼겠는가?"

하며 천리마를 내주었다. 동호는 묵특이 자기들을 두려워한다고 믿어 얼마 후에 다시 사자를 보내 선우의 연지 한 명을 얻고 싶다고 전해 왔다. 묵특은 다시 좌우의 사람들에게 물었다. 좌우의 사람들은 모두 노하여 말했다.

"동호는 무도하게도 마침내 연지를 요구하게 되었습니다. 공격하여 해치우십시오."

그러나 묵특은,

"서로 나라를 이웃하면서 어찌 여자 한 사람을 아끼겠는가?"

라며 사랑하는 연지 한 사람을 뽑아 동호에게 주었다. 동호는 점점 교만해져 서쪽으로 침략해 왔다. 동호와 흉노 사이에는 각각 그 변경에 위치하여 버려진 불모의 땅이 있었는데 천여 리에 걸치도록 살고 있는 백성도 없었다. 동호는 사자를 보내 묵특에게 말했다.

"흉노와 우리가 경계한 불모의 땅은 흉노에서는 진출할 수 없는 땅이니 우리 쪽에서 보유하고 싶소."

묵특은 이에 대해 여러 신하들에게 물었다. 그 중에서 어떤 자가 말했다.

"그것은 어차피 버려진 땅입니다. 주어도 좋고 주지 않아도 좋습니다."

그러자 묵특은 크게 노하여,

"토지는 나라의 근본이다. 어찌 토지를 줄 수 있는가?"

하며 주어도 좋다고 말한 자들을 모두 목 베어 죽이고 곧 말에 올라타

온 나라 안에 명령했다.

"출진에 늦는 자는 베어 죽일 것이다."

그리고 마침내 동쪽에 있는 동호를 습격했다. 동호는 처음부터 묵특을 경시하여 흉노에 대한 방비를 하지 않았다. 그로 인해 묵특은 병사를 거느리고 습격하자마자 동호를 크게 격파하여 왕을 죽이고 백성과 가축을 노획했다.

돌아온 묵특이 이번에는 서쪽의 월지(月氏)를 쳐서 패주시키고 남쪽으로 하남(河南 : 올더스 지방)의 누번(樓煩)과 백양(白羊) 등 두 왕의 땅을 병합하였으며, 진나라 몽염(蒙恬)에게 빼앗겼던 흉노의 땅을 모두 수복하여 하남 본래 요새의 선(장성의 線)을 한나라와의 경계로 하여 관문을 설치하고 조나(朝邦)와 부시(膚施)에 진출하여 마침내 연(燕), 대(代)에 침입했다.

이때 한나라 군사는 항우와 대적하던 때라 중국은 전쟁에 지쳐 있었다. 그런 까닭에 묵특은 자기 나라를 강화시킬 수 있었고 활 잘 쏘는 군사는 삼십만 명이나 되었다.

순유(淳維)로부터 두만(頭曼)에 이르기까지 천여 년, 그동안 어떤 때는 강대하기도 했고 때로는 약소하기도 하였으며 오랫동안 갈라져 이리저리 흩어지고 떠나기를 되풀이했다. 따라서 선우의 전해 온 내력을 순서대로 기록할 수는 없다.

그렇지만 묵특의 대에 이르러 흉노는 가장 강대하게 되었으며 북쪽 오랑캐를 모두 복종시키고 남쪽에 있는 중국과 적국 관계가 되었다. 따라서 그 뒤로 대대로 전해 오는 나라의 관명 등을 기록할 수 있게 된 것이다. 즉 좌우 현왕(賢王 : 귀족의 封號), 좌우 녹려왕(谷蠡王 : 藩王의 봉호), 좌우 대장(大將), 좌우 대도위(大都尉), 좌우 대당호(大當戶), 좌우 골도후(骨都侯 : 異姓의 大臣)를 두게 되었다.

흉노에서는 '현(賢)' 이라는 뜻으로 '도기(屠耆)' 라 했는데 그런 까닭에 태자를 좌도기왕(左屠耆王 : 左賢王)이라 칭했다. 좌우 현왕으로부터 당호에 이르기까지 일만 기(騎)를 거느리는 대통솔자와 수천 기를 거느리는 소통솔자는 모두 이십사 장(長)이었는데 이들은 모두 일만 기를 거느리고 있다고 했다. 모든 대신은 대대로 세습되어 호연씨(呼衍氏), 난씨(蘭氏)가 있었고 나중에 수복씨(須卜氏)가 더해져 이 삼성(三姓)이 귀족이었다.

좌방(左方)의 왕이나 장군들은 동쪽에 있어 상곡군(上谷郡)으로부터 동쪽에 해당하며 예맥(獩貉 : 동북 요새 밖의 민족)과 조선(朝鮮)에 접했다. 우방(右方)의 왕이나 장군들은 서쪽에 있어 상군(上郡)으로부터 서쪽에 해당하며 월지(月氏)와 저(氐), 강(羌 : 모두 티베트 民族)과 접해 있었다. 선우의 정(庭 : 도읍지)은 대군(代郡), 운중군(雲中郡)과 마주 대하고 있었다.

이들은 각각 정해진 영역이 있어 물과 풀을 따라 이주했는데 좌우 현왕과 좌우 녹려왕의 영역이 가장 크고, 좌우 골도후는 선우의 정치를 보좌했다. 이십사 장들 또한 각기 천장(千長), 백장(百長), 십장(什長), 비소왕(裨小王), 상(相), 도위(都尉), 당호(當戶), 저거(且渠) 등의 관직을 두었다.

새해 정월에는 모든 장들이 선우의 정(庭)에서 소집회를 열어 제사를 지냈다. 5월에는 농성(蘢城 : 흉노가 하늘에 제사지내는 곳)에서 대집회를 열어 선조와 천지신과 귀신에게 제사를 지냈다. 가을철에 말이 살찔 때에는 대림(蹛林 : 地名이지만 동시에 수풀의 나무를 축복하여 제사지내는 곳을 말함)에서 대집회를 열어 백성들과 가축의 수를 조사했다.

그들의 법률에는 평상시에 칼을 한 자 이상 빼어 든 자는 사형에 처하고 도둑질을 한 자는 재산을 몰수하였으며, 가벼운 죄를 지은 자는 알(軋 : 笞刑을 말하나 동시에 칼로 얼굴을 베는 형이나 수레로 치어 골절이 나게 하는 형도 이름)에 처하고 큰 죄를 지은 자는 사형에 처했다. 감옥에 가두는 것은 길어야 십 일 이내라 나라 안에는 죄수가 몇 명밖에 없었다.

선우는 아침에는 막영(幕營)을 나와 막 떠오르는 해에 절을 하고 저녁에는 달에 절을 했다. 좌석의 석차는 왼쪽을 상좌로 북쪽을 향하여 앉았다. 무(戊)와 기(己)의 날을 길일(吉日)이라 하여 소중히 여겼다.

죽은 자를 장사지낼 때에는 시체를 관(棺)과 곽(槨 : 관의 바깥 상자)에 넣고 금은과 의복을 그 속에 채워 넣었으나 무덤에 흙을 쌓아서 나무를 심는 일은 없고 상복도 없었다. 주군이 죽으면 총애 받던 신하와 희첩들 중 순사하는 자가 있었는데 많을 때에는 수십 명에서 백 명에 이르렀다.

큰일을 일으킬 때에는 항상 달의 상태를 살펴보아 결정했다. 달이 차면 공격을 하고 달이 기울면 병사들을 후퇴시켰다. 공격하여 싸울 때 적의 목을 베거나 생포한 자에게는 한 잔의 술을 하사하고 얻은 노획물은 본인에게 주었으며 사람을 사로잡으면 본인의 노비로 삼게 했다.

그러니 싸울 때에는 모두 이득을 얻기 위해 교묘하게 적을 유인하여 일망타진했다. 적을 보기만 하면 이(利)를 쫓아 새떼처럼 모여들지만 고전하게 되어 패색이 짙어지면 뿔뿔이 흩어져 기왓장이 깨어지듯, 구름이 흩어지듯 했다. 또 자기편의 전사자를 거두어 준 자에게는 전사자의 재산을 모두 주었다.

그 후 묵특은 북쪽으로 혼유(渾庾), 굴석(屈射), 정령(丁零), 격곤(鬲昆), 신려(薪犁 : 모두 흉노 북방의 작의 나라) 등의 나라를 복종시켰으므로 흉노의 귀족과 대신들은 모두 탄복하여 묵특선우를 현인으로 우러러보게 되었다.

그 무렵 한나라는 겨우 중국을 평정하고 한왕 신(信)을 대(代)로 보내서 마읍(馬邑)에 도읍을 정하게 했다. 흉노는 대거 공격하여 마읍을 포위했다. 한왕 신은 흉노에게 항복했다.

흉노는 한왕 신을 손에 넣자 승세를 타고 병사를 이끌어 남쪽 구주산을 넘어 태원(太原)을 치고 진양(晉陽 : 태원의 서북쪽) 성 아래까지 육박했다. 한나라 고제는 친히 군사들을 이끌고 이들을 공격했으나 때마침 겨울인지라 몹시 춥고 눈이 내려서 병졸들이 동상에 걸려 손가락을 잃는 자가 열 명 중에 두세 명에 이르렀다. 이런 상황에 묵특은 패주하는 척하면서 한나라 군사를 유인했다.

한나라 군사는 묵특을 추격했다. 묵특은 흉노의 정병을 감추고 약한 병사들을 표면에 배치시켜 두었다. 그러자 한나라는 전군을 투입하고 보병도 삼십만여 명을 증원하여 북쪽으로 이들을 추격하기로 하고 고제가 먼저 평성(平城)에 도착했다. 그러나 보병들이 채 도착하기도 전에 묵특은 정병(精兵) 사십만 기를 내놓고 고제를 백등산(白登山 : 平城의 동쪽 교외) 위에서 7일 동안 포위했다. 한나라 군사는 안과 밖에서 서로 구원할 수도 양식을 보낼 수도 없었다.

흉노의 기마(騎馬)는 서쪽은 모두 백마(白馬), 동쪽은 청마(靑馬), 북쪽은 흑마(黑馬), 남쪽은 적황마(赤黃馬)였다.

고제는 은밀히 사자를 보내 연지에게 후한 선물을 전했다. 그러자 연지는 묵특에게 말했다.

"두 나라의 군주는 서로 괴롭힌 것이 아닙니다. 한나라의 땅을 얻더라도 선우께서 그곳에서 사실 수 있는 것도 아니지 않습니까? 그리고 한나라 왕에게도 그를 돕는 신(神)이 있습니다. 선우께서는 이 사정을 살펴 주십시오."

묵특은 한왕 신의 장군인 왕황(王黃), 조리(趙利)와 회합할 날을 약속했는데 왕황, 조리의 군사가 오지 않아 한나라와 내통하고 있는 것은 아닌가 의심하고 있던 터라 연지의 말을 받아들여 포위망 한 군데를 풀어 주었다. 고제는 군사들에게 명하여 화살을 시위에 메기어 활을 한껏 당긴 채 밖을 향하게 하여 포위가 풀린 한 귀퉁이로 빠져나와 한나라의 대군과 합류했다.

묵특은 마침내 군사를 이끌고 떠났다. 한나라도 군대를 수습하여 물러
간 다음 유경(劉敬)을 사자로 보내어 화친의 약정을 맺게 했다.

그 후 한왕 신은 흉노의 장군이 되었는데 또 조리와 왕황 등은 자주 약
속을 어기고 대군과 운중군에 침입하여 약탈했다. 그로부터 얼마 안 되어
진희가 모반했고 또 한왕 신과 모의하여 대(代)를 쳤다.

한나라는 번쾌에게 출정을 명하여 이들을 공격했다. 번쾌는 대, 안문,
운중 등 여러 군과 현을 수복했으나 요새의 경계선 밖으로는 나가지 않았
다. 이때 흉노에게는 한나라의 장군으로서 항복해 오는 자가 많았으므로
묵특은 항상 왕래하면서 대의 땅에 침입하여 약탈했다.

한나라 고제는 이를 우려하여 유경에게 명해 종실의 딸을 공주라 속이
고 선우의 연지로 삼게 했다. 또 해마다 흉노에게 일정한 양의 솜, 비단,
술, 쌀, 음식물을 보내어 형제의 나라가 될 것을 약속하고 화친을 맺었다.
그래서 묵특도 얼마 동안은 침략하지 않았다.

그 후 연(燕)나라 왕 노관(盧綰)이 모반하여 그의 도당 수천 명을 이끌고
흉노에 항복하여 왕래하면서 상곡군의 동쪽 지방을 괴롭혔다.

고조가 붕어하고 효혜제와 여태후의 시대가 되었으나 한나라는 천하를
평정한 지 얼마 되지 않았으므로 흉노는 여전히 거만했다. 어느 날 묵특은
고후(高后 : 呂太后)에게 다음과 같은 망언의 편지를 보내왔다.

"태후도 홀몸이요, 나 또한 홀몸이라 둘 다 즐겁지 못하오. 그러니 스스
로 즐거움을 찾을진대 내 가진 것으로써 그대의 빈 곳을 채우려 하오. (곧
呂后와의 혼인을 청한 것.)"

고후는 격노한 나머지 묵특을 치려고 했으나 여러 장군들이 나서서,

"고조와 같은 현명함과 무용을 가지고서도 평성에서 곤욕을 겪지 않으
셨습니까?"

하므로 고후도 하는 수 없이 흉노와 다시 화친을 했다.

효문제가 즉위하자 화친의 약정을 다시 확인했다. 그런데 효문제 3년 5월, 흉노의 우현왕이 하남 땅에 쳐들어와 자리를 잡고 한나라를 위해 상군(上郡)의 요새지에 주둔하여 변경의 보루를 수비하는 만이(蠻夷)를 공격해 백성을 죽이고 약탈했다.

그래서 효문제는 승상 관영(灌嬰)에게 명하여 거기(車騎) 팔만 오천을 징발시켜 고노(高奴)에 가서 우현왕을 치게 했다. 우현왕은 패주하여 방어선 밖으로 물러갔다. 효문제는 태원(太原)으로 거동을 했다.

이때 한나라 제북왕(濟北王 : 興居)이 모반을 하여 효문제는 장안으로 되돌아왔고 승상의 흉노 정벌도 중지시켰다.

그 이듬해 선우는 한나라에 다음과 같은 편지를 보냈다.

"하늘이 세우신 흉노의 대선우(大單于)는 삼가 황제에게 문안하오니, 그간 부양(無恙)하신시오.

앞서 황제는 화친을 하자는 말을 해 왔었고 그 서한의 취지를 양해하여 귀서의 뜻에 따라 함께 화친을 맺었소. 그런데 한나라 변경의 관리들이 우리 우현왕을 모멸하여 침범했기에 우현왕은 이 선우에게 알리지도 못하고 후의(後義), 노후(盧侯), 난씨(難氏 : 모두 흉노의 장군) 등 여러 장수의 계략을 받아들여 한나라의 관리들과 공방전을 전개해 두 나라 군주의 약속을 깨뜨리고 형제로서의 친애하는 정을 벌려 놓고 말았소.

황제로부터 책망의 편지가 두 번이나 왔기에 이쪽에서도 서신을 보내 황제에게 서면으로 회답을 했는데 그 사신은 돌아오지 않았고 그동안에 일어난 일을 알려 주는 한나라 사신도 오지 않았소. 이리하여 한나라는 우리와 화친을 꾀하지 않고 우리도 한나라와 친할 수 없게 되었던 것이오.

지금 우리 쪽은 하찮은 관리가 맹약을 깨뜨린 죄를 물어 우현왕을 처벌하고 그 벌로써 그에게 서쪽의 월지(月氏)를 탐색하여 토벌하게 했소. 다행히 하늘의 가호와 우량한 이졸과 강력한 말로써 월지를 멸망시켜 이를 모조리 참살하거나 항복시키고 누란(樓蘭), 오손(烏孫), 호계(呼偈 : 모두 서방 오랑캐 나라)와 그 인접 이십육 국을 평정하여 그들 땅을 모두 흉노에 병합시켰소. 이리하여 활쏘기를 잘하는 여러 민족은 한 집안이 되었고 북주(北州)는 이미 안정을 보게 된 것이오.

그러니 전쟁을 그치고 사졸들을 쉬게 하며 말을 기르면서 앞서의 원한을 잊고 본래의 약속을 회복함으로써 변경의 백성을 평안하게 하고 당초의 친선 관계로 되돌아가, 연소자는 성장하고 노령자는 안정된 생활을 보낼 수 있게 하여 대대로 태평을 구가하기를 바라는 바이오.

그런데 황제의 참뜻을 아직 알 수 없는지라 낭중 계우천(係雩淺)을 사신으로 이 글을 받들어 올리게 하고 아울러 낙타 한 마리와 기마 두 필, 수레를 끄는 말 여덟 필을 헌납하는 바이오.

황제께서 만일 한나라 변방 요새 지대에 흉노가 가까이 오는 것을 바라지 않으시거든 관리와 백성에게 명령을 내리시어 변경에서 멀리 떨어져 살게 하고, 또 사신이 도착하면 즉시 무사히 돌려보내 주시어 6월 안으로 신망(薪望 : 邊塞 부근의 땅)에 돌아올 수 있도록 배려하시길 바라오."

편지가 한나라에 도착하자 한나라에서는 화(和)·전(戰) 어느 쪽이 유리한가를 의논했다. 공경들이 모두,

"선우는 새로이 월지를 격파한 승세를 타고 있으니 치는 것은 불리합니다. 그리고 흉노의 땅을 얻는다 하더라도 소택(沼澤)과 소금기 많은 불모지로서 거주할 수도 없습니다. 화친을 하는 것이 상책입니다."

라고 말했으므로 한나라는 화친을 허락했다. 그리하여 효문제 전원(前元) 6년에 한나라는 흉노에게 다음과 같은 편지를 보냈다.

"황제는 삼가 흉노의 대선우에게 안부를 묻소. 그런데 낭중 계우천을 사신으로 하여 짐에게 보내온 편지에는,

'우현왕은 이 선우에게 알리지도 못하고 후의, 노후, 난씨 등의 계략을

받아들여 두 나라 군주의 약속을 깨뜨리고 형제로서의 친애하는 정을 벌어지게 해버렸다. 그 때문에 한나라는 우리와 화친을 하지 않고 우리도 한나라와 친할 수 없게 된 것이다. 지금 하찮은 관리가 약속을 깨뜨린 죄를 물어 우현왕을 처벌하고 그에게 서쪽의 월지를 치게 하여 이를 모두 평정했으니 전쟁을 중지하고 사졸들을 쉬게 하며 말을 길러 앞서의 원한을 잊고 원래의 약속을 회복함으로써 변경의 백성을 편안하게 하고, 연소자는 성장하고 노령자는 안정된 생활을 하게 하여 대대로 태평을 노래하게 하고 싶다.'

라고 했는데 짐은 심히 이를 가상히 여기는 바이오. 이것이야말로 옛 성왕(聖王)의 뜻이오.

한나라는 흉노와 형제가 되는 약속을 맺었으므로 선우에게 후한 선물을 보내 주고 있었는데 약속을 배반하고 형세로서의 친애하는 정을 밀어지게 한 것은 언제나 흉노 쪽이었소.

그런데 우현왕의 일은 이번 대사령이 내리기 이전의 일이었으니 선우께서는 그를 너무 책하지 말아 주오. 그리고 선우가 이쪽 편지의 뜻에 찬동하여 귀국의 모든 관원들에게 약속을 배반하는 일이 없이 신의를 지키게끔 분명히 포고를 해 주신다면 짐도 삼가 귀서(貴書)의 뜻과 함께 하겠소.

사신의 말에 의하면 선우께서는 몸소 장군이 되어 여러 나라를 쳐 공을 세우며 전쟁으로 인한 고초가 심히 많다 하니 이를 위로하는 뜻에서 짐이 입는 수겹기의(繡袷綺衣 : 수놓은 비단으로 지은 겹옷), 수겹장유(繡袷長襦 : 수놓은 비단으로 지은 기다란 저고리), 금겹포(錦袷袍 : 겉이 비단인 웃옷) 각각 한 벌, 빗 1개, 황금식구대(黃金飾具帶 : 황금으로 장식한 띠) 1개, 황금서비(黃金胥紕 : 황금으로 만든 혁대 고리) 1개, 수놓은 비단 열 필, 비단 삼십 필, 붉은 비단과 푸른 비단 각각 사십 필을 중대부 의(意)와 알자령(謁者令) 견(肩)을 시켜 선우에게 보내는 바이오."

그 후 얼마 안 되어 묵특이 죽었다. 그의 아들 계육(稽鬻)이 뒤를 이어 노상선우(老上單于)라 칭했다.

노상계육(老上稽鬻) 선우가 즉위하자 효문제는 곧 종실의 여자를 공주라 칭하여 흉노에게 보내 선우의 연지로 했다. 그리고 연(燕)나라 사람인 환관 중항열(中行說)을 공주의 부(傅 : 보좌관)로 임명하여 따라가게 했다. 중항열은 흉노에 가는 것을 꺼렸으나 한나라에서는 억지로 그를 보냈다.

중항열은 말했다.

"내가 가게 되면 틀림없이 한나라의 화근이 될 것이다."

중항열은 흉노 땅에 도착하자마자 선우에게 항복했다. 선우는 그를 매우 총애했다. 흉노는 그전부터 한나라의 비단과 무명, 그리고 음식물을 아주 좋아했는데 중항열이 선우에게 이렇게 설명했다.

"흉노의 인구는 한나라의 한 군(郡)에도 미치지 못합니다. 그런데도 흉노가 강한 이유는 입고 먹는 것이 한나라와 다르기 때문이며 그것을 한나라에 의존하는 일이 없기 때문입니다.

지금 선우께서 풍습을 바꾸어 한나라 물자를 좋아하시게 되면 한나라는 자기 나라에서 소비하는 물자의 십 분의 2를 채 소비하기도 전에 흉노를 모두 복종시킬 수 있을 것입니다.

한나라의 비단과 무명을 손에 넣으시거든 그것을 입고 풀과 가시밭 속을 달리게 하십시오. 그러면 옷과 바지는 모두 찢어져 못쓰게 될 것입니다. 그렇게 하여 비단과 무명이 털옷이나 가죽옷의 튼튼하고 좋은 점을 따르지 못한다는 것을 백성들에게 보여 주십시오.

또 한나라의 음식을 얻게 되시거든 모두 버리시어 그것들이 젖과 건락(乾酪)의 편리하고 맛있는 것을 따를 수 없음을 나라 안 온 백성에게 보여 주십시오."

또 중항열은 선우의 좌우에 있는 사람들에게 인구와 가축 수를 낱낱이 조사하여 기록하도록 시켰다.

한나라가 지금까지 선우에게 편지를 보낼 때 나무쪽은 한 자 한 치인 것을 쓰고 그 문면(文面)은 이런 투였다.

"황제는 삼가 흉노의 대선우에게 문안하오니 무양하신지, 그리고 보내 주는 물건……, 용건은……."

중항열은 선우가 한나라에 편지를 보낼 때는 한 자 한 치의 나무쪽을 쓰게 하고 도장과 봉니(封泥)[147]를 세로나 가로 다 크게 하며 글투도 거만스럽게,

"천지가 낳으시고 일월이 세우신 흉노의 대선우는 삼가 한나라 황제에게 문안하노니 무양하신지, 그리고 보내 주는 물건은……, 용건은……."

이라고 쓰게 했다.

어떤 한나라 사신이,

"흉노의 풍습에서는 노인을 천대하고 있소."

라고 말했다. 그러자 중항열은 그 사신에게 모질게 따져 물었다.

"당신들 한나라 풍속에도 누가 주둔군의 수비를 위해 종군하여 출발하려고 할 때 그 늙은 양친이 입던 두텁고 따뜻한 의복을 벗어 주고 맛있는 음식을 나누어 보내주지 않소?"

"그렇게 하오."

"흉노는 분명히 싸움을 일로 삼고 있는데 늙고 약한 사람은 싸울 수가 없소. 그러기에 자기들이 먹을 맛있는 음식을 건장한 사람들에게 먹이는 것이오. 즉 이렇게 분수에 따라 나라를 지켜야 한다고 생각하기 때문에 아

---

147) 원문은 '印封'. 그 무렵에는 나무나 대의 조각에다 글을 썼다. 그 조각을 끈으로 묶고 이음매를 점토로 봉한 다음 거기에 도장을 눌렀다.

비와 자식이 오랫동안 몸을 보존할 수 있는 것이오. 그것을 어떻게 흉노가 노인을 가볍게 본다고 말할 수 있겠소?"

"그렇지만 흉노는 부자가 같은 천막 속에서 살며, 아비가 죽으면 자식이 그 계모를 아내로 하고 형제가 죽으면 남아 있는 형이나 동생이 그의 아내를 맞아 자기 아내로 삼고 있소. 의관속대(衣冠束帶)의 아름다운 예복도 없고 조정에서 의식과 예절도 없지 않소?"

"흉노의 풍습에서는 가축의 고기를 먹고 그 젖을 마시며 털가죽을 옷으로 하오. 가축은 풀을 먹고 물을 마시며 철 따라 이동을 하오. 그러므로 싸울 때에는 사람들이 말 타고 활 쏘는 법을 익히고 평상시에는 무사함을 즐길 수 있소.

법과 규칙은 가볍고 편리하여 실행하기가 쉽소. 군신(君臣) 관계는 간단하고 쉬워서 나라의 정치는 흡사 한 집안의 일 같소. 부자 형제가 죽으면 남은 사람이 그의 아내를 맞아 자기 아내로 하는 것은 가계가 끊어지는 것을 두려워하기 때문이오. 그러므로 흉노가 어지럽기는 하지만 종족만은 그대로 유지되고 있는 것이오.

그런데 중국의 경우에 표면적으로는 아비나 형의 아내한테 장가드는 일은 없지만 친족 관계가 소원하게 되면 서로 죽이기까지 하오. 혁명이 일어나 제왕의 성(姓)이 바뀌는 것도 다 그 때문이오. 그리고 예의를 말하자면 충성이나 믿음도 없이 예의를 강요하기 때문에 위아래가 서로 원한을 맺게 되고, 집만 보더라도 너무 좋은 집을 지으려고 하기 때문에 생활할 자력(資力)을 다 써 버리고 마는 것이오.

대개 밭갈이하고 누에를 길러서 먹고 입는 것을 구하며 성을 쌓아 방비를 하기 때문에 백성들은 전시(戰時)에는 싸움을 익히지 않고 평상시에는 생업에만 그치고 있소.

슬프도다! 흙집에 살고 있는 한나라 사람이여, 자기들이 하는 일을 잘 반성해 보고 필요치 않은 잔소리는 하지 않는 것이 좋을 텐데. 관(冠)을 써 보았자 무슨 수가 있는 것도 아니잖소."

그 후로는 한나라 사신이 어떤 말을 해도 중항열은 그때마다 이렇게 말했다.

"한나라 사신이여, 여러 말이 필요 없소. 한나라에서 흉노에게 보내 오는 비단, 무명, 쌀, 누룩을 품질이 좋은 것으로 충분히 보내 주면 그만인 것이오. 그밖에 다른 말은 필요 없소. 보내 주는 물건이 수량대로이고 질이 좋은 것이면 그것으로 좋지만 수량도 맞지 않고 질도 나쁠 경우에는 곡식이 익는 가을을 기다렸다가 한나라 농작물을 기마로 짓밟아 버릴 뿐이오."

하고는 선우에게 한나라로 쳐들어가기에 편리한 지점을 밤낮으로 정찰하게 했다.

한나라 효문제 14년, 흉노 선우의 일십사만 기가 조나(朝那), 소관(蕭關)에 침입하여 북지(北地)의 도위 앙(昻)을 죽이고 수많은 백성과 가축을 잡아갔다. 그리고 마침내 팽양(彭陽)까지 진출해 기습부대를 투입하여 회중궁(回中宮)을 불태우고 척후 기병은 옹(雍)에 있는 감천궁에 이르게 되었다.

효문제는 중위 주사(周舍), 낭중령 장무(張武)를 장군으로 삼아 전차 천 승과 기병 십만을 보내 장안 근방에 진을 쳐 흉노의 침입에 대비하고, 창후(昌侯) 노경(盧卿)을 상군장군(上郡將軍)에, 영후(寧侯) 위수(魏遫)를 북지장군(北地將軍)에, 융려후(隆慮侯) 주조(周竈)를 농서장군(隴西將軍)에, 동양후(東陽侯) 장상여(張相如)를 대장군(大將軍)에, 성후(成侯) 동적(董赤)을 전장군(前將軍)에 각각 임명하고 전차와 군마를 출동시켜 흉노를 치게 했다.

그런데 선우는 요새선 안에 한 달 남짓 머물다가 떠나 버렸다. 한나라 군사는 요새선을 나가 뒤쫓았으나 적을 죽이지는 못하고 곧 되돌아왔다.

흉노는 날이 갈수록 교만해지며 해마다 변경에 침입하여 백성과 가축을 무수히 살상하고 약탈했는데 그중에도 운중군과 요동군이 가장 심했고 대군까지 포함하면 일만 명 이상에 달했다. 한나라는 이것을 우려하여 사신을 보내 흉노에게 편지를 전하고 선우도 당호(當戶)에게 회답 편지를 들려 사과를 하고 다시 화친을 제의해 왔다.

효문제 후원(後元) 2년에 사신을 통해 흉노에게 다음과 같은 편지를 보냈다.

"황제는 삼가 흉노의 대선우에게 문안드리오. 당호(當戶) 겸 저거(且居 : 흉노의 벼슬 이름) 조거난(雕渠難)과 낭중(郎中) 한요(韓遼)를 시켜 짐에게 말 두 필을 보내 주셨는데 그것은 이미 도착하여 삼가 잘 받았소.

그런데 우리 선황제(先皇帝 : 高祖)의 조칙에는 '장성 이북의 활쏘기에 뛰어난 나라(흉노를 가리킴)에서는 선우의 명령을 받고 장성 안 의관속대의 집(漢)은 짐이 통솔하여 만백성에게 밭갈이와 베 짜기, 사냥으로 입고 먹게 하며 부자가 떨어지는 일이 없고 임금과 신하가 편안하여 서로 난폭한 일이 없으리라.'고 했는데, 지금 들리는 바에 의하면 사악한 백성들이 탐욕스럽게 이익만 추구하느라 의리를 배반하고 약속을 어겨 만백성의 생명을 잊고 두 나라 군주의 친목을 갈라놓았다는 것이오.

그러나 이미 지나간 일이오. 보내온 편지 문면에 '두 나라는 이제 화친하여 두 군주가 함께 즐기며 싸움을 그쳐 군사를 쉬게 하고 말을 길러 대대로 번영과 화락을 위해 다시 편안한 출발을 하고 싶다.'고 했는데 짐은 이를 매우 가상히 여기는 바이오.

성인은 날마다 새롭게 잘못을 고치고 더 나은 정치를 시작하여, 늙은이를 편안히 지낼 수 있게 하고 어린이를 잘 자라게 하며 백성의 생명을 보전하여 천수를 다하게 한다고 했소.

짐이 선우와 함께 이 성인의 도로써 하늘을 따르고 백성을 사랑함을 대대로 전하여 무궁하게 베풀면 천하에 이를 다행으로 생각지 않는 사람이 없을 것이오. 한나라와 흉노는 서로 이웃한 대등한 나라요. 흉노는 북쪽에 위치하여 땅이 차고 뼈를 깎을 듯한 한랭한 기운이 빨리 내리오. 그래서 짐은 관리에게 명하여 선우에게 해마다 일정한 수량의 차조, 누룩, 금, 비단, 무명, 그 밖의 물건들을 보내는 것이오.

지금 천하는 아주 평화로우며 만백성은 즐거워하고 있소. 짐과 선우는 그들 만백성의 부모요. 짐이 지난일을 돌이켜 생각해 보니 그것은 하찮은 작은 일들이었고 모신(謀臣)들의 계략이 잘못된 것에 불과한즉 어느 것이나 형제로서의 친목을 벌어지게 할 정도의 것은 아니었소.

짐은 '하늘은 한쪽으로 기울어지게 덮는 일이 없고 땅은 고르지 못하게 싣는 일이 없다.'는 말을 듣고 있소. 짐과 선우는 과거의 사소한 잘못을 씻어 버리고 함께 큰 길을 개척하며 과거의 잘못을 타파하고 장구한 앞날을 꾀하여 두 나라 백성을 한집안 자식처럼 대하고 만백성으로부터 아래로는 물고기와 자라, 위로는 나는 새에 이르기까지 발로 걸어다니는 것, 입으로 숨을 쉬는 것, 꿈틀꿈틀 움직이는 것까지도 편안하고 이로운 것을 찾아 위험을 피할 일이 없게 만들고 싶소.

그러므로 오는 자를 거절하지 않는 것은 하늘의 도요. 다 같이 지나간 일은 잊어버립시다. 짐은 흉노로 도망간 한나라 백성들을 용서하겠소. 선우께서도 장니(章尼 : 한나라에 항복한 흉노족) 등을 책망하지 말아 주시오.

짐이 듣건대 '옛날의 제왕은 약속을 극히 밝게 하고 식언(食言)하는 일이 없었다.'고 하오. 선우께서 화친에 마음을 쓰게 되면 천하는 크게 태평하게 될 것이오. 화친한 뒤에는 한나라가 흉노에 앞서 약속을 어기는 잘못을 범하지는 않을 것이오. 선우께서는 이 점을 밝게 살펴 주시오."

선우는 화친을 약속했다. 그래서 효문제는 다음과 같이 어사(御史)[148]에게 명령을 내렸다.

"흉노의 대선우가 짐에게 글을 보내어 화친을 제안해 왔으며 그 화친의 약속은 이미 맺어졌다. 지금까지 흉노에서 한나라로 도망해 온 사람들은 인구를 더해 주는 일도 영토를 넓혀 주는 일도 없을 것인즉 흉노로 되돌려 보내라. 앞으로는 흉노가 요새선을 넘어 침입해 오는 일은 없을 것이다. 한나라도 요새선을 넘어가면 안 된다.

이 규정을 어기는 자는 사형에 처한다. 이렇게 함으로써 오래 화친하게 될 것이며 장래에도 문제가 생기지 않을 것이므로 두 나라가 다 편리할 것이다. 짐은 이미 이를 재가했다. 곧 천하에 포고하여 이를 밝히 알도록 하라."

그로부터 4년 뒤에 노상계육(老上稽鬻)선우가 죽고 그의 아들 군신(軍臣)선우가 서자 효문제는 흉노와의 화친을 다시 확인했다. 중항열은 그대로 새 선우를 섬겼다.

군신선우가 선 지 4년, 흉노는 또다시 화친의 약속을 깨고 상군, 운중군에 각각 삼만 기로 침입하여 살육 약탈을 자행하고 물러갔다.

한나라는 세 장군의 군사를 북지(北地)에 주둔시켰다. 즉 대(代)에서는 구주산에 주둔하고 조(趙)에서는 비호령(飛狐嶺) 어귀 산골짜기에 주둔하고 변경 일대도 각각 굳게 수비하여 흉노의 침입에 대비했다. 또 이것과는 별도로 세 장군(周亞夫, 徐厲, 劉禮)을 배치시켜 장안 서쪽의 세류(細柳)와 위수(渭水) 북쪽의 극문(棘門), 패상(霸上)에 진을 치고 흉노에 대비했다.

흉노의 기병이 다시 대의 구주산으로 침입했다. 변경의 봉화가 차례로 전하여 감천, 장안에 위급을 알리기 몇 개월, 한나라 군사가 변경에 도착

---

148) 관리의 감찰을 맡았다.

했을 무렵에는 흉노가 멀리 떠나버린 뒤였으므로 그대로 되돌아오고 말았다.

그 뒤 1년 남짓해서 효문제가 죽고 효경제가 즉위했다. 이 무렵 조(趙)나라 왕 수(遂)는 은밀히 흉노로 사신을 보내 내통을 했다. 그래서 오·초 반란이 일어났을 때 흉노는 조나라와 내통하여 국경을 넘으려고 했으나 한나라가 조나라를 포위해서 이를 격파했으므로 흉노도 계획을 중지하고 침입을 그만두었다.

그 뒤 효경제는 다시 흉노와의 화친을 확인하여 본래의 약속대로 관문에서 교역을 하며 흉노에게 물자를 보내 주고 공주도 보냈다. 이후로 효경제 시대가 끝날 때까지 흉노는 가끔 소규모로 침입해 와 변경에서 도둑질을 한 적은 있었으나 크게 침략한 일은 없었다.

효무제가 즉위하자 화친의 약속을 명확히 하여 흉노를 후하게 대우하며 관문을 통해 무역을 하고 많은 물자를 보내 주었다. 흉노는 선우 이하 모두 한나라와 친하게 되어 장성에 자주 내왕했다.

그 후 한나라는 마읍성 아래 사는 섭옹일(聶翁壹)에게 금령을 어기고 비밀리에 국경을 넘어 물자를 끌어내다가 흉노와 교역을 하도록 시켰다. 섭옹일은 거짓으로 마읍성을 팔아넘기는 척하며 선우를 유인했다. 선우는 그의 말을 믿고 마읍의 재물을 탐내어 십만 기를 이끌고 무주새(武州塞)로 들어왔다.

한나라는 이때 삼십만여의 군사를 마읍 근처에 잠복시키고 어사대부 한안국이 호군장군(護軍將軍)이 되어 네 장군을 독려하며 선우를 대기하고 있었다.

선우는 이미 한나라 요새선을 넘어와 마읍에서 백여 리밖에 안 되는 지점까지 왔건만 들판에 가축은 많이 있는데 사람이라고는 전혀 보이지 않는 것을 이상하게 생각하여 정장(亭障 : 변경 요새에 설치한 통행인 검문

소)을 쳤다.

이때 안문군(雁門郡)의 위사(尉史 : 요새에 가까운 郡에 백 리에 한 사람 꼴로 배치한 武官)가 변방 요새를 순찰하던 중 선우의 부대를 발견하고 그 정장을 지키고 있었다. 한나라 군사의 모략을 알고 있던 위사는 선우에게 붙잡혀 죽게 되니 한나라 군사가 잠복한 곳을 일러 주었다. 선우는 크게 놀라며 말했다.

"나는 처음부터 의심하고 있었다."

하고는 군사를 이끌고 되돌아 요새선을 넘어서더니,

"내가 위사를 붙잡은 것은 천명이다. 하늘이 그대에게 그런 정보를 말 하게 한 것이다."

라며 위사를 '천왕(天王)' 이라 존칭했다.

한나라는 선우가 마읍에 들어오면 군사를 내보내 선우를 치자고 약속을 했는데 그가 나타나지 않으므로 아무런 전과도 없었다.

한나라 장군 왕회(王恢)의 별동대는 대(代)로부터 나아가 흉노의 보급 부대를 공격하기로 되어 있었는데 선우가 철수할 때 군사가 많다는 것을 듣고 감히 출격하려고도 하지 않았다. 한나라에서는 왕회가 원래 이번 작 전의 모의 선창자인데도 진격을 하지 않았다 하여 사형에 처했다.

이후로 흉노는 화친을 끊고 통로가 되는 한나라 변경 요새를 공격하여 약탈을 일삼았는데 그 횟수는 셀 수 없을 정도로 빈번했다. 그러면서도 흉 노는 여전히 탐욕스럽게 관문에서 교역을 즐기며 한나라 재물을 탐했다. 한나라도 관문의 교역만은 그대로 지속시킴으로써 흉노를 달래려 했다.

마읍 사건이 있은 지 5년이 지난 해 가을에 한나라는 각각 일만 기를 거 느린 네 명의 장군에게 교역장 관문 부근에서 흉노를 치게 했다.

위청(衛靑)은 상곡군(上谷郡)에서 출격하여 농성(龍城)에 이르러 흉노 의 수급(首級)과 포로 칠백 명을 얻었다.

공손하(公孫賀)는 운중군에서 출격했으나 이렇다 할 전과는 없었다.

공손오(公孫敖)는 대군(代郡)에서 출격했는데 흉노에게 패해 칠천여 명을 잃었다.

이광(李廣)은 안문군(雁門郡)에서 출격했는데 흉노에 패배하여 흉노의 포로가 되었으나 뒤에 도망쳐 돌아왔다.

한나라에서는 공손오와 이광을 붙잡아 옥에 가두었는데 속죄금을 물고 평민이 되었다.

그해 겨울, 흉노는 자주 변경에 침입하여 약탈했다. 그중 어양(漁陽)의 피해가 가장 심했다. 한나라는 장군 한안국을 어양에 주둔시켜 흉노에 대비했다.

그 이듬해 가을, 흉노의 이만 기가 한나라에 침입하여 요서(遼西) 태수(太守)를 죽이고 이천여 명을 사로잡아 갔다. 흉노는 또다시 침입하여 어양 태수의 군사 천여 명을 격파하고 한나라 장군 한안국을 포위했다. 그때 한안국의 군사는 천여 기밖에 되지 않았고 그것마저 전멸 상태에 있었는데 때마침 연나라의 구원군이 도착했기 때문에 흉노는 철수해 버렸다.

흉노는 또 안문에도 침입하여 천여 명을 죽이고 잡아가기도 했다. 그래서 한나라는 장군 위청(衛靑)에게 삼만 기를 거느리고 안문에서 출격하게 하고 이식(李息)에게는 대군에서 출격하여 흉노를 토벌하게 했다. 그 결과 적군의 목과 포로를 합쳐 수천의 전과가 있었다.

그 이듬해 위청은 또 운중에서 출격하여 서쪽으로 나아가 농서에 이르러 흉노의 누번왕(樓煩王), 백양왕(白羊王)을 하남 올더스 땅에서 공격하여 흉노의 수급과 포로 수천, 소와 양 백여 마리를 얻었다.

이리하여 한나라는 드디어 하남 올더스 땅을 탈취해 그곳 삭방(朔方)에 성채를 쌓았으며 또 진나라 때 몽염이 쌓았던 성채를 다시 구축하고 황하를 이용해 방비를 튼튼하게 했다. 그러다가 한나라는 상곡(上谷) 북쪽 멀리 떨어진 조양현(造陽縣)을 포기하여 흉노에게 주었다. 한나라 원삭 2년이었다.

그 이듬해 겨울 흉노의 군신선우가 죽었다. 그러자 군신선우의 아우인 좌녹려왕(左谷蠡王) 이치사(伊稚斜)가 선우가 되어 군신선우의 태자인 오단(於單)을 쳐부수었다. 오단은 한나라에 망명하여 섭안후(涉安侯)로 봉해졌으나 몇 달 뒤 죽고 말았다.

이치사(伊稚斜) 선우가 즉위한 해 여름, 흉노의 수만 기병이 침입해 대군 태수 공우(恭友)를 죽이고 천여 명을 붙잡아 갔다. 그 해 가을 흉노는 또다시 안문에 침입해 천여 명을 죽이고 붙잡아 갔다. 그 이듬해 흉노는 또다시 대군(代郡), 정양군(定襄郡), 상군(上郡)에 각각 삼만 기가 침입해 수천 명을 죽이고 붙잡아 갔다.

흉노의 우현왕은 한나라가 그의 하남 올더스 땅을 빼앗은 다음 삭방에 성채를 쌓은 것에 원한을 품고 자주 쳐들어와 변경을 약탈하고 또 하남 올더스 땅에 침입하여 삭방을 휩쓸고 다니며 많은 관리와 백성들을 죽이고 붙잡아 갔다.

그 이듬해 봄, 한나라는 위청을 대장군에 임명하고 장군 여섯 명과 십만여의 군사를 거느리고 삭방, 고궐(高闕)에서 출격하여 흉노를 토벌하게 했다.

이때 흉노의 우현왕은 한나라 군사가 그곳까지 쳐들어올 수는 없으리라 생각하여 술을 마시고 취해 있었다. 한나라 군사는 요새선에서 육칠백 리나 진출하여 밤에 우현왕을 포위했다. 우현왕은 크게 놀라 단신으로 탈출하여 달아났다. 정예 기병들도 그 뒤를 따라 허둥지둥 도망을 했다. 한나라 군사는 우현왕에 소속된 남녀 일만 오천 명과 비소왕(裨小王) 십여 명을 사로잡았다.

그 해 가을, 흉노의 일만 기가 침입해 대군 도위 주영(朱英)을 죽이고 천여 명을 잡아갔다.

그 이듬해 봄, 한나라는 대장군 위청에게 6명의 장군과 군사 십여만 기를 거느리고 흉노를 토벌하게 했다. 위청은 다시 정양(定襄)에서 출격하여 수백 리나 진출해 흉노를 공격하여 전후로 수급과 포로 약 일만 구천을 얻었다. 그러나 한나라도 두 명의 장군과 삼천여 기의 군사를 잃었다. 또 우장군(右將軍) 건(建)은 단신으로 탈출했고 전장군(前將軍)인 흡후(翕侯) 조신(趙信)은 싸움에 패해 흉노에 항복했다.

조신은 원래 흉노의 소왕(小王)으로, 한나라에 항복해 와서 흡후로 봉해진 사람이다. 조신은 전장군으로서 우장군과 군사를 합친 주력 부대와 헤어져 진군하다 그 부대만이 선우의 군사와 마주치게 되어 전멸한 것이다.

선우는 흡후를 사로잡자 자차왕(自次王 : 선우 다음 가는 존귀한 왕)으로 삼아 그에게 자기 누이를 아내로 맞게 하고 함께 한나라에 대한 전략을 꾀했다. 조신은 선우에게,

"더 북쪽으로 물러나 한나라 군사를 고비사막으로 유인해 한나라 군사가 극도로 지쳤을 때 공격해야 합니다. 그리고 요새에 가까이 가서는 안 됩니다."

라고 가르쳐 주었다. 선우는 그의 계략을 따랐다.

그 이듬해, 흉노의 기병 일만 명이 상곡(上谷)에 침입해 수백 명을 죽였다.

그 이듬해 봄, 한나라는 표기장군(驃騎將軍) 곽거병에게 일만 기를 거느리고 농서에서 출격하게 했다. 곽거병은 언지산(焉支山)에서 천여 리나 진출해 흉노를 공격하여 수급과 포로 일만 팔천여 명을 얻고 휴저왕(休屠王)을 격파한 다음 선우가 천제(天祭)를 지낼 때 쓰는 금속제 금인상(金人像)을 손에 넣었다.

그해 여름 표기장군은 또 합기후(合騎侯 : 公孫敖)와 함께 수만 기를 거

느리고 농서, 북지에서 나아가 이천 리나 진군해 흉노를 공격하고 거연(居延)을 지나 기련산(祁連山)을 공격해 흉노의 수급과 포로 삼만여 명과 비소왕(裨小王) 이하 칠십여 명을 얻었다. 이때 흉노도 대군, 안문에 침입해 와서 수백 명을 죽이고 붙잡아갔다.

한나라는 박망후(博望侯 : 張騫)와 장군 이광에게 명하여 우북평(右北平)에서 출격하여 흉노의 좌현왕을 토벌하게 했다. 그러자 좌현왕은 이장군을 포위했다. 이장군의 군사는 사천 명 정도로 전멸할 지경에 이르렀으나 적을 죽이고 사로잡은 수는 이쪽의 손실보다도 많았다. 때마침 박망후의 군사가 도착해서 구원했기 때문에 이장군은 위기를 벗어날 수 있었다. 그러나 한나라도 군사 수천 명을 잃었다.

합기후는 표기장군과의 약속 기일에 늦었고 이장군과의 약속 기일에 늦은 박망후와 함께 사형을 당하게 되었으나 두 사람 다 속죄금을 물고 평민이 되었다.

그해 가을, 선우는 혼야왕(渾邪王)과 휴저왕(休屠王)이 서쪽서 한나라 군사에게 수만 명이나 죽거나 포로가 된 것에 대해 책임을 물어 두 사람을 죽이려고 했다. 혼야왕과 휴저왕은 두려워하며 한나라에 항복할 것을 꾀했다.

한나라는 표기장군을 시켜 이들을 맞으러 가게 했다. 혼야왕은 휴저왕을 죽이고 그 군사와 백성을 모두 거느리고 한나라에 항복했다. 약 사만여 명이었는데 십만이라 일렀다.

이리하여 한나라는 혼야왕을 얻게 되었으므로 농서, 북지, 하서에서는 흉노의 침입이 훨씬 줄어들었다. 그래서 함곡관 동쪽의 땅에 살고 있는 가난한 백성들을 흉노로부터 빼앗은 하남 올더스 땅과 신진중(新秦中 : 朔方) 땅에 옮겨 살게 하여 그 지역을 채우고, 북지에서 서쪽으로 있는 수비 병력을 반으로 줄였다.

그 이듬해 흉노는 각각 수만 기로 우북평, 정양에 침입해 천여 명을 죽이고 붙잡아 갔다.

그 이듬해 한나라는 전략을 상의한 결과,

'흡후 조신이 선우에게 한나라 요새에서 멀리 떨어져 있는 것이 유리하다고 했기 때문에 선우는 사막 북쪽에 있는 것이다. 한나라 군사가 그곳까지는 쳐들어올 수 없으리라 믿기 때문이다.'

하여 말에게 먹이를 충분히 먹여 십만 기를 출동시켰다. 일행에는 식량 보급을 위한 말을 따로 하여 개인의 소지품을 싣고 따라가는 말이 십사만 마리나 되었다.

그리고 대장군 위청과 표기장군 곽거병에게 명하여 군사를 둘로 나누어 거느리게 했다. 대장군은 정양에서 출격하고 표기장군은 대군에서 출격하여 함께 사막을 건너 흉노를 토벌하기로 약속했다.

선우는 이 소식을 듣자 보급부대를 먼 곳으로 대피시킨 다음 정예부대를 이끌고 사막 북쪽에서 기다리고 있다가 한나라 대장군과 맞싸웠다.

어느 날 해질 무렵 때마침 큰 바람이 불기 시작했다. 한나라 군대는 이 바람을 타고 좌우의 군사를 양익(兩翼)으로 풀어 선우의 군대를 포위했다. 선우는 전투로 한나라 군사를 당하지 못할 것이라 스스로 판단하고 마침내 겨우 수백 명의 용감한 기사들과 함께 한나라 포위를 뚫고 서북방으로 도망쳤다. 한나라 군사는 밤을 새워 추격했으나 잡을 수 없었다. 그러나 뿔뿔이 흩어져 달아나는 적군을 뒤쫓아 가며 목을 베고 포로로 잡은 수가 일만 구천이었다. 북쪽 전안산(闐顔山 : 외몽고의 산 이름)에 있는 조신성(趙信城)까지 공격했다가 되돌아 나왔다.

선우가 도망칠 때 선우의 군사는 가끔 한나라 군사와 서로 뒤섞여 가며 선우를 따르고 있었기 때문에 선우는 오랫동안 자기 부대와 합류할 수 없었다. 그래서 우녹려왕은 선우가 죽은 줄 알고 스스로 선우가 되었다. 그러나 진짜 선우가 다시 군사를 장악하게 되자 우녹려왕은 선우의 위호(位號)를 버리고 본디 우녹려왕으로 돌아갔다.

한편 한나라 표기장군은 대(代)에서 나와 이천여 리 되는 지점에서 흉노의 좌현왕과 육박전을 벌였다. 그 결과 한나라 군대는 흉노의 수급과 포로 약 칠만여 명을 얻었다. 좌현왕의 장군들은 모두 도망쳐 달아났다. 표기장군은 낭거서산(狼居胥山)에서 봉제(封祭 : 산 위에서 盛土하고 하늘에 제사지내는 것)를 올리고 고연산(姑衍山)에서 선제(禪祭 : 산에서 地神에게 드리는 제사)를 드린 다음 한해(翰海 : 고비사막 또는 바이칼호)까지 갔다가 되돌아 나왔다. 그 뒤로 흉노는 멀리 도망하여 사막 남쪽에는 선우의 정(庭 : 도읍)이 사라졌다.

한나라는 북쪽으로 황하를 건너가 삭방에서 서쪽의 영거(令居)에 이르기까지 곳곳에 관개용수의 도랑을 만들어 전관(田官 : 농지 감독관)을 배치하고 관리와 사졸 오, 육만 명을 주둔시켜 차츰 땅을 잠식하여 흉노의 옛 세력 범위였던 북쪽을 경계로 했다.

앞서 한나라의 두 장군이 대거 출격해서 선우를 포위했을 때 흉노를 죽이고 포로로 한 것이 팔구만이나 되었지만 한나라 사졸로 죽은 사람도 수만 명에 달했고 죽은 말은 십만여 필이 넘었다. 흉노는 지쳐서 멀리 도망쳐 버렸지만 한나라도 말이 줄어 더 이상 출격할 수 없었다.

흉노는 조신의 계략에 따라 한나라로 사신을 보내 그럴듯한 말을 꾸며대면서 화친을 청해왔다. 천자는 이것을 조정의 의논에 붙였다. 혹은 화친을 주장하고 혹은 어디까지나 항복받아 신하로서 복종시키는 것이 좋다고 주장했는데 장사(長史 : 승상의 屬官)인 임창(任敞)이 이렇게 말했다.

"흉노는 지금 크게 패해 곤궁에 처해 있습니다. 귀순한 외신(外臣)으로서 변경에서 봄가을에 입조의 예를 올리도록 하는 것이 좋겠습니다."

이리하여 한나라는 임창을 사신으로 선우에게 보냈다. 선우는 임창의 주장을 듣자 크게 노하며 그를 감금시킨 다음 돌려보내지 않았다. 이보다 앞서 한나라에 투항한 흉노의 사신이 있어 선우도 한나라 사신을 감금하여 이에 대항한 것이다.

한나라는 바야흐로 군마를 징발하려고 했으나 때마침 표기장군 곽거병이 병으로 죽었기 때문에 이로부터 여러 해 동안 북쪽의 흉노를 치지 못했다.

이치사(伊稚斜) 선우는 재위 13년 만에 죽었다. 그의 아들 오유(烏維)가 뒤를 이어 선우가 되었는데 이해는 한나라 원정(元鼎) 3년이었다.

오유가 선우에 오르자 한나라 천자는 처음으로 도읍에서 나와 군현을 순행했다. 그 뒤 한나라는 남쪽으로 남월과 동월을 무찔렀고 흉노는 치지 않았다. 흉노도 변경을 침입하지 않았다.

오유선우가 선 지 3년, 한나라는 이미 남월을 멸망시켰으므로 전에 태복이었던 공손하를 북쪽으로 보냈다. 공손하는 일만오천 기를 거느리고 구원(九原)에서 이천여 리나 진출하여 부저정(浮苴井 : 외몽고의 우물)까지 갔다가 돌아왔는데 흉노는 한 사람도 볼 수 없었다.

한나라는 또 전 종표후(從驃侯) 조파노(趙破奴)를 파견했다. 조파노는 일만 남짓한 기병을 이끌고 영거(令居)에서 수천 리나 진출하여 흉하수(匈河水 : 강 이름)까지 갔다가 되돌아왔는데 이 역시 흉노를 한 사람도 볼 수 없었다.

이 무렵 천자는 변경을 순행하는데 삭방에 이르러 십팔만 기를 사열하고 위무(威武)와 절도를 과시하여 곽길(郭吉)을 사신으로 하여 선우에게 은근히 깨우쳐 주도록 시켰다. 곽길이 흉노에 이르자 흉노의 주객(主客 : 외국의 사신과 빈객 접대를 맡은 벼슬)이 온 뜻을 물었다. 곽길은 예를 정중히 하여 말했다.

"선우를 뵌 다음 직접 말씀을 드리겠습니다."

이리하여 선우가 곽길을 인견하자 이렇게 말했다.

"남월왕의 머리는 이미 한나라 도읍 북문에 걸려 있습니다. 선우께서 할 수 있다면 나아가 한나라와 싸우십시오. 한나라 천자가 친히 군사를 거느리고 변경에서 기다리고 계십니다. 그것이 불가능하다면 남쪽의 한나라에 신종(臣從)하는 것이 좋을 줄 압니다. 어째서 공연히 멀리 달아나 사막 북쪽의 좁고 괴로우며 물도 풀도 없는 땅에 숨어서 처량하게 사신단 말입니까? 그러한 짓은 하지 않는 것이 좋을 것입니다."

그의 말에 선우는 크게 노하여 그를 알현시킨 주객의 목을 그 자리에서 베고 곽길을 붙잡아 돌려보내지 않다가 북해(北海 : 바이칼호) 근처에 감금시켰다.

그렇지만 선우는 끝내 한나라 변경으로 쳐들어오지 않은 채 사졸과 말을 충분히 쉬게 하고 활쏘기나 사냥하기를 익히게 했다. 그리고 사신을 자주 한나라로 보내 좋은 말과 달콤한 소리로 화친을 청할 뿐이었다.

한나라는 왕오(王烏) 등에게 명하여 흉노의 동정을 살펴보게 했다. 그런데 흉노의 법에 의하면 사신이라도 부절을 버리고 얼굴에 먹물을 넣은 사람이 아니면 선우의 천막 안에 들어갈 수 없었다. 왕오는 북지(北地) 출신이라 흉노의 풍습에 익숙해 있었으므로 자신이 가진 부절을 버리고 얼굴에 먹물을 넣은 다음 선우의 천막 안으로 들어가는 것을 허락받았다.

선우는 왕오를 사랑한다면서 그의 의견에 따르는 척하고 달콤한 말을 하여 태자를 한나라에 볼모로 보내어 화친을 청하고 싶다고 했다. 그 말을 전해 들은 한나라는 양신(楊信)을 흉노에 사신으로 보냈다.

이때 한나라는 동으로 예맥(穢貉), 조선(朝鮮)을 정복하여 군(郡)으로 만들고 서쪽으로는 주천군(酒泉郡)을 두어 흉노 강(羌)과의 통로를 끊게 했다. 한나라는 또 서쪽의 월지(月氏), 대하(大夏)와 국교를 맺어 교류하고 공주를 오손(烏孫)왕에게 시집보내 흉노를 지원하는 서방 각국들과 흉노 사이를 끊어 놓았다. 또 북쪽으로는 더욱 농지를 넓히며 현뢰(眩雷 : 西河郡의 西北)까지 이르렀으며 그곳에 요새를 구축했다.

그러나 흉노는 이에 대하여 한마디 항의도 하지 않았다. 그해 흡후 조신이 죽었다. 한나라의 요로 대신들은 흉노가 약해졌으므로 신종시킬 수 있으리라고 생각했다.

흉노에게 사신으로 간 양신은 강직하여 굴복할 줄 모르는 사람이었으나 벼슬이 높지 않았으므로 선우는 그를 친절히 대하려 하지 않았다. 또 선우가 천막 안으로 불러들이려 해도 양신은 끝내 부절을 버리려 하지 않았다. 그래서 선우는 천막 밖에 자리를 마련하여 거기서 인견하기로 했다. 양신은 선우와 만나자,

"만일 화친을 원하신다면 선우의 태자를 한나라에 볼모로 보내 주십시오."

라고 말했다. 그러자 선우가 말했다.

"그것은 본래의 약속과 다르오. 본래 한나라가 공주를 보내 주고 비단, 무명, 음식 등 많은 물건들을 보내 주어 화친을 하면 흉노는 한나라 변경을 어지럽히지 않기로 되어 있었소. 그런데 이번에는 본래의 약속과 달리 우리 태자를 볼모로 삼고자 한다니 도저히 응할 수 없는 일이오."

흉노의 습관으로는 한나라 사신이 중귀인(中貴人 : 황제의 총애를 받는 환관)이 아니라고 생각되는 경우, 그 사람이 장로(長老)이면 자기들을 설득하기 위해 온 것인 줄 알고 그의 변설을 꺾으려 했고, 젊은 사람이면 자객인 줄 알고 그의 기운을 꺾으려 했다. 그리고 한나라 사신이 흉노에 들어오면 그때마다 답례로서 사신을 보내고 한나라가 흉노의 사신을 가두면 흉노도 한나라 사신을 가둠으로써 반드시 대등한 수단을 취했다.

양신이 돌아온 다음 한나라는 다시 왕오를 흉노에 사신으로 보냈다. 그

러자 선우는 달콤한 말로 왕오를 달래며 한나라의 재물을 얻을 욕심에 거짓으로 이렇게 말했다.

"한나라에 가서 직접 천자와 마주앉아 형제의 약속을 굳게 맺고 싶소."

왕오가 돌아와 그 말을 한나라 천자에게 보고했다. 한나라에서는 선우를 위해 장안에다 저택을 지었다. 그러자 흉노는,

"한나라에서 고관을 사신으로 보내 주지 않는 한 참다운 이야기를 할 수 없다."

라고 말하며 흉노도 고관을 사신으로 보내왔다. 그런데 그가 한나라에 도착하자마자 병이 났다. 한나라에서는 약을 주어 그를 치료하고자 했으나 불행하게도 죽고 말았다. 한나라는 노충국(路充國)에게 이천 석의 고관이 차는 인수를 주어 사신으로 삼고 유해를 호송해 정중한 장례식을 치르게 했는데 그 비용만 해도 수천 금에 달했다.

노충국이 가서 스스로 한나라의 고관이라고 말하자 선우는 한나라가 흉노의 고관 사신을 죽였다고 생각하여 노충국을 붙들어 두고 돌려보내지 않았다.

그때까지 한 여러 가지 말들은 선우가 일부러 왕오 등을 속인 것일 뿐 진심은 한나라에 갈 생각도, 태자를 볼모로 보낼 생각도 전혀 없었던 것이다.

흉노는 자주 기습부대를 보내 변경을 침범하였다. 한나라는 곽창(郭昌)을 발호장군(拔胡將軍)에 임명하고 또 착야후(浞野侯) 조파노(趙破奴)를 삭방 동쪽에 주둔시켜 흉노에 대비했다.

노충국이 흉노에 붙들려 구류된 지 3년이 지났을 때 오유선우가 즉위 10년 만에 죽었다. 그리고 그의 아들 오사려(烏師廬)가 뒤를 이어 선우가 되었다. 오사려는 나이가 어렸기 때문에 아선우(兒單于)라고 불렀다.

이해는 원봉(元封) 6년이었다. 이후 선우는 더욱더 서북쪽으로 이동해

왼쪽의 군사는 운중군에 맞서고 오른쪽 군사는 주천군(酒泉郡)과 돈황군(燉煌郡)에 맞서 있었다.

아선우가 즉위하자 한나라에서는 두 사람의 사신을 보내 한 사람에게는 선우를 조문하게 하고 다른 한 사람에게는 우현왕을 조문하게 하여 그들 군신(君臣) 사이를 이간시키려 했다.

사신이 흉노 땅에 들어가자 흉노는 한나라 사신 두 사람을 모두 선우에게 데리고 갔다. 선우는 노하여 모두 붙들어 두었다. 한나라 사신으로서 흉노에 붙들려 있는 사람은 전후를 통하여 십여 명에 이르렀는데 한나라 역시 흉노의 사신이 오는 대로 그들을 붙들어 두어 흉노와 맞섰다.

이해 한나라는 이사장군(貳師將軍) 이광리(李廣利)에게 명하여 서쪽으로 대원(大宛 : 중앙아시아의 페르가나국)을 토벌하게 하고, 인우장군(因杅將軍) 공손오(公孫敖)를 시켜 수항성(受降城)을 쌓게 했다. 그해 겨울, 흉노 땅에는 큰 눈이 내려 많은 가축이 굶주리고 얼어 죽었다.

아선우는 나이가 젊고 잔인했기 때문에 많은 백성들은 안심할 수 없었다. 그러자 좌대도위(左大都尉)가 선우를 죽일 생각으로 몰래 한나라에 사람을 보내 이렇게 말했다.

"나는 선우를 죽이고 한나라에 항복하고 싶소. 그런데 한나라는 너무 멀리 있소. 만일 한나라 군사가 나를 맞이하러 와 주면 곧 반란을 일으키겠소."

이 말을 듣고 한나라에서 수항성을 쌓은 것이었는데 그래도 여전히 멀다고 했던 것이다.

그 이듬해 봄 한나라는 착야후 조파노에게 명하여 이만여 기를 거느리고 삭방 서북쪽 이천여 리까지 진출하게 했다. 그리하여 준계산(浚稽山 : 외몽고에 있는 산)까지 갔다가 되돌아온다는 약속이었다. 착야후는 약속한 지점까지 갔다가 되돌아왔다. 이때 흉노의 좌대도위는 거사를 하려다 사전에 선우에게 발각되어 실패하고 말았다.

선우는 좌대도위를 죽이고 좌방(左方)의 군사를 동원하여 착야후를 치게 했다. 착야후는 그들과 싸워 적의 수급과 포로 수천을 얻었으나 수항성에서 사백 리 되는 지점에서 흉노의 군사 팔만 기에게 포위되고 말았다. 게다가 착야후는 밤에 밖으로 나가 물을 찾다 잠복해 있던 흉노에게 생포되었다. 흉노는 이를 계기로 한나라 군사를 급습했다.

한나라 군중에서는 곽종(郭縱)이 호군(護軍 : 총지휘관)이 되고 유왕(維王)이 거수(渠帥 : 벼슬 이름)가 되어 상의를 했으나 교위들까지 '장군을 잃고 도망쳐 돌아온 사람은 사형에 처한다.'는 군법을 두려워한 나머지 한 사람도 돌아가자고 하는 사람이 없었으므로 마침내 흉노에게 항복했다.

흉노의 아선우는 크게 기뻐하고 드디어 기습부대를 풀어 수항성을 공격했다. 그러나 항복을 받을 수 없어 변경으로 쳐들어왔다가 그대로 물러갔다. 그 이듬해 선우는 몸소 수항성을 공격하려 했으나 도착하기 전에 병으로 죽었다. 즉위한 지 3년 만에 죽은 것이다. 그의 아들은 아직 어렸기 때문에 흉노는 아선우의 막내 숙부이며 오유선우의 동생인 우현왕 구리호(呴犂湖)를 선우로 삼았다. 이해가 태초(太初) 3년이었다.

구리호선우가 즉위하자 한나라는 광록(光祿 : 郞中令에 해당하는 벼슬) 서자위(徐自爲)에게 명하여 오원새(五原塞 : 榆林塞)에서 수백 리, 멀게는 천여 리까지 진출해 성채와 망루를 구축하고 여구산(廬朐山 : 흉노 땅)까지 연결하게 했다. 그리고 유격장군(遊擊將軍) 한열(韓說)과 장평후(長平侯) 위항(衛伉)을 그 근처에 주둔시키고 강노도위(彊弩都尉) 노박덕(路博德)에게 명하여 거연택(居延澤 : 몽고의 짠 호수) 부근에 요새를 구축하게 했다.

그해 가을 흉노는 정양군, 운중군에 침입하여 수천 명을 죽이고 잡아갔으며 이천 석의 고관을 공격하고 철수해서 가는 길에 광록(光祿)이 구축한 성채와 망루를 파괴했다. 또 우현왕이 주천군(酒泉郡), 장액군(張掖郡)에 침입해 수천 명을 죽이고 약탈하였으나 때마침 한나라 장군 임문(任文)이 구원하러 왔기 때문에 흉노는 손에 넣었던 것을 모두 버린 채 도망했다.

이해 이사장군(貳師將軍)은 대원을 격파하고 그 왕을 목 베어 돌아왔다. 흉노는 그의 귀로를 막으려 했으나 미치지 못했다.

그해 겨울 흉노는 수항성을 치려 했지만 때마침 선우가 병으로 죽었다. 구리호선우는 즉위한 지 1년 만에 죽은 것이다. 그래서 흉노는 그 아우인 좌대도위(左大都尉) 저제후(且鞮侯)를 세워 선우로 삼았다.

한나라가 대원을 무찌른 뒤로는 국위가 외국에 떨쳐졌다. 그러나 천자의 마음은 어디까지나 흉노를 괴롭히는 데 있었으므로 나음과 같은 조칙을 내렸다.

"고황제께서는 짐에게 평성(平城)에서의 원한을 남기셨다. 또 고후(高后) 때의 선우의 편지 내용은 도리에 너무나 어긋난다. 옛날 제나라의 양공은 9세(世)의 원수를 갚았다고 하여 ≪춘추≫에서 이를 크게 칭찬하고 있다."[149]

이해는 태초 4년이었다.

다음은 후세 사람의 가필(加筆)이라고 한다.

저제후선우가 즉위하여 한나라 사신으로서 흉노에 귀순하지 않은 사람은 모두 돌려보냈기 때문에 노충국 등도 귀국할 수 있었다.

---

149) ≪春秋公羊傳≫ 莊公 4년 봄의 記事.

선우는 즉위하자 한나라의 습격이 두려워 이렇게 말했다.

"나는 어린아이다. 한나라 천자와 도저히 대등하게 되기를 바랄 수 없다. 한나라 천자는 우리 아버지와 같은 어른이시다."

한나라는 중랑장 소무(蘇武)를 파견하여 많은 선물을 선우에게 보냈다. 그런데 선우는 차츰 교만해져서 대하는 태도가 오만 무례해지고 한나라의 기대에 어긋나고 말았다.

착야후 조파노는 그 이듬해 도망쳐 한나라로 돌아올 수 있었다. 그 이듬해 한나라는 이사장군 이광리에게 명하여 삼만 기를 거느리고 주천군에서 나아가 천산(天山)에서 우현왕을 치게 했다. 이사장군은 흉노의 수급과 포로 일만 여명을 얻어 돌아오던 중 흉노에게 포위를 당해 거의 벗어날 수 없는 지경에 빠졌으며 한나라 군대의 전사자는 열에 예닐곱이나 되었다.

한나라는 또 인우장군(因杅將軍) 공손오에게 명하여 서하군(西河郡)에서 나아가 탁도산(涿涂山)에서 강노도위(彊弩都尉)와 합류해 싸우게 했으나 전과는 없었다.

또 기도위(騎都尉) 이릉(李陵)에게 명하여 보병 오천 명을 거느리고 거연(居延) 북쪽 천여 리까지 나아가 치게 했다. 이릉은 선우와 맞싸워 일만여 명의 적을 살상했으나 이쪽도 군사와 식량이 거의 다 되었으므로 전투 태세를 풀고 돌아가려고 했다. 그러나 흉노에게 포위되어 이릉은 마침내 흉노에 항복했고 그의 군사는 거의 전멸되어 한나라로 살아 돌아온 자는 겨우 사백 명이었다. 선우는 이릉을 존중하여 딸을 그에게 아내로 주었다.

그로부터 2년 뒤에 한나라는 또다시 이사장군(貳師將軍)에게 명하여 육만 기와 보병 십만을 거느리고 삭방에서 나아가 치게 하고, 강노도위 노박덕은 일만여 명을 거느리고 이사장군과 합류하게 했다. 유격장군(遊擊將軍) 한열(韓說)은 보병과 기병 삼만을 거느리고 오원(五原)에서 출격하고,

인우장군 공손오는 일만 기와 보병 삼만을 거느리고 안문(雁門)에서 출격했다.

흉노는 이 말을 듣자 처자와 재산을 여오수(餘吾水 : 朔北 땅의 강) 북쪽에 숨겨두고, 선우는 십만 기병을 인솔하여 여오수 남쪽에서 대기하고 있다가 이사장군과 접전을 벌였다.

이사장군은 선우와 십여 일 싸운 끝에 전투 태세를 풀고 퇴각했는데 이때 이사장군의 가족이 무고(巫蠱)의 난(亂)[150]에 연루되어 족멸(族滅)되었다는 말을 듣고는 군대를 거느린 채 흉노에 투항하고 말았다. 한나라로 살아 돌아온 사람은 천 명에 한두 사람에 지나지 않았다.

유격장군 한열은 전과를 올리지 못했다. 그리고 인우장군 공손오도 좌현왕과 싸웠으나 싸움이 불리해져 군사를 이끌고 돌아왔다. 이해에 한나라 군대로 흉노에 출격한 사람에 대해서는 군공의 다소(多少)를 말할 수 없었다. 논공에 해당하는 자가 없었기 때문이다.

또 조칙을 내려 태의령(太醫令) 수단(隨但)을 체포했다. 이사장군의 가족이 족멸당한 사실을 누설함으로써 이광리(李廣利)로 하여금 흉노에 항복하는 계기를 만들었기 때문이다.

태사공은 말한다.

"공자가 ≪춘추≫를 지었는데 옛날의 은공(隱公)·환공(桓公) 시대의 기록은 분명하게 되어 있고 자기와 같은 시대인 정공(定公)·애공(哀公)의 일에 대해서는 기록이 모호하여 분명하지 못했다. 당시로서는 너무나

---

[150] 천자를 저주하여 천자를 본뜬 인형을 땅속에 묻은 사건. 피해망상에 시달리던 만년의 武帝 주변에서는 계속 음산한 사건이 적발되고 일족 몰살의 형벌이 자주 행해졌다. 황태자였던 戾太子까지 그 사건에 휘말려 희생되었을 정도였다.

절실한 일이라 비판을 피하고 분명하게 말하기를 꺼렸던 때문이다.

지금도 흉노에 대한 세론(世論)들은 한때의 방편에 맞추어 천자에게 아첨하여 자기의 주장이 채택되게끔 노력하고, 이익에만 사로잡혀 피차의 정세를 올바르게 파악하지 못한 경향이 있다. 장수들은 중국 땅의 넓고 큰 것만을 믿고 기세를 올렸고 천자는 그들의 영향을 받아 방침을 결정하고 있었다. 그런 까닭에 큰 공업을 세울 수 없었던 것이다.

요(堯)는 성현이었지만 혼자 힘으로 사업을 일으켜 성취시킬 수 없었으며 우(禹)라는 어진 신하를 얻음으로써 전 국토를 편안하게 할 수 있었던 것이다. 어쨌든 거룩한 천자의 통업(統業)을 일으키려면 무엇보다 장군과 대신[151]을 골라 임명하는 데 유의하지 않으면 안 된다 하겠다."

---

151) 원문은 '將相'. 장군만 말하지 않고 相을 아울러 말한 것은 적군과 싸워 공을 세워야 하는
    것은 장군의 임무이지만 헛되이 대군을 내어 武를 욕되게 하는 것은 현명한 재상이 지양해
    야 할 바임을 말하려는 것이 아닐까. 그런데 참으로 현명한 재상은 누구냐는 문제에 대해서
    司馬遷은 언급을 회피하고 있다.

제51 위장군·표기열전(衛將軍·驃騎列傳)

대장군 위청(衛靑)은 평양(平陽) 사람이다. 그의 아버지 정계(鄭季)는 관리가 되어 평양후(平陽侯)의 집에서 일하면서 후(侯)의 계집종 위오(衛媼)와 밀통하여 위청을 낳았다. 위청의 동복(同腹) 형은 위장자(衛長子)이고 누이는 위자부(衛子夫)였다.

위자부가 평양공주(平陽公主 : 孝武帝의 누이인 陽信長公主로 平陽侯의 부인)를 섬겨서 천자(孝武帝)의 총애를 받게 되었으므로 위청도 위씨 성을 따르게 된 것이다.

위청의 자(字)는 중경(仲卿)이라고 했다. 형인 위장자는 자를 장군(長君)이라 했고 장군의 어머니는 위오(衛媼 : 媼는 노부인, 이름이 분명치 않아 媼라고 한 것임)이다. 위오의 장녀는 위유(衛孺), 차녀는 소아(少兒), 삼녀가 바로 자부(子夫)이다. 후에 자부의 동생 보광(步廣)도 위씨 성을 따랐다.

위청은 평양후 집의 종이 되었고 소년이 되자 그의 아버지 집으로 돌아갔다. 아버지는 그에게 양을 치게 했는데 적자(嫡子)들은 모두 위청을 종 취급하며 형제로 여기지 않았다.

예전에 위청이 어떤 사람을 따라 감천궁의 거실(居室)[152]에 갔을 때 한 죄수가 위청의 인상을 보고 말했다.

"귀인의 상이오. 벼슬은 봉후(封侯)에 오를 것이오."

그러자 위청은 웃으며 말했다.

"종으로 태어난 몸이오. 매 맞거나 꾸짖음을 당하지 않고 살 수 있다면

---

152) 조정의 일을 맡아보는 少府에 속하며 필시 죄지은 신하를 구금하는 장소였다고 생각된다.

그것으로 족하오. 어찌 봉후가 될 수 있겠소?"

위청은 장년이 되자 평양후의 기병이 되어 평양공주를 섬겼다.

건원(建元) 2년 봄, 위청의 누이인 위자부가 궁중에 들어가 천자의 총애를 받게 되었다. 황후는 당읍(堂邑)의 대장공주(大長公主 : 孝景帝의 누이로 堂邑侯의 부인)의 딸로서 아들이 없었고 질투심이 많았다. 대장공주는 위자부가 천자의 총애를 받아 임신했다는 말을 듣고 질투하여 이에 사람을 보내 위청을 잡아들이라고 말했다.

위청은 그 무렵 건장궁(建章宮 : 上林苑 안의 宮名)에서 출사(出仕)하고 있었는데 그 이름은 아직 알려지지 않았다. 대장공주는 위청을 붙잡아 가두고 그를 죽이려 했다. 그러나 위청의 친구인 기랑(騎郎)[153] 공손오(公孫敖)가 장사와 함께 위청을 구출하여 죽음을 면했다.

천자는 이 말을 듣고 위청을 불러 건장감시중(建章監侍中)[154]에 임명했다. 마침내 위청의 동복 형제들이 고귀한 신분이 되니 천자가 그들에게 하사한 상금이 며칠 동안 천 금에 달했다. 위유는 태복(太僕)[155] 공손하(公孫賀)의 처가 되었다. 소아는 원래 진장(陳掌)과 밀통하고 있었으므로 천자는 진장의 신분을 높여 주었다. 공손오는 위청을 구해 준 일로 더욱더 귀하게 되고 자부는 부인(夫人)[156]이 되었으며 위청은 태중대부(太中大夫)[157]가 되었다.

원광(元光) 5년[158], 위청은 거기장군(車騎將軍)이 되어 흉노를 정벌하기 위해 상곡군(上谷郡)에서 출격하고 태복 공손하는 경거장군(輕車將軍)이

---

153) 侍從騎馬武官.
154) 建章宮의 호위를 맡은 侍從.
155) 천자의 수레와 말을 관리하는 벼슬로 봉록은 中 이천 석.
156) ≪漢書≫ 外戚傳에 따르면 皇后 이외의 측실을 모두 夫人이라고 했다.
157) 郎中令의 屬官으로 조정에서 논의를 관장했다.
158) ≪史記≫의 漢興以來將相名臣年表에 따르면 元光 6년, 즉 기원전 129년의 일이다.

되어 운중군(雲中郡)에서 출격했다. 태중대부 공손오는 기장군(騎將軍)이 되어 대군(代郡)에서 출격했고 위위(衛尉)[159] 이광(李廣)은 효기장군(驍騎將軍)이 되어 안문군(雁門郡)에서 출격했다. 각 군은 각각 일만 기였다.

위청은 농성(龍城 : 흉노가 하늘에 제사지내는 곳)까지 가서 적의 머리를 베고 포로로 한 것이 수백 명이었다. 기장군 공손오는 부하 칠천 기를 잃었고, 위위 이광은 적에게 사로잡혔으나 탈출하여 돌아왔다. 두 사람 모두 참죄에 해당하였으나 속죄금을 바치고 서민이 되었다. 공손하도 군공이 없었다.

원삭(元朔) 원년 봄, 위부인이 아들을 낳아서 황후가 되었다.

그해 가을, 위청은 거기장군이 되어 삼만 기를 거느리고 안문군에서 출격하여 흉노를 쳐 적의 머리를 베고 포로로 한 것이 수천 명이었다.

다음해 흉노가 침입하여 요서(遼西)의 태수를 죽이고 어양군(漁陽郡)의 백성 이천여 명을 사로잡고 약탈했으며 한안국 장군의 군대를 격파했다.

한나라는 장군 이식(李息)에게 명하여 흉노를 치기 위해 대군(代郡)에서 출격시키고, 거기장군 위청에게 명하여 운중군에서 출격하도록 했다. 위청은 서쪽 깊숙이 나아가 고궐(高闕)에 이르러 마침내 하남 올더스 땅을 공략하고 농서에 이르렀다. 적의 머리를 베고 포로로 한 것이 수천 명, 가축 수십 만을 약탈하고 백양왕(白羊王)과 누번왕(樓煩王)을 패주시켜 마침내 하남 올더스 지방을 한나라의 삭방군(朔方郡)으로 만들었다.

한나라에서는 그 공을 높이 평가하여 위청을 삼천팔백 호의 땅에 봉하고 장평후(長平侯)로 삼았다. 또 위청의 교위 소건(蘇建)도 군공이 있었으므로 일천일백 호의 땅에 봉하여 평릉후(平陵侯)로 삼고 삭방성(朔方城)을 쌓게 했다. 위청의 교위 장차공(張次公)도 군공이 있어서 안두후(岸頭

---

159) 궁문의 호위대장. 정확하게는 未央宮의 호위대장이다.

侯)에 봉해졌다.

이때 천자는 다음과 같은 조서를 내렸다.

"흉노의 생활 풍습은 천리를 거스르고 인륜을 어지럽히며 나이 많은 사람을 혹사하고 노인을 학대하며, 도둑질을 일삼고 다른 오랑캐들을 모략으로 속여 군대를 빌려서 우리 변경을 자주 침략한다. 그런 까닭에 군사를 일으키고 장수를 보내 그의 죄를 묻게 했던 것이다.

물론 옛날에도 흉노를 친 일이 있다. 그래서 ≪시경(詩經)≫에도 '험윤을 쳐부수어 태원(太原)에 이르렀다.' [160] '떠나는 수레 소리 굉장했네. 천자께서 명하시어 북녘 땅에 성을 쌓게 하셨네.' [161]라고 하지 않았던가.

지금 거기장군 위청은 서하(西河)를 건너 고궐에 이르러 적의 목을 베고 포로로 한 것이 이천삼백 명, 그리고 전차, 보급차, 가축을 전리품으로 노획하였다. 또 열후에 봉해진 다음에는 서쪽 하남 올더스 지방을 평정하고 유계(楡谿 : 楡林山 계곡)의 옛 요새지를 찾아 재령(梓嶺)을 넘어 북하(北河)에 다리를 놓아 포니(蒲泥)를 치고 부리(符離)를 격파했으며, 적의 정예병을 베어 죽이고 숨어 엎드려 우리 군사를 노리는 적병을 사로잡은 것이 삼천칠십일 명, 포로를 심문하여 적의 많은 군수품을 노획하고 말, 소, 양 백만여 마리를 몰아 우리 군사는 아무 손상 없이 무사히 귀환하였다. 따라서 위청에게 삼천 호를 증봉한다."

그 다음해 흉노가 침입하여 대군(代郡)의 태수 공우(共友)를 죽이고 안문군의 백성 천여 명을 잡아갔다.

그 다음해 흉노는 대군(代郡), 정양군(定襄郡), 상군(上郡)에 대거 침입하여 한나라 사람 수천 명을 죽이고 잡아갔다.

---

160) ≪詩經≫ 小雅 六月篇.
161) ≪詩經≫ 小雅 出車篇.

그 다음해인 원삭 5년 봄, 한나라는 거기장군 위청에게 명하여 삼만 기를 이끌고 고궐에 출격하게 했다. 위위 소건이 유격장군(游擊將軍), 좌내사(左內史)[162] 이저(李沮)가 강노장군(彊弩將軍), 태복 공손하가 기장군(騎將軍), 대(代)의 재상 이채(李蔡)가 경거장군(輕車將軍)으로 모두 거기장군에 소속되어 함께 삭방에 출격했다. 또 대행(大行)[163] 이식(李息)과 안두후(岸頭侯) 장차공(張次公)은 장군이 되어 우북평군(右北平郡)에 출격해 모두 흉노를 쳤다.

흉노의 우현왕은 한나라 군대가 그곳까지는 오지 않을 것이라고 안심하고 술에 취해 있었다. 그런데 위청 등의 한나라 군대는 한밤중에 우현왕을 포위하였다. 우현왕은 놀라 애첩을 데리고 기병 수백 명과 함께 야밤을 타 한나라 군사의 포위망을 뚫고 북쪽으로 도망갔다. 한나라의 경기교위(輕騎校尉) 곽성(郭成) 등이 수백 리나 추격했지만 따라잡을 수 없었다. 그래서 우현왕의 소왕(小王) 십여 명과 남녀 일만 오천여 명, 가축 수십만 내지 백만여 두를 빼앗고 군사를 수습하여 요새지로 귀환했다.

천자는 대장군의 인을 가진 사자를 군중에 보내 거기장군 위청을 대장군으로 임명했다. 이로써 모든 장군들은 군사를 이끌고 대장군에게 소속되었다. 위청이 대장군의 이름으로 도성에 귀환하자 천자는 위청에게 말했다.

"대장군 위청은 몸소 군대를 이끌고 가서 크게 승리하여 흉노의 왕 십여 명을 사로잡았다. 이에 위청에게 육천 호를 증봉(增封)한다. 또 위청의 아들 위항(衛伉)을 의춘후(宜春侯)로 봉하고 위불의(衛不疑)를 음안후(陰安

---

162) 秦 이래의 벼슬로 수도를 다스리는 장관. 漢의 景帝 2년에 左內史와 右內史로 나뉘었다. 봉록은 이천 석.

163) 정식 명칭은 大行令. 본디는 典客이라 했고 景帝 때 대행령으로 개칭됐다. 漢에 항복한 蠻族을 취급했다.

侯)로, 위등(衛登)을 발간후(發干侯)로 봉한다."

그러자 위청이 굳이 사양하며 말했다.

"신은 황공하게도 장군으로 등용되어 폐하의 신령하심에 힘입어 군대가 큰 승리를 거두었습니다. 이는 모두 교위들이 힘껏 용감하게 싸운 덕분입니다. 그런데도 폐하께서는 신에게 봉읍을 더 주셨습니다. 또 신의 아들들은 강보에 싸여 아직 아무런 공도 세운 것이 없습니다. 그런데도 폐하께서는 황공하게도 이들에게 땅을 하사하시고 후(侯)로 봉해 주셨습니다. 이것은 신이 장군으로 등용되어 사졸들에게 용감하게 싸우라고 권한 본뜻이 아닙니다. 제 자식 놈 세 명이 어찌 감히 후로 봉함을 받을 수 있겠습니까?"

"내가 교위들의 공을 잊고 있는 것이 아니오. 이제부터 마땅히 그들의 공을 가려 상을 줄 예정이오."

하면서 천자는 다음과 같은 조서를 어사(御史)[164]에게 내렸다.

"호군도위(護軍都尉) 공손오는 세 번이나 대장군을 따라 흉노를 쳤고 항상 전군을 감독하고 보호하였으며, 부대의 대열을 가다듬고 흉노의 왕을 사로잡았다. 이에 천오백 호를 내리고 합기후(合騎侯)로 봉한다.

도위 한열(韓說)은 대장군을 따라 출격하여 흉노 우현왕의 본영까지 쳐들어가 흉노의 왕을 사로잡았다. 이에 천삼백 호를 내리고 용액후(龍額侯)로 봉한다.

기장군(騎將軍) 공손하는 대장군을 따라 흉노의 왕을 사로잡았다. 이에 천삼백 호를 내리고 남교후(南窌侯)로 봉한다.

경거장군(輕車將軍) 이채(李蔡)는 대장군을 따라 흉노의 왕을 사로잡았

---

164) 관리의 감찰, 탄핵 등을 맡아보는 벼슬.

다. 이에 천육백 호를 내리고 낙안후(樂安侯)로 봉한다.

교위 이삭(李朔), 조불우(趙不虞), 공손융노(公孫戎奴)는 각기 세 차례 대장군을 따라 흉노의 왕을 사로잡았다. 이에 각각 천삼백 호씩 내리고 이삭을 봉하여 섭지후(涉軹侯)라 하고 조불우를 봉하여 수성후(隨成侯)라 하며 공손융노를 봉하여 종평후(從平侯)라 한다.

장군 이저(李沮), 이식(李息)과 교위 두여의(豆如意)는 군공이 있으므로 이에 관내후의 작과 식읍 삼백 호씩을 내린다."

그해 가을, 흉노는 대군(代郡)에 침입하여 도위 주영(朱英)을 죽였다.

그 다음해 봄, 대장군 위청은 정양군(定襄郡)에서 출격하였다. 합기후 공손오가 중장군(中將軍), 태복 공손하가 좌장군(左將軍), 흡후 조신이 전장군(前將軍), 위위 소건이 우장군(右將軍), 낭중령[165] 이광이 후장군(後將軍), 좌내사 이저가 강노장군(彊弩將軍)으로 모두 대장군에게 소속되어 적의 머리 수천을 베어 가지고 돌아왔다. 한 달 남짓 후 대장군 이하 모두 다시 정양군에서 출격하여 흉노를 쳐 적의 목과 포로 일만여 명을 얻었다.

이때 우장군 소건과 전장군 조신은 삼천여 기의 군사를 합쳐 주력부대를 떠나서 홀로 선우의 군대와 싸우기 하루 만에 한나라 군사는 거의 선멸하다시피 했다. 전장군은 원래 흉노 사람으로서 한나라에 항복하여 흡후가 되었는데 전장군이 위급한 상태에 빠지자 흉노에 투항하도록 권유하였다. 전장군은 마침내 그의 남은 군사 팔백 기를 이끌고 선우에게 항복하였다. 우장군 소건은 부하를 모두 잃고 홀로 몸만 빠져나와 도망쳐 대장군에게 돌아왔다.

대장군은 소건의 죄를 군정(軍正 : 벼슬 이름)인 굉(閎), 장사(長史), 안

---

165) 천자의 侍從長. 봉록은 中 이천 석.

(安), 의랑(議郞) 주패(周覇) 등[166]에게 물었다.

"소건을 어떻게 처벌해야 좋겠소."

주패가 대답했다.

"대장군께서는 출진하신 이래 부장(副將)을 목 벤 일이 없습니다. 그러나 지금 소건은 부하를 모두 잃었으니 그의 목을 베어 장군의 위엄을 분명히 하시는 것이 좋겠습니다."

그러자 굉과 안은,

"그렇지 않습니다. 병법에도 '수가 적은 군대는 아무리 굳세게 싸운다해도 결국 대군의 포로가 된다.'[167]고 했습니다. 지금 소건은 수천의 군사로 선우의 수만의 군사에 대항하여 용감하게 싸우기 하루 남짓, 군사들은 전멸했지만 그는 두 마음을 품지 않고 스스로 돌아왔습니다. 스스로 돌아온 자의 목을 벤다면 앞으로 '돌아가서는 안 되겠다.' 고 생각하는 자가 생기게 됩니다. 그러니 목을 베어서는 안 됩니다."

라고 했다. 대장군이 말했다.

"나는 다행히 폐하의 인척이 된 까닭에 장군에 임명되었으니 위엄과 권위를 잃는 것은 우려하지 않아도 되오. 주패는 나에게 위엄과 권위를 분명히 하라고 했는데 그것은 나의 본의와는 아무 상관이 없는 일이오. 또 나에게 부하 장군을 목 벨 수 있는 권한이 있다고는 하나 폐하의 높은 총애를 믿고 국경 밖에서 마음대로 폐하의 신하를 주살해서는 안 되며, 자세한 사정을 폐하께 보고해 몸소 이 일을 결정하시게 하여 내가 신하로서 권력을 마음대로 휘두르지 않는다는 것을 보여 주는 것도 좋은 일 아니겠소?"

---

166) 軍正은 군법에 의해 軍中을 감독하는 직무. 長史는 비서. 議郞은 郞中令의 屬官으로 조정의 의논을 맡아 보았다.
167) ≪孫子≫ 謀攻篇의 말.

그러자 군리들이 모두 말했다.

"그 말씀이 옳습니다."

그리하여 소건을 가두어 행재소(行在所 : 임금이 거동할 때 임시로 머무는 곳)로 보내고 요새의 경계선으로 들어와 전쟁을 중지했다.

이해 대장군의 누이 소아(少兒)의 아들 곽거병(霍去病)은 열여덟 살이었으나 천자의 총애를 받아 시중(侍中)에 임명되었다. 거병은 말을 타고 활을 쏘는 것이 뛰어나 두 번이나 대장군을 따라 출전했다.

대장군은 천자의 조서를 받고 곽거병에게 장사를 내어 주고 표요교위(剽姚校尉)로 삼았다. 표요교위 곽거병은 가볍게 무장한 정예 기병 팔백 기와 함께 본대에서 떨어져 나와 수백 리까지 진격하여 전리(戰利)를 구하고 적의 수급과 포로를 많이 얻었다. 그래서 천자는,

"표요교위 곽거병은 적의 수급과 포로 이천팔백 명을 얻었는데 이중에는 상국(相國)과 당호(當戶 : 흉노의 벼슬 이름)가 포함되어 있으며 선우의 대부행(大夫行 : 할아버지 연배에 해당하는 長老)인 적약후(籍若侯) 산(産 : 籍若侯는 흉노의 侯名이며, 産은 그의 이름)을 목 베고 선우의 막내 숙부인 나고비(羅姑比)를 생포했다. 그의 군공은 거듭 전군에서 으뜸이다."

라고 말하고 천육백 호의 봉읍을 내리고 곽거병을 봉하여 관군후(冠軍侯)라 하였다. 또 상곡(上谷) 태수 학현(郝賢)은 네 번이나 대장군을 따라 출진하여 적군 이천여 명의 목을 베고 포로로 하였으므로 천백 호를 내리고 중리후(衆利侯)로 봉했다.

그러나 위청은 그해에 두 장군의 군대를 잃었고 흡후는 도망쳤으며 군공은 그리 많지 않았다. 그래서 증봉받지 못했다. 또 우장군 소건이 행재소에 도착하니 천자는 그를 주살시키지 않고 죄를 용서해 주었다. 소건은 속죄금을 바치고 서민이 되었다. 대장군이 돌아오자 천자는 천 금을 하사

했다.

이때 왕부인(王夫人)이 천자의 총애를 받고 있었는데 영승(寧乘)이라는 자가 대장군에게 말했다.

"장군께서는 지금까지 군공이 크거나 많은 편이 아닌데도 일만 호의 식읍을 가지게 되었고 세 아드님은 모두 후가 되었습니다. 그것은 오직 황후와의 관계 때문입니다. 지금 왕부인이 폐하의 총애를 받고 있습니다만 그 일족은 아직 가난합니다. 부디 장군께서는 이번에 하사받은 천 금으로 왕부인 어머니의 장수를 축하해 드리십시오."

그래서 대장군은 오백 금을 내놓아 왕부인 어머니의 장수를 축원했다. 천자는 이 말을 듣고 그 이유를 대장군에게 물었다. 대장군은 정직하게 그 사정을 말했다. 그러자 천자는 영승을 동해군(東海郡)의 도위로 임명했다.

장건(張騫)은 일찍이 대하(大夏)에 사자로 가서 흉노한테 오랫동안 억류당했던 경험을 살려 대장군을 따라 출정했을 때 행군을 안내했다. 장건은 물과 풀이 풍부한 곳을 알고 있었으므로 군사들은 갈증과 마초(馬草)의 부족으로 겪는 고통을 면할 수 있었다. 이에 천자는 장건이 먼 나라에 사자로 갔던 공을 가상히 여겨 박망후(博望侯)로 봉했다.

관군후 곽거병은 후에 봉해진 지 3년 후인 원수 2년 봄에 표기장군으로 임명되어 일만 기를 이끌고 농서에서 출격하여 군공을 세웠다. 천자는 말하기를,

"표기장군은 군사를 이끌고 오려산(烏戾山)을 넘어 속복(遫濮 : 흉노의 부락명)을 치고 호노수(狐奴水)를 건너 다섯 왕국을 지날 때 보급부대에는 약졸을 쓰지 않았고 선우의 아들을 잡고자 이리저리 옮겨 다니며 싸우기 6일간 언지산(焉支山)을 지나 일천여 리나 진군했다.

단병(短兵 : 칼과 검)을 손에 들고 싸워 절란왕(折蘭王)을 죽이고 노호왕

(盧胡王 : 折蘭, 盧胡 모두 흉노의 나라 이름)의 목을 베었으며, 전갑(全甲)
을 주멸하고 혼야왕(渾邪王 : 흉노의 右方의 왕)의 아들과 상국, 도위를 사
로잡았고 적군 팔천여 명의 목을 베고 포로로 하였으며, 휴저왕(休屠王)
이 하늘에 제사지낼 때 쓰는 금속제 상(像 : 金人)을 수중에 넣었다. 이에
곽거병에게 이천 호를 증봉한다."

라고 하였다.

그해 여름, 표기장군은 합기후 공손오와 함께 북지에서 출격했으나 서
로 다른 길로 진군하고 박망후 장건과 낭중령 이광은 함께 우북평에서 출
격했으나 이 또한 서로 길을 달리하여 진군해 모두 흉노를 쳤다.

낭중령은 사천 기를 이끌고 앞서 가고 박망후는 일만 기를 이끌고 후방
에 있었다. 흉노의 좌현왕이 수만 기를 이끌고 낭중령을 포위했다. 낭중령
은 그들과 교전하기 2일, 죽은 자는 전군의 반을 넘었으나 적을 죽인 수는
그 이상이었다. 박망후가 도착하자 흉노의 군사는 퇴각했다. 박망후는 행
군이 늦었다 하여 참죄에 해당되었으나 속죄금을 바치고 서민이 되었다.

한편 표기장군은 북지에서 출격하여 흉노의 땅 깊숙이 쳐들어갔다가 합
기후와 떨어지게 되어 서로 연락할 수 없었다. 그 후 표기장군은 거연(居
延 : 강 이름)을 건너 기련산(祁連山)까지 진군하여 적군을 목 베고 포로로
한 것이 매우 많았다. 천자가 말하기를,

"표기장군은 거연을 건너고 소월지(小月氏 : 월지가 서쪽으로 이주하여
대월지를 건국할 때 떠나지 않고 甘肅省의 西境에 머물던 백성들이 세운
나라)를 지나서 기련산을 공격하여 추도왕(酋途王)을 사로잡았다.

무리들을 이끌고 와서 항복한 자가 이천오백 명, 적의 목을 베고 포로로
한 것이 삼만 이백 명, 5명의 왕과 그 어머니, 선우의 연지, 왕자 오십구 명,
상국, 장군, 당호, 도위 육십삼 명을 사로잡아 흉노는 무려 전군의 십 분의
3을 잃었다. 이에 곽거병에게 오천 호를 증봉하고 교위 중에 곽거병을 따

라 소월지까지 갔던 자에게는 좌서장(左庶長)[168]의 작을 내린다.

또 응격사마(鷹擊司馬) 파노(破奴 : 趙破奴)는 또다시 표기장군을 따라 출진하여 속복왕(遬濮王)을 목 베고 계저왕(稽且王)을 사로잡았다. 파노의 부하 천기장(千騎將)은 왕과 왕의 어머니 각각 1명, 왕자 이하 사십일 명을 사로잡고 포로 삼천삼백삼십 명을 얻었으며 그의 전위부대는 포로 천사백 명을 얻었다. 이에 일천오백 호를 내리고 파노를 봉하여 종표후(從驃侯)로 한다.

교위 구왕고불식(句王高不識)은 표기장군을 따라 출진하여 호우저왕(呼于屠王)과 왕자 이하 십일 명을 사로잡고 포로 일천칠백육십팔 명을 얻었다. 이에 일천백 호를 내리고 의관후(宜冠侯)로 봉한다. 교위 복다(僕多)도 군공이 있으므로 이에 휘거후(輝渠侯)로 봉한다."

라고 하였다.

합기후 공손오는 지체하다 표기장군과 합류하지 못한 죄로 참죄에 해당했으나 속죄금을 바치고 서민이 되었다.

한나라의 노련한 장수들이 거느리고 있는 사졸, 군마, 병기도 표기장군이 거느리는 군대에는 미치지 못했다. 표기장군이 이끌고 있는 군사는 엄선된 정예 부대였다. 표기장군은 언제나 적진 깊숙이 들어갔고 늘 씩씩하고 용감한 기사들과 함께 주력 부대의 선두에 서서 진격했다. 또 표기장군의 군대에는 하늘의 도움이 있어 한 번도 곤궁에 빠진 적이 없었다. 그런데 노련한 장수들에게는 항상 불운이 따라다녔다. 그런 까닭에 표기장군은 날이 갈수록 천자의 사랑과 신임을 받게 되어 그의 위세는 대장군에 버금갈 정도가 되었다.

그해 가을, 선우는 서쪽에 있던 혼야왕이 자주 한나라 군사에게 패하여

---

168) 秦 이래의 20등급 작위에서는 아래로부터 제10급에 해당한다.

수만 명을 잃었다는 소리를 듣고는 노하여 혼야왕을 불러 주살하려 했다. 혼야왕은 휴저왕 등과 모의하여 한나라에 항복하고자 하였다. 그래서 우선 사람을 보내 변경에 있는 한나라 사람에게 항복하겠다는 뜻을 천자에게 보고하게 하여 변경에서 맞아줄 것을 청했다.

이때 대행(大行) 이식(李息)이 군사들을 거느리고 황하 부근에서 성을 쌓고 있었는데 혼야왕의 사자가 왔으므로 곧 역전마를 달려 천자에게 아뢰었다. 천자는 혼야왕이 항복하는 체하며 변경을 습격해 오는 것이 아닌가 하여 표기장군에게 명해 군사를 이끌고 가서 이들을 맞이하게 했다.

표기장군은 서쪽에서 황하를 건너 혼야왕의 무리와 서로 마주보게 되었다. 혼야왕의 부장들 중에 여러 명이 한나라 군사를 보더니 항복하지 않으려고 줄줄이 피해 달아났다. 표기장군은 상대편의 군중으로 달려 들어가 혼야왕을 만나 보고 도망치려는 자 팔천 명을 목 베고 혼야왕만 역전마에 태워 우선 행재소에 보냈다. 그리고 혼야왕의 무리들을 모두 이끌고 황하를 건넜다. 항복한 자는 수만이었으나 십만이라고 일렀다.

장안에 도착하자 천자는 모두에게 수십만에 이르는 거액의 상금을 하사하였다. 혼야왕에게는 일만 호의 땅에 봉하고 탑음후(漯陰侯)라 했다. 또 그의 비소왕(裨小王) 호독니(呼毒尼)를 하마후(下摩侯)로, 응비(鷹庇)를 휘거후(煇渠侯)로, 금리(禽梨)를 하기후(河綦侯)로, 대당호(大當戶 : 흉노의 관명) 동리(銅離)를 상락후(常樂侯)로 봉했다.

이어 천자는 표기장군의 공로를 가상히 여겨 말하기를,

"표기장군 곽거병은 군사를 이끌고 흉노를 공격하였는데 그 결과 서역왕(西域王)인 혼야왕과 그 군사들은 모두 한나라에 항복했다.

곽거병은 적의 군량으로 식량을 대고 활 쏘는 군사 일만여 명을 병합하여 거느렸으며, 거칠고 사납게 맞서는 자는 주살하여 목을 베고 포로로 한 것이 팔천여 명에 이르고 항복시킨 왕들이 삼십이 명이나 된다. 그런데 우리 병사들은 부상당한 자도 없고 모두 자진하여 십만의 군사들이 모였다.

우리 전사들이 지금까지 거듭된 정벌의 고달픔을 잘 견디어 왔기 때문에 이제야 이곳 요새 밖과 황하 연안의 모든 고을 백성들의 근심은 사라지고 다행히 영원한 평화가 찾아오려 한다.

이에 표기장군에게 일천칠백 호를 증봉하고 농서군, 북지군, 상군의 수비군 수를 반으로 줄여 천하의 부역을 늦추도록 하겠다."

라고 했다. 그로부터 얼마 뒤 항복한 자들을 변경의 5군(五郡 : 농서, 북지, 상군, 삭방, 운중), 즉 예전 요새 밖의 땅을 나누어 그곳에 이주시켰다. 항복한 자들은 한나라의 속국으로 하되 모두 하남 올더스 땅에서 거주하던 대로 분류하여 각기 본국의 풍속대로 생활하게 하였다.

그 다음해 흉노는 우북평군과 정양군에 침입하여 한나라 백성 천여 명을 죽이고 약탈했다. 그 다음해, 천자는 여러 장군과 의논하기를,

"흡후 조신은 선우를 위해 계책을 세울 때 늘 '한나라 군사가 경솔하게 사막을 건너오더라도 그곳에 오래 머물 수는 없을 것이다.' 라고 말했다 하오. 지금 대거 사졸들을 보내 공격하면 반드시 소기의 목적을 달성할 수 있을 것이오."

라고 하였다. 이해는 원수 4년이었다.

원수 4년 봄, 천자는 대장군 위청과 표기장군 곽거병에게 명해 각기 오만 기를 거느리게 했다. 보병과 보급·수송부대 수십만 명이 그 뒤를 따랐다. 적진 깊숙이 들어가 용감하게 힘껏 싸우고자 하는 전사들은 모두 표기장군에게 소속되었다.

표기장군은 처음에 정양에서 출격하여 선우와 싸울 예정이었으나 흉노의 포로가 '선우는 동쪽으로 갔습니다.' 라고 하여 예정을 바꿔 대군(代郡)에서 출격하도록 명령했으며, 대장군은 정양에서 출격하도록 했다. 낭중령 이광은 전장군, 태복 공손하는 좌장군, 주작[69] 조이기는 우장군, 평

양후 조양은 후장군으로 모두 대장군에게 소속되었다.

이리하여 한나라 군사는 대략 오만 기로 사막을 건너 표기장군 등과 함께 일제히 흉노의 선우를 공격했다. 조신은 선우에게 계략을 짜내어 말했다.

"한나라 군사는 사막을 건너오느라 사람과 말이 모두 지쳐 있습니다. 흉노는 앉은 자리에서 한나라 군사를 포로로 할 수 있을 것입니다."

그리하여 선우는 보급부대를 멀리 북쪽으로 이동시키고 정예군만 사막 북쪽에서 대기하도록 하였다. 때마침 선우는 대장군의 군대와 맞부딪쳤다. 대장군의 군대는 요새의 천여 리 되는 곳에서 선우의 군사가 포진하여 대기하고 있는 것을 발견하였다. 이에 대장군은 무강거(武剛車 : 兵車의 일종)를 둥글게 배치하여 진을 치고 오천 기를 내보내 흉노에게 돌진시켰다. 흉노도 일만 기 가량을 내보냈다.

해가 막 질 무렵 때마침 큰 바람이 일어나 모래와 자갈이 얼굴을 때리니 양쪽 군대 모두 서로 적을 볼 수 없는 상태였다. 한나라 군대는 군사를 양쪽으로 벌려 선우를 포위하였다. 선우는 한나라의 병력이 많을 뿐 아니라 군사와 말은 여전히 강하여 흉노가 불리하다는 것을 깨달았다.

선우는 황혼 무렵에 여섯 마리의 나마(騾馬)가 끄는 수레에 올라타 수백 명의 용맹한 기병만을 거느린 채 곧장 한나라 군사의 포위망을 돌파하여 서북쪽으로 도망했다. 날이 어두워지고 한나라 군사와 흉노의 군사는 뒤섞여 어지럽게 싸워 사상자 수가 거의 비슷했다. 그런데 한나라 좌교(左校)한테 붙잡힌 포로가 말하기를,

"선우는 해가 지기 전에 이미 도망쳤습니다."

라고 했으므로 한나라 군사는 가볍게 무장한 기사를 보내 밤중에 이들

---

169) 관리의 공적에 대해 작위를 수여하는 관청의 장관. 뒤에 主爵都尉라 불렀다.

을 추격케 하고 대장군의 군대가 그 뒤를 쫓았다. 흉노의 군사는 뿔뿔이 흩어져 선우를 따라 패주했다. 한나라 군사는 날이 밝을 무렵까지 이백여 리나 추격했으나 선우를 붙잡지 못했다. 그렇지만 일만 여의 많은 수급과 포로를 얻었고 마침내 전안산(寘顔山 : 外蒙古)의 조신성(趙信城)에 이르러 흉노가 쌓아둔 군량을 손에 넣어 전군에게 먹였다. 그리고 성 안의 남은 군량은 모조리 불태워 버리고 하루만 머물다 군사를 이끌고 귀환했다.

대장군이 선우와 싸우고 있을 때 전장군 이광과 우장군 조이기의 군사는 본대와 떨어져 동쪽으로 진군하다 길을 잃어 선우를 치는 데 늦었다. 그러다 대장군이 군사를 이끌고 돌아와 사막의 남쪽을 통과하고 있을 때 전장군과 우장군을 만났다.

대장군은 도성에 사자를 보내 천자에게 보고하고자 장사(長史)에게 명하여 두 장군의 죄를 묻고 기록하게 하였다. 그러자 이광은 자살하고 우장군은 출두하여 형리의 손에 넘겨져 속죄금을 바치고 서민이 되었다.

드디어 대장군의 군사는 요새의 경계선에 들어왔는데 적의 수급과 포로는 대략 일만 구천이었다.

이때 흉노 군사의 무리들은 십여 일 행군해야 겨우 따라잡을 만큼 선우와 멀리 떨어져 있었다. 우녹려왕이 이 말을 듣고 자립하여 선우가 되었다. 그러나 얼마 후에 진짜 선우가 그의 군사들을 장악하게 되어 우녹려왕은 선우의 칭호를 버렸다.

표기장군도 오만 기를 거느리니 병거와 보급부대는 대장군의 군대와 같았으나 부장은 없었다. 그래서 이감(李敢 : 李廣의 아들) 등을 대교(大校)로 임명하여 부장을 대신하게 하고, 대군(代郡)과 우북평에서 천여 리나 진격하여 흉노 좌방의 군사와 맞싸웠다. 적의 수급과 포로를 얻은 군공은 대장군보다 많았다. 군대가 귀환하니 천자는 이렇게 말했다.

"표기장군 곽거병은 군대를 통솔하여 지금까지 항복한 흉노의 군사들을 몸소 이끌고 군의 장비와 보급을 가볍게 해 대사막을 횡단하고 강을 건너, 장거(章渠 : 선우의 근신)를 붙잡았고 비차기(比車耆 : 흉노의 왕호)를 죽이고 다시 좌대장(左大將)을 쳐서 죽였으며 그 부대의 깃발과 북을 빼앗았다.

다시 이후(離侯 : 산 이름)를 넘고 궁려(弓閭 : 강 이름)를 건너 둔두왕(屯頭王), 한왕(韓王) 등 세 명과 적의 장군, 상국, 당호, 도위 팔십삼 명을 사로잡았으며 낭거서산(狼居胥山)에서 하늘에 제사지내고 고연산(姑衍山)에서 지신(地神)에게 제사지내며 한해(翰海 : 고비사막 또는 바이칼 호)에 도달하였다.

포로를 얻은 수가 칠만 사백사십삼 명, 이로 인하여 적군은 병력의 무려 십 분의 3을 잃었다. 먼 곳까지 진격했지만 식량을 적한테서 빼앗아 군량이 떨어진 적이 없었다. 이에 표기장군에게 오천팔백 호를 증봉한다.

우북평 태수 노박덕은 표기장군에게 소속되어 여성(與城)에서 합류하는 기일을 지키고 또 표기장군을 따라 도도산(檮余山)에 이르러 적의 수급과 포로 이천칠백을 얻었다. 이에 일천육백 호를 내리고 부리후(符離侯)로 봉한다.

북지(北地)의 도위 형산(刑山)은 표기장군을 따라 흉노의 왕을 사로잡았다. 이에 일천이백 호를 내리고 의양후(義陽侯)로 봉한다.

전에 흉노에서 귀순한 인순왕(因淳王) 복육지(復陸支)와 누전왕(樓專王) 이즉간(伊卽軒)은 모두 표기장군을 따라 군공을 세웠다. 이에 복육지에게 일천삼백 호를 내리고 장후(壯侯)로 봉하며 이즉간에게 일천팔백 호를 내리고 중리후(衆利侯)로 봉한다.

종표후(從驃侯) 파노(破奴)와 창무후(昌武侯) 안계(安稽)는 표기장군을 따라 군공을 세웠다. 이에 각각 삼백 호를 증봉한다.

교위 이감(李敢)은 적의 깃발과 북을 빼앗았다. 이에 관내후로 하고 식읍 이백 호를 내린다.

교위 자위(自爲)는 대서장(大庶長)[170]의 작을 내린다."

표기장군 군대의 이졸 중에는 관직에 임명되고 상을 받은 자가 매우 많았으나 대장군은 증봉되지 못했고 대장군의 이졸로서 후(侯)에 봉해진 자는 한 사람도 없었다.

이 두 사람의 군대가 요새를 나갈 때 헤아린 관(官)의 말과 개인의 말은 무려 십사만 필이었으나 요새에 돌아왔을 때에는 삼만 필도 채 되지 않았다. 그래서 새로이 대사마(大司馬)의 관직을 만들어 대장군과 표기장군이 함께 임명되었다. 또 법령을 정하여 표기장군의 봉록을 대장군과 같게 하였다.

이후 대장군 위청의 세력은 날로 떨어지고 표기장군은 더욱 존귀해졌다. 대장군의 옛 친구나 문하에 있던 자는 모두 대장군을 떠나 표기장군을 섬기게 되어 대다수는 바로 관직을 얻었는데 오직 임안(任安)만은 그렇게 하지 않았다.

표기장군의 사람됨은 말이 적고 비밀을 누설하지 않으며 몸소 일을 찾아 하는 기개가 있었다. 일찍이 천자가 손자(孫子)와 오자(吳子)의 병법을 그에게 가르치려 하니 그는 삼가 대답하기를,

"어떤 방법과 책략을 취할 것인지는 잘 생각해 보면 되는 것으로, 달리 옛날의 병법을 배울 필요는 없습니다."

라고 하였다. 또 천자가 그를 위하여 저택을 지어 주고 그것을 보러 가게 했더니 이렇게 대답했다.

"아직 흉노가 망하지 않았습니다. 집이 문제가 아닙니다."

이러한 일들로 하여 천자는 그를 더욱 소중히 여기고 총애했다.

---

170) 秦 이래의 20등급 작위에서는 위에서 세 번째. 關內侯의 바로 밑이다.

표기장군은 젊어서 시중(侍中)이 되어서인지 존귀한 신분에 올라도 부하를 보살필 줄 몰랐다. 그가 종군했을 때 천자는 태관(太官)을 시켜 수십 대의 수레에 음식물을 실어 보냈다. 그런데 그가 귀환한 후 수레에는 좋은 쌀과 고기가 많이 남아 있었지만 그의 사졸 가운데는 굶주린 자도 있었다. 또 요새 밖에 있을 때 양식이 모자라 기력이 쇠약해진 병사도 있었는데 표기장군은 여전히 공차기를 즐기고 있었다. 그에게는 이러한 일들이 많았다.

한편 대장군의 사람됨은 인자하고 마음씨가 착하며 겸손하고 양보심이 있는 데다가 부드럽고 온화하지만 천자의 환심을 사려는 점이 있었다. 그런데 세상 사람들 가운데 대장군을 칭송하는 사람은 없었다.

표기장군은 원수 4년의 정벌에서 돌아온 지 3년 후인 원수 6년에 죽었다. 천자는 이를 애도하여 변방 5국의 속국들로부터 철갑을 한 무장병을 동원시켜 장안에서 무릉(茂陵 : 孝武帝의 壽陵)까지 행진을 시키고 그곳에 기련산의 모양을 본뜬 무덤을 만들었다. 그리고 무용에 관련된 뜻의 '경(景)' 과 땅을 넓혔다는 뜻의 '환(桓)' 을 합쳐 표기장군의 시호를 경환후(景桓侯)라고 했다. 그의 아들 선(嬗)이 뒤를 이어 후가 되었다.

아직 어린 선은 자를 자후(子侯)라 했다. 천자는 선을 사랑하여 그가 장년이 되면 장군을 만들 생각이었다. 그런데 그로부터 6년이 지난 원봉(元封) 원년에 선이 죽고 말았다. 애후(哀侯)라는 시호가 내려졌다. 아들이 없었기 때문에 가계는 끊어지고 봉국은 없어졌다.

표기장군이 죽은 뒤에 대장군의 장남 의춘후(宜春侯) 위항(衛伉)은 법에 저촉되어 후의 지위를 잃었다. 그로부터 5년 후에 위항의 두 동생, 즉 음안후(陰安侯) 위불의(衛不疑)와 발간후(發干侯) 위등(衛登)은 모두 주금(酎金 : 천자가 종묘에 제사지낼 때 제후가 바치는 황금)의 사건으로 불경죄에 걸려 후의 지위를 잃었다. 그들이 후의 지위를 잃은 지 2년 후 관군

후(冠軍侯)는 봉국을 몰수당했다.

그 4년 후에 대장군 위청이 죽었으므로 열후(烈侯)라는 시호를 내렸다. 그의 아들 위항이 대를 이어 장평후(長平侯)가 되었다. 대장군이 죽은 것은 그가 선우를 포위했을 때부터 십사 년 뒤였다. 그동안 한 번도 다시 흉노를 치지 않았던 것은 한나라에 말이 부족했고, 또 남쪽의 양월(兩越)을 무찔렀으며 동쪽으로 조선(朝鮮)을 치고 강(羌)과 서남의 만족을 평정하느라 오랫동안 흉노를 정벌할 수 없었기 때문이었다.

대장군은 평양공주의 남편이었기 때문에 장평후 위항이 대를 이어 후가 될 수 있었으나 6년 후에 법에 저촉되어 후의 지위를 잃었다.

이하 두 장군과 그의 부장들에 대해 기록한다.

대장군 위청은 대략 일곱 차례에 걸쳐 출진하여 흉노를 공격해 적의 수급과 포로 육만 여를 얻었다. 한 번은 선우와 싸워 하남 올더스 땅을 수중에 넣고 마침내 삭방군을 설치했다.

두 번 증봉되어 합계 일만일천팔백 호의 식읍을 받았다. 세 아들 모두 후로 봉해져 각각 일천삼백 호의 봉영을 받았으므로 모두 합해 일만오천칠백 호의 봉영이었다.

위청의 부하인 교위와 부장으로서 대장군을 따랐기 때문에 후가 된 사람이 9명, 또 교위와 부장으로서 독립하여 장군이 된 사람이 십사 명이었다. 부장이었던 사람 가운데 이광(李廣)이 있었는데 그에 대해서는 전기가 따로 있다. 전기가 없는 사람은 다음과 같다.

— 장군 공손하는 의거(義渠 : 秦나라에 망한 西戎의 나라) 사람으로 그의 조상은 흉노족이었다. 공손하의 아버지 혼야(渾邪)는 효경제 때 평곡후(平曲侯)가 되었으나 법에 저촉되어 후의 지위를 잃었다.

무제(武帝)가 태자로 있을 때 공손하는 태자의 가신이었다. 무제가 즉위한 지 8년 되는 해에 태복(太僕)으로서 경거장군(輕車將軍)이 되어 마읍(馬邑)에 주둔했다. 그로부터 4년 뒤 경거장군으로서 운중군에 출격하였다. 그 5년 뒤에 기장군(騎將軍)으로서 대장군을 따라 군공이 있었으므로 남교후(南窌侯)로 봉해졌다.

다시 1년 뒤에 좌장군으로서 대장군을 따라 정양군(定襄郡)에서 출격했으나 군공은 없었다. 그로부터 4년 뒤 주금 사건으로 불경죄에 걸려 후의 지위를 잃었다. 그로부터 8년 뒤에 부저장군(浮沮將軍)으로서 오원(五原)에서 이천여 리나 출격했으나 군공은 없었다. 또 그로부터 8년 뒤에는 태복으로서 승상에 임명되어 갈역후(葛繹侯)에 봉해졌다.

공손하는 일곱 번 장군이 되어 흉노를 쳤으나 큰 공은 없었다. 그의 아들 경성(敬聲)이 양석공주(陽石公主 : 孝武帝의 딸)와 사통하며 무술(巫術)로써 사람을 저주한 죄로 일족이 전멸당하는 형을 받아 후사가 끊어졌다.

─ 장군 이식(李息)은 욱질(郁郅) 사람이다. 효경제를 섬겼다. 무제가 즉위한 지 8년 후에 재관장군(材官將軍)이 되어 마읍에 주둔했다. 그로부터 6년 뒤에 장군으로서 대군(代郡)에서 출격했다. 3년 뒤에는 장군으로서 대장군을 따라 삭방으로 출격했으나 군공은 없었다. 세 번 장군이 되고 그 뒤로는 대행(大行 : 외교와 빈객을 맡은 벼슬)의 관직에 있었다.

─ 장군 공손오(公孫敖)는 의거(義渠) 사람이다. 낭관(郎官)으로서 무제를 섬겼다. 무제가 즉위한 지 12년에 기장군(騎將軍)으로서 대군(代郡)에서 출격하여 사졸 칠천 명을 잃었다. 사형에 해당하였으나 속죄금을 바치고 서민이 되었다.

그로부터 5년 뒤에 교위로 종군하여 대장군을 따라 군공이 있었으므로 합기후(合騎侯)에 봉해졌다. 다시 1년 뒤에 중장군으로 종군하여 대장군을 따라 정양군에서 출격했으나 군공은 없었다. 2년 뒤에 장군이 되어 북지군에서 출격했으나 표기장군과의 약속 기일에 늦어 참죄에 해당했으나 속죄금을 바치고 서민이 되었다.

또 그 2년 뒤에 교위로서 대장군을 따라 종군했으나 군공은 없었다. 그로부터 십사 년 뒤에 인우장군(因杅將軍)으로 수항성(受降城)을 쌓았다. 그 7년 뒤에 다시 인우장군으로서 흉노를 쳐 여오(余吾 : 삭방의 북쪽에 있는 강 이름)에 이르렀으나 사졸을 많이 잃어 형리의 손에 넘겨졌다. 사형에 해당되었으나 죽었다고 속이고 5, 6년 간 민간에 숨어 있었다. 뒤에 발각되어 옥에 갇히게 되었는데 그의 아내가 무술(巫術)로 사람을 저주한 죄로 문책당하여 일족이 몰살당했다. 모두 네 차례 장군이 되어 흉노를 치고 한 차례 후에 봉해졌다.

— 장군 이저(李沮)는 운중(雲中) 사람이다. 효경제를 섬겼다. 무제가 즉위한 지 십칠 년 후에 좌내사(左內史)로서 강노장군(彊弩將軍)이 되었다. 그 1년 뒤에 다시 강노장군이 되었다.

— 장군 이채(李蔡)는 성기(成紀) 사람이다. 효문제, 효경제, 효무제를 섬겼다. 경거장군(輕車將軍)으로서 대장군을 따라 종군했는데 군공이 있어 낙안후(樂安侯)에 봉해졌다. 그 후 승상이 되었으나 법에 저촉되어 죽었다.

— 장군 장차공(張次公)은 하동(河東) 사람이다. 교위로서 대장군 위청을 따라 종군했는데 군공이 있었으므로 안두후(岸頭侯)에 봉해졌다. 그 후 왕태후(王太后 : 孝武帝의 어머니)가 죽자 장군이 되어 비상사태에 대비하여 북군을 거느리게 되었다. 그 1년 뒤에 장군으로서 대장군을 따랐다. 재차 장군이 되었으나 법에 저촉되어 후의 지위를 잃었다. 장차공의 아버지 장륭(張隆)은 경거(輕車)의 사수로서 활을 잘 쏘았기 때문에 효경제의 측근에 있으면서 총애를 받았었다.

— 장군 소건(蘇建)은 두릉(杜陵 : 長安의 남쪽 오십 리) 사람이다. 교위

가 되어 대장군 위청을 따라 종군했는데 군공이 있어 평릉후(平陵侯)에 봉해졌다. 장군이 되어 삭방에 성을 쌓았다. 그 4년 뒤에 유격장군이 되어 대장군을 따라 삭방에 출격하였다. 그 1년 후에 우장군이 되어 다시 대장군을 따라 정양군에서 출격했으나 흡후 조신이 도망을 하고 군사도 잃었다. 참죄에 해당했으나 속죄금을 바치고 서민이 되었다. 그 후 대군(代郡)의 태수가 되었다가 죽었다. 묘지는 대유향(大猶鄕)에 있다.

─ 장군 조신(趙信)은 흉노의 상국(相國)으로 한나라에 항복하여 흡후(翕侯)에 봉해졌다. 무제 즉위 후 십칠 년, 전장군(前將軍)이 되어 선우와 싸워 패하자 흉노에게 항복했다.

─ 장군 장건(張騫)은 사자로서 대하(大夏)와의 통교(通交)를 열어 놓은 공로로 귀환하여 교위에 임명되었다. 그 후 대장군을 따라 종군했는데 군공이 있어 박망후(博望侯)에 봉해졌다. 그로부터 3년 후에 장군이 되어 우북평에서 출격했는데 이광과의 약속 기일에 늦었다. 참죄에 해당했으나 속죄금을 바치고 서민이 되었다. 그 후 사자로서 오손(烏孫 : 西域의 국명)과의 통교를 열었다. 대행(大行)이 되었다가 죽었다. 묘지는 한중에 있다.

─ 장군 소이기(趙食其)는 대우(殷祤) 사람이다. 무제 즉위 후 이십이 년, 주작도위로서 우장군이 되어 대장군을 따라 정양군에서 출격했으나 길을 잃었다. 참죄에 해당했으나 속죄금을 바치고 서민이 되었다.

─ 장군 조양(曹襄)은 평양후(平陽侯)로서 후장군(後將軍)이 되어 대장군을 따라 정양군에서 출격하였다. 조양은 조삼(曹參)의 현손(玄孫)이다.

─ 장군 한열(韓說)은 궁고후(弓高侯)의 서손(庶孫)이다. 교위로서 대장군을 따라 종군했는데 군공이 있어 용액후(龍額侯)에 봉해졌다. 그러나 주금 사건으로 불경죄에 걸려 후의 지위를 잃었다. 원정(元鼎) 6년, 대조(待詔 : 천자의 부름을 받아 명을 기다리는 것)의 몸으로 횡해장군(橫海將軍)에 임명되어 동월을 쳐서 군공이 있었으므로 안도후(按道侯)에 봉해졌

다. 태초 3년에 유격장군이 되어 오원(五原)의 북쪽 여러 성에 주둔했다.

그 후 광록훈(光祿勳)[171]이 되었으나 무고(巫蠱)의 변이 일어났을 때 위태자(衛太子)의 궁전 밑에서 나무 인형이 나오니 위태자가 그를 죽였다.

— 장군 곽창(郭昌)은 운중 사람이다. 교위가 되어 대장군을 따라 종군했다. 원봉(元封) 4년, 태중대부로서 발호장군(拔胡將軍)이 되었으며 삭방에 주둔했다. 그곳에서 돌아온 후 곤명(昆明)이라는 나라를 쳤으나 군공이 없어 장군의 인을 빼앗겼다.

— 장군 순체(荀彘)는 태원군(太原郡) 광무(廣武) 사람이다. 마차를 모는 재주가 뛰어나서 천자의 눈에 들어 시중에 임명되었다. 그 후 교위가 되어 자주 대장군을 따라 종군했다. 원봉 3년에 좌장군이 되어 조선을 쳤으나 군공은 없었고 누선장군(樓船將軍 : 楊僕)을 체포한 일로 법에 저촉되어 사형되었다.

표기장군 곽거병은 무려 여섯 차례나 출정하여 흉노를 쳤는데 그중 네 차례는 장군으로서 출격했다. 적의 수급과 포로를 얻은 수가 일만여 명, 그 밖에 혼야왕이 수만의 무리를 이끌고 항복했고, 마침내는 하서(河西), 주천(酒泉)의 땅을 개척하여 이로 인해 서쪽에 있는 흉노에게 침략당하는 일이 매우 적게 되었다. 네 차례나 증봉되어 합계 일만 오천일백 호의 봉영을 가졌다.

그의 부하와 장교로서 군공이 있어 후에 봉해진 자는 대략 6명, 나중에 독립하여 장군이 된 자는 2명 있었다.

— 장군 노박덕(路博德)은 평주(平州) 사람이다. 우북평의 태수로서 표기장군을 따라 종군했는데 군공이 있어 부리후(符離侯)에 봉해졌다. 표기

---

171) 郎中令, 즉 侍從長을 말한다. 太初 元年에 光祿勳으로 개칭됐다.

장군이 죽은 다음 노박덕은 위위(衛尉)로서 복파장군(伏波將軍)이 되어 남월을 격파하고 증봉되었다. 그러나 그 후 법에 저촉되어 후의 지위를 잃었다. 강노도위(彊弩都尉)가 되어 거연(居延 : 외몽고)에 주둔하고 있다가 죽었다.

— 장군 조파노(趙破奴)는 원래 구원(九原 : 몽고 올더스 지방) 사람이다. 일찍이 흉노로 도망을 갔으나 그 후 다시 한나라로 돌아와 표기장군의 사마(司馬)가 되어 북지군에서 출격했다. 그때 군공이 있어 종기후(從騎侯)에 봉해졌다. 그러나 주금 사건으로 불경죄에 걸려 후의 지위를 잃었다. 그로부터 1년 후에 흉하장군(匈河將軍)이 되어 흉노를 쳐서 흉하수(匈河水)까지 이르렀으나 군공은 없었다. 그 2년 후에 누란왕(樓蘭王)을 쳐서 포로로 하였으므로 다시 봉해져 착야후(浞野侯)가 되었다.

그로부터 6년 후에 준계장군(浚稽將軍)이 되어 이만 기를 이끌고 흉노의 좌현왕을 쳤다. 좌현왕은 이들을 맞아 팔만 기의 군사로 파노를 포위했다. 파노는 적에게 생포되었고 그의 군사는 전멸했다. 흉노에 억류당하기 십 년, 흉노의 태자 안국(安國)을 데리고 도망쳐 한나라로 돌아왔다. 그 후 무술(巫術)을 행하여 사람을 저주했다는 죄로 문책당하여 일족이 전멸당했다.

위씨(衛氏)가 일어나 대장군 위청이 맨 처음 후로 봉해진 뒤 일족들이 5후가 되었다. 그런데 대략 이십사 년 만에 5후는 모두 지위를 빼앗겨 위씨로서 후는 없게 되었다.

태사공은 말한다.

"소건(蘇建)이 나에게 다음과 같이 말한 적이 있다.

'나는 일찍이 대장군을 책망하여 「장군은 지극히 높은 자리에 앉아 계시오나 천하의 현명한 사대부로서 장군을 칭송하는 자가 없습니다. 원컨대 옛날 유명한 장군들이 어진 사람들을 초빙했던 것을 신중히 생각하셔서 그 점에 힘써 주십시오.」라고 말씀드렸다.

그러나 대장군은 이 말을 받아들이지 않고, 「위기후, 무안후 등이 빈객을 후히 대접하여 위세를 떨치게 된 뒤로 천자는 항상 이를 미워하고 있소. 사대부를 가까이 한다거나 어진 사람을 불러들이고 불초자(不肖者)를 물리치거나 하는 일은 임금의 권한이오. 신하로서는 법을 따르며 직책을 충실히 수행하는 것으로 족하오. 내가 어찌 어진 사람을 불러들이는 일을 할 수 있겠소.」라고 말했다.'

표기장군도 역시 이와 같은 생각을 하고 있었다. 그들의 장군으로서의 몸가짐은 이런 정도였다."

제52 평진후 · 주보열전(平津侯 · 主父列傳)

승상 공손홍(公孫弘)은 제나라 치천국(菑川國) 설현(薛縣) 사람으로 자는 계(季)이다. 젊었을 때 설(薛)의 옥리로 있다가 죄를 지어 면직되었다. 집이 가난하여 바닷가에서 돼지를 길러 생계를 유지했다. 사십여 세에 처음으로 ≪춘추≫와 잡가의 설(說)을 배우고 삼가 계모에게 효도와 봉양을 다했다.

건원(建元) 원년, 천자(孝武帝)는 즉위 초 현량한 선비와 학문하는 선비를 불러들였다. 이때 공손홍은 육십 세였으나 현량한 선비로 인정받아 박사에 임명되었다. 그런데 흉노에 사신으로 갔다가 돌아와 보고한 내용이 천자의 뜻에 맞지 않았다. 천자는 노하여 그를 무능하다고 엄하게 책망했다. 결국 공손홍은 병이라 칭하여 관직을 내놓고 고향으로 돌아갔다.

원광(元光) 5년, 조서가 내려져 학문하는 선비를 불렀다. 치천국에서는 다시 공손홍을 추천했다. 공손홍은 나라 사람들에게 사양하여 말했다.

"나는 일찍이 서쪽에 있는 도성에 들어가 칙명에 응했습니다만 무능했기에 사직하고 돌아왔던 것입니다. 원컨대 다른 사람을 추천해 주십시오."

그렇지만 치천국 사람들은 굳이 공손홍을 추천했으므로 공손홍은 태상(太常)[172] 앞에 나아갔다. 태상은 불러온 학자 백여 명에게 각기 천자의 하문에 대한 답안을 제출하게 했는데 공손홍의 석차는 하위였다. 그런데 천자에게 답안이 올라가자 천자는 공손홍의 답안을 1등이라 하고 그를 인견했는데 풍모가 매우 수려하여 박사에 임명했다.

당시 한나라는 서남이(西南夷)와 통하는 길을 열어 군(郡)을 설치하느

---

172) 천자의 宗廟에서 의식을 맡아보는 장관. 그 밑에 博士의 벼슬이 있다.

라 파(巴), 촉(蜀)의 백성들은 부역에 시달리고 있었다. 그래서 천자는 조서를 내려 공손홍에게 그 상황을 시찰하게 했다. 공손홍은 시찰하고 돌아와서 그 사정을 천자에게 아뢰기를, 애써 서남이와 교통을 하더라도 얻는 것은 아무것도 없다고 했으나 천자는 받아들이지 않았다.

공손홍의 사람됨은 기량이 크고 보통 사람과 달리 견문이 넓었다. 그리고 항상 주장하기를 '군주가 된 사람이 빠지기 쉬운 결함은 마음이 넓고 크지 못한 데에 있고, 신하된 사람이 빠지기 쉬운 결함은 검소하고 절약할 줄 모르는 데에 있다.'고 했다.

공손홍은 소박한 베로 만든 이불을 사용하고 음식도 고기반찬은 두 가지를 놓지 않았으며 계모가 죽었을 때에는 삼년상을 입었다. 조정에서 회의할 때는 언제나 한 가지 일에 대하여 찬성할 수 있는 점과 찬성할 수 없는 점의 양단만을 말할 뿐, 천자가 몸소 결정하게 만들었다. 또 상대방의 잘못을 면전에서 지적하거나 조정에서는 논쟁을 하려 들지 않았다.

천자는 공손홍의 행동이 돈후하고 변론에 여유가 있으며 법률과 관리 사무에 능숙한 데다 유학(儒學)으로 수식하고 있어서 매우 마음에 들었다. 공손홍은 2년 만에 좌내사(左內史)[173]로 승진했다.

공손홍은 안건을 주상했다가 비록 재가를 받지 못하더라도 조정에서는 변론하지 않았다. 천자의 한가한 틈을 보아 주작도위[174] 급암(汲黯)과 함께 알현하고 급암이 먼저 문제의 실마리를 꺼내어 이야기하면 공손홍이 뒤이어 찬의를 표했으므로 천자는 언제나 기뻐하며 두 사람이 말하는 것은 모두 들어 주었다. 이렇게 하여 공손홍은 더욱 사랑과 신임을 받게 되었다.

---

173) 수도 長安을 右內史와 함께 다스렸다.
174) 列侯를 관리했다.

언젠가 공손홍이 공경들과 어떤 안건에 대해 약속을 했으나 천자 앞에 나아가서는 그 약속을 모두 배반하고 천자의 뜻에 순종한 적이 있었다. 급암이 조정에서 공손홍을 힐책하였다.

"제나라 사람은 거짓이 많고 진실한 면이 없소. 공께서는 처음에 우리와 함께 의논을 세웠는데 모두 배반해 버리고 말다니 이는 너무 불충실하오."

천자가 공손홍에게 일의 경위를 묻자 공손홍은 사과하며,

"신을 잘 아는 사람은 신을 충실하다고 생각하고 신을 잘 모르는 사람은 신을 불충실하다고 생각합니다."

라고 대답했다. 천자는 공손홍의 말이 옳다고 생각했다. 이리하여 좌우의 총애받는 신하들이 공손홍을 헐뜯을 때마다 천자는 더욱 공손홍을 후대했다.

원삭 3년에 어사대부[175] 장구(張歐)가 파면되고 공손홍이 임명되었다. 당시 한나라는 서남이와 교통하고 동쪽에는 창해군(滄海郡)을 설치했으며 북쪽에는 삭방군에 성을 쌓고 있었다. 공손홍은 자주 간하여 말했다.

"중국을 피폐하게 만들며 무익하고 쓸모없는 땅에 힘과 재물을 낭비하는 일입니다. 원컨대 이 일을 중지시켜 주시기 바랍니다."

그래서 천자는 주매신(朱買臣) 등에게 명해 공손홍의 잘못을 논해 비난하고 삭방군을 두는 것이 유익하다는 열 가지 이유를 소상히 적어 제출하게 했다. 공손홍은 그 가운데 단 한 개의 조항에 대해서도 논박할 수 없었다. 공손홍은 곧 사과하였다.

"신이 산동(山東)의 시골 사람이라 그 일의 이로움이 이토록 큰 줄 몰랐습니다. 원컨대 서남이와의 교통, 창해군의 설치는 그만두시고 오로지 삭방군의 경영에 힘을 기울이시기 바랍니다."

---

175) 관리의 감찰, 탄핵을 행하는 관직.

천자는 이 말을 받아들였다.

급암이 천자에게 이렇게 아뢰었다.

"공손홍은 삼공[176]의 지위에 있으며 봉록 또한 대단히 많습니다. 그런데도 베로 만든 이불을 사용하고 있으니 이것은 마음에도 없는 속임수일 것입니다."

천자가 이 말에 대해 묻자 공손홍은 사과하며 말하기를,

"급암의 비난은 지당합니다. 대저 구경 가운데 신과 가장 사이가 좋기로는 급암만한 사람이 없습니다. 그런데 급암은 오늘 조정에서 신을 힐난했습니다. 그것은 참으로 신의 결점을 지적한 것입니다.

신이 삼공의 지위에 있으면서 베로 만든 이불을 사용하는 것은 정말 마음에도 없는 행위로서 겉치레를 하여 명예를 얻으려던 것이었습니다. 그런데 신이 들은 바에 의하면 관중(管仲)은 제나라의 재상이 된 다음 삼귀(三歸)를 소유하고 사치함이 군공(君公)에 비길 정도였으나 환공(桓公)을 패자로 올려놓았다고 합니다. 이것은 위로 군공에 대해 외람된 행위입니다.

한편 안영(晏嬰)은 경공(景公)의 재상이 된 후에 음식을 먹을 때 고기반찬은 두 가지를 놓지 않았고 처첩들에게는 비단옷을 입지 못하게 했습니다. 그런데도 제나라는 잘 다스려졌습니다. 이것은 아래로 백성의 생활을 따른 것입니다.

지금 신은 어사대부의 지위에 있으면서 베로 만든 이불을 사용하고 있습니다. 이래서는 구경 이하 말단 관리에 이르기까지 그 차별을 전혀 지을 수 없습니다. 정말로 급암의 말과 같습니다. 또 급암에게 충성심이 없다면 폐하께서 어찌 이와 같은 직언을 들으실 수 있겠습니까?"

---

176) 丞相, 太尉, 御史大夫로 신하로서는 최고의 관직. 봉록은 모두 일만 석.

라고 했다. 천자는 공손홍을 겸손한 사람이라 여기고 더욱 후대했다. 그리고 마침내 공손홍을 승상으로 임명하고 평진후(平津侯)로 봉했다.

공손홍의 성격은 의심이 많고 남을 시기하며 겉으로는 너그러운 척했으나 속마음은 각박했다. 일찍이 공손홍과 대립하여 사이가 벌어진 사람들에게 겉으로는 친밀한 척하면서 뒤로는 그에게 받은 화를 보복했다. 주보언(主父偃)을 죽이고 동중서(童仲舒)를 교서(膠西)로 옮긴 것도 모두 공손홍의 소행이었던 것이다.

음식을 먹을 때 고기반찬은 한 가지만 올리게 하고 밥은 현미를 먹었지만 옛 친구나 친한 빈객이 생활비를 구하러 오면 봉록을 모두 털어 주어 집에는 남는 것이 없었다. 선비들은 이러한 점 때문에 공손홍을 어질다고 한 것이다.

회남왕, 형산왕이 반란을 일으켜 그 무리들에 대한 조사가 엄중하게 실시되었을 때 공손홍은 중병을 앓고 있었다. 그래서 스스로 생각하기를,

'나 자신은 이렇다 할 공도 없는데 지위는 승상의 자리에까지 올랐다. 당연히 명군인 천자를 보좌하여 나라를 진무하고 백성들로 하여금 신하와 아들의 도리를 지키도록 했어야 할 것이다. 그런데 지금 세후들이 반역을 꾀했다는 것은 승상인 내가 직책을 다하지 못했기 때문이다. 만약 이대로 병사하게 되면 책임을 다 할 수가 없다.'

하여 이에 다음과 같이 상서했다.

"신이 듣건대 '천하에는 사람이 마땅히 행해야 할 도리가 다섯 가지 있으며 이것을 실천하는 근본은 세 가지'라고 합니다. 즉 '군신(君臣) · 부자(父子) · 형제(兄弟) · 부부(夫婦) · 장유(長幼)의 차례, 이 다섯 가지가 천하의 통도(通道)이고 지(智) · 인(仁) · 용(勇), 이 세 가지가 천하에 공통되는 덕으로서 통도를 실천하는 근본'이 됩니다.

따라서 '행하기를 힘쓰는 것은 인(仁)에 가깝고 묻기를 좋아하는 것은

지(智)에 가깝고 부끄러움을 아는 것은 용(勇)에 가깝다. 이 세 가지를 알아야 스스로를 다스릴 줄 알며 그래야 비로소 남을 다스릴 수 있다.' [177]고 합니다. 세상에 스스로 자기 몸을 다스릴 수 없으면서 남을 다스릴 수 있는 자는 아직 없습니다. 이것은 백세에 걸쳐 변하지 않는 도입니다.

지금 폐하께서는 대효(大孝)를 몸소 행하시고 삼왕(三王 : 夏의 禹王 · 殷의 湯王 · 周의 文王과 武王을 가리키는 것으로, 문왕과 무왕은 한 왕으로 본다.)을 거울 삼아 대도(大道)를 세우시며 문무를 겸하시어 어진 사람을 격려해 녹을 주시고 유능한 사람을 골라 벼슬을 주고 계십니다.

그런데 신은 지치고 노둔한 말처럼 우둔한 자로서 종군하여 싸운 공로조차 없습니다. 폐하께서 잘못 생각하셔서 신에게 은덕을 내리시어 미천한 신을 발탁하시고 열후에 봉하셨으며 삼공의 지위에 오르게 하셨습니다. 하지만 신은 행동에서나 재능에서나 그 소임을 감당해 내지 못하고 있습니다.

게다가 신은 본래부터 병약한 몸이라 어쩌면 곁에 두신 견마보다도 먼저 구덩이에 빠져 죽음으로써 끝내는 책임을 다하지 못하고 성덕에 보답하지 못할까 두렵습니다. 원컨대 후의 도장을 반환하고 벼슬을 그만두어 현자의 영진(榮進)하는 길에 방해가 되지 않도록 해 주십시오."

천자가 이에 답하여 말했다.

"옛날에는 공이 있는 자를 상 주고 덕이 있는 자를 칭찬했으며, 이미 이루어 놓은 대업을 지킬 때에는 학문을 숭상하고 난세를 만난 때에는 무(武)를 존중했던 것이오. 옛날부터 오늘에 이르기까지 이것을 바꾼 자는 없소. 밤낮으로 이 도를 간절히 바라는 짐도 지존의 지위를 계승하고부터

---

177) 이 上書에는 《禮記》 中庸篇에서 인용한 문장이 매우 많다. 중용을 중시한 것은 宋代 학자들한테서 비롯된 것만은 아니다.

천하를 평안하게 다스리지 못하는 것은 아닌지 두려워하여 누구와 더불어 나라를 다스리는 것이 좋을까 생각하고 있소. 그대도 짐의 뜻을 잘 알아주기 바라오. 또 생각하건대 군자는 선을 좋아하고 악을 미워하는 법이오. 그대는 짐의 뜻을 잘 알아주기 바라오.

짐은 그대의 근엄한 행위에 대해서 한시도 잊은 적이 없소. 불행하게도 그대는 한랭병에 걸렸으나 회복하지 못할까 우려할 필요는 없다고 보오. 그런데도 상서하여 후의 지위를 반환하고 벼슬을 그만두고자 하는 것은 짐의 부덕함을 나타내는 일이오. 지금 국사는 다소 한가하니 이것저것 염려하지 말고 정신을 통일하여 의약을 쓰고 휴양에 전념하기 바라오."

그렇게 공손홍에게 휴가를 주고 쇠고기와 술, 그리고 여러 가지 비단을 하사했다. 몇 개월이 지나 공손홍의 병은 완쾌하여 정무를 보게 되었다.

원수 2년, 공손홍은 또 병에 걸려 마침내 승상의 자리에서 죽었다. 그의 아들 공손도(公孫度)가 뒤를 이어 평진후(平津侯)가 되었다. 이후 공손도는 산양(山陽) 태수로 십여 년 동안 있었는데 법에 저촉되어 후의 지위를 잃었다.

주보언(主父偃)은 제나라의 임치(臨淄) 사람이다. 처음에는 합종·연횡의 술(術)을 배웠으며 만년에는 ≪역(易)≫, ≪춘추≫, ≪제자백가≫의 설(說)을 배웠다.

제나라의 여러 학자들과 교류했으나 아무도 후대해 주는 사람이 없었다. 즉 여러 학자들은 그를 배척하여 제나라에서는 받아들여지지 않았으며 집안이 가난하여 돈을 빌리려고 해도 빌려 주는 사람이 없었다. 그래서 북쪽에 있는 연(燕), 조(趙), 중산(中山)의 땅에 유력했으나 어느 곳에서도 후대받지 못하여 나그네의 몸으로 매우 곤궁했다.

효무제 원광(元光) 원년, 제후들 중에는 섬길 만한 자가 없다고 판단하여 서쪽에 있는 관중 땅으로 들어가 위장군 청을 찾아갔다. 위장군은 주보언을 천자에게 자주 추천했으나 천자는 주보언을 부르지 않았다. 주보언은 돈이 없는 데다 오래 머무르고 있었기 때문에 그가 찾아다니던 제공(諸公)들과 빈객들 중에는 그를 싫어하는 자가 많았다.

그래서 천자에게 상서했는데 아침에 상서하자 저녁때 불리어 궁중에 들어가 알현하게 되었다. 상서의 내용은 9개 항목으로 그중 8개 항목은 법령에 관한 것이었고 나머지 1개 항목은 흉노 정벌에 관한 간언이었다. 그 내용은 다음과 같다.

"신이 듣건대 '현명한 군주는 간절한 간언을 미워하지 않고 널리 보고들으며, 충신은 중벌을 피하지 않고 감히 직간한다. 그러므로 모든 일에 행하지 못한 계책은 없고 공은 만세에 전하게 되는 것이다.' 라고 합니다.

지금 신은 감히 충심을 숨기지 않고 죽음도 피하지 않을 생각이기에 어리석은 계략을 말씀드리고자 합니다. 폐하께서는 너그럽게 이를 용서하시고 잠시 이것을 살펴 주십시오.

≪사마법(司馬法)≫[178]에 '비록 나라가 강대하더라도 싸움을 좋아하면반드시 망하고 천하가 태평하더라도 싸움을 잊으면 반드시 위태로워진다. 천하가 이미 태평하더라도 천자는 전승의 개선가를 연주하며, 봄에는봄 사냥을 행하고 가을에는 가을 사냥을 행하며, 제후들은 봄에는 군대를사열하고 가을에는 군대를 정돈하고 다스린다. 이것은 바로 언제 일어날지 모르는 싸움을 잊지 않기 위함이다.' 라고 했습니다.

또 '노여움은 덕을 거스르는 일이며 군사란 흉기이고 싸움이란 근본을망각한 일이다.' 라고 했습니다.[179] 옛날의 임금은 한 번 노하면 반드시 시체를 엎어 놓아 피를 흘리게 했습니다. 그러므로 성왕은 함부로 싸움을 하

---

178) 고대의 兵書. 여기에 인용된 글은 현존 텍스트에서는 仁本篇에 보인다.
179) ≪國語≫ 越語와 ≪尉遼子≫ 등에 흡사한 표현이 보이며 속담인 듯하다.

지 않았던 것입니다. 대저 싸움에 이기기를 힘쓰고 힘을 다하여 전쟁과 전진(戰陣)에 관한 일을 추진하는 자로서 고래로 후회하지 않은 자가 없습니다.

옛날 진나라 시황제는 전승의 위세를 뽐내며 천하를 잠식하여 전국(戰國)을 병합하고 이로 인해 해내(海內)는 통일되어 그 공은 하·은·주 3대에 필적할 만했습니다. 그러고도 싸워 이기기에만 힘쓴 나머지 쉬지 않고 흉노를 치려고 했습니다.

그때 이사(李斯)가 간하기를, '안 됩니다. 흉노는 성곽을 쌓고 그곳에 사는 것도 아니고 양식을 비축해 두고 지키는 것도 아닙니다. 새들이 무리를 지어 날아다니듯 떠돌아다니며 살고 있으니 제어하기가 어려운 무리들입니다. 경장부대(輕裝部隊)가 깊숙이 쳐들어가면 양식이 떨어질 것이고 양식이 떨어지지 않도록 행군하려면 그 무게 때문에 긴급한 시간에 맞출 수 없습니다.

흉노의 땅을 얻더라도 이익이라고 하기에는 흡족치 않고 흉노의 백성을 얻어 후대하더라도 그들을 수비군으로 쓸 수는 없습니다. 그렇다고 이기고 나서 그들을 죽여 버린다는 것은 백성의 부모인 천자의 도리에도 어긋납니다. 중국을 피폐시키고 흉노를 괴롭히는 것은 반드시 상책이라고는 할 수 없습니다.' 라고 했습니다.

그러나 시황제는 듣지 않았습니다. 결국 몽염(蒙恬)에게 명하여 군사를 이끌고 나아가 흉노를 쳐서 땅을 넓히기 천 리, 황하를 경계로 삼았습니다. 그런데 그 땅은 원래 염분이 많은 지대로서 오곡을 생산하지 못합니다.

그 후 천하의 장정들을 징발하여 북하(北河 : 九原 以東의 황하)의 땅을 지키게 했는데 군사를 황야에 버려두기 십여 년, 죽은 자는 헤아릴 수 없을 만큼 많아졌지만 결국 황하를 건너 북쪽으로 진출할 수 없었습니다. 이것은 군사의 수가 부족하거나 무기와 갑옷이 다 갖추어지지 않았기 때문이 결코 아닙니다. 단지 일의 추세가 불가했기 때문입니다.

또 천하의 온 백성을 동원하여 말먹이와 양식을 운반시켰으나 황현(黃縣), 수현(腄縣), 낭야군(琅邪郡) 등 해변의 군현에서 북하(北河)의 땅까지 수송하여 대략 삼십 종(種 : 1種은 6石 4斗)을 보내면 불과 1석(石)이 도착할 뿐이었습니다.

남자가 열심히 경작해도 군량이 부족했고 여자가 힘들여 길쌈을 해도 장막을 만들기에 부족하였으며 백성은 피폐하여 고아, 과부, 노인, 아이들을 부양할 수가 없었고 길에는 죽은 자가 가득했습니다. 이에 천하가 드디어 진나라를 배반하게 된 것입니다.

고황제께서 천하를 평정하게 되었을 때 변경의 땅도 다스리고자 하셨습니다. 그래서 흉노가 대(代)의 산골짜기 밖에 모여 있다는 말을 듣고 이들을 치려고 한 것입니다.

이때 어사(御史) 성(成)이 나아가 '그것은 옳지 못합니다. 대저 흉노의 천성은 짐승처럼 모였다가 새떼처럼 흩어집니다. 이들을 쫓아가 친다는 것은 마치 손으로 그림자를 치는 것과 같습니다. 지금 폐하의 성덕(盛德)으로 흉노를 치더라도 신은 은근히 위태로운 일임을 걱정하는 바입니다.' 라고 간했건만 고황제께서는 이를 받아들이지 않았습니다.

마침내 북쪽 대(代)의 산골짜기로 나아갔지만 평성(平城)에서 그만 흉노에게 포위당하고 말았습니다. 고황제께서는 매우 후회하시고 유경(劉敬)에게 명하여 사신으로 가서 흉노와 화친의 약속을 맺게 하셨습니다. 그렇게 한 후에야 천하는 겨우 전쟁을 잊을 수 있었습니다.

《손자병법》에 '십만의 군사를 일으키면 하루에 천 금의 비용이 든다.'[180]고 합니다. 진나라는 처음부터 병력을 모으고 수십만 명의 병사들을 전쟁터에 내보냈습니다. 그리하여 적군을 넘어뜨리고 적의 장군을 죽이고 선우를 사로잡은 공덕은 세웠지만 그런 탓에 당연하게도 원한을 맺고 복수심을 깊게 만들었으며 천하의 소비를 보상하기에는 부족했던 것입니다.

대저 위로는 부고(府庫 : 국가의 창고)를 비게 만들고 아래로는 백성들을 피폐하게 만들면서 외국의 정벌에 국력을 집중하는 것은 결코 바람직한 일이 아닙니다. 저 흉노를 붙잡아 제어하기 힘들다는 것은 한 세대에 국한된 것이 아닙니다. 변경에 오락가락 침입하여 재물을 훔치고 백성들을 잡아가고 가축을 약탈하는 것을 흉노는 업(業)으로 삼고 있으며 그것은 천성이 원래 그러하기 때문입니다.

멀리 우(虞) · 하(夏) · 은(殷) · 주(周) 시대의 옛날부터 그들에게 어떤 일을 맡겨 감독한 적이 한 번도 없고 짐승과 같이 기를 뿐 보통 사람과 같이 취급하지 않았습니다. 위로 우 · 하 · 은 · 주의 이러한 통치법을 참고로 하지 않고 아래로 근세의 과오에 따르는 것은 신으로서 크게 걱정하는 바이며 또한 백성에게도 고통을 주는 일이 될 것입니다.

게다가 전쟁이 오래 계속되면 사변(事變)이 생기고 사태가 어렵게 되면 생각도 달라지게 마련입니다. 즉 변경의 백성들은 피폐하고 시름에 잠겨 괴로운 나머지 떠나려는 마음을 품게 되고, 장군과 군리들에게 의심을 품게 하면 외국에 붙어 사리를 꾀하게 되는 것입니다. 그런고로 위타(尉佗)와 장한(章邯)이 사사로운 일을 이룰 수 있었던 것입니다.

대체로 진나라의 정령(政令)이 시행되지 않았던 것은 위타와 장한 두 사람에게 권위가 분산되었기 때문입니다. 이야말로 득실(得失)의 효험(진나라가 실패한 증거)입니다. 그런 까닭에 ≪주서(周書)≫[181]에도 '나라의 안

---

180) ≪孫子≫ 用間篇에 나오는 말.
181) 이 책은 ≪書經≫과는 다르며 보통 ≪逸周書≫라고 한다.

위는 어떤 정령을 내느냐에 달려 있고 나라의 존망은 어떤 인물을 쓰느냐에 달려 있다.'고 했습니다.

원컨대 폐하께서는 이를 자세히 살피시고 폐하의 뜻을 보태시어 깊이 생각해 주시기 바랍니다."

이때 조나라 사람 서악(徐樂)과 제나라 사람 엄안(嚴安)이 동시에 상서하여 당세의 위급한 일을 논했는데 그것은 각기 다른 사건에 대한 것이었다. 서악의 글은 다음과 같다.

"신은 '천하의 근심은 밑에서부터 서서히 무너져내리는 토붕(土崩)에 있는 것이지 윗부분만 갑자기 허물어져 내리는 와해(瓦解)에 있지 않다. 그것은 고금을 통해 마찬가지다.'라고 들었습니다.

토붕이란 어떤 것이냐 하면 진나라의 말세가 바로 그것입니다. 진섭(陳涉)에게는 제후의 높은 지위도 없었고 조그마한 영토도 없었으며 몸은 왕공(王公)이나 대인, 명문의 자손도 아니었고 향리의 명예도 없었으며 공자, 묵자, 증자와 같은 현인도 아니고 도주공(陶朱公)과 의돈(猗頓) 같은 부(富)가 있는 것도 아니었습니다.

그런 그가 가난한 뒷골목에서 들고 일어나 창을 휘두르며 한 팔을 걷고 크게 외치자 온 천하의 백성은 풀이 바람에 휩쓸리듯 그를 따르게 되었던 것입니다. 이것은 무슨 까닭이겠습니까?

백성이 괴로워해도 군주가 이를 돌보지 않고, 아랫사람이 원망을 해도 위에서는 알지 못하며, 세상은 이미 어지러워 정치가 바로잡히지 못했음에 연유한 것입니다. 이 세 가지의 일은 진섭이 들고 일어나게 된 바탕이 된 것으로 이것이 바로 토붕입니다. 그런 까닭에 천하의 근심은 토붕에 있다고 말씀드리는 것입니다.

또 와해란 어떤 것인가를 말씀드리자면 오·초·제·조 등의 반란이 바로 그것입니다. 오·초 등 7국이 함께 모의하여 대역을 범하고 각기 만승

의 군주라고 일컬었습니다. 무장한 군사는 수십만에 달했고 그들의 위엄
은 영내를 두렵게 하기에 충분했으며 재물은 그들 사민(士民)을 반란으로
끌어들이기에 충분했습니다. 그런데 서쪽으로 한 자 한 치의 땅도 빼앗지
못하고 몸은 중원에서 포로가 되고 말았습니다. 이것은 무슨 까닭이었겠
습니까?

그들의 권세가 필부보다도 가볍고 병력이 진섭보다 약했을까요? 아닙
니다. 당시는 선제의 은택이 아직 줄어들지 않아 그 땅에서 편안히 살면
서 세상을 즐기는 백성이 많았습니다. 그 때문에 제후들에게는 영외로
부터 원조가 없었던 것이고 이것을 바로 와해라고 합니다. 그러므로 천
하의 근심은 와해에 있는 것이 아니라고 말씀드리는 것입니다.

이것으로 미루어 볼 때 세상에 참으로 토붕의 형세가 있으면 비록 가난
한 뒷골목에 사는 무위무관의 천민이라도 때로는 반란을 일으켜 해내를
위태롭게 할 수 있는 것입니다. 진섭이 바로 그것입니다. 더구나 삼진(三
晉: 韓·魏·趙)의 군주라도 살아있다면 더 말할 것도 없습니다.

천하가 크게 잘 다스려지지 않더라도 진실로 토붕의 형세만 없다면 강
한 나라와 강한 군사가 있더라도 발꿈치 돌릴 겨를도 없을 정도로 빨리 그
몸은 포로가 되고 마는 것입니다. 오·초·제·조 등이 바로 그것입니다.
더구나 뭇 신하들이나 백성들은 도저히 반란을 꾀할 수 없습니다.

이 두 가지는 국가의 안위를 가름하는 분명하고도 중요한 일로서 현명
하신 군주께서 유의하여 깊이 살펴야 할 일입니다.

요즈음 관동(關東: 函谷關의 동쪽) 땅에는 오곡이 잘 되지 않아 평년 수
확에 이르지 못했고 많은 백성은 곤궁에 처해 있으며 게다가 변경의 변사
도 겹쳤습니다. 자연의 순리에 따라 솔직하게 판단해 볼 때 당연히 백성
중에는 편안하지 못한 사람이 많을 것으로 생각됩니다. 편안하지 못하면
자연 움직이기 쉽습니다. 움직이기 쉽다는 것은 곧 토붕의 형세입니다. 그

러므로 현명한 군주는 만물이 변화하는 근본 원인을 살펴보아 안위의 기틀을 분명히 하고 이를 조정에서 해결하여 환란을 미연에 막습니다.

중요한 것은 천하에 토붕의 형세가 생기지 않게 하는 것입니다. 그것만 이룰 수 있다면 비록 강한 나라와 강한 군대가 있다 하더라도 폐하께서는 달리는 짐승을 쫓고 나는 새를 쏘며 유락(遊樂)을 위해 동물을 사육하는 동산을 넓혀 마음껏 놀이를 즐기시고 말을 타고 달리는 즐거움을 다하셔도 태연자약한 마음을 가질 수 있습니다.

종과 북, 거문고와 피리 소리는 귓가에 끊이지 않고 장막 안에서는 광대의 익살, 난쟁이의 웃음과 어릿광대춤이 끊이지 않으며 천하에는 오래도록 근심이 없게 되는 것입니다.

어찌 은나라의 탕왕과 주나라 무왕의 명성을 부러워할 필요가 있겠습니까? 또한 주나라 성왕(成王)과 강왕(康王)의 태평성대를 바라고 기다릴 필요가 있겠습니까?

가만히 보건대 폐하께는 타고난 성덕과 관인(寬仁)의 자질이 있으므로 진실로 천하를 다스리는 데 온힘을 기울이신다면 탕왕이나 무왕과 같은 명성을 얻는 것이 어렵지 않을 것이며, 성왕이나 강왕 때의 태평성대를 다시 일으킬 수 있을 것입니다.

이 두 가지를 이룬 뒤 명실상부하게 당대에 이름을 날리고 명예를 넓혀 천하의 백성을 가까이하시고 사방 오랑캐를 굴복시켜 은혜와 덕이 여러 대에 걸쳐 융성을 가져오게 하며, 남면하시어 의(扆 : 도끼 무늬를 수놓은 병풍으로 천자가 제후를 볼 때 이것을 등 뒤에 세워놓고 南面함)를 등지고 옷깃을 여미어 왕공(王公)을 인견하는 것이 폐하께서 하셔야 할 일입니다.

신이 듣건대 '왕도의 정치를 행하고자 하면 설혹 성공하지 못하더라도 세상은 편안하다.' 고 합니다. 세상이 편안하게 된다면 폐하께서 무엇을 구하든 얻지 못할 것이 있겠습니까? 또 무슨 일을 하시든 이루지 못할 것이 있겠습니까? 누구를 정벌하시더라도 복종하지 않을 자가 있겠습니까?"

또 엄안(嚴安)의 글은 다음과 같다.

"신이 듣건대 '주나라는 천하를 보유하여 그 훌륭한 치세는 삼백여 년에 미쳤지만 성왕과 강왕의 시대가 가장 융성하여 형구(刑具)를 버려둔 채 사십여 년 동안이나 쓰지 않았다.'고 합니다.

주나라가 쇠하여 가면서도 삼백여 년 동안이나 명맥을 유지한 것은 그 사이에 오패(五霸 : 齊나라의 桓公, 晉나라의 文公, 秦나라의 繆公, 宋나라의 襄公, 楚나라의 莊公)가 교대로 일어났기 때문입니다. 오패는 늘 천자를 도와 이(利)를 일으키고 해(害)를 제거했으며 포악한 자를 베고 사악한 짓을 금하며 해내를 바로잡아 천자를 받들었습니다.

오패가 죽고 몰락한 후 이들을 이을 현성(賢聖)이 없어 천자는 고립되고 약해져 그 명령은 행해지지 않았으며 제후들은 제멋대로 행동하여 강한 자는 약한 자를 업신여기고 다수는 소수를 학대했습니다. 전상(田常)은 제나라를 찬탈하고 육경(六卿 : 智氏・范氏・中行氏・韓氏・魏氏・趙氏)은 진(晉)나라를 나누어 가져 전국(戰國) 시대가 되었습니다.

이것이 백성을 괴롭히기 시작한 것입니다. 이리하여 강국은 침략을 일삼고 약소국은 수비하기에 힘썼으며 혹은 합종하고 혹은 연횡하니 달리는 전차가 너무 많아 바퀴통이 서로 부딪치고 군진이 너무 오래 되어 갑옷에는 이와 서캐가 득실거렸으나 백성들은 그 어느 곳에도 고통을 호소할 수 없었습니다.

드디어 진나라 왕이 천하를 잠식하고 전국(戰國)을 병합함에 이르러 황제라 칭하고 해내의 정치를 주관하였으며, 제후의 성읍을 파괴하고 제후국의 무기를 녹여 종(鍾 : 樂器)을 만듦으로써 다시는 무기를 사용하지 않는다는 것을 천하에 보였습니다. 많은 선량한 백성들은 전국(戰國)의 고통을 면하고 현명한 천자를 만나게 되었다며 모두가 이제는 살았다고 생각했습니다.

그때 만약 진나라가 형벌을 늦추고 세금을 가볍게 하고 부역을 줄이며, 인의를 존중하여 독실하고 너그러운 사람을 높이 보고 권세와 이익을 천하게 여겨 지략과 기교를 부리는 무리들을 멀리하며 나쁜 풍속을 바로잡아 해내를 교화했더라면 진나라는 대대로 태평을 누렸을 것임에 틀림없습니다.

그런데 진나라는 이러한 개혁을 행하려 하지 않고 종래 진나라의 관습에 따라 얕은 지혜와 교묘함을 존중하여 권세와 이익을 추구하는 자는 진출하고, 독실하고 너그러운 충신(忠臣)들은 배척당했습니다. 또 법은 엄하고 가혹했으며 정치는 준엄했습니다. 그 때문에 윗사람에게 아첨하는 자가 많아 황제는 날마다 아첨하는 감언만 들으니 마음이 교만해지고 안일하게 되어 함부로 해외에 위엄을 떨쳐 보려고 했습니다.

그래서 몽염에게 군사를 이끌고 북쪽에 있는 흉노를 치게 하여 땅을 넓히고 국경을 더 앞쪽으로 옮겨 북하(北河)에 군대를 주둔시켰으며 후방에서는 말먹이와 양식을 수송하느라 정신이 없었습니다.

또 위(尉)인 도수(屠睢)에게 수군을 이끌고 남쪽의 백월(百越)을 치게 하고, 감(監 : 관명)인 녹(祿)에게 운하를 파서 양식을 운송하여 월나라 땅 깊숙이 쳐들어가게 했습니다. 월나라 사람들은 일단 도망쳤으나 진나라 군대가 오랫동안 허송세월하느라 양식이 떨어지게 된 것을 알고 공격을 가했으므로 진나라 군사는 크게 패배하고 말았습니다.

이에 진나라는 위타에게 명하여 군사를 이끌고 가서 월나라를 수비하게 했습니다. 당시 진나라는 북쪽의 흉노에게 화를 입고 남쪽에서는 월나라에게 화를 입었는데 병사들을 이익도 없는 쓸모없는 땅에 주둔시켜 진격할 수도 후퇴할 수도 없는 상태에 빠졌습니다.

이러한 상태로 십여 년, 장정은 갑옷을 입은 채 전쟁터에 서 있어야 했고 성년이 된 여자들은 보급품을 수송하는 일에 종사하다 너무 고통스러운 나머지 인생을 괴롭게 여겨 길가의 나무에 목을 매어 죽은 자가 줄을 이어 서로 바라볼 정도였습니다.

시황제가 붕어하자 천하는 모두 진나라를 배반하게 되었습니다. 즉 진승(陳勝)과 오광(吳廣)은 진(陳)나라에서, 무신(武臣)과 장이(張耳)는 조(趙)나라에서, 항량(項梁)은 오(吳)나라에서 군사를 일으켰습니다. 또 전담(田儋)은 제(齊)나라에서, 경구(景駒)는 영(郢)에서, 주시(周市)는 위(魏)나라에서, 한광(韓廣)은 연(燕)나라에서 군사를 일으켰는데 심산유곡에 이르기까지 호걸 선비들이 줄지어 일어나니 그 수는 헤아릴 수 없을 정도였습니다.

더구나 그들은 모두 공후(公侯)의 자손도 아니었고 관청의 장(長)도 아니었습니다. 아무런 세력도 없이 시골 마을에서 창 한 자루를 자랑 삼아 때를 타고 일어난 사람들인지라 서로 꾀하지 않고도 함께 들고일어나, 약속 없이도 서로 모이고 차츰 땅을 빼앗아 세력 범위를 확대하며 패왕(霸王)에까지 이르렀던 것입니다.

결국 진나라의 엄하고 가혹하며 준엄한 법과 정치가 그렇게 만든 것입니다. 진나라의 천자는 높고 귀한 자리에서 천하를 보유했으면서도 결국 자손이 끊어지고 종묘의 제사가 단절되어 망하고 말았으니 이는 지나치게 전쟁만을 힘써 왔기 때문에 생긴 화였습니다.

따라서 주나라는 약했기 때문에 정권을 잃었고 진나라는 강했기 때문에 정권을 잃었던 것으로 모두 때에 맞춰 정책을 변경하지 못해 일어난 화였습니다.

지금 한실(漢室)에서는 서남이(西南夷)를 부르고 야랑(夜郞)이라는 나라로 하여금 조공을 바치게 하며 강북(羌僰 : 나라 이름)을 항복시키고 예주(濊州 : 지금의 吉林省 동남부에서 북한에 이르는 땅에 자리했던 나라 이름)를 공략하여 성읍을 세우고 흉노의 땅 깊숙이 쳐들어가서 그들의 농성(龍城 : 하늘에 제사지내는 곳)을 불태우려 했습니다.

논의하는 자들은 이것을 장한 일이라고 칭찬합니다만 자신의 이익을 위해 하는 말일 뿐 좋은 계책은 아닙니다. 지금 중국은 개 짖는 소리에도 놀라지 않을 정도로 태평스러운데 이럴 때 먼 지방의 수비에 시달려 국가를 피폐하게 한다는 것은 백성을 자식처럼 생각하는 천자께서 취하실 도리가 아닙니다.

끝이 없는 욕망을 실행에 옮겨 뜻을 이루고 흉노와 원한을 맺게 되는 것은 변경을 편안하게 하는 길이 아닙니다. 전쟁이 그쳤나 싶으면 다시 일어나 가까운 사람은 수심에 잠겨 고통스러워 하고 먼 사람은 깜짝 놀라게 되어 맺힌 화가 풀어지지 않으므로 천하를 오래 유지하는 길이 아닙니다.

지금 세상 사람들은 갑옷을 가다듬고 칼을 갈며 화살을 고치고 활 시위를 매고 군량을 실어나르기 위해 잠시도 쉴 틈이 없습니다. 이것은 천하가 함께 우려하는 바입니다. 대저 일이 번거로우면 생각지 않았던 걱정이 생기게 되고[182] 전쟁이 오래 계속되면 변사가 일어나게 마련입니다.

지금 직할하는 군(郡) 중에는 땅 넓이가 사방 천 리나 되는 곳도 있고 그 중에는 수십 개의 성읍이 나란히 줄지어 있어서 그 토지나 형세로 보아 가까운 이웃 제후들을 속박하고 제어하며 위협하는데 이것은 종실의 이익이 될 수 없습니다.

멀리 제(齊)나라와 진(晉)나라가 망하게 된 이유를 생각해 보면 공실(公

---

182) 앞의 主父偃의 상서에도 비슷한 말이 보인다. 주보언, 서악, 엄안에게서 유사한 표현을 많이 볼 수 있다. 속담, 역사적 사실, 동시대 사람의 공통된 인식을 인용했기 때문일 것이다.

窟)의 지위가 낮고 위세가 줄어든 것에 반하여 육경(六卿)의 세력은 대성(大盛)했기 때문입니다. 가까이 진(秦)나라가 망하게 된 이유를 생각해 보면 법이 너무 엄하고 가혹한 데다가 황제의 욕망이 너무 크고 끝이 없었기 때문입니다.

지금 군수(郡守)의 권세는 너무 무거워 육경 등에 비할 바가 아닙니다. 땅도 사방 천 리에 가까워 진승(陳勝) 등이 의거했던 마을에 비할 바가 아닙니다. 또 갑옷과 무기도 정교해서 창 자루에 비할 바가 아닙니다. 만에 하나 큰 변이라도 일어나게 되면 황공하오나 국가의 멸망은 피할 길이 없는 것이 사실입니다."

상서가 천자에게 주상되자 천자는 세 사람을 불러 인견하고 말하기를,

"그대들은 여태 어디에 있었소? 어째서 그대들과의 만남이 이렇게 늦었단 말인가?"

라고 하며 이에 주보언, 서악, 엄안을 낭중(郎中)에 임명했다.

주보언은 자주 천자를 알현하거나 상서하여 정사를 논했다. 천자는 조서를 내려 주보언을 알자(謁者)로 임명하고 다시 중대부(中大夫)[183]로 옮겨 1년 동안 네 번이나 승진시켰다.

주보언은 천자를 설득했다.

"옛날에 제후의 영토는 사방 백 리를 넘지 않았고 강약의 형세로도 제어하기 쉬웠는데 지금의 제후는 수십 개의 성읍을 연이어 가져 영토는 천 리 사방에 미치고 있습니다. 관대하게 베풀면 교만하고 사치하여 음란하게 되기 쉬우며 엄하게 규제하면 그 강대함을 믿고 연합하여 조정에 반역하게 됩니다. 그렇다고 해서 법으로 영지를 삭감하려고 한다면 반란의 기미가 싹틀 것입니다. 일찍이 조조(晁錯)의 경우가 그 예입니다.

---

183) 낭중, 알자 중대부 모두가 郎中令 밑에 있었던 侍從官.

지금 제후 가운데 자제가 수십 명이나 되는 사람도 있는데 적자만이 대를 이을 수 있어 다른 자식들은 육친이면서도 한 치의 영지도 없습니다. 이래서는 인효(仁孝)의 도가 널리 베풀어지지 않습니다. 원컨대 폐하께서는 제후가 은애(恩愛)를 베풀어 자제 모두에게 영지를 나누어 주고 후로 봉하도록 지시해 주십시오. 그렇게 하면 그 자제들도 소원을 이루게 되어 기뻐할 것입니다. 폐하께서는 덕을 베푸시면서 실은 제후의 나라를 분할하는 것이 됩니다. 무리하게 삭감하지 않더라도 제후는 점차로 약해질 것입니다."

그래서 천자는 그 계략에 따랐다. 주보언은 다시 천자를 설득하여 다음과 같이 말했다.

"이제 무릉(茂陵 : 孝武帝의 壽陵)[184]이 완성되었습니다. 천하의 호걸과 부호, 그리고 백성을 어지럽히는 무리를 모두 무릉 땅에 옮기는 것이 좋을 것입니다. 이렇게 하면 안으로는 도성을 충실하게 만들고 밖으로는 간사하고 교활한 무리를 제거할 수 있습니다. 이것이 이른바 '주벌을 가하지 않더라도 해가 제거된다.'는 것입니다."

천자는 또 그의 계략에 따랐다.

위황후(衛皇后)를 존립한 일이나 연왕(燕王) 정국(定國)의 비밀을 파헤친 일도 주보언의 공로였다. 대신들은 주보언의 변설을 두려워하여 뇌물을 보내기도 했는데 주보언은 그 뇌물로 천금을 쌓았다. 그런데 그중에는 주보언에게 직접적으로 충고하는 사람도 있었다.

"너무 횡포가 심하다."

그러자 주보언은 이렇게 변명했다.

"나는 성인이 되어 각지로 유학한 지 사십여 년에 이르렀으나 입신영달

---

184) 建元 2년, 즉 기원전 139년에 長安 교외에 武帝가 자신을 위해 축조한 陵.

할 수 없었소. 그래서 어버이는 나를 자식으로 생각지 않고 형제들도 돌보아 주지 않았으며 빈객들까지도 푸대접을 하여 너무나 오래도록 고생을 했소. 또 남자로 태어나 오정(五鼎 : 5개의 솥에 담은 제후의 음식으로 소, 양, 돼지, 생선, 사슴 요리)의 음식을 먹는 신분이 되지 못하면 죄를 문책당하거나 오정에 삶겨 죽는 길뿐이오. '해는 지는데 갈 길은 멀다.' 고 했던가요. 나는 이미 늙었는데 할 일이 많소. 그런 까닭에 순리를 어기면서까지 급하게 일을 처리하는 것이오."

그리고 또 주보언은 열심히 설득했다.

"삭방은 땅이 비옥하며 황하로 막혀 있습니다. 몽염은 이곳에 성을 쌓고 흉노를 내쫓아버렸습니다. 이곳을 다스리게 되면 안으로는 양식의 수송과 군대의 수비를 덜게 되며 밖으로는 중국을 넓히는 일이 되고 흉노를 멸망시키는 근본이 됩니다."

천자는 그의 말이 옳다고 생각하여 공경에게 이 의견을 내려주고 가부를 의논시켰더니 공경들은 모두 이익됨과 편리함이 없다고 지적했다. 공손홍은 말하기를,

"일찍이 진나라 시대에 삼십만의 대군을 내어 북하(北河)에 성채를 쌓았으나 결국 목적을 이루지 못한 채 마침내 그곳을 포기하고 말았습니다."

라고 했다. 하지만 주보언은 그 편익을 끈질기게 주장했다. 천자는 마침내 주보언의 계책을 채용하여 삭방군(朔方郡)을 설치했다.

원삭 2년에 주보언이,

"제나라 왕은 속으로 음란 방탕하고 그 행동은 사악하고 편벽합니다."

라고 아뢰어 천자는 주보언을 제나라의 승상으로 임명했다.

주보언은 제나라에 도착하자 형제들과 예전 빈객들을 모두 불러들여 오백 금을 풀어 그들에게 나누어 주고 꾸짖어 말했다.

"일찍이 내가 빈곤했을 때 형제들은 나에게 의식조차 주지 않았고 빈객

들은 나를 문 안에 들이지 않았다. 그런데 이제 내가 제나라의 재상이 되었다고 천리 먼 곳까지 나를 마중 나온 사람도 있다. 나는 그런 너희들과는 절교할 테니 이제 두 번 다시 내 집 문에 출입하지 말라."

그리고 주보언은 제나라 왕에게 사람을 보내어 왕이 그 누이와 밀통하는 것을 알고 있음을 내비치며 왕의 마음을 돌리려고 했다. 왕은 끝내 죄를 벗어날 수 없을 것이라 판단하고 연왕(燕王)처럼 사형을 받게 될 것이 두려워 자살하고 말았다. 관리는 이 사실을 천자에게 아뢰었다.

이보다 앞서 주보언이 아직 무의무관의 서민이었을 때 일찍이 연나라와 조나라에 유력(遊歷)한 적이 있었다. 그런데 주보언이 높은 지위에 올라 연나라의 비밀을 들추어냈기 때문에 조나라 왕은 주보언이 조나라에도 화를 미치게 하지나 않을까 두려워 주보언의 비밀을 상서하려고 했다. 그런데 주보언이 조정에 있어서 감히 고발하지 못하고 있다가 주보언이 제나라의 재상이 되어 함곡관을 나가자 상서하여,

"주보언은 제후들에게 뇌물을 받았습니다. 그 후 제후들의 자제 중에는 봉지를 받게 된 자가 많습니다."

라고 고발했다.

그리고 나서 제나라 왕이 자살하니 천자는 주보언이 제나라 왕을 협박하여 자살하게 했을 것이라고 생각해 크게 노하였으므로 주보언을 불러들여 형리에게 그의 죄를 조사시켰다. 주보언은 제후들로부터 뇌물을 받은 죄는 승복했으나 제나라 왕을 협박하여 자살케 한 것은 절대로 아니라고 했다. 천자는 주보언을 사형에 처하지는 않으려고 했으나 당시 어사대부로 있던 공손홍이 말하기를,

"자살한 제나라 왕에게는 후사가 없기 때문에 나라가 없어지게 되며 군(郡)으로서 한실 치하에 들어오게 됩니다. 본래 주보언이 원흉이니 폐하께서 주보언을 주살하지 않으면 천하에 사죄할 길이 없을 것으로 생각합

니다."

라고 했기 때문에 마침내 주보언의 일족을 주살시켰다. 주보언이 천자에게 총애 받고 높은 지위에 있을 때에는 그의 빈객들이 천(千) 단위를 헤아릴 정도로 많았으나 일족이 모두 주살되는 형에 처해지자 시체를 거두어 주는 자조차 없었다. 단지 효현(洨縣)의 공거(孔車)라는 사람이 시체를 거두어 이들을 장사지내 주었다. 후에 이 말을 들은 천자는 공거를 장자(長者)[185]라고 생각했다.

태사공은 말한다.

"공손홍은 행동이 세련되어 의리에 통한 인물이었으나 그 역시 시류를 탔다. 한나라가 일어난 지 팔십여 년, 천자의 마음은 학문으로 향하여 준수하고 현명한 인재를 불러모아 유가와 묵가의 학설을 널리 펼치려고 했다. 공손홍은 그때 최초로 등용된 인물이었다.

주보언이 요직에 있을 때는 제공(諸公)들 모두 그를 칭찬했으나 명성이 떨어지고 주살당하게 되니 선비들은 다투어 그의 나쁜 점을 들추어 말했다. 참으로 슬픈 일이다."[186]

이하는 한나라 효평제(孝平帝)의 조모인 태황태후(太皇太后) 왕씨(王氏)가 효평제의 섭정으로서 그때의 대사도(大司徒 : 丞相)와 대사공(大司空 : 御史大夫)에게 조서를 내린 것을 후세 사람이 보충하여 기록한 것이다.

---

185) 여기서는 인정미가 넘치는 사람을 가리킨다.
186) 이 뒤에 '태황태후의 조칙' 등이 인용되고 다시 班固의 말도 인용되고 있는데 班固의 말은 ≪漢書≫에서 따온 것이지 결코 司馬遷의 원작은 아니다.

태황태후는 대사도와 대사공에게 다음과 같이 조서를 내렸다.

"들은 바에 의하면 '나라를 다스리는 길은 백성을 잘 살게 하는 것이 첫째이고 백성을 잘 살게 하는 요건은 절약과 검소에 있다.'고 한다. ≪효경(孝經)≫에도 '위를 편안하게 하고 백성을 다스리는 데에는 예(禮)보다 더 좋은 것이 없다.'고 했고 또 '예는 사치한 것보다는 차라리 검소한 편이 낫다.'(≪論語≫)고 한 말도 있다.

옛날 관중은 제나라 환공의 재상이 되어 환공을 제후의 패자로 만들었고 제후들을 규합하여 천하를 바로잡은 공적을 세웠다. 그런데도 중니(仲尼 : 孔子)는 관중을 '예를 모르는 사람'이라고 했다. 관중은 군주에 비교될 정도로 매우 사치스러운 생활을 했기 때문이다.

하나라 우왕은 소박한 궁전에 살면서 허름한 의복을 입었는데 후세의 왕들이 이를 따르지 못하여 하나라 왕조는 망하고 말았다.

이로 미루어 볼 때 나라가 흥성할 때에는 군주의 덕이 뛰어나게 높으며 그 덕이란 절약과 검소보다 높은 것이 없다. 절약과 검소의 덕으로 백성과 풍속을 교화시키면 곧 존비의 질서가 확립되고 골육간 은애의 정은 두터워지며 싸움의 근원이 없어진다. 따라서 집안은 부유해지고 사람들은 만족하여 형법을 쓸 필요가 없어지게 되니 치세의 근본이 된다. 그러므로 이 덕을 실현하는 데 힘쓰지 않으면 안 된다.

대체로 삼공(三公)은 백관(百官)의 우두머리요 만백성의 의표(儀表)이다. 곧은 기둥을 세웠는데 구부러진 그림자가 비치는 일은 없다. 공자도 말씀하시길 '위에 있는 그대가 앞장서서 바른 도리를 행하면 백성으로서 바르지 않을 자가 있겠는가?' 또 '착한 사람을 등용하여 능하지 못한 사람을 가르치면 백성은 자연히 착한 일을 하기에 힘쓴다.'고 하지 않았던가?

생각하건대 우리 한나라가 일어난 이래 고굉(股肱)의 신하인 재상들 가운데 몸소 절약과 검소한 생활을 하고 재물을 가볍게 여기며 의리를 중시하여 세상에 뚜렷이 알려진 사람으로는 전 승상이었던 평진후 공손홍에 미칠 사람이 없다.

공손홍은 승상의 지위에 있으면서도 소박한 베 이불을 덮고 거친밥에 고기반찬은 한 가지에 한했다고 한다. 또 옛 친구와 친한 빈객들에게는 봉록을 모두 나누어 주고 집에는 남는 것이 없었다. 참으로 안으로는 극기와 검약에 힘쓰고 밖으로는 스스로 제도에 따랐던 것이다.

이를 급암이 힐책하자 공손홍은 조정에서 있는 그대로를 말했다. 그것은 분명 상식을 벗어난 절약이기는 하지만 실행해도 해가 될 것은 없다고 말할 수 있다. 공손홍의 덕이 뛰어났기 때문에 그것을 행할 수 있었던 것이지 그렇지 못했으면 행할 수 없었을 것이다. 안으로는 사치를 일삼으면서 밖으로는 기이한 옷차림으로 헛된 명예를 낚으려는 사람과는 전혀 그 성질을 달리하는 일이다.

공손홍이 병이 들어 벼슬을 물러날 것을 청하자 효무제는 '공이 있는 사람은 상을 주고 덕이 있는 사람은 칭찬하며 착한 것을 좋아하고 악한 것을 미워하는 짐의 마음을 그대는 잘 알아주기 바라오. 공연한 걱정은 하지 말고 복약과 요양에 전념해 주기 바라오.' 라고 조서를 내리고 휴가를 주어 병을 치료하게 하고 쇠고기와 술, 그리고 여러 가지 비단을 하사하셨다.

몇 달이 지나 공손홍은 병이 완쾌되어 정무(政務)를 보았지만 그 후 원수 2년에 이르러 공손홍은 마침내 승상의 지위에 있는 몸으로 세상을 떠났다.

대체로 신하를 알기로는 임금에 미칠 자가 없다고 했는데 이것은 그 좋은 예이다. 공손홍의 아들 공손도가 아버지의 작위를 이었고 후에 산양(山陽)의 태수가 되었으나 법에 저촉되어 후의 지위를 잃었다.

생각하건대 유덕한 사람이나 정의로운 선비를 표창하는 것은 백성의 풍속을 이끌어 교화에 힘쓰는 것으로서 성왕의 제도이며 만고에 변하지 않는 도이다. 이에 공손홍의 후손으로서 마땅히 그의 뒤를 이을 수 있는 자에게 관내후의 작과 식읍 삼백 호를 내리기로 한다.

불러서 공거(公車 : 關署의 이름)에 나오게 하고 그 이름을 상서(尙書 : 관명)에 올리도록 하라. 짐이 친히 조정에 나아가 임명하겠노라."

이하는 반고(班固)가 쓴 ≪한서(漢書)≫ 가운데 있는 공손홍(公孫弘)·복식(卜式)·예관전(兒寬傳)의 논찬인데 후세 사람이 그것에 보충하여 기록한 것이다.

반고는 다음과 같이 말한다.

"공손홍, 복식, 예관 등은 모두 왕기러기와 같은 큰 뜻을 품고 있으면서 제비나 참새 같은 소인배에게 괴롭힘을 당해 중앙 지대에서 멀리 몸을 피해 양과 돼지를 기르며 살고 있었다. 만일 때를 만나지 못했더라면 어찌 이렇게 높은 지위에 오를 수 있었겠는가?

당시는 한나라가 일어선 지 육십여 년, 해내는 태평하게 다스려지고 부고(府庫)는 충실했지만 아직 사방의 이적들은 복종하지 않았고 제도에도 미비한 점이 많았다.

효무제는 매우 열심히 문무의 인재를 등용하고자 했다. 처음에 포륜(蒲輪 : 바퀴를 부들로 싸서 동요를 막은 수레로서 특히 賢士를 정중하게 영접할 때 사용)으로 매생(枚生 : 枚乘)을 맞아들이고 또 주보언을 인견하고는 늦게 만난 것을 탄식했다. 이리하여 뭇 신하들은 황제를 사모하여 마음으로부터 복종했고 기이한 재주를 가진 선비들이 세상에 나타났다.

복식(卜式)은 목동 중에서 등용되고 상홍양(桑弘羊)은 장사꾼 가운데서 발탁되었으며 위청(衛靑)은 노복의 몸으로 일어났고 김일제(金日磾)는 항복한 흉노의 신분으로 세상에 나왔다. 이들은 옛날 판축(版築)하는 토공 출신 부열(傅說 : 殷나라 高宗의 현명한 재상)과 소를 기르다 등용되었던 영척(寧戚 : 齊나라 桓公의 名臣)과 비슷하다.

한나라가 인재를 얻었던 일은 당시가 가장 성했다. 올바른 유학자로는 공손홍, 동중서(董仲舒), 예관(兒寬) 등이 있었고 독행(篤行)한 선비로는 석건(石建), 석경(石慶)이 있었으며 질박 실직(質朴實直)한 선비로는 급암, 복식 등이 있었다.

또 현재(賢才)를 잘 천거하는 인물로는 한안국(韓安國), 정당시(鄭當時) 등이 있었고 법령을 잘 제정한 인물로는 조우(趙禹), 장탕(張湯) 등이 있었으며 문장에 뛰어난 인물로는 사마천(司馬遷), 사마상여(司馬相如) 등이 있었고 변설에 능한 인물로는 동방삭(東方朔), 매고(枚皐) 등이 있었으며 빈객들의 접대에 능한 인물로는 엄조(嚴助), 주매신(朱買臣) 등이 있었다.

또 천문(天文)·역수(曆數)에 뛰어난 인물로는 당도(唐都), 낙하굉(落下宏)이 있었고 음률을 잘하는 인물로는 이연년(李延年)이 있었으며 산수회계(算數會計)에 뛰어난 인물로는 상홍양(桑弘羊)이 있었고 외국에 보낼 사신으로는 장건(張騫), 소무(蘇武) 등이 있었고 장군으로서는 위청(衛靑), 곽거병(霍去病) 등이 있었으며 유조(遺詔)를 받들어 어린 군주를 보좌한 인물로는 곽광(霍光), 김일제 등이 있었다. 그 외에 헤아릴 수 없을 정도로 많은 인재들이 있었다. 그런 까닭에 공업을 일으키고 제도를 확립하여 훌륭한 문물을 남긴 점에서는 후세에도 당시에 미칠 만한 시대가 없었다.

효선제(孝宣帝)가 황통(皇統)을 계승하여 효무제의 대업을 집성했고 다시 육예(六藝 : 六經. 易·書·詩·春秋·禮·樂)를 강론했으며 준수(俊秀), 이재(異材)를 선발하였다. 소망지(蕭望之), 양구하(梁丘賀), 하후

승(夏侯勝), 위현성(韋玄成), 엄팽조(嚴彭祖), 윤경시(尹更始)는 유학에 뛰어나서 등용되었고 유향(劉向), 왕포(王褒)는 문장에 뛰어나 세상에 알려졌다.

장상(將相)으로는 장안세(張安世), 조충국(趙充國), 위상(魏相), 병길(丙吉), 우정국(于定國), 두연년(杜延年)이 있었으며 백성을 잘 다스린 인물로는 황패(黃霸), 왕성(王成), 공수(龔遂), 정홍(鄭弘), 소신신(邵信臣), 한연수(韓延壽), 윤옹귀(尹翁歸), 조황한(趙黃漢) 등이 있었다.

모두 공적이 있어서 후세에 기록되어 전해졌다. 명신을 배출한 점에서도 효선제 시대는 효무제 시대에 버금간다."

제53 남월열전(南越列傳)

　남월왕(南越王) 위타(尉佗)는 진정(眞定) 사람으로 성은 조(趙)씨다. 진나라는 천하를 통일하자 양월(揚越：越)을 공격하여 평정하고 계림군(桂林郡), 남해군(南海郡), 상군(象郡)을 설치하여 죄 지은 백성들을 이곳으로 이주시켜 월나라 사람들과 섞여 살게 한 지 십삼 년에 이르렀다.

　조타(趙佗)는 진나라 때 임용되어 남해군(南海郡) 용천현(龍川縣)의 현령이 되었다. 이세 황제(二世皇帝) 때 남해군의 병사(兵事)를 맡은 군위(郡尉) 임효(任囂)가 병으로 곧 죽게 되니 조타를 불러 말했다.

　"들리는 바로는 진승 등이 반란을 일으켰다고 하오. 진나라가 무도한 정치를 해서 천하가 괴로움을 당하던 터라 항우, 유계(劉季：劉邦), 진승, 오광 등이 각 주군(州郡)에서 군사를 일으키고 여러 사람들을 끌어 모아 호랑이가 고기를 다투듯 천하를 다투고 있소. 호걸들은 진나라를 배반하고 저마다 왕이 되어 있으니 언제 안정이 될지 알 수 없는 상태라 하오.

　이곳 남해군은 멀고 편벽된 땅이지만 아무래도 그 도둑의 군사들이 이곳까지 침입해 올 것 같아 염려되오. 그래서 나는 군사를 동원하여 진나라가 새로 개통한, 월(越)에 이르는 신도(新道)를 차단하고 스스로의 힘으로 제후들의 변란에 대비하고자 하였소.

　그런데 공교롭게 이때 중병을 앓게 되었소. 이 반우(番寓)[187]는 험한 산을 등지고 남쪽은 바다로 막혀 있으며, 동서가 몇 천 리 되는 데다가 중국 사람들도 서로 도우며 상당히 많이 살고 있으므로 한 주(州)로 독립하여

---

187) 南越의 수도가 있는 지역으로 지금의 廣東省에 해당한다.

나라를 세울 수도 있는 곳이오. 그런데 군(郡)에 있는 고관 중에는 함께 상의할 만한 사람이 없어서 그대를 불러 이르는 것이오."

하면서 임효는 조서를 위조하여 조타에게 주며 남해군의 군위(郡尉) 직무를 맡게 했다. 임효가 죽자 조타는 곧 격문을 돌려 횡포(橫浦), 양산(陽山), 황계(湟谿)의 각 관문에 통고했다.

"도둑의 군대가 침입해 오려 한다. 급히 길을 차단하고 군사를 모아 각자 스스로 지키도록 하라."

이리하여 조타는 법을 역이용하여 진나라가 임명한 고관들을 죽이고 자기편 사람들을 임시로 군수에 앉혔다. 진나라가 패해 멸망하게 되자 조타는 계림군, 상군(象郡)을 쳐서 이를 병합하고 자립하여 남월(南越)의 무왕(武王)이 되었다.

고제는 천하를 평정했으나 중국이 전란으로 고초를 겪고 난 참이라 조타를 그대로 놔둔 채 토벌하지 않았다.

한나라 11년에 육가(陸賈)를 보내 정식으로 조타를 남월왕(南越王)에 세우고 부절을 주어 사자를 내왕하게 했으며, 조타가 백월(百越)의 백성들을 통합시켜 한나라 남쪽 변경에서 말썽을 일으키지 않도록 했다. 그래서 남월은 장사(長沙)와 국경을 맞대게 되었다.

고후 때 그곳 관리의 주청으로 국경 관문에서 남월과 철기 교역을 금지시켰다. 그러자 조타는,

"고제께서는 나를 왕으로 세우고 사자를 내왕하게 하였으며 교역을 허락했었다. 그런데 지금 고후께서는 참소하는 신하의 말을 받아들여 오랑캐라고 차별 대우를 하며 이쪽에서 원하는 기물을 끊어 버렸다. 이것은 틀림없이 장사왕(長沙王)의 계략이다. 장사왕은 중국의 힘을 빌려 남월을 쳐서 없앤 다음 남월 땅을 병합하여 자기의 공적으로 삼으려는 것이다."

라고 말했다. 조타는 스스로 존호(尊號)를 남월의 무제(武帝)라 칭하고

군대를 동원하여 장사 변경 고을을 쳐서 몇 현을 격파하고 돌아갔다.

고후는 장군 융려후(隆慮侯) 주조(周竈)를 파견하여 이를 치게 했으나 주조의 군대는 더위와 습기로 인해 많은 사졸들이 전염병에 걸려 양산령(陽山嶺)을 넘지 못했다. 1년 남짓 지나 고후가 죽게 되니 한나라는 군대를 철수시켰다.

조타는 그 기회를 타 군사를 보내 변경을 위협하고 또 민월(閩越), 서구(西甌), 낙라(駱裸 : 지금의 베트남)에 재물을 주어 속국으로 만들었다.

이리하여 남월 땅은 동서 일만여 리에 뻗쳐 있었고 조타는 황옥(黃屋 : 황색 비단으로 마차 덮개를 한 천자의 수레)을 타고 좌독(左纛 : 천자의 수레 왼쪽에 세우는 모우 꼬리로 만든 기)을 세우며 제(制)라 칭하여 명령을 내리는 등 중국의 천자와 똑같이 행동했다.

효문제 원년, 천하의 들뜬 민심을 진정시키기 위해 황제는 제후와 사방 오랑캐들에게 대(代)에서 도읍으로 들어오게 하여 황제에 즉위한 뜻을 통고하고, 까닭 없이 위무(威武)를 일삼지 않을 것이라는 천자의 성덕을 일깨워 주었다.

또한 조타 부모의 무덤이 진정(眞定)에 있었으므로 그곳에 산지기의 땅을 마련하여 해마다 제사를 받들게 했고 조타의 종형제들을 불러 고관에 임명하고 후한 금품을 내려 은총을 베풀었다.

또 승상 진평(陳平) 등에게 남월로 보낼 사신으로서 적임자를 추천하게 하니 진평은,

"호치현(好畤縣)의 육가(陸賈)는 선제(先帝) 때 남월에 간 적이 있어 그곳 사정에 밝습니다."

라고 말했다. 그래서 육가를 태중대부에 임명하고 남월에 사신으로 보내 조타가 자립하여 제왕이 되었음에도 그 보고를 위해 한 사람의 사신도 보내지 않은 것을 책망하게 했다. 육가가 남월에 도착하자 조타는 매우

두려워하며 서면으로 사죄했다. 그 서면의 내용은 이러한 것이었다.

"만이(蠻夷)의 수령인 노신 조타는 전에 고후가 남월을 차별했을 때 은 근히 장사왕이 신을 참소한 것으로 의심하고, 또 고후가 제의 일족을 모조리 죽이고 조상의 무덤을 파내어 불태웠다는 헛소문을 멀리서 들은지라 자포자기하여 장사의 변경을 침입했던 것입니다.

그리고 이곳 남방은 지대가 낮아 습기가 많고 만이들의 한가운데 끼어 있습니다. 동쪽에 민월이 있는데 겨우 천 명의 백성을 거느리고 왕이라 칭 하며, 서쪽에 서구와 낙라라는 미개한 나라 또한 왕이라 칭하고 있습니다.

노신이 멋대로 제호(帝號)를 참칭한 것은 그저 스스로 즐겨 본 것뿐으로, 어찌 감히 천자께 보고 드릴 만한 일이겠습니까?"

이리하여 조타는 머리를 조아려 사죄하며 길이 한나라의 번신(藩臣)으로서 조공을 바치고 그 직분을 다할 것을 약속했다. 그리고 곧 나라 안에 포고하기를,

"내가 듣기로 '두 영웅은 함께 서지 못하고 두 어진 이는 세상을 함께 차지하지 않는다.'고 한다. 한나라 황제는 현명한 천자시다. 지금부터 나는 제제(帝制), 황옥, 좌둑을 폐지하겠다."

육가가 돌아와 이 사실을 보고하니 효문제는 크게 기뻐했다.

조타는 효경제 때에 이르러서도 신이라 일컬으며 사신을 보내 봄가을로 조공을 바쳤다. 그러나 자기 나라 안에서는 몰래 제왕의 칭호를 쓰고 천자에게 사신을 보낼 때에만 왕이라 일컬어 조정으로부터 제후의 대우를 받았다.

건원 4년에 조타가 죽고 조타의 손자 호(胡)가 남월왕이 되었다. 이때 민월왕 영(郢)이 군사를 일으켜 남월의 변경을 쳤다. 그래서 호는 사신을 보내 천자께 다음과 같은 글을 올렸다.

"양월(兩越)은 모두 한나라의 번신(藩臣)인 만큼 함부로 군사를 동원하여 상대를 공격해서는 안 될 줄 아옵니다. 그런데 지금 민월은 군사를 일으켜 신을 침범하고 있습니다. 신은 감히 군사를 동원하여 대항하려고 하지 않겠습니다. 바라옵건대 천자께서는 조칙을 내리시어 적절한 조치를 취해 주시기 바라옵니다."

천자는 남월이 의리를 지켜 번신으로서 직책을 다하고 있는 것을 가상히 여겨 그를 위해 군사를 일으키고 왕회(王恢)와 한안국(韓安國) 두 장군을 파견하여 민월을 치게 했다. 그런데 한나라 군대가 국경인 산 고개를 넘기도 전에 민월왕의 아우인 여선(餘善)이 영을 죽이고 항복했기 때문에 토벌을 중지했다.

천자는 장조(莊助)를 사신으로 보내 천자의 뜻하는 바를 알리게 했다. 남월왕 호는 머리를 조아려,

"천자께서는 신을 위해 군사를 일으켜 민월을 토벌해 주셨습니다. 죽더라도 이 은덕만은 갚을 길이 없사옵니다."

하며 태자인 영제(嬰齊)를 조정으로 들여보내 조정의 숙위(宿衛)로 있게 했다. 그리고 장조에게 말했다.

"우리 나라는 새로운 외적의 침략을 받았습니다. 사자께서는 부디 돌아가십시오. 나도 행장을 꾸려 밤을 낮 삼아 뒤따라 조정에 들어가 천자께 알현하고자 합니다."

장조가 떠난 후 남월의 대신들은 호에게 간하였다.

"한나라가 군사를 동원하여 영을 주멸했습니다. 게다가 우리 왕께서 한나라 조정으로 들어가시게 되면 남월이 동요합니다. 또 선왕(尉佗)께서는 예전에 '천자를 섬기는 데는 다만 예를 잃지 않으면 그것으로 족하다.' 고 하셨습니다. 달콤한 말에 끌리어 입조해서는 안 됩니다. 입조하게 되면 귀국하실 수 없게 되어 나라는 망하고 말 것입니다."

그래서 호는 병이라 칭하고 끝내 천자를 알현하러 가지 않았다. 그로부터 십여 년 뒤, 호는 실제로 중병에 걸리게 되었다. 태자 영제는 귀국을 청하여 본국으로 돌아왔다. 마침내 호는 죽고 문왕(文王)이라는 시호가 내려졌다.

영제가 대를 이어 왕이 되었다. 그리고 선제인 무제(武帝)가 사용하던 옥새를 감춰 버리고 황제라는 칭호를 쓰지 않았다.

영제가 입조하여 장안에서 숙위를 하고 있을 때 한단 규씨의 딸에게 장가들어 홍(興)이라는 아들을 낳았다. 영제는 즉위한 후 글을 올려 규씨의 딸을 왕비로 삼고 홍으로 후사를 정하고 싶다고 청원했다.

한나라에서는 자주 사신을 보내 은연중 영제에게 입조하도록 설득했다. 그런데 함부로 살생을 하고 제멋대로 사는 것을 좋아했던 영제는 조정에 들어가면 한나라 법에 따라 어쩔 수 없이 제후들과 동등한 대우를 받게 될 것이 싫어서 병이라 핑계를 대고 끝내 한나라 조정에 들어가 천자를 알현하지 않았다. 대신 아들 차공(次公)을 조정으로 들여보내 조정의 숙위를 맡게 했다. 곧 영제는 죽어서 명왕(明王)이라는 시호를 받았다.

태자인 홍이 대를 이어 왕위에 오르고 그의 어머니는 태후가 되었다. 태후는 영제의 총희가 되기 전에 패릉(覇陵 : 長安의 동쪽)의 안국소계(安國少季)와 몰래 정을 통한 일이 있었다.

영제가 죽은 후 원정 4년에 한나라는 안국소계를 사신으로 보내 남월왕과 그의 태후에게 한나라 조정에 들어와 중국 제후들과 동등한 대우를 받도록 알아듣게 타일러 주었다. 그와 동시에 변설에 뛰어난 간대부(諫大夫)[188] 종군(終軍) 등을 시켜 황제의 뜻을 명확하게 선언하게 하고, 용사인

---

188) 郎中令의 屬官으로 侍從官. 武帝의 元狩 5년에 신설된 관직.

위신(魏臣) 등에게 그 부족한 점을 보충토록 하는 한편, 위위(衛尉)[189] 노박덕(路博德)에게는 군사를 인솔하고 계양(桂陽)에 주둔하여 사신의 귀국을 기다리게 했다.

남월왕은 연소한 데다가 태후는 일찍이 안국소계와 사통(私通)한 터라 그가 사신으로 도착하니 또다시 정을 통하게 되었다. 남월 사람들은 이 사실을 잘 알고 있었으므로 대부분 태후를 못마땅하게 생각했다. 그래서 태후는 반란이 일어날까 두렵고 또 한나라의 위엄에 의지할 생각으로 왕과 군신들에게 자주 한나라에 복종할 것을 권했다.

결국 남월은 사신을 통해 글을 올려 제후들과 동등한 대우에 복종하며 3년에 한 번 조정에 들어갈 것과 변경의 관문을 폐지시켜 줄 것 등을 청원했다.

천자는 이를 허락하고 남월의 승상 여가(呂嘉)에게는 한나라의 은인(銀印)을, 내사, 중위, 태부[190]에게는 각각 한나라 인장을 주고 그 밖의 벼슬은 왕이 직접 임명할 수 있게 했다. 또 남월의 관습인 문신(文身)과 코를 베는 형벌을 폐지시키고 한나라의 법률과 제도를 따르며, 그 밖의 것들도 제후들에 비추어 그대로 쓰도록 했다. 사신들은 모두 머무르면서 민심을 진정시키게 했다.

왕과 태후는 천자에게 올릴 정중한 선물을 선정하고 행장을 갖추어 조정에 들어갈 준비를 했다.

남월의 승상 여가(呂嘉)는 나이가 많았다. 삼대에 걸쳐 왕을 모시면서 승상으로 있었기 때문에 그의 집안 사람으로 벼슬하여 높은 지위에 오른

---

189) 궁전을 수비하는 근위대장.
190) 內史, 中尉, 太傅 모두가 제후왕의 나라를 다스리기 위해 두었던 관직. 內史는 정치를, 中尉는 군사를, 太傅는 왕의 보좌를 담당했다. 丞相은 이들 관료를 통솔했다.

사람이 칠십여 명이나 되었다. 여가의 아들들은 모두 왕녀를 아내로 맞아들이고 딸들은 모두 왕자나 왕의 형제 또는 종실로 시집갔으며 창오군(蒼梧郡)의 진왕(秦王)과도 인척간이었다.

남월에서 여가의 권위는 더욱 대단했으며 월나라 사람들은 여가를 믿고 그의 수족이 되어 일하는 사람도 많았다. 민심을 얻고 있다는 점에서는 왕보다도 나은 형편이었다.

왕이 상서하려 할 때 여가는 자주 간하여 중지하도록 했으나 왕이 끝내 듣지 않았다. 여가는 모반할 뜻을 품고 병을 핑계로 한나라 사신과 만나지 않았다. 그래서 사신들도 모두 여가를 경계하게 되었다.

그러나 정세로 보아 그를 주살할 수는 없었다. 왕과 태후는 그들이 선수를 쳐서 반란을 일으키지나 않을까 두려워하였다. 그리하여 주연을 베풀어 한나라 사신의 권세를 빌려 여가 등을 주살하려는 계획을 꾸몄다.

한나라 사신들은 모두 동향하고 태후는 남향하고 왕은 북향하고 승상 여가와 대신들은 모두 서향하여 자리에 앉아 술을 마시기 시작했다. 여가의 아우는 장군으로서 군사들을 이끌고 궁전 밖에 있었다. 주연이 진행되자 태후가 여가에게 물었다.

"남월이 한나라에 복종하는 것은 나라의 이익 때문이다. 그런데 승상은 이롭지 않다고 몹시 못마땅해 하는 것 같은데 그 이유는 무엇인가?"

이렇게 말을 하여 한나라 사신들을 격분시키려 했던 것이다. 그러나 사신은 영문을 몰라 의심하며 머뭇거리고 서로 미루어 아무도 일을 크게 만들려 하지 않았다.

여가는 평소와 다른 분위기라 곧 일어나 밖으로 나가려 했다. 이때 태후가 노하여 여가를 창으로 찌르려 했으나 왕이 태후를 말렸다. 여가는 드디어 밖으로 나가 아우의 병졸 일부를 거느리고 집으로 돌아간 다음 병이라 핑계하고 왕과 한나라 사신들을 만나려 하지 않았다. 그리고 대신들과 반란을 일으키려고 했으나 왕은 처음부터 여가를 주살하려는 생각이 없었고 여가도 그것을 잘 알고 있었기 때문에 몇 달 동안은 문제를 일으키지 않았다.

태후의 음란함 때문에 월나라 사람들은 그녀를 따르지 않았다. 그래서 태후 혼자 힘으로 여가 등을 죽여 없애려고 했지만 힘이 부족하여 불가능했다.

한나라 천자는 여가가 왕의 명령을 듣지 않고 힘이 약한 왕과 태후는 고립되어 있어 여가를 제어할 수 없으며 사신들은 소심하여 결단을 내리지 못한다는 말을 들었으나 왕과 태후가 이미 한나라에 복종한 이상 여가가 홀로 반란을 일으킨다 하더라도 출병까지 하는 일은 없을 것이라고 생각했다. 그래서 장삼(莊參)에게 명해 이천 명을 거느리고 사신으로 가게 했다. 그러자 장삼은,

"친선을 위해 떠나는 것이라면 몇 사람으로도 충분할 것입니다. 토벌을 위해 가는 것이라면 이천 명으로는 아무 소용이 없습니다."

하며 명령을 받들지 않으려 했다. 천자는 장삼을 사신으로 파견하려던 것을 중지했다. 그러자 전에 제북(濟北)의 승상을 지냈던 한천추(韓千秋)가 분발하여 말했다.

"사소한 월나라의 일인 데다가 또 왕과 태후의 내응도 있고 그저 승상 여가만이 화를 일으키려고 하는 것에 지나지 않습니다. 용사 이백 명만 주신다면 여가의 목을 베어 가지고 돌아오겠습니다."

천자는 한천추를 파견하기로 하고 남월 태후의 친정 동생인 규악(樛樂)과 함께 이천 명을 거느리고 떠나게 했다. 한천추 등이 월나라 경계로 들어선 바로 그때 여가 등이 마침내 반란을 일으켰다. 그리고 나라 안에 포고하기를,

"왕은 연소하고 태후는 중국 사람이다. 또 태후는 한나라 사신과 간통

하여 오로지 한나라에만 복종하고 선왕의 보기(寶器)를 모조리 가져다 천자에게 바쳐 아첨하려 한다. 뿐만 아니라 많은 사람들을 장안으로 데리고 가서 팔아 종을 만들고 그 자신은 한때를 모면하는 이익만을 취할 뿐 우리 조씨(趙氏)의 사직을 돌보지 않고 만세의 계획을 세울 생각이 없다."

하며 그의 아우와 함께 군사를 이끌고 왕과 태후와 한나라 사신들을 공격하여 죽였다. 그리고 사신을 보내 인척간이었던 창오(蒼梧)의 진왕(秦王)과 그의 모든 군현에 통고하고 명왕(明王)의 장남으로 월나라 여자가 낳은 아들 술양후(術陽侯) 건덕(建德)을 왕으로 세웠다.

한편 한천추의 군사는 남월로 들어가 몇 개의 작은 고을을 격파했다. 그러나 병력을 증강시킨 남월은 길을 개통하고 식량을 공급하며 한나라 군대를 반우(番禺)에서 사십 리 떨어진 지점까지 유인한 뒤 공격하여 마침내 전멸시켰다.

그리고 사람을 시켜 한나라 사신의 부절을 상자에 넣어 봉한 다음 요새 위에 놓아두고 그럴듯하게 거짓말을 꾸며 사죄를 한 다음 군사를 동원하여 요새를 수비하게 했다. 그래서 천자는,

"비록 군공은 없으나 군의 선봉으로서는 한천추가 제일이다."

하고 한천추의 아들 연년(延年)을 성안후(成安侯)에 봉했다. 또 규악은 그의 누님이 남월왕의 태후였으며 솔선하여 한나라에 귀속을 청해 왔기 때문에 그 아들 광덕(廣德)을 용항후(龍亢侯)에 봉했다. 그렇게 한 뒤에 천자는 다음과 같은 조서를 내렸다.

"《춘추》에서는 천자의 위엄이 미약해져 제후들이 서로 공벌(攻伐)할 때 신하로서 난적을 치지 않는 것을 비난하고 있다. 바야흐로 여가, 건덕 등이 반란을 일으키고 스스로 왕이라 칭하며 태연히 앉아 있다. 따라서 죄인과 장강·회수 이남의 수군 십만에게 명하니 출동하여 이를 토벌하게 하라."

원정 5년 가을, 위위 노박덕은 복파장군(伏波將軍)이 되어 계양(桂陽)에 나아가 회수(匯水)로 내려가고, 주작도위[191] 양복(楊僕)은 누선장군(樓船將軍)이 되어 예장(豫章)에 나가 횡포(橫浦)로 내려가고, 원래 월나라 사람으로 한나라에 항복한 월후(越侯) 두 사람은 과선장군(戈船將軍), 하려장군(下厲將軍)이 되어 영릉(零陵)으로 나가 한 사람은 이수(離水)로 내려가고 또 한 사람은 창오(蒼梧)로 진출했다. 또 치의후(馳義侯 : 월나라 사람으로 한나라에 항복함)에 명하여 파·촉의 죄인들을 모으고 야랑(夜郞)의 군사를 출동시켜 장가강(牂牁江)을 내려가 반우에서 모두 합류하게 했다.

　　원정 6년 겨울, 누선장군은 정예부대를 인솔하여 먼저 심협(尋陜)을 함락시키고 석문(石門)을 격파한 뒤 남월의 배와 식량을 얻어서 다시 전진하여 남월의 예봉을 꺾은 다음, 수만 명을 거느리고 복파장군이 도착하기를 기다렸다.

　　복파장군은 죄수들을 거느리고 있는 데다가 길이 멀어 약속한 기일에 늦었으며 누선장군과 합류했을 때에는 고작 천여 명을 거느리고 있을 뿐이었다. 두 군사는 함께 진군했는데 누선장군이 앞장서서 반우에 먼저 도착했다. 건덕과 여가는 모두 성을 지키고 있었다.

　　누선장군은 동남쪽에 진을 치고 복파장군은 서북쪽에 진을 쳤다. 해가 질 무렵 누선장군이 공격을 하여 남월군을 격파하고 성을 불태웠다. 남월에서는 평소부터 복파장군의 용명(勇名)을 듣고 있었으나 해가 져서 어두울 때라 그 병력의 다과(多寡)를 알지 못했다. 복파장군은 이러한 상황을 이용하여 진영을 펴놓고 항복자를 불러들여 후(侯)의 인장을 준 다음, 다시 그들을 성안으로 보내 항복을 권유하게 했다. 누선장군은 힘껏 공격하

---

191) 列侯를 감독하는 관직.

여 불로 적을 치며 남월의 군사를 복파장군의 진영으로 내몰았다.

이튿날 이른 아침 성안의 군사들은 모두 복파장군에게 항복했다. 그러나 여가와 건덕은 밤새 이미 그들 일당 몇 백 명과 함께 배를 타고 바다로 나가 서쪽으로 도망가고 없었다. 복파장군은 항복해 온 귀인들에게 물어 여가 등이 도망간 곳을 알아낸 뒤 사람을 보내 이를 추격하게 했다.

그 결과 교위 사마소홍(司馬蘇弘)은 건덕을 잡은 공로로 해상후(海常侯)에 봉해졌고 남월의 낭관 도계(都稽)는 여가를 잡은 공로로 임채후(臨蔡侯)에 봉해졌다.

창오왕(蒼梧王) 조광(趙光)은 남월왕과 같은 성(姓)이다. 한나라 군사가 왔다는 소식을 듣자 남월 게양(揭陽) 현령인 정(定)과 함께 고을 사람들을 거느리고 한나라에 귀속했다. 또 남월 계림(桂林) 군감(郡監)인 거옹(居翁)은 구(甌)와 낙(駱) 두 나라를 타일러 한나라에 귀속하게 했다. 이들은 모두 후가 될 수 있었다.

과선장군, 하려장군의 군사와 치의후가 동원시킨 야랑의 군사가 아직 남하하기도 전에 남월은 이미 평정되어 마침내 한나라 9군(郡)이 되었다.

복파장군은 증봉을 받고 누선장군은 그의 군사가 적의 견고한 진지를 함락시킨 공으로 장량후(將梁侯)에 봉해졌다.

남월은 위타가 처음 왕이 되고 나서 5세, 구십삼 년만에 나라가 망했다.

태사공은 말한다.

"위타가 왕이 될 수 있었던 것은 원래 임효의 덕이다. 한나라가 처음으로 평정된 시기를 만나 제후가 된 것이다. 융려후의 군사가 습기로 말미암아 전염병에 걸렸기 때문에 위타는 더욱더 교만해졌다.

구(甌), 낙(駱) 두 나라가 서로 공격하고 있을 때 남월은 흔들리고 있었는데 한나라 군사가 국경에 이르게 되니 영제는 조정에 들게 되었다. 그 뒤

망국의 조짐은 규(樛)씨의 딸로부터 시작되었다.

　여가는 소충(小忠)의 인물로서 위타의 후예를 끊고 말았다. 누선장군은 욕심을 부리며 거만하고 게으름을 피운 탓으로 실패했고 복파장군은 곤궁 속에 빠져도 지혜와 생각을 더함으로써 화를 복으로 바꾸었다. 성공과 실패가 뒤바뀌는 모습은 비유컨대 새끼를 꼬는 것 같다고나 할까?"

제54 동월열전(東越列傳)

 민월왕(閩越王) 무제(無諸)와 월(越)나라 동해왕(東海王) 요(搖)는 다 같이 월왕 구천의 후예로 성은 추씨(騶氏)다.

 진나라가 천하를 통일하자 그들의 왕위를 폐하여 군장(君長)으로 하고 그 땅을 민중군(閩中郡)이라 했다. 그 후 제후들이 진나라를 배반하자 무제와 요는 월나라 사람들을 이끌고 파양(鄱陽) 현령인 오예(吳芮)에게 귀순했다.

 오예는 파군(鄱君)이라 불리던 사람으로 제후들을 따라 진나라를 멸망시켰다. 당시 항적이 제후들에게 명령을 내리고 있었는데, 무제와 요를 왕으로 세우지 않았던 까닭에 그들은 초나라를 따르지 않았다. 한나라가 항적을 치자 무제와 요는 월나라 사람들을 이끌고 한나라를 도왔다.

 한나라 5년, 무제를 다시 민월왕으로 세워 민중군의 옛 땅을 다스리게 하고 동야(東冶)에 도읍하게 했다. 효혜제 3년, 고제 시대의 월나라 공로를 추론하여,

 "민군(閩君) 요는 공로가 많고 백성들이 잘 따랐다."

 고 칭찬하여 요를 동해왕으로 삼고 동구(東甌)에 도읍하게 했다. 세상에서는 이를 동구왕(東甌王)이라고 불렀다.

 그로부터 몇 대 후인 효경제 3년에 오나라 왕 비(濞)가 한나라에 반란을 일으키면서 민월을 따르게 하려고 했다. 그러나 민월은 오나라에 추종하지 않고 동구만이 오나라를 따라 출병하였다. 그러나 오나라가 패하자 동구는 한나라의 현상(懸賞)에 응하여 단도(丹徒)에서 오왕을 죽였다. 그로인하여 한나라에게 죽임을 당하지 않고 모두 귀국할 수 있었다.

 민월로 도망쳐 온 오왕의 아들 자구(子駒)는 동구가 그의 아버지를 죽인

것을 원망하여 늘 민월에게 동구를 치라고 권했다. 건원 3년에 이르러 민월은 군대를 동원하여 동구를 포위했다.

동구는 양식이 떨어져 곤궁한 나머지 항복하기 직전의 상황에 이르러 천자에게 사자를 보내 위급함을 고했다. 천자는 그 일에 대하여 태위[192] 전분(田蚡)에게 물었다. 전분이 삼가 대답했다.

"월나라 사람들이 서로 싸우는 것은 일상다반사로서 한나라에 대해서도 자주 반란을 일으키기도 하고 따르기도 했습니다. 그러니 중국에서 일부러 출병하여 구원할 만한 일은 아닙니다. 진나라 시대부터 월나라는 내버려 둔 채 군이 귀속시키려 하지 않았습니다."

그러자 중대부[193] 장조(莊助)가 전분을 힐책하였다.

"천자의 힘으로도 월나라를 구원할 수 없고 덕으로도 포용할 수 없음을 근심할 뿐입니다. 그것이 정말로 가능하다면 어찌 다스리지 못하는 땅이라 하여 버린단 말입니까? 또 진나라는 함양(咸陽 : 진나라의 國都)까지 천하를 몽땅 버린 것으로 월나라만 버린 것이 아닙니다. 지금 작은 나라가 곤궁에 빠져 천자에게 위급함을 고하러 왔는데 천자께서 구원하지 않으신다면 작은 나라들은 도대체 어디에다 호소해야 합니까? 또 천자께서는 어찌 만국을 아들로 다스린다고 말할 수 있겠습니까?"

이에 천자는,

"태위는 상의할 상대가 되지 못한다. 나는 이제 막 즉위하였을 뿐이니 호부(虎符 : 出兵을 위한 符節)까지 내어 정식으로 군국(郡國)으로부터 군사를 징발할 생각은 없다."

하고 장조를 파견하여 사자의 부절을 내어 주고 회계군(會稽郡)에서 군

---

192) 군사의 최고책임자.
193) 侍從長인 郎中令의 屬官으로 조정에서 의논을 관장했다.

사를 징발하도록 했다. 회계 태수는 호부가 없는 것을 이유로 장조의 명령을 거부하며 군사를 내어 주지 않으려고 했다.

장조는 사마(司馬) 한 사람을 목 베어 죽이고 천자의 뜻이라 타일러 마침내 군사를 동원하여 해상(海上)으로부터 동구를 구원하려 했다. 그런데 아직 도착하기도 전에 민월은 군사를 이끌고 물러갔다. 동구는 온 백성을 이끌고 중국에 이주하기를 청원하여 강(江)과 회(淮) 사이에서 살았다.

건원 6년에 이르러 민월이 남월을 공격했다. 남월은 천자와의 약속을 지켜 멋대로 군사를 동원하여 이들을 치려 하지 않고 천자에게 보고하였다. 천자는 대행(大行)[194] 왕회를 예장(豫章)에서, 대농(大農)[195] 한안국을 회계에서 출격시키게 하고 두 사람을 장군으로 임명했다.

한나라 군사가 미처 대유령(大庾嶺)을 넘기도 전에 민월왕은 군대를 동원하여 험난한 지형을 근거지로 삼아 방비했다. 그러자 왕의 동생인 여선(余善)은 대신과 종실들에게 의논하기를,

"우리 왕은 멋대로 군사를 동원하여 남월을 치고 천자의 지령을 따르지 않았소. 그 때문에 천자의 군사가 우리 나라를 무찌르려고 쳐들어왔소. 한나라 군사는 많을 뿐만 아니라 강하오. 우리가 이번 싸움에 요행히 이긴다할지라도 후에 더 많은 군사가 몰려와 마침내는 우리를 멸망시키고 말 것이오. 지금 왕을 죽여서 천자에게 사죄하고 용서를 받게 되어 공격이 멈추면 우리 나라는 본래대로 안전할 수 있을 것이오. 만약 천자가 사죄를 들어 주지 않는다면 그때 있는 힘을 다하여 싸우고, 이기지 못하면 바다에 있는 섬으로 도망하도록 합시다."

라고 했다. 모두가,

---

194) 정식으로는 大行令. 귀속해 온 이민족을 관리하던 관직.
195) 정식으로는 大農令. 곡물의 가격을 관리하던 관직.

"그렇게 하는 편이 좋겠습니다."

라고 했다. 그래서 왕을 창으로 찔러 죽이고 사자를 보내 그 머리를 대행에게 전하게 했다. 대행은 말하기를,

"우리가 이 먼 곳까지 온 것은 민월왕을 죽이기 위해서였다. 그런데 이제 왕의 머리를 보내서 사죄하니 싸우지 않고도 민월을 함락시킨 것이나 다름없다. 이보다 더 큰 승리는 없다."

하며 군사 행동을 멈추게 하는 한편 대농의 군대에 연락하고 사자에게 명해 민월왕의 머리를 받들고 말을 달려 천자에게 보고하게 했다. 천자는 즉시 조서를 내려 두 장군의 원정을 중지시켰다. 조서에 말하기를,

"영(郢) 등은 원흉이다. 그러나 무제의 손자 요군(繇君) 추(丑)만은 모의에 참여하지 않았다."

라고 하며 낭중장(郎中將)[196]을 사자로 보내 추를 월나라의 요왕(繇王)으로 삼아 민월의 조상 제사를 받들게 했다.

그런데 여선이 영을 죽인 후 그의 위령(威令)이 나라 안에 행해져 백성들 대다수가 그에게 귀속했으므로 여선은 은밀히 자립하여 왕이 되었다. 위세가 약한 요왕은 부하들을 제대로 제어하기가 어려워 정통을 이어갈 수 없었다. 천자는 이 말을 들었으나 여선을 치기 위해 다시 군사를 일으킬 만한 것은 아니라고 생각하여,

"여선은 영과 함께 자주 반란을 꾀했으나 후에는 영을 주살하는 주모자가 됐다. 그렇기 때문에 한나라 군사가 수고할 것도 없이 원정이 끝나게 되었던 것이다."

라고 하며 이에 여선을 동월왕으로 삼아 요왕과 병립시켰다.

원정 5년에 이르러 남월이 모반했다. 동월왕 여선은 천자에게 상서하여

---

196) 侍從武官. 車, 戶, 騎 3將이 있었다.

군사 팔천 명을 이끌고 누선장군을 따라 여가 등을 치겠다고 청했다. 그런데 그의 군대가 게양(揭陽)에 도착하자 바다의 파도가 높다는 구실로 더이상 진군시키지 않고 두 마음을 품어 은밀히 남월에 사자를 보내 내통했다. 그리고 한나라 군대가 반우(番禺)를 격파할 때까지 군대를 전진시키지 않았다.

당시 누선장군 양복(楊僕)은 사자를 파견하여,

"군대를 이끌고 동월을 치게 해 주십시오."

라고 글을 올렸으나 천자는,

"군사들이 지쳐 있다."

하며 허락하지 않고 정벌을 중지시킨 뒤 여러 교위들에게 지시하여 예장군(豫章郡)의 매령(梅嶺)에 주둔시키고 다음 명령을 기다리게 했다.

원정 6년 가을, 여선은 누선장군이 자기를 치겠다고 청원하고 한나라의 군대가 국경에서 당장이라도 출격할 준비가 되어 있다는 말을 듣자 마침내 모반했다. 여선은 군사를 출동시켜 한나라와 통하는 길을 막고 장군 추력(騶力) 등에게 탄한장군(吞漢將軍)이라는 칭호를 주었다. 탄한장군 등은 백사(白沙), 무림(武林), 매령(梅嶺)에 침입하여 한나라 교위 세 명을 죽였다.

당시 한나라는 대농(大農) 장성(張成)과 예전의 산주후(山州侯) 치(齒)를 주둔군의 장군으로 삼았는데 그들은 진격하여 적을 치려 하지 않고 안전한 장소로 퇴각해 버렸다. 그래서 그들을 모두 주살시켰다.

여선은 무제(武帝 : 尉佗)를 본받아 황제의 옥새를 새기고 자립하여 황제라 칭하며 그 백성을 속여 망언을 일삼고는 했다.

천자는 횡해장군(橫海將軍) 한열(韓說)을 파견하여 구장(句章)에서 출격시켜 배를 타고 바다 동쪽에서 나아가게 했다. 또 누선장군 양복(楊僕)을 무림(武林)에서, 중위[197] 왕온서(王溫舒)를 매령(梅嶺)에서 출격시키고 월후(越侯 : 초나라 사람으로 한나라에 항복해 후가 된 사람) 두 명을 과선장군(戈船將軍), 하뢰장군(下懶將軍)으로 임명하여 각기 약아(若邪)와 백사(白沙)에서 출격시켰다.

원봉 원년 겨울, 그들은 모두 동월로 쳐들어갔다. 동월도 미리 군대를 동원하여 험난한 지형에 의거하여 방어하며, 순북장군(徇北將軍)에게 명하여 무림을 지키게 하고 누선장군의 부하 교위 몇 명의 군사를 격파하고 장리(長吏)를 죽였다. 누선장군의 부하 중에 전당(錢唐)의 원종고(轅終古)라는 사람이 있었는데 그가 순북장군을 베어 죽이고 어예후(禦兒侯)로 봉해졌다.

한나라 군대가 아직 출격하기 전의 일이다. 전 월나라의 연후(衍侯) 오양(吳陽)이 이전부터 한나라에 와 있었으므로 오양을 월나라에 귀국시켜 여선을 타이르게 했다. 그러나 여선은 듣지 않았다. 횡해장군이 먼저 도착하니 월나라의 연후 오양은 자기 영읍의 칠백 명을 거느리고 여선을 배반하여 한양(漢陽)에서 월나라 군사를 공격했다. 그리고 건성후(建成侯) 오(敖)를 따라 부하 병졸과 함께 요왕 거고(居股)의 밑으로 들어와 모의하기를,

"여선은 원흉으로서 나의 부하들을 위협하고 있습니다. 지금 한나라 군사가 도착했는데 그 수가 많을 뿐 아니라 강합니다. 생각해 보니 여선을 죽이고 한나라의 여러 장군에게 귀순하면 요행히 멸망은 면할 수도 있을 것입니다."

라고 했다. 그래서 모두 힘을 합쳐 여선을 죽이고 그 부하들을 이끌고 횡해장군에게 항복했다. 그로 인해 한나라는 요왕 거고를 봉하여 동성후(東成侯)라 하고 일만 호를 내렸으며, 건성후 오를 봉하여 개릉후(開陵侯)라

---

197) 國都의 치안을 맡아보던 관직.

하고 월나라의 연후 오양을 봉하여 북석후(北石侯)라 했다.

또 횡해장군 한열을 봉하여 안도후(案道侯)라 하고 횡해교위(橫海校尉) 복(福)을 봉하여 요앵후(繚罃侯)라 했다. 복은 성양(成陽) 공왕(共王)의 아들로 원래는 해상후(海常侯)였는데 법에 저촉되어 후의 지위를 잃었다. 그는 다시 분기하여 종군했으나 군공은 없었다. 그러나 종실과의 연고로 후에 봉해졌다. 그 밖의 여러 장군들은 모두 군공이 없어 후로 봉해지지 못했다.

동월의 장군 다군(多軍)은 한나라 군사가 쳐들어오자 그의 군대를 버리고 항복했으므로 무석후(無錫侯)로 봉해졌다. 이에 천자는,

"동월은 토지가 좁고 험난한 곳이 많으며, 민월은 백성들이 모질고 사나워 자주 변덕을 부린다."

고 말하며 군리에게 조서를 내려 그 땅의 백성들을 모두 강(江)과 회(淮) 사이로 이주시켰다. 그래서 동월 땅은 사람이 살지 않는 땅이 되고 말았다.

태사공은 말한다.

"월나라는 비록 만이의 나라이기는 하나 그 선조가 일찍이 백성들에게 커다란 공덕을 베풀었던 것일까? 어찌 그렇게 오래도록 나라를 유지할 수 있었을까? 몇 대에 걸쳐 군왕의 자리를 누려 왔고 그중 한 사람인 구천은 한 차례 패자라고 일컬어지기도 했다. 그러나 여선은 지극히 대역무도한 사람이어서 나라를 멸망시키고 백성을 중국에 옮겨 살게 했다. 그런데도 같은 조상의 자손인 요왕(繇王) 거고(居股) 등은 그 뒤에도 여전히 만호후(萬戶侯)에 봉해졌다.

이 일로 미루어 보건대 월나라가 대대로 공후(公侯)가 된 것은 그들의 먼 조상이라는 하나라 우왕이 후세에 남긴 공덕이 컸기 때문임을 알게 된다."

제55 조선열전(朝鮮列傳)

조선왕(朝鮮王) 만(滿 : 衛滿)은 원래 연(燕)나라 사람이다. 연나라는 일찍이 진(秦)나라에 멸망당하기 이전 전성시대에 진번(眞番 : 郡名으로 압록강 서쪽의 吉林省 남부부터 北韓에 걸친 땅), 조선을 공략하여 복속시키고 관리를 두어 요새를 쌓았다.

진나라가 연나라를 멸망시켰을 때 조선은 요동의 국경 밖에 속했다. 그후 한나라가 흥성했는데 조선은 먼 곳에 있어서 지키기 어려웠다. 그래서 한나라는 요동의 요새를 수축(修築)하고 패수(浿水)까지만 경계로 삼아 연나라에 소속시켰다.

연(燕)나라 왕 노관(盧綰)이 한나라를 배신하고 흉노로 도망쳤을 때 위만도 연나라에서 망명하여 천여 명의 도당을 모아 머리를 쇠뭉치 모양으로 틀고 오랑캐 복장을 한 후 동쪽의 요새선 밖으로 달아나 패수를 건넜다. 위만은 진나라 시대의 빈 땅에 백성을 정착시키고 한나라 요새 부근을 왕래하면서 공략하고는 했다. 그리고 점차로 진번과 조선의 만이와 예전의 연나라와 제나라에서 온 망명자들을 부하로 삼아 그들의 왕이 되었으며 왕검(王儉 : 平壤)에 도읍을 정했다.

효혜제와 고후 시대에 이르러 천하가 겨우 안정되자 요동의 태수는 다음과 같이 위만과 약정했다.

"조선은 한나라의 외신(外臣)이 되어 요새 밖의 만이를 다스려 제어하고 변경에서 약탈을 하지 못하게 하라. 또 여러 만이의 군장이 입조하여 천자께 알현하기를 원할 때 이를 금지해서는 안 된다."

태수는 이를 천자에게 보고하고 천자는 이를 허락하였다. 그로 인하여 위만은 병력과 재물을 얻고 부근의 작은 읍을 침략하여 항복받았다. 진번,

임둔(臨屯 : 朝鮮 안의 작은 나라로 후에 한나라 郡이 되었음) 등이 모두 복속하여 위만의 영역은 사방 수천 리에 미쳤다.

왕위가 아들에 전해지고 손자 우거(右渠)에 이르자 유혹을 받아 한나라에서 망명해 온 자들이 더욱 많아졌다. 그런데 조선의 왕은 한 번도 입조해 천자를 알현한 적이 없었다. 뿐만 아니라 천자에게 알현하기를 바라더라도 진번 부근의 여러 나라가 상서하여 이를 말리며 한나라에 주선해 주지를 않았다.

원봉 2년, 한나라는 섭하(涉河)를 조선에 사자로 보내 우거를 꾸짖고 달래 보았으나 우거는 끝내 조서를 받으려 하지 않았다. 섭하는 돌아오는 도중 국경 부근 패수(浿水)에 이르자 수레를 모는 자에게 명해 자기를 전송하기 위해 따라 나온 조선의 비왕장(裨王長 : 裨王은 작은 왕이라는 뜻이고 長은 그의 이름)을 찔러 죽였다. 그리고 곧 패수를 건너 수레를 달려 요새로 들어갔다. 그는 귀환하여 천자에게,

"조선의 장수를 찔러 죽였습니다."

하고 보고했다. 그 보고를 듣자 천자는 기분이 좋아서 섭하를 책망하지 않고 그를 요동의 동부도위(東部都尉)[198]로 임명했다. 조선은 섭하를 원망하여 군대를 출동시켜 섭하를 습격해 죽였다. 그러자 천자는 죄수로 이루어진 군사를 모아 조선을 쳤다.

그 해 가을, 누선장군 양복을 파견했다. 누선장군은 오만 명의 병력으로 제나라에서 발해까지 바닷길로 쳐들어갔다. 또 좌장군 순체(荀彘)에게 요동에서 출격하도록 명하여 함께 우거를 토벌하도록 했다. 우거도 군대를 출동시켜 험난한 곳에서 방어했다.

좌장군 졸정(卒正 : 隊長) 다(多)는 요동의 군사를 거느리고 선봉이 되어

---

198) 遼東郡 동부의 군사책임자.

진격했으나 격파되어 군사들이 뿔뿔이 흩어져 달아났다. 다(多)는 도망쳐 돌아왔으나 군법에 의해 참형에 처해졌다. 누선장군은 제나라 군사 칠천 명을 이끌고 먼저 왕검에 이르렀다.

우거는 성을 굳게 지키고 있었는데 누선장군의 군사가 적다는 정보를 듣자 즉시 성을 나와서 누선장군을 공격했다. 누선장군의 군대는 격파되어 뿔뿔이 흩어져 도망쳤다. 장군 양복은 군사를 잃고 십여 일 동안 산속에 숨어 있다가 겨우 패잔병을 모아 다시 군대를 조직했다. 좌장군은 조선 패수 서쪽의 군사를 공격했으나 격파하지 못하여 전진할 수 없었다.

천자는 두 장군의 전투가 불리한 것을 보고 위산(衛山)을 사자로 보내 병력을 과시하여 우거가 항복하도록 타이르게 했다. 우거는 사자를 인견하고 머리를 조아리며,

"항복하려고 했습니다만 두 장군이 나를 속이고 죽이지나 않을까 두려웠습니다. 이제 천자께서 보낸 사자라는 증거로 부절을 보았으니 어떻게든 항복할 수 있게 해 주십시오."

라고 사과하며 태자에게 한나라에 입조하여 사죄하게 하고 말 오천 필과 군량을 바치기로 했다. 이에 태자를 따르는 일만여 명의 군대가 무기를 가진 채 패수를 막 건너려고 할 때였다. 한나라 사자와 좌장군은 그들이 변을 일으키지나 않을까 의심하여 태자에게 말했다.

"이미 항복을 하였으니 군사들에게 무기를 지니지 말라고 명을 내리십시오."

그런데 태자는 한나라의 사자와 좌장군이 자기를 속이고 죽이지 않을까 의심하여 결국 패수를 건너지 않고 부대를 이끌고 돌아가 버렸다. 위산이 귀환하여 이 사실을 천자에게 보고하자 천자는 위산을 목 베어 죽이고 말았다.

그 후 좌장군은 패수 근방의 조선군을 격파하고 전진하여 왕검성 아래

에 도착하자 그 서북쪽을 포위했다. 누선장군도 군대를 보내 왕검성 아래에서 합류하여 그 남쪽에 진을 쳤다. 우거는 끝까지 성에 틀어박혀 굳게 지켰다. 그 때문에 몇 개월이 지나도 성을 함락시킬 수 없었다.

좌장군은 원래 궁중에서 천자를 모셔 총애를 받던 인물로 연(燕)과 대(代)의 굳세고 사나운 병졸을 거느리고 있었는데 그의 군중은 교만에 차 있었다. 누선장군은 제나라 병졸을 거느리고 바닷길로 조선 땅에 왔던 터라 이미 많은 군사를 잃었다. 즉 앞서 우거와 싸울 때도 고전하여 욕을 보았고 많은 군사를 잃어 병졸들은 모두 마음속으로 두려워하고 장수는 부끄러워하였다. 그래서 우거를 포위하면서도 화친할 것만 바라고 있었다.

이럴 때 좌장군이 왕검성을 급습하려 하는데 조선의 대신들은 첩자를 풀어 한나라 군사의 내막을 탐지하고 사자를 보내 누선장군에게 항복할 것을 약속하게 했다. 그런데 사자가 왕래하면서 교섭하였으나 이렇다 할 결정은 못 내리고 있었다.

좌장군은 누선장군과 공동 작전을 펴려 했으나 누선장군은 조선의 항복을 받아내려는 욕심에 좌장군을 만나지 않았다. 좌장군도 사람을 보내 조선을 항복시키려 했으나 조선은 이를 듣지 않고 누선장군에게만 마음을 기울이고 있었다. 그로 인하여 두 장군은 서로 화합하지 못했다. 좌장군은 마음속으로,

"누선장군은 전에 군사를 잃은 죄가 있다. 그래서 이제는 조선을 항복시키려 하지 않고 은밀히 친선하려 한다."

하고 의심했다. 또 누선장군에게 모반의 계획이 있는 것은 아닌가 의심했으나 그 말을 입 밖에 내지는 않았다. 그때 천자가,

"두 장군들이 진격하지 못하므로 위산으로 하여금 우거를 타일러 항복하도록 설득하니 우거는 태자를 한나라에 보내려고 했다. 그런데 위산은 사자로서 전결 능력이 없었기 때문에 좌장군과 의논하여 서로 일을 그르

치고 결국에는 항복의 약속마저 깨고 말았다. 게다가 두 장군이 왕검성을 포위하고 있으나 그 마음은 갈라져 화합하지 않는다. 그러므로 지금까지 해결을 보지 못하고 있는 것이다."

라고 말하며 제남(濟南) 태수 공손수(公孫遂)를 파견하여 사태를 바로 잡고 임의로 일을 처리하게 했다. 공손수가 도착하자 좌장군은,

"벌써 항복했을 조선이 이제껏 항복하지 않는 데에는 사정이 있습니다."

하고 누선장군이 약속은 자주 하면서도 회동하지 않았던 것을 말한 후 전부터 의심하던 점을 공손수에게 자세히 고했다.

"지금 이런 사태를 수습하지 않으면 필시 큰 변이 일어날 것입니다. 누선장군의 군대가 조선의 것이 될 뿐만 아니라 조선과 힘을 합쳐 우리 군대까지 멸하려 할 것입니다."

공손수가 그에 동조하여 사자의 부절을 가지고 누선장군을 불렀다. 그리고 좌장군의 군영에서 회담하는 것처럼 꾸미고 나서 누선장군이 오자 좌장군 부하에게 명해 체포하게 했다. 그런 뒤에 누선장군의 군대를 좌장군의 군대와 합치고 그 사유를 천자에게 보고했다. 그러나 천자는 공손수를 주살했다.

좌장군은 자기의 군대와 누선장군의 군대를 합치자 곧 조선을 급습했다. 조선의 대신(大臣) 노인(路人), 한음(韓陰)과 이계(尼谿 : 지명)의 대신 삼(參), 장군 왕협(王唊) 등은 상의하기를,

"처음에는 누선장군과 친선하려 했으나 이제 그는 체포된 몸이오. 좌장군 혼자서 양군을 병합하여 싸움은 점점 급박해졌소. 우리 군대는 필시 한나라 군대에 대항해 싸울 수는 없을 것이고 우리 왕 또한 결코 항복하지 않을 것이오."

하며 한음, 노인, 왕협 등은 모두 도망하여 한나라에 항복했는데 노인은 도중에 죽었다. 원봉 3년 여름, 이계의 대신 삼(參)은 사람을 보내 조선왕

우거를 죽이고 한나라에 항복했다.

그러나 왕검성은 아직 함락시키지 못했으며 우거의 대신이었던 성이(成已)가 배반하여 다시 한나라의 군리를 공격했다. 그래서 좌장군은 우거의 아들 장항(長降)과 노인의 아들 최(最)에게 명하여 백성들을 달래게 하고 성이를 주살했다. 이렇게 하여 마침내 조선을 평정하고 사군(四郡 : 眞番, 臨屯, 樂浪, 玄菟)를 설치했다.

삼(參)을 봉하여 획청후(澅淸侯)로 하고 한음을 적저후(荻苴侯)로, 왕협을 평주후(平州侯)로, 그리고 장항(長降)을 기후(幾侯)로 봉했다. 또 최는 아버지 노인이 죽고 공적이 있다 하여 열양후(涅陽侯)로 봉해졌다.

좌장군은 국도에 불려와서는 공을 다투고 질투하며 계책을 어긋나게 했다는 죄로 기시(棄市 : 사형에 처해 시체를 내거는 것)의 형에 처해졌다.

누선장군도 그 군대가 열구(洌口 : 朝鮮의 국도 서남으로 樓船將軍이 渤海를 건너 상륙하여 먼저 점거했던 땅)에 도착했을 때 당연히 좌장군의 도착을 기다려야 했는데도 제멋대로 진군하여 수많은 군사를 잃은 죄로 주살에 해당했으나 속죄금을 바치고 서민이 되었다.

태사공은 말한다.

"우거는 요새지의 견고한 점만 믿었기 때문에 나라는 멸망하고 조상의 제사를 끊어지게 했다. 섭하는 공을 속여 전란의 발단이 되게 하였다.

누선장군은 적은 군사를 이끌고 곤란을 겪다가 견책을 받았으며 예전에 반우에서 본 실패를 뉘우치다 오히려 의심을 받았다. 좌장군 순체는 공로를 다투다가 공손수와 함께 주살당했다. 누선장군과 좌장군은 모두 치욕을 입었으므로 부하 장군 역시 후에 봉해진 사람은 없었다."

제56 서남이열전(西南夷列傳)

서남이(西南夷 : 蜀 남쪽의 夷狄)는 군장(君長)의 나라 수십 개로 나뉘어 있었는데 그중 야랑(夜郎)이 가장 컸다. 그 서쪽은 미막(靡莫)의 무리들로서 수십 개의 소국으로 나뉘어 있는데 전(滇)이 가장 컸다. 전으로부터 북쪽에 수십 개의 군장(君長) 나라 중에서는 공도(邛都)가 가장 컸다. 이들은 모두 머리를 쇠뭉치 모양으로 묶고 밭을 갈며 촌락을 이루어 살았다.

그 밖에 서쪽 동사(同師)로부터 동쪽과 북쪽으로 접유(楪楡)에 이르기까지를 수(嶲)·곤명(昆明)이라 하였는데 이들은 모두 변발(辮髮)을 하고 가축과 함께 옮겨 다니며 한곳에 주거를 정하지 않고 군장도 없으나 그 땅은 사방 수천 리에 미치고 있었다.

수에서 동북쪽으로도 군장이 다스리는 나라가 수십 개 있는데 그중 사(徙)와 작도(筰都)가 가장 컸다. 작도의 동북쪽에도 군장의 나라가 수십 개가 있는데 염(冄)과 방(駹)의 종족이 제일 컸다. 그들은 한곳에 머물기도 하고 혹은 이동하면서 사는 것이 풍속이었는데 모두 촉의 서쪽에 거주하였다.

그 위에 염과 방의 동북쪽에도 군장의 나라가 수십 개나 있는데 백마(白馬) 종족이 제일 컸으며 모두 저족(氐族 : 티베트계의 종족)에 속했다. 이상은 모두 파와 촉의 서남쪽 외변에 살고 있는 만이들이다.[199]

처음 초나라 위왕(威王) 시대에는 장군 장교(莊蹻)에게 명하여 병사들을 이끌고 양자강 연안을 거슬러 올라가 파군(巴郡)과 검중군(黔中郡) 서쪽

---

199) 이상의 여러 지역은 지금의 貴州省, 雲南省 및 四川省의 奧地에 해당한다.

을 공략하게 하였다. 장각은 원래 초나라 장왕(莊王)의 후예였다. 장각은 전지(滇地 : 호수 이름)까지 갔는데 그 넓이는 사방 삼백 리에 이르고 일대의 비옥한 평야는 수천 리나 이어져 있었다.

장각은 병력으로 그 땅을 평정하여 초나라에 귀속시킨 다음 돌아가 보고하려고 하였다. 그런데 때마침 진(秦)나라가 초나라를 공격하여 파군과 검중군을 빼앗았으므로 길이 막혀 지나갈 수 없었다. 장각은 되돌아가 부하들을 거느리고 전(滇)의 왕이 되었다. 당시의 복장을 바꾸어 그곳 백성들 풍속에 따랐으며 그들의 군장이 된 것이다.

진나라 시대에 상안(常頞)이 이 지방을 공략해 다섯 자 폭의 길을 만들고 진나라의 관리를 여럿 두어 통치하였으나 그 후 십여 년 만에 진나라는 멸망하였다.

한나라가 일어나 한실은 이들 여러 나라를 모두 포기하고 촉의 본디 요새를 부활하여 경계로 한 다음 교통을 끊었다. 그런데 파·촉의 백성 중에 몰래 요새의 경계선을 나와 장사를 하는 자들이 있어 작(筰)의 말과 북(僰 : 四川省 西夷의 일족)의 노비와 모(髦 : 雲南省 西夷의 일족)의 소를 가져왔으므로 파·촉은 부유하고 활기를 띠었다.

건원 6년, 대행[200] 왕회(王恢)가 동월을 쳤다. 동월은 그들의 왕 영(郢)을 죽이고 사죄하였다. 왕회는 다시 군사의 위력을 가지고 파양(番陽) 현령인 당몽(唐蒙)을 파견하여 넌지시 남월을 귀순하도록 회유하게 하였다. 이때 남월은 당몽에게 촉의 구장(枸醬 : 구기자 열매로 만든 된장)을 먹였다. 당몽이 그 산지(産地)를 묻자,

"서북쪽의 장가강(牂牁江)을 거쳐서 가져온 것입니다. 장가강은 강폭이 몇 리나 되는데 반우(番禺)의 성 아래로 흘러 들어옵니다."

---

200) 귀순해 온 이민족을 관리하던 관직.

라고 대답하였다. 당몽은 장안에 돌아와 촉나라의 상인에게 그 사실을 물었다. 촉의 상인이 말하기를,

"구장은 촉나라에서만 나는 특산품입니다. 많은 사람들이 그것을 몰래 가지고 나와 야랑에서 팔아넘기는 것입니다. 야랑은 장가강에 연하여 있는데 강폭이 백 보 남짓하여 배로 건널 수 있습니다. 남월은 재물로 야랑을 복속시키고 그 위 서쪽에 있는 동사(同師)까지 세력을 미치고 있으나 아직 신하로 복속시킬 수는 없을 것입니다."

라고 하였다. 그래서 당몽은 천자에게 상서하였다.

"남월왕은 천자의 제도를 써 황옥(黃屋)에 타고 좌독(左纛)을 세우고 있으며(황옥은 황색 비단을 사용한 천자의 수레. 좌독은 천자의 수레 왼쪽에 세우는 털이 긴 소의 꼬리로 만든 기) 그 토지는 동서로 일만여 리에 달합니다. 명목은 우리 외신이지만 실은 한 주(州)의 군주입니다.

지금 장사(長沙)와 예장(豫章)의 병사를 이끌고 토벌하려고 해도 물길이 끊어지는 곳이 많아서 진군하기가 매우 어렵습니다. 그런데 은밀히 들은 바로는 야랑에서는 정예병 십만 여를 동원할 수 있다고 합니다. 그들을 이끌고 장가강에 배를 띄워 불시에 남월을 습격하는 것도 그들을 제압하는 한 기책입니다. 진실로 한나라의 강대함과 파·촉의 풍요함을 가지고 있으면 야랑으로 통하는 길을 열고 그곳을 통치하기 위한 관리를 둘 수 있습니다."

이 말을 들은 천자는 남월을 토벌하는 일을 허락하고 당몽을 낭중장[201]에 임명하였다. 당몽은 군사 만여 명과 양곡을 보급하는 군부(軍夫) 천 명을 이끌고 파(巴)의 부관(符關)에서 야랑의 땅으로 들어가 마침내 야랑후(夜郎侯) 다동(多同)과 회견하였다. 그리고 다동에게 후한 선물과 함께 천

---

201) 侍從武官. 자세히 말하면 車將, 戶將, 騎將의 세 將이 있고 다 같이 봉록은 比 천 석.

자의 위세와 덕을 알렸으며 그곳을 통치하기 위한 한나라의 관리를 두기로 약속하고 그 땅을 한나라 현으로 취급하여 다동의 아들을 현령으로 임명했다.

야랑 부근의 소읍은 모두 한나라의 비단을 탐내어 '이곳까지 이르는 길은 험난하기 때문에 한나라는 이 땅을 그렇게 오랫동안 보유하지는 못할 것이다.' 생각하고 당분간 당몽의 약속에 따르기로 했던 것이다. 당몽이 귀국하여 보고하니 한나라는 그 땅을 건위군(犍爲郡)으로 하고 파·촉의 병졸을 징발하여 도로를 만들어 북도(僰道)에서 장가강까지 길을 열려고 하였다.

촉나라 사람 사마상여(司馬相如)도 서이의 공(邛)과 작(筰)의 땅에 군(郡)을 둘 것을 진언했다. 그래서 사마상여를 낭중장에 임명하고 서이를 교화하여 한나라에 복속하도록 잘 타이르게 하였다. 그 결과 서이도 남이와 마찬가지로 통치를 위해 한나라의 도위(都尉)[202]를 두고 십여 현을 설치하여 촉군에 귀속시켰다.

당시 파·촉의 4군(四郡 : 漢中, 巴, 廣漢, 蜀)은 서남이에 이르는 길을 닦으려고 병사를 보내어 국경을 수비하고 양식을 날랐다. 그러나 몇 년이 지나도 길은 완공되지 않았으며 사졸들은 지치고 굶주린 데다 습기에 상하여 죽는 자가 매우 많았다. 게다가 서남이는 자주 모반하였기에 병사를 동원해 이를 공격하였으나 소모만 많을 뿐 효과는 없었다.

이 일을 우려한 천자는 공손홍에게 명하여 시찰하게 하였다. 공손홍은 돌아와서 그곳에 길을 닦는 일이 유익하지 못하다고 보고했다. 공손홍이 어사대부[203]가 되자 때마침 한나라는 삭방군(朔方郡 : 내몽고 올더스의 땅)

---

202) 郡의 군사, 치안을 맡았다. 녹봉은 比 이천 석.
203) 副丞相에 해당하며 관리의 감독, 탄핵 등이 그 직무. 봉록 일만 석.

에 요새를 쌓고 황하를 근거지로 하여 흉노를 몰아내려던 차였으므로 공손홍은 서남이를 공략하려는 일이 유해하다는 것을 주장하여,

"서남이를 치는 것은 당분간 중지하고 오로지 흉노에게 힘을 기울이는 것이 좋을 것입니다."

하고 진언하였다. 이에 천자는 서이의 공략을 중지하고 단지 남이(南夷)와 야랑(夜郎) 두 현에 한 명의 도위를 두고 건위군은 자력으로 통치할 수 있도록 하였다.

원수 원년에 이르러 박망후(博望侯) 장건(張騫)이 대하(大夏)에 사자로 갔다가 돌아와서 말하기를,

"대하에 있었을 때 촉의 베와 공(邛)의 죽장(竹杖)을 보았습니다. 어디에서 가져온 것이냐고 물었더니 '동남쪽 신독국(身毒國 : 印度)에서 가져온 물건이다. 수천 리나 먼 곳에 있는 신독국에서 온 촉의 상인에게서 샀다.'고 하였습니다. 신독국은 공(邛)의 서쪽으로 이천 리쯤 되는 곳에 있다고 들었습니다."

라고 하였다. 이에 계속하여 주장하기를,

"한나라 서남쪽에 있는 대하는 중국을 흠모하고 있으나 흉노가 한나라로 가는 길을 끊었기 때문에 애를 태우고 있습니다. 진실로 촉과 신독국을 교통시킬 수 있다면 길은 가까워지고 편리하여 이익은 있어도 해는 없을 것입니다."

하였다. 그래서 천자는 왕연우(王然于), 백시창(柏始昌), 여월인(呂越人) 등을 사자로 보내 서이에서 서쪽으로 나아가 은밀히 신독국을 찾아보게 하였다. 사자들이 전에 도착하니 전왕(滇王) 상강(嘗羌)은 그들을 위해 십여 명의 사람을 서쪽으로 보내 길을 찾도록 하였다. 1년여나 걸렸건만 길은 곤명(昆明)에 의해 폐쇄되어 신독국으로 통하는 길이 없다고 하였다.

전왕은 한나라의 사자와 이야기를 나누다가,

"한나라와 우리 나라 중 어느 쪽이 더 큰가?"

라고 물었고 야랑후도 똑같은 질문을 하였다. 길이 통하지 않았기 때문에 전왕이나 야랑후 모두 스스로 한 주(州)의 군주라고 생각하였으며 한나라의 광대함을 몰랐던 것이다.

한나라 사자들이 돌아와 열심히 주장하기를,

"전은 큰 나라입니다. 그들을 우리와 친하게 할 가치는 충분히 있습니다."

하였으므로 천자는 전에 관심을 가지게 되었다.

남월이 반란을 일으켰을 때 천자는 치의후(馳義侯)를 사자로 보내 건위군에서 남이의 병사를 징발하게 하였다. 그런데 저란(且蘭 : 南夷의 나라 이름)의 군주는 자기 나라의 군대가 멀리 가게 되면 그 틈을 타서 이웃 나라에서 쳐들어와 노약자들을 사로잡아 가는 것은 아닌가 두려워 부족과 함께 배반하여 한나라의 사자 치의후와 건위군의 태수를 죽였다.

그래서 한나라는 파·촉의 죄수들로서 남월을 치겠다고 하는 자들과 8명의 교위[204]를 출동시켜 남월을 쳐부수려고 하였다. 그런데 남월이 마침 패한 후였으므로 한나라 8명의 교위들은 남월로 내려가지 않고 곧바로 병사들을 이끌고 돌아와 두란(頭蘭 : 南夷의 나라 이름)을 토벌하러 나섰다. 두란은 전으로 가는 길을 끊고 있던 나라였는데 두란을 평정한 후 마침내 남이도 평정하고 그곳을 장가군으로 하였다.

처음에 야랑후(夜郞侯)는 남월을 의지하고 있었는데 남월이 멸망하자 한나라 밑으로 들어왔다. 그리고 한나라를 배반한 나라들을 무찌르고 마

---

204) 부대장 또는 사단장.
205) 楚나라 국왕의 선조는 文王의 스승이었다는 전설이 있다.

침내 한나라에 입조하게 되었다. 천자는 이를 야랑왕(夜郎王)으로 삼았다.

남월이 격파된 후 한나라가 저란과 공의 군장을 주살하고 또 작후(筰侯)도 죽이자 염·방 등은 두려워 떨며 스스로 한나라의 신하가 되었으며 관리를 두어 달라고 청원하였다. 그리하여 공도(邛都)를 월수군(越嶲郡)이라 하고 작도(筰都)를 침려군(沈犂郡), 염·방을 문산군(汶山郡), 광한(廣漢) 서쪽의 백마(白馬)를 무도군(武都郡)이라 하였다.

또 천자는 왕연우(王然于)에게 명하기를 월나라를 격파하고 남이를 주멸한 한나라 군사의 위세를 과시하여 은근히 전왕을 타일러 한나라에 입조케 했다. 그러나 전왕에게는 수만 명의 백성이 있었고 또 가까이 동북쪽에는 노침(勞浸)·미막(靡莫 : 모두 작은 나라)이 있었는데 모두 동성(同姓)으로서 서로 돕는 터였으므로 입조할 것을 받아들이지 않았다. 노침·미막은 한나라의 사자와 이졸들에게 자주 폭행을 하였다.

원봉 2년, 천자는 파·촉의 군사를 동원하여 노침과 미막을 무찌르고 군사를 이끌어 전에 이르렀다. 그런데 전왕이 항상 한나라에 호의를 가지고 있었으므로 그를 주살하지는 않았다. 전왕은 서남이에서 떠나 나라를 바쳐 항복하고 한나라의 관리를 두어 줄 것과 입조할 것을 청원하였다. 그래서 그 땅을 익주군(益州郡)으로 하고 전왕에게 왕의 도장을 내려 그 백성의 군장으로 삼았다.

서남이 군장의 수는 수백 개나 되지만 그 가운데 단지 야랑과 전만이 왕의 인장을 받았다. 전은 작은 나라였지만 한나라에게 가장 많은 존경과 총애를 받았다.

태사공은 말한다.

"초나라의 선조는 하늘의 복록을 받았던 것일까? 주나라 때에는 문왕의 스승[205]이 되어 초나라에 봉해졌다. (鬻熊과 그의 증손熊繹의 故事) 주나

라가 쇠했을 때에는 땅이 오천 리라고 일컬어졌다. 진나라가 제후들을 멸
망시켰을 때에도 초나라의 후예만은 전왕(滇王)으로 남았다. 한나라가 서
남이를 무찔렀을 때에도 수많은 나라가 멸망하였지만 오직 전(塡)만이 다
시 한나라 천자의 총애 받는 왕이 되었다.

  그런데 남이 사건의 발단은 당몽이 반우에서 구장(枸醬)을 보았기 때문
이며, 대하 사건의 발단은 장건이 공(邛)의 죽장(竹杖)을 보았기 때문이다.
서이는 후에 분할되어 서(西)와 남(南) 두 갈래로 나뉘고 끝내는 일곱 군
(郡)이 되었다."

제57 사마상여열전(司馬相如列傳)

사마상여(司馬相如)는 촉군(蜀郡)의 성도(成都) 사람으로 자는 장경(長卿)이라고 했다. 어렸을 때 글 읽기를 좋아하고 격검(擊劍)을 배웠으므로 그의 부친은 그를 견자(犬子)라고 불렀다.[206]

그는 학업을 마치자 인상여(藺相如 : 廉頗)의 사람됨을 흠모하여 이름을 상여라고 고쳤다. 재물을 바쳐 낭관에 임명되고 효경제를 섬겨 무기상시(武騎常侍)[207]가 되었으나 이것은 사마상여에게 달갑지 않은 직책이었다. 그렇지만 효경제가 사부(辭賦)[208]를 좋아하지 않았으므로 어쩔 수 없이 봉직했던 것이다.

이 무렵 양(梁)나라 효왕(孝王)이 내조(來朝)했는데 유세객인 제나라 사람 추양(鄒陽), 회음(淮陰)의 매승(枚乘), 오나라의 장기 선생(莊忌先生)[209] 등을 데리고 왔다. 그들을 만나 본 사마상여는 마음이 끌리어 병이라 칭하고 사직한 다음 양나라로 유력(遊歷)했다. 양나라의 효왕은 사마상여를 학자들과 같은 숙소에 머무르게 했다. 사마상여는 여러 학자 및 유세객들

---

206) '劍' 과 '犬' 은 近似音이다. 또 '犬子' 라는 것은 검술을 수업할 수 있을 만큼 자란 뒤에 붙여 준 애칭의 성격을 띤 이름이라 할 수 있다.

207) ≪漢書≫ 百官公卿表에는 보이지 않는 관직이다. 단 ≪史記≫와 ≪漢書≫의 司馬相如와 李廣의 傳 및 注에 따르면 천자를 호위하는 騎馬武官으로 수렵 때 맹수와 격투하는 일도 있었다고 한다. 文帝와 武帝 시대에 있었다가 나중에 폐지된 관직일 것이다.

208) 楚辭의 계승 또는 그 발전이라고 할 수 있는 賦와 함께 하나의 문학 양식이다. 경우에 따라서는 賦만을 가리킬 때도 있다. 다음에 나오는 ≪天子游獵賦≫는 賦의 전형이라 할 수 있다.

209) 모두 당시 저명한 賦의 작자이다.

210) ≪子虛之賦≫. 상여에게는 또 한 편의 ⟨子虛賦⟩가 있는데 그것은 그의 작품 ⟨天子游獵賦⟩를 후세인이 둘로 분할하여 전반을 ⟨子虛賦⟩, 후반을 ⟨上林賦⟩라 한 것이며 여기서 말하는 ⟨子虛之賦⟩와는 별개의 것이다. ⟨子虛之賦⟩는 완결편 한 편의 賦이며 ⟨子虛賦⟩는 ⟨天子游獵賦⟩의 전반부일 따름이다. 또 ⟨子虛之賦⟩를 간혹 ⟨子虛賦⟩라 하기도 하는데 그것은 ⟨子虛之賦⟩를 略記한 것이다.

과 수년 동안 같이 지내면서 〈자허지부(子虛之賦)〉[210]를 지었다.

때마침 양나라 효왕이 죽자 사마상여는 고향으로 돌아왔다. 그렇지만 오랜 기간을 유력하여 집안은 가난해져 있었고 자활할 생업도 없었다. 사마상여는 원래 임공(臨邛) 현령인 왕길(王吉)과 친했는데 그가 말하기를,

"장경이 벼슬을 구하기 위해 고향을 떠났는데도 뜻을 이루지 못했다니 참으로 안타깝소. 나에게 와서 지내길 바라오."

했다. 사마상여는 그를 찾아가 임공 성하(城下)의 역정(驛亭)에 숙박하게 되었다. 임공 현령은 공손한 태도로 매일같이 사마상여에게 문안했다. 사마상여는 처음 며칠은 만나 보았으나 나중에는 병이라 칭하며 종자를 시켜 왕길을 만나지 않겠다고 했다. 그러자 왕길은 더욱 공손한 태도를 취했다.

임공에는 부호가 많았는데 그중에도 탁왕손(卓王孫) 같은 이는 노복이 팔백 명이나 있었고 정정(程鄭)도 노복이 수백 명이나 있었다. 이 두 사람은 서로 상의하여 말했다.

"현령에게 귀한 손님이 와 있다니 술과 음식을 준비하여 그를 초대하고 아울러 현령도 초대합시다."

현령이 탁씨(卓氏)의 집에 도착하니 손님이 수백 명이나 와 있었다. 정오쯤에 사마장경을 초대했는데 그는 병이 들어 갈 수 없다고 사절했다. 임공 현령은 음식에 손도 대지 않고 몸소 사마상여를 맞으러 나갔다. 사마상여는 어쩔 수 없이 병을 무릅쓰고 따라나섰다. 좌중은 모두 머리를 숙여 예를 표하고 사마상여의 풍채를 우러러보았다. 술좌석이 무르익었을 때 현령이 앞에 나아가 사마상여에게 거문고를 권했다.

"들은 바에 의하면 장경께서 거문고를 좋아하신다니 청컨대 손수 연주하여 즐겨 주시기 바랍니다."[211]

사마상여는 사양하다 못해 한두 곡을 탔다. 이때 탁왕선에게는 과부가 된 지 얼마 안 된 문군(文君)이라는 딸이 있었는데[212] 음악을 좋아했다. 사

마상여는 현령과 서로 존중하는 체하면서 자신의 마음을 거문고 노래에 실어 문군에게 전했다.

사마상여가 임공에 갈 때 거기(車騎)를 뒤따르게 했는데 조용하고 의젓하여 서두르지 않는 그의 모습이 매우 아름답고 품위가 있었다. 그런데 사마상여가 탁씨의 집에서 술을 마시며 거문고를 타니 문군이 문틈으로 몰래 그를 엿본 후 마음이 끌리게 되었다. 문군은 그의 배우자가 되지 못할까 봐 은근히 조바심을 내었다.

주연이 끝나자 상여는 사람을 시켜 문군의 시종을 통해 후한 선물을 보내고 사모하는 정을 표했다. 문군은 한밤중에 집에서 도망쳐 나와 상여에게로 달려갔다. 그리하여 상여는 문군과 함께 수레를 달려 성도(成都)로 돌아왔다. 그런데 상여는 몹시 가난하여 그의 집은 사방에 벽만 있을 뿐 가구라고는 한 가시도 없었다.

한편 탁왕손은 크게 노하여 말하기를,

"딸아이가 매우 어리석은 짓을 했지만 불의를 책망하여 죽이지는 않겠다. 그러나 한 푼도 나누어 줄 수는 없다."

라고 했다. 그 두 사람을 위해 탁왕손의 마음을 돌려 보려고 애쓴 사람도 있었지만 끝내 듣지 않았다. 얼마 지나지 않아 문군은 가난한 생활에 싫증이 나 상여에게 말했다.

"저와 함께 임공으로 가서 형제들에게 돈을 빌립시다. 그러면 어떻게든

---

211) 음악 감상과 연주는 사대부에게 필수적인 교양 과목이었다. 이 인사는 귀인인 손님에 대한 예의로서 일동에게 들려주었으면 좋겠다고 말하지 않고 '몸소 즐겨 주십시오.' 라고 표현한 것이다.

212) 진위 여부는 확실하지 않으나 ≪西京雜記≫에 탁문군에 대해 다음과 같은 묘사가 있다. '문군은 용모가 아름다울 뿐 아니라 애교가 있으며 눈은 늘 먼 산을 바라보는 것처럼 우수에 찬 가운데 호수처럼 맑고 볼은 연꽃 같고 살갗은 부드럽기가 기름 같다. 열일곱에 과부가 되었다.'

생활을 꾸려갈 수 있을 것입니다. 일부러 고생을 사서 할 것은 없습니다."

상여는 문군과 함께 임공으로 가서 그의 거기(車騎)를 모두 팔아 술집 한 채를 사들였다. 그리고 문군에게는 술좌석에 앉아 술을 팔게 하고 상여 자신은 잠방이 하나만 걸치고 시종과 함께 잡일을 하며 시장 바닥에서 그릇을 닦았다.

이런 소문을 들은 탁왕손은 부끄러워서 문을 닫고 외출조차 하지 않았다. 문군의 형제와 장로들이 번갈아 가며 탁왕손에게 말했다.

"자식이라고는 1남 2녀뿐인 데다 재산이 없는 것도 아니지 않습니까? 지금 문군은 이미 사마장경과 부부가 되었고 장경은 오랫동안 여러 곳을 유력한 사나이로 비록 가난하지만 인물과 재능은 버릴 것이 없습니다. 게 다가 현령의 빈객입니다. 어찌하여 이렇게까지 부끄러운 자리에 버려두시는 것입니까?"

탁왕손은 할 수 없이 문군에게 노복 백 명과 돈 백만 전, 그리고 전에 시집갔을 때의 의복과 이불 그리고 재물을 나누어 주었다. 그래서 문군은 상여와 함께 성으로 돌아와 논밭과 집을 사들이고 부자가 되었다.

그 후 얼마 안 되어 촉나라 사람 양득의(楊得意)가 구감(狗監 : 천자의 사냥개를 관리하는 벼슬)이 되어 천자를 모시게 되었다. 천자는 〈자허지부〉를 읽다가 마음에 들어,

"짐은 어찌하여 이 지은이와 같은 시대에 태어나지 못했단 말인가?"[213]

하고 탄식했다. 그러자 양득의가 말했다.

"저와 같은 고을 사람인 사마상여가 이 부(賦)를 지었다고 했습니다."

천자는 깜짝 놀라 바로 상여를 불러들여 물어보니 상여가 말하기를,

---

213) 賦를 지은 솜씨에 감복하여 칭찬한 말이다. 秦王이 韓非의 글을 읽고 감탄한 것도 이와 비슷하다.

"제가 지은 것은 사실입니다. 그렇지만 이 부는 제후에 관하여 쓴 것이라 천자께서 보실 만한 것이 못 됩니다. 청컨대 천자의 유렵부(遊獵賦)를 짓게 해 주신다면 완성 후에 주상하도록 하겠습니다."

라고 했다. 천자는 이를 허락하고 상서(尙書 : 문서를 관리하는 벼슬)에게 명하여 붓과 찰(札 : 옛날에 글을 쓰던 얇고 작은 나무쪽)을 내렸다.

상여는,

' '이런 사람은 없다.' 는 뜻으로 자허(子虛)라는 이름을 붙인 인물에게 초나라를 칭송하게 하고, '어찌 이런 일이 있으랴.' 라는 뜻으로 오유 선생(烏有先生)이라는 이름을 붙인 인물에게 제나라를 위해 초나라를 논하게 하고, '이런 공(公)은 없다.' 라는 뜻으로 무시공(無是公)이라는 이름을 붙인 인물로 하여금 천자의 대의를 밝히게 하자.'

라고 생각하여 이 세 사람의 가공 인물을 설정하여 문사(文辭)를 만들어, 천자와 제후의 원유(苑囿 : 禽獸를 풀어 놓아 먹이는 園)를 논하고 마지막 장은 절약과 검소를 주제로 했다. 그것으로써 천자에게 은근히 간하려고 했다.

글을 지어 천자에게 주상하자 천자는 크게 기뻐했다. 그 글을 소개하면 다음과 같다.

〈천자유렵부(天子游獵賦)〉그 첫 번째 〈자허부(子虛賦)〉[214]

---

214) 注 210)에서 밝혔듯이 이 賦는 〈天子游獵賦〉라는 한 편의 부이며 ≪文選≫ 등에서 이 賦를 〈子虛賦〉와 〈上林賦〉 두 편으로 나누어 실은 것은 옳지 않다. 그러나 지금은 독자의 편의를 위해 두 편의 題名과 그 범위를 보여 둔다. 그리고 이 賦는 漢賦 최고의 걸작이며 이로 인하여 相如는 賦의 최고 작가로 평가받았다. 이 賦를 번역하려면 자세한 주석과 고증이 절대적으로 필요한데 본서의 지면은 적절한 자리가 아니므로 되도록 간략하게 번역하고 압운과 상세한 주해는 다음 기회로 미루었다.

초나라는 자허(子虛)를 제나라에 사자로 보냈다.

제나라 왕은 나라 안 선비를 모두 불러 거기(車騎)와 수행원들을 갖추어 함께 사냥하러 나갔다. 사냥이 끝나자 자허는 오유 선생(烏有先生)에게 들러서 자랑했다. 때마침 무시공(無是公)도 같이 있었다. 모두 좌정하니 오유 선생이 자허에게 물었다.

"오늘 사냥은 즐거웠습니까?"

"즐거웠습니다."

"많이 잡았습니까?"

"아닙니다."

"그러면 무엇이 그리 즐거웠습니까?"

"제나라 왕은 거기와 수행원들이 많은 것을 나에게 자랑하고자 했는데 나는 운몽(雲夢 : 楚나라의 못[澤])의 일로 대답했기에 그것이 즐거운 것입니다."

"그 이야기를 들려줄 수 있습니까?"

"예, 말씀드리지요. 제나라 왕은 천 승의 수레를 늘어놓고 일만 기의 무리들을 가려 뽑아 바닷가에서 사냥했습니다. 줄을 이은 사졸은 못 주변에 가득 찼고 온 산을 그물로 둘러쌌습니다.

토끼를 덮치고 수레바퀴로 깔아 사슴을 잡았으며 고라니를 쏘고 기린의 다리를 잡아 쓰러뜨렸습니다. 염포(鹽浦)를 마구 달려 산짐승을 치어 죽여 수레바퀴를 피로 물들였으며 활은 쏘는 대로 명중하여 포획물이 많았습니다. 제나라 왕은 자신의 공로인 양 자랑하면서 나를 돌아보았습니다.

'초나라에도 이처럼 평원과 넓은 못을 갖춰 풍요롭고 즐거운 사냥터가 있소? 또 초나라 왕의 사냥은 과인과 비교해 어떻소?'

저는 수레에서 내려 이렇게 대답했습니다.

'신은 초나라에서 신분이 보잘 것 없는 자입니다만 황공하게도 십여 년을 왕궁의 숙위(宿衛)로 있어서 때로는 왕의 출유(出游)를 시종하여 후원에 놀러 가 무엇이 있고 무엇이 없는가를 보았으나 지금까지도 전부를 돌아보았다고는 할 수 없습니다. 하물며 어찌 황궁 밖의 사냥터에 대하여 말씀드릴 자격이 있겠습니까?'

제나라 왕이 말했습니다.

'그대가 본 것만이라도 말해 보시오.'

(이상 發端部)

저는 다음과 같이 대답했습니다.

'예, 그렇게 하겠습니다. 신이 듣기로 초나라에는 못이 일곱 개나 있다고 합니다. 예전에 그중 하나만을 보았을 뿐 아직 그 나머지는 보지 못했습니다. 더구나 신이 보았다는 것은 그중에서도 가장 작은 것으로 이름을 운몽(雲夢)이라고 합니다.

운몽은 사방 구백 리로 그 가운데에 산이 있습니다. 산은 굽이져 서려 있는가 하면 높이 솟아 험준하고, 봉우리는 높고 낮아 해와 달이 가려져 숨는가 하면 이지러지기도 하며 불쑥 솟았다가는 들어가 위로는 푸르른 구름 위로 솟구치고, 느슨하게 경사진 산비탈은 그 끝이 강하(江河)에 닿습니다.

흙은 단사(丹砂), 청호(青雘), 적토(赤土), 백악(白堊), 자황(雌黃), 백부(白坿), 석(錫), 벽옥(碧玉), 금(金), 은(銀) 등 갖가지 색으로 아름답게 빛나는 것이 마치 용의 비늘이 오색 빛을 뿌리는 것 같습니다.

그곳에는 적옥(赤玉), 매괴(玫瑰), 임(琳), 민(瑉), 곤오(琨珸), 감륵(瑊玏), 현려(玄厲), 연석(瑌石), 무부(武夫 : 모두 寶石의 이류) 등이 있습니다.

(이상 雲夢 가운데 있는 산을 묘사)

그 동쪽에는 혜(蕙 : 香草 이름)의 포원(圃園)이 있어 두형(杜衡), 난(蘭), 지(芷), 두약(杜若), 야간(射干), 궁궁(芎藭), 창포(昌蒲), 강리(江離), 미무(麋蕪), 감자(甘蔗), 박저(猼且 : 모두 향초 이름) 등이 있습니다.

그 남쪽에는 평원과 넓은 못이 있어 혹은 오르내리고 혹은 완만히 넓게 퍼져 웅덩이와 평지를 이루면서 장강(長江)에 잇닿고 멀리 무산(巫山 : 神仙이 사는 산)까지 이어집니다. 높고 건조한 곳에는 침(蒇), 사(嘶), 포(苞), 여(荔), 설(薜), 사(莎), 청번(靑薠 : 모두 풀 이름)이 나고, 낮고 습한 곳에는 장(藏), 랑(莨), 겸가(蒹葭), 동장(東薔), 조호(雕胡), 연우(連莪), 고(菰), 로(蘆), 암려(庵藺), 헌우(軒藕 : 모두 水草의 이름)가 나는데 온갖 것이 모두 모여 그 모양을 이루 다 그려낼 수가 없습니다.

그 서쪽에는 펑펑 솟아오르는 샘물과 맑은 못이 있는데 물은 힘차게 일렁이며 흘러가고 수면에는 연꽃과 마름꽃들이 피어 있으며, 물속에는 커다란 돌과 흰 모래를 감추고 그 가운데에는 신령한 거북과 교(蛟), 타(鼉), 대모(瑇瑁), 별(鼈), 원(黿 : 모두 거북의 일종) 등이 살고 있습니다.

그 북쪽에는 무성하게 자란 숲과 큰 나무들이 있어 편(楩), 남(柟), 예장(豫章), 계(桂), 초(椒), 목란(木蘭), 벽(蘗), 리(離), 주양(朱楊), 사(樝), 리(梸), 영(樗), 율(栗), 귤(橘), 유(柚 : 모두 香木의 이름) 등이 꽃향기를 풍겨냅니다. 그 나무들 위에는 적원(赤猨), 구(蠷), 유(蟒 : 모두 원숭이 종류), 원추(鵷雛), 공작(孔雀), 난조(鸞鳥 : 모두 아름답고 커다란 새 이름), 등원(騰遠), 야간(射干 : 모두 나무를 타는 짐승 이름)이 살고, 또 나무 밑에는 백호(白虎), 검은 표범, 추(貙), 안(豻), 시(兕), 상(象), 야서(野犀), 궁기(窮奇), 만연(蟃蜒 : 모두 맹수 이름) 등이 살고 있습니다.

(이상 雲夢을 동·서·남·북으로 나누어 묘사)

그리하여 전제(專諸 : 勇士의 이름) 같은 용사들에게 명하여 이런 짐승들을 손으로 때려잡게 했습니다. 초나라 왕은 물고기 수염으로 만든 가느 다란 깃대에 명월주(明月珠 : 寶玉의 이름)로 장식한 커다란 깃발을 바람 에 나부끼며, 길들인 박(駁 : 말과 비슷한 맹수) 네 마리가 끌고 조옥(彫玉) 으로 온통 치장한 수레에 탑니다.

간장(干將 : 吳나라의 刀劍의 名工)의 훌륭한 창을 세우고 오호(烏嘷 : 烏 號라고도 하며 활을 만드는 나무 이름)에 조각을 새긴 활을 왼쪽에, 하예 (夏羿 : 옛날에 활을 잘 쏜 사람) 풍의 전통(箭筒)에 넣은 강한 화살을 오른 쪽에 두었으며, 양자(陽子 : 秦나라 繆公 때의 名伯樂) 같은 백락(伯樂)이 수레에 모시고 섬아(纖阿 : 옛날의 이름난 마부) 같은 말몰이꾼이 마부가 되어 우선 말고삐를 서서히 잡아당겨 달리게 했습니다.

그럼에도 불구하고 사납고 날쌘 짐승을 잽싸게 뒤쫓아 공공(邛邛 : 말과 비슷하게 생긴 푸른 맹수)을 깔려 죽이고 거허(距虛 : 공공과 같음)를 차 던지며 야마(野馬)를 공격하고 도도(騊駼 : 야마의 종류)를 수레바퀴 머 리로 들이받아 죽이고 뒤이어 유풍(遺風 : 千里馬)을 타고 질주하는 기(騏 : 말과 비슷한 짐승)를 쏘아 죽입니다.

수레와 말이 날래기는 우레와 같고 질풍같이 빠릅니다. 별처럼 흐르면 서 번개처럼 치니, 활을 발사하면 명중하여 반드시 짐승의 눈을 찢거나 가 슴을 꿰뚫어 옆구리에까지 미치고 심장의 힘줄을 끊어 놓습니다. 사냥한 짐승은 마치 비가 쏟아지는 듯이 많아 풀을 덮고 땅을 가립니다.

이에 초나라 왕은 수레와 말의 속력을 줄이고 느긋하게 배회하면서 무 성한 숲을 바라보기도 하고 장사들의 노호(怒號)하는 모습과 맹수들의 두 려워하는 모양을 둘러보며, 피로한 짐승을 가로막고 힘이 다한 짐승을 잡 기도 하는 등 만물의 변화하는 모습을 천천히 관찰할 수 있습니다.

(이상 楚王과 壯士들의 사냥을 묘사)

그때 아름다운 여인들이 나타납니다. 삼베와 섬세한 비단으로 만든 옷을 몸에 두르고 옷자락을 끌며, 머리에는 안개 같은 얇은 비단을 길게 늘어뜨려 머리를 가리고, 골짜기처럼 옷의 주름이 생겨 겹치지나 긴 소매 자락은 정연하며 가지런하고, 섬(纖 : 부인용 옷의 장식)을 날리고 소(髾 : 부인들 袴衣의 장식)를 드리워 왕의 수레에 스치는 소리가 스륵스륵하는데 아래로는 난초·혜초(蕙草)에 스치고 위로는 수레의 뚜껑을 스치며, 비취(翡翠)의 아름다운 새 깃털을 머리에 꽂고 보옥의 수(綏 : 수레에 탈 때 잡는 끈)가 몸에 걸려 가볍게 솟아올랐다 다시 내려오니 마치 천상의 선녀들이 내려온 듯한 정경이었습니다.

　(이상 楚王과 寵姬들을 묘사)

　그리하여 모두 함께 혜포(蕙圃)로 가서 사냥을 합니다. 미녀들은 무성한 풀숲을 걸어 견고한 둑에 올라 비취를 잡고 준의(鵕鸃 : 꿩의 일종)를 쏘며, 짧은 화살에 가느다란 끈을 달아 흰 고니를 쏘고 가아(鴐鵝 : 들기러기)도 겸하여 잡으며, 화살 맞은 두 마리의 학은 하늘로부터 검은 학 위에 떨어집니다.

　엽사(獵士)들은 지치면 맑은 못에서 노닙니다. 계수나무 삿대를 올리고 비취 깃털로 장식한 포장과 날개로 장식한 배 덮개를 세운 문익(文鷁 : 익이라는 물새 모습을 뱃머리에 그린 배)을 띄우고 큰 거북을 그물로 잡고 자패(紫貝)를 낚습니다. 쇠북을 치고 퉁소를 불며 함께하는 뱃사공의 노래 소리는 여운이 있어 물고기들이 놀라 물결이 일어나고 샘물의 물줄기는 높이 솟아올랐다 한데 합쳐지며 물속의 돌은 서로 부딪쳐 덜그럭덜그럭 울려 우레 소리가 수백 리 먼 곳까지 들리는 것 같았습니다.

　(이상 楚王과 寵姬들의 수렵과 유희를 묘사)

이제 엽사들에게 휴식을 시키고자 영고(靈鼓 : 六面으로 된 북)를 울리고 봉화를 올려 신호하면 수레는 행렬을 정돈하고 기마는 대오를 짜서 서로 줄을 잇고 차례로 떼를 지어 행진을 시작합니다.

(이상 수렵을 끝내는 광경을 묘사)

이에 초나라 왕은 양운대(陽雲臺)에 올라 편안히 좌정하고 오미(五味)로 조화를 갖춘 진수성찬을 잡수십니다.

(이상 楚王의 휴식을 묘사)

대왕께서 하루 종일 달리는 수레에서 내리지 않고 짐승의 생고기를 저미고 베어서 수레바퀴를 피로 물들이는 것은 스스로 즐기는 것과는 다릅니다. 제가 가만히 관찰하건대 제나라는 아마 초나라에 미치지 못할 것으로 생각합니다.'

라고 했습니다. 그러자 제나라 왕은 잠자코 아무 말씀도 하시지 않았습니다."

(여기까지가 賦의 第一 部分으로 子虛가 초나라의 아름다운 점을 칭송하고 있다.)

오유 선생이 말했다.

"이 무슨 잘못된 말씀입니까? 그대는 천 리를 마다 않고 일부러 제나라까지 와 주셨습니다.

왕이 국내의 선비를 모두 불러 수레와 말의 무리를 정돈하여 사냥을 나간 것도 힘을 합해 짐승을 잡아서 곁에 모신 그대를 즐겁게 해 주기 위해서였습니다. 그런데 어찌하여 제나라 왕이 자랑한다고 말하는 것입니까? 초나라에 그러한 유렵의 땅이 있는지 없는지를 물은 것은 대국(大國)의 아름다운 풍속과 그대의 고견을 듣고 싶었기 때문입니다.

　그런데 그대는 초나라 왕의 후한 덕을 칭송하지 않고 다만 운몽의 광대함만을 자랑하여 초나라 왕의 음탕한 즐거움과 사치를 과장하여 말하고 계시니 유감스럽게 생각합니다. 그것이 말한 그대로일지라도 초나라의 본래 아름다운 점은 아닙니다.

　만약 그것이 사실이라면 군주의 악덕을 드러내는 것이 되고 사실이 아니라면 그대의 신의를 손상시킨 것이 됩니다. 군주의 악덕을 드러내는 것이나 자신의 신의를 손상시키는 것은 두 가지 다 좋은 일이라고는 할 수 없습니다. 그런 일을 한 그대는 반드시 제나라에 가볍게 보이고 초나라에 누를 끼칠 것입니다.

　제나라는 동쪽으로 큰 바다 가운데 소주(小洲)가 있고 남쪽에는 낭야(琅邪 : 산 이름)가 있으며, 성산(成山)에 유람하고 지부(之罘 : 산 이름)에서 사냥하며, 발해(渤海)에 배를 띄우고 맹저(孟諸 : 못 이름)에서 놀며, 비스듬히 숙신(肅愼 : 나라 이름)과 이웃하고 오른쪽 양곡(陽谷 : 해 돋는 곳)과 경계를 삼고 있습니다.

　가을에는 청구(靑丘 : 海上의 산 이름)에서 사냥하면서 해상을 방황하면 운몽 정도는 여덟이나 아홉을 삼키더라도 숨이 막히지 않을 정도로 아주 굉장한 크기라서 타국의 갖가지 진기하고 괴이한 조수(鳥獸)며 물고기가 비늘처럼 많이 모여 있어 나라 안에 충만한 것을 이루 다 기록할 수가 없습니다. 하나라 우왕일지라도 그 모두를 이름 붙일 수는 없을 것이며 설(契 : 堯舜時代의 賢者)일지라도 그 수를 헤아릴 수 없을 것입니다.

　그렇지만 제나라 왕은 제후의 지위에 있으니 유희의 즐거움이라든가 원유의 광대함에 대해 말하지 않은 것이며, 또 그대를 빈객으로 대우하기에 사양하여 반박하지 않았던 것뿐입니다. 어찌 대답을 못했다는 등의 말씀을 하시는 것입니까?"

(이상이 賦의 第二 部分으로 烏有先生이 齊나라를 위해 子虛를 비난하고 있다. 이른바 〈子虛賦〉는 여기서 끝난다.)

〈천자유렵부(天子游獵賦)〉 그 두 번째 〈상림부(上林賦)〉

무시공(無是公)이 빙그레 웃으며 말했다.

"초나라는 사리가 틀렸지만 제나라도 도리에 맞는다고는 말할 수 없습니다. 대체로 천자가 제후들에게 공물을 바치게 하는 것은 재물과 돈을 얻기 위해서가 아니라 제후로서의 직분을 행하게 하려는 데에 있습니다. 흙을 쌓아올려 경계를 삼는 것도 방위를 위해서가 아니라 방일(放逸)함을 금하기 위해서입니다.

그런데 지금 제나라는 동방의 울타리이면서도 밖으로는 숙신과 사적으로 통하여 나라를 버리고 경계를 넘어 바다를 건너가서 사냥을 했습니다. 그것은 의로 보아서도 옳지 않은 일입니다.

또 두 분의 의논은 군신의 의를 밝혀 제후의 예를 바로잡는 일에는 힘쓰지 않고 한갓 사냥의 즐거움과 원유의 광대함을 다투는 것을 일삼아 서로 사치와 방일을 자랑하면서 상대가 이러니저러니 하고 계십니다. 그렇게 해서는 명예를 세울 수 없을 뿐 아니라 오히려 주군을 깎아내리고 자신을 손상시키게 될 뿐입니다.

또한 제나라와 초나라의 것은 처음부터 얘기할 만한 것이 되지 못합니다. 그대들은 아직 저 거대하고 아름다운 것을 보지 못했습니까? 천자의

---

215) 上林苑은 원래 秦 시대에 만들어졌고 漢武帝기 확장했다. 狩獵, 遊覽, 離宮의 땅으로 長安의 서쪽에 있고 북쪽은 渭水, 남쪽은 終南山에 이르렀다. 相如는 누차 천자의 游獵에 참가한 경험이 있었다. 그러나 이 賦에서 묘사한 바를 모두 현실로 받아들여서는 안 된다. 과장은 賦의 중요한 기교이다.

상림원(上林苑)²¹⁵⁾에 대해서 아무 이야기도 듣지 못했습니까? 그곳은 왼쪽에 창오(蒼梧 : 郡名)가 있고 오른쪽에 서극(西極 : 땅 이름)이 있으며 남쪽으로 단수(丹水)가 지나가고 그 북쪽을 가로질러 자연(紫淵 : 못 이름)이 있습니다.

(이상 上林苑 주변을 묘사)

패수(霸水)와 산수(滻水)는 원내(苑內)에서 시작되어 원내에서 그치고 경수(涇水)와 위수(渭水)는 원내로 흘러 들어와서 다시 원외로 흘러 나가며 풍(酆), 호(鄗), 요(潦), 휼(潏)의 사수(四水)가 굽이굽이 흘러갑니다. 돌고 도는 물살은 거세게 팔천(八川 : 패, 산, 경, 위, 풍, 호, 요, 휼)으로 갈라져 서로 등지며 각기 그 모양을 달리하여 동서남북으로 뒤섞여 흘러갑니다.

두 관(關)이 서로 대치하는 것처럼 나란히 서 있는 초구(椒丘) 사이를 흘러가는가 하면 작은 섬의 해변을 씻고 계림(桂林 : 숲 이름) 가운데를 가로질러 넓은 들을 지나서는 서로 합류하여 물살은 점점 더 거세게 흘러 구릉을 따라 내려가다가 양 기슭 좁은 곳으로 달립니다.

큰 돌에 부딪쳐 쌓인 모래더미와 언덕에 부딪쳐 부글부글 끓어올라 노한 듯 물이 뛰어 일어나 물결이 서로 어그러지는가 하면, 금세 또 달아나고 서로 육박하여 부딪치고 옆으로 퍼졌다 거꾸로 꺾이며, 겹쳐져서는 가볍게 달리다 노호하며 흐르는 물의 기세는 기복이 심하여 별안간 높았다가 별안간 낮아지고 이리저리 뒹굴어 비스듬히 구부러지며 뒤 물결은 앞 물결을 넘어 푹 꺼진 곳으로 철철철 소리를 내며 여울을 내려가고 바위를 치고 구부러진 언덕을 찌르면서 달려가 치솟아 올랐다가 깨어져 흩어집니다.

물 가운데의 높은 곳에 다다라 낮은 곳으로 떨어지고 노호하는 물소리는 꽝꽝 퀄퀄 솥에서 끓어오르는 듯 거품을 튀기며 물결을 달리게 하고 급하게 내쏟아 저 아득한 쪽으로 고요히 영원으로 흘러갑니다.

그런 후에는 끝없이 천천히 굽이쳐 돌아서 백설처럼 호호(皓皓)하게 흰 빛으로 빛나며 동쪽으로 흘러 태호(太湖)에 들어가면서 주변의 작은 못에 넘쳐흐릅니다.

(이상 上林苑의 내[川]를 묘사)

더욱이 원내의 수류(水流) 가운데에는 교룡(蛟龍), 적리(赤螭 : 모두 용 이름), 긍몽(鮔鯣), 점리(螹離), 우(髃), 용(鰫), 건(鰬), 탁(魠), 우우(禺禺), 허(鱸), 납(魶 : 모두 물고기 이름) 등이 지느러미를 흔들고 꼬리를 움직이며 깊은 바위 옆에 잠깁니다.

만물은 흐드러질 만큼 많은데 물고기와 자라는 시끄러운 소리를 내고 명월(明月)의 구슬은 강 속에서 생겨 강가에 반짝이며 촉석(蜀石), 황연(黃瑛), 수정(水晶)은 도처에 흩트러져 찬란하고 아름다운 색채로 서로를 비추어 강 밑바닥에 더미로 쌓여 빛나고 있습니다.

홍(鴻), 곡(鵠), 숙(鷫), 보(鴇), 가아(駕鵝), 촉옥(鸀鳿), 교청(鵁鶄), 환목(鸓目), 번목(煩鶩), 용거(鷛䴏), 침자(鱵雌), 교(鵁), 노(鸕) 등 온갖 물새들이 떼를 지어 물 위에 바람 따라 둥둥 물결 흔들리는 대로 떠다니며, 청(菁), 조(藻 : 모두 물풀 이름)를 쪼며 능(薐), 우(藕)를 씹느라 물가에 떼 지어 모여 있어 풀이 우거진 것 같습니다.

(이상 上林苑의 水中, 水上의 생물과 美玉을 묘사)

산들은 우뚝 솟아 높고 험준하여 깊은 숲과 큰 나무들이 있고 깎은 듯이 솟은 바위는 높거나 낮으며, 구종산은 높고 가파르며 종남산(終南山)은 높은 데다 바위 벼랑은 시루같이 생겼거나 다리가 셋 달린 가마솥 모양으로 험준합니다. 물은 계곡에서 구불구불 구부러져 흐르다가 돌연 훤하고 편편한 곳에 이릅니다.

그곳에는 또다시 언덕이 있고 섬이 있으며 높고 험준하게 이어지다가 평지에 이르러서는 넓게 퍼집니다. 물줄기는 흘러 넘쳐서 천리에 이르는 넓은 평야에 흩어집니다.

(이상 上林苑의 산과 계곡을 묘사)

그 평원에는 녹색의 혜(蕙 : 香草 이름)와 강리(江離 : 물풀 이름)가 덮여 있고 그 사이에 미무(蘪蕪 : 풀 이름)가 섞여 있습니다. 또 유이(流夷 : 향초 이름)와 결루(結縷 : 풀 이름)도 모여 있으며 게거(揭車), 형(衡), 난(蘭), 고본(藁本), 야간(射干), 비강(茈薑), 양하(蘘荷), 침등(葴橙), 약손(若蓀), 선지(鮮枝), 황력(黃礫), 장(蔣), 모(茅), 청번(靑薠 : 모두 풀 이름) 등은 큰 못이나 넓은 들에 끝없이 펼쳐져 있고 꽃들이 바람 따라 흔들리니 온갖 꽃의 향기가 널리 퍼지며 바람에 실려 사람의 가슴속으로 스며들어오는 것을 그 무엇이라고 표현해야 좋을지 모를 정도입니다.

(이상 넓은 평원의 갖가지 풀을 묘사)

이에 원내의 이곳저곳 사방을 두루 살펴보노라면 가지각색의 풍경이 빽빽이 전개되어 그 번성한 모습이 아득하고 황홀하여 보아도 끝이 없고 살펴도 가없습니다.

해는 원(苑)의 동쪽 못에서 나와 서쪽 언덕으로 사라집니다.

원의 남쪽은 엄동에도 따뜻하여 초목이 자라고 물이 얼지 않아 물결은 춤을 추는데 짐승으로는 용(㺎), 모우(旄牛), 맥(貘), 이우(犛牛), 수우(水牛), 주(麈), 미(麋), 적수(赤首), 환제(圜題), 궁기(窮奇), 상(象), 서(犀) 등이 있습니다.

북쪽은 한여름에도 얼음이 얼어 옷자락을 걷어들고 강 위를 걸어서 건 넙니다. 짐승으로는 기린, 각단(角䚤), 도도, 낙타, 공공(蛩蛩), 탄해(驒騱), 결제(駃騠), 여마(驢馬), 라마(騾馬) 등이 있습니다.

(이상 上林苑의 남부, 북부의 풍경과 짐승들을 묘사)

이궁과 별관은 산에 가득히 골짜기마다 걸쳐 있으며 높은 회랑은 사방 을 에워싸고 있습니다. 중첩한 처마와 구부러진 낭하가 있고 아름답게 조 각된 서까래 끝은 보옥으로 장식되어 있으며, 손수레가 오가는 이층 낭하 들이 서로 연달아 있고 보랑(步廊)은 길게 이어져 도중에 하룻밤을 자야 할 만큼 깁니다. 종산을 평평하게 닦아 집을 짓고 여러 대(臺)를 겹쳐 쌓아 올렸으며 바위 밑 깊숙한 동굴 속에 방을 꾸몄습니다. 굽어보면 아득히 깊 어서 아무것도 보이지 않고 쳐다보면 서까래가 높고도 높아 하늘에 닿는 듯 합니다.

유성(流星)은 궁중의 작은 문을 스치며 사라지고 무지개는 난간에 한없 이 길게 걸렸습니다. 청룡을 조각해 넣은 수레는 동상(東廂)으로 구불거 리며 가고, 만상(萬象)을 조각해 넣은 수레는 서상(西廂)으로 나란히 줄지 어 움직이며, 영어(靈圄 : 仙人의 이름)는 고요한 집에서 휴식하고 악전(握 銓 : 선인의 이름)의 무리는 처마 끝에 앉아 볕을 쬐며, 감천(甘泉)은 청실 (淸室)에서 솟아올라 흘러 강이 되어 가운데 뜰을 지나가고, 반석은 물가 에 정돈되어 있으나 험준한 바위는 위태롭게 기울어져 아아(峨峨)하게 높 이 솟아 험한 자연의 모습을 고스란히 담은 채 우뚝 솟아 있습니다.

매괴(玫瑰), 벽옥(碧玉), 산호(珊瑚)는 떨기를 이루고 민옥(瑉玉)과 문석

---

216) 和氏의 玉을 말한다. 卞和라는 자가 이 玉을 楚王에게 바쳤는데 단순한 돌일 것이라는 의심 을 받고 두 다리를 잘렸으나 세 번째 감정에서 그 가치가 인정된 천하의 보옥이다.

(文石)에는 멋진 무늬가 있으며 적옥(赤玉)은 아름다운 무늬가 그 사이에 섞여 있고 수수(垂綏)나 완염(琬琰), 화씨(和氏)의 벽(璧)[216]도 모두 이곳에서 산출됩니다.

(이상 上林苑 안의 離宮을 묘사)

그리고 노귤(盧橘 : 과일나무 이름)은 여름에 익고 황감(黃柑), 등(橙), 주(樏), 비파(枇杷), 연(橪), 시(柿), 정(樗), 내(柰), 후박(厚朴), 영조(楟棗), 양매(楊梅), 앵도(櫻桃), 포도(葡萄), 은부(隱夫), 울(鬱), 상체(常棣), 답답(楈樗), 여지(荔枝 : 모두 과일나무 이름) 등은 나란히 줄지어 후궁 북쪽 동산에 이어져 있으며 언덕에서 뻗어 넓은 들로 내려가 푸른 잎사귀를 휘날리며 자줏빛 줄기를 흔들어 분홍 꽃을 피우며 넓은 들에 불을 켠 듯 가지각색으로 찬란하게 피어납니다.

사당(沙棠), 역(櫟), 저(櫧), 화(華), 풍(楓), 벽(檗), 노(櫨), 유(榴), 확(檴), 서여(胥余), 빈랑(檳榔), 병려(幷閭), 참단(欃檀), 목란(木蘭), 예장(豫章), 여정(女貞 : 모두 나무 이름) 등은 높이가 천 길이나 되고 크기는 몇 아름이나 됩니다.

또 꽃 가지도 쑥쑥 자라나며 열매와 잎도 무성하게 나고 떨기를 이루어 서로 감기고 뒤섞여 헝클어져 있고 혹은 꼿꼿하게 혹은 비스듬한 가지는 사방으로 드리워지고 낙화는 펄펄 휘날리며 무성한 곁가지는 쑥 뽑아놓은 듯 산들산들 바람에 흔들려 나무를 울리니 종 소리, 피리 소리를 듣는 것 같습니다.

높고 큰 나무와 낮고 작은 나무들이 서로 뒤섞여 후궁을 빙 둘러싸고 떼를 지어 모여 있으며, 서로 의지하고 서로 중첩하여 산을 덮고 골짜기를 메우며 비탈을 따라 못으로 이어져 있어 이것을 보는 데 끝이 없으며 다 알려고 해도 한이 없습니다.

(이상 離宮의 樹木을 묘사)

현원(玄猿), 소자(素雌), 유(蜼), 확(玃), 비류(飛蠝), 질(蛭), 조(蜩), 탁(蠗),
유(蹂), 점호(斬胡 ; 모두 나무에 오르는 짐승의 이름), 혹(蟄), 궤(跪 : 모두
짐승 이름) 등이 나무들 사이에 서식하면서 길게 울부짖는가 하면 뒤섞여
펄펄 날아다니며 가지에서 서로 희롱하며 몸부림치고 다리가 없는 강물
을 건너 뒤섞여 있는 관목으로 올라가 드리워진 가지를 붙든 채 먼 곳으로
건너뛰어 난만하게 날아 흩어지면서 이리저리 이동합니다.

(이상 숲속의 짐승을 묘사)

이러한 곳이 수천 수백 군데나 있어 사람들은 즐거이 유람하면서 이궁
과 별관에 머뭅니다. 어느 곳에 가더라도 살림이 완전히 갖추어져 있고 궁
녀들이나 그 밖에도 온갖 것이 충분하게 구비되어 있습니다.

그리고 가을과 겨울 사이에는 천자의 교렵(校獵 : 木柵으로 둘러막고
짐승을 사냥하는 것)이 행해집니다. 천자는 상아로 장식한 수레를 타는데
구슬로 마구를 장식한 날랜 말 여섯 마리가 수레를 끕니다. 오색찬란한
깃발을 길게 날리고 용과 호랑이를 그린 깃발을 바람에 나부끼며 혁거(革
車)를 선두로 세우고 도차(道車), 유차(遊車)를 뒤따르게 합니다. 손숙(孫
叔 : 옛날 이름난 마부)과 같은 마부가 고삐를 잡고 위공(衛公)과 같은 이
름난 마부가 배승하여 좌우종횡으로 호종하면서 사면의 목책 속으로 나
아갑니다.

북을 울려 천자의 행차를 엄중히 경비한 후에 날쌘 사냥꾼을 내보냅니
다. 장강, 황하를 막아 짐승을 가두고 태산을 망루로 하니 수레와 말은 우
레와 같이 일어나 하늘을 흔들고 땅을 진동하면서 앞을 다투어 짐승을 쫓
아가느라 여기저기 떼를 지어 가는 모양이 언덕을 타고 못을 따라 구름처

럼 들에 퍼지고 비처럼 땅에 쏟아져 산야에 두루 퍼집니다.

그리하여 비(貔 : 맹수 이름), 표(豹)를 산 채로 잡고 시(豺), 랑(狼)을 손으로 때려 잡으며 웅(熊), 비(羆)를 맨손으로 잡고 야양(野羊 : 산양)을 발로 차서 죽이며 갈(鶡 : 새 이름)의 꼬리털로 모자를 만들어 쓰고 백호(白虎) 가죽으로 바지를 만들어서 입습니다.

또 얼룩무늬 야마(野馬)를 타고 세 봉우리가 모여 있는 험한 곳을 오르며 잔돌 무더기가 있는 고개를 넘어 험준한 곳을 향해 골짜기를 넘고 물을 건너 비렴(蜚廉 : 짐승 이름)을 치며 해치(解豸)를 희롱하고 하합(瑕蛤)을 때려죽이고 맹씨(猛氏 : 짐승 이름)를 작은 창으로 찌르고 요뇨(騕褭 : 神馬)를 밧줄로 옭아 잡고 봉시(封豕 : 큰 돼지)를 쏘아 죽이는데 화살은 헛되이 쏘지 않아 목을 찌르고 골통을 깨뜨립니다. 화살을 쏘는 대로 시위 소리와 함께 짐승들은 넘어집니다.

(이상 천자의 수렵 전 장군과 신하들의 수렵을 묘사)

이에 천자의 수레는 깃대를 멈추고 유유히 배회하면서 부대의 진퇴를 바라보고 명령하는 장수의 모습을 살핀 다음에 다시 또 차례로 깃대를 재촉하여 홀연히 멀리 떠나 가볍고 민첩하게 나는 새를 괴롭히고 작은 짐승을 짓밟으며 흰 사슴을 수레바퀴의 굴대로 깔아뭉개고 교활한 토끼를 재빨리 포획합니다. 그 신속함이란 붉은 섬광이 번쩍하는 것 같습니다.

괴물을 쫓아 우주(宇宙) 밖으로 나아가 번약(繁弱 : 夏后氏의 名弓)에 흰 깃을 단 화살을 잡아당겨서 움직이는 효(梟 : 흉악한 짐승 이름)를 쏘고 비거(蜚虡 : 사슴 머리에 용의 몸을 한 神獸)를 치며 살이 찐 짐승을 골라 먼저 명중시킬 곳을 정해 겨누어 쏘니 화살이 시위를 떠나자마자 짐승은 나자빠져 땅에 뒹굽니다.

또 깃발을 들어 공중에 나부끼게 하면서 강풍을 견디고 폭풍을 돌파하여 적적하고 고요한 천상에 올라가 신(神)과 함께 놀며 검은 학(鶴)을 짓밟고 곤계(昆鷄 : 학의 일종)의 행렬을 흐트러뜨리고 공작, 난조(鸞鳥)를 쫓으며 준의(駿鸃 : 鳳의 일종)를 바짝 쫓고 예조(鷖鳥)를 덮치며 봉황을 때리고 원추(鵷鶵 : 봉의 일종)를 갈기며 초명(焦明 : 봉의 일종)을 그물로 잡다가 막다른 곳에 이르면 수레를 돌려 돌아옵니다.

소요하며 먼 북쪽 끝에 내려서 순식간에 똑바로 달려 돌아와 석궐관(石闕觀 : 甘泉宮 부근에 있는 궁. 이하 모두 같음)을 밟고 봉만관(封巒觀)을 거쳐 보작관(鵝鵲觀)을 지나 노한관(露寒觀)을 바라보고 당리궁(棠梨宮)에 내려서 의춘궁(宜春宮)에서 쉬고 서쪽의 선곡궁(宣曲宮)으로 달려가 우수(牛首 : 上林苑 속의 못 이름)에서 익수(鷁首)의 배를 노 젓고 용대관(龍臺觀)에 올랐다가 세류관(細柳觀)에서 쉽니다. 사대부(士大夫)의 근로와 지략을 관찰하고 사냥꾼의 포획량을 균등하게 나누며, 수레에 깔리거나 기마 또는 사냥꾼에게 밟힌 새, 짐승들과 피로하거나 놀란 끝에 칼도 받지 않은 채 엎드려 죽은 새와 짐승들이 구덩이에 넘쳐나 골짜기에 차고 평지를 덮고 못에도 가득 차 있는 것을 볼 수 있습니다.

(이상 천자 자신의 수렵과 많은 포획물을 묘사)

이에 사냥놀이에 싫증이 나면 하늘처럼 높이 솟은 고대(高臺)에 주연을 벌여 넓고 고요한 실내에서 음악을 연주하며, 천 섬의 무게가 나가는 큰 종을 치고 만 섬의 기둥을 세우며 비취의 날개로 장식한 깃발을 세우고 악어 가죽 북으로 도당씨(陶唐氏 : 帝堯)의 무곡을 연주하고 갈천씨(葛天氏 : 太古의 帝王 이름)의 노래를 듣습니다.

천 명이 노래 부르면 만 명이 화답하니 산과 언덕이 진동하고 골짜기와 강물이 흔들려 물결이 용솟음칩니다. 파유(巴楡 : 歌舞의 曲名)의 춤과 송(宋), 채(蔡 : 모두 나라 이름)의 음악과 회남에서 생긴 우차(于遮)의 곡

(曲), 문성(文成)과 전(顚 : 모두 縣名)의 노래가 교대로 연주됩니다.

금석(金石)의 소리와 북 소리는 가슴을 꿰뚫고 귀를 놀라게 하며 형(荊 : 楚), 오(吳), 정(鄭), 위(衛)의 노래소리, 소(韶 : 帝舜의 음악), 호(護 : 殷나라 湯王의 음악), 무(武 : 周나라 武王의 음악), 상(象 : 周公旦의 음악), 주색에 탐닉하는 음악, 언(鄢), 영(郢 : 모두 楚나라의 지명)의 음악 등이 뒤섞입니다.

격초(激楚), 결풍(結風 : 모두 楚나라의 가곡 이름)도 있고 배우, 난쟁이와 적제(狄鞮 : 지명 또는 곡명)의 가수 등이 이목을 즐겁게 하고 마음을 기쁘게 하는 것은 앞에는 아름다운 노래가 흘러나오고 뒤에는 어여쁜 미인들이 있기 때문입니다.

저 청금(靑琴 : 옛 神女), 복비(宓妃 : 伏羲氏의 딸로서 洛水의 神) 같은 세상에 둘도 없는 미인들이 눈이 부시게 화장을 하고 경쾌하나 정숙하게 부드럽고 섬세한 비단 치맛자락을 길게 끌며, 그림을 그려 놓은 것 같은 옷자락을 펄럭여 세상의 의복과 달리 향내를 풍깁니다. 흰 이는 아름답게 빛이 나 웃을 때마다 선명하게 드러나며 눈썹은 길고 가늘며 눈동자는 먼 곳을 꿈꾸는 듯이 바라보아 보는 사람들은 혼을 빼앗겨 모두 미녀들 곁에서 즐깁니다.

(이상 狩獵 뒤의 酒宴을 묘사)

이에 술자리가 무르익고 음악이 한창일 때에 천자께서는 망연히 생각에 잠겨 마치 자기 자신을 잃어버린 것 같습니다. 그러다 천자가 말하기를, '아아, 이것은 지나친 사치다. 짐은 정사를 돌보는 일을 떠나 여가에 아

217) 천자가 해야 할 행사는 자연의 변화, 다시 말해 계절의 변화와 더불어 어느 달에 무엇을 해야 하는가가 정해져 있었다. 위의 글에도 있듯이 季秋, 孟冬은 천자가 수렵 또는 수렵을 통한 군사 훈련을 하도록 ≪禮≫에 규정되어 있다.

무 일도 하지 않고 헛되이 보내는 것은 안 된다고 생각하여 천도(天道)에 따라 가을과 겨울에 사냥을 하면서[217] 때로는 여기서 휴식을 하지만 이것이 관례가 되면 후세의 자손들은 아마 사치와 화려함에 빠져 마침내는 치세의 초지(初志)로 되돌아갈 수 없을 것이다. 그것은 대업을 일으킨 선조가 후세의 자손을 위하여 전통을 남기는 도리가 아니로다.'

라고 했습니다. 그리하여 술자리를 멀리하고 사냥을 중지하며 신하들에게 명령하기를,

'개간을 할 수 있는 땅을 모두 갈아 농토로 만들어서 백성들을 부유하게 하라. 원(苑)의 담을 헐고 도랑을 메워 산골의 백성들이 자유롭게 출입할 수 있게 하라. 저수지에도 물고기를 길러 백성들이 잡을 수 있게 하라. 궁관(宮觀)을 당장 비우고 궁중의 노비로 삼을 백성들로 채우지 말라.

창고를 열어 가난한 자를 구제하고 부족한 것은 보충하여 주라. 과부와 홀아비들을 돌봐주고 고아와 의지할 곳 없는 노인을 위로해 덕과 은혜를 베풀라. 명령을 내려 형벌을 덜어 주고 제도를 고쳐 복색을 바꾸고 역법을 개량하여 천하의 백성과 함께 다시금 일신하도록 하라.'

고 했습니다. 그리하여 길일을 가려 재계한 다음에 예복을 입고 비취 깃발을 세운 육두마차를 타고 수레바퀴의 방울을 울리며 육예(六藝)의 동산에서 노닐고 인의의 길로 달리다 춘추의 숲을 관람하며, 이수(貍首 : 逸詩의 篇名)를 쏘고 추우(騶虞 : ≪시경≫ 召南의 篇名)를 겸하여 현학(玄鶴 : 舞曲의 이름)을 주살로 잡고 간척(干戚 : 舞曲用 방패와 도끼)을 세우고 운한(雲罕 : 旗의 이름)을 달아 ≪시경≫의 대아(大雅), 소아(小雅) 편에 나오는 어진 인물을 잡고 벌단(伐檀 : ≪시경≫ 魏風의 篇名으로 賢者의 不遇함을 슬퍼하는 내용)을 슬퍼하고 악서(樂胥 : ≪시경≫ 小雅 桑扈篇의 句로 君子가 지혜로운 사람을 얻어 기뻐하는 내용)를 기뻐합니다.

예기(禮記)의 동산에서 용의(容儀)를 닦고 서경(書經)의 밭을 배회하며

역도(易道)를 서술하여 괴이한 짐승을 들에 놓아주고, 명당(明堂 : 천자가 제후를 인견하는 堂)에 올라 태묘에 앉아서 군신들에게 정사의 득실을 마음껏 아뢰게 함으로써 사해 안에 천자의 은혜를 입지 않은 자가 없게 되었습니다.

(이상 천자의 반성과 수양 그리고 개혁을 묘사)

이때 천하의 백성은 크게 기뻐하고 나부끼는 주상의 바람에 따라 복종하고 주상의 흐름에 따라 교화됩니다. 분발하여 도에 부화하고 의에 나아가며 형벌은 내버려 두고 쓰지 않아 천자의 덕은 삼황보다도 높고 공은 오제보다도 많습니다.

이와 같아야 비로소 사냥을 하는 기쁨을 맛볼 수 있습니다. 하루 종일 들에서 햇볕을 쏘이며 돌아다녀 마음을 수고롭게 하고 몸을 피곤하게 하며 거마를 혹사하고 사졸의 사기를 쭉 빠지게 하며 나라 창고의 재물을 써 없애면서 아랫사람에 대해 아무런 은덕도 베풀지 않고, 민초를 돌아보지 않은 채 일신의 향락에만 힘을 써 정사를 잊어버리고 사냥한 꿩이나 토끼 등의 포획물이나 탐하는 것은 인자가 취할 바가 아닙니다.

(이상 천자에 대한 칭송)

이상의 관점에서 본다면 제나라와 초나라의 일이 어찌 슬프지 않겠습니까? 영토는 사방 천 리에 불과한데 사냥터는 사방 구백 리나 됩니다. 이렇게 해서는 백성들이 밭을 갈고 싶어도 땅을 얻을 길이 없어 오곡을 재배할 수 없습니다. 대저 제후의 작은 나라가 만승의 천자조차 사치로 여기는 것을 즐긴 결과로 백성들이 입게 될 피해를 저는 두려워합니다."

(이상으로 천자의 道를 밝히며 無是公의 辭은 끝난다.)

이 말을 듣던 두 사람은 깜짝 놀라 안색을 바꾸며 망연자실하여 뒤로 주춤주춤 물러나 자리를 피하며 말했다.

"시골뜨기라 고루해서 사양하거나 체면을 차릴 줄 몰랐는데 오늘에서야 비로소 가르침을 받았습니다. 삼가 가르침을 따르겠습니다."

(이상 結末. 〈天子游獵賦〉 끝.)

이 부(賦)를 올리자 천자는 사마상여를 낭관으로 임명했다.

부에 나오는 무시공은 천자의 상림원의 광대함과 그 산곡(山谷), 수천(水泉), 만물(萬物)을 말하고 자허는 초나라의 운몽에 있는 것들이 매우 풍부하다는 것을 말했는데 그것은 모두 사실을 과장한 사치요 화려함이며 또 도리상으로도 존중할 바가 아니었다. 그런 까닭에 정도(正道)로 돌아가는 마지막 편에 중점을 둔 것이다.

사마상여가 낭관에 임명된 지 몇 년 후, 때마침 당몽(唐蒙)이 사자가 되어 야랑(夜郎), 서북중(西僰中: 모두 西南夷의 땅)을 약취(略取)하고 그들과 교통하고자 하여 파군, 촉군의 이졸 천 명을 징발했다. 이 때문에 두 군(郡)에서는 많은 백성이 징발되었고 양식을 운반하는 사람만 일만여 명에 이르렀다.

이때 당몽은 징발을 위해 군법으로써 그 수령을 죽였다. 파, 촉의 백성들은 크게 놀라 두려워했다. 천자가 이 말을 듣고 상여를 사자로 보내 당몽을 책망함과 동시에 당몽의 행위가 주상의 뜻이 아니라는 것을 파, 촉의 백성들에게 유고(喩告)하게 했다. 그 격문은 다음과 같았다.

〈喩巴蜀檄〉[218]

---

218) 이 檄文은 《文選》 권44에 選錄되어 있다.

파, 촉의 태수에게 고한다.

만이는 모두 제멋대로 행동하건만 오래도록 토벌을 하지 않고 방치하니 때로는 변경을 침범하여 사대부를 괴롭히고 있다.

폐하는 즉위하신 이래 천하의 백성을 위로하고 편안하게 한 뒤에 군사를 일으켜 나아가 북쪽에 있는 흉노를 정벌했다. 놀란 선우는 두려워하여 양손을 마주잡고 공손함과 온순함을 표하며 무릎을 꿇고 폐하의 명령에 복종하여 화평을 청하여 왔다.

또 강거(康居 : 나라 이름)와 서역의 나라들은 통역이 빈번하여 멀리서 입조해 머리를 조아리며 그 나라의 토산품을 바쳤다.

그리고 한나라에서는 다시 군대를 움직여 동쪽의 남월을 치려는 민월을 격파하니 민월은 그들의 왕 영(郢)을 죽이고 항복했다. 뒤이어 오른쪽의 반우(番禺 : 남월의 국도)를 도우니 남월은 폐하의 은덕에 감화하여 태자를 입조시켰다.

남이와 서북의 군장은 공물을 바치는 일에 게을리하지 않고 물고기가 입을 위로 하고 모여들듯 목을 길게 늘이고 발꿈치를 들어 서로 다투어 폐하의 의를 사모하여 신하가 되어 섬길 것을 원하나 길이 멀고 산천이 험하여 입조할 수 없었다.

순종하지 않는 자는 이미 주벌했으나 선을 행한 자는 아직 상을 주지 못했다. 그런 까닭에 중랑장(中郎將 : 唐蒙을 가리킴)을 보내어 나아가 빈객을 대하는 예의로써 그들을 대우하게 했던 것이다. 그 때문에 파군, 촉군의 사민 각각 오백 명을 징발하여 폐백을 받들고 사자(당몽을 가리킴)를 불의의 사건으로부터 호위하게 했으니 변란이나 전투가 일어날 걱정은 없었다.

그런데 이제 들으니 그가 군법을 발동하여 징발을 함으로써 파와 촉의 자제들을 놀라게 하며 장로들을 근심하게 했다. 두 군에서도 이 때문에 제멋대로 양식을 운송했다고 하는데 이런 일은 모두 폐하의 뜻이 아니다.

또 징발에 응해야 할 자가 도망을 가거나 자해를 했다고 하니 이 또한 신하된 자의 도리가 아니다. 대저 변경의 선비라면 봉수(烽燧)가 올랐다는 말을 들으면 모두 활을 들고 무기를 등에 메고 뛰어가 흐르는 땀을 닦아낼 틈도 없이 늦지 않을까 두려워하며, 적의 칼날이나 유시(流矢)에 맞는 것도 개의치 않고 의를 지켜 뒤돌아보지 말고 사사로운 원한을 갚듯이 적에 대해 원한을 품지 않으면 안 된다.

이 사람인들 어찌 죽음을 즐거워하고 삶을 미워하겠는가? 또 호적이 없는 백성도 아니며 파, 촉의 백성들과 임금을 달리하는 것도 결코 아니다. 다만 그들은 깊이 생각하고 멀리 내다보아 나라의 위급을 급무로 생각하고 신하의 도리를 다하는 것을 즐거움으로 생각할 따름이다.

그런 까닭에 부를 쪼개어 후에 봉함을 받고 규옥을 갈라 작위를 받으며 지위는 통후(通侯 : 列侯)가 되고 주거는 동제(東第 : 帝城의 동쪽에 있는 큰 저택)의 열에 있게 되고 마침내 후세에 빛나는 이름을 남기고 자손에게 봉지를 전할 수 있는 것이다.

행하는 일은 매우 충경(忠敬)하고 지위는 안온하며 명성은 무궁하게 전해지고 공업은 세상에 드러나 사라지지 않는다. 그런 까닭에 현인, 군자는 간과 뇌를 중원 땅에 뿌리고 고혈로 초야를 물들일지라도 사양하지 않는 것이다.

그런데 이제 척사 경호의 임무를 맡고 남이에 나아가면서 스스로 목숨을 끊거나 도망을 하려다 베이게 된다면 몸은 죽어 이름을 남기지 못하고 그 어리석음은 후세에까지 전해진다. 치욕은 부모에게까지 미치고 천하 사람들의 웃음거리가 된다.

사람의 기량이 서로 다름이 얼마나 심한가. 그러나 이것은 징발되어 출병하는 본인들의 죄만은 아니다. 먼저 부형이 가르치지 않고 자제들이 삼가 가르침에 순종하지 않으며 염치를 아는 마음이 적고 풍속이 돈독하지 않기 때문이다. 그들이 형벌을 받는 것도 당연하지 않은가?

폐하께서는 관리가 저 당몽 같을까 염려하고 어리석은 백성이 이 사람들처럼 될 것을 가슴 아프게 생각하여 믿을 만한 사자를 이곳에 보내 군사를 징발한 사정을 밝힘과 아울러 불충한 자를 책망하고 백성들을 깨우쳐 주지 못한 삼로(三老), 효제(孝弟 : 백성을 교도하는 직책)의 과오를 책하도록 명을 내리신 것이다.

때마침 농번기라 사람들을 번거롭게 할까 걱정이 된다. 가까운 고을 사람들은 내가 만나 깨우쳤으나 먼 두메산골 사람들은 두루 살피지 못할 수도 있다. 그러니 이 격문이 도착하거든 곧 현내(縣內)의 오랑캐 부락에 게시하여 한 사람도 빠짐없이 폐하의 뜻을 알게 하라.

결코 소홀히 해서는 안 될 것이다.

사마상여는 돌아가 천자께 이 사실을 보고했다.

당몽은 야랑을 점령한 뒤 길을 개통하고 다시 나머지 서남이의 길을 개통하고자 파군(巴郡), 촉군(蜀郡), 광한군(廣漢郡)의 군사를 징발했다.

수만 명이 노역에 동원되어 도로 공사에 종사했다. 그러나 2년이 걸려도 도로는 완성되지 않고 사졸들이 많이 죽었으며 막대한 경비가 들었다. 촉나라 백성이나 한나라 요직에 있는 자들은 한결같이 그것이 유익한 일이 못 된다고 말했다.

그 무렵 공(邛), 작(筰 : 모두 나라 이름)의 군장 가운데는 남이가 한나라와 교통하여 많은 상을 받았다는 말을 듣고 한나라 관리를 청해 남이처럼 대우받기를 바라는 자가 많았다. 천자가 이 일에 대하여 사마상여에게 묻자 이렇게 대답했다.

"공(邛), 작(筰), 염(冉), 방(駹 : 모두 나라 이름)은 촉(蜀)에 가까우므로 길을 여는 것도 쉽고 진(秦) 시대에는 이들과 교통하여 군현을 삼은 일도 있습니다. 한나라가 일어난 후부터 통교를 중단했으나 이제 다시 이들과 교통하여 군현을 둔다면 이익 됨이 남이보다 나을 줄로 압니다."

천자는 그럴 것이라고 생각하여 사마상여를 중랑장으로 임명하고 부절(符節 : 勅使의 표시)을 세워 사자로서 서이에 보냈다. 부사(副使)로 왕연우(王然宇), 호충국(壺充國), 여월인(呂越人)과 사두마차의 역전거로 파, 촉의 관리가 준비한 폐물(幣物)을 들려 서이로 갔다.

사마상여가 촉에 도착하자 촉군의 태수 이하는 교외로 영접을 나오고 현령은 활촉을 등에 지고 앞에서 인도했다. 촉군 사람들은 사마상여를 영접하는 것을 영광으로 생각했다. 이리하여 탁왕손(卓王孫)과 임공(臨邛)의 제공(諸公)은 모두 사마상여의 문하(門下) 사람을 통해 소와 술을 바치고 사마상여와 함께 즐겼다. 탁왕손은 딸을 사마장경에게 일찍 시집보내지 못했다고 탄식하며 딸에게도 아들과 공평하게 재산을 충분히 갈라 주었다.

사마장경은 얼마 안 되어 서이를 평정했다. 공, 작, 염, 방, 사유(斯楡)의 군장들은 모두 청원하여 한나라의 신하가 되었다. 기존의 관소(關所)를 폐지하고 새로 개척한 변경에 관소를 설치하여 한나라의 세력 범위는 점점 넓어졌다. 서쪽으로는 말수(沫水), 약수(若水)에 이르고 남쪽으로는 장가강(牂牁江)에 이르렀다. 강 가운데 목책을 만들어 경계로 삼았으며 영관(零關) 길을 개통하고 손수(孫水)에 다리를 가설하여 공도(邛都)로 통하게 했다.

돌아와서 천자에게 보고하니 천자는 매우 기뻐했다. 사마상여가 사신으로 갔을 때 촉의 장로 대부분 서남이와 교통하는 것은 무익하다 말하고 한나라 대신들마저 그러한 의견에 동의했다.

사마상여는 천자에게 간하려고 했는데 일이 이미 착수되었으므로 간하지 않았다. 대신 글을 지어 촉군 부로의 말을 빌려 문장을 엮어 이를 논난함으로써 천자에게 넌지시 간하는 뜻을 표하여 깨우치게 하는 동시에 사람들에게 천자의 의향을 알렸다.

그 글은 다음과 같다.

〈難蜀父老文〉[219]

한나라가 일어난 지 칠십팔 년, 천자의 덕은 6대(高祖, 孝惠帝, 高后, 孝文帝, 孝景帝, 孝武帝)에 걸쳐 흥성하여 무위(武威)는 장하고 은혜는 깊고 넓으며 만백성들이 덕택을 입기는 멀리 사방 끝까지 차고 넘쳤다.

그리하여 폐하는 사자인 나에게 서정(西征)을 명령했는데 한나라에 복종하지 않던 자는 내가 나아감에 따라 흐르는 물과 같이 물러서고 바람에 나부끼지 않는 초목이 없는 것처럼 모두가 따랐다. 그리하여 염(冄)을 입조시키고 방(駹)을 복종하게 하고 작(筰)을 평정하고 공(邛)을 보전하고 사유(斯楡)를 공략하고 포만(苞滿)을 점령했다.

그래서 수레를 돌려 동쪽으로 돌아와 천자께 이 사유를 보고하려고 촉도(蜀都)까지 왔을 때 기로(耆老), 대부(大夫), 진신 선생(搢紳先生) 등 이십칠 명이 위의를 갖추어 나를 방문했다. 인사가 끝나자 그들은 앞으로 나와 말했다.

"듣기로 천자께서는 이적에 대하여 소와 말을 이끌어 내듯이 교섭을 유지하는 것이 옳다고 합니다.

그런데 이제 파, 촉, 광한 3군의 사졸을 수고롭게 하여 야랑의 길을 열기로 한 지 3년이 되는데도 도로는 완성되지 않아 사졸은 피로에 빠졌으며 만민은 생활에 곤란을 당하고 있습니다.

---

219) 이 글은 ≪文選≫ 권44에 選錄되어 있다.

지금 또 서이와 통교하려고 합니다만 백성의 힘이 다하여 아마도 사업을 끝낼 수는 없을 것입니다. 그렇게 되면 사자에게도 누가 될 것입니다. 그래서 우리들은 당신을 걱정하는 바입니다.

또 공, 작, 서북 등이 중국과 병존해 온 세월은 실로 오래 되었으나 역사를 기록할 수 없는 곳입니다. 옛날 인덕(仁德) 있는 제왕도 덕으로써 부르지 못했고 강한 제왕도 힘으로써 억누르지 못했던 곳입니다. 생각건대 그것은 불가능하기 때문이 아니었을까요.

이제 백성의 물자를 쪼개어 이적에게 재물을 주고, 믿는 백성을 피폐케하여 무용한 서이와 통교하는 일에 전심하는데, 우리들 시골 사람은 고루하여 대체 무슨 이유로 그런 일을 하는 것인지 이해가 되지 않습니다."

사자가 말했다.

"어찌하여 그와 같은 말을 하는가? 당신들의 말과 같다면 원래 만지(蠻地)였던 촉은 의복을 바꾸지 않았고 파도 풍속을 바꾸지 않았고 중국에 동화하지도 않았을 것이다. 나같이 평범하고 용렬한 사람도 그러한 주장에는 찬성할 수 없다.

그러나 서이와의 통교는 중대한 문제이니 방관자가 진상을 잘 이해하지 못하는 것은 당연한 것이다. 나도 갑자기 출발해 왔으므로 상세하게 들을 수는 없었으나 그대들을 위해 대략 설명해 보기로 한다.

생각건대 세상에는 비범한 인물이 태어나면 비범한 일이 일어난다. 비범한 일이 일어난 뒤에야 비범한 공업이 이루어지는 것이다.[220] 비범한 일은 원래 보통 사람의 눈에는 이상한 것으로 보인다. 그런 까닭에 '비범한 일이 시작되면 보통 사람은 무슨 일이 일어났는가 두려워하나 그것이 성

---

220) 상여 사후인 元封 5년(기원전 106년) 武帝는 조서를 내렸는데 그 글 가운데 '대저 비상한 공은 반드시 비상한 사람한테 기대한다.'는 말이 있다. 이것은 相如의 이 글에 기초한 것으로 相如의 문장에 武帝가 깊은 경의를 표했음을 보여 주는 증좌이다.

공한 다음에는 천하가 안심한다.'고 말하는 것이다.

옛날에 홍수가 나서 여러 하천이 범람했을 때 사람들은 수해를 피하기 위해 혹은 올라가고 혹은 내려가는 등 거처를 옮기며 그 마음이 조금도 편안할 수 없었다. 하나라 우왕은 이를 걱정하여 홍수의 근원을 막으려고 강을 넓히고 내를 만들어 물을 분산시킴으로써 수해를 없애고 물을 동쪽 바다로 흘려보내 그 결과 천하가 오랫동안 편안하게 되었다.

이 경우 근로한 것은 백성뿐이었을까? 아니다. 하후씨(夏后氏)도 몸소 옥체를 수고롭게 했던 것이다. 즉 마음은 치수 계획으로 번민하고 몸에는 굳은살이 박이고 털은 닳고 닳아 피부에는 털이 나지 않았다. 그런 까닭에 하후씨의 선미(善美)하고 위대한 공업은 무궁하게 드러나고 명성은 오늘날까지 이르러 두루 전해지는 것이다.

또 대체로 현군이 즉위하면 고작 작은 일에 구애받아 법규에 매이고 속습(俗習)에 끌리며 책에서 익힌 대로 따라 세상에서 기뻐하는 일만 하는 것일까? 아니다. 반드시 원대한 논의를 전개하여 큰 업을 일으켜 전통을 세우고 만세의 모범이 되려고 할 것이다. 그러므로 모든 땅을 겸병하고 사방의 이적을 포용하는 일에 힘써 덕을 천지에 비하려는 것이다.

《시경》 소아(小雅) 〈북산편(北山篇)〉에도 '보천(普天) 아래 왕토(王土) 아닌 것이 없고 솔토(率土)에 왕신(王臣) 아닌 이가 없다.'고 했지 않은가? 그런 까닭에 천자의 덕화(德化)는 육합(六合:天地四方)의 안과 팔방(八方:四方과 四隅)의 밖에 이르기까지 물이 스며드는 것 같아 온 세상이 이를 얻는데 그 덕택을 입지 못하는 자가 있다면 현군은 이를 부끄러워하는 것이다.

이제 중국 안에서는 덕화에 의해 의관속대의 예에 따르는 한민족은 다 복을 얻었다. 그러나 중국과 풍속이 다른 이적의 나라와 먼 구석진 땅은 주거(舟車)도 통하지 않고 중국인의 내방도 드물어 정치의 교화가 아직 미치지 아니하고 천자의 덕화는 지금도 이르지 못하고 있다.

따라서 중국 변경에서는 의를 범하고 예를 침노하며 자기 나라 안에서 요사한 행동을 마음대로 하여 주군을 쫓아내고 죽이기도 한다. 임금과 신하의 지위를 바꾸고 존비의 질서가 없어져 부형은 죄 없이 죽임을 당하고 어린아이는 노예가 되어 새끼에 묶여 끌려가며 울고 있다.

게다가 저들은 모두 중국을 원망하기를, '듣건대 중국에는 지극히 어진 천자가 있어 그 덕을 넓히고 은혜를 고루 베풀어 제자리를 얻지 않는 만물이 없다고 하는데 어찌 우리들만 버려두는가.' 하며 가뭄에 비를 바라듯 뒤꿈치를 들어 중국을 바라보며 사모하고 있다.

이 때문에 포악한 자일지라도 눈물을 흘리지 않을 수 없을 정도니 하물며 성천자(聖天子)로서야 더 말할 것도 없는 일, 어찌하여 이를 그대로 버려둘 것인가? 그런 까닭에 북쪽으로 군사를 출동시켜 강포한 오랑캐를 치고 남쪽으로 사자를 달리게 하여 강월(强越)을 꾸짖게 한 것이다.

이리하여 사방의 나라들은 덕풍에 교화되고 서이, 남이의 군장들은 고기가 떼를 지어 물줄기의 흐름을 따르듯 중국을 흠모하여 작호(爵號)를 받고자 원하는 자는 억(億)으로 헤아릴 정도다.

그래서 말수(沫水), 약수(若水)로써 관소를 삼고 장가강으로써 경계를 삼으며, 영산(零山)을 뚫어 길을 통하게 하고 손수(孫水)의 근원에 다리를 놓아, 도덕의 길을 열고 인의의 대통(大統)을 드리운 것이다.

금후로는 은위(恩威)를 베풀 범위를 넓혀 멀고 먼 곳까지 미치게 하여 궁벽한 지방과도 서로 교통하고 몽매한 암흑 지대를 문화의 광명으로 비추어 주며, 여기서는 무기를 버리고 전쟁을 그치며 저기서는 주벌(誅伐)을 그쳐 원근의 다름없이 중외(中外)를 모두 안락행복하게 하려는 것이다. 어찌 즐거운 일이 아니겠는가.

어려운 가운데서 백성을 구제해 내고 지존의 미덕을 받들게 하며 쇠퇴해 가는 세상을 만회하고 주나라의 끊어진 왕업을 잇는 것은 천자의 급선무다. 인민이 노고한다고 해서 어찌 이 일을 그칠 수 있겠는가. 게다가 왕자의 사업이란 원래 근심하고 부지런한 데서 시작하여 안락을 얻는 데서 끝나는 것이다.

그리고 보면 천자가 천명을 받은 부(符)는 이 서남이와 교통을 하고 먼 지방의 백성을 걱정하여 부지런히 힘쓰는 데 있다고 말할 수 있을 것이다. 천자는 이제 태산의 제단을 높이 하여 하늘에 제를 지내고 양보산(梁父山)에서 땅에 제사지내어[221] 수레 방울을 울리고 주악의 송가를 연주하여 그 덕은 위로 오제와 같이하고 아래로는 삼왕의 덕을 뛰어넘으려 한다.

그런데 방관하는 보통 사람은 천자의 마음을 아직 모르고 그 말씀을 들어도 이해하지 못하여 마치 초명(鷦明 : 큰 새 이름)은 하늘을 날고 있는데 그물을 치는 자는 여전히 덤불 속을 들여다보는 꼴이니 진실로 슬픈 일이 아닌가?"

이 말을 들은 촉나라의 대부들은 망연하여 그들이 품고 왔던 뜻과 답변할 말조차 잊고 깊이 탄식하였다.

"한나라의 덕은 진실로 위대하군요. 이것이야말로 우리들 시골사람이 듣고 싶어했던 바입니다. 백성들이 태만할지라도 우리들이 앞장서서 일에 종사하겠습니다."

하며 주저없이 하직하고 돌아갔다.

그 뒤 누군가가 상서하기를,

"사마상여는 사신으로 갔을 때 뇌물을 받았습니다."

---

221) 이른바 封禪祭를 말한다. 封禪은 천하에 태평성대를 구현한 성천자만이 행할 자격이 있다고 생각했다. 封이란 泰山 위에 흙을 쌓아 제단을 만들고 하늘에 제사지내는 의식. 禪이란 梁父山(泰山 아래의 작은 산) 위의 땅을 깨끗이 쓸고 제단을 만들어 땅에 제사지내는 의식.

하여 그 때문에 사마상여는 벼슬을 내놓게 되었는데 1년 후에 다시 낭관에 임명되었다.

사마상여는 말을 더듬었으나 글은 잘 지었다. 지병으로 소갈(消渴 : 당뇨병)이 있었지만 탁씨와 결혼하여 재산은 풍족했다. 그는 나아가 벼슬을 하기는 하나 예전부터 공경이나 국가의 일에 관여하려 하지 않고 늘 병든 몸이라고 일컬어 한가히 있으며 관작을 바라지 않았다.

예전에 천자를 따라 장양궁(長楊宮)에 가서 사냥을 했다. 그때 천자가 수레를 달려 흥이 나는 대로 곰과 멧돼지를 쏘고 야수를 추격하였으므로 사마상여는 글을 올려 간했다.

그 글은 다음과 같다.

〈上疏[書]諫獵〉[222]

신은 이렇게 듣고 있습니다. '물건은 유(類)를 같이하되 능력을 달리하는 것이 있다. 그런 까닭에 힘은 오획(烏獲 : 秦의 力士)을 일컫고 민첩하기는 경기(慶忌 : 吳王 僚의 아들)를 말하고 용감한 것은 맹분(孟賁), 하육(夏育 : 모두 옛날의 용사들)을 기대한다.'고 합니다.

신은 어리석은 자이지만 실로 사람에게는 그런 점이 있고 짐승 또한 그러리라 생각합니다. 지금 폐하께서는 즐겨 위험을 무릅쓰고 맹수를 쏩니다. 만약 갑자기 특출한 맹수와 만나거나 생각지도 못한 곳에서 놀란 짐승이 튀어나와 수레의 뒷먼지를 범한다면 멍에를 돌릴 겨를도 없고 재치 있게 판단할 겨를도 없어 오획, 봉몽(逢蒙 : 옛날의 名弓手)의 기량이 있다 하더라도 그 능력을 쓸 수가 없어 마른 나무와 썩은 그루터기라도 해를 끼칠 수 있을 것입니다.

---

222) 이 글은 ≪文選≫ 권39에 選錄되어 있다.

이것은 한나라의 적인 북방의 흉노, 남방의 월나라가 수레의 바퀴통 밑에서 불시에 일어나고 서방의 이적이 수레 뒤 가로대에 달려드는 것같이 얼마나 위험한 일이겠습니까?

만전을 기하여 염려할 것이 없다고는 하나 본래 천자가 가까이할 장소는 아닙니다. 또 길을 쓸어 깨끗이 한 다음에 중앙을 달린다고 해도 때로는 말이 재갈을 벗어 버리고 날뛰는 변고가 일어납니다. 더욱이 잡초가 우거진 곳을 지나가고 높거나 낮은 구릉을 달리면서 앞의 짐승을 쫓아가 잡는 즐거움에 변고를 생각하지 않는 경우도 있을 수 있으니 그것이 화가 되더라도 이상한 일은 아닙니다.

대체로 만승 천자의 소중한 몸을 가볍게 여기는 것은 안전한 일이라고 할 수 없습니다. 그러므로 만에 하나라도 위험한 길로 나가는 것을 즐겨 그것을 유쾌한 일로 삼으신다면 신으로서는 은근히 불만스럽게 여기는 바입니다.

생각건대 식견이 밝은 자는 싹이 트기도 전에 그 일을 미리 알아보고, 지혜가 있는 자는 형체로 나타나기 전에 그 위험을 피합니다. 본래 화란 잘 보이지 않는 곳에 숨어 있다가 마음을 놓으면 발생하는 것입니다. 그러므로 속담에도 '집에 천금을 쌓아 놓은 자는 집 가장자리에 앉지 않는다.'고 합니다. 이것은 하찮은 일에 대한 말인 듯하지만 얼마든지 큰일에도 비유할 수 있습니다.

원컨대 폐하께서는 이런 일에 유의하시어 살피신다면 다행이겠습니다.

천자는 상여의 뜻을 받아들였다.

돌아오는 길에 의춘궁(宜春宮 : 秦나라 이세 황제의 묘 근처에 있는 離宮)을 지나갔다. 사마상여는 부(賦)를 지어 올려 진나라 이세 황제의 과실을 슬퍼했다. 그 글은 다음과 같은 것이었다.

〈哀秦二世賦〉[223]

경사진 긴 언덕길을 올라가 여러 층을 이룬 높다란 궁전에 들어가서 굽이진 강 머리의 물가를 굽어보며 높고 낮게 이어진 남산을 바라본다.

큰 골짜기는 아득히 깊고 험하고 높은 산은 환히 트여 시원스럽게 뚫렸구나. 빠르게 흐르던 물은 멀리 넓고 평평한 강으로 들어간다. 온갖 나무들이 울창하고 죽림이 무성하게 자란 것도 본다.

동쪽의 축산(築山)으로 달려가고 북의 돌여울 물을 옷을 걷고 건너며, 절정(節旄 : 천자의 旗)을 멈춘 채 고요히 서성이면서 진나라 이세 황제의 유적을 살펴 조상한다.

진나라 이세는 몸가짐을 삼가지 않아 나라는 멸망하고 권세를 잃었도다. 참소하는 신하를 믿어 진실을 깨닫지 못하고 마침내 종묘는 끊어지고 멸망했도다.

아아, 슬프구나! 소행이 좋지 않았기에 무덤에는 잡초가 우거져도 돌볼 사람이 없고 혼은 돌아갈 곳이 없으며 제사를 받드는 자도 없도다.

아득히 세월이 흘러갈수록 황폐는 더해 가고 오래되면 될수록 더더욱 암담해지고 영혼은 허깨비가 되어 저 높은 하늘을 향하여 날아올라 갔을 것이다.

아아, 슬프도다!

사마상여는 효문제 능원의 장관으로 임명되었다. 전에 〈자허지부〉를 칭찬한 천자가 선인(仙人)의 도를 좋아한다는 것을 알게 된 사마상여가 이렇게 말했다.

---

223) '哀秦二世賦' 라고 한 것은 상여 자신이 붙인 것이 아니고 후인들이 붙인 것.

"상림(上林)의 일은 아름답다고 하기에는 부족하며 그보다 더 아름다운 것이 있습니다. 신이 일찍이 〈대인부(大人賦)〉를 지었으나 아직 완성하지 못했습니다. 이것을 완성하여 올리겠습니다."

사마상여가 생각하기를 '≪열선전(列仙傳)≫에 의하면 선인들은 산과 못 사이에 살면서 그 형용은 매우 파리하게 되어 있는데 이것은 천자가 염원하던 선인은 아닐 것이다.' 하고 드디어 〈대인부(大人賦)〉를 완성했다. 그 글은 이러하다.

〈大人賦〉

세상에 대인(大人 : 天子를 가리킴)이 있으니 중주(中州)에 살고 있다. 그 저택은 만 리에 이르도록 넓지만 잠시도 그곳에 머무르지 않는다. 절박하고 좁은 것을 슬퍼하여 세속을 떠나 멀리 하늘에 올라 노닐고는 했다.

붉은 깃발에 무지개를 걸어 구름을 타고 상공에 높이 떠올라간다. 황백(黃白)의 긴 장대를 세워 그 끝에 가지각색의 빛나는 장식을 달고 그 아래에 순시(旬始 : 별자리의 이름)를 본뜬 휘장을 늘어뜨리고 혜성을 끌어당겨 연미(燕尾)를 삼으니 바람에 따라 높이 나부끼며 펄렁펄렁 뒤치며 흔들린다.

참창(攙搶 : 혜성의 한 가지)을 취하여 깃발로 하고 둥글고 아름다운 무지개를 나부끼게 하여 주(綢 : 깃대를 싸는 포대)로 했다. 그 붉은 색깔은 서로 어울려 눈부시며 바람처럼 솟아오르고 구름처럼 떠오른다.

꿈틀꿈틀 나아가다 멈추고 멈췄다 나아가는 응룡(應龍 : 날개 있는 용) 모양의 운거(雲車)를 타고 적룡(赤龍), 청룡(靑龍)으로 수레의 세 마리 말을 대신한다.

용들은 머리를 수그렸다 세우며 그 기세가 왕성하다. 때로는 오만한 듯 목덜미를 세우기도 하고 몸을 구부려 등을 곧추세우며 혹은 똬리를 틀어앉고 머리를 흔들어 목을 늘였다 머리를 우뚝 들어 앞을 노려보고 제멋대로 고개를 들어 별안간 나아가고 갑자기 물러서며 눈을 움직이고 입을 열어 혀를 내민다.

좌우로 날아올라 서로 따르면서 여러 번 머리를 흔들고 기세등등하게 달렸다가, 분주하게 서로 의지하여 이끌고 서로 부르며 땅을 밟고 내려섰는가 하면 훌쩍 솟아 나란히 미친 듯 달리며 서로 쫓는다. 날리는 불덩이처럼 왔다가 번개처럼 지나가고 안개처럼 사라지며 구름처럼 흩어진다.

옆으로 동극(東極)을 건너가서 북극(北極)에 오른다. 진인(眞人 : 神仙)을 만나 오른쪽으로 선회하며 옆으로 비천(飛泉 : 곤륜산 서남쪽에 있다는 골짜기)을 건너 정동(正東)으로 간다.

영어(靈圉 : 仙人)를 모두 불러 선택하고 여러 신들을 요광(瑤光 : 북두칠성의 한 별)에서 부서를 정해 수레에 태우고 오제(五帝 : 동서남북, 중앙의 神)로 하여금 선도하게 하고 태일(太一 : 별 이름)로 하여금 제자리에 돌아가게 하며 능양(陵陽 : 仙人의 이름)을 시종으로 하고 현명(玄冥 : 水神)과 우신(雨神)을 왼쪽으로, 함뢰(含雷 : 神名)를 오른쪽으로, 육리(陸離 : 神名)를 앞으로, 휼황(潏湟)을 뒤로 하여 정백교(征伯僑), 선문(羨門 : 다 仙人의 이름)을 부리고 기백(岐伯 : 皇帝의 의원)에게 명하여 약방(藥方)을 관리하게 하며 축융(祝融 : 火神)에게 경호를 시켜 행인의 동행을 금지시키고 악기(惡氣)를 맑게 한 뒤 나아간다.

나(大人의 자칭)의 수레를 모으니 만 승이나 된다. 오색 구름으로 수레의 뚜껑을 하고 빛나는 깃발을 세우고 구망(句芒 : 木神)으로 하여금 종자를 거느리게 하여 남쪽으로 가서 즐기고자 한다.

제요(帝堯)를 숭산(崇山 : 堯의 葬地)으로 방문하고 제순(帝舜)을 구의산(九疑山 : 舜의 葬地)으로 방문한다. 행렬은 뒤섞여 착잡하고 서로 겹쳐서 나란히 달리며 어지럽게 대질리고 한없이 많고 성하여 물이 흐르는 것처럼 나부끼며 움직여 나아가고 이어서 모였다가 넓게 흩어져 뒤섞인다.

우르르 콰 하고 우레소리 들리는 뇌실(雷室 : 雷神의 거처)로 곧바로 들어가고 울퉁불퉁한 바위가 이어져 있는 귀곡(鬼谷 : 뭇 귀신이 모이는 곳)을 통과해 나온다.

팔굉(八紘 : 八方)을 관람하고 사황(四荒 : 사방의 僻地)을 보고 나서 큰 강을 건너고 오색의 다섯 하수(河水)를 넘어 염화산(炎火山)을 지나 약수(弱水)에 배를 띄워 유사(流沙)를 건너간다.

총령산(葱領山)에서 쉬었다가 범람하는 물 위에서 즐기는데 여와(女媧 : 옛 女帝)에게 비파를 타게 하고 풍이(馮夷 : 河神)로 하여금 춤을 추게 한다.

때로는 아득하고 혼미하여 정신이 혼탁해질 것 같다. 병예(屏翳 : 天神의 사자)를 불러 풍백(風伯 : 風神)을 죄 주고 우사(雨師)를 형벌한다.

서쪽의 분명하지 않은 곤륜산(崑崙山) 모습을 바라보며 곧바로 삼위산(三危山)으로 달려가 창합(閶闔 : 하늘의 문)을 밀쳐 천제의 궁전에 들어가 옥녀(玉女)를 태워 그와 함께 돌아온다.

낭풍산(閬風山)에 올라 천천히 거닐며 먼 곳에 멈췄다가 돌연히 새처럼 높이 날아올라 잠시 쉰다.

음산(陰山)을 낮게 돌아 날아오르고 이제 눈앞에서 서왕모(西王母 : 仙女)를 본다. 흰 머리털에 머리꾸미개를 올려 혈거(穴居)하고 있다. 다행히 삼족오(三足烏)가 있어 그의 사역(使役)을 담당하고 있다.

장생한다는 것이 반드시 이와 같아 불사한다면 비록 만세에 걸쳐 사는 것도 기뻐할 것이 못 된다.

수레를 돌려 왔다 갔다 하며 부주산(不周山)을 날아 유도(幽都 : 북방의 仙都)에서 회식하고 항해(沆瀣 : 북방 夜半의 기운)를 호흡하고 조하(朝霞 : 일출시 赤黃의 기운)를 먹고 지영(芝英 : 瑞草)을 씹고 경수(瓊樹)의 꽃을 조금 먹으며, 우러러 점점 높이 올라 크게 비약하여 번개의 섬광을 아래로 보고 뭉게뭉게 피어나는 비구름을 건너 유차(遊車 : 앞 수레)와 도차(道車 : 배종하는 수레)를 달려 장로(長路)를 따라 내려가니 멀리 안개를 뒤에 남긴 채 빠르게 사라져 간다.

우주를 좁다 하여 절정(節旌)을 천천히 펼쳐들고 북극으로 나아간다. 주둔시킨 기사(騎士)를 현궐(玄闕 : 북극의 산)에 남겨두고 선구(先駈)로 하여금 한문(寒門 : 하늘의 북문)을 빠져나가게 하는데 아래는 깊고 멀어서 땅이 없고 위는 광막하여 하늘이 없다.

보려 해도 눈이 아물거려 보이는 것이 없고 들으려 해도 귀가 멍하여 들리는 것이 없다. 허무(虛無)를 타고 올라가 이르니 벗이 없고 초연히 홀로 존재하더라.

사마상여가 대인을 칭송하는 이 글을 올리자 천자는 크게 기뻐하기를, 경쾌하게 날아 구름 위로 올라간 것 같은 기분이고 천지 사이를 자유로이 노니는 것 같은 뜻이 있다고 하였다.[224]

그 후 사마상여는 병이 들어 관직에서 은퇴하여 무릉(茂陵)에서 살았다. 그러자 천자는,

"사마상여는 병이 위중하다. 곧 가서 그의 저서를 모두 얻어 오는 것이 좋을 것이다. 그렇게 하지 않는다면 나중에 그것을 잃어버릴 우려가 있다."

라고 말하고는 소충(所忠)을 사마상여에게 보냈다. 그런데 사마상여는 이미 죽고 집에는 저서가 없었다. 소충이 사마상여의 아내에게 물으니 이

---

224) 〈大人賦〉에서 相如는 無見·無聞·獨存의 虛無의 세계에 있는 참된 선인을 표현하며 또 그에 이르기가 쉽지 않음을 설하여 武帝를 훈계했는데 武帝는 文面의 화려한 묘사에 감탄하고 相如의 의도는 읽지 못했다.

렇게 대답했다.

"장경은 본래 저서를 가지고 있지 않았습니다. 때때로 문장을 써도 누군가가 다 가져가고 집에는 아무것도 없습니다. 다만 장경이 생전에 한 권의 책을 써서 남기며 '사자가 와서 천자께서 나의 저서를 요구하신다고 말하면 이것을 올려라.'고 했을 뿐입니다."

그 유고는 봉선(封禪)에 대한 일을 쓴 것으로서 사마상여의 아내가 소충에게 넘겨주니 소충은 그것을 천자에게 올렸다. 천자는 이것을 진중(珍重)하게 여겼다. 사마상여는 그 저서에 이렇게 논술했다.

〈封禪文〉[225]

대체로 상고 시초에 하늘이 백성을 낸 뒤로 역대 군왕을 거쳐 진(秦)나라에 이르렀다. 근세의 군왕에 대하여 알고자 하는 자는 그 사적을 살필 수 있고 먼 옛날의 군왕에 대하여 알고자 하는 자는 그 유풍, 명성을 통해 살필 수 있을 것이다.

그런데 예부터 군왕이 된 자는 너무나 많고 어지럽게 흩어져 이름이 묻혀 사라진 자는 다 헤아릴 수 없다. 순(舜)이나 우(禹)를 이어 그 이름을 추앙하고 사후의 시호를 높이 받들어 후세에 일컬을 만한 자는 칠십이 군(君)이 있다. 그중 선한 것에 따르고 창성하지 않은 군왕은 없고 도리에 어그러지는 행동을 하고도 멸망하지 않은 군왕은 없다.

황제(黃帝) 이전의 일은 멀고 아득해서 상세한 것은 알 수 없으나 오제 삼왕의 사적을 비롯하여 육경(六經) 등 기타 서적에 전하는 바는 오늘날에도 볼 수 있는 일이다.

《서경》에 '군주는 총명하고 그 신하는 선량하다.'고 했는데 이에 의

---

225) 이 글은 《文選》 권48에 選錄되어 있다.

하면 군주로서는 요순(堯舜)보다 성덕(盛德)한 자가 없고 신하로서는 후직(后稷 : 堯의 신하로서 周나라의 始祖. 후직은 벼슬 이름)보다 현명한 자가 없다.

후직은 요제(堯帝) 때 백곡을 심어 처음으로 백성에게 농사짓는 일을 가르쳤고 그의 증손인 공류(公劉)는 서융의 땅에서 공적을 올리고 또 문왕(文王)은 제도를 고쳐 처음으로 왕업을 이루니 이에 주나라는 크게 융성하게 되었으며 대도(大道)가 이루어졌다.

그 후 점차 쇠약해졌지만 세상에서 왕으로 있던 천 년 동안은 악평을 받지 않았다. 처음에도 잘하고 끝도 좋았다고 어찌 말할 수 있지 않겠는가?

주나라가 그렇게 된 것은 달리 까닭이 있었던 것이 아니다. 그것은 선조가 창업을 삼가고 자손인 후세의 왕이 그 끼친 교화를 삼가 지켜 왔기 때문이다. 그러므로 주나라의 사적(事績)은 평이하여 따르기 쉽고 은택은 깊고 광대하여 번성하기 쉬우며, 법도는 명백하여 본받기가 쉬울 뿐 아니라 후세에 전하는 천하 통치 사업의 이치에 순응하기 때문에 자손이 그것을 계승하기가 쉬웠던 것이다.

그런 까닭에 그 왕업은 성왕(成王) 시대에 융성하여 문왕·무왕 시대보다도 한결 더 숭고하다. 주나라의 처음과 마지막을 깊이 연구해 보더라도 지금의 한나라가 참고할 만한 각별히 훌륭한 사적이 있는 것도 아니다. 그렇건만 오히려 양보(梁父)를 걸어 태산(泰山)에 올라[226] 혁혁한 명예를 세상에 널리 알리게 된 것이다.

대한(大漢)의 덕은 원천(源泉)과 같아서 왕성하게 솟아올라 성대하게 넘치고 퍼져서 사방에 널리 미친다. 구름처럼 퍼지고 안개처럼 흩어져서 위

---

226) 泰山에서 封을, 梁父山에서 禪을, 다시 말해 封禪을 행했음을 말한다. 당시 周의 成王이 封禪을 행했다고 믿었던 것 같다.

로는 구중(九重)의 천상에 오르고 아래로는 팔방의 극지(極地)로 흐른다.

살아 있는 모든 것은 천자의 은택에 젖고 화락한 기는 사방에 고루 이르며 무위(武威)는 질풍처럼 먼 곳에까지 미치고, 가까운 자는 그 은택의 원천에서 놀고 먼 자는 하류에서 헤엄치며 모든 악의 원흉은 멸망하고 몽매한 자는 광명을 얻어 곤충에 이르기까지 화락하여 모든 머리를 돌려 천자의 덕을 사모하고 있다.

그렇게 된 후에 천자는 진기한 추우(騶虞 : 지극히 아름다운 덕이 있으면 세상에 나타난다는 상서로운 짐승의 이름)의 무리를 원유(苑囿)에서 기르고 미록(麋鹿)과 같은 불가사의한 짐승을 국경에서 잡으며, 한 줄기에 여섯 이삭이 달린 서미(瑞米)를 부엌에서 골라 종묘에 바치고 한 뿌리에 뿔이 쌍으로 돋아난 상서로운 짐승(흰 기린. 지극히 희귀함을 비유)을 희생물로 바치며, 주나라의 보정(寶鼎)을 얻고 기수(岐水)에서 신령스러운 거북을 손에 넣으며 못에서 취황색(翠黃色)의 신룡(神龍)을 부르고 빈객으로 귀신과 접하는 무녀(巫女)를 한가롭고 고요한 관사에 둔다.

진기한 물건, 불가사의한 일들은 이 정도로 탁이(卓異)한 변화를 더할 수 없이 다하니 진실로 뚜렷한 서조(瑞兆)라 아니할 수 없다.

이와 같이 상서로운 부(符)가 나타났는데도 천자는 오히려 나의 덕이 엷다 하시며 겸손하게 굳이 봉선의 일을 말씀하지 않는다.

생각건대 주나라에서는 무왕이 은나라 주왕(紂王)을 토벌하러 갔을 때 백어(白魚)가 그의 배로 뛰어든 것을 상서로운 일이라 하여 구워서 하늘에 제사를 지냈는데[227] 이러한 것을 상서롭다 하기에는 지극히 미미한 일

---

227) '武王이 강을 건너는데 중간쯤 가서 白魚가 배 안으로 뛰어들어 武王이 머리를 숙이고 잡아서 제사지내다.'(≪史記≫ 周本紀)

이 아니겠는가? 그런데도 그것을 이유로 태산에 올라 봉선을 했으니 부끄러운 일이 아닌가? 주나라의 지나침과 한나라의 겸양이 이 얼마나 서로 다르단 말인가?

이에 대사마(大司馬)가 나아가 말했다.[228]

"폐하께서는 인덕으로 군생(群生)을 기르시고 대의로써 불순한 무리들을 정벌하셨습니다. 중국 안에 살고 있는 모든 사람들은 기꺼이 공물을 받들고 모든 만이들은 봉물을 올려 입조했습니다.

폐하의 덕은 상고의 제왕과 같고 그 공업은 뒤따를 자가 없습니다. 그 선하고 아름다운 치적은 두루 이르지 않은 곳이 없고 태평시대의 상서로움은 온갖 모양으로 변화하여 나타나고 시기는 응하여 서로 이어지니 이제 처음으로 나타난 것이 아닙니다.

생각건대 태산과 양보산은 폐하가 봉선의 단(壇)을 설치하고 거동하시어 높은 이름을 더하고 상고에 필적하는 영광을 바라고 있습니다. 또 천제(天帝)는 백성들에게 은혜를 내려 복을 쌓고 천하태평의 성공을 상고(上告)하는 자가 되기를 바라고 있습니다.

만약 폐하께서 겸양한 나머지 봉선에 착수하지 않으신다면 천신(天神), 지기(地祇), 산신(山神)의 희망을 끊고 왕업의 완성을 저버리는 것이 됩니다. 뭇 신하는 이를 부끄럽게 여깁니다.

어떤 사람이 '하늘은 본래 상서로써 그 뜻을 암시한다.'고 말했습니다. 따라서 상서로운 표적이 있는데도 사양할 것은 없습니다. 옛날의 제왕이 모두 사양했다면 태산에는 제왕의 공업을 기록한 일이 없을 것이며 양보산에서 봉선을 행한 기록도 없을 것입니다. 또 각기 일시의 영화를 다하고

---

228) 이후의 大司馬와 천자의 문답은 물론 허구의 것이다. 그러나 천자는 武帝에 비기고 있고 大司馬의 辭를 통해 相如의 권유가 진술되어 있는 것이다.

세상을 마치는 데 그쳤다면 후세의 논자가 칭송하는 군주를 칠십이 군(君)이라고 어떻게 말할 수 있겠습니까?

대저 천자가 덕을 닦고 하늘로부터 표적을 받아 그것을 받들어 봉선을 행하는 것은 예를 지나쳐 방자한 것이 아닙니다.

그러므로 성왕(聖王)은 봉선을 폐하지 않고 지기(地祇)에 예(禮)를 닦으며 천신에게 지성을 고하고 중악(中嶽: 嵩山)에 공(功)을 기록한 다음 태산으로 거동하여, 이에 지존의 신분을 천하에 나타내고 성덕(盛德)을 넓히며 영예로운 이름을 밝혀 후복(厚福)을 받아 이로써 만민에게 은혜를 미치게 하는 것입니다. 이 얼마나 크고 성대한 일입니까? 천하의 장관이며 왕자의 대업이니 결코 가벼이 생각할 일이 아닙니다.

원컨대 폐하께서는 이 일을 온전하게 하십시오. 그리고 이 기회에 학자들의 학문을 채용하십시오. 그리하여 그들에게 일월의 여광(餘光)을 우러름과 같이 폐하의 성덕 한 끝을 우러르게 하고 각각 직분을 다하여 일을 처리하게 하며 겸하여 봉선의 의의를 바르게 열거해 문장을 수식하고 ≪춘추(春秋)≫와 같은 책을 짓게 하십시오.

그리하여 종래의 육경(六經)에 하나를 더하여 칠경(七經)으로 하며 이를 영구히 전하여 만세 후까지 한나라의 맑은 흐름을 흐르게 함으로써 여파를 높이고 영명한 명성을 날려 대공(大功)을 전할 수 있도록 하십시오.

옛날의 성왕이 큰 명성을 길이 보전하며 항상 첫째로 일컫는 까닭은 봉선을 행한 때문이니 마땅히 장고(掌故: 故實을 관장하는 관리)에게 명하여 봉선의 의(儀)에 대하여 남김없이 주상하게 하여 이것을 상고해 보십시오."

이에 천자는 감동하여 얼굴빛을 고치며 말했다.

"그렇다면 짐이 시행해 보리라."

천자는 깊이 생각한 끝에 공경들의 의견을 종합하여 봉선의 일을 자문하였다. 이에 천자의 덕택이 광대함을 시로써 읊게 하고 상서(祥瑞)로운 표적이 풍부함을 널리 서술하게 하여 다음과 같은 송가(頌歌)를 짓게 되었다.[229]

천자의 은택은 하늘이 만물을 덮고 있듯이
구름처럼 일고 감로(甘露)와 시우(時雨)를 내려
그 풍부함은 땅을 충분히 적셔 헤엄도 칠 수 있겠네.
자양(滋養) 있는 수액(水液)이 땅에 스미니 어떤 생물인들 자라지 않으리오.
아름다운 곡식은 한 줄기에 여섯 이삭을 맺으니
수확하면 남아서 쌓이지 않는 것이 없네.
비를 내리게 할 뿐 아니라 땅을 적시고
땅을 적실 뿐 아니라 두루 열매를 맺게 하네.
(이상은 천자의 은택을 만물을 덮는 하늘에 비유함)

만물은 화락하여 마음으로 사모하고
태산은 봉선의 장소를 명시하여 천자의 행차를 기다리고 있다네.
천자시여! 천자시여!
어찌하여 오셔서 봉선하지 않으십니까?
무늬 있는 짐승[騶虞]이 우리 임금의 원유(苑囿)에서 노닐고 있네.
그 흰 바탕에 검은 무늬가 있는 모양은 아름다우며
화(和)하고 공경한 모습은 군자 같도다.
그와 같은 짐승이 있다는 말만 들었는데 이제야 그 짐승을 보네.

---

229) 原詩는 一句四言으로 물론 押韻되어 있다.

어디서 왔는지 아무런 종적이 없는 것은 하늘의 상서로운 조짐이라네.

옛날 순임금 시대에도 나타나 그로 인해 우씨(虞氏)가 일어났다네.

통통하게 살이 찐 흰 기린이 옹(雍)의 제단 뜰에 노닐었는데

초겨울 시월에 천자께서 거동하시어 교제(郊祭)를 지낼 때

우리 임금의 수레 앞에 달려오므로 이를 잡아 하늘에 제사 지내니

천제는 임금의 마음에 감흥하시고 그 제사를 받아 복지(福祉)로써 대답해 주셨다네.

하·은·주 3대 이전에는 일찍이 없었던 상서로운 일이라네.

구불구불 서린 황룡이 지덕(至德)에 감동하여

그 빛나는 모습을 만백성에게 보여 천자의 덕이 높음을 알렸다네.

고서(古書)에 용은 천명을 받은 성천자가 타는 것이라고 했는데

하늘이 천자의 덕을 드러내는 데는 말을 하지 않고

반드시 사물에 기탁하여 태산의 봉선을 깨우쳐 주시네.

경서를 펼쳐놓고 보면 하늘의 뜻과 인간 세계의 사상(事象)이 한데 어울려 합치되고 상하가 더불어 상서로움을 나타내어 성왕(聖王)의 덕망을 찬양하더라도 성왕은 항상 자신의 부덕함을 두려워하고 삼갔다. '흥할 때에는 반드시 쇠할 것을 생각하고 편안할 때에는 반드시 위험하게 될 것을 생각해야 한다.'는 것이다.

은나라 탕왕, 주나라 무왕은 지존지엄의 지위에 있으면서도 그 경신(敬愼)의 도를 잊지 않았으며, 제순(帝舜)은 교제(郊祭)·봉선(封禪)의 대법칙을 분명하게 하여 항상 스스로 성찰하고 예절을 잃지 않았으며 두려워했다고 하는데 그것이 바로 이 실례이다.

〈封禪文〉끝.

사마상여가 죽은 지 5년 후 천자는 처음으로 토지의 신에게 제사를 지냈고 그가 죽은 지 8년 후 마침내 중악(中嶽 : 崇山)에서 예를 행했으며 태산(泰山)에 봉(封 : 흙을 쌓아 壇을 만들어 하늘에 제사지내는 것)하고 양보산(梁父山)에 이르러 숙연(肅然 : 양보산에 속하는 산)에서 선(禪 : 땅을 정결히 하여 산천에 제사지냄)을 행했다.

사마상여의 저서로는 이외에 〈평릉후(平陵侯 : 蘇建)에게 주는 서(書)〉, 〈오공자(五公子)에게 주는 서로 논란하는 초목(草木)의 서(書)〉 등과 같은 것이 있으나 여기서는 다루지 않았고 공경들 사이에서 저명한 것만을 수록했다.

태사공은 말한다.

"《춘추》는 드러난 사실로써 추구해 보면 은밀한 뜻을 말하고 있음을 알 수 있으며 《역경》은 도의 미묘한 의의를 근본으로 하여 인생의 명백한 사실을 나타내었고 《시경》의 〈대아〉편에서는 왕공·대인의 덕을 칭송하여 이를 만민에게 미치게 했고 〈소아〉편에서는 비천한 사람들의 행위의 득실을 풍자하여 그 원인이 윗사람의 정치에 달려 있음을 말하고 있다. 말한 바는 각각 다르나 덕에 귀일(歸一)한 점에서는 한가지다.

사마상여에게는 공허한 말과 분방한 설명이 많으나 그 주된 뜻은 절약·검소에 귀일하여 《시경》의 풍간(諷諫)과 다를 바 없다. 그리하여 나는 사마상여의 언사 중에서 가치가 있는 것을 채택하여 여기에 수록했다."

제58 회남·형산열전(淮南·衡山列傳)

회남(淮南)의 여왕(厲王) 장(長)은 고조의 막내아들이다. 그의 어머니는 본래 조왕(趙王) 장오(張敖)의 미인(美人 : 姬妾)이었다.

고조 8년, 동원(東垣)에서 조나라를 통과할 때 조나라 왕은 그의 미인을 고조에게 바쳤다. 여왕의 어머니는 고조의 총애를 받아 임신하게 되었다. 조나라 왕 장오는 그녀를 감히 왕궁에 들여놓지 못하고 따로 궁전을 지어 그곳에서 살게 했다.

관고(貫高) 등이 백인현(柏人縣)에서 반란을 일으키려다 사전에 발각되자 한나라는 조나라 왕도 함께 체포해 심문하게 하는 한편 조나라 왕의 어머니, 형제, 미인 등을 모조리 체포하여 하내(河內)에 가두었다. 그때 함께 갇힌 미인은 관리에게,

"황제의 사랑을 받아 아기를 가지게 되었습니다."

라고 말했다.

관리는 고조에게 그 사실을 아뢰었으나 고조는 조왕의 일로 노하고 있던 터라 미인의 일을 미처 처리하지 못했다. 미인의 동생인 조겸(趙兼)이 벽양후(辟陽侯 : 審食其)를 통해 여후에게 그 사실을 아뢰었으나 여후는 질투하여 그 이야기를 고조에게 하지 않았다. 벽양후도 이 일에 대하여 더 이상 강청하여 말하지 않았다.

미인은 그런 가운데 여왕을 낳은 후 고조를 원망하며 울분에 못 이겨 자살하고 말았다. 관리가 어린 여왕을 받들고 고조에게로 갔다. 고조는 비로소 자신의 잘못을 뉘우치고 여후에게 명하여 어머니로서 여왕을 기르게 하고 여왕의 어머니인 미인을 진정(眞定)에 장사지내게 했다. 진정에는 여왕 어머니의 집이 있었으며 그곳은 그의 선조가 대대로 살아오던 현

(縣)이었기 때문이다.

고조 11년 시월, 회남왕(淮南王) 경포(黥布)가 반란을 일으켰다. 고조는 그의 아들 여왕 장을 회남왕으로 세워 경포의 옛 영토 4개 군(郡)을 다스리게 했다. 고조는 몸소 군사를 거느리고 가서 경포를 무찌르고 여왕을 왕위에 올린 것이다.

여왕은 일찍 어머니를 잃고 늘 여후의 보살핌을 받아 왔기 때문에 여후를 잘 따랐다. 그런 까닭에 효혜제·여후 시대에는 총애를 받았을 뿐 다른 환해(患害)는 입지 않았다. 여왕은 마음속으로 늘 벽양후를 원망하고 있었으나 결코 그것을 겉으로 드러내 보이지는 않았다.

효문제가 즉위했을 때 회남왕은 자신이 황제와 가장 친근하다는[230] 생각에 교만해져 법령을 자주 위반했다. 그런데 황제 역시 근친이라 하여 항상 관대하게 용서해 주었다.

효문제 3년에 여왕은 조회에 들어오면서 제멋대로 횡포를 부렸다. 황제를 따라 사냥을 할 때에는 황제와 한 수레에 함께 탔으며 황제를 형님이라고 불렀다.[231] 여왕은 팔 힘이 강해서 능히 큰 솥을 들어올릴 정도였다.

어느 날 여왕은 벽양후를 찾아가 면회를 청했다. 벽양후가 나와 맞이하려는 순간 소매 속에 감춰 둔 철퇴를 꺼내 후려친 다음 따라온 위경(魏敬)을 시켜 벽양후 목을 자르게 했다. 그리고 나서 대궐 밑으로 달려가 옷을 벗고 사죄하며 이렇게 말했다.

"신의 어머니는 조나라 모반 사건에 연좌되어야 할 까닭이 없었습니다. 그 무렵 벽양후는 여후께 총애를 받고 있었으므로 충분히 여후를 설득시킬 힘이 있었는데도 강력하게 간하지 않았습니다. 그것이 첫 번째

---

230) 여왕에게는 文帝는 배다른 형이며 또 그 당시 高祖의 아들은 그 두 사람밖에 없었다.
231) 비록 형이라 할지라도 천자는 主君이며 천자의 아우라 할지라도 諸侯인 이상 臣下이다. 적어도 공적인 자리에서는 두 사람 사이는 형제 관계가 아니라 君臣 관계이다.

죄입니다.

조나라 왕 여의의 모자는 아무런 죄가 없었는데 여후께서는 그들을 죽였습니다.[232] 그때도 벽양후는 이를 간하지 않았습니다. 이것이 그의 두 번째 죄입니다.

여후께서는 여씨 일족을 왕으로 세워 유씨를 위협하려 했으나 벽양후는 이를 간하지 않았습니다. 이것이 그의 세 번째 죄입니다.

신은 천하를 위해 적신인 벽양후를 주살하고 어미의 원수를 갚았습니다. 이에 삼가 대궐 아래 부복하여 죄를 청하옵니다."

효문제는 여왕의 행동이 어머니를 위하는 마음에서 나온 것이었으므로 슬퍼하는 아픔을 느껴 죄로 다스리지 않고 용서했다. 당시 박태후(薄太后)와 태자, 그리고 모든 신하는 여왕을 두려워하고 꺼렸다.

여왕은 귀국한 뒤 더욱더 교만방자해져서 한나라의 법을 따르지 않았다. 출입할 때에는 도로를 경비하게 하고 일반인의 통행을 금지시키며 자신의 명령을 '제(制)'라 부르는 등(秦나라 이후는 천자의 명령을 制라 칭함) 모든 것을 천자처럼 했다.

효문제 6년에 여왕은 단(但)이라는 인물 등 칠십여 명에게 명하여 극포후(棘浦侯) 시무(柴武)의 태자 기(奇)와 공모해 큰 마차 사십 승을 이끌고 곡구(谷口)에서 반란을 일으키도록 했다. 또 사신을 보내어 민월·흉노와 내통을 하다 발각이 되었는데 천자는 이를 직접 심문하기 위해 회남왕을 불러들였다.

회남왕이 장안에 도착하자 다음과 같은 상소문이 올라왔다.

승상 신 장창(張倉), 전객(典客 : 제후와 蠻夷에 대한 일을 맡은 벼슬) 신 풍경(馮敬), 종정(宗正 : 皇族籍을 맡은 벼슬) 겸 어사대부 신 일(逸), 정위

---

232) 자세한 것은 ≪史記≫ 呂后本紀에 나와 있다.

신 하(賀), 비도적중위(備盜賊中尉) 신 복(福)은 죽음을 무릅쓰고 아뢰옵나이다.

회남왕 장은 평소 행동에 절도가 없어 천자와 마찬가지로 황색 거개(車蓋) 수레[233]를 만들어 출입하며 한나라 법령을 따르지 않고 멋대로 법령을 만들어 공포하였습니다.

또 관리를 둘 경우에도 그의 낭중인 춘(春)을 승상으로 하며 한나라 제후들의 신하나 죄를 범하고 망명한 자들을 숨겨주고 그들을 위해 집을 마련해 주며 재물과 작록과 전택을 주었습니다. 그들의 벼슬 중 어떤 것은 관내후[234]와 같아 이천 석의 봉록을 지급했습니다.

이런 것들은 후왕(侯王)으로서는 할 수 없는 일인데도 감히 그와 같이 한 것은 반역을 꾀하고 있었기 때문입니다.

대부 단(但)과 시오(士伍 : 죄를 범해서 벼슬을 잃은 자)인 개장(開章) 등 칠십 명은 극포후의 태자 기와 함께 반란을 꾀하여 한나라 종묘와 사직을 위협하려 했습니다. 그들은 개장(開章)을 보내 반란 계획을 은밀히 장(長 : 淮南王)에게 일러 주었고 함께 꾀하여 민월과 흉노로 사람을 보내 군대를 동원시키려 했습니다.

개장이 회남에 가서 장을 만나니 장은 개장과 자주 자리를 같이하여 음식을 먹고 환담하며 또 그에게 집을 마련해 주고 부인을 맞게 하는 한편 이천 석의 봉록을 지급했습니다. 개장은 단에게 사람을 보내 반역에 대해 이미 회남왕과 통했다고 고하게 했습니다. 또 승상 춘도 사신을 보내 그런 사실을 단 등에게 알렸습니다.

한나라의 관리가 이 일을 알아차리고 장안의 위(尉 : 치안관)인 기(奇 :

---

233) 마차의 덮개 안에 황색 명주를 친 것. 천자 전용 수레.

234) 제후 밑의 位階로 領地를 주지 않고 봉록만 주며 京畿에 살게 했다. 임명권은 천자한테 있었다.

姓은 不明) 등을 보내 개장을 체포하게 했으나 장이 그를 숨겨 두고 내놓지 않았으며 예전 중위였던 간기(簡忌)와 짜고 개장을 죽여 그의 입을 막은 다음 관곽과 수의를 만들어 그를 비릉읍(肥陵邑)에 장사지낸 후 한나라 관리들을 속여 '개장은 어디에 있는지 모르겠다.'고 말했습니다. 또 거짓으로 흙을 쌓고 나무를 세워 그 위에 '개장이 죽어 이 밑에 묻히다.'라고 써 놓았습니다.

그리고 장은 또 관리에게 명하여 죄 없는 사람 여섯 명을 사형에 처했습니다. 마땅히 기시(棄市)의 형에 처해야 할 망명자의 죄를 덮어 주기 위해 망명자도 아닌 죄 없는 자를 잡아 거짓으로 망명자라고 주장하고 진짜 망명자는 죄를 면하게 했습니다.

또 사람에게 함부로 죄를 주고 한나라에 보고도 하지 않았으며 죄를 물어 묶어 둔 사람으로 성단(城旦)·용(舂)[235] 이상의 처벌자가 십사 명이었고 마음대로 사면한 죄인은 사형수 십팔 명, 성단·용 이하의 처벌자가 오십팔 명이었습니다. 또 제멋대로 작을 준 것은 관내후 이하 구십사 명이었습니다.

또 예전에 장이 병석에 누워 있을 때 폐하께서 이를 걱정하시어 사신을 보내 친서와 대추, 육포를 하사하셨습니다만 장은 하사품 받기를 꺼려하며 사신을 만나 배례하는 것을 승낙하지 않았습니다.

또 남해(南海) 여강군(廬江郡) 경계에 있는 백성들이 반란을 일으킨 적이 있어 회남 이졸들이 이를 멸망시켰습니다. 폐하께서는 그로 인해 회남 백성이 가난에 시달리고 있을 것으로 생각하시어 장에게 사신을 파견해 비단 오천 필을 하사하시어 그것으로 이졸의 노고를 위로하게 하셨습니

---

235) 城旦은 4년간 토목공사 등에 종사하는 징역형으로 남자한테만 적용됐다. 용은 城旦刑에 해당하는 죄수가 4년간 방아를 찧는 등 노무에 종사하는 형으로 여자한테만 적용됐다.

다. 장은 하사품 받기를 꺼려하여 거짓으로 '노고한 사람은 없다.' 고 말했습니다.

남해 백성 왕직(王織)이라는 자가 글을 올려 폐하께 옥구슬을 올리고자 한 일이 있었는데 간기(簡忌)가 제 마음대로 그 글을 불태우고 올리지 않았습니다. 한나라 관리가 간기를 소환하여 심문하고자 청했으나 장은 그를 보내지 않고 거짓으로 '간기는 병을 앓고 있다.' 고 했습니다.

또 승상 춘(春)이 한나라 조정에 가보고 싶다고 청하자 장은 노하여 '그대는 나를 떠나 한나라에 붙으려 하느냐.' 고 말했습니다.

회남왕 장의 죄상은 이상과 같사오며 마땅히 기시를 해야 될 것입니다. 따라서 법대로 치죄하심이 마땅할 것으로 생각하여 청원하는 바이옵니다.

효문제는 상소문을 읽고 다음과 같이 조칙을 내렸다.

"짐은 왕이 되는 사람에게 차마 법을 적용할 수 없다. 열후와 이천 석 이상 고관과 함께 의논하도록 하라."

그러자 다음과 같은 글이 다시 올라왔다.

신 창(倉), 신 경(敬), 신 일(逸), 신 복(福), 신 하(賀)는 삼가 죽음을 무릅쓰고 아뢰옵니다.

신 등은 삼가 열후와 이천 석의 고관 영(嬰) 등 사십삼 명과 함께 논의하였습니다. 모두 말하기를 '장은 법도를 따르지 않고 천자의 조칙을 듣지 않으며 은밀히 모반자를 모으고 망명자를 후대하여 기르며 반란을 일으키려 했다.' 고 했습니다.

신 등은 법대로 죄를 논하고 처형해야 한다고 생각합니다.

그러자 다시 이러한 조칙이 내려졌다.

"짐은 왕이 되는 사람에게 차마 법을 적용할 수 없다. 장의 죽을죄를 용서하고 왕위를 물러나게 하라."

그래서 창 등은 다시 글을 올렸다.

신 창 등은 죽음을 무릅쓰고 아뢰옵니다.

장에게는 큰 죽을죄가 있는데도 폐하께서는 차마 법을 적용할 수 없다
며 황공하옵게도 그의 죽을죄를 용서하시고 왕위를 폐하라고만 분부하셨
습니다.

이에 따라 신들은 장을 촉군의 엄도현(嚴道縣)으로 귀양 보내고 그의
아들을 낳은 희첩을 딸려 보내 함께 살게 했으면 합니다. 또 현에서는 장
을 위해 집을 새로 짓고 양식 등 일체를 관에서 공급하고 땔나무, 채소, 소
금, 콩자반, 취사 그릇, 이부자리를 지급할까 하옵니다.

신 등은 죽음을 무릅쓰고 이 일을 천하에 포고하기를 청원하는 바이옵
니다.

효문제는 조칙을 내렸다.

"장에게는 식량으로 매일 고기 다섯 근, 술 두 말을 지급하고 전의 미
인·재인(才人 : 다 女官의 명칭으로 총애를 받던 사람) 십 명은 장을 따라
가서 살게끔 조처하라. 그 밖의 것은 올린 글대로 해도 좋다. 그리고 함께
반역을 꾀한 자는 모조리 주살하라."

이리하여 회남왕은 함거(檻車)에 실어 현(縣)에서 현으로 보내져 귀양
을 가게 되었다.

그때 원앙이 황제에게 간언했다.

"폐하께서 처음부터 회남왕을 교만한 대로 내버려 두시고 엄격한 부상
(傅相)을 붙여 주지 않으셨습니다. 그래서 이런 결과가 된 것입니다.

회남왕은 사람됨이 강직한 분인데 지금 갑자기 그것을 꺾었습니다. 신

은 회남왕이 의기소침해져 안개와 이슬을 만나 병으로 죽지나 않을까 걱정됩니다. 또 폐하께서 그로 인해 아우를 죽였다는 오명을 뒤집어쓰게 될 것이니 걱정이 됩니다."

"아니다. 짐은 다만 잠시 동안 그를 괴롭혀 주는 것뿐이다. 뉘우치기만 하면 곧 돌려보낼 생각이다."

회남왕이 지나가는 고을에서는 아무도 함거의 봉(封)을 열려고 하지 않았다. 회남왕은 시종에게 이렇게 말했다.

"누가 나를 용기 있는 사람이라고 하겠는가? 어떻게 내가 용기 있는 사람이 될 수 있겠는가? 나는 교만한 것 때문에 자신의 과오를 듣지도 못했고 마침내는 이 모양이 되고 말았다. 어떻게 사람이 일생 동안 이렇게도 답답히 지낼 수 있겠는가?"

하며 식음을 전폐하고 죽었다. 일행이 옹(雍)에 도착하여 현령이 함거의 봉을 연 다음에야 회남왕이 죽은 것을 알게 되어 그의 죽음을 천자에게 보고했다.

황제는 소리 내어 울며 몹시 슬퍼하면서 원앙에게 말했다.

"짐이 공의 말을 듣지 않아 결국 회남왕을 잃고 말았다."

"이제 어쩔 수 없는 일입니다. 폐하께서는 마음을 너그럽게 가지십시오."

"어떻게 하면 좋겠는가?"

"승상과 어사를 참하여 전하에 사죄하는 것이 좋을 줄로 생각합니다."

황제는 승상과 어사에게 명하여 회남왕을 호송한 관리들로서 음식을 제공하지 않은 자들을 모조리 잡아 심문하게 하고 그들을 모두 기시형에 처하게 했다.

그리고 회남왕을 열후의 예로써 옹에 장사지내고 그의 묘를 삼십 호로써 지키게 했다.

효문제 8년의 일이었다. 황제는 회남왕을 불쌍히 여기고 있었다. 회남왕에게는 아들 넷이 있었는데 장남이 일고여덟 살밖에 되지 않았다. 그래서 아들 안(安)을 봉하여 부릉후(阜陵侯)로, 아들 발(勃)을 봉하여 안양후(安陽侯)로, 아들 사(賜)를 봉하여 양주후(陽周侯)로, 아들 양(良)을 봉하여 동성후(東城侯)로 삼았다.

효문제 12년에 한 백성이 회남의 여왕에 대해 다음과 같은 노래를 지어 불렀다.

한 자 베도 기울 수 있고
한 말 조도 찧을 수 있는데
형과 아우 두 사람은 서로 용납 못하네.
(한 자의 베라도 기워서 의복을 만들면 같이 입어 추위를 막을 수 있고 한 말의 조라도 찧으면 함께 먹고 주림을 견디어 낼 수 있다. 그런데 황제와 회남왕 두 형제는 어찌하여 서로 용납하지 못하였을까.)

황제는 이 노래를 듣고 탄식하며 말했다.

"요순(堯舜)은 골육을 내쫓고[236] 주공(周公)은 형제인 관숙(管叔)과 채숙(蔡叔)을 죽였는데[237] 천하는 그들을 성인이라고 부르고 있다. 왜냐하면 사사로운 정을 가지고 공사(公事)를 해치지 않았기 때문이다. 그런데 세상은 짐이 회남왕의 땅을 탐내 그런 줄로 안단 말인가?"

이리하여 성양왕(城陽王 : 朱虛侯 章의 아들 喜)을 회남 옛 땅의 왕으로 옮기게 하고 회남왕 장(長)을 추존(追尊)하여 '여왕(厲王)'이라는 시호를

---

236) 舜이 자신의 아우인 象을 추방한 것을 가리킨다.
237) 둘 다 周公의 아우인데 周를 배반했다. 주공은 관숙을 토벌하여 죽였다. 그러나 채숙을 죽이지는 않았다.

내렸다. 그리고 제후왕의 법칙대로 원(園)도 두었다.

효문제 16년, 황제는 회남왕 희를 본래의 봉지인 성양으로 되돌려 보냈고, 회남의 여왕이 국법을 지키지 않고 또 법도에 따르지 않음으로써 나라를 잃고 스스로 일찍 죽게 된 것을 불쌍히 여겨 그의 세 아들을 왕으로 봉했다.

즉 부릉후 안(安)을 회남왕으로 하고 안양후 발(勃)을 형산왕(衡山王)으로 하고 양주후 사(賜)를 여강왕(廬江王)으로 삼았다. 여왕 당시의 봉지를 셋으로 나눈 것이다. 동성후 양(良)은 이미 죽고 자손도 없었다.

효경제 3년에 오·초 7국이 반란을 일으켜 오나라 사신이 회남에 왔다. 그러자 회남왕은 이에 호응하는 군사를 동원하여 반란을 일으키려 했다. 그때 회남의 재상이 이렇게 말했다.

"대왕께서 굳이 군사를 동원하여 오나라와 호응하실 생각이시면 신을 장수로 해 주십시오."

그래서 회남왕은 재상에게 군사를 맡겼다. 회남의 재상은 장군이 되어 군사를 장악하게 되자 반란을 일으키라는 명령을 듣지 않고 성을 굳게 지키며 한나라에 가담했다. 한나라는 곡성후(曲城侯)를 장군으로 하여 회남을 구원하도록 했다. 그로 인해 회남은 무사했다.

오나라 사신은 여강(廬江)에도 왔으나 여강왕은 이에 응하지 않고 월나라에 사자를 보내 연락을 취했을 뿐이었다.

또 오나라 사신이 형산(衡山)에도 찾아왔으나 형산왕은 수비를 굳게 하고 한나라에 대해 두 마음을 품지 않았다.

효경제 4년, 오·초는 이미 패해 달아나고 형산왕이 한나라에 입조했다. 황제는 형산왕을 곧고 신의가 있는 사람이라고 인정하며 그를 위로하여 말했다.

"남쪽은 지대가 낮고 습기가 많은 곳이다."

그러고는 형산왕을 옮겨 제북(濟北) 땅의 왕으로 삼았다. 즉 포상을 한 것이다. 형산왕이 죽자 정왕(貞王)이라는 시호를 내렸다.

여강왕은 월나라와 변경을 맞대고 있어 자주 사신을 보내 서로 교제하고 있었다. 그런 까닭에 형산왕으로 옮겨 강북(江北) 땅의 왕으로 했다.

회남왕(淮南王 : 劉安)은 그대로였다. 회남왕 안(安)은 책을 즐겨 읽고 거문고 타기를 즐겼으며 사냥, 엽견, 말 타기, 거마 달리기 등은 좋아하지 않았다.

또 은혜를 베풀어 백관과 백성들을 두루 보살피며 천하에 명성을 떨치기를 바라고 있었다. 때로는 아버지 여왕의 죽음을 원통하게 생각하고 가끔 반란을 일으키려고도 생각하였으나 아직 그럴 기회가 없었다.

건원(建元) 2년에 이르러 회남왕은 한나라에 입조하였다. 회남왕은 원래 무안후(武安侯)와 친밀한 사이였다. 당시 무안후는 태위 벼슬에 있었는데 패상(覇上)에서 왕을 맞아 함께 이야기를 나눴다.

"지금 폐하께서는 아직 태자가 없으십니다. 대왕은 고조의 손자이시며 인의의 도를 행하고 있다는 것은 온 천하가 다 알고 있는 사실입니다. 폐하께서 하루아침에 유고(有故)를 당하시는 경우 대왕이 아니시면 황위에 오를 분이 또 누가 있겠습니까?"

회남왕은 크게 기뻐하며 무안후에게 후한 금품을 내리고 빈객들과 은밀히 결탁하여 백관과 백성을 달래며 반역을 획책했다.

건원 6년에 혜성이 나타났다. 회남왕이 이것을 괴상하게 생각하자 어떤 이가 왕에게 설명했다.

"전에 오나라 군사가 반란을 일으켰을 때 혜성이 나타났습니다. 그 길이는 몇 자에 불과했습니다만 유혈 참사는 천 리에 이르렀습니다. 지금은 혜성의 길이가 하늘을 가로지를 지경입니다. 천하에 반드시 큰 병란이 일어날 조짐입니다."

왕은 마음속으로 '황제에게는 태자가 없다. 천하에 사변이 일어나게 되면 제후들은 서로 일어나 싸울 것이다.' 라고 생각했다. 그래서 더욱더 전쟁에 필요한 모든 기구를 갖추는 한편, 돈을 저축하고 한나라의 군국(郡國)과 제후들의 유사(游士)·기재(奇才)들에게 비밀리에 뇌물을 보냈다. 변사들 가운데 모략을 잘 꾸미는 자들은 되는 대로 지어낸 괴상한 말로 왕에게 아첨하였다. 왕은 기뻐하며 그들에게 많은 돈을 주었다. 이리하여 반역에 대한 음모는 더욱 심해져 갔다.

회남왕에게는 능(陵)이라는 딸이 있었다. 매우 슬기롭고 구변이 좋았으므로 왕은 능을 몹시 사랑하여 늘 많은 돈을 보내 주어 장안에 있으면서 여러 가지를 정탐하게 했다. 능은 황제의 좌우 근신들과 교묘히 결탁을 했다.

원삭(元朔) 3년에 황제는 회남왕이 나이 많은 것을 생각하고 회남왕에게 안석과 지팡이를 하사하여 조회에 들어오지 않아도 좋다는 은전을 베풀었다.

회남왕의 왕후는 도(荼)라 했으며 왕은 그를 총애하여 그와의 사이에 태자 천(遷)을 낳았다. 천은 왕황태후(王皇太后 : 孝景帝의 后로 孝武帝의 어머니)의 외손인 수성군(修成君)의 딸을 맞아 태자비로 삼았다.

왕은 반역에 필요한 무기를 만들려고 했으나 태자비가 알아버려 비밀이 새어나갈 것이 두려웠다. 그래서 태자와 공모하여 석 달 동안 비(妃)와 동침을 하지 않아 태자가 그녀를 사랑하지 않는 것처럼 보이게 했다. 왕이 태자를 노엽게 본 것처럼 속여 석 달 동안 태자비와 한 방에 가둬 두었다. 그러나 태자는 끝내 태자비를 가까이하지 않았으므로 태자비는 이혼을 요구했다. 그래서 왕은 글을 올려 사과의 뜻을 표하고 이혼을 시켜 태자비를 돌려보냈다.

또 왕후 도와 태자 천, 그리고 딸 능은 왕의 총애를 받고 있음을 기화로

나라의 권세를 마음대로 휘둘러 백성의 전택을 빼앗고 죄 없는 사람을 함부로 옥에 가두기도 했다.

원삭 5년에 태자는 검술을 배우자 아무도 자기를 이길 수 없을 것이라고 자만하였다. 그러다 낭중 뇌피(雷被)가 검술이 뛰어나다는 말을 듣자 그를 불러내어 시합을 했다. 뇌피는 두 번까지는 일부러 져 주다가 그 뒤 잘못하여 태자를 치게 되었다. 노한 태자를 보며 뇌피는 두려워했다.

당시는 군대에 가기를 원하는 사람이 있으면 곧 경사(京師)로 보내주었으므로 뇌피는 흉노 토벌에 가담할 것을 지원했다. 그러나 태자 천이 뇌피에 대해 왕에게 자주 중상했기 때문에 왕은 낭중령에게 명하여 뇌피를 파면시켰을 뿐 아니라 뇌피에게 검술조차 배우지 못하게 했다. 뇌피는 결국 도망쳐 장안으로 들어와 글을 올려 모든 것을 명백하게 고하였다.

황제는 조서를 내려 그 일에 관한 심리를 정위(廷尉)와 하남(河南) 관리에게 맡겼다. 하남 관리들은 사건을 심리하기 위해 회남 태자를 체포하려고 했다. 회남왕과 왕후는 태자를 한나라에 보내지 않고 군사를 동원시켜 반란을 일으킬 계책을 꾸몄다. 그런데 계책을 세우느라 십여 일이 지나는 사이에 조칙이 내려져 관리가 태자를 심문하게 되었다.

이때 회남의 승상[238]은 수춘(壽春)에 있는 승(丞 : 刑獄과 囚徒를 맡은 벼슬)이 회남왕의 뜻에 따라 소환장을 손에 쥐고서도 태자를 넘기지 않는 것을 노여워하여 그의 불경(不敬)함을 탄핵했다. 회남왕은 승상에게 온건히 처리해 달라고 일렀으나 그는 받아들이지 않았다. 그래서 회남왕은 사신을 보내 역으로 승상을 참소하는 글을 올렸다.

황제는 정위를 시켜 사건을 밝히게 했다. 정위가 차례로 사건을 심리해

---

238) 당시 제후의 승상은 천자가 임명하여 파견한 조정의 관리였으며 제후에 대해 일종의 감시 · 통제자의 역할을 했다.

들어가니 왕도 거기에 관련되어 있음을 마침내 밝혀냈다. 회남왕은 사람을 보내 한나라 조정에 있는 공경들의 동향을 살펴보게 한 결과 모두들 회남왕을 체포하여 사건을 처리할 것을 주청한다는 것을 알고 일이 발각될까 두려워했다. 그러자 태자 천이 계책을 생각해 냈다.

"한나라 사신이 와서 왕을 체포하려 하거든 왕께서는 자객을 위사(衛士)로 가장해 창을 들게 하여 왕의 옆에 세워 두었다가 형세가 불리해지면 사신을 찔러 죽이게 하십시오. 신도 사람을 보내 회남의 중위를 찔러 죽이도록 하겠습니다. 그런 다음에 군사를 일으켜도 늦지 않을 것입니다."

이때 천자(효무제)는 공경들의 주청을 받아들이지 않고 한나라 중위 은굉(殷宏)을 보내 회남왕을 심문하고 조사하기로 했다. 회남왕은 한나라 사신이 온다는 소식을 듣자 태자의 계책에 따라 모두 준비해 두었다. 이윽고 한나라 중위가 도착했다. 회남왕이 그의 얼굴빛을 살펴보니 퍽 부드러웠으며 뇌피를 파면시킨 내용만 물을 뿐이었다. 왕은 다른 죄는 묻지 않을 것으로 판단하고 숨겨 둔 자객을 출동시키지 않았다.

중위가 조정에 돌아와 이 사실을 보고했다. 그런데 사건 조사에 임했던 공경들은 이렇게 아뢰었다.

"회남왕은 흉노 토벌에 가담하겠다는 뇌피 등의 지원을 가로막아 황제의 밝은 조직을 거역했습니다. 그 죄는 기시형에 해당합니다."

그러나 황제는 이를 받아들이지 않았다. 그러자 공경들이 회남왕의 왕위를 폐할 것을 주청했지만 황제는 그것마저 받아들이지 않았다. 공경들이 이번에는 회남왕의 봉지 가운데 다섯 현을 삭감시키자고 주청했다. 이에 황제는 두 현만 줄이도록 하고 중위 은굉을 시켜 회남왕의 죄를 용서하고 땅을 삭감하는 벌만을 가하도록 명했다.

중위는 회남 영내로 들어와 왕을 사면한다는 것을 선언했다. 왕은 처음에 한나라 공경들이 자기를 주살할 것을 청했다는 것만을 들었을 뿐 현을 삭감하는 벌만 받게 된 것은 모르고 있었기 때문에 한나라 사신이 온다는 말을 듣자 체포될까 봐 겁이 난 나머지 전의 계략대로 준비했다. 그런데 중위가 도착하여 왕에게 축하를 할 뿐이었으므로 자객을 내보내지 않아도 되었다.

그 뒤 왕은 혼자 한탄했다.

"나는 인의의 정치를 행한다면서 봉토를 깎이게 되었다. 실로 부끄러운 일이다."

그러면서 회남왕은 봉토를 깎인 뒤로 더욱더 반란에 대한 준비를 진행시키고 있었다. 장안에서 온 사신 중에 터무니없는 소리를 지껄이는 자들이,

"폐하께는 아들이 없고 한나라는 어지럽습니다."

하면 기뻐하고,

"한나라는 잘 다스려지고 있으며 폐하께는 아들이 있습니다."

하고 말하면 노하며 그 말은 사실이 아닐 것이라고 생각했다. 회남왕은 밤낮으로 오피(伍被), 좌오(左吳) 등과 지도를 들여다보면서 한나라로 군대를 침입시키는 부서를 정했다. 회남왕이 말했다.

"폐하에게는 태자가 없다. 폐하에게 무슨 일이라도 생기게 되면 한나라 조정 신하들은 틀림없이 교동왕(膠東王)[239]이나 상산왕(常山王)[240]을 맞아 뒤를 세울 것이다. 그렇게 되면 제후들은 서로 맞서 싸울 것이다. 난들 어찌 이에 대한 대비가 없을 수 있겠는가.

또 나는 고조의 손자로서 몸소 인의의 도를 행해 왔다. 내가 폐하에 대

---

239) 劉寄. 景帝와 王夫人의 아들. 왕부인은 武帝의 어머니인 王皇后의 누이동생.

240) 劉舜. 景帝와 王夫人의 아들. 膠東王의 아우.

241) 淮南王 劉安은 高祖의 손자. 武帝는 高祖의 증손이니 淮南王은 武帝의 叔行이다.

해 불만이 없는 것은 아니지만²⁴¹⁾ 폐하가 나를 후대해 주니 참아 왔던 것이다. 그렇지만 폐하에게 유고가 생긴다면 내가 어떻게 북면하여 어린 것들을 임금으로 섬길 수 있겠는가?"

언젠가 동궁에 있던 회남왕이 오피를 불러들여 함께 의논할 생각으로 이렇게 말했다.

"장군,²⁴²⁾ 당상으로 오르시오."

그러자 오피는 걱정하여 슬픈 어조로 말했다.

"폐하께서는 관대하게 대왕을 사면하셨습니다. 그런데 대왕께서는 어째서 나라를 망칠 의논을 하시려 하십니까?

옛날 오자서(伍子胥)가 오왕(吳王)에게 간했는데 그 말을 받아들이지 않자 오자서는 '신은 이제 고소대(姑蘇臺 : 오왕 夫差가 西施를 위해 만든 臺)가 황폐해져 그곳에서 사슴이 노는 것을 볼 수 있을 것입니다.'라고 말했답니다. 신 또한 이 궁중에 가시나무가 자라고 이슬이 옷을 적시는 것을 보게 될 것입니다."

왕은 노하여 오피의 부모를 석 달 동안 옥에 가둬 두게 했다. 그리고 다시 오피를 불러 물었다.

"장군은 내 뜻에 따르겠는가?"

오피가 대답했다.

"찬성할 수 없습니다. 다만 대왕께 좋은 계책을 세워 드릴까 하고 들어왔을 뿐입니다. 들은 바에 의하면 '귀가 밝은 사람은 소리 없는 소리를 듣고 눈이 밝은 사람은 나타나지 않은 모습을 본다.'고 합니다. 그러므로 성인은 모든 행동에서 완벽한 것입니다.

---

242) 장군은 천자가 있는 조정의 관직이다. 王侯의 신하에는 中尉가 있지 장군은 없다. 이 말로써 淮南王은 자기가 천자가 되고자 하는 의도를 분명히 하고 있다.

옛날 주나라 문왕은 다만 한 번 움직인 것으로 그 공이 천세까지 나타나게 되어 하나라 우왕, 은나라 탕왕과 함께 삼왕에 서게 되었습니다. 이것은 이른바 하늘의 뜻에 따라 행동했기 때문으로 해내(海內)는 기약하지 않고 따랐던 것입니다. 이것은 천 년 전의 일입니다만 백 년 전의 진나라와 근세의 오나라나 초나라 또한 국가의 존망을 깨우쳐 주기에 충분한 예들입니다.

신은 오자서처럼 죽음을 피하려 하지 않겠습니다. 대왕께서 오왕(吳王)처럼 간언을 물리치지 않으시길 바랄 뿐입니다.

옛날 진나라는 선왕(先王)의 도를 끊고 술사(術士)를 죽였으며 시서(詩書)를 불태우고 예의를 버렸습니다. 또 오로지 속임수를 숭상하고 형벌을 무겁게 하여 해변 지방의 곡식을 서하(西河)로 보냈습니다. 당시 남자가 애써 농사를 지어도 쌀겨마저 넉넉히 먹지 못하고 여자가 길쌈을 해도 자기 몸조차 제대로 가리지 못했던 것입니다.

또 장군 몽염을 보내 동서 수천 리에 걸쳐 장성을 쌓느라 비바람을 맞게 한 군사가 수십 만에 달했습니다. 죽은 사람은 이루 다 헤아릴 수 없었고 시체는 천 리에 널려 있었으며 유혈은 들판을 물들였습니다. 백성들은 이에 지쳐 반란을 일으키려는 집이 열 집 중 다섯 집이나 되었습니다.

또 도사(道士) 서복(徐福)을 바다로 보내 신이(神異)한 것을 찾아오게 했는데 서복은 돌아와 이렇게 꾸며대었습니다. '신은 바다의 대신(大神)을 만나 보았는데 대신이 「너는 서황(西皇 : 서쪽의 황제로 始皇帝)의 사신이냐?」고 물었습니다. 그렇다고 대답했더니 「너는 무엇을 찾고 있느냐?」고 물었습니다. 바라옵건대 연년장수(延年長壽)하는 약을 얻고자 한다고 대답했더니 대신은 「네가 모시는 진왕의 예물이 적으니 그 약을 보여 주기는 하겠으나 가져가지는 못한다.」고 하며 신을 데리고 동남쪽의 봉래산(蓬萊山 : 東海에 仙人이 사는 산)에 이르러 지초(芝草)로 둘러싸인 궁궐을 구경시켜 주었습니다.

거기에 있는 사자(使者)는 용의 모습을 하고 있었으며 온몸에서 발산하는 구릿빛 하늘 위까지 비추고 있었습니다. 그래서 신이 두 번 절하며 「어떤 물건을 바치면 좋겠습니까?」 하고 물었더니 해신은 「양가의 선남선녀와 여러 가지 공작품(工作品)들을 바치면 약을 얻을 수 있을 것이다.」라고 말했습니다.' 하고 말입니다.

시황제는 크게 기뻐하며 양가의 선남선녀 삼천 명을 보내기로 하고 이들에게 오곡의 종자와 여러 공인(工人)들을 딸려 출발하게 했습니다. 서복은 평원(平原)과 광택(廣澤)을 손에 넣자 그곳에 머물러 왕 노릇을 하며 다시는 돌아오지 않았습니다. 이리하여 백성들은 서로 슬퍼하며 반란을 일으키기를 원하는 집이 열 집에 여섯 집이나 되었습니다.

또 위타(尉佗)를 시켜 오령(五嶺 : 湖南·廣東 두 省의 경계에 있는 다섯 고개)을 넘어 백월(百越)을 공격하게 했습니다. 위타는 중국이 극도로 피폐해 있다는 것을 알고 그곳에 머물러 왕 노릇을 하며 돌아오지 않았습니다. 그러면서 사자를 보내 글을 올려 사졸들의 옷을 수선한다고 하면서 남편 없는 여자 삼만 명을 요구했습니다. 시황제는 그 반수를 허가하여 일만 오천 명을 보냈습니다. 이리하여 백성들의 마음은 진나라를 떠나 반란을 일으키려는 집이 열 집이면 일곱 집이 되었습니다.

어느 논객이 고조에게 '이제 슬슬 진나라를 쳐도 좋을 때입니다.' 라고 말했는데 고조는 '잠깐만 기다려라. 머지않아 동남쪽에서 성인이 나타날 것이다.' 라고 대답했습니다. 과연 그로부터 1년도 못 되어 진승·오광이 군사를 일으켰습니다. 이후 고조가 풍(豊)·패(沛)에서 의병을 일으키자 천하에서 호응해 온 사람이 헤아릴 수 없을 정도였습니다.

이것은 이른바 과실과 틈을 엿보다가 진나라가 망하지 않을 수 없는 시기를 타고 움직였다고 말할 수 있습니다. 그러니 백성들이 그렇게 되기를 바라는 마음은 가문 하늘에 단비를 기다리는 것과 같았습니다. 그렇기 때문에 고조는 행진(行陣) 도중에 즉위하여 천자가 되었고 그 공은 삼왕보다도 높고 덕은 끝없이 전하게 되었던 것입니다.

그런데 대왕께서는 고조께서 천하를 차지하게 되었을 때의 경우만 보시고 근세의 오초(吳楚)에 대해서는 생각지 않으십니까?

오왕(吳王 : 高祖의 형의 아들)은 유씨(劉氏)의 제주(祭酒 : 모임이나 饗宴 때 먼저 술로써 땅에 제사지내는 존장자)라는 존호를 받고 있으면서도 한나라에 입조하지 않았습니다. 4군의 백성들에게 왕으로 군림하여 그의 봉지는 사방 수천 리나 되었습니다.

영내에서는 구리를 끓여 돈을 만들고 동쪽에서는 바닷물을 끓여 소금을 만들며 강릉의 나무를 베어 배를 만들었습니다. 그 배 한 척의 적재량은 수십 량의 수레에 맞먹는 것이었습니다.

나라는 부유하고 백성들은 많아 주옥금백(珠玉金帛)을 흩어 제후와 종실의 대신들은 매수했으나 두(竇)씨(孝景帝의 生母 一家)만은 관련되지 않았습니다. 그 후 반역 음모가 이루어져 군사를 일으켜 서쪽으로 진출했으나 대량(大梁)에서 패하고 다시 호보(狐父)에 이르러 월나라 사람에게 사로잡힘으로써 그 몸은 죽고 조상의 제사도 끊어져 천하의 웃음거리가 되었습니다.

오·초의 강대함을 가지고도 성공하지 못한 까닭은 무엇이겠습니까. 천도를 거스르고 때를 알지 못했기 때문입니다.

지금 대왕의 군사는 오·초의 십 분의 1에도 미치지 못합니다. 게다가 천하는 오·초가 반란을 일으켰을 때에 비해 만 배나 더 태평한 시대입니다.

바라옵건대 대왕께서는 신의 계책을 따라 주십시오. 만약 대왕께서 신의 계책을 따르지 않으신다면 반역은 반드시 실패하게 될 것이며 비밀이 먼저 새어나가게 될 것입니다.

들은 바에 의하면 미자(微子)²⁴³)는 망한 은나라의 옛 도읍터를 지나며 슬퍼하여 〈맥수(麥秀)의 노래〉를 지었다고 합니다. 이것은 주왕(紂王)이 왕자 비간(比干)의 말을 듣지 않은 것을 탄식한 내용입니다. 그러므로 맹자(孟子)는 '주왕은 천자의 존귀한 지위에 있었으나 그가 죽자 필부만도 못했다. 이것은 주왕이 살아 있을 때 이미 오랫동안 천하의 일에 뜻을 두지 않았기 때문이지 그가 죽은 뒤에 천하가 주왕을 버린 것은 아니다.' 라고 말했습니다.

지금 신 또한 대왕께서 천승의 왕(諸侯를 가리킴)을 버리게 되는 것을 은근히 슬퍼하고 있습니다. 부디 제게 스스로 목숨을 끊으라는 글을 주시어 뭇 신하들에 앞서 이 동궁에서 죽게 해 주옵소서."

회남왕은 가슴이 답답하고 기운이 빠지며 눈물이 크게 맺혀 옆으로 흘러내렸다. 오피는 일어나 계단을 성큼성큼 밟으며 떠났다.

회남왕에게는 불해(不害)라는 서자가 있었는데 아들 가운데 가장 나이가 많았으나 왕은 그를 사랑하지 않았다. 왕과 왕후와 태자 모두 불해를 자식으로나 형으로 치지 않았다.

불해에게는 건(建)이라는 아들이 있었다. 재능이 뛰어나고 기개가 있었으나 태자가 자기의 아버지를 무시하는 것을 항상 원망하고 있었다. 또 제후들은 모두 자신의 자제를 분립(分立)시켜 후로 만들 수 있었는데 아들이 둘밖에 없는 회남왕의 한 아들은 태자이지만 건의 아버지만 후가 되지 못한 것을 원망했다.

그래서 건은 조용히 사람들과 결탁하여 천자에게 태자를 고발하여 실

---

243) 殷의 紂王의 형. 자주 紂에게 諫했으나 받아들여지지 않았다. 殷을 떠나 뒤에 周에서 벼슬하고 宋에 봉해졌다.

각시킨 다음 대신 자기 아버지를 태자로 앉히려고 했다. 태자가 이 사실을 알아차리고 건을 잡아다가 옥에 가두고 매를 쳤다.

건은 태자가 계책을 세워 한나라 중위를 죽이려 한 것을 상세하게 알고 있었다. 그래서 친교가 있는 수춘(壽春)의 장지(莊芷)라는 사람을 시켜 원삭 6년, 천자에게 다음과 같은 글을 올리게 했다.

'독한 약은 입에 쓰지만 병에 이롭고, 충성된 말은 귀에 거슬리지만 행하는 데 이롭다고 했습니다.

지금 회남왕의 손자 건은 재능이 뛰어난 사람입니다. 회남왕의 왕후와 태자 천(遷)은 항상 건을 미워하여 건의 아비 불해에게 아무런 죄가 없는데도 멋대로 건을 잡아다가 자주 옥에 가두고 그를 죽이려 합니다. 지금 건은 아직 살아 있으니 그를 부르셔서 물어보실 수 있습니다. 건은 회남왕의 음모를 자세히 알고 있습니다.'

이 글이 황제에게 올라오자 정위에게 이 사건의 심리를 명했다. 정위는 하남(河南) 관리에게 명하여 심문하게 했다.

이때 벽양후의 손자인 심경(審卿)은 승상 공손홍(公孫弘)과 친한 사이였다. 그는 회남왕이 자신의 할아버지를 죽인 것에 원한을 품고 있었으므로 회남왕에 대해 있는 일 없는 일을 마구 꾸며 공손홍에게 일러바쳤다. 공손홍은 회남왕에게 반역의 음모가 있는 것이 아닌지 의심하여 이 사건을 철저히 규명하게 했다.

하남의 관리가 건을 심문하게 되자 그 화가 회남의 태자와 그 일당에까지 미치게 되었다. 회남왕은 이것을 우려한 나머지 반란을 일으키기 위해 오피에게 물었다.

"한나라 조정은 잘 다스려지는가 아니면 어지러운가?"

"천하는 잘 다스려지고 있습니다."

회남왕은 속으로 탐탁지 않게 생각하여 다시 오피에게 물었다.

"공[244]은 어떤 이유에서 천하가 잘 다스려지고 있다고 보는가?"

"신이 조정의 정치를 가만히 살펴본 바 군신(君臣)의 의(義), 부자(父子)의 친(親), 부부(夫婦)의 별(別), 장유(長幼)의 서(序)가 모두 그 도리를 얻고 있고 폐하의 일거일동은 옛 도를 따르며 풍속과 기강에 결점이 없습니다.

많은 물품을 가진 부상(富商)들은 천하를 두루 돌아다니고 길은 통하지 않는 곳이 없어 외국과 무역이 행해지고 있으며 남월은 복종을 하고 강(羌)·북(僰 : 모두 서쪽 오랑캐)은 투항했습니다. 장유(長楡 : 내몽고의 요새)를 넓히고 삭방군(朔方郡 : 내몽고 올더스 지방)을 새로 열어 놓으니 흉노는 깃을 꺾이고 날개를 상해 응원군마저 잃고 풀이 죽어 있습니다. 옛날의 태평 시대를 따를 수는 없지만 그래도 잘 다스려지고 있다고 말할 수 있습니다."

회남왕이 성을 냈다. 오피는 자기가 한 말이 죽을죄에 해당한다고 사과를 했다. 왕은 또 오피에게 물었다.

"산동(山東 : 효산·함곡관)의 동쪽에 병란이 일어나게 되면 한나라는 틀림없이 대장군 위청(衛靑)을 장수로 삼아 산동을 제압하려고 할 것이다. 그대는 대장군을 어떤 인물로 생각하는가?"

"신이 친하게 사귀고 있는 사람 중에 황의(黃義)라는 자가 있습니다. 대장군을 따라 흉노를 친 적이 있는데 돌아온 뒤에 신에게 말하기를, '대장군은 사대부를 대우하는 예의 있는 사람이며 사졸에게는 은덕이 있다. 그러므로 대중은 대장군 돕는 것을 즐겁게 여긴다. 또 대장군이 말을 타고

산을 오르내리는 것을 보면 마치 새가 나는 것처럼 빠르고 재주는 여간 뛰어나지 않다.'고 했습니다. 신은 대장군의 재능이 이같이 뛰어난 데다가 장군으로서 실전에 익숙해 있으므로 그를 상대한다는 것은 쉬운 일이 아니라고 생각합니다.

또 알자(謁者 : 외국으로 使臣 다니는 벼슬)인 조량(曹梁)이 장안에 사신으로 다녀와서 말했습니다. '대장군은 호령함이 분명하고 적을 대할 때는 언제나 용감하게 앞장섭니다. 군막을 치고 쉴 때는 우물을 파서 물을 충분히 얻어 사졸 전원이 물을 다 마신 뒤에야 비로소 물을 마십니다. 후퇴할 때에는 사졸들이 모두 강을 건넌 다음에야 건넙니다. 또 황태후가 하사한 돈과 비단은 군리들에게 전부 나누어 줍니다. 옛날의 명장이라도 이 이상은 하지 못했을 것입니다.'라고 말입니다."

이 말을 듣자 회남왕은 아무 말이 없었다.

회남왕은 건이 소환되어 심문을 받는 것을 보더니 나라의 음모가 발각될까 두려워 반란을 일으킬 생각이었다. 그런데 오피가 성공할 가망이 전혀 없다고 말했으므로 왕은 다시 오피에게 물었다.

"그대는 오나라가 군사를 일으킨 것이 옳다고 생각하는가, 잘못이라고 생각하는가?"

오피가 대답했다.

"잘못이라고 생각합니다. 오왕은 지극히 부귀한 몸이었는데 도리에 어긋나게 군사를 일으켰기에 몸은 단도(丹徒)에서 죽고 머리와 다리가 제각각 묻히고 말았습니다. 또 자손으로 살아남은 자도 없습니다. 들은 바에 의하면 오왕은 몹시 뉘우쳤다고 합니다. 부디 깊이 생각하시고 오나라 왕의 후회를 되풀이하지 마십시오."

왕이 말했다.

"남자란 성공을 못하면 죽을 뿐이다. 그리고 또 오왕이 반란을 일으키는 방법을 알았겠는가? 성고(成皐)의 어귀를 막아야만 했는데 막지 않았기 때문에 하루 사이에 한나라 장군 사십여 명이 성고를 통과하게 되었던 것이다.

이제 내가 누완(樓緩)[245]에게 명하여 우선 성고의 어귀를 차단하게 하고, 주피(周被)에게 명하여 영천군(潁川郡)의 군사를 끌어다 환원(環轅)과 이궐(伊闕)의 길목을 막게 하며, 진정(陳定)에게 명하여 남양(南陽)의 군사를 동원시켜 무관(武關)을 지키게 하면 한나라의 하남 태수는 겨우 낙양을 지키고 있을 터이니 아무 걱정도 할 필요 없다.

그렇지만 이들 북쪽으로는 아직도 임진관(臨晋關), 하동(河東), 상당(上黨)과 하내(河內), 조나라가 있는데 사람들이 말하기를 '성고 어귀를 차단하면 천하는 통하지 않는다.'고 한다. 삼천(三川)의 요충을 의지하고 산동의 군사를 소집한 다음 일으키는 것을 그대는 어떻게 생각하는가?"

오피가 대답했다.

"신으로서는 화는 알 수 있으나 복은 알 수 없습니다."

이에 왕이 물었다.

"좌오(左吳), 조현(趙賢), 주교여(朱驕如) 등은 모두 복이 있다 하여 열 중 아홉까지는 성공한다고 보는데 그대만이 화가 있을 뿐 복이 없다고 하니 무슨 까닭인가?"

오피가 대답했다.

"대왕의 여러 신하들 가운데 가까이에서 총애를 받으며 많은 사람을 통솔할 수 있는 사람은 그동안 모두 조옥(詔獄 : 천자의 詔書에 의해 죄인을 다스리는 疑獄)에 끌려가고 말았습니다. 남아 있는 사람들 중에는 일을 일으킬 만한 사람이 없습니다."

---

245) 樓緩은 戰國時代의 策士이나 여기서는 그와 同名인 淮南王의 신하일 것이다.

왕이 말했다.

"진승·오광은 송곳을 꽂을 만한 땅도 없었다. 그런데 겨우 천 명의 무리를 이끌고 대택(大澤)에서 일어나 팔을 휘두르며 크게 외치니 온 천하가 이에 호응하여 그들이 서쪽으로 나아가 희(戲)에 이르렀을 때에는 군사가 백이십 만이나 되었다. 지금 우리 나라는 비록 작은 나라이기는 하지만 싸움을 할 수 있는 십만 여의 군사를 불러모을 수 있을 것이다. 그 강한 힘으로 말하자면 진승·오광의 군사처럼 낫, 끌, 창 자루 같은 것을 무기로 쓰는 수자리 살던 무리들과 비할 바가 아니다.[246] 그런데 그대는 어찌하여 화만 있고 복이 없다고 하는가?"

오피가 말했다.

"옛날 진나라는 무도한 짓으로 천하를 못살게 굴고 도처에 만승의 행차를 이끌고 다니며 아방궁을 짓느라 중세(重稅)를 거두어들이고 여좌(閭左)의 수자리(秦은 처음에 가난한 백성들을 里門 왼쪽에 살게 하여 수자리를 면제해 주었으나 뒤에는 빈민들마저 수자리를 살게 했음)마저 징발했습니다.

그로 인해 아버지는 자식을 편안히 해줄 수 없었고 형은 아우를 도와줄 수 없게 되었습니다. 정치는 가혹하고 형벌은 준열하여 온 천하는 볶이고 타서 눌어붙는 것 같았습니다. 백성들은 모두 목을 길게 빼고 구세주가 나타나기를 기다리며 귀기울여 그 소리를 들으려고 하는 한편, 울부짖으며 하늘을 우러러 가슴을 치면서 진나라 조정을 원망했습니다. 그렇기 때문에 진승이 크게 외치자 천하는 이에 호응했던 것입니다.

그런데 지금은 폐하께서 천하를 직접 거느리시고 해내를 통일하여 널리

---

246) 陳勝과 吳廣이 반란에 나섰을 때 최초의 전력은 流罪人으로 구성된 변경 수비대로 무기는 고작 낫과 몽둥이였다.

만백성을 사랑하여 덕을 펴고 은혜를 베풀고 계십니다. 그 말이 입 밖에 나오기도 전에 우레 소리보다 더 빨리 백성의 마음에 전해지고 그 영(令)이 아직 나오기도 전에 덕화(德化)는 신(神)처럼 백성들에게 펼쳐지고 있습니다. 마음속의 위엄은 만 리까지 뻗치게 되며, 아랫사람이 윗사람을 따르는 것은 마치 그림자가 형체를 따르는 것과 같고 메아리가 소리를 따르는 것 같습니다.

또 대장군 위청의 재능은 진나라 장군이었던 장한(章邯), 양웅(楊熊)에 비할 바가 못 됩니다. 대왕께서 진승·오광을 비유로 드시는 것은 잘못인 줄로 압니다.”

왕이 물었다.

“만일 그대의 말이 맞는다면 요행을 바랄 수도 없다는 것인가?”

“신에게는 어리석은 꾀가 하나 있습니다.”

“그것이 무엇인가?”

오피가 대답했다.

“지금 제후들은 한나라에 대해 다른 마음을 가지지 않고 백성에게도 원망하는 기색이 없습니다.

그런데 삭방군은 전지(田地)가 넓고 수초(水草)가 아름답게 자라고 있는데도 그곳으로 옮겨 가는 사람의 수가 적어 그 땅을 다 채우지 못하고 있습니다. 신의 계략으로 말하자면 승상과 어사의 주청서를 위조하여 군국의 호걸, 임협(任俠)의 무리, 그리고 내죄(耐罪 : 머리털은 그대로 두고 아랫수염만 미는 가벼운 죄) 이상의 죄인들을 삭방군으로 이주시키는 것입니다.

또 특사령을 내려 죄인들을 용서하고 그들 가운데에서 오십만 전 이상의 재산을 가진 자는 그 권속들을 모두 삭방군으로 옮겨가 살도록 하며 군사들을 파견하여 그들의 이주 기일을 독촉하도록 합니다. 또 좌우도사공

(左右都司空), 상림(上林), 중도관(中都官 : 모두 죄수를 맡아 보는 벼슬)의 조옥(詔獄) 문서를 위조하여 제후들의 태자와 총신들을 체포하게 합니다.

이같이 하면 백성은 한나라를 원망하고 제후들은 두려워할 것입니다. 그런 다음 변사를 보내 제후들을 설득한다면 요행으로 열에 하나쯤 성공할지도 모릅니다."

왕이 말했다.

"그것도 좋은 생각이군. 그러나 나는 그렇게까지 할 필요는 없다고 생각하는데"

이리하여 회남왕은 관노를 시켜 궁중으로 들어가 황제의 옥새와 승상, 어사, 대장군, 군리, 중이천석(中二千石), 도관령승(都官令丞)의 인(印)과 가까운 군의 태수·도위의 인(印), 한나라 사신의 부절, 어사의 관(冠) 등을 위조하게 하여 오피의 계책대로 하려 했다.

또 누군가를 시켜 죄를 범하고 쫓겨난 것처럼 꾸며 서쪽 장안에 들어가 대장군과 승상을 섬기도록 해 두면 군사를 일으켰을 때 그들로 하여금 대장군 위청을 찔러 죽이고 승상을 설득시켜 회남에 항복하도록 만드는 것은 마치 덮어 두었던 뚜껑을 벗기는 것처럼 아주 쉬운 일이라고 생각했다.

회남왕은 국내에 있는 군사를 징발하려 했으나 한나라에서 임명한 재상과 이천 석의 고관들이 말을 듣지 않을까 걱정이 되었다. 그래서 오피와 상의해 먼저 재상과 이천 석의 고관들을 죽이려 했다. 즉 거짓으로 궁중에 불이 난 것처럼 꾸며 재상과 이천 석의 고관들이 궁중에 달려오면 이들을 죽여 버리려고 했다. 그런데 그런 계략은 아직 결정된 것은 아니었다.

회남왕은 또 누군가를 시켜 구도(求盜 : 도둑 잡는 벼슬)의 제복을 입히고 우격(羽檄 : 급한 소식을 알리기 위해 새깃을 단 檄文, 군대를 징발할 때 쓰임)을 갖게 하여 동쪽으로부터 달려오며 '남월의 군대가 국경을 침범했다.'고 외치게 한 다음 그것을 구실로 군사를 징발하려 했다.

그래서 여강(盧江)과 회계(會稽)로 사람을 보내 구도 벼슬에 임명하려 했는데 이 역시 아직 떠나보내지 않은 상태에서 회남왕이 오피에게 물었다.

"내가 군사를 일으켜 서쪽으로 향하게 되면 제후들 중에 반드시 호응하는 사람이 있을 것이다. 그런데 만일 응하는 자가 없다면 어떻게 하는 것이 좋겠는가?"

오피가 대답했다.

"남쪽의 형산(衡山)을 손에 넣은 다음, 여강(盧江)을 치고 심양(尋陽)의 배를 보유하여 하치(下稚)의 성을 지킵니다. 그리고 구강(九江)의 항구와 연락을 취해 예장(豫章)의 어귀를 끊으며 강노(强弩)를 준비하여 양자강 기슭에 닿아 지킵니다. 그리하여 남군(南郡)으로부터 내려오는 적군을 제지하고 동쪽의 강도(江都)와 회계(會稽)를 거두어 남쪽으로 강한 월나라와 연결하여 강(江)·회(淮) 두 강 사이에서 위세를 떨치게 되면 나라를 보전할 수 있을 것입니다."

이 말을 듣자 회남왕은 좋아하며 말했다.

"좋은 계책이다. 이것과 바꿀 만한 더좋은 계략은 없겠다. 실패하는 경우에는 월나라로 도망가면 그만이다."

그런데 정위가 '회남왕 손자 건의 말에 의하면 회남왕의 태자 천이 사건과 관련이 있다.'고 보고했으므로 황제는 정위를 보내 심리하도록 하기 위해 그를 회남의 중위로 임명하여 태자를 체포하도록 명령했다.

중위가 회남에 도착하자 그 사실을 안 회남왕은 태자와 짜고 재상과 이천 석의 고관들을 불러 그들을 죽인 다음 군사를 일으키려고 했다. 왕이 부르니 재상은 왔지만 내사(內史)는 외출중이라 핑계하고 들어오지 않았다. 중위도 역시,

"신은 폐하의 명을 받들어 사신으로 왔기 때문에 내 마음대로 왕을 뵐 수는 없습니다."

하며 소환에 응하지 않았다. 왕은 내사와 중위가 오지 않으면 재상을 죽여야 아무 소용이 없다고 생각해서 재상을 그대로 돌려보냈다. 그런 뒤에 왕은 어떻게 하면 좋을지 망설이며 계책을 결정짓지 못하고 있었다.

태자는 '내가 죄인으로 몰리게 된 것은 왕과 함께 한나라 중위를 찔러 죽이려 했기 때문이다. 왕과 공모한 내가 죽어버리면 아무도 입을 열 사람이 없을 터이니 왕은 죄를 면하게 될 것이다.'라고 생각하고 이에 왕에게 말했다.

"여러 신하 가운데 쓸 만한 사람은 이미 옥에 갇히고 말았습니다. 지금은 함께 거사할 만한 인물이 없습니다. 시기가 나쁜 이때 왕께서 군사를 일으켜 봐야 필시 성공할 수 없을 것입니다. 바라옵건대 신이 체포당하는 것을 허락해 주십시오."

왕도 군사를 일으키는 것을 보류할 생각이었으므로 태자의 청을 허락해 주었다. 그러자 태자는 곧 스스로 목을 찔렀으나 미수에 그쳤다.

그때 오피가 조칙을 받고 온 관리를 찾아가 고발했다.

"회남왕이 반역을 꾀했습니다. 그 사실은 이러이러합니다."

하고 상세하게 털어놓았다. 그래서 관리들은 태자와 왕후를 체포하고 왕궁을 포위했다. 또 왕과 함께 반역 음모에 가담한 빈객들 가운데 회남 안에 있는 사람들은 모조리 수색하여 체포하고 반란에 쓸 무기도 찾아내어 이를 보고했다.

천자는 공경들에게 하명하여 사건을 규명하게 했다. 회남왕의 반역 음모에 관련된 열후와 이천 석의 고관·호걸 등 수천 명은 모두 죄의 경중에 따라 형벌을 받았다.

형산왕 사(賜)는 회남왕의 동생이었으니 당연히 회남왕의 반역 음모에 연좌되어 체포했어야 옳았다. 그런데 관리가 형산왕을 체포해야 한다고 주청했으나 황제는 허락하지 않고 이렇게 말했다.

"제후들은 각각 자기 나라를 다스리는 것이 본무(本務)이다. 서로 연좌할 일이 못 된다. 제후왕과 열후 가운데 일찍이 전고(典故)와 법률에 대해 배운 사람들은 승상과 함께 상의하라."

그래서 조왕(趙王) 팽조(彭祖), 평양후(平陽侯) 양(襄) 등 사십삼 명이 의논한 후 모두 이렇게 말했다.

"회남왕 안(安)은 대역무도하여 반역을 음모한 것이 명백하므로 마땅히 사형에 처해야만 합니다."

교서왕 단(端)은 의논하여 말했다.

"회남왕 안은 한나라 법을 무시하여 그릇된 일을 행하고 거짓된 마음을 품어 천하를 어지럽게 하여 백성들을 현혹시켰으며 종묘에 배반하여 함부로 요망한 말들을 퍼뜨렸습니다. ≪춘추≫에도 '신하는 반역해서는 안 된다. 반역할 마음을 품으면 이를 목 벤다.'고 했습니다. 모반 계획은 이미 정해져 있었으므로 안의 죄는 반역할 마음을 품은 것보다도 무겁습니다.

신 단(端)이 보는 바로는 문서, 부절, 인도(印圖)를 위조한 것과 그 밖의 무도한 행위에 대해서도 증거가 명백하니 심히 대역무도합니다. 당연히 법에 따라 처형해야 합니다.

또 회남의 관리로서 봉록 이백 석 이상인 자, 그리고 이와 동등한 자나 종실의 근신들로서 왕의 사랑을 받고 있던 신하들 가운데 비록 모반에 관계하지는 않았더라도 잘 지도하여 그런 일이 없도록 예방하지 못한 사람은 그 책임을 물어 모두 벼슬에서 물러나게 하거나 작위를 깎아 사졸로 만들어 다시는 관리가 되지 못하도록 해야 합니다. 그 밖에 관리가 아닌 측근자는 금 두 근 팔 량을 바치면 죽을죄는 면할 수 있게 합니다.

그렇게 하여 안의 죄를 분명하게 밝혀 천하로 하여금 신자(臣子)의 도리를 잘 알게 함으로써 다시는 감히 그런 사악한 반역의 마음을 품는 자가 없도록 해야 합니다."

승상 홍(弘)과 정위 탕(湯) 등이 황제에게 그대로 보고했다.

천자는 종정(宗正 : 九卿의 하나)에게 부절을 주어 회남왕을 심리하게 했다. 그러나 종정이 도착하기 전에 회남왕은 스스로 목을 쳐서 죽고 말았다. 왕후와 태자 천, 그리고 모반에 함께 가담한 자들은 전부 멸족의 형을 받았다.

천자는 평소에 오피가 한나라의 좋은 점을 말하였다는 것을 참작하여 그를 죽이지는 않으려고 했으나 정위 탕이,

"주모자로 반역을 획책했습니다. 오피의 죄는 용서할 수 없습니다."

라고 주장했으므로 오피를 사형에 처했다.

이리하여 회남의 나라는 없어지고 구강군(九江郡)으로 되었다.

형산왕 사(賜)의 왕후인 승서(乘舒)는 자식 셋을 낳았다. 장남은 상(爽)으로 태자가 되고 차남은 효(孝), 그 다음은 딸로서 무채(無采)라고 했다. 또 희(姬 : 女官名)인 서래(徐來)는 4남매를 낳았고 미인(美人 : 女官名) 궐희(厥姬)는 자식 둘을 낳았다.

형산왕과 회남왕 형제는 상대방의 예절이 옳지 못하다며 서로 책망하고 원망하여 사이가 좋지 못했다. 형산왕은 회남왕이 반역을 꾀하여 무기를 만들고 있다는 말을 듣자 그 역시 빈객들과 모의하여 이에 대응할 대책을 세우고 있었다. 회남왕에게 먹히는 것을 두려워했기 때문이다.

원광(元光) 6년, 형산왕은 한나라 조회에 들어왔다. 그의 알자 위경(衛慶)은 방술(方術 : 古卜, 醫術, 仙術) 등을 알고 있었는데 글을 올려 황제를 섬기려 했다. 형산왕은 노하여 일부러 위경을 죽을죄에 해당한다고 몰아붙여 매를 쳐 억지로 승복하도록 했다. 그렇지만 형산의 내사(內史)는 그것이 옳지 않다고 하여 옥사(獄事)를 물리쳤다. 형산왕은 사람을 시켜 내

사를 고발하였다. 내사는 심문을 당하자 왕이 옳지 못하다는 것을 밝혔다.

형산왕은 또 자주 남의 밭을 침탈하고 남의 무덤을 헐어 자기 밭을 만들었으므로 관리는 형산왕을 체포하여 심리할 것을 주청하였다. 황제는 이를 허락하지 않았으나 대신 앞으로 형산의 이백 석 이상의 관리는 한나라 조정에서 직접 임명하도록 했다.[247]

이 일로 인해 형산왕은 한나라에 대해 노여움을 품고 해자(奚慈), 장광창(張廣昌) 등과 짜고 병법이나 점성(占星)과 망기술(望氣術)에 능통한 사람을 찾았다. 그들은 밤낮으로 왕에게 반역 음모를 은근히 종용했다.

왕후 승서가 죽자 서래를 세워 왕후를 삼았다. 그런데 궐희와 서래 두 사람은 전부터 왕의 총애를 받았기 때문에 서로 질투가 심했다. 궐희는 왕후인 서래를 태자에게 중상했다.

"서래는 비녀(婢女)를 시켜서 태자의 어머님을 저주하여 죽게 했습니다."

태자는 속으로 서래를 원망하게 되었다. 그 후 서래의 오빠가 형산에 왔을 때 태자는 그와 함께 술을 마시는 자리에서 칼끝으로 찔러 상처를 입혔다. 왕후는 원망하고 노하여 왕에게 자주 태자를 헐뜯었다.

태자의 여동생인 무채는 시집을 갔으나 소박을 맞고 돌아와서는 남자 종이나 빈객과 간통했다. 태자가 무채를 자주 꾸짖자 무채는 노하여 태자와 내왕을 끊게 되었다. 이 말을 들은 왕후는 무채를 위로하며 잘 대접하였다.

무채와 그녀의 작은 오빠 효는 어렸을 때 어머니를 여의고 왕후 서래 밑에서 자라났다. 왕후는 계략이 있어서 이들을 사랑하여 함께 태자를 헐뜯

---

247) 당시 王侯는 사백 석 이하의 관리는 자신이 임명할 수 있는 권한을 가지고 있었다. 衡山王은 벌로서 그 권한이 축소된 것이다.

었다. 그 때문에 왕은 자주 태자를 묶고 매질했다. 원삭(元朔) 4년에 누군가가 왕후의 계모에게 상해를 입힌 사건이 일어났다. 왕은 태자가 사람을 시켜 상해를 입힌 것으로 의심하고 태자에게 매질을 했다.

그 뒤 형산왕이 병들었는데도 태자는 칭병하고 시중을 들지 않았다. 왕후와 효와 무채는 태자를 비방하여,

"사실 태자는 병이 아닙니다. 병은 핑계일 뿐 얼굴에는 기뻐하는 빛이 있습니다." [248]

라고 말하였다. 형산왕은 크게 노하여 태자를 폐하고 그 아우 효를 태자로 세우려고 했다. 왕이 틀림없이 태자를 폐하리라는 것을 안 왕후는 다시 효마저 폐하도록 하려고 했다. 왕후에게는 춤을 잘 추는 시녀가 있었는데 왕도 그녀를 총애하고 있었다. 왕후는 그 시녀에게 효와 사통하게 하여 효에게 오명을 씌워 형제를 폐하게 만든 다음 자기 아들 광(廣)을 태자로 세우려고 꾀했다.

태자 상은 이 일을 눈치 채고 '왕후는 나를 자주 헐뜯어 그칠 줄을 모른다. 어디 한 번 왕후와 밀통하여 그의 입을 틀어막아 주리라.' 하고 생각했다. 그러던 어느 날 왕후와 함께 술을 마시게 되어 태자는 앞으로 나아가 잔을 올려 건강을 축하하고 왕후의 무릎에 기대며 함께 동침하기를 요구했다. 왕후는 노하여 이 사실을 왕에게 고하였다.

왕은 태자를 소환하여 결박을 짓고 매질하려고 하자 태자는 왕이 늘 자기를 폐하고 동생인 효를 태자로 세우려는 것을 알고 있었으므로 이렇게 말했다.

"효는 왕께서 사랑하는 시녀와 간통하고 있으며 무채는 종놈과 간통하

---

248) 왕이 사망하면 자신이 즉위할 수 있어서 기뻐한다는 뜻.

고 있습니다. 왕께서는 부디 수라를 잘 드시고 몸을 위해 주십시오. 신은 형산국의 난상(亂狀)에 대해 천자에게 글을 올리겠습니다."

그러고는 왕의 영을 거역하고 떠났다. 왕은 사람을 시켜 그를 멈추게 했으나 누구도 감히 태자의 걸음을 막는 자가 없었다. 그래서 왕은 몸소 수레를 몰고 태자를 뒤쫓아가 그를 붙들었다. 태자가 비방하는 말을 함부로 하였으므로 왕은 태자에게 칼을 씌워 궁중에 가두었다.

한편 효는 더욱 왕의 사랑을 받았다. 왕은 효의 재능을 기특하게 여겨 그에게 왕의 옥새를 차게 하고 장군이라 불렀다. 또 바깥 저택에 살게 하고 많은 돈을 주어 빈객을 불러모으게 했다. 찾아온 빈객들은 어렴풋이 회남과 형산이 반역을 꾀하고 있다는 것을 알아차리고 밤낮으로 모반할 것을 권했다.

왕은 효의 빈객 중에서 강도(江都) 사람인 구혁(救赫)과 진희(陳喜)에게 명하여 전차와 족시(鏃矢)를 만들게 하고 천자의 옥새와 장상·군리의 인을 새기게 했다. 왕은 또 밤낮으로 주구(周丘)[249]와 같은 장사를 찾으며 오·초가 모반했을 당시의 계획을 찬양하고 그것을 본받아 모반에 관한 규약을 정했다.

형산왕은 회남왕을 모방하여 함부로 천자의 자리에 오르려 하지는 않았다. 다만 회남이 군사를 일으키면 그의 나라가 병합될 것이 두려웠던 것이다. 그러므로 회남이 서쪽으로 진출하면 군사를 일으켜 강(江)·회(淮) 사이를 평정하여 그곳을 보유하려 했을 뿐으로 그의 욕망은 그 정도였다.

원삭 5년 가을, 형산왕이 한나라의 조회에 들어갈 때가 되었다.

원삭 6년에 회남을 통과하는데 회남왕은 이때 지난날의 불화를 다 씻어

---

249) 오왕 비가 반란을 일으켰을 때 왕을 위해 활약한 장사. 이때는 이미 전사한 다음이다.

버리고 다정하게 형제의 우애를 말하며 반역에 쓰일 무기를 함께 만들기로 약속했다. 그래서 형산왕은 글을 올려 병을 구실로 조회에 들지 못한다고 사죄했다. 황제는 입조하지 않아도 된다는 조서를 내렸다.

원삭 6년에 형산왕은 사신을 보내 글을 올려 태자 상을 폐하고 효를 태자로 삼을 것을 주청했다. 이 말을 들은 상은 친하게 사귀고 있는 백영(白嬴)[250]을 장안으로 보내 효가 반란에 쓸 전차와 활촉, 화살을 만들고 있으며 또 왕이 총애하는 시녀와 간통하고 있다는 글을 올려 효를 실각시키려 했다.

그런데 백영이 장안에 이르러 미처 글을 올리기도 전에 형리가 백영을 체포하여 회남의 사건과 관계가 있다고 옥에 가두었다.

형산왕은 상이 백영을 시켜 글을 올리게 했다는 것을 알자 나라의 음모를 발설할까 두려워했다. 그래서 글을 올려 태자 상을 모함하기를 태자는 하는 일이 모두 무도하여 기시의 죄에 해당한다고 고발했다. 이 사건은 패군(沛郡)의 관리에게 맡겨져 다스려졌다.

원수(元狩) 원년,[251] 유사(有司)와 공경들은 패군에 명을 내려 회남왕과 함께 반역을 도모한 사람들을 체포하게 했으나 좀처럼 잡히지 않았다. 그러던 중 형산왕의 아들 효의 집에서 진희(陳喜)를 체포하게 되었다. 관리는 효가 수령이라 진희를 숨겨 두었다고 탄핵했다.

효는 평소에 형산왕과 반역을 꾀한 것을 진희가 알고 있었으므로 필시 자백하지 않을까 겁이 났다. 또 한나라 법률에 자수한 사람은 죄가 면제된다고 들은 데다가 또 태자가 백영을 시켜 모반에 대한 것을 고발해 버린

---

250) 白嬴은 이곳 이외에는 나오지 않으며 어떤 인물인지 또 淮南王의 모반과 관계가 있는지 없는지도 확실하지 않다.
251) 원문은 '元朔 七年'인데 이는 잘못된 것이다. 元朔은 6년까지이다. 《漢書》 衡山王傳에 의거하여 '元狩 元年'으로 고쳤다.

것으로 의심하여 먼저 자수하고 함께 모반을 꾀한 구혁(救赫)과 진희에 대해 털어놓았다. 정위가 취조한 결과 모든 증거가 드러났다.

공경들은 형산왕을 체포하여 심리할 것을 주청했다. 그러나 황제는,

"체포하지 말라."

하고 중위 사마안(司馬安)과 대행(大行 : 빈객의 접대를 맡은 벼슬) 이식 (李息)을 파견하여 왕을 심문하게 했다. 왕이 상세히 사실을 모두 말했으 므로 관리들을 시켜 왕궁을 포위하고 감시하게 했다.

중위와 대행은 돌아와 천자에게 보고했다. 대신들은 종정(宗正)과 대행 을 보내서 효의 사건과 함께 왕을 심문하게 할 것을 주청했다. 이 말을 들 은 형산왕은 스스로 목을 쳐서 죽었다.

효는 자수했으므로 죄를 용서받았지만 왕의 총애를 받던 시녀와 간통한 죄로 기시되었다. 왕후 서래도 전 왕후였던 승서를 저주하여 죽였다는 죄 를 묻게 되었고, 또 태자 상도 왕을 고발한 불효의 죄를 물어 모두 기시되 었다. 형산왕과 함께 모반을 꾀한 사람들은 그의 일족과 함께 처형되었다. 결국 형산국은 없어지고 형산군이 되었다.

태사공은 말한다.

"《시경》에 이르기를 '융적(戎狄 : 서북방의 蠻族)은 치고 형서(荊舒 : 荊州・舒州. 모두 남방 오랑캐 땅)는 징계한다.' 고 하였으니 진실로 옳은 말이다.

회남왕과 형산왕은 한나라의 골육지친으로서 그 봉토가 사방 천 리나 되는 제후였다. 그런데도 번신(藩臣)의 직분을 지켜 천자의 뜻을 받드는 데 힘쓰지 않고 오로지 옳지 못한 일에 치우쳐 반역을 도모했다. 그로 인 해 부자(父子)는 두 번에 걸쳐 나라를 잃고 저마다 그의 몸을 온전히 하지 못한 채 천하의 웃음거리가 되었다.

이것은 왕 혼자만의 잘못은 아니다. 그 습속이 천박하고 신하들이 점점 악한 데로 빠져들어 그렇게 된 것이다. 대체로 형초(荆楚)의 사람들이 날쌔고 사나운 용기를 지녔으되 경망스럽고 성급했던 탓으로 난을 일으키기 좋아한 것은[252] 예부터 기록에 남아 있다."

---

252) 淮南王이나 衡山王의 領地는 예전의 荆·舒 땅에 해당한다.

제59 순리열전(循吏列傳)

태사공은 말한다.

"법령은 백성을 교도하기 위한 것이며 형벌은 간악한 것을 금지하기 위한 것이다. 문(文 : 法令)과 무(武 : 刑罰)가 잘 갖춰져 있지 않으면 악인이 많아져서 양민들이 두려워하게 된다.

한 몸을 잘 수양한 사람이 관직에 있으면 그곳에서는 한 번도 문란한 일이 없으며 순리를 따라 직무를 받드는[253] 사람들 역시 백성을 바르게 다스릴 수 있다. 백성을 다스리는 데는 반드시 위엄만이 필요한 것은 아니다."

손숙오(孫叔敖)는 초(楚)나라의 처사(處士 : 학식이 있지만 벼슬을 구하지 않는 사람)였다. 재상인 우구(虞丘)[254]가 그를 초(楚)나라 장왕(莊王)에게 추천하고 자기 대신 재상으로 앉히려 했다.

손숙오는 그 후 석 달 뒤에 초나라 재상이 되었는데 교화를 실시하여 백성을 교도했기 때문에 상하가 화합하고 풍속 또한 극히 아름다워졌으며 정치 또한 조항을 완화해도 금령은 굳게 지켜지고 관리들은 간사한 짓을 하지 않고 도둑도 생기지 않았다.

백성들을 권유해 가을과 겨울에는 산속으로 들어가 대나무 등 목재를 벌채하게 하고 봄과 여름에는 불어난 강물을 이용해 그것을 운반하도록 했다. 그리하여 백성들은 각각 편안과 이익을 누리며 생활을 즐길 수 있

---

253) 원문은 '奉職循理'.
254) 원문은 '虞丘相'. 楚나라 莊王의 丞相이었던 虞丘子를 말한다. 그는 부인에게서 무능하다는 비난을 받자 즉시 사직하고 孫叔敖를 승상에 추천했다고 전해진다.

었다.

언젠가 장왕(莊王)이 화폐가 가볍고 작다고 생각한 나머지 화폐를 고쳐 크게 만들었다. 그러자 백성들은 그것을 불편하게 생각하여 모두 그들의 생업을 떠나 버렸다. 시장(市場)의 장(長)이 이 사실을 재상에게 말했다.

"시장이 혼란하게 되어 백성들은 자기 집에 편안히 있지 못하며 시장 관리 감독청과 점포들도 안정되지 못하고 있습니다."

재상이 물었다.

"그렇게 된 것이 언제부터였나?"

"석 달쯤 됩니다."

"알겠다. 돌아가거라. 곧 복구하도록 하겠다."

그 닷새 후에 재상은 조회에 들어가 이 사실을 왕에게 말했다.

"앞서 화폐를 다시 만든 것은 그전 화폐가 가볍고 작다고 생각했기 때문입니다. 지금 시장의 장이 와서, '시장이 혼란해져 백성들은 자기 집에 편안히 있지 못하며 시장 관리 감독청과 점포도 안정되지 못하고 있습니다.' 라고 보고하였습니다. 바라옵건대 다시 옛날과 같이 해 주십시오."

왕이 이를 허락하여 다시 명령을 내린 후 사흘이 지나자 시장은 전과 같이 되었다.

초나라 사람들은 풍속상 낮은 수레를 좋아했다. 왕이 낮은 수레는 말이 끌기에 불편하다고 생각하고 정령을 내려 이것을 높게 만들려 했다. 재상이 말했다.

"정령을 자주 내리면 백성은 어느 정령에 쫓아야 할지를 모르게 되므로 좋지 못합니다. 왕께서 꼭 수레를 높게 만들고 싶으시면 관리들을 교도하여 고을의 문지방을 높게 만들도록 하겠습니다. 수레를 타는 자는 군자(君子 : 지위 높은 벼슬아치)들입니다. 군자는 수레에서 자주 내릴 수 없습니다. 그러면 자연 수레가 높아질 것입니다."

왕은 이를 허락했다. 반년이 지나자 백성은 모두 수레를 높게 만들었다. 즉 이것은 가르치지 않고도 백성이 그 교화에 따른 것이다. 가까이 있는 자는 이를 보고 배우고 멀리 있는 자는 사방에서 바라보고 이것을 본받았다.

손숙오는 세 번 재상이 되었으나 기뻐하지 않았다. 그의 재능이 그런 지위를 얻게 한 것을 알고 있었기 때문이다. 또 세 번 재상의 지위를 떠났으나 후회하지 않았다. 그것이 자기의 죄가 아님을 알고 있었기 때문이다.

자산(子產)은 정(鄭)나라 대부의 한 사람이다.

정나라 소군(昭君)은 그가 총애하던 서지(徐摯)를 재상으로 삼았다. 그러자 나라가 어지러워져서 상하가 친화하지 못하고 부자가 화목하지 못했다. 대궁(大宮) 자기(子期)가 이 사실을 소군에게 아뢰자 자산을 재상으로 삼았다.

자산이 재상이 되고 1년이 지나자 어린아이들이 못된 장난을 치는 일이 없어지고 백발이 된 노인은 무거운 짐을 들고 다니지 않았으며 성년이 안 된 동자들이 밭갈이하는 일이 없었다.(장정들이 노약자를 위하고 농사짓기에 힘쓴다는 뜻)

2년이 지나자 시장에서 값을 깎는 일이 없어졌다. 3년이 지나자 치안이 잘 되어 밤에도 문을 닫는 일이 없었고 길바닥에 물건이 떨어져 있어도 수위가는 사람이 없었다. 4년이 지나자 도둑이 사라져 논밭에 있는 농기구를 집에 가지고 가는 사람이 없었다.

5년이 지나자 병역이 없어졌으므로 사민(士民)에게는 척적(尺籍 : 軍令을 쓴 사방 한 자의 書板)이 없어지고 거상(居喪)을 입는 기간은 시키지 않아도 제대로 지켜졌다.

자산은 정나라를 다스린 지 이십육 년 만에 죽었다. 장정들은 소리 내어 통곡을 하고 노인들은 어린아이처럼 울며 물었다.

"자산이 우리를 버리고 죽었다는 말인가? 우리 백성들은 장차 누구를 의지한단 말인가?"

공의휴(公儀休)는 노(魯)나라 박사(博士)[255]였다. 그는 재능과 학문을 인정받아 노나라 재상이 되었다. 법을 바로 지키고 도리를 따라[256] 함부로 변경하는 일이 없었기 때문에 백관들은 저절로 바르게 되었다. 녹을 먹는 자는 일반 백성들과 이익을 다투지 않았고 많은 봉록을 받는 사람은 뇌물을 받지 않았다.

어느 빈객이 재상에게 생선을 보내 왔으나 받지 않았다. 그러자 다른 빈객이 물었다.

"상군(相君)께서 생선을 좋아하신다는 말을 듣고 보내온 것입니다. 그런데 무슨 까닭으로 받지 않습니까?"

"생선을 좋아하기 때문에 받지 않은 것이오. 지금 나는 재상으로 있기 때문에 내 돈으로 생선을 살 수 있소. 그런데 생선을 받고 벼슬에서 쫓겨나게 되면 누가 내게 생선을 보내 주겠소? 그래서 받지 않는 것이오."

어느 날 공의휴가 자기 집 채소밭의 채소를 먹어 보니 맛이 대단히 좋았다. 그러자 그는 채소밭의 아욱을 다 뽑아 버렸다. 또 자기 집에서 짜는 베가 훌륭한 것을 보고는 당장 베 짜는 여자를 돌아가게 하고 그 베틀을 불태워 버린 후 이렇게 말했다.

"사서 입어야 할 사람이 사 주지 않으면 농부와 공녀(工女)들은 그들이 생산한 물품을 팔 곳이 없게 되어 곤궁하게 되지 않겠는가?"

---

255) 관직 이름. 學問과 典故에 능통한 자가 임명되는 벼슬.
256) 원문 '奉法循理'.

석사(石奢)는 초(楚)나라 소왕(昭王)의 재상이었다. 건실하고 청렴 정직해서 아부하거나 회피하는 일이 없었다.

어느 날 그가 고을을 순행하던 중에 살인 사건을 만나게 되었다. 범인을 뒤쫓으니 살인자는 바로 자기 아버지였다. 재상은 아버지를 놓아 보내고 돌아와 자신이 대신 결박을 받아 옥에 갇힌 다음 사람을 시켜 왕에게 이렇게 아뢰게 했다.

"살인자는 신의 아비올시다. 아비를 잡아 형정(刑政)을 시행하면 불효가 되고 그렇다고 법을 무시하여 죄를 용서한다면 이는 불충이 됩니다. 신의 죄는 죽어 마땅합니다."

이에 왕은 이렇게 말했다.

"뒤쫓았으나 잡지 못한 것뿐이므로 복죄(伏罪)함은 가당치 않다. 그대는 전과 다름없이 직무를 계속하라."

그러자 석사는,

"그 아비에게 사(私)를 두지 못하는 것은 효자의 도리가 아니며 주군의 법을 받들지 못하는 것은 충신의 도리가 아닙니다. 왕께서 죄를 용서하시는 것은 왕의 은혜이나 벌을 받아 죽는 것은 신하로서의 직분인 것입니다."

하고 마침내 왕의 명령을 받지 않고 스스로 목을 베어 죽었다.

이리(李離)는 진(晉)나라 문공(文公)의 옥관(獄官)이었다. 우연히 판결을 잘못 내려 무죄한 자를 죽게 했으므로 자신을 구속하고 죽어 마땅하다고 주장했다.

문공이 말했다.

"관(官)에는 귀천이 있고 벌에는 경중이 있다. 하리(下吏)에게 잘못이 있다 해서 그것이 그대의 죄는 아니다."

이리는 말하기를,

"신은 장(長)으로 관직에 있은 지 오래 되었습니다만 신의 부하에게 지위를 양보한 일은 없습니다. 또 많은 봉록을 받고 있었으나 그것을 부하에게 나눠 준 일도 없습니다. 그런데 판결을 잘못 내려 사람을 죽이고 그 죄를 부하에게 돌린다는 것은 일찍이 들어 본 적이 없습니다."

하면서 그는 끝내 문공의 말을 따르지 않았다. 문공은 말했다.

"그대는 스스로 죄가 있다고 하는데 그렇다면 과인도 죄가 있다는 말인가?"

"옥관(獄官)에게는 그가 지켜야 하는 떳떳한 법이 있습니다. 형벌을 잘못 내리게 되면 그 자신이 벌을 받아야 하고 사형을 잘못 집행하는 경우에는 그 자신이 사형을 받아야 합니다. 공께서는 신이 능히 미묘한 이치를 잘 살펴 의심스러운 판결을 옳게 내릴 수 있다고 생각하셨기 때문에 신을 옥관에 임명하신 것입니다. 그런데 이제 신은 판결을 잘못 내려 죄 없는 사람을 죽였으니 그 죄 죽어 마땅합니다."

이리하여 이리는 문공의 명령에 따르지 않고 마침내 칼에 엎드려 죽었다.

태사공은 말한다.

"손숙오가 단 한마디 말을 함으로써 영(郢 : 초나라 도읍)의 시장이 옛날로 돌아갔다. 자산이 병으로 죽자 정나라 백성들은 통곡하였다. 공의휴는 자기 집에서 짠 베가 너무 훌륭한 것을 보자 베 짜는 가부(家婦)를 돌려보냈다. 석사가 아비를 용서하고 죽었기 때문에 초나라 소왕의 이름이 알려지게 되었다. 이리가 판결을 잘못 내려 사람을 죽이자 스스로 칼에 엎어져 죽었기 때문에 진(晉)나라 문공은 국법을 바로잡을 수 있었던 것이다."

제60 급·정열전(汲·鄭列傳)

급암(汲黯)의 자는 장유(長孺)로 복양(濮陽) 사람이다. 그의 조상은 옛날 위(衛)나라 임금의 총애를 받아 급암에 이르기까지 7대가 모두 경대부였다.

급암은 아버지가 고관이었던 까닭에 특별히 지위를 물려받았고[257] 효경제 때 태자(太子 : 뒤의 孝武帝)의 세마(洗馬 : 태자가 외출할 때 前驅者)가 되었는데 그의 위엄(威嚴)으로 인해 사람들의 꺼림을 받았다.

효경제가 죽고 태자가 황제의 자리에 올랐다. 급암은 알자로 임명되었다. 때마침 동월의 여러 나라들이 서로 공격하자 황제는 급암을 보내 살펴보도록 하였다. 급암은 월나라는 가지 않고 오나라까지만 갔다가 돌아와서 이렇게 보고했다.

"월나라 사람들이 서로 싸우는 것은 원래 그들의 고질적 습속 때문입니다. 천자의 사신을 욕되게 그런 곳에 보낼 것까지는 없는 일입니다."

하내(河內)에서 실화(失火) 사건이 있어 천여 집이 연이어 불탔다. 황제가 급암을 시켜 살펴보게 했다. 급암은 돌아와 이렇게 보고했다.

"백성들이 실수하여 불을 냈는데 집들이 붙어 있어서 그렇게 된 것이니 그다지 걱정할 정도의 것은 아니었습니다. 신이 도중에 하남을 지나다 보니 그곳 빈민 만여 호가 수해(水害)와 한해(旱害)로 인하여 근심에 싸여 있었으며 부자간에도 먹을 것을 놓고 서로 빼앗는 형편이었습니다. 그래서 신은 삼가 사신의 부절을 보여 주고 하남의 곡식 창고를 열어 가난한

---

257) 당시의 제도에서는 이천 석 이상의 고관을 3년 이상 지낸 자는 그 아들이나 형제 중 한 사람을 특별히 郎으로 추천할 수 있는 특권이 있었다. 이것을 '任子制'라 한다.

백성들을 구제해 주었습니다. 신은 여기에 부절을 도로 바치고 천자의 명령을 거짓 일컫은 죄에 복주(伏誅)하기를 청합니다."

황제는 어진 처사라 하여 이를 용서했다.

후에 관직을 옮겨 형양의 현령으로 전출하게 되니 급암은 현령으로 가는 것을 부끄럽게 여기고 병을 핑계 삼아 향리로 돌아갔다. 그 말을 들은 황제는 곧 다시 불러 중대부로 임명했다. 그런데 급암은 자주 직간을 했기 때문에 조정에 오래 머물러 있지 못하고 관직이 옮겨져 동해(東海)의 태수가 되었다.

급암은 황제와 노자의 학설을 배웠다. 그래서 관리나 백성들을 다스리는 데에도 청정한 것을 좋아하여 속관(屬官)과 서기(書記)를 골라 그들에게 모든 것을 일임했다. 그 정치는 대체적인 것을 책하였고 자질구레하거나 가혹하지 않았다. 급암은 병이 많아서 늘 병상에 누운 채 밖에 나오지 않았지만 1년 남짓한 동안 동해는 잘 다스려져서 칭찬을 받게 되었다.

황제는 이 소식을 듣고 그를 불러들여 주작도위(主爵都尉 : 列侯의 封爵을 담당하는 벼슬)에 임명하고 구경(九卿)에 들도록 했다. 구경으로서 그의 통치는 무위(無爲)를 취지로 삼고 자연의 이법대로 다스릴 뿐, 법률 같은 것에 구애받지 않았다.

그렇지만 급암은 사람됨이 거만하고 예절을 지키지 않았으며 사람을 앞에 두고 그 잘못을 기탄없이 힐난했다. 자기 뜻에 맞는 사람은 잘 대우했지만 마음에 맞지 않는 사람과는 마주 앉기조차 싫어했으므로 사람들이 따르지 않았다.

하지만 학문을 좋아하고 의협심이 강했으며 기개와 절개를 소중히 알고 품행이 바르고 결백했다. 또 직간을 좋아하여 황제가 싫어하는 기색을 보여도 굽히는 일이 없었고 항상 부백(傅柏)[258]과 원앙(袁盎)의 사람됨을 사모했다. 또 관부(灌夫), 정당시(鄭當時), 그리고 종정(宗正)인 유기(劉棄)

와[259] 사이가 매우 좋았다. 그런데 자주 직간을 해 한 벼슬에 오래 있지 못했다.

당시는 태후의 동생인 무안후(武安侯) 전분(田蚡)이 승상으로 있었다. 이천 석의 대관들이 찾아와서 배알해도 전분은 답례하는 일이 없었다. 그런데 급암은 그런 전분과 만날 때도 절하는 일이 없이 다만 가볍게 읍(揖)할 뿐이었다.

황제가 학자들을 초빙하고자 이런 말을 꺼냈다.

"짐은 인의를 베풀도록 힘써 볼까 한다."

급암은 이에 대하여 말했다.

"폐하께서는 속으로 욕심이 많으시면서 겉으로만 인의를 행하려 하고 계십니다. 아무리 그렇게 하셔도 당우(唐虞 : 堯舜)의 정치가 될 리 없습니다."

황제는 말을 못할 정도로 노하여 얼굴빛이 변한 채 조회를 중지시키고 말았다. 공경들은 한결같이 급암의 신변을 걱정했으나 황제는 조회를 파하고 난 뒤 좌우에게 다만 이렇게 말했다.

"너무 심하구나, 급암의 우직함은."

이런 일들로 인해 여러 신하들 중에 혹 급암을 꾸짖는 사람이 있었다. 그러면 급암은 이렇게 대꾸했다.

"천자께서 공경을 두어 보필하게 하셨는데 신하된 자로서 어찌 그 뜻을 따라 아첨함으로써 임금을 옳지 못한 곳으로 빠지게 할 수 있는가? 또 이미 그 지위에 앉아 있는 이상, 자기 한 몸을 사랑하여 조정을 욕되게 할 수는 없는 일 아닌가?"

---

258) 傅柏은 ≪史記≫에서는 여기에만 보이는 인물. 梁나라 장군으로 孝王을 섬겼으며 강직한 인물이었다고 한다.
259) 灌夫는 ≪史記≫에서는 여기에만 보이는 인물. 宗正은 九卿의 하나.

급암은 병이 많았다. 병이 나면 황제는 언제나 석 달의 휴가를 주었지만[260] 병은 끝내 낫지 않았다.

그 뒤에 또 병이 났을 때 장조(莊助)가 급암을 위해 휴가를 내려 줄 것을 청하자 황제는 장조에게 물었다.

"급암을 어떤 인물로 생각하는가?"

"급암은 보통 벼슬에 앉혀 놓았을 경우에는 남보다 별로 뛰어난 점이 없습니다. 그렇지만 나이 어린 임금을 보필할 때에는 어떤 유혹으로 그를 불러내더라도 성을 굳게 지키며 절대 응하지 않습니다. 이 점에서는 옛날의 맹분(孟賁), 하육(夏育) 같은 용자들이 나서도 그의 뜻을 앗을 수는 없을 것입니다."

그러자 천자는,

"그렇다. 옛날에 사직과 존망을 같이하는 신하가 있었지. 급암 같은 사람이 그에 가까울 것 같다."

라고 말했다.

대장군 위청(衛靑)이 궁중에 들어와서 시립(侍立)할 때면 황제는 침대 옆에 기대앉아서 그를 대했다. 승상 공손홍(公孫弘)이 사적으로 알현하면 황제는 때로 관을 쓰지 않았다. 그러나 급암이 찾아와 뵈올 때에는 관을 쓰지 않고 만나는 일이 없었다.

예전에 황제가 무장(武帳 : 장막 속에 무기를 둔 방) 안에 앉아 있는데 급암이 찾아와 일을 보고하려 했다. 그때 황제는 관을 쓰지 않고 있었는데 멀리 급암을 보자 얼른 장막 속으로 피한 다음 측근을 시켜 그의 보고를 듣고 재가를 내리도록 했다. 급암은 황제로부터 이렇듯 존경을 받았던 것

---

260) 원문은 '賜告'. 당시의 규정으로는 관리는 병이 나면 3개월의 휴직이 인정되는데 그 기간을 넘으면 면직되었다. 다만 천자가 특별히 허가하면 3개월이 지난 뒤에도 재직한 채로 향리에서 요양할 수 있는 특전이 주어졌다. 그것을 '賜告'라 했다.

이다.

그 무렵 장탕(張湯)이 법률을 고쳐 만든 공로로 정위가 되었다. 급암은 황제 앞에서 자주 장탕을 질책하여 말했다.

"공은 정경이 되어 위로 선제의 공업을 기리지 못하고 아래로 천하의 사심을 억제하지 못해, 나라의 안녕을 지켜 백성을 부유하게 하는 일과 감옥을 비우는 일을 하지 못하였소. 두 가지 중 하나도 한 것이 없소. 애써 노력하여 공을 이룩하는 것이 아니라 옛날 제도를 함부로 헐어 없애는 것으로써 공을 이룩하려는 것이오. 어찌하여 고조의 약법(約法)[261]을 어지럽게 변경하는 일을 한단 말인가? 공은 이 일로 멸족의 화를 받게 될 것이오."

급암은 때때로 장탕과 더불어 토론했다. 장탕은 말재간이 있어서 용의주도하고 법령에 대하여 깊고 세밀한 곳까지 들어 설명하였고, 급암은 정치 이념의 입장에 서서 대항했기 때문에 급암이 몰리는 경우가 많았다. 이렇게 되면 급암은 성이 나서 장탕을 매도했다.

"세상에서 흔히 말하기를, '도필리(刀筆吏)를 공경에 앉혀서는 안 된다.'고 했는데 과연 옳은 말이로다. 천하의 백성에게 겁을 주고 그들을 불안에 떨게 하는 자는 틀림없이 장탕일 것이다."

당시 한나라는 흉노를 정벌하고 사방 오랑캐들을 회유하고 있었다. 급암은 될 수만 있으면 일을 일으키지 않도록 노력하여 황제의 한가한 틈을 보아 오랑캐들과 화친하여 군사를 일으키지 말도록 늘 권유했다.

황제는 유술(儒術)에 마음이 끌려서 공손홍을 존경하고 있었다. 나라 일이 갈수록 많아지고 관리나 백성들은 교묘하게 법을 농락하기에 이르렀다. 그래서 장탕 등이 때때로 죄인의 판결문을 올려 이로써 더욱 황제의

---

261) ≪史記≫ 高祖本紀에 상술되어 있다. 高祖(당시는 沛公)는 秦의 수도 咸陽을 함락시켜 秦王을 사로잡자 주민과 약속하여 秦의 번잡 가혹한 법률을 전부 폐하고 殺人, 傷害, 竊盜에 대해서만 벌하는 겨우 3條뿐인 법령을 發布했다.

총애를 받고 있었다. 급암은 늘 유학을 비난하였으므로 공손홍 등을 면전에서 공격하여 이렇게 말했다.

"공손홍 같은 사람들은 공연한 속임수로 지혜로운 척 꾸미며 임금에게 아첨하여 환심을 사려 한다. 또 장탕과 같은 도필리들은 무엇이든 법률을 끌어다 사람들을 교묘하게 죄에 떨어뜨려 참된 마음으로 돌아갈 수 없게 만들고 말로 싸워 이기는 것으로 공을 삼는다."

그렇지만 황제는 더욱더 공손홍과 장탕을 귀하게 여겼고 공손홍과 장탕은 마음속 깊이 급암을 미워했다. 황제 역시 급암을 좋아하지 않았으므로 구실만 생기면 그것을 이유로 급암을 벌줄 것을 마음먹었다.

공손홍은 승상이 되자 황제에게 말했다.

"우내사(右內史 : 都城의 治安官)의 관할 안에는 귀인과 종실들이 많아서 다스리기 어렵습니다. 유능한 중신(重臣)이 아니면 그 소임을 다할 수 없습니다. 청컨대 급암을 옮겨 우내사로 삼으십시오."[262]

이리하여 급암은 우내사가 되었는데 몇 해 동안 관직에 지성껏 근무했기에 아무 말썽도 일어나지 않았다.

대장군 위청(衛靑)은 그의 누님이 황후가 되어 더욱더 존귀해졌다. 그런데도 급암은 자신과 대등한 예로써 그를 대했다. 누군가가 급암을 설득하여 말했다.

"폐하께서는 신하들이 대장군에게 몸을 낮추어 예우해 주기를 바라고 계십니다. 대장군이 더욱 귀하게 되었으니 상공도 대장군에 대해서는 배알을 해야만 합니다."

그러자 급암이 말했다.

"그에게 배알하지 않는 자가 있다는 것이 높은 지위에 있는 대장군이 현

---

262) 급암이 실책을 하거나 문제를 일으키면 실각시키려는 속셈이다.

인을 귀하게 예우한다는 것을 보여주는 일이니 오히려 대장군을 더욱 존중하는 결과가 아니겠는가?"

대장군은 이 말을 듣고 급암을 더욱더 현명한 사람으로 여겼다. 그리하여 국가나 조정에 대하여 의심되는 바를 청하여 물었고 더욱 급암을 후대했다.

회남왕이 모반하려고 할 때 급암을 두려워하여 이렇게 말했다.

"급암은 직간을 좋아하고 절개를 지켜 의리에 죽는 사람이므로 옳지 못한 일로 그를 유혹할 수는 없다. 그에 비하면 승상 공손홍을 설득하는 것이 덮은 것을 열고 마른 잎을 흔들어 떨어뜨리는 것처럼 아주 쉬운 일이다."

황제는 이미 수차에 걸쳐 흉노를 정벌하여 승리를 거두었기 때문에 급암의 주장은 더욱 쓰이지 않게 되었다.

처음 급암이 구경(九卿)에 오르게 되었을 때 공손홍과 장탕은 아직 소리(小吏)에 지나지 않았다. 그 뒤 공손홍과 장탕은 점점 높아져 급암과 같은 지위까지 되었으나 급암은 여전히 그들을 비난했다. 그러는 동안 공손홍은 승상으로 승진하여 후(侯)에 봉해지고 장탕은 어사대부로 승진하였다.

급암이 구경으로 있었을 때의 속관들은 모두 급암과 같은 계급이 되거나 혹은 급암보다 더 높게 등용되었다. 급암은 편협한 마음에서 다소 원망하는 생각이 없을 수 없었다. 그래서 황제를 뵙고 나아가 말했다.

"폐하께서 신하를 등용하시는 방법은 장작을 쌓는 것과 같습니다. 나중에 들어온 사람이 윗자리를 차지하고 있습니다."

황제는 잠자코 있다가 잠시 후 급암이 물러가자 황제가 말했다.

"사람은 역시 배움이 없어서는 안 되겠다. 급암의 말을 들어보니 갈수록 편협해지고 있다"

그 뒤 얼마 안 되어 흉노의 혼야왕이 무리를 이끌고 투항해 왔다. 한나라에서는 그들을 수송하기 위해 이만 대의 수레를 징발하려 했는데 조정에는 그만한 돈이 없어 백성들로부터 외상으로 말을 사들이려 했다. 그러자 백성들 중에는 말을 감추는 자가 많아져 말이 모아지지 않았다. 황제는 성이 나서 장안령(長安令)을 사형에 처하려 했다. 그러자 급암이 말했다.

"장안령에게는 죄가 없습니다. 이 급암 한 사람의 목만 베면 백성들은 곧 이에 응하여 말을 내놓게 될 것입니다. 그렇지만 흉노는 자기 군주를 배반하고 한나라에 항복해 왔으니 현(縣)에서 현으로 차례차례 전송해도 충분할 것입니다. 어찌하여 천하를 온통 떠들썩하게 만들고 중국을 피폐하게까지 하여 이적을 모셔오는 것을 일삼는단 말입니까?"

황제는 아무 말이 없었다.

혼야왕이 도성에 도착하자 한나라 장사꾼들이 그들과 더불어 교역을 하다 죄를 지어 사형에 해당하는 자가 오백여 명이나 되었다. 급암은 한가한 틈을 타서 고문전(高門殿 : 未央宮의 고문전을 말함)에서 황제를 알현하여 말했다.

"흉노는 중국과 통하는 요새를 공격하여 화친을 끊었으므로 중국도 이를 무찌르기 위해 출병하여 사상자는 그 수를 헤아릴 수 없을 정도였습니다. 또 그 비용은 거백만에 미쳤습니다. 신의 어리석은 생각으로는 폐하께서 흉노를 사로잡았을 때 그들을 모두 노예로 만들어 종군시키다가 전사자의 집에 내려 주실 일이며 노획한 재물들도 그들에게 주시어 노고에 사례하고 백성들의 마음을 흡족하게 해 주실 것으로 예상했습니다.

이제 비록 그렇게는 하지 못할망정 혼야왕이 수만의 무리를 거느리고 와서 투항하니 폐하께서는 국고까지 텅 비게 하며 그들에게 상을 내리고 양민을 동원하여 그들을 위하시니 이는 버릇없는 자식을 떠받드는 것과 같습니다.

어리석고 정직하며 선량한 백성들이 장안 시중에서 흉노에게 물건을 판

것이 어찌하여 법관의 눈에는 무기나 쇠 같은 것을 들고 허가 없이 변경의 관문을 빠져나가는 것과 똑같은 죄가 되는지 이해할 수 없습니다.(한나라 법률에서는 병기와 철 등을 胡地에 팔지 못하게 되어 있었음)

폐하께서 흉노의 물자를 얻어 백성에게 사례하지는 못하실망정 교묘한 법으로 무지한 백성을 오백 명이나 죽여도 좋다는 것입니까? 이것은 이른바 잎을 보호하기 위하여 가지를 상하게 하는 일입니다. 신은 폐하를 위하여 그렇게 하지 마시기를 바랍니다."

황제는 아무 말이 없더니 허락하지 않은 채 이렇게 말하였다.

"내가 급암의 말을 듣지 않은 지 오래되었는데 이제 또다시 멋대로 지껄이는구려."

그 뒤 몇 달이 지나 급암은 하찮은 일로 법에 저촉되었다. 그 죄는 용서받았으나 관직에서는 해직되었다. 이리하여 급암은 시골로 숨어 버렸다.

그가 은거한 지 몇 년 후 오수전(五銖錢 : 武帝 元狩 5년에 주조한 돈)을 다시 주조하게 되었는데 많은 백성들이 멋대로 가짜 돈을 만들었다. 그것은 초나라 땅에서 가장 심했다.

황제는 회양을 초나라 땅의 요충지로 생각하고 급암을 불러 회양의 태수로 임명하고자 했다. 급암은 엎드려 사양하며 인(印)을 받지 않았다. 그러나 수차에 걸쳐 조칙을 내려 강요하였으므로 하는 수 없이 조칙을 받들었다. 황제는 조명을 내려 급암을 인견했다. 급암은 황제를 보며 울면서 말했다.

"신은 죽어 구덩이에 묻힐 때까지 다시는 폐하를 뵙지 못하리라 생각했습니다. 뜻밖에도 폐하께서 다시 거두어 주시오나 신은 항상 병이 있어 군(郡)의 직무에 견뎌낼 힘이 없습니다. 바라옵건대 중랑이 되어 궁중에 출입하면서 잘못된 것을 도와 고치고 빠진 점을 수습하게 해 주셨으면 합니다. 이것이 신의 소원입니다."

"그대는 회양의 태수가 마땅치 않다고 여기는가? 짐은 또 그대를 불러들일 것이오. 돌이켜보건대 회양의 관리와 백성이 서로 화합하지 않아 잘 다스려지지 않으니 그대의 중후한 위엄으로써 내가 편히 잠을 자며 회양을 다스리고 싶을 뿐이오."

급암은 이에 하직을 고하고 출발했다. 회양으로 가는 길에 대행(大行 : 벼슬 이름) 이식(李息)에게 들러서 이렇게 말했다.

"나는 폐하께 버림을 받고 군(郡)에 거주하게 되니 조정의 논의에 참여할 수 없게 되었습니다. 그런데 어사대부 장탕의 지혜는 넉넉히 간언을 가로막을 수 있고 속임수에 능하여 옳지 못한 것을 그럴듯하게 꾸미는 데 능숙합니다. 교묘하고 망령된 말과 수다스러운 변론으로 천하를 위한 정당한 발언을 하려 하지 않고 전적으로 폐하의 뜻에 아첨만 일삼고 있습니다. 폐하께서 바라지 않는 일이면 이로써 남을 헐뜯고 폐하께서 바라는 일이면 아첨함으로써 그것을 칭찬합니다. 그는 즐겨 일을 꾸며내어 법률을 마음대로 주무르며, 안으로는 거짓을 품은 채 폐하의 마음을 마음대로 조종하고 밖으로는 백성을 해치는 벼슬아치들을 끼고 권세를 부리고 있습니다.

공은 지금 구경의 반열에 있으니 빨리 이와 같은 일을 폐하께 아뢰지 않으면 나중에 공도 그와 함께 처형당하게 될 것입니다."

하지만 이식은 장탕을 두려워하여 끝내 아뢰지를 못했다.

회양군에 재임한 급암은 전에 동해군에 있었을 때처럼 회양군을 잘 다스렸다.

그 후 과연 장탕은 실각했다. 황제는 급암과 이식이 전에 한 말을 소문으로 듣고 이식을 죄로 몰았으나 급암에 대해서는 제후와 같은 질록(秩祿)으로 대우하며 회양군에 있게 했다.

그 후 7년이 지나 급암이 죽었다. 그가 죽은 뒤 황제는 급암을 생각하여 그의 동생 급인(汲仁)에게 벼슬을 주니 급인은 구경에까지 이르렀으며 급암의 아들 급언(汲偃)은 제후의 재상에 이르렀다.

급암의 백모(伯母) 아들인 사마안(司馬安)은 젊었을 때 급암과 함께 태자의 세마(洗馬)로 있었다. 사마안은 점잖으면서도 속이 깊고 영리한 데다 처세술이 능란하여 네 번이나 구경에 이르렀고 하남(河南) 태수로 재임 중에 죽었다. 사마안의 형제들로서 그의 공로로 인하여 이천 석의 대관이 된 사람은 열 명이나 되었다.

복양(濮陽)의 단굉(段宏)은 처음에 개후(蓋侯) 신(信 : 太后의 형인 王信)을 섬겼는데 신은 단굉을 신임했다. 단굉은 신의 천거로 두 번씩이나 구경에 이르렀다. 그러나 위(衛 : 급암, 단굉의 출생지) 출신으로 벼슬에 오른 사람들은 급암을 두려워한 나머지 그의 아래 직위에 머물렀다.

정당시(鄭當時)는 자(字)를 장(莊)이라 했고 진(陳)나라 사람이다.

그의 조상인 정군(鄭君)은 일찍이 항적(項籍)의 장수였는데 항적이 죽은 후에 한나라에 귀속했다. 고조가 옛 항적의 신하들로 하여금 항적이라는 이름을 부르게 한 적이 있었는데[263] 그때 정군만은 그 명령에 따르지 않았다. 고조는 조명을 내려 항적의 이름을 부른 사람을 모두 대부에 임명하고 정군은 추방하였다. 정군은 추방된 채 죽었다.

효문제 때 정장(鄭莊)은 호협한 기개를 좋아하여 스스로 협객으로 자처했는데 장우(張禹 : 梁나라 孝王의 장수로 楚나라 재상의 동생)를 재난에서 구출한 일로 그 명성이 양(梁)과 초(楚)나라 사이에 자자했다.

효경제 때 정장은 태자의 사인(舍人 : 宿直官)이 되었다. 5일에 한 번 휴

---

263) 신하 등 손아랫사람이 손윗사람의 이름을 부르는 것은 대단히 불경한 행위로 해서는 안 되었다. 字(이를테면 項籍의 경우 '羽')를 부르든지 아니면 경칭을 붙여 '項王'으로 불러야만 했다.

가 때마다 옛 친구들을 찾았고 또 역마를 장안 성 밖의 네 군데 교외에 상비해 두면서 빈객 접대하기를 밤을 낮 삼아 하였으며 때로는 그 다음날 아침까지 계속되었다. 그는 빈객을 골고루 초청하지 못할까 늘 근심했다.

장(莊)은 황제와 노자의 가르침을 좋아하여 그 방면의 덕망 있는 사람을 사모하여 만나 보지 못할까 걱정했다. 나이도 젊고 벼슬은 낮았지만 그가 사귀는 지인과 교우는 조부와 동년배로서 모두 천하에 이름 있는 인사들이었다.

무제(武帝)가 즉위한 후 장은 점차 천위(遷位)되어 노(魯)나라 중위, 제남(濟南)의 태수, 강도(江都)의 재상을 역임하고 구경에 이르렀으며 다시 우내사가 되었다.

무안후(武安侯 : 田蚡)와 위기후(魏其侯)의 쟁의(爭議)로 관직이 떨어져서 첨사(詹事 : 皇后·太子의 집을 관장하는 관리)가 되었다가 다시 대농령(大農令 : 錢穀을 관장하는 大司農)이 되었다.

장은 태사로 있을 때 문하에 있는 사람들에게 이렇게 훈계하였다.

"손님이 오면 귀천을 가리지 말고 문전에서 기다리지 않도록 맞아들이고 정중한 예로써 접대해야 한다."

이와 같이 신분이 귀한 그도 사람들에게 자기를 낮추었던 것이다. 장은 청렴하였고 축재에 힘쓰지 않아 봉록이나 가끔 하사받은 물건은 사람들에게 모두 나누어 주었다. 그렇지만 사람들에게 보내는 물건은 대나무 그릇에 담은 음식물 정도였다.

또 그는 조정에 나갈 때마다 황제의 한가한 틈을 살펴 천하의 덕 높은 장자(長者)들의 이야기를 아뢰고는 했다. 선비와 자기 부하 속관, 서기관을 추천하는 말은 진실성이 있었고 언제나 실례를 들어 자기보다 현명하다고 하는 그 말에는 맛이 있었다.

일찍이 관리의 이름을 함부로 일컫지 않았으며 관속과 말을 주고받을 때에도 혹시 그의 마음에 상처를 줄까 배려했다. 남에게 좋은 말을 들으면 이를 곧 황제에게 진언했는데 그렇게 하고도 늦지나 않았을까 우려했다. 산동(山東)의 훌륭한 선비들은 이런 까닭으로 기꺼이 그에게 모여들었으며 그를 칭송했다.

정장이 강의 제방이 터져 물이 범람하는 지방을 시찰하라는 명령을 받았을 때였다. 여행 준비를 하는 데 5일의 유예 기간을 달라고 청하니 황제가 이렇게 말했다.

"내 듣건대 정장은 천 리 길을 가면서도 양식을 준비하지 않는다던데 이 여행 준비를 위해 5일의 준비 기간을 달라는 것은 어떤 일인가?"

그러자 정장은 조정에서 온화하게 황제의 뜻을 따랐고 일의 옳고 그름을 따지지 않았다.

만년(晚年)이 되자 한나라는 흉노를 정벌하고 사방의 오랑캐를 초치하는데 비용을 쓰는 일이 많아졌으며 재물의 쓰임새도 갈수록 많아져 국고는 점점 비어 갔다.

정장은 이때 보증인이 되어 어떤 빈객을 대사농(大司農)의 관물(官物)을 운반하는 청부를 맡게 하였다. 그런데 그 빈객은 보상할 수 없을 정도로 부채가 많았다. 사마안(司馬安)이 회양군의 태수가 되어 이 일을 적발하니 정장은 이 일로 법에 저촉되었으나 속죄금을 내고 서민으로 강등되었다.

그 후 얼마 안 되어 정장은 승상부의 장사(長史)를 겸했다. 황제는 정장이 늙었다고 하여 여남의 태수로 임명하였다. 정장은 몇 해 동안 관직에 있다가 죽었다.

정장과 급암이 구경의 자리에 올랐을 때에는 청렴했고 품행이 올발랐다. 이 두 사람 모두 중도에 관직을 면직당하여 집안이 가난해지자 빈객은 나날이 눈에 띄게 흩어져 갔다. 군(郡)에서 살다가 죽었을 때는 집안에 재산이 남아 있는 것이 없었다.

정장의 형제와 자손으로서 정장의 공로에 의해 이천 석의 대관이 된 자는 6, 7명이나 있었다.

태사공은 말한다.

"급암, 정당시와 같은 현명한 사람도 세력이 있으면 빈객이 열 배로 늘어나고 세력이 없어지면 빈객들은 흩어져 갔다. 그러니 보통사람이야 일러 무엇하랴.

하규(下邽)의 적공(翟公 : 孝武帝 시대 사람)에게 이런 일이 있었다. 적공이 처음에 정위가 되었을 무렵 빈객들은 그 집 문에 가득했었다. 그러다 관직을 물러나자 빈객들이 모두 물러가서 문에다 새 잡는 그물을 쳐도 될 정도로 사람의 왕래가 없었다. 적공이 다시 정위가 되니 빈객이 또다시 밀려들었다. 그래서 적공은 문에 크게 써서 붙여 두었다.

'일사일생(一死一生)으로 사귀는 정을 알게 되고, 일빈일부(一貧一富)로 교제하는 참모습을 알게 되며, 일귀일천(一貴一賤)으로 사귀는 진정(眞情)을 알게 된다.' [264]

급암과 정당시에 대해서도 똑같은 말을 할 수 있겠다. 이 얼마나 슬픈 일이란 말인가."

---

264) 원문은 '一死一生, 乃知交情. 一貧一富, 乃知交態. 一歸一賤, 交情乃見'.

제61 유림열전(儒林列傳)

태사공은 말한다.[265]

나는 공령(功令 : 學事에 관한 규정)을 읽다가 학관(學官)을 장려하는 길을 넓힌 대목에 이르면 책을 내팽개치고 탄식하지 않을 수 없다.

아아, 주나라 왕실이 쇠해지니 〈관저(關雎)의 詩〉[266]가 지어졌고 유왕(幽王)·여왕(厲王)이 무도(無道)했던 탓으로 예악이 무너졌으며 제후들은 제멋대로 행동하여 정치의 실권은 세력이 강한 나라로 옮겨졌다.

그래서 공자는 왕도(王道)가 쇠퇴하고 사도(邪道)가 흥해지는 것을 슬퍼하여 ≪시경≫과 ≪서경≫을 논저하여 그 순서를 바로잡고 예악을 중흥시키려고 했던 것이다.

공자는 제나라로 가서 소(韶 : 舜의 音樂)를 듣고 크게 감격한 나머지 석 달 동안이나 고기 맛을 모를 정도였다.[267] 위(衛)나라에서 노(魯)나라로 돌아오자 노나라의 음악을 바로잡고 아(雅 : 正樂의 노래)와 송(頌 : 宗廟의 祭祀에 사용하는 樂歌)은 각기 그 쓰이는 바를 찾게 되었다.[268]

그러나 세상이 혼탁한 탓에 이를 제대로 쓰는 사람이 없었다. 그래서 공자는 칠십여 명의 군주에게 등용되기를 바랐지만 그를 후대해 주는 자가 없었다. 그리하여 그는 이렇게 말했다.

"나를 기용하는 군주가 있다면 진실로 1년 안에 치적(治績)을 올릴 것

---

265) 이 편은 예외적으로 '太史公은 말한다.'로 시작하는 논찬이 편말에 나오지 않고 편수에 나와 있다.
266) ≪詩經≫ 첫머리의 시편.
267) ≪論語≫ 述而篇의 글.
268) ≪論語≫ 子罕篇의 글.

이다." 269)

또 서교(西郊)에서 사냥을 하다가 기린(麒麟)이 잡히자,

"이제 나의 도(道)는 끝났다." 270)

고 한탄했다. 그리하여 노나라 사관의 기록에 의하여 ≪춘추(春秋)≫를 짓고 이것으로 왕자(王者)의 법도를 세웠다. 그 언사는 미묘하고 주지(主旨)는 매우 고원하여 후세의 학자들이 이를 근거로 기록하는 일이 많았다.

공자가 죽은 후 칠십여 명의 제자들은271) 각지로 흩어져서 제후들의 나라에 가서 유세했다. 크게 된 자는 제후의 사부(師傅)·경상(卿相)이 되고 작게는 사대부의 사우(師友)가 되어 가르쳤다. 혹은 은둔하면서 나타나지 않는 자도 있었다. 즉 자로(子路)가 위(衛)에 있었고 자장(子張)이 진(陳)에 있었으며 담대자우(澹臺子羽)가 초(楚)에 있었고 자하(子夏)가 서하(西河)에 있었으며 자공(子貢)이 제(齊)나라에서 생애를 마쳤다.272)

전자방(田子方), 단간목(段干木), 오기(吳起), 금활리(禽滑釐)273) 등은 모두 자하(子夏) 학파에게 학업을 받고 왕자(王者)의 스승이 되었다. 그 당시 제후들 중에 다만 위(魏)의 문후(文侯)만이 배우기를 좋아하였다.

그 뒤 세상은 차츰 쇠하여져 진나라 시황제에 이르기까지는 전국시대(戰國時代)가 되어 전쟁을 일삼았으며 유학은 배척당하고 말았다. 하지만 제(齊)와 노(魯)에서는 학문하는 자가 끊이지 않았다. 제나라 위왕(威王)

---

269) ≪論語≫ 子路篇의 글.
270) ≪史記≫ 孔子世家에 자세한 기사가 실려 있다. 기원전 481년, 魯나라 哀公은 사냥에서 기린을 잡았는데 기린은 이미 죽어 있었다. 기린은 성왕의 태평성대에만 출현하는 짐승이다. 공자는 이를 보고 '내 도가 끝났구나.' 하고 탄식했다.
271) 孔子의 제자 가운데 뛰어난 자 칠십여 인을 말한다. 仲尼弟子列傳 참조.
272) 子路 등에 대해서는 仲尼弟子列傳 참조. 단, 자로는 공자 생존 중에 죽었다.
273) 吳起는 吳起列傳에 등장하는 당사자. 다른 세 명에 대한 것은 불분명하다.

과 선왕(宣王) 때는 맹자(孟子), 순경(筍卿) 등이 나와 모두 공자의 유업을 준수하여 이를 윤색함으로써 당대에 학문을 빛냈다.

진나라 말세가 되자 시(詩)·서(書)를 불태우고 유술(儒術)의 선비들을 구덩이에 묻어 죽였기 때문에 그 후 육예(六藝 : 六經)는 끊어져 세상에 전해지지 않았다.

진섭(陳涉)이 왕이 되니 노나라의 여러 유자들은 공자의 예기(禮記)를 가지고 가서 진왕(陳王)에게 귀속했다. 이리하여 공갑(孔甲 : 孔子의 8세 손인 孔鮒로 甲은 字)은 진섭의 박사(博士)가 되었으나 급기야는 진섭과 함께 죽었다. 진섭은 필부의 몸으로 일어나 변경 수비로 가는 오합(烏合)의 무리를 이끌고 한 달 만에 초나라 왕이 되었다가 반년이 채 되지 못하여 멸망했다.

그 일은 지극히 미미한 일이지만 진신 선생(縉紳先生 : 儒者)의 무리가 공자의 예기(禮器)를 가지고 가서 폐백을 올리고 신하가 된 것은 어찌 된 일인가? 경전을 불사른 진나라에게 쌓인 원망을 진왕(陳王)을 섬김으로써 풀려고 했던 것이다.

고조가 항적(項籍)을 무찌르려고 거병하여 노나라를 포위했는데 노나라의 유자(儒者)들은 태연히 글을 외우고 예악을 익히며 현가(絃歌) 소리가 끊이지 않았다. 참으로 성인이 남긴 교화의 유덕으로 예악을 좋아한 나라라고 하지 않을 수 없다. 그러하니 공자가 진(陳)에 있을 때,

"노나라로 돌아가자. 노나라로 돌아가자. 우리 노나라의 젊은이들은 뜻이 커서 진취(進取)의 기상이 많고 각기 재능을 찬연하게 신장시켜 겉모양

---

274) ≪論語≫ 公冶長篇의 글. 魯에 있는 젊은 제자들 때문에 귀국하여 지도해야겠다는 뜻을 표명한 것.

을 이루기는 했으나 다만 그것을 재량(裁量)하는 방법을 모르고 있으니." [274]

라고 말했다.

저 제나라와 노나라 땅에 문학이 발달한 것은 예부터 그곳 사람들의 천성에 기인한다고 말할 수 있겠다. 그러므로 한(漢)이 일어난 뒤로 선비들이 비로소 제(齊)·노(魯)의 경서를 수득(修得)했고 대사례(大射禮)·향음주(鄕飮酒)의 예를[275] 강습할 수 있었던 것이다.

숙손통(叔孫通)은 한나라의 예의를 제정했는데 그 공로로 태상(太常 : 宗廟의 의식을 맡은 벼슬)이 되었다. 숙손통과 함께 예의를 제정한 제자들은 일찍 등용되었다. 이리하여 고조는 유학이 쇠퇴했던 것을 한탄하며 학술의 홍륭에 이바지했다. 그렇지만 아직 간과(干戈)가 있어 사해(四海)를 평정하느라고 한가롭게 상서(庠序 : 학교)의 일을 운위할 단계는 못 되었다.

효혜제와 여후 때의 공경들은 모두 무력으로 공을 세운 신하들이었다. 효문제 때에는 자못 문학하는 선비를 불러 등용했으나 효문제는 원래 '형명학(刑名學)'을 좋아했다.

효경제 시대에는 유학자는 등용하지 않고 두태후(竇太后)도 황로(黃老)의 학(學)을 더 좋아했기 때문에 여러 박사들은 관원 수만 채운 채 고관으로 승진하는 사람은 없었다.

금상폐하(今上陛下 : 武帝)가 즉위하자 조관(趙綰), 왕장(王藏) 등 유학에 정통한 학자가 있었으며 폐하도 유학에 마음이 쏠렸기 때문에 이에 방정(方正)하고 현량(賢良)한 문학 선비들을 불렀다.

---

275) 大射는 주군이 신하에게 시키는 활 쏘는 경기. 그 성적과 태도로써 주군의 제사에 참가할 수 있는 신하를 선발했다. 鄕飮酒는 각 지방에서 주군에게 천거하는 인재를 골라 보낼 때 여는 酒宴.

이후부터 ≪시경≫을 강론하는 사람으로 노나라에는 신배공(申培公), 제나라에는 원고생(轅固生), 연나라에는 한태부(韓太傅)가 있었고 ≪상서(尚書 : 書經)≫의 강론은 제남(濟南)의 복생(伏生), ≪예기≫는 노나라 고당생(高堂生), ≪역경≫은 치천(菑川)의 전생(田生), ≪춘추≫는 제(齊)·노(魯)에서는 호무생(胡毋生), 조나라에서는 동중서(董仲舒)에서 비롯하였다.

두태후가 붕어하고 무안후(武安侯) 전분(田蚡)이 승상이 되니 황제·노자의 학(學)과 형명백가(刑名百家)의 학설을 물리치고 학식이 풍부한 유학자 수백 명을 등용했다. 그중에서도 공손홍(公孫弘)은 ≪춘추≫의 학설을 가지고 평민에서 일어나 천자의 삼공이 되었으며 평진후(平律侯)에 봉해졌다.

이리하여 세상에서 학문에 뜻을 둔 자는 바람에 휩쓸리듯 유학을 숭상하는 풍조를 따르게 되었다. 공손홍이 학관(學官 : 학교의 教官)이 되니 유학의 도가 정체되어 있음을 슬퍼하여 다음과 같이 주청했다.[276]

"승상과 어사는 말씀 올립니다. 폐하의 조명에, '내가 듣건대 백성을 인도하는 데는 예로써 하고 풍속을 교화하는 데는 음악으로 한다고 했다. 혼인은 집안의 인륜대사(人倫大事)라고 하는데 지금 예(禮)는 버려지고 음악은 무너졌으니 짐은 이를 매우 슬퍼한다. 이런 까닭에 세상에서 언행이 바르고 점잖으며 견문이 넓은 선비들을 불러들여 조정에 등용하고자 한다. 예관(禮官)에게 명하여 학문을 권장하게 하고 의(義)를 강구하여 두루 널리 조사케 하며 예를 일으켜 천하의 선구가 되게 하려는 것이다. 태상(太常)은 박사와 그 제자들과 의논하여 향리의 교화를 중시하고 널리 현능(賢能)한 인재들을 배출하라.'고 하셨습니다.

---

276) 이 청원문은 뒤에 '請爲博士置弟子員議'라는 이름으로 널리 알려졌다.

그래서 태상 공장(孔藏)과 박사 평(平) 등과 삼가 의논하였던 바, 하·은·주 3대의 도(道)는 향리에 있는 교화 기관에 의한 교육에 있었습니다. 하(夏)에서는 이를 교(校)라 하였고 은(殷)에서는 서(序)라 했으며 주(周)에서는 상(庠)이라 했습니다.

선(善)을 권장할 경우에는 조정에 주상하여 이를 천하에 알리게 했고 악행을 응징하는 데는 형벌을 가했습니다. 그런 까닭에 교화의 행해짐은 먼저 선도(善道)가 경사(京師)로부터 시작되어 안에서부터 밖으로 파급되었다는 것을 알게 되었습니다.

이제 폐하께서 지극한 덕을 밝히고 큰 지혜를 열어 천지에 성덕을 펼치시며 인륜에 바탕을 두어 학문을 권장하고 예를 닦고 교화를 숭상하며 현명한 선비를 격려하여 이로써 사방을 교화하시니 이는 태평의 근본인 것으로 생각합니다.

옛날에는 천하에 정교(政敎)가 보급되지 못했던 관계로 예의도 구비되지 못했던 것입니다. 청하옵건대 옛날의 관제를 기초로 정교를 일으키게 하십시오. 즉 박사의 벼슬을 훌륭하게 하기 위하여 제자 오십 명을 두고 그 부역을 면제해 주며, 태상은 백성 중에서 십팔 세 이상인 자로 위의(威儀)와 행실이 방정한 자들을 골라 박사의 제자로 삼게 합니다.

군(郡)·국(國)·현(縣)·도(道)·읍(邑)에 학문을 좋아하고 윗사람을 공경하며 정교를 받들고 향리의 습속에 공순하며 말과 행동이 소문대로 틀림없는 자가 있으면 현령·제후의 대신과 소현(小縣)의 장(長) 및 현승(縣丞) 등은 그들이 소속되어 있는 이천 석의 대관(郡守 또는 諸侯王의 宰相)에게 천거합니다.

이천 석의 대관은 그들 중에서 우수한 사람을 신중히 선발하여 계리(計吏 : 郡縣에서 會計簿를 조정에 가지고 오는 벼슬)와 함께 태상에게 보내어 박사의 제자들과 마찬가지로 학업을 받게 합니다. 1년이 경과하면 시험을 치도록 하여 한 가지 이상의 예(藝)에 뛰어난 사람이면 문학(文學 :郡·國에 근무하는 博士), 장고(掌故 : 故事를 맡아 보는 太常의 屬官)의 결원(缺員)에 보직시킵니다.

그중에서 특히 우수하여 낭중으로 발탁해도 좋을 정도의 사람이 있으면 태상이 명부를 작성하여 품하여 올리고, 남달리 뛰어난 수재가 있으면 그 이름을 적어 주상하도록 합니다. 대신 학문을 게을리 하고 재주가 열등한 자와 한 가지 예(藝)도 통하지 못한 자가 있으면 곧 해임시킵니다. 또 태상, 박사, 이천 석의 대관으로 그 소임을 다하지 못하는 자는 처벌해 주십시오. 이상 말씀 올린 일에 대한 재가(裁可)를 주청하나이다.

또 신 등은 삼가 지금까지 공포된 조서와 율령을 살펴보니 천인(天人)의 한계를 분명히 하였고 고금(古今)의 의(義)에 통달해 있으며 문장은 아담하고 바르되 훈계하는 말이 깊고 두터우며 은혜를 베푸심은 대단히 아름답습니다. 그런데 신 등 소리(小吏)들은 천학박문(淺學薄聞)하여 이를 능히 밝혀 펴지 못하고 백성에게도 분명하게 깨우쳐 주지 못하고 있습니다. 치례(治禮)와 장고(掌故)의 관직은 문학과 예의로써 직분을 삼고 있는데 그 승진과 전임은 정체되어 있습니다.

청하옵건대 질록(秩祿)이 이백 석에서 백 석까지의 관리로서 한 가지 이상의 예(藝)에 통달한 사람이 있으면 선발하여 좌우내사(左右內史)와 대행(大行)의 졸리(卒吏 : 下役의 서기관)에, 백 석 이하의 자는 군 태수의 졸사로 보임(補任)하십시오. 그리고 내지(內地)의 군에는 각기 두 명, 변경의 군에는 각기 한 명을 두십시오.

임용할 때는 경서를 많이 암송한 자를 먼저 등용하며, 만약 인원이 부족하면 장고(掌故)의 관리에서 선발하여 중이천석(中二千石)의 속관(屬官 : 左右內史, 大行의 卒史)에 보임하고 문학(文學)·장고(掌故)의 관직에 있는 자를 군의 속관에 보임하도록 하십시오.

이것을 공령(功令)에 뚜렷하게 규정하여 기재하시고 그 밖에는 율령에 따라 해 주시기를 주청합니다."

효무제는 조서를 내려,

"가(可)하다."

고 말했다. 이로부터 공경·대부·사(士)·리(吏)는 문학을 한 선비 중에서 많이 배출되었다.

신공(申公)은 노나라 사람이다. 고조가 노나라를 지나갈 때 신공은 제나라 부구백(浮丘伯)의 제자로서 그의 스승을 따라 노나라 남궁(南宮)으로 들어가 고조를 알현했다.

여태후 시대에 신공은 장안에 유학하여 유영(劉郢 : 楚의 元王의 아들)과 함께 부구백을 스승으로 삼아 배웠다. 그 뒤 유영이 초나라 왕이 되자 신공을 태자 무(戊)의 사부(師傅)로 삼았다. 무는 배우기를 좋아하지 않아서 신공을 미워했다. 왕 유영이 죽자 무가 즉위하여 초나라 왕이 되었는데 신공을 서미(胥靡 : 鐵鎖로 묶는 刑)에 처했다.

신공은 이 일을 부끄러이 여겨 노나라로 돌아간 뒤 집 안에 틀어박혀 제자들을 가르칠 뿐 평생 동안 문 밖에 나가지 않았다. 또 빈객도 사절하고 만나지 않았다. 단지 노나라 공왕(恭王)의 명령으로 부름을 받았을 때만 가서 뵌 것뿐이었다.

먼 곳에서 와서 그에게 학업을 받은 제자는 백여 명이나 되었다. 신공은 ≪시경≫을 구전(口傳)할 뿐 해설서를 만들지는 않았으며 의심나는 부분은 생략하여 전하지 않았다.

난릉(蘭陵)의 왕장(王藏)은 신공에게서 ≪시경≫을 전수받고 효경제를 섬겨 태자의 소부(少傅)가 되었다가 나중에 면직되어 물러났다. 금상폐하가 즉위하자 왕장은 글을 올려 궁중의 숙위관(宿衛官)이 되었다. 주상은 여러 번 그의 관직을 옮겨 1년 안에 낭중령이 되었다.

또 대(代)의 조관(趙綰)도 일찍이 신공에게서 ≪시경≫을 수업하였으며 후에 어사대부가 되었다.

조관과 왕장은 천자에게 청하여 명당(明堂 : 天子가 정치에 관해 듣는 집)을 세우고 제후들을 이곳에 참조시키고자 했는데 성공하지 못하였으므로 스승인 신공을 추천했다.

천자는 사자를 보내 속백(束帛 : 비단 열 단의 한 묶음)에다 보옥(寶玉)을 더한 정중한 예물과 네 마리 말이 끄는 특별한 수레[277]를 보내 신공을 영접하게 했다. 제자 두 사람이 역전(驛傳) 소마차(小馬車)에 타고 스승을 따라와 함께 천자를 뵈었다. 천자가 치란(治亂)에 대해 물었다. 이때 팔십여 세의 노령인 신공은 공손하게 대답하였다.

"잘 다스리는 자는 말이 많지 않으며 어떻게 힘써 행할까 하는 것을 생각할 뿐입니다."

그 무렵 천자는 문학을 좋아하였기 때문에 신공의 대답을 듣고는 아무 말도 없었다. 그렇지만 이미 초치(招致)했던 터라 신공을 태중대부에 임명하여 노왕(魯王)의 저택에 거처하도록 하고 명당 세우는 일을 의논토록 했다.

두태황태후(竇太皇太后 : 武帝의 祖母)는 노자의 학설을 좋아하였으며 유학은 좋아하지 않았다. 그래서 조관과 왕장의 과실을 발견하고 주상을 책망하였다. 이 일로 인해 주상은 명당 세우는 일을 중지하게 하고 조관과 왕장 등을 형리에게 넘겨 조사케 했다. 나중에 그들은 모두 자살했다.

신공도 병이 들어 면직당하고 귀국한 지 몇 년 후에 죽었다.

신공의 제자로 박사가 된 자는 십여 명이었다. 그 가운데 공안국(孔安

---

277) 원문은 '安車駟馬'. 安車는 수레바퀴를 부들 풀로 감아 흔들리지 않게 한 마차.

國)은 임회(臨淮) 태수가 되었으며 주패(周覇)는 교서(膠西) 내사(內史)가 되었고 하관(夏寬)은 성양(城陽) 내사(內史)가 되었다. 또 탕(湯)의 노사(魯賜)는 동해(東海) 태수가 되었으며 난릉(蘭陵)의 복생(繆生)은 장사(長沙) 내사가 되었다. 그리고 서언(徐偃)은 교서(膠西)의 중위가 되었고 추(鄒) 사람인 궐문경기(闕門慶忌)는 교동(膠東)의 내사가 되었다. 그들이 관민을 다스릴 때는 모두 청렴하고 절조가 있었으며 학문을 좋아하는 인품에 어울렸다.

또 신공의 제자로서 학관(學官)에 있는 자들이 모두 행실이 방정했다고는 할 수 없으나 그래도 대부, 낭중, 장고(掌故)에 이른 자가 약 백 명 정도였다.

≪시경≫에 대한 해설은 학파에 따라 다르기는 했지만 대부분은 신공의 설(說)에 바탕을 둔 것이었다.[278]

청하왕(淸河王 : 景帝의 아들인 劉乘)의 태부(太傅) 원고생(轅固生)은 제나라 사람이다. ≪시경≫을 이해한다는 이유로 효경제 때 박사가 되었다. 그는 예전에 어전에서 황생(黃生)[279]과 더불어 논쟁한 적이 있었다. 황생이,

"은나라 탕왕과 주나라 무왕은 천명을 받아 천자가 된 것이 아니고 그 주군을 시해하여 그리 되었던 것입니다."[280]

라고 하자 원고생이 말했다.

---

278) 申公(이름은 培)은 詩經學 학파의 하나인 魯詩派의 창시자이다.
279) 道家의 학자. 太史公自序에 司馬談이 '도가의 설은 黃子한테서 배웠다.'고 한 그 黃子일 것이다.
280) '天命'은 하늘이 자신을 대신하여 백성을 다스리라고 내린 명령. 천명을 받은 자와 그 자손만이 천자로서 백성을 다스릴 수 있는 자격이 있다고 생각했다. '弑'란 신하가 그 주군을 살해하는 것.

"그렇지 않소. 하나라 걸왕과 은나라 주왕은 포악하고 어지러웠으므로 천하의 인심이 탕왕·무왕에게 돌아간 것이오. 탕왕과 무왕은 천하의 인심에 따라 걸왕·주왕을 주멸했을 뿐이오. 걸왕·주왕의 백성이 그 임금을 섬기려 하지 않고 탕왕·무왕에게 돌아갔기 때문에 할 수 없이 위(位)에 오른 것이니 천명을 받은 것이 아니고 무엇이란 말이오."

그러자 황생은 또,

"관(冠)이란 찢어지고 헐었다 할지라도 반드시 머리 위에 오르고 신발은 아무리 새 것일지라도 발에 신겨지게 마련이오. 이는 본래부터 상하의 구분이 있기 때문이오. 걸왕·주왕이 비록 도(道)를 잃었다 할지라도 군주인 이상 위인 것이오. 또 탕왕·무왕이 성인이었다 할지라도 신하인 이상 아래인 것이오. 천자에게 비행이 있으면 신하된 자로서 옳은 말로 그 과실을 바로잡으려 하지 않고 도리어 과실을 구실 삼아 천자를 무찌르고 대신 천자의 자리에 올랐으니 그것이 시역(弑逆)이 아니고 무엇이란 말이오?"

라고 했다. 그러자 원고생이 이렇게 말했다.

"그대가 말하는 바가 옳다면 고조께서 진나라를 대신하여 천자의 자리에 즉위하신 것도 잘못이었단 말이오?"

이에 효경제가 말했다.

"고기를 먹는 자가 말의 간을 먹지 않았다 하여 고기 맛을 모른다고 할 수는 없다. 이와 마찬가지로 학문을 논하는 자가 탕(湯)·무(武)가 천명을 받았느냐 아니냐를 논하지 않는다 하여 어리석은 자라고 말할 수는 없다."[281]

---

281) 고대 중국에서는 말의 간은 인체에 유독하다고 믿었다. 景帝는 湯·武의 受命 여부를 따지는 논의가 위험하다고 생각하여 이를 제지한 것이다.

그래서 마침내 논쟁은 중단되었다. 이후로는 학자들 사이에 감히 하늘의 명(命)을 받았느니 방살(放殺)한 것이라느니 하며 이 문제를 밝히고자 하는 자가 없었다.

두태후는 노자의 학설을 좋아하였으므로 원고생을 불러 노자의 도(道)를 물었다. 원고생이 말했다.

"그것은 가인(家人)²⁸²⁾들의 말에 지나지 않습니다."

태후는 노하여 말했다.

"너를 성단(城旦)의 형(刑 : 일찍 일어나 성벽을 쌓는 노역에 종사시키는 형)에 처한다는 사공(司空 : 刑罰을 맡은 관리)의 서면을 어떻게 얻어 줄까?"²⁸³⁾

두태후는 짐승을 기르는 우리에 원고생을 넣어 가두고 맨손으로 멧돼지를 죽이라고 명했다. 태후가 노한 것은 원고생이 직간을 했기 때문이며 그에게는 아무 죄도 없다는 것을 효경제는 알고 있었다. 그래서 몰래 원고생에게 날카로운 칼을 주어 멧돼지를 찌르게 했다. 그는 정확하게 멧돼지의 심장을 찔러 단 한 번에 멧돼지를 쓰러뜨렸다. 태후는 더 이상 죄를 물을 수도 없는 일이어서 원고생을 그냥 두었다.

그 뒤에 효경제는 원고생이 청렴하고 정직하다는 것을 인정하여 청하왕의 태부로 임명했다. 그 후 원고생은 오랫동안 태부로 있다가 병이 들어 사임했다.

금상폐하가 즉위하자 원고생을 다시 불렀다. 그러자 아첨하는 여러 유

---

282) 궁중에서 허드렛일을 하는 사람. 원고생이 그런 의미로 쓴 말은 아니겠지만 두태후는 본디 여후의 시녀였으며 따라서 '家人'으로 볼 수도 있다.

283) 儒家의 書를 저주한 말. 城旦은 일종의 징역형으로 강제노동에 동원되는 것. 당시 유학자들은 관리가 되면 자질구레한 금지 조항을 만들고 經書 내용과 語句를 재판의 판결에 이용하는 일이 많았으므로 태후는 儒書를 법령과 같다고 보아 매도한 것이다.

자(儒者)들이 원고생을 미워하여,

"원고생은 이미 늙었습니다."

라고 헐뜯었으므로 천자는 그를 돌려보냈다. 이때 원고생은 이미 구십여 세였다. 원고생이 불려갔을 때 설(薛)의 공손홍(公孫弘)도 함께 부름을 받았는데 공손홍은 원고생을 꺼리며 마땅치 않은 눈초리로 바라보았다. 이에 원고생이 말했다.

"공손자여! 바른 학문에 힘써 직언하도록 하시오. 왜곡된 학문으로 세상에 아첨하는 일이 없도록 하시오."

이후 제나라에서 ≪시경≫을 논하는 사람들은 모두 원고생의 학설에 근본을 두었다.[284] 또 제나라에서 ≪시경≫을 익혀 높은 자리에 오른 사람들은 모두 원고생의 제자들이었다.

한생(韓生 : 이름은 嬰)은 연나라 사람이다. 효문제 때 박사가 되었고 효경제 때 상산왕(常山王 : 景帝의 아들 憲王 舜)의 태부가 되었다.

한생은 ≪시경≫의 뜻을 부연하여 내외전(內外傳 : 韓詩內傳・韓詩外傳) 수만언(數萬言)을 지었다.[285] 그 언어들은 제나라와 노나라의 ≪시경≫에 대한 설과는 사뭇 다른 바가 있으나 그 취지는 동일한 것이었다. 회남(淮南)의 비생(賁生)이 그것을 전수받았다. 이로부터 연과 조나라에서 ≪시경≫을 강론하는 사람은 한생의 설에 근거를 두었고[286] 한생의 손자 상(商)은 금상폐하의 박사가 되었다.

---

284) 轅固生은 詩經學派의 하나인 齊詩派의 창시자로 지목된다.
285) 前漢末까지의 도서목록인 ≪漢書≫ 藝文志에는 ≪韓內傳≫ 4권과 ≪韓外傳≫ 6권이 기록되어 있다. 내전은 없어졌지만 외전은 현존한다. 그것은 ≪詩經≫의 시구와 관련이 있는 說話와 逸話를 모은 책이다. 외전은 보통 ≪韓詩外傳≫이라는 이름으로 널리 알려져 있다.
286) 詩經學派의 하나인 韓詩派의 창시자로 지목된다.

복생(伏生 : 이름은 勝)은 제남(濟南) 사람이다. 원래 진(秦)나라의 박사였다.

효문제 때 상서(尚書)를 잘 아는 사람을 구했는데 천하가 넓다 하나 그런 사람이 없었다. 그러다 복생이 상서를 잘 이해한다는 소문을 듣고 그를 부르려고 했다. 이때 복생의 나이 구십여 세로 늙어서 갈 수 없었다. 그래서 천자는 태상에게 조명을 내려 장고(掌故)인 조조(晁錯)로 하여금 가서 가르침을 받게 했다.

진나라 때 책들을 불사르자 복생은 책을 벽 속에 숨겼다. 그 후 병란이 크게 일어나 사는 곳을 떠나 흘러 다니다가 한나라가 천하를 평정한 다음에 숨겨 놓은 책들을 찾았으나 수십 편은 없어지고 단지 이십구 편만 남아 있었다.[287] 그것으로 제(齊)와 노(魯) 사이에서 가르쳤다. 학문을 하는 사람은 이로 말미암아 상서(尚書)를 논할 수 있었고 산동(山東)의 많은 대학자들은 ≪상서≫에 능통하여 이것을 가르치지 않는 자가 없었다.

복생은 제남(濟南)의 장생(張生)과 구양생(歐陽生)에게 ≪상서≫를 가르쳤는데 후에 구양생은 천승의 예관(兒寬)에게 가르쳤다.

예관은 ≪상서≫에 통달하여 문학으로 군(郡)의 천거에 응하였으며 도(都)에 나아가 공안국(孔安國)[288]에게 학업을 배웠다. 예관은 가난하여 학비가 없었으므로 늘 박사관(博士館)의 다른 제자들의 취사를 맡아 보기도 하고 때로는 고용살이로 의식을 해결했다.

일하러 나갈 때에도 언제나 경서를 몸에 지니고 있다가 휴식할 때 그것을 꺼내 읽고 익혔다. 시험 순위에 따라 정위의 속관에 보임되었다.

---

287) 모두 孔子가 편집하였으며 전부 백 편이었다고 한다.
288) 字는 子國. 孔子의 12대손. 前漢의 뛰어난 經學者로 ≪尚書≫와 ≪論語≫의 주석을 달았다고 전해진다. 그러나 지금 공안국의 저라고 남아 있는 주석은 후세인의 僞作이다.

그 무렵 장탕(張湯)은 학문을 장려했는데 예관을 주얼연(奏讞掾 : 죄상을 議奏하는 屬官)으로 삼았다. 예관은 고법(古法)에 따라 의심되는 대옥사(大獄事)를 의결하여 장탕의 사랑을 받았다.

예관은 사람됨이 온량(溫良)하고 청렴하며 지혜가 있어서 자신의 분수를 잘 지켰다. 그리고 저술을 잘 하고 상소의 글을 잘 지었는데 문장을 만드는 일은 민첩했으나 입이 무거워 의견을 잘 발표하지 못했다. 장탕은 그를 훌륭한 인재라고 생각하여 자주 칭찬을 아끼지 않았다.

장탕이 어사대부가 되자 예관을 자기의 속관으로 삼고 천자에게 추천했다. 천자는 그를 불러 여러 가지 질문을 해 보고는 그 인물됨이 마음에 들어 기뻐했다. 장탕이 죽은 후 6년 만에 예관은 어사대부의 지위에 이르렀으며 다시 9년 동안 관직에 있다가 죽었다.

예관은 삼공의 높은 자리에 있으면서 그의 온화하고 양순한 성질로 인해 천자의 뜻을 잘 받들었으므로 오랫동안 그 지위에 있을 수 있었다. 그러나 맡은 관의 일에 대해서는 잘못을 바로잡아 간언하는 바가 없었으므로 관속들은 그를 만만히 보고 그를 위해 힘을 다하려 하지 않았다.

제남의 장생도 역시 박사가 되었고 복생의 손자도 ≪상서≫에 통달하여 부름을 받았으나 그 심오한 뜻을 다 밝힐 수는 없었다.

그 이후 노나라의 주패(周覇), 공안국(孔安國), 낙양의 가가(賈嘉) 등이 자못 ≪상서≫에 통달해 있었다.

공씨(孔氏)에게는 고문상서(古文尙書)가 있었다. 안국(安國)은 금문(今文)으로 이를 해독하여 이로 인해서 ≪상서≫의 고문 연구가의 학법(學法)을 일으켰으며 잃었던 ≪상서≫ 십여 편도 찾아냈다. 생각건대 ≪상서≫의 편수는 이후로 더욱 많아진 듯하다.

많은 학자들이 예(禮)를 논했는데 노나라의 고당생(高堂生)이 특히 뛰어났다. 예의 근본을 더듬어 보면 원래 공자 시대부터 그 경전이 구비되어 있지 않은 데다가 진나라때 서적을 불살라 남아 있던 예서(禮書)마저 없어지고 흩어졌다.

현재는 오직 사례(士禮)가 있을 뿐이다. 고당생이 이를 논하는 데 통달해 있었으며 노나라의 서생(徐生)은 예(禮)의 용의(容儀)에 통달하고 있었다.

효문제 때 서생은 용의로써 예관대부(禮官大夫)가 되었으며 이를 아들에게 전하여 손자인 서연(徐延), 서양(徐襄)에 이르렀다.

서양은 용의에 통달해 있었지만 《예경(禮經)》에는 통달하지 못했다. 서연은 《예경》에는 어느 정도 능했으나 용의에는 통달하지 못했다. 서양은 용의로써 한(漢)의 예관대부가 되었고 광릉(廣陵) 내사(內史)에까지 이르렀다. 서연과 서씨(徐氏)의 제자인 공호만의(公戶滿意), 환생(桓生), 선차(單次) 등은 모두 일찍이 한나라의 예관대부가 되었다. 또 하구(瑕丘)의 소분(蕭奮)은 《예경》에 통달하여 회양(淮陽) 태수가 되었다.

그 후 《예경》을 잘 해설하며 용의에 통달한 자는 모두 서씨 계통을 이어받은 사람들이다.

노나라의 상구(商瞿)는 공자로부터 《역경(易經)》을 전수받았고 공자가 죽은 다음에는 6대에 제나라 사람 전하(田何)에 이르렀는데 그의 자는 자장(子莊)이라 했다.

한나라가 흥성하자 전하는 동무(東武) 사람 왕동자중(王同子仲)에게 《역경》을 전하고 자중은 치천(菑川) 사람 양하(楊何)에게 전했다. 양하는 《역경》에 통달했다 하여 원광(元光) 원년에 부름을 받아 관직이 중대부에 이르렀다.

제나라 사람 즉묵성(卽墨成)은 《역경》으로 성양(城陽)의 재상에 이르렀으며 광천(廣川) 사람 맹단(孟但)은 《역경》으로써 태자의 문대부(門

大夫)가 되었다. 노나라 사람 주패(周覇), 거(莒) 사람인 형호(衡胡), 임치 (臨菑) 사람 주보언(主父偃) 등은 모두 ≪역경≫으로써 이천 석 고관의 신분이 되었다.

이후 ≪역경≫을 논하는 자는 모두 양하[289]의 가법(家法)에 근본을 두었던 것이다.

동중서(董仲舒)는 광천(廣川) 사람이다. ≪춘추(春秋)≫를 잘 이해한다는 이유로 효경제 때 박사가 되었다. 장막을 쳐놓고 그 안에서 강송(講誦)하였으며 오래된 제자가 새로 들어온 제자를 차례로 가르쳤으므로 어떤 제자는 스승의 얼굴조차도 보지 못했다.

동중서는 장막 속에 들어앉아 3년 동안이나 자기 집 정원을 돌보지 않을 정도로 학문에 정진했다. 또 그는 자신의 진퇴와 행동거지에서 예법에 어긋나는 행동을 하시 않았다. 그래서 학문에 마음을 둔 자라면 모두 그를 사표(師表)로서 존중했다.

금상폐하가 즉위하자 동중서는 강도(江都)의 재상이 되었다. ≪춘추≫에 기재된 천재지이(天災地異)의 원리에 의해 음(陰)과 양(陽)의 기(氣)가 교호(交互)로 운행하는 이치를 추구했다. 그래서 비를 구할 때에는 모든 양기를 막고 음기를 발산케 하고 비를 그치게 할 때에는 그 반대로 했다. 이를 온 나라에 행하여 원하는 대로 되지 않은 적이 없었다.

동중서는 도중에 재상에서 해임되었다가 중대부가 되었다. 그러자 관사에 들어앉아 천재지이에 관한 책을 저술했다.[290] 그때 마침 요동에 있는 고조묘(高祖廟)에 화재가 일어났다. 주보언은 동중서를 미워하고 있던 터라 동중서의 그 책을 손에 넣어 천자에게 바쳤다.

---

289) ≪漢書≫ 儒林傳에는 田何로 되어 있다.
290) 동중서의 저서로는 ≪春秋繁露≫가 전해지고 있으며 자주 陰陽五行과 災異에 관해 설명하고 있다. 그러나 여기서 말하는 '災異之記'가 ≪春秋繁露≫인지는 확실하지 않다.

천자는 여러 유생(儒生)들을 불러 그 내용을 검토하게 했는데 유생 중에는 이를 헐뜯고 나무라는 자가 있었다. 동중서의 제자 여보서(呂步舒)는 그것이 스승의 저서인지도 모르고 백성들의 어리석은 짓이라고 말했다. 이리하여 동중서는 형리에게 넘겨져 사형을 받게 되었으나 천자는 조명을 내려 그의 죄를 용서해 주었다. 동중서는 이후 다시는 천재지이에 관한 말을 하지 않았다.

동중서는 사람됨이 청렴하고 정직했다. 당시 한나라는 사방의 오랑캐를 정벌하고 있었다. 공손홍은 ≪춘추≫를 이해하는 깊이에 있어서는 동중서에 미치지 못했다. 그런데도 공손홍은 세상 풍조에 따라 아첨하여 벼슬은 공경의 지위에까지 이르렀다. 동중서는 공손홍을 아첨배라고 하였다. 공손홍이 이 말을 듣고 동중서를 미워하여 천자에게 아뢰었다.

"오직 동중서만이 교서왕(膠西王 : 이름은 端으로 武帝의 형)의 재상이 될 수 있는 인물입니다."[291]

교서왕은 평소에 동중서가 덕행이 있는 사람이라는 말을 듣고 있었으므로 그를 후하게 대우했다. 그런데 동중서는 교서왕 밑에 오래 머물러 있으면 교서왕에게 벌을 받게 되지나 않을까 두려워했다. 그래서 병을 핑계 삼아 사직하고 말았다.

그 후로는 집에 있으면서 죽을 때까지 가산 늘리는 일은 돌보지 않고 학문을 닦고 저술하는 것만을 일삼았다. 그리하여 한나라가 일어나고 흥성한 이래 5대에 이르는 동안 오직 동중서만이 ≪춘추≫에 통달했다는 이름이 났다. 그가 학문한 것은 ≪춘추≫ 삼전(三傳 : 春秋에는 左氏・公羊・

---

291) 武帝의 배다른 형인 劉端. 대단히 포악한 왕으로 승상 등 누차 신하를 죽였다. 여기서 공손홍은 동중서를 죽음을 빠뜨리려고 이런 요청을 한 것이다.

292) 春秋學에는 公羊派와 穀梁派, 그리고 뒤에 나오는 左氏派가 있으며 ≪春秋≫에 대하여 다른 주해를 만들고 있어 각기 ≪公羊傳≫, ≪穀梁傳≫, ≪左氏傳≫이라 불린다. 동중서는 공양학파였다. 司馬遷은 동중서 문하에서 ≪春秋≫를 배웠다.

穀梁의 三傳이 있음) 가운데 ≪공양전(公羊傳)≫이다.[292]

호무생(胡毋生)은 제나라 사람이다. 효경제 때 박사가 되고 늙어서는 향리에 돌아와서 제자들을 가르쳤다. 제나라에서 ≪춘추≫를 논하는 자는 거의가 호무생에게서 학업을 했다. 공손홍 역시 그에게서 많은 가르침을 받았다.

하구(瑕丘)의 강생(江生)은 ≪춘추곡량전(春秋穀梁傳)≫을 공부했다. 그는 공손홍이 등용했지만 일찍이 ≪춘추≫의 모든 학설을 수집·비교하고 마침내 동중서의 학설을 채택했다.

동중서의 제자로서 공명을 이룬 자는 난릉(蘭陵)의 저대(褚大), 광천(廣川)의 은충(殷忠), 온(溫)의 여보서(呂步舒)가 있다. 저대는 양(梁)나라 재상이 되었고 여보서는 장사(長史)가 되었으며 사자로 부절을 가지고 가서 회남왕의 옥사(獄事)를 처리했다. 회남왕이 한나라 조정에 알리지도 않고 제멋대로 횡포를 부리자 ≪춘추≫의 대의(大義)로써 바로잡으니 천자는 이 모든 일을 타당한 처사라고 생각했다.

그 밖에도 제자로서 입신영달하여 명대부(命大夫), 낭알자(郎謁者), 장고(掌故)가 된 자는 약 백 명 정도였다. 그리고 동중서의 아들과 손자도 학문으로써 모두 대관(大官)이 되었다.

제62 혹리열전(酷吏列傳)

공자(孔子)는,

"법령으로써 지도하고 형벌로써 규제하면 백성들은 형벌만 면할 수 있다면 무슨 짓을 하든 부끄러워하지 않는다. 이에 반해 도덕으로써 지도하고 예로써 규제하면 도덕적인 수치심을 갖게 되고 더 나아가 바른 사람이 된다." [293]

고 말했다. 또 노자(老子)는,

"뛰어난 덕(德)을 지닌 사람은 덕을 마음에 두지 않기 때문에 덕을 지니게 된다. 그러나 덕이 적은 사람은 덕을 잃지 않으려고 애쓰기 때문에 덕이 없게 마련이다." [294]

"법령이 밝아질수록 도둑은 더욱 많아진다." [295]

고 말했다.

이에 태사공은 말한다.

"이 말들은 참으로 옳은 말들이다. 법령은 정치의 도구이기는 하지만 백성들의 옳고 그름을 다스릴 수 있는 근본적인 방법은 아니다.

옛날 진나라 시대만 하더라도 천하의 법망이 그렇게 치밀할 수 없었건만 간사함과 거짓이 싹트기 시작하자 결국에 관리는 책임을 회피하고 백성들은 교묘하게 법망을 벗어나 더 이상 구원할 수 없게 되어 망국의 길을 걷게 되고 만 것이다.

---

293) ≪論語≫ 爲政篇의 글.
294) ≪老子≫ 제138장의 글.
295) ≪老子≫ 제57장의 글.

그 당시 관리들의 정치 방법은 불을 끔으로써 물이 더 이상 끓지 않도록 하는 것이 아니라 불은 그대로 놔 둔 채 물이 더 이상 끓지 않게 하려는 식이었다. 만용을 부리는 혹독한 사람이 아니고서야 어찌 그 임무를 견디어 내며 즐거워할 수 있었겠는가? 도덕을 운운하는 사람들도 다만 그 직무에 빠져 있을 따름이었다.

그러므로 '송사(訟事)를 듣는 것은 나도 남과 다를 바 없다. 그러나 나는 반드시 송사가 일어나지 않게끔 할 수 있다.'[296]라든가, '못난 선비는 도(道)를 듣고도 크게 웃기만 한다.'[297]라고 한 말들은 결코 허망한 것만은 아니다."

한나라가 흥성하자 모난 것을 둥글게 만들듯이 엄한 형벌들을 없애고 간편한 것을 따랐으며 수식을 붙이지 않고 소박한 조각을 만들듯이 기교와 거짓을 없애니[298] 그 법망은 배를 통째로 삼키는 고기라도 빠져나갈 만큼 너그러워졌다. 더불어 관리들의 정치 방법은 순수하고 완전하고 단일하며 백성들은 간악한 범행을 저지르는 일이 없어 나라는 평안하였다.

이상의 사실로 미루어 보아 백성을 다스리는 근본은 도덕에 있는 것이지 가혹한 법에 있는 것이 아니다.

여태후 시대에 혹리(酷吏)로는 단 한 사람 후봉(侯封)이라는 인물이 있었다. 그는 종실을 위압하고 공신을 모욕하였다. 그러다 여씨가 패망하자 후봉의 일족도 모두 죽임을 당했다.

효경제 시대에 조조(晁錯)는 법을 엄하게 하고 법술(法術)을 잘 써서

---

296) ≪論語≫ 顔淵篇의 글.
297) ≪老子≫ 제41장의 글.
298) 漢高祖가 秦의 법을 폐지하고 겨우 3개 항의 법규만을 제정한 것을 가리킨다.

그의 재능을 크게 떨쳤다. 그러나 오·초 7국의 난은 이런 조조에 대한 분노 때문에 일어났던 것이며 조조는 끝내 죽임을 당하였다.

그 후 혹리로는 질도(郅都), 영성(寧成)의 무리가 있었다.

질도는 양(楊) 사람이다. 낭(郎)이 되어 효문제를 섬겼다. 그 후 효경제 때 중랑장이 되었는데 직간을 하고 조정의 대신들을 면전에서 꾸짖었다.

질도는 예전에 주상을 따라 상림원에 나간 적이 있었다. 그때 가희(賈姬)가 변소에 갔는데 멧돼지가 느닷없이 변소에 뛰어들었다. 주상은 질도에게 눈짓을 하였으나 가려고 하지 않았다. 그리하여 주상이 손수 무기를 들고 가희를 구하려고 했다. 그러자 질도는 주상께 아뢰었다.

"비록 한 부인을 잃는다 하더라도 또 다른 부인을 얻을 수 있습니다. 천하에 가부인 같은 사람이 또 없겠습니까? 여자 하나 때문에 폐하께서 몸을 가벼이 여기신다면 종묘와 태후를 어떻게 대하시렵니까?"

주상은 변소에 가지 않고 되돌아섰고 멧돼지도 사라졌다. 태후가 이 말을 듣고 질도에게 금 백 근을 내렸다. 이 사건이 있은 다음부터 주상은 질도를 중히 생각하게 되었다.

제남(濟南)의 한씨(瞯氏)는 그 일족이 삼백여 호나 되었으며 세력이 강하여 종종 법을 무시했는데 이천 석의 고관들 중에도 그들을 제어할 자가 없었다. 그래서 효경제는 제남의 태수로 질도를 임명하였다.

질도는 부임하자마자 한씨의 원흉을 족멸하였다. 그 외의 한씨 일족은 무서움에 부들부들 떨었다. 1년 남짓 지나니 군내에는 길에 물건이 떨어져 있어도 자기 것으로 하는 자가 없게 되었고 가까운 십여 군의 태수들은 모두 질도를 상관처럼 두려워하였다.

질도는 사람됨이 용감하고 기운이 장사였으며 공명정대하고 청렴결백하여 사사로운 서간(書簡)은 봉함을 뜯지 않았고 선물은 일체 받지 않았

으며 또 은밀한 청탁에는 귀를 기울이지 않았다. 항상 스스로 말하기를,

"나는 이미 친족을 배반하고 벼슬을 한 몸이니 당연히 관직을 받들고 의무를 다하다 죽겠다."

라고 하며 끝내 처자를 돌보지 않았다.

질도는 중위로 천임(遷任)되었다. 승상 조후(條侯)는 고귀한 가문 출신으로 오만하였는데 질도는 승상의 손을 맞잡고 머리를 숙일 뿐 배례를 하지 않았다.

당시 백성들은 소박해서 죄로 문책당하는 일을 무서워하고 자중하였는데 질도는 늘 엄격하고 가혹을 제일로 생각하여 법을 극도로 적용하되 귀현(貴顯)이건 외척이건 용서치 않았다. 열후나 종실들은 질도를 쳐다보기도 두려워 곁눈질로 보았고 그를 창응(蒼鷹)이라고 불렀다.

임강왕(臨江王 : 孝景帝의 廢太子인 榮)이 죄를 짓고 불려와 중위부(中尉府 : 首都의 치안청)에서 심문을 받게 되었다.[299] 그때 임강왕은 간독(簡牘 : 문서를 기록하는 竹札과 木札)에 기록할 도필(刀筆)[300]을 얻어 주상에게 편지를 써서 사죄하려고 했으나 질도는 관리에게 이를 주지 못하게 했다. 위기후(魏其侯)가 몰래 사람을 시켜서 임강왕에게 도필을 주었다. 임강왕은 편지를 써서 주상에게 올려 사죄한 다음 자살하였다.

두태후가 이 일을 듣고는 노하여 질도를 중상하였다. 그 때문에 질도는 관직을 사임하고 고향으로 돌아갔다. 효경제는 사자에게 부절을 들려서 질도의 집에 보내 안문군(雁門郡)[301]의 태수로 임명하되 태후의 노여움을

---

299) 武帝의 배다른 형인 劉榮. 원래 景帝의 태자였으나 내침을 당하여 臨江王이 되었고 당시 질도가 그를 취조했다. 그 후 武帝가 태자가 되었다.

300) 당시는 종이가 발명되기 전이며 나무나 대의 조각이 종이를 대신했다. 작은 칼은 나무 조각에 글을 잘못 썼을 때 깎아내기 위한 도구였다.

301) 지금의 山西省 代縣 일대. 당시는 흉노의 세력권에 맞닿은 국경 지대였다.

고려하여 조정에 인사하지 말고 직접 임지로 부임하게 하였으며[302] 편안하게 근무할 수 있도록 하였다.

흉노는 이전부터 질도가 절의(節義) 있는 선비임을 듣고 있었기 때문에 변경에서 스스로 군사를 이끌고 퇴각하였다. 그리고 질도가 생존해 있는 동안에는 안문에 가까이 오지 않았다. 흉노는 질도와 비슷한 인형을 만들어 기병에게 말을 타고 달리면서 쏘게 하였는데 누구도 맞추는 자가 없었다. 이처럼 위세를 떨친 질도는 흉노에서 보면 우환의 씨앗이었다고 할 수 있다.

그 후 두태후는 마침내 한나라 법에 의해 질도를 처벌하였다. 효경제는,

"질도는 충신입니다."

라고 주장하며 이를 애석해 하여 용서하려고 했으나 두태후가 말하기를,

"그렇다면 임강왕은 충신이 아니었단 말입니까?"

하며 끝내 질도를 참형에 처하였다.

영성(寧成)은 양(穰) 사람이다. 낭알자(郎謁者)가 되어 효경제를 섬겼다.

그는 기개가 있어 남의 부하가 되어서는 반드시 상사를 눌렀고 남의 우두머리가 되어서는 부하 다루기를 마치 젖은 섶 묶듯이 사정없이 다루었다. 교활하고 남을 해침으로써 위세를 떨치던 그는 차츰 승진하여 제남(濟南)의 도위(都尉)로 부임하게 되었다. 당시 제남의 태수는 질도였다.

그때까지 역대 도위들은 모두 걸어서 태수의 부중(府中)에 들어갔고 관

---

302) 보통의 경우라면 일단 조정에 나와 천자에게 인사를 하는 것이 예이나 이때는 두태후의 노여움을 피하기 위해 이런 이례적인 조치를 취한 것이다.

리의 안내를 받아 태수를 알현하는 것은 마치 현령이 태수를 알현하는 것처럼 하였다.[303] 그만큼 질도를 두려워하고 있었다.

그런데 영성은 부임하자마자 질도를 누르고 그 위에 올라섰다. 질도는 전부터 영성의 평판을 듣고 있던 터라 그를 후히 대우하고 서로 친하게 지냈다.

그로부터 오랜 세월이 지나 질도는 죽고 그 후 장안의 종실 중에 난폭한 자들이 있어 법을 잘 범하였다. 그래서 주상은 영성을 불러들여 중위로 임명하였다. 영성의 통치법은 질도를 모방한 것이었으나 청렴결백하다는 점에서는 질도를 따르지 못하였다. 그렇지만 종실과 호족들은 모두 영성을 두려워하였다.

무제(武帝)[304]가 즉위하자 영성은 내사(內史)로 천임되었다. 많은 외척들이 영성의 단점을 들추어 죄에 빠뜨려 곤겸(髡鉗 : 髡은 머리를 삭발하고 기르지 못하게 하는 형이고 鉗은 목에 큰 칼을 씌우는 刑)의 형에 처하였다. 당시는 구경으로서 죄를 문책당하여 죽지 않으면 안 될 때에는 자살을 하였으므로 구경이 처형을 당하는 경우는 거의 없었다.

그런데 영성은 중형에 처해졌으므로 두 번 다시 관직에 중용될 가능성이 없다고 생각하고 수가(首枷)를 풀어제치고 전(傳 : 關所의 출입증)을 위조하여 함곡관을 탈출해 집으로 돌아왔다.

"벼슬을 하여 이천 석의 신분이 되지 못하고 장사를 하여 천만 금의 부(富)를 쌓지 못한다면 어찌 사람 축에 들 수 있겠는가?"

라고 호언하며 어음으로 천여 경(頃)의 산언덕 밭을 사들인 다음 빈민을

---

303) 郡은 밑에 몇 개의 縣을 관할하는 상급 행정단위이다. 따라서 郡의 장관인 太守는 縣의 장관인 令의 상관이며, 또 郡의 都尉도 縣의 令보다 지위가 높았다.
304) 원문에 '武帝'라고 되어 있으나 이것은 본디 '今上'으로 되어 있던 것을 후세인이 고친 것이다. 다른 곳도 마찬가지이다.

고용하여 수천 호의 사람들에게 경작시켰다.

몇 년이 지나 죄를 용서받았으나 그때는 이미 수천 금의 재산을 쌓았고 협객으로 자처하면서 관리들의 약점을 잡아 꼼짝 못하게 만들었다. 그가 외출을 할 때에는 항상 수십 기(騎)를 거느리고 다녔으며 또한 백성들을 부릴 때에도 그 위세는 군(郡)의 태수보다도 더하였다.

주양유(周陽由)는 그의 아버지 조겸(趙兼)이 회남왕[305]의 구부(舅父 : 어머니의 형제)라는 이유로 주양후(周陽侯)에 봉해졌기 때문에 그에 따라 성을 주양이라고 하였다.

주양유는 종가(宗家 : 外戚의 一族)의 한 사람이라 하여 특별히 임용되어 낭(郞)이 되었으며 효문제와 효경제를 섬겼다. 효경제 때 주양유는 군의 태수가 되었다. 효무제가 즉위한 후에도 관리들이 일하는 태도는 고지식하고 조심성이 많았다.

그런데 주양유는 이천 석의 관리들 가운데 가장 포학하고 냉혹하고 교만 방자하였다. 그는 호의를 갖고 있는 사람에게는 법을 어겨서라도 도와 주고 자신이 미워하는 사람은 법을 굽혀서라도 죽여 없애고 말았다. 또 부임한 군에서는 반드시 군내의 호족을 멸망시키고 태수가 되어서는 도위를 현령처럼 무시하였으며 도위가 되어서는 반드시 태수를 눌러 통치의 실권을 빼앗았다.

그 엄하고 냉혹함은 급암과 견주지 못할 바 없었다. 또 법을 악용해 사람을 곧잘 해치는 사마안(司馬安)도 같은 이천 석의 신분이었건만 주양유를 두려워해 수레에 동승할 경우에는 같은 자리에 앉지도 못하고 또 앞 가로막이대에 의지하지도 못한 채 선단(先端)에 탔다.

---

305) 여기서 淮南王이란 劉長을 말한다. 淮南衡山列傳 참조.

주양유가 하동(河東) 도위가 되었을 때 태수 승도공(勝屠公)과 권력을 다투다 서로 상대방의 죄를 상소하였다. 승도공은 결국 죄에 떨어지게 되었는데 의(義)로써 형을 받지 않고 자살하였다. 주양유는 기시(棄市)의 형에 처해졌다.

영성과 주양유 이후 사건은 점점 많아졌고 백성은 교묘하게 법망을 피하게 됨에 따라 관리들의 근무 방법 또한 영성과 주양유의 수법을 따르는 경향이 많아졌다.

조우(趙禹)는 태(斄) 사람이다. 좌사(佐史 : 縣의 屬官)에서 중도관(中都官 : 京師府의 속관)에 보임(補任)되었고 그의 청렴결백한 성격으로 영사(令史 : 尙書의 속관으로 文書 사무를 담당)가 되어 태위 주아부(周亞夫)를 섬겼다.

주아부가 승상이 되니 조우는 승상부의 속관이 되었다. 승상부에서는 모두 그의 청렴결백함과 공평함을 칭찬하였다. 그러나 주아부는 그를 신임하지 않았기 때문에,

"조우가 공평하다는 것은 잘 알고 있다. 그렇지만 법률을 너무 심하게 적용하는 까닭에 승상부에 둘 수 없다."

라고 말하였다.

금상(今上)의 시대가 되자 조우는 하급 관리 때부터 공로를 쌓아 차차 천임되어 어사가 되었다. 주상은 그를 능력 있는 관리라고 인정하여 태중대부에 임명했다. 그는 장탕(張湯)과 함께 모든 율령을 의논 결정하여 견지(見知 : 犯人을 알면서 고발하지 않는 자는 똑같은 죄로 다스리는 것)의 조항을 만들었다. 또 관리는 서로 감시하도록 하였다. 법을 점점 가혹하게 적용하게 된 것은 이때부터 시작된 것 같다.

장탕(張湯)은 두(杜) 사람이다. 그의 아버지는 장안의 승(丞)이었다. 어느 날 아버지가 외출을 하게 되어 아직 어린 탕이 집을 보게 되었다. 그런데 아버지가 집에 돌아와 보니 쥐가 고기를 물어가 버렸다. 아버지는 노하여 탕을 때렸다. 탕은 쥐구멍을 파내어 뒤진 끝에 훔쳐간 쥐와 먹다 남긴 고기 조각을 발견하였다.

　　탕은 쥐를 탄핵하여 매를 치고 영장을 떼어 진술서를 쓴 다음에 이를 심문 대조하여 죄상을 보고하는 수속을 밟았다. 그리고 쥐를 구속하고 고기를 압수한 다음 형구를 갖추어 대청 아래에서 못 박아 죽였다.

　　이를 지켜보던 아버지가 탕이 작성한 서류를 읽어 보니 옥리들이 한 것처럼 노련하여 크게 놀랐다. 마침내 탕의 아버지는 그에게 재판을 가르치게 되었다.

　　아버지가 죽은 다음 장탕은 장안의 관리로 오랫동안 근무하였다. 예전에 주양후(周陽侯 : 孝武帝의 어머니 王太后의 동생인 田勝)가 아직 경(卿)이었을 때 옥에 갇힌 적이 있었는데 장탕은 전력을 기울여 그를 구해 내는 데 힘썼다. 출옥한 주양후는 후(侯)가 되자 가까이 교제하던 장탕을 많은 귀인들에게 소개하였다.

　　장탕은 내사(內史)인 영성(寧成)의 속관이 되었다. 영성은 장탕을 공평하다고 인정하여 승상부에 상신했다. 승상부에서는 선정하여 무릉(茂陵 : 孝武帝 생전에 만든 壽陵)의 위(尉)로 임명하여 방중(方中 : 陵)의 공사를 감독하게 하였다.

　　무안후(武安侯)가 승상이 되자 장탕을 불러 속관으로 있게 하고 천자에게 자주 천거하였으므로 천자는 장탕을 어사로 보임시키고 사무를 맡게 하였다.

　　장탕이 진황후(陳皇后)가 위황후(衛皇后)를 저주한 사건[306]을 심문 조사하여 이 사건에 깊숙이 관계한 일당을 밝혀냈으므로 천자는 장탕을 재능

있는 관리라고 인정하였다. 장탕은 점점 승진하여 태중대부가 되었고 조우(趙禹)와 함께 여러 율령을 정하였다. 목적은 법률을 엄격하고 까다롭게 만들어 관리들을 단속하기 위해서였다.

그 후 조우는 천임되어 중위가 되고 다시 소부(少府 : 九卿의 하나로 山海地澤의 稅를 담당)가 되었다. 장탕은 정위가 되었다. 두 사람은 친교를 맺었으며 장탕은 조우를 형처럼 섬겼다.

조우는 사람됨이 청렴결백하고 오만하여 관리가 된 이후로 그의 관사에는 식객이 머무는 일이 없었다. 공경들이 조우의 집을 방문하더라도 조우는 답방하지 않았다. 지우(知友)와 빈객들의 청탁을 거절하기에 힘을 썼으며 고립하여 자기 생각대로 실행하는 것만을 지켜나갔다. 법률에 저촉된 자는 당장 심문하여 처치하였으나 다시 조사하여 소속 관리들의 비밀스러운 범죄를 들춰내지는 않았다.

장탕은 거짓이 많고 꾀를 부려 사람을 제어하였다. 처음에 말단 관리로 있을 때는 장사를 하여 손해와 이익을 되풀이하다가 장안의 거상(巨商) 전갑(田甲), 어옹숙(魚翁叔) 등과 은밀히 교제를 하였다. 승진하여 구경의 자리에 오르게 되니 천하의 유명한 사대부들을 가까이 사귀었는데 마음에 들지 않는 사람일지라도 겉으로는 호의를 가진 것처럼 대하였다.

당시 천자는 유학에 관심을 가지고 있었다. 장탕은 큰 사건을 판결할 경우에는 고전(古典)의 뜻에 맞추기 위해 박사의 제자로서 ≪상서≫와 ≪춘추≫에 통달한 자를 청하여 정위의 속관으로 보임시켜 의심나는 문제를 해결하였다.

---

306) ≪史記≫ 外戚世家에 자세한 사정이 소개되어 있다. 武帝의 총애가 측실 衛子夫에게 기운 것을 질투한 陳皇后가 무당을 동원하여 呪術을 썼다. 그런데 그것이 적발되어 무제를 살해하려는 의도였다는 의심을 받고 진황후는 퇴위당하고 무당 삼백여 명이 떼죽음을 당한 사건.

그는 의심스러운 죄를 주상하여 결재를 청할 경우에는 반드시 미리 자료를 명료히 하고 천자의 뜻을 받아 판결의 원안(原案)으로 삼았으며 그것을 정위의 판결문에 기록하여 천자의 현명함을 드러내어 널리 떨치게 하였다.

사건을 주상하여 견책당할 경우에 장탕은 그 죄를 한몸에 지고 천자의 뜻에 복종하였으며 반드시 정(正)·감(監)·연(掾) 등의 속관 중에 현명한 자를 끌어넣어 이렇게 말하였다.

"그들이 신을 위해 평의(評議)하여 준 의견은 폐하께서 신을 견책하신 의향과 같은 것이었습니다. 신이 그들의 의견을 따르지 않았기 때문에 이런 결과를 가져오게 된 것입니다."

그리하여 그의 죄는 항상 용서받았다. 또 만약 사건을 아뢰어 천자가 그것을 칭찬할 경우에는,

"신은 이와 같은 주상을 한 것을 모릅니다. 정(正)이나 감·연·사(史)인 아무개가 한 일이겠지요."

라고 말하여 그의 부하를 추천하였으며 남의 좋은 점을 칭찬하거나 남의 과실을 변호할 때에도 이러하였다.

규문(糾問)하려는 인물이 천자가 처벌하고 싶은 사람이라면 감·사 중에서 죄를 무겁고 엄중 가혹하게 판결하는 사람에게 넘기고, 천자가 석방하고자 하는 사람이라면 감·사 중에서 죄를 가볍고 공평하게 판결하는 사람에게 넘겼다. 또 규문할 상대가 세력가라면 법을 교묘하게 적용하여 반드시 죄에 걸리게끔 만들었고 가난하고 무력한 사람이면 천자에게,

"법조문으로 죄가 되기는 하나 폐하의 현명한 보살핌으로 관용이 있으시기를 바랍니다."

라고 아뢰어 때로 장탕이 말한 사람은 죄를 용서받게 되었다.

장탕은 대관(大官)이 되자 그 품행이 바르게 되었다. 빈객들과 교제할

때는 음식을 대접하며 환담하고 옛 친구의 자제 중 관리가 된 사람이나 가난한 형제들을 극진히 비호(庇護)하였다. 다른 대관들을 찾아가 만날 때면 춥고 더움을 가리지 않았다.

그렇게 했던 까닭에 장탕은 엄하고 가혹하게 법을 적용한 데다가 또 시기심이 많아 공평한 편은 아니었지만 명성과 영예를 얻었던 것이다. 법을 엄격하게 적용하는 장탕의 어금니와 발톱 노릇을 한 것은 박사의 제자 등 학문을 한 선비들이었다. 승상인 공손홍은 장탕의 재능을 자주 칭찬하였다.

회남왕·형산왕·강도왕의 반역 사건[307]에 대한 장탕의 규문은 모두 그 핵심을 뽑아낸 것이었다. 엄조(嚴助)와 오피(伍被)는 천자가 용서하려고 하였으나 장탕이 말하기를,

"오피는 본래 모반을 계획한 장본인이며 엄조는 폐하의 사랑을 받으며 궁중을 자유로이 드나들어 국가의 어금니와 발톱이라고 말할 수 있는 중요한 자리에 있는 신하입니다. 그런데도 제후와 은밀히 내통했습니다. 이런 자들을 주살하지 않으면 이제부터 죄인을 다스릴 수 없게 될 것입니다."

라고 하였다. 이에 천자는 장탕의 의견을 받아들여 그들도 주살할 것을 허락했다.

이와 같이 사건을 규명할 경우에 장탕은 대신들을 물리치고 스스로의 공적으로 돌린 사건이 많았으므로 점점 황제의 신임을 받게 되어 마침내 어사대부로 천임되었다.

때마침 흉노의 혼야왕 등이 항복해 왔으므로 그것을 기회로 한나라는

---

307) 淮南衡山列傳 참조. 또 ≪史記≫ 五宗世家 참조.

크게 군사를 일으켜 흉노를 쳤다. 또 산동(山東) 지방에서는 수해와 한재(旱災)가 있어 빈민이 뿔뿔이 흩어져 유랑하며 의식(衣食)을 모두 조정에 의존하였다. 이런 이유로 국고는 바닥이 났다.

그래서 장탕은 천자의 뜻을 받들어 백금(白金)과 오수전(五銖錢 : 銅貨)을 주조하고[308] 천하의 소금과 철(鐵)을 전매하여 거부와 대상들을 없애는 한편, 고민령(告緡令 : 緡錢稅를 납부하지 않는 자를 고발한 자에게 그 세금의 반액을 주는 법령)을 만들고 자산 · 영업세법[309] 등을 만들어 약탈과 세도를 마구 부리던 호족들을 없애고 법조문을 교묘하게 활용하여 사람들을 억지로 죄에 빠뜨리는 법의 미비한 점을 보충하였다.

장탕이 조정에 들어가 사건을 주상하고 국가의 재정에 대하여 아뢸 때면 천자는 해가 저물 때까지 음식도 잊고 경청하였다. 그때 승상은 지위만 차지하고 있을 뿐이고 천하의 대사는 모두 장탕에 의해 결정되었다.

결국 생활이 안정되지 않은 백성들은 소동을 일으켰고 정부의 부흥책이 채 효과를 보기도 전에 간악한 관리들은 부당하게 중간에서 이익을 탐하기에 혈안이었다. 그래서 그들의 죄를 규명하여 엄격히 처벌하였지만 공경에서 서민에 이르기까지 많은 사람들은 이러한 사태를 빚어낸 책임은 바로 장탕에게 있다고 하였다. 이런 상황에서도 장탕이 병에 걸리니 천자는 몸소 그의 병상을 돌보고 문안하였다. 그 정도로 장탕은 천자에게서 존중을 받았던 것이다.

그런 가운데 흉노가 화친을 청하여 뭇 신하들이 천자의 어전에서 의논하였다. 박사인 적산(狄山)이 말했다.

"화친하는 편이 이롭고 편리할 것으로 생각합니다."

---

308) 화폐의 新鑄 · 改鑄를 통해 통화제도를 다시 세워 국가의 재정을 강화하려는 것이다.
309) 전택 · 자재 · 상품 등을 금액으로 환산하여 신고하게 하고 그에 과세하려는 정책. 신고하지 않는 자를 밀고하는 자에게는 몰수한 재산의 절반을 주었다.

천자가 그 까닭을 묻자 적산이 대답하였다.

"전쟁은 흉악한 일이니[310] 함부로 일으키는 것은 좋지 않습니다. 고조께서도 흉노를 정벌하려다가 평성에서 크게 고전을 하시고 끝내는 화친을 하셨습니다.

효혜제 · 여태후 시대에는 천하가 태평하였습니다.

효문제 시대에 다시 흉노를 정벌하려고 했기 때문에 북쪽 변경은 소란해졌고 전쟁에 시달렸습니다.

효경제 시대에는 오 · 초 7국이 반란을 일으켰습니다. 효경제께서는 크게 우려하시어 태후와 의논하기 위하여 황궁과 황태후궁 사이를 왕래하면서 몇 달 동안 괴로워하셨습니다. 오 · 초가 패망한 후 효경제께서는 두 번 다시 전쟁에 대해 말을 꺼내지 않으셨으며 그 후 천하는 부유해지고 충실하게 되었습니다.

지금 폐하께서 군사를 일으켜 흉노를 치신 후로 나라의 창고는 텅텅 비게 되었고 변경의 백성들은 너나할 것 없이 가난에 시달리게 되었습니다. 이런 점으로 미루어 보더라도 화친을 맺는 것보다 더 좋은 방법은 없습니다."

천자가 장탕에게 의견을 묻자 장탕이 대답하였다.

"적산은 어리석은 선비로서 대사(大事)에 대해서는 아무것도 알지 못합니다."

그러자 적산이 말하였다.

"신은 원래 어리석은 충성을 하는 자이오나 어사대부 장탕은 거짓 충성을 하는 자입니다. 장탕이 회남왕과 강도왕을 규문한 방법은 법문을 엄격하게 적용한 것으로 제후들을 무리하게 죄에 떨어뜨리고 골육을 이간시

---

310) 당시의 격언. ≪淮南子≫ 道應篇, ≪呂氏春秋≫ 論威篇에도 같은 표현이 있다.

키며 황실의 중요한 신하인 제후들을 불안에 떨게 만들었습니다. 신은 원래부터 장탕이 거짓 충신임을 잘 알고 있었습니다."

그러자 천자는 노한 나머지 안색이 변하여 말하였다.

"짐이 그대를 한 군의 태수로 임명한다면 그대는 오랑캐들의 침범을 막을 수 있겠는가?"

"막을 수 없습니다."

"한 현의 현령으로 임명한다면 어떻겠는가?"

"할 수 없습니다."

"장(障 : 要塞) 부근의 지세가 험하여 방어가 중요한 곳의 땅에 별도로 쌓은 성을 지키게 한다면 어떻겠는가?"

적산은 대답이 궁하면 필경 옥리에게 넘겨지게 될 것으로 예상하고,

"그곳이라면 지켜낼 수 있겠습니다."

라고 대답하였다. 그래서 천자는 적산을 파견하여 장(障)에 올라가서 수비하게 하였다. 적산이 부임한 지 한 달 남짓 후 흉노는 적산의 머리를 베어 갔다. 그 이후 뭇 신하들은 무서워서 아무 말도 하지 못했다.

장탕의 빈객인 전갑(田甲)은 상인(商人)이면서도 현명하고 지조가 있었다. 장탕이 아직 말단 관리였을 때 이익을 구하기 위하여 교제한 사이였는데 장탕이 대관이 되니 전갑이 장탕의 언동이나 과실을 꾸짖는 데에 열사(烈士)의 품격이 있었다. 장탕은 어사대부가 된 지 7년 만에 화를 입었다.

하동(河東) 출신 이문(李文)은 이전부터 장탕과 사이가 나빴다. 그 후 어사중승(御史中丞)이 되었어도 장탕에게 미움을 품고 있었다. 어사부의 재판에 관한 문서 가운데 장탕을 해칠 수 있는 것이라면 무엇이든 사정없이 지적해 내어 장탕의 지위를 위태롭게 하려고 하였다.

장탕에게는 아끼던 속관으로 노알거(魯謁居)라는 자가 있었다. 노알거는 이문의 소행으로 장탕의 마음이 편치 않다는 것을 알고 사람을 시켜서

급변을 주상하게 하여 이문의 간악한 처사를 고발하였다. 그 사건은 장탕에게 넘겨졌다. 장탕은 규문한 후 이문을 사형에 처하였다. 장탕은 이번일이 노알거가 자기를 위하여 해 준 것임을 알고 있었다. 그런데 천자가,

"이문의 변사를 고발한 자는 누구였는가?"

하고 묻자 장탕은 놀라는 체하며 말했다.

"아마도 이문의 친구가 원한을 품고 있다가 고발한 것 같습니다."

얼마 후에 노알거가 병이 들어 어느 마을의 주인집에서 앓아눕게 되었다. 장탕은 몸소 찾아가 병문안을 하고 노알거의 다리를 주물러 주기까지 했다.

조나라는 야금주철(冶金鑄鐵)을 조정의 사업으로 하고 있었다. 조나라왕은 자주 철관(鐵官 : 鐵과 관련 있는 사업에 종사하고 있는 관리)에 대하여 한나라 조정에 호소하였으나 장탕은 그 호소를 받아들이지 않았다. 그래서 조나라 왕은 장탕의 숨은 죄를 들추어내려고 하였다.

또한 노알거는 전에 조나라 왕을 심문했던 적이 있었는데 조나라 왕은이 사건에도 원한을 품고 있었으므로 두 사람에 대해 합쳐서 상서하여,

"장탕은 대신의 신분입니다. 그런데 그의 속관인 노알거가 병이 들자장탕은 노알거의 다리를 주물러 주었습니다. 아마도 그 두 사람은 공모하여 큰 음모를 꾸미고 있는 줄로 압니다."

라고 고발하였다. 이 안건은 정위에게 넘겨졌다. 그런데 노알거는 옥중에서 병으로 죽어 버렸다. 사건은 노알거의 동생과도 관련이 있었으므로동생은 도관(導官 : 쌀을 관장하는 官)의 청사[311]에 갇히게 되었다. 그때 장탕은 다른 죄인을 규문하다가 갇힌 노알거의 동생을 보게 되었는데 나중에 은밀히 도와주려고 했으므로 일부러 모르는 척하였다.

---

311) 獄이 만원이었기 때문이나.

그러한 사정을 모르는 노알거의 동생은 장탕을 원망한 나머지 남에게 상서를 부탁하여 장탕과 노알거가 공모하여 이문의 변사를 고했다고 고발하였다. 이 안건은 감선(減宣)에게 넘겨졌다. 감선은 그전부터 장탕과 사이가 나빴으므로 이 안건을 철저히 조사하였으나 아직 천자에게 보고하지는 않았다.

때마침 효문제 능원의 예전(瘞錢 : 죽은 자를 보내기 위해 능에 묻은 돈)을 도굴한 자가 있어 승상인 청적(青翟)이 참조(參朝)하여 장탕과 함께 천자에게 사죄하기로 약속하였다. 그런데 어전에 나가자 장탕은 '승상이 춘하추동에 능원을 순시하기로 되어 있으니 당연히 승상이 사죄할 일이지 나와는 관계가 없다.'고 생각하여 승상만 사죄하게 하였다.

천자는 어사에게 명하여 그 사건을 심문하게 했다. 장탕은 이 기회에 승상을 견지(見知)의 죄에 떨어뜨리려고 하였다. 승상이 이 일을 우려하였으며 승상 밑에서 일하는 세 사람의 장사(長史)들도 모두 장탕을 미워하였기 때문에 그를 실각시키려고 했다.

장사 중에 한 사람인 주매신(朱買臣)은 회계(會稽) 사람이다. ≪춘추≫에 통달하여 장조(莊助)가 주매신을 추천하였던 것이다. 주매신은 ≪초사(楚辭)≫[312]에도 통달해 있었으므로 장조와 함께 천자의 총애를 받았고 궁중에서 태중대부를 지내면서 정사에 참여하였다. 그때 장탕은 말단 관리로서 주매신 등의 앞에서 무릎을 꿇고 일을 하였다.

그 후 장탕은 정위가 되었고 회남의 반역 사건을 규명하여 장조를 죄에 떨어뜨렸기 때문에 주매신은 마음속으로 깊은 원한을 품고 있었다.

장탕이 어사대부가 되자 주매신은 회계의 태수로서 주작도위가 되었으

---

312) 전국 말기의 楚나라에서 지어진 시의 한 형식으로 굴원의 '離騷'가 대표적이다. ≪詩經≫에 필적하는 중국 고대의 문학이다.

며 구경의 대열에 끼었다. 그렇지만 수년 후 법에 저촉되어 면직되고 겨우 장사(長史)의 지위를 유지하고 있었는데 장탕을 만나러 가니 그는 침대에 걸터앉아서 주매신을 승(丞)이나 사(史)와 같은 속관으로 취급할 뿐 전혀 예우하지 않았다.

주매신은 성미가 급한 초나라 사람[313]이었으므로 장탕을 점점 더 깊이 원망하여 기회만 있으면 자기 목숨을 걸고서라도 그를 죽이겠다고 결심 하였다.

또 한 사람의 장사인 왕조(王朝)는 제나라 사람으로 법률에 통달하였으 므로 우내사(右內史)가 되었다. 이 외에 또 한 사람의 장사인 변통(邊通) 은 종횡가(縱橫家)의 술(術)을 배운 사람으로 강직 난폭한 성격의 소유자 였다. 그는 두 번이나 제남(濟南)의 재상이 된 적이 있었다. 다시 말하면 이 두 사람은 원래 장탕보다 높은 지위에 있었으나 그 후 실각하여 겨우 장사의 지위를 지키며 장탕에게 굽실거리고 있었던 것이다.

장탕은 자주 승상의 정무를 대행하며 이들 세 사람의 장사가 이전에는 높은 신분이었던 것을 알면서도 항상 그들을 업신여겼다. 그리하여 세 사 람의 장사는 승상을 찾아가 이렇게 말했다.

"장탕은 처음에 군공(君公)과 함께 사죄하겠다고 약속했으면서 나중에 는 군공을 배신했습니다. 그리고 이제는 종묘 사건으로 군공을 탄핵하려 고 합니다. 이것은 군공의 지위를 노려 승상이 되고자 하는 처사입니다. 신들은 장탕의 숨은 죄를 알고 있습니다."

이리하여 관리에게 명하여 장탕의 죄에 대한 증인으로 전신(田信) 등을 체포하여 심문하니 전신이 말하기를,

---

313) 朱買臣의 출신지인 會稽는 원래 楚의 땅이다. 용감하나 화를 잘 내는 것이 그곳 사람들의 기 질이다.

"장탕이 무슨 일을 주청하려고 할 때는 제가 먼저 그 내용을 알고 있다가 그 물건을 사서 쌓아둡니다. 그리고 나중에 비싼 값으로 되팔아 돈을 벌면 그 이익을 장탕과 둘이서 나누었습니다."

라고 하였다. 또 그 밖에도 장탕의 간악한 일들이 빈번히 천자의 귀에 들어갔다. 천자는 장탕에게,

"짐이 시행하려는 일을 상인이 먼저 알고 있어서 그 물건을 모조리 사서 쌓아두고 있는데 아무래도 짐의 계략을 상인에게 미리 누설하는 자가 있는 것 같소. 그대는 어떻게 생각하오?"

하고 물었다.

장탕은 조금도 사죄하는 빛이 없을 뿐 아니라 깜짝 놀라는 체하며,

"그전부터 그랬던 것 같습니다."

라고 말하였다.

감선도 노알거 등의 사건을 주상하였다. 천자도 장탕이 사심(詐心)을 품고 자기를 감쪽같이 속였다고 생각하여 여덟 명의 사자를 차례로 보내어 죄상을 기록한 장부에 따라 장탕을 문책하도록 했다. 장탕은 상세하게 진술하면서 사실무근임을 주장하고 죄에 굴복하지 않았다. 그래서 천자는 다시 조우(趙禹)에게 명하여 장탕을 문책하게 하였다. 조우는 도착하자 장탕을 꾸짖으며,

"그대는 어찌하여 자신의 분수를 모르는가? 그대가 다스린 사건으로 인하여 전멸당한 일족이 얼마나 되는지 아는가? 지금 사람들이 그대의 죄상을 말하고 있는데 모두 충분한 증거가 있는 일들이다. 천자께서는 그대를 옥에 가두기 꺼려하시니 그대가 자살하기를 바란다. 기록된 죄상에 대하여 변명 따위를 해봤자 될 일이 아니다."

라고 말했다. 장탕은 글을 써서 사죄의 뜻을 표했다.

"장탕은 조그만 공로도 없이 도필리에서 몸을 일으켜 황공하옵게도 폐

하의 은총을 입어 삼공의 자리에 올랐습니다만 그 책임을 다할 수 없었습니다. 그렇지만 저에게 죄를 씌우려고 한 것은 세 사람의 장사입니다."

하고는 마침내 자결하였다.

장탕이 죽은 후에 보니 그의 유산은 오백 금에 지나지 않았다. 그것도 모두 천자에게서 받은 봉록과 하사품으로서 다른 재산은 없었다. 형제와 자식들이 장탕을 후히 장사지내려고 하였으나 장탕의 어머니는 말하기를,

"장탕은 폐하의 대신이 되었으면서도 남에게 더러운 말을 듣고 죽었다. 어찌 후하게 장사지낼 수 있겠느냐?"

하며 유해를 소달구지에 실었는데 관뿐이고 곽(槨 : 관을 담는 궤)이 없었다.[314] 천자가 이 말을 듣고,

"그 어머니에 그 아들이로다."

하며 다시 모든 것을 철저하게 조사하여 세 사람의 장사를 주살하였다. 승상 청적(靑翟)은 자살하였다. 전신(田信)은 석방되었다. 천자는 장탕을 애석하게 여겨 그의 아들 안세(安世)를 등용하였다.

조우(趙禹)는 한때 관직에서 면직되었는데 그 후 정위가 되었다. 처음에 조후(條侯 : 周亞夫)는 조우가 엄격하고 각박한 인물이라고 생각하여 신임하지 않았다. 조우는 소부(少府)가 되어 구경에 비견하는 지위에 오르자 아니나 다를까 냉혹하고 가혹해졌다.

그런데 그의 만년에는 사건이 점점 많아지고 그에 따라 관리들은 더욱 가혹해졌음에도 불구하고 조우만은 전보다 느긋하고 너그러운 편으로 공평하다는 평을 들었다. 왕온서(王溫舒) 등은 그의 후진이었건만 그 통치법은 조우보다 훨씬 엄격하고 가혹하였다.

---

314) 이러한 방법으로 장탕이 풍족하지 못했음을 천자에게 알려 그의 억울함을 밝히고자 했다.

조우는 늙어서 연나라 재상으로 천임되었다. 그로부터 수년 만에 심신이 쇠약해져서 죄를 짓고 면직되어 집으로 돌아왔다. 장탕보다 십여 년 뒤에 천수를 다하고 죽었다.

의종(義縱)은 하동(河東) 사람이다. 아직 소년이었을 때 장차공(張次公)과 함께 강도질을 하며 떼도둑을 따라다닌 적이 있었다.

의종에게는 후(姁)라고 하는 누님이 있었는데 의술이 좋아서 왕태후(王太后)의 총애를 받았다. 왕태후가 묻기를,

"그대의 형제 중에 관리가 되고 싶어하는 자가 없는가?"

라고 하자,

"동생이 있습니다만 행실이 나빠서 장래가 없습니다."

라고 대답했다. 왕태후는 천자에게 말하여 의종을 중랑(中郎)으로 임명하고 상당군(上黨郡)에 있는 한 현의 현령(縣令)으로 보임(補任)하였다.

의종의 통치는 일을 과감하게 단행하여 동정을 하거나 부드러운 면이 별로 없었으므로 현에서는 세금을 미납하는 일이 없게 되었다. 또 법을 올바르게 적용하여 다스릴 뿐, 귀척(貴戚)일지라도 용서하지 않았다. 그의 치적이 보고되어 장릉(長陵)과 장안의 현령으로 승진되었다.

태후의 외손인 수성군(修成君)의 아들 중(仲)을 체포하여 심문했던 일로 천자는 의종을 유능하다고 인정하여 하내(河內)의 도위로 천임시켰다. 의종은 부임하자 그곳의 호족인 양씨(穰氏) 일족을 멸망시켰다. 하내 사람들은 놀라고 무서워한 나머지 길에 물건이 떨어져 있어도 줍지 않게 되었다.

장차공(長次公)도 낭(郎)이 되었는데 용감한 성격으로 종군하여 적진 깊숙이 쳐들어간 공적이 있어 암두후(巖頭侯)가 되었다.

그때 영성은 벼슬을 하지 않고 집에 있었다. 천자가 그를 군의 태수로 임명하려 하자 어사대부 공손홍이 말했다.

"신이 산동(山東)의 말단 관리로 있을 때 영성은 제남(濟南)의 도위였는

데 그의 통치는 마치 이리가 양을 치는 것 같았습니다. 영성에게 백성을
다스리게 해서는 안 됩니다."

천자는 영성을 함곡관의 도위로 임명하였다. 영성이 부임한지 1년여가
지나니 관동의 군국(郡國)에 봉직하면서 가끔 국도에 들르고자 관(關)을
출입하는 관리들은, '새끼에게 젖을 먹이는 호랑이를 건드릴지언정 영성
의 노여움만은 사지 말라.'는 말을 주고받을 정도였다.

의종은 하내(河內)에서 남양(南陽)의 태수로 전임되었는데 영성이 은퇴
하여 남양의 집에 머물고 있다는 말을 들었다. 의종이 관(關)에 도착했을
때 영성은 겸손하게 몸을 옆으로 비켜서며 맞이했다. 그런데 의종은 기세
가 등등하여 답례도 하지 않았었다. 그러다 남양군(南陽郡)에 부임하자마
자 영씨(寧氏)를 심문하여 그 일족을 완전히 쑥대밭으로 만들고 영성도
죄에 연좌시켰다. 그러자 군의 호족인 공씨(孔氏)와 포씨(暴氏)는 일족과
함께 도망쳤다.

남양의 관리와 백성들은 무서워한 나머지 모두 집안에 들어앉아서 함
부로 경거망동하지 않았다. 평지현(平氏縣)의 주강(朱彊)과 두연현(杜衍
縣)의 두주(杜周)는 의종의 어금니와 발톱과 같은 정위의 속관으로 천임
되었다.

흉노에서 원정하는 군사들이 정양군(定襄郡 : 山西省 북부에서 내몽고
에 걸쳐 있는 땅)에 자주 출격하였으므로 정양의 관리와 백성들은 혼란
에 빠졌다. 그리하여 의종을 정양 태수로 천임하였다. 의종은 부임하자
옥중에 갇혀 있는 중범·경범 이백여 명과 그들의 빈객이나 형제들로 은
밀하게 옥에 출입하며 면회를 하던 이백여 명을 불시에 전원 체포하여
규문하고,

"이 자들은 사형에 해당하는 자들의 탈옥을 꾀하였다."

라고 논고하여 그날 중으로 사백여 명을 모조리 죽였다. 그 후 군내의

백성들은 춥지 않아도 떨며 무서워하였고 교활한 자들은 관리에게 협력하여 공무를 도왔다.

당시 조우, 장탕은 법을 엄격하고 가혹하게 적용하여 구경에 올랐다. 그렇지만 그 통치법은 어느 정도 관대하였으나 의종은 독수리나 매 같은 맹금이 날개를 치며 나는 새를 공격하는 것처럼 혹독하고 까다롭게 통치하였다.

그 후 오수전(五銖錢)과 백금(白金)이 유통되자 백성 가운데는 이것을 위조하는 자가 있었으며 특히 경사(京師)에 그런 자가 많았다. 그리하여 의종을 우내사로 임명하고 왕온서를 중위로 임명하여 이를 조사하게 하였다. 왕온서는 까다로워서 자기가 하고자 하는 일을 의종에게 말하는 일이 없었다. 그런데 의종은 기세로 이를 꺾어 누르고 그 공적을 깨뜨려 버리곤 하였다.

의종은 사람을 잡아다 주살하는 일이 아주 많았다. 그런데 그것은 일시적인 치안을 도모하는 데 지나지 않았다. 세상의 간악한 자들은 점점 많아졌으며 아무리 주살해도 그 수가 줄어들지 않았다. 이에 직지관(直指官 : 도적을 체포하는 관)이 처음으로 설치되었고 관리들의 통치는 단지 잡아죽이고 가두는 것만이 능사가 되었다. 염봉(閻奉)과 같은 사람은 악랄하다 하여 등용되었다. 그런데 의종은 청렴결백하였고 그가 다스리는 방법은 질도와 비슷하였다.

그때 천자는 정호(鼎湖)에 거동했다가 병이 나서 그곳에 오래 머무르지 않고 회복되자마자 급히 감천궁(甘泉宮)으로 돌아왔는데 도로가 깨끗이 정비되어 있지 않기에 노하여 말하였다.

"의종은 짐이 죽어 버려 두 번 다시 이 길을 걷지 못할 것으로 생각했던가?"

이 일로 인하여 천자는 의종을 심히 괘씸하게 생각하였다.

그 해 겨울에 고민령(告緡令)의 주관자인 양가(楊可)가 백성들 가운데 법규대로 민전(緡錢)을 바치지 않는 자가 있다는 고발을 접수하였다. 의종은 이를 백성을 혼란시키려는 저의에서 꾸민 것으로 생각하고 부하를 배치하여 양가를 위해 일한 자들을 체포하였다.

천자는 이 말을 듣고 두식(杜式)에게 명하여 의종을 규문하게 하였다. 그리고 어명을 어기고 나랏일을 방해했다는 죄목으로 의종을 기시(棄市)의 형에 처하였다.

그 후 1년이 지나서 장탕 또한 죽었다.

왕온서(王溫舒)는 양릉(陽陵) 사람이다. 젊었을 때에는 사람을 때려 죽여 몰래 매장하기도 하는 등 – 무덤을 파헤쳤다고도 함 – 못된 일만 했다. 그 뒤 잠시 현(縣)의 정장(亭長)에 임명되기도 했으나 그때마다 해임당하였다. 그러다가 옥사를 규명하는 속관이 되어 장탕을 섬겼다.

그 후 어사로 천임되어 도적을 잡아 가두었는데 죄인을 살상하는 일이 매우 많았다. 점점 승진하여 광평군(廣平郡)의 도위가 되었다. 군내의 용감하고 과감하게 일하는 관리를 십여 명 선발하여 자기의 끄나풀로 사용하였는데 그들이 몰래 범한 중죄의 증거를 잡아 그것을 눈감아 준 다음 도적을 잡게 하였다. 노리고 있던 도적을 잡아 자기 마음을 흡족하게 해 주면 비록 그 사람에게 백 가지 죄가 있어도 처벌을 하지 않았다. 반대로 도적 잡기를 꺼리거나 기피하는 자가 있으면 그 일을 문책하여 사형에 처하고 또 그 일족을 모두 죽이기도 하였다.

그 때문에 제나라와 조나라 지방의 도적들은 감히 광평 가까이 오려고 하지 않았다. 이리하여 광평에서는 길에 떨어진 물건이 있어도 아무도 주워 가지 않는다는 소문이 자자하였다.

천지는 이 말을 듣고 왕온서를 하내(河內)의 태수로 천임시켰다.

왕온서는 광평에 있을 때부터 하내의 유력자로서 간악한 자들을 모두 점찍어 두고 있었다. 부임하여 9월에 임지에 도착하자 군의 사유마(私有馬) 오십 필을 역마로 준비하여 하내에서 장안에 이르는 역마다 배치시켰다. 또 부하를 배치하는 것은 광평의 방침과 똑같았다. 이렇게 부서를 정한 다음 군내의 간악한 호족을 체포하였는데 연좌되어 잡힌 호족이 천여 가(家)에 달하였다. 왕온서는 상서하여 주청하였다.

"죄가 무거운 자는 일족을 멸하며 죄가 가벼운 자는 본인을 죽이고 그 가산은 모두 몰수하여 그들이 부당하게 빼앗은 재물의 보상으로 삼을까 합니다."

그렇게 주청한 지 2, 3일밖에 지나지 않았건만 벌써 천자의 재가를 얻어 판결하여 처형하였다. 처형당한 자의 피는 십여 리에 이르렀다. 하내의 백성들 모두 상주의 신속함을 의아하게 생각하였다.

십이월이 다 갈 무렵이 되니 군내에서는 왕온서에게 이의를 제기하는 자가 없었고 감히 밤에 외출하는 자도 없었으며 들에는 도적 때문에 짖는 개 소리조차 들리지 않았다.

체포하지 못하고 놓친 도적은 인근 군이나 나라에 끝까지 추적했는데 춘분(春分)이 되니 왕온서는 발을 동동 구르며 탄식하였다.

"아아, 한 달만 더 겨울을 연장할 수 있다면 도적들의 뿌리를 뽑을 수 있으련만……".[315]

그가 사람을 죽이고 후리는 것을 좋아하며 백성들을 아끼지 않음이 이 정도였다. 천자는 왕온서를 유능하다고 생각하여 중위로 승진시켰다. 중위가 된 뒤에도 하내에서와 마찬가지로 교활한 관리들을 불러모아 함께

---

315) 음력으로 10월에서 12월까지가 겨울인데 당시에는 겨울 3개월 동안만 사형을 집행하도록 되어 있었다.

정사를 보았다.

당시 하내에는 양개(楊皆)와 마무(麻戊), 관중에는 양공(楊贛)과 성신(成信) 등의 무리가 있었다. 의종이 내사(內史)로 있을 때 왕온서는 의종을 무서워하여 제멋대로 포악한 짓을 하지 못했다. 의종이 죽고 장탕이 실각한 후에 왕온서는 정위로 천임되었고 윤제(尹齊)가 중위로 임명되었다.

윤제는 동군(東郡)의 치평(茬平) 사람이다. 말단 관리에서 점점 승진하여 어사가 되었으며 장탕을 섬겼다. 장탕은 그의 청렴결백함과 무용(武勇)을 자주 칭찬하여 도적을 살피게 하였는데 죄인을 다스릴 때에는 귀인이나 외척을 두려워하지 않았다.

관내도위(關內都威)로 천임되었는데 엄격하고 냉혹하다는 평판은 영성(寧成)보다 더하였다. 천자는 윤제를 유능하다고 인정하여 중위로 천임하였다. 관리와 백성들은 그의 위세를 무서워하여 점점 피폐해졌다.

윤제는 거칠고 교양이 부족했다. 유력하고 간악한 관리들은 윤제의 사람됨을 두려워하여 숨어서 나오지 않았고 선량한 관리들은 윤제가 바라는 그런 통치를 할 수 없었다. 그런 까닭에 정사는 실패가 많았고 윤제는 죄에 빠졌다.

천자는 다시 왕온서를 중위로 천임하였다. 그리고 양복(楊僕)은 엄격하고 가혹하다 하여 주작도위가 되었다.

양복은 의양(宜陽) 사람이다. 그는 천부작(千夫爵)[316]을 받고 관리가 되었다. 하남 태수가 그를 유능하다고 천거하여 어사로 천임되었으며 관동

---

316) 원래는 군인에게 내리는 하급 爵位였는데 나중에는 軍費의 부족을 보충하기 위하여 錢穀이나 금전을 바친 백성에게도 내렸다.

지방의 도적을 잡아들이게 하였다. 그의 통치법은 윤제를 모방하여 맹금처럼 혹독하였다.

차츰 승진하여 주작도위가 되어 구경의 열에 서게 되었다. 천자는 그를 유능하다고 인정하여 남월이 반란을 일으키자 누선장군(樓船將軍)으로 임명했는데 군공이 있어 장량후(將梁侯)로 봉해졌다.

그 후 동료인 좌장군 순체와 함께 조선을 쳤는데 순체에게 포박되어 돌아와 벼슬을 면직당한 후 얼마 안 되어 병사하였다.

그 뒤 왕온서는 또다시 중위가 되었다. 왕온서의 사람됨은 우아함이 조금도 없으며 중위 이외의 관직에 있을 때에는 시들하여 직무도 잘 이행하지 않았으나 중위가 되더니 활발하게 뜻을 펴 도적을 잘 잡아들였다.

그는 원래 관중의 습관에 통달해 있었으므로 유력하고 간악한 관리가 누구라는 것을 잘 알고 있었다. 그들도 왕온서를 위해 열심히 움직이며 도적과 불량배들을 가혹하게 다루었다. 또 투서함을 곳곳에 설치해 두기도 하고 현상금을 걸기도 하여 간악한 사건을 고발하게 하였으며 부락에는 장(長)을 두어 서로 도적을 살피고 체포하게 하였다.

왕온서는 아첨하는 성격이 있어 세력 있는 사람은 잘 섬겼지만 세력이 없는 사람은 노예처럼 천시하였다. 권세가 있는 집은 간악한 죄가 산처럼 쌓여 있어도 내버려 두었고 권세가 없는 사람이면 귀척(貴戚)일지라도 반드시 욕을 보였다. 법조문을 강력하게 적용하여 비천한 계급의 악한 자에게 죄를 씌움으로써 세력 있는 집들을 간접적으로 위협하기도 하였다. 그가 중위의 직책을 수행해 나가는 것은 이런 식이었다.

간악하고 교활한 무리들에게는 철저하게 심리하여 고문 끝에 거의 모두가 몸이 퉁퉁 부어올랐건만 그중 어느 한 사람도 상고(上告)하여 감옥을 빠져나가려는 용기를 보이지 못했다.

왕온서의 발톱과 이빨 역할을 하는 부하들은 호랑이가 관을 쓰고 있는 것[317] 같은 자들로서 몹시 포악하였다. 그 때문에 중위부 안에서 중간쯤으로 교활한 사람이나 그 이하인 사람은 무조건 복종하였으며 세력 있는 사람은 왕온서의 이름을 퍼뜨리고 다니며 그의 치적을 찬양하였다. 이렇게 왕온서가 중위로 있은 지 수년이 지나자 그의 부하들은 권세를 이용하여 부유하게 되는 일이 많았다.

그 후 왕온서는 동월을 치고 귀환하였는데 그의 의론(議論) 중에 천자의 뜻에 맞지 않는 것이 있어서 사소한 일로 법에 저촉되어 죄를 짓고 문책당하여 관직을 물러나게 되었다.

그 당시 천자는 통천대(通天臺 : 孝武帝가 甘泉宮 안에 쌓은 太一神을 제사지내는 臺)를 만들고 싶어도 이에 필요한 인원이 갖춰지지 않아 걱정이었다. 왕온서는 중위의 부하로서 아직 사졸이 되지 않은 자를 수만 명 조사해 그들을 동원시켜서 통치대를 만들겠다고 주청하였다.

천자는 기뻐하며 왕온서를 소부(少府)로 임명했다가 이어 우내사로 전임시켰다. 왕온서의 통치법은 예전 그대로여서 간사함을 단속하는 일이 별로 없었다. 그리고 다시 법에 저촉되어 관직을 잃었다. 그러다 우보(右輔 : 都尉)에 임명되어 중위의 직무를 맡게 되었으나 그의 방식은 전과 같았다.

그 뒤 1년 남짓해서 군사를 동원해 대원국(大宛國)을 치게 되었다. 천자는 조서를 내려 세력 있는 관리들을 징발하였다.

이때 왕온서가 그의 부하인 화성(華成)을 숨겼다. 뿐만 아니라 기병의 정원(定員)에 들어 있는 사람들로부터 금전을 받고 병역을 면제해 주었고

---

317) 원문은 '虎而冠'. 당시 흔히 쓰인 표현법인 듯하다. ≪史記≫ 項羽本紀에는 '沐猴而冠'이라는 표현이 보인다.

그 밖의 부정으로 이득을 얻으려 한다고 고발해 온 사람이 있었다. 왕온서의 죄는 족멸(族滅)에 해당되었으므로 그는 자살하였다.

그때 그의 두 아우와 두 사돈댁 또한 각기 다른 죄에 연좌되어 족멸을 당하였다. 광록(光祿 : 郎中令) 서자위(徐自爲)가 말하기를,

"슬픈 일이로다. 옛날에는 삼족(三族)의 형(刑)이 있었는데 왕온서가 죄를 지으니 오족(五族)이 주멸당했구나."

라고 하였다. 왕온서가 죽었을 때 그의 집 재산은 천 금이나 쌓여 있었다.

그로부터 몇 년이 지나 윤제(尹齊)도 회양 도위로 재임 중에 병사했는데 그 집의 재산은 오십 금에도 미치지 못하였다.

윤제가 주멸시켰던 사람은 특히 회양에 많았다. 윤제가 죽자 그를 원망하던 자의 가족들이 시체를 불태우려고 하였으므로 그의 집안사람들은 시체를 갖고 고향으로 도망쳐서 장사지냈다.[318]

왕온서 등이 갖가지 악을 저지르며 통치를 한 뒤로부터 군수·도위·제후·이천 석의 고관으로서 백성을 통치하려는 사람은 거의 모두가 왕온서의 방식을 따랐다. 그리하여 관리나 백성들은 점점 더 법을 범하는 것을 가볍게 알아서 도적이 더욱 많아졌다.

즉 남양(南陽)에는 매면(梅免)과 백정(白政), 초나라에는 은중(殷中)과 두소(杜少), 제나라에는 서발(徐勃), 연나라·조나라 사이에는 견로(堅盧)와 범생(范生)의 무리들이 있었다.

큰 도당은 수천 명에 이르러 제멋대로 이름을 내세우며 성읍을 공략하

---

318) 고대에는 사람이 죽은 뒤에도 영혼은 육체에 복귀한다고 믿었다. 따라서 육체가 손상을 입고 죽거나 유체가 손상되는 것을 매우 꺼렸다. 매장을 좋아하고 화장을 꺼리는 풍속도 유체의 손상을 꺼렸던 탓이리라.

여 창고 안의 무기를 훔쳐내고 사형수들을 석방하였으며 군의 태수와 도위를 묶어 욕을 보이고 이천 석의 고관을 죽였다. 또 각 현에 격문을 돌려 식량 준비를 하도록 독촉하였다. 소규모의 도둑떼들이 수백 명씩 집단을 이루어 마을을 약탈한 것은 이루 헤아릴 수 없을 정도였다.

이리하여 천자는 어사중승(御史中丞 : 御史大夫의 속관으로 糾察을 담당)과 승상의 장사(長史)에게 이를 단속하도록 했으나 뿌리를 뽑을 수 없었다. 그래서 광록대부(光祿大夫 : 궁중 고문관)인 범곤(范昆)과 모든 보도위(輔都尉 : 中尉府의 屬官)와 전 구경(九卿)이었던 장덕(張德) 등에게 사자의 절(節)과 호부(虎符 : 징병의 割符)를 통해 군사를 징발하여 이들을 치게 하였다. 그 결과 머리를 벤 것이 많을 때에는 일만 급이 넘었다. 또 법령에 의해 도적에게 음식물을 제공한 자는 주살하였는데 이 일에 연좌된 자는 여러 군에 걸쳐 있었으며 심할 경우에는 수천 명에 이르렀다.

이리하여 몇 해 동안 도둑떼의 두목들은 많이 잡혔으나 흩어져 달아난 부하들은 다시 떼를 지어 산이나 강 사이에 살고 있었으므로 도저히 손을 댈 수 없었다. 그래서 다음과 같은 침명법(沈命法)을 만들었다.

"도적떼가 일어나도 이를 적발하지 않고 또는 적발하더라도 일정한 비율의 인원수를 잡지 못하는 자는 이천 석의 고관에서부터 소리(小吏)에 이르기까지 그 책임자를 모조리 사형에 처한다."

그 후부터 소리(小吏)들은 주살당할 것이 두려워 도적이 있어도 감히 적발하려고 하지 않았다. 잡지도 못하고 법의 제한에 저촉되어 군부(郡府)에 누를 끼치게 되는 것이 두려웠기 때문이다. 군부에서도 적발하지 못하도록 했다. 그런 까닭에 도적은 점점 많아지는데 관리들은 상하가 서로 숨기며 도적이 없다는 거짓 문서를 꾸며 법에 저촉되지 않도록 하였다.

감선(減宣)은 양(楊) 땅 사람이다. 좌사(左史 : 縣의 屬官)로 있었는데 공평함으로 인해 하동(河東)의 군부(郡府)에서 일하게 되었다.

위청(衛靑) 장군이 하동으로 말을 사러 갔을 때 감선이 공평하게 일을 처리하는 것을 보고 천자에게 그 사실을 아뢰었다. 천자는 감선을 불러 대구승(大廐丞 : 천자의 수레와 말을 담당하는 속관)으로 임명하였다. 감선은 관(官)의 직무를 훌륭히 해내어 차츰 승진해 어사와 중승(中丞 : 어사대부의 속관으로 圖籍과 秘書를 담당함)이 되었다.

천자는 감선에게 주보언의 죄를 다스리게 하고 또 회남의 반란 사건을 처리하게 하였다. 감선은 세밀한 법 조항을 너무 엄격하게 적용하여 사형에 처한 사람이 매우 많았으나 그래도 의옥(疑獄)을 해결하였다 하여 칭찬을 받았다.

그는 자주 벼슬을 해임당하고 또 자주 기용되면서 이십여 년에 걸쳐 어사와 중승으로 있었다.

왕온서가 중위에서 해임되고 감선이 좌내사가 되었다. 그의 통치는 매우 치밀하여 쌀과 소금을 비롯한 그 밖의 크고 작은 일들을 모두 자신의 손에 쥐고 현(縣)의 모든 부서의 물품까지 직접 맡고 있었으므로 현령(縣令)과 현승(縣丞) 이하의 관리들은 마음대로 움직일 수 없었다. 만약 움직이게 되면 가혹한 중법(重法)에 의거하여 체포당하였다.

그는 벼슬에 있던 몇 해 동안 군 안의 모든 일을 완전히 처리해 나갔다. 그렇지만 세밀한 일을 처리하는 자신만의 방식으로 큰일까지 처리하였으니 그것을 상법(常法)이라고 하기는 어렵다.

감선은 도중에 관직에서 해임되었으나 그 후 우부풍(右扶風 : 右輔와 같음. 都尉)에 임명되었다. 그는 부하인 성신(成信)을 미워하여 성신이 달아나 상림원 안에 숨어 있는 것을 미(郿)의 현령에게 명하여 쏘아 죽이게 하였다. 그런데 미현의 이졸이 성신을 쏠 때 상림원 문에 화살을 명중시킨 죄로 문책당하여 감선은 형리에게 넘겨졌다. 유죄 판결을 받고 대역죄로 몰려 멸족형을 당하였고 감선은 자살하였다. 그리하여 두주(杜周)가 임용되었다.

두주는 남양(南陽)의 두연(杜衍) 사람이다.

의종(義縱)이 남양의 태수로 있을 때 그를 발톱과 어금니와 같은 부하로 중용하여 정위의 사(史 : 書記官)로 천거하였다. 이리하여 두주는 장탕(張湯)을 섬겼다. 장탕이 그의 공평함을 천자에게 자주 아뢰었기 때문에 어사로 승진하여 만이의 변경 침략으로 손실을 본 사람과 가축 및 그 밖의 피해를 조사하라는 명령을 받았다. 이때 두주가 논고하여 사형을 받게 된 사람이 대단히 많았다.

그의 정사에 대한 주상(奏上)이 천자의 마음에 들었으므로 감선과 같이 임용되어 교대로 중승(中丞)이 되기를 십여 년에 이르렀다. 그의 통치는 감선과 서로 닮은 데가 있었는데 신중하고 여유가 있어서 겉으로는 관대하게 보였으나 속으로는 냉혹하여 한기가 뼛속에 스며들 정도였다.

감선이 좌내사가 되고 두주가 정위가 되었다. 그의 통치법은 장탕을 많이 본받고 또 천자의 의향에 영합하였다. 천자가 물리치고 싶어하는 사람은 그 뜻을 알아차려 죄에 빠뜨렸고 천자가 석방시켜 주고 싶어하는 사람은 옥에 가두어 두며 천자의 하문을 기다렸다가 넌지시 억울한 사정을 내비쳤다. 논객 가운데 두주를 책망하는 사람이 있었다.

"그대는 천자를 위해 공정한 판결을 내리는 사법관으로 있으면서 삼척(三尺)의 법(법률. 옛날에는 법문을 3척의 竹簡에 기록했음)에 의해 처리하지 않고 오로지 천자의 뜻에 맞추어 재판을 하고 있소. 사법관이 원래 그런 것이오?"

그러자 두주는 이렇게 말했다.

"법이라고 하는 것이 도대체 어디서 나온 것이오? 전의 천자가 옳다고 한 것은 율(律 : 법의 大綱)로 기록되고 뒤의 천자가 옳다고 하는 것은 영(令 : 법의 細目)으로 기록되는 것이오. 즉 그때그때 적절한 것을 옳다고 하는 것인데 어찌 옛날의 법만을 본받을 필요가 있겠소?"

두주가 정위가 된 뒤 조옥(詔獄)은 점점 많아졌다. 이천 석의 고관으로서 옥에 갇혀 있는 사람은 앞서 체포된 사람과 새로 체포된 사람을 합쳐 항상 백여 명이 되었다. 또 군의 관리나 승상부·어사부의 관리에 관한 사건은 모두 정위의 손에서 처리되었다. 그것은 1년 동안에 천여 건에 달하였다.

큰 안건에서는 연좌되어 심문을 받는 사람이 수백 명, 작은 안건에서도 수십 명, 먼 곳은 수천 리, 가까운 곳이라도 수백 리 밖에서 불려나왔다.

신문(訊問)을 하게 되면 옥리는 고소장에 적힌 대로 탄핵 논고하여 죄에 복종할 것을 요구했고 복종하지 않으면 매를 쳐서 죄를 결정하였다. 그 때문에 호출을 당하여 심문을 받게 된다는 것을 알기만 하면 모두 도망쳐 숨어 버렸다.

오랫동안 옥에 갇혀 있는 사람은 대사령이 내려와도 그 은혜를 입지 못하는 경우도 있었다. 한 번 도망쳐 숨었다가 십여 년이 지나 고소를 당한 사람은 대개 부도죄(不道罪) 이상의 대죄(大罪)로 처리되었다.

정위와 중도관(中都官)이 취급한 조옥(詔獄)의 죄인은 육칠만 명이나 되었고 그 밖의 관리가 다른 법령에 비추어 추가한 사람이 십만여 명이나 되었다.

두주는 중도에 해임되었는데 후에 집금오(執金吾 : 近衛長官)로 임명되

319) 平準法 등 富國策에 힘쓴 고급 경제관료. 武帝 때 大農令과 御史大夫 등을 역임하고 昭帝 때 모반한 죄로 사형당했다.

어 도적을 잡았다. 이때 상홍양(桑弘羊)[319]과 위황후(衛皇后)의 친정 조카들을 가혹할 정도로 뒤쫓아가 잡아들였으며 그의 논고 또한 엄하고 냉혹하였다. 천자는 그가 전력을 다하며 또한 사심이 없다고 인정하여 어사대부로 천임시켰다.

두주의 두 아들은 황하를 끼고 하내(河內)·하남(河南)의 태수가 되었는데 그 통치법은 포학하고 냉혹해서 둘 다 왕온서보다 더 심했다.

두주가 처음 부름을 받아 정위의 사(史)가 되었을 때에는 단 한 마리, 그것도 온전치 못한 말을 가지고 있었다. 그런데 오랫동안 정사에 임하여 삼공의 열에 서자 자손은 모두 높은 벼슬에 앉게 되었고 거만(巨萬)의 가산을 쌓게 되었다.

태사공은 말한다.

"질도에서 두주에 이르는 열 사람은 모두 가혹하고 엄격한 일로 유명해졌다. 그렇지만 질도는 강직하였으며 시비를 따져 천하의 대체(大體)를 다투어 지켰다. 장탕은 지혜롭게 천자의 의향을 더듬으며 자신의 언동을 천자의 뜻에 맞추었다. 또 때로는 일의 옳고 그른 것을 따져 옳은 것을 굳게 지켰으니 나라는 그로 인해 편익을 얻은 바도 있었다. 조우는 때로 법에 의해 공정을 지켰다. 두주는 아첨을 하기는 했으나 말이 적었기 때문에 진중하게 보였다.

장탕이 죽은 후에는 법망이 점점 더 세밀해져서 관리들은 사람들에게 엄격하고 냉혹하게 법을 적용시켰으므로 정사는 차츰 쇠퇴하였다. 구경은 다만 봉록을 위해 관직을 지킬 뿐 실수가 없도록 조심하는 데만 급급하니 어찌 법도 이외의 일들을 논할 틈이 있었겠는가?

그러나 이 열 사람 가운데 청렴한 사람은 모범을 삼기에 충분하며 간악하고 더러운 자들은 사람들의 훈계가 되기에 충분하다. 어쨌든 방략(方

略)을 써서 교도해 가며 일체의 간악과 부정을 막았다. 분명히 문무의 소질을 겸비하고 있었기 때문에 비록 참혹하기는 했으나 그 지위에 알맞은 인물이었다.

당시 촉(蜀)의 태수 풍당(馮當)이 우악스럽게 사람을 내리누르고 광한(廣漢)의 이정(李貞)이 제멋대로 사람의 지체(脂體)를 잘라내며, 동군(東郡)의 미복(彌僕)이 톱으로 사람의 목을 자르고 천수(天水)의 낙벽(駱壁)이 사람을 망치로 쳐서 복죄(服罪)시키며, 하동(河東)의 저광(褚廣)이 함부로 사람을 죽이고 경조(京兆)의 무기(無忌)와 풍익(馮翊)의 은주(殷周)가 독사나 맹수처럼 가혹하였으며, 수형도위(水衡都尉 : 上林苑을 담당하는 官) 염봉(閻奉)이 사람을 쳐서 죽이고 뇌물을 받고 죄를 용서해 주는 등 이와 같은 일들을 어찌 다 헤아릴 수 있겠는가."

제63 대원열전(大宛列傳)

　대원(大宛 : 西域의 나라 이름)의 사적(事跡)은 장건(張騫)이 서쪽에 사신으로 가면서부터 밝혀졌다. 장건은 한중 사람으로 건원(建元) 연간에 낭관[320]이 되었다.

　그 당시 천자(孝武帝)가 항복한 흉노에게 물어보면,

　"흉노의 선우는 월지의 국왕을 무찌르고 그 왕의 두골(頭骨)로 술잔[321]을 만들었습니다. 월지는 살던 곳을 버리고 달아났으며 언제나 흉노를 원망하여 원수로 대하고 있으나 함께 흉노를 치려는 자가 없습니다."

　라고 말했다.

　때마침 한나라는 흉노를 치기로 하고 전력을 기울이던 터라 이 말을 듣고 곧 월지로 사신을 보내려고 했다. 그런데 월지로 가려면 반드시 흉노의 땅을 거쳐야 하기 때문에 사명을 수행해 낼 수 있는 사람을 모집했다. 장건은 낭관의 신분으로 응모하여 월지에 사신으로 가게 되었다.

　그는 당읍씨(堂邑氏)의 노복인 호인(胡人) 감보(甘父)와 함께 농서(隴西)를 지나 흉노 땅을 지나갔다. 흉노는 이들을 붙잡아 선우에게 보냈다. 선우는 그들을 억류하고 물었다.

　"월지는 우리 나라 북쪽에 있다. 한나라가 어떻게 그곳에 사신을 보낼 수 있단 말인가? 내가 월(越 : 漢나라 남방의 땅)에 사신을 보낸다면 한나라는 이를 허용하겠는가?"

　흉노는 장건을 십여 년 동안 억류해 두고 결혼을 시켜 아들까지 낳게 했

---

320) 궁중의 문을 지키는 위병장교.
321) 원문은 '飮器'. 便器를 말한다는 설도 있다.

다. 하지만 장건은 한나라의 부절을 잃어버리지 않고 몸에 지니고 있었다. 장건은 흉노족 속에서 살고 있던 까닭에 그에 대한 감시가 점차 소홀하게 되었다. 장건은 틈을 타서 부하들과 함께 도망하여 서쪽의 월지를 향하여 수십 일을 달려 대원에 도착했다.

대원의 왕은 한나라의 물자가 풍부하다는 말을 듣고 교역을 하고 싶어 했으나 아직 뜻을 이루지 못하고 있었다. 그래서 장건을 보자 몹시 기뻐하며 물었다.

"그대는 어디로 가려고 하는가?"

"한나라의 사신으로 월지에 가던 중 흉노에게 길이 막혀 발이 묶였다가 이제야 도망쳐 온 것입니다. 바라건대 왕께서는 사람을 시켜 저를 월지까지 안내해 주시기 바랍니다. 제가 월지에 도착한 뒤 한나라에 돌아갈 수 있게 되면 한나라에서는 왕에게 이루 말할 수 없이 수많은 재물을 줄 것입니다."

대원의 왕은 그럴 것이라고 생각하고 안내원과 통역을 동행시켜 장건을 보냈다. 일행이 강거국(康居國)에 도착하자 강거국에서도 그들을 중계하여 대월지국(大月氏國 : 현재 부카라 동쪽)으로 보내 주었다.

대월지는 국왕이 흉노에 의해 죽임을 당했으므로 태자가 왕이 되어 있었다. 그리고 새 왕은 대하국(大夏國 : 현재 아프가니스탄의 北境)을 복속시켜 그 땅에 거주하고 있었다. 토지는 기름지고 침입하는 적도 거의 없어서 편안하게 살고 있었다. 그리고 한나라와는 멀리 떨어져 있기 때문에 구태여 흉노를 쳐서 보복할 뜻은 없다고 하였다.

장건은 월지국에서 대하까지 갔으나 끝내 월지의 대답을 얻지 못하고 일 년 남짓 머무르다 돌아오게 되었다. 남산(南山)을 따라 강족(羌族)의 땅을 지나 돌아가려고 했는데 다시 흉노에게 붙잡혔다. 일 년 남짓 머물러 있으니 선우가 죽었다. 좌녹려왕이 선우의 태자를 치고 자립했으므로 흉노의 나라 안이 어지러웠다.

장건은 그의 호처(胡妻 : 흉노에서 얻었던 아내)와 당읍지(堂邑氏)의 감보(甘父)와 함께 한나라로 도망쳐 왔다. 한나라에서는 장건을 태중대부[322]로 임명하고 감보에게는 봉사군(奉使君)의 칭호를 주었다.

장건은 의지가 강하고 끈기 있게 일을 하며 마음이 너그러워 사람을 믿어 주었기 때문에 오랑캐들도 그를 사랑하고 따랐다. 당읍지의 감보는 본디 오랑캐였으나 활을 잘 쏘았으므로 양식이 궁핍해지면 짐승을 사냥하여 충당했다. 처음 장건이 출발했을 때 그 일행은 백여 명이었으나 십삼년 후 단 두 사람만이 귀환할 수 있었다.

장건이 직접 간 곳은 대원, 대월지, 대하, 강거였는데 그 나라들과 인접한 5, 6개국에 대해서도 전해들은 바를 자세히 정리하여 천자에게 아뢰었다.

"대원은 흉노의 서남쪽, 한나라의 정서쪽에 있으며 한나라에서 일만 리쯤 떨어진 곳에 있습니다. 그 풍속은 토착하여 전답을 경작하고 벼와 보리를 심으며 포도주를 생산하고 또 좋은 말이 많이 나는데 그곳 말은 땀으로 피를 흘립니다. 그 말은 천마(天馬)의 종자라고 합니다. 성곽과 가옥이 있으며 그 속읍이 대소 칠십여 성에 이르고 인구는 수십만 정도입니다. 무기는 활과 창이고 기사(騎射)에 뛰어납니다.

대원의 북쪽은 강거(康居), 서쪽은 대월지, 서남쪽은 대하(大夏), 동북쪽은 오손(烏孫), 동쪽은 한미(扜冞)·우전(于寘)인데 우전의 서쪽은 물이 모두 서류(西流)하여 서해(西海)로 들어가고 그 동쪽은 물이 동류(東流)하여 염택(鹽澤)으로 들어갑니다. 염택은 땅속으로 흘러 그 남쪽에서 황하의 원류가 되어 중국으로 흘러 들어갑니다. 보옥의 원석도 많이 산출되고 있

---

322) 궁중회의에 참여하는 고문관.

습니다.

누란(樓蘭)·고사(姑師 : 모두 나라 이름)의 이읍(里邑)에는 성곽이 있으며 염택에 임합니다. 염택은 장안에서 오천 리쯤 떨어져 있습니다. 흉노의 우측은 염택의 동쪽에 위치하고 농서의 장성 남쪽에서 강족(羌族)에 접하여 한나라로 통하는 길을 막고 있습니다.

오손(烏孫)은 대원의 동북 이천 리쯤 되는 곳에 있으며 사람들은 정착해 살지 않고 가축을 따라 이동합니다. 흉노와 풍속이 같고 활을 쏘는 군사가 수만이나 있으며 용감하게 싸웁니다. 원래는 흉노에 속하여 복종하고 있었는데 강성하게 되자 복속은 단지 형식일 뿐 흉노의 조회(朝會)에 가려고 하지 않습니다.

강거는 대원의 서북쪽 이천 리쯤 되는 곳에 있습니다. 정착하여 살지 않고 월지와 풍속이 매우 비슷합니다. 대원과 이웃한 이 나라는 작지만 활을 쏘는 군사가 팔구만 명에 이르며 남쪽은 명목상으로만 월지에 복속해 있고 동쪽은 명목상 흉노에게 복속하고 있습니다.

엄채(奄蔡)는 강거 서북쪽 이천 리쯤 되는 곳에 있습니다. 사람들은 정착하여 살지 않고 풍속이 강거와 거의 같으며 활을 쏘는 군사가 십만여 명이 있고 끝없는 대택(大澤)에 임하여 있습니다. 아마도 그곳은 북해(北海)인 것 같습니다.

대월지는 대원에서 서쪽으로 이삼천 리쯤 되는 곳 규수(嬀水) 북쪽에 있습니다. 그 남쪽은 대하, 서쪽은 안식(安息), 북쪽은 강거입니다. 유목하는 나라로서 가축을 따라 이동하며 풍속은 흉노와 똑같습니다. 활을 쏘는 군사가 십만에서 이십만 정도 있으므로 강성한 힘을 믿고 흉노를 얕보았는데 흉노의 묵특선우가 월지를 크게 격파했으며 노상선우에 이르러서는 월지의 왕을 죽이고 그 왕의 두골로 술잔을 만들었답니다.

본디 월지는 돈황(燉煌)과 기련산(祁連山) 사이에 있었는데 흉노에게 패하여 멀리 떠나서 대원을 지나 서쪽의 대하를 쳐 복속시킨 뒤 마침내 규수 북쪽에 도읍하여 왕도(王都)를 삼았던 것입니다.

그 밖에 멀리 떠나지 못했던 무리들은 남산(南山 : 祁連山)의 강족(羌族)과 합류하여 소월지(小月氏)라 일컬었습니다.

안식(安息)은 대월지의 서쪽 수천 리쯤 되는 곳에 있으며 그 풍속은 정착하여 전답을 경작하고 벼와 보리를 심으며 포도주를 생산합니다. 성읍(城邑)은 대원과 비슷합니다. 소속하는 성읍이 대소 수백 성이나 되고 그 토지는 사방 수천 리에 이르니 가장 큰 나라로서 규수에 임하여 있습니다.

그곳은 저자가 있어 장사하는 시민들은 수레나 배를 이용하여 이웃 나라나 때로 수천 리의 먼 곳까지 가기도 합니다. 은(銀)으로 돈을 만들며 그 나라 임금의 얼굴을 돈에 새겼습니다. 왕이 죽으면 돈을 고쳐 새 임금의 얼굴을 새깁니다. 가죽에 그림을 그려서 글 대신 기록합니다.

그 서쪽에는 조지(條枝 : 시리아), 북쪽에는 엄채(奄蔡)·여헌(黎軒 : 로마) 등의 나라가 있습니다.

조지는 안식의 서쪽 수천 리에 있습니다. 서해(西海)에 임하여 덥고 습기가 많은 땅입니다. 백성은 전답을 경작하고 벼를 심습니다. 대조(大鳥 : 타조)가 있어 그 알의 크기는 항아리만합니다. 인구가 대단히 많아서 가는 곳마다 소군장이 있습니다. 안식이 이들을 지배하며 번국으로 삼고 있습니다.

이 나라 사람들은 현술(眩術 : 奇術)에 뛰어납니다. 안식의 장로들은 '조지에는 약수(弱水 : 鴻毛도 띄우지 못하는 강)와 서왕모(西王母 : 선녀 이름)가 있다고 하는데 아직 본 적은 없다.'고 말했습니다.

대하(大夏)는 대원의 서남쪽 이천여 리, 규수의 남쪽에 있습니다. 정착 생활을 하며 성곽과 가옥이 있고 대원의 풍속과 같습니다. 대군장은 없고 여러 곳의 성읍에는 소군장을 둡니다. 군대는 약하여 전쟁을 두려워하며 백성들은 장사를 잘합니다. 서쪽으로 이동한 대월지가 대하를 격파하여 신하의 나라로 삼아 다스리고 있습니다.

대하의 인구는 많아서 백만여 명에 이르고 있습니다. 그 수도를 남시성(藍市城)이라 하는데 시장이 있어 여러 가지 물건을 팔고 있습니다. 그 동남쪽에는 신독국(身毒國 : 印度)이 있습니다."

그리고 장건이 또 말했다.

"신이 대하에 있을 때 공(邛)의 죽장(竹杖)과 촉(蜀)의 직물을 보며 '이것들은 어디서 구했는가?' 하고 물었더니 대하 사람이, '우리 상인이 신독에서 사온 것이다.' 하고 대답했습니다.

신독은 대하에서 동남쪽으로 수천 리 되는 곳에 있습니다. 그 풍속은 정착 생활을 하여 대하와 비슷하고 땅은 낮고 습하며 기후는 덥고 습기가 있다고 합니다. 큰 강에 임하고 있는 그 나라 사람들은 코끼리를 타고 싸운답니다.

신이 추측하건대 대하는 한나라에서 서남쪽으로 일만이천 리나 떨어져 있는 것 같습니다. 지금 신독국은 대하의 동남 수천 리 되는 곳에 있으며 촉(蜀) 땅의 물자가 있는 걸로 보아 촉에서 멀지 않은 것 같습니다. 이제 대하에 사신을 보낼 때 강족(羌族) 영토 안의 험한 길을 간다면 강족이 싫어할 것이고 거기서 조금 북쪽에 있는 길을 간다면 흉노에게 붙잡힐 우려가 있습니다. 그런데 촉으로 해서 가면 길이 가깝고 또 도둑도 없을 것입니다."

천자는 대원·대하·안식 등이 모두 대국이며 진기한 물건이 많고 백성은 정착 생활을 해서 산업도 중국과 흡사하며 군대가 약하고 한나라의 재물을 귀중히 여긴다는 말을 듣고 다음과 같이 생각했다.

'북쪽의 여러 나라에는 군대가 강한 대월지, 강거 등이 있는데 재화를 주겠다고 유인하면 그들을 입조시킬 수 있을 것이다. 하여간 군사력을 쓰지 않고 의리로써 그들을 복속시킨다면 만 리의 땅을 넓히고 구역(九譯 : 여러 나라 말의 통역)을 거듭하여[323] 풍속이 다른 민족을 세력권 안에 거두면 나의 위덕(威德)이 사해(四海)에 두루 미칠 것이리라.'

천자는 크게 기뻐하여 장건의 말에 수긍하였으며 장건을 시켜 촉의 건위군(犍爲郡)에서 밀사를 출발시켜 네 개의 길로 병행하여 대하로 보냈다.

방(駹)·염(冉)·사(徙)·공북(邛僰) 등 네 군데에서 나간 밀사는 각각 일이천 리쯤 나가자 북쪽에서는 저(氐)·작(筰 : 오랑캐족)에게 길이 막혔고 남쪽에서는 수(嶲)·곤명(昆明)에게 길이 막혔다. 곤명의 족속은 군장(君長)도 없고 도둑질을 잘하였으며 한나라 사자를 보자마자 죽였으므로 한 사람도 대하에 도달한 자가 없었다.

그렇지만 그 서쪽 천여 리 되는 곳에 코끼리를 타는 전월(滇越)이라는 나라가 있어 촉(蜀)의 상인으로 밀무역하는 자가 있다는 말을 들었다. 그리하여 한나라는 대하로 가는 길을 찾음으로써 처음으로 전국(滇國 : 雲南)과 통교하게 되었다.

이보다 앞서 한나라는 서남의 이민족과 통교하고자 했으나 비용만 많이 들고 길이 통하지 않았기 때문에 이를 중지했던 적이 있었다. 그런데 장건이 '대하에 통할 수 있다.'고 주장했기 때문에 다시 서남 이민족과의 통교를 거론하게 된 것이다.

그 뒤 장건은 교위(校尉)가 되어 대장군을 따라 흉노를 쳤다. 장건이 수초(水草)가 있는 곳을 잘알고 있었으므로 군사는 궁핍함을 면할 수 있었다. 이에 장건은 박망후(博望侯)에 봉함을 받았다. 이해가 원삭(元朔) 6년이었다.

---

323) 원문은 '重九譯'. 중국에서 아주 먼 곳의 주민이 중국에 조공하는 것을 뜻하는 상투어. 중국과 전혀 다른 언어를 사용하는 민족이므로 A족어를 B족어로 그것을 다시 C족어로… 이렇게 몇 번이고 번역을 거듭한 끝에 간신히 의사를 소통하는 일이 있었다.

그 이듬해 장건은 위위(衛尉)[324]가 되었으며 이광(李廣) 장군과 함께 우북평(右北平)에서 나아가 흉노를 쳤다. 후에 흉노가 이광 장군을 포위하여 한나라 군대의 손실이 매우 컸는데 장건이 회전(會戰) 기일에 늦었기 때문이었다. 장건은 참형에 해당되었지만 속죄금을 내고 서민으로 강등되었다.

이해에 한나라는 표기장군(驃騎將軍) 곽거병(霍去病)을 보내 흉노 서쪽 변경의 수만 명을 격파하고 기련산(祁連山)까지 진격했다. 그 이듬해 혼야왕이 백성을 이끌고 한나라에 항복했다. 이렇게 해서 금성(金城)·하서(河西)에서 서쪽의 남산(南山)을 따라 염택(鹽澤)에 이르기까지 거의 무인지경이 되어 흉노를 찾아볼 수 없었으며 때로 흉노의 척후병이 오는 일이 있었으나 매우 드물었다. 그 후 2년, 한나라는 선우를 쳐서 사막의 북쪽으로 패주시켰다.

그 뒤 천자는 장건에게 대하 등에 대하여 자주 물었다. 장건은 후위(侯位)를 잃은 처지라 지위를 회복하고자 이렇게 말했다.

"신이 흉노에 있을 때 이런 이야기를 들었습니다.

'오손왕(烏孫王)은 이름을 곤모(昆莫)라고 하며 곤모의 아비는 흉노의 서쪽 변방 작은 나라의 왕이었는데 흉노가 그 아비를 죽였습니다. 곤모는 세상에 태어나자마자 들에 버려졌는데 까마귀가 고기를 물고 날아와 먹여 주고 늑대가 젖을 먹여 주었다고 합니다.

선우가 이를 기이하게 생각하고 신인(神人)으로 여겨 거두어 길렀습니다. 장년이 된 후에 군사를 내주었던 바 여러 번 군공이 있었습니다. 그래서 선우는 그 아비의 백성을 돌려주고 곤모로 하여금 오랫동안 서쪽 변방을 지키게 했습니다.

---

324) 궁중의 호위대장.

곤모는 백성을 거두어 이웃의 작은 부락들을 공략했습니다. 활을 쏘는 군사가 수만 명이나 있었으며 공격에 능숙했습니다. 선우가 죽자 곤모는 그 무리를 이끌고 멀리 이동하여 중립을 지켰으며 흉노의 조회에 출석하기를 거절했습니다.

흉노가 유격군을 보냈으나 이기지 못해 곤모를 신인(神人)이라 생각하고 그를 멀리하여 명목만 속국으로 둔 채 다시는 공격을 하지 않았습니다.' 라는 이야기입니다.

이제 선우는 새로 한나라에게 곤욕을 당하고 또 혼야왕의 땅은 텅 비어서 사람이 살고 있지 않습니다. 만이는 옛날부터 한나라의 재물을 탐내고 있었습니다.

지금 이 좋은 기회를 놓치지 말고 오손(烏孫)에게 예물을 후하게 보내 동쪽으로 더 가까이 불러들여서 본디 혼야왕 영지에 살게 하고 한나라와 형제의 의를 맺게 하면 오손은 자연히 한나라의 명령을 받아들일 것입니다. 그렇게 되면 곧 흉노의 오른팔을 끊는 셈이 됩니다. 오손과의 연합이 이루어지면 그 서쪽의 대하 등도 모두 불러서 달래어 한나라의 외신(外臣)으로 삼을 수 있을 것입니다."

천자는 장건의 말이 옳다고 생각하여 장건을 중랑장[325]에 임명하고 군사 삼백 명을 거느리게 했다. 또 군사 한 명당 말 두 필씩 배당하고 소와 양은 수만 마리를 내주었다. 그리고 거만(巨萬)의 값이 나가는 황금과 폐백을 휴대하게 하고 천자의 부절을 가진 부사(副使)를 많이 따르게 하여 가는 길에 근방의 나라에도 사신을 보낼 수 있게 하였다.

장건은 오손에 이르렀다. 오손왕 곤모는 한나라 사신을 만나 보았으나 선우의 예식에 따라 배례하지 않고 태도가 거만했다. 장건은 크게 수치를

---

325) 시종무관.

느꼈으나 오랑캐의 탐욕을 알고 있었으므로 이렇게 말했다.

"한나라 천자께서 물건을 내리시는 것이오. 왕이 배례를 하지 않으시려거든 하사품을 되돌려 주시오."

그러자 곤모는 일어나서 하사품에 배례를 했는데 그 밖의 예식은 그대로였다. 장건은 사신으로 온 뜻을 말했다.

"오손이 동쪽으로 옮겨 혼야왕의 옛 땅에 거주하게 되면 한나라는 옹주(翁主)를 보내어 곤모의 부인으로 삼게 하겠습니다."

당시 오손은 나라가 분열되고 국왕은 이미 늙었으며 한나라와는 멀리 떨어져 있어 한나라가 얼마나 큰 지도 몰랐다. 한편 흉노에게 오랫동안 복속되어 있었고 또 거리가 가까웠으므로 대신들은 모두 흉노를 두려워하여 이동하기를 원하지 않았으며 왕 또한 자기 마음대로 결정할 수 없었다. 장건은 그와 같은 사정을 알지 못했다.

곤모에게는 십여 명의 아들이 있었다. 그 중자(中子)를 대록(大祿)이라고 했는데 힘이 세고 장수로서 대중을 통솔할 능력이 있어서 일만여 기를 거느리고 다른 곳에 있었다. 대록의 형이 태자였고 태자에게는 잠취(쏙娶)라는 아들이 있었다. 태자는 일찍 죽게 되었으며 죽음에 임박하여 부왕인 곤모에게 이렇게 유언했다.

"반드시 잠취로 태자를 삼으시고 다른 사람이 대신하는 일이 없도록 해 주십시오."

곤모는 불쌍한 태자를 생각해서 이를 허락하고 마침내 잠취로 태자를 삼았다. 대록은 자기가 형을 대신하여 태자가 되지 못한 것에 노하여 형제들을 끌어들여 그 무리를 이끌고 반란을 일으켜 잠취와 곤모를 칠 계획을 꾸몄다.

곤모는 늘 대록이 잠취를 죽일지도 모른다며 두려워했다. 그래서 잠취에게 일만여 기를 주어 다른 곳에 있게 하고 곤모도 일만여 기를 거느려

이에 대비하고 있었다. 이처럼 나라는 셋으로 나뉘었는데 대체로 곤모가 지배했다. 이런 상태였기 때문에 곤모로서도 단독적으로 장건에게 약속을 하지 못했던 것이다.

장건은 부사를 대원, 강거, 대월지, 대하, 안식, 신독, 우전, 한미와 그 밖의 가까운 여러 나라에 사자로 나누어 보내고 장건 자신은 귀국했다. 오손은 길을 안내할 사람과 통역을 내어 장건의 귀국을 전송했다. 장건은 오손의 사신 수십 명과 사례품으로 내놓은 말 수십 필을 이끌고 한나라로 돌아왔다. 오손의 사신에게 한나라를 구경시켜 한나라의 광대함을 알려 주어야겠다고 생각한 것이다.

장건이 돌아오자 천자는 그를 대행(大行)[326]에 임명하고 구경[327]의 반열에 끼게 했다. 그로부터 1년 남짓 후 장건은 죽었다.

오손의 사자는 한나라의 인구가 많고 물화(物貨)가 풍부함을 보고 돌아가서 나라에 보고했다. 이후 오손은 한나라를 존중하게 되었다.

그 후 1년 정도 지나자 장건이 대하 등에 파견했던 사신들이 각각 그 나라의 사신들과 함께 돌아왔다. 이렇게 하여 서북쪽의 여러 나라는 비로소 한나라와 통교하게 되었다. 그런데 그 통교는 장건이 개척하였기 때문에 이후 사신으로 가는 자들은 모두 박망후(博望侯)를 거론하면서 한나라의 성신(誠信)을 논하고 외국 또한 한나라를 믿게 되었다.

박망후 장건이 죽은 다음 흉노는 오손이 한나라와 통교하고 있다는 말을 듣고 노하여 오손을 치려고 하였다. 또 오손에 파견된 한나라 사신이 남쪽으로 나가고 뒤이어 대원, 대월지 등을 찾아가게 되자 오손은 두려워져 사신을 보내 말을 바치고 한나라 제왕들의 딸과 혼인하여 한나라와 형

---

326) 정식 명칭은 大行令. 이민족과의 교섭과 명령 전달 등을 맡아보는 관직.
327) 三公의 바로 아래에 위치한 고급 관료.

제의 나라가 되고 싶다고 청해 왔다.

천자가 이를 군신(群臣)에게 심의시키자 모두 말하기를,

"그들에게 먼저 예물을 바치게 한 다음 제왕(諸王)의 여자를 시집보내야 할 것으로 생각합니다."

라고 했다.

천자가 《주역》을 펴놓고 점을 쳤는데 '신마(神馬)가 서북쪽에서 올 것이다.'라는 점괘가 나왔다. 과연 손에 넣게 된 오손의 말이 양마(良馬)였으므로 '천마(天馬)'라 이름 붙였다. 또 대원에서 피 같은 땀을 흘리는 말을 얻게 되었는데 더 한층 장대했으므로 오손의 말을 '서극(西極)'이라고 이름을 바꾸고 대원의 말을 '천마(天馬)'라 이름 지었다.

한나라는 영거현(令居縣) 서쪽에 성을 쌓고 또 처음으로 주천군(酒泉郡)을 설치하여 서북쪽 여러 나라와 통하기 쉽게 했다. 그리고 더욱 많은 사신을 파견하여 안식, 엄채, 여헌, 조지, 신독국 등 여러 나라에 이르게 했다. 또한 천자가 대원의 말을 좋아하여 이를 구하러 가는 사신이 끊이지 않았다. 외국으로 가는 사신의 일행은 많을 경우에는 수백 명, 적을 경우에도 백여 명에 이르렀고 사신이 가지고 가는 부절과 폐물은 박망후 때와 같았다. 그 뒤 점차로 익숙해지면서 줄어들게 되었다.

한나라에서는 대체적으로 1년에 많으면 십 차, 적어도 5, 6차 사신을 보냈으며 먼 데는 8, 9년, 가까운 데는 몇 년 만에 돌아왔다.

이때 한나라는 이미 월나라를 멸망시켰으므로 촉(蜀)의 서남쪽 오랑캐는 한나라에게 관리를 파견해 달라고 청하기 위하여 입조했다. 그리하여 익주군(益州郡), 월수군(越嶲郡), 장가군(牂牁郡), 침려군(沈黎郡), 문산군(汶山郡)을 설치하고 땅을 접한 차례대로 나아가 대하까지 통하려 했다. 그래서 사신으로 백시창(柏始昌), 여월인(呂越人) 등을 파견하여 1년에 십여 차례 새로 설치한 군에서 출발시켜 대하로 향하게 했다.

그렇지만 모두 곤명(昆明)에서 막혀 죽임을 당하거나 폐물, 재물을 빼앗기고 대하에 이르는 자는 없었다. 그래서 한나라는 삼보(三輔 : 京兆·左馮翊·右扶風)의 죄인들과 파촉(巴蜀)의 군사 수만 명을 합류시켜 곽창(郭昌), 위광(衛廣) 등 두 장군으로 하여금 한나라 사신을 가로막은 곤명 무리를 치게 했다. 곽창 등은 수만 명을 참수 또는 포로로 하는 전과를 올리고 돌아왔다. 그 후에 사신을 파견했지만 곤명은 또 약탈을 하여 끝내 대하까지 간 자는 없었다.

　그런데 북쪽 주천군(酒泉郡)을 지나 대하로 통하는 길은 이미 사신의 왕래가 많아 외국에서는 이제 한나라 폐물에 싫증을 느끼고 또 그 물자를 존귀하게 여기지 않았다.

　박망후가 외국으로 나가는 길을 열어 존귀한 신분이 된 뒤 그를 수행했던 이졸들은 서로 다투어 외국의 신기한 것과 통교의 이해를 말하며 사신이 되기를 원했다.

　천자는 외국이 지극히 먼 곳으로 사람이 갈 만한 곳이 못 된다는 것을 알고 있었기 때문에 그들을 다 받아들여 사신의 부절을 주었으며 또 이민(吏民)들도 모집하여 그들의 소성(素性) 여하는 묻지 않고 인원수만 채워 파견함으로써 사신의 범위를 넓혔다.

　그로 인하여 사신의 질이 떨어져 도중에서 폐물을 횡령하기도 하고 또 사신으로서 천자의 뜻에 어긋남이 없을 수 없었다. 그들은 외국 사정에 익숙했기 때문에 조사하여 무거운 형에 처하기도 했지만 발분하여 공을 세우면 그 죄를 면할 수 있게 해 주었다. 이리하여 그들은 계속 사신이 되기를 원했다.

　사신을 보내는 일은 끝이 없고 또 많은 사신들이 경솔하게 법을 범하고는 했다. 수행한 이졸들은 외국에서 본 것을 과장해서 말했다. 큰 것을 말한 사람에게는 사신의 부절을 주어 정사(正使)로 삼았고 작은 것을 말한

자는 부사(副使)로 삼은 까닭에 함부로 말을 지껄였고 행실이 올바르지 못한 자들도 다투어 이를 본받았다.

사신으로 가는 사람은 모두 가난하여 조정에서 외국에 보내는 하사품을 가로채 싸게 팔아 사복을 채우려 했다. 외국 사람들도 한나라 사신의 말이 저마다 다른 것을 싫어했다. 그리하여 한나라 군대가 멀리 있어 쳐들어오지 못함을 계산에 넣고 음식의 공급까지 끊으며 사신들을 괴롭혔다. 한나라 사신들은 궁핍해지자 원한을 품게 되어 일행끼리 서로 공격하기에 이르렀다.

누란(樓蘭)과 고사(姑師)는 소국에 지나지 않았지만 한나라 사신이 왕래하는 길목에 있었으므로 한나라 사신 왕회(王恢) 등을 심하게 위협했다. 때로는 흉노의 유격대가 한나라에서 서역으로 가는 사신을 가로막고 공격했다. 사신들은 외국에서 입은 재해를 아뢰며 이렇게 말했다.

"외국에도 성읍은 있지만 그 군사는 약해서 공격하기가 용이합니다."

그리하여 천자는 종표후(從驃侯) 조파노(趙破奴)를 파견했다. 조파노는 속국 도위의 부하 기병과 군병 수만을 거느리고 흉하수(匈河水)에 이르러 흉노를 치려고 했다. 흉노는 모두 도망쳤다. 그 다음해 고사(姑師)를 쳤다. 조파노는 칠백여의 경기병(輕騎兵)과 함께 선진에 나서서 누란왕(樓蘭王)을 사로잡고 마침내 고사를 쳐부수었다. 이로써 사기를 크게 올린 다음 오손과 대원 등을 괴롭혔다. 조파노가 돌아오자 천자는 착야후(浞野侯)에 봉했다.

왕회는 사신으로 가면서 여러 번 누란에게 괴로움을 당했기 때문에 그 사실을 천자에게 아뢰었다. 천자는 군대를 출동시켜 왕회에게 조파노를 돕게 하여 누란을 격파하고 왕회를 호후(浩侯)에 봉했다. 이렇게 해서 주천군에서 옥문관(玉門關)에 이르기까지 성채가 이어지게 되었다.

오손은 말 천 필을 바치고 한나라 왕녀를 아내로 맞으려고 했다. 한나라는 종실인 강도왕(江都王) 건(建)의 딸을 오손왕에게 시집보냈다. 오손왕 곤모는 그녀를 우부인(右夫人)으로 삼았다. 흉노도 딸을 보내 곤모의 아내가 되게 했다. 곤모는 그녀를 좌부인(左夫人)으로 삼았다. 얼마 후에 곤모는 "나는 늙었다." 하고 손자인 잠취에게 한나라 왕녀를 아내로 삼게 했다. 말이 많은 오손의 부호 중에는 말을 사오천 필이나 소유한 자도 있었다.

한나라 사신이 처음으로 안식국(安息國)에 갔을 때 안식왕은 군사 이만 기를 거느리고 동쪽 변경에서 한나라 사신을 맞이했다. 동쪽 국경은 왕도에서 수천 리나 떨어져 있었으며 사신이 그곳에서 왕도에 당도하기까지 수십 성을 지났는데 어디에나 백성이 많았다. 한나라 사신이 돌아가자 안식국에서는 한나라에 사신을 보냈다.

안식국의 사신은 한나라 사신을 따라와서 한나라의 광대함을 구경하고 대조(大鳥)의 알과 여헌(黎軒)의 기술사(奇術師)를 한나라에 바쳤다. 그 밖에 대원의 서쪽에 있는 작은 나라 환잠(驩潛), 대익(大益)과 대원의 동쪽에 있는 고사, 한미, 소해(蘇薤) 등에서도 모두 한나라 사신을 따라와 천자를 배알하고 예물을 바쳤다. 천자는 크게 기뻐했다.

한나라 사신들은 황하의 근원을 찾아냈다. 황하의 근원은 우전국(于寘國)에서 발원하는데 그 산에는 보옥의 원석이 많았다. 사신들은 그 보옥을 캐어 가지고 돌아왔다. 천자는 옛날 책을 조사하여 황하가 발원하는 산을 곤륜(崑崙)이라고 이름 붙였다.

당시 천자는 해변을 자주 순행하면서 언제나 외국 빈객들을 모두 수행했다. 그리고 인구가 많은 대도시가 있으면 그곳에 머물러 재물과 비단을 나누어 주며 은상을 내리고 그들을 대접할 때에는 물자를 넉넉하게 준비하여 후대함으로써 한나라의 부유함을 보여 주었다. 또 그곳에서 씨름대회를 크게 열기도 하고 신기한 놀이를 하며 여러 가지 괴이한 물건을 구경시키기도 하여 구경하고자 모이든 많은 관중들에게 한나라의 위세를 보였다.

이 외에 외국의 빈객들에게 여러 가지 상사(賞賜)를 행했고 주지육림(酒池肉林)의 잔치를 베풀며 이름 있는 창고와 부고(府庫)에 쌓아 둔 물건들을 두루 보여 주었다. 외국의 빈객들은 한나라의 광대함을 보고 모두 놀랐다.

그 이후 마술사의 묘기가 능숙하고 교묘해졌으며 씨름도 해마다 변화하고 진보했는데 이런 것이 매우 성대하게 행해진 것은 이때부터 시작된 것이다.

서북 여러 나라 사신이 번갈아 들어왔다가는 떠났다. 대원 서쪽에 있는 여러 나라는 한나라와는 멀다고 생각하여 아직도 교만방자하게 행동하였으므로 예로써 심복시키고 구속하는 등 한나라 뜻대로 복종시킬 수가 없었다.

오손의 서쪽에서 안식국에 이르기까지는 흉노에 가까웠다. 흉노가 월지를 위협하고 나서부터는 선우가 준 신표를 가지고 있는 흉노의 사신에게 나라마다 먹을 것을 차례로 보내 주며 감히 억류하고 괴롭히는 일 따위는 없었다.

그런데 한나라 사신의 경우에는 폐백(幣帛)을 주지 않으면 먹을 것을 얻지 못하였으며 가축을 사지 않으면 타고 갈 수 없었다. 그 이유로 한나라는 멀고 재물은 많다고 생각했기 때문이다. 그러므로 필요한 물건은 반드시 사지 않으면 안 되었다. 그것은 또 한나라 사신보다도 흉노를 두려워했기 때문이기도 했다.

대원과 그 근방의 여러 나라에서는 포도로 술을 만들었다. 부자는 일만여 석(石)을 저장하고 있었는데 오래된 것은 수십 년이 지나도 썩지 않았다.

사람들은 술을 즐기고 말은 거여목을 좋아했다. 한나라 사신이 그 열매를 가지고 돌아왔으므로 천자는 처음으로 거여목과 포도를 비옥한 땅에 심었다. 천마가 많아지고 외국에서 사신으로 오는 자가 많아짐에 따라 이궁과 별장 부근의 눈길이 닿는 곳에는 온통 포도와 거여목이 심어졌다.

대원 서쪽에서 안식국에 이르기까지 나라마다 다른 언어를 쓰고 있었는데 풍속이 비슷하여 서로 상대방의 언어를 알고 있었다. 사람들은 눈이 움푹 들어갔으며 수염과 구레나룻이 있는 자가 많았다. 장사를 잘하고 하찮은 이익을 다투었다. 그쪽 풍속은 여자를 존중했고 여자의 말에 따라 일을 결정했다.

이 지방 어느 곳도 비단이나 칠(漆)을 생산하지 않았고 화폐나 기물을 주조할 줄 몰랐다. 한나라 사신을 따라왔다가 도망친 이졸이 항복하게 되자 여러 가지 무기와 기물을 주조하는 방법을 알게 되었다. 그 후로는 한나라의 금이나 은을 얻게 되면 바로 기물을 만들었으며 화폐는 만들지 않았다.

서역 여러 나라에 왕래하는 사자가 많았으므로 그 수행자들은 대부분 천자께 알현하는 데 익숙하여 다음과 같이 아뢰었다.

"대원에는 이사성(貳師城) 안에서 기르고 있는 좋은 말이 있는데 이를 숨기고는 한나라 사신에게 주려고 하지 않습니다."

천자는 원래 대원의 말을 매우 좋아했던 터라 이 말을 듣자 마음이 솔깃해져 장사와 거령(車令 : 官名) 등을 시켜 천 금과 황금으로 만든 말을 가지고 가서 대원왕에게 이사성에 있는 좋은 말을 달라고 간청하게 했다. 대원국에서는 한나라의 물품이 풍부했기 때문에 여럿이 의논하여 말했다.

"한나라는 우리 나라와 멀리 떨어져 있으며 그 사신 일행은 자주 염수(鹽水)[328]에 빠져 죽었다. 그 북쪽으로 나오면 흉노의 도둑들이 있고 그 남

---

328) 강 이름이라고도 하나 여기서는 사막 지대의 물이 좋지 못해서 먹을 수 없고 또 길을 잃기 쉬움을 말하는 것이리라.

쪽으로 나오면 물과 풀이 모자란다. 또 성읍에서 멀리 떨어져 있어서 먹을 것이 떨어지는 일도 많다. 한나라 사신들은 수백 명씩 무리를 지어 오지만 언제나 먹을 것이 없어서 죽는 자가 태반이었다. 이러니 어찌 대군(大軍)을 동원해 올 수 있겠는가? 한나라는 우리 나라를 어떻게 할 수 없을 것이다. 더욱이 이사성의 말은 우리 대원국의 보배이다."

이렇게 해서 끝내 한나라의 사자에게 말을 주지 않기로 했다. 한나라 사자는 화를 내며 금으로 만든 말을 망치로 부수고 떠났다. 대원의 귀인들은 노하여 말했다.

"한나라의 사자는 우리를 무시하고 있다."

그래서 한나라의 사자를 돌아가게 한 다음 그 동쪽의 욱성국(郁成國)에 명하여 가는 길목을 막아 한나라의 사자를 죽이고 재물을 약탈하도록 시켰다.

천자는 크게 노했다. 일찍이 대원에 사자로 갔다 온 적이 있는 요정한(姚定漢) 등은 말하기를,

"대원의 병력은 아주 보잘것없고 약합니다. 한나라 군사를 삼천 명만 데리고 가서 강한 활로 쏘기만 해도 적을 모두 포로로 하고 대원을 격파할 수 있을 것입니다."

라고 했다. 천자가 일찍이 착야후(浞野侯)에게 누란(樓蘭)을 치게 했을 때 착야후는 칠백 기를 이끌고 선봉군으로서 그 왕을 포로로 한 적이 있었다. 그래서 천자는 요정한 등의 말을 틀림없는 것으로 받아들였다.

그리고 총희(寵姬) 이씨(李氏)의 형제를 후(侯)로 끌어올려 줄 생각에 그 오빠인 이광리(李廣利)를 이사장군(貳師將軍)으로 임명하고 속국 도위의 부하 육천 기와 여러 군국의 불량배 수만 명을 징발하여 대원을 정벌하게 했다. 이사성(貳師城)에 가서 좋은 말을 얻어오기를 기대하였으므로 이사장군이라 부른 것이다.

조시성(趙始成)을 군정(軍正 : 군법무관)으로 하고 예전의 호후(浩侯) 왕회(王恢)에게 명하여 앞장서서 군대를 이끌도록 했다. 또 이차(李哆)를 교위(校尉)로 하여 군사 일을 제정하게 하였다.

이해는 태초(太初) 원년이었다. 관동에 메뚜기 떼가 크게 일어나 서쪽의 돈황까지 날아가는 일이 있었다.

이사장군의 군사는 서쪽으로 진출하여 염수를 지나게 되었다. 한나라 군사가 지나가는 길목에 있는 작은 나라들은 두려워서 모두 성문을 굳게 닫고 식량을 공급해 주는 일을 거절했다. 이들을 치더라도 좀처럼 항복시킬 수 없었다. 항복시키는 경우에는 식량을 얻을 수 있었으나 항복시키지 못한 경우에는 곧 떠나야만 했다.

욱성(郁城)에 도착했을 무렵에는 군사의 수효가 수천에 불과했으며 그 것도 모두 굶주림에 지쳐 있었다. 이어 욱성을 공격했으나 오히려 욱성의 병사들이 한나라 군사를 크게 격파하고 한나라 병사를 많이 죽였다. 이사 장군은 이차, 조시성과 함께 의논한 끝에,

"욱성조차 함락시킬 수 없는 형편인데 하물며 왕도를 공격할 수 있겠는가?"

라는 결론을 내리고 군사를 이끌고 돌아왔다. 왕복 2년이 걸려 돈황에 닿았을 때 병사의 수는 처음의 십 분의 1이나 2에 지나지 않았다. 이사장 군은 도성에 사자를 보내 다음과 같이 상서했다.

"길은 멀고 식량이 자주 떨어졌습니다. 그리하여 사졸은 싸움을 걱정하는 것이 아니라 굶주림을 걱정하는 상태였습니다. 또 병력이 적어서 대원을 함락시키기에는 역부족이었습니다. 청컨대 잠시 전쟁을 중지하고 병력을 더욱 증강시켜 다시 원정할 수 있도록 허락해 주시기 바랍니다."

천자는 이에 크게 노하여 사자를 보내 옥문관을 차단하여 이사장군의 군대를 멈추게 하고 이렇게 고하게 했다.

"군사로서 감히 옥문관 안으로 들어오는 자는 참죄에 처한다."

이사장군은 두려워서 돈황에 머물렀다.

그해 여름에 한나라는 착야후의 병사 이만여 명을 흉노 때문에 잃었다. 공경과 논의하는 자들은 모두 대원 정벌의 군사를 파하고 흉노를 칠 것을 청원하였다. 그렇지만 천자는 이미 대원을 무찌르기로 마음먹었다. 그리하여,

'작은 나라 대원을 항복시킬 수 없다면 대하 등도 한나라를 가볍게 볼 것이며 다시는 대원의 좋은 말도 오지 않게 될 것이다. 오손(烏孫)과 윤두(侖頭)도 한나라를 업신여기고 사자를 괴롭히게 될 것이며 외국의 웃음거리가 될 것이다.'

라고 생각하여 대원을 치는 것은 그르다고 강력하게 주장하는 등광(鄧光) 등을 심문하여 처벌하고 죄수들 가운데 강한 활을 쏠 수 있는 자를 사면하고 불량배들과 변경의 기병을 징발시켰다.

이리하여 1년 후에 돈황을 출발한 군사는 육만 명에 달했다. 육만 명 안에는 먹을 것을 가지고 자원하여 따라간 사람들은 들어 있지 않았다. 소는 십만, 말은 삼만여, 나귀와 노새와 낙타는 수만에 이르렀다. 식량도 넉넉히 갖추고 무기와 강궁(彊弓)도 많이 준비하였다. 천하는 큰 소동을 일으켜 명령을 전하고 받들며 대원을 치려고 하는데 종군한 교위만 무려 오십여 명에 달했다.

대원왕의 성안에는 우물이 없어 모두 성 밖에서 흐르는 물을 길어다가 사용하고 있었다. 그래서 한나라는 수공을 파견하여 낮은 땅에 구덩이를 파서 그곳으로 성 아래의 물을 끌어내려 성 밖의 물을 말리려는 계획을 세웠다. 그리고 위수병(衛戍兵) 십팔만을 더 징발하여 주천군(酒泉郡)과 장액군(張掖郡)의 북쪽에 거연(居延), 휴도(休屠) 두 현(縣)을 두어 주천군을 방위하게 하였다.

또한 천하의 칠과적(七科適 : 일곱 가지 죄 가운데 하나를 범하여 귀양살이하는 요새의 戍卒)을 징발하고 말린 밥을 싣고 가 이사장군의 군사에게 공급했다. 짐을 운반하는 수레와 사람이 쉴 새 없이 돈황에 도착했다. 또 말에 정통한 두 사람을 집마교위(執馬校尉)와 구마교위(驅馬校尉)로 임명하여 대원을 격파한 후 좋은 말을 고르게 될 경우에 대비했다.

이리하여 이사장군은 다시 원정을 가게 되었다. 방대한 병력을 보고 가는 곳마다 맞아 주지 않는 나라가 없었고 모두 식량을 내와 한나라 군사에게 공급하였다. 그런데 윤두(侖頭)는 항복하지 않았다. 그래서 공격하여 며칠 만에 이들을 무찔러 버렸다. 여기서부터 서쪽으로는 대항하는 나라도 없이 대원성에 이르렀다.

도착한 한나라 군사는 삼만, 대원의 군사가 한나라 군사를 맞아 공격해 왔으니 한나라 군사는 활을 쏘아 이를 격파하였다. 대원의 군사는 패주하여 성안으로 도망가 그곳을 지켰다.

이사장군의 군사는 욱성을 공격하고 싶었으나 대원과의 전투를 중지하면 대원에게 속임수를 쓸 여유를 주게 될까 우려되어 우선 대원성을 공격했다. 먼저 그 수원(水源)을 끊어 유수(流水)를 다른 곳으로 흐르게 했다. 대원은 심한 곤경에 빠지고 말았다.

한나라 군사가 성을 포위하여 공격하기 사십여 일, 그 외성(外城)을 깨뜨리고 대원의 귀인으로 용장인 전미(煎靡)를 포로로 하였다. 대원의 군사는 크게 겁을 먹고 중성(中城)으로 패주했다. 대원의 귀인들은 상의 끝에,

"한나라가 대원을 치는 이유는 우리 왕 무과(毋寡)가 좋은 말을 감춰 두고 한나라 사신을 죽였기 때문이다. 그러니 왕 무과를 죽이고 좋은 말을 제공하면 한나라 군사는 포위를 풀 것이다. 포위를 풀지 않는다면 그때 가서 힘껏 싸우다 죽어도 늦지는 않다."

라고 합의하여 힘을 합쳐 그들의 왕인 무과를 죽이고 귀인의 한 사람이

그 머리를 가지고 가서 이사장군에게 약속하며 말했다.

"한나라는 공격을 중지해 주시기 바랍니다. 우리는 좋은 말을 모두 내놓겠습니다. 한나라에서 자유롭게 고르시기 바랍니다. 또 한나라 군사에게 식량도 제공하겠습니다. 만약 이 제의를 받아들이지 않으면 우리는 좋은 말을 모두 죽이겠습니다. 그리고 강거의 원군도 머지않아 도착할 것입니다. 원병이 도착하면 우리 군은 성안에서, 강거의 원병은 성 밖에서 한나라 군사와 싸울 것입니다. 한나라 군대는 깊이 생각하여 두 가지 중 한 가지를 택해 주십시오."

이때 강거의 군사는 한나라 군사의 동정을 살피고 있었는데 한나라 군대가 강성하므로 감히 진군하려 하지 않았다.

이사장군은 조시성, 이차 등과 의논하였다.

"내가 들으니 대원성 안에서는 새로 진인(秦人)을 구해 우물 파는 법을 알아내고 또 성안에는 식량이 아직 많이 남았다고 한다. 우리가 원정 온 것은 원흉인 무과를 죽이기 위해서였는데 그 무과의 목은 이미 우리 손에 들어왔다. 이렇게 되었는데도 포위망을 풀어주지 않으면 대원은 더욱 굳게 성을 지킬 것이다. 그리고 강거가 우리 군사의 피로한 틈을 타서 쳐들어오면 틀림없이 우리 한나라 군사가 어려움을 겪을 것이다."

한나라 군대들은 모두 그럴 것이라고 생각하고 대원의 제의를 받아들였다. 그리하여 대원에서는 좋은 말을 내놓고 한나라로 하여금 고르게 했다. 그리고 많은 식량을 한나라 군사에게 제공했다. 한나라 군대는 좋은 말 수십 필, 중등(中等)의 말 암수 삼천여 필을 취했고 대원의 귀인이자 장군으로 전에 한나라 사신을 후대했던 말채(昧蔡)를 대원의 왕으로 세운 다음, 함께 맹약하고 전쟁을 끝냈다. 이리하여 중성에 쳐들어가지 않고 전쟁을 중지하여 군대를 이끌고 귀환했다.

이보다 앞서 이사장군은 돈황을 출발하여 서쪽으로 나아갈 때 병력이 너무 많아 도중에 식량 공급이 어려울 것이라고 생각하여 군대를 몇 개의 부대로 나누어 남도(南道), 북도(北道) 두 길로 진군시켰다.

교위 왕신생(王申生)과 전에 홍려(鴻臚)[329]였던 호충국(壺充國) 등 천여 명은 본대와 헤어져서 욱성에 이르렀다.

욱성은 성문을 닫고 굳게 지키면서 왕신생의 군대에 식량을 제공할 것을 동의하지 않았다. 왕신생은 본대에서 이백 리나 떨어져 있었는데도 욱성을 정찰하더니 업신여기어 빨리 식량을 제공하라고 욱성을 재촉했다. 욱성은 여전히 식량을 제공할 뜻을 비치지 않았다.

그런 사이에 왕신생의 군대가 날로 줄어간다는 것을 탐지한 욱성에서는 어느 날 아침 일찍 천 명의 군사로 공격하여 왕신생 등을 살육했다. 왕신생의 군사는 패했고 불과 몇 명의 군사가 탈출하여 이사장군의 본대로 돌아왔다.

이사장군은 수속도위(搜粟都尉) 상관걸(上官桀)을 시켜 욱성을 격파하게 했다. 욱성왕은 도망쳐 강거로 갔다. 그러자 상관걸은 욱성왕을 추격하였다. 강거는 한나라가 이미 대원을 격파했다는 말을 듣자 욱성왕을 상관걸에게 내주었다. 상관걸은 네 사람의 기사(騎士)에게 명하여 욱성왕을 포박하여 이사장군에게 호송하려 했다. 네 기사는 서로 말하기를,

"욱성왕은 한나라한테는 원망의 표적이다. 지금 산 채로 끌고 가다가 만일 놓치기라도 한다면 큰일이다."

하고 죽이기로 했는데 아무도 선뜻 나서서 그를 목 베려고 하지 않았다. 상규현(上邽縣)의 기사 조제(趙弟)는 가장 나이가 어렸는데 칼을 빼서 욱성왕을 쳐 죽이고 그 목을 들고 갔다. 조제와 상관걸은 이사장군을 쫓아가 따라붙었다.

---

329) 大行과 같다. 외국과의 관계를 담당하는 장관.

이사장군이 두 번째 원정을 떠나던 때 천자는 오손에게 사신을 보내 군대를 크게 동원하여 힘을 합쳐 대원을 칠 것을 명하였다. 오손은 이천 기를 내어 가세하였으나 두 마음을 품고 앞으로 나아가려고 하지 않았다.

한나라 군사가 동쪽으로 향하여 돌아오게 되자 지나는 길의 작은 나라 왕들은 대원이 격파되었다는 말을 듣고 모두 그 자제로 하여금 한나라 군사를 따르게 하여 천자를 알현하고 공물을 바친 다음 볼모가 되게 하였다.

이사장군이 대원을 쳤을 때 군정 조시성은 역전하여 공로가 가장 많았다. 또 상관걸은 과감하게 적진 깊숙이 쳐들어갔고 이차는 계략을 꾸며냈다. 그렇지만 귀환하여 옥문관에 들어온 군사는 일만여 명, 군마는 천여 필에 지나지 않았다.

이사장군의 두 번째 원정에서는 군량이 부족한 것도 아니었으며 전사자가 많은 것도 아니었다. 그런데도 불구하고 장수와 군리들이 탐욕스러워 사졸을 아끼지 않고 학대하여 죽은 자가 대부분이었다.

그렇지만 천자는 만리 먼 곳에 원정하여 대원을 정벌했기 때문에 과실을 논하지 않았다. 이광리를 해서후(海西侯)에 봉했으며 또 스스로 나서서 욱성왕을 목 벤 기사 조제를 신치후(新時侯)에 봉하고 군정 조시성을 광록대부(光祿大夫)[330]에 임명했다. 또 상관걸은 소부(小府)[331]에 임명하고 이차는 상당군(上黨郡)의 태수로 임명했다. 군관으로서 구경이 된 자가 3명, 제후의 재상·군수·이천 석의 신분이 된 자가 백여 명, 천 석 이하의 관에 등용된 자는 천여 명이나 되었다.

자진해서 전쟁에 나간 자는 기대 이상의 관직을 얻었으며 죄수의 몸으로 종군했던 자는 그 죄만 용서받았다. 사졸에 대한 상사(賞賜)는 그 가치

---

330) 郎中令의 屬官으로 본디 中大夫라 했으며 太初 원년에 관명이 고쳐졌다.
331) 山·海·地·澤의 稅를 관리하고 천자의 일용품 공급을 맡아보던 관직.

가 사만 금에 해당하였다. 대원을 정벌한 일은 두 차례에 걸쳐 무릇 4년이 걸려 끝이 났다.

한나라 군대는 대원을 토벌한 다음 말채를 대원왕으로 세우고 떠나왔다. 그 뒤 일 년 남짓하여 대원의 귀족들은 말채가 한나라에 아첨하여 대원을 멸망시켰다고 판단하여 서로 도모해 말채를 죽이고 무과의 동생 선봉(蟬封)을 세워 왕을 삼았다. 그리고 그의 아들을 한나라에 보내어 볼모가 되게 하였다. 한나라는 사신을 파견하여 선물을 후히 보내고 위무하였다.

그 이후 한나라는 십여 부대의 사신을 보내 대원 서쪽에 있는 여러 외국에 이르러 진기한 물건을 구하게 하였으며 그때 대원을 정벌한 한나라의 위덕(威德)을 과시하게 하였다. 그리고 돈황에 주천도위(酒泉都尉)를 두었다. 서쪽의 염수에 이르기까지 여러 곳에 정(亭 : 國營 여인숙)이 있었으며 윤두(侖頭)에는 둔전병(屯田兵) 수백 명이 있었다. 그들을 감독하기 위한 사자를 두어 전지(田地)를 지키고 곡식을 축적하여 외국에 사신으로 나가는 자에게 공급했다.

태사공은 말한다.

"≪우본기(禹本紀)≫에 '황하는 곤륜산(崑崙山)에서 발원한다. 곤륜산은 그 높이 이천오백여 리, 해와 달이 서로 피하여 각기 광명을 뻗쳐 밤과 낮을 가름하는 산이다. 그 산정에는 예천(醴泉 : 감미로운 샘), 요지(瑤池 : 신선이 사는 곳)가 있다.' 고 기록되어 있다.

그런데 장건이 대하에 사신으로 다녀온 후 황하의 원류를 처음으로 알아냈으니 어찌 ≪우본기≫의 이른바 곤륜산 따위를 본 사람이 있겠는가?

그러므로 구주(九州 : 중국)의 산천에 대한 기재는 ≪상서(尚書)≫에 있는 것이 진실에 가깝다. ≪우본기≫와 ≪산해경(山海經)≫에 기재되어 있는 괴이한 물건들에 대해서는 나는 감히 여기에서 말하지 않겠다."

제64 유협열전(游俠列傳)

  한비자(韓非子)가 '유자(儒者)는 문(文)으로써 법을 어지럽히고 협자(俠者)는 무(武)로써 금(禁)을 범한다.'[332]고 말했는데 이는 유자와 협자 모두를 비방한 것이다. 그런데 유자는 세상에서 칭찬을 많이 받고 있는 것 같다. 법술로써 재상이나 경대부가 되고 그 군주를 잘 인도하여 공적과 명성을 역사에 남긴 인물들에 대해서 새삼스럽게 논술할 필요는 없다.

  계차(季次)나 원헌(原憲)[333]과 같은 사람은 한낱 서민에 불과했다. 그들은 책을 읽으면서 홀로 군자의 덕을 지닌 채 의(義)에 치우쳐 세상과 영합하려 하지 않았기에 세상 사람들은 그들을 비웃었다. 그랬기에 계차와 원헌은 일생 동안 문을 쑥대로 엮은 집에서 살며 거친 의복과 음식마저도 충분하지 못했다. 그렇지만 그들이 죽은 지 사백여 년이 지났어도 제자들은 그들의 뜻을 잊지 않고 있다.

  유협도(游俠徒)들은 그들의 행위가 정의에 부합되는 것은 아니지만 말에는 신의가 있고 행동은 과감하다. 그리고 한번 약속한 것에는 반드시 성의를 다하며 남의 고난을 돌볼 뿐, 항상 일신의 존망 사생(存亡死生) 따위는 아예 무시한다.

  그러면서도 그들이 수치로 여기는 것은 자신의 재능이나 덕을 자랑하는 것이다. 이런 것들을 보아 이들 유협도에게도 본받을 점이 많이 있다 하겠다. 더군다나 위급한 일은 어느 때 누구에게 밀어닥칠지 모르니 말이다.

---

332) ≪韓非子≫에 실려 있는 글. 儒者는 배운 지식으로 古代를 理想視하고 현재의 질서·사회를 비난 경시한다는 뜻.
333) 둘 다 孔子의 제자로, 관리가 되는 것을 떳떳하지 못한 일로 생각했다. 仲尼弟子列傳 참조.

태사공은 말한다.

"옛날 우순(虞舜)은 아우 때문에 우물과 창고 속에서 고통을[334] 겪었고 이윤(伊尹)은 치욕을 당하면서 솥과 도마를 짊어진 채 다녔으며[335] 부열(傅 說)은 인부가 되어 부험(傅險 : 窟의 이름)에 숨어 살았고[336] 여상(呂尚 : 太 公望)은 극진(棘津)에서 곤궁한 나머지 음식 장사[337]를 했으며, 이오(夷吾 : 管仲)는 수갑과 차꼬를 찬 적도 있었고[338] 백리해(百里奚)는 소를 길렀으며 [339] 중니(仲尼 : 孔子)는 광(匡)에서 위급한 변을 당했는가 하면[340] 진(陳)·채(蔡)나라에서는 먹을 것이 모자라 혈색이 나빠진 일마저 있었다.[341]

이 사람들은 모두 유자들이 말하는 바 '도(道)를 지닌 인자(仁者)' 들이 다. 그런데도 이와 같은 재난을 만났던 것이다. 하물며 보통 사람으로서 난세의 탁류를 건너려면 말할 나위가 있겠는가. 위해(危害)를 만나는 일 은 일일이 헤아릴 수조차 없을 것이다.

비천한 누군가가 이런 말을 했다.

" 인의(仁義) 따위를 알 필요가 어디 있는가? 자기에게 이익을 주는 자 를 유덕자(有德者)로 생각할 뿐이다."

그러기에 백이(伯夷)는 수양산(首陽山)에서 굶어 죽었어도 주나라의 문

---

334) 舜이 堯帝에게 발견되기 전의 일로서 순의 아버지는 완고한 데다 후처 소생인 순의 아우를 귀여워했다. 그래서 순을 우물에 생매장하려 하기도 했고 창고에 가둬 태워 죽이려고도 했 다. 순은 그때마다 운 좋게 죽음을 면했고 그런 일이 있은 뒤에도 효도와 우애는 변함이 없 었다. ≪史記≫ 五帝本紀 참조.

335) 湯王의 명재상. ≪史記≫ 殷本紀 참조.

336) 殷王 武丁의 명재상으로 殷의 부흥에 이바지했다. ≪史記≫ 殷本紀 참조.

337) 낚시질을 하다가 周의 文王에게 발탁되어 文王과 武王을 보좌한 주 왕조 창업 공신. 그런데 그가 먹을 것을 팔았다는 사실은 ≪史記≫ 齊太公世家 및 周本紀에는 보이지 않는다.

338) 齊桓公을 覇者로 만든 명재상. 管晏列傳 참조.

339) 秦의 穆公을 覇者로 만든 명재상. 商君列傳 참조.

340) ≪論語≫ 子罕篇과 先進篇의 글, '子畏於匡' 에 근거한 말.

341) ≪論語≫ 衛靈公篇의 글. ≪史記≫ 孔子世家에 상술되어 있다.

왕과 무왕은 왕위를 계속 지켰으며 도척(盜跖)과 장교(莊蹻 : 모두 옛날의 大盜)는 모질고 사나웠지만 그들의 패거리들은 두 사람의 신의를 더할 바 없이 칭찬했던 것이다.

이상으로 미루어 판단하건대 '갈고리를 훔친 자는 주살을 당하고 나라를 훔친 자는 후(侯)가 된다.' [342] 라든가, '제후의 문에는 인의가 있다.' 라는 말은 진정 빈말이 아니다.

이제 학문에 구애되고 혹은 약간의 정의감을 품으며 오래도록 외롭게 세상을 등지고 살아가는 것이 어찌 속된 의론으로 세속에 맞춰 부침(浮沈)하며 영광된 명성을 누리는 것만 못하겠는가.

그리고 또 포의(布衣)의 무리로서 금품을 주고받거나 일에 대한 승낙을 하는 것에 믿는 바가 있고 천 리 먼 곳에 가서도 의리를 지키고자 한 몸을 던지며 세상 사람들의 평 같은 것은 돌아보지 않는 점도 다른 사람보다 훌륭하다고 하겠는데 그들이 다만 임시변통으로 그런 생활을 하고 있는 것만은 아니리라.

그런 까닭에 사람들이 심한 고생을 하게 되면 생명까지도 그들에게 의탁하게 되는 것이다. 그들이야말로 이른바 현인이나 호걸 축에 끼는 자들이 아니겠는가?

예로 시골의 유협도를 계차나 원헌과 비교해 본다고 하자. 권력이라든지 또 각자가 살았던 시대에 미친 공적 면에서 본다면 시골의 유협도들이 비교할 수 없을 만큼 뛰어나다. 그것은 요컨대 그들의 공로가 뚜렷하고 말한 것에 신의가 있기 때문이다. 그러니 협객의 신의라는 것을 어떻게 무시할 수 있겠는가?

---

342) ≪莊子≫에 나오는 말인데 표현이 약간 다르다. 여기서 갈고리는 아주 작은 것을 가리키는 말이다.

옛날 서민 협객에 대해서는 아무것도 들을 수 없는데 근세의 연릉(延陵 : 吳나라의 季札),[343] 맹상군(孟嘗君), 춘신군(春申君), 평원군(平原君), 신릉군(信陵君)[344] 등은 모두 왕자(王者)의 친척들로서 영토가 있고 경상(卿相)의 부유함이 있었기 때문에 천하의 현자를 불러들여 제후들 사이에 이름을 드러내었다. 불현자(不賢者)라는 말은 아니지만 그들의 명성이 높았던 것은 비유하자면 바람을 탄 소리가 먼 곳까지 미치는 것과 같은 것이었다.

그런데 시정(市井) 협객들은 자신이 권세를 가지고 있는 것도 아니고 오로지 행실을 닦아 그 명성이 천하에 미치는 것이니 그들을 현자로 칭찬하지 않는 사람이 없다. 이것은 지극히 어려운 일인데도 유자(儒者)나 묵적(墨翟)의 무리는 배척하여 책에 기재하지 않았다. 또 진(秦)나라 이전의 서민 협객에 대해서는 기록이 소멸되어 버렸으므로 알 도리가 없어 심히 유감스럽다.

내가 들은 바에 의하면 한나라가 일어선 후에 주가(朱家), 전중(田仲), 왕공(王公), 극맹(劇孟), 곽해(郭解) 등이 있었는데 그들은 그 시대의 법망을 범하기도 했으나 개인적인 의리에서는 청렴결백하고 겸양하여 칭찬하기에 충분한 점이 있다. 명성은 그저 까닭 없이 알려지는 것이 아니며 뜻 있는 선비들은 결코 공연히 교제하지 않는다.

한 패거리나 혈족끼리 도당을 이루어 재화를 쌓거나 빈민을 사역하여 잘난 체 거만을 부리고 약한 자를 괴롭히며 자신의 욕심만 채워 쾌락을 도모하는 따위는 유협의 무리도 수치로 안다.

---

343) 왕위를 사양하고 여러 나라를 돌며 현자 호걸과 교류한 현인으로 유명하다. ≪史記≫ 吳太公世家에 자세한 내용이 실려 있다.
344) 각각 孟嘗君列傳, 春申君列傳, 平原君列傳, 魏公子列傳 참조.

나는 세속 사람들이 그 뜻을 살피지도 않고 주가나 곽해 등을 포학을 일삼고 거만을 부리는 무리와 똑같이 보고 함부로 이들을 조소하는 것을 슬퍼한다."

　노나라 주가(朱家)는 고조와 동시대 사람이다. 노나라 사람들은 모두 유교로 교육을 받고 있었으나 주가는 유협도로서 이름이 알려져 있었다. 그가 숨겨 주어 생명을 구했던 호걸들은 수백에 이르고 그 밖에도 평범한 사람을 도와준 수는 이루 다 헤아릴 수 없었다.
　그렇지만 일생 동안 자기의 재능을 자랑하거나 덕을 베푼 일을 내세우지 않았다. 예전에 은혜를 베풀어 주었던 사람과는 만나는 것조차 우려했고 곤란을 도와줄 경우에는 우선 빈천한 사람부터 손을 썼다. 집에는 여분의 재산도 없었고 의복에는 장식품도 없었으며 음식은 맛있는 것이 못되었고 타고 다니는 것은 송아지가 끄는 수레[345]에 불과했다. 그렇지만 남의 위급한 일을 보면 자기 일보다 더 급하게 서둘렀다.
　일찍이 계포장군(季布將軍)을 재액에서 벗어나게 해 주었지만 계포가 존귀한 신분이 된 후로는 평생 그를 만나지 않았다. 그리하여 함곡관 동쪽 지역 사람으로서 그와 교제하기를 간절히 바라지 않은 사람이 없었다.
　협객으로 세상에 알려졌고 검술을 좋아한 초나라 전중(田仲)은 주가를 아버지처럼 섬겼다. 그렇지만 행동은 주가에 미치지 못한다고 생각하였다.

　전중이 죽은 후 주나라의 도읍 낙양에는 극맹(劇孟)이 있었다. 주나라 사람들은 장사로 생활을 했는데 극맹은 협객으로 제후들 사이에 이름이

---

345) 우차는 마차보다 하급이었다.

알려져 있었다. 오·초가 반란을 일으켰을 때 조후(條侯 : 周亞夫)는 태위
(太尉)로 있었는데 역전차를 타고 하남으로 가던 중 극맹을 만나자 기뻐
하며 말했다.

"오·초가 대사를 결행하면서 자기편으로 극맹을 끌어들이려 하지 않
았으니 그들이 큰일을 해낼 수 없다는 것을 확실히 알 수 있다."

이것은 천하가 소란한 시기를 맞아 재상(후에 조후는 재상이 되었음)이
극맹을 자기편으로 끌어들이게 되자 마치 적국 하나를 자기편으로 만든
것처럼 느꼈음을 의미한다.

극맹이 행한 일은 주가의 그것과 매우 비슷하였다. 그는 놀이를 좋아하
는 소년처럼 늘 장난기가 많았다. 극맹의 어머니가 죽자 문상차 먼 곳에서
몰려든 수레가 천 대에 달했다. 하지만 극맹이 죽었을 때 집에는 십 금(十
金)의 재물도 남아 있지 않았다.

부리(符離) 사람인 왕맹(王孟)도 협객으로서 강회(江淮) 사이에 이름이
높았다.

그 무렵 제남(濟南) 한씨(瞯氏)와 진(陳)나라 주용(周庸)도 호걸로 세상
에 알려져 있었다. 효경제는 이 말을 듣고 사자를 보내 이들 무리를 모두
주멸시켜 버렸다.[346]

그 후 대군(代郡)의 백씨(白氏) 일족, 양국(梁國)의 한무벽(韓無辟), 양책
(陽翟)의 설형(薛況), 섬(陝)의 한유(韓孺) 등이 연달아 나타났다.

곽해(郭解)는 지 땅 사람이다. 자는 옹백(翁伯)이라 하며 관상가의 명인
인 허부(許負)[347]의 외손(外孫)이다. 곽해의 아버지는 협객의 무리라는 이

---

346) 질도가 제남군 태수가 되어 한씨 일가를 몰살한 것은 酷吏列傳에 나와 있다.
347) 文帝의 어머니인 薄姫의 출세와 周亞夫의 출세와 몰락을 점쳐 맞힌 사실이 《史記》 外戚
　　世家에 나와 있다.

유로 효문제 시대에 주살당했다.

　곽해는 선천적으로 작은 체구에 거동이 날쌔고 사나웠으며 술은 마시지 않았다. 젊었을 때는 잔인한 생각을 품고 있어서 뜻대로 되지 않으면 당장 분개하여 죽인 사람이 매우 많았다. 그리고 자기 한 몸을 던져 친구를 위해 원수를 갚고 망명자를 숨겨 주기도 했으나 간악한 일을 일삼고 강도질을 하였다. 또 가짜 돈을 만들고 묘지를 파헤친 일 등은 이루 다 헤아릴 수 없을 정도였다. 궁지에 빠질 때마다 우연히 하늘의 도움으로 도망치거나 아니면 은사(恩赦)가 있어 풀려날 수 있었다.

　나이를 먹은 뒤로는 성질을 고쳐 검약한 생활을 하고 원수를 덕으로 갚으며 남에게 은혜를 베풀면서도 그 보답을 바라는 일이 없었다. 그렇지만 의협적인 일은 젊었을 때보다 더 즐겨 행했다. 사람의 목숨을 구해 주고도 그 공을 자랑하지 않았다. 단 잔인한 성질은 남아 있어 성을 내며 노려보는 것만은 옛날 그대로였다고 한다. 소년들이 그의 행동을 사모하여 찾아오면 그들을 위해 당장 원수를 갚아 주되 그들이 알아차리지 못하게 했다.

　곽해의 조카가 삼촌의 위세를 믿고 어떤 사람과 술을 마시는데 상대방이 싫다고 하는데도 억지로 술을 먹였다. 노한 그가 조카를 칼로 찔러 죽이고 도망쳤다. 곽해의 누님이 노하여 말했다.

　"남이 내 자식을 죽였는데 너같이 의협심 있다는 자가 그 도적을 잡을 수 없단 말이냐!"

　하면서 시체를 길거리에 버려둔 채 장사를 지내지 않았으며 그렇게 하여 곽해에게 모욕을 주려 했다. 곽해는 사람을 시켜서 그 도적이 숨어 있는 곳을 알아냈다. 도적은 괴로운 나머지 자수하여 곽해에게 사건의 자초지종을 자세히 고했다. 곽해는,

　"네가 그를 죽인 것은 당연하다. 그 놈이 나빴다."

　하고는 그 도적을 풀어 주고 조카의 시체를 거두어 장사지냈다. 사람들

이 이 말을 듣고 곽해의 의협심을 장하다고 하며 곽해를 더욱 사모하게 되었다.

곽해가 외출하면 사람들은 모두 길을 피해 예를 표했다. 그런데 어떤 사람이 두 다리를 쭉 뻗고 앉은 채 곽해를 쳐다보았다. 곽해는 사람을 시켜서 그의 성과 이름을 묻게 하였다. 그때 곽해의 빈객이 그를 죽이려고 하였다. 그러자 곽해가 말렸다.

"한 마을에 살고 있으면서 존경을 받지 못하는 것은 나의 덕이 부족한 탓이다. 그에게 무슨 죄가 있단 말인가?"

그리고 은밀히 위사(尉史 : 縣尉의 屬官)에게 부탁하였다.

"이 사람은 내가 소중히 여기는 사람입니다. 천경(踐更 : 병역 교체) 때에는 병역을 면하게 해 주시오."

그 후로 천경 때마다 그 사람은 몇 차례 병역을 면하게 되었으며 관리도 아무 말이 없었다. 그 사람이 이상하게 여겨 관리에게 이유를 물으니 곽해가 면하게 해 주었다는 것이다. 그는 곧 웃옷을 벗고 곽해에게 용서를 빌었다. 소년들이 이 이야기를 듣고 더욱더 곽해의 행동을 흠모하였다.

낙양에 서로 원수로 지내는 사람들이 있었다. 고을 안의 현자와 호걸로서 중재에 나선 사람이 십여 명이나 있었으나 끝내 그들은 듣지 않았다. 그래서 어떤 사람이 곽해를 찾아와서 중재를 부탁했다. 곽해는 밤에 그들의 집을 찾아갔다. 그들은 할 수 없이 곽해의 말을 받아들이기로 했다. 그러자 곽해는 그들에게 말했다.

"낙양의 여러분들이 중재에 나섰으나 듣지 않았다고 나는 들었습니다. 지금 다행스럽게도 당신들은 내 말을 들어주셨습니다. 그렇지만 내가 어찌 남의 고을 현자들의 권위를 빼앗을 수 있겠습니까?"

하며 곽해는 남의 눈에 띄지 않으려 그날 밤에 떠났다. 곽해는 떠나면서 덧붙였다.

"잠시 동안은 종전대로 행동하면서 내가 한 말을 받아들이지 않는 것처럼 해 주십시오. 내가 돌아간 다음 낙양의 호걸에게 중재를 부탁하고 그의 말을 받아들여 화해하도록 하십시오."

곽해는 공손하고 겸손하게 행동하여 수레를 탄 채 현청에 들어가는 일이 없었다. 이웃의 군국에 가서 남을 위해 어떤 일을 하게 될 경우 자신이 해결할 수 있는 일이면 구원하고 그러지 못한 일이면 그 이유를 의뢰자에게 잘 납득시킨 다음에야 비로소 음식에 손을 댔다. 그런 까닭에 여러 사람들은 곽해를 두려워하면서 또 한편으로는 존경하였고 다투어 그의 일을 도왔다.

고을 안의 소년들과 이웃 현의 현자와 호걸들이 수레를 타고 밤중에 찾아오는 자가 항상 십여 명이나 되었으며 곽해가 숨겨 주는 망명객을 청하여 데리고 가 자기 집에서 부양했다.

천자(孝武帝)가 부호들을 무릉(茂陵)으로 이주시켰을 때 곽해는 집안이 가난하여 삼백만 전 이상을 가진 자라야 한다는 자격이 못 되었다. 그렇지만 호권(豪權)의 명성이 있었으므로 관리들은 경외하여 곽해를 이주시키는 명부에 넣어 주었다. 그것을 보고 위청(衛靑) 장군이 말했다.

"곽해는 집안이 가난하여 이주할 자격이 없습니다."

그러자 천자는 이렇게 말했다.

"서민으로서 권세가 있어 장군으로 하여금 한마디 하게 만든 것은 그에게 충분히 자격이 있다는 것이오."

이리하여 곽해는 마침내 이주하게 되었다. 이때 전송하는 사람들이 천여만 전의 전별금을 내놓았다.

지 사람 양계주(楊季主)의 아들이 현의 속관으로 있었는데 곽해가 이주하는 것을 방해했다. 곽해의 조카(형의 아들)가 화가 나 양속관(楊屬官)의 목을 베었다. 이 일로 양씨와 곽씨는 원수지간이 되었다.

곽해가 관중 땅에 들어오자 현자와 호걸들은 아는 자든 모르는 자든 그의 명성을 듣고 앞을 다투어 교제를 청했다. 곽해는 날 때부터 몸이 왜소했으며 술을 마시지 않았다. 외출할 때에는 한 번도 가마 수행원을 데리고 다니지 않았다.

그 후 고향에서 양계주가 살해되는 사건이 일어났다. 양계주의 집안사람으로서 이 일을 상서하려던 사람마저 궁문 근처에서 살해되었다. 천자는 이 말을 듣고 곽해를 체포하도록 명령했다.

곽해는 어머니와 처자를 하양(夏陽)에 두고 자신은 임진(臨晉)으로 도망쳤다. 임진의 적소공(籍少公)은 곽해를 몰랐으므로 곽해는 거짓 이름을 대며 임진관(臨晉關) 밖으로 나가게 도와 달라고 부탁했다. 적소공은 곽해를 내보내 주었다.

곽해는 길을 돌아 태원(太原)으로 들어갔다. 곽해는 가는 곳마다 집 주인에게 자신의 행선지를 알려 주었기 때문에 관리들은 그를 추적하여 적소공의 집에까지 올 수 있었다. 그런데 관리들이 적소공의 집에 도착했을 때 적소공이 이미 자결한 뒤라 그곳에서 길이 끊어지고 말았다.

그로부터 오랜 후에야 관리들이 가까스로 곽해를 체포하여 그의 죄를 엄하게 심문했다. 그런데 곽해가 사람을 죽인 것은 모두 은사(恩赦) 이전의 일이었다.

지(輊)의 유생 한 사람이 곽해를 체포한 관리와 동석하고 있었다. 곽해의 빈객이 곽해를 두둔하자 그 유생이 이렇게 말했다.

"곽해는 오로지 못된 일만 저지르고 국법을 어겼다. 어찌 현자라 할 수 있느냐?"

곽해의 빈객이 이 말을 듣고는 화가 나서 유생을 죽이고 그의 혀를 잘라 버렸다. 관리는 그 일로 실제 누가 죽였는지 알지도 못하는 곽해를 문책했다. 그러는 동안에 죽인 자의 소식은 끊어지고 그것이 누구인지 아는 사람도 없었다. 관리는 하는 수 없이 곽해에게는 죄가 없다고 주상했다. 그러자 어사대부 공손홍(公孫弘)이 잘못을 따지며 비난했다.

"곽해는 서민의 몸으로 협객 노릇을 하며 권력을 휘두르다 사소한 원한 때문에 사람을 죽였다. 유생을 죽인 일이 곽해가 아는 바 아니라 하더라도 그 죄는 곽해 자신이 죽인 것보다 크다. 대역무도의 죄에 해당한다."

이리하여 마침내 곽해 옹백은 멸족을 당하고 말았다.

그 후 임협을 행하는 사람은 많았으나 모두 오만하기만 할 뿐 이렇다 하게 내세울 만한 자는 없었다.

그렇지만 관중에는 장안의 번중자(樊仲子), 괴리(槐里)의 조왕손(趙王孫), 장릉(長陵)의 고공자(高公子), 서하(西河)의 곽공중(郭公仲)이 있었고 그 밖에 태원(太原)의 노공유(鹵公孺), 임회(臨淮)의 예장경(兒長卿), 동양(東陽)의 전군유(田君孺) 등이 있었다. 이들은 임협의 일을 행했다고는 하지만 조심성 있고 겸손한 군자의 풍이 있었다.

국도 북쪽의 요씨(姚氏), 서쪽의 두씨(杜氏) 일족, 남쪽의 구경(仇景), 동쪽의 조타우(趙他羽) 공자, 남양(南陽)의 조조(趙調) 따위에 이르러서는 도척 같은 도적이 민간에 살고 있었다 해야지, 도저히 이야기할 만한 것이 못 된다. 이 같은 자들은 앞에서 말한 주가(朱家)가 수치로 여길만한 자들이다.

태사공은 말한다.

"나는 곽해를 본 적이 있는데 그의 풍모는 보통 사람 이하였고 그의 말에도 취할 만한 것이 없었다. 그런데 세상에서는 그의 용모가 훌륭하건 못났건 그를 알건 모르건 모두 그의 명성을 사모하였다. 협객의 무리에 대해 말하는 사람은 그의 이름을 예로 인용하였다.

속담에 '사람들이 영광된 이름을 얼굴 위하듯 하면 어찌 시들어 버리는 일이 있겠는가. (용모는 시들어 버리나 영광과 명성으로써 몸을 장식하면 일생을 다하여 사라지는 일이 없다는 뜻)' 라고 했다.

곽해 일족이 모두 주멸당한 것은 참으로 애석한 일이다."[348)

---

348) 여기서 애석하다는 것은 곽해가 천수를 다하지 못한 것을 가리키는 것이리라. 그런데 이 탄식은 司馬遷 자신의 것이기도 하다. 명예는 불후하다는 것을 생각하며 자신의 마음을 달랬을 것이다.

제65 영행 열전(佞幸列傳)

속담에 말하기를, '아무리 힘써 농사를 짓더라도 그 수확은 풍년을 만나는 것만 못하고 아무리 열심히 섬기더라도 그 효과는 군주의 뜻에 맞도록 하는 것만 못하다.' 고 했는데 참으로 빈말이 아니다. 여자만이 얼굴과 미태로 잘 보이는 것이 아니라 남자 역시 벼슬을 하는 경우에 그런 일이 있으며 옛날에는 남색(男色)으로 임금의 총애를 받았던 사람이 많았다.

한(漢)나라의 고조(高祖)는 매우 포악하고 강직했으나 그런 중에도 적(籍) 소년은 아첨을 잘하여 총애를 받았다. 또 효혜제 때에는 굉(閎) 소년이 있었다. 적(籍)과 굉(閎) 두 사람은 재능이 있었던 것이 아니고 단지 얼굴이 예쁘고 아첨을 잘함으로써 총애를 받았으며 천자와 함께 기거했다.

공경들은 천자께 아뢸 일이 있으면 이 두 사람을 통해 주상했다. 그런 까닭에 효혜제 시대에 낭시중(郎侍中 : 近侍)은 모두 준의(鵔鸃 : 봉황새 비슷한 아름다운 새)의 깃으로 장식한 관을 쓰고 조개로 장식한 띠를 매었으며 연지와 분을 발랐다. 요컨대 적·굉의 무리들처럼 되어 버린 것이다. 적·굉 두 사람은 안릉(安陵 : 孝惠帝의 陵邑)으로 옮겨와 집을 지었다.

효문제 시대에 궁중의 총신으로서 선비로는 등통(鄧通)이 있었고 환관으로는 조동(趙同 : 趙談)과 북궁백자(北宮伯子)가 있었다. 북궁백자는 사람을 사랑하는 유덕자(有德者)라 하여, 조동은 점성술(占星術)과 망기술(望氣術)로 총애를 받아 늘 효문제를 모시고 수레에 함께 탔다. 등통에게 특별한 재주는 없었다.

등통은 촉군(蜀郡)의 남안(南安) 사람이다. 노로 배를 잘 저었기 때문에 황두랑(黃頭郎 : 天子가 타는 배의 선장으로 황색 모자를 썼음)이 되었다.

어느 날 효문제가 꿈을 꾸었다. 꿈속에서 효문제는 하늘에 오르려 했으나 오를 수 없었다. 그런데 한 사람의 황두랑이 뒤에서 밀어 주어 하늘에 오를 수가 있었다. 뒤돌아보니 그 황두랑의 옷에 등 뒤로 띠를 맨 곳의 솔기가 터져 있었다. 문제는 잠을 깬 뒤 점대(漸臺 : 未央宮 안의 蒼池 가운데 있는 臺)로 가서 꿈속에서 자신을 밀어올려 준 황두랑을 찾았다.

그중에 등통을 보니 옷의 등 뒤가 터져 있어서 꿈속에서 본 사람 같았다. 그를 불러서 이름을 묻자 성은 등씨(鄧氏)이고 이름은 통(通)이라 했다. 효문제는 기뻐하며[349] 날이 갈수록 소중히 여기며 총애했다.

등통은 조심성이 많고 정직한 데다가 궁궐 밖의 교제를 좋아하지 않아 휴가를 주어도 외출하지 않았다. 이리하여 효문제는 십여 차례에 걸쳐 거만 전(巨萬錢)씩 등통에게 상으로 하사했다. 등통의 벼슬은 상대부에 이르렀다. 효문제는 때때로 등통의 집에 가서 놀았다. 등통에게는 다른 재주도 없었고 훌륭한 사람을 천거할 줄도 몰랐으며 단지 자신의 몸을 조심하여 천자에게 잘 보일 뿐이었다.

어느 날 효문제가 관상을 잘 보는 사람에게 등통을 보였더니,

"궁상(窮相)이라 굶어 죽을 것입니다."

라고 대답했다. 그러자 천자가 말했다.

"등통을 부자로 만들 수 있는 것은 짐(朕)이다. 어찌하여 가난하다는 말 따위를 하는가?"

천자는 등통에게 촉(蜀)의 엄도(嚴道)에 있는 동산(銅山)을 하사하고 자기 마음대로 돈을 주조할 수 있게 해 주었다. 등씨의 돈은 널리 퍼져 그는 매우 부유하게 되었다.

효문제는 예전부터 종기를 앓았다. 등통은 늘 천자를 위해 그 고름을 빨았다. 천자는 병 때문에 마음이 편치 않았는데 어느 날 한가할 때 등통에

---

349) '鄧'은 登과 음이 통하여, 하늘에 오른 꿈과 일치하므로 기뻐한 것이다.

게 물었다.

"천하에서 누가 짐을 가장 사랑하겠는가?"

"태자를 따를 사람이 없을 것이옵니다."

그런데 그때 태자가 들어와 병문안을 했다. 효문제는 종기를 빨라고 시켰다. 태자가 빨기는 했으나 난처해 하는 기색을 보였다. 태자는 등통이 항상 천자를 위해 종기의 고름을 빤다는 말을 듣고 마음속으로 부끄러워했으며 그 일로 등통을 미워하게 되었다.

효문제가 붕어하고 효경제가 즉위하자 등통은 벼슬을 사직하고 집에 있었다. 얼마 후에 등통이 주조한 돈을 국외로 실어 내고 있다고 어떤 사람이 고발했다. (당시의 법률에는 돈을 국외로 내가는 것을 금했음)

천자가 이 사건을 형리에게 넘겨 조사하게 했더니 그런 일이 상당히 많았던 것으로 드러났다. 그리하여 등통의 가산을 모조리 몰수하고 더하여 거만의 빚을 지게 만들었다.

장공주(長公主 : 孝景帝의 누님으로 鄧通과 密通하고 있었음)가 불쌍히 여겨 등통에게 금품을 하사하자 관리가 그것을 재빨리 몰수했다. 결국 등통은 관을 쓰는 데 필요한 단 한 개의 비녀조차도 몸에 지닐 수 없었다. 장공주는 관리에게 몰수당할 것이 두려워 빌려 준다는 명목으로 등통에게 의식(衣食)을 보내 주었다. 등통은 끝내 자기 앞으로는 단 한 푼도 가지지 못하고 남에게 얹혀살다가 죽었다.

효경제 시대에는 이렇다 할 총신은 없었고 단지 한 사람, 낭중령인 주문인(周文人)이 있었을 뿐이다. 주문인이 받은 총애는 보통 사람이 받은 것보다 훨씬 컸지만 그래도 그리 대단한 것은 아니었다.

지금 천자(孝武帝)의 궁중 총신으로는 선비로 한왕(韓王)의 손자인 언

(嫣)이 있고 환관으로는 이연년(李延年)이 있다.

언(嫣)은 궁고후(弓高侯 : 韓王信의 아들인 頹當)의 서손(庶孫)이다. 천자가 아직 교동왕(膠東王)이었을 때[350] 언은 왕과 함께 글을 배우며 서로 친밀히 사랑했다. 그 후 왕이 태자가 되자 더욱 언을 친애하셨다. 언은 기사(騎射)를 잘했고 또 아첨도 잘했다.

천자는 즉위하자 흉노를 치는 일에 전념할 생각이었다. 언은 그 이전부터 흉노의 군사 일에 정통했으므로 점점 존중받게 되어 벼슬이 상대부에 이르렀다. 그가 받은 상사(賞賜)는 등통에 필적했다.

그 무렵에 언은 항상 천자와 기거를 함께 했다. 때마침 강도왕(江都王 : 孝武帝의 아우)이 입조하였다. 조서가 내려와서 왕은 천자를 따라 상림원에서 사냥을 하기로 되어 있었다. 통행을 금하고 도로의 경계를 정했으나 천자의 수레는 아직 출발하지 않았다. 천자는 언에게 명하여 몇 백 기를 거느리고 부차(副車)를 달리면서 짐승이 있는지 없는지를 알아보고 오라고 했다.

멀리서 이를 바라본 강도왕은 언을 천자인 줄 착각하여 종자들을 물리치고 길가에 엎드려 배알하려고 했다. 그런데 언은 왕을 보지도 않고 그대로 지나쳐 버렸다. 강도왕은 노하여 눈물을 흘리며 황태후에게 고했다.

"청컨대 봉령(封領)을 폐하게 도로 바치고 궁중에서 숙위(宿衛)나 되어 한언과 동등하게 해 주십시오."

이 일이 있은 후 황태후는 언에게 원한을 품게 되었다.

언은 천자를 모시고 영항(永巷 : 궁녀들만이 있는 館)에 출입하는 것도 허락되었는데 어떤 자가 언이 궁녀와 밀통하고 있다고 황태후에게 고해

---

350) 武帝는 처음 膠東王이었는데 뒤에 栗太子가 내침을 당하자 기원전 150년, 7세 때에 태자가 되었다.

바쳤다. 황태후는 노하여 언에게 죽음을 내렸다. 천자는 언을 위해 사과했으나 끝내 용서받지 못하고 언은 죽었다.

안도후(案道侯) 한열(韓說)은 그의 아우이다. 그 또한 아첨으로 총애를 받았다.

이연년(李延年)은 중산(中山) 사람이다. 자신뿐 아니라 부모 형제가 모두 창(倡 : 歌唱의 藝人)이었다.

이연년은 법에 저촉되어 부형(腐刑 : 일명 宮刑으로 불알을 제거하는 刑罰)에 처해졌고 구중(狗中 : 天子의 개를 맡아 보는 관청)에서 근무했다. 그런데 평양공주(平陽公主 : 孝景帝의 누님)가 이연년의 누이는 춤을 잘 춘다는 말을 천자에게 했다. 천자는 그의 누이[351]를 보고 마음속으로 기뻐하며 그녀가 영항에 들어오자 이연년을 불러 그의 지위를 높여 주었다.

이연년은 노래를 잘 불렀고 색다른 음악도 지어냈다. 당시 천자는 천지 신명에 대한 제사를 일으키고 악시(樂詩)를 지어 악기에 맞춘 노래를 부르게 하려고 했다. 이연년은 천자의 뜻을 잘 받들어 새로 만든 악장(樂章)의 차례를 정했다.

그의 누이도 총애를 받아 황자(皇子 : 후에 昌邑王 劉賀)를 낳았다. 이연년은 이천 석의 인수(印綬)를 차고 협성률(協聲律 : 음악을 맡아 보는 장관)이 되었으며 천자와 함께 기거했다. 대단한 총애로 한언과 같은 대우를 받았던 것이다.

그런데 오래 지난 후에 이연년의 아우가 궁녀와 밀통했고 출입하는 태도마저 교만 방자했다. 누이인 이부인(李夫人)이 죽고 이연년에 대한 천자의 사랑마저 시들자 이연년 형제는 주살당했다.

---

351) 즉 武帝의 側室 李夫人이다. 그 傳은 ≪史記≫ 外戚世家에 기록되어 있다.

그 이후 궁중 안에서 총애 받은 신하들은 대개가 외척의 일족이었는데 특별히 얘기할 만한 사람은 없다. 위청(衛靑)과 곽거병(霍去病)도 외척으로서 총애를 받았지만 그들은 재능에 의해 크게 승진했던 것이다.

태사공은 말한다.

"사랑과 미움이 때에 따라 변화하는 것은 참으로 심한 바가 있다. 미자하(彌子瑕)[352]의 행장(行狀)은 후세 사람들에게 영행(佞幸)의 상황을 관찰하기에 충분한 것이었으며 백세 후의 일까지도 알 수 있게 해 준다."[353]

---

352) 衛君의 寵臣. 주군이 총애할 때는 칭찬받던 행위가 총애가 식자 미움의 꼬투리를 제공하게 됐다. 韓非荀卿列傳 참조.
353) 원문 '雖百世可知也'. 《論語》 爲政篇의 글을 인용한 것.

제66 골계열전(滑稽列傳)

공자(孔子)가 일찍이,

"육예(六藝)는 그 문사(文辭)는 각기 다르지만 사람을 다스려 공헌한다는 점에서는 같다. 즉 ≪예기(禮記)≫는 사람에게 절도(節度)를 가르쳐 주고 ≪악경(樂經)≫은 사람의 마음을 화(和)하는 즐거움을 발하게 하고 ≪서경(書經)≫은 사실을 말해 주고 ≪시경(詩經)≫은 사람의 감정과 의사를 통하게 해 주며 ≪역경(易經)≫은 천지(天地) 변화의 신비함을 알려 주고 ≪춘추(春秋)≫는 대의(大義)에 대하여 말해 주고 있다."

라고 했다.

태사공은 말한다.

"천도(天道)는 넓고 넓어서 참으로 광대하다고 하지 않을 수 있겠는가? 육예만이 아니라 담소하는 말이 은미한 가운데 이치에 맞아 이것으로써 일의 분란(紛亂)을 풀어 다스릴 수 있는 것이다."

순우곤(淳于髡)은 제(齊)나라 사람의 데릴사위였다. 7척도 못 되는 키로 익살스럽고 변설에 능하여 제후에게 여러 번 사자로 갔는데 한 번도 모욕을 당한 적이 없었다.

제나라 위왕(威王)은 수수께끼 풀기를 좋아했고 음탕하게 놀면서 음란한 음악을 즐겨 밤새 연회를 벌이며 주색에 빠져 국사를 돌보지 않고 정사를 경대부에게 일임했다. 그리하여 관기(官紀)가 문란해지고 제후들은 모두 제나라를 침공하여 나라의 존망이 조석지간(朝夕之間)에 있게 되었으나 누구 한 사람 감히 왕에게 간언하려는 자가 없었다. 이때 순우곤이 수수께끼로 비유하여 왕에게 말했다.

"나라 안에 큰 새가 있는데 대궐 뜰에 앉아서 3년 동안이나 날지도 않고 울지도 않습니다. 대왕께서는 이 새가 무슨 새인지 아십니까?"

왕이 대답했다.

"그 새는 날지 않으면 그뿐이나 한번 날았다 하면 하늘 끝까지 날아오를 것이다. 또 울지 않으면 그뿐이나 한번 울었다 하면 사람들을 깜짝 놀라게 만들 것이다."

그때 위왕은 갑자기 환하게 깨닫고 모든 현의 영(令)과 장(長) 칠십이 명을 조정에 입조하게 하여 그중 한 사람(大夫인 卽墨)에게 상을 주고 한 사람(大夫인 阿)을 주살한 다음 군사의 위세를 갖추어 출병했다. 제후는 모두 놀라서 어제까지 침략했던 제나라 땅을 돌려주었다. 그 뒤 삼십육 년에 걸쳐 왕의 위령(威令)이 행해졌다. 이 일은 본서(本書) 〈전경중완세가(田敬仲完世家)〉 속에 기록되어 있다.

위왕 8년, 초나라가 군대를 크게 동원하여 제나라를 공격했다. 제나라 왕은 순우곤을 조나라로 보내 구원병을 청하게 했는데 조나라에 바치는 예물로 금 백 근과 거마 사십 두를 준비했다. 그러자 순우곤은 하늘을 우러러보며 크게 웃었는데 그 때문에 관(冠)의 끈이 모두 끊어졌다. 왕이 물었다.

"선생은 내가 보내는 선물이 너무 적다고 웃는 것이오?"

"아닙니다. 그런 것이 아닙니다."

"웃는 데에는 무슨 까닭이 있지 않겠소?"

"저는 조금 전에 동쪽에서 오다가 길가에서 풍년을 기원하는 사람을 보았습니다. 돼지 족 하나와 술 한 잔을 올리면서,

높은 밭에서는 그릇 가득히 수확하고

낮은 밭에서는 수레 가득히 수확하도록
오곡(五穀)이며 모두 모두 잘 여물어서
집안 가득 풍성하게 차도록 하옵소서.

라고 기원했습니다. 그가 바치는 제물은 하찮은데 바라는 것이 너무 많아 그것이 생각나서 웃음이 나왔습니다.”

제나라 위왕은 무슨 뜻인지 알아차리고 조나라에 보내는 예물을 황금 천 일(鎰), 백벽(白璧) 열 쌍, 거마 사백 두로 늘리기로 했다.

순우곤은 위왕에게 하직 인사를 하고 조나라로 떠났다. 조나라 왕은 정병(精兵) 십만과 병거 천 대를 주어 보냈다. 초나라는 이 소식을 듣자마자 밤중에 군사를 되돌려 가버렸다. 위왕은 크게 기뻐하여 순우곤을 불러 후궁에서 잔치를 베풀고 술을 권하며 물었다.

“선생은 어느 정도 술을 마시면 취하오?”

순우곤이 대답했다.

“저는 한 말을 마셔도 취하고 한 섬을 마셔도 취합니다.”

위왕이 의아하게 생각하여,

“한 말 술에 취한다면 어찌 한 섬 술을 마실 수 있소? 한 말에도 취하고 한 섬에도 취하는 까닭을 들려 줄 수 있겠소?”

하고 물으니 순우곤이 말했다.

“대왕이 계신 앞에서 술을 내려 주서서 잔을 받을 때 집법(執法 : 재판관)이 옆에 있고 어사(御史 : 검찰관)가 뒤에 있으면 황공하여 엎드려 마시기 때문에 한 말을 넘지 않아 곧 취해 버리고 맙니다.

만약 어버이에게 귀중한 손님이 오서서 제가 소매를 걷어 올리고 팔꿈치가 닿도록 몸을 굽혀 무릎을 꿇고 나아가 술자리를 할 경우, 때로는 나머지 술도 받아 마시고 가끔 일어나 손님의 장수를 축복하며 잔을 들게 되는데 그러면 두 말을 다 마시기 전에 취하게 됩니다.

만일 오랫동안 만나지 못했던 친구나 서로 교제하는 사람을 뜻밖에 만나 즐겁게 추억담을 나누거나 사사로운 일까지 허물없이 말을 주고받으면서 술을 마시게 되면 대여섯 말쯤 마셔야 취하게 될 것입니다.

만약 마을의 모임에서 남녀가 한자리에 섞여 앉아 술잔을 돌리며 쌍륙(雙六)이나 투호(投壺)놀이를 즐기며 서로 손을 잡아도 벌을 받지 않고 추파를 던져도 허물이 없으며 앞에는 귀고리가 떨어져 있고 뒤에는 비녀가 빠져 있는 형편이 되면 저는 은근히 이것을 즐기어 여덟 말쯤 마셔야 약간 취하게 될 것입니다.

날이 저물어 술자리가 절정에 이르러 술통을 한 곳에 모으고 남녀가 한자리에서 무릎을 맞대며 신발이 뒤섞이고 잔과 그릇이 어지럽게 흩어지게 됩니다. 대청 위의 촛불이 꺼지면 아름다운 주인 여자는 다른 손님들을 보내고 나서 저 한 사람만을 머물게 하고 엷은 비단 속옷의 옷깃을 벌리게 되면 은근한 향기가 풍깁니다. 이런 때를 당하면 저는 말할 수 없이 즐거워져서 한 섬 술도 마실 수 있을 것입니다.

그러므로 '술이 극도에 이르면 어지럽게 되고 즐거움이 극도에 이르면 슬퍼진다.' 고 하는데 모든 일이 그와 같은 것입니다."

요컨대 모든 일은 지나치지 말아야 하며 지나치면 반드시 쇠한다는 도리를 말함으로써 풍자하여 제나라 왕을 간언했던 것이다. 위왕은,

"알았소."

하고 이후 밤새워 술 마시는 것을 그만두고 제후를 접대하는 총책임자로 순우곤을 임명하니 왕실의 주연에는 언제나 순우곤이 왕을 모셨다.

그 뒤 백여 년이 지나서 초나라에 우맹(優孟)이 나타났다.

우맹(優孟 : 字가 孟인 排優)은 원래 초나라 악인(樂人)이었다. 키는 8

척 정도에 말을 잘했고 언제나 담소하는 가운데 풍간(諷諫)을 했다.

초나라 장왕(莊王)에게는 애마(愛馬)가 있었는데 아름답게 수놓은 비단 옷을 입히고 화려한 집 안에서 사육했으며 장막이 없는 침대 위에서 잠을 자게 하고 대추와 육포를 먹였다. 그 말이 너무 살이 쪄서 죽자 왕은 뭇 신하에게 명하여 말을 위해 상복을 입게 하고 대부의 예우에 준해 관과 곽을 만들어 장사를 지내려고 했다.

좌우 근신들이 부당한 처사라고 간하자 왕은 명령을 내려,

"감히 말 때문에 나에게 간하는 자가 있으면 죄가 죽음에 이를 것이다."

라고 말했다. 이 말을 들은 우맹이 대궐 문 안으로 들어가서 무릎을 꿇더니 하늘을 우러러 곡(哭)[354]했다. 왕이 놀라 그 까닭을 물으니 우맹이 대답했다.

"그 말은 대왕께서 사랑하시던 말입니다. 초나라처럼 강성한 나라로서는 얼마든지 융숭하게 장사지내 줄 수 있을 것입니다. 그 말을 대부의 예로써 장사를 지내는 것은 너무나 박합니다. 임금의 예로써 장사를 지내시기를 청합니다."

"어떻게 하면 임금의 예우가 될 수 있겠는가?"

"관에는 아로새긴 보옥을 박고 무늬를 넣은 노나무로 곽을 만들되 산느릅나무, 신나무, 예장(豫章) 등 향기 좋은 나무로 관의 바깥쪽을 얽어 장식합니다. 군사를 동원하여 묘혈을 파고 노약자를 동원하여 흙을 가져오게 하며 제나라와 조나라 사신이 관의 앞쪽에 늘어서고 한(韓)나라와 위(魏)나라 사신이 뒤쪽에서 호위하며[355] 사당을 세워 태뢰(太牢 : 소, 돼지, 양 등

---

354) 죽은 이를 슬퍼하여 소리를 내어 우는 것.

355) 楚의 莊王 당시에는 趙, 韓, 魏의 3국은 아직 성립되어 있지 않았다. 이야기가 전해지는 동안 이 부분에 착오가 생겼거나 아니면 후세인의 가필일 것이다.

으로 만든 최고급 요리)로써 제사를 올리고 후세까지 제사를 받들게 하기 위해서 일만 호의 읍을 소령(所領)으로 마련해 주시면 될 줄 압니다.

제후들이 이 말을 들으면 누구나 대왕께서 사람을 천하게 보시고 말을 귀하게 생각하심을 알게 될 것입니다."

왕이 물었다.

"과인의 잘못이 그토록 심했단 말인가? 이를 어떻게 하면 좋겠는가?"

우맹이 대답했다.

"대왕을 위하여 육축(六畜 : 소·말·돼지·개·닭·양 따위의 가축의 총칭)의 하나로 장사를 지내십시오. 즉 부뚜막을 바깥 곽으로 삼고 구리로 만든 가마솥을 안쪽 관으로 삼아 고기를 잘게 썰어 생강과 대추를 섞은 뒤에 목란(木蘭 : 香木 이름)으로 불을 피워 삶고 상등의 쌀을 놓아 제사지내며 아름답게 타오르는 불빛으로 옷을 입혀서 사람의 위장 속에 장사를 지냈으면 좋겠습니다."

그리하여 왕은 말의 시체를 태관(太官 : 음식을 맡은 벼슬아치)에게 넘겨주고 세상 사람들에게 알려지지 않도록 처리했다.

초나라 재상 손숙오(孫叔敖)는 우맹의 현명함을 잘 알고 있어 그를 후대했다. 그리고 자신이 병에 걸려 죽게 되었을 때 그 아들에게 유언했다.

"내가 죽으면 너는 틀림없이 가난하게 될 것이다. 그때 우맹을 찾아가서 '나는 손숙오의 아들입니다.'라고 말하여라."

그 후 몇 년이 지나자 과연 손숙오의 아들은 가난해져서 나무를 짊어지고 다니며 팔아서 생활을 해야 했다. 그래서 우맹을 찾아가서 말하기를,

"저는 손숙오의 아들입니다. 아버지께서 돌아가실 때 당부하시기를, 가난하게 되거든 당신을 찾아가서 만나 보라는 말씀을 남기셨습니다."

하고 말했다. 그러자 우맹이,

"그대는 너무 먼 곳에 가지 않는 것이 좋겠소."

라고 일러두고는 곧 손숙오의 의관을 만들어 입고 손숙오의 손짓과 말투를 흉내 냈다. 이처럼 한 해 남짓 하니 손숙오를 그대로 흉내 내게 되고 초왕의 근신들까지도 손숙오와 우맹을 분별할 수 없을 정도였다.

장왕이 주연을 베풀었는데 우맹이 앞으로 나아가 왕에게 잔을 올리고 성수(聖壽)를 축하하자 장왕은 그를 보고 깜짝 놀라며 손숙오가 다시 살아 돌아온 것이 아닌지 의심했다. 그리고 우맹을 재상으로 임명하고자 하니 우맹이 말했다.

"집에 돌아가서 아내와 의논토록 허락해 주십시오. 아내가 반대하지 않으면 사흘 뒤에 재상이 되게 해 주십시오."

장왕이 이를 허락했다. 사흘 뒤 우맹이 다시 어전에 나타났다.

"그대 아내가 무엇이라고 하던가?"

라고 왕이 묻자 우맹이 대답했다.

"아내가 말하기를 '신중히 생각해서 재상 자리를 맡지 않는 편이 좋을 것입니다. 초나라 재상이란 결코 할 것이 못 됩니다. 손숙오 공께서도 초나라 재상으로 충성을 다하시고 또 청렴결백하게 초나라를 다스렸습니다. 그 때문에 대왕께서는 제후의 패자가 될 수 있었습니다. 그런데 손숙오 공께서 돌아가시니 그분의 아드님은 송곳 꽂을 만한 토지도 없이 빈곤하여 나무 장사를 해서 겨우 먹을 것을 마련하고 있습니다. 만약 손숙오 공처럼 될 바에야 자살하는 편이 나을 것입니다.' 라고 말했습니다."

그리고는 다음과 같이 노래를 지어 불렀다.

산속에 살며 고생을 참고 밭을 갈면서 열심히 일을 해도
밥마저 제대로 먹을 수 없도다.
몸을 일으켜 벼슬아치가 되어 더러운 욕심을 부려 재물을 모으고
치욕을 돌보지 않으면 그 몸은 죽어도 집안은 부유해지네.

뇌물을 받아 부정을 일삼고 국법을 어겨 죄를 범한 끝에

형을 받아 죽게 되면 집안도 멸망하고 마네.

아무리 그렇더라도 세상을 해치는 탐관오리야 어찌 될 수 있단 말인가.

그렇다면 청렴한 관리가 되어 볼 것인가.

법을 지키고 직책을 완수하다 죽을지언정 결코 악한 일은 할 수 없도다.

그러니 어찌 벼슬아치가 되려 하겠는가.

초나라 재상 손숙오는 죽을 때까지 청렴결백했건만

지금 처자들은 가난에 빠져 땔나무를 등에 지고 장사를 해서

목구멍에 풀칠한다니 이게 웬 말인가?

슬프도다! 그러니 어찌 재상 따위를 지낼 수 있단 말인가.

장왕은 우맹에게 사과하고 손숙오의 아들을 불러 침구(寢丘)의 땅 사백 호에 봉하여 아버지의 제사를 받들게 했다. 그 뒤 자손은 십 대 후까지 끊어지지 않았다. 이것은 우맹이 말할 시기를 잘 알고 있던 때문이다.

그 후 이백여 년이 지나서 진(秦)나라에 우전(優旃)이 있었다. 우전은 난쟁이 광대였다. 우스운 말을 잘했는데 그 말은 모두 도리에 맞았다.

진나라 시황제 때 궁중에서 주연이 베풀어졌는데 도중에 비가 내리기 시작하여 뜰 아래에서 창을 들고 호위하던 군사들이 비에 젖어 추위에 떨었다.

우전이 그들이 불쌍해 보여 물었다.

"그대들은 쉬고 싶지 않은가?"

그러자 모두 말했다.

"쉴 수 있다면 정말로 다행이겠습니다."

우전이 말했다.

"내가 그대들을 부르거든 빨리 '예' 하고 대답하라."

얼마 후에 전상(殿上)에서는 성수(聖壽)를 축하하는 '만세(萬歲)'를 불렀다. 그때를 놓치지 않고 우전은 난간에 나아가 큰 소리로 불렀다.

"경호하는 군사들아!"

그러자 군사들이 기다렸다는 듯이 입을 모아,

"예!"

하고 대답했다. 그러자 우전이 말했다.

"그대들이 키는 크더라도 무슨 소용이 있단 말인가? 이런 날 빗속에 서 있어야 하는 것은 여간 수고로운 일이 아니야. 나는 비록 키는 작지만 다행히도 이렇게 쉬고 있지 않은가?"

진시황이 듣고 경호하는 군사를 두 패로 나누어 반씩 교대로 쉬게 했다.

어느 날 진시황이 대신들과 의논하여 수렵장을 크게 넓혀 동쪽은 함곡관에 이르고 서쪽은 옹(雍)과 진창(陳倉)에 이르게 하려고 했다. 그러자 우전이 말했다.

"좋습니다. 그 안에 수많은 금수(禽獸)를 놓아 기르다가 적이 동쪽에서 침입해 오거든 사슴으로 하여금 적과 부딪치게 하면 적을 막을 수 있을 것입니다."

진시황은 우전의 말을 듣고 즉시 그 일을 중지했다.

2세 황제가 즉위하자 성벽에 옻칠을 하려고 했다. 우전이 말했다.

"좋습니다. 폐하께서 말씀하시지 않더라도 제가 진실로 청하려 했던 일입니다. 성벽에 옻칠을 하게 되면 비록 백성들은 비용을 마련하기 위해 세금이 많이 부과되는 것이 아닌가 근심하겠지만 훌륭한 것입니다. 웅장하게 서 있는 성벽을 옻칠하여 번쩍번쩍 빛나면 적이 쳐들어오더라도 기어오르지 못할 것입니다. 다만 옻칠을 하기는 어려운 일이 아니겠으나 칠을 말리는 방을 만들어야 하는데 아무래도 그것이 곤란할 것 같습니다."

이에 2세 황제는 웃으면서 그 일을 그만두기로 했다. 그 후 얼마 안 되어 2세 황제는 살해당했다. 우전은 한나라에 귀순해 왔다가 몇 해 뒤에 죽었다.

태사공은 말한다.

"순우곤이 하늘을 우러러 크게 웃었기 때문에 제나라 위왕은 천하에 위력을 휘둘렀고 우맹이 머리를 흔들며 노래를 부름으로써 나무장사를 하던 자가 영지를 받았으며 우전이 난간에서 큰 소리를 지름으로써 경호하는 군사가 반씩 교대로 쉬게 되었다. 이 얼마나 위대한 일인가!"[356]

이하는 저소손(褚少孫)의 보기(補記)이다.
저선생(褚先生)은 말한다.
"나는 다행스럽게도 경술(經術)로써 낭(郎)이 되었으며 즐겨 정사(正史) 이외의 사전(史傳)과 기록을 읽을 수 있었는데 나의 부재(不才)를 살피지 않고 다시 해학에 관한 옛 고사(故事) 여섯 장(章)을 만들어 이를 다음과 같이 편찬한다.

내가 다시 읽으면 통쾌한 기분을 느껴 후세에 전할 수 있고 호사가(好事家)들로 하여금 읽게 하면 즐거운 마음으로 귀를 놀라게 할 것이다. 그리하여 앞에 엮은 3장(章) 다음에 부기(付記)한다."

무제(武帝) 때 곽사인(郭舍人)이라는 배우가 총애를 받았다. 말을 늘어놓는 것이 비록 도리에 맞지는 않으나 주상을 즐겁게 해 줄 수는 있었다.

무제가 아직 어렸을 때 동무후(東武侯)의 어머니가 양육한 적이 있었다. 무제가 장년이 된 다음에 그녀를 대유모(大乳母)라고 불렀으며 대개 한

---

356) 계속하여 郭舍人 등의 일화가 있으나 이는 司馬遷의 원문이 아니다.

달에 두 번씩 입조했는데 대유모가 궁중에 들어왔다는 말이 상주되면 황제는 그녀를 불러들이고 조서를 내려 총신인 마유경(馬游卿)을 시켜 비단 오십 필을 유모에게 내리고 음료와 말린 밥으로 만든 죽을 받들어 유모를 대접하는 것이었다. 한 번은 유모가 글을 올려,

"어느 곳에 있는 공전(公田)을 빌려 주셨으면 하여 청원하옵니다."

라고 하자 황제는,

"유모는 그 공전을 얻기를 원하는가?"

라고 묻고 그것을 유모에게 하사했다. 유모가 청하는 말은 무엇이든 받아들이지 않은 것이 없었고 심지어는 조칙을 내려 유모가 수레를 타고 임금이 다니는 길을 갈 수 있게 했다. 이 정도였으므로 당시 공경대신들은 모두 유모를 공경하고 존중했다.

그러자 유모의 집안 자손이나 노복들까지 장안 거리를 휩쓸고 다니며 횡포를 부렸다. 길거리에서 남의 수레를 넘어뜨리거나 의복을 빼앗기도 했다. 이런 소문이 궁중에까지 들려왔으나 황제는 차마 법으로 다스리지 못했다.

그러다 어떤 관리가 유모의 집을 변경으로 옮기기를 청하자 황제는 재가하지 않을 수 없었다. 유모가 황제에게 하직 인사를 드리기 위해 와서 곽사인(郭舍人)을 먼저 만나보고 눈물을 흘렸다.

곽사인이 이렇게 일렀다.

"어전에 나아가 배알한 다음 하직 인사를 하고 물러날 때 종종걸음을 하면서 자주 뒤를 돌아보도록 하시오."

유모는 곽사인이 말한 대로 황제에게 작별을 고하고 종종걸음으로 나가면서 자주 뒤를 돌아보았다. 그러자 곽사인이 재빨리 꾸짖으며 말했다.

"쯧쯧, 이 노파야! 빨리 가지 않고 뭘 하는 거야. 폐하께서는 이제 장년(壯年)이신데 아직도 그대의 젖을 얻어 먹어야 성장하실 것으로 아는

가? 뭘 그렇게 돌아보며 꾸물거리는 건가."

그러자 황제는 유모를 불쌍히 여기어 조서를 내려 일을 중지시키고 유모를 옮기지 않도록 했다. 그리고 유모를 모함했던 자를 벌주고 귀양 보냈다.

무제(武帝) 때 제나라 사람으로 동방생(東方生)이라는 사람이 있었는데 이름을 삭(朔)이라 했다.

옛날 책을 애독하고 경학(經學)을 사랑하고 널리 잡서(雜書), 사전(史傳) 등도 섭렵했다. 동방삭이 처음 장안에 들어갔을 때 공거사마(公車司馬 : 글을 올리는 자가 나가는 곳)에서 글을 올렸다. 그것은 무려 삼천 장의 간독(簡牘)에 쓴 것인데 공거(公車)에서 두 사람이 가까스로 운반하여 이를 가지고 갈 수 있었다.

주상은 그 첫 장부터 읽기 시작하여 중도에 쉴 때는 붓으로 표를 하면서 읽어 내려가 두 달이 걸려 겨우 끝냈다. 그리고 조서를 내려 동방삭을 낭(郎)에 임명했다.

동방삭은 측근에서 주상을 섬기며 자주 어전에 불려 나가 말했다. 그때마다 주상이 기뻐하지 않은 적이 없었다. 주상은 때때로 어전에서 음식을 대접했다. 음식을 다 먹고 나면 그는 남은 고기를 품에 넣어 가지고 가느라 옷이 몹시 더러워졌다.

주상은 때때로 합사(合絲)로 짠 비단을 내렸는데 동방삭은 그것을 어깨에 메고 돌아갔다. 그런데 하사받은 돈이나 비단을 함부로 사용하여 장안 미녀 중 젊은 여자에게 장가를 갔는데 대개 한 해 정도만 되면 아내를 버리고 다른 여자를 또 맞아들였다. 이처럼 하사받은 돈과 재물은 모두 여자에게 써 버린 것이다.

주상의 좌우 근신인 낭관들이 동방삭을 반미치광이 취급했다.

그러자 주상은 이 말을 듣고 말했다.

"동방삭에게 일을 시키면 아무도 그를 따를 수 없을 것이다. 너희들은 그에게 미치지 못할 것이야."

동방삭이 아들을 천거하여 낭(郎)에 임명되게 했다. 이윽고 그 아들은 시알자(侍謁者)가 되어 늘 부절을 가지고 외국에 사신으로 나갔다.

어느 날 동방삭이 궁전 안을 걸어가고 있을 때 어떤 낭(郎)이 동방삭에게 말했다.

"사람들은 모두 선생을 미친 사람이라고 생각합니다."

동방삭은 태연하게 말했다.

"나 같은 사람은 이른바 조정 안에서 세상을 피하는 자요. 옛날 사람들은 세상을 피하여 깊은 산속으로 들어갔지만……."

그는 이따금 술좌석에서 거나하게 취하면 두 손을 땅에 대고 이런 노래를 불렀다.

세속에 묻혀 살며
이 세상을 피하는 금마문(金馬門).
궁전 안이야말로 세상을 피하고
온전하게 몸을 숨길 알맞은 장소.
깊은 산속 쑥대 움막만이
몸을 숨길 곳이겠는가.

금마문이란 환관서(宦官署)의 문을 말한다. 그 문 옆에 동마(銅馬)가 있었으므로 이를 금마문이라고 했던 것이다.

어느 때 궁중에서 집회가 있어 박사와 여러 선생들이 모여 함께 의론을 한 끝에 함께 동방삭을 비난하며 말했다.

"소진(蘇秦)·장의(張儀)는 한 번 만승의 임금을 만나면 경상의 지위에 올랐으며 그 은택이 후세에까지 미쳤습니다.

그런데 당신은 지금 선왕의 학술을 익히고 성인의 의리를 사모하여 측량할 수 없을 정도로 시·서·백가의 말을 암송하고 문장에도 뛰어나서 스스로 세상에 둘도 없다고 자부하고 계십니다. 박학하고 사물을 판단하는 데 밝으며 지혜가 뛰어난 분이라고 말할 수 있습니다.

그런데 그런 당신께서 힘을 다하고 충성을 다하여 성스러운 임금을 섬겼으나 결과적으로 헛되이 세월을 보내기 수십 년이 되었고 벼슬은 시랑(侍郎)에 지나지 않으며 지위는 집극(執戟 : 창을 잡고 호위하는 관리)에 불과합니다. 이는 뭔가 잘못된 일이 아닙니까?"

동방삭이 말했다.

"이는 진실로 그대들이 알 수 있는 일이 아니오. 그때도 한때요, 지금도 한때이니 시대의 사정이 같을 수는 없는 일이오.

대저 장의나 소진이 살던 때는 주나라 왕실이 쇠미해지고 천하의 질서가 크게 무너졌던 때요. 제후는 참조(參朝)하지 않고 서로 공략하기에 힘쓰며 권력을 다투고 무력으로 맞싸우며 열두 나라로 겸병(兼倂)되었으나 그래도 자웅이 결정되지 못했소. 인물을 얻은 나라는 강해졌고 인물을 잃은 나라는 멸망했소.

그러니 유세하는 사람들의 의견이 받아들여지고 행하려는 바가 실천되어 몸은 높은 지위의 벼슬을 차지하고 은택은 후세에까지 미쳐 자손이 길이 번창했던 것이오.

그런데 지금은 그런 시대가 아니오. 성제(聖帝)가 위에 계시고 성덕은 천하에 고루 펼쳐져 있으며 제후는 심복하고 성위(聖威)는 사방 오랑캐에까지 미치며 사해 밖까지 한 장의 자리 모양으로 이어져 있는 상황이라 천하는 마치 움직이지 못하게 엎어 놓은 대접보다도 안정되어 있고 모두 태평하여 한 집을 이루고 있소. 분발하여 사업을 일으키는 것이 아주 쉬운 일이라 어진 자와 어리석은 자의 차이가 없는 것이오.

이제 천하는 넓고 사민(士民)이 많으므로 정혼(精魂)을 다하여 변설(辯舌)을 전개하며 앞다투어 모여드는 사람이 헤아릴 수 없을 정도이니 있는 힘을 다하여 의(義)를 사모하여도 의식(衣食)에 곤란을 받고 나아갈 문을 잃어 헤매는 자도 있소.

만일 장의나 소진이 나처럼 지금 세상에 태어나 살고 있다면 장고(掌故 : 太常의 屬官) 벼슬에도 오르지 못했을 것이오. 하물며 상시(常侍)라든가 시랑(侍郎) 같은 벼슬을 바랄 수 있겠소?

전해 오는 말에 '천하에 재해(災害)가 없다면 비록 성인이 있다 하여도 그 재능을 펼 곳이 없게 마련이며, 상하가 화합하여 뜻을 같이한다면 비록 어진 자가 있다 하여도 그 공을 세울 곳이 없다.'고 했소. 그러므로 시대가 다르면 사정도 다르다고 말한 것이오.

그렇다고 몸을 닦는 데 힘을 기울이지 않아도 좋다는 말은 아니오. ≪시경≫에도 '궁전 안에서 종을 치면 그 소리가 밖에까지 들린다.' '깊은 못에서 학이 울면 그 소리는 하늘까지 들린다.'고 하였소. 진실로 몸을 닦을 수 있다면 어찌 영귀(榮貴)하지 못함을 근심할 필요가 있겠소?

태공망(太公望)은 오로지 인의를 행하여 일흔두 살에 문왕을 만나 자신의 포부를 펼 수 있게 되어 제나라에 봉해졌으며 칠백 년 동안이나 자손이 끊어지지 않고 있소. 이것이야말로 뜻있는 인사가 밤낮으로 애써 학문을 닦으며 결코 쉬지 않고 도를 행하는 까닭이 아니겠소.

지금 세상의 재야 인사들은 비록 시대에 쓰이지는 않는다 할지라도 당연히 홀로 우뚝 서고 홀로 처하며 위로는 허유(許由)를 보고 아래로는 접여(接輿 : 春秋時代 楚나라 사람)를 살피며 계책은 범여(范蠡)에, 충(忠)은 오자서(伍子胥)에 필적하지만 천하가 태평하기 때문에 의리에 좇아 일을 하고 있는 것이오. 그러니 그런 사람들이 적은 것은 처음부터 당연한 일이오. 당신들은 어찌 나만 의심하는 거요."

그러자 선생들은 입을 다물고 대답하지 못했다.

건장궁(建章宮) 후문의 이중으로 된 난간 안에 기괴한 동물이 나타났는데 그 모양이 고라니와 비슷했다. 이 사실을 천자에게 상주하자 무제가 그곳에 나가서 좌우 뭇 신하 가운데 사물이나 경학에 통달한 신하들에게 물었으나 아무도 아는 사람이 없었다. 그래서 동방삭을 불러서 이를 보이자 그가 말했다.

"신은 이것을 알고 있습니다. 좋은 술과 상등미(上等米)의 쌀밥을 실컷 먹을 수 있도록 해 주십시오. 그러면 신이 곧 말씀을 드리겠습니다."

주상은 이를 허락했다. 청한 음식을 모두 먹고 난 동방삭이 다시 말했다.

"어느 곳에 공전(公田)과 양어장, 그리고 갈대가 우거진 땅 몇 경(頃)이 있습니다. 폐하께서 이를 신에게 하사하신다면 신이 말씀드리겠습니다."

주상은 그것도 허락한다는 조서를 내렸다. 그러자 동방삭은 만족하여 말했다.

"이것은 이른바 추아(騶牙)라고 하는 짐승입니다. 먼 곳에 있는 나라가 의(義)를 사모하고 귀속하려고 할 때 이 추아가 먼저 나타납니다. 그 이빨은 앞니와 속니가 거의 같아 나란히 한 줄로 줄지어 있고 어금니가 없습니다. 그래서 추아라고 부릅니다."

그 뒤 한 해쯤 지나자 흉노의 혼야왕이 십만의 대군을 이끌고 한나라에 항복해 왔다. 그리하여 주상은 또다시 동방삭에게 막대한 금전과 재물을 내려 주었다.

동방삭이 노년이 되어 죽게 되었을 때 천자에게 간하여 말했다.

"≪시경≫에

'윙윙거리며 울타리에 날아와 앉는 청파리처럼

참소하는 무리는 많기도 하네.

화락한 군자여, 참소하는 말을 믿지 말라.

참소하는 말은 끝이 없어 사방의 나라를 어지럽히네.'

라고 했습니다. 바라옵건대 폐하께서는 교활하게 아첨하는 무리들을 멀리하시고 참언을 물리치시옵소서."

이 말을 듣고 천자는,

"그러고 보니 요즈음 동방삭이 착한 말을 많이 해 주는구나."

하며 이를 괴이하게 여겼다. 그로부터 얼마 안 되어 동방삭은 병들어 죽었다. 전해 오는 말에 이르기를,

"새가 장차 죽으려 할 때는 그 울음소리가 슬프고 사람이 장차 죽으려 할 때는 그 말이 착하다."

라고 하였으니 동방삭을 두고 한 말인가?

무제 때 대장군 위청(衛靑)은 위황후(衛皇后)의 오빠인데 장평후(長平侯)에 봉해졌다. 종군을 하여 흉노를 치고 여오수(余吾水 : 올더스 지방의 강 이름) 부근까지 쳐들어갔다가 돌아왔다. 적의 목을 베고 포로로 잡은 공이 있었다. 싸움에 이기고 귀환하자 황금 천 근을 하사받았다.

장군이 궁문을 나서자 제나라의 동곽 선생(東郭先生)이라는 사람이 방술사(方術士)라 칭하며 공거사마청(公車司馬廳)에서 대기 중이었는데 길 위로 나와 위장군의 수레를 가로막고는 절을 하며 말했다.

"꼭 드리고 싶은 말이 있습니다."

장군이 수레를 멈추고 앞으로 나오게 하니 동곽 선생은 수레 곁으로 와서 말했다.

"왕부인(王夫人)이 새로 주상의 총애를 받고 있는데 집이 가난합니다. 지금 장군께서는 금 천 근을 하사받으셨는데 그 반을 왕부인의 어버이에

게 드리십시오. 주상께서 이 일을 아시면 반드시 기뻐할 것입니다. 이것이 야말로 이른바 기책(奇策)이며 장군께 유리한 계책입니다."

위장군이 사례하여 말하기를,

"고맙게도 선생께서 유리한 계책을 알려 주셨습니다. 가르쳐주신 대로 꼭 따르겠습니다."

라고 했다. 그리고 금 오백 근을 내놓고 왕부인 어버이의 장수를 축복했다. 왕부인이 이 사실을 무제에게 알리니 황제는,

"대장군은 이와 같은 일을 할 줄 모르는 인물이야."

하고는 위장군에게,

"누가 그런 계책을 가르쳐 주었소?"

하고 물었다. 위장군은,

"대명중(待命中)에 있는 동곽 선생이 가르쳐주었습니다."

하고 사실대로 대답했다. 황제는 조서를 내려 동곽 선생을 불러들이고 군도위(郡都尉)로 임명했다.

동곽 선생은 오랫동안 공거(公車)에서 조서를 기다리고 있느라 빈곤하여 굶주리고 추위에 떨었으며 옷은 해지고 신발도 온전하지 못했다. 그래서 눈 속을 걸어가면 신발이 위는 있어도 밑은 닳아서 맨발로 땅을 밟는 것이나 마찬가지였다. 길 가던 사람들이 이를 보고 웃자 동곽 선생이 그들에게 말했다.

"신을 신고 눈길을 걸으면서 신발 위는 틀림없이 신처럼 보이지만 그 밑은 사람의 발처럼 보이게 하는 것은 아무나 할 수 있는 일이 아니라오."

이천 석의 군도위에 임명되어 청색 인수(印綬)를 차고 대궐문을 나와 숙소 주인에게 작별 인사를 하러 갔다. 전날 동관(同官)으로서 함께 조서를 기다리던 자들이 모여 도성 문밖에서 도로(道路)의 신(神)에게 제사지내고 출발을 축하하여 도로를 장식하니 동곽 선생의 명성은 당세에 드날

렸다.

그는 이른바 '떨어진 털옷을 입고서 보배를 품은 사람'이었다. 빈곤했을 때에는 아무도 돌아보지 않다가 영귀하게 되니 다투어 사람들이 따라 붙으려 했다.

속담에 '말을 감정할 경우 비쩍 말랐으면 오평(誤評)하기 쉽고 선비를 알아볼 때 가난한 사람이면 오평(誤評)하기 쉽다.'고 했는데 바로 이런 경우를 두고 한 말이 아닐까?

왕부인(王夫人)의 병이 위독하였다. 주상이 몸소 찾아가 문병하며 물었다.

"그대가 낳은 아들은 마땅히 왕이 되는데 어느 나라 왕이 되었으면 좋겠소?"

왕부인이 삼가 대답했다.

"바라옵건대 낙양에 있도록 해 주십시오."

"그것은 안 되오. 낙양 가까이에는 무기고와 오창(敖倉 : 敖山의 穀物倉)이 있고 관(關)의 입구에 해당하니 천하의 목구멍이라 할 수 있소. 선제 이래로 그곳에는 왕을 두지 않기로 되어 있소. 그곳을 빼고 함곡관 동쪽으로 제나라보다 큰 나라는 없소. 그러니 제나라 왕으로 삼았으면 좋겠소."

왕부인은 손으로 머리를 치면서,

"참으로 고마우신 말씀입니다."

하고 말했다. 그리하여 왕부인이 죽자 제나라 왕태후(王太后)가 훙(薨)했다고 하였다.

옛날에 제나라 왕이 순우곤을 시켜 초나라에 따오기를 바치게 했다. 순우곤은 제나라의 도성 문을 나서자 도중에 그 따오기를 날려 버리고 빈 새

장만 들고 초나라 왕을 알현했다.

"제나라 임금께서는 신으로 하여금 대왕께 따오기를 바치게 했습니다. 그런데 물가를 지나다 따오기가 목말라하는 것을 차마 볼 수 없어 새장에서 꺼내어 물을 마시게 했는데 제 손에서 빠져나가 날아가 버렸습니다.

저는 배를 찌르고 목을 매어 죽을까 하였으나 우리 임금이 새 때문에 선비를 자살하게 했다고 사람들이 비난하지 않을까 두려워 그만두었습니다.

따오기는 비슷하기 때문에 다른 것을 사 가지고 올까도 생각했으나 이는 신의가 없는 행동으로서 우리 임금을 속이는 일이 되고 맙니다. 그래서 그것도 그만두었습니다. 또 다른 나라로 도망칠까도 생각했습니다만 그렇게 하면 두 나라 사이에 사신이 통하지 않게 될 것을 마음 아프게 생각하여 그만두었습니다.

그래서 이렇게 대왕을 뵙고 저지른 죄를 자백하고 머리를 조아려 벌을 받고자 하는 것입니다."

그러자 초나라 왕은,

"훌륭하도다. 제나라 왕에게 이토록 신의가 두터운 선비가 있었던 말인가!"

하고는 순우곤에게 후한 상을 내렸다. 그 상은 따오기를 무사히 바쳤을 경우보다 갑절이나 많았다.

무제 때 북해군(北海郡)의 태수를 불러 행재소(行在所)로 나오게 했다. 그때 문학졸사(文學卒史 : 博士의 屬官)로 왕 선생(王先生)이라는 자가 있어 태수와 동행하기를 청했다.

"저를 데리고 가시면 태수께 유익함이 있을 터이니 바라옵건대 저도 데려가 주시기 바랍니다."

그러자 태수부(太守府)의 속관들이 말렸다.

　"왕 선생은 술을 좋아하고 말이 많으며 실행력이 적습니다. 데리고 가지 않는 것이 좋을 것입니다."

　그러나 태수는,

　"선생이 따라가고 싶어하는데 거절할 수 있겠소?"

　하고 데리고 함께 갔다. 일행은 행재소에 이르러 문 앞에서 조명이 내리기를 기다렸다.

　왕 선생은 지니고 있던 돈으로 술을 사 가지고 문지기, 경호원들과 함께 마시고 매일 취해 있느라 태수와는 얼굴을 마주치는 일조차 없었다. 그러다가 태수가 행재소 안에 들어가 천자 앞에 무릎을 꿇고 배알하게 되자 왕 선생은 호랑(戶郎 : 궁궐 문을 지키는 관원)에게 부탁을 했다.

　"죄송하지만 우리 태수를 문 안 어느 곳이라도 좋으니 불러내어 나와 면담할 수 있게 해 주시면 고맙겠습니다."

　그러자 호랑이 태수를 불러내 주었고 태수가 나와 왕 선생을 보자 그는 이렇게 물었다.

　"천자께서 '어떻게 북해군을 다스렸는가?' 하고 물으신다면 무어라 대답하시렵니까?"

　"현명한 인재를 가려 뽑고 각각 그 능력에 맞는 직책에 임명한 후 뛰어난 사람에게는 상을 주고 일을 잘못하는 자는 처벌하였습니다.' 하고 대답하겠소."

　"그런 대답은 곧 자기를 내세우고 자신의 공을 자랑하는 것이 되어 좋지 못합니다. 태수께서는 '저의 힘이 아니라 모두 폐하의 신령(神靈)과 위무(威武)에 감화되었기 때문입니다.' 꼭 이렇게 대답하십시오."

　태수는 무슨 뜻인지 알고 고개를 끄덕이며 말했다.

　"잘 알았소."

태수가 들어가서 어전 앞에 이르니 아니나 다를까 천자가 조서를 내려 물었다.

"어떻게 북해군을 다스렸기에 도적이 일어나지 않게 되었는가?"

태수는 머리를 조아리면서 말했다.

"그것은 저의 힘이 아니고 폐하의 신령과 위무에 감화되었기 때문입니다."

무제는 크게 웃으며 물었다.

"어떤 장자(長者)에게서 배워 이렇게 말하는 것인가? 누구인가?"

태수가 대답했다.

"실은 문학졸사한테서 들었습니다."

"그 사람은 지금 어디에 있는가?"

"행재소 밖에 있습니다."

천자는 조서를 내려 왕 선생을 수형(水衡 : 上林苑을 관리하고 主稅를 받아들이는 것을 겸임하는 벼슬)의 속관에 임명하고 북해군의 태수를 수형도위(水衡都尉)에 임명했다.

전해 내려오는 말에 이르기를 '좋은 말은 사람에게 팔 만하며 높은 행실은 사람에게 베풀 만하다. 군자는 서로 좋은 말을 보내고 소인은 서로 재물을 보낸다.'고 했다.

위(魏)나라 문후(文侯) 때 서문표(西門豹)가 업현(鄴縣)의 현령이 되었다. 서문표는 업현에 부임하자 장로들을 모아 백성들이 무엇 때문에 고통을 받고 있느냐고 물었다. 장로가 말했다.

"하백(河伯 : 黃河의 神)의 아내를 맞이하는 일 때문에 괴로워합니다. 이런 까닭으로 늘 가난합니다."

서문표가 자초지종을 말하라고 하니 그들은 이렇게 대답했다.

"업현의 삼로(三老 : 한 고을의 敎化를 맡은 자)와 관청의 속관들은 해마

다 백성들에게 세금을 부과하여 수백만 전의 돈을 징수하는데 그중에 이
삼십만 전을 들여 하백에게 아내를 맞게 하고 나머지 돈은 무당과 함께 나
누어 갖습니다.

　하백을 장가들이는 시기가 되면 무당들이 돌아다니며 남의 집 어여쁜
딸을 발견하면 '이 아가씨야말로 하백의 색시가 될 만하다.'고 말합니다.
폐백을 보내 주고 그 처녀를 데려다가 목욕시키고 새로이 비단옷을 지어
주어 한거(閑居)케 하며 재계(齋戒)를 시키기 위해 황하 근처에 재궁(齋
宮)을 세우고 황적색의 장막을 쳐서 그 안에서 살게 합니다.

　그리고 처녀에게는 열흘 남짓 쇠고기, 술, 밥 등을 제공한 후 여러 사람
이 화장을 시켜 주고 시집가는 여자의 방처럼 만든 재궁 위에 처녀를 앉히
고 황하의 물 위에 띄웁니다. 처음에는 물 위에 떠서 수십 리를 가지만 곧
물속에 잠겨 버립니다.

　아름다운 딸을 가진 집에서는 무당이 하백에게 딸을 데려가지나 않을까
하여 딸을 데리고 먼 곳으로 도망가는 일이 많아졌습니다. 이런 까닭으로
성안은 갈수록 사람이 줄어들고 또 가난하게 삽니다.

　이 일은 그 유래가 아주 오래되어 '만약 하백에게 신부를 보내지 않으면
성(城)은 넘치는 강물에 잠기게 되고 사람들이 빠져 죽는다.'는 민간 속담
이 있을 정도입니다."

　서문표가 말했다.

　"하백에게 아내를 맞게 해 주는 시기가 되어 삼로, 무당, 부로(父老)들이
황하 강가에서 처녀를 보낼 때 꼭 나에게 알려주기 바라네. 나도 그 처녀
를 전송하러 가겠네."

　그러자 모두,

　"알았습니다."

　하고 말했다.

마침내 그때가 되어 서문표가 황하 강가에 나가 보니 삼로, 관속, 호족과 마을의 부로들이 모두 모였고 그 밖에 구경하러 온 사람들도 이삼천 명이나 있었다. 무당은 노파로서 나이가 이미 칠십이 지났고 제자 무당을 열 명쯤 거느리고 있었다. 그들은 모두 비단 홑옷을 입고 큰 무당 뒤에 서 있었다.

서문표가 말했다.

"하백의 아내 될 사람을 불러오너라. 예쁜지 추한지 내가 보리라."

이졸들이 장막 안에서 처녀를 데리고 나와 서문표 앞에 세웠다. 서문표는 그 처녀를 보더니 삼로, 무당, 부로를 돌아보며 말했다.

"이 여자는 얼굴이 예쁘지 않구나. 수고스럽지만 큰무당 할멈은 황하에 들어가서 하백에게 '더 예쁜 여자를 구해서 후일 다시 보내겠다.'고 이르고 오너라."

하며 서문표는 곧 이졸을 시켜 큰무당을 물속에 집어던지게 했다. 그리고 좀 있다가,

"무당 할멈이 왜 이리도 오래 있는가? 제자는 가서 얼른 나오라고 재촉하라."

하고는 제자 한 사람을 물속에 던지게 했다. 다시 얼마 지나자,

"제자마저도 왜 이다지 소식이 없느냐? 한 사람 더 보내 어서 나오라고 재촉하게 하라."

하고 다시 제자 무당 한 명을 강물 속에 던졌다. 이리하여 전후 세 명의 제자를 물속에 집어던지게 한 후 다시 이렇게 말했다.

"무당 할멈과 그 제자들은 여자이기 때문에 사정을 잘 말하지 못하나 보다. 그렇다면 삼로에게 부탁해야겠구나. 삼로는 황하에 들어가 하백에게 사정을 분명히 고하고 돌아오시오."

서문표는 삼로를 강물에 집어던지게 했다. 서문표는 붓을 관(冠) 앞에

꽂고 몸을 굽혀 지극히 경건하게 한 차례 예를 올린 다음 황하를 향하여 서서 기다렸다. 옆에서 보고 있던 장로들과 관리들은 모두 깜짝 놀랐다. 서문표가 돌아보며 물었다.

"무당 할멈도 삼로도 돌아오지 않는군. 도대체 어떻게 된 것인가?"

서문표가 다시 속관과 호족 한 명씩 황하 속에 들여보내 돌아오기를 재촉케 하려 하니 모두들 머리를 조아리며 애원했다. 머리를 너무 조아려서 이마가 깨지고 피가 흐르며 낯이 잿빛으로 변했다.

서문표가 말했다.

"좋다. 잠시 기다려 보도록 하자."

하지만 아무리 기다려도 황하의 강물만 유유히 흘러갈 뿐이었다. 서문표가 말했다.

"속관은 일어나라. 아무래도 하백이 우리 사자들을 붙들어 두고 돌려보내지 않을 모양이구나. 너희들은 일을 파하고 돌아가거라."

업현의 관리와 백성들은 크게 놀라고 두려워하여 그 뒤로는 하백에게 아내를 맞게 해야 한다는 말을 하는 자가 없었다.

서문표는 즉시 백성들을 징발하여 열두 개의 도랑을 파고 황하의 물을 끌어다 논에 물을 대 주었다. 당시 백성들은 도랑을 만드는 것이 번거롭고 괴롭다 하여 공사를 원치 않았다. 서문표가 말했다.

"백성들은 완성된 것을 좋아하면서도 그것을 위해서 함께 일을 시작해야 한다는 것은 모른다. 지금은 자신들을 괴롭힌다 하여 부로와 자제들이 나를 싫어하지만 앞으로 백 년 뒤 그 부로의 자손들이 내 말을 생각해 준다면 그것으로 족할 것이다."

이리하여 업현은 오늘에 이르기까지 수리(水利)의 혜택을 받아 모든 백성이 자급자족하여 부유하게 되었다.

이 열두 도랑은 천자가 행차하는 길을 가로지르고 있었다. 한나라가 일

어나니 고을의 장리(長吏)는 열두 도랑의 다리가 천자의 행차 길을 가로
지르는 것이 좋지 않다고 생각하여 도랑의 물을 합치고 치도(馳道)가 있
는 지점에서 세 도랑을 합친 다음 한 개의 다리를 놓으려고 했다.

그렇지만 업현의 백성들과 부로들은 장리의 말을 들으려 하지 않았다.
이 도랑은 서문군이 만든 것이니 현인의 법식을 고쳐서는 안 된다고 생각
한 것이다. 장리도 결국 받아들이기로 했다.

이리하여 서문표는 업현의 현령으로서 그 명성이 천하에 진동했고 은택
이 후세에 미쳐 끊이지 않았다. 어찌 현대부(賢大夫)라 일컫지 않을 수 있
겠는가.

전하는 말에 이르기를, '자산(子産 : 鄭나라의 宰相)은 정(鄭)나라를 다
스렸는데 백성들은 그를 속일 수 없었고 자천(子賤 : 孔子의 弟子)은 선보
(單父)를 다스렸는데 백성들은 차마 그를 속일 수 없었으며 서문표는 업
현을 다스렸는데 백성들은 감히 그를 속일 수 없었다.' 고 하였다.

이 세 사람 중 누구의 재능이 가장 뛰어날까? 다스리는 도리를 아는 자
는 틀림없이 이를 분별할 수 있을 것이다.

제67 일자열전(日者列傳)

예로부터 천명을 받은 자가 왕이 되었다. 일찍이 제왕이 일어날 때 복서(卜筮)로써 천명을 판단하지 않은 자가 있었던가. 복서는 주나라 때 가장 성했으며 진나라에 들어와서도 행했던 증거가 보인다. 대왕(代王 : 孝文帝)이 한나라 조정에 들어가 천자가 된 것도 복자(卜者)에게 점을 치게 하여 그 말에 따라 결정했고 태복(太卜 : 占치는 벼슬)이라는 관직은 한나라가 일어난 당초부터 있었다.

사마계주(司馬季主)는 초나라 사람이다. 장안의 동시(東市)에서 점을 치고 있었다.

당시 중대부인 송충(宋忠)과 박사인 가의(賈誼)[357]가 같은 날에 함께 휴가(休暇 : 漢나라 官制에서는 5일에 하루의 휴가가 있었다)를 받고 퇴청했다. 그리고 토론한 끝에 ≪주역(周易)≫이 선왕과 성인의 도술로서 널리 인정(人情)의 기미(機微)를 깊이 파고 들어갔음을 논하고 서로 돌아보며 감탄했다. 가의가 말했다.

"내 들으니 옛날의 성인은 조정에 있지 않으면 반드시 복자나 의원 가운데 있었다고 하오. 이제 보니 삼공·구경을 위시하여 조정의 사대부 중 누구도 성인이 아님을 알 수 있소. 그러니 오늘은 점쟁이 가운데 성현다운 사람이 있나 찾아보려고 하오."

두 사람은 즉시 같은 수레를 타고 시장으로 나가 점쟁이들이 모여 있는 가게 안으로 들어갔다. 그때 비가 내리기 시작하여 길에는 통행인이 드물었는데 사마계주는 한가하게 앉아 있었고 그 제자 서너 명이 모시고 바야

---

357) 宋忠의 전기는 여기에 쓰인 것 외에는 불분명하다. 賈誼에 대해서는 屈原賈生列傳 참조.

흐로 천지(天地)의 도(道), 일월(日月)의 운행(運行), 음양과 길흉의 근본을 논하고 있는 중이었다.

두 사람은 두 번 절하고 뵀다. 사마계주는 찾아온 두 사람의 풍채와 용모를 보니 지식이 있는 자인 것 같아 곧 답례하고는 제자를 시켜 자리에 인도했다. 두 사람이 자리에 앉자 사마계주는 앞서 하던 이야기를 계속했다.

천지(天地)의 종시(終始), 일월성신(日月星辰)의 운행 법칙을 분별하여 말하고 인의(仁義)의 관계를 차례로 밝히며 길흉의 징험을 열거하여 설명하는 등 수천 마디의 말이 이치에 맞지 않는 것이 없었다. 송충과 가의는 과연 그렇겠다 하며 놀라서 관의 끈을 바로잡고 옷깃을 바르게 하여 단정히 앉아서 물었다.

"우리가 선생을 뵙고 말씀을 들으니 일찍이 선생님 같은 분을 뵌 적이 없음을 깨달았습니다. 그런데 어찌 이런 비천한 자리에서 매복(賣卜)이라는 오욕된 일을 하고 계십니까?"

사마계주는 배를 잡고 크게 웃으면서 말했다.

"당신들을 보니 학문이 있는 사람들인 것 같은데 이 무슨 고루하고 교양 없는 말씀이오. 지금 당신들이 현자라고 생각하는 사람은 대체 어떤 사람이며 고상한 사람이란 대체 누구요? 또 어찌하여 장자(長者)를 비천하다고 여기는 거요."

두 사람은 말했다.

"높은 벼슬과 후한 녹봉을 받는 자를 세상에서는 고상한 사람이라고 말하며 현재(賢才)의 인물이 그러한 지위에 있습니다. 그런데 지금 선생이 계신 곳은 그런 지위가 아닙니다. 그런 까닭에 비천한 자리라고 말했습니다. 또 점쟁이가 하는 말은 미덥지 못하고 행동 또한 경험이 없으며 부당한 돈을 받으며 매복하고 있기에 오욕된 일을 하고 있다고 말했던 것입니다.

대저 복서(卜筮)는 세상에서 천히 여기며 경멸하는 바입니다. 세상 사람들이 모두 말하기를, '점쟁이는 과장된 말을 꾸며대며 인간의 약점을 노려 부질없이 고귀한 운명에 처해 있다고 하여 사람들의 마음을 기쁘게 해 주기도 하고 함부로 재앙을 말하여 사람의 마음을 상하게 하기도 하며 귀신의 노여움을 샀다고 꾸며대어 그 액풀이를 한답시고 고액의 사례금을 요구하며 남의 재산을 털어 사복(私服)을 채우고 있다.'고 합니다. 이런 일들은 우리가 부끄럽게 여기는 바입니다. 그러므로 비천하고 오욕되다고 말했던 것입니다."

사마계주가 말했다.

"공들은 편안하게 앉아서 들어 보시오. 그대들은 머리를 풀어 헤친 어린아이들을 보았겠지요. 그들은 해와 달이 비치면 밖에 나가 돌아다니고 비치지 않으면 돌아다니지 않소. 정말로 해와 달에 대해 잘 알고 있는 것 같지만 그 아이들에게 일식(日蝕)이나 월식(月蝕) 또는 일의 길흉에 대해 묻게 되면 그 이치를 풀어서 설명하지 못하오. 이것을 가지고 본다면 세상에는 어질고 어질지 못한 사람을 알아보는 자가 흔하지 않은 것이오.

어진 이의 행동은 도리에 따라 올바르게 간(諫)하고 세 번 간해도 받아들이지 않으면 물러섭니다. 남을 칭찬하더라도 보답을 바라지 않고 남을 미워해도 그 원망을 돌아보지 않으며 나라를 편안하게 하고 민중에게 이익이 되도록 하는 것을 임무로 삼습니다. 그러므로 자신이 적임자라고 생각되지 않는 관직에는 취임을 하지 않고 자신의 공적에 해당하지 않는 봉록이라고 생각되면 받지 아니하오.

남이 바르지 않은 것을 보면 비록 그 사람의 신분이 귀하더라도 존경하지 않으며 남의 오점을 발견하게 되면 그 사람의 지위가 높다 하더라도 자신을 낮추지 않습니다. 지위를 얻더라도 기뻐하지 않고 지위를 잃더라도 원망하지 않습니다. 죄가 없이 몸이 묶이더라도 부끄러워하지 않습니다.

지금 그대들이 말하는 이른바 현자라고 하는 사람은 모두가 부끄러워해야 할 사람들입니다. 자신을 비굴하게 낮추어 앞으로 나아가고 교활한 말과 권세로써 서로 끌어들이고 이익으로 유혹하며, 도당을 꾸며 올바른 사람을 배척함으로써 영예를 구하고 봉록을 받으면서도 사리(私利)만으로 나라의 법을 굽혀 농민들로부터는 가혹한 세금을 징수하며, 관직을 위세 부리는 수단으로 삼고 법을 사람 해치는 무기로 삼으며 이익을 추구하고 포악하게 행동합니다. 비유한다면 칼을 빼서 사람을 위협하는 자와 다를 것이 없습니다.

관직에 처음 임명될 때는 교묘하게 거짓말을 하여 실력이 두 배인 척하고 없는 공으로 실상이 없는 빈 문서를 만들어 임금을 속입니다. 윗자리에 있는 것을 존경받는 것으로 생각하고 관직에 임용되면 어진 사람에게 양보할 줄 모릅니다. 공적을 말할 때는 거짓으로 꾸미고 사실을 늘리며 없는 것을 있는 것처럼 만들고 적은 것을 많은 것처럼 꾸며서 자기에게 유리한 권세와 높은 지위를 구합니다.

그리고 좋은 술과 좋은 음식으로 나날을 보내고 수레와 말을 타고 놀이를 다니며 미녀를 거느리고 가동(歌童)을 기르면서 어버이를 돌보지도 않고 법을 범하고 백성을 해치며 황실을 좀먹습니다. 이는 창과 활을 잡지 않았을 뿐 도둑질을 하는 것이며 활과 칼을 사용하지 않았을 뿐 공격을 하는 것입니다. 부모를 속였으나 아직 그 죄를 받지 않고 임금을 시해하고도 아직 그 벌을 받지 않은 것뿐입니다. 어찌 그들을 가리켜 고상한 현자라 할 수 있겠소.

이 무리들은 도적이 일어나도 붙잡지 못하고 오랑캐가 복종치 않아도 다스리지 못하며 사특한 자가 일어나도 막을 수 없고 관기(官紀)가 문란해져도 다스리지 못하며 사시(四時)의 기후가 불순하더라도 조화시킬 수 없고 흉년이 들어도 조정하여 대처하지 못합니다.

재능이 있고 현명하면서도 이를 실행하지 않는다면 이는 불충(不忠)이요, 재능도 없고 현명하지도 못하면서 벼슬자리에 몸을 담아 봉록을 탐내고 현자를 훼방한다면 이는 벼슬을 도둑질한 것입니다. 도당(徒黨)이 있는 자를 영진(榮進)시키고 재물이 있는 자를 후히 예우하는 것은 그릇된 일입니다.

그대들도 올빼미(小人의 비유)가 봉황(君子의 비유)과 함께 나는 것을 본 일이 있지 않습니까? 함께 하늘을 날면 이윽고 올빼미가 제멋대로 날뛰어 봉황은 그 자취를 감추고 맙니다. 그와 같이 난지(蘭芷)나 궁궁(芎藭 : 香草로 君子의 비유)이 들에 버려지고 다북쑥(잡초로 小人의 비유)이 숲을 덮어 무성하게 자라는 것입니다. 군자로 하여금 물러나 세상에 나타나지 못하게 만드는 것은 그대들이 현자나 고상한 사람이라고 하는 그 무리들인 것입니다.

'지나간 일을 서술할 뿐 새로운 것을 만들어 내지 않는 것'[358]이 군자의 의리입니다. 대저 복자(卜者)란 반드시 천지의 도리에 따르고 사시를 형상하고 인의에 순응하며 시초(蓍草)를 나누어 괘(卦)를 정하고 식(拭 : 옛날의 占卜의 방법)[359]으로 산가지를 바로잡은 뒤에야 비로소 천지의 이해(利害)와 사물의 성패(成敗)를 판단하는 것입니다.

옛날 선왕께서 나라를 정할 때는 반드시 먼저 귀책(龜策 : 龜는 龜甲을 태워 점치고 策은 筮竹으로 점치는 것)의 결과를 보아 일월의 운행을 생각했고 그런 다음 하늘을 대신하여 정치를 하되 정당한 시일을 골라 행

---

358) 원문은 '述而不作'. 《論語》 述而篇에 나오는 말. '作'은 새로운 것을 생각해 내는 것임에 대해 '述'은 스승한테서 받은 것을 전하는 것.

359) 오십 개의 산가지에서 한 개를 제하고 나머지를 임의로 둘로 나누어 그것이 홀수냐 짝수냐에 따라 算木을 놓고 이것을 여섯 번 되풀이하여 한 卦를 만든다.

동했던 것입니다. 또 집에서 자식을 낳으면 반드시 길흉을 점친 후 길해야만 비로소 자식으로 양육했던 것입니다.

복희씨(伏羲氏)가 팔괘(八卦)를 만들고 주나라 문왕이 이를 부연(敷衍)하여 육십사괘(卦)로 하고 삼백팔십사 효(爻)의 효사(爻辭)를 지어 운용함으로써 천하가 다스려졌습니다. 월왕 구천은 문왕의 팔괘를 본떠 점을 쳐서 그 결과 적국을 깨뜨리고 천하의 패자가 되었습니다.

지금 말한 것으로 보아 복서(卜筮)가 어떻게 이치에 역행하는 일을 보여주었단 말입니까? 점을 치는 사람은 깨끗이 쓸고 자리를 정한 다음 의관을 바르게 하여 비로소 일의 길흉과 성패를 말하니 이것은 곧 예의가 갖춰져 있다는 것을 뜻합니다.

일의 길흉과 성패를 묻게 되면 귀신이 감응하는 일도 있으므로 그로써 충신은 임금을 섬기고 효자는 어버이를 효로써 받들게 되며 인자한 아버지는 자식을 양육하게 되니 이는 덕(德)이 있는 일입니다.

그리고 복서를 부탁하는 사람은 이런 일에 대한 의무로 수십 전(錢), 혹은 수백 전의 사례금을 내놓는 것입니다. 점친 결과 아픈 사람이 낫는 일도 있고 죽게 된 사람이 회생하는 수도 있으며 고통을 면하게 되는 사람도 있고 일이 성공하는 사람도 있으며 딸을 시집보내고 자식을 장가들이고 해서 삶을 기릅니다.

이러한 덕이 어찌 수십 전이나 수백 전의 가치만 되겠습니까? 이것이야말로 노자(老子)가 '최상의 덕은 얼른 보아 덕 같지가 않다. 그런 까닭에 덕이 있는 것이다.'[360]라고 말한 것입니다. 복서자(卜筮者)가 천하에 베푸는 이익은 막대하나 얻는 보수는 적습니다. 노자는 바로 이것을 말한 것입

---

360) 원문은 '上德不德, 是以有德'. ≪老子≫ 제38장에서 인용한 것. 최고의 덕을 지닌 사람은 그것을 의식하지 않기 때문에 언제까지나 그 덕을 지닌다는 뜻.

니다.

장자(莊子)도 말하기를 '군자는 안으로는 굶주림과 추위에 대한 근심이 없고 밖으로는 겁탈을 당할 염려가 없으며 윗자리에 있을 때는 존경을 받고 아랫자리에 있을 때는 사람들을 해롭게 하는 법이 없다. 이것이 군자의 도(道)다.'[361]라고 했습니다.

그런데 점을 치는 사람은 일의 성질상 몇 개 안 되는 서죽(筮竹)과 산목(算木)만이 필요할 뿐으로 쌓아올려도 높지 않고 보관할 창고가 필요치 않으며 운반할 짐수레가 필요치 않고 짐을 꾸려 짊어져도 무겁지 않은데 어느 곳에 머물러 쓰더라도 언제까지고 쓸 수 있습니다. 다함이 없는 물건을 가지고 끝이 없는 세상에서 노는 격이라 장자의 자유로운 행동인들 이보다 더하지는 못할 것입니다.

그대들은 어찌하여 복서를 업(業)으로 함을 나쁜 짓이라고 말하는 겁니까? 하늘은 서북쪽에 모자라는 곳이 있어 별들이 서북쪽으로 옮겨지고 땅은 동남쪽에 모자라는 곳이 있어 물이 동남쪽으로 흘러가서 바다에 모입니다. 태양이 중천에 오르면 반드시 옮겨가고 달이 차면 반드시 이지러지기 시작합니다. 선왕의 도(道)도 홀연히 존재하다가 홀연히 사라지고 맙니다.

이와 같이 완전한 것은 없는데 그대들은 점치는 사람에게만 '말에는 반드시 신실함이 있어야 한다.' 고 책하는 것은 잘못된 생각이라 하겠습니다.

저 논객과 변사들을 보십시오. 일을 생각하고 계책을 결정하는 것은 언제나 이 사람들이었습니다. 그러나 저들은 한마디 말로써 임금의 마음을 기쁘게 하지는 못합니다. 그러니 반드시 선왕을 칭찬하고 상고(上古)를

---

361) 지금의 ≪莊子≫에는 이런 글이 없다. 佚文인 듯하다.

언급하게 됩니다.

즉 일을 생각하고 계책을 결정하는 데 선왕의 성공을 찬양하는가 하면 그 실패와 폐해를 말함으로써 임금의 마음을 두렵게 하기도 하고 기쁘게 하기도 하여 자신의 욕망을 이루려는 것입니다. 말이 많고 과장된 점에서는 그들보다 더 심한 사람은 없습니다.

그런데 나라를 강하게 하고 일을 성공시켜 임금에게 충성을 다하려 할 경우에는 먼저 점복(占卜)을 의지합니다. 이에 점을 치는 사람은 방황하는 사람을 인도하고 어리석은 사람을 가르쳐주는 것입니다. 대저 어리석고 방황하는 사람이 어찌 한마디 말로 자신의 우매함을 깨달을 수 있겠습니까. 그러니 점을 치는 사람은 말이 많아질 수밖에 없습니다.

기기(騏驥 : 잘 내닫는 말)는 지친 나귀와 더불어 사마(駟馬 : 네 필의 말이 끄는 수레)를 끌 수 없으며 봉황은 제비나 참새와 더불어 무리를 이룰 수 없는 법입니다. 이와 마찬가지로 어진 자도 불초(不肖)한 자와 열(列)을 함께 하지 않습니다.

그러므로 군자는 몸을 낮추어 사람의 눈에 띄지 않는 곳에 처하여 중인(衆人)을 피하고 스스로 몸을 숨겨 은미한 속에서 그 순한 덕을 세상에 보여 주고 폐해를 제거하며 천성을 밝혀 임금을 돕고 백성을 교화하여 그 공로와 이익됨이 많으면서도 자신의 높은 영예를 구하지 않습니다.

그대들은 세속에 부화뇌동하는 사람들에 지나지 않으니 어찌 덕(德) 있는 장자(長者)의 도(道)를 이해할 수 있겠습니까?"

송충과 가의는 망연히 자신을 잊고 슬픈 안색으로 입을 다물고는 말을 못했다. 두 사람은 옷깃을 바로잡고 일어나서 두 번 절하고 작별을 고한 다음 그곳에서 물러나왔다. 시문(市門)을 나와 겨우 정신을 차려 수레에 오르고는 수레의 가로막대에 엎드려 머리를 숙이고는 끝내 기운을 차릴 수가 없었다.

사흘 뒤 송충은 궁전 밖에서 가의를 만났다. 그들은 남의 눈을 피하여 조용히 속삭이며 탄식하듯 말했다.

"도(道)란 높으면 높을수록 더욱 편안하고 권세란 높으면 높을수록 더욱 위태로운 것이다. 혁혁한 권세에 처하면 몸을 망치는 것은 시간 문제다. 점을 치는 사람은 비록 그것이 명확하지 못하더라도 사례금을 되돌려주는 일이 없는데 임금을 위해 세운 계략이 밝지 못하면 몸 둘 바가 없게 된다. 이는 얼마나 큰 차이인가. 마치 머리에 쓰는 관과 발에 신는 신의 차이와 같은 것이다.

노자가 말한 바 '무명(無名)은 만물(萬物)의 비롯함'³⁶²⁾이란 바로 이것이다. 천지는 넓디넓고 크며 만물은 가지각색으로 많아서 혹 편안하기도 하고 혹 위태롭기도 하여 어떻게 대처해야 좋을지 알 수 없다. 그렇지만 그대나 내가 그 점치는 사람의 처세를 따를 수 있겠는가? 그는 언제까지나 더욱더 편안할 것이니 장자가 한 말도 본래의 뜻은 바로 그런 것이리라."

얼마 뒤 송충은 흉노에 사신으로 가게 되었는데 도중에 돌아왔기 때문에 죄를 짓게 되었다. 가의는 양(梁)나라 회왕(懷王)의 부(傅 : 스승)가 되었으나 얼마 후 왕이 말에서 떨어져 죽었기 때문에 가의는 회한의 나날을 보내던 나머지 단식을 하여 죽었다. 그들은 힘써 영화를 구하다 도리어 삶의 근본을 끊은 것이다.

태사공은 말한다.

"본전(本傳)에 옛날의 복자(卜者)에 대해서 기록하지 않은 것은 고서에 그 기록이 보이지 않기 때문이다. 사마계주에 이르러서 그 사적이 분명하

---

362) 원문은 '無名者萬物之始'. ≪老子≫ 제1장에서 인용한 것. 여기서는 사마계주처럼 이름이
     알려지지 않음으로써 천지 사이에서 처신할 수 있다는 뜻으로 쓰인 것 같다.

기에 나는 이를 기록한다."[363]

이하는 저소손(褚少孫)의 보작(補作)이다.

저 선생(褚先生)은 말한다.

내가 낭(郎)이었을 무렵 장안 거리를 구경하다 복서에 종사하는 현자를 보았다. 그 기거(起居) 행동을 관찰하니 단정하게 의관을 정제하여 지방 사람들과 만나는 것이 실로 군자의 기풍이 있었다. 사람의 성품을 알아보고 교묘하게 설명하였다. 또 부인들이 찾아와 점을 칠 경우에는 낯빛을 엄숙하게 하고 이를 드러내고 웃는 일이 한 번도 없었다.

예로부터 현인이 세상을 피할 경우에는 잡초가 무성한 늪에 숨어 사는 사람도 있고 민간에 숨어 입을 다물고 말을 하지 않는 사람도 있으며 복서자 사이에 숨어서 한 몸을 보전한 사람도 있었다.

사마계주는 원래 초나라 현대부(賢大夫)였는데 장안에 유학하여 역경(易經)에 통달했고 황제·노자의 학문에 정통하여 박식했으며 멀리 앞을 내다보는 도통(道通)한 사람이었다. 그가 저 두 사람의 대부(大夫：宋忠과 賈誼)를 응접하는 담론을 보면 옛날의 밝은 임금과 성인의 도를 찬양·인용하고 있는데 이는 학문이 얕은 술사(術士)로서는 도저히 흉내 낼 수 없는 일이다. 복서를 생업으로 하여 명성을 천 리에 떨친 자도 왕왕 있었다.

고서(古書)에 '부유(富裕)가 최상이고 귀위(貴位)가 그 다음이다.'라는 말이 있다. ― 다음 문장 사이에 탈문(脫文)이 있는 것 같음 ― 이미 그 지위가 높았고 각기 한 가지 기능을 배워서 입신했던 것이다.

---

363) 이 뒤에 저소손이 써 넣은 한 단락이 있는데 물론 司馬遷의 원작은 아니다. 앞 부분에 대해서도 司馬遷의 원작이 아닐 것이라고 의심하는 사람도 있다.

황직(黃直)은 남편이고 진군부(陳君婦)는 부인이었는데 모두 말(馬)의 상(相)을 보는 일로 천하에 이름을 떨쳤다.

제나라의 장중(張中)과 곡성후(曲成侯)는 격자(擊刺)의 명인으로서 검술을 배워 천하에 이름을 떨쳤다.

유장유(留長孺)는 돼지의 양부(良否)를 감별하는 것으로 이름을 떨쳤고 형양(滎陽)의 저씨(褚氏)는 소를 잘 감별함으로써 천하에 이름을 떨쳤다.

이와 같이 기능으로써 이름을 떨친 자는 대단히 많으며 모두 한 시대에 뛰어나 뭇 사람을 훨씬 능가하는 풍도(風度)가 있었는데 이 사람들을 일일이 열거할 수는 없다.

그러므로 '알맞은 땅이 아니면 나무를 심어도 자라지 못하고 배우고자 하는 마음이 없는 자한테는 가르쳐도 소용이 없다.'고 했는데 집에서 자손을 가르침에는 마땅히 그들이 좋아하는 점을 살펴서 할 일이다. 좋아하는 것과 싫어하는 것을 선별하는 것은 진실로 생활의 길이니 그 좋아하는 바를 가르쳐서 인간을 완성시키는 것이다.

그러기에 '한 집안을 잘 꾸려가고 자식을 가르치는 일로써 선비 된 자의 인물됨을 알아볼 수 있는 것이다. 자식이 자기에게 맞는 일을 하고 있으면 그 어버이는 현인이라 이를 수 있다.'고 한 것이다.

내가 낭(郎)이었을 때 태복(太卜)으로서 낭이 되려고 대명중(待命中)인 사람과 같은 관청에 있었다. 그때 그는 이렇게 말했다.

"효무제 때 점복가들을 모아 놓고 '아무 날에 며느리를 맞이해도 좋겠는가?' 하고 물었던 바, 이에 대해 오행가(五行家)는 '좋은 날입니다.'라고 했고 감여가(堪輿家 : 天道·地道에 의해 점을 치는 자)는 '안 됩니다.'라고 했으며 건제가(建除家 : 建·除 등 열두 神에 의해 점을 치는 자)는 '불길합니다.'라고 대답했고 총신가(叢辰家 : 십이 辰에 따라 善神·惡神에 의해 점을 치는 자)는 '대흉(大凶)입니다.'라고 말했으며 역가(曆家)는

‘조금 흉합니다.’ 라고 말했고 천일가(天一家 : 天一神에 의해 점을 치는 자)는 ‘조금 길합니다.’ 라고 했으며 태일가(太一家 : 太一星에 의해 점치는 자)는 ‘대길(大吉)입니다.’ 라고 말하며 서로 논쟁만 벌일 뿐 결정을 보지 못했습니다.

　그리하여 그 사실을 주상께 아뢰었는데 ‘상서롭지 못한 것을 피함에는 오행(五行)으로써 주(主)를 삼으라. 인간은 오행에 의해 태어나고 살아가는 것이니.’ 라는 조명이 내려지게 되었습니다.”

제68 귀책열전(龜策列傳)

이 열전에는 태사공의 서론만 있을 뿐 본론이 없다. 다른 부분은 저소손이 보충한 기록인데 서론 부분도 저소손이 지은 것이라고 말하기도 한다.

태사공은 말한다.

예로부터 성왕이 나라를 세우고 천명을 받아 왕업을 일으키려고 할 때 복서를 존중하며 선정(善政)에 도움이 되게 하지 않은 적이 일찍이 있었던가. 요순(堯舜) 이전의 복서에 대해서는 기록이 부족하기 때문에 기술할 수 없을 뿐이다.

하·은·주 삼대가 일어난 다음에는 각각 복서에 나타난 상서(祥瑞)가 있어서 그것에 따라 나라의 기반이 정해지게 되었다.

하나라 시조인 우왕(禹王)은 도산(塗山)씨의 딸을 아내로 맞이하려 할 때 점을 쳤는데 그 조짐이 길하여 그대로 따랐기에 아들 계(啓)가 대를 이어 하나라 천자가 되었다.

또 은나라 시조인 설(契)의 어머니 간적(簡狄)은 제비가 알을 낳은 것을 보고 점을 쳤는데 길(吉 : 順)하였으므로 은나라는 후에 크게 흥하였다.

주나라 시조인 후직(后稷)은 어렸을 때부터 백곡(百穀) 심기를 좋아했는데 그 점괘가 좋았기 때문에 뒤에 천하의 왕자(王者)가 되었던 것이다.

왕자가 여러 가지 의문을 해결하는 데 복서로써 참고하고 시귀(蓍龜)로써 단정했다. 이것은 만세를 통해 바꿀 수 없는 법칙이다.

저(氐)와 강(羌) 등 오랑캐의 여러 민족에게 군신(君臣)의 질서는 없어도 의문을 푸는 점(卜)은 있었다. 금석(金石)을 사용하거나 혹은 초목(草木)

을 사용하여 점치는데 나라에 따라 습속은 같지 않으나 모두 이로써 전쟁을 하고 공격을 하며 군대를 진군시켜 승리를 구했던 것이다. 각기 그 신(神)을 믿고 점을 침으로써 앞날에 닥쳐올 일을 예지할 수 있다고 생각했기 때문이다.

지금까지 들은 것을 대충 종합해 보면 하(夏)·은(殷)에서는 복서를 행해야 할 시기가 되어야만 비로소 시초(蓍草)나 귀갑(龜甲)을 마련했고 끝나면 곧 그것을 버렸다. 귀갑을 오랫동안 간직하면 영험이 없고 시초를 오래 보관해 두면 신통력을 잃게 된다고 생각했기 때문이다. 그런데 주나라 왕실의 복관(卜官)에 이르러서는 시초와 귀갑을 언제나 보배처럼 간직해 두었다.

또 시초와 귀갑으로 큰 것을 사용하느냐 작은 것을 사용하느냐, 어느 점을 먼저 하고 어느 점을 나중에 하느냐 하는 것은 각각 숭상하는 바가 달랐으나 귀착하는 곳은 마찬가지였다.

성왕(聖王)은 일을 당하게 되면 반드시 점으로 그 방침을 결정했고 의심을 해결할 때에도 점을 지치 않은 일이 없었다. 성왕(聖王)이 시초와 귀갑으로 신명(神明)에게 의사를 물어 의문을 해결하려는 도(道)를 설정한 이유는 후세에 도가 쇠미해져서 어리석은 자는 지혜로운 자를 스승으로 섬기지 않고 사람들은 각기 편할 대로 생각하며 백가(百家)로 가르침이 나뉘어 서로 다투게 되고 분산된 도(道)가 통일되지 않을 때 미묘한 시초로 되돌아가 정신을 결백하게 할 필요가 있다고 생각했기 때문이다.

거북의 영묘(靈妙)한 점은 성인도 이에 미칠 수가 없고 거북이 길흉을 보여 주고 가부(可否)를 분별함은 인간 세상사에 적중하는 일이 많다고 한다.

고조 때는 진나라 태복관(太卜官)을 그대로 계승했다. 당시 천하는 겨우 안정되었을 뿐으로 전란은 아직 그치지 않았다. 효혜제는 재위 시기가 매우 짧았으며 여태후는 여제(女帝)였다. 효문제 · 효경제 시대에는 오로지 선례에 따랐을 뿐으로 복서의 이치를 강구하거나 시험할 겨를이 없었다.

주관(疇官 : 曆算과 卜筮를 관장하는 관리)은 아버지에서 아들로 대대로 전하여 왔으나 복서의 정미(精微)함과 심묘(深妙)함은 많이 잃게 되었다.

금상이 즉위하자 널리 예능(藝能)의 길을 열고 백가(百家)의 학문을 모두 채용했다. 이 때문에 한 가지 기능에 통하는 인사라면 누구나 자기의 능력을 발휘할 수 있게 되었고 뭇 사람보다 월등히 능력이 뛰어난 사람은 높은 지위에 올라서 남에게 아부하지 않아도 되었다. 그래서 몇 해 사이에 태복(太卜)의 벼슬도 크게 충실하게 되었다.

때마침 임금께서는 흉노를 치고 서쪽에 있는 대원(大宛)을 쫓아 버리고 남쪽의 백월(百越)을 손아귀에 넣고자 하였다. 이때 복서하는 사람이 길흉의 징후를 예견하여 사전에 이익을 꾀하게 되었으며, 용맹한 장수가 적진으로 쳐들어가고 천자의 사신이 부절을 받들고 전쟁터에서 승리를 얻은 것도 시초와 귀갑의 점으로 시일(時日)에 대한 길흉이 궁중(宮中)에서 효력을 나타냈기 때문이다.

이에 임금은 더욱 복서자에게 뜻을 두게 되어 상사(賞賜)가 수천만 전에 이르는 자도 있었다. 구자명(丘子明)과 같은 무리는 크게 부유하게 되고 임금의 총애를 받아 존귀하게 되어 조정을 압도하였다. 고도(蠱道 : 무당의 저주에 의한 妖道)를 행한 자를 복서로 맞추어 무고 사건(巫蠱事件 : 陳皇后가 蠱道를 행한 것이 발각되어 廢位된 사건) 때도 크게 공을 세우기도 했다.

그런데 형세에 편승하여 우쭐해진 그들은 평소에 사소한 유감이 있거나 불쾌한 일이 있으면 복서에 나타났다고 무고하여 공사(公事)와 관련시켜 죄를 덮어씌우고 또 멋대로 사람을 모함하기가 일쑤였으며 그 때문에 일족과 일문이 파멸당한 자가 헤아릴 수도 없을 정도였다. 백관(百官)이 크

게 두려워하여 모두 말하기를,

"귀책(龜策)이 말을 마구 한다."

하였다. 그 후 그들의 간악한 행실이 발각되어 삼족이 주멸되었다.

대저 산가지를 셈하여 괘(卦)를 정하고 귀갑을 태워 길흉의 조짐을 살피는데 그 변화는 무궁하다. 그런 까닭에 현자를 가려 점을 치게 하는 것인데 점을 친다는 것은 성인(聖人)에게 중대사라고 할 수 있을 것이다.

주나라 무왕이 병이 들었을 때 주공(周公)이 삼귀(三龜)로써 점을 쳐 무왕의 병이 완전히 나았다.

은 주왕은 포악한 짓만을 했기 때문에 큰 거북(元龜)이 길조를 나타내지 않았다.

진(晋) 문공(文公)은 주나라 양왕(襄王)의 왕위를 정하려고 점쳤는데 황제(黃帝)가 판천(阪泉)의 들에서 싸워 승전한다는 길조를 얻고서 마침내 큰 공을 세우고 양왕으로부터 동궁(彤弓 : 붉은 칠을 한 활로 천자가 공이 많은 제후에게 내리는 활)을 하사받았다.

진(晋) 헌공(獻公)은 여희(驪姬)의 용색(容色)을 탐내어 아내로 맞으려고 점을 쳤더니 구설수의 흉조가 있다고 나왔는데 그 화는 그 후 오세(五世)의 자손에까지 미쳤다.

초나라 영왕(靈王)이 주 왕실을 배반하려고 점을 쳤을 때는 거북의 조짐이 불길했었는데 마침내 건계(乾溪)에서 패하였다.

이처럼 길흉의 징조와 반응은 귀복(龜卜)에 신실하게 나타났고 당시 사람들은 점괘가 맞는다는 것을 사실을 통해 밝게 알았던 것이다. 귀복의 징조와 반응은 사실과 일치했다고 말할 수 있다.

군자는 말하기를,

"대저 복서를 경시하여 신명(神明)함을 무시하는 자는 인도(人道)에도 어긋나는 자이다. 인도를 거역하면서 길흉의 전조만 믿으려 하면 귀신도 바르게 알려 주지 않는다."

라고 하였다. 그러므로 ≪서경(書經)≫에 이르기를 '의심나는 것을 결정하는 데는 오모(五謀 : 자신의 마음·卿士·庶人·卜·筮 등의 계책) 곧 다섯 가지 묻는 방법이 있으니 복(卜)과 서(筮)가 그 둘을 차지하며 일을 하려면 이 다섯 가지를 도모하여 찬성이 많은 쪽에 따르는 것이다.

이는 요컨대 신명의 존재를 믿으며 복서를 중하게 여기면서도 그것만을 의존하여 한쪽에 치우쳐 일을 결정하지 않고 신명과 인위의 일치를 중시하였다.

나는 강남(江南)에 가서 그 지방 사람들이 행하는 복서를 보고 장로에게 물었더니,

"거북은 천 년을 살게 되면 연잎 위에서 놀고 시초(蓍草)는 한 뿌리에서 백이나 되는 줄기가 올라오고 있다. 또 시초가 나는 장소에는 범이나 이리 같은 맹수가 있고 독초도 나지 않는다. 장강(長江)의 강가에 있는 사람들은 평소 거북을 길러 잡아먹음으로써 혈액 순환을 좋게 하고 기력을 충실하게 하고 노쇠를 막는 효과가 있다고 생각한다."

라고 말했다. 아마도 그것은 사실일 것이다.

이하는 저소손의 보기(補記)이다.

저 선생(褚先生)은 말한다.

나는 경서에 통해 있었으므로 박사에게서 학업을 받고 ≪춘추(春秋)≫를 익혀 우수한 성적으로 급제하여 낭관에 임명되었으며 다행히도 궁중의 숙위(宿衛)로 출입하기 십여 년이다.

그 사이 은밀히 태사공이 쓴 전(傳)을 애독했다. 태사공의 자서(自序)에 이르기를,

"하·은·주 삼대의 왕은 거북을 사용하여 점치는 법이 같지 않았고 사

방의 오랑캐도 점을 치는 방법이 각기 달랐다. 그렇지만 이것으로써 길흉을 판단한 점은 모두 동일하다. 이제 대략 그 요점을 엿보아 〈귀책열전(龜策列傳)〉을 짓는다."

라고 했다. 나는 장안의 성안을 왕래하면서 〈귀책열전〉을 구해 보려 했으나 손에 넣을 수 없었다. 그래서 태복의 관부(官府)에 가 보기도 하고 장고관(掌故官), 문학관(文學官), 장로(長老) 등 그런 일에 능통한 사람들에게 묻기도 하여 귀책(龜策)·복사(卜事)를 베껴서 아래와 같이 편찬한다.

들은 바에 의하면 옛날의 오제·삼왕이 거사하려고 할 때는 반드시 먼저 시초(蓍草)와 귀갑(龜甲)으로 점을 쳐서 길흉을 결정했다고 한다.

고서에는 "아래에 복령(茯笭 : 仙藥)이 있으면 그 위에는 토사(兔絲 : 뿌리가 없는 덩굴)가 있다. 위에 총생(叢生)한 시초가 있으면 그 아래에는 신귀(神龜)가 있다."고 했다.

이른바 복령은 토사(兔絲) 아래에 있고 그 형상은 나는 새와 비슷하다. 새로 내린 비가 멎고 하늘이 맑고 고요하며 바람이 불지 않을 때 한밤중에 토사를 베어내고 횃불로 그 장소를 비추어 보아 횃불이 땅속으로부터 불어나오는 기운으로 꺼지면 그곳에 길이 넉 장(丈)의 천으로 주위를 둘러싸 표시를 해 두었다가 이튿날 새벽에 그곳을 판다. 깊이 넉 자에서 일곱 자 정도 땅을 파면 복령을 얻을 수 있다. 단 일곱 자를 지나면 구할 수 없다.

복령은 천 년을 묵은 송진인지라 그것을 먹으면 죽지 않는다고 한다. 또한 들건대 시초가 나서 그 줄기가 백 개 이상 달려 있으면 그 아래에는 반드시 신령한 거북이 이를 지키고 있으며 그 위에는 언제나 청운(靑雲)이 덮고 있다고 하였다.

고서에 이르기를 "천하가 평화롭고 왕도가 실현되고 있으면 시초의 줄기 길이는 한 장(丈)에 달하며 줄기가 총생(叢生)하여 백 줄기 이상 달려 있다."고 하였다.

그런데 지금 시초는 옛날 법도에 맞는 것이 없어 백 개 이상의 줄기에다 길이가 한 장이나 되는 것을 채취하기가 힘들다. 줄기가 팔십 개 이상의 시초로서 길이 여덟 자 정도인 것을 채취하기조차 어렵다. 백성이 즐겨 卦(괘)에 쓰는 것은 줄기 육십 개 이상에 길이가 여섯 자 정도의 것을 얻으면 쓸 만한 것으로 여기고 사용하고 있다.

기록에 의하면,

"명귀(名龜)를 손에 넣으면 재물이 그에게로 모이며 그 집은 크게 부유해져서 천만장자(千萬長者)에 이른다. 명귀는 첫째로 북두귀(北斗龜)라 이르고 둘째로 남진귀(南辰龜), 셋째로 오성귀(五星龜), 넷째로 팔풍귀(八風龜), 다섯째로 이십팔수귀(二十八宿龜), 여섯째로 일월귀(日月龜), 일곱째로 구주귀(九州龜), 여덟째로 옥귀(玉龜)라고 하여 무릇 여덟 종류가 있다.

거북에는 배 아래쪽에 무늬가 있는데 그것에 따라 이름을 달리 부르고 있다. ― 예컨대 北斗의 무늬가 있어 北斗龜라 부름 ― 여기에 그 대강의 뜻을 기록하고 도형 그리는 것은 생략하였다."

라고 하였다. 이런 거북들을 잡는 데에는 반드시 한 자 두 치에 차지 않아도 된다. 사람들은 길이 일고여덟 치짜리 거북을 얻더라도 보배로 여기어 소중히 생각지 않으면 안 된다.

무릇 주옥보기(珠玉寶器)는 아무리 깊이 감추어 둔다 하여도 그 빛을 나타내며 반드시 그 신명스러운 덕을 발휘한다는 것은 바로 이것을 말하는 것이 아니겠는가? 그러므로 옥이 산속에 있으면 그 산의 초목은 기름지고 구슬이 못에 있으면 물이 마르지 않는데 이는 구슬과 옥에 신령한 힘이 숨어 있기 때문이다.

명월주(明月珠)는 강과 바다에서 나며 조개 속에 감추어져 있는데 그 밑에 교룡(蛟龍)이 엎드려 숨어 있다. 왕자(王者)가 이것을 얻게 되면 천하를 길이 보전하고 사방의 오랑캐가 복종한다.

백 개의 줄기가 달린 시초를 손에 넣고 또 아울러 그 밑의 신령스러운 거북을 얻어 점치게 되면 백언백중(百言百中)하여 길흉을 판정하기에 족하다.

신령한 거북은 장강(長江) 물속에서 나타난다. 여강군(廬江郡)에서는 언제나 세시(歲時)에 그 땅에서 나는 길이 한 자 두 치의 거북 이십 마리를 매년 태복관에게 보낸다. 태복관에서는 점을 쳐서 길일을 택한 다음, 거북의 배 밑 껍질을 떼어내는데 천년을 묵은 거북이라면 그 길이가 한 자 두 치쯤 된다.

왕자(王者)가 군대를 일으키고 장수를 내보낼 때는 반드시 종묘의 당상에서 거북의 껍질을 칼로 깎아 길흉을 판단한다. 지금 고묘(高廟) 안에는 귀실(龜室)이라는 곳이 있어 그 안에 거북을 감추어 이를 신보(神寶)로 삼고 있다.

전(傳)에 이르기를, "거북 앞발의 팔꿈치 뼈를 떼어 구멍을 뚫은 다음 이것을 몸에 차거나 혹은 거북을 잡아 방의 서북쪽 모퉁이에 걸어 두면 깊은 산이나 큰 삼림 속에 들어가더라도 길을 잃는 일이 없다."고 하였다.

내가 낭(郎)으로 있을 무렵 ≪만필술(萬畢術)≫ 안에 있는 〈석주방전(石朱方傳)〉을 보았는데 거기에는 이렇게 씌어 있었다.

"신령한 거북은 강남의 가림(嘉林) 속에 있다. 가림에는 범과 늑대와 같은 맹수가 없고 올빼미와 같은 악조(惡鳥)가 없으며 사람을 독기로 찌르는 악초(惡草)도 나지 않고 들불도 여기까지 미치지 못하며 도끼도 이곳에는 들어오지 못한다. 그래서 가림(嘉林 : 좋은 수풀)이라고 하는 것이다.

신귀(神龜)는 그 속에 있는데 늘 방향(芳香)이 풍기는 연(蓮) 위에서 살

고 있다. 거북의 왼쪽 옆구리에 '갑자(甲子)의 중광(重光 : 十干 · 十二支
의 辛에 해당하는 해)에 나를 잡는 사람은 필부라 하더라도 임금이 되며
토지를 소유하는 장(長)이 될 것이다. 만약 제후가 나를 얻으면 제왕이 될
것이다.' 라는 글씨가 씌어 있다고 했다.

이 거북을 백사(白蛇)가 서리고 있는 수풀 속에서 구하려는 자는 목욕재
계하고 그것이 나타나기를 소식 전해 주는 사람 기다리듯 공손히 기다리
며 술을 땅에 뿌려 제사 지낸 다음 머리를 풀어헤치고 이를 구하면 사흘
낮 사흘 밤 만에 잡을 수 있다."

이 기록에 의하면 신귀의 영묘함은 진실로 위대하니 이를 존경하지 않
을 수 있겠는가.

남쪽의 한 노인이 거북으로 침대 다리를 받쳐 두었다. 이후 이십 년 만
에 노인이 죽어 침대를 옮기게 되었는데 거북은 죽지 않고 살아 있었다.
거북은 스스로 기(氣)를 운행시켜 몸 안으로 도인(導引)할 수 있기 때문이
다. 어떤 사람이 물었다.

"그와 같이 거북은 신령함을 지니고 있는데 태복관들은 산 거북을 얻으
면 어찌하여 곧 죽여서 그 껍데기만 떼어내는 것입니까?"

근세에 양자강 연안에 사는 사람으로 명귀(名龜)를 잡아다 사육하던 사
람이 있었는데 그로 인하여 집안이 크게 부유하게 되었다. 그는 벗과 의논
하여 거북을 놓아 보내려 하는데 그의 벗은 죽이는 것은 좋으나 놓아 보내
지 말라고 하면서,

"거북을 놓아 보내면 그대의 집은 파산할 것이오."

라고 하였다. 그러자 거북이 꿈에 나타나,

"나를 물속에 놓아 주시오. 나를 죽이지 마시오."

했지만 그 집에서는 끝내 거북을 죽였다. 그 후 집 주인은 죽었고 집안
에는 불행한 일이 계속 일어났다. 백성과 군왕은 도(道)를 달리하므로

백성이 명귀(名龜)를 얻었을 경우에는 아무래도 죽여서는 안 되는 것 같다.

고사에 따르면 옛날의 밝은 임금과 거룩한 임금은 모두 거북을 죽여서 사용했다. 송(宋)나라 원왕(元王) 때도 거북을 죽여서 사용했는데 삼가 그 일을 다음에 기록하여 호사가의 판단 참고 자료로 하겠다.

송나라 원왕 2년 양자강의 강신(江神)이 하신(河神 : 黃河의 신)에게 사신으로 신귀(神龜)를 보냈다. 그런데 거북이 천양(泉陽)에 이르렀을 때 어부 예저(豫且)가 그물로 이 거북을 잡아 바구니 속에 넣어 두었다. 그 날 밤 거북은 송나라 원왕의 꿈속에 나타나 이렇게 말했다.

"나는 양자강의 강신(江神)을 위해 하신(河神)에게 사신으로 가던 중 그물에 걸려서 천양의 예저라는 자에게 잡혔습니다. 나는 도망칠 수도 없고 근심 속에 있으나 누구에게 하소연할 수도 없습니다. 왕께서는 덕과 의리가 있는 분이시기에 제가 이처럼 찾아와서 호소하는 것입니다."

원왕은 깜짝 놀라 잠을 깼다. 곧 박사 위평(衛平)을 불러 이를 물었다.

"나는 방금 꿈속에서 한 장부(丈夫)를 보았다. 목을 길게 늘이고 머리가 긴 사나이로 검정색 수놓은 옷을 입고 짐차에 타고 와서 나에게 말하기를 '나는 양자강의 강신을 위해 황하의 하신에게 사신으로 가던 중 그물에 걸려서 천양의 예저라는 자에게 잡혔습니다. 나는 도망을 칠 수도 없고 근심 속에 있으나 누구에게 하소연할 수도 없습니다. 왕께서는 덕과 의리가 있는 분이기에 이처럼 찾아와서 호소하는 것입니다.' 라고 말했다. 도대체 이것은 무슨 뜻인가."

위평이 점치는 판을 손에 들고 일어나서 하늘을 우러러 달빛을 보고 북두성이 가리키는 곳을 살피며 해가 향하는 방향을 정하고, 규(規)를 잡은 동방신, 구(矩)를 잡은 서방신, 권(權)을 잡은 남방신, 형(衡)을 잡은 북방신의 도움을 빌려 사방의 방위를 바로잡고, 사유(四維 : 乾·坤·巽·巽)

가 이미 정해지고 팔괘(八卦 : 서북쪽인 乾 · 서남쪽인 坤 · 동남쪽인 巽 · 동쪽인 震 · 북쪽인 坎 · 남쪽인 離 · 동북쪽인 艮 · 서쪽인 兌)가 바르게 설정되어 서로 바라보게 하였다.

그 길흉을 보니 먼저 거북의 상(象)이 나타났기 때문에 위평은 원왕에게 대답했다.

"어젯밤은 임자(壬子)로서 달은 이십팔수(二十八宿) 중 견우성(牽牛星) 위치에 있어 황하의 물이 크게 모이고 귀신이 서로 의논을 하였습니다. 은하수는 남북으로 바로 위치하여 양자강과 황하는 사철의 정상을 잃지 않고 있습니다. 남풍이 새로 불어 양자강의 사자가 먼저 옵니다. 흰 구름이 은하수를 덮으면 만물이 모두 제자리에 멈추고 북두성의 자루가 해 있는 방향을 가리킵니다. 이렇게 되면 사신이 잡혀 갇힐 것입니다. 검은 옷을 입고 짐차에 탄 것은 거북입니다. 왕께서는 급히 사람을 보내시어 그 거북을 찾도록 하십시오."

왕은, "좋다." 고 말하고 천양령(泉陽令)에게 사람을 보내어 묻도록 했다.

"고기잡이하는 집이 몇이나 되며 예저라는 자는 누구인가? 예저가 잡은 거북이 왕의 꿈에 나타났는데 왕께서 나를 보내 찾도록 하셨다."

그래서 천양령은 아전에게 명하여 호적을 조사하고 지도를 살피게 했다. 강가에 있는 어부의 집은 오십오 호가 있었고 상류에 있는 움막에 예저라는 자가 살고 있었다. 천양령이 사자와 함께 그곳으로 달려가 예저에게 물었다.

"어젯밤에 무엇을 잡았느냐?"

"한밤중에 그물을 걷어 보니 거북이 걸려 있었습니다."

사자가 말했다.

"지금 그 거북은 어디에 있느냐?"

"바구니 속에 있습니다."

"왕께서는 네가 거북을 잡은 사실을 알고 계시며 나에게 그것을 찾아오라는 명령이 계셨다."

예저는 "잘 알았습니다." 하고 곧 바구니 속에서 거북을 꺼내어 묶어 사자에게 바쳤다.

사자는 거북을 수레에 싣고 천양 읍문을 나왔다. 한낮이건만 캄캄하여 아무것도 보이지 않을 뿐만 아니라 구름이 수레 위를 덮어 오색으로 빛나고 번개와 비가 함께 일어나며 바람이 뒤에서 불어왔다. 사자는 왕궁의 남쪽 정문인 단문(端門)으로 들어가 정전(正殿)의 동쪽 방에서 원왕을 배알했다.

거북의 몸은 흐르는 물처럼 번쩍이고 있었고 멀리 원왕을 보자 목을 늘이고 세 걸음 나아가서 멈추더니 목을 움츠리고 물러나 본래의 위치로 돌아갔다. 원왕은 이런 모습이 이상하게 생각되어 위평에게 물었다.

"거북이 나를 보더니 목을 늘이고 앞으로 나온 것은 대체 무엇을 바라는 것인가? 또 목을 움츠리고 본래의 위치로 되돌아간 것은 무슨 뜻인가?"

"거북은 걱정 속에 하룻밤을 꼬박 새웠던 것입니다. 덕과 의리가 두터우신 왕께서 사자를 보내 거북을 구하게 하셨습니다. 지금 목을 늘이고 앞으로 나온 것은 감사의 뜻을 나타낸 것이며 목을 움츠리고 물러난 것은 빨리 어전에서 물러나고 싶다는 뜻을 나타낸 것입니다."

"참 장한 일이로군. 신령한 힘이 이와 같을 수 있는가. 오래 머물게 해서는 안 되겠다. 급히 수레를 몰아 거북을 보내 주되 늦지 않도록 해 주어라."

그러자 위평은 이렇게 말했다.

"이 거북은 천하의 보물입니다. 이 거북을 먼저 얻은 자는 천자가 되는 것입니다. 그리고 이 거북으로 점을 치면 열 마디 말해서 열 번 맞히고 열

번 싸워서 열 번 이깁니다.

이 거북은 깊은 못에서 나서 황토에서 자랐으므로 천도(天道)를 알고 상고(上古)의 일에 밝습니다. 물속에서 헤엄치기를 삼천 년, 정해진 구역에서 나오지 않고 안온하고 조용하고 바르며 움직이는 데 힘을 사용하지 않아 그 수명은 천지와 함께 무궁합니다.

사물과 함께 변화하고 사철에 따라 빛깔이 달라지며 가만히 엎드려 숨고 아무 것도 먹지 않습니다. 그 색깔이 봄에는 푸른색, 여름에는 노란색, 가을에는 흰색, 겨울에는 검정색으로 바뀌는 것으로 알 수 있듯 음양(陰陽)의 이치에 밝고 형덕(刑德 : 十干, 十二支에 의하여 길흉을 판단하는 術)에 정통하며 이해(利害)를 미리 알고 화복(禍福)을 예측합니다.

그러므로 이 거북으로 점을 치면 맞고 그 점에 따라 전쟁을 하면 반드시 이깁니다. 왕께서 이것을 보물로 가지고 계시면 제후들은 모두 복종할 것입니다. 그러니 왕께서는 놓아 주시지 말고 이 거북으로 사직을 편안하게 하십시오."

왕이 말했다.

"신령스러운 이 거북은 하늘에서 내려와 깊은 못에 떨어져 환난에 처해 있을 때 나를 어질고 후덕하며 충과 신의가 있다고 믿었기에 나를 찾아와 알렸던 것이다.

만약 내가 놓아 주지 않는다면 어부의 소행과 마찬가지가 되고 만다. 어부가 거북의 고기를 이용하려 하고 내가 그 신통력을 탐낸다면 아랫사람은 불인(不仁)을 행하고 윗사람은 무덕(無德)을 나타내는 것이다. 군신(君臣)이 모두 예의를 벗어난다면 어찌 복을 받을 수 있겠는가. 나는 이 거북을 차마 붙잡아 둘 수 없다. 어쨌든 놓아 주지 않으면 안 된다."

그러자 위평이 말했다.

"그렇지 않습니다. 신이 들으니 '성대한 은덕은 보답할 필요가 없고 중

대한 기탁물은 돌려보낼 필요가 없다. 하늘이 주는 것을 받지 않으면 하늘은 그 보물을 빼앗아간다.' 는 말이 있습니다.

지금 이 거북은 천하를 두루 돌아다니고 본래 있던 곳으로 돌아온 것입니다. 이 거북은 위로는 푸른 하늘에 이르고 아래로는 진흙에 다다라 구주(九州)를 골고루 돌아다닙니다. 아직 한 번도 욕된 일을 당한 적이 없고 오래 붙들려 있거나 한 일도 없습니다. 그런데 지금 천양에 와서 어부에게 붙잡혀 욕을 당했습니다.

왕께서 거북을 놓아 주신다 하더라도 양자강의 신과 황하의 신은 틀림없이 모욕을 당했다 하여 다른 신들과 상의해 원수를 갚으려고 장맛비를 내리게 할 것이며 마침내 큰 홍수가 나 다스릴 수 없게 될 것입니다. 그렇지 않으면 반드시 큰 가뭄이 일어나 바람이 불어 먼지를 일으키고 천지에 메뚜기 떼가 일어나 백성들은 농사를 잃게 되고 말 것입니다.

왕께서 거북을 놓아 주어 인의를 행하신다 해도 그 벌은 반드시 올 것입니다. 왜냐하면 그 거북에게는 신벌이 있기 때문입니다. 나중에 후회하셔도 아무 소용이 없을 테니 왕께서는 절대로 거북을 놓아 주셔서는 안 됩니다."

원왕은 탄식하며 말했다.

"대저 남의 사자를 어긋나게 하고 계획한 바를 중단하게 하는 것은 포악한 짓이 아니겠는가. 남이 가진 것을 빼앗아 자기의 보물로 삼는 것은 강탈이 아니겠는가.

나는 '포악한 것으로 얻는 자는 반드시 포악한 것으로 망하고 굳이 무리한 짓을 하는 자는 반드시 뒤에 공을 잃는다.' 고 들었다. 걸(桀)·주(紂)는 강포했기 때문에 생명을 잃고 나라가 망했다. 지금 내가 그대의 말을 듣는다면 이는 인의의 이름을 잃게 되고 강포의 이름만 길이 남는 것이다.

양자강과 황하의 신은 탕(湯)·무(武)가 되지만 나는 걸과 주가 된다. 이로운 점은 하나도 얻지 못하고 허물 받을 것을 두려워하지 않으면 안 된다. 아무리 해도 쉽게 결정할 수는 없지만 이 보물에만 마음을 둘 수는 없다. 어서 수레를 재촉하여 거북을 보내 주어 오래 지체되는 일이 없도록 하라."

위평이 말했다.

"그렇지 않습니다. 왕께서는 근심하지 마십시오. 하늘과 땅 사이에 돌이 쌓여 산을 이루고 있으나 높아도 무너지지 않으며 그런 까닭으로 땅은 산으로 인해 안정을 유지하고 있습니다.

그러므로 말하기를 '물건이란 위태로운 듯한 것이 도리어 편안하고 가벼운 듯한 것이 옮길 수 없는 경우도 있다. 사람은 충성되고 믿음이 있는 것이 허술한 것만 같지 못하기도 하고 못생긴 것이 추악하지만 큰 벼슬에 마땅하기도 하고 아름답고 고운 얼굴을 하고 있어도 그 때문에 뭇 사람의 근심거리가 되기도 한다.' 고 했습니다.

신성한 사람이 아니면 사물의 도리를 깨달을 수 없습니다. 춘하추동의 추위와 더위가 서로 조화되지 못한다면 적기(賊氣 : 사물을 손상시키는 나쁜 기운)가 사물을 범하게 됩니다. 한 해 동안 여러 계절이 있는 것은 절기가 그렇게 만드는 것입니다. 그래서 봄에는 나고 여름에는 성장하고 가을에는 거두고 겨울에는 간직하게 됩니다.

사람도 그와 같아서 인의를 행하기도 하고 혹은 강포를 행합니다. 강포도 때에 따라서는 정도(正道)로 나갈 수 있고 인의도 시행해야 할 때와 시행해서는 안 될 때가 있습니다. 만물이 모두 그와 같아서 한 가지로 처리할 수는 없습니다. 대왕께서 허락해 주신다면 이 점에 대해서 모두 말씀드리겠습니다.

아주 멀고 먼 옛날, 하늘은 오색을 나타내어 흑백을 분간하고 땅은 오곡을 낳아 선과 악을 알게 되었습니다. 그렇지만 백성들은 이를 분별하지 못하고 금수같이 골짜기에서 살거나 굴에 거주하여 농사짓는 법을 알지 못했습니다. 천하에 재난이 일어나고 음양이 서로 어긋났지만 백성들은 모두 불안하게 여길 뿐 악을 버리고 선에 나아가는 길을 선택하지 못했습니다. 요사스러운 일들이 자주 나타나 미개한 세상에 전해 내려왔던 것입니다.

그래서 성인은 그 살아가는 길을 분별하여 서로 죽이는 일이 없게 했습니다. 금수의 암수를 산에 두고 새에게도 자웅이 있으니 이를 수풀에 두었으며 딱지나 껍데기가 있는 동물은 물이 흐르는 계곡에 두었습니다.

그리고 백성들을 다스리기 위해 성곽을 만들었습니다. 성안에는 여(閭)와 술(術 : 이십오 집이 閭가 되고 백 집을 里라 하며 십 里를 術이라고 함)을 경영하고 성 밖에는 천(阡)과 맥(陌 : 모두 田間의 도로. 천은 남북, 맥은 동서)을 만들었습니다. 부처 남녀(夫妻男女)에게는 전택을 나눠 주고 지도와 호적을 만들어 그 성명과 가족을 구별했습니다.

관청을 세우고 관리를 두며 작록을 주어 그들을 권장하고 비단과 삼베로 옷을 입게 하고 오곡을 먹게 했습니다. 따라서 백성은 밭을 갈고 씨를 뿌려 흙으로 덮고 김매어 잡초를 없애며 입으로는 맛있는 것을 먹고 눈으로는 아름다운 것을 보며 몸으로는 그 이익을 받았습니다.

이상으로 판단하기를 굳센 것이 아니면 여기까지 실현할 수 없습니다. 그러므로 '농사짓는 자가 굳세지 않으면 창고가 차지 않고 장사꾼이 굳세지 않으면 그 이익을 얻지 못하며 부녀자가 굳세지 못하면 포백(布帛)이 정교하지 못하고 관청의 관리가 강하지 못하면 위세를 떨치지 못하며 대장이 굳세지 못하면 사졸을 부릴 수 없고 제후나 왕자가 굳세지 못하면 영원히 명성이 없다.'고 했습니다.

또 '강(强)은 만사의 시작이며 분별의 도리이자 사물의 강기(綱紀)이다. 강(强)에 구하는 바가 실현되지 않은 것이 없다.'고 합니다.

만약 왕께서 그렇지 않다고 생각하신다면 왕께서는 저 옥독(玉櫝)·척치(隻雉)의 명옥(名玉)이 곤륜산(崑崙山)에서 나고 명월주(明月珠)가 사해(四海)에서 산출된다는 것을 못 들으셨습니까? 그것들은 모두 돌을 자르고 조개를 쪼개어 채취하여 시장에 내다 파는 것들입니다.

성인은 이것을 구하여 대보(大寶)로 여깁니다. 대보를 가진 자가 곧 천자가 되는 것입니다. 지금 왕께서는 거북을 놓아 주지 않는 것을 포악하다고 하시지만 바다에서 조개를 쪼개는 것보다 나은 일입니다. 또 그것을 강(强)이라고 하시는데 곤륜산에서 돌을 자르는 것보다는 낮지 않겠습니까? 이것을 취하시더라도 허물이 없을 것이며 이것을 보물로 가지는 자는 화를 입지 않습니다.

지금 거북이 강신(江神)의 사자가 되어 하신(河神)에게 가다 그물에 걸려 어부에게 잡히자 스스로 왕에게 현몽(現夢)하여 구원을 요청했습니다. 이 거북은 나라의 보배입니다. 왕께서 걱정하실 필요가 있겠습니까?"

그러자 왕이 말했다.

"그렇지 않다. 내가 듣기로는 '간(諫)은 복(福)이지만 아첨은 화(禍)이다. 임금 된 자가 아첨하는 말을 듣는다면 이는 어리석고 유혹에 끌리기 때문이다.'라고 했다. 그렇지만 화란 것은 함부로 이르는 것이 아니고 복이란 부질없이 오는 것이 아니다.

천지의 기(氣)가 화합해야만 백 가지 재화(財貨)를 낳고 천지의 기에는 음양의 구분이 있어 네 계절의 변화가 있고 열두 달은 동지(冬至)와 하지(夏至)를 일기(一期)로 한다.

성인은 이 이치에 통달하여 있으므로 그 몸에 재앙이 없고 밝은 임금은 이 이치로써 다스리기 때문에 아무도 속이지 못한다. 그러므로 '복도 스스로 이끄는 것이요, 재앙도 스스로 이루는 것이다.'라고 한다.

화와 복은 같은 것이고 또 형벌과 덕은 한 쌍으로서 성인은 이를 통찰해 길흉을 아는 법이다. 걸·주 때는 하늘과 공을 다투고 귀신을 가로막아 사람과 통하지 못하게 했다. 이 일 자체가 이미 무도(無道)한 것이어서 아첨하는 신하가 많았다.

걸왕에게 아첨하는 조량(趙梁)이라는 신하는 걸왕에게 무도한 짓을 하게 하고 늑대와 같은 탐욕스러운 짓을 권했으며 은나라 탕왕을 하대(夏臺)의 옥(獄)에 가두고 관용봉(關龍逢)을 죽였다. 좌우에 있던 측근들은 죽음을 두려워하여 걸왕 옆에서 하루하루를 아첨으로 일관했다.

나라가 알을 포개어 놓은 것처럼 위태로웠으나 모두들 '걱정하실 것 없습니다.' 하고 성수 만세를 외치고 즐겼으며 혹은 '폐하의 즐거움은 아직 그 반에도 이르지 못했습니다.' 하면서 걸왕을 부추기어 그 이목(耳目)을 가리며 미쳐 날뛰는 자도 있었다.

마침내 탕왕이 걸왕을 공격하니 걸왕은 죽고 나라가 망했다. 아첨하는 신하의 말을 받아들임으로써 자신의 몸이 재앙을 받게 된 것이다. ≪춘추(春秋)≫에 기록되어 지금에 이르기까지 잊히지 않는 일이다.

주왕에게도 아첨하는 신하가 있었으니 이름을 좌강(左彊)이라고 했다. 그는 눈짐작으로 측량할 수 있는 것을 자랑하며 주왕으로 하여금 상아로 꾸민 상랑(象郞)을 짓게 했는데 그 높이는 하늘에 닿을 정도였다. 또 주왕에게는 옥으로 만든 침대가 있었으며 서각(犀角)·주옥(珠玉) 그릇에 국을 먹고 상아로 만든 젓가락을 사용했다.

성인 비간(比干)은 주왕에게 간언하다가 심장을 찢기게 되고 겨울 아침에 내를 건넌 장사는 두 다리를 끊겼으며 기자(箕子)는 죽임을 당할 것을 두려워해 머리를 풀어헤치고 미치광이로 가장했다. 또 주나라 태자 역(歷)을 죽였으며 문왕 창(昌)을 석실에 가둔 채 저녁부터 아침까지 버려두었다. 음긍(陰兢)이 이를 구출하여 함께 주나라 땅으로 도망갔다. 태공망을 자기편으로 끌어들이고 군사를 모아 마침내 주왕을 공격했다.

　문왕이 병들어 죽자 주나라 군사는 그 시신을 수레에 싣고 행군했으며 태자 발(發)이 대신 장수가 되어 무왕이라고 불렀다. 목야(牧野)에서 싸워 화산(華山)의 남쪽에서 주왕을 무찔렀다. 주왕은 패하여 달아났다가 상랑(象郎)에서 포위되었다. 마침내 주왕은 선실(宣室 : 천자의 居室)에서 자살했다. 주왕은 죽었어도 장사를 지내지 못하고 그의 목은 수레 뒤의 가로대에 매달린 채 네 마리 말에 끌려갔다.

　나는 이와 같은 일을 생각하면 창자가 끊어오르는 것 같다. 걸왕과 주왕은 천하라고 하는 부(富)를 보유했으며 천자의 높은 자리에 올라 있었다. 그런데 거만을 부리고 욕심은 끝이 없었으며 일을 일으키고는 높은 것을 좋아했고 탐욕스러운 늑대처럼 교만하여 충신(忠信)을 쓰지 않고 아첨하는 말만 받아들인 나머지 천하의 웃음거리가 되고 말았다.

　지금 이 나라는 제후의 나라들 사이에 약소하고 위세 없기는 추호(秋毫)에도 미치지 못한다. 만약 일을 일으켰다가 성공하지 못한다면 대체 어느 곳으로 피할 수 있단 말인가?"

　그러자 위평이 말했다.

　"그렇지는 않습니다. 황하의 신이 아무리 신령하고 현명하더라도 곤륜산 신에는 미치지 못하며 양자강의 근원이 멀고 그 흐름이 길고 크다 하더라도 사해(四海)의 크기에는 미치지 못합니다.

　사람들은 곤륜산과 사해에서 나는 보물을 다투어 빼앗습니다. 제후들이 서로 보물을 다투느라 전쟁이 일어나서 작은 나라가 멸망하는가 하면 큰 나라는 위태롭게 되고 남의 부형(父兄)을 죽이는가 하면 남의 처자를 사로잡고 국가를 해치고 종묘를 없애기까지 하며 이 보물 때문에 싸우고 공격하고 서로 나뉘어 다투고 있습니다. 이것이 강포입니다.

　그러므로 '강포하게 천하를 취하더라도 다스리기는 문덕(文德)으로써 하고 사시(四時)에 거역하지 않고 일을 행하며 반드시 어진 선비를 친애하며 음양의 기운과 더불어 변화하고 사자(使者)로 천지와 귀신을 통하게 하여 함께 벗이 되면 제후는 열복(悅服)하고 백성 또한 크게 기뻐하게 되어 나라는 편안하고 시대에 따라 제도를 경신한다.'고 했습니다.

탕왕과 무왕은 이를 행했기 때문에 천자의 지위를 차지했으며 ≪춘추≫는 이를 기재하여 경세(經世)의 기강으로 삼았습니다.

그런데 왕께서는 탕왕과 무왕을 찬양하지 않으시고 스스로 걸왕과 주왕에 비하고 계십니다. 걸왕과 주왕은 강포를 행하고도 이것을 떳떳한 일로 생각하고 있었습니다. 걸왕은 사치스러운 기와집을 짓고 주왕은 상량을 만들며 백성들로부터 실을 거두어 모아 장작 대용으로 불을 피우는 등 애써 백성들의 힘을 낭비했습니다.

세금을 끝없이 부과했고 멋대로 살육하였으며 남의 육축(六畜)을 죽여 그 가죽으로 자루를 만들고 거기에 죽인 육축의 피를 담아 달아매었으며 사람들과 함께 활을 쏘아 천제(天帝)와 힘을 겨루고 사시(四時)의 질서를 거스르며 백신(百神)에게 지내는 제사에 앞서 햇곡식을 먹었습니다.

간언을 하는 자는 곧 죽임을 당했고 아첨하는 자만이 측근에 있어 성인은 세상을 피해 숨어서 살고 백성은 행동할 수 없었습니다. 하늘이 자주 가물고 나라 안에는 괴이한 일이 많았으며 메뚜기 떼가 해마다 발생하여 오곡이 여물지 않았습니다.

백성은 편안하지 못했으며 귀신은 제사를 흠향하지 않았습니다. 회오리 바람이 매일같이 일어나 대낮에도 캄캄하게 어두웠고 일식과 월식으로 모두 숨을 죽인 듯 빛이 없고 별들마저 어지럽게 움직여 기강을 벗어났습니다.

이런 일을 보더라도 걸왕과 주왕이 어찌 그 자리에 오래 있을 수 있었겠습니까? 탕왕과 무왕이 없었다 하더라도 때가 오면 당연히 멸망했을 것입니다. 따라서 탕왕이 걸왕을 치고 무왕이 주왕을 친 것은 때가 그렇게 시킨 것입니다. 그래서 탕왕과 무왕은 천자가 되었으며 그 자손이 대를 이어 평생 허물이 없었습니다. 후세에 칭송을 받으며 오늘에 이르도록 계속되는 것은 모두 때를 당하여 행할 일을 행했고 사세를 보아 일을 강하게 함으로써 제왕의 업을 성취했기 때문입니다.

지금 이 거북은 큰 보물입니다. 양자강의 강신(江神)인 성인의 사자로서 황하의 하신(河神)인 현왕(賢王)에게 강신의 뜻을 전하려고 온 것입니다. 거북이 손발을 쓰지 않아도 우레와 번개가 이를 보내고 바람과 비가 이를 보내며 흐르는 강물이 이를 밀어 보낸 것입니다.

왕후(王侯)가 덕이 있으면 이 큰 보물 ― 거북 ― 을 받을 자격이 있습니다. 지금 왕께서는 덕이 있으며 이 보물을 받을 자격이 있으면서도 감히 받으려 하지 않으십니다. 만약 왕께서 이 거북을 놓아 주신다면 틀림없이 송나라에 화가 미치게 될 것입니다. 나중에 후회를 하셔도 소용이 없을 따름입니다."

원왕은 이 말을 듣고 크게 기뻐했다. 그래서 원왕은 하늘이 보배를 내리신 것에 대해 해를 향해 감사하고 재배한 다음 이 큰 보물을 받았다. 그리고 날을 가려 재계하고 가장 좋은 갑을(甲乙)의 날에 흰 꿩과 검은 양을 잡아 그 피를 거북에게 뿌리고 제단 중앙에 놓은 다음 칼로 귀갑(龜甲)을 벗기되 그 몸은 상하지 않게 하고 포(脯)와 술을 배와 창자에 가득 채워 경의를 표했다.

귀갑을 가시나무 가지로 태워 이것으로 점을 치면 그 위에는 반드시 흠결이 나타났다. 즉 불로 태운 거북의 등딱지에 갈라진 줄이 떠오르고 그것이 서로 엇갈려 무늬를 나타내는 것이다. 복인(卜人)에게 이를 점치게 한 즉 말하는 것이 모두 적중했다.

이렇게 해서 송나라는 나라의 중보(重寶 : 名龜)를 간직하게 되었는데 이웃 나라에까지 그 소문이 들렸다. 이후 소를 잡아 가죽을 벗겨 정(鄭)나라에서 나는 오동나무에 입혀 진고(陣鼓)를 만들었더니 초목이 각기 나뉘어져 무장병으로 변했는데 싸움을 하면 이기고 공격을 하면 빼앗는 점에서 원왕을 따를 자가 없었다.

위평은 원왕 때 송나라의 재상이 되었다.

송나라가 당시 제일 강했던 것은 거북의 신통력에 의한 것이었다. 그러므로 말하기를,

"거북이 매우 신령하고 불가사의함은 원왕의 꿈에 나타날 정도였건만 거북 자신은 어부의 바구니를 벗어나지 못했다.

그 자신이 열 마디를 말하면 모두 맞혔어도 황하의 하신(河神)에게 사자로 간 다음에는 양자강의 강신(江神)에게 복명을 할 수 없었다.

매우 현명하여 사람으로 하여금 싸우면 이기고 공격하면 빼앗게 했어도 스스로 칼날을 물리쳐 등딱지가 벗겨지는 화(禍)를 면할 수는 없었다.

뛰어난 지혜로 자신의 위기를 미리 알아차리고 재빨리 왕의 꿈에 나타났으면서도 위평의 입을 봉할 수는 없었다.

백 마디 말하면 백 번 다 맞혔어도 그 자신은 남에게 붙잡히고 말았다.

때를 당하여 불리하면 아무리 현명하더라도 그 현명함을 활용할 수 없는 것이다. 현자에게는 항상성(恒常性)이 있지만 선비에게는 때때로 현명함이 있을 뿐이다. 그러므로 아무리 밝은 눈이라도 보이지 않는 곳이 있으며 아무리 총명한 귀라도 들리지 않는 것이 있는 법이다.

또 사람이 아무리 현명하다 하더라도 왼손으로 모난 모양을 그리면서 오른손으로 둥근 모양을 그릴 수는 없다.

해와 달의 밝음도 때로는 뜬 구름에 가리는 수가 있다.

예(羿)는 활을 잘 쏘는 것으로 이름 높았으나 웅거(雄渠)·봉문(蠭門 : 모두 옛날 활의 名人)에는 미치지 못했다.

우왕(禹王)은 변지(辯智)로써 이름이 높았으나 귀신을 이길 수는 없었다. 땅의 기둥이 부러졌으므로 하늘이 동남쪽으로 기울어지고 서까래가 없는 것이다. 그러니 어찌 사람의 불완전함을 책망할 수 있겠는가."

라고 했다. 공자(孔子)가 이 말을 듣고,

"신령한 거북이 남의 길흉은 잘 알아도 그 뼈는 그저 말려질 뿐이다."

라고 말했다.

태양은 은덕의 상징으로 천하에 군림해도 태양 속에 산다는 세 발 달린 까마귀에게 욕을 당하고, 달은 형벌의 상징으로 태양의 덕을 돕지만 달 속에 산다는 두꺼비에게 먹혀 월식이 된다. 호랑이에게 지지 않는 고슴도치도 까치에게는 수모를 당하고 등사(螣蛇 : 龍의 일종)는 신이(神異)하지만 지네에게 위협을 당한다. 대나무 표면에는 마디와 결이 있으나 그 속은 비어 있으며 송백(松栢)은 백목(百木)의 장(長)이지만 베어지면 문을 만드는 재료로 쓰인다.

십간(十干)·십이지(十二支)도 불완전하기 때문에 고(孤 : 十干에 十二支를 배치한 후의 나머지 두 개)와 허(虛 : 干과 支를 배치한 十位 중 5위인 戊와 6위인 己 두 가지)가 있는 것이다. 황금에도 흠집이 날 수 있다. 일에도 서둘러야 하는 것이 있는가 하면 서서히 해야 하는 것도 있다. 물건에는 장애가 되는 것이 있기도 하고 의지가 되는 것도 있다. 그물에도 그 눈을 조밀하게 해야 할 경우가 있는가 하면 또 성글게 해야 하는 경우도 있다.

마찬가지로 사람에게도 장점이 있는가 하면 결점도 있다. 어찌 획일적으로만 될 수 있단 말인가. 또 사물도 어찌 완전한 것만 있을 수 있단 말인가. 하늘조차 완전하지는 못하다. 그런 까닭에 집을 지을 때 석 장의 기와를 모자라게 덮어서 하늘의 불완전에 대응하는 것이다.

천하에는 갖가지 계급이 있으며 사물은 불완전한 채로 생성하는 것이

다.(신령스러운 거북도 완전하지는 못하다는 뜻)

저 선생은 말한다.

"어부가 그물을 들어올려 신령스러운 거북을 잡았는데 거북은 스스로 송나라의 원왕에게 현몽했다. 원왕은 박사 위평을 불러 거북 꿈을 이야기 했다. 위평은 점판을 움직이고 해와 달의 위치를 살펴 정하고 형(衡)과 도 (度)에 의해 방위를 바르게 하고 길흉을 판단했다. 물색(物色)을 보아 그 것이 신령스러운 거북이라는 것을 알았다. 위평이 왕에게 간하여 신령스 러운 거북을 붙들어 나라의 중한 보배로 삼은 것은 장한 일이다.

옛날에 복서를 할 때 반드시 거북이어야 했던 것은 거북이 영묘한 유래 가 오래되었기 때문이다. 나는 이것의 경위를 기록한다."

3월, 2월, 정월, 12월, 11월은 가운데는 닫혀 있고 안은 높고 바깥은 낮 다. 4월은 머리가 들리고 발은 펴며 발을 오므리기도 펴기도 한다. 머리를 숙여 큰 모양이 되는 것은 5월이다. 가로선이 있어 좋다. 머리를 숙여 큰 모양을 하는 것은 6월, 7월, 8월, 9월, 10월이다.

• 점치는 것을 기피하는 자(子)·해(亥)·술(戌)의 날에는 점을 치거나 거북을 죽여서는 안 된다.

• 한낮에 밥 먹기를 끝냈으면 점친다.

• 해가 넘어갈 때는 거북이 분명하게 고하지 않는 때이므로 점을 쳐서 는 안 된다.

• 경(庚)·신(辛)의 날은 거북을 죽이고 그 껍데기를 벗겨 얇게 하기에 좋다.

• 언제나 삭일(朔日)에는 귀갑을 씻어서 깨끗이 하는데 우선 맑은 물로

씻은 다음 계란으로 문질러 재앙을 제거하고 귀갑을 구워 점을 치는데 이것이 그 원칙인 듯하다.

• 점을 쳐도 맞지 않을 때는 다시 계란으로 재앙을 제거한 다음 동쪽을 향하여 일어나서 가시나무 혹은 단단한 나무로 굽고 흙으로 만든 계란으로 귀갑을 세 번 가리킨 다음 그 귀갑을 손에 들고 계란으로 문지르고 나서 다음과 같이 빈다.

"오늘은 길일입니다. 삼가 황색 비단에 싼 상등의 쌀과 계란과 거북을 굽는 나무로 옥령(玉靈)의 부정한 것을 씻어 깨끗이 했습니다. 옥령이 미덥고 정성스럽다면 만사의 진실을 알려 주십시오. 그렇게 되면 길흉의 조짐을 분별하여 모든 것을 점칠 수 있습니다. 만약 신실하지 못하고 정성스럽지 않다면 옥령을 태워 그 재를 날려 보낸 다음 거북의 징벌로 삼겠습니다."

이렇게 하여 점을 칠 때는 반드시 북쪽을 향한다. 귀갑의 크기는 반드시 한 자 두 치의 크기로 정해져 있다.

점을 칠 때는 반드시 우선 잘라낸 귀갑을 아궁이에 구워 귀갑의 한복판에 구멍을 뚫은 후 다시 굽는다. 그리고 거북의 머리 부분을 세 번 뚫어 구멍을 내어 세 번을 또 굽는다.

처음 구워서 구멍을 뚫은 중앙 부분을 다시 굽는 것을 정신(正身)이라고 하고 머리 부분을 굽는 것을 정수(正首)라고 하며 발 부분을 굽는 것을 정족(正足)이라고 한다. 각각 세 번씩 굽는데 아궁이에서 세 번 귀갑을 어루만지며 이렇게 빈다.

"그대 옥령 부자(玉靈夫子 : 신령스러운 거북의 존호)에게 부탁드려 말하나이다. 부자 옥령이시여, 가시나무로 그대의 가슴을 굽고 그대에게 우선 알립니다.

그대는 위로는 하늘에 오르고 아래로는 못에 들어갑니다. 신령한 모든 점쟁이들이 책(策)을 헤아려 점을 치더라도 그대의 신실함에는 미치지 못합니다.

오늘은 길일이라 진실로 점을 치기에는 알맞습니다.

우리는 이러이러한 일을 점치려고 하는데 다행히도 바라는 점괘를 얻어 기뻐할 것인지, 아니면 얻지 못하고 후회할 것인지. 만약 바라는 바를 얻을 수 있다면 그대는 나에게 그 모양을 보여 주기 위하여 몸을 길게 늘이고 목과 다리는 움츠리기 바랍니다. 또 얻을 수 없다면 우리에게 그 모양을 보여 주기 위하여 몸을 구부리고 안과 밖이 응하지 않게 하기 바랍니다. 목과 다리는 보여 주지 않기 바랍니다."

신령스러운 거북으로 점을 칠 때에는 다음과 같이 빈다.

"그대 신령한 거북에게 부탁합니다.

오서(五筮 : 易의 五義. 變易·交易·反易·對易·移易)의 영묘함도 신령스러운 거북의 영묘함에는 미치지 못합니다. 그대는 사람의 죽음을 알고 삶을 알고 있습니다.

아무개는 지금 몸을 바르게 하고 있습니다.

아무개는 어떤 것을 원하고 있는데 만약 원하는 바를 얻을 수 있다면 머리를 내밀고 발을 벌려 안팎이 서로 응하도록 하십시오. 만약 얻을 수 없다면 머리를 젖히고 발을 움츠려 안팎이 서로 응하지 않게 하십시오.

부디 점을 쳐 성공할 수 있게 해 주십시오."

병점(病占)을 칠 때에는 이렇게 빌면서 말한다.

"지금 아무개는 중병(重病)으로 고생하고 있습니다.

죽을 거라면 목을 젖히고 발을 벌려 안팎이 서로 뒤집히고 몸의 마디가 꺾이도록 하십시오. 죽지 않을 거라면 목을 젖히고 발을 움츠리십시오."

환자가 받고 있는 재앙을 점칠 때는 이렇게 말한다.

"지금 병에 재앙이 있거든 조짐을 드러내지 마십시오. 병에 재앙이 없거든 조짐을 나타내 보이십시오.

내부 귀신의 탈이라면 조짐을 내부에 나타내고 외부 귀신의 탈이라면 그 조짐을 외부에 나타내십시오."

옥에 갇힌 사람이 나오느냐 못 나오느냐 하는 것을 점칠 때는 이렇게 말한다.

"옥에서 나올 수 없으면 귀갑의 옆으로 간 금을 뚜렷하게 하고 편안히 있으십시오. 만일 나올 수 있다면 발을 펴고 머리를 젖히며 조짐을 밖으로 나타내십시오."

재물을 구하는 것을 점칠 때에는 이렇게 말한다.

"얻을 수 있는 것이라면 목을 쳐들고 발을 벌리며 안팎이 서로 응하도록 하십시오. 만약 얻지 못한다면 조짐을 보이되 머리를 쳐들고 발을 움츠리십시오."

신첩(臣妾)이나 우마(牛馬)를 매매(賣買)하는 것을 점칠 때는 이렇게 말한다.

"매매가 잘 이루어질 거라면 머리를 쳐들고 발을 펴며 안팎이 서로 응하도록 하십시오. 매매가 잘 안 될 거라면 머리를 쳐들고 발을 움츠리고 조짐을 보여 귀갑에 가로금을 뚜렷이 나타내고 편안하게 있으십시오."

도둑들이 어디에 모여 있는지 알고자 하여 점칠 때는 이렇게 말한다.

"지금 아무개 장군과 병졸들이 도둑을 치러가는데 이길 수 있다면 머리를 쳐들고 발을 펴며 몸을 바르게 하고 안을 높이고 바깥을 낮추십시오. 이길 수 없다면 발을 움츠리고 머리를 쳐들며 안쪽을 낮추고 바깥쪽을 높게 하십시오."

갈 것인지 안 갈 것인지를 점칠 때는 이렇게 말한다.

"가야 한다면 머리와 발을 펴고, 가서는 안 된다면 발을 움츠리고 머리를 들든지 귀갑의 가로금을 뚜렷이 하고 편안하게 하십시오."

도둑을 치러 나가서 그들과 만날 것인지 아닌지를 점칠 때는 이렇게 말한다.

"만난다면 머리들 쳐들고 발을 움츠리고 조짐을 밖으로 나타내십시오. 만나지 못한다면 발을 펴고 머리를 쳐드십시오."

도둑의 동정을 탐색하러 나가서 그들과 만날 수 있을 것인지 여부를 점칠 때는 이렇게 말한다.

"만날 수 있으면 머리를 쳐들고 발을 움츠리며 조짐을 밖으로 나타내십시오. 만날 수 없다면 발을 벌리고 머리를 쳐드십시오."

도둑이 있다는 말을 듣고 그들이 쳐들어올 것인지 여부를 점칠 때는 이렇게 말한다.

"쳐들어올 것 같으면 밖은 높이고 안은 낮추며 발을 움츠리고 머리를 쳐드십시오. 쳐들어오지 않는다면 발을 벌리고 머리를 쳐드십시오. 아니면 귀갑의 가로금을 뚜렷이 하고 편안하게 하십시오. 이에 따라서 기다리든지 아니면 쳐들어가든지 하겠습니다."

전임(轉任)을 명령받았을 때 관직을 그만둘 것인지 그만두지 않을 것인지를 점칠 때는 이렇게 말한다.

"그만두는 편이 좋을 것 같으면 발을 벌리고 밖으로 조짐을 나타내고 머리를 쳐드십시오. 그만두지 않는 편이 좋을 것 같으면 발을 움츠리거나 아니면 조짐을 나타내어 귀갑의 가로금을 뚜렷이 나타내고 편안하게 하십시오."

관직에 있는 것이 좋을지 나쁠지를 점칠 때는 이렇게 말한다.

"길하다면 조짐을 나타내어 몸을 바르게 하거나 아니면 귀갑 가로금을 뚜렷이 나타내십시오. 불길하다면 몸을 구부리고 머리를 쳐들며 발을 벌리십시오."

집에 있는 것이 길한지 불길한지를 점칠 때는 이렇게 말한다.

"길하다면 조짐을 나타내어 몸을 바르게 하거나 아니면 귀갑 가로금을 뚜렷이 나타내십시오. 불길하다면 몸을 구부리고 머리를 쳐들며 발을 벌리십시오."

그해의 농사가 잘 되느냐 안 되느냐를 점칠 때는 이렇게 말한다.

"농사가 잘 된다면 머리를 쳐들고 발을 벌리며 몸 안쪽은 높이고 바깥쪽은 낮추십시오. 농사가 잘 안 된다면 발을 움츠리고 머리를 쳐들며 조짐을 밖으로 나타내십시오."

그해에 전염병이 유행하느냐 않느냐를 점칠 때는 이렇게 말한다.

"전염병이 유행할 거라면 머리를 쳐들고 발을 움츠리며 몸의 마디를 강하게 하여 조짐을 밖으로 나타내십시오. 전염병이 유행되지 않을 거라면 몸을 바르게 하고 머리를 쳐들며 발을 벌리십시오."

그해에 병란(兵亂)이 있을까 없을까를 점칠 때는 이렇게 말한다.

"병란이 없다면 그 조짐으로 귀갑의 가로금을 뚜렷이 나타내십시오. 병란이 일어날 거라면 머리를 쳐들고 발을 벌리며 몸이 밖으로 굳어지게 하십시오."

귀인을 뵙는 것이 길한지 불길한지를 점칠 때는 이렇게 말한다.

"길하다면 발을 벌리고 머리를 쳐들며 몸은 바르게 하고 안쪽을 높게 하십시오. 불길하다면 머리를 쳐들고 몸을 구부리며 발을 움츠리거나 어부가 없는 것같이 하십시오.(이 부분에는 빠진 글자가 있는 것 같음)"

남에게 청탁하려는데 그것이 이루어질 수 있을지 없을지를 점칠 때는 이렇게 말한다.

"이루어질 수 있다면 머리를 쳐들고 발을 벌리며 안쪽을 높이십시오. 이루어질 수 없다면 머리를 쳐들고 발을 움츠리고 조짐을 밖으로 나타내십시오."

도망친 사람을 뒤쫓는데 붙잡을 수 있을지 없을지를 점칠 때에는 이렇게 말한다.

"붙잡을 수 있다면 머리를 쳐들고 발을 움츠리고 안팎이 서로 응하도록 하십시오. 붙잡을 수 없다면 머리를 쳐들고 다리를 벌리거나 아니면 귀갑의 가로금을 뚜렷이 나타내십시오."

고기잡이나 사냥을 하는데 얻는 것이 있을지 없을지를 점칠 때는 이렇게 말한다.

"얻을 수 있다면 머리를 쳐들고 발을 벌려 안팎이 서로 응하도록 하십시오. 얻을 수 없다면 발을 움츠리고 머리를 쳐들거나 귀갑의 가로금을 뚜렷이 나타내십시오."

길을 가는데 도적을 만나게 될 것인가 또는 만나지 않을 것인가를 점칠 때에는 이렇게 말한다.

"도적을 만나게 된다면 머리를 쳐들고 발을 벌리며 몸을 구부리고 밖을 높이고 안을 낮추십시오. 도적을 만나지 않을 거라면 조짐을 보이십시오."

비가 올까 안 올까를 점칠 때에는 이렇게 말한다.

"비가 온다면 머리를 쳐들고 조짐을 밖으로 나타내며 밖은 높이고 안은 낮추십시오. 비가 안 온다면 머리를 쳐들고 발을 벌리거나 귀갑의 가로금을 뚜렷이 나타내십시오."

비가 갤 것인가 개지 않을 것인가를 점칠 때에는 이렇게 말한다.

"비가 갤 것 같으면 발을 벌리고 머리를 쳐드십시오. 개지 않을 것 같으면 귀갑의 가로금을 뚜렷이 나타내십시오."

명(命 : 조짐을 보고 판단하는 말)에 이르기를,

"점을 쳐서 귀갑의 가로금이 뚜렷하다면 다음과 같이 푼다.

병점(病占)을 쳤을 때는 중병인 자라도 하루 안에는 죽지 않는다. 중병이 아닌 자는 점친 날에 쾌유하고 죽지 않는다.

옥에 갇힌 중죄인은 나오지 못하지만 경죄인은 나올 수 있는데 하루가 지나게 되면 나오지 못한다. 옥에 오래 갇혀 있어도 해롭지는 않다.

재물을 구하고 신첩(臣妾)이나 마우(馬牛)를 사들이는 것은 그날 중이라면 얻을 수 있지만 하루가 지나게 되면 얻지 못한다.

길을 가야 할 것인가 가지 말아야 할 것인가라면 가지 말아야 한다.

올 것인가 안 올 것인가라면 온다. 그런데 끼니때가 지나면 오지 않는다.

도적을 치는데 갈 것인가 말 것인가라면 가지 말아야 한다. 길을 가더라도 도적을 만나지 않는다. 도적이 일어났다는 말을 들었어도 도적이 쳐들어오지 않는다.

전임을 할 것인지 말 것인지를 점친 경우라면 전임하지 않는다. 관직에 있는 것이나 집에 있는 것이나 모두 길하다.

그해 농사는 흉년이 든다.

민간에 전염병이 유행하지 않는다.

그해에는 병란이 일어나지 않는다.

사람을 뵈러 갈 것인가 말 것인가라면 찾아가야 한다. 가지 않으면 기쁨이 없다.

사람에게 청탁을 한다면 가지 않으면 얻지 못한다.

도망친 사람을 뒤쫓아도 잡을 수 없고 고기잡이나 사냥을 나가도 얻지 못한다.

길을 가더라도 도적은 만나지 않는다.

비가 올지 오지 않을지라면 오지 않는다. 갤 것인가 아닌가는 개지 않는다."

라고 했다.

명에 이르기를,

"조짐을 보였을 경우 병자는 죽지 않고 옥에 갇힌 자는 나오게 된다.

가야 할 것인가 말아야 할 것인가를 점친 경우라면 가는 것이 길하고 올 것인가 오지 않을 것인가를 물은 경우에는 온다.

물건의 매매에는 이익을 얻는다.

도망친 자를 뒤쫓는 것은 붙잡을 수 있으나 하루가 지나면 붙잡지 못한다.

간 사람에 대한 문의의 경우는 그가 도착되지 않은 상태다."

라고 했다.

명(命)에 이렇게 말한다.

"기둥이 통해 있을 경우 — 나타난 조짐을 뜻하는 것 같은데 확실치 않음 — 병점을 쳤다면 죽지 않는다.

옥에 갇혀 있는 자는 나오며, 가야 할까 가지 말아야 할까 하는 경우라면 가는 것이 길하다.

올 것인가 오지 않을 것인가 하는 경우는 온다.

물건을 사고파는 경우에는 이익이 없다.

걱정이 있는 자는 걱정할 필요가 없다.

도망자를 쫓는 다면 붙잡지 못한다."

명에 또 이렇게 말한다.

"머리를 쳐들고 발을 움츠리며 내부의 조짐은 있되 외부의 조짐은 없을 경우 병점이면 중병이라도 죽지 않는다.

옥에 갇힌 자는 석방된다.

재물이나 신첩을 구하려 하거나 우마를 사려는 것은 얻지 못한다.

가야 할 것인가 가지 말아야 할 것인가의 경우라면, 가는 것이 좋다는 이야기를 듣더라도 가지 않는 편이 좋다.

올 것인가 오지 않을 것인가의 경우에는 오지 않는다.

도둑이 있다는 말을 듣더라도 그 도둑은 쳐들어오지 않는다. 쳐들어온다는 소문이 있더라도 도둑은 쳐들어오지 않는다.

전임을 할 것인가 아닌가의 경우에는 전임의 소문이 있더라도 전임되지 않는다.

관직에 있으면 근심이 많고 집에 있으면 재앙이 많다.

그해의 농사는 평년작(平年作)이고 전염병이 유행된다.

그해에 병란이 일어난다. 그러나 쳐들어온다는 소문이 나도 쳐들어오지 않는다.

귀인을 만나는 것은 길하다.

부탁하려는 것은 가지 않는 편이 좋다. 부탁을 하러 가더라도 좋은 대답을 얻지 못한다.

도망친 자를 뒤쫓아도 붙잡지 못한다.

고기잡이나 사냥을 나가도 얻는 것이 없다.

길을 가면서 도둑과 만나지는 않는다.

비가 올 것인가 안 올 것인가 할 경우 비는 전혀 오지 않는다.

날이 갤 것인지 아닌지의 경우 개지 않는다. — 원래 龜甲에 나오는 잔금의 무늬는 모두 '머리를 드는 것(首儼)'으로 되어 있다. 儼이란 우러러본다는 뜻이다. 그러므로 '머리를 쳐들다.'라고 정함."

이것은 사사로운 기록이다.

명에 이렇게 말한다.

"머리를 쳐들고 발을 움츠리며 안으로 조짐이 있고 밖으로 조짐이 없을 경우, 병점을 쳤다면 중병이라도 죽지 않는다.

옥에 갇혀 있는 자는 나오지 못한다.

재물을 구하거나 신첩을 사들이려는 것은 얻지 못한다.

가야 할 것인가 가지 말아야 할 것인가의 경우에는 가지 않는 것이 좋고, 올 것인가 오지 않을 것인가의 경우는 오지 않는다.

도둑을 치려고 해도 만나지 못한다. 도둑이 쳐들어온다는 소문을 듣고 마음속으로 놀라지만 오지는 않는다.

전임될 것인가 전임되지 않을 것인가의 경우는 전임되지 않는다.

관직에 있고 집에 있으면 길하다.

그해의 농사는 흉년이다.

전염병이 크게 유행한다.

그해에 병란은 일어나지 않는다.

귀인을 만나는 것은 길하다.

부탁을 하는 일은 얻어지지 않는다.

도망친 자를 쫓는 것은 붙잡지 못한다.

재물을 잃으면 찾지 못한다.

고기잡이나 사냥을 나가도 얻는 것이 없다.

외출하더라도 도둑을 만나지 못한다.

비가 올 것인가 오지 않을 것인가의 경우 비는 오지 않고, 날이 갤 것인가 아닌가의 경우는 개지 않는다.

흉하다.”

명에 이렇게 말한다.

“조짐을 나타내어 머리를 쳐들고 발을 움츠릴 경우, 병점이라면 환자는 죽지 않는다.

옥에 갇혀 있는 자는 아직 나오지 못한다.

재물을 구하거나 신첩이나 우마를 사들이는 경우라면 얻지 못한다.

가야 할 것인가 가지 말아야 할 것인가의 경우 가지 말아야 한다.

올 것인가 오지 않을 것인가의 경우는 오지 않는다.

도둑을 치러 가더라도 도둑을 만나지 못한다. 도둑이 쳐들어온다는 소문을 들어도 쳐들어오지 않는다.

전임을 해야 할 것인가 하지 않아야 할 것인가의 경우 전임을 하지 않는 것이 좋다.

관직에 오래 있으면 근심이 많다.

집에 있으면 불길하다.

그해의 농사는 흉작이다.

전염병이 유행하나 병란은 없다.

귀인을 만나는 것은 불길하다.

청탁은 이루어지지 않는다.

도망친 자를 뒤쫓아도 붙잡지 못한다.

고기잡이나 사냥을 가더라도 얻는 것이 없다.

길을 가도 도둑을 만나지는 않는다.

비도 내리지 않고 날이 개지도 않는다.

불길하다."

또 명에 이렇게 말한다.

"조짐이 나타나 머리를 쳐들고 발을 벌릴 경우 병점을 쳤다면 중병자는 죽는다.

옥에 갇힌 자는 나온다.

재물을 구하고 신첩과 우마를 사들이는 경우라면 얻지 못한다.

갈 것인가 가지 않아야 할 것인가의 경우에는 가는 것이 좋고, 올 것인가 오지 않을 것인가의 경우에는 온다.

도둑을 치려고 해도 도둑을 만날 수 없다. 쳐들어온다는 소문만 들릴 뿐 도둑은 쳐들어오지 않는다.

전임이 될 것인지 아닌지의 경우에는 전임이 된다.

벼슬에 있는 것은 오래가지 못한다.

집에 있는 것은 불길하다.

그해의 농사는 흉작이고 전염병은 그다지 유행하지 않는다.

그해에는 병란이 일어나지 않는다.

귀인과는 만나지 않는 편이 좋다.

청탁이나 고기잡이 또는 사냥에서는 얻는 게 없고, 도망친 자를 뒤쫓아도 붙잡지 못한다.

길을 가면 도둑을 만난다.

비는 내리지 않고 날은 갠다.

조금 길하다."

또 명에 이렇게 말한다.

"머리를 쳐들고 발을 움츠릴 경우, 이것을 가지고 병점을 치면 환자는 죽지 않는다.

옥에 갇힌 자는 그곳에 오래 있더라도 상하지 않는다.

재물을 구하고 신첩, 우마를 사려는 경우에는 얻지 못한다.

가야 할 것인가 말아야 할 것인가의 경우라면 가지 않는 것이 좋다.

도둑을 치러 가야 할지 말아야 할지를 점친 경우라면 가지 않는 것이 좋다.

올 것인지 오지 않을 것인지의 경우에는 온다.

도둑이 쳐들어온다는 소문이 들리면 쳐들어온다.

전임을 할 것인지 하지 말아야 할 것인지의 경우는 하지 않는 것이 좋다.

집에 있는 것은 불길하다.

그해의 농사는 흉작이다.

그해에 전염병이 유행하나 대단치는 않으며 병란은 없다.

귀인을 만날 것인지 아닌지의 경우는 만나게 된다.

청탁을 하는 일이나 도망친 자를 쫓는 일, 고기잡이 또는 사냥을 하더라도 모두 얻지 못한다.

길을 가면 도둑을 만난다.

비는 내리지 않고 날씨가 개느냐 개지 않느냐의 경우에는 갠다.

길하다."

명에 이렇게 말한다.

"머리를 위로 쳐들고 발을 벌리며 안으로 조짐이 있을 때, 이것을 가지고 병점을 친다면 병자는 죽는다.

옥에 갇혀 있는 자는 나온다.

재물을 구하거나 신첩과 우마를 사들이려는 것은 얻지 못한다.

가야 할 것인지 가지 말아야 할 것인지의 경우에는 가는 것이 좋다.

올 것인지 오지 않을 것인지의 경우에는 온다.

도둑을 치려고 나가도 도둑과 만나지 못한다.

도둑이 쳐들어온다는 소문을 들어도 쳐들어오지는 않는다.

전임되며 관직에 있고 싶어도 오래 있지 못한다.

집에 있으면 불길하다.

그해의 농사는 풍작이다.

백성에게 전염병이 있되 대단하지는 않다.

그해 안에 병란은 일어나지 않는다.

귀인을 알현하는 것은 불길하다.

청탁하는 일이라든가 도망친 자를 쫓는 일이라든가 고기잡이나 사냥을 하는 것은 얻지 못한다.

길을 가도 도둑과 만나지는 않는다.

비가 갠다.

날이 갤 것인지의 경우에 개면 소길(小吉)이고 개지 않는 것은 길하다."

명에 이렇게 말한다.

"귀갑의 가로금이 뚜렷이 나타나고 안팎의 조짐이 스스로 높아질 경우, 이것을 가지고 병점을 쳤다면 낫지 않고 죽는다.

옥에 갇힌 자는 무죄로 출옥한다.

재물을 구하고 신첩과 우마를 사들이려는 경우라면 얻는다.

가야 할 것인가 가지 말아야 할 것인가의 경우에는 가는 것이 좋고, 올 것인가 오지 않을 것인가의 경우에는 온다.

도둑을 쳐서 서로 어울리면 실력은 비등하다.

도둑이 쳐들어온다는 소문이 들리면 쳐들어온다.

관직이 전임될 것인지 전임되지 않을 것인지는 전임된다.

집에 있는 것이 좋다.

그해 농사는 풍작이며 전염병은 유행하지 않는다.

그해에는 병란이 일어나지 않는다.

귀인을 알현하는 일이나 청탁하는 일이나 도망친 자를 쫓는 일이나 고기잡이 또는 사냥을 하는 일 등은 모두 이롭다.

길을 가면 도둑을 만나게 된다.

비가 갠다.

비가 개는 것이 크게 길하다."

명에 이렇게 말한다.

"귀갑에 가로로 난 금이 뚜렷이 나타나고 안팎의 조짐이 스스로 길(吉 : 이 字는 誤字인 듯함)한 경우, 이것을 가지고 병점을 쳤다면 환자는 죽는다.

옥에 갇혀 있는 자는 나오지 못한다.

재물을 구하거나 신첩과 우마를 사들이려 하거나 도망친 자를 쫓거나 고기잡이 또는 사냥 등은 모두 얻지 못한다.

간 자는 돌아오지 않는다.

도둑을 치려고 해도 서로 만날 수 없다.

도둑이 쳐들어온다는 소문만 들릴 뿐 쳐들어오지는 않는다.

관직에서 전임될 것인지 되지 않을 것인지의 경우 전임이 된다.

관직에 있더라도 근심이 있다.

집에 있거나 귀인을 알현한다거나 청탁하는 일은 모두 불길하다.

농사는 흉작이다.

백성들은 전염병을 앓는다.

그해 안에 병란은 일어나지 않는다.

길을 가도 도둑과 만나지는 않는다.

비는 내리지 않는다.

날은 개지 않는다.

불길하다."

명에 이렇게 말한다.

"어인(漁人 : 나타난 조짐의 象. 정확한 뜻은 알 수 없음)이라는 조짐이 있고 병점을 쳤다면 병이 아주 심하더라도 죽지는 않는다.

옥에 갇혀 있는 자는 나온다.

재물을 구하거나 신첩과 우마를 사들이는 일, 도둑을 치거나 청탁하는 일, 도망친 자를 뒤쫓는 일, 고기잡이와 사냥을 하는 일 등은 모두 이롭다.

가야 할 것인지 가지 말아야 할 것인지의 경우에는 가는 것이 좋고, 올 것인지 오지 않을 것인지의 경우에는 온다.

도둑이 쳐들어온다는 소문이 들리더라도 쳐들어오지 않는다.

관직이 전임될 것인지 전임되지 않을 것인지의 경우에는 전임되지 않는다.

집에 있는 것이 길하다.

그해 농사는 흉작이다.

백성들은 전염병으로 고생한다.

그해에 병란은 일어나지 않는다.

귀인을 알현하는 것은 길하다.

길을 가도 도둑과 만나지 않는다.

비는 내리지 않는다.

날이 갤지 안 갤지는 개지 않는다.

길하다.”

명에 이렇게 말한다.

“머리를 쳐들고 발을 움츠리며 몸의 안쪽이 높고 바깥쪽이 낮을 경우, 이것을 가지고 병점을 쳤다면 병이 심하더라도 죽지는 않는다.

옥에 갇힌 자는 나오지 못한다.

재물을 구하거나 신첩과 우마를 사들이거나 도망친 자를 뒤쫓거나 고기잡이나 사냥을 하러 가는 일들은 모두 이롭다.

가야할 것인가 가지 말아야 할 것인가의 경우라면 가지 말아야 한다.

올 것인가 오지 않을 것인가의 경우라면 온다.

도적을 치면 이긴다.

관직이 전임될 것인가 안 될 것인가의 경우에는 전임되지 않는다.

관직에 있으면 근심은 있어도 손상은 없다.

집에 있으면 근심과 병이 많다.

그해의 농사는 대풍작이다.

백성에게는 전염병이 유행한다.

그해에 병란이 일어나지만 전화(戰禍)는 크지 않다.

귀인을 알현하거나 청탁을 하는 것은 불길하다.

길을 가면 도적과 만나게 된다.

비가 올 것인가 오지 않을 것인가는 오지 않는다.

갤 것인가 개지 않을 것인가는 개지 않는다.

길하다."

명에 이렇게 말한다.

"귀갑의 가로금이 명료하게 나타나고 위로 앙(仰 : 거북점의 象. 未詳)이 있고 아래로는 기둥이 있을 경우, 병점이라면 병은 오래가지만 죽지는 않는다.

옥에 갇힌 자는 나오지 못한다.

재물을 구하거나 신첩과 우마를 사들이거나 도망친 자를 뒤쫓고 고기잡이와 사냥을 하는 일들은 모두 이롭지 않다.

가야 할 것인지 가지 말아야 할 것인지의 경우에는 가지 않는 것이 좋고, 올 것인지 오지 않을 것인지의 경우에는 온다.

도적을 치러 가야 한다면 가지 않는 것이 좋다. 설령 간다 하더라도 도적은 만나지 못한다.

도둑이 쳐들어온다는 소문이 들리더라도 쳐들어오지 않는다.

관직에서 전임될 것인지 전임되지 않을 것인지의 경우에는 전임되지 않는다.

집에 있고 귀인을 알현하는 것은 길하다.

그해의 농사는 대풍작이다.

백성들은 전염병으로 고생한다.

그해에 병란은 없다.

길을 가더라도 도둑을 만나지는 않는다.

비가 올 것인가 오지 않을 것인가의 경우에는 오지 않는다.

날이 갤 것인가 개지 않을 것인가의 경우에는 개지 않는다.

크게 길하다."

명에 이렇게 말한다.

"귀갑의 가로로 난 금이 뚜렷이 나타나고 유앙(楡仰 : 나타난 조짐의 象. 未詳)의 경우, 이것을 가지고 병점을 쳤다면 죽지는 않는다.

옥에 갇힌 자는 나오지 못한다.

재물을 구하고 신첩과 우마를 사들이려는 경우 나가더라도 얻지 못한다.

가야 할 것인가 가지 말아야 할 것인가의 경우에는 가지 말아야 하고, 올 것인가 오지 않을 것인가의 경우에는 오지 않는다.

도둑을 치러 갈 경우 가지 않는 것이 좋고 가더라도 만나지 못한다.

도둑이 쳐들어온다는 소문이 들리더라도 쳐들어오지는 않는다.

관직이 전임될 것인지 전임되지 않을 것인지의 경우에는 전임되지 않는다.

관청에 있거나 집에 있거나 귀인을 알현하는 일은 모두 길하다.

그해의 농사는 풍작이다.

그해 안에 전염병이 유행한다.

병란은 일어나지 않는다.

청탁을 한다거나 도망친 자를 쫓아가는 것은 모두 불리하다.

고기잡이와 사냥을 나가더라도 얻지 못한다.

길을 가더라도 도둑을 만나지 않는다.

비가 올 것인가 오지 않을 것인가는 온다. 갤 것인가 개지 않을 것인가는 개지 않는다.

조금 길하다."

명에 이렇게 말한다.

"귀갑에 가로로 간 금이 뚜렷이 나타나고 아래에 기둥이 있을 경우, 이것을 가지고 병점을 쳤다면 중병이라도 깨끗이 낫고 죽지 않는다.

옥에 갇힌 자는 나온다.

재물을 구하거나 신첩과 우마를 사들이거나 청탁을 하거나 도망친 자를 쫓거나 고기잡이와 사냥을 하는 일들은 모두 불리하다.

가야 할 것인지 가지 말아야 할 것인지의 경우에는 가는 것이 좋고 올 것인지 오지 않을 것인지의 경우에는 온다.

도둑을 치려고 할 경우 치러 나가더라도 만나지 못한다.

도둑이 쳐들어온다는 소문이 들리면 쳐들어온다.

관직이 전임되고, 관직에 머물러 있을 때에는 길하나 오래가지는 못한다.

집에 있는 것은 불길하다.

농사는 흉작이다.

백성에게 전염병은 유행하지 않는다.

그해 안에 병란은 일어나지 않는다.

귀인을 알현하는 것은 길하다.

길을 가더라도 도둑과 만나지 않는다.

비가 올 것인가 안 올 것인가의 경우에 비는 오지 않고, 갤 것인가 개지 않을 것인가의 경우라면 갠다.

조금 길하다."

명에 이렇게 말한다.

"재소(載所 : 거북점에 나타난 象. 未詳)라는 조짐을 가지고 병점을 쳤다면 환자가 전처럼 좋아지고 죽지 않는다.

옥에 갇혀 있는 자는 나온다.

재물을 구하거나 신첩과 우마를 사들이는 일, 청탁을 하거나 도망친 자를 쫓는 일, 고기잡이와 사냥을 하는 일들은 모두 이롭다.

가야 할 것인가 가지 말아야 할 것인가의 경우는 가는 것이 좋고 올 것인가 오지 않을 것인가의 경우에는 온다.

도둑을 만나더라도 싸우지는 않는다.

도둑이 쳐들어온다는 소문이 들리면 쳐들어온다.

관직이 전임될 것인지 전임되지 않을 것인지의 경우에는 전임된다.

집에 있으면 근심이 있다.

귀인을 알현하는 것은 길하다.

농사는 풍작이다.

백성에게 전염병은 유행하지 않는다.

그해에 병란은 일어나지 않는다.

길을 가도 도둑은 만나지 않는다.

비가 올 것인지 오지 않을 것인지의 경우 비는 오지 않는다.

날이 갤 것인지 개지 않을 것인지의 경우에는 갠다.

길하다."

또 명에 이렇게 말한다.

"근격(根格 : 거북점의 象. 未詳)의 조짐일 때, 그것을 가지고 병점을 쳤다면 병자는 죽지 않는다.

옥에 갇혀 있는 자는 오래 있더라도 해로울 것이 없다.

재물을 구하거나 신첩과 우마를 사들이는 일, 부탁을 하고 도망친 자를 쫓는 일, 고기잡이와 사냥을 하는 일들은 모두 이롭지 못하다.

가야 할 것인지 말아야 할 것인지의 경우에는 가지 말아야 한다.

올 것인지 오지 않을 것인지의 경우에는 오지 않는다.

도둑을 치려는 경우 가도 도둑과 만나지 못한다.

도둑이 쳐들어온다는 소문이 들리더라도 도둑은 쳐들어오지 않는다.

관직이 전임될 것인가 전임되지 않을 것인가의 경우에는 전임되지 않는다.

집에 있는 것은 길하다.

그 해의 농사는 평년작이다.

전염병이 유행하지만 죽는 자는 없다.

귀인을 알현하려고 해도 알현하지 못한다.

길을 가도 도둑을 만나지 않는다.

비가 올 것인지 오지 않을 것인지의 경우에는 비가 오지 않는다.

크게 길하다."

명에 이렇게 말한다.

"머리를 쳐들고 발을 움츠리며 밖은 높고 안은 낮을 때, 근심이 있는 것을 점친 것이라면 해로울 것이 없다.

가야 할 것인지 가지 말아야 할 것인지의 경우, 갔던 자는 돌아오지 않는다.

병을 오래 앓은 자는 죽는다.

재물을 구하려는 것은 얻지 못한다.

귀인을 알현하는 것은 길하다."

명에 이렇게 말한다.

"바깥이 높고 안이 낮을 때 이것으로 병점을 쳤다면 죽지는 않지만 탈이 따른다.

장사는 이롭지 못하다.

관직이나 집에 있는 것은 불길하다.

가야 할 것인가 말아야 할 것인가의 경우에는 가지 말아야 한다.

올 것인가 오지 않을 것인가의 경우에는 오지 않는다.

옥에 갇혀 있는 자는 오래 있어도 상하지 않는다.

길하다."

명에 이렇게 말한다.

"머리가 나타나고 발이 벌어지며 안팎이 서로 응할 때, 그것으로 병점을 쳤다면 병은 회복된다.

　옥에 갇혀 있는 자는 나온다.

　가야 할 것인지 가지 말아야 할 것인지의 경우에는 가는 것이 좋고, 올 것인지 오지 않을 것인지의 경우에는 온다.

　재물을 구한다면 얻는다.

　길하다."

　명에 이렇게 말한다.

　"조짐을 나타내고 머리가 위로 젖혀지고 발을 벌렸을 때, 이것으로 병점을 쳤다면 병이 심해져 죽는다.

　옥에 갇혀 있는 자는 나오지만 근심이 있다.

　재물을 구하거나 신첩과 우마를 사들이는 일, 청탁을 하고 도망친 자를 뒤쫓는 일, 고기잡이와 사냥을 하는 일들은 모두 불리하다.

　가야 할 것인지 가지 말아야 할 것인지의 경우에는 가지 않는 것이 좋고, 올 것인지 오지 않을 것인지의 경우에는 오지 않는다.

　도둑을 치려 하더라도 만나지 못한다.

　도둑이 쳐들어온다는 소문이 들리면 도둑은 쳐들어온다.

　관직을 옮기거나 관직에 머무르거나 집에 있는 것은 불길하다.

　농사는 흉작이다.

　백성에게 전염병이 유행하더라도 죽지는 않는다.

　그해에 병란은 일어나지 않는다.

　귀인을 알현하는 것은 불길하다.

　길을 가도 도둑과 만나지는 않는다.

　비가 내릴지 아닐지의 경우, 비는 내리지 않는다.

　날이 갤 것인지 개지 않을 것인지의 경우에는 갠다.

　불길하다."

명에 이렇게 말한다.

"조짐이 나타나서 머리를 위로 젖히고 발을 벌리며 몸의 바깥이 높고 안이 낮을 경우에 이것으로 병점을 치면, 죽지는 않지만 바깥에 탈이 있다.

옥에 갇혀 있는 자는 나오지만 근심이 있다.

재물을 구하거나 신첩과 우마를 사들이려 해도 얻지 못한다.

만나려고 해도 만나지 못한다.

가야 할 것인가 가지 말아야 할 것인가의 경우에는 가는 것이 좋고, 올 것인가 오지 않을 것인가의 경우에는 온다는 소문이 있어도 오지 않는다.

도둑을 치면 이긴다.

도둑이 쳐들어온다는 소문이 들리더라도 쳐들어오지 않는다.

전임되거나 관직에 머물러 있거나 집에 있거나 귀인을 알현하는 것은 모두 불길하다.

그해 농사는 평년작이며 전염병이 유행한다.

병란이 일어난다.

청탁하는 일, 도망친 자를 쫓는 일, 고기잡이와 사냥을 하는 일들은 모두 불리하다.

길을 갈 때 도둑이 있다는 소문을 들으면 도둑을 만난다.

비가 올지 안 올지의 경우 비는 오지 않는다.

날이 갤 것인지 개지 않을 것인지의 경우에는 갠다.

흉하다."

명에 이렇게 말한다.

"머리를 위로 젖히고 발을 움츠리며 몸을 구부리고 안팎이 서로 응할 때, 이것으로 병점을 쳤다면 병은 중해져도 죽지는 않는다.

옥에 갇혀 있는 자는 오랫동안 나오지 못한다.

재물을 구하거나 신첩과 우마를 사들이거나 고기잡이나 사냥을 하는 일들은 모두 이롭지 못하다.

가야 할 것인지 가지 말아야 할 것인지의 경우라면 가지 않는 것이 좋고, 올 것인지 오지 않을 것인지의 경우에는 오지 않는다.

도둑을 치게 되면 이긴다.

도둑이 쳐들어온다는 소문이 있으면 쳐들어온다.

관직에서 전임될 것인가 전임되지 않을 것인가의 경우에는 전임되지 않는다.

관직에 머무르거나 집에 있는 것은 불길하다.

그해 농사는 흉작이다.

전염병이 민간에 유행한다.

그해에 병란이 일어나지만 전화(戰禍)는 크지 않다.

귀인을 알현하게 되면 기쁜 일이 생긴다.

청탁하는 일이나 도망친 자를 쫓는 일은 불리하다.

길을 가게 되면 도둑과 만나게 된다.

흉하다."

명에 이렇게 말한다.

"내격외수(內格外垂 : 거북점의 象. 未詳)일 경우 가야 할 것인지 가지 말아야 할 것인지의 경우에는 가지 않는 것이 좋고, 올 것인지 오지 않을 것인지의 경우 오지 않는다.

앓는 자는 죽는다.

옥에 갇혀 있는 자는 나오지 못한다.

재물을 구하려는 일은 얻지 못한다.

귀인을 보려 하나 보지 못한다.

크게 길하다."

명에 이렇게 말한다.

"귀갑의 가로금이 뚜렷이 나타나고 안팎이 서로 응하여 스스로 높아지고 유앙상주(楡仰上柱 : 거북점의 象. 未詳), 발을 움츠릴 때, 이것으로 병점을 쳤다면 병이 심해도 죽지는 않는다.

옥에 갇혀 있는 자는 오랫동안 나오지 못하지만 죄가 되지는 않는다.

재물을 구하거나 신첩과 우마를 사들이거나 청탁을 하는 일, 도망친 자를 뒤쫓는 일, 고기잡이나 사냥을 하는 일들은 모두 이롭지 않다.

가야 할 것인지 가지 말아야 할 것인지 하는 경우에는 가지 말아야 하며 올 것인지 오지 않을 것인지의 경우에는 오지 않는다.

관직에 있거나 집에 있거나 혹은 귀인을 만나는 것은 길하다.

관직에서 전임될 것인가 전임되지 않을 것인가의 경우, 전임되지 않는다.

그해의 농사는 대풍작이라고 할 수 없다.

전염병이 민간에 유행한다.

병란은 일어나지만 전화는 입지 않는다.

길을 가면 도둑을 만난다는 소문을 들어도 만나지 않는다.

비가 내릴지 내리지 않을지의 경우, 비는 내리지 않는다.

날이 갤지 개지 않을지의 경우에는 갠다.

크게 길하다."

명에 이렇게 말한다.

"머리를 쳐들고 발을 움츠리며 안팎이 모두 스스로 드리워질 때, 이것으로 병점을 쳤다면 중병이지만 죽지 않는다.

관직에 머물러 있고 싶어도 그럴 수 없다.

가야 할 것인지 가지 말아야 할 것인지의 경우에는 가는 것이 좋고, 올 것인지 오지 않을 것인지의 경우에는 오지 않는다.

재물을 구하려는 경우, 얻지 못한다.

사람을 구하려 해도 얻지 못한다.

길하다."

명에 이렇게 말한다.

"귀갑의 가로금이 뚜렷이 나타나고 아래에 기둥이 있을 때, 이것으로 점을 쳤다면 올 것인지 오지 않을 것인지의 경우에는 오는데, 점을 친 날에 오지 않으면 당분간 오지 않는다.

병자를 점쳤다면 그로부터 하루가 지나면 낫지 못하고 죽는다.

가는 것이 좋을지 가지 않는 것이 좋을지의 경우에는 가지 않는 것이 좋다.

재물을 구하는 일은 얻지 못한다.

옥에 갇혀 있는 자는 나온다."

명에 이렇게 말한다.

"귀갑의 가로금이 뚜렷이 나타나고 안팎이 저절로 들리는 경우, 이것으로 병점을 쳤다면 병이 오래 끌어도 죽지 않는다.

옥에 갇혀 있는 자는 오래 되어도 나오지 못한다.

재물을 구해도 얼마 되지 않는다.

가야 할 것인지 가지 말아야 할 것인지의 경우라면 가지 않는 것이 좋다.

올 것인지 오지 않을 것인지의 경우에는 오지 않는다.

귀인을 만나야 할 것인지 만나지 말아야 할 것인지의 경우에는 만나는 것이 좋다.

길하다."

명에 이렇게 말한다.

"안이 높고 바깥이 낮으며 빠르고 가볍게 발을 벌리는 경우, 재물을 구하면 얻지 못한다.

가야 할 것인지 가지 말아야 할 것인지의 경우에는 가야 한다.

병자는 병이 낫는다.

옥에 갇혀 있는 자는 나오지 못한다.

올 것인지 오지 않을 것인지의 경우에는 온다.

귀인을 알현할 것인지 말 것인지는 알현하지 않는 것이 좋다.

길하다."

명에 이렇게 말한다.

"외격(外格 : 거북점의 象. 未詳)의 조짐이라면 재물을 구하더라도 얻지 못한다.

가야 할 것인지 가지 말아야 할 것인지의 경우에는 가지 말아야 한다.

올 것인지 오지 않을 것인지의 경우에는 오지 않는다.

옥에 갇혀 있는 자는 나오지 못한다.

불길하다.

병자는 죽는다.

귀인을 만나는 일은 만나는 것이 좋다.

길하다."

명에 이렇게 말한다.

"안이 저절로 들리고 밖에서 오는 것이 바르며 발이 벌려지는 경우, 가야 할 것인지 가지 말아야 할 것인지의 경우에는 가는 것이 좋고, 올 것인지 오지 않을 것인지의 경우에는 온다.

재물을 구하면 얻는다.

병은 오래 끌어도 죽지는 않는다.

옥에 갇혀 있는 자는 나오지 못한다.

귀인을 만나는 일은 만나는 편이 좋다.

길하다."

— 이하의 각 문장은 점친 달이며 머리 부분에 귀갑에 나타난 조짐의 상

(象)이 있었는데 전사(傳寫)하는 사이에 없어졌을 것이라고 함.

• 이것은 귀갑의 가로금이 뚜렷이 나타나고 상주외내(上柱外內)가 저절로 들리면서 발이 움츠러드는 경우로, 구하는 것을 점쳤다면 얻는다.

병자는 죽지 않는다.

옥에 갇혀 있는 자는 해를 입는 일은 없으나 아직 나오지 못한다.

가야 할 것인지 가지 말아야 할 것인지의 경우에는 가지 않는 것이 좋고, 올 것인지 오지 않을 것인지의 경우에는 오지 않는다.

남과 만나는 일은 만나지 않는 편이 좋다.

만사가 모두 길하다.

• 귀갑의 가로 간 금이 뚜렷이 나타나고 상주외내(上柱外內)가 저절로 들리며 주족(柱足)이 만들어졌을 때, 구하는 것을 점쳤다면 얻는다.

병자는 거의 죽게 되었어도 회복한다.

옥에 갇혀 있는 자는 해를 입는 일 없이 풀려 나온다.

가야 할 것인지 가지 말아야 할 것인지의 경우에는 가지 말아야 한다.

올 것인지 오지 않을 것인지의 경우에는 오지 않는다.

남과 만나는 일은 만나지 않는 편이 좋다.

모든 일이 길하다.

군사를 일으키는 것도 좋다.

• 이것은 정사(挺詐)로서 바깥에 조짐이 있을 때, 구하는 점을 쳤다면 얻지 못한다.

병자는 죽지 않고 종종 회복된다.

옥에 갇혀 있는 자는 죄는 있어도 말로만 오고갈 뿐 해를 입지는 않는다.

가야 할 것인지 가지 말아야 할 것인지는 가지 않는 것이 좋다.

올 것인지 오지 않을 것인지라면 오지 않는다.

• 이것은 정사(挺詐)로서 안에 조짐이 있을 때, 구하는 점을 쳤다면 얻

지 못한다.

병자는 죽지는 않고 종종 회복된다.

옥에 갇혀 있는 자는 화죄(禍罪)는 있어도 해를 입지 않고 옥에서 나온다.

가야 할 것인지 가지 말아야 할 것인지의 경우에는 가지 않는 것이 좋고, 올 것인지 오지 않을 것인지의 경우에는 오지 않는다.

남과 만나는 일은 만나지 않는 편이 좋다.

• 이것은 정사(挺詐)로서 안팎이 저절로 들리는 경우, 구하는 점을 쳤다면 얻는다.

병자는 죽지 않는다.

옥에 갇혀 있는 자는 무죄가 된다.

가야 할 것인가 가지 말아야 할 것인가의 경우에는 가야 한다.

올 것인가 오지 않을 것인가의 경우에는 온다.

경작, 장사, 고기잡이나 사냥하는 일들이 모두 이롭다.

• 이것은 호학(狐貉 : 거북점의 象. 未詳)으로서, 구하는 점을 쳤다면 얻지 못한다.

병자는 회복되기 어렵고 죽는다.

옥에 갇혀 있는 자는 죄가 없어도 나오기 어렵다.

집에 있는 것도 좋고 장가들거나 딸을 시집보내는 것도 좋다.

가야 할 것인지 가지 말아야 할 것인지의 경우에는 가지 않는 것이 좋다.

올 것인지 오지 않을 것인지의 경우에는 오지 않는다.

남과 만나는 일은 만나지 않는 편이 좋다.

근심이 있을 것인지 없을 것인지의 경우 근심은 없다.

• 이것은 호철(狐徹)로서, 구하는 점을 쳤다면 얻지 못한다.

병자는 죽는다.

옥에 갇혀 있는 자는 죄를 받게 된다.

가야 할 것인지 가지 말아야 할 것인지의 경우에는 가지 않는 편이 좋다.

올 것인지 오지 않을 것인지의 경우에는 오지 않는다.

남을 만날 것인지 만나지 말아야 할 것인지의 경우에는 만나지 않는 편이 좋다.

할 말은 정해져 있고 변명은 할 수 없다.

모든 일이 불길하다.

• 머리를 숙이고 발을 움츠리며 몸이 구부러진 것으로, 구하는 점을 쳤다면 얻지 못한다.

병든 자는 죽는다.

옥에 갇혀 있는 자는 죄를 받을 가능성이 있다.

간 자는 돌아오지 못한다.

가야 할 것인지 가지 말아야 할 것인지의 경우에는 가는 편이 좋고, 올 것인지 오지 않을 것인지의 경우에는 오지 않는다.

남을 만나야 할 것인지 만나지 말아야 할 것인지의 경우에는 만나지 않는 편이 좋다.

• 정(挺)의 안팎이 저절로 드리워져 있는 것으로, 구하는 점을 쳤다면 얻지 못한다.

병든 자는 회복되기 어려워 죽기 쉽다.

옥에 갇혀 있는 자는 무죄이지만 나오기 어렵다.

갈 것인지 가지 말아야 할 것인지의 경우에는 가지 않는 편이 좋고, 올 것인지 오지 않을 것인지의 경우에는 오지 않는다.

남을 만나야 할 것인지 만나지 말아야 할 것인지의 경우에는 만나지 않는 편이 좋다.

　불길하다.

　• 귀갑의 가로금이 뚜렷이 나타나고 유앙(楡仰), 머리를 숙일 때, 이것으로 구하는 점을 쳤다면 얻기 어렵다.

　병든 자는 회복되기 어려우나 죽지는 않는다.

　옥에 갇혀 있는 자는 나오기 어려워도 해를 입지는 않는다.

　집에 있거나 장가를 들거나 딸을 시집보내는 것은 좋다.

　• 귀갑의 가로금이 뚜렷이 드러나고 상주(上柱)는 바르며 몸이 구부러지고 안팎이 저절로 올라갈 때, 이것으로 병점을 쳤다면 점친 날에는 죽지 않고 그 다음날 죽는다.

　• 귀갑의 가로금이 분명하게 드러나고 상주(上柱), 발을 움츠리며 안은 저절로 들리고 밖은 저절로 드리워질 때, 이것으로 병점을 쳤다면 점친 날에는 죽지 않고 그 다음날 죽는다.

　• 머리를 숙이고 발을 움츠리며 외부에 조짐이 있고 내부에는 조짐이 없을 때, 병점을 쳤다면 병든 자는 거북점이 끝나기도 전에 급사한다. 복경실대(卜輕失大)의 경우라면 하루 만에는 안 죽는다.

　• 머리를 처들고 발을 움츠릴 때, 이것으로 구하는 점을 쳤다면 얻지 못한다.

　옥에 갇혀 있는 자는 유죄가 된다. 죄에 대하여 남의 말을 두려워해야겠지만 그것으로 해를 입지는 않는다.

　갈 것인지 말아야 할 것인지의 경우에는 가지 않는 편이 좋다.

　남과 만나야 할 것인지 말아야 할 것인지의 경우에는 만나지 않는 편이 좋다.

　대론(大論)해서 말한다.

"바깥의 조짐은 남에 대한 것이고 안의 조짐은 자신에 대한 것이다. 바깥의 조짐은 여자에 대한 것이고 안의 조짐은 남자에 대한 것이다.

머리를 숙이는 것은 근심이 있는 것이다.

큰 점(큰 龜裂)은 몸이고 작은 점은 가지(枝 : 작은 균열)로 판단한다.

그 대략은 다음과 같다.

병든 자에 대해서는 발이 움츠러들면 살고 발이 벌어지면 죽는다.

올 사람에 대해서는 발이 벌어지면 오고 발이 움츠러들면 오지 않는다. 또 가야 할 일에 대해서는 발이 움츠러들면 가지 말고 발이 벌어지면 간다.

구하는 것에 대해서는 발이 벌어지면 얻어지고 발이 움츠러들면 얻어지지 않는다.

옥에 갇혀 있는 자에 대해서는 발이 움츠러들면 나오지 못하고 발이 벌어지면 나온다.

병점을 쳐서 발이 벌어져도 죽는 것은 안이 높고 밖이 낮기 때문이다."

제69 화식열전(貨殖列傳)

노자(老子)는 '치세(治世)의 궁극은 이웃 나라가 서로 바라볼 수 있을 정도로 가까이 있고 닭과 개의 소리가 마주 들리며 백성들은 각기 자신의 음식을 맛있다 하고 의복을 아름답다 하며 자기네 습속을 편히 여기고 일을 즐기면서 늙어 죽을 때까지 서로 왕래하지 않는 것이다.'[364]라고 말했는데 이것이 좋다고 하여 그 도(道)에 힘쓰며 오늘의 세상을 거기까지 끌어올리기 위하여 백성의 귀와 눈을 막으려 해도 거의 실행할 수는 없을 것이다.

태사공은 말한다.

신농(神農) 이전의 일은 나도 알지 못하지만 ≪시경≫·≪서경≫에서 말하는 우(虞)와 하(夏) 이후로 귀와 눈은 아름다운 소리와 아름다운 빛깔을 좋아하여 모두 듣고 보려 하고, 입은 소와 양 고기의 좋은 맛을 다 보려 하며, 몸은 편하고 즐거운 것을 좋아하고, 마음은 위세와 영화를 자랑하고 있다. 그리고 그와 같은 습속이 백성의 마음에 스며든 지 오래다.

아무리 노자의 현묘한 이론을 들고 나와 집집마다 들려주어도 모두 감화시킬 수는 없다. 그러므로 최선의 위정자는 백성의 마음에 따라 다스리고 차선의 위정자는 이득으로써 백성을 이끌고 그 다음의 위정자는 백성을 가르쳐 깨우치고 또 그 다음의 위정자는 힘으로써 백성을 바로잡고 최악의 위정자는 백성과 다투는 것이다.

대체로 산서(山西)[365]에는 재목(材木), 죽(竹), 곡(穀 : 종이 원료가 되는

---

364) ≪老子≫ 제80장에 거의 같은 말이 나온다.
365) 아래의 山東에 대하여 函谷關 서쪽의 지역을 가리킨다.

닥나무), 노(纑 : 麻의 일종), 모(旄)[366], 옥석(玉石) 등이 많고 산동(山東)[367]
에는 물고기, 소금, 옻, 실 등과 미녀, 가희(歌姬)가 많다.

강남(江南 : 양자강 남쪽 일대의 땅)에는 녹나무, 가래나무, 생강, 육계
(肉桂), 금(金), 석(錫), 납, 단사(丹沙), 서각(犀角), 대모(瑇瑁), 주기(珠璣 :
진주 종류), 치혁(齒革 : 齒는 상아, 革은 호랑이나 표범 등의 털가죽) 등을
생산하고 용문(龍門)과 갈석(碣石 : 모두 산 이름)의 북쪽에는 말, 소, 양,
모직, 양질의 털옷, 근(筋 : 동물의 힘줄), 뿔 등이 많다.

동(鋼)・철(鐵)을 생산하는 산은 천 리 사방의 땅 이곳저곳에 있어서 마
치 바둑돌을 놓은 것 같다.

이상이 대강의 생산물인데 이것들은 모두 중국 백성들이 좋아하는 것들
로서 각기 습속에 따라 의복과 음식에 쓰며 산 사람을 먹이고 죽은 사람을
장사지내는 데 쓰이는 것들이다.

또한 농민은 식량을 공급하고 나무꾼은 자재를 공급하며 공인은 이것을
제품화하고 상인은 이것을 유통시킨다. 이러한 일은 위로부터 정교(政敎)
에 따른 지도나 징발, 기회(期會 : 期日을 정해 모두 모여서 작업하는 것)
로 행해지는 것이 아니다. 사람들이 각기 저마다의 능력에 따라 그 힘을
다하여 원하는 것을 손에 넣을 뿐이다.

그런 까닭에 물건 값이 싼 것은 장차 비싸질 징조이며 비싼 것은 싸질
징조라 하여 적당히 팔고 사며, 각자 그 생업에 힘쓰고 일을 즐기는 상태
는 물이 낮은 곳으로 흐르는 것과 같이 밤낮을 쉬지 않는다. 물건은 부르
지 않아도 절로 모여들고 강제로 구하지 않아도 백성이 그것을 만들어 낸
다. 참으로 도(道)와 부합하며 자연의 이치대로 되는 것이 아니겠는가.

---

366) 털이 긴 소로 티베트 지방에서 나는 야크 비슷한 동물.
367) 函谷關의 동쪽 지역. 이른바 中原 및 동중국.

《주서(周書)》[368]에는 '농민이 생산하지 않으면 식량이 모자라게 된다. 나무꾼이 나무를 베지 않으면 자재가 모자라게 되고 자재가 적으면 산과 택지는 개척되지 않는다. 공인이 생산하지 않으면 제품이 부족하게 되고 상인이 유통시키지 않으면 삼보(三寶 : 식량·자재·제품)는 끊어지게 된다.'고 했는데 이 네 부류(農·虞·工·商)는 백성의 의식(衣食)의 근원이다.

근원이 크면 백성은 부유해지고 근원이 작으면 백성은 빈곤하게 된다. 이 네 부류는 위로는 나라를 부유하게 하고 아래로는 가정을 부유하게 한다. 빈부라는 것은 밖에서 빼앗거나 주는 것이 아니고 결국 그 사람의 재능 여하에 달렸다. 기교 있는 사람은 부유하고 기교가 모자라는 사람은 가난한 것이다.

태공망이 영구(營丘)에 봉해졌을 때 그 영내의 토지는 염분이 많고 습했으며 주민도 적었다. 그래서 태공망은 부녀자의 일(機織·재봉·자수 등)을 장려하고 공예 기술을 배우게 하며, 또 각지에 물고기와 소금을 이출(移出)하여 서로 유통케 했다. 그러자 사람과 물건이 모여들었다.

그리하여 제나라는 천하에 관(冠)·대(帶)·의(衣)·이(履 : 신발)를 공급하게 되었고 그 부강한 제나라에 대하여 동해(東海)와 태산(泰山) 사이의 제후들은 경의를 표하여 소매를 여미고 옷깃을 바로잡으며 참조(參朝)했던 것이다.

그 후 제나라는 한때 쇠해졌다가 관자(管子 : 管仲)가 국정을 맡으면서 경중(輕重)·구부(九府 : 輕重은 물가를 조절하는 제도, 九府는 財幣를 맡아보는 9개의 官署)를 설치했다. 그로 인하여 환공은 패자가 되고 제후들

---

368) 《書經》과는 다른 책으로 후세에 《逸周書》 등으로 불렸다. 그러나 현존하는 《逸周書》에는 이런 글이 없다.

을 아홉 번 회맹(會盟)시켜 천하를 바로잡았다.

관씨(管氏)는 삼귀(三歸 : 臺의 이름)를 소유하여 신하로서 열국의 군주보다도 부유했다. 이리하여 제나라의 부강은 계속해서 위왕(威王)과 선왕(宣王) 대에까지 이르렀던 것이다.

그러므로 '창름(倉廩 : 쌀 창고)이 차야 예절을 알고 의식(衣食)이 족해야 영예와 치욕을 안다.' (≪管子≫ 牧民篇)고 말했다. 예(禮)는 재산이 있으면 생기고 재산이 없으면 사라진다. 그러니 군자가 부유하면 즐겨 그 덕을 행하고 소인이 부유하면 그 힘에 맞는 일을 한다.

못이 깊어야 물고기가 있고 산이 깊어야 짐승이 살듯이 사람은 부유해야만 인의(仁義)가 따른다. 부유한 사람이 세력을 얻으면 세상에 더욱 드러나고 세력을 잃으면 빈객도 줄어들어 쓸쓸하게 된다. 이런 일은 오랑캐 나라에서는 더욱 심하다.

속담에 '천 금(千金)의 아들은 시장에서 죽지 않는다.'[369]고 했는데 그것은 정녕 빈말이 아니다. 그래서 '천하 사람들은 화락하여 모두 이(利)를 위해 모여들고 얽히고설키다 모두 이(利)를 위해 떠난다.'[370]고 말하는 것이다. 저 천 승(千乘)의 봉국을 가진 왕, 만 가(萬家)를 가진 후(侯), 백 가(百家)를 가진 대부들도 가난을 근심한다. 하물며 일반 서민은 말해 무엇하겠는가.

옛날 월왕 구천은 회계산에서 고통을 겪고 범려(范蠡)와 계연(計然 : 범려의 스승이라고 함)을 중용했다. 계연은 이렇게 말했다.

"전쟁이 일어날 것을 알면 미리 군비를 정돈할 것이며 어느 때 어느 물

---

369) 고대 중국에서 시장은 처형장이기도 했다. 부잣집 아들은 법을 어기는 일이 없으므로 형벌을 받는 일도 없다는 뜻.
370) 그 당시의 노래이거나 속담인 듯하다.

건을 사용하는가를 알면 미리 필요한 물건을 알게 됩니다. 이 두 가지를 잘 알면 모든 화물(貨物)의 실정을 제대로 알 수 있습니다.

세성(歲星 : 木星)이 금(金 : 서쪽)에 있는 해는 풍년이 들고 수(水 : 북쪽)에 있는 해는 수해, 목(木 : 동쪽)에 있는 해는 한해(旱害)가 일어납니다. 가뭄이 든 해에는 미리 배를 준비해 두고 — 가뭄이 심한 뒤에는 수해가 있으므로 — 수해가 있는 해에는 미리 수레를 준비해 두는 것이 — 수해가 심한 뒤에는 가뭄이 들므로 — 사물의 이치입니다.

6년마다 풍년이 들고 6년마다 한해가 발생하며 십이 년마다 대기근이 일어납니다. 무릇 쌀값이 한 말에 이십 전밖에 안 되면 농민이 고통을 겪고, 구십 전으로 비싸지면 상인이 고통을 받습니다. 상인이 고통을 받으면 상품이 나오지 않고 농민이 고통을 받으면 농경지가 황폐해집니다. 비싸더라도 팔십 전을 넘지 않고 싸더라도 삼십 전 아래로 떨어지지 않게 하면 농민과 상인이 모두 이롭게 됩니다. 쌀값이 일정한 수준을 유지하고 물자가 공평하게 유통되며 사방의 화물이 관문을 통과하여 시장으로 나와 나라 안을 풍요롭게 하는 것이 나라를 다스리는 도(道)입니다.

축적이라는 것은 물자를 완전한 채로 보존하는 것이지 상한 화물을 한곳에 쌓아놓는 것이 아닙니다. 물자는 서로 교역하고 상한 물건은 자기 집에서 쓰도록 합니다. 또 비싼 물건을 유보해 두어서는 안 됩니다. 물건이 남아도는지 모자라는지를 살펴 보면 그것이 비싼 것인지 싼 것인지를 압니다. 비싼 값이 극도에 달하면 헐값으로 돌아오고 싼 값이 극도에 달하면 높은 값으로 되돌아갑니다. 비싼 물건은 오물을 배설하듯 자꾸 팔아 버리고 싼 물건은 주옥(珠玉)을 손에 넣듯 소중히 사들입니다. 화물과 돈은 흐르는 물처럼 원활하게 유통시켜야 하는 것입니다."

이리하여 구천은 계연의 법을 실시하기 십 년, 나라는 부유해져 전사(戰士)들에게 후한 금품을 내렸다. 이로 인해 전사들은 목마른 사람이 물을 얻은 것처럼 적의 시석(矢石)을 무릅쓰고 용맹하게 달려, 구천은 마침내 군대의 위력을 천하에 떨쳐 강한 오나라에 보복하고 오패(五覇 : 齊나라 桓公·晉나라 文公·楚나라 莊王·吳王 闔閭·越王 句踐)의 한 사람으로 일컬어졌다.

범려는 회계(會稽)의 부끄러움을 씻고 나서 탄식하며 말했다.

"계연의 계책은 일곱 가지가 있었는데 월나라는 그중 다섯 가지를 써서 목적을 달성했다. 나라에는 이미 실시해 보았으니 나는 이를 집에 적용해 보리라."

그리하여 그는 작은 배를 타고 강호(江湖)로 떠나 제나라로 가서 이름과 성을 바꿔 치이자피(鴟夷子皮)라 일컫고 도(陶)로 가서 주공(朱公)이라 칭했다. 주공은 '도(陶)는 천하의 중앙이며 제후의 나라에 사방으로 통해 있어 물자 교역이 빈번한 곳이다.'라고 생각하고 생업에 종사하여 물자를 축적한 다음 팔아서 이익을 거두었는데 다만 자연의 시기를 기다릴 뿐 사람의 노력에는 의지하지 않았다.

이처럼 생업을 잘 운영하는 사람은 거래할 상대를 고른 다음에는 자연의 시기에 맡기는 것이다.

주공은 십구 년 동안에 세 번이나 천 금을 모았는데 그중 두 번까지는 가난한 친구와 먼 친척들에게 나누어 주었다. 이야말로 이른바 '부유하면 즐겨 그 덕을 행하는' 자의 표본이었다. 말년에 노쇠하여 자손에게 가업을 맡겼다. 자손은 가업을 다스리고 재산을 불려 마침내 부(富)는 거만(巨萬)[371]에 달했다. 그리하여 부에 대해 말하는 사람은 모두 도주공(陶朱公)을 일컫는 것이다.

---

371) 일만의 일만 배. 오늘날 우리가 말하는 億에 해당한다.

자공(子貢)³⁷²⁾은 공자에게서 배운 다음 스승의 슬하를 떠나 위(衛)나라를 섬기며 조(曹)와 노(魯) 지방에서 물자를 축적하기도 하고 시기를 기다려 팔기도 하여 재산을 모았다. 공자의 문하 칠십여 제자들 중에서 사(賜 : 子貢의 이름)는 가장 부유했으며 원헌(原憲)은 비지와 쌀겨조차도 배부르게 먹지 못하여 뒷골목에서 쓸쓸히 살고 있었다.

자공은 사두마차를 타고 기마 수행원을 거느리며 비단을 선물로 가지고 가서 제후들과 교제했다. 그가 방문하는 나라의 군주로서 뜰에 내려와 그와 대등한 예를 행하지 않는 자가 없었다. 무릇 공자의 이름이 천하에 널리 떨쳐지게 된 것은 자공이 보좌하며 따라다녔기 때문이다. 이야말로 '세력을 얻으면 더욱더 세상에 드러나는' 사람이 아니겠는가.

백규(白圭)는 주(周)³⁷³⁾ 사람이다. 위(魏)나라 문후(文侯) 때 이극(李克 : 李悝의 잘못인 듯)은 농경을 중시하여 토지를 충분히 이용하는 일에 힘을 기울였으나 백규는 때에 따른 물가 변동의 관찰을 즐겼다. 그래서 세상 사람들이 버리고 돌아보지 않을 때 사들이고 세상 사람들이 사들일 때에는 팔아 넘겼다. 즉 풍작일 때는 곡물을 사들이고 대신 실과 옻을 팔아 넘겼으며 흉작이 되어 고치가 나돌면 비단과 솜을 사들이고 대신 곡물을 팔아 넘겼던 것이다.

태음(太陰 : 歲星 뒤의 두 별)이 묘(卯 : 동쪽)에 있는 해에는 풍년이 들고 그 이듬해에는 흉년이 든다. 오(午 : 남쪽)에 있는 해에는 한해(旱害)가 일어나고 그 이듬해에는 수확이 많다. 유(酉 : 서쪽)에 있는 해에는 풍년이 들고 그 이듬해에는 흉년이 든다. 자(子 : 북쪽)에 있는 해에는 큰 한해가

<hr />

372) 仲尼弟子列傳 참조. '賜'가 이름이며 '子貢'은 字이다. 성은 端木.
373) 왕조 이름이 아니라 戰國時代 周나라의 수도가 있던 부근을 가리킨다.

일어나고 그 이듬해에는 수확이 많다. 그리고 홍수가 지는 해가 있으면 태음은 다시 묘(卯)로 돌아간다.

이러한 풍년과 흉년의 변화를 보며 사고팔고 했으므로 백규의 축적은 대체로 해마다 배가(倍加)되었다. 돈을 늘리려면 싼 곡물을 사들이고 수확을 늘리려면 좋은 종자를 썼다. 거친 음식을 달게 먹고 욕심을 억제하며 의복을 검소하게 입어 절약하고, 일을 시키는 노복과 고락을 함께 하며 시기를 보아 행동하는 데에는 맹수나 맹금이 먹이를 보고 달려드는 것처럼 빨랐다. 그러하므로,

"나는 생업 운영하기를 마치 큰 정치가 이윤(伊尹 : 殷의 湯王의 宰相)과 여상(呂尙 : 太公望)이 정책을 도모하듯, 병법가인 손자(孫子)와 오자(吳子)가 군사를 쓰듯, 법술가인 상군(商君)이 법을 행하듯이 했다. 그러니 임기응변의 지혜도 없고 일을 결단힐 용기도 없고 얻어서 베푸는 어짊도 없고 지킬 것은 끝까지 지키는 강단도 없는 사람은 내 방법을 배우고 싶다 하더라도 가르쳐 주지 않겠다."

라고 하였다. 생각건대 천하의 사업을 말하는 사람들이 백규를 그 조상으로 우러러 모시는 것은 백규가 실제로 그것을 시험해 보았기 때문이다. 다시 말해 실제로 성과를 올렸던 것이지 결코 헛된 말을 했던 것은 아니다.

의돈(猗頓)은 염지(鹽池)의 소금으로 몸을 일으키고 한단의 곽종(郭縱)은 철광 개발에 성공하여 다 같이 부유함으로써 왕자(王者)와 어깨를 겨루었다.

오지(烏氏)의 나(倮)라는 사람은 목축을 업으로 했는데 가축이 늘어나면 팔아치우고 진기한 견직물을 사들여 융(戎)의 왕에게 바쳤다. 융의 왕은 보상으로 열 배의 가축을 그에게 주었다. 이로 인해 나(倮)의 가축은 골짜

기마다 가득 차서 마소를 골짜기 수로 셀 정도였다. 진나라 시황제는 나(倮)를 제후와 동등하게 대우하여 봄가을에 여러 대신들과 함께 참조(參朝)시켰다.

파(巴)의 청(淸)이라는 과부는 단사(丹沙)가 나오는 굴을 선조가 발견하여 여러 대에 걸쳐 그 이익을 독점했기 때문에 자산이 헤아릴 수 없을 정도로 많았다. 그녀는 과부였으나 가업을 잘 지키고 재력으로 스스로를 지키며 사람들로부터 침범당하지 않았다. 시황제는 청을 정녀(貞女)로 인정하여 손님으로 대우하며 그녀를 위해 여회청대(女懷淸臺)를 지었다.

나(倮)는 시골뜨기 목장 주인에 지나지 않았고 청(淸)은 시골 과부에 불과했는데도 제후와 동등하게 예우 받으며 그 이름을 천하에 떨쳤던 것은 모두 부(富)의 힘에 의한 것이었다.

한나라가 일어나서 천하를 통일하자 관소(關所)와 다리의 통행 제한을 폐지하고 산림과 소택(沼澤)에서 나무를 하거나 고기를 잡지 못하게 한 영(令)을 늦추었다. 부상(富商)과 대상인(大商人)들은 천하를 두루 돌아다니며 교역하여 유통되지 않는 물자가 없었고 원하는 물건은 무엇이든 수중에 넣을 수 있게 되었다.

그리고 한나라는 지방 호걸들과 예전 제후국의 호족들을 경사(京師 : 長安)로 이주시켰다. 주나라 공류(公劉)는 빈(邠)으로 갔고 대왕(大王 : 古公亶父)과 왕계(王季)는 기산(岐山)에 거주했으며 문왕은 풍(豊)을 건설했고 무왕은 호(鎬)를 도읍으로 삼았다.

관중은 견수(汧水) · 옹(雍)으로부터 동쪽으로 황하(黃河) · 화산(華山)에 이르기까지 천 리에 걸친 비옥한 땅이었으므로 우(虞 : 舜) · 하(夏 : 禹)시대의 공물(貢物)과 부세(賦稅) 제도에서도 상등의 전지(田地)로 인정받았다.

그러므로 이 땅에 사는 백성들은 아직도 선왕 때의 유풍이 있어 농사를 즐겨 오곡을 심고 토지를 중히 여겨 다른 곳으로 옮겨가지 않으며 나쁜 짓을 꺼리는 풍습이 있었다.

진(秦)나라 문공(文公)·덕공(德公)·목공(繆公)이 옹(雍)에 도읍했을 때 그곳에는 농(隴)·촉(蜀)의 화물이 모이고 상인도 많았다. 헌공(獻公)은 역읍(櫟邑)으로 도읍을 옮겼다. 역읍은 북쪽에 있어서 융적을 격퇴하기에 편리한 곳이었고 동쪽은 삼진(三晉 : 韓·魏·趙)에 통해 있어서 대상인이 많았다.

효공(孝公)·소왕(昭王)은 함양에 도읍을 했으므로 한나라가 그 근처의 장안에 도읍을 했던 것이다. 여러 능(陵)이 있는 장안 주변에는 사람들이 사방에서 모여들었다. 그 때문에 인구가 많아지자 백성들은 점점 약아져서 상업에 종사하게 되었다.

관중의 남쪽은 파(巴)·촉(蜀)이다. 파·촉 또한 기름진 땅이라 그곳에서는 연지, 생강, 단사(丹沙), 동(銅), 철(鐵)과 죽기(竹器), 목기(木器)가 풍부하게 생산되어 그 남쪽에 있는 지방들을 제압하고 있다. 파·촉의 남쪽에서는 노비를 많이 보내오고 있다.

서쪽은 공(邛)·작(筰)에 가까운데 작에서는 말과 모우(旄牛)를 산출한다. 파·촉의 땅은 사방이 산으로 둘러싸여 있으나 그 산에는 천 리에 걸친 잔도(棧道)[374]가 부설되어 있어 통하지 않는 곳이 없다. 단지 포(襃 : 漢中에서 북쪽의 渭水 유역으로 나가는 要路의 남쪽 입구)·야(斜 : 그 북쪽 입구)가 파·촉의 각지에서 관중으로 통하는 도로를 수레의 바퀴처럼 막고 있어 여기에서 파·촉의 풍부한 물자가 부족한 물자와 교환된다.

천수(天水), 농서(隴西), 북지(北地 : 모두 郡 이름), 상군(上郡)은 관중과 같은 습속을 가지고 있는데 서쪽에는 강중(羌中 : 羌族의 주거지)과 교역

---

374) 계곡 사이에 널빤지를 이어 만든 공중 다리.

하는 이익이 있고 북쪽에는 융적의 풍부한 가축이 있어 목축이 성하기로는 천하에서 손꼽힐 만하다. 그렇지만 이곳은 한쪽에 구석져 있는 데다가 험난한 곳이라 겨우 장안에만 길이 통한다.

관중에 파·촉과 이상의 여러 군(郡)을 합치면 그 땅은 천하의 3분의 1이고 인구는 십 분의 3에 불과하지만 그 부(富)는 십 분의 6에 이른다.

황제 요(堯)는 하동(河東)에 도읍했고 은나라는 하내(河內)에 도읍했으며 주나라는 하남(河南:洛陽)에 도읍했다. 무릇 삼하(三河:하동·하내·하남)는 천하의 중앙에 위치하여 솥의 발처럼 셋으로 갈라져 왕자(王者)가 번갈아 도읍했던 곳이다. 그 왕조는 각기 수백 년에서 천 년에 걸쳐 내려왔는데 토지는 좁고 인구는 많았다. 더구나 그 도읍은 제후들이 모여든 곳이었으므로 습속은 사소한 일에 얽매여 요령이 좋아졌다.

양(楊)과 평양(平陽)은 서쪽으로 진(秦)과 적(翟)의 거주지와 거래를 하고 북쪽으로 종(種)과 대(代)와 거래하고 있다. 종과 대는 석(石)의 북쪽에 있으며 흉노와 경계를 접하고 있어서 자주 침범을 당한다.

주민들은 자존심이 강하여 지기를 싫어하며 용기를 좋아하고 임협풍(任俠風)이 있어 간악한 일을 행하면서도 농사나 상업에는 힘쓰려고 하지 않는다. 하지만 북쪽 오랑캐와 인접하고 있어 정벌군이 자주 출동하는 관계로 중국에서 물자가 보내져 때로는 큰 이익을 볼 때도 있다.

주민은 흉노의 일족과 섞여 살고 있는데 진(晉)나라가 아직 한·위·조로 분열되기 전부터 그 사납고 간악함은 진나라의 골칫거리이기도 했다. 더구나 조(趙)나라 무령왕(武靈王)이 그들의 이런 점을 점점 더 장려하고 있었기 때문에 이곳 습속에는 조나라의 유풍이 남아 있다. 그래서 양(楊)과 평양의 백성들은 이러한 사정을 이용하여 얻고 싶은 물자를 손에 넣고 있다.

온(溫)과 지(軹)는 서쪽으로 상당(上黨)과 거래하고 북쪽으로 조(趙 : 戰國時代 趙나라의 故地)·중산(中山)과 거래하고 있다. 중산은 토지가 메마르고 인구가 많으며 또 은나라 주왕이 제멋대로 음란을 일삼던 사구(沙丘)의 자손들이 살아남아 있다.

그 습속은 경박하고 잔인하며, 교활한 수단으로 생활하고 있다. 남자들은 서로 모여서 놀고 희롱하며 비통한 노래로 울분을 터뜨린다. 패를 지어 강도질을 하거나 무덤을 파헤쳐 신불(神佛) 앞에 바치는 물건을 훔쳐내기도 하고 쉴 때는 사람들에게 교묘하게 아부하고 악기를 다루며 배우 노릇을 하기도 한다. 작은 신을 신은 여자들은 소리가 좋은 슬(瑟)을 타고 귀현(貴顯)과 부호에게 아양을 떨어 어떤 제후국이든지 후궁으로 들어가 있다.

한단 또한 장수(漳水)와 황하(黃河) 사이에 있는 큰 고을로서 북쪽으로는 연(燕)과 탁(涿)에 통하고 남쪽에는 정(鄭)과 위(衛)가 있다. 정과 위의 습속은 조(趙)와 비슷하나 양(梁)과 노(魯)에 가깝기 때문에 약간은 중후하고 절조를 존중한다. 복양(濮陽 : 옛날 衛나라 국도) 사람들은 진(秦)나라 왕 정(政) 때문에 군주와 함께 야왕(野王)으로 옮겨갔다. 야왕 사람들은 기개를 좋아하는 임협풍이 있는데 그것은 위(衛)나라 유풍이다.

연(燕)도 발해(勃海)와 갈석산(碣石山) 사이에 있는 큰 고을이다. 연나라 남쪽은 제(齊)나라와 진(秦)나라로 통하고 동북쪽은 흉노와 경계를 접하며 상곡(上谷)에서부터 요동(遼東)에 이르고 있다. 아주 먼 곳에 있는 변두리 땅은 주민이 적어서 자주 침범을 당했다. 습속은 조(趙)·대(代)와 매우 비슷하나 이곳 백성들은 독수리처럼 날쌔고 사나우며 사려가 얕다. 물고기, 소금, 대추, 밤이 많이 난다. 북쪽은 오환(烏桓)·부여(夫餘 : 모두 종족 이름)와 인접해 있고 동쪽으로 예맥(穢貊)·조선(朝鮮)·진번(眞番)과 교역하며 이익을 독점하고 있다.

낙양은 동쪽으로 제(齊)·노(魯)와 거래하고 있으며 남쪽으로 양(梁)·초(楚)와 거래하고 있다. 태산(泰山)의 남쪽은 노(魯)이며 북쪽은 제(齊)이다. 제(齊)는 산과 바다로 둘러싸인 기름진 땅이 천 리에 걸쳐 있어 뽕과 삼(麻)을 심기에 알맞으며 많은 백성들이 아름다운 무늬의 직물과 베, 비단, 물고기, 소금을 생산한다.

임치(臨菑)도 동해(東海)와 태산(泰山) 사이에 있는 큰 고을이다. 이곳의 습속은 너그럽고 활달하며 지혜가 많고 의론(議論)하기를 좋아하는데 중후한 성격으로 남의 말에 휩쓸려 행동하는 일이 없다. 패싸움에는 겁이 많지만 개인끼리의 싸움에는 용감하며 남을 협박하는 자도 많다. 대체로 대국풍(大國風)이 있고 오민(五民 : 士·農·行商·工·賈)이 두루 갖춰져 있다.[375]

추(鄒)·노(魯)는 수수(洙水)와 사수(泗水) 유역에 위치하고 있어 아직 주공(周公)의 유풍이 있다. 습속은 유학(儒學)을 좋아하고 예(禮)를 지키기 때문에 주민의 생활 태도는 까다롭다. 뽕과 삼의 산업은 성하나 숲과 못에서 나는 산물은 적다. 게다가 땅은 좁고 인구가 많기 때문에 사람들은 검소하게 생활하며 죄를 두려워하여 사악한 일을 멀리한다. 노나라가 쇠한 후로는 그곳 주민들이 장사를 좋아하게 되어 이익을 추구하는 점에서는 주나라 사람들보다 심한 데가 있다.

홍구(鴻溝)에서 동쪽, 망(芒)·탕(碭 : 모두 산 이름)에서 북쪽은 광대한 들판으로 양(梁)·송(宋 : 모두 戰國 때 나라 이름) 땅이다. 도(陶)·수양(睢陽)도 역시 이곳의 큰 고을이다. 옛날 요(堯)는 이궁(離宮)을 성양(成陽)에 만들고 순(舜)은 뇌택(雷澤)에서 고기를 잡았으며 은나라 탕

---

375) 商과 賈를 구별할 경우 商은 행상인을 말하며 賈는 가게가 있어 그곳에 자리 잡은 상인을 말한다.

왕은 박(亳)에 도읍을 정했다. 그래서 그곳 습속에는 지금도 선왕의 유풍이 있어 일반적으로 성격이 중후하여 군자가 많고 농사짓기를 좋아한다. 산천에서 생산되는 물건은 풍부하지 않으나 조의조식(粗衣粗食)을 달게 여기며 재물을 축적하고 있다.

월나라와 초나라 땅에는 세 가지 습속이 있다. 회수(淮水) 북쪽에서 패(沛)·진(陳)·여남(汝南)·남군(南郡)까지는 서초(西楚)이다. 그 습속은 사납고 강하며 경솔하여 화를 잘 내고, 토지는 몹시 메마르고 기름지지 않아 물자의 축적이 어렵다.

강릉(江陵)은 본디 초나라 도읍지인 영(郢)으로 서쪽은 무(巫)·파(巴)로 통하고 동쪽에는 운몽(雲夢 : 못 이름)의 풍부한 산물이 있다. 진(陳)은 초(楚)와 하(夏 : 하나라의 옛 땅)의 중간에 있어 물고기, 소금 등의 거래가 활발하며 그곳 주민들은 대부분 상인이다. 서(徐)·동(僮)·취려(取慮)의 주민들은 청렴하기는 하나 까다롭고 약속을 중히 여기는 것을 자랑으로 삼는다.

팽성(彭城)에서 동쪽으로 동해(東海)·오(吳)·광릉(廣陵)까지는 동초(東楚)이다. 이곳 습속은 서(徐)·동(僮)과 비슷하다. 또 구(朐)·증(繒)의 북쪽 습속은 제(齊)와 비슷하고, 절강(浙江) 남쪽은 월(越)과 비슷하다. 오(吳)는 오왕 합려·춘신군·오왕 비(濞) 세 사람이 이곳을 근거지로 각기 천하를 유력(遊歷)하는 젊은이들을[376] 불러모았다.

동쪽에는 바닷소금이 있고, 장산(章山)에서는 구리, 삼강(三江 : 吳淞江·婁江·東江)·오호(五湖 : 太湖의 別名)에서도 물자가 풍부하게 생산된다. 오(吳) 또한 강동(江東)의 대도시이다.

형산(衡山 : 國名)·구강(九江 : 郡名)과 양자강의 남쪽 예장(豫章)·장사(長沙)는 남초(南楚)이다. 이곳의 습속은 서초(西楚)와 매우 비슷하다.

옛날 초나라는 도읍을 영(郢)에서 수춘(壽春)으로 옮겼는데 수춘 또한 대도시이다.

합비(合肥)는 양자강과 회수(淮水)의 조수를 남북으로 받으며 피혁, 자반, 목재 등의 집산지이다. 습속은 민중(閩中)과 우월(于越)의 것이 섞여 있으며 그런 까닭에 남초(南楚) 주민은 말을 잘하나 신용할 수 없다.

양자강 남쪽은 낮고 습하여 남자는 일찍 죽는다. 대나무와 목재가 많다. 예장은 황금을 생산하고 장사(長沙)는 납과 주석을 생산한다. 하지만 극히 소량이라 채취해도 채산이 맞지 않는다.

구의(九疑)·창오(蒼梧 : 모두 산 이름)로부터 남쪽 담이(儋耳)에 이르기까지는 양자강 남쪽과 습속이 거의 같으나 양월(楊越 : 越族)이 많다. 반우(番禺) 또한 이곳의 대도시로 주기(珠璣), 서각(犀角), 대모(瑇瑁), 과실, 갈포(葛布)의 집산지이다.

영천(潁川)·남양(南陽)은 옛날 하(夏)나라 사람들의 거주지이다. 이곳에서는 아직도 선왕(先王)의 유풍이 있어 하나라 사람들은 충실과 소박을 숭상하고 있다. 영천 주민은 인정이 두텁고 조심성이 많다.

진(秦)나라 말기에 조명(朝命)에 굴복하지 않는 무법자를 남양으로 이주시켰다. 남양은 서쪽으로 무관(武關)·운관(鄖關)으로 통하고 동남쪽으로 한수(漢水)·양자강·회수(淮水)가 흐르고 있다. 원(宛) 또한 이곳의 대도시이다. 주민의 습속은 여러가지가 뒤섞여 다양하며 일을 좋아하고 상인이 많다. 임협풍(任俠風)은 영천(潁川)에도 있어 이곳 사람들은 지금도 하나라 사람으로 불리고 있다.

---

376) 원문은 '招致天下之喜游子弟', '游' 는 遊說의 뜻. 변설에 능한 정치 평론가 및 책사를 말한다.

무릇 천하에는 물자가 적은 곳도 있고 풍부한 곳도 있다. 그리고 백성들의 습속은 그것에 영향을 받는다. 예를 들면 소금의 경우 산동(山東)에서는 해염(海鹽)을 식용으로 하고 산서(山西)에서는 암염(岩鹽)을 식용으로 하며 영남(嶺南)·사북(沙北 : 사막의 북쪽)에도 원래 소금을 생산하는 곳이 있어 그곳 백성들은 그것을 식용으로 한다. 물건과 사람의 관계는 대체로 이러한 것이다.

개괄하여 말하면 초(楚)·월(越)의 토지는 광대한데 인구는 적으며 쌀을 주식으로 하고 생선으로 국을 끓여 먹는다. 농사를 짓는 방법은 수확 후에 논의 마른 풀을 태워 갈고 여름에 논에 물을 대고 김을 맨다. 초목 열매와 생선, 조개 따위는 상인을 기다리지 않아도 충분하며 지형상 식량이 풍부하여 기근의 염려가 없다. 그런 까닭에 주민들은 게으르게 되어 그럭저럭 살아가며 저축도 없는 가난한 사람이 많다. 이러한 이유로 강회(江淮) 이남에는 춥고 배고픈 사람도 없을 뿐 아니라 천금의 부자도 없다.

기수(沂水)·사수(泗水 : 모두 山東省 남부를 흐르는 강)의 북쪽은 오곡과 뽕, 삼을 재배하고 육축(六畜)[377]을 사육하기에 적당하지만 토지가 좁고 인구가 많은 데다가 홍수와 가뭄의 피해를 자주 입기 때문에 주민들은 자진하여 저축을 한다. 그러므로 진(秦)·하(夏)·양(梁)·노(魯)에서는 농사에 힘을 기울이며 농민을 매우 중히 여긴다.

삼하(三河)·원(宛)·진(陳)의 땅도 그와 마찬가지이나 상업도 경영하고 있다. 제(齊)·조(趙)에서는 지교(智巧)를 부리고 기회를 보아 이익을 도모하며 연(燕)·대(代)에서는 농사와 목축을 업으로 하되 양잠에도 힘쓴다.

이상으로 미루어 볼 때 현인이 묘당(廟堂)에서 깊이 도모하고 조정에서

---

377) 소, 말, 돼지, 양, 닭, 개를 말한다.

논의하며 신의를 지키다 절개에 죽는 것이나, 세상을 피해 숨은 고결한 선비가 명성을 천하에 높이 알리는 것도 귀착하는 곳은 결국 부귀이다.

그러므로 청렴한 관리가 오랫동안 일하는 가운데 영진하여 더욱 부유하게 되고 폭리를 탐하지 않는 상인도 마침내 부유하게 되는 것이다. 부(富)하고자 하는 것은 사람의 타고난 본성인지라 배우지 않아도 누구나 부를 바란다.

또한 장사(壯士)가 싸움에 임하여 성을 맨 먼저 오르고 적진에 뛰어들어 적을 물리치며 적장을 목 베고 적기를 빼앗으며 자진하여 화살과 돌을 무릅쓰고 끓는 물과 뜨거운 불의 어려움도 피하지 않는 것은 그 목적이 후한 상을 받는 데 있기 때문이다.

또 마을의 젊은이들이 강도질을 일삼고 사람을 죽인 다음 묻어 버리고 남을 협박하는 등 나쁜 짓을 되풀이하고, 무덤을 파헤쳐 공물(供物)을 훔치고 화폐를 위조하고 임협인 체하며 강탈을 일삼고, 같은 패들을 대신하여 목숨을 걸고 원수를 갚으며 인기척 없는 으슥한 곳에서 남의 물건을 빼앗고 사람을 쫓는 등 법과 금령을 아랑곳하지 않고 달리는 말처럼 사지(死地)에 뛰어드는 것도 실은 모두 재물을 얻기 위해 하는 짓이다.

또 조(趙)나라와 정(鄭)나라 미녀들이 아름답게 화장하고 소리가 고운 거문고를 켜며 긴 옷소매를 나부끼며 춤을 추고 눈웃음을 치며 천리를 마다 않고 나아가 손님의 늙고 젊음을 가리지 않는 이유도 넉넉한 부(富)를 얻기 위해 그러는 짓이 아니겠는가.

귀공자가 여기에 관과 칼을 장식하고 수행하는 거기(車騎)를 따르게 하는 것도 부귀를 과시하기 위한 꾸밈인 것이다.

주살로 고기잡이와 사냥을 하러 새벽에 나갔다가 밤늦게 돌아오며, 서리나 눈도 아랑곳하지 않고 맹수의 위험을 피하지 않은 채 깊은 골짜기를 뛰어다니는 것은 맛있는 것을 실컷 먹기 위해서이다.

주사위 놀이, 경마, 투계, 경견(競犬)을 하며 안색이 변하면서 서로 자랑하고 필사적으로 싸워 이기려는 것은 내기에 건 돈을 빼앗기고 싶지 않기 때문이다.

의술이나 그 밖의 여러 가지 기술을 생업으로 삼고 있는 사람들이 노심초사하며 능력을 쥐어짜는 것도 막대한 사례를 얻으려 하기 때문이다.

관리가 억지를 부리며 교묘하게 법문을 곡해하기도 하고 도장과 문서를 위조하여 형벌에 처해지는 일마저 피하지 않는 것은 뇌물에 탐닉한 때문이다.

농·공·상들이 각자 저축과 이식(利殖)에 힘쓰는 것은 하나같이 부(富)를 구하고 재산을 불리려 하기 때문이다.

부를 쌓는 일이라면 지혜와 능력을 다하는 것이 상도(常道)라, 힘을 다하지 않으면 이익을 남에게 넘겨주는 일을 초래하게 된다.

속담에 이르기를 '백리 길의 먼 곳에 가서 땔나무를 팔지 말라. 천리 길의 먼 곳에 가서 쌀을 팔지 말라.(너무 멀어서 이익이 없으므로) 일 년을 살려거든 곡식을 심어라. 십 년을 살려거든 나무를 심어라. 백 년을 살려거든 덕을 베풀어라.(자손에게 그 보상이 돌아가므로)' 라고 했다.

그런데 여기에 관(官)으로부터 봉록도 없고 작위나 영지에서 얻는 수입도 없건만 이것을 가진 사람과 똑같은 즐거움을 가진 사람이 있다. 이것을 소봉(素封)이라 부른다. 봉(封)이란 영지에서 조세(租稅)를 받아 거두는 것이다.

예를 들어 해마다 한 호에서 이백 전을 걷는다고 하면 천 호의 영지를 가진 군주는 연수입이 이십만 전으로 참조(參朝) 비용과 제후들과의 교제비는 그곳에서 나온다.

서민인 농(農)·공(工)·행상(行商)·점상(店商)의 경우 원금 일만 전에 대한 한 해 이자는 이천 전으로, 백만 전의 자산이 있는 집이라면 이자는 이십만 전이 되어 병역(兵役)·요역(徭役)의 대인료(代人料), 전조(田租), 인두세(人頭稅)가 이 곳에서 나온다. 물론 그것을 지불하고도 의식(衣食)은 욕구대로 할 수 있다.

그러므로 '연간 말 오십 마리나 소 백 마리 또는 양 오백 마리를 기를 수 있는 목장, 연간 돼지 오백 마리를 기를 수 있는 저습지, 연간 일천 석(石)³⁷⁸⁾의 물고기를 양식할 수 있는 못, 연간 일천 장(章 : 목재 단위)을 벌채할 수 있는 산림, 안읍(安邑)의 일천 그루 대추나무, 연(燕)·진(秦)의 일천 그루 밤나무, 촉한(蜀漢)·광릉(廣陵)의 일천 그루 귤나무, 회북(淮北)·상산(常山) 이남과 황하·제수(濟水) 사이의 일천 그루 가래나무, 진(陳)·하(夏)의 일천 묘(畝)³⁷⁹⁾ 옻나무 밭, 제(齊)·노(魯)의 일천 묘(畝) 뽕나무밭 또는 삼밭, 위천(渭川) 유역의 일천 묘 대나무 숲, 거기에 각 나라의 일만 호 이상 도시의 교외에서 1묘에 한 종(鍾)³⁸⁰⁾의 수확이 있는 일천 묘의 밭 혹은 일천 묘의 연지·꼭두서니 밭, 일천 고랑의 생강·부추 밭, 이상의 어느 것이든 소유한 사람들은 수입 면에서 일천 호의 영지를 가진 제후와 같다.'고 했다.

확실히 이것들은 충분한 부(富)의 자원인지라 그것을 소유한 사람들은 시장을 기웃거릴 필요도 없고 다른 마을로 나가 장사를 하지 않아도 되며 가만히 앉아 수입을 기다리기만 하면 되는 것이다. 처사(處士)와 같은 편한 마음과 몸가짐으로 유유히 생활할 수 있다.

---

378) 중량의 단위로 120근. 漢代에는 약 26.7kg.
379) '畝'는 면적의 단위. 전한 시대에는 10보 평방으로 약 182㎡.
380) 용량의 단위로 256근, 약 49.6ℓ.

그런데 어버이는 늙고 처자는 어리며 가난하여 철따라 조상의 제사도 지내지 못하고 친척이나 친구들로부터 음식과 의복까지 신세를 지고 있는 데다 자신은 이와 같이 되어서도 부끄러운 줄 모르는 사람은 이미 갈 데까지 간 사람이다. 그러니 무일푼인 사람은 노동을 하고 다소의 재산이 있는 사람은 지혜를 써서 더 늘리려고 하며 이미 많은 재산을 가진 사람은 시기를 노려 더욱 비약을 꾀하려 한다. 이것이 이식(利殖)의 대강이다.

생계를 꾸려 나가는 데 몸을 위험에 빠뜨리지 않고 수입을 얻으려 하는 것은 현인이 한결같이 힘쓰는 바이다. 그러므로 농업으로 부를 얻는 것이 최상책이고 상업에 의한 것이 그 다음이고 간악한 수단으로 부를 잡으려는 것이 최하책이다.

그건 그렇지만 세상을 등지고 산야에 묻혀 사는 청렴한 선비처럼 근행하는 것도 아닌데 오랫동안 빈천하게 살면서 즐겨 인의(仁義)를 말하는 패거리 역시 부끄러운 일이라 할 것이다.

대개 서민들은 상대방의 부(富)가 자기 것의 열 배가 되면 이를 헐뜯고 백 배가 되면 이를 무서워하여 꺼리며 천 배가 되면 그의 심부름을 기꺼이 하고 만 배가 되면 그의 노복이 되는데 이것은 만물의 이치이다.

대체로 부(富)를 얻는 데에는 농(農)은 공(工)에 미치지 못하고 공(工)은 상(商)에 미치지 못한다. '자수(刺繡)를 하기보다는 시장에 나가 장사를 하라.'는 말은 가난한 사람들에게 상업은 부를 얻는 가까운 길임을 뜻한다.

교통이 편리한 대도시에는 천 독의 술, 천 병의 식초 또는 간장, 천 섬의 마실 것, 소·양·돼지 모피 천 장, 천 종(鍾)의 쌀, 천 대의 수레 또는 길이가 천 장(丈)이 되는 배에 실은 땔나무 또는 짚, 천 장(章)의 목재, 일만 그루의 대나무 장대, 백 대의 초거(軺車 : 경쾌한 마차), 천 대의 우차(牛車), 천 개의 칠기(漆器), 천 균(鈞)의 동기(銅器), 천 섬의 목기(木器)나 철기

(鐵器) 또는 연지나 꼭두서니, 이백 마리의 말, 오백 마리의 소, 이천 마리의 양이나 돼지, 백 명의 노비, 천 근의 힘줄·뿔·단사(丹沙), 천 균의 비단·풀솜·세포(細布), 천 필의 무늬 있는 비단, 천 섬의 탑포(榻布)나 피혁, 천 말[斗]의 옻, 천 답(荅)의 누룩이나 메주, 천 근의 복어나 갈치, 천 섬의 말린 생선, 천 균의 절인 생선, 삼천 섬의 대추나 밤, 천 장의 여우나 담비의 갖옷, 천 섬의 염소나 양의 갖옷, 천 장의 털자리, 천 종(鍾)의 과일과 야채, 이들 물품(원금은 모두 백만 전)의 어느 것이든 팔면 1년 동안 이십만 전의 이익을 얻는다.

또는 현금 천 관(백만 전)을 중개인에게 빌려 주고 2할의 이익을 받아도 좋다. 이보다 고리(高利)로 받으면 자금 회전이 늦어져 3회에 걸쳐 회수되고 저리(低利)로 받으면 5회에 걸쳐 회수된다. 어쨌든 이들의 수입은 천 호(戶)의 영지를 가진 제후와 같은 수준에 이른다.

이상이 소봉(素封)의 대강이지만 다른 잡일에 종사하면서 2할의 이익을 얻지 못하는 사람은 재산을 활용한다고 말할 수 없다.

오늘날 세상에서 도성 천 리 이내에 살았던 현인들이 어떠한 방법으로 부를 쌓았는가를 말하여 후세 사람들의 참고로 삼고자 한다.

촉(蜀)의 제철업을 경영하여 부호가 된 탁씨(卓氏)는 조상이 조(趙)나라 사람이다. 처음에 진(秦)나라가 조나라를 격파했을 때 탁씨에게 이주를 명령했다. 포로가 되어 재물을 약탈당한 탁씨 부부는 손수레를 끌고 이주지로 떠나게 되었다. 함께 이주하게 된 포로들 가운데 다소 남은 재물이 있는 사람들은 다투어 진나라 관리들에게 뇌물을 바치고 가까운 곳을 부탁하여 가맹(葭萌)에 거주했다. 그러나 탁씨는,

"가맹은 땅이 좁고 척박하다. 들은 바에 의하면 '문산(汶山) 기슭에 있는 기름진 평야에는 감자가 많이 나기 때문에 죽을 때까지 굶지 않는다. 주민은 장사에 능숙해 교역을 하고 있다.' 고 하더라."

하며 먼 곳으로 옮겨갈 것을 부탁했다. 그리하여 임공(臨邛)으로 보내 지게 되었는데 그는 크게 기뻐하며 철산(鐵山)에 들어가 쇠를 녹여서 기물(器物)을 주조했다. 그리고 여러 가지로 꾀를 짜내어 교역을 하며 부유해지자 전(滇)·촉(蜀)의 백성들을 압도했다. 그의 부(富)는 노비 천 명을 부리게 되었고 사냥과 고기잡이하는 즐거움은 임금에 비교될 정도였다.

정정(程鄭)은 산동(山東)에서 이주해 온 포로였다. 그 또한 제철을 업으로 하여 머리를 방망이 모양으로 틀어올린[381] 백성(西南夷)들과 교역했다. 부(富)는 탁씨와 같았으며 함께 임공에 거주했다.

원(宛)의 공씨(孔氏) 조상은 양(梁 : 魏)나라 사람이다. 공씨도 제철을 업으로 했다. 처음에 진(秦)나라가 위(魏)나라를 쳤을 때 공씨를 남양(南陽)으로 이주시켰다. 이주한 뒤로 공씨는 쇠를 많이 녹여 기물을 주조한 후 많은 못[池]을 소유했다. 거기(車騎)를 거느리고 제후들을 방문한 것을 기회로 장사에서 이익을 거두었다.

공씨가 제후들에게 보내는 선물은 늘 대단한 것이었으므로 '유한공자(游閑公子)의 선물'이라고 불렸다. 그처럼 호사스러웠지만 인색하고 좀스럽게 구는 상인들보다 이익이 훨씬 많아 수천 금의 부를 쌓았다. 그리하여 남양 상인들은 공씨의 배포 큰 마음을 본받았다.

노(魯)나라 사람들에게는 검소하고 절약하는 습속이 있었는데 조(曹)나라의 병(邴)씨는 그중에서도 더욱 심했다. 대장장이로 몸을 일으켜 거만(巨萬)의 부를 쌓았다. 그런 뒤에도 집에서는 부형과 자손 모두가 '엎드리면 물건을 줍고 우러르면 물건을 취하라.'는 신조 아래 생활하였다. 행상을 하며 금품을 빌려 준 것이 여러 군국(郡國)[382]에 걸쳐 있었다. 그 때문에

---

381) 지금의 廣東에서 베트남에 걸친 중국 서남부 蠻族의 습관이었다.
382) 漢代의 행정구획에서는 郡과 國은 거의 같은 크기였다.

추(鄒)와 노(魯)에서는 학문을 버리고 이익만을 쫓아 달리는 자가 많았다. 이것은 오로지 조나라 병씨의 영향 때문이다.

제(齊)나라 사람들 습속으로는 노예를 천시했는데 조간(刁間)만은 노예를 사랑하여 정중히 대했다. 교활한 노예는 사람들이 싫어하게 마련인데도 조간은 그를 인수하여 물고기와 소금 장사를 시켜 돈을 벌어들이게 했다. 조간은 많은 거기(車騎)를 거느리고 군(郡)의 태수와 교제도 하는 신분이었으나 노예들을 더욱 신임하여 마침내 그들의 협력으로 수천만의 부를 쌓았다. 그 때문에 '벼슬을 하여 관작과 봉록을 받는 몸이 될 것이냐, 그렇지 않으면 조씨의 노예가 될 것이냐.' 라는 말까지 있을 정도였다. 이것은 능력이 뛰어난 노예를 부유하게 해 주고 그들이 조간을 위해 힘껏 일하게 한 것을 칭찬한 것이리라.

주(周)나라 사람은 검소하지만 그중에서도 사사(師史)는 더욱 심했다. 수백 대의 수레를 이끌고 장사를 했는데 가지 않은 군국이 없었다. 낙양 시가는 제(齊)·진(秦)·초(楚)·조(趙)의 중심지여서 가난한 사람들은 부자들에게서 장사 일을 배워 오랜 세월 행상을 하면서 가끔 고향 마을을 지나더라도 자기 집에는 들르지 않았다. 사사는 이러한 패들에게 장사를 맡겼기 때문에 칠천만 전 이상의 부를 쌓았던 것이다.

선곡(宣曲)의 임씨(任氏) 조상은 독도(督道)의 창고지기였다. 진(秦)나라가 패했을 때 호걸들은 모두 앞을 다투어 금옥(金玉)을 취했으나 임씨만은 창고의 곡식을 굴속에 감추었다. 그 후 초나라와 한나라가 형양에서 공방전을 벌이자 백성들은 농사를 지을 수 없게 되어 쌀은 한 섬에 일만 전까지 뛰어올랐다. 그로 인해 전에 호걸들이 취했던 금옥은 모두 임씨 것이 되어 부유하게 되었다. 부유해지면 사치를 일삼게 마련이지만 임씨는 허세를 버리고 절약에 힘썼다.

임씨는 농사와 목축에 힘을 기울였는데 사람들은 농사와 목축에 필요한 물건을 살 때 다투어 싼 것을 택하지만 임씨만은 비싸더라도 좋은 물건을 사들였다. 이리하여 부호로서 여러 대가 지났는데 지금도 이 집안사람들은 '내 집의 농사와 목축에서 얻은 것이 아니면 입고 먹는 데 쓰지 않고 공사(公事)가 끝나기 전에는 술과 고기를 입에 대지 않는다.' 는 가풍을 지키고 있다. 이 때문에 향리에서는 임씨를 우러러보게 되고 집안은 더욱 더 부유해져서 폐하께서도 중히 여겼다.

한나라가 흉노를 쳐서 물리치고 변경의 땅을 안정시켰을 때 교요(橋姚)라는 사람만이 그 기회를 잡아 말 천 마리, 소는 그 두 배, 양 일만 마리, 곡식 수만 종(鍾)의 재산을 이루었다.

오·초 7국의 난이 일어났을 때 장안에 있는 대소(大小) 제후들이 토벌에 종군하기 위해 이자 돈을 얻으려고 했다. 그런데 돈을 놓으려는 사람들은 '제후들의 봉읍은 관동(關東)에 있다. 관동이 잘 다스려질지 어떨지는 아직 모른다.' 고 생각하여 아무도 빌려 주려고 하지 않았다. 단지 무염씨(無鹽氏)만이 천 금을 던져 제후들에게 빌려 주고 이자는 원금의 열 배로 했다. 3개월이 지나자 오·초는 평정되었다. 이리하여 겨우 1년 동안에 무염씨는 빌려 준 돈의 열 배의 이자를 받게 되어 그의 부는 관중 전체의 부와 맞먹었다.

관중의 부상(富商)과 대상인(大商人)은 대체로 전씨(田氏)의 일족으로 전색(田嗇), 전란(田蘭) 등이 그들이다. 그 밖에 위가(韋家), 율씨(栗氏)와 안릉(安陵)과 두(杜 : 모두 縣의 이름)의 두씨(杜氏)도 거만의 부를 쌓았다.

이상의 사람들은 부호 중에서도 특히 뛰어난 사람들이다. 그들 모두 작읍이나 봉록을 가진 것도 아니고 법률을 교묘하게 이용하여 나쁜 짓을 하여 부자가 된 것도 아니다. 사물의 이치를 추측하여 행동함으로써 시운에 순응하여 이익을 얻고 상업으로 재물을 쌓은 후, 부유한 몸이 되어서는 농사에 종사하여 부를 지켰던 것이다.

즉 처음에는 과단성 있게 때와 맞서 성과를 거두고 뒤에는 상법(常法)으로 돌아가 성과를 지켰다. 그 변화에는 절도가 있어 마땅히 얻을 것을 얻었다 할 것이다.

농사·목축·공(工)·목재상·행상(行商)이나 점상(店商)에 종사하면서 임기응변으로 처세하여 이익을 올림으로써 부를 이룩한 사람들 가운데는 크게 한 군(郡)을 압도하는 사람이 있는가 하면 중간으로는 한 현(縣)을 압도하는 사람이 있고 작게는 향리를 압도하는 사람이 있으니 일일이 다 열거할 수 없다.

무릇 절약과 검소에 힘쓰고 몸을 움직여서 노동하는 것은 생활을 다스리는 정도(正道)이다. 그런데 부자는 반드시 독특한 방법으로 남을 뛰어넘는다.

재물을 모으는 데 농사는 탐탁한 것이 못 되지만 진양(秦陽)은 그 농사로 한 주(州)의 제일가는 부호가 되었다. 무덤을 파헤쳐 공물을 훔치는 것은 나쁜 일이지만 전숙(田叔)은 그것을 발판으로 몸을 일으켰다. 도박은 나쁜 놀이지만 환발(桓發)은 그것으로 부자가 되었다. 행상(行商)은 천한 직업이지만 옹낙성(雍樂成)은 그것으로 부유하게 되었다. 기름장수는 부끄러운 장사지만 옹백(雍伯)은 그것으로 천 금을 얻었다.

물장수383)는 하찮은 장사지만 장씨(張氏)는 그것에 의해 천만장자가 되었다. 칼을 가는 것은 보잘것없는 기술이지만 질씨(郅氏)는 그것으로 호화로운 음식384)을 즐겼다. 위포(胃脯 : 羊의 胃를 삶아 말린 것)를 파는 것은 단순하고 하찮은 장사지만 탁씨(濁氏)는 그것으로 종기(從騎)를 거느리는 신분이 되었다. 마의(馬醫)는 대단찮은 기술이지만 장리(張里)는 그것으로 종을 울려 노비를 부를 정도의 대저택에 살았다.

이것은 모두 한결같은 마음으로 화식(貨殖)에 힘쓴 때문이라 할 것이다.

이상으로 미루어 볼 때 부를 얻는 데 일정한 직업이 없고 재물에는 일정한 주인이 없다. 재능이 있는 자에게 재물이 모이고 못난 자에게는 재물이 홀연히 흩어지고 만다. 천 금을 모은 집은 한 도시를 영유한 군주에 필적하고 거만의 부를 가진 자는 왕자와 즐거움을 같이한다. 그들이야말로 이른바 소봉(素封)을 지닌 사람들이 아니겠는가.

---

383) 원문은 '漿' 요즘의 주스 또는 시럽 따위의 음료.
384) 원문은 '鼎食' 푸짐한 요리를 삶은 솥을 늘어놓고 식사를 하는 것. 다음의 '종을 울려'와 같이 귀족에 필적하는 호사한 생활을 하는 것을 말한다.

제70 태사공자서(太史公自序)[385]

옛날 왕 전욱(顓頊)은 남정(南正 : 벼슬 이름) 중(重)에게 명하여 천문(天文)을 맡게 하고 북정(北正) 여(黎)에게 지문(地文)을 맡게 하였다. 당(唐)·우(虞) 시대에도 그것을 이어받아 중과 여씨의 자손에게 이를 맡게 하여 하(夏)·은(殷)에 이르렀다. 그러므로 중·여씨는 대대로 천지의 질서를 다스리는 벼슬을 맡아온 셈이다.

주나라에서는 정백(程伯 : 程나라의 伯爵) 휴보(休甫)가 여씨의 자손이었다. 주나라 선왕(宣王) 시대에 여씨의 자손은 대대로 지켜 내려온 벼슬을 잃고 사마씨(司馬氏)[386]가 되었다. 사마씨는 대대로 주나라 왕실의 기록을 맡았다.

혜왕(惠王)·양왕(襄王) 시대에 사마씨는 주나라를 떠나 진(晋)나라로 갔다. 진(晋)나라 중군(中軍)의 장수이던 수회(隨會)가 진(秦)나라로 도망을 치자 사마씨는 소량(少梁)으로 들어갔다. 주나라를 떠나 진(秦)나라로 간 후에 사마씨들은 분산되어 위(衛)나라에서 살거나 조(趙)나라 혹은 진(秦)나라에서 살았다.

그중 위나라에 살던 사람은 중산국(中山國)의 재상이 되었고 조나라에 살던 사람은 검술의 이론을 전함으로써 세상에 알려졌다. 저 괴외(蒯聵)는 그의 자손이다. 진(秦)나라에 살던 사람은 이름을 착(錯)이라 하였으며 장

---

385) 이 편은 《史記》 전체의 自序이며 목차를 겸하고 있다. 현재의 목차는 훨씬 후대에 와서 첫머리에 들어가게 되었다. 《史記》 일백삼십 권의 맨 마지막 권이다. 서문 또는 목차가 이와 같이 全書의 끝에 있는 것이 옛날 형식이었다.

386) 姓과 氏는 본디 별개의 것으로 성은 씨족이며 그중 몇몇 가족이 직무나 거주지 명을 따서 다시 여러 씨로 갈렸다.

의(張儀)와 논쟁을 하였다. 혜왕(惠王)은 착을 장군으로 임명하여 촉(蜀)을 치게 하였다. 착은 마침내 촉을 이기고 그곳의 태수가 되었다.

착의 손자 근(靳)은 무안군(武安君) 백기(白起)를 섬겼다. 그즈음 소량은 하양(夏陽)으로 이름을 고쳤다. 근은 무안군과 함께 조(趙)나라 장평(長平)의 군사를 구덩이에 묻어 죽이고 귀환 후에 무안군과 함께 두우(杜郵 : 秦나라 도읍인 咸陽의 서쪽 교외)에서 자살하고 화지(華池 : 夏陽의 西北郊)에 매장되었다. 근의 손자는 창(昌)이었는데 창은 진(秦)나라의 주철관(主鐵官)이 되었다.

시황제 당시 괴외의 현손(玄孫) 앙(昂)은 무신군(武信君)의 장수가 되어 조가(朝歌 : 殷나라의 古都)를 평정하였다. 제후들이 봉해져 왕이 되었을 때 앙을 은나라 왕으로 삼았다. 한(漢)나라가 초(楚)나라를 치자 앙은 한나라에 귀속하여 은(殷) 지방을 하내군(河內郡)으로 하였다.

창(昌)은 무택(無澤)을 낳았다. 무택은 한나라의 시장(市長 : 漢나라 시대 長安에 있던 네 개의 市場 중 한 시장의 長)이 되었다. 무택은 희(喜)를 낳았다. 희는 오대부(五大夫)가 되었다. 죽은 후 모두 고문(高門 : 하양의 서북쪽)에 장사지냈다. 희는 담(談)을 낳았다. 담은 태사공(太史公)이 되었다.[387]

태사공 담(談)은 당도(唐都 : 方士의 이름)에게 천문(天文)을 배우고 양하(楊何)에게 역(易)을 배웠으며 황자(黃子)에게 황로(黃老)의 도(道)를 익혔다. 효무제의 건원(建元) · 원봉(元封) 연간에 출사(出仕)하였다. 학

---

387) 官名이라면 太史令이라고 해야 하며 줄여서 太史라고도 한다. 본래 직무는 天文에 관한 사항으로 후세까지 태사령의 직무는 그것이었다. 그런데 태사는 고대로부터 역사 기록도 보관했다. 司馬談과 司馬遷 부자는 태사였으므로 이 책 속에서 태사는 두 사람 다 가리킨다. '公'은 존칭이다. 그리고 현 텍스트에 의거하는 한 司馬遷의 자칭이기도 하다. 단, 다음의 한 단락만은 분명히 司馬談을 가리킨다.

문을 하는 사람들이 그 학문의 본의를 깨닫지 못하고 그들 스승의 뜻에 어긋나 있는 것을 불쌍히 여겨 음양(陰陽)·유(儒)·묵(墨)·형명(刑名 : 名)·법(法)·도덕(道德 : 道) 등 육가(六家)의 학문에 대한 요지를 논하여 말하였다.

"≪역(易)≫의 대전(大傳 : 繫辭傳)에 '천하의 일은 그 극치는 하나이나 거기에 이르는 사고 방법은 백 가지나 되며, 귀착되는 곳은 같으나 방도는 다르다.'고 하였다. 음양가·유가·묵가·명가·법가·도가는 모두 바른 정치에 힘쓰는 것이지만 단지 입론(立論)하는 방법이 다르므로 배우는 사람이 잘 성찰하기도 하고 성찰하지 못하기도 할 뿐이다.

일찍이 혼자 음양술(陰陽術)을 관찰한 일이 있었는데 매우 상세하고 온갖 금기들이 많아서 이에 구애되어 겁을 먹는 사람들이 많았다. 그렇지만 춘하추동의 큰 순서를 정해 둔 점은 버릴 수 없다.

유가(儒家)의 학문은 크고 넓기는 하지만 요점이 적어서 노고에 비해 얻는 바가 적다. 따라서 전면적으로 그것에 따르기는 어렵지만 군신(君臣)·부자(父子)의 예(禮)를 순서 짓고 부부(夫婦)와 장유(長幼)의 서열을 구별 지은 점은 바꿀 수 없다.

묵가(墨家)의 학문은 절약과 검소만을 중히 여기고 있어 모두 따르기는 어렵다. 그러나 근본을 튼튼히 하고 비용을 절약하게 한 점은 폐할 수 없다.

법가(法家)의 학문은 엄하고 혹독하여 은애(恩愛)가 적다. 그러나 군신(君臣)·상하(上下)의 분수를 바로잡은 점은 고칠 수 없다.

명가(名家)의 학문은 사람의 마음을 명분에만 얽매이게 하여 일의 진실을 알아보지 못하게 한다. 그렇지만 그 명실(名實)을 바로잡은 점을 잘 살피지 않으면 안 된다.

도가(道家)의 학문은 사람의 정신을 오로지 한 가지에만 쓰게 하고 행동은 무형(無形)의 도(道)에 합치시켜 만물을 충족시킨다. 그 술(術)은 음양가(陰陽家)의 큰 순서를 본받고 유가와 묵가의 선(善)을 취하고 명가와 법가의 요지를 취하여, 때와 더불어 변하여 옮기고 사물에 따라 변화하며 습속을 바로잡아 일을 베푸니 적당치 않은 것이 없다. 그 요지는 간략하여 행하기가 쉬우므로 노고는 적으나 공(功)은 많다.

유가의 학문은 그렇지가 않다. 임금은 천하의 의표(儀表)라, 임금이 인도하면 신하가 이에 화답하고 임금이 앞장서면 신하가 그에 뒤따라야 한다고 생각한다. 이렇게 되면 임금은 지치고 신하는 일락(逸樂)하다.

도가의 이른바 대도(大道)의 요지는 강건·탐욕을 버리고 총명을 물리치고[388] 도(道)에 맡겨 버리는 것이다. 정신을 지나치게 쓰면 메마르고 육체가 지나치게 시달리면 못 쓰게 된다. 정신과 육체가 쇠약해 지는데 천지와 더불어 오래 살기를 바란다는 것은 있을 수 없고 아직 들은 일도 없다.

음양술에는 사계(四季)·팔괘(八卦)의 방위·십이지(十二支)·이십사절(二十四節)에 각기 때를 따라 해야 할 규정이 있다. 이에 따르는 사람은 번창하고 이에 역행하는 사람은 죽거나 또는 망한다고 한다. 그러나 반드시 그런 것은 아니다. 그 때문에 구애되어 두려워하는 자는 많다는 것이다. 그렇지만 봄에 나고 여름에 자라고 가을에 수확하고 겨울에 저장하는 것은 천도(天道)의 큰 상법(常法)이니만큼 이에 따르지 않는다면 달리 천하의 기강(紀綱)이 될 것이 없다. 그러므로 춘하추동의 큰 순서를 잃을 수는 없는 것이다.

유가의 학문은 육경(六經)[389]을 법으로 삼고 있다. 육경의 경서와 주석(註釋)은 천만을 헤아릴 정도라 대대로 배워도 그 학문에 통할 수도 없고

---

388) 聰은 귀가 밝은 것, 明은 눈이 밝은 것. 여기서는 인간의 지성과 悟性의 총체를 말한다.
389) 儒家의 대표적 경전 여섯 가지. 傳은 그에 대한 주석.

당대에 그 예(禮)를 다 연구할 수도 없다. 그렇기 때문에 크고 넓기는 하지만 요점이 적어서 수고하더라도 공이 적다고 하는 것이다. 그러나 군신·부자의 예, 부부·장유의 차례를 구별 지은 것은 다른 백가(百家)라도 이를 바꿀 수 없다.

묵가의 학문 또한 요순(堯舜)의 도(道)를 존중하여 그 덕행을 찬양하고 있다. '당(堂)의 높이는 3자, 흙 계단은 3단으로 아주 낮고 끝을 자르지 않은 띠로 지붕을 잇고 참나무 서까래는 깎지 않은 채 썼으며, 흙으로 만든 밥그릇에 먹고 흙으로 만든 국그릇으로 마시며 거친 밥을 지어 먹고 명아주와 콩잎으로 국을 끓여 먹으며, 여름에는 칡껍질로 만든 옷을 입고 겨울에는 사슴 가죽으로 지은 옷을 입는다. 일상생활은 이처럼 검소하게 절약하며, 죽어서 장사를 지낼 경우에 세 치 두께의 얇은 오동나무 널을 쓰고 소리를 내어 울더라도 그 슬픔을 다하지 않는다. 상례(喪禮)를 가르칠 때는 반드시 위에 말한 기준을 만민의 규정으로 삼는다.' 는 것이 묵가 학문의 요점으로 천하의 큰 법을 이와 같이 하면 존귀한 자와 비천한 자의 구별이 사라지게 된다.

세상은 자꾸 변하고 시대는 움직이며 사람들이 하는 일은 다 같지 않다. 그러므로 검약을 중히 여길 뿐 좇기는 어렵다는 것이다. 그렇지만 요컨대 '근본을 튼튼히 하고 비용을 절약한다.' 는 것은 사람이나 집이나 함께 충실하게 하는 길로써 이것은 묵가 학문의 좋은 점이니 다른 백가라 하더라도 이를 없앨 수는 없다.

법가의 학문은 친소(親疏)를 가리지 않고 귀천을 구별하지 않으며 모두 법에 의해 논의하고 처단한다. 이래서는 사람을 친밀하게 대하고 높은 사람을 존경하는 은애의 정이 끊어지고 만다. 일시의 계책으로 쓰일 수는 있어도 오래 쓸 수는 없다. 엄격하고 혹독하여 은애의 정이 적기 때문이다. 그러나 임금을 높이고 신하를 낮추어 직분을 명확히 하고 서로가 그 분수를 넘지 않게 하는 것은 다른 백가라 하더라도 이를 고칠 수는 없다.

명가의 학문은 가혹하게 관찰하고 집요하게 매달림으로써 다른 사람이 내 의사에 반대할 수 없도록 만들려는 것이다. 오로지 명분에 의한 결정뿐이지 인정에 흔들리지 않는다.[390] 그러므로 사람들의 마음을 명분으로 묶어 두고 진실을 보지 못하도록 만든다. 하지만 명분으로 제어하며 진실을 책하고 그 명(名)과 실(實)을 교착시켜 사실을 명확히 하는 점은 살피지 않으면 안 된다.

도가(道家) 학문의 요점은 무위(無爲 : 淸靜을 지켜 적극적인 행위나 동작을 하지 않음)이며 무불위(無不爲 : 하지 못하는 일도 없음)이다. 각기 분수를 지키기 때문에 실(實)은 행하기 쉽지만 말은 미묘해서 알기 어렵다. 그 술(術)은 허무(虛無)를 근본으로 하여 모든 순환을 자연에 맡기고 있다.

일정하게 만들어진 형세도 없고 또 일정한 형상도 없다. 그러므로 만물의 실정을 깊이 연구할 수 있다. 만물의 앞도 되지 않고 또한 만물의 뒤도 되지 않으며 오로지 만물에 의해 제어해 가기 때문에 만물의 주인이 될 수 있는 것이다.

법은 있으나 고정된 법은 없고 당시 사물에 따라 법을 정하고 사업을 행한다. 도(度)는 있으나 일정한 도는 없고 만물의 형세에 따라 만물과 함께 일어나고 사라진다. 그렇기 때문에 성인이 가르친 발자취는 불후의 것이지만 때에 따라 변화하는 것이다.

허(虛)는 도(道)의 상(常)이며 모든 백성의 마음에 따라 교화하는 것은 임금이 해야 할 일의 가장 중요한 부분이다. 그리고 뭇 신하들이 나란히

---

390) 원문은 '失人情.' 여기서 人情은 인간의 감정과 욕망 등 모든 것을 포함한 있는 그대로의 모습을 말한다.

쓰이게 함으로써 각자가 스스로를 밝히도록 하는 것이다.

그 실상은 명성에 맞는 것을 바른 것이라 하고 맞지 않는 것을 비어 있나고 한다. 빈 말을 받아들이지 않으면 간악한 일은 생기지 않는다. 현명하고 어리석음이 저절로 분명해지면 흑백 역시 저절로 명백해진다. 문제는 이것을 쓸 것이냐 쓰지 않을 것이냐에 달려 있으므로 쓰려고만 하면 어느 것이나 성취되지 않는 일이 없다. 즉 무위(無爲)하면 대도(大道)에 합치하여 무지무형(無知無形)인 채로 천하에 빛나게 되며 이름 지어 부를 수 없는 무명(無名)으로 돌아가는 것이다.

대체로 사람이 생겨나게 되는 까닭은 정신 때문이고 그것이 의지하게 되는 것은 육체이다. 정신을 너무 쓰면 말라 버리고 육체는 너무 피로하면 쓰러져 버린다. 육체와 정신이 분리되면 죽는다. 죽은 사람은 다시 살아나지 못하고 분리된 것은 다시 돌아올 수 없다. 그러므로 성인은 정신과 육체를 중히 여기는 것이다.

이런 점으로 미루어 보면 정신은 삶의 근본이고 육체는 삶의 도구이다. 우선 그 정신을 바르게 다스리지 않고 '내가 천하를 다스리리라.'고 하는 것은 무슨 이유에 근거한 것인가?'

태사공 담(談)은 천문을 맡고 있어서 백성을 다스리지는 않았다. 아들이 있어 천(遷)이라 불렀다. 천은 용문(龍門)에서 태어나 황하의 북쪽 용문산(龍門山) 남쪽 땅에서 농사를 지으며 가축을 기르고 있었다.

열 살에 이미 고문(古文)을 암송하고 스무 살에 남쪽의 강(江)·회(淮) 사이에서 놀며 회계산에 올라가 그 산꼭대기에 있는 우혈(禹穴:禹가 붕어하여 들어갔다고 전해지는 구멍)을 더듬고 구의산(九疑山)을 찾는 한편, 원수(沅水)와 상수(湘水:모두 湖南省에 있는 강 이름)에 배를 띄우고 북쪽으로 문수(汶水)·사수(泗水)를 건너 제나라와 노나라의 도읍에서 학업을 닦고 공자(孔子)의 유풍(遺風)을 참관하며 추현(鄒縣)·역산(嶧山)에서 향사(鄕射)391)의 예를 익히고 파(鄱)·설(薛)·팽성(彭城)에서 곤란과 고통을 겪은 다음,392) 양(梁)·초(楚)를 거쳐 돌아왔다.

이리하여 천은 벼슬길에 올라 낭중(郎中)이 된 후 사명을 띠고 서쪽으로 파촉(巴蜀) 이남을 정벌하고 남쪽의 공(邛)·작(筰)·곤명(昆明 : 모두 서남의 蠻族)을 공략하고 돌아와서 복명하였다.

이해에 천자(孝武帝)는 비로소 한실(漢室)의 봉선(封禪)의 예393)를 행하였다. 태사공 담(談)은 주남(周南 : 洛陽)에 머물러 봉선에 참가하지 못하였다. 그 일로 인해 분통이 터져 죽으려고까지 하였으나 때마침 아들 천이 사명을 마치고 돌아오던 중 황하와 낙수(洛水) 사이에서 아버지를 만났다. 태사공 담은 천의 손을 잡고 울며 말하였다.

"우리 선조는 주실(周室)의 태사(太史)였다. 아주 오랜 옛날의 우(虞)·하(夏) 시대부터 공명을 떨친 이래 천문에 관한 일을 맡아 왔다. 그 후 중간 무렵부터 쇠해지더니 마침내 내 대에서 끊어지려는가? 네가 또 태사가 되거든 우리 선조의 업(業)을 이어 다오.

지금 천자는 천세(千歲)의 황통(皇統)을 이어 태산(泰山)에서 봉선의 예를 행하고 있다. 그런데 나는 그 행사에 참가할 수 없었다. 아아, 이것도 천명인 게지, 천명인 게지. 내가 죽으면 너는 반드시 태사가 될 것이다. 태사가 되면 내가 저술하려던 바를 잊지 말아 다오.

또 효(孝)란 어버이를 섬기는 것이 처음이고 임금을 섬기는 것이 두번째

---

391) 고대의 弓術 경기의 의식. ≪儀禮≫에는 그 자세한 옛 법을 기록한 鄕射禮 한 편이 있다. 司馬遷은 책을 보고 알았겠지만 그것이 옛날 魯나라 땅이었던 곳에서 실제로 행해지고 있음을 보고 또 참가도 했던 것이다. 위의 '孔子의 유풍'이란 이런 종류의 행사까지 포괄하여 말한 것이다.

392) 구체적으로 어떤 사건이었는지는 알 수가 없다. 난폭한 남자를 만난 것만은 확실하다. 孟嘗君列傳 참조.

393) 이 의식은 泰山에서 거행되었다. 天命을 받은 천자임을 보이는 의식이었다. 司馬遷은 그 자세한 경과를 ≪史記≫ 封禪書 한 편을 따로 마련하여 기술하고 있다.

이고 입신을 하는 것이 끝이다.[394) 후세에까지 명성을 날려 부모를 드러나게 하는 것이 가장 큰 효다.

　세상 사람들이 주공(周公)을 칭송하는 것은 주공이 능히 문왕·무왕의 덕을 칭송하여 노래하고 주(周)·소(邵 : ≪詩經≫의 周南篇, 召南篇)의 시(詩)를 드러내어 널리 떨치게 하며, 대왕(大王)·왕계(王季)가 생각하던 것을 이루고 다시 거슬러 올라가 공류(公劉)에까지 미치고 후직(后稷)을 존중했기 때문이다. 주나라 유왕(幽王)·여왕(厲王) 이래로 왕도는 무너지고 예악은 쇠하였다.

　공자는 옛것을 닦고 폐기된 것을 부흥하여 ≪시경≫·≪서경≫을 논하고 ≪춘추≫를 저술하였다. 학자들은 오늘날에 이르기까지 이것을 본받고 있다. 획린(獲麟 : 魯의 哀公 시대에 麟을 잡았는데 공자는 이때를 ≪春秋≫ 기록의 하한선으로 잡고 붓을 놓았다. 즉 공자의 시대를 말함)에서 지금까지 사백여 년이 된다.

　제후들은 겸병(兼倂)에 힘쓰고 사관의 기록은 버려진 채 끊어지고 말았다. 이제 한나라가 일어나 융성해져서 해내(海內)는 통일되고 명주(明主)와 현군(賢君)이 있고 또 의(義)를 위해 죽는 충신도 있다.

　나는 태사로 있으면서 그것들에 대해 평론하고 기재하지 못하여 천하의 사문(史文)을 끊어지게 하고 말았다. 나는 이 일을 매우 두려워하고 있다. 너는 나의 이런 마음을 살펴 다오."

　천은 고개를 숙이고 눈물을 흘리며 말하였다.

　"소자 불민합니다만 아버님께서 간추려 놓은 옛 이야기들을 모두 논술하여 감히 빠뜨리는 일이 없도록 명심하겠습니다."

　담이 죽은 지 3년 후 천은 태사령(太史令)이 되어 사관의 기록과 석실

---

394) ≪孝經≫ 開宗明義章에서 인용한 글.

(石室)·금궤(金匱 : 모두 국가의 책들을 보관하는 곳)의 책들을 모아 엮었다. 그로부터 5년이 지나 태초(太初) 원년이 되었다. 그해 십일월 갑자(甲子) 삭단(朔旦) 동지(冬至) 날에 천력(天曆 : 太初曆)이 처음으로 시행되고 명당(明堂)[395]을 세워 군(郡)마다 산천의 모든 신에게 제사를 지냈다.

태사공 천(遷)은 말한다.

"일찍이 아버님은 '주공이 죽은 지 오백 년이 지나 공자가 태어났다. 공자가 죽은 후 지금 다시 오백 년[396]이 된다. 능히 큰 도(道)가 밝았던 세상을 이어받아 ≪역(易)≫의 〈계사전(繫辭傳)〉을 정정하고 ≪춘추≫의 뒤를 저술하며 시(詩)·서(書)·예(禮)·악(樂)의 근원을 규명할 사람이 나타날 것이다.'라고 했는데 아버지의 뜻은 이 점에 있었던 것일까. 내 어찌 겸손만 부리고 있겠는가."

상대부 호수(壺遂)가 물었다.

"옛날 공자는 무엇을 위해 ≪춘추≫를 지었을까요?"

태사공 천이 말했다.

"나는 동중서(董仲舒)에게 들은 바가 있습니다. 즉 '주나라의 도(道)가 쇠하여 사라지고 나서 공자가 노나라의 사구(司寇 : 형벌·도난 등을 관장하는 벼슬)가 되었다. 제후들은 이를 싫어하고 대부들은 이를 꺼렸다. 공자는 자기의 말이 쓰이지 않고 도(道)가 행해지지 않을 것을 알자 이백사십이 년(魯나라의 隱公 원년부터 哀公 14년까지) 동안의 노나라 사적(事蹟)의 옳고 그름을 따져 천하의 의표로 삼았다. 천자라 할지라도 그의 불

---

395) 본디 齊나라의 泰山 기슭에 있었으며 周의 천자가 제후의 알현을 받는 궁전이었다고 한다. 武帝는 元封 5년에 明堂을 태산 가까이에 세웠다.

396) 孟子가 堯舜부터 湯王까지가 오백 년, 湯王부터 文王까지가 다시 오백 년이라고 했듯이 성인은 오백 년 간격을 두고 출현한다고 생각한 것이다. 그런데 孔子 사후 元封 원년까지는 사실은 삼백칠십오 년밖에 안 된다.

선(不善)은 깎아내리고 제후들의 무도함을 물리치며 대부의 불의(不義)를 규탄함으로써 제왕의 사업을 완수하였던 것이다.' 는 말입니다.

또 공자는 '나는 이것을 추상적인 말로 적으려 했으나 구체적인 사적으로 표현하는 쪽이 더 절실하고 명백하였다.' 고 말하고 있습니다.

≪춘추≫는 위로는 삼왕(三王 : 夏·殷·周의 3대 聖王)의 도를 분명히 하고 아래로는 인사(人事)의 기강을 변론하여 의심이 나는 곳을 풀고 시비를 밝히며, 망설이던 것을 결정하여 선을 선이라 하고 악을 악이라 하며 현(賢)을 현이라 하여 불초(不肖)를 천하게 만들며, 망해서는 안 될 나라를 다시 일으키고 끊어져서는 안 될 집안을 다시 잇게 하며, 바른 것이면서 사라진 것을 보완하여 일으켰으니 이는 큰 왕도(王道)라 할 것입니다.

≪역경≫은 천지와 음양, 사시(四時)와 오행(五行 : 木·火·土·金·水)을 분명히 하여 변화의 서술에 뛰어납니다. ≪예기≫는 인륜의 규율을 논하여 진퇴작법(進退作法)의 서술에 뛰어납니다. ≪서경≫은 선왕의 사적을 기록하여 정치의 서술에 뛰어납니다. ≪시경≫은 산천·계곡·금수·초목·빈모(牝牡)·자웅(雌雄)에 대해서 기록하여 풍유(諷諭)[397]에 뛰어납니다. ≪악경(樂經)≫은 입신하는 즐거움을[398] 기록하여 화(和)의 서술에 뛰어납니다. ≪춘추≫는 시비(是非)를 분별한 것으로 사람을 다스리는 데 대한 서술에 뛰어납니다.

이러한 까닭으로 ≪예기≫는 사람을 절도 있게 하고 ≪악경≫은 사람의 마음에 화(和)를 일으켜 주고 ≪서경≫은 사실을 가르치고 ≪시경≫은 감정과 의지를 창달시키고 ≪역경≫은 변화를 가르치고 ≪춘추≫는 대의

---

397) 원문은 '故長於風'. '風'은 '諷'과 같으며 다른 것에 비유하여 감정을 나타내는 것.
398) 원문은 '樂所以立'. '樂'은 음악을 말한다. '立'은 음악을 배움으로써 인격을 완성하는 것을 뜻하는 게 아닐까.

(大義)를 가르치고 있습니다.

어지러운 세상을 다스려 이를 바른 길로 이끄는 것으로는 ≪춘추≫가 가장 가깝습니다. ≪춘추≫는 수만의 글자로 되어 있으며 그 요지는 수천에 이릅니다.[399] 만사 모이고 흩어짐은 모두 ≪춘추≫에 실려 있습니다. ≪춘추≫에는 임금을 시살(弑殺)한 것이 삼십육 건, 나라를 망친 것이 오십이 건, 도망을 쳐서 그 사직을 지키지 못한 제후는 이루 다 헤아릴 수 없습니다. 어떻게 그렇게 되었는지를 규명해 보면 모두 근본을 잃었던 때문입니다.

그러므로 ≪역경≫에는 '1호(毫) 1리(釐)의 하찮고 작은 잘못이라도 그 결과는 천 리의 차(差)를 낳는다.'[400]고 하였고 또 '신하가 임금을 시살하고 자식이 아버지를 시살하는 것은 일조일석의 이유에서 그렇게 되지는 않는다. 오랜 시간에 걸쳐 쌓이고 쌓인 잘못이 그런 결과를 가져온다.'[401]고 하였습니다.

그러므로 나라를 보유하는 임금은 ≪춘추≫를 모르면 안 됩니다. 이를 모르면 면전에서 참언을 당한다 해도 눈치 채지 못하고 배후에 역적이 있더라도 알지 못합니다. 신하된 자도 ≪춘추≫를 모르면 안 됩니다. 이를 모르면 계속 반복되는 일을 당하더라도 시기와 형편에 적합한 처리를 하지 못하고 변사(變事)를 당하더라도 알맞은 처치를 할 줄 모릅니다.

임금과 아비가 되어 ≪춘추≫의 의(義)에 응하지 못하는 자는 반드시 원흉이라는 오명을 듣게 될 것입니다. 신하나 자식이 되어 ≪춘추≫의 의에 통하지 못하는 자는 반드시 찬탈·시살의 주벌을 받아 죽을죄의 악명에

---

399) ≪春秋≫의 경문은 총 일만팔천 자라고 한다. 그 용어는 법률용어와 같이 엄밀한 개념 규정이 있으며 또 그 문장은 표면에 나타나지 않은 것까지도 판단하도록 유도하고 있다.
400) 아주 작은 차이가 나중에는 엄청난 격차가 된다는 뜻.
401) ≪易經≫ 坤卦에 대한 文言傳에서 인용한 것.

빠지게 될 것입니다. 그들은 모두 선으로 알고 행하지만 그 대의를 모르기 때문에 악명을 쓰고도 감히 그 죄를 벗어나지 못하는 것입니다.

대저 예의(禮義)의 뜻에 통하지 못하면 임금은 임금답지 못하고 신하는 신하답지 못하며 아비는 아비답지 못하고 자식은 자식답지 못한 상태가 되고 맙니다. 임금이 임금다운 참됨이 없으면 신하에게 침범을 당하고 신하가 신하다운 참됨이 없으면 임금에게 주살을 당하며 아비가 아비다운 참됨이 없으면 무도한 아비가 되고 자식이 자식다운 참됨이 없으면 효자가 되지 못합니다.

이 네 가지 일은 천하의 큰 잘못입니다. 천하의 큰 잘못으로 비방을 당하더라도 그것을 받아들이고 피하려 하지 않습니다. 그러므로 ≪춘추≫는 예의의 큰 근본입니다.

대저 '예(禮)라는 것은 일이 아직 생기기 전에 막아 누르는 것이며 법은 일이 이미 생겨난 다음에야 실시하는 것이다. 법의 효과는 눈에 잘 보이지만 예로써 미리 막지 않으면 안 된다는 것은 알기 어렵다.'[402]고 합니다."

그러자 호수는 이렇게 말했다.

"공자 시대에 위로는 총명한 임금이 없었고 아래로는 공정하게 등용되는 일이 없었습니다. 그래서 공자는 ≪춘추≫를 지어 글 속에서 예의에 비추어 논하고 판단함으로써 한 사람의 왕자(王者)의 법에 맞게 하였던 것입니다.[403] 그런데 지금 선생은 위로 총명한 천자가 계시고 아래로는 공정한 관직을 지키게 되었습니다. 만사는 이미 다 갖추어져 있고 모든 것은 제각기 질서를 유지하고 있습니다. 선생께서 논하고자 하는 것은 무엇을

---

402) ≪大戴禮記≫ 禮察篇에 나오는 말.

403) 이것은 漢初의 經學者, 특히 公羊學派에서 유력하게 주장했던 설이다. 孔子는 자신의 의견이 당시에 행해지지 않을 것을 알고 후세의 왕자를 위해 그 윤리와 정치 이상을 ≪春秋≫의 편법을 빌려 나타냈다는 주장이다. 그리고 그 왕자란 바로 漢의 황제라고 해석한 것이다.

밝히려는 것입니까?"

태사공이 말했다.

"참으로 옳은 말씀입니다. 하지만 그런 것이 아닙니다. 나는 아버지로부터 '복희(伏羲)는 지극히 순후(純厚)하여 ≪역(易)≫의 팔괘(八卦)를 만들었다. 요순(堯舜)의 성덕은 ≪상서(尙書)≫에 기재되어 있다. ≪예악(禮樂)≫은 여기에서 일어난 것이다. 은나라 탕왕과 주나라 무왕의 융성함은 시인이 노래하고 있다. ≪춘추≫는 선을 취하고 악을 깎아내리며 하·은·주 삼대의 덕을 추앙하고 주실(周室)을 찬양하고 있다. 다만 풍자하고 비방만 한 것은 아니다.' 라고 들었습니다.

한나라가 일어나 융성해진 뒤로 밝으신 천자(孝武帝)에 이르러 보정(寶鼎)과 인(麟)을 얻은 상서(祥瑞)에 접하여 봉선(封禪)을 하였습니다. 그리고 정삭(正朔 : 冊曆)을 다시 정하고 복색(服色)을 바꾸어 청화(淸和)한 기운으로 천명을 받고, 덕택은 끝없이 흘러 해외의 풍속이 다른 민족으로서 몇 번이나 통역을 바꿔 가며 변경 땅에서 찾아와서는 조정에 들어 헌상·알현할 것을 청한 자들은 이루 다 헤아릴 수 없습니다. 신하 백관들은 애써 성덕을 찬양하고 있지만 오히려 그 뜻을 이루 다 말할 수가 없는 것입니다.

선비가 어질고 재능이 있는데도 등용되지 못하는 것은 나라를 보유한 임금의 부끄러움이며 임금이 밝고 거룩한데도 그 덕이 천하에 유포되어 전해지지 못함은 유사(有司)의 잘못입니다.

지금 제가 기록하는 벼슬을 맡고 있으면서 밝고 거룩한 천자의 성덕을 버려둔 채 기록하지 않고, 공신(功臣)·세가(世家 : 爵祿을 세습하는 집안)·현대부(賢大夫)의 업(業)을 버린 채 기술하지 않고, 선친이 이르시던 말을 닦지 않으면 이보다 더 큰 죄는 없습니다.

나는 이른바 고사(故事)를 적어 대대로 전해 내려오던 것을 정리해 보려는 것이지 소위 창작을 하려는 것이 아닙니다.[404] 그런데 그대가 이를 ≪춘추≫와 비교하려 하시니 이는 큰 잘못입니다."

이리하여 ≪사기(史記)≫의 문장을 의논하여 편찬하였다. 7년이 지나 태사공 천은 이릉(李陵)의 화(禍 : 흉노에 잡힌 李陵을 변호하다가 옥에 갇히고 宮刑에 처해졌던 일)를 입고 옥에 유폐되었다. 그는 탄식하며 말했다.

"이것은 내 죄일까? 이것은 내 죄일까? 내 몸은 형을 받아 병신이 되었으니 세상에 쓰이지는 못하리라."[405]

형을 받고 물러난 뒤 그는 깊이 생각한 끝에 말하였다.

"무릇 ≪시경≫·≪서경≫의 표현이 은미(隱微)하고 말이 간략한 것은 그 마음이 뜻한 바를 이루려 하기 때문이다.

옛날 서백(西伯 : 周나라 文王)은 은나라 주왕에 의해 유리(羑里)에 갇혔기 때문에 ≪주역≫을 알기 쉽게 자세히 설명하였고 공자는 진(陳)나라와 채(蔡)나라 사이에서 고생을 겪음으로써 ≪춘추≫를 지었으며, 초나라 굴원은 쫓겨나 귀양살이를 했기 때문에 ≪이소(離騷)≫를 지었고 좌구(左丘)가 눈이 멀었기[406] 때문에 ≪국어(國語)≫가 있으며, 손빈은 무릎 뼈를 잘림으로써 ≪병법≫을 논하였고 여불위는 촉나라로 쫓겨났기 때문에 ≪여람(呂覽)≫[407]을 세상에 전했으며, 한비자는 진(秦)나라에 갇힌 몸이 되어 ≪세난(說難)≫·≪고분(孤憤)≫을 남겼다. 또 시(詩) 삼백 편은 현인과 성인이 대개 발분하여 지은 것이다.

---

404) ≪論語≫ 述而篇의 '述而不作'을 의식한 말. '述'은 배운 것을 후세에 전달하는 것을 말하고 '作'은 새로 창조하는 것으로 성인에게만 허용된 일이라고 생각한 것이다.
405) 司馬遷이 宮刑을 받은 것을 가리킨다.
406) 左丘明은 장님이었다는 전설이 있었던 것 같다.
407) ≪呂氏春秋≫라는 이름으로 널리 알려져 있다.

결국 사람은 도가 통할 수 없어 마음이 답답하고 맺힌 바가 있기에 지나간 일을 말하며 장차 다가올 일을 생각하는 것이다."

이리하여 마침내 도당(陶唐 : 堯)으로부터 인지(麟止)[408]에 이르기까지 서술하였다. 그 기록은 황제(黃帝)에서 시작된다.

옛날 황제(黃帝)는 하늘을 법으로 하고 땅을 본받았다. 제전욱(帝顓頊)·제곡(帝嚳)·제요(帝堯)·제순(帝舜)의 4성(四聖)이 차례로 일어나 각각 그 법도를 제정하였다. 당요(唐堯)가 천자의 자리를 물려주었을 때 우순(虞舜)은 기뻐하지 않고 마지못해 받았다. 천하는 이들 황제의 공적을 칭찬하여 만세 후까지도 이것을 기록하고 있다. 그래서 〈제1 오제본기(第一 五帝本紀)〉를 지었다.

우(禹)의 치수(治水)의 공적은 구주(九州)가 한결같이 그 은혜를 입었고 당요·우순의 시대를 빛내며 자손까지 미치었다. 하나라 걸왕은 음란하고 교만했기 때문에 명조(鳴條)로 쫓겨났다. 그래서 〈제2 하본기(第二 夏本紀)〉를 지었다.

설(契)은 상(商 : 殷)을 일으켜 성탕(成湯 : 湯王)에 이르렀다. 태갑(太甲)은 동(桐)에 있으면서 그 덕은 아형(阿衡 : 宰相)이던 이윤(伊尹)의 도움으로 성하게 되었다. 무정(武丁)은 부열(傅說)을 찾아내어 고종(高宗)이라고 칭했다. 제신(帝辛 : 紂王)은 주색에 빠졌기 때문에 제후들은 복종하지 않았다. 그래서 〈제3 은본기(第三 殷本紀)〉를 지었다.

기(棄)는 후직(后稷)이 되었다. 그 덕은 서백(西伯) 때에 이르러 성하게

---

408) 武帝가 사냥을 나가서 白麟을 잡은 것을 가리킨다. 元狩 元年, 즉 기원전 122년에 孝武帝는 雍에서 白麟을 얻고 연호를 元狩로 고쳤다. ≪春秋≫가 獲麟에서 붓을 놓은 것에 따라 司馬遷도 여기에서 ≪史記≫를 끝내려 하였다.

되었다. 무왕은 목야(牧野)에서 은나라 주왕을 토벌하고 실제로 천하를 위로하고 달랬다. 유왕(幽王)과 여왕(厲王)은 어리석어 사리를 분간하지 못하고 음란해서 풍(酆)·호경(鎬京)의 도읍을 잃고 점차로 쇠미해져 난왕(赧王)에 이르러 마침내 낙읍(洛邑)에서 조상의 제사가 끊어졌다. 그래서 〈제4 주본기(第四 周本紀)〉를 지었다.

진(秦)의 선조 백예(伯翳)는 우(禹)를 도왔다. 목공(繆公)은 의(義)를 생각하여 효산(崤山)에서 전사한 군대를 애도하였다. 또 그가 죽음을 맞게 되자 사람들을 순장하게 하였다. 《시경》의 진풍(秦風)·황조편(黃鳥篇)은 이에 대한 슬픈 노래다. 소양왕(昭襄王)은 제업(帝業)의 기초를 쌓았다. 그래서 〈제5 진본기(第五 秦本紀)〉를 지었다.

시황제가 즉위한 후 6국을 겸병하고 병기(兵器)를 녹여 종을 만들고 방패와 갑옷을 못 쓰게 하였으나 그 후 황제(皇帝)라 칭하고 무(武)를 자랑하여 힘대로 굴었다. 뒤를 이은 2세 자영(子嬰)은 한나라에 항복하여 포로가 되었다. 그래서 〈제6 시황본기(第六 始皇本紀)〉를 지었다.

진(秦)나라가 정도(政道)를 잃자 호걸들이 줄지어 일어나 천하는 어지러워졌다. 항량(項梁)이 군사를 일으켰고 자우(子羽 : 項羽)가 뒤를 따라 경자관군(慶子冠軍 : 宋義)을 죽이고 조(趙)나라를 구하였다. 제후들은 그를 우러러보았다. 그렇지만 진(秦)나라 자영을 죽이고 초(楚)나라 회왕(懷王)을 배반하자 천하는 이를 비난하였다. 그래서 〈제7 항우본기(第七 項羽本紀)〉를 지었다.

항우는 포학했지만 공덕을 쌓은 한왕(漢王)은 촉한(蜀漢) 땅에 봉해진 것에 분노하여 돌아와 삼진(三秦 : 關中) 땅을 평정하고 항우를 주살하여 제업(帝業)을 이룩하였다. 천하가 안정되자 제도를 고치고 풍속을 바꾸었다. 그래서 〈제8 고조본기(第八 高祖本紀)〉를 지었다.

효혜제가 요절하자 여씨 일족은 백관과 백성들의 미움을 샀다. 여태후가 여록(呂祿)과 여산(呂産)의 신분을 높여 강력한 힘을 주자 제후들은 이를 넘어뜨리기 위해 도모했다. 조(趙)나라 은왕(隱王) 여의(如意)를 죽이고 유왕(幽王) 우(友) 또한 유폐하자 대신들이 의심을 품어 마침내 종족(宗族) 멸망의 화(禍)를 일으켰다. 그래서 〈제9 여태후본기(第九 呂太后本紀)〉를 지었다.

한나라가 일어나 융성하였으나 후계자가 분명치 못하였다. 대왕(代王)을 맞아 즉위토록 하자 천하의 인심은 하나로 돌아왔다. 육형(肉刑)을 없애고 관소(關所)와 교량을 개통시켜 널리 은혜를 베풀었으므로 태종(太宗)이라고 불렀다. 그래서 〈제10 효문본기(第十 孝文本紀)〉를 지었다.

제후들이 교만 방자해져서 오나라 비왕(濞王)이 수모자(首謀者)가 되어 반란을 일으켰다. 조정에서는 주벌을 행하여 오·초 7국은 그 죄를 받았다. 천하는 통일되고 크게 안정을 얻어 부유해졌다. 그래서 〈제11 효경본기(第十一 孝景本紀)〉를 지었다.

한나라가 일어난 지 5대(代), 건원(建元) 연간에 그 융성은 절정에 달하였다. 밖으로는 오랑캐들을 물리치고 안으로는 법도를 닦았다. 봉선(封禪)하여 정삭(正朔)을 고치고 복색(服色)을 바꾸었다. 그래서 〈제12 금상본기(第十二 今上本紀 : 孝武本紀)〉를 지었다.

하·은·주 3대의 사적은 너무 오래 되어 그 연기(年紀)를 상고할 수는 없지만 짐작컨대 계보서(系譜書)에서 취재한 것이리라. 고문서(古文書)는 여기에 기초를 두었다. 그래서 대강 추정하여 〈제1 삼대연표(第一 三代年表)〉를 지었다.

유왕(幽王)·여왕(厲王) 이후로 주실(周室)은 쇠미해져 제후들이 정권을 휘둘렀다. 그것에 대해서는 《춘추》의 각국 기록에도 적혀 있지 않은 것이 있다. 그렇지만 계보에 기록되기를, 천하를 경영 통치하며 사방을 공략한 자취를 더듬어 보면 오패(五覇)가 번갈아 성하고 쇠퇴하였다. 그래서 주나라 시대의 제후들이 서로 앞서거니 뒤서거니 하며 성쇠한 의미를 살펴보고자 〈제2 십이제후연표(第二 十二諸侯年表)〉를 지었다.

춘주시대 이후 배신(陪臣)들이 정권을 잡고 강국들이 서로 왕이 되었다. 진(秦)나라에 이르러 마침내 중원의 제후들을 하나로 합치고 그들의 봉토를 없애 버린 다음 마음대로 황제의 칭호를 사용하였다. 그래서 〈제3 육국연표(第三 六國年表)〉를 만들었다.

진(秦)나라가 포학하였기 때문에 초(楚)나라 백성(陳勝·吳廣을 가리킴)이 반란을 일으켰다. 항씨(項氏 : 項羽)가 난(亂)을 자행하여 의제(義帝)를 시살하였기 때문에 한나라 왕은 대의명분을 내걸고 이를 정벌하였다. 8년 동안 천하에는 세 번의 정변이 있었고 사건은 복잡하고 변화가 많았다. 그런 까닭에 상세하게 〈제4 진초지제월표(第四 秦楚之際月表)〉를 만들었다.

한나라가 일어나 금상 폐하의 태초(太初) 연간에 이르기까지 백 년 동안 제후가 폐립(廢立)되기도 하고 혹은 분봉(分封)되고 혹은 삭지(朔地)되었지만 그 계사(繼嗣)에 대한 기록이 분명치가 않다. 이것은 유사(有司)가 강약책(强弱策 : 漢室은 직할군과 分封한 제후왕의 봉지를 교착시켜 언제나 그 영지에서 이익을 도모하였다. 요컨대 뿌리와 줄기인 한실을 강하게 하고 가지와 잎인 제후왕의 나라를 약하게 하려는 방책을 취했던 것)의 근원을 계속 규명하지 못한 때문이라 하겠다. 그래서 〈제5 한흥이래제후연표(第五 漢興以來諸侯年表)〉를 만들었다.

고조(高祖)의 큰 공신인 보필(輔弼) 고굉(股肱)의 신하는 부절을 받아 봉작되어 그 은택이 자손까지 전해졌다. 그런데 대대로 누린 은혜를 잊고서 몸을 죽이거나 나라를 망쳤다. 그래서 〈제6 고조공신후자연표(第六 高祖功臣侯者年表)〉를 만들었다.

효혜제·효경제 연간에 고조의 공신으로서 아직 남아 있는 사람들을 추상(追賞)하고 또 종족(宗族)들 모두에게 작읍을 내렸다. 그래서 〈제7 혜경간후자연표(第七 惠景間侯者年表)〉를 만들었다.

북쪽으로 강대한 흉노를 토벌하고 남쪽으로 강력한 월(越)을 주벌하여 오랑캐들을 정벌함으로써 그 무공에 의해 열후에 봉해진 사람이 많다. 그래서 〈제8 건원이래후자연표(第八 建元以來侯者年表)〉를 만들었다.

제후들이 강성해져서 오·초 등 7국이 연합하여 반란을 일으켰다. 그후 제후들의 자제가 많아졌으므로 작록과 봉읍이 없을 경우에는 제후가 그 영지를 그들의 자제에게 나누어 주어 그로써 은혜를 입고 의(義)를 행하게 하였다. 그 때문에 제후들의 세력은 약해져 위덕(威德)은 모두 한실(漢室)로 돌아갔다. 그래서 〈제9 왕자후자연표(第九 王子侯者年表)〉를 만들었다.

나라에 어진 재상과 훌륭한 장수가 있으면 백성의 사표(師表)로 할 수 있다. 한나라가 일어난 이래 장(將)·상(相)·명신(名臣)의 연표를 만들어 세상에 내놓고 어진 사람에 대해서는 그의 치적을 기록하도록 하고 어질지 못한 사람은 그 일을 분명히 밝혔다. 그래서 〈제10 한흥이래장상명신연표(第十 漢興以來將相名臣年表)〉를 만들었다.

하·은·주 3대의 예(禮)는 줄이거나 더하여 늘린 곳이 있는데 그것은 각기 힘쓰는 바를 달리하기 때문이다. 그렇지만 결국에는 사람의 본성에 가깝게 하고 왕도에 통하는 것을 본뜻으로 삼고 있다. 그런 까닭에 예는 사람의 본질을 바탕으로 절도(節度)·문식(文飾)하여 대략 고금의 통변(通變)에 맞게끔 되어 있다. 그래서 〈제1 예서(第一 禮書)〉를 지었다.

음악은 풍속을 옮기고 바꾸는 것이다. 《시경》의 아(雅)와 송(頌)이 바른 음악으로 흥했을 때 사람들은 벌써 정(鄭)·위(衛)의 음탕한 음악을 좋아하고 있었다. 정·위의 음탕한 음악이 유래된 지는 오래였는데 정감의 흐름은 같은지라 음악을 사용하면 먼 곳의 풍속도 다른 사람들에게는 정답게 들린다. 그래서 고래로부터 음악에 대해 말한 글을 한데 묶어 〈제2 악서(第二 樂書)〉를 만들었다.

병력(兵力)이 없으면 나라는 강할 수 없고 은덕이 없으면 나라는 융성하지 못한다. 황제(黃帝)·탕왕(湯王)·무왕(武王)은 병력으로 일어나고 걸왕(桀王)·주왕(紂王)·진(秦)나라의 2세 황제는 악덕으로 망했다. 조심해야 할 일이다. 사마병법(司馬兵法)을 따른 것은 그 유래가 깊다. 태공망(太公望)·손자(孫子)·오자(吳子)·왕자(王子 : 成甫)가 잘 이어받아 이를 밝혔는데 근세로 오면서 더욱 절실하여 인사(人事)의 변화를 깊이 연구하여 다루고 있다. 그래서 〈제3 율서(第三 律書 : 兵書)〉를 만들었다.

율(律)은 음(陰 : 神化의 幽潛)에 입각하여 양(陽 : 形象의 顯見)을 다스리고 역(曆)은 양에 입각하여 음을 다스린다. 율과 역이 음과 양을 다스리며 조금도 틈을 주지 않는다. 황제(黃帝)·전욱(顓頊)·하·은·주의 역(曆)은 각기 어긋나 같지 않았다. 그리하여 태초(太初) 원년부터 역을 논하게 되어 〈제4 역서(第四 曆書)〉를 만들었다.

성신(星辰)과 기상(氣象)의 책은 길흉화복에 관한 것을 잡다하게 섞어 넣어 믿기 어려운 점이 있다. 그렇지만 그 글을 추정하여 응용해 보면 그리 특별난 것도 아니다. 그래서 그 글들을 모아 행사를 논하고 순서를 세워 성신 운행(星辰運行)의 법도를 조사 시험하여 〈제5 천관서(第五 天官書)〉를 만들었다.

천명을 받아 왕이 되더라도 상서로운 징조로 봉선을 행하는 일은 드물다. 이를 행하게 되면 만물의 영은 제사를 받지 않는 것이 없다. 그래서 제신(諸神)·명산(名山)·대천(大川)의 예(禮)를 본원까지 거슬러 올라가 연구하여 〈제6 봉선서(第六 封禪書)〉를 만들었다.

우(禹)는 강의 준설 작업으로 홍수를 다스렸으므로 구주(九州)가 안정을 얻었다. 그래서 막힌 물을 통하게 하고 넘치는 물은 제방으로 막고 대천(大川)을 끊어 도랑을 튼 것을 말하여 〈제7 하거서(第七 河渠書)〉를 만들었다.

화폐의 유통은 농(農)·상(商)의 교역을 위한 것이다. 그런데 화폐를 쓰게 된 궁극에 가서는 교활한 꾀를 쓰는 자, 토지와 가옥 등을 겸병하는 자들이 점점 늘어나 투기의 이익을 다투는 바람에 근본을 떠나 버렸다. 그래서 일의 변천을 알아보기 위해 〈제8 평준서(第八 平準書)〉를 만들었다.

주(周)나라 태백(太伯)은 계력(季歷)을 피해 강만(江蠻) 땅(吳나라)으로 갔다. 그래서 문왕과 무왕이 일어나게 되었다. 오나라는 고공(古公:大王)이 왕도(王道)를 창업한 유적이라고도 할 수 있다. 합려(闔廬)는 오왕(吳王) 요(僚)를 시살하고 형초(荊楚)를 굴복시켰다. 부차(夫差)가 제(齊)나라에 이기고 오자서(伍子胥)는 말가죽에 싸여 물속에 던져졌다. 태재(太宰) 비(嚭)를 선임하여 월나라와 친함으로써 오나라는 멸망하였다. 태백이 계력에게 사양한 것을 가상히 여겨 〈제1 오세가(第一 吳世家)〉를 지었다.

신(申)·여(呂) 두 나라가 쇠미해지자 상보(尙父:太公望)는 미천해졌으므로 마침내 서백(西伯)에게 귀속하였는데 문왕과 무왕은 그를 스승으로 우러러 모셨다. 그의 공적은 군공(群公) 가운데 가장 뛰어났고 은근한 가운데 권모(權謀)를 썼다. 나이 들어 머리털이 하얗게 된 그는 제나라 영구(營丘)에 봉해졌다. 가(柯)의 맹약을 저버리지 않았기 때문에 환공(桓公)은 크게 되어 제후를 아홉 번 회동시켜 패자(覇者)로서의 공적이 현저했다. 신하 전씨(田氏)와 감씨(闞氏)가 임금의 총애를 다투었기 때문에 강성(姜姓:太公望의 자손인 齊王의 姓)은 와해되어 멸망하였다. 상보의 꾀를 가상히 여겨 〈제2 제태공세가(第二 齊太公世家)〉를 지었다.

무왕(武王)이 붕어한 후 어떤 자는 주나라에 복종하고 어떤 자는 주나라를 배반하였다. 주공단(周公旦)이 이를 평정하고 분발하여 문덕(文德)을 베풀자 천하가 이에 화응하였다. 이처럼 성왕(成王)을 보좌하였기 때문에 제후들은 주나라를 종실(宗室)로서 우러르게 되었다. 그런데 노(魯)나라의 은공(隱公)과 환공(桓公) 시대에는 어찌하여 그 같은 주공단의 자손이 쇠하게 되었을까? 일족인 삼환(三桓)이 서로 세력을 다투었기 때문에 노나라는 번영하지 못했던 것이다. 주공단의 금등(金縢 : 武王이 앓고 있을 때 旦은 자기가 대신 죽기를 빌었는데 그 맹세한 글이 들어 있는 상자)을 아름답게 여겨 〈제3 주공세가(第三 周公世家)〉를 지었다.

무왕(武王)은 주왕(紂王)을 이겼으나 천하가 아직 화합하기도 전에 붕어하였다. 성왕(成王)이 어렸으므로 관숙(管叔)·채숙(蔡叔)은 섭정인 주공을 의심하고 회이(淮夷)는 배반하였다. 그래서 소공(召公)은 덕치로써 왕실을 편안하게 하고 동방의 여러 나라를 안정시켰다. 그러나 연왕(燕王) 쾌(噲)의 양위는 마침내 재앙과 환난을 불러일으켰다. 감당(甘棠)의 시(詩 : 소공의 遺德을 찬양한 ≪詩經≫ 召南의 詩)를 가상히 여겨 〈제4 연세가(第四 燕世家)〉를 지었다.

관숙(管叔)과 채숙(蔡叔)은 무경(武庚 : 殷나라 紂王의 아들)을 도와 옛 상(商 : 殷)의 영토를 안정시키려고 하였다. 그러나 주공 단(旦)이 섭정이 되자 두 사람은 주실(周室)을 받들지 않았다. 그래서 주공 단은 선(鮮 : 管叔)을 죽이고 도(度 : 蔡叔)를 내쫓은 다음 주실에 대한 충성을 다하였다. 태임(太任 : 文王의 妃)에게 열 명의 아들이 있었기에 주실은 강성해졌다. 중(仲 : 채숙의 아들)이 과오를 뉘우친 것을 가상히 여겨 〈제5 관채세가(第五 管蔡世家)〉를 지었다.

무왕(武王)이 천하를 평정하고 나서 성왕(聖王)의 자손을 찾아 봉하였다. 순(舜)과 우(禹)의 성덕을 흠모한 때문이다. 큰 덕이 밝아 있으면 그 자손은 음덕을 입어 백세 후까지도 제사를 받게 되는 것이다. 실은 초(楚)나라가 주나라 시대 진(陳 : 舜의 자손)과 기(杞 : 禹의 자손)를 없애 버렸다. 하지만 그때는 전씨(田氏 : 陳의 일족)가 이미 일어나고 있었다. 이처럼 자손에게 은택을 베푼 순(舜)은 얼마나 덕이 큰 성왕이었던가. 그래서 〈제6 진기세가(第六 陳杞世家)〉를 지었다.

무왕(武王)은 은나라 유민들을 포섭하여 강숙(康叔 : 무왕의 동생)을 처음 그 땅에 봉하게 하였다. 무왕은 은나라 주왕이 음란했음을 들어 강숙을 훈계하고 〈주고(酒誥)〉 · 〈재재(梓材)〉 ― 모두 ≪尙書≫의 篇名 ― 로써 주색의 해독을 타일렀다. 삭(朔 : 惠公)이 태어난 후로 위(衛)나라는 국운이 기울기 시작하였다. 남자(南子 : 靈公의 부인)가 태자인 괴외(蒯聵)를 미워하였기 때문에 괴외는 달아나고 그의 아들 첩(輒)이 임금이 되었다. 주실(周室)의 덕이 쇠미해지니 전국시대(戰國時代)의 제후들이 강대해졌다. 위(衛)나라는 약소국이라 신(秦)나라의 천하통일 후에 가(角 : 衛나라 임금 이름)의 시대에 망했다. 저 강고(康誥)를 가상히 여겨 〈제7 위세가(第七 衛世家)〉를 지었다.

아아, 기자(箕子)여, 아아, 기자여! 바른 말을 해도 받아들여지지 않으니 광인(狂人)을 가장하여 노예가 되었다. 무강(武康)이 죽은 다음 주나라는 그 뒤에 미자(微子 : 紂王의 庶兄)를 봉했다. 양공(襄公)은 예(禮)를 지키려다 홍수(泓水)에서 초나라에게 패했다. 예를 지킨 양공을 칭찬하지 않으면 어떤 군자를 칭찬하겠는가. 경공(景公)이 겸양의 덕을 지켰으므로 형혹(熒惑 : 火星)이 운행을 바꾸어 송(宋)에서 물러났다. 척성(剔成 : 그의 아들 偃의 誤植이라고도 함)이 포학하였기 때문에 송(宋)은 멸망하였다. 미자가 봉지에 도착하였을 때 태사(太師 : 箕子)에게 정치의 도리를 물은 것을 가상히 여겨 〈제8 송미자세가(第八 宋微子世家)〉를 지었다.

무왕(武王)이 붕어한 후 숙우(叔虞 : 武王의 아들로 成王의 동생)가 당(唐 : 뒤의 晉)에 봉해졌다. 목공(穆公)이 태자를 구(仇)라 이름 짓고 막내

아들을 성사(成師)라고 이름 지어 군자는 태자의 이름을 희롱했는데 결국은 진(晉)나라 곡옥(曲沃)의 무공(武公 : 成師의 자손)에게 망하였다. 헌공(獻公)이 여희(驪姬)와 사랑에 빠진 탓에 진나라는 5대에 걸쳐 어지러웠다. 중이(重耳 : 文公)는 뜻을 얻지 못하고 제후국을 떠돌아다녔으나 마침내 능히 패업을 이룩하였다. 육경(六卿)이 정권을 마음대로 휘둘렀기 때문에 진나라는 힘을 잃었다. 문공(文公)이 규(珪 : 玉으로 만든 술잔)와 창(鬯 : 기장으로 빚은 술)을 내린 것을 가상히 여겨 〈제9 진세가(第九 晉世家)〉를 지었다.

중(重)·여(黎)가 처음 남정(南正)·화정(火正)의 벼슬에 오르고 오회(吳回)가 그것을 이어받았다. 은나라 계보는 육자(鬻子)에서부터 분명하다. 주나라는 웅역(熊繹)을 쓰고 웅거(熊渠)가 뒤를 이었다. 현명한 장왕(莊王)은 진(陳)을 멸망시켰다가 다시 부흥시키고 또 정(鄭)나라의 항복을 받았으나 정백(鄭伯)을 용서하였으며 송(宋)나라를 포위하였으나 화원(華元)의 말을 받아들여 군사를 회군하였다. 회왕(懷王)은 진(秦)나라에서 객사하였다. 난(蘭 : 令尹인 子蘭)은 굴원(屈原)을 꾸짖었다. 평왕(平王)은 아첨을 좋아하고 참언을 믿었기 때문에 초나라는 진(秦)나라에 병합되었다. 장왕의 의(義)를 가상히 여겨 〈제10 초세가(第十 楚世家)〉를 지었다.

소강(少康 : 夏의 제왕)의 아들은 남해(南海)로 쫓겨나 몸에 문신을 넣고 머리카락을 잘린 뒤 자라와 거북을 벗 삼아 살았다. 그 후 봉우산(封禺山)을 지키며 시조인 우(禹)의 제사를 받들었다. 구천(句踐)은 회계산에서 고통을 치르고 종(種 : 大夫인 種)과 범려를 썼다. 구천이 만이 사이에 있으면서도 능히 그 덕을 닦아 강대한 오나라를 멸망시키고 주실을 떠받든 것을 가상히 여겨 〈제11 월세가(第十一 越世家)〉를 지었다.

환공(桓公)이 동쪽으로 옮길 때 태사(太史)의 말을 인용하였다. 정(鄭)

나라가 주(周)나라의 벼를 앗아가자 주 왕실 사람들이 이를 비방하였다. 제중(祭仲)이 송(宋)나라 장공(莊公)의 강요로 여공(厲公)을 세운 뒤로 정나라는 오래 번영하지 못하였다. 자산(子産)의 어진 정치에 대해서 대대로 현자라는 칭찬이 자자하였다. 삼진(三晉 : 韓·魏·趙)이 정나라를 침략하여 정나라는 한(韓)나라에 병합되었다. 여공이 주나라 혜왕(惠王)을 주나라로 돌려보낸 것을 가상히 여겨 〈제12 정세가(第十二 鄭世家)〉를 지었다.

기(驥)니 녹이(騄耳)니 하는 명마(名馬)가 조보(造父 : 말의 名人)를 세상에 알려지게 하였다. 조숙(趙夙)은 진(晉)나라 헌공(獻公)을 섬겼고 조숙의 아들 쇠(衰)가 그 뒤를 이었다. 그리고 진(晉)나라 문공(文公)을 도와 주왕(周王)을 높이 받들고 마침내 진나라의 보신(輔臣)이 되었다. 조양자(趙襄子)는 곤욕을 당한 끝에 지백(智伯)을 사로잡았다. 주보(主父 : 武靈王)는 생포되어 굶어 죽게 되자 참새를 잡아먹고 살았다. 조(趙)나라 최후의 왕인 천(遷)은 음란하여 훌륭한 장수를 배척하고 말았다. 조앙(趙鞅)이 주실(周室)의 난을 토벌한 것을 가상히 여겨 〈제13 조세가(第十三 趙世家)〉를 지었다.

필만(畢萬)이 위(魏)나라에 봉해지리라는 것을 점치는 사람이 알고 있었다. 필만의 자손인 강(絳)이 양간(楊干 : 晉나라 悼公의 아우)을 죽이자 융적이 화친을 청했다. 문후(文侯)가 의(義)를 사모하여 자하(子夏)를 스승으로 우러러 모셨다. 혜왕(惠王)이 스스로 난 체하니 제(齊)나라와 진(秦)나라가 이를 공격하였다. 신릉군(信陵君)을 의심하였기 때문에 제후들은 위(魏)나라 돕는 것을 중지했으므로 마침내 대량(大梁)을 잃고 위(魏)나라 최후의 왕인 가(假)는 진(秦)나라에 잡혀가 종이 되었다. 위무자(魏武子)가 진(晉)나라 문공(文公)을 도와 패도(覇道)를 닦은 것을 가상히 여겨 〈제14 위세가(第十四 魏世家)〉를 지었다.

한궐(韓厥)의 음덕(陰德)으로 조무(趙武)를 일으켜 융성하게 하여 조(趙)나라의 끊어진 제사를 다시 이어 주고 망한 집안을 일으켰기 때문에 진(晉)나라 사람들은 그를 존경하였다. 소후(昭侯)가 열후 중에 뛰어났던 것은 신불해(申不害)를 썼기 때문이다. 한왕(韓王) 안(安)은 한비자를 의심하여 믿지 않았으므로 진(秦)나라의 습격을 받기에 이르렀다. 한궐이 진왕(晉王)을 돕고 주나라 천자의 공부(貢賦)를 바로잡은 것을 가상히 여겨 〈제15 한세가(第十五 韓世家)〉를 지었다.

완자(完子 : 陳完)가 난을 피해 제(齊)나라로 가서 환공(桓公)을 도왔다. 5세(世)에 걸쳐 은밀히 제나라 백성들에게 은혜를 베푸니 제나라 백성들은 이를 칭찬하는 노래를 불렀다. 전성자(田成子)가 정권을 잡고 전화(田和)는 후(侯)가 되었다. 왕건(王建 : 제나라 최후의 왕)이 진(秦)나라의 모략에 마음이 흔들려 공(共) 땅에 옮겨지게 되었다. 위왕(威王)·선왕(宣王)이 탁한 세상을 바로잡아 주실(周室)을 천하의 종주로 받든 것을 가상히 여겨 〈제16 전경중완세가(第十六 田敬仲完世家)〉를 지었다.

주실(周室)이 쇠해지고 제후들은 방자하게 굴었다. 중니(仲尼)는 예(禮)가 땅에 떨어지고 음악이 무너진 것을 슬퍼하여 경술(經術)을 추구하여 왕도를 이룩하였다. 즉 난세를 바로잡아 이를 정도(正道)로 이끌고 천하를 위해 글로써 나타내어 의법(儀法)을 제정하고 육예(六藝 : 六經)의 통기(統紀)를 세워 후세에 모범이 되도록 하였다. 그래서 〈제17 공자세가(第十七 孔子世家)〉를 지었다.

걸왕·주왕이 정도(政道)를 잃자 탕왕·무왕이 일어났고 주나라가 정도를 잃자 춘추전국시대가 비롯되었으며 진(秦)나라가 정도를 잃자 진섭(陳涉)이 일어나 제후들은 군사를 일으켰다. 그 기세는 바람이 일고 구름이 일어나는 것과도 같아 마침내 진나라 일족을 멸망시켰다. 이러한 천하 대사의 발단은 진섭의 거사에서 비롯되었던 것이다. 그래서 〈제18 진섭세가(第十八 陳涉世家))를 지었다.

　성고(成皐)의 대(臺)에서 박희(薄姬：孝文帝의 어머니인 薄太后)가 고조(高祖)의 총애를 받아 박씨는 번영의 기반을 쌓았다. 두황후(竇皇后)는 뜻을 굽혀 대(代)로 갔는데 대왕(代王)이 황제(孝文帝)가 되자 황후로써 두씨 일족을 존귀하게 만들었다. 효경제의 비(妃)인 율희(栗姬)는 존귀함을 믿고 너무 교만했기 때문에 왕씨(王氏)의 황후가 되었다. 진황후(陳皇后)가 매우 교만하여 금상(今上)은 위자부(衛子夫)를 황후로 삼았다. 부덕(婦德)이 이와 같은 것을 가상히 여겨 〈제19 외척세가(第十九 外戚世家)〉를 지었다.

　고조는 거짓 꾀로 진(陳)나라에서 한신(韓信)을 사로잡았다. 월(越)나라와 형초(荊楚)의 백성들은 마음이 군세고 사나우며 경박하였기 때문에 고조는 아우인 교(交)를 봉하여 초왕(楚王：元王)으로 삼았다. 초왕은 팽성(彭城)에 도읍을 정하고 회수(淮水)와 사수(泗水)의 땅을 튼튼히 하여 한실(漢室)의 종번(宗藩)이 되었다. 무(戊)는 사도(邪道)에 빠져 죽고 그의 아들 예(禮)가 뒤를 이었다. 유(游：元王 交의 字)가 고조를 도운 것을 가상히 여겨 〈제20 초원왕세가(第二十 楚元王世家)〉를 지었다.

　고조가 군사를 일으켰을 때 유가(劉賈：荊王)가 이에 가담하였으나 후에 경포(黥布)에게 습격당하여 자신의 형오(荊吳) 땅을 잃었다. 영릉후(營陵侯) 유택(劉澤)은 거짓으로 여태후를 격분시켜 낭야왕(琅邪王)이 되었다. 그러나 축오(祝午：齊王의 使者)의 꾐에 빠져 제(齊)나라를 믿고 그곳으로 가서 자기 나라로 돌아오지 않았다. 마침내 서쪽으로 나아가 관중으로 들어갔다가 한실(韓室)이 효문제를 받들었을 때 다시 연왕(燕王)이 될 수 있었다. 천하가 아직 통일되지 않았을 때 유가와 유택은 일족을 거느리고 한실의 울타리와 보신(輔臣)이 되었던 것이다. 그래서 〈제21 형연세가(第二十一 荊燕世家)〉를 지었다.

천하는 이미 평정되었으나 고조는 친족이 적었다. 제(齊)나라 도혜왕
(悼惠王 : 高祖의 庶長子인 劉肥)은 장년으로 동쪽 제나라를 진압하여 평
정하였다. 그의 아들 애왕(哀王)은 제멋대로 군사를 일으켜 여씨 일족의
노여움을 폭발시켰다. 사균(駟鈞 : 애왕 어머니의 형제)의 모질고 사나운
행동이 인도를 벗어났기 때문에 한실에서는 애왕을 황제로 허락하지 않
았다. 여왕(厲王)은 누님과 밀통하다가 재상인 주보언에게 들키고 말았
다. 유비(劉肥)가 고조의 다리와 팔이었음을 가상히 여기어 〈제22 제도혜
왕세가(第二十二 齊悼惠王世家)〉를 지었다.

초(楚)나라 항우(項羽)의 군사가 한왕(漢王 : 高祖)의 군사를 형양에서
포위하였으나 한왕의 군사는 이를 3년 동안이나 지켜냈다. 소하(蕭何)는
산서(山西)를 진무하고 계략을 써서 군사를 계속 보충시키고 양식 보급을
끊어지게 한 일이 없었다. 또한 백성들에게 한나라를 친애하게 하고 초나
라를 돕지 못하도록 만들었다. 그래서 〈제23 소상국세가(第二十三 蕭相
國世家)〉를 지었다.

조참(曹參)은 한신(韓信)과 함께 위(魏)나라를 약정(略定)하고 조(趙)나
라를 격파하고 제(齊)나라를 항복시킨 뒤에 마침내 초나라 군사마저 쇠약
하게 만들었다. 그는 소하(蕭何)의 뒤를 이어 상국(相國)이 되었지만 소하
의 통치법을 고치려 하지 않았기 때문에 백성들은 안정을 얻었다. 조참이
자신의 공적과 재능을 자랑하지 않은 것을 가상히 여겨 〈제24 조상국세가
(第二十四 曹相國世家)〉를 지었다.

장막 안에서 꾀를 내어 눈에 띄지 않게 승리를 이룩한 것은 자방(子房 :
留侯 張良의 字)이 계책을 꾸민 때문이다. 이름이 알려진 적도 없고 용감
한 공적도 없었으나 어려운 일을 쉽게 도모하고 큰 일을 작은 일 속에서
처리했던 것이다. 그래서 〈제25 유후세가(第二十五 留侯世家)〉를 지었
다.

진평(陳平)의 여섯 가지 기묘한 계책이 쓰임으로써 제후들은 한나라에 복종하였다. 여씨를 멸망시킨 일은 진평이 주모했다. 이리하여 마침내 한실(漢室)의 종묘를 편히 받들고 사직을 튼튼히 하였다. 그래서 〈제26 진승상세가(第二十六 陳丞相世家)〉를 지었다.

한실을 약하게 하려고 여씨 일족이 연합하여 일을 꾀했다. 강후(絳侯) 주발(周勃)은 그때 상도(常道)에는 어긋났으나 임기응변은 시의(時宜)에 맞았다. 오·초 7국이 반란을 일으켰을 때 주아부(周亞夫 : 周勃의 아들)는 창읍(昌邑)에 주둔하여 제나라와 조나라를 괴롭히며 양(梁)나라의 출병을 독촉하여 오나라와 상대하게 하였다. 그래서 〈제27 강후주발세가(第二十七 絳侯周勃世家)〉를 지었다.

오·초 7국의 반란 때는 오직 양(梁)나라만이 한실의 울타리로서 방위에 임하였다. 그 후 양나라는 한실의 친애를 믿고 공을 자랑하다가 하마터면 화를 당할 뻔하였다. 능히 오·초의 난을 막은 것을 가상히 여겨 〈제28 양효왕세가(第二十八 梁孝王世家)〉를 지었다.

오종(五宗)이 이미 왕이 되고 한실의 친족은 협력하여 화합하고 대소 제후는 모두 울타리가 되어 자기 위치를 찾게 되었다. 이리하여 분수에 벗어난 자리를 넘보는 일은 수그러들게 되었다. 그래서 〈제29 오종세가(第二十九 五宗世家)〉를 지었다.

금상(今上)의 세 아들이 왕이 되었는데 그 조서(詔書)의 문장에 나타난 말에는 볼 만한 것이 있었다. 그래서 〈제30 삼왕세가(第三十 三王世家)〉를 지었다.

사람들은 말세에 이익을 다투었으나 오직 백이(伯夷)와 숙제(叔齊)만은 끝까지 의(義)를 지켰다. 나라를 사양하고 굶주려 죽으니 천하는 이들을 칭송하였다. 그래서 〈제1 백이열전(第一 伯夷列傳)〉을 지었다.

안자(晏子 : 晏嬰)는 검소하였고 이오(夷吾 : 管仲)는 사치하였다. 제나라의 환공(桓公)은 이오를 써서 패자(覇者)가 되고 경공(景公)은 안자를 써서 태평한 세상을 이루었다. 그래서 〈제2 관안열전(第二 管晏列傳)〉을 지었다.

이이(李耳 : 老子)는 무위(無爲)로써 스스로 화(化)하고 청정(清淨)으로써 스스로 정(正)하였다. 한비(韓非)는 사정을 헤아려 세리(勢理)에 따랐다. 그래서 〈제3 노자한비열전(第三 老子韓非列傳)〉을 지었다.

옛날 왕자(王者) 때부터 사마병법(司馬兵法)이 있었다. 양저(穰苴)는 그것을 알기 쉽게 자세히 설명하여 명료하게 하였다. 그래서 〈제4 사마양저열전(第四 司馬穰苴列傳)〉을 지었다.

신(信)·염(廉)·인(仁)·용(勇)의 선비가 아니면 병법을 전하고 검(劍)을 논할 수 없다. 병법은 도덕과 부합하여 안으로는 자기 한 몸을 다스릴 수 있고 밖으로는 변(變)에 대응할 수 있다. 그러므로 군자는 병법을 도덕에 비교한다. 그래서 〈제5 손자오기열전(第五 孫子吳起列傳)〉을 지었다.

초나라 평왕(平王)의 태자인 건(建)이 참소를 당하자 그 화는 오자사(伍子奢)에게 미쳤다. 자사의 아들 상(尙)은 아버지를 구하려다 죽고 상의 아우 오운(伍員 : 伍子胥)은 오(吳)나라로 도망쳤다. 그래서 〈제6 오자서열전(第六 伍子胥列傳)〉을 지었다.

공자(孔子)는 문(文)을 서술하고 제자들은 학업에 힘을 써서 모두 제후들의 스승이 되어 인(仁)을 숭상하고 의(義)를 장려하였다. 그래서 〈제7 중니제자열전(第七 仲尼弟子列傳)〉을 지었다.

상앙(商鞅)은 위(衛)나라를 버리고 진(秦)나라로 가서 그의 법술(法術)을 밝게 펴 효공(孝公)을 패자로 만들었다. 진나라는 후세에도 그의 법을 따랐다. 그래서 〈제8 상군열전(第八 商君列傳)〉을 지었다.

천하는 연횡(連衡)을 근심하고 진(秦)나라는 침략을 그칠 줄 몰랐다. 이에 소자(蘇子 : 蘇秦)는 능히 제후들을 붙들어 합종(合從)을 맹약함으로써 탐욕스럽고 강한 진나라를 눌렀다. 그래서 〈제9 소진열전(第九 蘇秦列傳)〉을 지었다.

6국은 이미 합종을 맹약하고 화친하였다. 장의(張儀)는 그의 연횡설을 밝힘으로써 제후들을 해산시켰다. 그래서 〈제10 장의열전(第十 張儀列傳)〉을 지었다.

진(秦)나라가 동방의 땅을 차지하여 제후들의 패자가 된 것은 저리자(樗里子)와 감무(甘茂)의 꾀가 있었기 때문이다. 그래서 〈제11 저리자감무열전(第十一 樗里子甘茂列傳)〉을 지었다.

황하(黃河)와 화산(華山)을 포괄하고 대량(大梁)을 포위하여 제후들로 하여금 손을 잡고 진(秦)나라를 섬기게 한 것은 양후(穰侯) 위염(魏冉)의 공적이다. 그래서 〈제12 양후열전(第十二 穰侯列傳)〉을 지었다.

남쪽으로 초(楚)나라 언(鄢)과 영(郢)을 함락시키고 북쪽으로 조(趙)나라 장평(張平)을 꺾어 마침내 조나라의 한단을 포위한 것은 무안군(武安君) 백기(白起)의 지휘였고, 또 형(荊 : 楚)나라를 무찌르고 조나라를 멸망시킨 것은 왕전(王翦)의 계략이었다. 그래서 〈제13 백기왕전열전(第十三 白起王翦列傳)〉을 지었다.

맹자(孟子)는 유(儒) · 묵(墨)의 유문(遺文)을 섭렵하고 예의(禮義)의 통기(統紀)를 밝혀 위(魏)나라 혜왕(惠王)의 욕심을 단절시켰다. 순경(荀卿)은 과거의 유(儒) · 묵(墨) · 도(道) 3가(家)의 성쇠를 함께 논하였다. 그래서 〈제14 맹자순경열전(第十四 孟子荀卿列傳)〉을 지었다.

맹상군(孟嘗君)은 빈객을 좋아하고 일예(一藝), 일기(一技)가 있는 선비라도 좋아하였으므로 유사(游士)들은 설(薛 : 孟嘗君의 봉읍)로 모여들었다. 이러한 방법으로 맹상군은 제나라를 위해 초나라와 위(魏)나라를 막았다. 그래서 〈제15 맹상군열전(第十五 孟嘗君列傳)〉을 지었다.

조(趙)나라 평원군(平原君)은 풍정(馮亭 : 韓나라 上黨의 太守)과는 권모를 겨루고 초나라로 가서는 한단이 포위되어 있는 것을 구함으로써 그 임금을 다시 제후로 칭하게 하였다. 그래서 〈제16 평원군우경열전(第十六 平原君虞卿列傳)〉을 지었다.

능히 부귀한 몸으로 빈천한 선비에게 몸을 낮추고, 어질고 재간이 있는 선비로서 하찮은 사람에게 무릎을 굽힌 일은 오직 신릉군(信陵君)만이 행할 수 있었다. 그래서 〈제17 위공자열전(第十七 魏公子列傳)〉을 지었다.

몸을 던져 임금을 좇음으로써 마침내 강국 진(秦)나라에서 탈출시키고 유세객들을 남쪽의 초나라로 달아나게 만든 것은 황헐(黃歇 : 春申君)의 의기였다. 그래서 〈제18 춘신군열전(第十八 春申君列傳)〉을 지었다.

능히 위제(魏齊 : 魏나라 재상)에게서 받은 치욕을 참고 강한 진(秦)나라의 재상이 되어 위세를 떨치면서도 어진 사람을 추천하여 자리를 양보한 사람이 두 명 있다. 그래서 〈제19 범저채택열전(第十九 范雎蔡澤列傳)〉을 지었다.

계책을 수행하여 5개국 군사를 연합하고 약한 연(燕)나라를 위해 강한 제(齊)나라에게 원수를 갚아 그 선군(先君)의 치욕을 씻었다. 그래서 〈제20 악의열전(第二十 樂毅列傳)〉을 지었다.

인상여(藺相如)는 강한 진나라를 상대하여 자기 뜻대로 행동하고 염자(廉子 : 廉頗)에게 몸을 굽혀 그의 임금을 위함으로써 더불어 제후들로부터 존경을 받았다. 그래서 〈제21 염파인상여열전(第二十一 廉頗藺相如列傳)〉을 지었다.

제(齊)나라 민왕(湣王)은 임치(臨菑 : 齊나라 도읍)를 잃고 거(莒)로 달아났으나 오직 전단(田單)만은 즉묵(卽墨)을 지켜 연(燕)나라 장수 기겁(騎劫)을 패주시킴으로써 마침내 제나라의 사직을 온전히 지켰다. 그래서 〈제22 전단열전(第二十二 田單列傳)〉을 지었다.

능히 궤변을 통해 포위된 조(趙)나라의 근심을 풀고도 작록을 가볍게 여겨 자기 뜻대로 사는 것을 즐겼다. 그래서 〈제23 노중련추양열전(第二十三 魯仲連鄒陽列傳)〉을 지었다.

사부(辭賦)를 지어 풍간(諷諫)하고 예를 차례로 들어 의(義)를 다툰 것으로는 ≪이소(離騷)≫가 있다. 그래서 〈제24 굴원가생열전(第二十四 屈原賈生列傳)〉을 지었다.

진(秦)나라 공자 자초(子楚 : 뒤의 莊襄王)를 진실(秦室)과 친하게 하고 천하 유세객들로 하여금 다투어 진나라를 섬기도록 한 것은 여불위이다. 그래서 〈제25 여불위열전(第二十五 呂不韋列傳)〉을 지었다.

조말(曹沫)의 비수로써 노(魯)나라는 침략당했던 땅을 되찾고 제(齊)나라는 그 믿음을 분명히 하였다. 예양(豫讓)의 의(義)는 두 마음을 품지 않았다. 그래서 〈제26 자객열전(第二十六 刺客列傳)〉을 지었다.

자기 계획을 분명히 하여 시류(時流)를 타고 진나라를 밀어 마침내 진나라로 하여금 해내(海內)를 통일하게 만든 것은 모두 이사(李斯)가 일을 꾸몄기 때문이다. 그래서 〈제27 이사열전(第二十七 李斯列傳)〉을 지었다.

진나라를 위해 땅을 개척하여 인구를 증가시키고 북쪽의 흉노를 물리친 다음 황하를 요새로 삼고 산을 의지하여 방비를 튼튼히 함으로써 유중(楡中)의 땅을 건설하였다. 그래서 〈제28 몽염열전(第二十八 蒙恬列傳)〉을 지었다.

조(趙)나라를 진정(鎭定)하고 상산(常山)에 들어앉아 하내(河內)를 넓히며 초(楚)나라의 권세를 약화시켜 한왕(漢王)의 신의를 천하에 분명히 하였다. 그래서 〈제29 장이진여열전(第二十九 張耳陳餘列傳)〉을 지었다.

위표(魏豹)는 서하(西河)와 상당(上黨)의 군사를 거두어 한왕을 따라 팽성에 이르고, 팽월(彭越)은 양(梁)나라 땅을 침략하여 함께 항우(項羽)를 괴롭혔다. 그래서 〈제30 위표팽월열전(第三十 魏豹彭越列傳)〉을 지었다.

경포(黥布)는 회남(淮南) 땅을 가지고 초(楚)나라를 배반하여 한나라에 귀속하였다. 그 때문에 한나라는 대사마(大司馬) 은(殷 : 초나라 장수)을 맞아들여 마침내 해하(垓下)에서 항우를 무찔렀다. 그래서 〈제31 경포열전(第三十一 黥布列傳)〉을 지었다.

초(楚)나라 군사가 경(京)과 색(索) 사이에서 한나라 군사를 위협하고 있을 때 회음후(淮陰侯) 한신(韓信)은 위(魏)나라와 진(秦)나라를 정복하고 연(燕)나라와 제(齊)나라를 평정하여 천하를 3분(三分)했다. 그리고 그 둘을 한나라가 보유하게 함으로써 항적(項籍 : 項羽)을 멸망하게 하였다. 그래서 〈제32 회음후열전(第三十二 淮陰侯列傳)〉을 지었다.

초나라와 한나라가 공(鞏)과 낙(洛) 사이에서 공방전을 되풀이하고 있을 때 한왕신(韓王信)은 한나라를 위하여 영천(穎川)을 진정하고 노관(盧綰)은 항적의 군량을 운반하는 보급로를 끊었다. 그래서 〈제33 한왕신노관열전(第三十三 韓王信盧綰列傳)〉을 지었다.

제후들이 항왕을 피했을 때 오직 제(齊)나라 전횡(田橫 : 田儋의 從弟)만이 병사를 거느리고 성양(城陽)에서 자우(子羽 : 項羽)와 싸웠다. 그 틈을 타 한나라 군사는 마침내 팽성으로 들어갈 수가 있었다. 그래서 〈제34 전담열전(第三十四 田儋列傳)〉을 지었다.

성을 공격하고 들판에서 싸워 공을 세우고 돌아와 보고한 것으로는 번쾌(樊噲·역상(酈商)이 뛰어났다. 단지 채찍을 휘두르며 전쟁을 한 것만이 아니라 한왕과 더불어 난을 벗어난 적도 있다. 그래서 〈제35 번역열전(第三十五 樊酈列傳 : 樊酈滕灌列傳)〉을 지었다.

한실(漢室)은 처음으로 안정되었으나 학문과 법령으로써 세상을 다스리는 데는 아직 뚜렷하지 못하였다. 장창(張蒼)은 주계관(主計官)이 되어 도량을 정비하고 율력의 순서를 세웠다. 그래서 〈제36 장승상열전(第三

十六 張丞相列傳)〉을 지었다.

변설로써 사자의 뜻을 통하게 하고 제후들과 약속함으로써 그들을 회유하였다. 제후들은 모두 그와 친해져 한나라로 귀속하여 그 울타리와 보신(輔臣)이 되었다. 그래서 〈제37 역생육가열전(第三十七 酈生陸賈列傳)〉을 지었다.

진(秦)나라와 초(楚)나라 사이의 상세한 사정에 대해서는 오직 괴성후(蒯成侯) 주설(周緤)만이 항상 고조를 따라다니며 제후들을 평정하였기 때문에 그것을 알 수 있다. 그래서 〈제38 부근괴성열전(第三十八 傅靳蒯成列傳)〉을 지었다.

호족들을 이주시켜 관중에 도읍을 정하고 흉노와 화약(和約)하며 조정의 예(禮)를 분명히 하고 종묘(宗廟)의 의법(儀法)을 질서 있게 세웠다. 그래서 〈제39 유경숙손통열전(第三十九 劉敬叔孫通列傳)〉을 지었다.

유(柔)로써 능히 강(剛)을 누르고 한나라의 대관(大官)이 되었다. 난공(欒公)은 고조의 위세에 꺾이지 않고 목숨을 걸고 팽월(彭越)을 배반하지 않았다. 그래서 〈제40 계포난포열전(第四十 季布欒布列傳)〉을 지었다.

감히 노여움을 무릅쓴 채 직간하고 군주가 지킬 바 의리를 관철시키며 자기 몸을 돌보지 않고 나라를 위해 영구한 계획을 세웠다. 그래서 〈제41 원앙조조열전(第四十一 袁盎鼂錯列傳)〉을 지었다.

법을 지켜 대의를 잃지 않고, 옛 현인들에 대해 일깨움으로써 군주의 총명을 더해 주었다. 그래서 〈제42 장석지풍당열전(第四十二 張釋之馮唐列傳)〉을 지었다.

돈후(敦厚)하고 자효(慈孝)하며 눌변이기는 해도 행동만은 민첩하여 공손한 태도로 군주를 섬기는 덕 있는 군자가 되기에 힘썼다. 그래서 〈제43 만석장숙열전(第四十三 萬石張叔列傳)〉을 지었다.

절의를 지켜 매우 정직하며 의(義)는 청렴하고 결백함을 말하기에 충분하였고 행실은 현인을 격려하기에 충분하였으며 권세 있는 지위에 있으면서도 이치에 어긋나는 짓을 하지 않았다. 그래서 〈제44 전숙열전(第四十四 田叔列傳)〉을 지었다.

편작(扁鵲)은 의술을 논하여 방술자(方術者)의 종(宗)이 되었고, 수리(數理)가 정밀하고 명확하였기에 후세에 이르러서도 그의 학문을 뜯어고칠 수 없었다. 창공(倉公)이 그에 가까운 인물이라 말할 수 있다. 그래서 〈제45 편작창공열전(第四十五 扁鵲倉公列傳)〉을 지었다.

고조의 형 중(仲)은 왕의 작록을 한 번 빼앗겼지만 고조에게 그의 선량함을 인정받아 그의 아들 비(濞)가 오왕(吳王)이 될 수 있었다. 한실(漢室)이 처음 창업에 나섰을 때 그는 강회(江淮) 사이를 진무하였다. 그래서 〈제46 오왕비열전(第四十六 吳王濞列傳)〉을 지었다.

오·초가 반란을 일으켰을 때 한실의 종속 중에서 오직 위기후(魏其侯) 두영(竇嬰)만이 선비들을 좋아하고 선비들도 그에게 심복하였으므로 군사를 이끌고 산동(山東)의 형양(滎陽)에서 항전하였다. 그래서 〈제47 위기무안열전(第四十七 魏其武安列傳)〉을 지었다.

지혜는 근세의 변(變)에 대응하기에 충분하였고 관용은 인심을 사는 데 충분하였다. 그래서 〈제48 한장유열전(第四十八 韓長孺列傳)〉을 지었다.

적을 만나면 용감했고 호령은 번잡하지 않으며 사졸들을 인애로 대하여 부하 장병들은 그에게 심복하였다. 그래서 〈제49 이장군열전(第四十九 李將軍列傳)〉을 지었다.

하·은·주 3대 이래로 흉노는 늘 중국의 환해(患害)였다. 한실은 흉노의 강약 시기를 알고 대비하여 이를 정벌하려고 하였다. 그래서 〈제50 흉노열전(第五十 匈奴列傳)〉을 지었다.

변새(邊塞)의 일에 직면하여 하남(河南: 올더스)을 넓히고 기련산(祁連山)의 적을 무찌르고 서역의 여러 나라와 통하여 북방의 오랑캐를 휩쓸었다. 그래서 〈제51 위장군표기열전(第五十一 衛將軍驃騎列傳)〉을 지었다.

대신과 종실이 사치와 음란과 방탕함을 서로 시새우고 있을 때 오직 평진후(平津侯) 공손홍(公孫弘)만은 의식(衣食)을 절약하여 백리(百吏)의 앞장을 섰다. 그래서 〈제52 평진후열전(第五十二 平津侯列傳)〉을 지었다.

한나라는 이미 중국을 평정하였다. 조타(趙佗)는 양월(楊越) 땅을 평정하여 남방의 울타리다운 실력을 지니고 한나라에 공물을 바쳤다. 그래서 〈제53 남월열전(第五十三 南越列傳)〉을 지었다.

오나라가 반란을 일으켰을 때 동구(東甌) 사람들은 오왕 비(濞)를 베어 죽였다. 그 후 민월(閩越)에게 공격을 받았으나 봉우산(封禺山)을 지켜 한나라에 신하로서 예속되었다. 그래서 〈제54 동월열전(第五十四 東越列傳)〉을 지었다.

연(燕)나라 태자 단(丹)은 요동(遼東)으로 달아났고 위만(衛滿)은 연(燕)나라의 망민(亡民)들을 거두어 해동(海東 : 朝鮮)에 모으고 진번(眞藩 : 압록강에서 興京에 걸친 지대)을 평정하여 요새를 보유함으로써 한나라의 외신(外臣)이 되었다. 그래서 〈제55 조선열전(第五十五 朝鮮列傳)〉을 지었다.

당몽(唐蒙)은 사자(使者)로서 공략해 가며 야랑국(夜郎國)과 통하였다. 공(邛)과 작(筰)의 추장(酋長)은 자청하여 한나라의 내신(內臣)이 되어 한나라 관리의 통치를 받았다. 그래서 〈제56 서남이열전(第五十六 西南夷列傳)〉을 지었다.

〈자허부(子虛賦)〉와 〈대인부(大人賦)〉는 말이 너무 미려하고 과장이 많다. 그렇지만 그 뜻은 풍간(諷諫)에 있고 무위(無爲)로 돌아가 있다. 그래서 〈제57 사마상여열전(第五十七 司馬相如列傳)〉을 지었다.

경포(黥布)가 반란을 일으킨 후 고조의 아들 장(長)이 대신 나라를 평정하고 남방의 강회(江淮) 사이를 진정시켰다. 그의 아들 안(安)은 초나라의 서민들을 쳐서 위협하였다. 그래서 〈제58 회남형산열전(第五十八 淮南衡山列傳)〉을 지었다.

법을 만들고 이치를 따르는 관리는 공적을 자랑하거나 재능을 뽐내지 않는다. 백성들한테서 큰 칭찬을 받는 경우도 드물지만 행동에 그릇됨도 없다. 그래서 〈제59 순리열전(第五十九 循吏列傳)〉을 지었다.

의관을 바르게 하고 조정에 들어가면 뭇 신하들은 감히 부언(浮言)하는 자가 없다. 장유(長孺 : 汲黯의 字)는 그같이 처신하였다. 즐겨 사람을 추천하여 유덕(有德)의 장자(長者)라고 불린 것은 장(莊 : 鄭當時의 字)의 그같은 풍격 때문이다. 그래서 〈제60 급정열전(第六十 汲鄭列傳)〉을 지었다.

공자(孔子)가 죽은 후 경사(京師)에서도 학교의 가르침을 존경하고 숭배하는 사람이 없었으나 건원(建元)·원수(元狩 : 모두 孝武帝 때의 年號) 연간에는 문사(文辭)가 찬연히 빛났다. 그래서 〈제61 유림열전(第六十一 儒林列傳)〉을 지었다.

백성들은 근본을 등지고 거짓이 많으며 규칙을 어기고 법을 희롱한다. 그래서 착한 사람은 이를 교화할 수 없었으며 오직 엄혹하고 각박하게 다루어야만 비로소 능히 이를 바로잡을 수 있었다. 그래서 〈제62 혹리열전(第六十二 酷吏列傳)〉을 지었다.

한나라는 이미 사자를 통하여 대하(大夏)에서 서쪽의 먼 오랑캐 땅까지 다스리니 오랑캐들은 모두 목을 내밀어 중국을 사모하고 구경하기를 원했다. 그래서 〈제63 대원열전(第六十三 大宛列傳)〉을 지었다.

사람을 곤란과 위험에서 구해 주고 곤궁할 때 도와주는 것은 인자(仁者)의 도리가 아닌가. 신의를 잃지 않고 말을 배반하지 않는 것은 의자(義者)의 경우도 같다. 그래서 〈제64 유협열전(第六十四 游俠列傳)〉을 지었다.

임금을 섬기며 능히 주군의 귀와 눈을 즐겁게 하고 주군의 안색을 부드럽게 하여 친근한 정을 얻음은 단지 용색뿐 아니라 재능에서도 남달리 뛰어난 점이 있기 때문이다. 그래서 〈제65 영행열전(第六十五 佞幸列傳)〉을 지었다.

세속에 흐르지 않고 권세와 이익을 다투지 않으며 상하가 함께 막힌 데가 없고 사람들도 그것을 해로운 것으로 알지 않으니 그 도(道)는 널리 유통되었다. 그래서 〈제66 골계열전(第六十六 滑稽列傳)〉을 지었다.

제(齊)·초(楚)·진(秦)·조(趙)의 일자(日者 : 卜筮占候)는 그 습속에 따라 방법이 다르다. 따라서 그 대의(大義)를 보기 위해 〈제67 일자열전(第六十七 日者列傳)〉을 지었다.

하·은·주 3대의 왕은 같은 귀복(龜卜)을 하지 않았고 사방의 오랑캐들 역시 점치는 법이 제각기 달랐다. 하지만 그것으로 길흉을 판단했다는 것은 같다. 그래서 대충 그 요지를 더듬어 〈제68 귀책열전(第六十八 龜策列傳)〉을 지었다.

무위무관(無位無冠) 필부의 몸으로 정치를 해치지도 않고 백성에게 방해되지도 않으면서 시기에 따라 팔고 사서 재산을 늘려 부유하게 된 사람도 있으니 지자(智者)도 이들에게 갈채를 보냈다. 그래서 〈제69 화식열전(第六十九 貨殖列傳)〉을 지었다.

우리 한나라는 오제(五帝)의 말류(末流)와 3대의 통업(統業)을 계승하고 있다. 주나라는 정도(政道)를 잃었으며 진나라는 고문서(古文書)를 없애고 시(詩)와 서(書)를 불태웠다. 그런 까닭에 명당(明堂)·석실(石室)·금궤(金匱)에 소장된 옥판(玉版)의 도적(圖籍 : 옥판에 조각한 문자)은 산산이 흩어지고 말았다.

한나라가 일어나 융성해지자 소하(蕭何)가 법령을 제정하고 한신(韓信)이 군법(軍法)을 말하고 장창(張蒼)이 장정(章程)을 만들고 숙손통(叔孫

通)이 예의(禮義)를 정하였다. 학문은 조금씩 빛나며 진보하고 시와 서도 가끔 세상에 나오게 되었다.

조참(曹參)이 개공(蓋公)을 추천한 뒤로 황로(黃老)의 학문을 말하는 사람이 많아졌다. 가생(賈生)과 조조(晁錯)는 신불해(申不害)와 상앙(商鞅)의 학문을 밝게 하고 공손홍(公孫弘)은 유학을 배워 출세하였다. 이리하여 한나라 초부터 백 년 동안에 걸친 천하의 유문(遺文)과 고사(古事)는 모두 태사공 손에서 집대성되지 않은 것이 없었고, 태사공의 관직은 아버지인 담(談)에게서 아들인 천(遷)에게로 이어졌다.

태사공 천(遷)은 말한다.

"아아, 생각해 보건대 일찍이 우리 조상은 이 일을 맡아 당우(唐虞)시대에 알려졌고 주대(周代)에 이르러 다시 이것을 맡았다. 이리하여 사마(司馬)씨는 세세(世世)로 천관(天官 : 天文을 맡아 보는 官)을 맡아 나에게 이르게 된 것이다. 삼가 사념(思念)하지 않을 수 없다."

이에 천하에 흩어져서 일부가 빠진 구문(舊聞)을 망라하여 역대 왕조며 왕자(王者)들의 사적(事蹟)의 흥망성쇠를 시종일관 관찰함으로써 사실에 입각하여 고찰 논증하니 대충 3대를 추정하여 진(秦)나라와 한(漢)나라를 기록하되 위로는 헌원(軒轅 : 黃帝)에서 시작하여 아래로 현대(現代)에 이르기까지 십이 본기(本紀)를 지었다.

이미 조리(條理)를 세워 기재하였으나 시대가 같은 것도 있고 다른 것도 있어서 연차(年差)가 분명치 못하므로 십 표(表)를 만들었다.

또 시대에 따라 예악이 줄어들거나 늘어난 것이며 율력이 고쳐진 것, 군(軍)을 편제·통수할 수 있는 권한에 관한 것, 산천에 관한 것, 귀신에 관한 것, 천인(天人) 관계의 것, 그 시대의 못된 폐단을 이어 세상의 변고에 통하는 것 등을 취사하여 8서(書)를 만들었다.

이십팔 수(宿)는 북두칠성을 돌고 삼십 폭(輻)은 한 개의 바퀴통을 향하고 있어 그 운행이 무한하다.

지금 보필(輔弼) 고굉(股肱)의 신하들을 이에 충신으로 비유하여 도(道)를 행하며 주상(主上)을 받들고 있는 상황에 대해 삼십 세가(世家)를 지었다.

의(義)를 북돋우고 재기(才氣)가 뛰어나 시기를 놓치지 않고 천하에 공명을 세운 사람에 대해서 칠십 열전(列傳)을 지었다.

대략 일백삼십 편, 오십이만육천오백 자로 지은 이 책을 ≪태사공서(太史公書)≫[409]라 이름 붙인다.

자서(自序)의 개략은 빠진 것들을 주워 모으고 육경(六經)을 보충해 일가언(一家言)[410]을 만든 것이다. 즉 육경에 대해 다르고 같은 것을 서로 비교하여 취할 것은 취하고 버릴 것은 버려 백가(百家)의 잡어(雜語)를 정리한 것이다. 그 정본(正本)은 명산(名山)에 소장하고 부본(副本)은 경사(京師)에 둠으로써 후세의 성인 군자들에게 도움을 주고자 〈제70 태사공자서(第七十 太史公自序)〉를 지었다.

태사공은 말한다.[411]

"나는 태초(太初)부터 황제(黃帝)에 이르기까지 역술(歷述)하여 일백삼십 편으로써 끝을 맺는다."

---

409) '太史公書'의 넉 자가 원문대로라면 지금의 ≪史記≫라는 책의 본래 명칭이다. 그런데 이에 대해서는 이설이 많다.

410) 戰國 이래의 여러 학파에 맹종하지 않는 독립된 저술임을 표명한 것이다.

411) 이 부분, '太史公曰' 이하 원문 이십 字는 후세인의 가필이라는 설이 있다. 太初 元年은 기원전 104년으로, 앞에서 말한 元狩 元年보다 십여 년 후가 된다. 그리고 ≪史記≫의 집필이 시작된 것은 이 태초 원년인 듯하므로 일률적으로 이 글을 말살할 것은 아니라고 생각한다. 지금의 ≪史記≫에는 후세인이 써 넣은 부분이 몇 군데 눈에 띈다.

미래를 위한 과거로의 산책

세상을

오지인